Siegfried Weischenberg, Prof. Dr., geb. 1948, Professor für Journalistik und Kommunikationswissenschaft an der Universität Hamburg. Arbeitsgebiete: Journalismus im internationalen Vergleich, Politische Kommunikation, Medienethik, Kommunikationstechnologien, Nachrichtenproduktion.

Hans J. Kleinsteuber, Prof. Dr., geb. 1943, Professor für Politische Wissenschaft und für Journalistik an der Universität Hamburg. Arbeitsgebiete: Medienpolitik, Medienökonomie und Medientechnik in Deutschland und in vergleichender Perspektive, globale Kommunikation.

Bernhard Pörksen, Dr., geb. 1969, Juniorprofessor für Journalistik und Kommunikationswissenschaft mit Schwerpunkt Medienpraxis an der Universität Hamburg. Arbeitsgebiete: Konstruktivismus und Systemtheorie, Kommunikation extremistischer Gruppen, Mediensprache, Literatur und Journalismus.

Siegfried Weischenberg
Hans J. Kleinsteuber
Bernhard Pörksen (Hg.)

Handbuch Journalismus und Medien

UVK Verlagsgesellschaft mbH

Praktischer Journalismus
Band 60

Bibliografische Information Der Deutschen Bibliothek
Die Deutsche Bibliothek verzeichnet diese Publikation in der Deutschen Nationalbibliografie; detaillierte bibliografische Daten sind im Internet über <http://dnb.ddb.de> abrufbar.

ISSN 1617-3570
ISBN 3-89669-429-4

Einbandgestaltung: Susanne Weiss, Konstanz
Redaktion: Siegfried Weischenberg, Hamburg
(Mitarbeit: Gesine Dähn)
Satz und Layout: Hildegard Mangels, Hamburg
Korrektorat: Hildegard Mangels, Hamburg
(Mitarbeit: Skadi Loist, Klaus M. Klose)
Druck: fgb · freiburger graphische betriebe, Freiburg

UVK Verlagsgesellschaft mbH
Schützenstr. 24 · D-78462 Konstanz
Tel.: 07531-9053-0 · Fax: 07531-9053-98
www.uvk.de

Inhalt

Vorwort

Im Jahre 1751 erschien der erste von 17 Foliobänden und 11 Bänden mit Kupferstichen, die als „Encyclopédie" Weltruhm erlangten. Herausgeber waren Denis Diderot und Jean le Rond d'Alembert, der längst ausgestiegen war, als 1772 das gigantische Gesamtwerk vorlag (fünf Supplementbände und zwei Registerbände wurden nachgeliefert). Sein kompletter Titel lautete „Enzyklopädie oder Auf Vernunfterkenntnis gegründetes Lexikon der Wissenschaften, der Kunst und des Handwerks, herausgegeben von einer Gesellschaft von Gelehrten". ‚Gelehrte', das waren nicht nur Wissenschaftler, sondern auch Schriftsteller, Techniker und Handwerker. Zu den Autoren gehörten Voltaire, Montesquieu, Buffon und Rousseau. Voltaire schrieb u. a. über *Beredsamkeit*, Montesquieu über *Geschmack*; Buffon war für *Naturgeschichte* zuständig und Rousseau u. a. für *Politische Kommunikation*.

250 Jahre später wird niemand mehr ernsthaft an die Vollständigkeit eines Universallexikons glauben – auch wenn es nach wie vor Versuche gibt, das gesamte Wissen der Zeit zwischen Buchdeckeln zu bündeln. Komplett, aber chaotisch ist dieses Wissen heutzutage nur über Suchmaschinen (theoretisch) im Internet verfügbar.

Realistischer erscheint der Anspruch, vorhandene Erkenntnisse jeweils thematisch konzentriert zu erschließen, und zwar in der Logik von Zuständigkeiten innerhalb der funktional differenzierten Gesellschaft. Sie leistet sich Journalismus und Medien, und diesem Funktionsbereich widmet sich dieses lexikalische Handbuch.

Wir sehen es – mit aller Bescheidenheit – insofern in der Tradition des großen französischen Kollektivwerks, als *Aufklärung* auch hier das zentrale Ziel ist: über die Institutionen, Strukturen, Prozesse und Akteure, die uns permanent Weltwissen offerieren. „Alles, was wir über die Gesellschaft, ja über die Welt, in der wir leben wissen, wissen wir *durch* die Massenmedien", hat Niklas Luhmann geschrieben. Wo er Recht hat, hat er Recht. Doch wissen wir genug *über* den Journalismus und die Medien – ihre Mechanismen und ihre Wirkungen?

Mithilfe von Medien sorgt die moderne Gesellschaft für die permanente Selbstbeobachtung ihrer Aktivitäten. Darin gibt es nicht nur den Journalismus, der informiert, orientiert und provoziert, sondern auch die ‚Beobachtung der Beobachtung' durch Kommunikations-, Medien- und Journalismus-Wissenschaften. Diese Disziplinen haben in den rund 100 Jahren ihrer neueren Geschichte vielfältige Befunde und Erkenntnisse zusammengetragen, die dabei helfen zu verstehen, wie unsere ‚Mediengesellschaft' funktioniert.

Im „Handbuch Journalismus und Medien" wird dieses Wissen kompakt zusammengefasst, lexikalisch geordnet, verständlich und wissenschaftlich fundiert dargestellt. Die Autorinnen und Autoren aus Deutschland, Österreich, der Schweiz und anderen Ländern haben in ihren Beiträgen die zentralen Begriffe, die wichtigsten Theorien und die relevanten Forschungsergebnisse beschrieben. Vermittelt wird Wissen über die

- Bedingungen für *Mediensysteme* in der Gesellschaft,
- *Institutionen* der Medienkommunikation, ihre ökonomischen, technischen und politischen Imperative,
- Leistungen und Wirkungen und somit die *Funktionen* von medienvermittelter Kommunikation,
- *Medienakteure*, ihre Merkmale und Einstellungen sowie die Bedingungen ihrer Tätigkeit.

Bei der Darstellung geht es den Herausgebern und Autorinnen und Autoren – führende Fachleute aus der Kommunikations- und Sozialwissenschaft sowie dem Journalismus –

um die Verknüpfung von folgenden Zielen: inhaltliche Präzision und sprachliche Klarheit, Praxisnähe, transdisziplinäre und internationale Ausrichtung. Die Gliederung der einzelnen Beiträge orientiert sich an dem erprobten Schema lexikalischer Einträge:

- Am Anfang steht die *Definition* des Gegenstandes;
- es folgt in der Regel eine *historische Einordnung*
- sowie eine Auseinandersetzung mit zentralen Ansätzen und Paradigmen der *Forschung*;
- daran schließt sich ein freier gehaltener *Ausblick* an, der Raum für *Bewertungen* und solide Prognosen lässt.

Idealerweise ergibt sich aus dem Konzept ein dreifacher Gebrauchswert, der die Bedürfnisse verschiedener Lesergruppen gleichermaßen bedienen soll:

- Gerade Studienanfänger können das Handbuch zur *Orientierung* nutzen, um einen ersten Überblick zu gewichtigen Themen des Faches zu bekommen.
- In zahlreichen, eher kürzer gehaltenen Beiträgen werden einzelne Begriffe und Ansätze – durchaus mit Liebe zum Detail – vorgestellt, so dass auch dem Verlangen nach fachspezifischer *Vertiefung* Genüge getan wird; einen Schwerpunkt bilden dabei die Wirkungen der Medien.
- Es wird versucht, den wissenschaftlich interessierten Praktikern und den praktisch orientierten Wissenschaftlern ein Angebot zu machen: Die Darstellung professioneller Regeln und Routinen im Journalismus dient dabei immer auch dazu, auf Möglichkeiten der *Anwendung* aufmerksam zu machen – und die beobachtbaren Trends im Mediengewerbe auf der Höhe des aktuellen Forschungsstandes zu reflektieren.

Das Handbuch richtet sich somit gleichermaßen an Studierende und Lehrende in Studiengängen der Journalistik, Kommunikations- und Medienwissenschaft, an Volontäre, Journalisten, Ausbilder und an Personen, die an fundierten Kenntnissen über die Medienkommunikation interessiert sind. Diesen unterschiedlichen *Zielgruppen* mussten sich die Herausgeber – wie bei jedem journalistischen Produkt – versichern, um angemessene Leistungen offerieren zu können.

Die Zielgruppen stellen natürlich ganz unterschiedliche Ansprüche an den Gebrauchswert eines derartigen Buches, so dass Kompromisse notwendig waren. Wir haben uns bemüht, für den Einsteigerstudierenden und den Hochschullehrer, für den eher rezeptiven Journalismus-Interessierten und den aktiven Medienproduzenten jeweils angemessenen Lesestoff in das Handbuch aufzunehmen. Deshalb bieten wir einerseits Artikel zur Klärung von Schlüsselbegriffen an (z. B. Massenmedien, Journalismus), aber ebenso Stichworte zur aktuellen Theoriediskussion (z. B. Systemtheorie, Cultural Studies). Dasselbe Prinzip gilt für den Journalismus, den wir sowohl nach Medienformen (z. B. Presse, Fernsehen), als auch nach Genres (z. B. Feature/Reportage) und nach Ressorts (z. B. Wirtschaftsjournalismus) aufteilen.

So hoffen wir, dass dieses Handbuch vor allem als Begleiter in der Redaktion und an der Universität beistehen kann – also gerade auch, wenn der Praktiker einen wissenschaftlichen Hintergrundbegriff im Schnellverfahren erläutert haben will oder der Akademiker mehr von der Regelwelt des journalistischen Handwerks erfahren will. Zur weiteren Vertiefung haben wir zahlreiche *Querverweise* eingefügt – sozusagen die altmodische Form des Hyperlinks, den wir aus dem Internet kennen. So versuchen wir, die inneren Bezüge der jeweils separat geschriebenen Artikel herzustellen und zum Weiterblättern und – prinzipiell unbegrenzten – Weiterlesen anzuregen.

Mit dem vielleicht etwas vollmundigen Verweis auf die Enzyklopädie von 1772 machen wir auf ein weiteres Element dieses Handbuches aufmerksam: seine Internationalität. Wissenschaft und Professionalität – diese beiden scheinbar gegensätzlichen Momente, die dieses Handbuch zusammenzuführen sucht – haben sich in den letzten Jahrzehnten immer stärker internationalisiert und globalisiert. Einem Nachschlagewerk sollte es deshalb gut anstehen, wenn es (zumindest ein wenig) Kosmopolitismus verbreitet. Deshalb haben wir ein gutes Dutzend Länder- und Regionen-Artikel aufgenommen, in denen Verhältnisse außerhalb unserer Grenzen dargestellt werden. Und wir haben die Autorinnen und Autoren gebeten, in ihren jeweiligen Darstellungen internationale Bezüge herzustellen.

Uns war dabei wichtig, dass dem Nutzer deutlich wird, wie sich Journalismus und Medien unter fremden kulturellen Rahmenbedingungen oft überraschend anders darstellen. Ebenso wollten wir damit verdeutlichen, in welchem Umfang schon in der Vergangenheit Wechselbeziehungen zwischen den Kulturen dieser Welt wirkten.

Diese Prozesse werden weiter zunehmen und unsere Sicht der Dinge verändern. Das macht die Sache nicht nur spannend, sondern ist – zum Aufbrechen eingefahrener Denkgewohnheiten – auch notwendig. Einige der Artikel (z. B. Agenda-Setting, New Journalism, Public Relations) machen schon in ihrer Benennung deutlich, dass wichtige Konzepte und Denkweisen zu Medien und Journalismus außerhalb unseres Landes entstanden sind. Sie fühlen sich hier aber inzwischen so heimisch, dass wir nicht einmal deutsche Worte bemühen (auch wenn sie mitunter vorhanden sind). All diese Faktoren veranlassten uns, den vorliegenden Band unter den Anspruch eines ‚Internationalen Handbuchs' zu stellen.

In diesem Handbuch wird jeweils die männliche Form verwandt (Journalist etc.) und auf die weibliche verzichtet. Wir bitten dafür um Verständnis, weil es der Kürze und Prägnanz der Artikel dient. Selbstverständlich sind wir uns bewusst, dass (nicht nur) in allen hier beschriebenen Berufsfeldern Frauen eine zentrale Rolle spielen.

Die Herausgeber danken den Autorinnen und Autoren, die sich (fast alle) um Pünktlichkeit und Zuverlässigkeit bemüht haben. Wir sind stolz darauf, dass es gelungen ist, eine solch große Zahl von ‚Gelehrten' – heute spricht man schlichter von Fachleuten – mit ihrer jeweiligen Kompetenz für das Unternehmen gewinnen zu können. Wir freuen uns dabei besonders über den großen Anteil von Nachwuchswissenschaftlern, die hier mit ihren Beiträgen (erneut) auf sich aufmerksam machen.

Jean le Rond d'Alembert hat die „Enzyklopädie" mit einer „Narrenjacke" verglichen, in die gute und schlechte Stofffetzen eingearbeitet seien – unvermeidlich angesichts der Vielfalt der Themen und des Hintergrunds der damals mehr als 160 Mitarbeiter. Wir hoffen, dass unser sehr viel kleineres monothematisches Unternehmen mit immerhin 100 Autorinnen und Autoren die richtige *Form* hat und dass die 114 einzelnen Beiträge jeweils gut zu unserem Anspruch *passen*, Journalismus und Medien (be)greifbar zu machen.

Hamburg, im März 2005

Siegfried Weischenberg
Hans J. Kleinsteuber
Bernhard Pörksen

Afghanistan

→ Asien

Afrika

Allgemeine Rahmenbedingungen

Afrikas Medienlandschaften – gemeint ist hier das Afrika südlich der Sahara – haben sich seit den frühen 90er Jahren dynamisch verändert. Infolge der – durch das Ende des Ost-West-Konfliktes beschleunigten – Krise des Einparteienstaates wurden die staatlichen Informationsmonopole vielerorts geschwächt. Obwohl private Zeitungen und Rundfunkstationen das Medienangebot bereicherten, ist die Zahl der Regime, die glauben, ihr Image durch Propaganda, Zensur und willkürliche Verhaftungen kontrollieren zu können, nach wie vor groß. Trotz der zunehmenden verfassungsrechtlichen Absicherung von Meinungs- und Informationsfreiheit bleiben medienpolitische Freiräume in hohem Maße von politischem Wohlwollen abhängig. Zu den Ländern, deren Presse der *Freedom-House-Report* (www.freedomhouse.org) als „nicht frei" qualifiziert, zählen – mit Ausnahme von Mauritius, Mali, Südafrika, Botswana und Madagaskar – alle afrikanischen Staaten (→ Kommunikationsfreiheit).

Grundlagen der Mediensysteme

Die spektakulärsten Veränderungen waren in den 90er Jahren bei den Printmedien zu verzeichnen (→ Presse). Insbesondere im frankofonen Afrika vermochte die Vermehrung privater Zeitungen die öffentliche Meinungsbildung durch einen nicht auf Parteienvielfalt reduzierten Meinungspluralismus zu verbessern. Daneben hat – durch das Aufkommen der Neuen Medien begünstigt – die Gründung privater Rundfunkstationen und Lokalradios die Spielräume regierungsunabhängiger Presse vergrößert. Dennoch behindern demokratiefeindliche Pressegesetze, unterentwickelte Infrastrukturen, mangelnde Elektrizitätsversorgung, zweitklassige Telefonleitungen und auf die urbanen Zentren konzentrierte technischen Infrastrukturen die Medienentwicklung.

In den vergangenen Jahren haben politisch motivierte Versuche, die Spielräume regierungskritischer Medien einzuengen, wieder zugenommen. Radio und Fernsehen verbleiben in fast allen Staaten in der Hand der Regierungen und unabhängige Medien sehen sich erheblichen wirtschaftlichen Problemen gegenüber. Verstärkt werden die Probleme engagierter Journalisten durch unzureichende Recherchemöglichkeiten und hohe persönliche Arbeitsrisiken.

Afrika dürfte auf absehbare Zeit der ‚Kontinent des Radios' bleiben. 1 von 4 Afrikanern besitzen ein → Radio, 1 von 13 ein Fernsehgerät, 1 von 35 ein Mobiltelefon, 1 von 40 einen Festnetzanschluss, 1 von 130 einen PC, 1 von 160 Internetzugang und 1 von 400 Pay-TV. Trotz wachsender Konkurrenz durch das Fernsehen und die Neuen Medien ist das Radio – das 60 Prozent der Bevölkerung empfangen können und das der oralen Tradition und der Sprachenvielfalt entgegenkommt – das mit Abstand massenwirksamste Informations- und Mobilisierungsmedium.

Das → Fernsehen gewinnt an Bedeutung. Allerdings verbreiten die meist aus Prestigegründen geschaffenen nationalen Fernsehanstalten kaum lokale Nachrichten. Zudem können TV-Programme meist nur in den städtischen Zentren empfangen werden. Aus Kostengründen haben sich die wenigen kommerziellen Fernsehsender, die zudem von internationalen Nachrichtenagenturen abhängen, auf *Re-Broadcasting* verlegt. Dennoch stehen die nationalen Rundfunkanstalten wegen der privaten Konkurrenz unter wachsendem Reformdruck.

Seit März 2000 sind alle afrikanischen Staaten an das → Internet angeschlossen. Etwa 0,5 Prozent der afrikanischen Bevölkerung haben Internetzugang. Die Zahl der Internetnutzer wird auf 5 bis 8 Millionen geschätzt.

Ende 2002 wies der afrikanische Kontinent mit über 60 Prozent den weltweit höchsten Anteil mobiler Telefonnutzer auf. In den kommenden fünf Jahren dürfte die Zahl der Handynutzer – 90 Prozent der Kunden zahlen mit Prepaidkarte – von 47 auf 89 Millionen steigen. Die zum Teil kolonialhistorisch überkommenen teleräumlichen Disparitäten zwischen einzelnen Ländern und Regionen sind beträchtlich. Allein in der Republik Südafrika sind mehr Internetnutzer zu Hause als in allen anderen subsaharischen Staaten (1,5-2,5 Millionen) zusammen.

Die andauernde Meinungsmacht nichtafrikanischer Medien ist erheblich. Die kontinentweit operierende → Nachrichten-Agentur *Pan African News Agency* (PANA) ist privatisiert und teuer. Nationale Agenturen unterliegen als staatliche Institutionen gouvernementaler Lenkung. Unabhängige Agenturen (*All Africa One, IPS, Unet*) pflegen hohe journalistische Standards, sind aber in der Regel finanziell schwach ausgestattet.

Unterdessen hält die *Regional African Satellite Communication Organization* (RASCOM), die 44 afrikanische Telekommunikations-Operator umfasst, an Plänen fest, ein satellitengestütztes Telekommunikationsnetz auf den Weg zu bringen. Es soll bis 2006 den gesamten afrikanischen Kontinent sowie Teile Europas und des Nahen Ostens mit Bild, Ton und Text versorgen können.

Von zukunftsweisender Bedeutung dürfte auch die 1997 aus einem Weltbankprojekt hervorgegangene zwischenstaatliche *African Virtual University* (AVU) sein. Sie hat ihren Sitz in Nairobi und will mit ihren interaktiven Lehrangeboten bis zum Jahr 2007 in 50 afrikanischen Ländern präsent sein.

Literatur

Brüne, Stefan (2000): Die afrikanische Informationsgesellschaft, in: ders. (Hrsg.): Neue Medien und Öffentlichkeiten, Bd. 2, Hamburg: 132-147.

Hans-Bredow-Institut (Hrsg.) (2004): Internationales Handbuch Medien 2004/2005, Baden-Baden (Artikel zu Südafrika, Westafrika, Burkina Faso und Senegal).

Maja-Pearce, Adewale (Hrsg.) (1996): Directory of African Media, Brüssel.

Tudesq, André-Jean (2002): L'Afrique parle, l'Afrique écoute. Les radios en Afrique subsaharienne, Paris.

Stefan Brüne, Hamburg

Agenda-Setting

Definition/Begriffsbestimmung

Der Agenda-Setting-Ansatz beschäftigt sich mit der Bedeutung von Massenmedien für den gesellschaftlichen Thematisierungsprozess. Seiner Grundidee zufolge bestimmt die Themenauswahl, welche die Medien ihrem Publikum präsentieren, die Vorstellungen der Öffentlichkeit von der Relevanz dieser Themen und den ihnen zu Grunde liegenden Sachverhalten.

Massenmedien weisen den von ihnen berichteten Themen implizit eine unterschiedliche Bedeutung zu. Als Ergebnis von verschiedenen Selektions- und → Gatekeeping-Prozessen gewinnt nur ein kleiner Teil des aktuellen Geschehens Medienpräsenz. Und auch wenn diese Schwelle überwunden ist, erfolgt die Berichterstattung keineswegs gleichförmig, denn die Berichterstattung über Themen variiert in *Präsentation* und *Persistenz*:

- Themen werden unterschiedlich auffällig präsentiert; als Hauptaufmacher oder versteckt auf den hinteren Seiten der Tageszeitung, als erster Filmbericht in der *Tagesschau* oder als kurze Sprechermeldung in einem Nachrichtenblock.
- Themen sind unterschiedlich lange in den Medien persistent; manch kurzlebige Phänomene interessieren nur einen Tag, andere bestimmen die Schlagzeilen über Wochen.

Diese der Berichterstattung innewohnende Gewichtung wird, so die Agenda-Setting-Hypothese, von den Lesern, Hörern und Zuschauern (zu Recht) als Indikator für die journalistische Relevanz eines Themas interpretiert und anschließend in die persönliche Bewertung einbezogen, wie wichtig das betreffende Thema aus gesellschaftlicher Sicht ist.

Damit folgt der Agenda-Setting-Gedanke in seinem Kern dem Paradigma einer wirkmächtigen Medienberichterstattung (→ Medienwirkungen, → Stimulus-Response-Modell). Die Implikationen der im Grunde schlichten Hypothese, die ihm zu Grunde liegt, sind enorm: Öffentliche Aufmerksamkeit spielt in der politischen Entscheidungsfindung ebenso eine wesentliche Rolle wie bei der daraus resultierenden Zuweisung von finanziellen Ressourcen.

Forschungsstand

Erste Vorläufer des Agenda-Setting-Gedankens finden sich bereits vereinzelt in der Forschungsliteratur der 20er und 30er Jahre des vergangenen Jahrhunderts, wo das Entstehen von „pictures in our heads" (Lippmann 1922) in Abgrenzung zur Propagandaforschung untersucht wurde. Breite Resonanz fand der Ansatz freilich erst, als die amerikanischen Kommunikationsforscher Maxwell McCombs und Donald Shaw die Hypothese im Rahmen einer kleinen Studie zum Wahlkampf 1968 bestätigen konnten (→ Wahlforschung) und ihr das populäre Etikett ‚Agenda-Setting' verpassten (Rössler 1997: 16 ff.).

Seither hat sich Agenda-Setting zu einem der beliebtesten Arbeitsfelder der Medienwirkungsforschung entwickelt, wovon über 300 empirische Studien zum Agenda-Setting-Effekt vorwiegend aus den USA, aber auch aus Deutschland, Kanada, Großbritannien, Australien, Japan und anderen Staaten der Erde zeugen. Übereinstimmend stellen diese zumeist Ergebnisse einer Themenanalyse der Medienberichterstattung über einen gewissen Zeitraum (*Medienagenda*) den demoskopischen Befunden gegenüber, welche aus Sicht der Bevölkerung die zu jener Zeit wichtigsten gesellschaftlichen Themen seien (*Publikumsagenda*).

Jenseits allgemeiner Tendenzen erweist es sich aber als ungemein schwierig, Thematisierungseffekte auf *individueller Ebene* zu belegen, d. h. die persönliche Themengewichtung eines Mediennutzers auf die Themenpräsentation in den von ihm/ihr tatsächlich wahrgenommenen Medien zurückzuführen. Hier spielt eine ganze Reihe von Randbedingungen eine moderierende Rolle; beispielsweise die persönliche Betroffenheit des/r Einzelnen von einem Thema, der Grad des interpersonalen Austauschs über ein Thema in Gesprächen in Familie und Bekanntenkreis oder Interesse an bzw. Vorwissen über ein Thema.

Darüber hinaus hat sich die Forschung zunehmend auch auf Pfade jenseits der klassischen Agenda-Setting-Logik begeben, die alternative Wirkungsvermutungen ins Visier nehmen. Hier interessiert beispielsweise das Zustandekommen der Medienagenda in Abhängigkeit von der Agenda des Medienpublikums und von der des politischen Systems, die als zusätzliches Konstrukt in die ursprünglichen Überlegungen eingeführt wurde.

Konsequenzen und Bewertung

Das Setzen der Tagesordnung folgt den Regeln eines Nullsummenspiels: Für jedes Thema, das neu auf die Agenda genommen wird, fällt ein anderes wieder hinaus. Und Themen, die nicht auf der Tagesordnung der Medien erscheinen, sind im gesellschaftlichen Diskurs wenig sichtbar; die ggf. damit verknüpften sozialen Probleme dringen kaum ins öffentliche Bewusstsein. Aus diesem Grund gibt es in den USA (und inzwischen auch in Deutschland) Initiativen, die jährlich die bedeutsamsten, aber in den Medien vernachlässigten Themen öffentlich küren, um ihnen auf diese Art und Weise einen Platz auf der Agenda zu verschaffen.

Auf Publikumsseite wird die enorme Bedeutung der (zunächst kognitiven) Prägung von Vorstellungen durch die Medienberichterstattung offensichtlich, betrachtet man den weiteren Verlauf von Meinungsbildungs- und Entscheidungsprozessen. Menschen greifen in solchen Situationen überwiegend auf die ihnen zugänglichen Wissensbestandteile (‚kognitive Schemata') zurück, die durch die mediale Themenstrukturierung geprägt sein können. Im konkreten Fall heißt dies z. B., dass der bei Wahlentscheidungen individuell zu Grunde gelegte Kriterienkatalog auf das den Medien entnommene Themenspektrum zurückgreift und Kandidaten anhand ihrer Positionen zu diesen Themen beurteilt werden. Vor diesem Hintergrund gewinnt die Agenda-Setting-Funktion der Medien, obwohl ursprünglich überhaupt nicht auf Einstellungsbildung abzielend, eine enorme soziale Tragweite – wie etwa die Bundestagswahl 2002 zeigte, wo zwei Topthemen der Medienagenda (Flutkatastrophe, Irak-Krieg) zu wesentlichen Beurteilungskriterien avancierten.

Neuere Untersuchungen befürchten angesichts der zunehmenden Medienvielfalt eine Zersplitterung der Medienpublika – und damit letztlich eine Zersplitterung der → Öffentlichkeit, die nicht mehr durch einen gemeinsamen Themenkanon zusammengehalten wird. Verschärft wird dieser Prozess anscheinend durch die Themenvielfalt des → Internet, das sich auf keine kohärente Agenda mehr verdichten lässt. Dem stehen Beobachtungen entgegen, wonach unabhängig von der Ausdifferenzierung der Medien immer noch eine erhebliche Konvergenz auf wesentliche Themen zu beobachten ist, was mit lange etablierten Selektionsroutinen (z. B. Nachrichtenwerte, → Nachrichtenselektion) zusammenhängt.

Auch im World Wide Web fokussiert sich die Zuwendung oft auf die Seiten klassischer Medienanbieter, die mit einem Glaubwürdigkeitsbonus ausgestattet sind. Das Bedürfnis der Gesellschaft nach einer gemeinsamen Gesprächsgrundlage wird Agenda-Setting-Prozesse auch in Zukunft begünstigen. Dass diese sich freilich verstärkt auf Themen des Boulevards (→ Boulevard-Journalismus) beziehen könnten, sollte mit einem gewissen Argwohn betrachtet werden.

Literatur

Dearing, James W./Everett M. Rogers (1996): Agenda-Setting, Thousand Oaks/London.

Eichhorn, Wolfgang (1996): Agenda-Setting-Prozesse, München.

Iyengar, Shanto/Donald R. Kinder (1987): News that Matters: Television and American Opinion, Chicago.

Lippmann, Walter (1922): Public Opinion, New York.

McCombs, Maxwell et al. (1997): Communication and Democracy, Mahwah/London.

Rössler, Patrick (1997): Agenda-Setting, Opladen.

Patrick Rössler, Erfurt

Agentur-Journalismus

Definition/Begriffsbestimmung

Als Agentur-Journalismus wird jede Art von journalistischer Tätigkeit für eine → Nachrichtenagentur bezeichnet. Diese Tätigkeit unterscheidet sich zwar in ihren Kernkompetenzen nicht vom Schreiben, Redigieren, Fotografieren, Sprechen oder Filmen für andere Medien. Zusätzliche Anforderungen ergeben sich aber aufgrund von vier Besonderheiten:

- Nachrichtenagenturen wenden sich nicht direkt an die allgemeine Öffentlichkeit, sondern beliefern andere Medien mit Inhalten, die diese für ihre jeweiligen Publikationen und Sendungen nutzen. Sie verstehen sich als Dienstleister für diese Medien und orientieren sich in der kurzfristigen Tagesproduktion ebenso wie in der Entwicklung längerfristiger Strategien an deren Bedürfnissen.
- Da Nachrichtenagenturen unterschiedliche Medien bedienen, pflegen sie schon immer das, was man als ‚Crossmedia Journalism' bezeichnen könnte (→ Crossmedia). Ein Nachrichtentext soll

so geschrieben sein, dass er ohne größeren Bearbeitungsaufwand sowohl von der Tageszeitung als auch von der Nachrichtenredaktion eines Rundfunksenders oder eines Internetportals verwendet werden kann. Zudem werden Text, Foto, Grafik, Film und Ton zu multimedialen Paketen zusammengefasst. Von Agentur-Journalisten wird zwar nicht verlangt, jede dieser Techniken zu beherrschen. Sie sollen aber bei ihrer eigenen Tätigkeit die Anforderungen der verschiedenen Medien mitberücksichtigen.

- Im Unterschied zu den diskontinuierlich erscheinenden Printmedien sind die schreibenden Agentur-Journalisten in einen kontinuierlichen Arbeitsablauf eingebunden. Die Redaktion einer Universalnachrichtenagentur aktualisiert ihre Texte über 24 Stunden am Tag und sieben Tage in der Woche immer wieder neu. Um diese fließende Berichterstattung sinnvoll zu strukturieren, haben die Nachrichtenagenturen spezifische Formate entwickelt.
- Nachrichtenagenturen unterwerfen ihre Reporter und Redakteure im Allgemeinen keiner politisch-redaktionellen Linie, sondern verpflichten sie lediglich auf ein allgemeines Objektivitätsprinzip (→ Objektivität). Für schreibende Journalisten konkretisiert sich dies im Bemühen um einen weitgehenden Verzicht auf Wertungen aller Art, für Fotografen im Verzicht auf jegliche Manipulation in der digitalen Bildbearbeitung. Daneben wird besonderer Wert darauf gelegt, dass Kernkompetenzen wie Richtigkeit, Schnelligkeit und → Verständlichkeit erfüllt sind.

Tätigkeiten im Agentur-Journalismus

Im schreibenden Agentur-Journalismus gibt es je nach Aufgabenbeschreibung und Einsatzort eine Vielzahl unterschiedlicher Tätigkeiten. In der Zentrale einer Nachrichtenagentur ist es die Aufgabe der Redaktionsleitung, die Berichterstattung über angekündigte Ereignisse zu planen und die dafür am besten geeigneten Mitarbeiter auszuwählen. Der damit beauftragte Reporter vor Ort kümmert sich um die Vorberichterstattung, schreibt mit Beginn des Ereignisses eine Auftaktmeldung und aktualisiert diese mehrfach mit neu gesammelten Informationen. Außerdem recherchiert er für eine → Reportage, eine Analyse, einen erklärenden Hintergrundbericht (→ Nachricht/Bericht) oder ein → Feature.

Beim Schreiben für diese Formate ist der Agentur-Journalist an weniger strenge Regeln gebunden als bei der Nachricht; der persönlichere Stil wird mit der Namensnennung des Verfassers hervorgehoben. Die Texte des Reporters vor Ort werden in der Zentrale von einem Redakteur redigiert und danach verbreitet. Der Redakteur hält Kontakt mit dem Reporter, bittet ihn um Ergänzungen, macht ihn auf neue Entwicklungen aufmerksam oder führt ergänzende Telefonrecherchen durch.

Das Telefon ist das erste und wichtigste Arbeitsmittel, wenn über nicht planbare Ereignisse berichtet wird. Eine erste Information etwa über ein Unglück wird erst dann als Meldung verbreitet, wenn die Bestätigung einer dafür zuständigen Behörde vorliegt. Bei überraschenden Ereignissen von hoher Bedeutung schickt die Agenturredaktion eigene Reporter zum Ort des Geschehens.

Der größte Teil der Arbeitszeit eines Agentur-Journalisten entfällt aber weder auf Vor-Ort-Reportagen noch auf die Adhoc-Berichterstattung über ungeplante Ereignisse, sondern auf die Sichtung und Bearbeitung von Pressemitteilungen. Über Fax, E-Mail oder Briefpost treffen täglich mehrere hundert Pressemitteilungen von Absendern ein, die ein gemeinsames Ziel eint: Sie wollen die große Reichweite und die Seriosität der Nachrichtenagentur nutzen, um ihrem Interesse eine möglichst große Öffentlichkeit zu verschaffen.

Damit Agentur-Journalismus nicht zum Verlautbarungsjournalismus wird, ist hier immer wieder neu der tatsächliche Nachrichtenwert (→ Nachrichtenselektion) zu prüfen. Der geringere Arbeitsaufwand für das Schreiben einer Agenturmeldung auf der Grundlage einer Pressemitteilung sollte nicht dazu führen, dass die Selektionsschwelle herabgesetzt wird. Bei der Entscheidung für eine Meldung ist zu überlegen, welche ergänzenden Informationen noch recherchiert werden müssen oder ob andere Beteiligte zu einer Stellungnahme aufgefordert werden sollten.

Wieder eine völlig andere Tätigkeit ist in den *Auslandsredaktionen* der Nachrichtenagenturen gefordert. Hier werden fremdsprachige Nachrichtentexte ausgewählt und übersetzt. Bei diesem Vorgang handelt es sich allerdings nicht um eine Übersetzung im herkömmlichen Sinne, sondern eher um eine journalistische Auswertung der übermittelten Fakteninformationen, auf deren Grundlage ein eigenständiger neuer Text entsteht. Vor allem in der Auslandsredaktion stehen die redaktionellen Abläufe im Zeichen der Schichtarbeit, da die Zeitverschiebung ständige Präsenz erfordert.

Geschichte und internationale Bezüge

Die Mitarbeiter der ersten Nachrichtenagentur waren vermutlich Übersetzer: Die *Agence Havas* entstand 1835 in Paris als Zusammenschluss einiger kleiner Nachrichten- und Übersetzungsbüros. Hier wurden ausländische Presseartikel ins Französische übersetzt und zusammen mit Börsenkursen an Regierungsstellen, Geschäftsleute und Zeitungen übermittelt.

Damit unterschieden sich die frühen Agentur-Journalisten deutlich von engagierten Publizisten kritischer Blätter, die sich in der bürgerlichen Umbruchsbewegung in der Mitte des 19. Jahrhunderts für die Überwindung verkrusteter Strukturen einsetzten und dabei oft Freiheit und Leben aufs Spiel setzten. Bei *Charles Havas* (1783-1858) fingen auch zwei Übersetzer an, die 1849 ihre eigene Nachrichtenagentur gründeten: *Paul Julius Reuter* (1816-1899) und *Bernhard Wolff* (1811-1879). Das *Wolffsche Telegraphische Bureau* (WTB) in Berlin schickte 1859 einen ersten Auslandskorrespondenten nach Paris; 1861 berichtete *Reuters* bereits aus mehr als 100 Orten. Sobald die Berichterstattung über Aktienkurse und abgeschriebene Informationen aus Zeitungen hinausging, traten journalistische Anforderungen in den Vordergrund. *Reuters* bemühte sich schon frühzeitig darum, die britischen Zeitungen als Kunden zu gewinnen, und vergrößerte deswegen die Themenvielfalt seines telegrafischen Dienstes: „Er war ein Journalist geworden, wenn auch von einer neuen Art“ (Read 1999: 16).

In den USA wurden die ersten Agentur-Journalisten der 1848 von sechs Zeitungen gegründeten *Associated Press* (AP) als ‚agents' bezeichnet. Dort entstand auch bereits sehr früh ein Netz von freien Journalisten, so genannten ‚telegraph reporters', die regelmäßig ihre Meldungen nach New York schickten und damit trotz der großen Ausdehnung der Vereinigten Staaten eine landesweite Berichterstattung möglich machten. In den angelsächsischen Ländern entwickelten sich auch die Standards des Agentur-Journalismus, wie sie seit Anfang des 20. Jahrhunderts in Grundsätzen wie „Get it first, but first get it right“ zum Ausdruck kommen.

Außerdem stellten Agentur-Journalisten Regeln für professionellen Nachrichtenjournalismus auf wie das stilistische Konzept des *Lead-Satzes* (→ Nachricht/Bericht). Nach dem Erdbeben in San Francisco von 1906 führte AP den ‚Flash' ein, die Blitzmeldung bei plötzlich hereinbrechenden Nachrichten von großer Bedeutung, den ‚breaking news'. Im Agentur-Journalismus entwickelte sich eine eigene Fachsprache mit Begriffen wie ‚Desk' für die Schnittstelle von Nachrichteneingang und -ausgang oder ‚Slot' für die Funktion des Redakteurs, der über die Sendung einer Meldung entscheidet. Damit erwarb sich der Agentur-

Journalismus auch ein eigenes Selbstbewusstsein gegenüber dem Journalismus der Meinungspresse.

Der angelsächsische Grundsatz der Trennung von Nachricht und Meinung wurde in der zweiten Hälfte des 20. Jahrhunderts auch in Deutschland und Österreich übernommen, wo die Nachrichtenagenturen jahrzehntelang unter dem Einfluss des Staates verharrten. Formal und stilistisch gibt es jedoch auch beträchtliche Unterschiede zwischen dem angelsächsischen und dem deutschsprachigen Nachrichtenjournalismus, die sich etwa in der Länge der Absätze, in der unterschiedlichen Verwendung von Zitaten und in einer verschiedenen Gewichtung von Hintergrundinformationen äußern. Die Regeln für die Gestaltung einer Meldung werden zum Teil bis ins letzte Detail – etwa hinsichtlich des formalen Aufbaus – schriftlich festgehalten. „‚Stilbücher' mit Richtlinien für die redaktionelle Arbeit dienen dem Ziel, durch strenge Regeln für die Aussagenentstehung ein uniformes Produkt mit gleich bleibender Qualität gewährleisten zu können" (Weischenberg 2002: 204). Diese Standardisierung im Agentur-Journalismus wirkt auch prägend auf die Gestaltung der tagesaktuellen Berichterstattung in anderen Medien.

Insgesamt zeigt sich, dass Agentur-Journalisten in technischer Hinsicht Vorreiter waren und sind: Dies gilt nicht nur für die Telegrafie des 19. Jahrhunderts, sondern auch für die Bildfunkübertragung (ab 1935), den Einsatz von Computern (ab 1968) und Satellitentechnik (ab 1976). In den letzten beiden Jahrzehnten des 20. Jahrhunderts veränderte sich der Agentur-Journalismus unter dem Einfluss der elektronischen Textverarbeitung, der immer höheren Übertragungsgeschwindigkeit und des verstärkten Wettbewerbs insbesondere in Deutschland.

Seitdem werden Agenturmeldungen nicht mehr wie zuvor lediglich als Nachrichtenrohstoff betrachtet, der vor Verwendung in den Medien erst einer weit gehenden stilistischen Bearbeitung bedarf. Neue Entwicklungen zu einem Nachrichtenthema werden nicht mehr als zusätzlicher ‚Take' oder ‚Pickup' an eine bereits gesendete Meldung angehängt. Die Agenturtexte erheben den Anspruch eines druck- oder sendefertigen Angebots. Zeitlich gestaffelte Zusammenfassungen vor dem Redaktionsschluss der Zeitungen sollen diesen stets den Zugang auf eine umfassende aktuelle Darstellung gewährleisten. Unterstützt werden Agentur-Journalisten dabei vom schnellen Zugriff auf elektronische Datenbanken und Textarchive, die Hintergrundinformationen wie die Vorgeschichte eines Ereignisses bereitstellen.

Das → Internet hat den Alltag der Agentur-Journalisten weiter verändert. Die Möglichkeiten zur elektronischen Recherche haben erheblich zugenommen; die Organisation der redaktionellen Abläufe im Intranet bindet Außenbüros und freie Mitarbeiter enger an die Zentrale an; Text, Foto, Grafik, Film und Ton werden für Online-Dienste zusammengeführt; E-Mail vernetzt Agentur-Journalisten mit Kollegen in Zeitungs- und Rundfunkredaktionen.

Forschungsstand

Trotz der zentralen Rolle bei der Belieferung der Medien mit aktuellen Informationen ist der Agentur-Journalismus erst spät zum Gegenstand wissenschaftlicher Forschung geworden. Unter den ersten Veröffentlichungen über Nachrichtenagenturen überwiegen historisch angelegte Monografien über die Geschichte einzelner Agenturen (etwa über *Associated Press* (AP) oder über *Agence France-Presse* (AFP)). Auch in übergreifenden Darstellungen standen politische und organisatorische Fragestellungen im Vordergrund.

Die amerikanische Kommunikationswissenschaft interessierte sich hingegen vor allem für den Prozess der Nachrichtenauswahl (→ Gatekeeping, → Nachrichtenselektion). Während der gesellschaftlichen Umbruchsbewegung von 1968 machte sich der ehemalige Agentur-Journalist Stefan Zickler unter dem Pseudonym *Manfred Steffens* (1969) Gedanken über „Das Geschäft mit der Nachricht" und wies auf Probleme im Agentur-Journalismus hin wie die Tendenz zu überspitzten Formulierungen im Lead-Satz.

Eine systematische publizistikwissenschaftliche Erforschung des Agentur-Journalismus setzte in Deutschland erst mit den Arbeiten von *Jürgen Wilke* und *Bernhard Rosenberger* (1991) ein, die mit einer teilnehmenden Beobachtung der Arbeitsabläufe in den Redaktionen von AP begann. *Siegfried Weischenberg* (2002) ermittelte anhand von Umfrageergebnissen eine Reihe von spezifischen Besonderheiten der Agentur-Journalisten im Vergleich zu Journalisten anderer Medien. Demnach verwenden sie mehr Zeit für die Recherche, aber weniger Zeit für das Verfassen eigener Texte sowie für das Redigieren. Ihr berufliches Selbstverständnis besteht vor allem in dem Ziel, schnell Informationen zu vermitteln, während die Funktion journalistischer Kritik und Kontrolle zwar auch genannt wird, aber offenbar einen geringeren Stellenwert hat.

Zum Verzicht auf eine politische Linie der Nachrichtenagentur passt der Befund, dass sich Agentur-Journalisten „innerredaktionell deutlich weniger beeinflußt" (Weischenberg 2002: 206) fühlen als Kollegen anderer Medien. Während somit für die Kommunikatorforschung bereits eine Reihe nützlicher Ansätze vorliegen, steht die Textanalyse im Agentur-Journalismus noch am Anfang. Die wichtige Studie von *Lutz M. Hagen* (1995) über die „Informationsqualität von Nachrichten" ist bisher nicht weiter aufgegriffen worden. Dabei wäre gerade die *Qualitätsforschung* für den Agentur-Journalismus von hoher Praxisrelevanz (→ Qualität).

Bewertung und Ausblick

Die vom Agentur-Journalismus geleistete Rationalisierung der Nachrichtenbeschaffung ist so effektiv, dass auch der vom Internet herbeigeführte Verlust des technischen Verbreitungsmonopols diese zentrale Rolle der Nachrichtenagenturen nicht geschwächt hat. Im Gegenteil: Die mit der allseitigen Vernetzung der öffentlichen Kommunikation einhergehende Informationsüberflutung macht eine professionelle Nachrichtenauswahl und Schwerpunktsetzung durch Agentur-Journalisten wichtiger denn je. Dieses → Agenda-Setting ist vor allem in der Auslandsberichterstattung eine zentrale Funktion der Nachrichtenagenturen, während sich die Themensetzung im Inland eher den Vorgaben der elektronischen Leitmedien und überregionalen Printtitel anschließt. Die spezifischen Instrumente des Agentur-Journalismus – von der Prioritätensetzung mit ihren Blitz-, Vorrang- und Eilmeldungen über die Kette immer wieder neu aktualisierter Zusammenfassungen bis hin zu Dokumentationen und Hintergrundformaten – bieten die Gewähr für ein Nachrichtenangebot, das

- ein hohes Maß an sachlicher Richtigkeit und Verlässlichkeit anstrebt,
- so wertfrei und objektiv wie möglich sein will,
- ständige → Aktualität verspricht
- und auf die Bedürfnisse unterschiedlicher Medien eingeht.

Dabei lassen sich bei einer Massenproduktion von mehreren hundert Meldungen am Tag inhaltliche und stilistische Mängel wohl nie vollends ausschließen. Die Verbesserung der technischen Arbeitsbedingungen und Bemühungen aller Agentur-Redaktionen um die Überwindung von überkommenen Regeln wie den sieben W-Fragen im Lead-Satz haben aber deutlich erkennbare Fortschritte in der Qualität agentur-journalistischer Texte bewirkt.

Verglichen mit anderen Medien ist die Arbeitsverdichtung im Agentur-Journalismus besonders hoch, was nicht zuletzt an den immer wieder fälligen Berichtigungen abzulesen ist. Der zusätzliche Wettbewerbsdruck auf dem deutschen Markt der Nachrichtenagenturen verleitet insbesondere bei den Hauptthemen eines Tages gelegentlich zu überspitzter Darstellung im Lead-Satz, die in der inhaltlichen Ausführung dann relativiert wird.

Die ausgeprägte Kundenorientierung schließlich setzt die Nachrichtenagenturen Veränderungen in den inhaltlichen Präferenzen des gesamten Mediensystems aus, was bei gleich bleibendem Umfang des Angebots zu Verschiebungen in der Nachrichtenauswahl führt. Unter dem Einfluss einer zunehmenden Boulevardisierung (→ Boulevard-Journalismus) wird dem Nachrichtenwert „Prominenz" etwa seit dem Jahr 2000 ein so hohes Gewicht eingeräumt, dass andere Kriterien wie Relevanz und Reichweite bei diesen Meldungen entbehrlich geworden sind.

Innerhalb weniger Jahre hat sich die Zahl von Agenturmeldungen über Nichtigkeiten aus dem Privatleben von Schauspielern oder Fernsehmoderatoren vervielfacht. Zum Informationswert tritt ein auf mediale Scheinwelten fokussierter Unterhaltungswert hinzu, was den Agentur-Journalismus vor neue Fragen zum eigenen Selbstverständnis und zu seinen Qualitätsstandards stellt.

Wenn der Agentur-Journalismus weiter seine Mittlerrolle zwischen aktuellem Ereignis und der Unterrichtung der Öffentlichkeit erfüllen soll, wird er sich nicht nur von der Medienrealität, sondern vor allem von der erlebten Realität der über sechs Milliarden Menschen leiten lassen, die auf der Welt leben.

Literatur

Hagen, Lutz M. (1995): Informationsqualität von Nachrichten, Opladen.
Read, Donald (1999): The Power of News. The History of Reuters, Oxford/NY.
Schuller, Sandra (2003): Agenturjournalismus, Berlin.
Steffens, Manfred (1969): Das Geschäft mit der Nachricht, Hamburg.
Weischenberg, Siegfried (2002): Journalistik, 2. Aufl., Wiesbaden.
Wilke, Jürgen/Bernhard Rosenberger (1991): Die Nachrichten-Macher. Zu Strukturen und Arbeitsweisen von Nachrichtenagenturen am Beispiel von AP und dpa, Köln u. a.
Wilke, Jürgen (1997): Nachrichtenagenturen im Wettbewerb, Konstanz.
Zschunke, Peter (2000): Agenturjournalismus, 2., überarb. Aufl., Konstanz.

Peter Zschunke, Frankfurt/M.

Aktualität

Definition/Begriffsbestimmung

Das Wort ‚aktuell' ist seit dem 18. Jahrhundert im deutschen Sprachgebrauch nachweisbar. Seine Bedeutung entwickelte sich von „wirklich" und „gegenwärtig wirklich" bis „zum gegenwärtigen Zeitpunkt wesentlich", wobei das Zeitungswesen eine wichtige Rolle bei der Etablierung des Wortes im 19. Jahrhundert spielte.

In der Journalismusforschung wird Aktualität dreidimensional als „Zeitgröße, Wirkungsgröße und Wirklichkeitsmaß" (Weischenberg 2004: 41) definiert: Aktualität weist demnach eine *zeitliche* (Abstand zwischen Ereignis und Bericht), eine *sachliche* (Neuigkeit, Unerwartetheit) und eine *soziale* (Relevanz für Rezipienten) Dimension auf. Relevanz und Informationswert können nur gemeinsam Aktualität begründen, ein Ereignis muss also relevant *und* informativ sein (Merten 1973: 219 f.).

Dem trägt die Unterscheidung von manifester und latenter Aktualität Rechnung: Manifeste Aktualität liegt bei wichtigen Themen der unmittelbaren Gegenwart (wie Katastrophen, Theaterpremieren oder Wahlergebnissen) vor. Themen mit latenter Aktualität (z. B. Umweltfragen, Europa oder der Staatshaushalt) können beispielsweise durch die Präsentation neuer Forschungsergebnisse, durch einen politischen Konflikt etc. (wieder) eine manifeste Aktualität bekommen (Haas 1999: 321 f.).

Als „Zeitgröße“ bezieht sich Aktualität auf den Abstand zwischen Geschehen und Vermittlung. Er ist von der Periodizität des Mediums abhängig; journalistische und technische Produktion sowie Vertrieb bestimmen das erreichbare Maß an zeitlicher Aktualität (→ Massenmedien). Es gilt, die Zeitspanne zwischen Geschehen und Veröffentlichung so klein wie möglich zu halten. Bei der *Live-Übertragung* kommt es zum Nullabstand, zur Synchronisation von Geschehen und Vermittlung.

Mit der sachlichen Dimension der Aktualität ist ihr Informationswert gemeint. Ein Ereignis muss bestimmte Nachrichtenwerte enthalten, um journalistische Aufmerksamkeit zu erregen. Die Nachrichtenauswahl folgt Annahmen über die Bedeutung eines Themas sowie über die Relevanz für den Rezipienten (→ Nachrichtenselektion).

Die journalistische Selektion und Vermittlung verleiht Ereignissen Aktualität; → Journalismus stellt Aktualität her. Die Rezipienten begutachten das Aktualitätsangebot und entscheiden, ob sie Aufmerksamkeit investieren und damit eine nutzerspezifische Relevanz konstruieren, also dem jeweiligen Phänomen eine besondere Bedeutung für ihr eigenes Leben zuweisen.

Zeit- und Aktualitätsdruck

Niklas Luhmann (1981: 317) beobachtete einen tief greifenden Wandel der Zeitstrukturen in der Moderne: „In älteren Gesellschaftssystemen hatte man Gegenwart als Dauer, Neuheit als Symptom für Unwesentlichkeit, Neugier als suspektes Motiv begriffen.“ Für die Gegenwartsgesellschaft ist Zeit mehr denn je zum subjektiv knapper werdenden Gut geworden. Die Erfahrung der Beschleunigung bestimmt die Zeitökonomie, die der kürzeren Taktung den Alltag. Mit der Schrumpfung der Zeitbudgets geht die wachsende Bedeutung von Information, ihre Industrialisierung, Spezialisierung und Differenzierung einher.

Für den journalistischen Alltag ist die zeitliche Aktualität bestimmend; sie formt Arbeitsabläufe und Denken der Journalisten. Auch der Rezipient erfährt Aktualität über die rasche Abfolge von Ereignissen. Der Journalismus sorgt dafür, dass die Ereignisketten nicht unterbrochen werden.

Zeit- und Aktualitätsdruck manifestiert sich medienspezifisch in unterschiedlichem Ausmaß. Nachrichtenredakteure in Agenturen und elektronischen Medien unterliegen einem Zwang zur Aktualität; die Sendungen des Tages und professionelle Leitwerte wie Schnelligkeit, Neuheit oder Konkurrenzerfolg schaffen einen schmalen Zeitrahmen, die Produktion erfolgt stets unter akutem Zeitdruck (→ Agentur-Journalismus).

Mit dem Aktualitätsdruck nimmt auch die Fehleranfälligkeit zu. Die aus kommerziellen Überlegungen und produktionstechnischen Sachzwängen erwachsene Beschleunigung des Verfahrens steigert die temporale Aktualität. Tendenziell geht diese zulasten der Aktualität durch Relevanz. So wird in der Kriegs- und Krisenberichterstattung die Norm „Get it first, but first get it right“ in hohem Maße verletzt (→ Kriegsberichterstattung, Krisenkommunikation). Ein anderes Beispiel: Die Inszenierung von Pseudo-Ereignissen durch Öffentlichkeitsarbeit (→ Public Relations) schränkt durch eine „bewußte Kalkulation der aktualitätsorientierten Selektionsstrategien“ (Weischenberg 2004: 45) das Aktualitätsprinzip journalistischen Handelns ein.

Jene Rahmenbedingungen, die eine schnellere Produktion ermöglichen, bieten aber auch Chancen: → Nachrichten im → Internet können permanent aktualisiert werden, es lassen sich Links zum Archiv und damit zu Hintergrundberichten herstellen (→ Online-Journalismus). In der Qualitätsdebatte zeigt sich, wie notwendig ein reflektierter Umgang mit Aktualität ist, der die Potenziale des jeweiligen Mediums berücksichtigt (→ Qualität).

Printmedien (→ Presse) können in der Aktualitätskonkurrenz mit den schnelleren elektronischen Medien nur verlieren, sie haben andere Stärken, die es zu forcieren gilt. Und nach wie vor gibt es auch einen Journalismus, der sich von der zeitlichen Aktualität emanzipiert und jene komplexen Themen bearbeitet, deren Rechercheaufwand Tagesaktualität unmöglich macht (→ New Journalism). Er sichert im fruchtbaren Widerspruch die journalistische Aktualität durch Relevanz. Dazu braucht er Zeit.

Literatur

Haas, Hannes (1999): Empirischer Journalismus, Wien u. a.

Luhmann, Niklas (1981): Veränderungen im System gesellschaftlicher Kommunikation und die Massenmedien, in: ders.: Soziologische Aufklärung 3, Opladen: 309-320.

Merten, Klaus (1973): Aktualität und Publizität, in: Publizistik 1973/3: 216-235.

Weischenberg, Siegfried (2004): Journalistik, Bd. 1, Wiesbaden.

Hannes Haas, Wien

Argentinien

→ Lateinamerika

Asien

Allgemeine Rahmenbedingungen

In der deutschen vergleichenden Mediensystem-Forschung spielt Asien bislang noch eine untergeordnete Rolle, obwohl sich auf diesem Kontinent nicht nur einige der am schnellsten wachsenden Ökonomien und Militärmächte finden, sondern sich auch eine mit rapiden politischen und gesellschaftlichen Wandlungen einhergehende dynamische Medienentwicklung vollzieht. Für die Subregionen Ostasien, Südostasien, Zentralasien (ohne Russland), Südasien und Westasien fällt die Bilanz allerdings uneinheitlich aus.

Grundlagen der Mediensysteme

Asien beheimatet neben Afrika die restriktivsten → Mediensysteme der Welt. Sie schränken die Meinungs- und → Kommunikationsfreiheit in politischer, rechtlicher, ökonomischer und sozialer Hinsicht ein. Gemäß dem *Freedom-House-Index* (www.freedomhouse.org) können derzeit nur Japan, Israel, die Philippinen, Südkorea und Taiwan als *freie* Mediensysteme eingestuft werden. Als *teilweise frei* gelten Staaten wie Indien, Indonesien, die Mongolei und Thailand; als *unfrei* fast alle anderen Staaten.

Damit leben etwa 10 Prozent der asiatischen Bevölkerungen in freien, 40 Prozent in halbfreien und 50 Prozent in unfreien Mediensystemen, was den erheblichen Entwicklungsbedarf Asiens auf diesem Gebiet verdeutlicht. Sowohl das überwiegend arabische Westasien als auch die ehemaligen sowjetischen Republiken Zentralasiens wie auch Südasien beherbergen im Grunde keine freien Mediensysteme. Allerdings wäre die Höherstufung solcher Länder wie Indien oder auch dem Libanon denkbar.

Erkennbar wird aber, dass der Schwerpunkt der Freiheits- und Demokratieentwicklung bei den reiferen ostasiatischen ‚aufstrebenden Ökonomien' (so genannte Tigerstaaten) liegt. Erscheinungen wie das ‚unfreie', aber prosperierende Singapur oder auch die arabischen Golfstaaten zeigen allerdings, dass eine Korrelation zwischen Wohlstand und medialer Freiheitsentwicklung nur bedingt vorhanden und abhängig von der Art der politischen Entwicklung ist.

Die arabische Halbinsel beherbergt einige der reichsten Länder der Erde, aber die rentenkapitalistische Reichtumsquelle – das Erdöl – hat autoritäre Bedingungen eher gefestigt als infrage gestellt. Dort, wo, wie in Indien, demokratische Rahmenbedingungen gegeben sind, ist allerdings erkennbar, dass die Weiterentwicklung der Medienfreiheit nicht zuletzt von der ökonomischen und sozialen Entwicklung abhängen wird.

Aus sehr unterschiedlichen Gründen entwickeln sich die Medien in den großen muslimischen Staaten Indonesien, Malaysia, aber auch in Iran, im Irak und in Afghanistan in der Gegenwart sehr dynamisch. Indonesien bemüht sich um eine Konsolidierung der Demokratie; Malaysia verfolgt einen Kurs der ökonomischen Reform; in Iran findet die Auseinandersetzung zwischen konservativen Islamisten und Staatsreformern in einer sich ständig verändernden Presselandschaft statt; Irak und Afghanistan erleben eine Umwandlung des Mediensektors unter amerikanischer Besatzung.

Im Fall Chinas ist zwar eine rapide ökonomische Entwicklung absehbar, die auch die Medien einbezieht. Zeichen der politischen Öffnung der Medien lassen sich bislang aber kaum erkennen.

Anders als bei der Medienfreiheit besteht ein deutlicher Zusammenhang zwischen *Medienverbreitung* und sozio-ökonomischen Entwicklungsindikatoren. Die wirtschaftlich führenden Länder sind auch mit der besten Medien- und Telekommunikationsinfrastruktur ausgestattet. Und sie haben die Neuen Medien im hohen Maß als Entwicklungsfelder entdeckt.

Das Niveau der von der UNO zur Entwicklung angestrebten zehn *Tageszeitungsausgaben* pro 100 Einwohner erreichen in Asien lediglich Hong Kong, Israel, Japan, Libanon, Malaysia, Singapur, Südkorea und die arabischen Golfstaaten (→ Presse). Günstiger ist die Verteilung mit Radioempfängern, wobei der Mindeststandard von fünf Geräten auf 100 Einwohner in fast allen Ländern erreicht wird und viele Länder weit darüber liegen.

Im Bereich der *Telefondichte*, die auch für das Internet maßgeblich ist, machen sich die regionalen Wirtschaftsunterschiede jedoch erneut bemerkbar. Ostasien und der arabische Golf stehen als hochgradig vernetzte Regionen gering entwickelten Ländern in Süd-, Südost-, Zentral- und z. T. in Westasien (Yemen, palästinensische Gebiete) gegenüber.

In Asien nutzten bereits kurz nach der Jahrtausendwende ebenso viele Menschen das → Internet wie in Europa (nua.org). Gemessen an den großen Bevölkerungszahlen liegt die Pro-Kopf-Vernetzung allerdings in vielen Staaten Asiens noch unterhalb von 1 Prozent der Bevölkerung. Neben den führenden Staaten wie Japan und Südkorea, in denen bereits jeder zweite Bürger über einen Internetzugang verfügt, verzeichnet China mit seiner gigantischen Bevölkerung die höchsten Wachstumsraten. Prozentual liegt sowohl in China als auch in Indien die Nutzerdichte zwar noch unter 5 Prozent. Dennoch wird Chinesisch in naher Zukunft wohl die verbreitetste Sprache im Internet werden, was – ebenso wie das Vorkommen vieler anderer Sprachen im multilingualen Netz – den globalen Geltungsanspruch des Englischen insgesamt relativieren dürfte.

China und Indien, die unterschiedliche privatwirtschaftliche oder staatskapitalistische Strategien verfolgen, eint die Hoffnung auf Entwicklungsfortschritte durch das Internet, die sich derzeit aber in beiden Ländern lediglich als Inselwachstum und unter Ausgrenzung vieler Regionen und Bevölkerungsteile zeigen.

Literatur

Gunaratne, Shelton A. (Hrsg.) (2000): Handbook of the Media in Asia, New Delhi u.a.

Hans-Bredow-Institut (Hrsg.) (2004): Internationales Handbuch Medien 2004/2005, Baden-Baden (Beiträge zu Armenien, Aserbaidschan, China, Golfstaaten, Indien, Indonesien, Iran, Iran, Israel, Japan, Korea, Malaysia, Pakistan, Singapur, Taiwan, Usbekistan).

Kamalipour, Yahya R./Hamid Mowlana (Hrsg.) (1994): Mass Media in the Middle East, Westport u. a.

Kai Hafez, Erfurt

Auslandsberichterstattung

Definition/Begriffsbestimmung

Unter Auslandsberichterstattung versteht man Inhalte und Prozesse der Medienberichterstattung über Sachverhalte jenseits des Heimatstaates. Sie ist vermittelnde, journalistische Kommunikation und unterscheidet sich von anderen Formen grenzüberschreitender Kommunikation (z. B. → Internet), die auch ohne Vermittlung von Journalisten stattfinden können.

Forschungsstand

Wissenschaftliche Untersuchungen zur Auslandsberichterstattung haben ihr Augenmerk bislang auf → Medieninhalte gerichtet, weniger aber auf die komplizierten Entstehungs- und Wirkungsprozesse, die auf drei Ebenen anzusiedeln sind:

- *Mikroebene* (Einflüsse von und auf → Journalisten);
- *Mesoebene* (Einflüsse von und auf Medienorganisationen/das → Mediensystem);
- *Makroebene* (Einflüsse von und auf Politik, Gesellschaft und Kultur).

Methodologisch steht derzeit die interdisziplinäre Integration der Forschung auf der Agenda, um Entstehungsprozesse der Auslandsberichterstattung im Spannungsfeld von Medien- und Kommunikations-, Politik-, Kultur- und Länderwissenschaften (Orientalistik u. a.) zu ergründen und Leerstellen der Forschung wie Kommunikator-, Nutzungs- und Wirkungsstudien sowie die Erforschung der Rolle der Auslandsberichterstattung in den internationalen Beziehungen zu füllen.

Die Auslandsberichterstattung generiert nationalräumlich geprägte Diskurse über das Weltgeschehen. Diese sind nicht hermetisch geschlossen; komparative Untersuchungen (Gurevitch et al. 1993) haben aber gezeigt, dass selbst auf der Basis identischer Quellen nationale „Domestizierungseffekte“ in hohem Maß auf die Art der Berichterstattung durchschlagen. Auslandsberichterstattung ist nicht global interdependent, sondern auf nationale Märkte ausgerichtet. Das System der Nationalstaaten mit ihren unterschiedlichen politischen Interessen und einer sich im nationalen Raum verfestigenden Diskursdynamik bei Journalisten, Verlagen und Publika ermöglicht zwar die Übermittlung faktischen Weltwissens und ein sporadisches Zur-Kenntnis-Nehmen ausländischer Diskurse. Es wirkt aber zugleich in hohem Maße inhaltsprägend. Selbst scheinbar universelle Ereignisse wie die Olympischen Spiele werden in den medialen Vermittlungen in unterschiedlichen Ländern durch Themenselektion und Framing unterschiedlich dargestellt.

Wenn zugleich eine relative Abhängigkeit des Konsumenten von den Medien besteht, da er beim internationalen Distanzgeschehen selten über Primärerfahrung verfügt, dann besitzt die Auslandsberichterstattung das Potenzial, nicht nur kosmopolitische, sondern auch ethnozentrische Weltbilder zu fördern und Krisen verstärkend zu wirken. Eine multiperspektivische Auslandsberichterstattung, die Selbst- und Fremdbilder integriert, bleibt daher die normative Leitvorstellung einer systemverbindenden, globalisierungsorientierten Auslandsberichterstattung.

Eine *Nachrichtengeografie* westeuropäischer Mediensysteme zeigt, dass Westeuropa selbst die meiste Beachtung erfährt, gefolgt von Nordamerika, dem Nahen Osten, Afrika/Asien und Lateinamerika (Sreberny-Mohammadi et al. 1985: 42). Auslandsberichterstattung richtet sich auf Nachbarstaaten, auf politische und ökonomische Metropolen wie die USA und auf Regionen wie den Nahen Osten, bei denen relative geografische Nähe mit kultureller Bedeutsamkeit und Konflikthaftigkeit vereint sind. In diesem ‚strukturierten Kosmos‘ müssen Regionen, die als weniger bedeutsam betrachtet werden (wie → Lateinamerika, → Afrika, Ostasien und Australien), um mediale Aufmerksamkeit kämpfen. Da Regionalismus- und Näheprinzipien in jedem Land wirken und Sachverhalte überall anders interpretiert werden können, entsteht weltweit eine Vielzahl von bestenfalls teilkompatiblen Auslandsberichterstattungs-Diskursen.

Für die deutsche Auslandsberichterstattung sind weitere Konstruktionsprinzipien des Auslandsbildes in zahlreichen Untersuchungen mit unterschiedlichen Schwergewichten ermittelt worden. Auslandsberichterstattung ist demnach im Allgemeinen

- *politikzentriert* – etwa 60-80 Prozent der Inhalte großer Massenmedien beschäftigen sich mit politischen Überbauhandlungen, während andere Sachgebiete (Ökonomie, Gesellschaft, Kultur) weitaus weniger repräsentiert sind;
- *elitenorientiert* – Auslandsberichterstattung wird von politischen Eliten dominiert, während Bevölkerungen und soziale Bewegungen eine untergeordnete, wenngleich in den letzten Jahrzehnten langsam wachsende Rolle spielen;
- *konfliktorientiert* – die aufgrund der Vielzahl der Weltereignisse erforderliche starke Selektion der Nachrichten begünstigt eine Tendenz, wonach Katastrophen, Gewalthandlungen und Kriege die Nachrichtenschwelle mit hoher Wahrscheinlichkeit überwinden und so das Bild einer chaotischen außereuropäischen Welt entsteht (Hafez 2002, Bd. 1: 60-63).

Stabile internationale Beziehungen lassen sich nicht auf die politische Ebene beschränken, sondern setzen Wissen über Gesellschaften und Kulturen voraus, das von dem derzeitigen System der Auslandsberichterstattung nur bedingt bereitgestellt wird. Entstehung und Wirkung von medialen Textstrukturen der Auslandsberichterstattung können auf den drei theoretischen Ebenen angesiedelt werden.

Mikroebene

Der Journalist bringt sozialisationsbedingte Kompetenzen, Weltbilder, Perspektiven, aber auch Stereotype und Feindbilder in die Textproduktion ein. Bei einigen deutschen Journalisten ist der Nachweis ethnozentrischer Nationen- und Menschenbilder geführt worden (Klemm/Hörner 1993). Die Durchsetzung individueller Sozialisationsneigungen fällt umso leichter, als spezifische professionelle Rollenbilder unterentwickelt sind. Fragen nach der interkulturellen und internationalen Funktion der Auslandsberichterstattung als ‚kultureller Mittler' oder ‚Mitgestalter der Außenpolitik' finden kaum Beachtung in der berufsethischen Debatte des Journalismus (Hafez 2002, Bd. 1: 72-87).

Mesoebene

Im Zentrum der Untersuchung der Einflüsse der Medienorganisationen und des Mediensystems steht die Frage nach dem internationalen Informationsfluss. Auslandskorrespondenten vermitteln im Idealfall durch ihren Zugriff auf lokale Medien und Meinungsführer Selbstbilder des Berichterstattungslandes. Die bestehenden Korrespondentennetze sind aber selbst bei großen deutschen Medien unterentwickelt; einzelne Korrespondenten betreuen oft eine Vielzahl von Ländern.

Da noch unklar ist, wie sich alternative Quellen (Internet) in der Auslandsberichterstattung auswirken, ist die Abhängigkeit von den großen → Nachrichtenagenturen (vor allem *Reuters*, *AP*, *AFP*), die heute im Regelfall 50-80 Prozent der Informationsquellen darstellen, groß. Dies befördert zwar die Herausbildung eines minimalen globalen Themenhaushaltes, der systemübergreifend wirksam wird. Aber die zentrale Stellung der Agenturen hat auch die Vereinheitlichung der Orientierung der Auslandsberichterstattung an Konflikten und Eliten gefördert, antizyklische Themenfindung (selbst für Korrespondenten) erschwert und die Reichweite insbesondere der westlichen staatlichen Öffentlichkeitsarbeit (*public diplomacy*) vergrößert. Auch Nachrichtenagenturen sind finanzschwache Einrichtungen, die nicht nur selbst recherchieren, sondern die politische Öffentlichkeitsarbeit der Staaten an die Medien weiterleiten, die sie dann an den Verbraucher übermitteln (Tunstall 1981; Hagen 1995: 252-264).

Die entstehende Weltnachrichtenlage ist ein stark selektiertes und vereinheitlichtes Spektrum von Themen und Thementypen, die zwar von Land zu Land unterschiedlich interpretiert werden können, auf die zugleich aber große westliche Industriestaaten wie die → USA, England (→ Großbritannien) und → Frankreich durch ihre marktführenden Agenturen einen erheblichen Einfluss ausüben.

Allerdings zeichnet sich ein verstärkter Trend zum bilateralen Nachrichtenaustausch zwischen Referenzmedien verschiedener Weltregionen ab, etwa zwischen dem *ZDF* und dem arabischen Sender *Al-Jazeera*, wodurch die außereuropäische Welt verbesserte Chancen zur Selbstdarstellung erhält. Sensible Fragen der Informationssicherung wie der unabhängige Zugriff der Medien auf Satellitenaufklärung, die bislang nur militärisch zensierte Standbilder liefert, sind von der → Kommunikationspolitik weltweit bislang kaum aufgegriffen worden.

Makroebene

Die gesellschaftliche Einbettung der Auslandsberichterstattung muss systemtheoretisch gedeutet werden (→ Systemtheorie). Journalisten, Politik und Organisationen bzw. Teilöffentlichkeiten konkurrieren als Subsysteme der Gesellschaft um Zugang zur → internationalen Kommunikation, während die Medien um ein Gleichgewicht zwischen Autonomiewahrung und Umweltanpassung bemüht sein müssen.

Auslandsberichterstattung wird dabei in hohem Maß im Wechselspiel von Politik und Medien geprägt. Während das politische System als zentrales handelndes System der internationalen Beziehungen über große Gestaltungsspielräume verfügt, sind die an Auslandsfragen interessierten Eliten und Organisationen in der Regel klein und üben einen strukturell begrenzten Einfluss aus. Medien erhalten zudem noch immer relativ wenig Impulse von transnational operierenden NGOs (Non-governmental Organizations). „Ungewöhnliches Verhalten" (Wolfsfeld 1997) bis hin zum Terrorismus gilt manchen Kräften als Ersatz für eine erfolgreiche Medienstrategie.

Systemtheoretisch lassen sich starke Einflüsse des nationalen politischen Systems auf die Auslandsberichterstattung vor allem in extremen Krisenzeiten nachweisen. In zahlreichen Fallstudien (Bennett/Paletz 1994; Hafez 2002, Bd. 2: 194-207) sind patriotische Konsenstendenzen auch bei Medien nachgewiesen worden, die in Normalzeiten kritische Distanz vom Regierungshandeln wahren.

Zugleich ist in den letzten Jahren unter dem Stichwort ‚CNN-Effekt' darüber debattiert worden, ob internationale Berichterstattung selbst Einfluss auf die internationale Politik gewinnen kann. Zwar sind die Wirkungen (z. B. Vietnamkrieg, kurdische Autonomie, Somalia) umstritten. Dennoch scheint unter besonders günstigen Bedingungen (Politikvakuum, Bildeignung, Wertekonsens, Elitenfraktionierung etc.: Ammon 2001) das Einflusspotenzial der Medien auf das nationale Politiksystem zu wachsen.

Die Zunahme von Interaktionen zwischen nationaler Politik und Auslandsberichterstattung erstreckt sich nicht nur auf Außen- und Krisenpolitik, sondern umfasst auch die Sphäre der Innenpolitik. Zu erkennen ist nicht nur eine Verschränkung von Raumdimensionen wie bei der klassischen Unterscheidung zwischen *foreign news abroad* (auswärtiges Geschehen), *foreign news at home* (z. B. inländisches Geschehen mit Auslandsbezug), *home news abroad* (z. B. auswärtiges Geschehen mit Inlandsbezug, z. B. deutsche Staatsbesuche), sondern eine komplexe thematische Vernetzung aller Lebensbereiche (Hafez 2002, Bd. 1: 137 ff.). Historische Erfahrungen, politische Kulturen und aktuelle Ereignisse im Inland können Umfang und Inhalt der Auslandsberichterstattung beeinflussen, das Interesse steigern, aber auch das Fernbild deformieren – etwa wenn das amerikanische Hochschulsystem als identisch mit *Harvard* charakterisiert wird, weil in Deutschland nach Vorbildern für eine eliteorientierte Universitätsreform gesucht wird.

Im Vergleich zu den nationalen Prägungen der Auslandsberichterstattung bleiben internationale Interdependenzen, d. h. Einfluss und Rückkopplung von Märkten, politischen Meinungen, Organisationen, Medien und kulturell kompetenten Gesprächspartnerschaften von jenseits der eigenen Grenzen, in der Regel gering. Das mediale Subsystem der Auslandsberichterstattung bedient sich zwar des Weltgeschehens als ‚Informationsrohstoff'; es lässt sich aber nur bedingt als integrierter Bestandteil eines kommunikativen Weltsystems beschreiben.

Ausblick

Das Interesse an Auslandsberichterstattung hat bei Medienproduzenten und -konsumenten nach Beendigung des Ost-West-Konflikts abgenommen. Sie führt zumindest im deutschen → Fernsehen eine Randexistenz. Das vielfach unterschätzte Medium → Radio ist mit öffentlich-rechtlichen Sendern wie dem *Deutschlandfunk* noch am ehesten in der Lage, breitere Bevölkerungsschichten zu erreichen.

Während Auslandsberichterstattung bei vielen proaktiven Zeitungslesern der überregionalen Presse einen konsolidierten Stellenwert hat, sind Reichweiten bei den nur zum Teil politisch interessierten Publika des Fernsehens nur schwer zu erzielen. In der Zeit des Kalten Krieges war die internationale Aufmerksamkeit höher als in der Ära der so genannten Globalisierung, die eher Rückzugstendenzen beim Publikum gefördert hat.

Mit der Zunahme der Gefahren seit den Attentaten des 11. September ist die Auslandsberichterstattung in eine neue Phase eingetreten. Allerdings scheint sich das gewachsene Interesse am Ausland sektoral auf Fragen des internationalen Terrorismus und verwandte Themen zu beschränken, ohne dass ein neues globales Interesse etwa an den Entwicklungsländern erkennbar würde. Ein Indikator ist, dass die Zahl von Sondersendungen im deutschen Fernsehen steigt, während feste Sendeplätze (z. B. *Weltspiegel*) abnehmen oder stagnieren.

Gerade von privaten Fernsehanbietern wird Auslandsberichterstattung als wenig rentabel betrachtet, zumal, so die Argumentation, selbst in Krisenzeiten Werbeausfälle zu kommerziellen Einbußen führten. Dass man von ihr auch profitieren kann, zeigt insbesondere die Geschichte von *CNN*, dem amerikanischen Nachrichtensender, der erst durch die Golfkriege aus den roten Zahlen gelangte. Schwer nachzuvollziehen an Argumenten kommerzieller Anbieter ist auch, dass bislang eigentlich keine soliden Nutzungsstudien vorliegen (→ Mediennutzung) und sich die Reichweitenzahlen auf Reaktionen auf das bestehende stark politik- und krisenorientierte Programm beschränken.

Bislang ist nicht klar, ob die derzeitige Rezession der Auslandsberichterstattung angebots- oder nutzungsbedingt ist. Sicher ist hingegen, dass die Auslandsberichterstattung zahlreiche Reformbereiche aufweist: → Journalistenausbildung, interkulturelle Kompetenzschulung, Ressourcenausstattung, Optimierung des Informationsflusses, redaktionelles Krisenmanagement, globale Vernetzung usw.

Literatur

Ammon, Royce J. (2001): Global Television and the Shaping of World Politics, Jefferson/London.

Bennett, W. Lance/David L. Paletz (Hrsg.) (1994): Taken by Storm. The Media, Public Opinion and the U.S. Foreign Policy in the Gulf War, Chicago/London.
Ginneken, Jaap van (1998): Understanding Global News, London.
Gurevitch, Michael et al. (1993): The Global Newsroom. Convergences and Diversities in the Globalization of Television News, in: P. Dahlgren et al. (Hrsg.): Communication and Citizenship, London/New York: 195-216.
Hafez, Kai (2002): Die politische Dimension der Auslandsberichterstattung, 2 Bde., Baden-Baden.
Hagen, Lutz M. (1995): Informationsqualität von Nachrichten, Opladen.
Klemm, Verena/Karin Hörner (Hrsg.) (1993): Das Schwert des „Experten". Peter Scholl-Latours verzerrtes Araber- und Islambild, Heidelberg.
Sreberny-Mohammadi et al. (Hrsg.) (1985): Foreign News in the Media: International Reporting in 29 Countries, Paris.
Tunstall, Jeremy (1981): Worldwide News Agencies – Private Wholesalers of Public Information, in: J. Richstad/M. H. Anderson (Hrsg.): Crisis in International News: Policies and Prospects, New York: 258-267.
Wolfsfeld, Gadi (1997): Media and Political Conflict. News from the Middle East, Cambridge.

Kai Hafez, Erfurt

Befragung

→ Methoden der Kommunikationsforschung

Belgien

→ Benelux-Länder

Benelux-Länder

Allgemeine Rahmenbedingungen

Die Benelux-Länder – wie die drei kleineren Nationen Westeuropas Belgien, die Niederlande und Luxemburg gemeinhin bezeichnet werden – spiegeln den *strukturellen Medienwandel* wider, welchen man in den vergangenen zwei Jahrzehnten beobachten konnte:

- eine ausgeprägte Abnahme von Zeitungsauflagen, einhergehend mit einer fortschreitenden Kartellisierung der Medienlandschaft;
- Privatisierung des Rundfunkwesens, was Bedenken über die Zukunft des öffentlich-rechtlichen Systems hervorrief;
- eine Wettbewerbsforcierung innerhalb sowie zwischen verschiedenen Mediensektoren, die beginnt, sich auf den Stil und die Ethik des Journalismus auszuwirken (→ Medienethik).

Grundlagen der Mediensysteme

Alle drei Länder weisen Gemeinsamkeiten in ihrer politischen Historie und Kultur, ihrer dicht besiedelten Geografie, ihrer Tradition des parteinahen Zeitungswesens (→ Presse) und ihrer hohen Kabel-TV-Dichte auf. Gleichzeitig unterscheiden sich ihre Medienlandschaften jedoch stark. Als prägnantester Unterschied wäre zu nennen, dass *Luxemburg* als einziges Land Europas von jeher ein rein privates Rundfunksystem (→ Radio; → Fernsehen) besitzt; erst seit 2001 hat RTL mit *Télé Lëtzebuerg* eine öffentlich-rechtliche Seite zu seinem kommerziellen Programm hinzugefügt. Mit einer Bevölkerung von 440.000 Einwohnern hat das Land zudem eine beachtliche Anzahl von sechs Tageszeitungen (sowie fünf Wochenzeitungen), welche in drei verschiedenen Sprachen erscheinen – Deutsch, Französisch und Luxemburgisch – und deren Auflagen im Stückzahlbereich von 4.000 bis 87.000 variieren. Die Tatsache, dass alle Zeitungen – inklusive jener Tageszeitungen die im Besitz der Liberal-Demokraten und der Kommunistischen Partei sind – im beträchtlichen Maße stattliche *Subventionen* erhalten, trägt entscheidend zur ihrer Überlebensfähigkeit bei.

Belgien, mit seinen 10 Millionen Einwohnern, hebt sich hervor durch sein doppeltes duales Rundfunkwesen, bestehend aus privaten und öffentlich-rechtlichen Rundfunksendern, welche entlang der vorherrschenden Sprachgrenzen getrennt sind: französisch- und niederländischsprachig. Das gleiche (Sprach-)Bild eröffnet sich, betrachtet man die Presse, welche sich mit 16 nationalen und 23 regionalen Zeitungen – erscheinend in einer Auflage von 30.000 bis 300.000 – auf die flämische und wallonische Leserschaft verteilt.

Das Phänomen der ‚Entlesung' erweist sich in Belgien als besonders dramatisch, da die Gesamtauflage seit 1958 sukzessive von ursprünglich 2,5 Millionen auf einen gegenwärtigen Stand von 1,9 Millionen gesunken ist (entspricht einer Auflage von 52 Exemplaren pro 100 Haushalte).

Die Niederlande zeichnen sich zwar durch die größte Bevölkerung aus (16 Millionen), besitzen jedoch relativ die geringste Anzahl an Zeitungen: sieben nationale und 21 regionale Tageszeitungen, welche sich in einem Auflagenbereich von 30.000 bis 800.000 bewegen. Dazu gibt es noch zwei erfolgreiche *free sheets*. Das Rundfunkwesen ist seit jeher charakterisiert durch ein ‚Säulensystem' (*verzuiling*), in welchem die einzelnen Rundfunkorganisationen die religiösen und ideologischen *cleavages* widerspiegeln. Die ‚Säulen' des öffentlich-rechtlichen Rundfunks existieren ihrem Namen nach noch immer, sind aber zur intensiven Kooperation miteinander gezwungen, um mit den weiteren sieben privaten Sendern, welche den Markt seit 1989 betreten haben, konkurrieren zu können.

Grundlagen des Journalismus

Der Journalismus in den besagten drei Ländern zeichnet sich durch ein angespanntes Verhältnis zur Politik aus. Traditionellerweise hatten die Zeitungen starke Bindungen zu den politischen Parteien und dienten ihnen über einen langen Zeitraum hinweg als Sprachrohr. Dies ist bei einigen Teilen der luxemburgischen Presse nach wie vor der Fall. Bis Mitte der 60er Jahre formten die meisten niederländischen Zeitungen eng verflochtene Netzwerke mit den ‚Säulen' sowie den Parteien, was dazu führte, dass z. B. Journalisten sozialdemokratisch orientierter Zeitungen an parlamentarischen Tagungen der Arbeiterpartei teilnahmen. Diese abgeschottete Kultur politischer Kommunikation verschwand im Verlauf der 60er Jahre. Die Presse weist nach wie vor klar erkennbare politische Positionen auf, Parteibindungen und Parteinahme während Wahlen existieren jedoch nicht mehr.

Das Säulensystem des Rundfunks währte länger, wodurch sich politische Parteien bis in die 80er Jahre freundlich gesinnter Beziehung mit den Sendern ihrer ‚Säulen' erfreuen konnten. Jedoch hat auch dies abgenommen.

In *Belgien* dominierte die katholische Presse in Flandern, wohingegen sich in Wallonien eine eher neutrale Presse als erfolgreich erwies. Diese Unterscheidung ist auch noch heute gültig, wobei jedoch die dadurch entstandenen starken Parteibindungen abgeschwächt wurden. Im Rundfunkwesen basierte die Politisierung auf einem System der Ernennungen. Die Rundfunkorganisationen waren zwar nicht im gleichen Maße ‚versäult' wie es in den Niederlanden der Fall war; aber die einzelnen Positionen innerhalb der Medienorganisationen waren durchgängig mit Anhängern bestimmter politischer Parteien, in den meisten Fällen mit Anhängern der Katholiken, der Sozialdemokraten und der Liberalen besetzt. Dieses Bild änderte sich erst in der vergangenen Dekade; die parteipolitischen Bindungen wurden abgelöst durch eher persönliche Beziehungen, in denen gegenseitige Gefälligkeiten die politische Kommunikation bestimmen.

Einschätzungen und Bewertung

Pressefreiheit und Meinungsvielfalt (→ Kommunikationsfreiheit) in den Medien bilden die Eckpfeiler der Demokratie in allen drei Ländern. Die stark sinkende

Anzahl von Zeitungen und die damit verbundene Abnahme der Vielfalt der Presse sowie der ansteigenden Zahl von TV- und Radio-Sendern – sowohl öffentlich-rechtlich als auch privat – sind von den Medienwächtern mit einhelligem Argwohn wahrgenommen worden. Insbesondere der scharfe Konkurrenzkampf zwischen privaten und öffentlich-rechtlichen Sendern sowie der Presse scheinen zu erhöhtem redaktionellen Druck und einem eher *marktorientierten* → *Journalismus* geführt zu haben. In der Tat herrscht eine Tendenz vor, und dies nicht allein im Privatfernsehen, sich mehr auf ‚die Menschen in den Nachrichten', auf verkäufliche Themen wie Kriminalität, Sport sowie Konflikte und Skandale zu konzentrieren und diese Themen in unterhaltsame Formate zu verpacken.

Ob diese Tendenz anhält, wird mit ziemlicher Sicherheit abhängen vom Überleben eines autonomen, öffentlich-rechtlichen Rundfunksystems und einer starken, finanziell unabhängigen Presse. Die Erfüllung dieser beiden Bedingungen ist jedoch ungewiss. Einhergehend mit einer eher gewinnorientierten Logik, gibt es jedoch auch Beispiele von → Investigativem Journalismus, wenngleich er auch oft auf Sensationen anstatt auf die Stimulierung eines öffentlichen Interesses abzielt. Die Existenz eines *editorial statute* (einer Art redaktioneller Mitbestimmung) – omnipräsent in den Niederlanden, weniger hingegen in Belgien und Luxemburg – garantiert die redaktionelle Autonomie. Dies kann ebenfalls als Gegengewicht zu den Zwängen des Marktes betrachtet werden.

Der Fokussierung vieler Medien auf Konflikte und Skandale (*muckraking*) sowie ihre Tendenz zur Personalisierung von Nachrichteninhalten wurde in den Niederlanden und Belgien kritisiert. Dem ihnen unterstellten ‚verantwortungslosen Machtmissbrauch' wird vorgehalten, für einen ansteigenden politischen Zynismus verantwortlich zu sein.

Speziell in den Niederlanden wurden Forderungen nach strengeren Verhaltensregeln laut, welche Journalisten zu verantwortungsvollerem Handeln anhalten sollen. Gegenwärtig wird unabhängiger Journalismus im Vergleich zu einem Journalismus, der nur zur Unterhaltung des Publikums beiträgt, jedoch noch als wertvolleres Gut eingestuft.

Literatur

Bardoel, Jo/Ben van Reen (2004): Medien in den Niederlanden, in: Hans-Bredow-Institut (Hrsg.): Internationales Handbuch Medien 2004/2005, Baden-Baden: 475-492.

Bens, Els de/Guido Ros (2004): Medien in Belgien, in: Hans-Bredow-Institut (Hrsg.): Internationales Handbuch Medien 2004/2005, Baden-Baden: 201-217.

Hans-Bredow-Institut (Hrsg.) (2004): Internationales Handbuch Medien 2004/2005, Baden-Baden (Artikel zu den Niederlanden, Belgien und Luxemburg).

Hirsch, Mario (2004): Das Mediensystem Luxemburgs, in: Hans-Bredow-Institut (Hrsg.): Internationales Handbuch Medien 2004/2005, Baden-Baden: 430-436.

Kees Brants, Amsterdam

Beobachtung

→ Methoden der Kommunikationsforschung

Bericht

→ Nachricht/Bericht

Berichterstattungsmuster

→ Mediengattungen

Berufsethik

→ Medienethik

Bildjournalismus

Definition/Begriffsbestimmung

Im Gegensatz zum Wort- oder Textjournalismus kommuniziert der Bildjournalismus nicht mit Sprache im linguistischen Sinne, sondern mit Bildern (→ Visualisierung). Häufig wird der Bildjournalismus dabei fälschlicherweise auf *Fotografie* (Sachsse 2003) oder allenfalls noch Film reduziert. Dabei kennt der → Journalismus eine ganze Reihe von weiteren Bildern wie etwa *politische Karikaturen*, *Infografiken*, *Gerichtszeichnungen*, *Reportagecomics* etc.

Bildjournalismus subsummiert somit die journalistisch motivierte Produktion, Selektion, Bearbeitung und Distribution von Bildern. Journalisten, die in diesem Bereich arbeiten, werden als Bildjournalisten bezeichnet. Besitzen Bildjournalisten darüber hinaus Kompetenzen sowohl im Schreiben als auch im Bereich Typografie, Grafikdesign und Computer, spricht man inzwischen auch von ‚visuellen Journalisten' (Harris/Lester 2002: 3). „Visual journalism, or the telling of stories with words, pictures, and designs, has evolved from the individual histories of typography, graphics design, informational graphics, photojournalism, motion pictures, television, and computers coming together within various print and screen media" (Lester in Harris/Lester 2002: 11).

Die drei tragenden Säulen des Bildjournalismus sind – trotz der Vielfalt journalistischer Bilder – dennoch die Fotografie, die politische Karikatur und die Infografik. Film kann dabei als Erweiterung der Fotografie mit einer Vorführung von (in der Regel) 24 Aufnahmen pro Sekunde aufgefasst werden.

Geschichte/Entwicklung

Die Ursprünge der Fotografie gehen auf das 19. Jahrhundert zurück. Den Grundstein für die bis heute verwendete Negativ-Positiv-Technik legte der Brite *William Henry Fox Talbot* (1800-1877), als er 1835 ein Verfahren der fotografischen Abbildung auf Chlorsilberpapier erfand. Diese Technik wurde 1841 unter den Namen *Kalotypie* und *Talbotypie* zum Patent angemeldet. Mussten anfangs von den Fotografien noch Holz- oder andere Stiche für den Druck gefertigt werden, ergab sich mit den frühen 80er Jahren des 19. Jahrhunderts durch die von *Georg Meisenbach* (1841-1912) erfundene Autotypie die Möglichkeit, Fotos als Rasterbilder zu drucken. Heute stellt der Druck in Schwarz-Weiß oder Farbe und in hochauflösenden Halbtönen keine Herausforderung mehr dar.

Neben der Drucktechnik muss man bei der Entwicklung des Fotojournalismus aber noch einen zweiten Faktor berücksichtigen, der sich insbesondere auf die Erfindungen im Bereich der Film- und Kameratechnik bezieht. Zentrale Stationen in der Geschichte der (journalistischen) Fotografie sind daher zudem die Fertigung des Rollfilms 1884 durch *George Eastman* (1854-1932), die industrielle Herstellung von Filmen auf Zelluloidbasis 1889, die Einführung einer lichtstarken Reportagekamera (*Ermanox* von Ernemann) 1924, die Markteinführung der ersten Kleinbildkamera (*Leica*) 1925, die Entwicklung der ersten Spiegelreflexkameras mit Autofokus Mitte der 80er Jahre und die Markteinführung der ersten digitalen Kameras zu Beginn der 90er Jahre (Kobré 2004; Lester 2002).

Der Begriff *Karikatur* geht etymologisch auf das italienische Verb *caricare* zurück, das, unabhängig vom künstlerischen Kontext, ‚beladen' oder ‚überladen' bedeutet bzw. auf dessen Substantivierung *caricatura*. In der Wortschöpfungsphase (Übergang vom 16. zum 17. Jahrhundert) bedeutete Karikatur die Herausarbeitung und Hervorhebung individueller Porträteigenschaften und damit die Erschaffung übertriebener Bildnisse.

Der Begriff ‚Karikatur' kommt im 18. Jahrhundert über das Französische in die deutsche Sprache. In Deutschland kannte man zwar bislang den Begriff nicht, aber sehr wohl Entsprechungen für diese Kunstform wie etwa Aftergestalt, Missgestalt, Missbild oder Fratzenbild.

‚Karikatur' wird dann in Deutschland schnell zu einem Sammelbegriff, der von verzerrten Gesichtsdarstellungen über deformierte Erscheinungen bis hin zur Bildsatire ein weites Feld abdeckt. Heute wird der Begriff überdies synonym für ‚politische Karikatur' gebraucht: Die politische Karikatur ist ein visueller Kommentar und damit eine meinungsbetonte journalistische Darstellungsform. Als Gegenstand behandelt sie ein zeitnahes bzw. aktuelles politisches Thema oder Ereignis, dessen Rahmendaten beim Rezipienten bereits bekannt sein müssen.

Die politische Karikatur ist Bestandteil der Medienberichterstattung und hat ihren festen Platz in der Tagespresse (→ Presse), kommt aber auch in anderen Massenmedien vor. Abgesehen von Einblattdrucken oder Plakaten ist ihre Veröffentlichung an ein Trägermedium gebunden, dessen Periodizität die Aktualität der politischen Karikatur bedingt. Zudem ist auch die Abbildungsqualität von den technischen Möglichkeiten des Trägermediums abhängig.

Ein Thema wird umso wahrscheinlicher Gegenstand einer politischen Karikatur, je ausführlicher die reinen Fakten bereits in den Medien vorgestellt wurden und diese beim Publikum als eingeführt und bekannt angenommen werden können. Formal ist die politische Karikatur ein verfremdendes und verdichtendes bildkünstlerisches Verfahren, das sich durch primär handgrafische Technik, eine grafisch-satirische Verkehrssprache und die Anwendung von Witztechniken auszeichnet. Im Idealfall vermag sie es, Sinnzusammenhänge sowie Problemfelder und Widersprüche politischer Realität auf den Punkt zu bringen. Die politische Karikatur bewertet diese ohne direkte Einflussnahme Dritter sowohl parteiisch als auch allgemein verständlich. Sie muss sich durch die Einnahme eines individuellen Standpunktes klar und eindeutig von einer Illustration zu einem politischen Thema abgrenzen.

Die politische Karikatur erfüllt eine wichtige Kritik- und Kontrollfunktion. Auf Seiten des Publikums fördert sie die (politische) Meinungs- und Willensbildung und dient zudem der Unterhaltung und Rekreation (Knieper 2002).

Durch die Verschmelzung der beiden Wörter ‚Information' und ‚Grafik' entstand in den 80er Jahren der Neologismus *Informationsgrafik* oder kurz *Infografik*. Mit dieser Begriffskonstellation wird ausgeschlossen, dass es sich dabei um Grafiken handelt, die (primär) ästhetischen Zwecken dienen. Vielmehr sollen Infografiken Nachrichten und Fakten grafisch (ansprechend) aufbereiten und allgemein verständlich präsentieren. Sie sollen die Rezeption und das Verstehen von Informationen erleichtern und auch deren Erinnern verbessern.

Der Einsatz von Infografiken ist in aller Regel angeraten, wenn Zahlen- und Sachbeziehungen, geografische Verhältnisse oder komplexe Sachverhalte ansprechend, einleuchtend, prägnant und leicht verständlich kommuniziert werden sollen. Man kann mehrere Infografikvarianten unterscheiden, darunter etwa die Piktogramme und piktografischen Symbole (Bildsymbole), die erklärenden Visualisierungen (Erklärgrafiken, Wie-Grafiken, How-to-do-Graphics etc.), die Karten (Wo-Grafiken, Ort- und Raumgrafiken etc.) und die quantitativen Schaubilder (Zahlenbilder). Diese kommen im Journalismus sowohl in ihrer Reinform als auch in Mischformen zum Einsatz (Knieper 1995).

Forschungsstand

Bislang fehlen insbesondere systematische Studien über Bildrezeption und Bildwirkung. Gerade die wissenschaftliche Auseinandersetzung mit visuellen Formen des Journalismus steckt noch in ihren Kinderschuhen (→ Visualisierung).

Während wir über Semantik, Syntax und Pragmatik von Texten, über deren

Logik, Rezeption und Wirkung vergleichsweise gut Bescheid wissen, verhält sich das bei Bildern allgemein und insbesondere bei journalistischen Bildern vollkommen anders. Visuelle Eindrücke werden vom menschlichen Sinnesapparat anders verarbeitet als textuelle Information, sie werden auf andere Art und Weise erinnert und sie folgen einer anderen Logik (Müller 2003).

Häufig wird die mangelnde Authentizität oder die Künstlichkeit von Bildern vom Publikum nicht erkannt (Knieper/Müller 2003). Der Seheindruck beim Betrachten realistischer Bilder schafft keine klaren Grenzen zwischen Abbildung und Abgebildeten. Diese unterstellte Nähe zum Dargestellten erzeugt die Illusion eines unmittelbar und intuitiv verfügbaren Informationsgehaltes. Damit verbunden ist das Konnotat der Trivialität.

Auf der anderen Seite bleiben Bilder ohne kontextuale Einordnung in aller Regel vieldeutig. Bilder sind im Vergleich zu sprachlichen Ausdrücken weit weniger konventionalisiert. Bei der Bildkommunikation steht einer hohen semantischen Fülle eine mangelnde Decodierfähigkeit des Publikums gegenüber (Knieper 2003: 193-194). Letztlich erschweren die Vieldeutigkeit von Bildern, deren oftmals versteckter künstlicher Status und deren mangelnde semantische Bestimmtheit die Analyse.

Ausblick

Die vorrangige Aufgabe für die Zukunft besteht in der Integration des Bildjournalismus in die → Journalistenausbildung. Im Vordergrund sollten hierbei die Bildkompetenz, die Entwicklung einer spezifischen Ethik des Bildjournalismus und geeignete Analysemethoden zur Erforschung des Visuellen stehen.

Literatur

Harris, Christopher R./Paul Martin Lester (2002): Visual Journalism. A Guide for New Media Professionals, Boston u. a.

Knieper, Thomas (1995): Infographiken. Das visuelle Informationspotential der Tageszeitung, München.

Knieper, Thomas (2002): Die politische Karikatur. Eine journalistische Darstellungsform und deren Produzenten, Köln.

Knieper, Thomas (2003): Die ikonologische Analyse von Medienbildern und deren Beitrag zur Bildkompetenz, in: T. Knieper/M. G. Müller (Hrsg.): Authentizität und Inszenierung von Bilderwelten, Köln: 193-212.

Knieper, Thomas/Marion G. Müller (Hrsg.) (2003): Authentizität und Inszenierung von Bilderwelten, Köln.

Kobré, Kenneth (2004): Photojournalism. The Professionals' Approach, 5. Aufl., Boston u. a.

Lester, Paul Martin (2002): Visual Communication. Images with Messages, 3. Aufl., Belmont u. a.

Müller, Marion G. (2003): Grundlagen der visuellen Kommunikation. Theorieansätze und Analysemethoden, Konstanz.

Sachsse, Rolf (2003): Bildjournalismus heute. Beruf, Ausbildung, Praxis, München.

Thomas Knieper, München

Boulevard-Journalismus

Definition/Begriffsbestimmung

Als Boulevard-Journalismus wird jede Art von journalistischer Arbeit für ein Boulevardmedium bezeichnet. Grundsätzlich unterscheidet sich die Tätigkeit für Boulevardmedien nicht vom Schreiben, Redigieren, Sprechen, Fotografieren oder Filmen für andere Medien. Inhaltlich und formal weist der Boulevard-Journalismus jedoch konstitutive Besonderheiten auf, die sich aus seiner Geschichte erklären.

Boulevardzeitungen wurden ursprünglich ausschließlich im Straßenverkauf durch Zeitungsjungen und an Kiosken distribuiert. Der Verkauf von Zeitungen auf dem Bürgersteig – sprich: Boulevard – erforderte im Gegensatz zum Abonnementvertrieb eine inhaltlich und formal sensationalistische Themenaufbereitung, um das Kaufinteresse der vorbeieilenden Passanten zu wecken. Laut *Hartmut Büscher* (1996: 5) ergeben sich aufgrund ihrer Distribution zwei Hauptziele für eine Boulevardzeitung, die auch für andere Boulevardmedien gelten:

- erstens „die Aufmerksamkeit und das Interesse des (potenziellen) Lesers unmittelbar zu erregen, ihn spontan zu ergreifen und zu fesseln, ihn ‚anzuspringen' (Stichwort: ‚Leserfang')"
- und zweitens „den Leser längerfristig an sich zu binden versuchen, sich eine Stammleserschaft sichern (Stichwort: ‚Leser-Blatt-Bindung')".

Der Boulevard-Journalismus gewichtet Themen daher anders als der → Informations-Journalismus: Zentraler Nachrichtenwert ist der Human Interest (→ Nachrichtenselektion). Dementsprechend nehmen Geschichten über Stars und Prominente mehr Raum ein als Nachrichten aus Politik und Wirtschaft. In gleicher Weise finden Sport und Themen wie Sex, Gewalt, Verbrechen und Katastrophen (sex & crime) große Beachtung. Bei Boulevardzeitungen wird das emotional am stärksten ansprechende Thema auf der Titelseite als Geschichte des Tages großformatig unter der dazugehörigen Headline angerissen.

Formal fallen Boulevardzeitungen durch den Einsatz von prägnanten Schlagzeilen, unterschiedlichen Schriftgrößen und vielen (häufig freigestellten) Fotos auf, die das Layout lebendig, mitunter aber auch unübersichtlich wirken lassen. Charakteristisch für die Sprache des Boulevard-Journalismus sind einfache, kurze Sätze mit zahlreichen umgangssprachlichen Wendungen und konnotationsstarken Begriffsbildungen, die der schnellen Verständlichkeit und Emotionalisierung der Geschichten dienen und Affekte bei den Rezipienten auslösen und verstärken sollen.

Geschichte/Entwicklung

Frühformen des Boulevard-Journalismus stellen bereits die ersten illustrierten Nachrichtenflugblätter dar. Diese ab dem ausgehenden 15. Jahrhundert in kleiner Auflage publizierten *Neuen Zeitungen* wurden im Einzelverkauf – vorzugsweise durch Wanderhändler – vertrieben und bedienten sich einer affektorientierten inhaltlichen und formalen Aufmachung. Sie kommunizierten Themen, die auch heute noch das Interesse der Zielgruppe von Boulevardmedien wecken:

- Klatsch, Kriege und Katastrophen;
- Gewaltverbrechen, Strafprozesse und Hinrichtungen;
- Aberglaube und Wunder;
- medizinische Sensationen und Sexualität.

Die mit Stichen illustrierten Boulevardblätter wurden vor allem an öffentlich frequentierten Plätzen wie Märkten oder Wirtshäusern verkauft. Jedoch überschritt ihre Auflage bis zum Einsatz der dampfgetriebenen Hochdruck-Schnellpresse (ab 1812) selten 2.000 Exemplare (→ Medientechnik). Diese Menge entsprach der Anzahl der Abzüge, die von einer Kupferplatte möglich war.

Ende des 19. Jahrhunderts produzierten die beiden Konkurrenten *William Randolph Hearst* (1863-1951) und *Joseph Pulitzer* (1847-1911) in den USA durch den Einsatz von Hochdruck-Rotationsmaschinen (ab 1860) die ersten Massenblätter. 1884, nur ein Jahr nach ihrer Gründung, erreichte Pulitzers maschinell gedruckte *World* eine Auflage von 100.000 Stück. 1896 holte Hearsts *Journal* mit 600.000 Druckexemplaren Pulitzers Blatt ein, dessen sonntäglicher, farbiger Comicstrip *The Yellow Kid* den Begriff *Yellow Press* prägte.

In Europa entwickelte sich der massenhafte Boulevard-Journalismus zuerst in Großbritannien und Frankreich. In England etablierte er sich seit dem Fall der Stempelsteuer mit Zeitungen wie der *Pall Mall Gazette* (Erstpublikation: 1885) und dem *Star* (1888). 1901 brach die von Alfred Harmsworth gegründete *Daily Mail* (1896) den britischen Auflagenrekord von einer Million Exemplaren als erfolgreichstes *Penny Paper*.

Bereits 1890 hatte das französische *Le Petit Journal* (1863) diese Auflage erreicht. Sein größter Konkurrent *Le Petit Parisien* (1876) brachte es beim Ausbruch des Ersten Weltkriegs gar auf 1,5 Millionen Exemplare.

International gesehen etablierte sich in Deutschland der massenmediale Boulevard-Journalismus mit dreißigjähriger Verzögerung. Dafür lässt sich eine Reihe von Gründen anführen:

- die spät einsetzende Industrialisierung (Einschränkung der Auflage),
- die föderative Struktur (Beschränkung auf ein regionales Verbreitungsgebiet),
- die zögerliche Großstadt- und Metropolenentwicklung sowie presserechtliche
- und obrigkeitsstaatliche Zwänge (Einschränkung der Inhalte).

Die älteste deutsche Boulevardzeitung, die ab 1878 von der jüdischen Verlegerfamilie Ullstein herausgegebene und ab 1904 auf den Straßen Berlins verkaufte *BZ am Mittag*, erschien im Vergleich zu den Boulevardblättern in den USA und Großbritannien in einem unspektakulären Layout und blieb von den Millionenauflagen weit entfernt – nicht zuletzt aufgrund der von den Nationalsozialisten in den 30er Jahren erlassenen Pressegesetze.

Erst in der Bundesrepublik fand mit der von Axel Springer im Juni 1952 in Hamburg gegründeten *Bild* ein Boulevardblatt nationale Verbreitung. Die ab 1967 einsetzende Herausgabe von Regionalausgaben in allen deutschen Ballungsgebieten führte zur weitgehenden Marktbeherrschung und verhinderte die Etablierung von Konkurrenzzeitungen – von Ausnahmen in München, Berlin und Düsseldorf/Köln abgesehen.

Das Agenda-Setting von *Bild* führte zu – meist ideologisch besetzten – Auseinandersetzungen mit dem Boulevard-Journalismus als Lügen-, Kampagnen- und Sensationsjournalismus. Unter der Devise „Bild hat mitgeschossen!“ wurde der Springer-Verlag Ziel der Proteste, die von der Studentenbewegung ausgingen. Diese sah sich (zu Recht) von *Bild* diffamiert. Nach einem Anschlag auf Rudi Dutschke, Leitfigur der Studentenbewegung, kam es zu Ausschreitungen: Straßenschlachten und die Stürmung des Berliner Springer-Hauses gipfelten 1972 in einem Bombenattentat auf die Verlagszentrale.

Der Imageschaden kostete das Blatt über eine Million Auflage. Die Auflage sank weiter, als 1974 der Literatur-Nobelpreisträger *Heinrich Böll* (1917-1985) in seinem Roman „Die verlorene Ehre der Katherina Blum“ die Boulevardpresse an den Pranger stellte, und als sich 1977 der Journalist *Günter Wallraff* unter dem Namen Hans Esser in die Hannoveraner Redaktion einschlich und anschließend in Büchern deren Arbeitspraxis beschrieb.

All diese Kritik in den 70er Jahren konnte Europas größter Boulevardzeitung jedoch nicht nachhaltig schaden. Die Popularität der *Bild*-Zeitung, ihre bundesweite Monopolstellung und der mächtige Springer-Vertriebsapparat waren Hauptursache der stetigen Abnahme der publizistischen Einheiten bis auf einen Tiefstand von sechs Boulevardzeitungen im Jahr 1989.

Mit der Zulassung privater TV-Anbieter begann ab 1984 in Deutschland die Boulevardisierung des → Fernseh-Journalismus. Im intramediären Konkurrenzkampf des dualen Systems um Reichweiten und Werbeeinnahmen etablierten die Sender ein Affekt-TV nach nordamerikanischem Vorbild, vor allem mit Boulevardmagazinen wie *stern TV* (RTL, 1989), *Explosiv* (RTL, 1992), *Exclusiv* (RTL, 1994), *Brisant* (ARD, 1994), *blitz* (Pro Sieben, 1997) und *Leute heute* (ZDF, 1997).

Mit ihnen begann ein dynamischer Produktions- und Rezeptionsprozess zwischen Boulevardfernsehen und -presse, der einen Auflagenschwund bei den Blättern auslöste. Der Marktführer *Bild* erkannte, dass die Boulevardpresse mit den

TV-Konkurrenten kooperieren muss, um seine Position im Kampf um Aufmerksamkeit nicht zu verlieren, und intensivierte entsprechend die crossmediale Promotion (→ Crossmedia).

Forschungsstand

Der Boulevard-Journalismus zählt (abgesehen von beispielhaften Einzelstudien) noch zu den Stiefkindern der Kommunikations- und Medienwissenschaft. Erst seit Mitte der 1990er Jahre werden die boulevard-journalistischen Normen, Organisationen, Funktionen, Rollen, Medienformate und -typen allmählich differenziert und systematisch analysiert, wobei der Fokus noch auf der Printanalyse liegt.

Eine diskursanalytische Erfassung des Forschungsstands liefert Ulrike Dulinski (2003). Angeregt von theoretischen Konzepten der → Cultural Studies (maßgeblich Langer 1998) analysieren jüngere Studien Boulevard-Journalismus als Diskurssystem an der Schnittstelle von Journalismus und Populärkultur: So plädiert Rudi Renger (2000) in seiner theoretischen Modellierung des Boulevard-Journalismus als *Populärem Journalismus* dafür, ihn weniger als Nachrichten-Journalismus (→ Informations-Journalismus), sondern vor allem als zentrales sinnkonstruierendes Textsystem und damit als ein identitätsstiftendes Instrument der Gesellschaft zu erforschen.

Journalismus-, Mediennutzungs- und Medienwirkungsforschung stehen vor der Aufgabe, die Entstehung der komplexen Struktur von verbalen, rhetorischen, audio/-visuellen und repräsentativen Narrationscodes im Boulevard-Journalismus zu untersuchen. Es gilt, ihren Organisationskontext sowie ihre Nutzung und Wirkung empirisch zu erfassen und zu systematisieren.

Forschungsbefunde

Eine aktuelle systematische Untersuchung der *Organisations- und Arbeitsformen* deutscher Boulevardmedien liegt nicht vor (→ Redaktion). Aus älteren Kommunikatorstudien geht hervor, dass der Boulevard-Journalismus als hoch professionalisierte, hierarchische Funktionalorganisation arbeitet (Dulinski 2003: 167 ff.). Merkmale der Rollenstruktur sind eine klare Differenzierung in Redakteure, Reporter, Kolumnisten usw. und eine intensive Konkurrenz. In der Regel legt eine autokratisch-autoritäre *Chefredakteursverfassung* die Arbeitsabläufe der Nachrichtenproduktion fest.

Die → Nachrichtenselektion orientiert sich am vermuteten Publikumsinteresse: Neben Unterhaltungs- und Serviceangeboten wie Cartoons, Witzen, Ratgeberspalten, Kochrezepten, Horoskopen und Rätseln besteht es vor allem in emotionalen Identifikationsangeboten (Human Interest). Inhaltsanalysen zeigen, dass vor allem Ereignisse selektiert werden, die im Bereich der potenziellen Erfahrbarkeit des Publikums liegen. Solche die menschliche Existenz tangierenden Topoi entsprechen den aus der Belletristikforschung bekannten Trivialmythen. Zu ihrem Themenspektrum zählen Liebe, Sexualität, Glück, Sicherheit, Macht, Gewalt, Tod und Unglück. Die Erzählbarkeit einer Geschichte ist dabei wesentliches Selektionskriterium und Voraussetzung für die Umsetzung der boulevardspezifischen Erzählstrategie.

Nachrichtenfaktoren im Boulevard-Journalismus sind damit stets Narrationsfaktoren. Wesentliche Erzählstrategien sind Emotionalisierung, Simplifizierung und Moralisierung (Voss 1999). Der Boulevard-Journalismus zielt schon in den Überschriften mit kulturell aufgeladenen, semantischen Oppositionen auf maximale Anormalität, die das emotionale Interesse des Lesers wecken sollen („Richter gerichtet", „Mann beißt Hund"). Die Emotionen werden verstärkt durch Reizwörter („Abschlachten"), den superlativischen Gebrauch von Adjektiven mit ohnehin intensiver Bedeutung („gewaltigster"), bildlich kraftvolle Attribute („die nackte Angst"), Begriffe der Konfrontation („Gemetzel") und die Steigerung der Nichtalltäglichkeit („Mega-Streit").

Die Simplifizierung der Inhalte erfolgt durch den bereits erwähnten boulevardtypischen Sprachcode, der sich an der gesprochenen Sprache orientiert. Er besteht aus kurzen, einfachen Sätzen im Indikativ, vielen Verdichtungsinterpunktionen und Neologismen, Spitznamen, umgangssprachlichem Vokabular, vielen Frage-, Aufforderungs- und Ausrufesätzen und einer klar konturierten Wir-Perspektive. Die Moralisierung der Ereignisse entsteht durch Positiv-Negativ-Kontraste, bei denen häufig der Wir-Perspektive die Rolle des Guten zukommt („Wir, die guten Bürger, gegen die bösen Politiker"). Die Strategie der Moralisierung begründet die Bedeutung des Boulevard-Journalismus bei der Unterscheidung gesellschaftlich akzeptabler und inakzeptabler Verhaltensweisen.

Insgesamt zeigt sich ein ambivalentes Bild: Einerseits entfernt sich Boulevard-Journalismus immer wieder von den Fakten und es kommt zu den journalistischen Qualitätsverstößen der Dekontextualisierung und Verzerrung. Andererseits können Boulevardgeschichten durch ihre zentrale Narrationsleistung zu modernen Volksmärchen mit Orientierungscharakter werden: zu Lehrstücken über das Leben.

Literatur

Büscher, Hartmut (1996): Emotionalität in Schlagzeilen der Boulevardpresse, Frankfurt/M.

Dulinski, Ulrike (2003): Sensationsjournalismus in Deutschland, Konstanz.

Langer, John (1998): Tabloid Television. Popular Journalism and the „Other News", London/New York.

Renger, Rudi (2000): Populärer Journalismus, Innsbruck u. a.

Voss, Cornelia (1999): Textgestaltung und Verfahren der Emotionalisierung in der Bild-Zeitung, Frankfurt/M.

Steffen Burkhardt, Hamburg

Brasilien
→ Lateinamerika

Bulgarien
→ Osteuropa

Chile
→ Lateinamerika

China
→ Asien

Crossmedia

Definition/Begriffsbestimmung

Crossmedia im engeren (publizistischen) Sinn ist die Publikation von journalistischen Inhalten unter einer Marke auf mehreren Kanälen (z. B. Print, Online und TV), wobei einzelne Beiträge sinnvoll aufeinander bezogen sind und Redundanzen zwischen den unterschiedlichen Medien vermieden werden. Ziel crossmedialer Aktivitäten ist aus redaktioneller Sicht eine crossmediale Publikationskette, die den Leser beispielsweise von einem TV-Magazin über die Zeitschrift zu dem Onlineangebot führt.

Das Verständnis von Crossmedia hat sich nicht nur im Laufe der Zeit stark gewandelt – und tut es noch –, sondern variiert auch je nach Medium, das sich damit auseinander setzt, also → Fernsehen, → Radio oder → Presse. Darüber hinaus diversifizieren sich die Definitionen noch weiter innerhalb der einzelnen Medien, je nachdem, ob die Anzeigenabteilung, das Marketing, die Produktion, der Vertrieb oder die Redaktion gefragt werden, was unter Crossmedia verstanden wird – vom Rezipienten ganz zu schweigen.

Konkretisierung und Illustration

Auch heute noch ist das *World Wide Web* (→ Internet), das dem Thema eine viel größere Bedeutung verliehen hat, überwiegend textbasiert und geprägt von der Kombination aus Text und (Stand-)Bild –

der Domäne von Print (Brüggemann 2002: 9). Aus diesem Grund ist es sinnvoll, sich dem Thema aus Sicht eines Printverlages zu nähern.

Für einen großen Zeitschriftenverlag zeichnet sich Crossmedia z. B. durch breite Schnittstellen zwischen den Bereichen Produktion/Vertrieb, Marketing und Redaktion aus. Für die Druckvorstufe beispielsweise bedeutet Crossmedia das Aufbauen und Strukturieren von medienneutralen Daten- und Dokumentstrukturen zur Mehrfachverwendung in Print, On- und Offlinemedien.

Die Anzeigenabteilung versteht darunter die inhaltliche, kreative und formale Vernetzung unterschiedlicher Mediengattungen und Werbeträger mit dem Ziel, einen maximalen werblichen Erfolg über eine mehrkanalige Ansprache zu realisieren. Für die → Redaktion gibt es die Herausforderung, die Inhalte den Besonderheiten des jeweiligen Mediums anzupassen, Redundanzen zu vermeiden und einen sinnvollen Bezug zu den anderen Angeboten herzustellen. Für Online-Beiträge kann das z. B. durch Links, Video, Audio oder ein Forum zum Thema erreicht werden.

Häufig gilt ein journalistisches Angebot bereits dann als crossmedial, wenn die Marke in verschiedenen Medien vertreten ist. Der Zusammenhang zwischen den einzelnen Produkten, also z. B. Zeitschrift, TV-Format und Website, entsteht zunächst durch die Absicht des Unternehmens, die Kontinuität der Marke zu wahren. Auf diese Weise sind aber viele Onlineangebote letztlich nur die Verlängerung einer Printmarke.

Vor den Redaktionen haben die Anzeigenabteilungen begonnen, ihre Inhalte in den unterschiedlichen Kanälen aufeinander abzustimmen. Dabei wurden bei beiden Medien (Print und Internet) unterschiedliche, vor allem aber ergänzende Funktionen genutzt. Printmedien sollen in der Regel Reichweite gewährleisten, Bewusstsein für ein Produkt, eine Marke usw. erzeugen und langfristig und nachhaltig ein Image aufbauen und Mehrfachkontakte ermöglichen.

Die Online-Kommunikation erlaubt dagegen die Interaktion mit dem User, eine Verstärkung des Markeneindrucks (Branding/Image) und umfassendere Produktinformation. Schließlich wird es möglich, das Verhalten der User nachzuvollziehen (Reporting/Tracking) und Kundenkontakte aufzubauen, indem Nutzer registriert werden (*Customer Relation Management*).

Bei einer mehrkanaligen Schaltung einer Kampagne wird der Inhalt in den unterschiedlichen Medien wiederholt (*Mediamix*), eine crossmediale Kampagne – gelegentlich auch als integrierte Kampagne bezeichnet – verbindet inhaltlich und formal die verschiedenen Werbekanäle.

Voraussetzung für die volle Ausschöpfung des (Werbe-)Potenzials ist allerdings eine hohe Überschneidung von Leser- und Usergruppe. Obwohl sich die Soziodemografie beider Gruppen zunehmend gleicht, stellt sich diese Überschneidung nicht automatisch ein. Es müssen gezielt Anreize geliefert werden, so dass Printleser auch das korrespondierende Webangebot nutzen – und diese Anreize gehen zunehmend von den redaktionellen Inhalten aus.

Bewertung und Ausblick

Crossmedia im engeren Sinne entsteht nicht durch den Hinweis auf die zum Heft gehörende Website, die dem Leser nur die Printinhalte online anbietet. Solche Redundanzen sind kontraproduktiv. Vielmehr müssen die Stärken des jeweiligen Mediums gezielt genutzt werden, z. B., wenn ein Zeitschriftenbeitrag über Fehler in Hollywoodfilmen auf der Website dadurch ergänzt wird, dass der User sich die entsprechenden kurzen Sequenzen selbst anschauen kann.

Die Aktivierungsleistung, die durch die redaktionellen Inhalte erbracht werden muss, ist gewaltig, und der erwünschte Effekt – der aktive Wechsel von einem

Medium zum anderen – ist nicht durch gelegentliche singuläre Vernetzung zu erreichen. Für die Unternehmen ist dabei weniger ein journalistischer Impetus ausschlaggebend als die Chance, die Profitabilität und Markenbekanntheit langfristig zu steigern.

Wird die gegenwärtige technische Entwicklung zu Grunde gelegt und Crossmedia so verstanden, dass die Grenzen zwischen den einzelnen Kanälen überwunden werden, stellt sich die Frage, was Crossmedia angesichts der zunehmenden Digitalisierung unserer Lebenswelt in einigen Jahren bedeuten wird. Tast-, Geruchs- und Geschmackssimulationen lassen annehmen, dass die gegenwärtigen Sinnesgrenzen, denen digitale Angebote zurzeit noch unterliegen, bald überwunden werden.

Literatur

Brüggemann, Michael (2002): The Missing Link. Crossmediale Vernetzung von Print und Online, München.

Crosbie, Vin (2004): What Newspapers and Their Web Sites Must Do to Survive, in: Online Journalism Review 20.3.2004, http://www.ojr.org/ojr/business/1078349998.php

VDZ Verband Deutscher Zeitschriftenverleger e.V./BCG The Boston Consulting Group (2004): Das Medienhaus der Zukunft – Print-Online-Effizienz, Online Erträge und Crossmedia, Berlin.

Jens Schröter, München

Cultural Studies

Definition/Begriffsbestimmung

Cultural Studies verstehen sich in erster Linie als kulturtheoretisches ‚Projekt'. Sie sind aber viel mehr als das, nämlich ein Diskurs, der die komplexen Bedeutungen des gesellschaftlichen Lebens – und dazu gehören vor allem Medien und Populärkultur – artikulieren will.

Der Forschungs- und Analyseansatz, der mittlerweile über eine stattliche Apparatur von Begriffen, wissenschaftstheoretischen Modellen und kulturphilosophischen, kultursoziologischen und kommunikationswissenschaftlichen Konzepten verfügt, lässt sich jedoch kaum zu einer einheitlichen theoretischen Position zusammenfügen (→ Kommunikationswissenschaft). Ebenso wenig findet man ein definiertes Set von spezifischen → Methoden der Cultural Studies. Vielmehr wird in diesem Feld auf neue Methodenkombinationen Wert gelegt; man spricht von Bricolage (= Sinn-Basteln). Das inter- und transdisziplinäre Vorgehen – zum Teil ließe sich sogar von einer antimethodischen Methodologie sprechen – gilt nicht nur als nötig, um den universellen Forschungsgegenstand ‚Kultur' überhaupt untersuchen zu können; es ist auch politisch motiviert, um sich im Wissenschaftsverständnis deutlich von den übrigen Geistes- und Sozialwissenschaften abgrenzen zu können.

Werden Cultural Studies auf der einen Seite in einem relativ klar umrissenen Verständnis als eine politisierte Form von intellektueller Forschungspraxis gesehen, so bleiben sie auf der anderen Seite ein sperriges, weitgehend unspezifizierbares Konstrukt. Mittlerweile lässt sich zumindest ein fester Kern beschreiben, der den Ansatz gegenüber anderen methodischen und theoretischen Paradigmen durchaus abgrenzbar macht. Zu diesem Kern gehören (Grossberg 1994: 20 ff.)

- die Betonung von Kontextualität,
- die Fokussierung eines spezifischen Theorieverständnisses,
- ein interventionistisches Moment bzw. politische und praktische Relevanz von Forschung,
- die Forderung nach Inter- bzw. Transdisziplinarität,
- die Analyse von Macht und Ideologie im Zusammenspiel mit Kultur,
- ein breites Kulturkonzept
- sowie die Betonung von Subjektivität und die Ermunterung zur Selbstreflexion.

Geschichte/Entwicklung

Nach Stuart Hall (2003: 34) gingen die Cultural Studies in Großbritannien in den späten 50er Jahren aus einer „Krise der Geisteswissenschaften" hervor, wobei sie an eine damals bereits rund 100-jährige Tradition der intellektuellen Diskussion von Hierarchien in kulturellen Ausdrucksformen anknüpfen konnten. Im Umfeld von gravierenden sozialen, kulturellen und gesellschaftlichen Veränderungen erregten die frühen Arbeiten von *Richard Hoggart*, *Raymond Williams* oder *Stuart Hall* und *Paddy Whannel* Aufmerksamkeit. Fortsetzung fanden diese Studien vor allem in der Forschungsarbeit des 1964 gegründeten ‚Centre for Contemporary Cultural Studies' an der Universität von Birmingham.

In den 80er Jahren wurde die Geschichte der Cultural Studies hauptsächlich in den USA und später in Australien weitergeschrieben, obwohl sie in Nordamerika auch zu einem Sammelbegriff für alle möglichen ‚Kulturstudien' verwässert wurden. Verfehlt wäre es dennoch, Cultural Studies als eine einheitliche ‚Schule' konzeptionalisieren zu wollen, die in Birmingham ihren Ausgang genommen hat.

Im deutschsprachigen Raum wurden Cultural Studies lange Zeit als eine Art Zauberdisziplin verklärt. Einerseits waren hier zu Lande für die schleppende Aufarbeitung des Ansatzes soziokulturelle Unterschiede zum angloamerikanischen Raum verantwortlich; andererseits wurden Analysen von Massenkultur jahrzehntelang vom theoretischen Gedankengebäude der Kritischen Theorie bzw. der Frankfurter Schule beherrscht (→ Handlungstheorie). So setzte erst mit Beginn der 90er Jahre ein systematischer Rezeptionsprozess der englischsprachigen ‚Klassiker' ein. Heute gelten Cultural Studies in der deutschsprachigen Wissenschaft durchaus als etabliert.

Forschungsgegenstand/Forschungspraxis

Das zentrale Forschungsobjekt der Cultural Studies ist die Kultur – verstanden auf der einen Seite im Sinne *Raymond Williams* (1977: 50 ff.) als Lebensweise („whole way of life"), die Ideen, Verhalten, Gewohnheiten, Sprachen, Institutionen und Machtstrukturen umfasst, und auf der anderen Seite als ein weites Feld von kultureller Praxis, das sich in künstlerischen Formen, Texten, Architektur etc. zeigt. Wesentlich ist, dass Kultur als ein widersprüchlicher und sich kontinuierlich vollziehender sozialer Prozess von kultureller Produktion, Zirkulation und Konsum begriffen wird.

Methodisch werden im Rahmen der Forschungspraxis des Ansatzes in erster Linie interpretativ-qualitative Verfahren bevorzugt, wobei die Auswahl der Gegenstände überwiegend in Richtung Fallstudien geht. Besteht für *Lawrence Grossberg* (1994: 26) das methodologische Verfahren der Cultural Studies in der „Artikulation", d. h. der theoriegebundenen Deskription (und Dekonstruktion) der Beziehungen eines komplexen Textes zur Vorstellungswelt seiner Leser, so ließe sich dieses Verfahren auch als Diskursanalyse bezeichnen.

Die Anwendung des Cultural-Studies-Rahmens für Projekte der Medien- und Kommunikationsforschung verlangt stets nach einem operationalisierbaren Konzept. Ein wichtiges Leitprinzip bildet der Gedanke der Verhandlung bestimmter Diskurse in medialen Bedeutungen; den organisierenden Rahmen liefert *Stuart Halls* Modell des „Encoding/Decoding" von Bedeutungen in Medientexten (Hall 1990).

Massenkommunikation wird dabei nicht im Sinne eines Transmissionsprozesses zwischen einem (aktiven) Sender und einem (passiven) Empfänger betrachtet (→ Massenmedien). Codierung und Decodierung müssen nicht symmetrisch erfolgen; das Publikum muss bei der Rezeption nicht notwendigerweise die gleiche Bedeutung wie das Medienunternehmen ‚produzieren'. Ein entscheidendes Merkmal des Encoding/Decoding-Modells besteht in der Annahme, dass ein Mediendiskurs mehr oder weniger zeitgleich von der Medieninstitution *und* vom Publikum produziert wird. Mediendiskurse sind demnach keine Aktivitäten von Einzelinstitutionen oder Individuen, sondern soziale Prozesse, eingebettet in bestehende Macht- und Diskursverhältnisse.

Hall (1990: 136 ff.) unterscheidet in seinem Modell zwischen drei idealtypischen „reading positions", von denen aus ein medialer ‚Text' entschlüsselt werden kann. Dazu gehören:

- die Vorzugslesart, die mit dem herrschenden ideologischen System übereinstimmt;
- die ausgehandelte Lesart, bei der die Rezipienten zwar die dominanten Sichtweisen und Meinungen akzeptieren, diese aber an eigene soziale Erfahrungen anpassen;
- sowie die oppositionelle Lesart, bei der das Publikum zwar die Vorzugslesart eines medialen Textes versteht, diese aber ablehnt und dem Text eine völlig andere Bedeutung beimisst, als sie von den Produzenten intendiert wurde.

Am häufigsten auffindbar ist ein Mittelweg zwischen der Beeinflussung durch die (ideologisierten) massenmedialen Botschaften und der Aktivität des Publikums. Macht lokalisiert Hall zunächst auf Seiten der Encodierung, da Texte auf der Senderseite Vorzugsbedeutungen – „preferred meanings" (Hall 1990: 134) – enthalten würden.

Eine wesentliche theoretische Weiterentwicklung dieses Modells ist John Fiskes (1994: 64 ff.) Vorschlag, beim Rezeptionsprozess von medialen Texten auch von „preferred readings", d. h. spezifischen Präferenzstrukturen auf der Empfängerseite, auszugehen.

Kulturorientierte Journalistik

Medien und → Journalismus sind ein wichtiger Teil der von den Cultural Studies geführten offenen und politisch orientierten Debatte. Trotzdem verstehen sich Cultural Studies nicht als Rahmen für eine wie auch immer ausgestaltete Methodologie der Medienanalyse. Insgesamt weisen die bisher vorliegenden Studien zu massenmedialen Phänomenen und Problemen ein weites inhaltliches Spektrum auf, wobei dem → Fernsehen bzw. der Fernsehunterhaltung ein zentraler Schwerpunkt zukommt.

Eine „Journalistik mit Kulturorientierung" wurde im deutschsprachigen Raum von *Rudi Renger* (2000a: 433 ff.) entworfen. Mit Blick auf unterhaltungs- bzw. populärjournalistische Spielarten, die nicht zuletzt auch auf die Ausdifferenzierung und Entgrenzung des informationsjournalistischen Systems verweisen, wird Journalismus als „kulturelles Phänomen" (ebd.: 363) bzw. als ein „bedeutungskonstruierendes Textsystem und damit wichtiges identitätsbildendes Instrument in der Gesellschaft" begriffen (ebd.: 491). Den publikumszentrierten Wirkungskonzepten der Kommunikationsforschung (→ Medienwirkungen) in manchen Elementen ähnlich, bestünde deshalb der Kernpunkt von Journalismusforschung aus einer Rezipientenposition in der Analyse der „Beziehung zwischen den Bedeutungen und den journalistischen Texten" (ebd.: 441). Besonderer Wert wird in diesem Zusammenhang auf den kulturellen Stellenwert der journalistischen → Information, die inhaltliche → Qualität und die alltägliche Rezeptionsumwelt gelegt, die letztlich Journalismus auch als kulturellen Diskurs definieren.

Ausblick/Perspektiven

In den vergangenen Jahren waren die Cultural Studies – auch im deutschsprachigen Raum – von einer starken Internationalisierung, Institutionalisierung und Konturierung gekennzeichnet. Die Perspektiven gehen u. a. auch in Richtung einer partiellen Vermischung mit kommunikationswissenschaftlichen Ansätzen.

Hervorzuheben sind auch zahlreiche Übersetzungen ins Deutsche. Besonders im Bereich der Methoden der Cultural Studies gab es Aktivitäten und Publikationen, die der Frage nach dem ‚Doing Cultural Studies' nachspürten. Das aktuelle Diskussionsfelds der Cultural Studies umfasst die Themen Globalisierung und transkulturelle Kommunikation.

Literatur

Fiske, John (1994): Television Culture, London/New York.

Grossberg, Lawrence (1994): Cultural Studies. Was besagt ein Name, in: Cultural Studies, IKUS Lectures 1994/17-18): 11-40.

Hall, Stuart (1990): Encoding/Decoding, in: ders. et al. (Hrsg.): Culture, Media and Language, London u. a.: 128-138.

Hall, Stuart (2003): Das Aufbegehren der Cultural Studies und die Krise der Geisteswissenschaften, in: A. Hepp/C. Winter (Hrsg.): Die Cultural Studies Kontroverse, Lüneburg: 33-50.

Renger, Rudi (2000a): Populärer Journalismus. Nachrichten zwischen Fakten und Fiktion, Innsbruck u. a.

Renger, Rudi (2000b): Journalismus als kultureller Diskurs, in: M. Löffelholz (Hrsg.): Theorien des Journalismus, Wiesbaden: 467-481.

Williams, Raymond (1977): Innovationen. Über den Prozeßcharakter von Literatur und Kunst, Frankfurt/M.

Rudi Renger, Salzburg

Dänemark

→ Skandinavien

Darstellungsformen

→ Mediengattungen

Deutschland

Allgemeine Rahmenbedingungen

Die Bundesrepublik Deutschland liegt in der Mitte Europas und kommt auf eine Gesamtbevölkerungszahl von ca. 82 Millionen Einwohnern bei einer Bevölkerungsdichte von ca. 230 pro Quadratkilometer. Das Land stellt zugleich den Kernbereich eines größeren deutschsprachigen Kommunikationsraums dar, der auch → Österreich und Teile der → Schweiz einbezieht; in den benachbarten Kleinstaaten werden deutsche Medien, insbesondere Zeitschriften und Fernsehprogramme, in erheblichem Umfang konsumiert.

In Mitteleuropa entstanden zu Beginn des 17. Jahrhunderts die ersten regelmäßig erscheinenden und aktuell berichtenden Druckerzeugnisse. Die frühen Presseerzeugnisse wurden einer massiven landesherrlichen Zensur unterworfen, die später als in den Nachbarländern → Großbritannien und → Frankreich erst Ende des 19. Jahrhunderts durch das *Reichspressegesetz* (1874) beendet wurde.

Die deutsche Geschichte brachte mit sich, dass die politischen Strukturen vergleichsweise dezentral angelegt waren; vor der Gründung des *Bismarck*-Reiches (1871) existierte Deutschland vor allem als kulturell und sprachlich geprägter Kommunikationsraum. Diese Dezentralität führte dazu, dass Medien starke lokale Bezüge entwickelten und nie eine deutsche Medienmetropole (wie Paris oder London) entstand. Derzeit konkurrieren Standorte wie Berlin, München, Hamburg und Köln um den ersten Rang als ‚Medienstadt'.

Die kulturelle und gesellschaftliche Dezentralität wurde in politischen *Föderalismus* übersetzt – zuletzt in der 1949 gegründeten Bundesrepublik Deutschland, mit distinkten Rechten der beiden Ebenen Zentralstaat (Bund) und Gliedstaaten (Länder). Das gegenwärtige Mediensystem bildet in mehrfacher Weise diese historisch gewachsene Formation ab. Rechtlich sind wesentliche Funktionen – und das ist einmalig in der Welt – in die Verantwortung der Länder gelegt.

In der Struktur der Tagespresse (→ Presse) dominiert die Lokalzeitung; überregionale, sich an einem nationalen Versorgungsauftrag orientierenden Zeitungen machen ca. 5 Prozent der Gesamtauflage aus. Im Rundfunkbereich wurden öffentlich-rechtlicher Hörfunk und Fernsehen aus den Ländern heraus aufgebaut und bieten damit – im europäischen Vergleich – eine einzigartige Verankerung der Versorgung in und aus der Region. Auch im privat-kommerziellen Hörfunk gibt es keine nationalen Anbieter. Neuere Fernsehprogramme der privat-kommerziellen Variante und Spartenkanäle weisen allerdings keine regionale Orientierung mehr auf.

Im Unterschied zu Westdeutschland entstand in der Sowjetischen Besatzungszone und in der darauf folgenden *Deutschen Demokratischen Republik* von 1949 ein zentralistisches Mediensystem. Der marxistisch-leninistischen Doktrin folgend, sollten Medien im Sinne Lenins vor allem ‚Transmissionsriemen' darstellen, mit deren Hilfe die kommunistische Führung Agitation und Propaganda in die Bevölkerung hineintragen wollte. Ein hierarchisches System der Nachrichtensteuerung ermöglichte es, den Inhalt aller Medien zentral zu überwachen; dabei wurde im Unterschied zur Sowjetunion keine Vorzensur betrieben. Sie war angesichts der ausgefeilten Kontrollsysteme (Nachrichteneingabe, Themenfestsetzung, Journalistenausbildung etc.) auch nicht notwendig.

Mit dem Ende der DDR 1990 schwand dieses System, wobei einzelne Printmedien wie das *Neue Deutschland* (früher Parteiorgan, heute der PDS nahe stehend) überlebten (Altendorfer 2001: 39-49). Die Bezirkszeitungen wurden von westlichen Zeitungshäusern übernommen und weitergeführt. Das zentralistische Rundfunksystem wurde zerschlagen und in der aus dem Westen bekannten föderalen Struktur neu aufgebaut.

Grundlagen des Mediensystems

Im Grundgesetz (GG) von 1949 wird das Grundrecht auf das „Recht der freien Meinungsäußerung" festgeschrieben. Im Art. 5 heißt es: „Jeder hat das Recht, seine Meinung in Wort, Schrift und Bild frei zu äußern und zu verbreiten und sich aus allgemein zugänglichen Quellen ungehindert zu unterrichten." Die Freiheiten von Presse, Rundfunk und Film werden gewährleistet, Zensur ist verboten. Allerdings finden diese Rechte „ihre Schranken in den Vorschriften der allgemeinen Gesetze"; die genannten Freiheiten stehen also unter Gesetzesvorbehalt und können mit besonderer Begründung (das GG nennt Jugendschutz und persönliche Ehre) eingeschränkt werden (→ Medienrecht).

Das GG überlässt den Ländern alle Gesetzgebungskompetenzen, soweit sie nicht explizit dem Bund zugewiesen werden (Art. 70). Damit fällt ihnen der nicht erwähnte Kulturbereich zu, zu dem Presse und Rundfunk – zumindest rechtlich – zugeordnet werden. Faktisch waren die Bundesländer in einer starken Ausgangssituation, weil sie bereits 1949 erste Pressegesetze erlassen hatten und die von den Alliierten zurückgegebenen Landessender kontrollierten.

Heute sind die inneren Verhältnisse der Presse, Strafbestimmungen und ihre Rechte (Auskunftsrecht) und Pflichten (Sorgfaltsrecht) etc. in (ähnlich lautenden) Landespressegesetzen aller Länder niedergelegt. Das GG lässt lediglich zu, dass der Bund die „allgemeinen Rechtsverhältnisse der Presse" (Art. 75) in einem Rahmengesetz regelt. Aber der Versuch, ein derartiges Gesetz zu verabschieden, scheiterte in den 70er Jahren an massiven Konflikten vor allem mit den Zeitungsverlegern.

Da das GG nur sehr allgemeine Grundsätze festlegt, bedurfte es einer Institution, die in Streitfragen aktiv wurde und rechtsverbindlich entschied. Zu dieser Instanz entwickelte sich das *Bundesverfassungsgericht*. Im Bereich der Presse sind im *Spiegel*-Urteil von 1966 (dem war eine Beschlagnahme- und Verhaftungsaktion bei dem *Spiegel* vorausgegangen) die Grundprinzipien der Staatsfreiheit unterstrichen worden: „Eine freie, nicht von der öffentlichen Gewalt gelenkte, keiner Zensur unterworfene Presse ist ein Wesenselement des freiheitlichen Staates." (BVerfGE 20, 162 (174))

Besonders einflussreich erwies sich die Rolle des höchsten Gerichts bei der Konstituierung der Rundfunkhoheit der Länder. Ende der 50er Jahre hatte Kanzler *Konrad Adenauer* (1876-1967) ein Bundesfernsehen aufbauen wollen, was auf den Protest der Länder stieß. Das Verfassungsgericht entschied in seinem ersten ‚Fernsehurteil' 1961 diesen Fall, verbot das ‚Adenauer-Fernsehen' und sprach den Ländern in einer richtungsweisenden Entscheidung die ausschließliche Kompetenz zu. Seitdem sind immer wieder Urteile gefällt worden (1971, 1981, 1986, 1992), in denen die Rahmenbedingungen präzisiert und Grundprinzipien des dualen Systems bestimmt wurden.

Gerichte sind weiterhin nachhaltig an der Entwicklung des Mediensystems beteiligt; so entschied 2004 im so genannten ‚Caroline-Urteil' der Europäische Gerichtshof für Menschenrechte über Fotos zu Personen der Zeitgeschichte (→ Medienrecht). Die Entscheidung fiel restriktiver aus, als das Bundesverfassungsgericht zuvor in derselben Sache geurteilt hatte (es ging um Boulevard-Berichterstattung über Prinzession *Caroline von Hannover*). Organisationen von Journalisten und Verlegern zeigten sich empört, weil sie eine Einschränkung ihrer Berichterstattungsmöglichkeiten befürchteten.

Diese Beispiele unterstreichen einerseits die Macht der Gerichte in Medienfragen; zum anderen wird deutlich, dass konkrete Fragen der Medienfreiheit (→ Kommunikationsfreiheit) weit außerhalb des Verfassungsrechts hoheitlich entschieden werden. Schließlich sind sich auch Gerichte uneins, was beleuchtet, dass sie vor allem als letztinstanzliche Schiedsrichter in Medienfragen fungieren.

Für den Online-Bereich (→ Online-Journalismus, → Internet) ist von Bedeutung, dass das GG das „Postwesen und die Telekommunikation" (Art. 73) in die ausschließliche Kompetenz des Bundes gegeben hat. Deshalb hat dieser die Teledienste erstmals 1997 in einem Informations- und Kommunikationsdienstegesetz geregelt. Soweit es um Mediendienste (mit publizistischen Inhalten) geht, fallen sie in die Hoheit der Länder, die zeitgleich einen Mediendienste-Staatsvertrag (1997) abschlossen. Allerdings muss beachtet werden, dass angesichts konvergierender Medien effektive Grenzlinien kaum noch zu ziehen sind.

Situation auf den Medienmärkten

Tageszeitungen: Nach der ‚Gleichschaltung' der deutschen → Presse während der Nazi-Diktatur sprachen die alliierten Besatzungsmächte ein umfassendes Verbot aus und ermöglichten damit nach 1945 eine ‚Stunde Null', also einen völligen Neuanfang. Publikationen mussten von ihnen lizenziert werden; Lizenzinhaber sollten nicht von dem Nazi-Regime belastet sein. Die klingenden Namen unter den heutigen Printmedien – *Frankfurter Allgemeine Zeitung* (FAZ) und *Süddeutsche Zeitung* (SZ), *Spiegel* und *Zeit* – stammen aus jenen Jahren.

Das gegenwärtige Pressesystem zeichnet sich durch folgende Besonderheiten aus (Pürer/Raabe 1994):

- Es gibt eine vergleichsweise hohe Zahl von Tageszeitungstiteln (2003: 381) mit einer verkauften Auflage von 26,8 Millionen.
- Die meisten Zeitungen erscheinen als Lokaltitel, seltener in regionalen Ausgaben.
- Als national verbreitete, regionalisierte Publikation gilt die *Bild*-Zeitung mit einer (allerdings fallenden) Auflage von knapp 4 Millionen Exemplaren (2002). Sie ist die meistgelesene Zeitung Deutschlands und Europas. Neben ihr können sich nur noch regionale Boule-

vardzeitungen mit geringer Auflage halten (→ Boulevard-Journalismus).

Was die Auflage anbetrifft, folgen *Bild* mit weitem Abstand die *SZ* (434.000) und die *FAZ* (390.000). Gemeinhin gelten die Zeitungen *SZ*, *FAZ*, *Welt* und *Frankfurter Rundschau* (FR) sowie auch die *tageszeitung* (taz) als national verbreitete Blätter mit hohem Seriositätsanspruch und meinungsbildender Funktion. Die Stärke der Lokalpresse wird in hohen Auflagen deutlich; so erreicht allein die *Westdeutsche Allgemeine* (WAZ) mit insgesamt 59 Regionalausgaben knapp 560.000 Auflage.

Schaut man auf die Verlage, so fällt die starke Stellung der *Axel Springer Verlag AG* auf, die mit ihren Blättern allein über 23 Prozent Marktanteil hält. Die Anteile anderer Verlage (auf Platz zwei: *Verlagsgruppe WAZ* mit 6,1 Prozent) wirken wenig Besorgnis erregend; andererseits werden die meisten Zeitungsmärkte nur noch von einer Monopolzeitung versorgt, und die → Medienkonzentration nimmt weiter zu.

Da die meisten Zeitungen nur wochentags erscheinen, präsentiert sich der Markt der Sonntagspresse gering entwickelt und hochkonzentriert. Hier liegt die Titelzahl bei 25 und die verkaufte Auflage bei 2 Millionen (2002); der *Springer-Verlag* kontrolliert über 80 Prozent des Marktes.

Im Jahre 2003 erschienen zudem 1.292 Anzeigenblätter mit einer Auflage von 86,8 Millionen. Anzeigenblätter werden zumeist wöchentlich an die Haushalte verteilt und finanzieren sich ausschließlich über Werbung.

Zeitschriften: Im Unterschied zu Zeitungen gibt es keine eindeutigen Statistiken in diesem Bereich, weil unklar erscheint, was alles zu welchem Typ von Zeitschriften zählt. Wie steht es mit der Abgrenzung von allgemeinen und Fachzeitschriften? Wie geht man mit der Mitgliederzeitschrift eines Verbandes oder einer Gewerkschaft um?

Nach einer Berechnung wurden in Deutschland 2002 1.163 Publikumszeitschriften mit einer Gesamtauflage von 86,81 Millionen verkauft (Media Perspektiven 2004: 55). Sieht man Zeitschriften als Werbeträger, so reduziert sich ihre Zahl. Aus der Werbewirtschaft (→ Werbung) kommen folgende Angaben (2002): 831 Publikumszeitschriften mit einer Auflage von 139,8 Millionen, dazu 1.088 Fachzeitschriften (26,1 Millionen) und 60 Kundenzeitschriften (63,4 Millionen). (ZAW 2004: 234)

Bekannte Zeitschriften in Deutschland sind die wöchentlichen Nachrichtenmagazine *Spiegel* (1,1 Millionen) und *Focus*, die Wochenzeitung *Die Zeit* und die Illustrierte *Stern*. Der Markt der Publikumszeitschriften wird von insgesamt vier Verlagshäusern dominiert, die (2002) gemeinsam einen Marktanteil von über 60 Prozent haben; zu diesen zählen: *Bauer*, *Springer*, *Burda* und *Gruner + Jahr* (kontrolliert von *Bertelsmann*), wobei *Bauer* (vor allem mit ‚Regenbogen'-Editionen) allein gut 23 Prozent der Auflagen bestreitet.

Von der Auflage her gesehen, liegen Zeitschriften vorn, die wir dort nicht unbedingt vermuten (ivw-Daten 2004): Auf der ersten Position findet sich die Mitgliederzeitschrift des größten Automobilclubs *ADAC motorwelt* (13,7 Millionen), auf Position drei die Mitgliederzeitschrift der Gewerkschaft ver.di (2,3 Millionen); in diese Höhen kommen nur noch Fernsehzeitschriften wie *TV 14* und *TV-Movie* (je über 2 Millionen). Als auflagenstärkste Zeitschrift gilt (nach ivw) die *Apotheken-Rundschau und Gesundheits-Kombination*, die kostenlos abgegeben wird. Auflagenstark sind auch Kundenzeitschriften, die von Unternehmen für ihre Klienten herausgegeben werden, etwa das *Volkswagen-Magazin* oder *das Lufthansa-Magazin*. Der Übergang vom publizistischen Medium zur PR-Veröffentlichung ist sowohl bei Mitglieder- als auch bei Kundenzeitschriften fließend.

Rundfunk: Angesichts der Rundfunkhoheit, die bei den Ländern liegt, sind komplexe gesetzliche Regelwerke aus den Ländern heraus entstanden (einzige Ausnahme der Auslandssender *Deutsche Welle*, der sich nicht an Deutsche richtet und aus dem Bundeshaushalt alimentiert wird). Landesparlamente haben Rundfunkgesetze erlassen, auf deren Grundlage die Landesrundfunkanstalten errichtet wurden. Agieren mehrere Länder (z. B. beim *NDR*) oder alle (beim *ZDF*) zusammen, so schließen sie untereinander Staatsverträge ab.

Die Festlegung übergreifender Rechtsverhältnisse des Rundfunks und die Integration europäischer Richtlinien in deutsches Recht erfolgen seit 1991 in einem Rundfunkstaatsvertrag aller 16 Länder. Der privat-kommerzielle Bereich wird seit seiner Etablierung ab 1984 in Landesmediengesetzen geregelt; 15 Landesmedienanstalten lizenzieren die Anbieter und führen die Aufsicht. Staatsferne und Pluralität sollen vor allem über Gremien (Rundfunkrat, mitunter auch Verwaltungsrat) gesichert werden, in denen neben Politikern eine Mehrheit von Repräsentanten ‚gesellschaftlich relevanter Gruppen' (Wirtschaft, Religion, Kultur, Sport etc.) ihre Stimme abgeben. Sie wählen den Intendanten und beschließen über den Haushalt (Stuiber 1998; Schwarzkopf 1999).

Insgesamt neun der in der *Arbeitsgemeinschaft der öffentlich-rechtlichen Rundfunkanstalten der Bundesrepublik Deutschland* (ARD) zusammengeschlossenen Sender gestalten gemeinsam das Erste Fernsehprogramm (→ Fernsehen). In Dritten Programmen konzentrieren sie sich mit regionalen Angeboten auf das Sendegebiet. Das *Zweite Deutsche Fernsehen* (ZDF) beruht auf einem Zusammenschluss aller Bundesländer und bietet wie das Erste ein Vollprogramm an.

Der öffentlich-rechtliche Bereich (*ARD* und *ZDF* gemeinsam) hat als Reaktion auf die Einführung des dualen Systems expandiert und bietet einerseits Spartenkanäle an (*Kinderkanal*, *Phoenix*) zum anderen in Kooperation mit dem österreichischen *ORF* und der Schweizer *SRG* den Kulturkanal *3Sat* und mit Frankreich den zweisprachigen Kulturkanal *Arte* an. Insgesamt werden 16 Programme produziert, die auch (da die Dritten Programme über Satellit und Kabel verbreitet werden) den größten Teil der Bundesbürger erreichen. Weiterhin bedienen die Rundfunkanstalten ihre Region mit einer Reihe von (etwa vier bis fünf) Hörfunkprogrammen, die unterschiedlich formatiert sind. 2003 wurden insgesamt 63 Programme angeboten (ALM 2003: 311). *DeutschlandRadio* und *Deutschlandfunk* sind die einzigen national empfangbaren Programme (→ Radio).

Die Finanzierung des öffentlich-rechtlichen Bereichs erfolgt über Gebühren (ab 2005: 17,03 Euro), die zwischen den Anstalten aufgeteilt werden. Neben den derzeit etwa 6,6 Milliarden Euro erhalten die Sender noch in geringem Umfang Einnahmen aus Werbung (2002 ca. 250 Millionen im Fernsehen), deren zeitlicher Umfang aber streng reglementiert ist. Mit der Gebührenfinanzierung soll die Unabhängigkeit der Öffentlich-rechtlichen gesichert werden; damit einher geht eine Festlegung auf Grundversorgung und einen Programmauftrag, der mit Begriffen wie Kultur, Bildung, Information und Unterhaltung umrissen ist. Während die Kompetenz von *ARD* und *ZDF* im Bereich von Information und Kultur unbestritten ist, steht ihr Engagement in der Unterhaltung unter ständiger Kritik.

Nach vielen Jahren medienpolitischer Auseinandersetzungen wurde 1984 das öffentliche Sendemonopol beendet und privat-kommerziellen Anbietern der Aufbau lizenzierter Hörfunk- und TV-Sender ermöglicht. Kommerzieller Rundfunk wird seither von erwerbswirtschaftlich orientierten Unternehmen angeboten, die sich nahezu ausschließlich aus Werbeeinnahmen finanzieren. Der Markt hat sich inzwischen soweit konsolidiert, dass im Fernsehen zwei ‚Senderfamilien' entstanden sind, die den größten Teil aller Werbeausgaben auf sich ziehen. Zu ihnen zählt die *RTL-Gruppe* (*RTL*, *RTL 2*, *Super RTL*, *Vox*, *n-tv*), die von *Bertelsmann* kontrolliert wird. Die zweite ‚Familie' (*Sat.1*, *Pro Sieben*, *Kabel 1*, *N24*, *9Live*) war von *Leo Kirch* aufgebaut worden, nach der Insolvenz seiner Gruppe aber von einer amerikanischen Investorengruppe unter Führung von *Haim Saban* übernommen worden.

Pay-TV begann in den 90er Jahren; seit 1996 wird es in digitalen Paketen angeboten. Kirch hatte den Anbieter *Premiere World* mit über 30 Programmen aufgebaut; gegen Abonnement-Bezahlung werden weitestgehend werbefrei aktuelle Hollywoodfilme und Spartenprogramme (Sport, Dokumentation, Kinder, Erotik etc.) in die Haushalte übertragen. *Premiere World* wurde zum großen Verlustträger der Kirch-Gruppe und trug wesentlich zur Insolvenz des Hauses bei. Eine internationale Investorengruppe übernahm das Unternehmen, das inzwischen über ca. 3 Millionen Abonnenten verfügt und die Verlustzone verlassen hat.

Was die Fernsehnutzung anbetrifft, so liegt seit einer Reihe von Jahren *RTL* mit einem Marktanteil von 15,0 Prozent vorn (Mo.-So., ab 3 Jahre); darauf folgen *Das Erste* mit 14,1 Prozent, die ‚Dritten' mit 13,4 Prozent, *ZDF* mit 13,3 Prozent, *Sat.1* mit 10,2 Prozent. Die Angaben gelten für das typische Jahr 2003 (Media Perspektiven 2004: 75). In der für Werbetreibende interessanten Zielgruppe der 14- bis 49-Jährigen sind die Privaten deutlich besser positioniert; die Öffentlich-rechtlichen sind bei älteren Zuschauern erfolgreicher.

Seit einigen Jahren hat sich innerhalb des dualen Systems eine Art Gleichgewicht eingestellt. Allerdings muss der öffentliche Part immer wieder Angriffe der kommerziellen Gegenseite aushalten. So wurden ihre Online-Angebote, da aus Gebühren bezahlt, als wettbewerbswidrig bezeichnet; eine Position, welche die EU-Kommission 2004 übernahm. So besteht die Gefahr, dass es öffentlichen Anbietern verwehrt wird, bei den Neuen Medien mitzuhalten.

Im Bereich des privat-kommerziellen Hörfunks setzte sich wiederum das föderale Prinzip durch. Sender werden lediglich für ein Bundesland lizenziert – entweder für ein das ganze Land überdeckendes Sendenetz (z. B. Schleswig-Holstein) oder für lokale Anbieter (z. B. Bayern). Für 2003 wurden 199 Stationen genannt (ALM 2003: 311). National ausgestrahlte Programme gibt es nicht; allerdings verfügen einzelne Anbieter über Lizenzen an mehreren Orten (*Klassik Radio*). Nach amerikanischem Vorbild sind fast alle Angebote streng formatiert, also auf eine Musikfarbe festgelegt (‚Contemporary Adult', ‚Oldie'), unterbrochen von plaudernder Moderation und kurzen Nachrichten. Stationen, die große Märkte oder ganze Länder bedienen, sind meist sehr profitabel, kleine Lokalstationen haben oft Finanzierungsprobleme.

In geringem Umfang konnten sich in Deutschland auch nicht-kommerzielle Radioanbieter etablieren, wobei die rechtlichen Rahmenbedingungen sehr variieren. So finden sich Stationen in der Trägerschaft von Radioinitiativen, Offene Kanäle (auch für TV), Bürgerfunk, Campusstationen etc. Für 2003 wurden 61 derartige Stationen genannt (ALM 2003: 311).

Nachrichtenagenturen: Eine → Nachrichtenagentur versorgt nahezu alle Zeitungsverlage: die *Deutsche Presse Agentur* (*dpa*), die sich im gemeinsamen Besitz der Presseverlage und Rundfunkanbieter befindet. Die Organisationsform verhindert, dass einzelne Teilhaber einen beherrschenden Einfluss zu nehmen vermögen. Die *dpa* entstand ab 1945 nach dem Vorbild der amerikanischen *Associated Press*; ihre Vorgängereinrichtung, das *Wolffsche Telegraphische Bureau* (WTB) aus der Mitte des 19. Jahrhunderts war mit dem Nazi-Regime untergegangen. Heute bietet die *dpa* nicht nur einen Basisdienst für Redaktionen an, sondern zusätzlich eine Fülle von Spezialdiensten in Bereichen wie Landes-, Wirtschafts- und Sportberichterstattung, Radionachrichten, Internetdienste etc.

Internet: In Deutschland zählten sich 2004 55,3 Prozent der Menschen ab 14 Jahre zu den → Internet-Nutzern; so stellte es die jährlich erhobene ARD/ZDF-Online-Studie fest (van Eimeren et al. 2004). Damit liegt das Land etwa im europäischen Mittel, hinter den netzaktiven Skandinaviern und Briten, aber vor den Südeuropäern. Naturgemäß sind es vor allem die jungen Leute, die sich im Web bewegen, unter den 14- bis 19-Jährigen liegt ihr Anteil bei 95 Prozent, unter den Senioren (60 plus) nur 14 Prozent.

Die Interessen am Netz sind ganz unterschiedlich angelegt, aber immerhin 46 Prozent der Nutzer geben an, dass sie mehr oder weniger regelmäßig auf tagesaktuelle Informationen zugreifen. So gilt, dass neben dem Fernsehen, dem Radio und den Printmedien das Internet seine Funktion als viertes tagesaktuelles Medium gefunden hat.

Im Online-Bereich wird deutlich, wie sich publizistische mit ganz anderen Inhalten mischen, etwa Unterhaltung, Spiele, Foren, Annoncen etc. Besonders erfolgreich waren 2004 (*page impressions*, Sept.) gemischte Portale von *T-Online* (770 Millionen) und *AOL* (436 Millionen) und der Automarkt *mobile* (672 Millionen). Unter den von Medienhäusern angebotenen Portalen führt *rtl.de* (264 Millionen), gefolgt von *spiegel.de* (204 Millionen), *prosieben.de* (143 Millionen), *focus.msn* (132 Millionen) und *stern.de* (73 Millionen). Nach der *ARD/ZDF*-Studie erwarten Online-Nutzer von einer guten Nachrichtenseite vor allem Übersichtlichkeit, einfache Navigation, beliebig erweiterbare Informationstiefe sowie eine gute Verlinkung.

Nahezu alle Zeitungen, Fernseh- und Radioanbieter sind heute im Internet vertreten; manche unterhalten eigene, qualifizierte Redaktionen (hier führend: *Spiegel Online*), andere setzen vor allem die Nachrichten der Redaktion für das Internet um und ergänzen sie (typisch: *dw-world.de*), wieder andere bieten das Material Dritter unter eigenem Namen an (die Agentur *dpa* liefert derartige Online-Nachrichten). Manche Zeitungen stellen ihr Angebot komplett ins Netz (*electronic paper*); andere offerieren nur eine Auswahl oder ermöglichen den Zugriff zu ihrem Archiv. Abrechnungen erweisen sich weiterhin als schwierig, so dass Online-Angebote fast immer ein Zuschussgeschäft darstellen.

Die Verlage investierten hier in der Hoffnung, rechtzeitig präsent zu sein, wenn Einnahmen zu realisieren sind. Besonders trifft die Zeitungsverlage, dass ihre Kleinanzeigen – viele Jahre eine sichere Einnahmequelle – zum großen Teil ins Netz (zu eigenen oder fremden Anbietern) abgewandert sind. Auf das Fernsehen kommt eine Verunsicherung zu, wenn über die Netze, die zunehmend auf Breitbandanschlüsse umgestellt werden, Pay-TV-Angebote (Filme etc.) als Video-on-Demand abgerufen werden können.

Werbung: Die großen Publikumsmedien finanzieren sich überwiegend aus → Werbung. Bei den Einnahmen der Zeitungen ging man bis 2001 von einem Anteil von etwa 70 Prozent aus (30 Prozent aus dem Kaufpreis), bei Anzeigenblättern, kommerziellem Radio und Fernsehen sind dies 100 Prozent.

Mit dem Ende der Euphorie um die New Economy brachen diese Werbeerlöse weg. Am härtesten traf es die Tageszeitungen, die 2002 noch 4,9 Milliarden Euro erhielten (2000: 6,6 Milliarden), auch das Fernsehen wurde empfindlich getroffen mit 2002 4 Milliarden (2000: 4,7 Milliarden). Kein Medium blieb verschont, mit Ausnahme von Online-Angeboten (2002: plus 22,7 Prozent). Von dem gesamten Werbetopf (2002) von 20 Milliarden gingen an die Tageszeitungen 25 Prozent (1997 noch 28 Prozent), an das Fernsehen 20 Prozent (1997: 19 Prozent), an Publikumszeitschriften 10 Prozent (1997: 9 Prozent), an den Hörfunk unverändert 3 Prozent und an das Internet insgesamt nicht mehr als 1 Prozent.

Grundlagen und Situation des Journalismus

Der deutsche Journalismus ist – mit seinen Stärken und Schwächen – dem in vergleichbaren westlich-marktwirtschaftlichen Demokratien ähnlich. Er besitzt jedoch vor allem aus historischen Gründen eigene Merkmale, die ihn zwischen der faktenorientierten Berichterstattung angelsächsischer Provenienz (→ USA, → Großbritannien) und dem Meinungsjournalismus in der Tradition romanischer Länder (→ Italien, → Frankreich) ansiedeln.

Andererseits arbeiten die Medienakteure unter ähnlichen Bedingungen und haben ähnliche berufliche Orientierungen und Kommunikationsabsichten (→ Rollenselbstverständnis) wie z. B. die der USA. Und schließlich sind auch die aktuellen Krisenerscheinungen des Journalismus durchaus nicht singulär, sondern entsprechen in ihren Ursachen und Auswirkungen dem, was man in anderen Staaten westlichen Typs beobachten kann.

Aus verfassungsrechtlichen Gründen (Art. 5 GG) wird der Journalismus in Deutschland wie in den meisten anderen demokratischen Gesellschaften als offener Beruf betrieben; im Prinzip kann jeder als Journalist arbeiten. Gleichzeitig gibt es aber seit fast 100 Jahren Bemühungen um eine formalisierte akademische Ausbildung, um wenigstens annäherungsweise den Status einer Profession zu erreichen (→ Journalistenausbildung, → Professionalisierung). Dahinter steht insbesondere das Bemühen um ein höheres berufliches Ansehen. Immerhin hatten rund zwei Drittel der deutschen Journalisten aber Mitte der 90er Jahre ein Studium absolviert.

Das Berufsprestige der deutschen Journalisten liegt auf der Skala vergleichbarer Berufe, die mit weitem Abstand von den Ärzten angeführt wird, traditionell im unteren Drittel. 2003 zählten laut einer Umfrage des Allensbacher Instituts für Demoskopie nur 13 Prozent der Bevölkerung ‚Journalist' zu den Berufen, die sie am meisten schätzen, 5 Prozent weniger als zwei Jahre zuvor; Politiker kamen freilich nur auf einen Wert von 8 Prozent (www.ifd-allensbach.de).

Der Journalismus ist in Deutschland – wenn man die Anfänge nachrichtlicher Publikationstätigkeit mit einbezieht – fast 400 Jahre alt. Redaktionen und in ihnen arbeitendes professionelles Personal gab es vereinzelt seit dem 18. Jahrhundert. Seit Mitte des 19. Jahrhunderts entstand dann u. a. im Kontext der Emergenz eines ‚Welt-Nachrichtensystems' (→ Nachrichtenagenturen) ‚redaktioneller Journalismus' und damit nach und nach auch die Trennung der Berufsrollen Verleger und Redakteur (→ Journalismus).

Das erste Jahrhundert dieses ‚redaktionellen Journalismus' war zum einen geprägt durch Parteiblätter und zum anderen durch die *Generalanzeigerpresse*. Ende des 19. Jahrhunderts sorgten vor allem soziale, ökonomische und technische Entwicklungen dafür, dass der Journalismus zunehmend mehr in – mehr oder weniger großen – Erwerbsunternehmen zustande kam. Garantien für eine größere politische und wirtschaftliche Freiheit schuf dabei insbesondere das *Reichspressegesetz* von 1874. Dennoch wurde über Jahrzehnte der Journalismus durch politische Einflussnahme geprägt – ehe dann die Nationalsozialisten die so genannten ‚Schriftleiter' vollständig unter den Einfluss ihrer Schreckensherrschaft stellten.

Nach dem Zweiten Weltkrieg entwickelte sich der Journalismus in den beiden deutschen Staaten zunächst für Jahrzehnte in zwei verschiedene Richtungen: im Westen der → Informations-Journalismus nach angelsächsischem Muster (→ Mediengattungen), im Osten der sozialistische Journalismus nach sowjetischem Muster; seine ideologische Zuverlässigkeit und Kontinuität sollte insbesondere durch die *Sektion Journalistik* der Leipziger Universität als zentraler Ausbildungseinrichtung sichergestellt werden.

Der ‚gesamtdeutsche Journalismus' ist dann nach der deutschen Vereinigung im Jahre 1989 im Wesentlichen am Muster der westdeutschen Medien ausgerichtet worden. An diesem Prozess waren auch die journalistischen Berufsorganisationen (→ Verbände), und hier insbesondere der *Deutsche Journalisten-Verband* (DJV), beteiligt.

Der DJV hat – mit unterschiedlicher Zielsetzung und wechselndem Erfolg – immer wieder Einfluss auf die Entwicklung des Journalismus in Deutschland zu nehmen versucht. Dabei spielte die Vorlage ‚journalistischer Berufsbilder' zur Kanonisierung von Merkmalen und Normen eine wichtige Rolle (→ Journalismus). Doch ist es dadurch nicht gelungen, die journalistische Berufsgruppe, zu der auch im PR-Bereich Tätige sowie z. T. recht journalismusfern agierende Freie (→ Freier Journalismus) gerechnet werden, homogen zu halten. Dies hat u. a. Auswirkungen auf das Ausmaß journalistischer Autonomie. Versuche der DJV-Vorgängerorganisation *Reichsverband der Deutschen Presse* (RDP), die ‚innere Pressefreiheit' rechtlich schützen zu lassen, waren schon in den 20er Jahren des 20. Jahrhunderts gescheitert (→ Kommunikationsfreiheit).

Der deutsche Journalismus wird aber nicht nur durch Einflussnahme von außen in seinen Möglichkeiten beschränkt, sondern vor allem auch durch berufsstrukturelle Entwicklungen. Schon seit Jahren sind in den Medienbetrieben vielfältige Differenzierungen der Tätigkeitsprofile zu beobachten, die im Kontext der Einführung neuer elektronischer Arbeitsmittel entstanden. Dabei zeigte sich die Tendenz zur Amalgamierung technischer und journalistischer Funktionen. Gleichzeitig kamen neue Aufgaben bei der Planung und Gestaltung von Beiträgen auf das Redaktionspersonal zu.

Der Kommunikationssoziologe *Jürgen Prott* (1976: 373 f.) stellte wegen solcher Perspektiven schon vor Jahren pessimistische Prognosen für den journalistischen Beruf: Aufgrund von Strukturproblemen der Branche, zunehmend industriellen Arbeitsformen und zunehmender Technisierung ist ein „Prozess der Entprofessionalisierung und Entintellektualisierung der Berufsrolle" zu erwarten. Der Journalist wird immer mehr zum „Kommunikationstechniker", zu „einem Rädchen im komplexen Getriebe der Massenkommunikation". Seine Aufgabe bestünde dann nur noch darin, Nachrichten weiter zu transportieren.

Empirische Untersuchungen zum Journalismus in Deutschland zeigen jedoch eine große Bandbreite von Bedingungen und Tätigkeiten – bei einer bemerkenswerten Stabilität der Verhältnisse. Wie Anfang der 90er Jahre (Scholl/Weischenberg 1998: 222 ff.) liegt die Zahl der journalistischen Arbeitsplätze – so zeigen die ersten Analysen aus der Replikation (JouriD II) der repräsentativen Studie „Journalismus in Deutschland" – bei ca. 36.000; schätzungsweise 25.000 bis 30.000 Personen arbeiten als freie Journalisten. Nach wie vor gibt es die meisten Jobs bei der Presse (Tageszeitungen: ca. 14.000, Zeitschriften: ca. 8.000), während Hörfunk und Fernsehen nur jeweils knapp 5.000 bzw. gut 4.000 Journalisten beschäftigen und die Online-Medien nur knapp 2.000. Nach wie vor liegt der Frauenanteil bei ca. einem Drittel der journalistisch Beschäftigten. Nach wie vor ist es aber auch möglich (wenn auch in Grenzbereichen schwierig), theoriegeleitet ‚journalistische' von ‚nicht-journalistischen' Medien, Programmen und anderen Offerten – z. B. gegenüber Unterhaltungsmedien, Public Relations, technischen Fachmedien oder auch nicht-journalistischen Internet-Angeboten – zu unterscheiden. (Aktuelle Informationen zur Studie „JouriD II": www.journalistik.uni-hamburg.de/jourid.html)

Hinsichtlich der Kommunikationsabsichten der deutschen Journalisten hatten sich bei der ersten Untersuchung Mitte der 90er Jahre im Wesentlichen drei Bereiche herauskristallisiert, die deutlich unterschiedliche Zustimmung fanden: an der Spitze die *neutrale Vermittlung*, dann Zielvorstellungen, die mit der Wahrnehmung einer *Orientierungsfunktion* in Beziehung zu bringen sind, und schließlich – deutlich abgeschlagen – Aufgabenbeschreibungen, die in erster Linie mit *Kritik* und *Kontrolle* zu tun haben.

Die meiste Zustimmung fanden also Rollenselbstbeschreibungen, die auf typische Merkmale des westlichen → Informations-Journalismus zielen. Die deutschen Journalisten verstehen sich demnach vor allem als Informatoren, die ihrem Publikum komplexe Sachverhalte erklären und es schnell und präzise unterrichten wollen. Rund drei Viertel der Befragten konnten all diesen Antwortvorgaben jeweils voll und ganz oder zumindest überwiegend zustimmen. Neue Trends aufzeigen wollte gut die Hälfte aller Journalisten; noch jeweils fast zwei Fünftel wollten positive Ideale vermitteln und dem Publikum Lebenshilfe bieten. Auf der anderen Seite fanden sich in dieser Gruppe Rollenselbstbeschreibungen, die auf den Journalismus als *Infotainment* zielen: Rund die Hälfte der Journalisten stimmten den darauf zielenden Antwortvorgaben jeweils voll und ganz oder überwiegend zu, darunter vor allem die unter 35-Jährigen (Scholl/Weischenberg 1998).

Die damalige Untersuchung hatte bereits auf Entgrenzungsprozesse im deutschen Journalismus aufmerksam gemacht; dabei ging es insbesondere um Dekonturierungen in Hinblick auf Unterhaltung, Werbung, Public Relations und Technik. Darüber hinaus bedeuten nun (auch) für den Journalismus jene Perspektiven die größte Herausforderung, welche die Online-Kommunikation eröffnen (→ Online-Journalismus, → Internet). Besonders unklar bleibt dabei bisher, welche *Rolle* die Journalisten künftig spielen sollen – neben oder statt der des Vermittlers, Kritikers, Kontrolleurs oder Anwalts.

Diesem ‚Journalismus im Übergang' hat sich die Forschungsgruppe Journalistik (Hamburg/Münster) in den vergangenen Jahren im Rahmen des Projektes „Konturen aktueller Medienkommunikation" (KaMkom) gewidmet. Es schloss an internationale Beobachtungen an, welche den Journalismus am Ende von Entwicklungsprozessen bzw. am Beginn einer ‚neuen Ära' sehen.

Die deutschen Befunde liefern dazu kein eindeutiges Bild. Sie zeigen, dass sich der Journalismus (weiter) verändert – einerseits. Andererseits werden Trägheitsmomente zugunsten einer Erhaltung der journalistischen Primärfunktion deutlich, die Selbstbeobachtung der Gesellschaft zu ermöglichen (→ Journalismus, → Systemtheorie), und auch zugunsten einer Erhaltung seiner wesentlichen Strukturen (Organisationsformen, Programme usw.).

Zwar sind Indikatoren für eine Dekonturierung des Journalismus unübersehbar. Wie weit die Wandlungsprozesse Einfluss auf die Prozeduren im Journalismus nehmen, ist indessen gerade bei der *Hybridisierung*, also der Vermischung von Themen und insbesondere Darstellungsformen, strittig. Die Befunde legen hier eher nahe, die Entgrenzung zwischen Information und Unterhaltung nicht gesellschaftlich, sondern ökonomisch und professionell zu interpretieren.

Wie die Studie weiter zeigte, sind die Beziehungen des Journalismus zu seinen Quellen – insbesondere zu den Informationen, welche die → Public Relations liefern – zum einen durch eine hohe und Routine bestimmte Selektivität (→ Nachrichtenselektion) und zum anderen durch pragmatische Prozeduren gekennzeichnet. Auf diese Weise werden zwar viele Pressemitteilungen zu journalistischen Informationen transformiert. Das Gesamtbild journalistischer Berichterstattung wird aufgrund des selektiven Zugriffs auf PR-Informationen allerdings keineswegs von diesen geprägt.

Bewertungen und Ausblick

Journalistische Arbeitsprozesse erscheinen prinzipiell gewiss ‚medial entgrenzungsfähig': Ökonomisch ist dies sinnvoll, technisch ist dies machbar, und es lassen sich verschiedene Indikatoren für entsprechende Prozesse finden. Gerade die neue Medienvielfalt zwingt aber die einzelnen Medientypen (vor allem, wenn sie unter einer journalistischen *Marke* positioniert sind) gerade in Hinblick auf das Publikum zur Konzentration auf die eigenen, zu den anderen Medien komplementären Stärken. Unter diesen (ökonomischen und technischen) Bedingungen trägt das Beharrungsvermögen journalistischer Routinen und Arbeitsprozesse dazu bei, das (ökonomisch und technisch) Machbare ‚professionell' zu relativieren, was damit letztlich auch zum Funktionserhalt des Journalismus in Deutschland führt.

In den internationalen Rankings zur Medienfreiheit schneidet Deutschland gut ab. *Freedom House* stuft das deutsche Mediensystem als „frei" ein und gibt ihm in Hinsicht auf politische Rechte und bürgerliche Freiheiten die Höchstwerte (www.freedomhouse.org). *Reporter ohne Grenzen* (2004) platziert das Land nach seinem Maß auf Position 11 (unter 167).

Tatsächlich sind in Deutschland staatlich-polizeiliche oder gerichtliche Eingriffe in die Tätigkeit von Medien eher selten; Druckmöglichkeiten der Politik auf die Medien sind seit der *Spiegel*-Affäre immer mehr geschwunden; Beobachter sehen heute eher umgekehrt eine wachsende Einflussnahme der Medien auf die Politik. Das Wort von der „Mediendemokratie" macht die Runde, in der die Medien zunehmend die Agenda bestimmen, nach der die Politik sich auszurichten hat. Sicherlich findet die → politische Kommunikation zwischen Politikern und Journalisten auf gleicher Augenhöhe statt.

Die große Zahl von Zeitungen und das duale System im Rundfunk lassen auf substanzielle Vielfalt schließen. Da über 90 Prozent der Haushalte ihr TV-Bild über Kabel oder Satellit erhalten, hat sich inzwischen ein Vielkanal-Fernsehen entwickelt, bei dem 30 Programme und mehr empfangbar sind. Besonders die lokale Versorgung mit Zeitungen, Radio und Fernsehen ist im internationalen Vergleich hervorragend gesichert.

Andererseits dürfen die Probleme nicht übersehen werden. Dazu zählen insbesondere die Auswirkungen der immer noch anhaltenden → Medienkonzentration. Das größte Zeitungshaus *Springer* kontrolliert beachtliche Segmente der Tagespresse und der Zeitschriften; in der Sonntagspresse steht es nahezu allein. Die Mehrzahl der lokalen Zeitungsmärkte wird von einem Monopolisten beherrscht.

Die öffentlich-rechtlichen Rundfunkanstalten leiden in mehrfacher Hinsicht unter massivem Druck. Dazu zählen Interventionen aus der Politik – vor allem vermittelt über Parteienvertreter in den Gremien. Wechselt eine Landesregierung, so ist üblich, dass sie sich die Gesetze in ihrem Sinne umschreibt, um neue Mehrheiten in den Gremien zu sichern. Die politische Herkunft des Intendanten und der Führungsriege spiegelt meist die politischen Mehrheitsverhältnisse im Sendegebiet wider.

Selbst im privat-kommerziellen Fernsehbereich ist auffällig, dass die zwei ‚Senderfamilien', die den Markt weit gehend unter sich aufgeteilt haben, in den beiden größten Bundesländern beheimatet sind und besondere Protektion der Ministerpräsidenten von Nordrhein-Westfalen und Bayern genießen. Sie ziehen auch das Gros des Werbeaufkommens auf sich, was dritte Anbieter auf kleine Nischen verweist.

Der triale (d. h. nicht-kommerzielle) Teil des Rundfunks ist unterproportional entwickelt. Lokale nicht-kommerzielle Radiostationen sind nur spärlich vorhanden; ein kleines Nachbarland wie Dänemark (→ Skandinavien) hat allein weit mehr davon.

In den letzten Jahren hat sich die Situation auf dem deutschen Medienmarkt erheblich verändert. Galten die Medien zuvor als ‚Boom-Branche', so ist inzwischen ‚Medienkrise' das Etikett für die Situation – in Deutschland und anderswo. Erstmals seit den 70er Jahren gibt es hier eine große Zahl von arbeitslosen Journalisten (der DJV schätzte 2004 die Zahl auf 10.000), wobei angesichts der traditionellen Kaschierung von Arbeitslosigkeit durch → Freien Journalismus sogar von einer erheblichen Grauziffer ausgegangen werden kann. Damit nehmen Faktoren Einfluss auf die Entwicklung, die sich im Moment in Hinblick auf den Entgrenzungsdruck, den sie entwickeln, nur schwer systematisch – das heißt in Hinblick auf ihre strukturelle Dynamik – einordnen lassen.

Für Aspekte *nationaler* Entgrenzungen lässt sich aber schon jetzt eine gegenläufige Entwicklung beobachten. Einerseits verschärft die Krise zwar den kommerziellen Druck auf die Medien und begünstigt die Attraktivität kosteneffektiver Modelle aus dem Ausland; solche Adaptionen – etwa von US-amerikanischen Organisationsmodellen – können Globalisierungsprozesse beschleunigen. Andererseits aber reduzieren Krisen die Bereitschaft zu Experimenten und legen die Konzentration auf das vertraute ‚Kerngeschäft' nahe, das traditionell im nationalen oder sogar regionalen Raum gemacht wird; dies gilt insbesondere für die Tagespresse. Die Folge ist die Konservierung der alten Verhältnisse – wobei die Risiken und Nebenwirkungen einer solchen Haltung unklar sind.

Auf den massiven Rückgang der Werbeausgaben haben die Verlagshäuser nicht nur dadurch reagiert, dass sie Mitarbeiter in erheblicher Zahl entlassen, Redaktionen geschlossen oder zusammengelegt haben, sondern auch dadurch, dass sie neue Projekte (auch im Online-Bereich) zurückgestellt haben. Sinkende Auflagen kompensierten sie über erhöhte Verkaufspreise – was die Auflage weiter zurückgehen ließ. Renommierte Zeitungen wie die *SZ* und die *FAZ*, besonders aber die *FR* gerieten in große Schwierigkeiten; bei der *FR* stieg schließlich zur Rettung eine Holding der SPD ein (was zu heftigen Protesten konkurrierender Parteien führte).

Inzwischen haben sich die großen Verlagshäuser konsolidiert, vor allem allerdings auf Kosten der Mitarbeiter. Es steht zu befürchten, dass mit der Reduzierung der publizistischen Manpower deutliche Qualitätsverluste in den Medien verbunden sind, weil die Zeit für vertiefte Recherche und ordentliches Redegieren fehlt. Medien flüchten auch in die Unterhaltung, insbesondere bei der Boulevardpresse und den Kommerzradios reduzieren sich die publizistischen Angebote (→ Boulevard-Journalismus).

Weitere Umschichtungen im Medienbereich sind zu erwarten. So geht die Lesebereitschaft insbesondere bei jungen Leuten zurück, die meist nur noch geringes Interesse an Printmedien zeigen. Publizistische Funktionen besonders des Zeitungssektors wandern in das → Internet ab, ohne dass bisher klare Finanzierungsmodalitäten gefunden worden wären. Wahrscheinlich ist, dass die konjunkturelle Krise in eine strukturelle Krise übergeht, bei der vor allem die seriös und professionell berichtenden Medien unter weiteren Druck geraten – während andererseits Entertainment in vielen Variationen das Programmangebot überschattet und noch mehr als bisher in die journalistische Arbeit einsickert (etwa: ‚Politainment'). Ein Potenzial zur Relativierung dieser Trends zeigt vor allem das Internet mit seinen niedrigen Zugangsschwellen und seiner leichten Verfügbarkeit; Anbieter von andernorts nicht erreichbaren Nachrichten (etwa alternative Portale) oder auch Laienjournalisten (etwa in Weblogs) nutzen zunehmend seine Möglichkeiten.

Schließlich dürfen *Globalisierungstrends* (→ Internationale Kommunikation) nicht übersehen werden. Längst sind auf dem deutschen Markt ausländische Medien (z. B. amerikanische Tageszeitungen) ohne Zeitverzug verfügbar, und das Satellitenfernsehen bietet Zugang zu Hunderten von ausländischen Programmen.

Nachdem sich die Medien jahrzehntelang nahezu ausschließlich in deutscher Hand befanden, sind inzwischen relevante Segmente in ausländische, vor allem amerikanische Hand gewandert. Umgekehrt operiert mit *Bertelsmann* (Gütersloh) der größte europäische Medienkonzern aus Deutschland, der als weltgrößter Bücherproduzent und wichtigster TV-Anbieter in Europa zu den Global Players zählt. Aber auch andere Verlage zieht es in die weite Welt; so haben sich Verlage wie *Springer* und *WAZ* in → Osteuropa engagiert, wo sie teilweise hervorragende Expansionsmöglichkeiten vorfanden.

Literatur

Altendorfer, Otto (2001/2004): Das Mediensystem der Bundesrepublik Deutschland, 2 Bde., Wiesbaden.
ALM, Arbeitsgemeinschaft der Landesmedienanstalten (2003): Privater Rundfunk in Deutschland 2003, Berlin (erscheint jährlich).
ARD (2004): ARD-Jahrbuch 2004, Frankfurt/M. (erscheint jährlich).
Dreier, Hardy (2004): Das Mediensystem der Bundesrepublik Deutschland, in: Hans-Bredow-Institut (Hrsg.): Internationales Handbuch Medien 2004/2005, Baden-Baden: 245-268.
Eimeren, Birgit van et al. (2004): ARD/ZDF-Online-Studie 2004, in: Media Perspektiven, Nr. 8: 350-370 (www.daserste.de/service/ardonl04.pdf).
Kleinsteuber, Hans J. (2004): Germany, in: Mary Kelly et al. (Hrsg.): The Media in Europe, London: 78-90.
Media Perspektiven (Hrsg.) (2004): Daten zur Mediensituation in Deutschland 2003, Frankfurt/M. (erscheint jährlich).
Meyn, Hermann (2004): Massenmedien in Deutschland, Konstanz.
Prott, Jürgen (1976): Bewußtsein von Journalisten. Standesdenken oder gewerkschaftliche Solidarisierung?, Frankfurt/M.
Pürer, Heinz/Johannes Raabe (1994): Medien in Deutschland, Bd. 1: Presse, Konstanz.
Scholl, Armin/Siegfried Weischenberg (1998): Journalismus in der Gesellschaft, Opladen/Wiesbaden.
Schwarzkopf, Dietrich (Hrsg.) (1999): Rundfunkpolitik in Deutschland, 2 Bde., München.
Stuiber, Heinz-Werner (1998): Medien in Deutschland, Bd. 2: Rundfunk, 2 Bde., Konstanz.
ZAW (Zentralverband der deutschen Werbewirtschaft) (Hrsg.) (2004): Werbung in Deutschland 2003, Bonn (erscheint jährlich).

Hans J. Kleinsteuber/
Siegfried Weischenberg, Hamburg

Dynamisch-transaktionaler Ansatz

Definition/Begriffsbestimmung

Der Dynamisch-transaktionale Ansatz ist weder ein *Kausal-* noch ein *Final-*, sondern ein *Transformations*paradigma: Er integriert Kommunikator- und Rezipientenperspektive und ergänzt sie zugleich. Entsprechend sind zunächst alle Kriterien relevant, die auch in diesen beiden Paradigmen gelten (→ Medienwirkungen). Das Erweiterungspotenzial lässt sich an den Merkmalen *Transaktion*, *Dynamik* und *molarer Kontext* demonstrieren.

Forschungsstand

Bei der Theoriebildung geht es stets um zwei Fragen: Was ist *relevant* und wann ist das theoretische Modell *vollständig*? Im Fall der Wirkungsforschung wurden diese Fragen lange Zeit im Rahmen zweier konträrer ‚Paradigmen' unterschiedlich beantwortet: der Kommunikator- und der Rezipientenperspektive. Erstere ist insbesondere mit dem → Stimulus-Response-Modell, Letztere mit dem ‚Uses and Gratifications'-Ansatz bzw. → Nutzen- und Belohnungsansatz verbunden. Heute existieren beide parallel als alternativ mögliche Sichtweisen. Je nach Forschungsinteresse wird eine von beiden benutzt. Beide kommen jedoch einer perspektivischen Verkürzung des relevanten Realitätsausschnitts gleich.

Dies hat zur Folge, dass mit dem ‚Uses and Gratifications'-Ansatz keine originären Medienwirkungen (z. B. solche gegen den Willen und die Bedürfnislage des Rezipienten) erklärbar sind; die Kommunikatorperspektive bezieht dagegen die Selektionsmechanismen und Interpretationsleistungen des Publikums nicht systematisch ein. Selbst dann, wenn der unbeachtete ‚Rest' nicht interessiert, ignoriert man dennoch unvermeidliche Nebeneffekte, was notwendig zu Unschärfen führt.

Der Dynamisch-transaktionale Ansatz (Früh/Schönbach 1982; Schönbach/Früh 1984; Früh 1991, 2001) vertritt ein Modell interdependenter Wirkungsgrößen: verändert sich eine davon, verändern sich auch die anderen. Gleichwohl können die aktiven und passiven Einflussanteile sehr unterschiedlich verteilt sein, so dass in bestimmten Fällen die Wirkungsmacht des Mediums groß, die Selektions- und Interpretationsmacht des Publikums gering ist und sich dies in anderen Fällen umgekehrt verhält.

Die Kommunikatorperspektive folgt dem *Kausal*modell, wonach der Wirkungsbegriff eine einseitig gerichtete Beziehung zwischen zwei Größen darstellt, deren zeitlich frühere die Ursache, die folgende die Wirkung ist. Dem Nutzen- und Belohnungsansatz liegt nur vordergründig eine *finale* Logik zu Grunde: Das Publikum wählt souverän jene Medieninhalte aus, von denen es sich maximale Bedürfnisbefriedigung verspricht. Jedoch werden auch hier die logische Funktion der Medienaussage als Ursache und die Eindrücke beim Rezipienten als Wirkung nicht angetastet (Kausallogik). Die Bedürfnisse des Publikums dienen nur als Verteilungskriterium bei der aktiven Zuweisung von Wirkungschancen: Wirksam kann nur diejenige Medienaussage werden, von der das Publikum eine Bedürfnisbefriedigung erwartet. Über die Wirkungen selbst trifft der Nutzenansatz keine spezifischen Aussagen.

Konsequenzen und Bewertung

Nach dem Dynamisch-transaktionalen Ansatz lassen sich die Wirkungs- und Rezipientenperspektive nicht mehr trennen. Wirkungen entstehen nicht nur am Ende einer kausal gerichteten Beziehung, sondern an allen relevanten Teilen des Kommunikationszusammenhangs (inkl. Rezipient, Kommunikator und Medienangebot). Welches die relevanten Teile sind, beschreibt der molare Kontext (s. o.: *Relevanz* und *Vollständigkeit* des theoretischen Modells).

Zu dessen Spezifizierung vertritt der Dynamisch-transaktionale Ansatz ein Modell des triadischen Ursachenfittings; Wirkungen entstehen demnach durch das Zusammenspiel dreier Einflussdimensionen:

- Personenmerkmale,
- Stimulus-/Medienmerkmale,
- Merkmale des situativen und gesellschaftlichen/kulturellen Kontextes.

Wirkung entsteht immer und zwar gemäß der jeweiligen Konstellation dieser drei Faktorenbündel (Früh 1991: 125). Berücksichtigt man außerdem, dass sich diese dynamisch entwickeln und verändern (wobei frühere Zustände einer Ursache spätere Zustände bzw. Handlungen beeinflussen können, so dass Variablen in einem selbstreferenziellen Prozess immer wieder die Ursachen ihrer eigenen Veränderung sind), dann ist das *kausal*analytische durch ein *dynamisch-transaktionales* Denken ersetzt. Es verwendet einen anderen Wirkungsbegriff.

Massenkommunikation ist kein Bündel linearer Transportprozesse von Information, an deren ‚Ende' – dem Publikum – dann Wirkungen entstehen. Nach dem Dynamisch-transaktionalen Ansatz enthält Massenkommunikation nicht Wirkungen als einen ihrer Bestandteile, sondern sie *ist* Wirkung. Man kann nicht kommunizieren, ohne Wirkungen hervorzurufen. Und diese treten nicht nur beim Rezipienten, sondern bei allen beteiligten Faktoren auf. Sie entstehen auf der realen wie der virtuellen Ebene, und sie können sich in Zuständen wie in charakteristischen Prozessen manifestieren. Die Beziehungen untereinander sind verschiedenartig, auch zeitverzögert, indirekt/mehrstufig oder antizipiert; selbst Kumulationen, Rückkopplungen und qualitative Sprünge sind möglich.

Medienwirkungen sind demnach alle tatsächlichen oder verhinderten Veränderungen (Konservierungen, Retardierungen) aller Faktoren, die direkt oder indirekt an einem Kommunikationsprozess beteiligt sind, in dem Medien mitwirken und die auf diese Mitwirkung zurückführbar sind. Die ggf. sinnvollen Fokussierungen und Eingrenzungen dieser allgemeinen Definition sind normativer Art und deshalb erst nachfolgend als interessengeleitete Beschränkungen vorzunehmen.

Der Rezipient ist im Dynamisch-transaktionalen Ansatz hingegen handelndes Subjekt und Betroffener zugleich. Wenn er merkt, dass er beeinflusst werden soll, ist oft ein Teil der Wirkung schon eingetreten. Er mag auswählen, was ihm angenehm erscheint, und es so interpretieren, wie er es kann oder möchte (→ Nutzenansatz); dennoch wählt er immer nur aus einem Angebot, das ihm der Kommunikator zur Verfügung stellt.

Wenn er ein bestimmtes Angebot wählt, selegiert er immer mehr als das (→ Stimulus-Response-Modell): Wer sich z. B. ein Fußballspiel ansehen mag, wählt notwendig auch die Trikot- und Bandenwerbung, die er eigentlich meiden möchte. Fast jede Handlung bringt solche Nebeneffekte mit sich. Insofern handelt sich der Rezipient auch dann, wenn er souverän nach seinen Bedürfnissen auswählt und interpretiert, immer unwillkommene Effekte mit ein.

Wenn der Kommunikator diese Mechanismen kennt, kann er sie gezielt zur Einflussnahme nutzen. Dies ist ein Beispiel für eine *Transaktion*, die dem Rezipienten (wie auch dem Kommunikator) simultan eine aktive und passive Rolle zuweist.

Literatur

Früh, Werner (1991): Medienwirkungen: Das dynamisch-transaktionale Modell, Opladen.

Früh, Werner (2001): Der dynamisch-transaktionale Ansatz, in: P. Rössler et al. (Hrsg.): Theoretische Perspektiven der Rezeptionsforschung, München: 11-34.

Früh, Werner/Klaus Schönbach (1982): Der dynamisch-transaktionale Ansatz, in: Publizistik 1982/27: 74-88.

Schönbach, Klaus/Werner Früh (1984): Der dynamisch-transaktionale Ansatz II: Konsequenzen, in: Rundfunk und Fernsehen 1984/32: 314-329.

Werner Früh, Leipzig

Enthüllungs-Journalismus

→ Investigativer Journalismus

Estland

→ Osteuropa

Feature

→ Reportage/Feature

Fernsehen

Definition/Begriffsbestimmung

Fernsehen wird zusammen mit Hörfunk (→ Radio) unter dem Begriff ‚Rundfunk' (Broadcasting) gefasst. Dabei werden von einem Sender akustische und visuelle Informationen auf analoge und/oder digitale Weise entlang einem elektrischen Leiter (Kabel) oder/und mithilfe elektromagnetischer Wellen (terrestrisch oder per Satellit) verbreitet, über Kabelanschluss, Antenne oder Satellit empfangen und als Sendungen unterschiedlicher Art auf einem Fernsehempfangsgerät (Fernseher) einem Publikum dargeboten.

Fernsehen gilt als ein ‚Massenmedium', weil es seine Angebote auf technischem Wege indirekt und einseitig gerichtet an ein tendenziell nicht begrenztes Publikum (‚One-to-many-Kommunikation') vermittelt, damit gleichzeitig → Öffentlichkeit schafft, indem sich eine disperse Zuschauerschaft (ohne körperliche Präsenz der Zuschauer an einem gemeinsamen Ort, aber mit einer Gleichzeitigkeit des Empfangs) zu einem Publikum formiert. Aufgrund der schnellen Verbreitung der Informationen, der großen Reichweite seiner Ausstrahlung und der kostenintensiven Herstellung der Angebote ist Fernsehen in starkem Maße gesellschaftlicher → Regulierung und Institutionalisierung unterworfen.

Geschichte/Entwicklung

Fernsehen ist das Produkt der industriellen Revolution des 19. Jahrhunderts und eine technische Erfindung der Elektroindustrie des frühen 20. Jahrhunderts. Es ist das erste elektrische Medium und hat in seiner ersten technischen Entwicklungsphase von 1884 (erstes Patent auf eine Fernseh-Idee) bis 1935 (Beginn des ersten Fernsehprogramms) nacheinander alle Kommunikationsformen von der Telegrafie über den Film bis zum Radio adaptiert und im eigenen Medium verarbeitet.

Die Nationalsozialisten in Deutschland begannen 1935 mit der Ausstrahlung eines ersten Fernsehprogramms, obwohl die *Fernsehtechnik noch unausgereift* war. Die Briten (→ Großbritannien) starteten 1936, die Amerikaner (→ USA) 1939 mit Fernsehprogrammen. Der Siegeszug des Mediums als Massenmedium setzte erst nach dem Zweiten Weltkrieg sowohl in den USA und wenig später auch in Europa ein, nicht zuletzt, weil sich die gesellschaftlichen Kommunikationsbedürfnisse wesentlich gewandelt hatten.

In Deutschland begann der *Nordwestdeutsche Rundfunk* in Hamburg (Vorläufer des *Norddeutschen Rundfunks*) ab 1948 mit dem Wiederaufbau des Fernsehens, startete jedoch erst ab 25.12.1952 mit einem offiziellen Programm. Ab 1.11.1954 entstand daraus das Gemeinschaftsprogramm der Rundfunkanstalten, das ‚Erste Programm' der *Arbeitsgemeinschaft der öffentlich-rechtlichen Rundfunkanstalten der Bundesrepublik Deutschland* (ARD). In der DDR wurde 1952 ein Versuchsprogramm gestartet, das ab 1956 in ein reguläres, staatlich gelenktes Programm überführt wurde. Die Ausbreitung des Mediums erfolgte in der Bundesrepublik zunächst langsam, dann jedoch ab 1957 (erste Teilnehmer-Million) rasant, so dass 1970 bereits ca. 15 Millionen Haushalte ein Fernsehgerät besaßen (knapp 70 Prozent). Heute werden ca. 98 Prozent aller Haushalte vom Fernsehen erreicht.

Der Versuch der von der CDU geführten Bundesregierung, ein kommerziell produziertes Fernsehen als Staatsfernsehen der Bundesregierung einzuführen, scheiterte 1961 am *Bundesverfassungsgericht*, das in seinem *Ersten Fernsehurteil* den öffentlich-rechtlichen Charakter des Fernsehens festschrieb und das ‚Adenauer-Fernsehen' verbot. Weil das Verfassungsgerichtsurteil Rundfunk (als Teil der Kultur) dezidiert zur Angelegenheit der Länder machte, gründeten die Länder im gleichen Jahr per Staatsvertrag das *Zweite Deutsche Fernsehen* (ZDF), das 1963 mit seinem Programmbetrieb begann. In den 60er Jahren entstanden dann auch die regional ausgestrahlten Dritten Programme der *ARD* als Kulturprogramme (→ Deutschland).

Programmausbau, technische Verbesserung (Durchsetzung der Magnetaufzeichnung als Speichertechnik, Einführung des Farbfernsehens) und die organisatorische Konsolidierung des Mediums als öffentlich-rechtliches Medium erfolgten in den 60er und 70er Jahren. Verbunden damit war eine Verpflichtung auf das Gemeinwohl, die Lieferung eines Beitrags zur Demokratie und zur Kultur sowie der Verzicht darauf, mit dem Fernsehen Gewinne zu erwirtschaften.

Mit der Weiterentwicklung der Fernsehtechnik (Kabelfernsehen, Satellitenübertragung) entfiel die Maßgabe des Bundesverfassungsgerichts, die notwendige und gewünschte Meinungsvielfalt durch den öffentlich-rechtlichen Status und die Kontrolle des Mediums durch Vertreter der gesellschaftlich relevanten Gruppen binnenpluralistisch zu sichern. Stattdessen hielt das Gericht Meinungsvielfalt auch durch eine außenpluralistische Konstruktion für möglich. 1984 wurden in Kabelpilotprojekten erstmals privatrechtlich organisierte Anbieter (*Sat.1* und *RTL*) zugelassen, die bald auch Lizenzen im gesamten Bundesgebiet erhielten. Weitere Anbieter kamen hinzu. Der Staatsvertrag der Länder über den *dualen Rundfunk* regelte 1987 das Nebeneinander von öffentlich-rechtlichem und privatrechtlichem Rundfunk.

Wurden die neuen Programme anfangs von zahlreichen kleineren Verlagen, Medienunternehmen und anderen Anbietern bestimmt, so bildeten sich rasch zwei große Senderfamilien mit dahinterstehenden Konzernen heraus. Zum einen ist es heute die *RTL Group*, die zum *Bertelsmann*-Konzern zählt, zu der neben den verschiedenen *RTL*-Programmen auch *Vox* und *n-tv* gehören, zum anderen die aus der Kirch-Gruppe (nach deren Insolvenz im Jahre 2003) herausgelöste Gruppe von *Sat.1*, *Pro Sieben* und *N24*, die inzwischen mehrheitlich von einer von dem US-Millionär Haim Saban geführten Gruppe von Kapitaleignern übernommen wurde. Fernsehen ist heute Teil eines Geflechts von unterschiedlichen Produktions- und Vertriebsformen, von technischen Betrieben und Verwertungsgesellschaften.

Die letzte große organisatorische Änderung im öffentlich-rechtlichen Fernsehen erfolgte durch die Schaffung der deutschen Einheit. Die bis dahin sendenden beiden Programme des Fernsehens der DDR wurden mit Ablauf des Jahres 1991 eingestellt, am 1.1.1992 nahmen die Sender *Ostdeutscher Rundfunk Brandenburg* (ORB) und der *Mitteldeutsche Rundfunk* (MDR) für Sachsen, Sachsen-Anhalt und Thüringen den Betrieb auf. Damit wurde das bundesdeutsche Konzept der Landesrundfunkanstalten übernommen. Ende der 90er Jahre des 20. Jahrhunderts und Anfang des 21. Jahrhunderts schlossen sich der SDR und SWF zum *Südwestrundfunk* (SWR) sowie der ORB und der SFB zum *Rundfunk Berlin-Brandenburg* (RBB) zusammen.

Den öffentlich-rechtlichen Anbietern, die sich durch Gebühren finanzieren (die Gebühren werden von der von *ARD* und *ZDF* betriebenen *GEZ* eingezogen), obliegt seit dem Staatsvertrag über den Dualen Rundfunk von 1987 die Aufgabe der informativen und kulturellen *Grundversorgung*, die als Basis für das Funktionieren des demokratischen Gemeinwesens verstanden wird. Von den privatrechtlichen Anbietern, die sich durch Werbeeinnahmen, Sponsoring, Abonnentengebühren (beim Pay-TV-Programm *Premiere*), Merchandising und Telefongebühren (z. B. beim Programm *9Live*) finanzieren, wird kein Beitrag zur Grundversorgung erwartet. Gleichwohl haben sich die kommerziellen Programme auch an Normen zu halten, deren Einhaltung von den Landesmedienanstalten (als Aufsichtsbehörden für den privatrechtlichen Rundfunk) kontrolliert wird.

Forschungsstand

Über kaum ein Medium wird mehr geforscht als über das Fernsehen. Drei große Forschungsfelder lassen sich unterscheiden:

- die mit Methoden der empirischen Sozialforschung täglich stattfindende Messung der *Einschaltquoten*, Reichweiten und Marktanteile der Programme, hauptsächlich durch die GfK im Auftrag der Sendeanstalten und -unternehmen; sie dient der Programmorganisation und -planung, veröffentlicht werden davon nur allgemein zusammenfassende Auswertungen;

- die *Auftragsforschung* durch die Landesmedienanstalten, den Sendeunternehmen etc., die zu unterschiedlichen Aspekten des Fernsehens (meist aus Anlass einer kontroversen öffentlichen Diskussion) erfolgt;
- die universitäre Fernsehforschung, die sich im Wesentlichen in große Sektionen entsprechend dem massenmedialen Kommunikationsprozess gliedern lässt: Forschungen zu den Rahmenbedingungen, also zur → Kommunikationspolitik, → Medienökonomie und → Medienkritik, wobei hier die allgemeine Thematisierung der Medien sich häufig auf das Beispiel Fernsehen bezieht; zum Kommunikator, also den Sende- und Produktionsunternehmen, den Fernsehproduzenten, -mitarbeitern, -akteuren; zur → Medientechnik, zum Medium und zur Medialität; weiterhin zum Programm, zu den Sendungen, Inhalten und Aussagen sowie zur Distribution und Rezeption.

Weiterhin lassen sich Forschungsrichtungen unterscheiden, die sich einerseits auf die Geschichte des Mediums (auch im Kontext anderer Medien) und andererseits auf die Gegenwart richten. Ausgebaut sind vor allem die Nachrichtenforschung (→ Nachrichtenselektion) und die Erforschung einzelner Programmgenres wie zur → Unterhaltung, zum → Sportjournalismus im Fernsehen, zu den Serien und zum Fernsehspiel (TV-Movie und Fernsehfilm).

Internationale Situation

Obwohl Fernsehen aufgrund seiner Verbreitung in hochfrequenten Sendebändern zunächst nur ein regionales und nationales Medium war, hat aufgrund seiner weltweiten Ausbreitung nach 1945 rasch eine Internationalisierung eingesetzt, die heute durch eine Tendenz zur Globalisierung durch weltumspannende Medienkonzerne abgelöst wird. Dabei spielt neben dem Besitz von Sendestationen auch der Programmverkauf eine wesentliche Rolle. Nach dem von *den USA dominierten Verkauf von Serien* in den 50er bis 80er Jahren setzte sich vor allem der Lizenzverkauf von Formaten durch, mit denen erfolgreiche Sendungen in den verschiedenen Ländern mit einheimischen Mitspielern nachproduziert wurden.

Neben den führenden angloamerikanischen Konzernen haben sich aber auch andere TV-Agglomerate (in Lateinamerika, der arabischen Welt, Indien, Japan) gebildet, die inzwischen weltweit agieren und über digitale Satellitenempfänger auch an zahlreichen Orten – unabhängig von nationalen Fernsehsystemen – gesehen werden können. Auffällig ist dabei, dass in den verschiedenen Fernsehprogrammen die jeweiligen regionalen und nationalen Kulturen breit vertreten sind und von einer einheitlichen ‚Amerikanisierung' der Fernsehprogramme nicht gesprochen werden kann.

Praxisrelevanz

Fernsehen ist wie Radio ein Programmmedium und auf eine Zusammengesetztheit seines Gesamtangebots aus einer Vielheit unterschiedlicher Inhalte, Themen, Formen und Darbietungsprinzipien angelegt. Das Programm stellt sich als eine Einheit dar, das Angebot verändert sich ständig, und dadurch entsteht auch der Eindruck, am ‚Leben', an der ‚Gesellschaft' teilzuhaben, wenn man das Fernsehgerät einschaltet.

Grundsätzlich lassen sich zwei große Bereiche des Angebots unterscheiden:

- Zum einen sind es die ‚aktuellen' Informationsangebote im weitesten Sinne, die tages-, wochen- oder monatsaktuell produziert werden (Nachrichtensendungen, Magazine, Kulturberichte, Sportübertragungen und -berichte usw.). Hier stehen vor allem die Regeln der journalistischen Produktion im Vordergrund (→ Fernseh-Journalismus).
- Zum anderen sind es Sendungen, die nicht auf den Tag bezogen produziert und gesendet werden und die der allgemeinen Information (Dokumentationen), der Belehrung (Natursendungen,

Kultur- und Kunstfeatures) sowie der Unterhaltung (z. B. Shows) und Erbauung (z. B. Fernsehspiele, -filme, Serien, Kinospielfilme) dienen. Bei den nicht tagesaktuellen Programmbereichen greift das Fernsehen auch auf die Produkte anderer Medien (vorzugsweise des Kinos) zurück.

In der Weiterentwicklung dieser Trends entstand das Sparten-TV mit speziellen Kanälen für Nachrichten, Sport, Musikclips etc. Das Programm als vielfältiges Angebot spiegelt zum einen die Kultur eines Landes, einer Region wider, zum anderen ist es selbst ein aktiver Beitrag zur Kultur. Das Fernsehen zeigt nicht nur Spielfilme, die es vom Kino her bezieht, sondern es produziert selbst eigene Filme fiktionaler Art (Fernsehfilme, TV-Movies, Serien) und dies in ungleich größerem Umfang, als die Filmwirtschaft heute Spielfilme für das Kino herstellt. Ähnliches gilt auch für den Dokumentarfilm (der heute weitgehend ein Genre des Fernsehens und kaum noch im Kino vertreten ist). Das Fernsehen berichtet auch vom Theater-, Literatur- und Musikgeschehen; es informiert über Kunstausstellungen, Architekturprobleme, Stadtentwicklungen etc. Fernsehen bildet damit durch seine kulturelle Produktion und Berichterstattung eine eigene kulturelle Öffentlichkeit.

Auch durch seine Sportübertragungen (von Olympiaden, Fußballmeisterschaften etc.) sowie die allgemeine Sportberichterstattung ist heute das Fernsehen der zentrale Ort der Sportöffentlichkeit, auch wenn es sich zunehmend auf wenige attraktive Sportarten konzentriert, in denen es auch durch seine Berichterstattung das Entstehen von Stars (Fußball, Formel 1, Tennis) fördert.

Im Bereich der politischen Information (→ Politikjournalismus) ist die Öffentlichkeit bildende Funktion des Fernsehens noch deutlicher zu erkennen. Es informiert nicht nur über das politische Geschehen, sondern ist auch selbst Bühne für die Politiker. Um das Medium für die eigenen Interessen politisch nutzen zu können, müssen sich die Politiker auf die Bedingungen des Mediums (Kürze und Prägnanz der Darstellung, Telegenität der Politikdarsteller, Aktualität etc.) einlassen (→ Politische Kommunikation). Das führt dazu, dass Politik sich langfristig verändert und immer stärker von der eigenen Präsentation in den Medien abhängig wird (Meyer 2001).

Die auf diese Weise entstehenden unterschiedlichen Teilöffentlichkeiten werden durch Produkte (Sendungen) erzeugt, die selbst wiederum eigenen Gestaltungstraditionen folgen. Nachrichtensendungen bedienen sich spezifischer Sprach- und Bildstrategien, um den Anschein von Objektivität und Neutralität zu erzeugen, auch wenn Sprache immer intentional (also mit bestimmten kommunikativen Absichten verbunden) ist und Bilder immer von einem Standpunkt aus und mit einem spezifischen Blick aufgenommen wurden. Die Formen der literarischen → Reportage sind über die Radio-Reportage geprägt worden und haben auch die Formen der Reportage im Fernsehen beeinflusst. Fiktionale Filme stehen in den Traditionen des literarischen und filmischen Erzählens und variieren und erweitern die geltenden Erzählkonventionen. Das Gleiche gilt auch für die Traditionen der Unterhaltung und für Vermittlungsstrategien von Naturaufnahmen, Stadterkundungen, von Wirtschaftsberichten und Sportsendungen.

Die außertelevisionären kulturellen Traditionen, die auf diese Weise Eingang in das Fernsehprogramm gefunden haben, wurden nach und nach durch fernseheigene Konventionen und Traditionen ergänzt, teilweise auch ersetzt. Diese haben sich in Programmgenres verfestigt und stellen in ihrer jeweiligen Ausprägung (vor allem bei Sendungen mit seriellem Charakter) einzelne ‚Formate' dar, die teilweise kommerziell ausgewertet werden.

In der Serienunterhaltung z. B. ist das Fernsehen längst über die serielle Form von aneinander gereihten Geschichten hinausgegangen, wie sie noch die Kinogenres (Familiengeschichte, Arztfilm, Heimatfilm) vorgaben. Nicht nur wurde der Genremix zum Grundmuster (etwa in Serien wie „Verbotene Liebe"), es wurden dokumentarische Serien mit real existierenden Familien entwickelt („Die Fussbroichs") und schließlich auch Serien mit Show-Elementen kombiniert („Big Brother"). Im Unterhaltungsbereich sind nicht nur die großen Quiz- und Gameshows weiterhin von Bestand, sondern auch zusätzliche Showformen erfunden worden („Deutschland sucht den Superstar"), die aus alten und neuen Elementen der Unterhaltung neue ‚Formate' entwickeln.

Die Fernsehsender bieten diese neuen Formen und Formate mit großem PR-Aufwand an, um die Aufmerksamkeit des Publikums auf sich zu ziehen. Dabei handelt es sich häufig nur um Neuformulierungen alter Unterhaltungsprinzipien (z. B. das der Unterhaltung durch Schadenfreude). Sind diese Formate bei einem Sender erfolgreich, entwickeln andere vergleichbare Sendungen, so dass sich daraus eine Häufung ähnlicher Sendungen in den Programmen ergibt (z. B. Anfang der 90er Jahre das *Reality-TV* mit Aufnahmen von Unfällen und Katastrophen, danach in der zweiten Hälfte der 90er Jahre die *Bekenntnis-Talkshows*, bei denen sich die Eingeladenen Gemeinheiten an den Kopf warfen: Diese vor allem nachmittags gesendeten Talkshows wurden Anfang der 2000er Jahre von den *Gerichtsshows* abgelöst).

Bewertung und Ausblick

Fernsehen ist heute aus dem Alltag der Menschen nicht mehr wegzudenken. Der durchschnittliche Bundesbürger ab 14 Jahre sieht pro Tag 3 Stunden und 35 Minuten fern, wobei die tatsächliche Sehdauer der Einzelnen starken Schwankungen unterliegt. Fernsehen ist in die Alltagsabläufe der Menschen integriert, hat diese zum großen Teil auch stark verändert. Der Fernsehkonsum selbst findet häufig in ritualisierten Formen statt. Die Formen der Rezeption haben sich ausdifferenziert, so dass das Medium in ganz unterschiedlicher Art und Weise genutzt wird.

Fernsehen dient auch – unabhängig von den Inhalten der Sendungen – der Regeneration und Rekreation der Menschen. Es dient der Entspannung, gerade auch, weil sich die Zuschauer nicht aktiv um das Angebot bemühen müssen. Seit den 80er Jahren ist verstärkt eine ‚Flexibilisierung des Zuschauens' festzustellen. Fernsehen stellt sich für viele Zuschauer als eine Form von „Restzeitnutzung" (Peter Christian Hall) dar. Fernsehen wird – gerade weil es inzwischen permanent angeboten wird – zwischen anderen Tätigkeiten genutzt. Man schaut mal rein, um sich gleich wieder für andere Dinge herauszuziehen. Damit verbunden ist eine tendenzielle Gleichgültigkeit den einzelnen Inhalten gegenüber: Wichtiger wurde es, sich überhaupt ans Fernsehprogramm anzukoppeln und das Gefühl zu haben, mit dem, was anderswo – in der Medienwelt – gerade läuft, verbunden zu sein.

Fernsehen wird vor allem als unterhaltendes Medium rezipiert und entwickelt gerade in den unterhaltenden Sendungen seine stärksten Beeinflussungsmöglichkeiten (→ Kultivierungshypothese). Es führt in Fiktion und Unterhaltungsshows Verhaltensweisen vor, an denen die Zuschauer Angemessenheit und Unangemessenheit studieren können; es zeigt, wie andere Menschen mit Problemen und Konflikten umgehen und signalisiert auf anschauliche Weise, welche Werte in der Gesellschaft gewünscht werden.

Dass sich das Fernsehen dabei vielfach trivialer und banaler Formen (etwa die Gerichtsshows) bedient, hat seine Ursache darin, dass diese Formen von großen Teilen des Publikums bevorzugt werden. Man kann über den Geschmack vieler Unterhaltungssendungen (etwa auch solcher Sendungen wie „Ich bin ein Star –

Holt mich hier raus!“) verschiedener Meinung sein; nur werden solche Sendungen von großen Publikumsteilen gern gesehen und erfüllen damit auch ihren Zweck.

Als längerfristige Folgen des Fernsehens hat der amerikanische Medienforscher *Joshua Meyrowitz* (1987) drei zentrale Tendenzen herausgearbeitet: Das Fernsehen habe die Grenzen zwischen Kindheit und Erwachsensein verschoben, die Differenz der Geschlechterrollen aufgeweicht und die Vorstellung von Politik, Macht und Staat stark verändert. Weitere Tendenzen lassen sich konstatieren: Das Fernsehen prägt unsere Raum- und Zeitvorstellungen; es vermittelt die Welt als zeichenhaft und bietet sie als eine ‚medialisierte' den Zuschauern an, es ‚entkörperlicht' unsere Wahrnehmung, lädt sie zugleich durch neue sinnliche Reizmomente und Bedeutungszuweisungen auf und trägt zur Formierung unserer Emotionalität bei. Die Medien – und in besonderer Weise das Fernsehen – prägen damit wesentlich die Subjekte und ihr Verhältnis zur Welt.

Der Übergang vom analogen zum digitalen Medium ist Mitte des ersten Jahrzehnts des neuen Jahrhunderts zumindest für die Fernsehproduktion weitgehend abgeschlossen. Die meisten Prozesse vollzogen sich unauffällig im Hintergrund. Im Bereich der Distribution ist der Wechsel in vollem Gange und wird sich beim Publikum vor allem durch eine weitere Vermehrung der Angebote bemerkbar machen.

Im Erscheinungsbild des Mediums mit seinen Themen und Darbietungsweisen hat sich durch die Digitalisierung wenig verändert. Die einst propagierte Verschmelzung aller Medien zu einem Supermedium, der ‚Audiovision', hat so bisher nicht stattgefunden; viele weitere Visionen (interaktives Fernsehen, hochauflösendes Fernsehen etc.) wurden bis jetzt noch nicht realisiert.

Deutlich ist eine wachsende Kommerzialisierung des Mediums, die mit der herrschenden Tendenz, alle Phänomene der Gesellschaft unter ökonomischen Aspekten zu betrachten, korrespondiert. Diese Tendenz wird weiter zunehmen und auch vor den öffentlich-rechtlichen Fernsehanbietern nicht Halt machen. In stärkerem Maße als bisher wird dabei das Fernsehen in Deutschland in Zukunft durch die großen internationalen Medienkonzerne mitbestimmt werden (→ Internationale Kommunikation).

Fernsehen ist ein Medium, das die Individuen in den Globalisierungsprozess einbezieht, und in diesem Sinne werden sie stärker auch mit ausländischen Vorstellungen konfrontiert werden. Dies kann zu einer verstärkten Öffnung zur Welt hin beitragen.

Literatur

ARD/ZDF (Hrsg.) (1997): Was Sie über Rundfunk wissen sollten, Berlin.

Blaes, Ruth/Gregor A. Heussen (Hrsg.) (1997): ABC des Fernsehens, Konstanz.

Hickethier, Knut (1998): Geschichte des deutschen Fernsehens, Stuttgart.

Karstens, Eric/Jörg Schütte (1999): Firma Fernsehen, Reinbek bei Hamburg.

Meyer, Thomas (2001): Mediokratie. Die Kolonisierung der Politik durch das Mediensystem, Frankfurt/M.

Meyrowitz, Joshua (1987): Die Fernsehgesellschaft, Weinheim.

Knut Hickethier, Hamburg

Fernseh-Journalismus

Definition/Begriffsbestimmung

Fernseh-Journalismus ist das Ergebnis journalistischer Arbeit, die über das Medium Fernsehen verbreitet wird. Grundlage dafür sind journalistische Kompetenz wie handwerkliche Fähigkeiten und fachliches Know-how. Viele journalistische Darstellungsformen im Fernsehen haben ihren Ursprung in der → Presse und dem → Radio, da das Medium vergleichsweise noch recht jung ist.

Das Fernsehen stellt allerdings die ihm eigenen Bedingungen an die Vermittlungsform, die sowohl Bild und Ton einbezieht. Es verknüpft Geräusche, Musik und Sprache mit Bildern und spricht damit die dominanten Sinne der Wahrnehmung – Sehen und Hören – direkt an. Der Zuschauer hat das Empfinden, bei dem Geschehen aus nah und fern, zu dem er normalerweise keinen Zugang hat, selbst dabei zu sein.

Geschichte/Entwicklung

Zu Beginn des Fernsehens wusste man zwar einiges über die besonderen Möglichkeiten des Mediums, aber bis zu deren Umsetzung war es noch ein weiter Weg. Für die schriftgewohnten Journalisten kam an erster und wichtigster Stelle der Text und erst nachgeordnet das Bild. Die technischen Produktionsmittel waren begrenzt einsetzbar und schwierig zu handhaben; aber die Chance des ‚Dabei-sein-Könnens' durch Live-Übertragung wurde sofort erkannt und genutzt (bereits 1936 anlässlich der Olympischen Spiele).

In seinen Anfängen war das Fernsehen vor allem ein Live-Medium. Konzerte von U- bis E-Musik und Sportereignisse eigneten sich dafür. Nachrichten wurden durch Verlesen von Text übermittelt. Erst nach dem Zweiten Weltkrieg konnte sich der Fernseh-Journalismus inhaltlich und formal weiterentwickeln.

Die Einführung der *Tagesschau* läutete eine neue Programmära ein. Täglich zu einer festen Sendezeit ausgestrahlt, gab sie der Programmstruktur und dem Tagesablauf der Zuschauer Orientierung. Sie entwickelte sich mit ihrem sachlich-nüchternen Stil zur bekanntesten Informationsquelle schlechthin. Neben den Nachrichten waren es zunächst Berichte über Sport, Mode, Kultur und Ratgeber-Sendungen, die für den journalistischen Teil des Programms standen. Bis heute gehört der Bericht zur häufigst produzierten Form (→ Nachricht/ Bericht). Viele andere Darstellungsformen, wie → Interview, Gespräch, Glosse (→ Kommentar/ Glosse) und → Reportage, blieben noch der Zeitung und dem Radio vorbehalten.

Erst in den 60er Jahren des 20. Jahrhunderts, als die Produktionstechnik leichter und einfacher zu bedienen war, kamen andere Formen dazu, wie z. B. die Reportage. Die Reporter brachten die weite ferne Welt in die Stuben des deutschen Publikums. Nach einer Hochphase in den 70er und 80er Jahren verlor diese Form, die Ereignisse aus der subjektiven Sicht des Reporters schildert, jedoch erneut an Bedeutung. In den 90er Jahren entdeckten sie auch die kommerziellen Anbieter; heute hat sie in allen journalistischen Programmangeboten wieder ihren Platz.

Für das allmähliche Verschwinden der Reportage vom Bildschirm in den 70er Jahren war eine Sendeform verantwortlich, die sich explosionsartig ausbreitete: das *Magazin*. Mit den politischen Magazinen, die auf große Zuschauerakzeptanz stießen, gelang in den 60er Jahren der Durchbruch für einen zeitkritischen und politischen Journalismus (→ Politik-Journalismus). Die hartnäckige, aufklärerische und aufdeckende → Recherche gehörte zum Profil, dessen Kehrseite sich manchmal in weltverbesserischem Sendungsbewusstsein zeigte.

Die Gründung des ZDF (1963) führte zu einer verstärkten Polarisierung und Politisierung journalistischer Inhalte. Die politischen Magazine hatten sich zunehmend – so wurde es Praxis – nach einem Proporzsystem der politischen Parteien auszurichten.

Das Magazin hat das Fernsehen mittlerweile ganz erobert. Dieses Sendegefäß eignet sich für fast alle Themen, ob für Reise, Gesundheit, Ausland, Kultur und Wissenschaft – die Palette ließe sich weiter fortsetzen. Die Inhalte sind in Berichte mit O-Ton, ohne O-Ton, ab und zu in Interviews, Gespräche und manchmal Kurzreportagen gegliedert und werden durch Moderation verbunden.

Der → Sportjournalismus entfaltete sich zusehends; die *ARD-Sportschau* wurde ein Aushängeschild, zwischenzeitlich abgelöst durch *ran* beim kommerziellen Sender Sat.1. Immer mehr Sportereignisse konnten aufgrund der verbesserten Technik live übertragen werden.

Die Etablierung der Dritten Programme der ARD-Sender als Vollprogramme in den 80er Jahren bedeutete nicht nur mehr Sendezeit, sondern auch die Chance, die Inhalte und Formen auszubauen und neue Genres auszuprobieren. Der Regionaljournalismus wurde salonfähig; die Berichterstattung aus, über und für die Region verschaffte ‚den Dritten' eine unverwechselbare Identität und sicherte ihre Existenzberechtigung.

Der Start der kommerziellen Sender 1984 hatte zunächst wenig Einfluss auf die journalistische Arbeit im Fernsehen. Nachrichten und journalistisch aufgearbeitete Themen waren dort nur selten zu finden. Doch schon bald sorgten Fernsehmagazine wie *Spiegel TV*, *Stern TV*, *Süddeutsche TV* für mehr journalistische Breite und Konkurrenz. In den Nachrichten machte sich die Tendenz zu unterhaltenden Elementen in der journalistischen Berichterstattung bemerkbar; die Themen sollten weniger kompliziert und trocken, sondern aufregender und unterhaltsamer gestaltet werden. *Infotainment* hieß die neue Richtung. Auf ihrer Linie hat sich der → Boulevard-Journalismus als neues Genre im Fernsehen herausgebildet. Die Kombination emotionalisierender Bilder mit Informationshäppchen kennzeichnet diese Form. Sie ist für die Zuschauer leichte Kost und bedient ihre Wünsche nach Voyeurismus und Klatsch.

Aus der Vermischung von Information und → Unterhaltung entwickelten sich neue Formen, bei denen die Grenze zwischen Faktischem und Fiktionalem mehr und mehr verschwimmt. Auch bei den klassischen journalistischen Formen, Dokumentarfilm, Feature und Reportage sind solche Elemente zusehends zu finden. Die neueste Entwicklung in den USA zeigt, dass auch die Nachrichten mit fiktionalen Elementen verwoben werden.

Internationale Bezüge

Die Mentorenrolle der alliierten Siegermächte für den deutschen Journalismus nach 1946 war beim neu entstehenden Fernsehen besonders stark; vor allem die *BBC* galt weitgehend als Vorbild. Dadurch wurden die neuen deutschen Sender der *ARD* schon früh in einen Austausch mit anderen europäischen Anstalten eingebunden. Die Gründung der *European Broadcasting Union* (EBU) diente zunächst dem Austausch einzelner Programme, später der technischen Organisation von Gemeinschaftssendungen (Eurovisionssendungen). Seit 1963 wurden über das Postleitungsnetz in Europa auch Nachrichten aus Mitgliedsländern ausgetauscht. Heute sind die öffentlich-rechtlichen Sender fest in ein internationales Austauschprogramm eingebunden, das sie rund um die Uhr mit Bildern aus aller Welt versorgt, die über mehrere permanent geschaltete Satellitenkanäle verteilt werden.

Neben der *Eurovision*, die nach dem Zusammenbruch des Ostblocks die dortige *Intervision* übernahm, gehören dem Netzwerk Partnergesellschaften für Asien, Afrika und Arabien sowie die Vereinigung der US Networks (US-Pool) an.

Die beiden kommerziellen Fernsehagenturen *Reuters* und *APTV* verbreiten ihr Angebot über dasselbe Netzwerk. Sie betreiben zudem eigene Satellitenkanäle, über die sie auch ihre kommerziellen Kunden in Deutschland mit Bildern versorgen. Darüber hinaus sind die meisten deutschen Sender mit einzelnen internationalen Partnern vertraglich verbunden (z. B. *RTL* mit *CNN*), was den journalistischen Austausch erleichtert. So traten z. B. beim Irak-Krieg *CNN*-Reporter live bei *RTL* auf.

Die *Globalisierung* hat auch den Fernseh-Journalismus erreicht. Wurden bisher vor allem Bilder, Informationen und einzelne Beiträge oder Sendungen ausgetauscht, so sind es derzeit zusätzlich lizenzierte Konzepte für Sendungen und Formate, die gerade in den Bereichen Infotainment und Dokutainment international vermarktet und kopiert werden. Stil und Formate müssen dabei internationalen Standards entsprechen; die Inhalte werden national oder regional gefüllt.

Praxisrelevanz

In der Rangfolge der Beliebtheit der Medien belegt das Fernsehen den ersten Platz. → Internet und Radio sind zwar schneller, aber die meisten Menschen informieren sich täglich und bei besonderen Ereignissen durch das Fernsehen. Das trifft zurzeit auf 95 Prozent aller Bundesbürger zu.

Die großen Sender – Öffentlich-rechtliche wie Kommerzielle – produzieren und senden journalistische Produkte, vom Frühstücksfernsehen bis zum Nachtjournal, von der Dokumentation bis zur Talkrunde. Die Inhalte orientieren sich an den Richtlinien des Programmauftrags.

Den öffentlich-rechtlichen Sendern ist ein auf Information, Bildung, Kultur und Unterhaltung ausgerichtetes Programm vorgegeben, das Demokratie fördern und zur Integration beitragen soll. Die kommerziellen Programmanbieter sind Wirtschaftsunternehmen, die gewinnorientiert handeln und sich ausschließlich durch → Werbung finanzieren. Deshalb bieten sie massenattraktive Programme an, die als Werbeträger geeignet sind. Sie sind allerdings an Voraussetzungen gebunden; z. B. müssen sie für ein informatives Grundgerüst sorgen. Dies ist auch notwendig, um von den Zuschauern und den lizenzgebenden Institutionen als Vollprogramm akzeptiert zu werden.

Mittlerweile kann man Annäherung und gegenseitige Beeinflussung journalistischer Angebote zwischen den beiden Systemen erkennen. Die ‚Kommerziellen' sind seriöser und professioneller geworden und die ‚Öffentlich-rechtlichen' haben unterhaltendere Elemente aufgenommen. Auch die Moderationsstile haben sich angenähert. Allerdings führen die öffentlich-rechtlichen Sender eindeutig mit dem Angebot journalistischer Information.

Die Unterschiede zeigen sich deutlich in der Themengewichtung. Bei den öffentlich-rechtlichen Programmen überwiegt die Politikvermittlung (Politik, Wirtschaft, Soziales, Kultur, Zeitgeschichte), bei den Kommerziellen dominieren die Kategorien Soziales, Human Interest und Prominenz. Neben dem Einsatz der üblichen Fernsehberichte gehören zu einem weitaus geringeren Anteil Live-Berichte oder Schaltgespräche zu den Vermittlungsformen.

In News-Magazinen sind Moderation, Bildsprache und Text weniger sachlich distanziert als in den klassischen Nachrichtensendungen. Sie sind unterhaltsamer, die Themen einfacher, und sie sind leichter konsumierbar. Eine Besonderheit stellen die Nachrichtenkanäle des Fernseh-Journalismus dar; sie liefern Nachrichtensendungen am laufenden Band.

Live-Berichterstattung ist mittlerweile fast überall und jederzeit möglich (→ Aktualität). Die Übertragungsmöglichkeiten sind unkompliziert mit geringer werdendem technischem Aufwand und ohne Zeitverzug. Trotz vieler Befürchtungen hat der *Dokumentarfilm* zu einer Renaissance gefunden mit einigen wiederentdeckten und weiterentwickelten Spielarten, die Realität und Fiktion mischen (Doku-Drama, Doku-Soap, Doku-Fiktion).

Die neue, leichte und einfach zu handhabende Aufnahme- und Bearbeitungstechnik (als Folge der Digitalisierung) wird sicher die Inhalte und die Gestaltung beeinflussen; es ist zwar noch zu früh, um Auswirkungen konkret zu benennen, aber der Videojournalist produziert schon auf manchen Kanälen und Sendeplätzen allein; ohne Team ist manches möglich – und manches nicht.

Bewertung

Das Fernsehen ist in unserer Gesellschaft das am stärksten genutzte Medium im Informationsbereich. Dem Fernseh-Journalismus kommt schon deshalb eine besondere Stellung und Verantwortung zu. Die Sendungen, die Bilder, die täglich ausgestrahlt werden, prägen die Vorstellung von der Welt. Sie suggerieren dem Zuschauer, dabei zu sein und sich selbst ein Bild vom Geschehen machen zu können.

Aber Fernsehen ist kein Abbild der Wirklichkeit (→ Konstruktivismus), sondern eine künstliche Darstellung, inszeniert von Journalisten, die den Zuschauern Tempo und Rhythmus des Sehens und Hörens vorgeben, Handlungen auf Ausschnitte konzentrieren. Bilder, Geräusche, Musik und Sprache treffen unmittelbar die Wahrnehmung und sprechen Sinne und Gefühle an. Stärker als in den anderen Medien Radio und Presse hat der → Journalismus im Fernsehen die Möglichkeit zu emotionalisieren, zu polarisieren und zu manipulieren. Je mehr Zwischenformen angeboten werden, Unterhaltung, Fiktion und Realität sich vermischen, umso schwieriger wird es sein, Wirklichkeit und Fiktion, Realität und Inszenierung auseinander zu halten. 300 Demonstranten können z. B. als kleine Gruppe oder als eine große Ansammlung in Szene gesetzt werden.

Die Informationsoffensiven, die zurzeit von alle Programmanbietern – öffentlich-rechtlich wie kommerziell – propagiert werden, führen nicht unweigerlich zu mehr Informiertheit der Zuschauer. Rund ein Drittel aller Zuschauer wird nicht erreicht – insbesondere die Jüngeren nicht. Zudem kann der Druck zur Simplifizierung der Inhalte einer problematischen Entwicklung Vorschub leisten.

Immer weniger Zuschauer werden von Inhalten mit Substanz berührt, was immer mehr Programme ohne Substanz zur Folge haben kann. Das macht die Voraussetzung für den notwendigen Dialog in einer demokratischen Gesellschaft brüchig und die Profession der Fernseh-Journalisten fragwürdig.

Ausblick

Die *Digitalisierung* wird Inhalte und Gestaltung beeinflussen. Der Beruf des Fernseh-Journalisten wird immer technischer. Die Vermischung der bisher getrennten Gewerke verlangt von Journalisten mehr technisches Verständnis und Können. Dadurch hat er weniger Zeit für die klassischen Aufgaben, wie Recherche, Konzeption, Schnittgestaltung, Texten.

Die Vermischung von Information und Unterhaltung wird sich verstärken und die Wahrnehmung und vor allem die Einordnung von Informationen beeinflussen. Auf der Jagd nach dem Massenpublikum werden Mittel wie Reiz, Sensation, Emotion genutzt, die Erfolg versprechen und Quote machen. Zur Verbreitung von Information, auch in Nachrichten, setzt man verstärkt fiktionale Mittel ein. Diese bereichern die Darstellungsmittel; aber schaffen auch Manipulationsmöglichkeiten. Der ständige Druck zur aktuellen Berichterstattung (wer ist der Schnellste) lässt wenig Raum für sorgfältige Recherche. Die sich vereinfachende Aufnahme- und Bearbeitungstechnik wird möglicherweise zu noch mehr Vielfalt, auch zu mehr Schnelligkeit und Schnelllebigkeit führen.

Wenn heute und in Zukunft Fakten, Fakes und Fiktionen noch weniger unterscheidbar sind, hat der Zuschauer die Wahl: Entweder glaubt er nur, was er glauben möchte und erklärt alles andere für irreal (und das könnte sich verheerend auf die demokratische Gesellschaft auswirken), oder er wendet sich an den ‚Anchorman', dem er zutraut, die Information ehrlich und unabhängig zu präsentieren. Tatsächlich bewegt sich das Berufsbild des Fernsehjournalisten zwischen zwei Polen: der hastigen Aufbereitung der (vermeintlichen) Aktualität und der durch Hintergrundwissen fundierten Information.

Literatur

Blaes, Ruth/Gregor Alexander Heussen (Hrsg.) (1997): ABC des Fernsehens, Konstanz.

Bleicher, Joan Kristin (1993): Chronik zur Programmgeschichte des Deutschen Fernsehens, Berlin.

Kerstan, Peter (2001): Der journalistische Film, Frankfurt/M.

Media Perspektiven (2003): Basisdaten. Daten zur Mediensituation in Deutschland 2003, Frankfurt/M.

Schult, Gerhard/Axel Bucholz (Hrsg.) (2000): Fernsehjournalismus, München.

Ruth Blaes, Wiesbaden

Feuilleton

→ Kulturjournalismus

Finnland

→ Skandinavien

Frankreich

Allgemeine Rahmenbedingungen

Hilfreich für das Verständnis der Besonderheiten des französischen Journalismus und der französischen Medien ist die Kenntnis einiger Grundzüge und Grundkategorien der gesellschaftlichen Entwicklung Frankreichs, die sich auch im Mediensektor niederschlagen. Von den Gegensätzen, die das Land prägen, sind besonders die zwischen *Peripherie* und *Zentrum* sowie zwischen *Revolution* und *Restauration* von Bedeutung (Münch 1999). Gilt Frankreich schon seit der Zeit des Absolutismus als zentralistischer Staat, in dem sich Herrschaft, kulturelle Elite und Wirtschaftsmacht in Paris konzentrieren, so haben wiederholte Versuche der Dezentralisierung in der jüngeren Geschichte der grundsätzlichen Bedeutung der Hauptstadt für das politische, kulturelle und wirtschaftliche Leben des gesamten Landes keinen Abbruch tun können. Die Dezentralisierungsmaßnahmen von 1982 und ihre Ergänzung von 1992 bestimmen zwar den Kampf zwischen Zentrum und Peripherie – im Mediensektor hat bislang jedoch immer das Zentrum obsiegt, wenngleich immer wieder Ansätze in der Medienpolitik zu finden sind, die Peripherie zu stärken (→ Kommunikationspolitik).

Der Gegensatz von Revolution und Restauration geht auf das starke Bündnis von Monarchie und Papsttum zurück, gegenüber dem sich ein antiklerikaler, intellektueller Modernismus zu behaupten versuchte, wie er am augenfälligsten und nachhaltigsten in der französischen Aufklärung und Revolution zum Ausdruck kam. Aufgrund dieser Konstellation sind die Intellektuellen, die das räsonnierende Denken und die Opposition gegenüber dem staatlichen Machtanspruch immer wieder neu formulieren und begründen, wie nirgendwo sonst zu einer radikalen Kraft der gesellschaftlichen Bewegung geworden. Dieser Intellektualismus zeichnet in der Gegenwart die Auseinandersetzungen um die Leistungen der Medien aus, und er beschreibt Grenzmarken zwischen den verschiedenen Gruppierungen des → Journalismus.

Weitere prägende Faktoren für die Medienlandschaft, insbesondere für das Fernsehen, sind das Bemühen, die Vorstellung von der *exception culturelle* in einem Kulturprotektionismus – über die wechselnden Mehrheitsverhältnisse hinweg – wirksam werden zu lassen, sowie das besondere Interesse der jeweiligen Regierungen, die Medienlandschaft politisch zu gestalten. Dieser Kulturprotektionismus fördert die Fernsehproduktion im Hinblick auf ihre kulturelle Bedeutung, tut dies aber durchaus in dem Interesse, im Mediensektor starke international konkurrenzfähige Unternehmen aufzubauen, die ihrerseits der US-amerikanischen Übermacht in der Unterhaltungsindustrie etwas entgegenzusetzen vermögen (→ USA).

Grundlagen des Mediensystems

Der eingangs erwähnte Gegensatz von Peripherie und Zentrum ist im Bereich der → Presse besonders deutlich ausgeprägt. Die *nationale Tagespresse* (*presse quotidienne nationale, PQN*) ist in Paris beheimatet und verknüpft Angelegenheiten, die das ganze Land betreffen, immer mit einem ‚Pariser' Blickwinkel. Diese Vernachlässigung der Belange der Provinz ist eine der wesentlichen Ursachen dafür, dass der Anteil der Hauptstadtpresse am gesamten Zeitungsmarkt außerhalb des Großraumes Paris nur noch zehn Prozent ausmacht.

Die *Regionalpresse* (*presse quotidienne regionale, PQR*) hat demgegenüber fast ausschließlich die Funktion, aus und für die jeweilige Provinz zu sprechen. Kaum noch eine Bedeutung hat die Meinungspresse, also die Blätter, die von Gewerkschaften, Kirchen oder Verbänden herausgegeben werden. Lediglich der kommunistischen *Humanité* gelingt bislang ein unsicheres Überleben. In der Gesamtauflage aller Tageszeitungen wird in Frankreich mit 164 Tageszeitungslesern pro 1.000 Einwohner nicht einmal die Hälfte des entsprechenden Wertes in Deutschland (333) erreicht (www.bdzv.de).

Die französische Zeitungslandschaft, die Anfang des 20. Jahrhunderts eine der lebendigsten und dichtesten der Welt war, hat über die Jahrzehnte eine erhebliche Schrumpfung erlebt (Woltersdorff 2001: 39). Eine Dauerkrise, durch welche die Zahl der Titel von 203 im Jahr 1946 auf 70 zurückgegangen ist, wird durch die aktuelle Pressekrise noch akzentuiert. Viele Zeitungen sind hoch verschuldet; sie haben aufgrund einer veralteten Ausstattung hohe Produktions- und Vertriebskosten. Ein rapider Leserschwund, der dem höheren Stellenwert des Fernsehens als Informationsmedium geschuldet ist, führte zum Rückgang der Werbeeinnahmen. In der Folge stiegen die Preise: Statt, wie in den 60er Jahren, 80 Prozent stammten in den 90er Jahren nur noch ein Drittel der Erlöse aus der Reklame.

Die staatliche Unterstützung der Presse ist seit Jahrzehnten übliche Praxis. Zu den direkten und indirekten *Subventionen* gehören

- finanzielle Zuweisungen an Zeitungen mit geringer Verkaufsauflage und niedrigen Werbeeinnahmen,
- ein ermäßigter Mehrwertsteuersatz von 2,1 Prozent,
- besondere Posttarife,
- gezielte Anzeigenschaltungen durch den Staat
- sowie die Unterstützung der Presseagentur *Agence France Presse* durch Abonnements der Staatsverwaltung, wodurch *AFP* von allen Zeitungen günstiger als zu üblichen Marktpreisen bezogen werden kann.

Einige Zeitungen wie zum Beispiel *Libération, Le Monde* oder *Le Figaro* versuchten, ihre wirtschaftliche Potenz – mit mäßigem Erfolg – durch den Gang an die Börse zu sichern.

Durch die hochgradige *Konzentration* auf dem französischen Pressemarkt wurde die ehemalige Vielfalt an Blättern und Meinungen erheblich eingeschränkt. War bis in die 90er Jahre *Hersant* das dominierende Unternehmen, das über ein Drittel der gesamten französischen Presse kontrollierte, so ist inzwischen *Hachette* aus dem Mischkonzern *Lagardère* als mächtiger Konzern aufgestiegen, der auch im Ausland und darüber hinaus im Rüstungssektor aktiv ist.

Der dritte wichtige Akteur am Pressemarkt ist das Medienunternehmen *Havas*, das zu dem weltweit aktiven Mischkonzern *Vivendi* gehört. Unter den Regionalzeitungen geht zudem die Furcht um, ausländische Konzerne könnten sich in die französische Presselandschaft einkaufen, da diese schon im Sektor der Publikumszeitschriften aktiv und erfolgreich sind (u. a. *Gruner + Jahr* aus Deutschland, *Emap* aus Großbritannien, *Wolters Kluwer* aus den Niederlanden) (Bourgeois 1999: 428).

In Frankreich hat sich der *Rundfunk* (→ Radio, → Fernsehen) erst spät aus der Vormundschaft des Staates gelöst. Erst mit einem Gesetz im Jahr 1982 wurde das geschaffen, was man einen staatsunabhängigen öffentlichen Rundfunk nennen kann. Seitdem hat der Rundfunksektor – darin vor allem die Struktur der Rundfunkaufsicht – erhebliche Veränderungen erfahren. Die Trennung des Rundfunks von der unmittelbaren Staatsaufsicht wurde begleitet durch die entsprechende Aufsichtsbehörde, die mehrfach verändert und umbenannt wurde und heute *Conseil supérieur de l'audiovisuel* heißt.

Durch die Zulassung kommerziellen Rundfunks, die Privatisierung des vormaligen öffentlichen Senders *TF 1* im Jahr 1986 und durch die Entstehung und Schaffung von neuen Sendern in der audiovisuellen Landschaft Frankreichs, die dort mit dem Kürzel *PAF (paysage audiovisuel français)* bedacht wird, haben sich die Gewichte erheblich verschoben. Innerhalb des in den 80er Jahren entstandenen dualen Rundfunksystems ist der kommerzielle Sektor nach erheblichen Verdrängungswettbewerben konsolidiert; er dominiert nun den öffentlichen Sektor, der in einer dauerhaften Auseinandersetzung um seine Legitimation, Effektivität und Bezahlbarkeit steht. Der gesamte audiovisuelle Sektor ist einer scharfen Konkurrenz unterworfen.

Schon 1984 war auf Betreiben des damaligen Staatspräsidenten François Mitterand *Canal plus* als viertes Programm geschaffen worden. Der Sender nahm seinen Betrieb als Abonnementfernsehen auf und hat sich seitdem zu einem der führenden französischen Medienkonzerne entwickelt, der mit dem Modell des Bezahlfernsehens ein Vorläufer in Europa wurde. Die Stärkung dieses Unternehmens, das mithilfe einer protektionistischen Kultur- und Wirtschaftspolitik am internationalen Markt erfolgreich sein und so anderen globalen Konzernen trotzen soll, ist eine Konstante der französischen Medienpolitik gewesen.

Von zwei weiteren kommerziellen Sendern, *M6* und *La Cinq*, konnte sich der letztere aufgrund der starken Konkurrenz nicht halten; er musste Anfang der 90er Jahre Konkurs anmelden. Seine Frequenz wurde zwischen dem 1994 gegründeten Bildungsfernsehen *La Cinquième* und dem deutsch-französischen Kulturkanal *Arte* aufgeteilt, der durch einen Staatsvertrag beider Länder beschlossen und 1992 gegründet worden war. Die öffentlichen Programme können etwa 40 Prozent des Zuschauermarktes auf sich vereinen; unter den kommerziellen Programmen ist *TF 1* mit einem Zuschaueranteil von rund 35 Prozent unangefochten führend.

Die Konzentrationsprozesse am französischen Fernsehmarkt haben dazu geführt, dass sich zunehmend branchenfremdes Kapital in den elektronischen Medien engagiert (→ Medienökonomie). Dominant ist der Baukonzern *Bouygues*, der die Mehrheit an *TF 1* hält und auch im Mobilfunksektor aktiv ist. Die *Compagnie générale des eaux*, deren Mediensparte an *Vivendi Universal* übergegangen ist, übernahm 1997 den ältesten französischen Medienkonzern *Havas* und damit wesentliche Anteile an *Canal plus* (Zuschauermarktanteil 4,5 Prozent). *M6* (13,6 Prozent) ist zu mehrheitlichen Teilen der *Suez-Lyonnaise des Eaux* zuzurechnen.

Frankreich schloss aufgrund des schon seit den 80er Jahren bestehenden Informationssystems *Minitel* erst relativ spät zur Internetgemeinde Westeuropas auf. Die *Internetnutzung* lag 2004 mit 45,3 Prozent hinter der von Großbritannien (51,8 Prozent) und Deutschland (49,5 Prozent) und der noch höheren Nutzung in den skandinavischen Ländern. Wie in fast allen europäischen Ländern steigt diese Zahl, wenn auch in abnehmendem Maße.

Nahm die Internetnutzung von 2001 bis 2002 noch um 25 Prozent zu, so waren dies im darauf folgenden Jahr nur noch 5 Prozent (www.eurojic.org/page4.html). 21,8 Prozent der User nutzen das → Internet täglich oder annähernd täglich, 7,3 Prozent mehrmals die Woche,

6,8 Prozent mehrmals im Monat, 9,4 Prozent seltener. Der heimische Computer ist dabei wichtiger als der am Arbeitsplatz (28,5 Prozent zu 23,5 Prozent), wobei 27 Prozent andere Nutzungsorte angeben. E-Mail ist auch hier die wichtigste Nutzungsart, wenngleich die Suche im Internet nach Information in ihrer Bedeutung steigt. Die französische Regulierungspolitik steuert gegenüber den Online-Medien einen eher liberalen Kurs.

Grundlagen des Journalismus

Der französische Journalismus hat seit seinen Anfängen innerhalb des Beziehungsgeflechtes von Gesellschaft, Staat und Presse eine privilegierte Position. Journalisten fühlten sich zur Elite gehörig, und die Eliten versuchten ihrerseits, Journalisten eng an sich zu binden.

→ Journalismus galt (und gilt) als ein durch Geld und Macht korrumpiertes Metier, das dennoch immer wieder das Interesse von Intellektuellen auf sich zog, die dem eliteorientierten Verlautbarungsjournalismus eine aufklärerische, oppositionelle Berufsauffassung entgegenstellen wollten. Beide Strömungen vernachlässigten Funktionen der Machtkontrolle, die über eine sorgfältige Recherche und Informationsgebung ausgeübt werden kann. In dem Maße, wie sich die Rundfunkjournalisten aus der hoheitlichen Vormundschaft befreiten und insbesondere im Fernsehen mit den neuen Präsentationsformen konkurrierten, die der kommerzielle Sektor hervorbrachte, entstand der bislang unbekannte Typus des Starjournalisten, der auf seine Weise wiederum seine Elitenzugehörigkeit zelebriert (Thomaß 1998: 80 f.).

Die traditionell starke Einbindung in herrschende Kreise und die ausgeprägten informellen Beziehungen, die französische Journalisten zu staatlichen Akteuren und zur Wirtschaftswelt pflegen, führen dazu, dass ein anwaltschaftlicher Journalismus für Nichtprivilegierte dem beruflichen Rollenselbstverständnis eher fremd, ein gewisses Wohlwollen gegenüber dem Gebaren der Mächtigen dagegen verbreitet ist. *Connivence* ist das Stichwort, das diesen Makel benennt, und den Vorwurf umschreibt, dass Journalisten und die Macht im Lande gemeinsam ‚unter einer Decke' stecken. → Investigativer Journalismus ist im Printsektor ebenso wie in audiovisuellen Medien unentwickelt; Analyse und Hintergrundberichterstattung sind eher selten zu finden.

Problematisch ist die Ausbildungssituation im französischen Journalismus. Zwar sorgt eine Kommission für die Anerkennung von Ausbildungsgängen an Journalistenschulen und Universitäten (→ Journalistenausbildung). Doch hat nur ein geringer Teil der Journalisten eine solche formelle Ausbildung durchlaufen. Gemäß einer von dieser Kommission Anfang der 90er Jahre in Auftrag gegebenen Studie verfügte nur ein Fünftel der Journalisten über eine einschlägige Ausbildung; seitdem wurden keine wesentlich veränderten Zahlen dazu bekannt. Dieses Defizit und wiederkehrende Fehlleistungen können als Erklärung für die lang anhaltenden Glaubwürdigkeitsverluste gelten.

Im Urteil ihrer Leser genießt die französische Presse ein relativ geringes Ansehen. Nur neun Prozent der Franzosen halten die Presse für glaubwürdig (Woltersdorff 2001: 40). Mangelnde politische Unabhängigkeit und Unbestechlichkeit sind die Hauptkritikpunkte. Insbesondere in intellektuellen Milieus und Schichten mit einer formal höheren Bildung ist das Misstrauen gegenüber der → Glaubwürdigkeit der Journalisten groß. Die in Frankreich für die öffentliche Meinungsbildung wichtigen Intellektuellen wenden sich zunehmend von den Medien ab, nicht ohne sich gegenseitig vorzuwerfen, im Zweifelsfall doch vor allem das Fernsehen als Forum für ihre Ideen zu nutzen (Bourdieu 1998).

Zahlreich sind die *Skandale*, in denen die Medien des verantwortungslosen Vorgehens beschuldigt wurden (→ Medienethik). Sie haben während der 90er Jahre eine intensive Diskussion über journalistische Ethik angeregt, die in der Öffentlichkeit mit großer Vehemenz geführt wurde (Thomaß 1998). Diese Diskussion hat in Teilen der Profession zu mehr Verantwortungsbewusstsein und Engagement für die Einhaltung professioneller Standards geführt.

Die zu Grunde liegenden Probleme – erhöhter Kommerzialisierungsdruck durch die verschärfte Medienkrise, Minimierung der publizistischen Vielfalt durch Konzentrationsprozesse, schlechtere Arbeitsbedingungen – konnte diese Diskussion jedoch nicht lösen. Erschwerend kommt für die Sicherung professioneller Qualität hinzu, dass eine dem *Deutschen Presserat* vergleichbare Institution fehlt – ein Erbe der deutschen Besatzungszeit und der Kollaboration, weil jedwede Art der organisierten Standesethik seitdem ein Anathema ist.

In dieser Situation übernimmt die *Commission de la Carte d'Identité des Journalistes Professionels*, die für die Vergabe von Journalistenausweisen verantwortlich ist, zuweilen die Rolle des Mahners und moralischen Kontrolleurs. Einzige harte Maßnahme, die ihr zur Verfügung steht, ist aber die Verweigerung des Presseausweises gegenüber Journalisten, die werblichen Aktivitäten nachgehen.

Einschätzungen/Bewertung

Will man die Entwicklung der französischen Medienlandschaft und ihres Journalismus charakterisieren, so sind folgende Merkmale entscheidend: Vor dem Hintergrund einer starken Kommerzialisierung, in der zunehmend branchenfremdes Kapital dominiert, hat die Zahl der Journalisten stark zugenommen, ihre Tätigkeiten haben sich erheblich ausdifferenziert. Journalisten und Medien leiden unter einer schwindenden Glaubwürdigkeit bei ihren Rezipienten und begegnen dem mit einer stärkeren Sensationalisierung, Entertainisierung und einem ausgeprägten Starkult.

Damit werden im Fernsehen Zuschauerschaften zwar gebunden (bei gleichzeitig scharfer Konkurrenz), die Bedeutung des Fernsehens als Forum öffentlicher Kommunikation nimmt jedoch vor allem zum Bedauern der intellektuellen Elite ab. Die Presse kann diese Funktion aufgrund sinkender Leserzahlen nur in abnehmendem Maße, das Internet aufgrund anderer Nutzungsprioritäten noch nicht übernehmen.

Eine der traditionsreichsten und ökonomisch stärksten Medienlandschaften Europas steckt in einer tiefen Krise.

Literatur

Bourdieu, Pierre (1998): Über das Fernsehen, Frankfurt/M.

Bourgeois, Isabelle (1999): Frankreichs Medien zwischen Staat und Markt, in: H. Uterwedde/M. Christadler (Hrsg.): Länderbericht Frankreich, Bonn: 423-440.

Machill, Marcel (1997): Frankreich Quotenreich, Berlin.

Miège, Bernard (2004): Das Mediensystem Frankreichs, in: Hans-Bredow-Institut (Hrsg.): Internationales Handbuch Medien 2004/2005, Baden-Baden: 304-316.

Münch, Richard (1999): Grundzüge und Grundkategorien der staatlichen und gesellschaftlichen Entwicklung Frankreichs, in: H. Uterwedde/M. Christadler (Hrsg.): Länderbericht Frankreich, Bonn: 17-44.

Thomaß, Barbara (1998): Journalistische Ethik. Ein Vergleich der Diskurse in Frankreich, Großbritannien und Deutschland, Opladen.

Woltersdorff, Stefan (2001): Die französische Presse zwischen Globalisierungsdruck und Selbstbehauptung, in: T. Weber/S. Woltersdorff (Hrsg.): Wegweiser durch die französische Medienlandschaft, Marburg: 31-68.

Barbara Thomaß, Bochum

Freier Journalismus

Definition/Begriffsbestimmung

Frei ist ein Journalist, wenn er für mehrere Auftraggeber arbeitet und sich selbst um Aufträge und Sozialabgaben kümmern muss. Wie Architekten, Rechtsanwälte oder Ärzte mit eigener Praxis bzw. eigenem Büro zählen freie Journalisten zu den Freiberuflern. Freier Journalismus steht somit für das journalistische Berufsfeld, dessen Angehörige sich durch ihren Selbstständigen-Status auszeichnen.

Das Gegenstück zum freien Journalismus ist → Journalismus im Anstellungsverhältnis. Angestellt ist ein Journalist, wenn er einen Arbeitsvertrag mit einem Arbeitgeber hat, er kranken- und rentenversichert ist sowie in die Arbeitslosenversicherung einzahlt. Von mehr als 60.000 hauptberuflichen Journalisten in Deutschland arbeitet nach Schätzungen deutlich mehr als ein Drittel freiberuflich.

Neben den hauptberuflich freien Journalisten gibt es noch diejenigen, die sich mit freier journalistischer Arbeit etwas dazu verdienen oder auch ohne finanzielle Entlohnung tätig sind. Sie bestreiten ihren Lebensunterhalt durch einen anderen Beruf. Lehrer, Professoren und auch Studenten zählen zu dieser Kategorie, die mit ihren subventionierten Beiträgen den journalistischen Wettbewerb verzerren und verschärfen.

Um freien Journalismus zu betreiben, muss man keine besonderen Voraussetzungen erfüllen, da der Berufszugang zum Journalismus insgesamt nicht geregelt ist. Man braucht lediglich einen Beitrag und ein Medium, das diesen veröffentlicht.

Folglich ist die genaue Anzahl freier Journalisten unbekannt. Die Zahl der hauptberuflich Freien hat der Deutsche Journalisten-Verband (DJV) 2003 auf 22.500 geschätzt (Bausch 2003: 15). Auf rund 100.000 schätzt man diejenigen, die den freien Journalismus im Nebenberuf bzw. in ihrer Freizeit betreiben.

Geschichte und Forschungsstand

Freier Journalismus existiert, seit es Journalisten gibt. Die Verfasser von *Avisen* und *Relationen* im 16. und 17. Jahrhundert würde man heute als freie Journalisten bezeichnen, da das Recherchieren und Schreiben von Nachrichten nicht ihr eigentlicher Beruf war. Erst mit dem Aufkommen der Massenpresse und der elektrischen Nachrichtenübermittlung im 19. Jahrhundert, die schnelle Verarbeitungsprozesse und die permanente Anwesenheit von journalistischen Mitarbeitern im Verlag notwendig machten, wurden Journalisten mit festen Arbeitsverträgen ausgestattet; es entstand die Position des Redakteurs – lange der Inbegriff des journalistischen Berufsstandes insgesamt. Mittlerweile geht die Entwicklung wieder in die andere Richtung. Der Anteil der Freiberufler im Journalismus wird von 25 Prozent Anfang der 90er Jahre in den nächsten Jahren weiter wachsen. Es ist absehbar, dass die Zahl der hauptberuflich freien Journalisten demnächst größer sein wird als die der angestellten Journalisten. Von den Gründen für diese Entwicklung wird noch die Rede sein.

Noch wartet der freie Journalismus auf seine Entdeckung durch die Wissenschaft. Die zuständige Kommunikator- und Medienforschung hat trotz der existenziellen Bedeutung des freien Journalismus für das Funktionieren des Mediensystems bislang einen großen Bogen um dieses Feld geschlagen.

Systematisches Erkenntnisinteresse haben – sieht man von der repräsentativen Studie „Journalismus in Deutschand" ab (Scholl/Weischenberg 1998: 306 ff.) – bisland nur die journalistischen Berufsverbände gezeigt. Ihnen sind auch die wenigen Erhebungen zur Situation und sozialen Lage im freien Journalismus zu verdanken, auf die in diesem Beitrag Bezug genommen wird. Die stetig wachsende Literatur zum Berufsalltag, die sich vor allem in mehreren Ratgebern manifestiert (Bösel/Suttheimer 2002; Buchholz 2002; Buschardt 2003; Hofert 2003; Weichler 2003), spiegelt die wachsende Bedeutung des Berufsfeldes wider. Diese Bücher stammen jedoch überwiegend von freien Journalisten, die ihre Berufserfahrungen verallgemeinern, und mit ihren

Arbeiten gar nicht erst dem Anspruch wissenschaftlicher Untersuchungen genügen wollen.

Situation und soziale Lage

In finanzieller Hinsicht lohnt sich freier Journalismus nicht. Anders lassen sich die Daten, die Aufschluss über das Einkommen von freien Journalisten geben, nicht interpretieren. Die Interessensvertretungen der Journalisten, der Deutsche Journalisten-Verband (DJV) oder die Deutsche Journalisten Union (dju) in der Vereinten Dienstleistungsgewerkschaft (ver.di), und die Künstlersozialkasse (KSK), über welche die meisten freien Journalisten sozial versichert sind, kommen im Detail zu unterschiedlichen Ergebnissen, denen allen aber das niedrige Niveau gemeinsam ist. Das monatliche Einkommen freier Journalisten bewegt sich demnach zwischen 1.200 und 1.800 Euro. Nur sechs Prozent verdienen im Monat mehr als 4.100 Euro. Mit Einkommen ist das gemeint, was von den Einnahmen nach Abzug der Betriebsausgaben übrig bleibt. Gemeinhin müssen von diesem Betrag also noch Steuern und Sozialabgaben bezahlt werden. Wenig für Berufsangehörige, von denen 80 Prozent Abitur haben und die Hälfte ein Hochschulstudium abgeschlossen hat.

Allerdings bergen die genannten Datenquellen einen gewissen Unsicherheitsfaktor. Die zu Grunde liegenden Angaben wurden freiwillig gemacht und sind wie bei den freiwilligen Gehaltsangaben bei der Künstlersozialkasse sehr stark von persönlichen Interessen geleitet. Ein Abgleich mit den Finanzämtern ist zu keiner Zeit erfolgt. Es darf vermutet werden, dass sich die finanzielle Situation von vielen Freien in Wirklichkeit etwas positiver darstellt, als es diese Erhebungen wiedergeben.

In fast allen Fällen ist dieses Geld schwer verdient. Laut einer Befragung des DJV unter 3.500 freien Journalisten im Jahr 1998 arbeitet der Durchschnitt von ihnen 46 Stunden pro Woche und mehr (Grass 1998: 29). Knapp die Hälfte der befragten Journalisten gab zudem an, mehr oder weniger regelmäßig auch nachts und an Wochenenden vor dem Computer zu sitzen. Unter den angestellten Kollegen ist es nur ein gutes Drittel, das auch häufiger nachts arbeiten muss.

Vor dem Hintergrund niedriger Honorare und langer Arbeitszeiten wundert es nicht, dass die Berufszufriedenheit von freien Journalisten nicht hoch ist. Nur eine Minderheit ist wirklich zufrieden mit der eigenen Berufssituation. Sie schätzt die Selbstständigkeit, die sich vor allem in freier Themenwahl, Zeiteinteilung und einer großen Unabhängigkeit manifestiert. Wer seine Themen relativ frei wählen, seine Zeit vergleichsweise frei einteilen kann und sich nicht beständig mit Vorgesetzten auseinander setzen muss, der erreicht einen hohen Selbstverwirklichungsgrad. Doch diesen Idealzustand erreichen nur wenige freie Journalisten.

Bedeutung und Probleme

Grundsätzlich wird freier Journalismus immer wichtiger für das Funktionieren der Mediengesellschaft. Waren es früher im Wesentlichen nur die Tageszeitungen und Hörfunksender, die auf Zulieferungen angewiesen waren, so bestreiten mittlerweile auch große TV-Veranstalter wie *RTL* oder *Sat.1* ihre Non-Fiction-Programme zum überwiegenden Teil mit freien Mitarbeitern. Diese sind aus der Sicht vieler Programm- und Blattmacher nicht nur billiger, sondern auch kreativer. Dieser doppelte Vorteil maximiert die Gewinne der Medienunternehmen – und lässt die Gesamtzahl freier Journalisten stetig steigen.

Angesichts weitgehend gesättigter Märkte, verschärft durch eine seit 2001 grassierende konjunkturelle Krise, hat freier Journalismus inzwischen eine existenzielle Bedeutung für die meisten Medienunternehmen. Wurden früher nur einzelne Beiträge bei freien Mitarbeitern in Auftrag gegeben, so produzieren freie Journalistenbüros inzwischen komplette

Tageszeitungsressorts und ganze Zeitschriften im Auftrag der Verlage. In der Regel erhalten die freien Journalisten fixe Beträge pro Ausgabe. Nicht kalkulierte Kosten, die im Journalismus häufiger entstehen, weil es sich bei der Inhalte-Herstellung nicht um einen mit der Waschmittelproduktion vergleichbaren Ablauf handelt, müssen von den freien Journalisten aufgefangen werden.

Die Unternehmen verlagern damit das verlegerische und qualitative Risiko in den freien Journalismus. Steigt auf diese Weise grundsätzlich die Nachfrage nach journalistischen Dienstleistungen, kann das von den Honoraren im freien Journalismus nicht gesagt werden.

Der freie Berufszugang, die ungebremste Attraktivität des Journalismus im Allgemeinen und die personellen Sparmaßnahmen unter den angestellten Journalisten sorgen für ein Angebot über den Bedarf hinaus im freien Journalismus. Die zahlreichen Nebenberufler, die nicht angewiesen sind auf den finanziellen Erlös ihrer journalistischen Arbeit, die vielen Hochschulabgänger der diversen journalistischen Ausbildungsgänge und die arbeitslos gewordenen Kollegen aus den Redaktionen, die sich nicht bei der Bundesagentur für Arbeit melden, sondern lieber anfangen frei zu arbeiten, sorgen dafür, dass es im freien Journalismus ein Überangebot von willigen, preiswerten und verfügbaren Dienstleistern gibt.

Vor diesem Hintergrund sahen die Abnehmer frei produzierter Inhalte in den letzten Jahren keinen Grund, die Honorare an die gestiegenen Lebenshaltungskosten anzupassen. Im Gegenteil: Angesichts zurückgehender Werbe- und Vertriebserlöse scheuten sich etliche nicht, die eh schon mageren Tarife noch einmal abzusenken. Honorare in Höhe von 30 Cent pro Zeile mit 35 Anschlägen sind nach wie vor keine Seltenheit. Mögliche negative Auswirkungen auf die publizistische → Qualität der journalistischen Leistungen werden dabei – wie es scheint – in Kauf genommen.

Mit dem wachsenden Konkurrenz- und Kostendruck sind die Anforderungen im freien Journalismus in den letzten Jahren beträchtlich gestiegen. Das Beherrschen der journalistischen Basis-Qualifikationen Recherchieren und Texten reicht zum Überleben nicht mehr aus (→ Recherche). Freie Journalisten sollten über Spezialwissen verfügen, technisches Anwenderwissen haben und darüber hinaus Marketing-Experten in eigener Sache sein, für die Begriffe wie Positionierung, Akquisition und Mehrfachverwertung zum Berufsalltag gehören.

Ausblick und Argumente

Die Gesamtzahl freier Journalisten wird weiter wachsen und damit die Bedeutung des freien Journalismus innerhalb der Mediengesellschaft. Der DJV und ver.di/dju können diese Aussage aufgrund der Entwicklung der eigenen Mitgliederzahlen bestätigen. Das stetige Wachstum hat im Wesentlichen vier Gründe:

- Die *Technisierung* redaktioneller Produktion (Einführung von Computern und Redaktionssystemen seit Anfang der 80er Jahre) hat nicht nur für das Verschwinden ganzer Berufe wie dem des Setzers gesorgt, sondern auch für die Möglichkeit, praktisch an jedem Ort mit Steckdose und Telefonanschluss redaktionell tätig werden zu können. Mittlerweile können komplette Layouts, Sounddateien und bewegte Bilder am Heimcomputer produziert, bearbeitet und über die Telefonleitung in die ganze Welt verschickt werden. Die Erschwinglichkeit der dazugehörigen Hard- und Software macht es freien Journalisten möglich, die gewünschten Inhalts-Produkte in der gewünschten Ausstattungsqualität zu liefern. Anstatt teure Büroräume für feste Redakteure anzumieten, können die Medienunternehmen auf flexible freie Mitarbeiter zurückgreifen, die sich um Miete und Arbeitsmittel selbst kümmern. ‚Outsourcing', das Auslagern ganzer redaktioneller Einheiten, wird für die Medienunternehmen damit wirtschaftlich immer attraktiver.

- Die verantwortlichen Medienmanager in den Unternehmen sehen im freien Journalismus ein unentbehrliches Regulativ bei ihrem *Kostenmanagement*. Für einen freien Journalisten als Mitarbeiter muss das Unternehmen keine Sozialabgaben leisten und im Fall der Trennung keine hohen Abfindungen für langjährige Betriebszugehörigkeit zahlen. Da die Honorare zudem niedrig sind, ist der freie Journalismus in vielen Fällen die Stellschraube, mit der die Medienunternehmen an ihren variablen Kosten drehen.
- Allein in den Jahren 2000 bis 2003 verzehnfachte sich die *Arbeitslosigkeit* unter Journalisten. Die genauen Zahlen kennen weder die Bundesagentur für Arbeit noch die journalistischen Berufsverbände, da viele gekündigte Journalisten den Weg zum Arbeitsamt scheuen und stattdessen als freie Journalisten zu arbeiten beginnen.
- Die zunehmende Bedeutung der Medienwirtschaft (→ Medienökonomie) und die hohe Attraktivität des Journalistenberufs haben in den letzten drei Jahrzehnten zu einer erheblichen Vermehrung der Medienstudiengänge an deutschen Hochschulen geführt (→ Journalistenausbildung); dabei wird offenbar über den Bedarf hinaus ausgebildet. Die Gesamtzahl der einschlägigen Hochschulangebote ist mittlerweile auf mehr als 400 gestiegen (www.medienstudienfuehrer.de). Da der Ausstoß dieser Einrichtungen nicht dem tatsächlichen Bedarf auf dem Arbeitsmarkt entspricht, verstärken viele Absolventen, die ursprünglich eine Festanstellung anvisiert hatten, unfreiwilligerweise das Heer der Freien.

Die genannten Gründe verraten aber auch, dass viele Journalisten den Weg in den freien Journalismus nicht auf eigenen Wunsch hin wählen, sondern von der strukturellen und konjunkturellen Entwicklung der ganzen Branche dazu gezwungen werden. Nur jeder zweite freie Journalist ist aus eigener Entscheidung zum Freiberufler geworden. Von den schätzungsweise 22.500 freien Journalisten in Deutschland wäre die Hälfte lieber fest angestellt (Grass 1998: 4): Sie betrachtet den Freien-Status nur als Not- oder Übergangslösung.

Wenn sich die strukturelle Entwicklung hin zum freien Journalismus fortsetzt, ohne dass sich die Rahmenbedingungen freier Mitarbeit verbessern, wird sich der Anteil der freien Journalisten, die nicht gerne sind, was sie sein müssen, zwangsläufig weiter erhöhen. Die freien Journalisten, die überwiegend Vorteile in ihrem Status sehen, werden zur Minderheit.

Literatur

Bausch, Manfred (2003): Journalistinnen und Journalisten. Herausgegeben von der Zentralstelle für Arbeitsvermittlung der Bundesanstalt für Arbeit, Bonn.

Bösel, Stefan/Karin Suttheimer (2002): Freie Mitarbeit in den Medien, Wiesbaden.

Buchholz, Goetz (2002): Ratgeber Freie Kunst und Medien, Hamburg.

Buschardt, Tom (2003): Ratgeber Freie Journalisten, Berlin.

Deutscher Journalisten-Verband e. V. (Hrsg.) (2003): Von Beruf Frei, 3. Aufl., Bonn.

Grass, Bernd (1998): Arbeitsbedingungen Freier Journalisten. Bericht zur Umfrage unter Mitgliedern des DJV (unveröff. Man.), Saarbrücken.

Hofert, Svenja (2003): Erfolgreich als freier Journalist, Konstanz.

Lang, Michael/Ralf Gödde (2000): Das Journalistenbüro. Teamkonzepte für freie Journalisten, Konstanz.

Weichler, Kurt (2003): Handbuch für Freie Journalisten, Wiesbaden.

Scholl, Armin/Siegfried Weischenberg (1998): Journalismus in der Gesellschaft, Opladen/Wiesbaden.

Kurt Weichler, Gelsenkirchen

Gatekeeping

Definition/Begriffsbestimmung

Das kommunikationswissenschaftliche Modell des ‚Gatekeeping' – eines der ältesten in der empirischen Kommunikatorforschung – beschäftigt sich mit der Frage, von wem und wie Informationen ausgewählt werden. Dabei werden jene (Nachrichten-)Journalisten, die in den Redaktionen von Massenmedien für die Nachrichtenauswahl verantwortlich sind, als ‚Gatekeeper' (Pförtner, Schleusenwärter) betrachtet, die Informationen durchlassen oder zurückhalten. Diese journalistischen ‚Schleusenwärter' haben die Aufgabe, die Informationsmenge zu begrenzen. Das Gatekeeper-Modell greift auf Metaphern von Kommunikation als ‚Fluss von Signalen' zurück.

Geschichte/Entwicklung

Die Schleusen-Metapher geht auf den deutsch-amerikanischen Soziologen und Psychologen *Kurt Lewin* (1890-1947) zurück, der bereits 1942 in einer Untersuchung Personen als ‚Gatekeeper' bezeichnete, die für Auswahlentscheidungen verantwortlich sind. Er untersuchte allerdings nicht, wie Journalisten Nachrichten auswählen, sondern welche Mitglieder von amerikanischen Privathaushalten in Kriegszeiten über die Beschaffung von Lebensmitteln entscheiden. (Lewin 1943)

Für die Kommunikatorforschung war eine Untersuchung des amerikanischen Kommunikationswissenschaftlers *David Manning White* (1917-1994) wegweisend. Er befragte 1949 den Fernschreibredakteur (*wire editor*) einer kleineren Tageszeitung im mittleren Westen der USA, nach welchen Gesichtspunkten dieser aus den am Fernschreiber eingehenden Agenturmeldungen auswählt. (White 1950)

Die Entscheidungen dieses Gatekeepers, dem White den Decknamen „Mr. Gates" gab, waren vor allem von zwei Dingen abhängig: seinen persönlichen Auffassungen und seinen organisatorischen Rahmenbedingungen. Beispielsweise bevorzugte er politische und so genannte ‚bunte' Themen, weil er ein entsprechendes Interesse seiner Leser vermutete. Außerdem vermied es „Mr. Gates" umso mehr, die Aufmachung und Inhalte seiner Seiten noch einmal zu ändern, je näher der Redaktionsschluss rückte. Nach Whites Ansicht waren die Auswahlmerkmale von „Mr. Gates" sehr vage und dessen Auswahlentscheidungen äußerst subjektiv.

Whites Untersuchung wurde 1966 unter dem Titel „Mr. Gates revisited" noch einmal mit demselben Fernschreibredakteur wiederholt (Snider 1967). Dabei wurden die Ergebnisse von 1949 im Wesentlichen bestätigt. An solchen Studien wurde jedoch rasch bemängelt, dass sie Redakteure weitgehend als unabhängige Einzelgänger betrachten. Deshalb versuchte man in späteren Untersuchungen, ganze Gruppen von (Nachrichten-)Journalisten zu erfassen und auch das redaktionelle Umfeld der Schleusenwärter zu berücksichtigen (Frerichs 2000: 138-143; Robinson 1973).

Forschungsstand

Grundlegend sind bis heute vor allem Untersuchungen der amerikanischen Sozialwissenschaftler *Warren Breed* und *Walter Gieber* in den 50er Jahren (Weischenberg 2004: 320 ff.). Breed stellte bei einer Befragung von rund 120 Journalisten an mittelgroßen Tageszeitungen im Nordosten der USA fest, dass Redaktionsneulinge bei ihrer Einarbeitung die Hausregeln gewissermaßen automatisch kennen lernen und verinnerlichen. Bei diesem Lernprozess der beruflichen Sozialisation unterscheidet er drei Stufen: eine „Kükenstufe", eine „Einarbeitungsphase" und eine „Veteranenstufe", in der sich die Mitarbeiter zuletzt meist mit den Normen, Werten und Zielen der Redaktion identifizieren. Nach Breeds Befunden passen sich die Neulinge u. a. deshalb verhältnismäßig mühelos an, weil sie dienstliche Strafen fürchten und beruflich aufsteigen wollen. Weitere Gründe sind die Achtung gegenüber ihren Vorgesetzten, Freude an ihrer Arbeit und der Eigenwert des journalistischen Produktes.

Auch Gieber entdeckte in einer Untersuchung an 16 Tageszeitungen im nordöstlichen US-Bundesstaat Wisconsin, dass sich die Journalisten den Regeln ihrer redaktionellen Bürokratie und ihrer Vorgesetzten weitgehend reibungslos anpassen. Die journalistischen Schleusenwärter sind also keine unabhängigen Einzelgänger, sondern von den organisatorischen und sozialen Rahmenbedingungen in der Redaktion abhängig – insbesondere von ihren Kollegen und Vorgesetzten.

Trotz dieser Ergebnisse blieben sowohl die Auswahlmerkmale (→ Nachrichtenselektion) als auch die Auswahlentscheidungen der Gatekeeper unklar. Mit diesem zweiten Aspekt befasste sich dann in den 60er Jahren die deutsch-kanadische Kommunikationswissenschaftlerin *Gertrude Joch Robinson* (1973: 350-351), als sie die Auslandsredaktion der (damals jugoslawischen) Nachrichtenagentur *Tanjug* in Belgrad untersuchte. Sie kam zu dem Ergebnis, dass sich eine (Nachrichten-)Redaktion als kybernetisches System beschreiben lässt.

Kybernetische Systeme sind unter anderem durch Rangordnung (Hierarchie) und Rückkopplung geprägt. Dadurch können sie sich selbst organisieren, ein inneres Gleichgewicht erhalten (Äquilibration) und auf äußere Einflüsse reagieren (Adaption). So entdeckte Robinson bei den Auswahlentscheidungen von Tanjug eine dreistufige Rangordnung mehrerer Schleusenwärter. Außerdem fand sie formelle und informelle Gruppen, welche die Redaktionsabläufe durch Rückkopplung steuern. Bei ungewöhnlichen Ereignissen (im Untersuchungszeitraum wurde US-Präsident *John F. Kennedy* ermordet) werden Redaktionsabläufe neu geordnet, Auswahlentscheidungen auf eine höhere Hierarchieebene verlagert und zusätzliches Personal eingesetzt.

Bewertung

Das Gatekeeper- oder Schleusenwärter-Modell greift – wie jenes vom Nachrichtenfluss – auf begriffliche Metaphern von Kommunikation als ‚Fluss von Signalen' zurück, die aus dem Gebiet der Hydraulik stammen. So ist von Kommunikations*kanälen* die Rede, in denen Informations*flüsse* und *-ströme* von ‚Schleusenwärtern' *kanalisiert* und *umgeleitet* werden. Man vergleicht das Kommunikations*volumen* mit der *Kanal*kapazität und stellt häufig eine Informations*überflutung* fest. Auch im Journalismus spricht man von Nachrichten*quellen*, *-kanälen*, *-flüssen*, *-strömen* und *-überflutung*.

Wenngleich solche Metaphern die Kommunikationswissenschaft bis heute beeinflussen, wird das Schleusenwärter-Modell sehr kritisch betrachtet (Frerichs 2000: 115 ff., 142 ff.). Zunächst besteht der Einwand weiter, dass zwar einzelne Gatekeeper-Entscheidungen untersucht werden, man aber noch immer die organisatorischen und sozialen Einflüsse auf die Schleusenwärter vernachlässigt. So werden auch in späteren Untersuchungen die Nachrichten*quellen* weiter als passiver und neutraler *Zufluss* dargestellt. Diese Quellen (wie Korrespondenten oder Nachrichtenagenturen) beeinflussen die Redakteure aber schon allein durch ihre Vorauswahl zwischen nachrichtenwürdigen oder -unwürdigen Ereignissen. Von Öffentlichkeitsarbeit (→ Public Relations), Propaganda oder → Werbung wird eine solche Einflussnahme sogar bewusst angestrebt.

Ein weiterer Einwand ist, dass das Modell die Auswahlentscheidungen der Schleusenwärter lediglich nach den Regeln von Reiz und Reaktion betrachtet (→ Stimulus-Response-Modell). Gatekeeping ist aber nicht bloß ein Durchlassen oder Zurückhalten von Informationen über die Wirklichkeit, sondern vielmehr eine *soziale Konstruktion* von Wirklichkeit. Journalistische Schleusenwärter haben nicht allein die Aufgabe, Informationen auszuwählen, sondern müssen sie auch für die Mediennutzer verständlich machen und sinnvoll einordnen.

Diese Konstruktion von Wirklichkeit (→ Konstruktivismus) ist nicht beliebig, denn sie ist nur sozial mit anderen möglich und beruht auf den Objektivitätsnormen im sozialen System (Nachrichten-) Journalismus. Vor diesem Hintergrund stellt sich auch die Frage, inwieweit die Ergebnisse der meist US-amerikanischen Gatekeeper-Untersuchungen auf den deutschen Journalismus übertragbar sind. Die Objektivitätsnormen von Schleusenwärtern können entsprechend ihren jeweiligen beruflichen und gesellschaftlichen Rahmenbedingungen sehr verschieden sein, wie schon ein Vergleich zwischen deutschsprachigem und angelsächsischem → Journalismus zeigt. (Frerichs 2003; Weischenberg 2002: 460 ff.)

Im Gatekeeper-Modell wird – nach der Pionierstudie von White – ebenfalls nicht (mehr) berücksichtigt, welchen Einfluss die persönlichen Besonderheiten der einzelnen Schleusenwärter auf deren Entscheidungen haben (Frerichs 2000: 220-227). Solche informalen Rollen werden in der Kommunikatorforschung normalerweise völlig ausgeblendet, obwohl sich das Verhalten von Journalisten nicht auf ihre formalen Mitglieds- und Arbeitsrollen in der → Redaktion einengen lässt. Informale Rollen sind zwar in den Arbeitsabläufen, -regeln und -strukturen einer Redaktion nicht vorgesehen, sie können die Ausübung formaler Rollen aber behindern oder begünstigen.

Solche informalen Einflüsse von Schleusenwärtern sind auf zwei Wegen möglich: zum einen durch ihre persönlichen Eigenbeiträge zur Redaktionsarbeit (wie Abneigungen und Vorlieben, Wissenslücken und -schwerpunkte) und zum anderen durch ihr soziales Zusammenwirken mit Redaktionskollegen (wie Ablehnung und Freundschaft, Rivalität und Teamgeist). Darüber hinaus können die Auswahlentscheidungen der Schleusenwärter auch durch ihren körperlichen Zustand, ihre geistige Verfassung oder ihr soziales Umfeld beeinflusst werden.

Ausblick

Hat das in die Jahre gekommene Gatekeeper- bzw. Schleusenwärter-Modell der modernen Kommunikatorforschung noch etwas zu bieten? Voraussetzung dafür wäre, ‚Mr. Gates' oder ‚Mrs. Gates' und ihre Kollegen als Menschen und Persönlichkeiten ernst zu nehmen! ‚Mr. Gates' ist keine ‚Schleuse', sondern ein lebendiges Wesen. Er reguliert nicht ‚Kanäle' mit eindeutigen Inhalten, sondern interpretiert komplexe Informationen durch seine soziale Konstruktion von Wirklichkeit. Seine Arbeitssituation ist nie ‚neutral', denn er wird durch zahlreiche organisatorische und soziale Rahmenbedingungen beeinflusst, die sich fortlaufend verändern. Und neben seinen formalen Mitglieds- und Arbeitsrollen müssen auch informale Einflüsse berücksichtigt werden.

Wer als Nachrichtenredakteur arbeitet, weiß, wie vielschichtig die Entscheidungsprozesse und Rahmenbedingungen bei der Nachrichtenauswahl und -gestaltung sind. In der ersten Untersuchung dieser Art kam White zu dem Ergebnis, dass die Auswahlmerkmale seines ‚Mr. Gates' sehr vage und dessen Auswahlentscheidungen äußerst subjektiv waren. Dies kann zwei Ursachen haben: Zum einen könnte sich ‚Mr. Gates' nicht immer über die Gründe für seine Entscheidungen im Klaren gewesen sein und zum anderen könnte White falsch gefragt haben.

‚Mr. Gates' war sich möglicherweise nicht immer der Gründe für seine Entscheidungen bewusst, weil er keine genaue Vorstellung von seinen Lesern und deren Bedürfnissen hatte. Seit Whites Untersuchung gibt es aber Ergebnisse aus anderen Forschungsbereichen, welche die modernen Schleusenwärter bei ihren Entscheidungen unterstützen können. So bietet die Wahrnehmungspsychologie Hinweise, wie (Nachrichten-)Meldungen gestaltet sein müssen, damit Leser, Hörer und Zuschauer sie besser verstehen. Und die Mediaforschung (→ Mediennutzung) hilft bei den Fragen, welche Themen die Zielgruppe interessieren und wie viel Wissen man voraussetzen kann. Eine künftige Gatekeeper-Forschung könnte die Arbeit von Schleusenwärtern mithilfe solcher Forschungsergebnisse neu betrachten und konkrete Verbesserungsvorschläge machen.

White hat möglicherweise auch deshalb falsch gefragt, weil er Gatekeeping bloß als ein Durchlassen oder Zurückhalten von Informationen über die Wirklichkeit betrachtete und nicht als soziale Konstruktion; dies wurde der Vielschichtigkeit der Entscheidungsprozesse und Rahmenbedingungen nicht gerecht. White untersuchte nur, welche Themen sein ‚Mr. Gates' auswählte oder ablehnte. Die Arbeit eines (Nachrichten-)Redakteurs umfasst aber deutlich mehr Entscheidungen, die alle miteinander zusammenhängen:

- Ob man ein ausgewähltes Thema selbst bearbeitet (oder an Kollegen delegiert);
- wie man es aufbereitet;
- welche Ortsmarke man wählt;
- wie man den Leadsatz formuliert;
- welche Begriffe für das Thema angemessen sind;
- wie man die Meldung aufbaut
- und wie viele Hintergrundinformationen zum Verständnis notwendig sind.

Während einer normalen Schicht als Chef vom Dienst trifft z. B. der Nachrichtenredakteur eines Hörfunksenders schätzungsweise 200 bis 300 solcher Entscheidungen pro Stunde. White und auch spätere Forscher haben deshalb nur die Spitze dieser Entscheidungskaskade erfasst.

Künftige Gatekeeper-Forschung müsste hier wesentlich tiefer graben, um die Entscheidungsprozesse und Rahmenbedingungen des Schleusenwärters (einschließlich informaler Einflüsse) nachvollziehen zu können.

Literatur

Frerichs, Stefan (2000): Bausteine einer systemischen Nachrichtentheorie, Wiesbaden.

Frerichs, Stefan (2003): Nachrichten aus Nordirland. Die Berichterstattung und die Haltung irischer, britischer und deutscher Tageszeitungen zum Konflikt in Nordirland im Jahr 1992, Stuttgart.

Lewin, Kurt (1943): Forces behind food habits and methods of change, in: Bulletin of the National Research Council 1943/108: 35-65.

Robinson, Gertrude Joch (1973): Fünfundzwanzig Jahre Gatekeeper-Forschung. Eine kritische Rückschau und Bewertung, in: J. Aufermann et al. (Hrsg.): Gesellschaftliche Kommunikation und Information, Bd. 1, Frankfurt/M.: 344-355.

Snider, Paul (1967): „Mr. Gates" revisited. A 1966 version of the 1949 case study, in: Journalism Quarterly 1967/3: 419-427.

Weischenberg, Siegfried (2004/2002): Journalistik, Bde. 1 u. 2, Opladen.

White, David Manning (1950): The „Gate Keeper". A case study in the selection of news, in: Journalism Quarterly 1950/3: 383-390.

Stefan Frerichs, Stuttgart

Gender Studies

Definition/Begriffsbestimmung

Gender Studies analysieren die Bedeutung der Kategorie ‚Geschlecht' für Kultur, Gesellschaft und die Wissenschaften. Sie fragen danach, wie die mit ‚Gender' gekennzeichneten Unterschiede hergestellt und zur Legitimation eines hierarchischen Geschlechterverhältnisses genutzt werden. Ziel auf der Basis eines breiten Theoriespektrums ist es, die ungleiche Behandlung der Geschlechter zurückzudrängen bzw. aufzuheben.

Der Begriff Gender bezeichnet ein gesellschaftliches Klassifizierungssystem, das in unserem Kulturkreis nur zwei Optionen kennt: männlich – weiblich. Dieses System der Zweigeschlechtlichkeit gilt als natürlich und selbstverständlich. Es ist Teil unseres Alltags, sich zeitlebens und in jeder Situation einer von diesen zwei Gruppen zuzuordnen und zugeordnet zu werden. Zudem normiert diese binäre Struktur im gesellschaftlichen Diskurs, was Frau-Sein bzw. Mann-Sein bedeuten und was als ‚nicht normal' ausgeschlossen wird: Trans-, Homo- und Intersexualität.

Aus der Sicht der Gender Studies ist das Ergebnis eine routinisierte Darstellung und Zuschreibung und damit eine Konstruktion, die aus einer sozialen Praxis resultiert. Teil dieser sozialen Praxis sind die eigenen Aktivitäten, die Erwartungen anderer sowie vorgefundene sozio-kulturelle Strukturen. So gesehen, ergibt sich Gender nicht ursächlich aus körperlichen Merkmalen, sondern ist als kulturelle Konstruktion des Körpers zu verstehen.

Die Aktivität des Zuordnens bezeichnet man als *doing gender*, wobei das Hervorbringen des eigenen Geschlechts durch dieses Einordnen nur eine der Differenzen ist, die in Interaktionen permanent hergestellt werden. Gleichzeitig und genauso prozesshaft werden ethnische und klassenspezifische Differenzen hervorgebracht, die gesellschaftliche Machtverhältnisse legitimieren: Ungleichheiten realisieren sich dabei, so die Überlegung, auf verschiedenen Ebenen und in verschiedenen Zusammenhängen: Zu der Ebene der Interaktionen tritt die der Organisationen und der Gesellschaft, in denen die hierarchisierende Unterscheidung von Frau und Mann als Strukturprinzip wirkt.

Geschichte und Forschungsstand

Die Gender Studies haben sich aus der Frauen- bzw. der feministischen Forschung entwickelt. Diese ist im Kontext der Frauenbewegung entstanden, wobei die deutschsprachige Frauenbewegung stark durch die angloamerikanische Forschung beeinflusst wurde. Dem politischen Entstehungskontext verdanken die Gender Studies ihre zwei Hauptthemen: die Wissenschafts- und Methodenkritik und die Analyse der Geschlechterverhältnisse.

In den 70er und 80er Jahren ging es zunächst darum, Ungleichheiten im Geschlechterverhältnis überhaupt erst sichtbar zu machen, marginalisierte weibliche Erfahrungswelten zu würdigen und zum Abbau von Unterdrückung beizutragen. Dieses Verständnis führte zu einer Ergänzung vorhandener Wissensbestände. In der Journalistik und → Kommunikationswissenschaft wurde die Arbeit von Journalistinnen in den Mittelpunkt einzelner Untersuchungen gerückt und das Bild der Frau in den Medien analysiert. Besondere Aufmerksamkeit erhielten für Frauen produzierte Medienangebote wie Frauenzeitschriften oder Soapoperas, die weibliche Erfahrungen und Lebensräume thematisieren und ernst nehmen, die aber zunächst prinzipiell unter Ideologieverdacht standen. Herausgearbeitet wurden geschlechtsspezifische Diskriminierungen im → Journalismus sowie stereotype mediale Repräsentationen von Weiblichkeit; Medien galten als Sozialisationsagenten und zentrale Orte gesellschaftlicher Sinnproduktion (Klaus 1998: 35 ff.).

Zentral erschien in diesen Studien stets die Unterscheidung des biologischen Geschlechtes (‚sex') und des kulturellen Geschlechts bzw. der Geschlechtsidentität (‚gender'). Mit dieser Betonung des kulturell konstruierten Geschlechts wurden biologistische Argumente von der ‚Natur der Frau' obsolet.

In den 90er Jahren wurden die Funktionen so genannter weiblicher Genres und Medien im Alltag zum zentralen Thema. Allerdings ließ sich das Medienhandeln von Frauen (wie auch das berufliche Handeln von Journalistinnen) nicht auf einen einheitlichen, geschlechtsbedingten Nenner bringen (Klaus 2001: 27). Mit der Konzentration auf die Gruppe der Frauen nahm die kommunikationswissenschaftliche Forschung und Theoriebildung nunmehr Phänomene der Ungleichheit und Verschiedenheit unter Frauen wahr – z. B. mithilfe der Unterscheidungen *Klasse, sexuelle Orientierung* oder *Ethnie*. Diese Kategorien erweiterten das Forschungsprogramm der kritischen Gender Studies über die Ungleichheit im Geschlechterverhältnis hinaus (Dorer 2002: 65 ff.). Ein alleiniger Rückbezug auf ‚die Frauen' als Kollektivsubjekt – epistemologisch wie politisch nach wie vor ein notwendiges Konstrukt – erschien zunehmend problematisch.

Gleichzeitig wurde deutlich: Die Frage nach dem unterschiedlichen Handeln qua Geschlecht birgt zumindest das Risiko in sich, eine Kategorie festzuschreiben, „deren Natürlichkeit [die feministische Kommunikationswissenschaft] bestreitet und deren gesellschaftliche Relevanz sie auflösen will" (Klaus 2001: 36).

Damit sieht sich feministische Forschung in der paradoxen Situation, mit einer Kategorie zu arbeiten, deren Macht legitimierende Funktion sie eigentlich neutralisieren will. Gender als Kategorie wird dadurch jedoch nicht bedeutungslos, sondern ihre Bedeutung relativiert sich abhängig von der jeweiligen sozialen Position und strukturellen Bedingungen (Knapp 2001: 69). Notwendig wird eine Kontextualisierung dieser Kategorie auch in medienbezogenem Handeln.

Die theoretische Perspektive des ‚doing gender' macht sichtbar, wie diese Kategorie berufliche Kontexte in den Medien und das Denken darüber strukturiert, verdeutlicht die Flexibilität von Gender und macht Kontinuitäten und Veränderungen des Geschlechterverhältnisses im Journalismus erkennbar. Darüber hinaus formulieren die Gender Studies auch den Anspruch, die geschlechtsspezifischen Konstruktionen von Männlichkeit zu überdenken, so dass sich auch in der Kommunikationswissenschaft seit Ende der 90er Jahre Ansätze einer ‚Männerforschung' abzeichnen.

Bewertung und Ausblick

Indem Unterscheidungen in Bezug auf Gender hinterfragt werden, kann der Natürlichkeit dieser Unterscheidungen die Basis entzogen und das daran geknüpfte Machtverhältnis problematisiert werden. Kritische Gender Studies machen auf die Normalisierung von Machtverhältnissen in und durch Medien aufmerksam. Darüber hinaus besteht ihre Relevanz in dem selbstreflexiven Potenzial, das ihnen zu Eigen ist. Dieses selbstreflexive und auch wissenschaftlich-kritische Potenzial können die Gender Studies jedoch nur entfalten, wenn ihre Erkenntnisse und Einsichten nicht allein additiv verwendet, sondern umfassend rezipiert werden. Bislang ist dies kaum der Fall (Klaus 2001).

Literatur

Becker-Schmidt, Regina/Gudrun-Axeli Knapp (2001): Feministische Theorien zur Einführung, 2. Aufl., Hamburg.

Dorer, Johanna (2002): Diskurs, Medien und Identität, in: J. Dorer/B. Geiger (Hrsg.): Feministische Kommunikations- und Medienwissenschaft, Wiesbaden: 53-78.

Klaus, Elisabeth (1998): Kommunikationswissenschaftliche Geschlechterforschung, Opladen/Wiesbaden.

Klaus, Elisabeth (2001): Zimmer mit Ausblick? Perspektiven kommunikationswissenschaftlicher Geschlechterforschung, in: E. Klaus et al. (Hrsg.): Kommunikationswissenschaft und Gender Studies, Opladen/Wiesbaden: 20-40.

Knapp, Gudrun-Axeli (2001): Grundlagenkritik und stille Post. Zur Debatte um einen Bedeutungsverlust der Kategorie „Geschlecht", in: B. Heintz (Hrsg.): Geschlechtersoziologie, Sonderheft 41/2001 der Kölner Zeitschrift für Soziologie und Sozialpsychologie: 53-74.

Monika Pater, Hamburg

Genres

→ *Mediengattungen*

Gerichtsberichterstattung

Definition/Begriffsbestimmung

Gerichtsberichterstattung ist ein eigenes Genre des Journalismus (→ Mediengattungen), das – im weiteren Sinne – alle

Formen von öffentlichen Vorgängen im Rechtssystem (Luhmann 1993) zum Gegenstand hat. Unter normativen Aspekten geht es dabei um drei Postulate: informieren, kontrollieren, kritisieren.

Informieren über die Ahndung von Gesetzesverstößen, über Ablauf und Ergebnis von Gerichtsverfahren: Dazu gehören soziale und psychische Hintergründe von (Straf-)taten, richterliche Bewertung der Aussagen von Prozessbeteiligten und die Entscheidung des Gerichts (schuldig, nicht schuldig; Freiheitsstrafe mit oder ohne Bewährung, Geldstrafe oder Geldbuße mit Auflagen plus Begründung). Des Weiteren wird berichtet, warum das Gericht so und nicht anders entschied, warum es wem glaubte und wem nicht, warum es sich für die Höchststrafe entschied oder im unteren Drittel des gesetzlich vorgesehenen Strafrahmens blieb.

Kontrollieren und *kritisieren* heißt: Einer Instanz auf die Finger schauen, welche die Macht hat, Menschen aufgrund eines Anfangsverdachts anzuklagen – und sie damit bereits zu stigmatisieren; ihnen Geld abzunehmen (Geldauflagen, Geldstrafen), sie für einen Teil ihrer Lebenszeit einzusperren oder auch für den Rest ihres Lebens in Sicherungsverwahrung zu geben. Schon wer wegen eines geringfügigen Diebstahls vor Gericht steht, muss nicht nur mit Strafe rechnen, sondern mit Medienberichterstattung. Diese kann Existenzen zerstören, Lebensläufe aus ihrer Bahn bringen.

Für viele Menschen ist die öffentliche Hauptverhandlung ein größeres Übel als die – eventuell – verhängte Strafe. Dies gilt insbesondere für die Berichterstattung in der einzigen Zeitung des Landkreises. Da wird jeder erkannt – auch wenn alle Regeln zur Anonymisierung vom Journalisten befolgt wurden (Kerscher 1982).

Kontrollieren und Kritisieren bedeutet aber auch, den Umgang von Gericht und Staatsanwaltschaft mit Angeklagten und Zeugen zu beobachten: festzuhalten, wenn Fragen nicht gestellt, Zeugen nicht gehört wurden. Journalisten, die als Gerichtsberichterstatter arbeiten, müssen dabei keine Juristen sein, um Mängel und Fehler im Verhalten und Entscheiden von Gerichten erkennen zu können – aber sie müssen genau zuhören und beobachten.

Die Gerichtsberichterstatter informieren sehr viel häufiger über Strafprozesse als über die Verfahren aus der Zivil-, Arbeits-, Sozial- und Verwaltungsgerichtsbarkeit. Wenn sie dieses Genre hauptberuflich wahrnehmen, ist ihr Arbeitsalltag (Höbermann 1989) untypisch: In der Redaktion sind sie nur zum Schreiben und für telefonische Rückfragen. Tagsüber sitzen sie auf den Pressebänken der Gerichte. Ergänzende Informationen sammeln sie in den Geschäftsstellen, Fluren und Kantinen der Gerichte. Die Berichterstatter elektronischer Medien arbeiten dabei unter den eingeschränkten Möglichkeiten des Gerichtsverfassungsgesetzes, das Bild- und Tonaufnahmen im Gerichtssaal grundsätzlich nicht erlaubt; eine Änderung dieser Rechtsgrundlage ist nicht in Sicht (Weimann et al. 2004).

Geschichte/Entwicklung

Mord und Totschlag, Raub und Erpressung, Brandstiftung und Vergewaltigung haben in der Kriminalstatistik zwar die niedrigsten Prozentzahlen, doch beherrschen sie die Berichterstattung. Das war schon so, als Zeitungen eher Flugblätter waren mit Titeln wie z. B. *Erweiterte Unholdenzeitung*, in der vor mehr als 400 Jahren berichtet wurde, „wie viel der Unholden [...] gefänglich eingezogen und wie viele vom Leben zum Tode hingerichtet und verbrannt worden sind" (Horstmann 1940).

Heute ist die große engagierte Gerichtsreportage vor allem in den großen überregionalen Printmedien zu finden. Das war in den 20er und 30er Jahren des 20. Jahrhunderts anders – und auch nach dem Zweiten Weltkrieg, als sich die Medien im demokratischen Staat neu formierten und positionierten. In der *Weltbühne*, der *Vossischen Zeitung*, dem *Ber-*

liner Börsenkurier und dem *Berliner Tageblatt* publizierten *Kurt Tucholsky*, *Sling* (Paul Schlesinger), *Gabriele Tergit*, *Walter Kiaulehn*, *Rudolf Olden* und *Kurt Hiller* beides: Gerichtsreportagen über die Alltagskriminalität in einer Zeit wachsender Arbeitslosigkeit und Geldentwertung, die es immer mehr Menschen immer schwerer machte, gegen kein Gesetz zu verstoßen, und kritisch engagierte Berichte über eine politisch rechtslastige Justiz sowie gegen eine von der gesellschaftlichen Realität überholte Gesetzgebung (Abtreibungs- und Kuppeleiparagrafen, Verbot der Homosexualität, Plädoyers für die Abschaffung der Todesstrafe).

Nach dem Krieg war es vor allem *Gerhart Herrmann Mostar*, der in der Tradition Slings nach Ursachen für Delikte forschte und Tat und Täter in Bezug setzte zu ihrer Zeit. Mit Gerhard Mauz (seit 1954 *Die Welt*, danach *Der Spiegel*) und Gisela Friedrichsen (*Der Spiegel*, früher *FAZ*) begann die Ära der großen Gerichtsreporter im demokratischen Nachkriegsdeutschland. Sie schrieben vor dem Hintergrund der Kenntnis menschlicher Deformationen – und dem Wissen um Unzulänglichkeit und Vorläufigkeit geltenden Rechts.

Bewertung und Ausblick

Für große Gerichtsreportagen gibt es fast nur noch in den überregionalen Medien Platz, Geld und Kompetenz. In den regionalen und lokalen Tageszeitungen ist der Gerichtsbericht auf ein 50- bis 60-Zeilen-Format geschrumpft. Für Information, erst recht für Kritik und Kontrolle gibt es heute wenig Platz und Zeit.

Zu oft werden unzureichend ausgebildete freie Mitarbeiter (→ Freier Journalismus) oder Volontäre in die Gerichte geschickt. Sie können gar nichts anderes abliefern als die kleine Lesegeschichte oder die knappe Information über Delikt und Gerichtsurteil. Die tarifvertraglich vorgeschriebene Ausbildung in Printmedien enthält entsprechende Postulate für die Gerichtsberichterstattung. Zu viele Verlage halten sich aber nicht an den Ausbildungstarifvertrag. Damit verliert das einzige Instrument der Information über unsere Gerichte und der Kontrolle über deren Macht an Effizienz.

Ein Problem sowohl der Rechtsprechung als auch der Berichterstattung vor allem bei großen, politisch bedeutsamen Prozessen (Korruption, Parteispenden) ist das Geflecht von Kooperations- und Tauschbeziehungen zwischen Medien und Gerichtsbarkeit, welches eine unabhängige Information der Öffentlichkeit ebenso infrage stellt wie eine unabhängige Gerichtsbarkeit (Wagner 1987).

Gerichtsöffentlichkeit ohne Medienöffentlichkeit würde einige der Ziele staatlichen Strafens und gerichtlicher Entscheidungen torpedieren: Keine Generalprävention (wenn sie denn funktioniert) ohne medial veröffentlichte Informationen über Delinquenz und ihre Folgen und keine Aufklärung der Bevölkerung über weit reichende Entscheidungen z. B. im Verbraucher- oder Verwaltungsrecht. Verkäme Medienöffentlichkeit zum Medienpranger, wäre ein Ziel staatlichen Strafens ebenfalls gefährdet: die Resozialisierung.

Fernsehen live aus dem Gerichtssaal – wie seit 1991 in den USA über den Kanal *Court TV* mit höchsten Einschaltquoten – beeinträchtigt nach Auffassung des Bundesverfassungsgerichtes die Unabhängigkeit des Gerichtes ebenso wie die Persönlichkeitsrechte von Prozessbeteiligten. Daher sind Fernsehkameras in deutschen Gerichten nur in wenigen Ausnahmefällen zugelassen: wenn an einem Prozess ein herausragendes öffentliches Interesse besteht (Verfahren gegen ehemalige DDR-Machthaber und in einem Fall schwerer Wirtschaftskriminalität) – allerdings nur vor Verhandlungsbeginn und in den Pausen.

Über Urteilsverkündungen des *Bundesverfassungsgerichtes* darf seit 1995 direkt berichtet werden, seit 1998 auch aus den Verhandlungen – sofern keine schutzwürdigen Belange Dritter beeinträchtigt werden. Während in den USA im Anschluss an live übertragene Prozesstage in Talkshows über schuldig oder nicht schuldig diskutiert wird und Prozessbeteiligte ihre Geschichten meistbietend vermarkten, wollen die deutschen Justizminister mit einem neuen Gesetz verhindern, dass Straftäter am Verkauf ihrer Geschichten verdienen.

Literatur

Höbermann, Frauke (1989): Der Gerichtsbericht in der Lokalzeitung: Theorie und Alltag, Baden-Baden.

Horstmann, Carl (1940): Gerichtsberichterstattung, in: Handbuch der Zeitungswissenschaft I, Leipzig: Spalte 1250-1262.

Kerscher, Helmut (1982): Gerichtsberichterstattung und Persönlichkeitsschutz, Hamburg.

Luhmann, Niklas (1993): Das Recht der Gesellschaft, Frankfurt/M.

Wagner, Joachim (1987): Strafprozessführung über Medien, Baden-Baden.

Weimann, Holger et al. (2004): Gerichtsreporter. Praxis der Berichterstattung, Bonn.

Frauke Höbermann, Hamburg

Gewaltdarstellung

Definition/Begriffsbestimmung

Die Bedeutung des Themas ‚Gewalt in den Medien' erschließt sich nur im Kontext des öffentlichen Diskurses, der ein ‚Besorgnis-Diskurs' ist. Seine Kernfrage lautet: Führt der Konsum von medialen Gewaltdarstellungen zu vermehrter Gewalt(akzeptanz) in der Realität? Da diese Frage dem Thema immer unterlegt ist, werden auch alle Definitionen, Debatten und Forschungsstrategien implizit von ihr bestimmt.

Schon über die Definition des Begriffs ‚Gewalt' im Kontext der Medien herrscht wenig Klarheit (Merten 1999: 11 ff.). Im Kern geht es um die mediale Inszenierung von physischer Gewalt und Bedrohung. Über diesen Minimalkonsens hinaus existiert kaum Eindeutigkeit. Teils werden unter Mediengewalt sogar Darstellungen von Unglücken und Naturkatastrophen gefasst. Das Hauptaugenmerk gilt fiktionalen Genres in Film, Fernsehen und digitalen Medien, wobei Begründungen fehlen, warum journalistische Berichterstattung, Printmedien und Literatur nicht mitbetrachtet werden. Üblich ist ferner die einseitige Gleichsetzung der Begriffe ‚Gewalt' und ‚Aggression', während Mediengewalt selten im Zusammenhang mit Angst oder Bedrohung thematisiert wird.

Geschichte/Entwicklung

Bis in die Antike lassen sich die Darstellung von Gewalt in den Medien und der Diskurs über ihre möglicherweise schädlichen Wirkungen zurückverfolgen. *Homers Odyssee*, die Dramen *Shakespeares*, der Roman *Frankenstein* – anhand zahlreicher solcher Beispiele zeigt *Michael Kunczik* (1993a), dass detailgetreue Gewaltdarstellungen kein Spezifikum der Gegenwart und nicht auf das Fernsehen beschränkt sind. Ebenso weit zurückverfolgen lassen sich die Debatten über die negativen Wirkungen solcher Medienangebote. So erschienen nach der Erfindung des Kinematografen 1895 bald Veröffentlichungen über eine mögliche Verrohung der Jugend durch ‚Schundfilme' (Kunczik 1993a: 110-111).

Die Besorgnis-Diskurse um mediale Gewaltdarstellungen durchziehen das 20. Jahrhundert (Merten 1999) in Form einer „zyklischen Entrüstung" (Fischer et al. 1996). Es sind die jeweils ‚neuen' Medien, an denen sich die ‚alten' Debatten entzünden. In Deutschland war dies verstärkt ab Mitte der 1980er Jahre anlässlich der Zulassung des kommerziellen Fernsehens zu beobachten. Und inzwischen sorgen die neuen digitalen Medien für Regulierungsinitiativen. Ein erster Höhepunkt der Debatte um Computerspiele und Internetangebote wurde 2002 nach dem so genannten ‚Amoklauf von Erfurt' erreicht.

So entsteht eine doppelbödige Bewertung von Gewaltdarstellungen, die dem Dualismus von Hochkultur versus Trivialkultur verhaftet ist und zugleich dessen Historizität veranschaulicht. Zutreffend formuliert *Michael Kunczik* (1993a: 111) die ‚Faustregel': „Je länger ein Autor tot ist, desto höher ist die Chance, dass Gewalt als Kunst interpretiert wird." Ein Mord bei *Shakespeare* oder *Homer* gelte als Teil der Kunst und deshalb als Bildungsgut, während das gleiche Delikt in einer Fernsehserie als Produkt niederer Massenkultur angesehen werde. Zu Beginn des 21. Jahrhunderts stehen das Fernsehen und die neuen digitalen Medien im Fokus, während z. B. das Kino aus den Besorgnis-Diskursen nach und nach verschwindet.

Forschungsstand

Im Mittelpunkt der internationalen wie nationalen Forschung über Gewalt in den Medien stehen empirisch ausgerichtete kommunikationswissenschaftliche und medienpsychologische Studien, die problematische Wirkungen der Gewaltdarstellungen ins Zentrum rücken (Kunczik 1998). Sie befassen sich mit dem quantitativen Auftreten von Gewaltdarstellungen (insbesondere in der Fernsehfiktion) und mit möglichen Wirkungen bei den Nutzern gewalthaltiger Medienangebote (insbesondere bezogen auf – männliche – Kinder und Jugendliche).

Die auf diesem Gebiet dominante Wirkungsforschung (→ Medienwirkungen) entsprach bis in die 1990er Jahre hinein den Merkmalen des Besorgnis-Diskurses: In Laborstudien wurde versucht, die These zu belegen, dass Mediengewalt durch *Nachahmung* bzw. durch Lernen am Modell (Suggestionsthese, Lerntheorie) zu größerer Aggressivität oder gar zu Gewalttätigkeiten bei den Konsumenten führt. Ferner wurde die *Habitualisierungsthese* verfolgt, wonach der wiederkehrende Konsum von medialer Gewalt eine Gewöhnung bewirke und infolge dessen Gewalt als normales Alltagshandeln akzeptiert werde. Keine dieser und weiterer Thesen konnte überzeugend wissenschaftlich abgesichert werden (Kunczik 1993b; Kunczik/Zipfel 2002), weil ihnen ein zu simples Modell von Medienkommunikation zu Grunde liegt.

Inzwischen geht die Gewalt-Wirkungsforschung mehrheitlich nicht mehr davon aus, dass die Medienbilder isoliert auf das Publikum einwirken, wie es das monokausale Reiz-Reaktions-Modell nahe legte (→ Stimulus-Response-Modell). Diese Einsicht führte zur Einführung zahlreicher ‚intervenierender Variablen' in die Wirkungsmodelle. So hat *Michael Kunczik* das Konzept der so genannten Problemgruppen vorgeschlagen. Demnach führte der Konsum medialer Gewalt bei solchen Nutzern zu problematischen Wirkungen, für die weitere Risikofaktoren wie z. B. ein ungünstiges familiäres Umfeld relevant sind, während der Mediengewalt-Konsum bei der großen Mehrheit kaum negative Effekte hervorruft (Kunczik/Zipfel 2002: 32-33). Diese Wirkungsthese konnte bislang aber noch nicht einer systematischen empirischen Überprüfung unterzogen werden.

Die Zahl der Untersuchungen zum Thema ‚Gewalt und Medien' wird auf über 5.000 geschätzt. Doch diese vielen Studien in der Tradition der Wirkungsforschung haben keine konsistenten Ergebnisse hervorgebracht. Denn es wird an Vorannahmen festgehalten, die als solche nicht reflektiert werden und implizit die Forschungsperspektiven einengen (Röser 2000: 16-42).

Dies betrifft ganz wesentlich die *Aggressionszentrierung*. Da auch die Wissenschaft von der Frage geleitet ist, ob Mediengewalt zu vermehrter Gewalt(akzeptanz) in der Realität führt, wird in Wirkungsstudien nur nach Einflüssen auf das Aggressionsniveau gefragt. Dem Publikum wird auf diese Weise unterstellt, dass es der im Medienangebot gestalteten Täterperspektive emotional folgt. Unerforscht bleiben mögliche andere Reaktionen. Dies gilt insbesondere für Belastung und Angst. Diverse Befunde belegen, dass solche mit Opferempathie verbundenen Aneignungsweisen bei den Nutzern hoch relevant sind.

Eine weitere Leerstelle dieser Forschungsrichtung betrifft die Prozesse der *Aneignung*. Es liegen nur wenige Studien vor, welche die Bedeutung von medialer Gewalt aus der Perspektive der Rezipierenden erforschen und die Einbettung dieser Art der Mediennutzung in individuelle Lebens- und Alltagskontexte analysieren. Ein Beispiel: Horrorfilme und deren Fans sind bevorzugter Gegenstand des Besorgnis-Diskurses über Mediengewalt. Von der Gewalthaltigkeit des Genres wird dabei auf die Gefährdung seiner Konsumenten geschlossen. Diese Annahmen haben aber mit der Realität der Aneignung gerade unter Fans wenig zu tun, wie ethnografische Studien belegen: Horrorfans sind in erster Linie Experten des Genres. Die Filme werden primär im Genre-Rahmen wahrgenommen; sie werden professionell analysiert, in neue Geschichten und Effekte überführt, umfunktioniert und parodiert (Winter 1995).

Erst wenn konkret analysiert wird, welche Mediengewaltangebote für welche Rezipienten-Gruppen welche Art von Relevanz und Alltagsnähe haben, können Gefährdungspotenziale eingeschätzt werden. Dies gilt auch für neuere digitale Medienangebote: Ob das Computerspielen aus der Perspektive der Nutzer dazu dient, Isolation und lebensweltliche Probleme zu kompensieren, oder aber bedeutet, Gemeinschaft und Kooperation im Freundeskreis auszuleben, differenziert das Wirkungspotenzial entscheidend.

Alternative Zugänge

Die Wirkungsforschung zur Mediengewalt lässt gesellschaftliche Kontexte unberücksichtigt. Sie folgt einem Gesellschaftsbild, wonach mysteriöse Gewaltpotenziale im Individuum schlummern und – durch Medien geweckt – von außen in eine vorgeblich friedfertige Gesellschaft getragen werden. Deshalb kann sie eine zentrale Frage nicht beantworten: Warum spielt Gewalt in der Populärkultur überhaupt eine so große Rolle? Erste Antworten erbringen kulturwissenschaftliche und mediensoziologische Studien, die multiperspektivisch vorgehen (Röser 2000, 2001).

Aus der Perspektive der → Cultural Studies sind mediale Gewaltdarstellungen populär, weil sie Symbole für soziale Konflikte und hierarchische Strukturen in der Gesellschaft darstellen. Folgt man dem im Rahmen dieses Ansatzes entwickelten Konzept von Popularität, werden solche Medienangebote populär, in denen Rezipierende Bezüge zu ihren sozialen, alltagseingebundenen Erfahrungen identifizieren und denen sie deshalb Relevanz und Bedeutsamkeit zuerkennen. Die Popularität von Mediengewalt als wesentlicher Teil medialer Kultur verweist dann darauf, dass Rezipierende in solchen Angeboten Alltagserfahrungen gespiegelt sehen. Die Frage, mit welchen Fassetten gesellschaftlicher und alltäglicher Wirklichkeiten Mediengewalttexte in der Rezeption verknüpft und dadurch relevant gemacht werden, beantworten die Cultural Studies mit Blick auf gesellschaftliche Hierarchien, auf das Erleben von Macht und Ohnmacht.

In diesem Rahmen sind die tief greifenden *Geschlechterdifferenzen* (→ Gender Studies) in der Sicht auf Mediengewalt aufschlussreich. So belegen Befunde über die Rezeption geschlechtsgebunden inszenierter Gewalt in Krimis, dass bestimmte Medienerzählungen von Frauen als Verweis auf die allgegenwärtige Bedrohung durch sexualisierte Gewalt angeeignet werden. Sie bewirken dadurch Gefühle der Belastung, die Aktualisierung von Angst und die Einschränkung der Bewegungsräume. Souveräne weibliche Heldinnen können dazu einen Gegenpol bilden und von Zuschauerinnen als Symbol für Gegenwehr und Selbstbehauptung mit Vergnügen rezipiert werden. Für Männer auf der anderen Seite symbolisieren viele actionorientierte Filme den Kampf um Aufstieg und Selbstbehauptung. Die Gewalt in den Medien repräsentiert hier den sozialen Lebenskampf.

Die ambivalente Verbindung von männlichem Dominanzanspruch und sozialem Ohnmachterleben bildet einen wichtigen Kontext für Mediengewalt und ihre Aneignung aus männlicher Perspektive. All die kämpfenden männlichen Helden und Outlaws in Film, Fernsehen und Computerspielen sind diesem Hintergrund ebenso plausibel zuzuordnen wie die Resonanz, die solche Angebote speziell unter Männern finden. Die Medienpräferenzen würden demnach in erster Linie einen Mangel an sozialverträglichen Konzepten von Männlichkeit in unserer Gesellschaft spiegeln – ein Mangel, der zugleich Kern der realen Gewaltproblematik ist.

In dieser Forschungsperspektive geht es somit darum, Sinn und Symbolik medialer Gewaltstorys aus der Publikumsperspektive zu verstehen und in gesellschaftlichen Zusammenhängen zu analysieren.

Bewertung

Ein Motor der zyklischen Debatten ist die Tatsache, dass handfeste Interessen im Spiel sind: Die Politik findet in den Medien einen entlastenden Sündenbock für gesellschaftliche (Gewalt-) Probleme, die auf diese Weise zugleich dramatisiert und bezüglich der eigenen Verantwortung abgewehrt werden. Institutionen der *Medienkontrolle* und -politik können die Gewaltdebatte zur Legitimation nutzen; öffentlich-rechtliche Sender stellen die kommerzielle Konkurrenz an den Pranger; diese wiederum gibt Studien in Auftrag, um die Vorwürfe zurückzuweisen.

Eine Merkwürdigkeit der Gewalt-in-den-Medien-Debatten liegt darin, dass sie ausschließlich mit Blick auf fiktionale Medienangebote geführt werden, während die journalistische Berichterstattung weitgehend unberücksichtigt bleibt (→ Journalismus, → Nachrichtenselektion). Gewalt in journalistischen Angeboten wird nur bezüglich einzelner Spezialfragen – etwa zur Berichterstattung über rechtsextreme Gewalt und ihre eventuell mobilisierenden Wirkungen – und in kleinen Expertenzirkeln – etwa zur redaktionellen Bildauswahl in der Kriegsberichterstattung – thematisiert (Kunczik/Zipfel 2002: 35-37).

Unthematisiert bleibt das große Feld der Kriminalitätsberichterstattung in Tageszeitungen, das gerade in Lokal- und Boulevardzeitungen einen wesentlichen Stellenwert hat. Dabei würde es durchaus Sinn machen zu fragen, inwieweit die täglichen Berichte über Raub, Mord und Vergewaltigung Angst und Schrecken unter den Lesern verbreiten, warum der normale Alltag als durch und durch bedrohlich dargestellt wird und welche Konsequenzen dies für die Gesellschaft und die einzelnen Menschen hat.

Dieser blinde Fleck führt zu einer zwiespältigen Rolle insbesondere der Printmedien im Mediengewalt-Diskurs. Während die Gewaltberichte im eigenen Medium nicht problematisiert, sondern als pure Reaktion auf faktische Ereignisse hingestellt werden, fungieren Presse und Zeitschriften gleichzeitig als zentraler Träger des Mediengewalt-Diskurses um die elektronischen und digitalen Medien.

Dies zeigte sich auch nach dem so genannten ‚Erfurter Amoklauf' im April 2002. Damals hatte ein von der Schule verwiesener Gymnasiast und Sportschütze zwölf Lehrer und vier weitere Menschen und schließlich sich selbst getötet. Die Tat erschütterte die deutsche Öffentlichkeit und zog hektische Aktivitäten der Politik nach sich.

Eine Analyse ausgewählter Tageszeitungen zum Thema „Der Mediengewalt-Diskurs anlässlich des Erfurter Amoklaufs" (unveröff. Magisterarbeit von Julia Libuda an der Universität Bochum 2003) zeigt, dass Berichte über den Mediengewaltkonsum als Ursache für die Tat eine große Rolle spielten und dabei fast ausschließlich solche ‚Experten' zu Wort kamen, welche die eigentlich überholten Wirkungsthesen weiterhin propagierten. Immerhin ließen sich Unterschiede zwischen einzelnen Zeitungen nachweisen.

Insbesondere das Elitemedium *Frankfurter Allgemeine Zeitung* machte sich zum Initiator des üblichen Medienwirkungs-Diskurses, während die *Westdeutsche Allgemeine Zeitung* ausgewogener auch das komplexe Entstehungsgeflecht der Tat (Schule, Waffenbesitz) thematisierte. *Bild* wiederum setzte Ratschläge zur (Medien-)Erziehung für verunsicherte Eltern ins Blatt.

So sind es also Medien, die den Diskurs über Medien als Hauptverursacher von Gewalt mit in Gang halten – ein Befund, der zu systematischer Forschung ebenso auffordert wie zur Reflexion unter Journalisten und Journalistinnen.

Literatur

Fischer, Heinz-Dietrich et al. (1996): 100 Jahre Medien-Gewalt-Diskussion in Deutschland, Frankfurt/M.

Kunczik, Michael (1993a): Gewaltdarstellungen – ein Thema seit der Antike, in: Media Perspektiven 1993/3: 108-113.

Kunczik, Michael (1993b): Gewalt im Fernsehen, in: Media Perspektiven 1993/3: 98-107.

Kunczik, Michael (1998): Gewalt und Medien, 4. akt. Aufl., Köln u. a.

Kunczik, Michael/Astrid Zipfel (2002): Gewalttätig durch Medien?, in: Aus Politik und Zeitgeschichte, Beilage zur Wochenzeitung Das Parlament 2002/B44: 29-37.

Merten, Klaus (1999): Gewalt durch Gewalt im Fernsehen?, Opladen/Wiesbaden.

Röser, Jutta (2000): Fernsehgewalt im gesellschaftlichen Kontext, Wiesbaden.

Röser, Jutta (2001): Die gesellschaftliche Dimension der Mediengewalt, in: P. Rössler et al. (Hrsg.): Theoretische Perspektiven der Rezeptionsforschung, München: 137-161.

Winter, Rainer (1995): Der produktive Zuschauer, München.

Jutta Röser, Lüneburg

Glaubwürdigkeit

Definition/Begriffsbestimmung

Glaubwürdigkeit kann definiert werden als eine Eigenschaft, die Menschen, Institutionen oder deren kommunikativen Produkten (mündliche oder schriftliche Texte, audiovisuelle Darstellungen) von jemandem (Rezipient) in Bezug auf etwas (Ereignisse, Sachverhalte etc.) *zugeschrieben* wird. Glaubwürdigkeit wird also nicht als inhärente Eigenschaft von Texten verstanden, sondern als relationaler Begriff. Eine Person oder Institution ist dann glaubwürdig, wenn die Erwartung oder Erfahrung vorhanden ist bzw. wenn man darauf vertrauen kann, dass deren Aussagen wahr bzw. richtig und konsistent sind.

Glaubwürdigkeit kann nur innerhalb einer zumindest vierstelligen *Relation* rekonstruiert werden: Jemand (1) hält jemand anderen oder etwas (2) in Bezug auf etwas anderes (3) für mehr oder weniger glaubwürdig (4). Zum Entstehen von Glaubwürdigkeit müssen bestimmte Bedingungen erfüllt sein: Rezipienten müssen darauf vertrauen können, dass die Aussagen des Betreffenden in Bezug auf Ereignisse richtig/wahr sind bzw. dass sie es zumindest adäquat beschreiben. Eine Voraussetzung dafür ist auch, dass das kommunikative Verhalten von X möglichst frei von Diskrepanzen, das heißt, stimmig ist (Bentele 1988).

Wird eine Person oder Institution als glaubwürdig eingeschätzt, so ist eine wichtige Bedingung erfüllt, ihr auch *Vertrauen* in einem umfassenderen Sinn entgegenzubringen. Vertrauen kann dabei als eine in die Zukunft gerichtete Vorleistung verstanden werden, die sich realiter durch oftmalige positive Erfahrung – als Ergebnis eines Lernprozesses – einstellt und durch Merkmale wie gesellschaftlicher Status, Sachkompetenz, Unabhängigkeit von Partialinteressen, Abwesenheit von Manipulationsabsichten usw. unterstützt bzw. überhaupt erst konstituiert wird. Glaubwürdigkeit wird Personen, Organisationen oder deren kommunikativen Produkten mehr oder weniger stark, also *graduell* zugeschrieben und lässt sich messen.

Da Glaubwürdigkeit einen wichtigen Imagefaktor darstellt, geht hohe Glaubwürdigkeit in der Regel mit einem positiven Image, niedrige Glaubwürdigkeit mit einem negativeren Image einher. Das Entstehen von Glaubwürdigkeit als zugeschriebene Eigenschaft bzw. von Vertrauen als Handlungspräposition lässt sich als kommunikativer Prozess beschreiben, der auf Erfahrung beruht und dabei der laufenden Bestätigung bedarf. Im umgekehrten Fall kann Glaubwürdigkeit u. a. aufgrund wahrgenommener Diskrepanzen – z. B. zwischen widersprüchlichen oder intentional falschen Aussagen (Lügen), zwischen Aussagen und tatsächlichen Handlungen – aber sehr schnell verloren gehen.

Forschungsstand

Das Phänomen glaubwürdiger Textgestaltung hat zwar in der Rhetorik und der Philosophie, und das Problem glaubwürdiger Personen im politiktheoretischen Diskurs eine lange Tradition – eine empirische Forschung zum Thema ‚Glaubwürdigkeit' existiert aber erst seit Mitte des 20. Jahrhunderts. Dabei lassen sich zwei wesentliche Forschungstraditionen unterscheiden: eine (kommunikations-)psychologische und eine kommunikationswissenschaftliche Tradition. Innerhalb der kommunikationspsychologischen Forschungstradition lassen sich wiederum zwei wesentliche Perspektiven identifizieren, die sich als quellen- oder kontextorientierte Glaubwürdigkeitsbeurteilung bzw. Glaubwürdigkeitsattribution einerseits und Glaubwürdigkeitsdiagnostik andererseits bezeichnen lassen.

Die quellen- und kontextorientierte *Glaubwürdigkeitsbeurteilung*, die in der amerikanischen Literatur häufig kurz unter *source credibility* gefasst wird, beschäftigt sich insbesondere mit der von Rezipienten zugeschriebenen Glaubwürdigkeit einer im Kommunikationsprozess auftretenden *Informationsquelle* sowie mit den Mechanismen, die dabei auftreten und relevant werden. Am Anfang stehen hier die Arbeiten von *Carl I. Hovland* (1912-1961) und seiner Gruppe ab Ende der 40er Jahre. Gestützt auf eine Reihe von Experimenten kommt die Gruppe u. a. zu dem Ergebnis, dass die Wirkung von Informationen bei Rezipienten stark davon abhängt, welcher Glaubwürdigkeitsgrad der Quelle, von der die Information stammt, zugeschrieben wird. Hovland et al. unterscheiden dabei zwischen der dem Kommunikator unterstellten Kompetenz (*expertness*) und der ihm unterstellten Vertrauenswürdigkeit (*trustworthiness*).

Ergebnisse dieser Forschungen waren z. B., dass Einstellungsänderungen eher durch Aussagen glaubwürdiger Kommunikatoren bewirkt werden. Glaubwürdige Aussagen wurden zwar nicht stärker erinnert, aber deutlich positiver bewertet, wobei allerdings auch die Akzeptanz unglaubwürdiger Aussage nach einiger Zeit durch Vergessen ihrer Herkunft steigt (*sleeper effect*).

Innerhalb der *Glaubwürdigkeitsdiagnostik* liegt der Interessenschwerpunkt auf der Identifikation von Täuschungsverhalten anhand objektiv zu erfassender Symptome und Hinweise. Auf Basis empirischer und theoretischer Analysen möglicher Begleiterscheinungen (Körperverhalten, Sprechverhalten etc.) sowie konkreter Inhalte wahrer und falscher Aussagen soll die Glaubwürdigkeit einer Person bestimmt werden. Ein wichtiger Anwendungsbereich ist die *forensische Aussagepsychologie*, die vor allem den Wahrheitsgehalt von Zeugenaussagen untersucht (Köhnken 1990).

Die kommunikationswissenschaftliche Forschungstradition in den *USA* beginnt mit den ab 1959 (bis in die 80er Jahre) im regelmäßigem Abstand durch das *Roper-Institut* durchgeführten Repräsentativumfragen zu → Mediennutzung und Medienbewertung. Dabei zeigt sich über die Jahrzehnte eine Tendenz als besonders stabil: Das Fernsehen erreicht seit seiner allgemeinen Etablierung die höchsten Glaubwürdigkeitswerte aller Medien, erst mit deutlichem Abstand gefolgt von den Zeitungen. Hörfunk und Zeitschriften belegen die hinteren Plätze. Die Gründe für die höhere Glaubwürdigkeit des Fernsehens liegen – dies wurde oft bestätigt – vor allem in seiner Visualität: Das was man sieht, wird von Vielen als richtig/wahr betrachtet.

Über diese pauschale Wertung hinaus wurde in vielen Studien der Einfluss intervenierender Variablen wie Alter, Geschlecht und Bildungsgrad auf die Zuschreibung von Glaubwürdigkeit erkannt. Glaubwürdiger werden Medien daneben auch von den Rezipienten eingeschätzt, die sie häufiger nutzen bzw. generell eher von solchen Mediennutzern, die aktiv nach Informationen suchen.

Demgegenüber zeigen andere Studien, dass das Vertrauen in Journalisten – gleichgültig ob von → Presse oder → Fernsehen – dann höher ist, wenn das Wissen über die Medien selbst eher gering ist. Viele Arbeiten gehen der Frage nach, inwieweit Glaubwürdigkeit selbst als mehrdimensionales Konstrukt verstanden werden kann. Glaubwürdigkeitsdimensionen – wie → Objektivität und Authentizität – wurden faktorenanalytisch ermittelt.

Die *ASNE*-Studie (1999), eine inzwischen wiederholt durchgeführte Untersuchung der *American Society of Newspaper Editors* gehört zu den umfangreichsten empirischen Arbeiten, die sich mit der Glaubwürdigkeit von Massenmedien – speziell von Zeitungen – befassen. Diese wird demnach vor allem durch von den Lesern wahrgenommene, faktische Fehler, aber auch eine vermutete Beeinflussung durch externe und interne finanzielle und politische Interessen beeinträchtigt. Nur ein Fünftel der Befragten glaubt, dass jeder entdeckte Fehler auch korrigiert wird. Im Vergleich mit dem Fernsehen werden den Zeitungen höhere Standards hinsichtlich ihrer Genauigkeit, dabei auch der Qualität der Recherche und einer kontroverseren Diskussion zugeschrieben, was eine höhere Glaubwürdigkeit impliziert. Trotz der in der Studie erkannten deutlichen Glaubwürdigkeitsdefizite gehen 95 Prozent der Befragten davon aus, dass es die Hauptaufgabe der Presse sei, die ‚Wahrheit' zu berichten; allerdings glauben auch 73 Prozent der Befragten, sie seien über die Zeit skeptischer gegenüber der Genauigkeit der Berichterstattung geworden.

In vielen Aspekten folgt die deutschsprachige Forschung der US-amerikanischen. So beginnt etwa die empirische Erfassung der Medienglaubwürdigkeit in Deutschland in einem engeren Sinn mit der *Emnid*-Umfrage aus dem Jahr 1962, die nach dem Muster der *Roper*-Umfragen angelegt war. Damals wurde noch der Hörfunk als glaubwürdigstes Medium gesehen, doch mit seiner allgemeinen Verbreitung erreichte bereits 1968 das Fernsehen auch in Deutschland die höchste Glaubwürdigkeit.

Innerhalb der Langzeitstudie *Massenkommunikation* werden seit 1964 kontinuierlich Daten zur Glaubwürdigkeit von Fernsehen, Hörfunk und Tageszeitung erhoben (Berg/Ridder 2003: 220 ff.). Dem Fernsehen wurde dabei von den meisten Befragten stets die höchste Objektivität (ein wichtiger Indikator für Glaubwürdigkeit) zugesprochen, gefolgt von Hörfunk und Tageszeitungen.

Dabei lässt sich zwischen 1970 und 1995 ein genereller, kontinuierlicher Rückgang von Glaubwürdigkeit beobachten. Stimmten 1970 der Aussage, dass die einzelnen Massenmedien überwiegend wahrheitsgetreu berichteten, noch 56 Prozent für das Fernsehen, 47 Prozent für das Radio und 23 Prozent für die Tageszeitungen zu, so waren es 1995 nur noch 19 Prozent, 18 Prozent und 17 Prozent. Im Medienvergleich hielten im Jahr 2000 70 Prozent das Fernsehen für eher glaubwürdig (mit steigendem Alter zunehmend), den Hörfunk 53 Prozent und Tageszeitungen 62 Prozent (Ost: 57 Prozent, West 64 Prozent). Deutlich abgeschlagen belegt das Internet mit nur 14 Prozent aller Befragten den letzten Platz.

In der Glaubwürdigkeitsforschung ist berechtigterweise viel Kritik an der *Roper*-Fragestellung geübt worden, insofern müssen solche Ergebnisse relativiert werden. Differenziertere Fragestellungen erbringen auch differenziertere Ergebnisse. Fragt man z. B. direkt nach der Glaubwürdigkeit nicht nur von Gesamtmedien, sondern von Einzelmedien, so stellt sich heraus, dass z. B. bestimmten (Qualitäts)-Zeitungen eine höhere Glaubwürdigkeit als manchen Fernsehprogrammen zugeschrieben wird (Bentele 1988) oder dass für regelmäßige Leser von Qualitätszeitungen Zeitungen teils glaubwürdiger sind als das Fernsehen (Kohring 2004: 53). Somit wird deutlich, dass eine Reihe von intervenierenden Variablen (vor allem Mediennutzung, Bildung, Alter, aber auch Geschlecht) Glaubwürdigkeitszuschreibungen beeinflussen.

Eine umfangreiche neuere Arbeit zum Thema hat *Matthias Kohring* (2004) vorgelegt. Kohring erarbeitet auf der Basis einer umfänglichen theoretischen Diskussion ein Faktorenmodell „Vertrauen in Journalismus", in dem das Konstrukt Glaubwürdigkeit durch ein vierdimensionales Modell ersetzt wird, das Vertrauen in „Themenselektivität", in „Faktenselektivität", in die „Richtigkeit von Beschreibungen" und in „explizite Bewertungen" unterscheidet. Vertrauen in Journalismus wird dabei als ein hierarchischer Faktor zweiter Ordnung aufgefasst, der die vier Faktoren erster Ordnung (Vertrauen in Themenselektivität etc.) erklärt. Dieses Modell wird auf breiter Datenbasis getestet und eine validierte Skala zur Messung von Vertrauen in Journalismus erarbeitet.

Für Online-Informationen, über das → Internet vermittelt, wirft die Frage nach der Glaubwürdigkeit neue Dimensionen auf, weil man es hier u. a. mit einer Vielzahl unterschiedlicher Informationsanbieter zu tun hat, deren Informationsproduktion sich weit gehend nicht mit den Routinen etablierter Medienorganisationen vergleichen lässt. In der neuesten Studie *Massenkommunikation* (Berg/Ridder 2003: 226) schreiben die Befragten dem Internet nur vergleichsweise geringe Glaubwürdigkeit zu.

In einer vergleichenden Befragung zur Glaubwürdigkeit von Fernsehen, Tageszeitung und Internet, aufgeschlüsselt nach mehreren Items (Schweiger 1999), schneidet das Internet zwar ebenfalls überwiegend schlechter ab, jedoch hält sich die Differenz zu den beiden anderen Medien in Grenzen; in puncto Unparteilichkeit bzw. Neutralität liegt das Internet sogar vorn. Ein Vergleich zwischen demselben Angebot (Nachrichten) auf unterschiedlichen Verbreitungskanälen (US-amerikanischen Fernsehsender und entsprechende Online-Angebote) zeigt allerdings, dass die Internetseiten den TV-Programmen in puncto Glaubwürdigkeit nicht nachstehen (Pew Research Center 2000). Eine solche intermediäre Übertragung von Glaubwürdigkeitszuschreibungen konnte in einer entsprechenden deutschen Studie auch experimentell nachgewiesen werden (Rössler/Ognianova 1999).

Gemessene Glaubwürdigkeitsdefizite des Internet hängen vermutlich einerseits mit seiner noch kurzen Geschichte zusammen; differenziertes Vertrauen und Glaubwürdigkeit dieses Mediums müssen sich im Rahmen eines Prozesses kultureller und sozialer Erfahrung und Institutionalisierung herausbilden. Andererseits dürften solche Ergebnisse vor allem auf die (simplifizierende) Fragestellung zurückzuführen sein: Zu erwarten ist, dass große Glaubwürdigkeitsunterschiede je nach Informationsanbieter im Internet auftreten. Solche Untersuchungen bestätigen die Notwendigkeit differenzierter Forschungsperspektiven.

Praxisrelevanz und Ausblick

Fälle wie der von *Michael Born* oder frei erfundene Interviews eines *Tom Kummer* machen nicht nur deutlich, dass Rezipienten mit der Möglichkeit von Fälschungen rechnen müssen (→ Medienethik). Sie weisen auch auf die Relevanz des Faktors Glaubwürdigkeit hin, der für jedes Medium, das Information als Kernaufgabe hat, kaum zu unterschätzen ist. Aufgedeckte Fälschungen führen gerade bei Medien mit hoher Reputation zu ähnlichen Krisensituationen wie sie in Unternehmen der Chemieindustrie bei größeren Unfällen, bei Unternehmen der Lebensmittelindustrie durch Vergiftungen etc. auftreten. Sie beeinträchtigen die Glaubwürdigkeit dieser Medien massiv und haben Auswirkungen auf die gesamte Branche.

Dass die Zuschreibung von Glaubwürdigkeit durch die Rezipienten aber fragil ist, zeigen die Vertrauens- und Glaubwürdigkeitsverluste, die nicht nur politische Akteure (Politiker, Parteien), sondern auch das Fernsehen, der Hörfunk und die Presse innerhalb der letzten Jahrzehnte hinnehmen mussten. Das Publikum ist offenbar skeptischer geworden: 45 Prozent der Amerikaner gehen aktuell davon aus, dass Nachrichten und Berichte häufig falsch seien (Pew Research Center 2002).

Die Ursachen für mangelnde Glaubwürdigkeit von Massenmedien sind vielfältig: Mangelnde Informationsqualität, Diskrepanzen jeglicher Art (Übertreibungen, offensichtlich fehlerhafte Berichterstattung, Fälschungen), aber auch mangelnde mediale Unabhängigkeit bzw. Abhängigkeit von Interessengruppen oder vom Staat (z. B. in totalitären Systemen oder in Entwicklungsländern mit staatlich gelenkten → Mediensystemen) dürften zu den wichtigsten gehören.

Mangelnde Transparenz der Berichterstattung (auch mangelnde Quellentransparenz) ist eine weitere wichtige Ursache. Während Abhängigkeit vom Staat nur innerhalb des politischen Systems zu lösen ist, können andere Ursachen für Glaubwürdigkeitsverluste auch von den Medien bzw. Journalisten selbst angegangen werden.

Dem Vorwurf ungenügender *Quellentransparenz* versuchen z. B. amerikanische Zeitungen mit umfangreichen Fußnoten zu begegnen, die detailliert über die Herkunft von Informationen Auskunft geben. Allerdings bleiben solche Ansätze bislang nur auf längere Reportagen oder investigative Serien beschränkt – möglicherweise nicht ohne Grund. Es ist fraglich, ob es sich positiv auf die Glaubwürdigkeit von Massenmedien auswirken würde, wenn der hohe thematische Einfluss institutionalisierter Quellen völlig offen gelegt würde. Andererseits dürfte z. B. die Offenlegung bzw. Thematisierung von PR-Inszenierungen (→ Public Relations) – auch im Sinne einer kritisch verstandenen Objektivitätsnorm – zur Medienglaubwürdigkeit beitragen (Weischenberg 2002: 295).

Korrekturspalten sind eine andere Möglichkeit, Glaubwürdigkeit zurückzugewinnen bzw. zu stabilisieren. Sie sind im amerikanischen Pressemarkt deutlich weiter verbreitet als in Deutschland. Einer der Vorreiter ist die *New York Times*. Neben Rechtschreibfehlern werden auch falsche Darstellungen, Gewichtungen und Irrtümer korrigiert. Zwischen 2.000 und 3.000 Richtigstellungen werden pro Jahr gebracht.

In Deutschland sind Korrekturspalten mit wenigen Ausnahmen (z. B. *Berliner Zeitung*) nahezu unbekannt. Dabei konnte die *ASNE*-Studie (1999) auch zeigen, dass derartige Korrekturen für mehr Glaubwürdigkeit bei den Lesern sorgen. 63 Prozent der Befragten gaben an, ein besseres Gefühl gegenüber der Berichterstattung zu haben, wenn Fehler entsprechend berichtigt würden. In den USA haben Medienunternehmen eine derartig nachhaltige Berichterstattung als Aspekt der Wertschöpfung erkannt.

Hohe Glaubwürdigkeit von Medien ist nicht nur für diese Medien selbst ein zentral wichtiger Imagefaktor und – langfristig gesehen – eine ökonomische Notwendigkeit. Glaubwürdigkeit medialer Information, ein Mindestvertrauen in die Richtigkeit dieser Information, ist eine unabdingbare Voraussetzung zur Aufrechterhaltung ihrer gesellschaftlichen Informationsfunktion und damit auch für das Funktionieren demokratischer Gesellschaften.

Literatur

American Society of Newspaper Editors (ASNE) (1999): Examining Our Credibility, Washington/DC (www.asne.org).

Bentele, Günter (1988), Der Faktor Glaubwürdigkeit, in: Publizistik 1988/2-3: 406-426.

Berg, Klaus/Christa-Maria Ridder (2003): Massenkommunikation VI, Baden-Baden.

Köhnken, Günter (1990): Glaubwürdigkeit, München.

Kohring, Matthias (2004): Vertrauen in Journalismus, Konstanz.

Pew Research Center for the People and the Press (2002): News Media's Improved Image Proves Short-Lived, Washington/DC (www.people-press.org).

Rössler, Patrick/Ekaterina Ognianova: Die journalistische Identität als Qualitätskriterium im World Wide Web, in: P. Rössler/W.Wirth (Hrsg.): Glaubwürdigkeit im Internet, München: 111-122.

Schweiger, Wolfgang (1999): Medienglaubwürdigkeit – Nutzungserfahrung oder Medienimage?, in: P. Rössler/W. Wirth (Hrsg.): Glaubwürdigkeit im Internet, München: 89-110.

Weischenberg, Siegfried (2002): Journalistik, Bd. 2, Wiesbaden.

Günter Bentele/
René Seidenglanz, Leipzig

Großbritannien

Allgemeine Rahmenbedingungen

Großbritannien zeichnet sich traditionell durch eine geringe Zahl medienrechtlicher Regelungen aus. Anders als in → Deutschland ist die Pressefreiheit in Großbritannien nicht umfassend abgesichert. Grundlagen der deutschen Absicherung sind die verfassungsrechtlichen Garantien in Artikel 5 GG (Großbritannien hat keine niedergeschriebene Verfassung im juristischen Sinn), die Landespressegesetze (Großbritannien hat keine Pressegesetze) und die Rechtssprechung des Bundesverfassungsgerichts (Großbritannien hat kein Verfassungsgericht). Die Pressefreiheit (→ Kommunikationsfreiheit) ist kein eigenständiges Rechtsgut, sondern gilt als Restfreiheit („residual freedom"): Sie ist sozusagen diejenige Freiheit, die übrig bleibt, nachdem alle übrigen Gesetze und einschränkenden Bestimmungen berücksichtig wurden.

Dieses Jahrhunderte geltende Prinzip änderte sich im Oktober 2000, als der Gesetzgeber (50 Jahre nach Großbritanniens Beitrittserklärung) die Europäische Menschenrechtskonvention in nationales Recht überführte. Dort ist in Artikel 10 das Recht auf Informations- und Meinungsfreiheit verbrieft.

Der ‚Ausnahmezustand', in einem Land zu arbeiten, wo die Rechte und Freiheiten der Presse nicht verfassungsrechtlich garantiert sind, ist den britischen Journalisten nicht ohne Stolz bewusst. Sie versäumen es nicht, → Öffentlichkeit und Politik immer wieder auf diesen vermeintlichen Nachteil hinzuweisen. Zwar halten nur acht Prozent der britischen Journalisten die Pressefreiheit für gering, aber 49 Prozent fürchten ein Sinken in der Zukunft (Delano & Henningham 1995). Als größte Gefahr für die Pressefreiheit benennen sie die staatlichen Geheimhaltungsvorschriften (es gibt 251 Verordnungen und 46 Gesetze, welche die Verbreitung von Informationen beschränken), gefolgt von den *Libel Laws* (die Berichterstattungsopfer gegen Diffamierung und Verleumdung schützen).

Der regelmäßige Vorwurf an die britische Regierung, nur eine *half free press* zuzulassen, ist geschickte Rhetorik. Er erfüllt zwei Funktionen: Einerseits soll die Regierung von der Verabschiedung presserelevanter Gesetze abgehalten werden, andererseits fördert er unter Professionsangehörigen eine aggressive Grundstimmung, nach der die Pressefreiheit jeden Tag aufs Neue an ihren Außengrenzen – im ethischen Graubereich – verteidigt werden muss, um den eigenen Handlungsspielraum nicht enger werden zu lassen.

Während ein Sektor der britischen Presse durch Gesetze wie die *Libel Laws* bei Recherche und Berichterstattung eingeschränkt wird, missbraucht ein anderer Teil den rechtsfreien Raum, der sich aus dem Fehlen effektiver Regelungen zum Persönlichkeitsschutz ergibt (Esser 1998). Ein allgemeines *Persönlichkeitsrecht*, wie es sich aus Artikel 1 und 2 des deutschen Grundgesetzes ableitet, hat sich in Großbritannien nicht etabliert. Dies ergibt sich aus dem Fehlen einer schriftlich fixierten Verfassung, in der die unveräußerlichen Grundrechte garantiert und positiv festgeschrieben wären. Es hat zur Folge, dass sich in Großbritannien niemand rechtlich gegen unwahre Tatsachenbehauptungen über ihn wehren kann, wenn die Behauptungen nicht zusätzlich ehrenrührig (und damit Libel-fähig) sind.

Dazu kommt, dass sich in Großbritannien niemand rechtlich gegen Enthüllungen aus seiner Intimsphäre wehren kann, solange die veröffentlichten Fakten korrekt sind; es gibt kein Recht, sein Leben gegen den Einblick der Öffentlichkeit abzuschirmen. Mit anderen Worten: Es gibt keinen rechtlichen Anspruch darauf, selbst darüber entscheiden zu können, welche Informationen über sein Leben man preisgeben will oder darauf, von den Massenmedien in Ruhe gelassen zu werden. Dies nutzt die Boulevardpresse (→ Boulevard-Journalismus) bei ihrer Berichterstattung über Affären von Politikern und Mitgliedern der königlichen Familie immer wieder aus.

Ob die Inkorporation der Europäischen Menschenrechtskonvention, die in Artikel 8 Persönlichkeitsrechte regelt, zu einem Persönlichkeitsrecht durch die Hintertür wird, ist im Zusammenhang mit dem Präzedenz-Gerichtsverfahren *Naomi Campbell* vs. *The Mirror* (welches das Model 2004 schließlich gewinnen konnte) heftig diskutiert worden. Die offizielle Linie der britischen Regierung lautet unverändert, dass das chronische Problem „privacy and media intrusion", also die Verletzung der Privatsphäre nicht gesetzgeberisch, sondern durch freiwillige Medienselbstkontrolle zu klären sei (Privacy and Media Intrusion 2003).

Während im Bereich der Presse alle Versuche gesetzlicher Regulierung als unerlaubter Eingriff in die Pressefreiheit zu sehen sind, gilt es paradoxerweise als grundsätzlich wünschenswert, den Rundfunk per Gesetz zu kontrollieren. Die letzten wichtigen Meilensteine waren hier der Bericht des *Peacock Committee* 1986, der Regierungsmedienbericht *Broadcasting in the 1990s* von 1988, der *Broadcasting Act 1990*, der *Broadcasting Act 1996* sowie der *Communications Act 2003*. Der *Broadcasting Act 1990* markierte eine medienpolitische Wende in Großbritannien, weil er die → Regulierung für den privaten Rundfunk abschwächte, ihn von einigen Public-Service-Auflagen befreite und eine stärkere Marktorientierung forcierte.

Der *Communications Act 2003* stellt die bislang umfassendste Reform der britischen Medienrechtsgeschichte dar (Vick/Doyle 2004). Mit dem *Office of Communications* (OfCom) wurde eine neue Regulierungsbehörde eingerichtet, welche die Aufgaben von ehemals fünf verschiedenen Aufsichtsbehörden unter einem Dach vereinigt. Ofcom ist zuständig sowohl für die Aufsicht über die Infrastruktur (Telekommunikation, Frequenzen) als auch für die Zulassung von Medienanbietern und die Überwachung inhaltlicher Standards. Außerdem hat mit Ofcom erstmals in der britischen Mediengeschichte eine externe Institution auch Aufsichtskompetenzen über einzelne Tätigkeiten der öffentlich-rechtlichen *British Broadcasting Corporation* (BBC) erhalten, die bis dahin ausschließlich dem internen Kontrollgremium des *Board of Governors* verantwortlich war.

Weitere Neuerungen des *Communications Act 2003* waren die Abschaffung großer Teile der bisher gültigen Anti-Konzentrationsregeln im Radio und Fernsehen sowie die Einführung eines ‚3-Ebenen-Ansatzes' für die Inhalteregulierung.

Die Änderung des Konzentrationsrechts (→ Medienkonzentration) bedeutet vor allem eine Öffnung des britischen Medienmarktes für multimediale Verflechtung und neue Investitionsmöglichkeiten für Unternehmen aus Nicht-EU-Ländern (vor allem den → USA).

Mit der Änderung der Inhalteregulierung verfolgt die neue Gesetzgebung eine Regierungspolitik des „light touch", d. h. möglichst geringer Einwirkung auf die Inhalteproduktion und -verbreitung unter Beibehaltung einiger grundlegender Gemeinwohlaspekte und Kontrollinstrumente. Erst auf zusätzlichen Druck von Kritikern an diesem Deregulierungskurs konnten im Gesetzgebungsprozess noch einige Ergänzungen durchgesetzt werden, welche die starke Tradition des *Public Service* im britischen Mediensystem auch unter den neuen Bedingungen fortschreiben sollen. So ist nun ein ‚Pluralitätstest' vor der Genehmigung von Fusionen im Mediensektor vorgesehen. Außerdem soll Ofcom regelmäßig über die Situation des öffentlich-rechtlichen Rundfunks berichten (www.ofcom.org.uk).

Die öffentlich-rechtliche *BBC* ist durch die *Royal Charter*, eine Art britischer Rundfunkstaatsvertrag, der regelmäßig vom Parlament verlängert werden muss, strikter als Privatsender an Public-Service-Prinzipien (Verpflichtung zu Qualität, Vielfalt, Bildung, Kultur, Minderheiten) gebunden. Um diese Standards umzusetzen, legt sie regelmäßig öffentlich Rechenschaft über ihre Verpflichtungen und deren Einlösungen ab (Woldt 2002).

Die *BBC* hat sich den wohl umfassendsten Verhaltenskodex (→ Medienethik) aller öffentlich-rechtlichen Sender weltweit gegeben. Die 276 Seiten starken *Producers Guidelines* befassen sich u. a. mit dem Wahrheitsgehalt der Berichterstattung, Unparteilichkeit, Wahrung der Privatsphäre, Berichterstattung über Terrorismus, Gewaltdarstellungen, Geschmack und Anstand sowie rundfunkrechtlichen Fragen (www.bbc.co.uk/info). Allerdings unterliegen auch die privat finanzierten Sender *Independent Television* (ITV), *Channel 4* und *Channel 5* den Anforderungen eines abgemilderten *Public-Service*-Auftrags (www.ofcom.org.uk).

Grundlagen/Trends des Mediensystems

Während in Großbritannien die meisten ‚Medienunfälle' auf die Presse – und dort vor allem auf die Boulevardzeitungen – entfallen, wird dem britischen → Fernsehen – und hier vor allem der *BBC* – von Experten und Publikum ein qualitativ hoch stehendes Niveau bescheinigt. Mit ihrer Gründung 1926 war die *BBC* von ihrem damaligen Leiter *John Reith* ein hoher moralischer Standard sozialer Verantwortung vorgegeben worden, der weltweit zum Vorbild für die entstehenden Rundfunksysteme werden sollte. Reith formulierte den Auftrag „zu bilden, zu informieren und zu unterhalten" und forderte seine Journalisten auf: „Give both sides" – lasst beide Seiten zu Wort kommen.

Bereits in den 50er Jahren bildete sich eine Art dualer Rundfunkordnung heraus – ein Nebeneinander von öffentlich-rechtlicher *BBC* und werbefinanzierter *ITV*. Beide unterliegen, wenn auch in unterschiedlichen Abstufungen, einem wohldefinierten Public-Service-Auftrag. Er wurde mit dem *Communication Act* 2003 weiter aufgeweicht und gilt gar nicht für die vielen neuen digital verbreiteten privaten Nischensender, die seit Ende 1998 verfügbar sind.

Im Jahr 2003 erreichte *BBC 1* einen durchschnittlichen Zuschaueranteil von 25,6 Prozent (1993: 33 Prozent) und *BBC 2* von 11 Prozent (1993: 10 Prozent). Während sich diese beiden Sender ausschließlich über Rundfunkgebühren finanzieren (2003: £ 9,67 monatlich), sind die drei anderen terrestrisch verbreiteten Sender *ITV*, *Channel 4* und *Channel 5* auf Werbeeinnahmen angewiesen. *ITV* erreichte 2003 einen durchschnittlichen Zuschaueranteil von 23,7 Prozent (1993: 40

Prozent), *Channel 4* von 9,6 Prozent (1993: 11 Prozent) und *Channel 5* 6,5 Prozent (im Gründungsjahr 1997: 2,3 Prozent).

Die Zuschauerverluste der beiden populärsten Programme *BBC 1* und *ITV* lassen sich vor allem mit der wachsenden Zahl neu gegründeter Kabel-, Satelliten- und Pay-TV-Sender erklären, deren kumulierter Zuschaueranteil 2003 bereits auf 23,6 Prozent angestiegen ist (alle Angaben: www.barb.co.uk). Einen regelmäßig aktualisierten Überblick über Organisationsstruktur und Programmprofil der britischen Fernsehsender gibt der *Guardian Media Guide* (zuletzt 2003).

Insgesamt genießt das britische Fernsehen eine höhere Glaubwürdigkeit als die → Presse: 57 Prozent der Briten halten die Berichterstattung des Fernsehens und nur 15 Prozent die Berichterstattung der Zeitungen für „sehr vertrauenswürdig“ (deutsche Vergleichsdaten: 60 Prozent TV, 45 Prozent Presse; Eurobarometer Survey No. 55, April/May 2001). Der Grund für die niedrigen Glaubwürdigkeitswerte der Presse sind die Boulevardblätter, die den Zeitungsmarkt dominieren. Werktäglich erscheinen fünf und sonntags weitere sechs Titel. Zu den größten gehörten 2004 die *News of the World* (3,9 Millionen), *The Sun* (3,3 Millionen), *The Daily Mail* (2,4 Millionen), *The Mail on Sunday* (2,3 Millionen), *Daily Mirror* (2,3 Millionen) und *Sunday Mirror* (1,5 Millionen).

Gegenüber dieser Dominanz nehmen sich die Auflagenzahlen der Qualitätszeitungen bescheiden aus. Von diesen erreichten 2004 die höchsten Auflagen die *Sunday Times* (1,4 Millionen), *Daily Telegraph* (900.000), *Sunday Telegraph* (700.000), *The Times* (660.000), *Observer* (460.000), *Financial Times* (437.000), *Guardian* (376.000), *The Independent* (265.000) und *Independent on Sunday* (214.000).

Diese große Zahl national verbreiteter Tages- und Sonntagszeitungen ist sehr ungewöhnlich und zeichnet den harten Konkurrenzkampf auf dem britischen Pressemarkt aus (www.abc.org.uk). Sie ist nicht notwendigerweise gleichbedeutend mit publizistischer Vielfalt, weil 86 Prozent der national verkauften Blätter aus nur vier Verlagshäusern kommen. *Rupert Murdochs* Verlag *News International* kontrollierte im Jahr 2004 ca. 37 Prozent der nationalen Zeitungsauflage (*The Times*, *Sunday Times*, *The Sun*, *News of the World*), das Regionalzeitungsimperium *Trinity Mirror* ca. 20 Prozent (*Daily Mirror*, *Sunday Mirror*, *People*), der von *Lord Rothermere* geführte Verlag *Daily Mail & General Trust* ca. 19 Prozent (*Daily Mail*, *Sunday Mail*), der von *Richard Desmond* geleitete Verlag *Northern & Shell* ca. 9 Prozent (*Daily Express*, *Sunday Express*, *Daily Star*), die schottischen Verlegerbrüder Barclays ca. 7 Prozent (*Daily Telegraph*, *Sunday Telegraph*), die Stiftung des *Guardian Trust* ca. 3 Prozent (*Guardian*, *Observer*), und schließlich *Pearson* (*Financial Times*) und *Independent News & Media* (*The Independent*, *Independent on Sunday*) je 2 Prozent.

Die Pressekonzentration auf dem Regionalzeitungsmarkt ist ähnlich hoch. Vier Verlagshäuser kontrollieren 72 Prozent der Auflage aller Lokalblätter (*Johnston Press*, *Trinity Mirror*, *Newsquest* und *Daily Mail & General Trust*). Die Blätter sind eher klein, lokal geprägt, und in ihrer publizistischen Aussage weitgehend bedeutungslos (www.newspapersoc.org.uk).

Das lässt sich vom → Internet nicht unbedingt sagen. Die Hälfte der britischen Haushalte verfügte 2004 über einen Online-Anschluss. Sieben der 20 meistbesuchten Seiten stammen von Nachrichtenmedien. In der Beliebtheit britischer Surfer lag 2004 mit großem Abstand www.bbc.co.uk auf Platz 1. Auf Platz 4 rangierte die Seite von Murdochs Satellitensenderfamilie www.sky.co.uk, auf Platz 7 das Boulevardangebot von www.thesun.co.uk, auf Platz 9 das Portal von www.guardian.co.uk, und schließlich auf den Plätzen 11, 13, 20 die Angebote der anderen Qualitätszeitungen www.ft.com, www.telegraph.co.uk und www. times online.co.uk (alle Angaben: www. abce. org.uk). Der enorme Vorsprung, den die *BBC*-Seite gegenüber allen anderen Angeboten genießt, ist seit langem sehr umstritten. Konkurrenten sehen ihn als durch Rundfunkgebühren subventionierte Wettbewerbsverzerrung.

Grundlagen/Trends des Journalismus

Historisch galt der englische → Journalismus schon früh als Vorbild für die deutsche Presse. England ist das Mutterland der Pressefreiheit. Dort setzte der Kampf um Pressefreiheit 130 Jahre früher ein als in Deutschland; die Zensur wurde 150 Jahre früher abgeschafft (1695 statt 1848 bzw. 1874). Es gilt als Entstehungsterrain des Parlamentarismus sowie als Geburtsland der Trennung von → Nachricht und Kommentar. Die vom Staat früh erkämpfte Unabhängigkeit führte zu einem seit langem selbstbewusst vertretenen Anspruch der Presse als *Vierter Gewalt* (Fourth Estate).

Die Trennungsnorm zwischen Fakten und Meinung (‚Comment is free but facts are sacred') hat eine ebenso lange Tradition. Sie leitet sich aus dem angelsächsischen Fairnessprinzip, einem naiv-positivistischen Realitätsbegriff sowie dem redaktionellen Arbeitsteilungsprinzip zwischen Reporter, Editor und Kommentator ab.

Die dritte bestimmende Traditionslinie – neben Trennungsnorm und Unabhängigkeit – ist die ausgeprägte Verkaufs- und Publikumsorientierung im britischen Journalismus. Marktwirtschaftlicher Druck drängte Parteineigungen früher als in Deutschland aus den Zeitungen und nicht nur aus den seit hundert Jahren florierenden Massenblättern. Kommerzialisierung bedeutete erstens das Erreichen eines möglichst großen Publikums, zweitens, den Schwerpunkt auf eigenständige Recherche anstatt auf Räsonnement zu setzen, und drittens, den Anspruch auf Unparteilichkeit und Unabhängigkeit rasch einzulösen.

Bis heute hat sich der britische Journalismus allerdings stark verändert, und damit auch die Gewichtung der drei Traditionslinien. Angesichts der exzellenten Erfüllung des Objektivitäts- und Fairnessgebotes durch die *BBC* scheint für einige Meinungsführerzeitungen die Versuchung groß, sich von diesem Gebot mehr und mehr zu befreien. Stattdessen gewinnt die Marktorientierung erheblich an Bedeutung und lässt die dritte Tradition – das Selbstverständnis als Vierte Gewalt – teilweise zur verkaufsfördernden Pose verkommen (Esser 1998; Barnett/Gaber 2001; Lloyd 2004).

Die *Kommerzialisierung* des Journalismus stellt ein zentrales Problem dar. Sie zeigt sich in Exzessen der *Tabloids* und einer Boulevardisierungstendenz (Tabloidization) der Qualitätsmedien. Weil die Tabuverletzungen auf den Gebieten Sex, Gewalt und Missachtung von Wahrhaftigkeit und Privatsphäre bei den britischen Boulevardzeitungen seit Ende der 80er Jahre des 20. Jahrhunderts drastisch zunahmen, setzte das Parlament mehrere unabhängige Gutachterkommissionen ein, die mit Gesetzesempfehlungen die Rechte des Einzelnen gegenüber den Veröffentlichungsinteressen der Medien stärken sollten.

Obwohl regelmäßig eine große Mehrheit der britischen Bevölkerung einen verbesserten Schutz der Privatsphäre von Politikern, Prominenten und Angehörigen der Königsfamilie vor Einmischungen der Presse fordert und die Zahl der Beschwerdeeinreichungen beim Presserat PCC kontinuierlich ansteigt, hat die britische Regierung im Oktober 2003 – wie zuvor schon im Juli 1995 – erklärt, aus prinzipiellen Erwägungen weiterhin auf Selbstregulierung zu setzen (Privacy and Media Intrusion 1995, 2003). Damit haben sich bislang immer wieder die alten britischen Rechtsprinzipien durchgesetzt: Einerseits keine spezifischen Gesetze für die Presse – sei es zu ihrer Beschränkung oder Privilegierung – zu erlassen, andererseits keine positiv garantierten Grundrechte festzulegen, weder für die Presse (Pressefreiheit), noch für den Einzelnen (Schutz der Privatsphäre).

Wie lange diese Position Bestand hat, wird auch davon abhängen, wie sich die Berichterstattung der Qualitätsmedien entwickelt. Deren Tabloidization-Prozesse zeigen sich u. a. darin, dass einige Qualitätszeitungen bereits ihr Format auf die Kompaktgröße der Tabloids umgestellt haben (z. B. *The Independent*, *The Times*) oder ihre Auflage dadurch hochpuschen konnten, dass sie den Verkaufspreis und den publizistischen Anspruch senkten (z. B. *The Times*).

Noch unterscheidet sich die Berichterstattung der Qualitätspresse merkbar vom aggressiven Populismus, hetzenden Chauvinismus und rüden Kurs garstiger Pseudoenthüllungen der Tabloids. Aber auch den Qualitätsmedien wird zunehmend eine kommerziell motivierte Skandalisierungsbereitschaft nachgesagt, bei der der traditionelle Fourth-Estate-Anspruch in inszenierte Aggressivität umzukippen droht (Lloyd 2004; Sampson 2004).

Ein Schlüsselereignis war die Staatsaffäre der *BBC* infolge des Selbstmords des Wissenschaftlers *David Kelly*, der im Sommer 2003 zur Informationsquelle einer überhitzten Sensationsmeldung wurde. Auf der Jagd nach dem Scoop bezichtigte *BBC*-Reporter *Andrew Gilligan* die Administration *Blair*, ein Regierungsdossier über Waffen im Irak aufgebauscht und damit Öffentlichkeit und Parlament bewusst getäuscht zu haben. Die Vorwürfe erwiesen sich als haltlos. Darauf musste die Führungsspitze der *BBC* zurücktreten, weil sie den Beitrag gegen heftige Proteste der Regierung verteidigte, ohne ihn auch nur im Ansatz geprüft zu haben. Der Widerstand gegen die Regierung schien wichtiger als die Prüfung der Wahrheit. Ein von *Lord Hutton* anschließend vorgelegter Untersuchungsbericht lässt den Fall Gilligan als symptomatisch für eine veränderte journalistische Kultur in Großbritannien erscheinen, die von Sensationsgier, Kampagnenjournalismus und einem destruktiven Zynismus gegenüber politischen Stellen, aber auch von Selbstgefälligkeit gegenüber der eigenen Macht und einem nachlassenden Verantwortungsbewusstsein für Werte der Genauigkeit und Fairness gekennzeichnet ist (Hutton 2004; Dyke 2004).

Die Tatsache, dass nun selbst die *BBC* in die Hatz aus Nachrichtenkannibalismus und Sensationssucht geraten ist, gilt vielen als Weckruf für eine tief greifende Krise im britischen Journalismus. Es gibt allerdings noch einen anderen Blick: Dass solche Krisen ‚zugelassen' werden, entspricht dem großzügigen Verständnis von Pressefreiheit, wie es *John Stuart Mill* (1806-1873) in seiner berühmten Schrift „On Liberty" (1859) formulierte: Nur eine unkontrollierte Presse kann eine freie Presse sein. Noch scheint das Land mit den daraus erwachsenen Problemen fertig zu werden.

Außerdem darf nicht vergessen werden: Die Briten halten ihre Medien trotz aller Kritik immer noch für die besten der Welt.

Literatur

Barnett, Steven/Ivor Gaber (2001): Westminster Tales: The Twenty-First Century Crisis in British Political Journalism, London.

Delano, Anthony/John Henningham (1995): The news breed: British journalists in the 1990s, London.

Dyke, Greg (2004): Inside Story, London.

Esser, Frank (1998): Die Kräfte hinter den Schlagzeilen. Englischer und deutscher Journalismus im Vergleich, Freiburg.

Hutton, Lord (2004): Report of the Inquiry into the Circumstances Surrounding the Death of Dr. David Kelly C.M.G., London (www.the-hutton-inquiry.org.uk/content/report/index.htm).

Lloyd, John (2004): What the Media are Doing to Our Politics, London.

Privacy and Media Intrusion (1995): The Government's Response, London.

Privacy and Media Intrusion (2003): The Government's Response, London (www.culture.gov.uk).
Sampson, Anthony (2004): Who Runs This Place?, London.
The Guardian Media Guide (jährlich), London.
Vick, Douglas W./Gillian Doyle (2004): Über die ‚konvergierte Regulierung' zum deregulierten Medienmarkt?, in: Media Perspektiven 2004/1: 38-48.
Woldt, Runar (2002): Selbstverpflichtungen der BBC, in: Media Perspektiven 2002/5: 202-209.

Frank Esser, Columbia/MO

Handlungstheorien

Definition/Begriffsbestimmung

Das Etikett ‚Handlungstheorie' kennzeichnet nur sehr grob eine Vielzahl sozialwissenschaftlicher Ansätze, deren Gemeinsamkeit darin besteht, das kollektive Handeln und damit die Interaktion der Angehörigen sozialer Gruppen zum Ausgangspunkt der gesellschaftswissenschaftlichen Analyse zu machen. Die handlungstheoretische Betrachtungsweise unterscheidet sich damit allerdings lediglich im ersten Schritt von derjenigen der → Systemtheorie. Denn Gesellschaftstheorien, die als Theorien des sozialen Handelns entworfen werden, sind durchaus fähig, systemtheoretische Erkenntnisse zu integrieren.

Geschichte/Entwicklung

Ursprünglich geht der soziologische Begriff des Handelns auf *Emile Durkheim* (1858-1917) zurück, der Ende des 19. Jahrhunderts in den „Regeln der soziologischen Methode" erstmals ‚Arten des Handelns' als *fait sociaux* (soziologische Tatbestände) definierte, wenn sie im kollektiven Sinne ein ‚allgemeines Handeln' ausdrücken. Unabhängig davon hat vor allem *Max Weber* (1864-1920) in seiner Arbeit über „Wirtschaft und Gesellschaft" (zuerst 1921) den zentralen Stellenwert des Begriffs für die Soziologie herausgearbeitet. Paradigmatisch wurde seine Definition des sozialen Handelns, das „seinem von dem oder den Handelnden gemeinten Sinn nach auf das Verhalten *anderer* bezogen wird und daran in seinem Ablauf orientiert ist." (Weber 1984: 19; Herv. i. Orig.)

Schon damit wird deutlich, dass eine *Theorie des sozialen Handelns* intersubjektiv und prozessorientiert angelegt ist und ohne Verweis auf die Rationalität gesellschaftlicher Entwicklungen nicht auskommt. Handlungstheorie ist nämlich nicht an der Gesellschaft als einem statischen Begriff, sondern an den Prozessen der „Vergemeinschaftung" und „Vergesellschaftung" (Weber 1984: 69 ff.) interessiert – was wiederum die Auseinandersetzung mit der Frage nach sich zieht: Was sind die Antriebskräfte, Motive und Folgen dieser Vergesellschaftung? Max Weber hat dafür einerseits eine Klassifizierung von Bestimmungsgründen sozialen Handelns (zweckrational, wertrational, affektuell, traditional) geliefert. Andererseits hat er in einer umfangreichen Analyse des abendländischen Rationalisierungsprozesses die Pathologien der Vergesellschaftung – und damit die *Folgen* zweckrationalen Handelns – kritisch beschrieben.

Erst Talcott Parsons konnte dann – in einer Zusammenschau der Ansätze von Durkheim und Weber – die Handlungstheorie auf die Höhe einer modernen Gesellschaftstheorie bringen: Er begriff die institutionalisierten Folgen zweckrationaler Handlungszusammenhänge als soziale Systeme (*Persönlichkeitssystem, kulturelles System, soziales System*), die über die Prozesse des ‚Lernens' und der ‚Sozialisierung' mit den Handlungsorientierungen von Individuen (*pattern variables*) verknüpft sind. So machte er deutlich, dass auch eine in Systemen denkende Gesellschaftstheorie stets auf die Klärung handlungstheoretischer Fragen angewiesen bleibt.

In ausdrücklicher Kritik an einer derart utilitaristisch angelegten Sozialtheorie entwickelten sich die Ansätze von *Alfred Schütz* (1899-1959), *George Herbert Mead* (1863-1931), *Peter L. Berger*, *Thomas Luckmann* und anderen (Baum 1994: 31 ff.). Dabei war es vor allem das Verdienst Meads, die Sprachanalyse an die Gesellschaftstheorie herangetragen zu haben. Der Kerngedanke seiner Sozialpsychologie lautet: „Mir scheint das Grundprinzip der gesellschaftlichen Organisation des Menschen die Kommunikation zu sein, die Anteilnahme an den anderen voraussetzt“ (Mead 1973: 299).

Aus der Perspektive des Einzelnen, des ‚Selbst', rekonstruierte Mead die Strukturen symbolisch vermittelter Interaktion (Symbolischer Interaktionismus): Durch die Internalisierung von Einstellungen des jeweiligen Gegenübers in einfachen Interaktionssituationen sowie des ‚verallgemeinerten Anderen' in komplexeren sozialen Zusammenhängen gelangen die Menschen zur Identifikation mit ihren sozialen Rollen, in denen die gegenseitigen Verhaltenserwartungen als ein von Normen geleitetes Handeln festgezurrt sind.

Wohl nicht zuletzt, weil sie die Wechselseitigkeit sozialer Beziehungen und die interaktive Entwicklung gemeinsamer Handlungsziele in den Mittelpunkt ihrer Theorien stellten, wurden diese, aus der Sicht individueller Kommunikationsleistungen konzipierten Entwürfe, in der deutschsprachigen Publizistik- und Kommunikationswissenschaft – ohnehin erst mit erheblicher Verzögerung rezipiert – zugleich mit Handlungstheorien überhaupt identifiziert und in Opposition gesetzt zum begrifflich hochkomplexen Funktionalismus. Ihres gesellschaftstheoretischen Anspruchs waren sie damit allerdings beraubt. Und die Theorien des *sozialen* Handelns, die das Rationalitätspotenzial gesellschaftlicher Entwicklung nicht in den Imperativen losgelassener Systeme, sondern in den Orientierungen, Koordinationsleistungen und Zielvereinbarungen kollektiv handelnder Menschen suchen, schrumpften nun auf die beschränkte Perspektive einer diffusen Handlungstheorie zusammen, die ihre Bedeutung als zentrales Paradigma der Sozialwissenschaften scheinbar verloren hatte.

Theorie des kommunikativen Handelns

Diesen verkürzten Dualismus von Mikro- und Makroperspektive, von Akteurs- und Systemebene, vermochte sogar eine „Theorie des kommunikativen Handelns“ (Habermas 1981) nicht zu überwinden. Dabei wurde gerade hier die Intention von Talcott Parsons wieder aufgenommen, jene „Entmischung von zwei Paradigmen“ (Habermas 1981: 303), das heißt die analytische Unterscheidung zwischen Handlungs- und Systemtheorie rückgängig zu machen und beide Paradigmen in einem kommunikationstheoretisch untermauerten Konzept von Gesellschaft zu verknüpfen (ebd.: 420 ff.).

Während allerdings in Parsons' Systemtheorie das Gewicht der Analyse auf den systemisch strukturierten *Folgen* eines an gemeinsamer Zielerreichung und sozialer Anpassung orientierten Handelns ruht und er aus diesem Blickwinkel den Prozess der Modernisierung als „im ganzen harmonistisches Bild“ (ebd.: 303) zeichnen muss, setzt die Theorie des kommunikativen Handelns bei der *Koordinierung* des sozialen Handelns kommunikativ kompetenter Menschen an. So rückt neben dem bislang vorrangig untersuchten, erfolgsorientiert instrumentellen Handeln das Rationalitätspotenzial des kommunikativ-verständigungsorientierten Handelns mündiger Subjekte in den Vordergrund. Die im intersubjektiven Handeln eingelassene, kommunikative Vernunft und deren Beitrag zur gesellschaftlichen Entwicklung zu erhellen – das ist der Anspruch, den Jürgen Habermas mit seinem Ansatz gesellschaftstheoretisch zurückgewinnt.

Die bisherigen Sozialtheorien hatten diesen lebensweltlich verankerten Prozess intersubjektiver Verständigung entweder unter dem Blickwinkel der Handlungsorientierung einsamer Subjekte verkürzt oder sich ausschließlich den Handlungsfolgen zugewendet und die Institutionen der modernen Gesellschaft allenfalls als ‚praktische' Manifestationen zweckrational motivierter Leistungen wahrgenommen. Genau hier aber – an der Bruchstelle dieser quasi gegenläufigen Vereinseitigungen – kann Habermas ansetzen, indem er die Gesellschaftstheorie auf beide Perspektiven gleichzeitig verpflichtet: auf eine lebensweltliche und auf eine systemische Seite der Betrachtung. Dann nämlich treten die lebensweltliche *Sozialintegration* (durch Sprache) und die an generalisierte Kommunikationsformen (Einfluss und Wertbindung) sowie entsprachlichte Steuerungsmedien (Geld und Macht) gebundene *Systemintegration* gesellschaftlich zueinander in Konkurrenz.

Handlungstheorie in der Kommunikationswissenschaft

Wenn heute in der → Kommunikationswissenschaft ein „systemtheoretisch ‚halbierter' Journalismus" (Neuberger 2000: 275) beklagt und zugleich eine stärkere Hinwendung zu einem kognitiven Handlungsbegriff geprobt wird (Scholl/Weischenberg 1998), lässt sich dieser Stimmungsumschwung denn auch bei weitem noch nicht als Geburt einer ‚integrativen Sozialtheorie' feiern. Vielmehr bricht nun auch in der Journalismusforschung – wie zuvor schon in anderen Segmenten der Kommunikationswissenschaft – das Problem der Rationalität gesellschaftlicher Veränderungen quasi von innen auf: Es verweist geradezu zwangsläufig auf das soziale Handeln der *Akteure* in ihrem Gegenstandsbereich. Denn gerade die Kommunikationswissenschaft kann auf Dauer nicht die Augen davor verschließen, dass der gesellschaftliche und technologische Wandel speziell der medienvermittelten Kommunikation eben im Ganzen kein ‚harmonistisches Bild' (Habermas) liefert. Vielmehr bringt der Strukturwandel Pathologien hervor, die – um es vorsichtig zu formulieren – einer gewünschten Rationalität der Vergesellschaftung zuwiderlaufen.

So ist es kein Zufall, dass im Laufe der 70er Jahre die Medienwirkungsforschung (→ Medienwirkungen) und insbesondere die Medienpädagogik als erste Teildisziplinen des Faches begannen, soziales Handeln *mit* Medien und deren Angeboten ernst zu nehmen: *Dieter Baackes* Entwurf lieferte eine paradigmatische Neuorientierung der → Medienpädagogik an Fragen eines mündigen Umgangs mit Medieninhalten. Und *Karsten Renckstorf* erarbeitete für die deutschsprachige Wirkungsforschung einen nutzenorientierten ‚alternativen Forschungsansatz', der ebenfalls bewusst nicht der Frage nachging, was die Medien mit den Menschen, sondern was die Menschen mit den Medien machen (→ Nutzenansatz). In Anlehnung an den Begriff des sozialen Handelns bei George H. Mead entwickelte Renckstorf die interessen- und bedürfnisgebundenen sowie normativen Kontexte, die es dem aktiven Medienrezipienten opportun erscheinen lassen, Medieninhalte zu nutzen oder zu ignorieren (‚media use as social action'). Die mit einer massiven Ausweitung des Medienangebots einhergehende Einführung des Kabelfernsehens in Deutschland provozierte schließlich in den 80er Jahren handlungstheoretisch begründete Forderungen nach ‚kommunikativer Partizipation' der Bürger und einer entsprechenden Begleitung der technologischen Entwicklung durch eine ‚partizipative Kommunikationsforschung', wie sie von *Claus Eurich* (1980) vertreten wurde.

Das gemeinsame Charakteristikum dieser Ansätze besteht in einer zumeist wissenschaftshistorisch und erkenntnistheoretisch gut informierten Herleitung, die vor allem in der Kritik der Theorie-/Praxis-Verhältnisse zu dem Schluss gelangt, dass eine rein funktionalistische

Betrachtung der Medienentwicklung zu kurz greift und damit das Rationalitätspotenzial sozialer Handlungszusammenhänge in die Defensive drängt. Die ausdrücklich emanzipatorischen Motive dieser Herangehensweise führten denn auch in Teildisziplinen wie der Medienpädagogik und der Mediennutzungsforschung zu einem nachhaltigen Paradigmenwechsel. In der Journalismusforschung allerdings verhinderten vor allem historische Gründe die Berücksichtigung handlungstheoretischer Prämissen bis in die jüngste Zeit hinein.

Handlungstheorie in der Journalistik

Eine wesentliche Hypothek, die der Journalismusforschung lange den Blick auf das journalistische Handeln verstellte (→ Journalismus), war der „traditionelle Praktizismus“ (Rühl 1980: 25), den Emil Dovifat über das ‚Dritte Reich' hinaus in die Adenauer-Ära gerettet hatte. Dovifat verstand das Fach als ‚normsetzende Wissenschaft', die sich in erster Linie mit der korrekten ‚Gesinnung' jener ‚publizistischen Persönlichkeiten' zu befassen habe, die über die Massenmedien öffentlichen Einfluss gewinnen. Nicht zuletzt aus seiner zutreffenden Kritik an dieser Auffassung schöpfte der Funktionalismus Manfred Rühls seine starke Überzeugungskraft: Mit seiner Arbeit über „Journalismus und Gesellschaft“ (1980) schuf Rühl einen (system)theoretischen „Journalismus ohne JournalistInnen“ (Baum 1994: 322 ff.) und wurde zum Nestor der Disziplin (→ Systemtheorie).

Weitgehend chancenlos in der wissenschaftlichen Diskussion blieben darum etwa die Arbeiten von *Hans Heinz Fabris* (1979) und *Maximilian Gottschlich* (1980), die im Sinne einer Optimierung journalistischen Handelns angelegt waren. Während Fabris unter anderem Impulse der Medienpädagogik und der Nutzungsforschung mit empirisch vorfindbaren – vor allem ‚alternativen' – Handlungskonzepten des Journalismus verknüpfte, kam er zu einem demokratietheoretischen Modell, in dem „Journalismus und bürgernahe Medienarbeit“ sich zu einer um mediale Partizipationsmöglichkeiten erweiterten Öffentlichkeit ergänzen.

Gottschlich wählte den Weg über die Kritik ‚journalistischer Fehlleistungen', um am Ende ein professionelles Idealmodell des ‚publikumsverpflichteten' Journalismus zu fordern. Der begründete Verdacht lautete in beiden Fällen: Wo journalistisches Handeln selbst aus der sozialwissenschaftlichen Betrachtung des Journalismus ausgeblendet wird, wird der Beruf zugleich um seine – in der Demokratie ja normativ geradezu notwendigen – Handlungsoptionen gebracht. Mit anderen Worten: Wer den Journalismus in seinen Funktionen auf die „Herstellung und Bereitstellung von Themen zur öffentlichen Kommunikation“ (Rühl 1980: 322 f.) begrenzt, nimmt ihm jene *Unberechenbarkeit*, mit der er diese Grenzen – gerade im Namen einer funktionsfähigen öffentlichen Kommunikation – immer wieder überschreiten muss.

Auch *Siegfried Weischenberg*s „Journalistik“ (zuerst 1992) arbeitet sich seit vielen Jahren an diesem Problem ab. Vor allem in der Technisierung der Kommunikation sah Weischenberg schon früh die Gefahr einer bedrohlichen ‚Entindividualisierung der Kommunikation' und des Journalismus – was ihn jedoch nicht daran hinderte, seine theoretischen Anleihen vor allem bei der Systemtheorie aufzunehmen (zur Kritik: Baum 1994: 375 ff.). Erst mit einem umfangreichen theoretischen Entwurf über „Journalismus in der Gesellschaft“ (1998), den er gemeinsam mit Armin Scholl vorlegte, entwickelten beide ein Konzept, in dem zumindest die journalistischen ‚Funktionen, Codes und Programme' an die Akteure und ihre Handlungsorientierungen (zurück)gekoppelt werden. Maßgebliche Bedeutung kommt dabei dem Begriff der *Handlungsrelevanz* zu: Sie „koppelt die journalistischen *Kommunikationsabsichten* (= → Rollenselbstverständnis) mit der *Bericht-*

erstattung (= tatsächlich ausgeübte Arbeitsrolle)“ (Scholl/Weischenberg 1998: 194, Herv. i. Orig.).

Ähnlich gehen auch jene Autoren vor, die in jüngster Zeit der systemtheoretischen Vereinseitigung des Journalismus entgegenzutreten versuchen. Statt freilich vom Rationalitätspotenzial des journalistischen Handelns selbst auszugehen (Baum 1994), rekonstruieren sie journalistische ‚Einzelhandlungen' anhand ihrer Produktivität. So breiten *Christoph Neuberger* (2000) und andere Autoren vor allem an den redaktionellen Strukturen des Berufs orientierte Szenarien aus, die den Journalismus als ‚institutionelles Handeln' interpretieren, das sich durchgängig auf ‚Entscheidungen und Koordinationen' bezieht und daraus seine Rationalität schöpft. Dreh- und Angelpunkt der journalistischen Produktion bleibt damit die → Redaktion – oder wenigstens eine ‚Institution', ‚Institutionenkomplexe' und eher diffuse ‚journalistische Organisationen', die auch weiterhin den systemfunktionalen Rahmen für die Motive journalistischer Einzelhandlungen abgeben.

Insofern werden Handlungsmuster auch in der jüngsten Journalismusforschung nach wie vor entweder von den Intentionen individuellen Verhaltens oder deren Folgen her betrachtet. Die genuine Rationalität der mit sozialem Handeln verbundenen Integrations- und Lernprozesse, die von Max Weber über Talcott Parsons und George Herbert Mead bis hin zu Jürgen Habermas den Kern soziologischer Handlungstheorien ausmacht, bleibt unterbelichtet, journalistisches Handeln in seiner Bedeutung für die gesellschaftliche Kommunikation damit nur halb verstanden.

Eine Theorie des Journalismus, die den handlungstheoretischen Ansatz als gesellschaftstheoretisches Paradigma ernst nimmt, steht also bis heute aus.

Literatur

Baum, Achim (1994): Journalistisches Handeln, Wiesbaden/Opladen.

Eurich, Claus (1980): Kommunikative Partizipation und partizipative Kommunikationsforschung, Frankfurt/M.

Fabris, Hans Heinz (1979): Journalismus und bürgernahe Medienarbeit, Salzburg.

Gottschlich, Maximilian (1980): Journalismus und Orientierungsverlust, Wien u. a.

Habermas, Jürgen (1981): Theorie des kommunikativen Handelns, Bd. 2, Frankfurt/M.

Mead, George Herbert (1973): Geist, Identität und Gesellschaft aus der Sicht des Sozialbehaviorismus, Frankfurt/M. [zuerst: 1934].

Neuberger, Christoph (2000): Journalismus als systembezogene Akteurskonstellation, in: M. Löffelholz (Hrsg.): Theorien des Journalismus, Wiesbaden: 275-293.

Rühl, Manfred (1980): Journalismus und Gesellschaft, Mainz.

Scholl, Armin/Siegfried Weischenberg (1998): Journalismus in der Gesellschaft, Opladen/Wiesbaden.

Weber, Max (1984): Soziologische Grundbegriffe, 6., erneut durchges. Aufl., Tübingen [zuerst: 1921].

Achim Baum, Osnabrück

Hörfunk

→ Radio

Indien

→ Asien

Indonesien

→ Asien

Information

Definition/Begriffsbestimmung

In der journalistischen Praxis steht der Begriff Information allgemein für alle Formen der Tatsachendarstellung (→ Objektivität), der → Nachricht, des Berichts, der Darlegung von Hintergründen und Wissensbeständen sowie als Verb für den Vorgang ihrer Beschaffung oder Aneignung (sich informieren, Informationssuche, → Recherche) und ihrer Erstellung oder Vermittlung (jemanden informieren). Durch die Einbeziehung der Informationsquelle (Informant) und des Informationsadressaten (Informand) entfaltet das Wortfeld eine deutliche Parallelität zum Begriff der → Kommunikation.

Information kann über ihre kommunikativen Funktionen sowohl mit Blick auf Absichten und Zwecke (z. B. Sozialisation, Instruktion, Indoktrination, Propaganda) als auch hinsichtlich ihrer Wirkungen, Resultate und Konsequenzen (z. B. Wissen, Meinungen, Verhalten) positiv als nützlich, wertvoll, richtig und negativ als Fehlinformation, falsche Information oder Desinformation bestimmt werden. Unter diesem Aspekt erscheint Kommunikation (als Handlungszusammenhang bzw. Prozess) als Basis und Voraussetzung von Information als deren explizitem und implizitem Inhalt (Informationsgehalt, → Medieninhalte, → Aktualität).

In diesem Bedeutungsspektrum wird seit Mitte und besonders am Ende des 20. Jahrhunderts unter dem Eindruck der nachrichten- und medientechnologischen Entwicklungen (Digitalisierung, Medienkonvergenzen, Multimedia) eine ganze Ära als Informationszeitalter auf den Begriff gebracht. Plausibel ist das aber nicht allein, weil Information in allen ihren medialen Realisierungsformen endgültig als Ware und Dienstleistung verfügbar wird. Schlüssig ist das auch nicht nur, weil Informationstechnologien und IT-Lösungen ubiquitär die Arbeitswelt, Haushalte und Freizeit durchdringen oder über den „*information superhighway*" (Al Gore) jeder mit jedem global vernetzt und instantan in (kommunikative) Beziehungen treten oder Auskunfts-, Buchungs-, Reservierungs- oder Informationssysteme nutzen kann.

Die Rede vom Informationszeitalter ist dadurch begründet, dass Information als Quelle, Motor und Produkt sozialer, kognitiver, biologischer und physikalischer Prozesse erkannt worden ist, und aus dieser Einsicht durch verändertes Handeln neue Wirklichkeiten, wie die Netzwerkgesellschaft (Manuel Castells) mit ihrer spezifischen Netzökonomie (Kevin Kelly), entstehen. Auf dem Weg dahin hat der Informationsbegriff zahlreiche Wandlungen, Differenzierungen und Spezialisierungen erfahren.

Geschichte/Entwicklung

Das lateinische Verbum ‚informare' für ‚formen', ‚gestalten', ‚bilden', ‚unterrichten', ‚darstellen', auch ‚sich denken', ‚vorstellen' und das Substantiv ‚informatio' für ‚Vorstellung' haben ihrerseits etymologische und ideengeschichtliche Wurzeln in der griechischen Antike. In ihren Bedeutungen stehen sie in Beziehung mit den griechischen Begriffen Topos, Morphe und Eidos/Idea (Capurro 1978). So wird ein breites Bedeutungsfeld aufgespannt, von ‚Vorbild' (ethisch, pädagogisch), ‚Gestaltung' (organologisch), ‚Eingravierung' (artifiziell), ‚Einprägung' einer Lehre, ‚lernen', ‚überreden' (pädagogisch), über ‚lebhafte Beschreibung' eines Gegenstandes bzw. der Wesensart einer Person bis hin zu ‚Vorstellung' von den äußeren Gestalten bzw. des Wesens der Gegenstände (epistemologisch). Im Mittelalter setzt sich die aristotelische, erkenntnistheoretische und pädagogische Lesart des Informationsbegriffes durch und geht in der Neuzeit, insbesondere seit dem 17. Jahrhundert, als Begriff für die Wissensermittlung (juristisch) in die Umgangssprache ein.

Es waren von Beginn an technologische Interessenlagen, die zu einer wissenschaftlichen Thematisierung und Theoretisierung des Informationsbegriffs bzw. zu Versuchen geführt haben, die ‚Natur' der Information aufzuklären. Wesentlich sind dafür zunächst die Erkundungen von *Samuel E. Morse* (1842) zur relativen Häufigkeit der einzelnen Buchstaben in der alltäglichen Schrift, um diese für das Design seines Kodierungssystems zu nutzen. Er ebnete damit einer quantitativen Bestimmung von Signalqualitäten den Weg.

Dieser wurde rund 90 Jahre später von *R. V. L. Hartley* (1928) konsequent weiter beschritten, der eine erste mathematische Explikation zum Informationsbegriff vorlegte. Er definierte den Informationsfluss einer Nachrichtenquelle als die Anzahl der Ja/Nein-Entscheidungen, die benötigt wird, um die von der Quelle ausgesandten Zeichen zu identifizieren.

Daran knüpfte *Claude Shannon* (1949) mit seiner mathematischen Kommunikationstheorie an, die später als mathematische Informationstheorie einen bis heute gültigen Standard setzte. Dem liegen statistische Aussagen zur Häufigkeit, Wahrscheinlichkeit/Unwahrscheinlichkeit und zur Freiheit der Zeichenauswahl zu Grunde: „Information ist ein Maß für die Freiheit der Wahl, wenn man eine Nachricht aus einer anderen aussucht. [...] Der Betrag der Information ist im einfachsten Fall definiert als der Logarithmus der Anzahl der Wahlmöglichkeiten" (Shannon/ Weaver 1976: 18). Der Informationsbetrag hängt dann also von der Auftretenswahrscheinlichkeit eines Zeichens ab, von seinem Überraschungs- oder Neuigkeitswert. Shannon stellt eine Analogie zur Thermodynamik her, indem er den Zustand der Gleichwahrscheinlichkeit des Auftretens jedes Zeichens eines Repertoires als maximale Unordnung oder Vermischung dieser Zeichen betrachtet, d. h. als Zustand maximaler Entropie.

Durch diesen Schritt wird Information als physikalischer Ordnungs- oder Strukturierungsfaktor eingeführt. Von hier aus nehmen die Diskussionen über Information als dritte physikalische Grundgröße neben Materie und Energie ihren Ausgang.

In den Sozialwissenschaften ist die mathematische Informationstheorie, von wenigen Ausnahmen abgesehen, nur metaphorisch adaptiert worden und hat zu der Einsicht geführt, dass Information Unsicherheit reduziere (*Alphons Silbermann*). Kommunikationswissenschaftlich bedeutender ist allerdings der Umstand, dass die mathematische Kommunikations-/Informationstheorie mit ihrem Grundmodell bis heute irrtümlicherweise als Theorie menschlicher Kommunikation (und nicht nur als nachrichtentechnische Theorie der Signalübertragung) diskutiert wird. Diesem Missverständnis hat *Warren Weaver* durch seine kommunikationstheoretische und semantische Interpretation der Informationstheorie (die Shannon ausdrücklich ablehnte) massiv Vorschub geleistet. Erst die kognitive und – wie man heute sagen kann – auch die systemische Wende in den Sozialwissenschaften hat die Bedeutung des Sender-Empfänger-Modells für menschliche Kommunikation deutlich relativiert.

Forschungsstand

Aktuell lassen sich im wissenschaftlichen Diskurs (Mutschler 2004) mindestens sechs Informationsbegriffe unterscheiden:

- der nachrichtentechnische Informationsbegriff, im Wesentlichen durch den Shannon/Weaver-Ansatz repräsentiert;
- der sprachwissenschaftliche Informationsbegriff, der Information jeweils auf syntaktischer, semantischer und pragmatischer Ebene ansetzt;
- der kybernetisch-konstruktivistische, der vor allem mit Bezug auf die Kybernetik 2. Ordnung (*Heinz von Foerster*) durch den Vorschlag *Gregory Batesons* bestimmt ist, dass „Informationen [...] aus Unterschieden [bestehen], die einen Unterschied machen" (Bateson 1982: 123) (→ Konstruktivismus);
- der kulturalistische Informationsbegriff *Peter Janichs*, der Information an Vollzüge, Ziele und Ergebnisse menschlicher Handlungen bindet;
- der naturwissenschaftliche Informationsbegriff etwa *Carl Friedrich von Weizsäckers*, der Information als den zentralen physikalischen Grundbegriff betrachtet mit entsprechenden Implikationen etwa auch für die Biologie (z. B. genetische Information);
- der medien-/kommunikationswissenschaftliche Informationsbegriff, der

teils unter dem Eindruck medienpolitischer und gesetzlicher Vorgaben steht. Hier wird Information als Metagenre verstanden, von dem Bildung und Unterhaltung (gemäß Programmauftrag) unterschieden werden.

Bewertung

Die Unterschiedlichkeit der wissenschaftlichen Begriffsbildung zum Konzept der Information hat zwar selbst hohen Informationswert, lässt den Begriff aber als Schlüsselbegriff unseres Zeitalters weniger tauglich erscheinen. Entgegen dem nachrichtentechnischen und naturwissenschaftlichen Informationsbegriff betonen systemische, kybernetische und konstruktivistische Ansätze gerade die Relativität und Subjektivität von Information, abhängig vom jeweiligen Information konstruierenden System und dessen Wahrnehmungs-, Wissens- und Verarbeitungsvoraussetzungen (z. B. von Entwicklungs- und Lernfortschritten, Befindlichkeiten, Kontexten). Was für den einen neu und unerwartet, also informativ sein mag, kann für den anderen redundant sein.

Welche Veränderungen oder Unterschiede ein Beobachter aufgrund seiner eigenen Sensibilität und Erfahrung registriert, und welche Unterschiede die Beobachtung dieser Veränderungen für ihn ausmacht (Gregory Bateson), ist eine Frage, die nicht durch eine quantitative Analyse der Auftretenswahrscheinlichkeiten von Ereignissen allgemein beantwortet werden kann. Es ist deshalb sicher zu erwarten, also keine Information, dass die Informationstheorie nicht auf dem derzeitigen Stand verbleibt.

Literatur

Bateson, Gregory (1982): Geist und Natur, Frankfurt/M.

Capurro, Raphael (1978): Information, München u. a.

Mutschler, Hans Dieter (2004): Thema „Information", www.forum-grenzfragen.de (Stand: 28.9.2004).

Shannon, Claude/Warren Weaver (1976): Mathematische Grundlagen der Informationstheorie, München.

Gebhard Rusch, Siegen

Informationsfreiheit

→ Kommunikationsfreiheit

Informationsgesellschaft

→ Information

Informations-Journalismus

Definition/Begriffsbestimmung

Informations-Journalismus ist das älteste Berichterstattungsmuster. Es war und ist prägend für den modernen Journalismus und lässt sich auf drei Ebenen analysieren:

- der gesellschaftlichen Makroebene: Die Funktion von Informations-Journalismus ist es, nach bestimmten Mustern Themen zur öffentlichen Kommunikation her- und bereitzustellen und damit eine weitgehend konsentierte Wirklichkeit in einer Gesellschaft zu konstruieren;
- der Mesoebene der Organisation: Informations-Journalismus hat sich Mitte des 19. Jahrhunderts, im Zuge der industriellen Revolution, ausdifferenziert. Die publizistischen Leistungen wurden primär von den damals entstehenden → Nachrichtenagenturen und der Massenpresse übernommen;
- der Mikroebene der Darstellungsformen: Informations-Journalismus wird vornehmlich in den journalistischen Genres → Nachricht und Bericht realisiert (→ Mediengattungen).

Auf der *Makroebene* geht es um → Journalismus als ein soziales System (→ Systemtheorie). Journalismus als soziales System (Blöbaum 1994) beobachtet Gesellschaft, selektiert Informationen aus den gesellschaftlichen Subsystemen, bearbeitet diese nach eigenen Regeln, Standards und Routinen und stellt sie in publizistischen Produkten (z. B. Tageszeitungen, Zeitschriften, Hörfunk- und Fernsehprogrammen) der öffentlichen Kommunikation zur Verfügung. Dieser professionalisierte Kommunikationsprozess ist in modernen Wissens- und Informationsgesellschaften elementar und unverzichtbar, um Gesellschaft zu integrieren, sie im wahrsten Sinne des Wortes zusammenzuhalten.

Massenmediale → Kommunikation konstruiert Wirklichkeit als ein verbindliches Modell, auf das die Mehrzahl der Mitglieder einer Gesellschaft verpflichtet ist. Medienkommunikation vermittelt in diesem Sinne gesellschaftliche Werte und Normen und bildet diese wiederum im eigenen System ab. So sind die normativen Anforderungen, die unter diesem Fokus an Journalismus gestellt werden: Information, Kritik und Kontrolle sowie – damit wird es problematisch – → Unterhaltung.

Über Informations-Journalismus wird vor diesem Hintergrund in der Regel nicht ohne Bewertung diskutiert. Er gilt als das grundlegende Berichterstattungsmuster, dem unter den Prämissen der Wahrheit, der Objektivität, Neutralität und damit → Glaubwürdigkeit vor anderen publizistischen Formen (z. B. → Werbung, → Public Relations) der Vorzug zu geben ist: Der Informations-Journalismus „ist als Grundprinzip der Nachrichtengebung für das heterogene Publikum des internationalen Nachrichtensystems wie auch für die nationalen Mediensysteme bestimmend geblieben. Das Konzept selbst ist vermutlich nach wie vor bei Journalisten und Publikum weitgehend konsentiert, auch wenn die konventionellen journalistischen Schemata zunehmend in Frage gestellt werden.“ (Schmidt/Weischenberg 1994: 231).

Durch Informations-Journalismus werden *Themen* (das, worüber – sachlich abgegrenzt – in einer Sequenz kommuniziert wird), *Mitteilungen* (Aspekte, die zur Weiterkommunikation anregen) und *Informationen* (das jeweils ‚Neue') aktuell und sinnvoll (anknüpfend an das kulturelle Potenzial oder ‚Gedächtnis' einer Gesellschaft), öffentlich und kontinuierlich verbreitet (Rühl 1999: 11). Informations-Journalismus soll intersubjektiv eine konsensfähige (soziale) Wirklichkeit konstruieren. Er kann dies nur leisten, wenn er sich von seinen Gegenstandsbereichen, also den beobachteten Ereignissen, distanziert. Normen wie Wahrheit oder → Objektivität bleiben dabei abstrakt; operationalisierbar hingegen sind relative Begriffe wie Relevanz, Verlässlichkeit, Richtigkeit und Nützlichkeit.

Um diese Maxime angesichts der Vielzahl der Ereignisse und Themen erreichen zu können, hat sich der Informations-Journalismus professionalisiert, d. h. intersubjektive Prinzipien geschaffen, nach denen er Material auswählt und bearbeitet. Wesentliches Kriterium ist der *Nachrichtenwert* (Schulz 1990): Wie nah oder fern (geografisch und emotional) ist ein Ereignis, über das berichterstattet werden soll? Sind Prominente auf kuriose Weise betroffen? (→ Nachrichten-Selektion)

Auf der *Mesoebene* der Analyse wird Informations-Journalismus in Märkten und Organisationen fokussiert. Informationen sollen aus einer Vielzahl von möglichen Ereignissen sinnvoll, d. h. mit Rücksicht auf die kulturellen Hintergründe einer Gesellschaft so ausgewählt werden, dass sie eine Vielzahl von Gesellschaftsmitgliedern (quantitativ) erreichen. Neben diesen sozialpolitischen Aspekt tritt auch ein ökonomischer: Informations-Journalismus ist teuer; also ist der Einsatz der Mittel unter Effizienz- und Effektivitätskriterien abzuwägen. Informations-Journalismus bewegt sich zwar – was sich auch an den obigen Ausführungen zeigt – im ideellen Bereich; realisiert wird er allerdings im materiellen, d. h. ökonomischen Feld.

Im Zuge der Industrialisierung und der Ökonomisierung des bis Mitte des 19.

Jahrhunderts schriftstellerischen → Journalismus entstanden Organisationen, die aufgrund ihrer arbeitsteiligen Struktur geeignet waren, Informationen in Masse zu bearbeiten. „Aussagenentstehung ist seitdem eben nicht das Werk einzelner ‚publizistischer Persönlichkeiten', sondern das Ergebnis komplexer Handlungsabläufe in durchorganisierten Redaktionssystemen." (Weischenberg: 2002: 112)

Organisationen wie → Nachrichtenagenturen, Verlage, Hörfunk- und Fernsehstationen stellen (ökonomische) Ressourcen zur Verfügung, damit das Konzept des Informations-Journalismus marktgerecht umgesetzt werden kann: Geld, Personal, Zeit und technische Infrastruktur müssen so eingesetzt werden, dass mit möglichst wenig Aufwand eine Vielzahl von Informationen an ein quantitativ großes, heterogenes und damit (qualitativ) unüberschaubares Publikum vermittelt werden kann.

Auf der *Mikroebene* der Analyse wird Informations-Journalismus als eigenes Genre betrachtet. Um effektiv mit einem dispersen Publikum zu kommunizieren, sind Schemata nötig, die intersubjektiv Erwartungen fixieren, nach denen Informationsproduzenten handeln und Rezipienten Informationen auswählen und verarbeiten können. Herausgebildet haben sich in den vergangenen Jahrhunderten diverse journalistische Genres (→ Mediengattungen): die Meldung, die Nachricht und der Bericht sind die für Informations-Journalismus prägenden. Jeder journalistische Lehrling lernt den Nachrichtenaufbau der umgekehrten Pyramide: Im Vorspann werden die wichtigsten W-Fragen beantwortet. Meinung und Bewertung sind ausgeschlossen, wesentlich sind Daten und Fakten (→ Nachricht/Bericht).

Grundlage aller Darstellungsformen ist die → Recherche: Ohne die sorgfältige, vollständige und überprüfende Sammlung von Informationen ist keine journalistische Form möglich.

Geschichte/Entwicklung

Informations-Journalismus im Sinne von Nachrichtenübermittlung ist die erste und seit dem 17. Jahrhundert vorherrschende Form des Journalismus (Blöbaum 1994: 138 ff.). Erst in den Zeitungen des 20. Jahrhunderts bildet sich eine breitere Palette an Darstellungsformen heraus, zugleich mit der Ausdifferenzierung der Ressorts (z. B. die Kritik im Feuilleton). In den ersten periodisch erscheinenden Zeitungen werden die Meldungen in der Reihenfolge veröffentlicht, in der sie in der Druckerei eintreffen; sie halten sich inhaltlich streng an die Chronologie der Ereignisse – eine Gewichtung nach den W-Fragen wie im modernen Nachrichtenjournalismus ist frühestens ab Mitte des 19. Jahrhunderts zu beobachten (ebd.: 140). „Die moderne Form der Nachricht entsteht in dieser Phase. Bei der Analyse der Nachrichten sind zu beachten: der formale Aufbau, die Gliederung der Information und die allgemeine Funktion (Nachricht als Vermittlung von Neuigkeiten)." (ebd.)

Die Nachricht besitzt seit dieser Zeit wesentliche Funktionen: aktuell, d. h. inhaltlich relevant und zeitnah, zu berichten, um – ganz im Sinne der Aufklärung – sachlich und nicht-bewertend Wissen und Informationen zu vermitteln, damit sich der Leser selbst eine Meinung bilden kann. Der Informations-Journalismus entwickelte hierfür unterschiedliche Programme, die bis heute bestehen und gültig sind:

- Die Organisationseinheiten Redaktion, Ressort und Rubrik kanalisieren den Informationsfluss;
- Textformen und Techniken (Nachricht, Bericht, Interview, Reportage etc.) präsentieren die Informationen;
- Programme zur Generierung und Sammlung von Informationen (z. B. Recherche);
- Selektions- und Prüfprogramme zur Auswahl und Kontrolle der Informatio-

nen nach den Kriterien richtig/falsch oder wahr/unwahr (ebd.: 220 f.).

Perspektiven der Forschung

Generell ist zu konstatieren, dass ein Gesamtbild des Forschungsstandes zum Thema Informations-Journalismus nur aus einer Vielzahl von Forschungsrichtungen (vor allem Kommunikator- und Publikumsforschung) und Studien (z. B. Inhaltsanalysen zur Konvergenz im dualen Rundfunksystem) generiert werden könnte; es gibt keine Studie, die einen vollständigen State-of-the-art-Bericht des Informations-Journalismus bietet. Im Gegenteil: Journalismus als Informationsvermittler wird als feste Größe vorgegeben, aber selten problematisiert. Daher sollen deshalb die wesentlichen Aspekte beschrieben werden, die im Zentrum der Forschung stehen könnten. Auf der *Makroebene* ließe sich fragen:

- Ist der sehr selektiv vorgehende und sachliche Informations-Journalismus nicht ein Idealtypus, der so nicht realisierbar und auch nicht wünschbar ist?
- Lässt sich die Komplexität der Welt auf die wesentlichen W-Fragen reduzieren?
- Ist eine so verstandene → Objektivität nicht eine Utopie?

Insbesondere im Zusammenhang mit internationalen Krisen- und Kriegssituationen der vergangenen Jahrzehnte (→ Krisenkommunikation) sind diese Fragen fokussiert worden: Informations-Journalismus – so der Vorwurf – ziehe sich auf das Quantifizierbare und Verifizierbare zurück; unter Ausblendung von Ursachen, Interpretationen und auch Emotionen nenne er Daten, Zahlen und Fakten. Er bleibe damit oberflächlich und zeichne grob eine Wirklichkeit, die es so nicht gebe (Weischenberg: 2002: 113).

Fruchtbare Ansätze auf der *Mesoebene* bieten Beiträge zur → Medienökonomie sowie Studien zu Fragen der → Qualität und Ethik im Journalismus (→ Medienethik). Informations-Journalismus muss sich in Märkten durchsetzen. Der ökonomische Druck hat zugenommen. Der Werbemarkt ist konjunkturabhängig (derzeit schwach) und reduziert die Einnahmen der Medienorganisationen. Die ökonomischen Strategien zwingen die Hersteller von Informations-Journalismus verstärkt auf Quote und Reichweite zu schauen. Die zunehmende Kommerzialisierung und Boulevardisierung implizieren, dass Informations-Journalismus höchstens in Form von Infotainment eine Zukunft hat. Gleichzeitig wächst im Rezipientenmarkt das Bedürfnis nach Orientierung, nach Service und Ratschlag. Im Prozess des lebenslangen Lernens kann Informations-Journalismus als Very-special-Interest- oder Fachjournalismus seine Zukunft finden.

Informations-Journalismus auf der *Mikroebene* findet sich in Hand- und Lehrbüchern zur journalistischen Praxis wieder (z. B. Dulisch 1998). In Programmen der journalistischen Aus- und Weiterbildung stehen die Genres des Informations-Journalismus – Meldung, Nachricht, Bericht – ganz oben auf der Agenda. Sie gelten als Grundlage für alle anderen Formen, gleichgültig ob in Print-, audiovisuellen oder Online-Medien.

Informations-Journalismus steckt in einem Dilemma: Einerseits kann er mit seinen prägnanten Darstellungsformen schnell, interessenunabhängig und übersichtlich informieren – angesichts der sinkenden Mediennutzungszeit für Qualitätsmedien und der Präferenzen des Publikums ist dies mehr denn je gefordert. Andererseits leistet er damit einer Oberflächlichkeit Vorschub, die in der so genannten „McDonaldisierung“ (Weischenberg: 2002: 330 ff.) gipfelt: Fast-Food-Journalismus, basierend auf Fakten, Fakten, Fakten!

Aufgrund des Vorwurfs der Oberflächlich- und Langweiligkeit haben sich Gegenmodelle zum Informations-Journalismus entwickelt (z. B. → Investigativer Journalismus oder → New Journalism); ob sie den Informations-Journalismus ersetzen oder ihn lediglich ergänzen, wird die Journalistik zu beobachten haben. Diese relativ neuen Journalismusmodelle kommen aus Amerika und verdrängen zunehmend das in Deutschland nach dem Zweiten Weltkrieg eingeführte angelsächsische Prinzip der Trennung von Nachricht und Meinung.

Internationale Bezüge

Informations-Journalismus ist ein international akzeptiertes Muster. Deutlich war dies im Zusammenhang mit der Berichterstattung über den Anschlag des 11. September 2001 in New York zu sehen: weltweit auf allen Zeitungstitelseiten des nächsten Tages dasselbe Thema mit den gleichen Bildern. Informations-Journalismus bietet im Zuge der Globalisierung der Ereignisse, aber auch im Zuge der Internationalisierung des Journalismus eine Plattform und damit konsentierte Strukturen, auf deren Basis in hohem Maße kulturunabhängig und professionell Nachrichten ausgetauscht und bearbeitet werden können.

Die → Nachrichtenagenturen sehen dies seit etwa 1850 als ihre vornehmliche Aufgabe. Vor allem sie berichten über politische und wirtschaftliche Prozesse, die weltweit miteinander verknüpft und nicht national isoliert vorstellbar sind. Die Aufgabe von Informations-Journalismus ist es, diese internationalen Prozesse zu beobachten und öffentlich zu kommunizieren; zu seinen Sekundärleistungen gehört es auch, die Ereignisse einzuordnen und in nationale Zusammenhänge zu stellen.

Diese Leistung wird dadurch erleichtert, dass es Schlüsselbilder gibt, die bestimmte Prozesse und Ereignisse – international konsentiert – symbolisieren (Ludes 2001). Informations-Journalismus arbeitet sehr stark mit diesen Leit- und Schlüsselbildern (*key visuals*). So werden die (visuellen und verbalen) Darstellungen von Staatsbesuchen und Konferenzen beispielsweise fokussiert auf die Präsentation von Fahnen und Händeschütteln der Politiker (→ Visualisierung).

Ausblick

Informations-Journalismus hat kein gesellschaftliches und publizistisches Primat (mehr). Zum einen agieren konkurrierende Formen erfolgreich im Markt; zum anderen haben sich die gesellschaftlichen Bedingungen und Anforderungen verändert: Informationen als objektive Fakten haben ihren generalisierenden, normativen und normierenden Charakter verloren. Information ist das, was auch und gerade emotional zum Leben passt, und nicht nur das, was kognitives Wissen erweitert. Soziologen konstatieren, dass sich dieses Leben individualisiert (hat); dies ist in demografischer (mehr Single-Haushalte) und sozialpsychologischer Hinsicht (geringere Solidarisierung) beobachtbar.

Informations-Journalismus wandelt sich vor diesem Hintergrund zum Service-, Ratgeber- und Orientierungs-Journalismus. Informationen werden stärker denn je nach ihrem (ökonomischen und sozial-psychologischen) Nutzwert für den Einzelnen oder Gruppen von Rezipienten bewertet und ausgewählt. Es findet eine Ausdifferenzierung der journalistischen Angebote statt (z. B. Special-Interest- und Fachzeitschriften). Informations-Journalismus in diesem Verständnis wird entmystifiziert und entideologisiert und stattdessen ökonomisiert und banalisiert.

Hinzu kommt, dass neben den Journalismus weitere professionelle und semiprofessionelle Informationsanbieter getreten sind: die → Public Relations beispielsweise. Transportiert über das Medium → Internet finden die vermittelten Informationen ein wachsendes Publikum.

Aufgrund der beschriebenen Entwicklungen und Einflussgrößen ist zu fragen, ob Informations-Journalismus tatsächlich für die Zukunft das mehrheitlich angestrebte Berichterstattungsmuster bleibt – oder ob er als antiquiert in den Geschichtsbüchern des Journalismus verschwinden wird.

Literatur

Blöbaum, Bernd (1994): Journalismus als soziales System, Opladen.
Dulisch, Ralf (1998): Schreiben in Werbung, PR und Journalismus, Opladen/Wiesbaden.
Ludes, Peter (2001): Multimedia und Multi-Moderne: Schlüsselbilder, Wiesbaden.
Rühl, Manfred (1999): Publizieren, Opladen/Wiesbaden.
Schmidt, Siegfried J./Siegfried Weischenberg (1994): Mediengattungen, Berichterstattungsmuster, Darstellungsformen, in: K. Merten et al. (Hrsg.): Die Wirklichkeit der Medien, Opladen: 212-236.
Schulz, Winfried (1999): Die Konstruktion von Realität in den Massenmedien, 2. Aufl., Freiburg/München.
Weischenberg, Siegfried (2002): Journalistik, Bd. 2, Wiesbaden.

Beatrice Dernbach, Bremen

Inhaltsanalyse

→ Methoden der Kommunikationsforschung

Innere Pressefreiheit

→ Kommunikationsfreiheit

Internationale Kommunikation

Definition/Begriffsbestimmung

Die Kommunikationswissenschaft fasst unter ‚internationale Kommunikation' ein heterogenes Forschungsfeld, das sich vornehmlich folgenden Gegenständen widmet:

- dem Staaten übergreifenden Vergleich von Rundfunk-, Fernseh- und Mediensystemen,
- den Formen, Funktionen und Effekten von Kommunikation zwischen Staaten einschließlich Propaganda,
- dem internationalen Journalismus,
- der internationalen Nachrichtenberichterstattung,
- der → Auslandsberichterstattung,
- den Programm- und Informationsflüssen,
- der Rolle von supranationalen Organisationen auf Kommunikation in und zwischen Staaten
- sowie den kommunikativen Aspekten der Globalisierung.

Damit wird der Ausdruck ‚internationale Kommunikation' im Zusammenhang mit vielfältigen Kommunikationsvorgängen aus Politik, Wirtschaft und Gesellschaft gebraucht: vom diplomatischen Kamingespräch, der → Kriegsberichterstattung, der täglichen Nachrichtenberichterstattung über Geschehen in und aus anderen Ländern, dem Informationstransfer auf dem globalen Börsenparkett bis hin zum Einfluss internationaler Medien und → Mediensysteme.

In einem engen Sinne bezieht sich der Begriff allein auf Kommunikationsvorgänge bei der Herstellung von Beziehungen zwischen Nationen (Faul 1990: 145). *Transnational* sind Kommunikationsprozesse dann zu nennen, wenn es um den Aufbau von Strukturen geht, die „von nationalen Verhältnissen und Beziehungen abstrahiert [...] zu bezeichnen wären" (ebd.). Mithin bezieht sich die erste Definition auf die Integration nationaler Verschiedenartigkeit im Sinne von wechselseitigen und reflexiven Austauschprozessen, während die zweite Definition auf „die Schaffung von Neuem (Institutionalisiertem) unter Assimilierung differenzierter Strukturen" (Kriener/Meckel 1996: 12) abhebt.

Eine weitere, ergänzende Unterscheidung ist zu treffen, wenn das Suffix ‚-kultur' das Suffix ‚-national' ersetzt (inter*kulturell*, trans*kulturell*). Kultur als Programm der Gesellschaft dient der komplexen und zugleich dynamischen Kodierung von Koordinierungs- und Koorientierungsschemata (Schmidt 1994: 84 f.). Eine zentrale Komponente dieser Dynamik und damit des Wandels ist die Beobachtung von Eigenarten, Besonderheiten und Differenzen von und zu Kulturprogrammen anderer Gesellschaften. In diesem Sinne sollte, wenn nicht auf die klassische Trias der Nation – Volk, Staat, Gebiet – Bezug genommen wird, von interkultureller bzw. transkultureller Kommunikation die Rede sein.

Geschichte/Entwicklung

Bereits Ende der 60er Jahre führte die UNESCO eine eindringliche Diskussion um die Bedingungen und Strukturen der internationalen Nachrichtenberichterstattung. Debattiert wurde einerseits die unterstellte einseitige negative Berichterstattung westlicher Medien über Entwicklungsländer, andererseits die Kontrolle des internationalen Informationsmarktes durch Nachrichtenagenturen westlicher Industriestaaten. Die Forderung einiger Entwicklungsländer nach einer *New World Information and Communication Order* koppelte sich zugleich eng an die Revision der globalen Wirtschaftsstrukturen.

Demgegenüber forderten die Entwicklungsländer – insbesondere von den dominierenden westlichen Nachrichtenagenturen – mehr Berichte über entwicklungspolitische Problematiken, deren Hintergründe und Lösungsperspektiven – selbst unter dem Preis einer Einschränkung der freien Informationswahl der Nachrichtenjournalisten. Kurz: Man wollte die Welt aus der eigenen Perspektive informieren und mit dieser Art des Zugangs zu Medieninhalten für internationale Verständigung sorgen.

1976 diskutierte die UNESCO-Konferenz in Nairobi die *Neue Weltinformationsordnung* und beauftragte den ehemaligen irischen Außenminister *Sean MacBride* als Vorsitzenden einer Kommission zur Ausarbeitung eines empfehlenden Berichts. Der 1980 veröffentlichte UNESCO-Bericht der „MacBride-Kommission" („Many Voices, One World") forderte eine der Moralität verpflichtete internationale Nachrichtenberichterstattung. Die zentrale Formulierung des Berichts liest sich als *balancierte* Informationsordnung.

Diese balancierte Informationsordnung wurde in der Folge Gegenstand einer der heftigsten politischen Debatten innerhalb der UNESCO. Während diese sich weitgehend in unilateralen Einflussstrukturen bewegen und/oder eng an ökonomische Dependenzmodelle halten (z. B. die G8-Charta aus dem Jahr 2000), konzentrieren sich jüngere, nicht zuletzt durch die Globalisierungsdebatte angeregte theoretische Zugänge auf komplexere Zusammenhänge und Prozesse.

Schon in der Auseinandersetzung um eine *Neue Weltinformationsordnung* finden sich im Feld der Medienkommunikation erste Ansätze einer ‚*Amerikanisierungs*'-Diskussion. Gegenwärtig trifft der Amerikanisierungsbegriff in der öffentlichen Debatte unter dem Signum des Kulturtransfers zumeist im Wahlkampfkontext neue, gleichfalls scharfe Akzente (→ Wahlforschung).

Nach der *Modernisierungsthese* sind Form und Agens der politischen Selbstdarstellung und Medienberichterstattung aber nicht Ausdruck und Horizont einer ‚Amerikanisierung', sondern Effekt und Faktor einer weitläufigeren sozialen Differenzierung. Als zentrales Merkmal dieser Modernisierung ist die ständig zunehmende gesellschaftliche Komplexität zu nennen.

Das Konzept der *kulturellen Homogenisierung* (manchmal auch: Standardisierung) schließlich geht davon aus, „dass es einen symmetrischen und freien Austausch von Werten, Normen und Praktiken zwischen verschiedenen Kulturen gibt" (Donges 2000: 36). Im Wahlkampfkontext beispielsweise würden die Akteure nicht, wie es der Amerikanisierungsbegriff impliziert, amerikanische Praktiken und Methoden eins zu eins kopieren; vielmehr würden sie sich verschiedenen Quellen zuwenden. Dabei dominiert nicht die Imitation (Amerikanisierung) oder die Adaption an weitläufigere soziale und gesellschaftliche Prozesse (Modernisierung), sondern der multilaterale, wechselseitige Transfer von Handlungslogiken. In der Folge eines permanenten Transfers von erfolgreichen Handlungslogiken sei schließlich ein allgemeiner Homogenisierungs- oder eben Standardisierungsprozess zu verzeichnen. In allen Fällen fungieren die Medien mindestens als Plattformen, manchmal als Katalysatoren dieser Prozesse.

Zentral für den Begriff der *Globalisierung* ist für die meisten Kommentatoren die Annahme eines sich auf der Grundlage von Deregulierung und Liberalisierung beschleunigenden Prozesses ökonomischer Interdependenzen, der etablierte gesellschaftliche Steuerungsmechanismen (vor allem: Volkswirtschaft, Nationalstaat) dem Anpassungsdruck einer neuen, nun globalen Ökonomie aussetzt. Voraussetzung für diesen Trend sind die Entwicklungen der Informations- und Kommunikationstechnologien (→ Medientechnik). Sie erlauben es, Raum- und Zeitdifferenzen zu minimieren, und machen damit Dienstleistungstechnologien möglich, mit denen hoch komplexe Kommunikations-, Produktions- und globale Vermarktungspotenziale gesteuert und geldwirtschaftlich gesichert werden können.

Allgemeine Annäherungen an den Meta-Begriff Globalisierung betonen zumeist den Bedeutungsverlust geografischer Zuschreibungen und Abgrenzungen sowie der damit verbundenen Konsequenzen für Gesellschaften oder Gemeinschaften (Meckel 2001: 23). Auch beschränken sich zahlreiche Überlegungen zum Globalisierungsbegriff auf ökonomische Veränderungsprozesse. Den überzeugendsten Versuch, den Begriff systematisch und differenzierter zu operationalisieren, hat wohl *Ulrich Beck* (1997: 26 ff.) vorgelegt. Er unterscheidet drei Ausprägungen eines Phänomens, das generell unter „Globalisierung" gefasst wird: Globalismus, Globalität und schließlich Globalisierung selbst. Unter *Globalismus* subsumiert Beck zunächst „[...] die Auffassung, daß der Weltmarkt politisches Handeln verdrängt oder ersetzt, d. h. die Ideologie des Neoliberalismus" (Beck 1997: 26). Unter *Globalität* fasst er hingegen die Erkenntnis, dass die Menschen längst in einer Weltgesellschaft leben, „[...] und zwar in dem Sinne, daß die Vorstellung geschlossener Räume fiktiv wird" (ebd.: 28). Drittens schließlich rekurriert Beck auf *Globalisierung* und meint damit „Prozesse, in deren Folge die Nationalstaaten und ihre Souveränität durch transnationale Akteure, ihre Machtchancen, Orientierungen, Identitäten und Netzwerke unterlaufen und querverbunden werden" (ebd.: 28 f.). Der Prozess der Globalisierung beschränkt sich aber nicht auf Grenzüberschreitungen in bi- oder multinationaler Ausprägung, sondern eröffnet mit dem Weltkontext eine völlig neue, von nationalstaatlichen Orientierungen und deren Grenzziehungen abstrahierte Idee, die mehr ist als die Summe aller Teile der bisher erkannten Internationalisierungsprozesse (Meckel 2001: 26).

Damit geht es in dieser Perspektive nicht vorrangig um den optionalen Austausch oder Transfer von Informationen gleichsam als Kulturgüter, die von A nach B ‚transportiert' oder ‚vermittelt' werden; sie impliziert vielmehr die Herausbildung von übergeordneten Strukturen und Funktionalitäten, die mehr sind als lediglich größer dimensionierte und weiter verzweigte Internationalisierungsprozesse.

Fraglich muss dabei bleiben, ob sich, analog zu einer Weltwirtschaftsordnung, eine derartig synergetische Strukturierung grenzüberschreitender Kommuni-kations- und Informationsprozesse in dem seit den 60er Jahren von *Marshall McLuhan* prominent promovierten ‚globalen Dorf' als Ordnungsmodell einer Weltkommunikationsordnung manifestiert.

Forschungsstand

Die Kontroverse um eine *Neue Weltinformationsordnung* lenkte die Aufmerksamkeit der Kommunikationsforschung auch in Europa nachhaltig auf die Thematisierungs- und Darstellungskriterien der internationalen Nachrichtenberichterstattung. Die Tradition dieses empirischen Forschungsschwerpunktes reicht indes weiter zurück an die Wurzeln der internationalen Kommunikationsforschung: Unter dem Eindruck der unverhohlenen Propaganda des Ersten Weltkrieges richtete sich die Aufmerksamkeit der jungen Disziplin ‚Kommunikationsforschung' auf den Einfluss von manifesten Inhalten auf die Konstruktion von Weltbildern (→ Konstruktivismus).

Gleichfalls über US-amerikanische Forschungsanstrengungen erhielt die internationale Kommunikationsforschung vor und nach dem Zweiten Weltkrieg neuen Aufschwung. Dabei erfolgte ein forschungspraktischer Perspektivenwechsel, als man sich nunmehr explizit der Auslandsberichterstattung zuwandte, also Kommunikations- und Informationsprozessen über andere Länder.

In der Retrospektive erscheint es dann durchaus folgerichtig und konsequent, dass sich eine kleinere Studie, die sich mit der Nachrichtenberichterstattung über Vorgänge und Ereignisse in anderen Ländern beschäftigte, für die Kommunikationswissenschaft insgesamt als wegweisend erwies: In „The Structure of Foreign News" formulierten *Johan Galtung* und *Mari Holmboe Ruge* (1965) einen Katalog an Nachrichtenwerten (→ Nachrichtenselektion), der in seiner theoretischen Grundkonzeption beanspruchte, Fokus, Form und Agens von Auslandsberichterstattung zu erklären.

In der Folge wandten sich zahlreiche, meist inhaltsanalytisch-vergleichende Studien den Fragen nach Anlass, Form und Umfang der Auslandsberichterstattung zu. Einer traditionellen Geografie wurde eine *Nachrichtengeografie* gegenübergestellt. Diese Studien korrigierten zunächst den nahe liegenden Vorwurf national-zentristischer Einseitigkeit, als sie zeigten, dass weltweit das Nationale im Nachrichtenfokus stand bzw. steht. Auch ist offenbar nicht nur in Industrieländern die eigene geografische Region der zentrale Bezugspunkt der Nachrichtenberichterstattung. In einer Welt globaler Interdependenzen bleibt es nach derzeitigem Stand der Nachrichtenforschung damit zweifelhaft, ob Nachrichtenmedien über Auslandsberichterstattung nationale Grenzen mehr als nur symbolisch überwinden.

Bereits Mitte der 20er Jahre sprachen sich die Regierungen von → Deutschland, → Großbritannien, → Frankreich und → Italien dafür aus, den Import von Hollywood-Erzeugnissen zu quotieren. In Frankreich dominierte zeitweise sogar die Vorstellung, amerikanischen Filmvertrieben deren Produkte nur im Austausch mit französischen Werken abzunehmen. Das Quotensystem scheiterte schließlich; die Idee aber, die Einfuhr amerikanischer (Pop-)Kultur-Produkte zu limitieren, wird regelmäßig neu thematisiert.

Tatsächlich zeigen Länder vergleichende Programmflussstudien, dass die → USA die deutlich geringsten Programmimportanteile aufweisen und zugleich mit weitem Abstand vor Europa als der größte Fernsehprogrammexporteur fungieren. Umgekehrt machen die Programmanteile Westeuropas und → Lateinamerikas im US-Programmoutput einen verschwindend geringen Anteil aus. Im Ergebnis weisen die Daten – mögen sie jeweils als Momentaufnahmen und in ihrer Vergleichbarkeit teilweise problematisch sein – jedenfalls auf eine eindeutige Tendenz hin: Die internationalen Informations- und Kommunikationsflüsse waren Mitte der 80er Jahre nicht ausgeglichen. Und derzeit ist noch immer davon auszugehen, dass die dargelegten Import-Export-Verhältnisse sich nicht wesentlich geändert haben.

Der Frage, ob ein bestimmtes Programmangebot immer und überall, also auch in unterschiedlichen kulturellen Umfeldern, unter den gleichen Bedingungen und mit den gleichen Wirkungen rezipiert wird, sind verschiedene Studien nachgegangen. Sie zeigen z. B., dass sich das typische amerikanische Fernsehfictionprogramm durch eine ausgeprägte Offenheit und Abstraktion hinsichtlich seines kulturellen Kontextes auszeichnet. Dieses Ergebnis überrascht kaum, da US-Fictionprogramme nicht zuletzt im Hinblick auf den weltweiten Export produziert werden, so dass zugunsten einer *universality of appeal* Abstriche bei der Prägnanz kulturell-kontextueller Kodierungen gemacht werden müssen.

Praktische Konsequenzen/Ausblick

Kulturelle Konflikte sind im Zuge einer Globalisierungsstrategie im Mediensektor dann unvermeidbar, wenn es um die praktische Ausgestaltung von Medieninhalten geht. Die strategischen Ansätze weltweit agierender Unternehmen konzentrieren sich allerdings in der Regel nicht auf das Aushandeln kultureller Differenzen. Die Transkulturalität einer Globalisierung der Medien erschöpft sich zuweilen in der Erkenntnis, dass Medienunternehmen primär die ökonomischen Potenziale ausländischer Märkte im Auge behalten und mit kulturellen Differenzen daher eher adaptiv als konfrontativ umgehen.

Anders verhält es sich mit Medienangeboten, die konkret auf die Aushandlung von kulturellen Differenzen hin angelegt sind wie z. B. der europäische Kulturkanal *Arte* und der Nachrichtenkanal *Euronews*.

Bei der Koordinierung von Steuerungsmechanismen kommen nicht nur die verschiedenen nationalen Kulturen zum Tragen; sie führen in der Regel auch zu Auseinandersetzungen um Einflussgrößen und Entscheidungsspielräume (Beispiel: Fusion *AOL/Time Warner*). Im *Redaktionsprozess* muss eine Reihe zusätzlicher Herausforderungen bewältigt werden. Dazu gehören:

- die Koordination verschiedener thematischer Präferenzen, die aus unterschiedlichen Journalismuskulturen resultieren,
- die Organisation der Sprachtransformation (kulturelle Präferenzen für Synchronisation, Voice-over oder Untertitel)
- und eine Personalführung, die den Besonderheiten internationaler Teams Rechnung tragen muss.

Das *Themenmanagement* unterliegt anderen Voraussetzungen als bei national agierenden Medien und Redaktionen. Wenn französische Winzer aus Protest gegen Billigimporte Wein an der italienischen Grenze ausschütten oder wenn deutsche Umweltschützer gegen Rücktransporte aus der französischen Wiederaufbereitungsanlage *La Hague* protestieren, sieht die nationale Berichterstattung jeweils sehr unterschiedlich aus. Dies setzt voraus, dass differente Sichtweisen mit ihren Auswirkungen auf die journalistische Thematisierung (Platzierung, Länge etc.) redaktionell vermittelt und für die journalistische Umsetzung handhabbar gemacht werden.

Ein Beispiel dafür, wie die konsequente und langfristige Ausrichtung von Medienangeboten als Reaktion auf Globalisierungsprozesse gelingen kann, ist die Angebotspalette des Nachrichtensenders *CNN*, der sich auf den einzelnen regionalen Märkten jeweils eine ökonomisch und publizistisch bedeutsame Position erobern konnte. Die redaktionellen Standards werden dabei immer in der USA-Zentrale in Atlanta gesetzt und bis in jedes Spezial- und Regionalangebote ‚durchdekliniert'. Auch ist *CNN* darauf ausgerichtet, jeweils durch besondere journalistische Reaktionsschnelligkeit einen hohen Aktualitätsstandard zu halten und zu beweisen. Wie dieser Anspruch umgesetzt wird, ist Sache der Journalisten ‚vor Ort'.

Um einzelne Programme in möglichst vielen Ländern verkaufen oder vermarkten zu können und auf diesem Wege die Wertschöpfungskette von Beginn an global anzulegen, folgt der internationale Markt der *Film- und Fernsehproduktion* weitgehend dem Konzept des ‚Formatting': Programme werden in allen Konzeptions- und Produktionsschritten auf transnationale Vermarktung hin angelegt und dabei nach bestimmten, kommerziell Erfolg versprechenden Mustern gestaltet (Beispiel: „I'm a celebrity, get me out of here", „Dschungel-Camp", „Big Brother"). Dies setzt die konsequente Beobachtung und Analyse des internationalen Marktes voraus und schließt die Entwicklung und Adaptionsfähigkeit alter und neuer Formate sowie die Konzentration auf Marketingfragen im redaktionellen Entscheidungsprozess mit ein.

Die Entwicklung von Medienmärkten, medienunternehmerischem Handeln und die Formatierung von Medienprodukten wird wesentlich durch den Globalisierungsprozess geprägt. Er bezeichnet weniger die Aushandlung kultureller Differenzen oder deren Integration im Sinne kommunikativer und organisatorischer Vermittlungsprozesse als die Durchsetzung eines rationalisierten und ökonomischen Prinzipien unterworfenen Denkens und Handelns in allen Medienkontexten. Es ist eben nicht der intensivierte Aushandlungsprozess kultureller Differenzen im Sinne der Interkulturalität, der in Zeiten der Globalisierung im Vordergrund steht, sondern die Frage nach optimalen, grenzüberschreitenden Vermarktungsstrategien.

Insofern haben sich die Schwerpunkte im Themen- und Forschungskontext ‚Internationale Kommunikation' in den vergangenen Jahrzehnten durchaus sichtbar verlagert.

Literatur

Beck, Ulrich (1997): Was ist Globalisierung?, Frankfurt/M.

Donges, Patrick (2000): Amerikanisierung, Professionalisierung, Modernisierung?, in: K. Kamps (Hrsg.): Trans-Atlantik, Trans-Portabel?, Wiesbaden: 27-40.

Faul, Erwin (1990): Europäische Staatenwesen und „Neue Medien" – Neuorientierung oder Desorientierung der Fernsehpolitik, in: Zeitschrift für Kulturaustausch 1990/2: 139-153.

Galtung, Johan/Mari Holmboe Ruge (1965): The Structure of Foreign News, in: Journal of Peace Research 1965/1: 64-91.

Kriener, Markus/Miriam Meckel (1996): Internationale Kommunikation, in: M. Meckel/M. Kriener (Hrsg.): Internationale Kommunikation, Opladen:11-18.

Meckel, Miriam (2001): Die globale Agenda, Wiesbaden.

Schmidt, Siegfried J. (1994): Kognitive Autonomie und soziale Orientierung, Frankfurt/M.

Miriam Meckel, Köln

Internet

Definition/Begriffsbestimmung

Als Internet (Abk. für engl. ‚interconnected network') wird die Gesamtheit aller Netzwerke und Computer bezeichnet, die über das TCP/IP-Protokoll – eine Sammlung von Regeln, die festlegen, wie die Computer untereinander kommunizieren können – erreichbar sind. Viele verschiedene Begriffe werden synonym für ‚Internet' verwendet: z. B. Web, Netz, Online-Medium und World Wide Web. Tatsächlich aber besteht das Internet aus verschiedenen Diensten, die jeweils spezifische Aufgaben erfüllen und von denen das *World Wide Web* nur einer ist.

Zu den wichtigsten Diensten gehören außerdem die E-Mail zum Versenden und Empfangen elektronischer Post, das Usenet, eine riesige Ansammlung von Diskussionsgruppen, die wie Schwarze Bretter organisiert sind, auf denen Diskussionsbeiträge abgelegt werden können, der ICR (Internet Relay Chat), der eine Art Online-Unterhaltung per Computertastatur ermöglicht und FTP (File Transfer Protocol), das den meistbenutzten Standard zur Übertragung von Daten, wie z. B. dem Download von Dateien, darstellt.

Sie alle zusammen machen aus dem Internet insgesamt sowohl ein Dateiübertragungs- als auch ein Informations- und Kommunikationssystem, innerhalb dessen ein nahtloser Wechsel vom einen in den anderen Modus möglich ist.

Das World Wide Web ist der jüngste und zugleich populärste Dienst, der zudem die anderen Dienste integrieren kann. Daher ist fast immer, wenn vom Internet die Rede ist, das World Wide Web gemeint. Auf der Basis dieser Dienste und ihrer Anwendungsmöglichkeiten können rein technisch verschiedene Kommunikationsmodi unterschieden werden (Morris/Ogan 1996: 42 f.):

- die one-to-one asynchrone Kommunikation (E-Mail),
- die many-to-many asynchrone → Kommunikation (z. B. in Usenets),
- die synchrone Kommunikation in Form von one-to-one, one-to-some, one-to-many (z. B. im Chat oder in Multi-User-Dungeons)
- sowie die asynchrone selektionsbasierte Kommunikation in den Ausprägungen many-to-one, one-to-one und one-to-many (z. B. Webseiten und FTP zur Übertragung von Dateien zwischen Rechnern im Internet).

Diese Vielzahl unterschiedlicher Kommunikationsarten erlaubt diverse Nutzungs- und Anwendungsoptionen, die mit keinem ‚klassischen Medium' vergleichbar sind. Dies hat dem Internet auch die Bezeichnung ‚Hybridmedium' eingebracht, weil bis dato getrennte Kommunikationsmodi potenziell miteinander verschmelzen und die Grenzen zwischen *Individual-* und *Massenkommunikation* verwischen lassen.

Geschichte/Entwicklung

Um die Entstehung des Internet ranken sich unzählige Geschichten und technologische Entwicklungsschritte, die sich knapp umrissen auf die folgenden wesentlichen Meilensteine verdichten lassen (www.isoc.org/internet/history/ (Stand: 10.02.2004): Im Jahre 1958 gründete das US-Verteidigungsministerium (Department of Defence) die Forschungsgruppe *ARPA* (Advanced Research Project Agency) als Reaktion auf den ‚Sputnik-Schock' und den vermeintlichen technologischen Vorsprung der UdSSR. Ziel der Forschungen sollte die Entwicklung eines dezentralen Kommunikations- und Informationssystems sein, innerhalb dessen ein Komplettabsturz möglichst ausgeschlossen sein sollte. Das Netzwerk sollte zudem auf bereits vorhandenen Rechnern aufbauen können und einen Datenaustausch zwischen unterschiedlichen Systemen ermöglichen.

Elf Jahre später wurde mit dem ARPAnet schließlich das erste experimentelle Netzwerk in Betrieb genommen, das zunächst aus vier Knoten zwischen den Universitäten von Los Angeles, Santa Barbara, Utah sowie dem *Stanford Research Institute* bestand. 1972 wurde das ARPAnet auf einer Internationalen Konferenz vorgestellt, in deren Folge sich immer mehr Universitäten an das Netzwerk anschlossen, so dass vor allem Wissenschaftler Zugang erhielten. Anfang der 80er Jahre wurde dann mit TCP/IP ein neues Protokoll für den Datenaustausch eingesetzt. Das ARPAnet wuchs so schnell, dass es 1983 in ARPAnet und MILnet (Netzwerk für militärische Informationen) geteilt wurde. Nun kam es zur Einführung des Begriffs ‚Internet' als Bezeichnung für die nunmehr getrennt voneinander weiter wachsenden Teile des ARPAnet und speziell die Netze, die über das TCP/IP-Protokoll kommunizieren. 1990 beschloss die ARPA schließlich das inzwischen äußerst organisations-, pflege- und kostenintensive ARPAnet-Projekt einzustellen.

Bis zu diesem Zeitpunkt war das Internet eine vergleichsweise kompliziert zu bedienende Plattform, die trotz enormer Zuwachsraten nur einer relativ kleinen Gruppe von Wissenschaftlern und dem Militär vorbehalten war. Das änderte sich durch die Arbeit des englischen Physikers *Tim Berners-Lee*, der 1989 während einer Beratungstätigkeit am Kernforschungszentrum CERN in Genf ein globales Hypertext-Projekt vorschlug, das unter dem Namen ,World Wide Web' bekannt wurde. Die konstituierenden Funktionselemente des World Wide Web, die von Berners-Lee entwickelt wurden, sind der Uniform Resource Locator (URL), der gewährleistet, dass alle Dokumente im World Wide Web eine eigene Adresse besitzen und so über das Prinzip des Hypertext miteinander verlinkt werden können, und die *Hypertext Mark-up Language* (HTML), eine vergleichsweise einfach zu schreibende Seitenbeschreibungssprache, auf der die einzelnen Webseiten basieren (www.isoc.org/internet/history/ (Stand: 10.2.2004)).

Die Idee, Texte und Dokumente hypertextuell miteinander zu verlinken, geht auf Überlegungen zurück, die in einem viel zitierten Text des amerikanischen Wissenschaftlers und Roosevelt-Beraters *Vannevar Bush* (1945) veröffentlicht wurden, der als Urvater der Hypertext-Idee gilt. Der Begriff ,Hypertext' wird dem Australier *Ted Nelson* zugeschrieben, dessen Wissensverwaltungs- und Informationsbereitstellungssystem „Xanadu" (www.xanadu.net/) seinen Ursprung in den 60er Jahren hat.

Am 30. April 1993 gab das CERN das World Wide Web und die mit ihm verbundenen Möglichkeiten zur kostenlosen und lizenzfreien Nutzung offiziell frei. Dieser Tag gilt seitdem als Geburtstag des World Wide Web. Damit waren die Grundlagen für ein massentaugliches World Wide Web gelegt, das sich in der Folge durch die Weiterentwicklung einfach zu bedienender Browser – die Software, mit der Webseiten aufgerufen und dargestellt werden und welche die Nutzung mehrerer Internet-Dienste unter einer Benutzeroberfläche erlauben – rasant entwickelte. Seine technischen Eigenschaften und sein Potenzial liegen, auch im Vergleich zu den klassischen Medien, vor allem in den Merkmalen Multimedialität, Selektivität und Interaktivität, Hypertextualität, → Aktualität, Globalität sowie in den unerschöpflichen Speicherkapazitäten.

Forschungsstand

Das World Wide Web im Internet hat sich zu einem gigantischen weltweiten Informations- und Kommunikationsraum entwickelt, in dem sich private Homepages ebenso finden lassen wie kommerzielle Angebote oder Seiten von Bildungs- und Forschungsinstitutionen. Die tatsächlichen Ausmaße des World Wide Web können nur ungenau erfasst werden.

Gleichwohl lassen sich einige zentrale Zahlen und Tendenzen zusammenfassen: Laut dem ,Netcraft Web Server Survey' (http://news.netcraft.com/) existierten im Februar 2004 über 47 Millionen Websites (d. h. Webangebote; die Zahl sagt nichts über die Anzahl der Webseiten aus). Die Zahl der weltweiten Internet-Nutzer, die kontinuierlich wächst, wurde für das Jahr 2002 auf 604 bis 611 Millionen beziffert; Prognosen für 2004 gingen von 709 bis 945 Millionen aus.

Die größte Internetpopulation weisen die Vereinigten Staaten auf; in Europa liegt Deutschland an erster Stelle, gefolgt von Großbritannien und Italien (http://cyberatlas.internet.com/ (Stand: 5.2.2004)). In Deutschland waren 2003 mehr als 50 Prozent der Bevölkerung online; die durchschnittliche Internetnutzung beträgt täglich 45 Minuten. Die häufigste Anwendung ist die E-Mail-Kommunikation. Zu den regelmäßig am meisten aufgesuchten Seiten gehören die der Suchmaschinen, zu den am häufigsten aufgerufenen Inhalten solche zu tagesaktuellen Informationen journalistischer Online-Angebote (van Eimeren et al. 2003). Das Internet gilt damit mittlerweile als Alltagsmedium, das einen festen Platz neben Fernsehen Radio und Printmedien hat.

Neben der (angewandten) Online-Forschung hat der durch die Internetentwicklung angestoßene technische und soziale Wandel alle zentralen Bereiche und Untersuchungsgegenstände der Kommunikationswissenschaft mehr oder weniger nachhaltig erfasst (Löffelholz/Quandt 2003). In fast allen klassischen Forschungsfeldern führte das Thema zur jeweils themen- und gegenstandsspezifischen Beschäftigung (Rössler 2003).

Alle Herangehensweisen basieren freilich im Wesentlichen auf der impliziten oder expliziten Ausgangsüberlegung, welche die Digitalisierung von Daten als Auslöser für Formen von technischer (→ Medientechnik), funktionaler (→ Online-Journalismus, Crossmedia), ökonomischer (→ Medienökonomie), regulativer (→ Medienrecht, Kommunikationspolitik) und rezeptiver (→ Mediennutzung) Konvergenz (Latzer 1997) ausmacht und alle Bereiche der Gesellschaft tangiert. In diesen Kontexten wurden unter dem Schlüsselbegriff ‚Informationsgesellschaft' bereits vor der Verbreitung des Internet die vielfältigen politischen, ökonomischen und sozialen Dimensionen des Wandels von Industriegesellschaften diskutiert.

Die ersten kommunikationswissenschaftlichen Auseinandersetzungen mit dem Phänomen Internet waren vor allem ein definitorisches Ringen um die Frage, ob das Internet als *Medium* (→ Massenmedien) zu begreifen ist oder nicht. Abgeklopft wurden die bisherigen Bestände an Begriffen, Modellen, Theorien, Methoden und sonstigen Wissensbeständen hinsichtlich ihrer Eignung für das ‚neue Medium' (Weischenberg 1998), dessen technische Optionen und Vielfalt die bis dato theoretisch übliche Abgrenzung von Individual- und Massenkommunikation zunehmend obsolet erschienen ließ.

Nach einer Publikationswelle rund um die Themen ‚online' und ‚Internet' Ende der 90er Jahre hat sich in der Kommunikationswissenschaft mittlerweile eine Phase der Konsolidierung eingestellt. Obgleich sich viele Forschungsarbeiten mit den Online-Aktivitäten klassischer Medien beschäftigen, haben die Entwicklungen rund um das Internet auch zu verstärkten Auseinandersetzungen mit Fragen der interpersonalen Kommunikation geführt. Innerhalb des Forschungsfeldes der computervermittelten Kommunikation, das international unter der Bezeichnung ‚computer mediated communication' läuft, konzentriert sich die Beschäftigung zwar auf die über die Infrastruktur des Internet realisierten Kommunikationsformen. In den Fokus rückt zunehmend aber auch die Kommunikation über Mobilfunknetze und andere digitale Endgeräte.

Fazit und Ausblick

Die Geschichte des Internet ist noch relativ jung; seine technische Entwicklung und gesellschaftliche Verbreitung geht auch, trotz des Endes der Boomphase, weiter. Auf seinem Weg zum *Massen*medium macht es dabei die von allen ‚neuen Medien' durchlaufenen Phasen mit, die deutlich zeigen, dass mit massenmedialer Verbreitung unausweichlich immer auch Prozesse der Kommerzialisierung und Institutionalisierung verbunden sind. Im Zuge dieser Entwicklung wurden mittlerweile viele der (technischen) Verheißungen des Internet und der ihm unterstellten Partizipations- und Demokratisierungspotenziale relativiert.

Gleichwohl lassen sich die Optionen des Netzes nur mit einem breit aufgespannten Rahmen beschreiben, der zwischen Individualisierung und Mainstream, zwischen Selektion und Interaktion sowie zwischen Regulierung und Selbstorganisation einen höchst differenzierten Informations- und Kommunikationsraum bildet.

Verschiedene Wirtschaftszweige bemühen sich nach Ende der Internet-Euphorie und der Marktbereinigung auch weiterhin darum, aus dem Internet ein lukratives Geschäft zu machen. Dabei geht es vor allem um das Internet als Vertriebsweg für verschiedene Waren, z. B. in Form von E-Commerce und Online-Shopping, und als Plattform für verschiedene Inhalteanbieter. Speziell die Medienbranche musste allerdings die Idee, aus dem Internet einen großen Marktplatz zu machen, verwerfen – vor allem, was die Refinanzierung ihrer Online-Angebote über Bezahlinhalte betrifft. Die User haben sich längst an die kostenlosen Inhalte im Netz gewöhnt. So gehen Prognosen davon aus, dass mit kostenpflichtigen Inhalten auch mittelfristig kaum Geld zu verdienen ist, während die langfristige Entwicklung der Online-Werbeausgaben eher positiv eingeschätzt wird.

Die Suche nach Lösungen der Refinanzierungsprobleme von Online-Angeboten geht also weiter. In jedem Falle ist im World Wide Web der Markt um das Kerngeschäft des Journalismus offen für alle möglichen Mitbewerber. Denn gerade das ‚Rohmaterial' des → Journalismus – Informationen, Nachrichten und der viel gehandelte ‚Content' – steht im Zentrum der Begehrlichkeiten vieler, die im Netz Geschäfte machen wollen.

Literatur

Bush, Vannevar (1945): As we may think, in: The Atlantic Monthly, 1945/7: 101-108. Auch als Online-Dokument verfügbar: www.theatlantic.com/unbound/flashbks/computer/bushf.htm (Stand: 1.2.2004).

Eimeren, Birgit van et al. (2003): ARD/ZDF-Online-Studie 2003: Internetverbreitung in Deutschland, in: Media Perspektiven 2003/8: 338-358.

Latzer, Michael (1997): Mediamatik – Die Konvergenz von Telekommunikation, Computer und Rundfunk, Opladen.

Löffelholz, Martin/Thorsten Quandt (Hrsg.) (2003): Die neue Kommunikationswissenschaft, Wiesbaden.

Morris, Merrill/Christine Ogan (1996): The Internet as Mass Medium, in: Journal of Communication 1996/4: 39-50. Auch als Online-Dokument verfügbar: www.ascusc.org/jcmc/vol1/issue4/morris.html (Stand: 1.2.2004).

Rössler, Patrick (2003): Online-Kommunikation, in: G. Bentele et al. (Hrsg.): Öffentliche Kommunikation, Wiesbaden: 504-522.

Weischenberg, Siefried (1998). Pull, Push und Medien-Pfusch. Computerisierung – kommunikationswissenschaftlich revisited, in: I. Neverla (Hrsg.): Das Netz-Medium, Opladen: 37-61.

Wiebke Loosen, Hamburg

Interview

Definition/Begriffsbestimmung

Das Interview (aus: entrevue = (verabredete) Zusammenkunft) ist im Journalismus ein zentrales Mittel der Materialbeschaffung. Dabei werden mithilfe von zielgerichteten Fragen Aussagen von Personen über Themen und/oder über Personen herausgefordert. Alle möglichen Arten von Interviews und Gesprächen bilden inzwischen die zentrale Quelle der Massenmedien.

Aussagen werden dabei entweder im Rahmen der → Recherche gesammelt und im Rahmen üblicher Darstellungsformen (→ Mediengattungen) präsentiert oder im direkten Wechsel von Frage und Antwort publiziert. In diesem Fall handelt es sich um ein eigenes Genre, das je nach Medium variiert. Bei der Presse wird das ‚geformte Interview' typografisch kenntlich gemacht und meistens durch Autorisierung der Antworten ‚beglaubigt'; bei Hörfunk und Fernsehen wird der dialogische Ablauf (häufig: live) gesendet. Die Verwendung von Aussagen im Rahmen anderer Darstellungsformen ist konstituierend für den Zitatenbericht (→ Nachricht/Bericht), bei dem direkte und indirekte Rede einander abwechseln; bei Hörfunk und Fernsehen werden diese Zitate als ‚O-Töne' ‚eingebaut'. Häufig werden Aussagen auch zur Personalisierung von → Features und Reportagen verwendet.

Das journalistische Interview ist mit zahlreichen Gattungen aus anderen (Wissenschafts-)Bereichen verwandt, bei denen es gleichfalls – aber zu anderen Zwecken – darum geht, mithilfe von Aussagen Aufschluss über Sachverhalte und Personen zu gewinnen. Dies geschieht insbesondere in den Sozialwissenschaften (→ Methoden der Kommunikationsforschung), der Medizin, der Psychologie und der Ethnologie sowie traditionell in der Kriminalistik. In der Arztpraxis bilden Fragen zur Kranken- und Leidensgeschichte (*Anamnese*) die Basis für die Diagnose und damit die Therapie. In der

Psychotherapie dienen Interviews der oft über Monate und Jahren laufenden Behandlung seelischer Krankheiten.

Ebenfalls zum Arsenal sozialwissenschaftlicher sowie klinischer Instrumente gehören *Testverfahren*, mit deren Hilfe Antworten provoziert und dahinter stehende Einstellungen dekuvriert werden sollen. (Satzergänzungs-)Tests kommen auch bei Interviewsendungen des Fernsehens wie dem ZDF-Klassiker „Was nun ...?" zum Einsatz („An Gerhard Schröder schätze ich ..."). Eine Adaption sozialwissenschaftlicher Methoden scheinen auch die bei den Medien immer beliebter werdenden *Straßeninterviews* zu sein. Hier wird allerdings die wissenschaftlich geplante und berechenbare Zufallsauswahl der Befragten durch ‚journalistischen Zufall' ersetzt.

Geschichte/Entwicklung

Das journalistische Interview ist – wie der moderne → Journalismus insgesamt – ein Kind des 19. Jahrhunderts. Rechtliche, ökonomische und technologische Bedingungen waren auch hier die wesentlichen Einflussfaktoren für die Genese des neuen Genres. Die Massenpresse – in den USA die schon in den 30er Jahren entstandene ‚Penny Press' – suchte nach leicht konsumierbaren Inhalten und Formen, wozu schnell die Befragung z. B. von straffällig Gewordenen durch Polizeireporter gehörte (Haller 2001: 22 ff.).

Das Interview bzw. das Gespräch als Darstellungsform, bei dem sich Frager und Befragter auf Augenhöhe begegnen, hat in Deutschland keine lange Tradition. Im Grunde bedurfte es auch hier – wie bei den Regeln des → Informations-Journalismus und seinem Schlüsselgenre → Nachricht – des Nachhilfeunterrichts durch die Alliierten nach dem Zweiten Weltkrieg.

Die Profilierung des Interviews und die Emergenz neuer Befragungsformen ist medien-, themen- und genrespezifisch erfolgt. Bei der *Presse* wurde das Interview als Darstellungsform immer mehr zum festen Bestandteil des Angebots. Regional- und Lokalzeitungen bringen Interviews in unterschiedlicher Länge; überregionale Zeitungen publizieren regelmäßig auf ganzen Seiten den Wechsel von Frage und Antwort nebst Foto von bekannten Personen. Vor allem (im weitesten Sinne) Künstler sind gefragte Interviewpartner für die (Wochenend-) Beilagen. Ein eigenes Genre ist das *Spiegel*-Gespräch, das seit seiner Einführung am 2. Januar 1957 (mit Franz Josef Strauß) mehr als 3.500-mal publiziert wurde.

In besonderem Maße spielt das *Radio* mithilfe von Interviews seine Stärken → Aktualität, Authentizität und Unmittelbarkeit aus. Seit den 50er Jahren sind Gespräche deshalb zu einem immer wichtigeren Programmbestandteil geworden. Dies gilt insbesondere für die große Zahl von Magazinen der öffentlich-rechtlichen Sender, die zu wesentlichen Teilen auf (Telefon-)Interviews der Moderatoren mit Akteuren aus Politik, Wirtschaft, Kultur und Sport sowie (wissenschaftlichen) Experten beruhen, die durch Musikeinspielungen unterbrochen werden. Der *Deutschlandfunk* (Deutschlandradio) verdankt seinen Ruf als führendes Informationsmedium ganz wesentlich seiner morgendlichen Magazinsendung, bei der mithilfe von Interviews auch Nachrichten ‚gemacht' werden, die dann – in ‚gebauten Beiträgen' und den Kurznachrichten – Teil des Folgeprogramms werden.

Beim *Fernsehen* erlebt das Interview nicht zuletzt aufgrund der verschärften Konkurrenz im dualen Rundfunk seit Jahren einen regelrechten Boom. Dabei erlaubt die Technik den Wechsel von Fragen und Antworten auch über weite Strecken (‚Schaltgespräche'). Das Genre hat sich seit den Tagen des nüchternen Nachfragers *Günter Gaus* („Zur Person", ZDF), des einfühlsamen ‚Beichtvaters' *Georg Stefan Troller* („Pariser Journal", WDR) oder der provokativen Kreuzverhörer *Claus-Hinrich Casdorff* und *Rudolf Rohlinger* („Monitor", WDR) in den 60er Jahren immer mehr entgrenzt. Beim

„Talk auf allen Kanälen" (Tenscher/Schicha 2002) lässt sich inzwischen nur noch schwer zwischen journalistischen und anderen Gesprächsformen unterscheiden, wechseln sich Journalisten und Entertainer ab und gibt es die ‚Beichtväter' nicht mehr in anspruchsvollen Kulturmagazinen, sondern in niveaulosen Nachmittags-Talkshows.

Das Interview ist so zu einem *Hybrid* geworden, das vor allem kommerziellen Zielen der Medien dient, die es ‚menscheln' lassen. Gewachsen ist dadurch die Bedeutung von Interviewern, die – im Fernsehen – selbst zum Star werden können. Unterwürfige Gesten von Befragern, wie sie lange – zu Zeiten politisch abhängiger Medien – üblich waren, finden sich heute nur noch in Randbereichen der Medien und im Problemfeld → Sportjournalismus. Aber auch hier hat es immer wieder Aufsehen erregende Interviews und Interviewverweigerungen gegeben. Dazu gehörte im ZDF-Sportstudio das ‚Schweige-Interview' mit dem Boxer *Norbert Grupe* (Weischenberg 2001: 61 f.).

Insbesondere beim Fernsehen sind Interviewer durch einen eigenen Stil der Gesprächsführung zu Stars geworden: In den *USA* z. B. *Larry King* (CNN) oder *Barbara Walters* (ABC), in Deutschland – nach den Pionieren Gaus, Troller, Casdorff und Rohlinger – *Alfred Biolek*, *Sandra Maischberger*, *Reinhold Beckmann*, *Michel Friedman*, *Roger Willemsen*, *Gero von Böhm*, *Ruprecht Eser* und *Johannes B. Kerner*. Vorbild für viele Print-Inteviewer ist der amerikanische Journalist und Schriftsteller *Studs Terkel*. *André Müller* (*Die Zeit*), *Moritz von Uslar* (Magazin der *Süddeutschen Zeitung*), *Arno Luik* (*Stern*) oder *Helmut Böger* (*Bild am Sonntag*) haben hier zu Lande mit eigenwilligen gedruckten Gesprächen auf sich aufmerksam gemacht (z. B. „100 Fragen an ...", „Tafelspitzen").

Forschung und Lehre

Das Interview kann – in all seinen vorkommenden Formen – als zentrales Genre der ‚Mediengesellschaft' bezeichnet werden. Deshalb überrascht, in welch geringem Maße es bisher Gegenstand systematischer Bemühungen gewesen ist. Zu den Beständen gehören nur wenige (sprach-)wissenschaftliche Untersuchungen (z. B. Burger 1991), die sich mehr oder weniger stark mit Einzelbereichen wie dem *Spiegel*-Gespräch (Grünewald 1985) oder dem sportjournalistischen Interview im Fernsehen (Schaffrath 2000) beschäftigen.

Auch in den USA, wo das journalistische Interview Mitte des 19. Jahrhunderts entstanden ist, wird die Darstellungsform meist im Rahmen von allgemeinen Journalismus-Lehrbüchern zum Thema gemacht; auch dort gibt es nur wenige spezielle Publikationen (z. B. Brady 1976; Metzler 1996). In deutscher Sprache sind dies drei Lehrbücher, wobei das erste den Schwerpunkt im Bereich Presse-Interviews setzt (Haller 2001), das zweite ausschließlich von Radio- und TV-Interviews handelt (Friedrichs/Schwinges 1999) und das dritte Interviews vorwiegend als Recherchemittel beschreibt (Baumert 2004).

Insgesamt werden in der Literatur z. T. widersprüchliche und auf jeden Fall nicht immer trennscharfe Kategorien für die Lehre des Interviews angeboten. Dies gilt für die Systematisierung der Interview*typen*, der Interview*themen* und der Interview*partner* und insbesondere für die *Fragearten*.

In der Praxis und für die Praxis lassen sich neun Arten von Fragen unterscheiden sowie einige Sonderformen (Friedrichs/Schwinges 1999: 69 ff.). Diese Fragearten bilden aber keine exklusiven Kategorien, so dass häufig mehrere zutreffen. Zunächst ist zwischen (1) offenen Fragen, die vielfältige Antworten erlauben, und (2) geschlossenen Fragen zu unterscheiden, die das Spektrum begrenzen (Ja/Nein). Dann gibt es den (3) direkten Weg zum Antwortziel oder den (4) indirekten, bei dem z. B. eine dritte Person mit einer Stellungnahme zitiert wird. Es gibt (5) provozierende/dirigierende

Fragen, unmittelbar (6) sachbezogene Fragen („Herr Minister, um wie viel Prozent sollen die Steuern erhöht werden?"), (7) Einschätzungsfragen („Was glauben Sie, wie viel ...?") und (8) Erzählfragen. Am Anfang sollte (9) eine Motivationsfrage als ‚Eisbrecher' stehen.

Als Sonderformen, die aber häufig zum Einsatz kommen, lassen sich schließlich noch (10) Suggestivfragen und insbesondere (11) informierende sowie (12) interpretierende Nachfragen („Sie meinen also ...") unterscheiden. Oft handelt es sich dabei um Feststellungen, die gar nicht die Form einer Frage haben.

Zur Vorbereitung und Durchführung von Interviews werden in der Literatur (insb. Haller 2001; Friedrichs/ Schwinges 1999) u. a. folgende Empfehlungen gegeben.

- Themensuche, Themenbegrenzung auf relevante Aspekte;
- Suche nach dem jeweiligen besonders geeigneten Interviewpartner (Akteure, Betroffene, Zeugen, Sprecher, Experten);
- Entscheidung über die geeignete Interviewform (persönlich, telefonisch, notfalls auch schriftlich);
- intensive Recherche von Interviewthema und Interviewpartner;
- Skizzierung von Interviewablauf (Dramaturgie), Interviewziel und Fragen;
- ggf. Vorgespräch mit Interviewpartner zur Besprechung von Einzelheiten und Abstimmung der Autorisierungsprozedur;
- Schaffung einer angenehmen Interviewatmosphäre (insbesondere zur Entkrampfung am Anfang);
- präzise, verständliche Fragenformulierung anstreben;
- auf die eigene Körpersprache (nonverbale Kommunikation) in Hinblick auf die Erreichung des Interviewziels achten;
- genau auf die Antworten hören und flexibel mit Nachfragen reagieren;
- stets die Kontrolle über den Ablauf des Interviews behalten.

Kritikfelder und Perspektiven

In der extrem ausdifferenzierten Medienlandschaft, die einen immer mehr zunehmenden Bedarf an Texten und Programmen mit und über Menschen entwickelt, haben Medieninterviews in geradezu inflationärer Weise zugenommen. Damit ist ein *Bedeutungsgewinn* verbunden: soziale Systeme und ihre Akteure kommunizieren über Interviews miteinander. ‚Interview-Kommunikation' zwischen Lars von Trier und dem Bayreuther Impressario Wolfgang Wagner führte dazu, dass der berühmte Film-Regisseur eingeladen wurde, den „Ring" zu inszenieren (später folgte die Absage).

Auf der anderen Seite hat sich das ‚Verlautbarungs-Interview' herausgebildet: Prominente sondern – im Zusammenhang mit dem Erscheinen ihres neuen Films, Buches oder einer CD – nur noch von PR-Abteilungen vorformulierte Sprechblasen ab; Presse-Interviews werden bei der *Autorisierung* völlig verändert und ‚weichgespült'. Diese Autorisierung, die im Prinzip ein Akt der Fairness zwischen den Gesprächspartnern sein soll, ist in angelsächsischen Ländern eher unüblich: Es gilt das gesprochene Wort.

Ohnehin wird in den USA und Großbritannien das *verbatim interview* nur bei besonders wichtigen Persönlichkeiten eingesetzt und ansonsten die Umsetzung von Zitaten in Fließtexte – als eigenständige journalistische Leistung – bevorzugt. In Deutschland hingegen kommt es immer wieder zu Konflikten, weil insbesondere die Sprecher von Politikern und Wirtschaftsführern die Antworten und sogar die Fragen erheblich verändern. Das Interview droht so zur Fiktion zu werden. Empfohlen wird deshalb, Interviews grundsätzlich aufzuzeichnen und auf der Publikation des Wortlauts zu bestehen; notfalls sollte auf den Abdruck verzichtet werden. Problematisch ist auch das – insbesondere von privaten Radiostationen betriebene – ‚O-Ton-Ziehen': Einzelne, besonders markante Zitate werden aus dem Zusammenhang gelöst und als ‚Spots' gesendet und/oder in ‚Scheininterviews' umgeformt, bei denen der Studiomoderator und der Gesprächspartner in Wirklichkeit gar nicht miteinander gesprochen haben. Solch mangelnde Transparenz der Produktionsbedingungen ist ein Qualitätsproblem des Journalismus (→ Qualität).

Die Krisenerscheinungen in der Praxis des Interviews haben den Schweizer Journalisten *Tom Kummer* zu dem Fehlschluss verführt, dass die besten Interviews gleich erfunden werden können (→ Medienethik). Bis er aufflog, hatte er insbesondere dem Magazin der *Süddeutschen Zeitung* zahlreiche fiktive Gespräche mit Hollywood-Stars wie *Sharon Stone* angedreht. Jenseits ethischer Normen bewegen sich auch authentische Interviews mit Schwerverbrechern (Beispiel: Gladbecker Geiseldrama), die dadurch in den Rang von Prominenten erhoben werden.

Diese professionellen, ethischen und rechtlichen Probleme sind der Preis dafür, dass in der ‚Mediengesellschaft' Gespräche zum zentralen Faktor einer selbstreferentiellen Struktur werden: In den Medien wird immer intensiver Anschlusskommunikation erzeugt – wobei die Medien und ihre Akteure zunehmend selbst Thema von Interviews sind.

Literatur

Baumert, Andreas (2004): Interviews in der Recherche, Wiesbaden.

Brady, John (1976): The Craft of Interviewing, New York.

Burger, Harald (1991): Das Gespräch in den Massenmedien, Berlin/New York.

Friedrichs, Jürgen/Ulrich Schwinges (1999): Das journalistische Interview, Opladen/Wiesbaden.

Grünewald, Heidi (1985): Argumentation und Manipulation in Spiegel-Gesprächen, Frankfurt/M.

Haller, Michael (2001): Das Interview, 3. Aufl., Konstanz.

Metzler, Ken (1996): Creative Interviewing: The Writer's Guide to Gathering Information by Asking Questions, Englewood Cliffs/NJ.

Schaffrath, Michael (2000): Das sportjournalistische Interview im deutschen Fernsehen, Münster.

Tenscher, Jens/Christian Schicha (Hrsg.) (2002): Talk auf allen Kanälen, Wiesbaden.

Weischenberg, Siegfried (2001): Nachrichten-Journalismus, Wiesbaden.

Siegfried Weischenberg, Hamburg

Investigativer Journalismus

Definition/Begriffsbestimmung

Der Wortstamm ‚investigativ' entstammt dem angelsächsischen Sprachgebrauch. ‚To investigate' bedeutet ermitteln, untersuchen, nachforschen – meint also eine aktive Suche nach bisher unbekannten Informationen, Zusammenhängen oder Gründen für bestimmte Ereignisse oder Entwicklungen. Der Begriff (z. B. ‚investigation') wird dort sowohl von staatlichen Ermittlungsbehörden (z. B. FBI) oder parlamentarischen Untersuchungsausschüssen (z. B. Kongress) benutzt als auch in der wissenschaftlichen Forschung angewandt und hat sich inzwischen weltweit für ein bestimmtes Genre des recherchierenden Journalismus durchgesetzt.

Im Duden wurde das Wort erstmals 1999 aufgeführt, obwohl es im journalistischen Sprachgebrauch und der kommunikationswissenschaftlichen Literatur schon sehr viel länger existiert. Im Deutschen gibt es die synonymen Begrifflichkeiten ‚Aufdeckungs-, bzw. ‚Enthüllungsjournalismus'.

Forschung und Lehre

Im Unterschied zu anderen Formen und Intensitätsgraden des Recherchierens (→ Recherche) oder unterschiedlichen Konzepten des → Journalismus bedeutet ‚investigativ' nicht nur eine systematische und (möglichst) vollständige, d. h. alle relevanten Möglichkeiten ausschöpfende Informationssuche, die den Dingen auf den Grund gehen möchte (→ Informations-Journalismus). Vielmehr bedeutet investigativer Journalismus vor allem auch Recherchieren und Schreiben gegen Widerstände und Barrieren. Dies ergibt sich zum einen aus der grundsätzlichen Aufgabe von Medien, die u. a. auch eine Kritik- und Kontrollfunktion (*watch dog*) übernehmen (sollen), zum anderen aus den spezifischen Sujets und Themenfeldern, die vorrangig Gegenstand der Recherche und der Berichterstattung sind. Aus der Sicht der Betroffenen handelt es sich dabei regelmäßig um ‚unerwünschte' Recherchen und Veröffentlichungen. Insbesondere, weil die intensiven und meist auch langwierigen Nachforschungen oftmals tief in das Innere vorstoßen, z. B. in die Praktiken eines Organisationssystems oder in so genannte Geschäftsgeheimnisse usw. dringen (können).

Daraus ergeben sich zwangsläufig Interessenskonflikte zwischen dem Journalisten und dem Objekt seiner Recherche. Je nach politischer und wirtschaftlicher Machtkonstellation und/oder individuellem Durchhaltevermögen auf beiden Seiten, aber auch stark abhängig von der öffentlichen Wahrnehmung bzw. Rezeption solcher Vorgänge, können Recherchen und Veröffentlichungen sehr unterschiedlich ausgehen. Erfolgreiche Fälle ziehen Veränderungen nach sich (z. B. Rücktritt, strafrechtliche Ermittlungen, neue Gesetze oder Spielregeln, aktuelle Problemlösungen) oder schärfen zumindest die öffentliche Sensibilität für bestimmte Probleme. Im schlechtesten Fall verläuft eine Recherche im Sande (z. B. wegen unzureichender Arbeitsbedingungen) oder scheitert, weil die ‚Schere im Kopf' jegliche Aktivitäten von vorneherein als sinnlos oder sogar schädlich für die eigene Lebens- und Arbeitssituation (z. B. für die Karriere) erscheinen lässt.

‚Enthüllungen', die noch nichts über den journalistischen Produktionsprozess aussagen, können – ebenso wie aufwändig investigativ recherchierte Berichte – entweder eher voyeuristische, Human-Interest-orientierte oder Home-Story-basierte Sensationen im Auge haben (z. B. aus dem Privatleben von Prominenten) oder Themen, Fragen und Probleme berühren, die sich durch einen hohen Stellenwert für die Allgemeinheit, d. h. die Medienrezipienten, auszeichnen. Allgemein versteht man unter investigativem Journalismus Recherchen und Veröffentlichungen, die für die Öffentlichkeit relevant sind. Dies kann in politischer oder wirtschaftlicher Hinsicht gemeint sein, sich aber auch auf Umweltprobleme, Fragen der Gesundheit oder auf die Lebensqualität ganz allgemein beziehen – unabhängig davon, ob die Ergebnisse in periodischen Printmedien, in Buchform, in einem TV-Format oder auch im → Internet präsentiert werden.

Aus dieser Perspektive ergibt sich auch der potenzielle Themenkanon für investigativen Journalismus, der Abweichungen von gesellschaftlich anerkannten Normen, Werten und Praktiken öffentlich zur Diskussion stellen will:

- Missmanagement, Amts- und Funktionsmissbrauch sowie Selbstbedienung an Stelle von Effizienz und Fairness;
- Filz und Vetternwirtschaft statt Wettbewerb, Qualität und Innovation;
- bürokratische Willkür, Interessenskonflikte und individuelle Durchsetzung von Eigeninteressen zulasten anderer, insbesondere von Minderheiten und Unterprivilegierten;
- Bestechung und Korruption an Stelle von qualitätsorientierten und gleichzeitig fairen Auswahlverfahren;
- oder auch die Thematisierung von bisher nicht bekannten oder zur Kenntnis genommenen Problemen und Gefahren.

Nach gängiger Lehre und öffentlicher Meinung gehören solche, die Allgemeinheit tangierenden Probleme grundsätzlich immer auf die Tagesordnung der medialen Berichterstattung. Andererseits ist die Informationsbeschaffung in diesen Themenfeldern sehr schwierig. Journalisten sind auf externe Informationen von Insidern bzw. Informanten angewiesen, die man auch *whistleblower* nennt – beispielsweise bei Korruption, die (auch unter strafrechtlichen Aspekten) nur sehr schwer zu fassen ist. Im Gegensatz zu anderen Delikten, bei denen es außer dem Täter ein Opfer gibt, das Interesse an Aufklärung und Wiedergutmachung hat, gibt es bei der Bestechung – auf den ersten Blick – nur Täter (Bestecher und Bestochener), die auf Kosten der Allgemeinheit handeln und Abmachungen treffen, ohne Spuren zu hinterlassen. Hier ist nicht nur der Nachweis sehr kompliziert und mühsam (strafrechtlich und journalistisch), sondern auch die Wahrscheinlichkeit gering, dass solche Praktiken überhaupt das Licht der Öffentlichkeit erreichen. Umso wichtiger werden Informanten bzw. *whistleblower*, die Hinweise geben oder ‚auspacken'.

Zusammengefasst lassen sich drei Kennzeichen für investigativen Journalismus formulieren:

- Die Themen(felder) zeichnen sich durch ein hohes Maß an *sozialer Relevanz* aus. Dies ergibt sich schon aus der öffentlichen Aufgabe. Die Relevanz ist häufig auch Kriterium für die Gerichte, wenn es um die Abwägung von Persönlichkeitsrechten (Privatsphäre) und öffentlichem Informationsinteresse geht (→ Medienrecht).
- Da die Recherche auf die Kooperation von vielen kleinen und/oder (wenigen) großen Informanten angewiesen ist, die vielfach ihr potenzielles Sprachrohr zu instrumentalisieren versuchen, kommt dem Journalisten immer die *aktive Rolle* (→ Rollenselbstverständnis) zu; er ist ‚Herr des Verfahrens' und entscheidet über Art und Zeitpunkt der Veröffentlichung.
- Insbesondere die Recherchearbeit geschieht gegen *Widerstände* und Barrieren unterschiedlichster Art, denn an der Aufdeckung hat die Gegenseite kein Interesse. Investigativer Journalismus ist daher Recherchieren unter erschwerten Bedingungen.

Aufgrund der erschwerten Recherchierbedingungen haben sich spezifische Techniken (Ludwig 2002) herausgebildet, die auf der einen Seite im Prinzip den klassischen Methoden entsprechen, aber intensiver praktiziert werden – z. B. das ‚Einkreisen' (einer Person), das man sich als eine Art von Spirale vorstellen kann, die sich von außen nach innen immer mehr dem Objekt der Recherche nähert, also immer tiefer in das Innere vordringt, bis sie beim Objekt selbst angekommen ist. Spätestens jetzt erfährt es davon, etwa dann, wenn es zu recherchierten Fakten Stellung beziehen soll. Auf der anderen Seite werden aber auch teilweise umstrittene Praktiken angewandt, etwa die *Undercover-Recherche.* Dieser Typus ist alt; er wurde bereits gegen Ende des 19. Jahrhunderts z. B. in England praktiziert. Im Grunde genommen entspricht diese Vorgehensweise in der wissenschaftlichen Forschungsmethodik einer ‚teilnehmenden Beobachtung' (→ Methoden der Kommunikationsforschung).

Die spezifische Art dieses journalistischen Konzepts setzt entsprechende politische und rechtliche Rahmen- und Arbeitsbedingungen voraus (→ Kommunikationsfreiheit). Antidemokratische Strukturen ohne freie Presse und Obrigkeitsmentalität machen investigativen Journalismus praktisch unmöglich. Aus diesem Grund hat sich diese Form auch in den angelsächsischen Lebensräumen, insbesondere in den → USA bereits im 19. Jahrhundert entwickeln können. Auf deutschem Boden hat er sich erst *nach 1945* etabliert, auch wenn es gegen Ende der Weimarer Republik hier und da journalistische Versuche gegeben hat, mittels eigenständiger und intensiver Recherchen Affären auf den Grund zu gehen (z. B. 1929 im Rahmen des Sklarek-Skandals in Berlin durch die kommunistische Zeitung *Rote Fahne*).

Im Nachkriegsdeutschland wurde diese Entwicklung maßgeblich vor allem durch das Nachrichtenmagazin *Der Spiegel* geprägt, der aber inzwischen in diesem Sujet Konkurrenz bekommen hat. Im Gegensatz zur Weimarer Zeit kommt das heutige Rechtssystem, nicht zuletzt durch die ständige Rechtsprechung des Bundesverfassungsgerichts, investigativen Recherchen und Veröffentlichungen sehr weit entgegen (→ Zeugnisverweigerungsrecht). Als Schranken wirken vor allem ‚erweislich wahre' Tatsachenbehauptungen sowie die individuelle Persönlichkeitssphäre, die – abhängig vom Grad des öffentlichen Informationsinteresses – abgestuft geschützt wird (→ Medienrecht).

Internationale Bezüge

Globalisierung und Internationalisierung der Kommunikation (Unternehmensdaten, Regierungsinformationen, wissenschaftlicher Ideenaustausch usw.) haben dazu geführt, dass der englischsprachige investigative Journalismus schon aus Sprachgründen eher den veränderten Organisations- und Handlungsstrukturen zu folgen im Stande ist als das investigative → Agenda-Setting im nicht englischsprachigen Raum (→ Internationale Kommunikation). In Europa gibt es wegen der Vielsprachigkeit massive Sprachbarrieren, die internationalen Recherchen entgegenwirken.

Trotzdem hat sich Mitte der 90er Jahre am politischen Standort Brüssel, dem Sitz der EU-Kommission, ein Rechercheverbund entwickeln können, an dem unterschiedliche Medienvertreter aus verschiedenen Ländern beteiligt waren: Betrugsskandale im Zusammenhang mit EU-Subventionen und Auftragsvergaben, verschleppte Aufklärung von Misswirtschaft seitens der EU-Institutionen, Verheimlichung der BSE-Gefahren durch die Kommission u. a. m. hatten letztlich dazu geführt, dass die Kommission unter dem zunehmenden Druck der medialen Öffentlichkeit und später des EU-Parlaments 1999 zurücktreten musste. Das Parlament konnte der neuen Kommission erhebliche Zugeständnisse in Sachen parlamentarischer Kontrolle usw. abtrotzen, die es vorher so nicht gegeben hatte.

Die wohl bekannteste, durch investigativen Journalismus aufgedeckte Affäre *Watergate* ist hinsichtlich ihrer journalistischen Entstehungsbedingungen, ihrer medialen Wahrnehmung und hinsichtlich ihrer politischen Kurz- und Langzeitfolgen der am besten erforschte Vorgang. In den USA hat der investigative Journalismus nicht nur als praxisorientiertes Lehrgebiet, sondern auch als Forschungsobjekt eine lange Tradition – anders als in Europa, insbesondere in Deutschland, wo die investigative Kultur (noch) nicht flächendeckend verbreitet ist, auch nicht als Gegenstand wissenschaftlicher Analyse.

Zur Situation in den USA indes gibt es eine deutsche Untersuchung von *Manfred Redelfs* (1996). Über die bisher noch nicht so recht wahrgenommene „Europäische Öffentlichkeit als Kontrollsphäre" existiert eine Studie von Christoph O. Meyer (1997), in der auch die Recherchekooperation zwischen mehreren europäischen Journalisten im Zusammenhang mit den EU-Skandalen sowie die Wechselwirkungen zwischen Medien, parlamentarischer → Öffentlichkeit und EU-Institutionen rekonstruiert sind. Aus einer damit im Zusammenhang stehenden Befragung der Brüsseler EU-Journalisten ergab sich, dass 50 Prozent der Journalisten ihre Hauptaufgabe im „Erklären und Interpretieren der EU-Politik" sehen, 34 Prozent wollen „informieren" und 16 Prozent „hinterfragen und kontrollieren" (Meyer 1997: 146).

Diese Erkenntnis deckt sich mit anderen vereinzelt erhobenen Informationen, dass deutsche Journalisten beim Recherchieren und der Anwendung entsprechender Techniken sehr viel zurückhaltender agieren als ihre englischen oder US-amerikanischen Kollegen (→ Medienethik), mithin die investigative Bereitschaft weit weniger ausgeprägt ist (Esser 1999: 203).

Praxisrelevanz

Die Zeitschrift *message* (2001/1: 39) schätzt die Anzahl der deutschen investigativen „Spürnasen“ auf rund 50. Die Mitgliederzahl in dem 2001 gegründeten *Netzwerk Recherche* (www.netzwerk-recherche.de), das den investigativen Journalismus fördern möchte, beträgt ca. 200.

Die 1975 in den USA gegründete Institution *Investigative Reporters and Editors* IRE (www.ire.org) liegt bei rund 4.500 Mitgliedern und ist somit auch auf die dort arbeitenden Journalisten bezogen sehr viel größer. Dies geht u. a. auf die ungleich bessere Infrastruktur zurück: investigativer Journalismus als Studienfach, Medien, insbesondere auch Zeitungen mit eigener Rechercheabteilung, Preise und Wettbewerbe, unterschiedliche Netzwerke für investigatives Training oder Veröffentlichungen, Informationsfreiheitsgesetze (www.recherchieren.org) u. a. m.

In Deutschland ist erst seit wenigen Jahren Bewegung in diese ‚Branche' gekommen, seit jetzt auch in einigen Ausbildungsstätten oder in Weiterbildungsseminaren (z. B. veranstaltet vom Netzwerk Recherche in Kooperation mit anderen Partnern) entsprechende Kurse angeboten werden. In der Schweiz und in Österreich ist man noch nicht so weit, was auch an dem sehr viel restriktiveren Medienrecht liegt (www.recherchieren.org). Seit 2004 werden die mit dem *Wächterpreis der Tagespresse* ausgezeichneten Arbeiten und weitere Hintergrundinformationen über eine Website veröffentlicht (www. waechterpreis.de). Für potenzielle (Medien-)Informanten (*whistleblower*) gibt es seit 2003 eine Erste-Hilfe-Seite im Netz (www.whistleblowerinfo. de).

Im deutschen Sprachraum unterschlagene Themen werden von der *Initiative Nachrichtenaufklärung* (www.nachrichtenaufklaerung.de) aufgelistet. Weitere wichtige Adressen sind das *Center for Public Integrity* ((www.icij.org), das eine öffentliche Plattform für veröffentlichte investigative Recherchen bietet und einen eigenen E-Newsletter herausgibt, sowie das *Project Censored* (www.projectcensored.org). 2001 fand erstmals eine *Global Journalism Conference* in Dänemark statt, die von einigen europäischen investigativ arbeitenden Journalistenorganisationen und der amerikanischen IRE organisiert worden war.

Literatur

Esser, Frank (1999): Ursachen größerer Recherchebereitschaft im britischen Pressejournalismus, in: Rundfunk und Fernsehen 1999/2: 200-219.

Jackson, Jennifer (1992/1998): Honesty in Investigative Journalism, in: A. Belsey/R. Chadwick, R.: Ethical Issues in Journalism and the Media, London: 93-111.

Ludwig, Johannes (2002): Investigativer Journalismus: Recherchestrategien, Quellen, Informanten, Konstanz.

Meyer, Christoph O. (1997): Europäische Öffentlichkeit als Kontrollsphäre: Die Europäische Kommission, die Medien und politische Verantwortung, Berlin: 91-120.

Philips, Peter & Project Censored (2002): Censored 2003 – The Top 25 Censored Stories, New York.

Redelfs, Manfred (1996): Investigative Reporting in den USA, Opladen.

Serrin, Judith & William (2002): Muckraking! The Journalism that Changed America, New York.

Ullmann, John (1995): Investigative Reporting, New York.

Johannes Ludwig, Hamburg

Irak

→ Asien

Iran

→ Asien

Israel

→ Asien

Italien

Allgemeine Rahmenbedingungen

In Italien hat es – wie in vielen anderen Ländern – gerade in prägenden Abschnitten der Landesgeschichte eine intensive Vermischung von Politik und Medien gegeben. Doch während es in demokratischen Gesellschaften dann später zu Entflechtungsprozessen und auch zur Emanzipation von → Journalismus als spezifischem Funktionssystem (→ Systemtheorie) kam, hat ein solcher Prozess südlich der Alpen nicht stattgefunden.

Nach dem Ersten Weltkrieg führte die Zuspitzung der politischen Konflikte in Italien zu einer verstärkten Politisierung des Journalismus. *Benito Mussolini* (1883-1945) ist als Politiker und Journalist ein Beispiel dafür. Im Unterschied zu Deutschland misslang dann nach dem Zweiten Weltkrieg der Versuch der Alliierten, einen Journalismus nach angelsächsischem Modell zu etablieren.

In Italien hatten beim Kampf gegen den Faschismus auch Zeitungen, welche die Idee der Freiheit in meinungsorientierter Form propagierten, eine wichtige Rolle gespielt. An diesen Typ knüpfte der Nachkriegsjournalismus dann wieder an. Viele Lizenzen wurden an Träger vergeben, die mit Gruppen der *Resistenza* verbunden waren. Die neu geschaffenen Parteien und Gruppen wiederum folgten der schon vor dem Krieg ausgeprägten Tradition der Parteizeitungen. (Murialdi 2000: 185 ff.)

In den 70er Jahren entstand in Italien eine neue Art von Journalismus, geprägt von *Eugenio Scalfari*, dem damaligen Direktor von *la Repubblica*. Er hatte ein Blatt geschaffen, das den Journalismus aus zwei Gründen veränderte: erstens durch ein Marketing, das auf neue Zielgruppen (Jugendliche, Frauen) gerichtet war, und zweitens durch neue Inhalte, welche die Tageszeitung zum komplementären Unterhaltungsorgan machten. Diese und andere Umstrukturierungen führten zu einer grundlegenden Veränderung des Mediensystems und legten den Grundstein für einen ‚hybriden Journalismus'.

Die Verhältnisse erscheinen seither im Einzelnen widersprüchlich. Im Printjournalismus findet sich eine starke Vermischung von → Nachricht und → Kommentar, ein elitärer, schwer verständlicher Sprachstil und zugleich die Tendenz zu Klatsch und Tratsch. Tageszeitungen stellen andererseits immer noch die politischen Informationen auf die Titelseite.

Seine stärkste Ausprägung hat die traditionelle Nähe von Medien und Politik (→ Kommunikationspolitik), der *parallelismo politico,* inzwischen beim Fernsehen erreicht. Italien war das einzige europäische Land, das sich jahrzehntelang überhaupt nicht um Regulierungen für das Privatfernsehen kümmerte. Erst 1990 gab es das erste TV-Gesetz, die *Legge Mammi*. Diese Situation bedeutete auch hier Freiraum für den *Klientelismus*, dessen sichtbarstes Ergebnis das Imperium des *Silvio Berlusconi* darstellt. Entstanden ist ein TV-Duopol: Berlusconis Holding *Mediaset* mit den privaten Fernsehsendern *Italia 1*, *Rete 4*, *Canale 5* und das öffentlich-rechtliche Fernsehen *RAI* mit seinen drei Kanälen stehen sich fast exklusiv gegenüber.

Die *RAI* hat traditionell eine deutlich erkennbare Nähe zu den politischen Parteien. Doch in den staatlichen wie den privaten Programmen gewinnt das Polit-*entertainment*, gekennzeichnet durch eine Mischung aus Information und Spektakel, einen immer größer werdenden Raum.

1994 siegte Berlusconi bei den Parlamentswahlen durch geschickt geplante Fernsehauftritte und durch einen perfekt funktionierenden logistischen Apparat. Nach seinem Comeback als Regierungschef im Jahre 2001 nutzte er ohne Hemmungen dann auch die Zugriffsmöglichkeiten auf den öffentlich-rechtlichen Rundfunk. Als die Amtszeit des Verwaltungsrates ausgelaufen war, platzierte der

Medienmogul fast ausschließlich Personen aus seinem politischen Lager in den Führungspositionen.

Aus all diesen – historischen und aktuellen – Gründen ist die Situation der Pressefreiheit (→ Kommunikationsfreiheit) in Italien heute prekär. *Reporter ohne Grenzen* führte das Land 2004 in seiner Rangliste nur noch auf Platz 40 (www.reporterohnegrenzen.de) und *Freedom House* stufte es sogar in die Gruppe der Länder zurück, die nur ‚partly free' sind (www.freedomhouse.org). Damit ist eine der größten europäischen Nationen (knapp 57 Millionen Einwohner auf einer Fläche von mehr als 300.000 Quadratkilometern) als einzige Demokratie westlichen Typs in die ‚zweite Liga der Pressefreiheit' abgestiegen.

Grundlagen des Mediensystems

Tageszeitungen (→ Presse) besitzen traditionell keine zentrale Bedeutung in Italien, was insbesondere auf den bis in die jüngere Vergangenheit hohen Analphabetismus zurückzuführen ist, der erst in den 60er Jahren reduziert werden konnte. Marktführer sind heute *Corriere della Sera* (ca. 715.000 Exemplare verbreitete Auflage), *la Repubblica* (ca. 660.000) sowie das Sportblatt (!) *La Gazetta dello Sport* (ca. 440.000). Das → *Internet* hat sich langsamer entwickelt als in den meisten vergleichbaren Ländern. Hemmfaktoren stellen die relativ geringe Anzahl von Computern in italienischen Haushalten, mangelnde Infrastruktur und hohe Telefongebühren dar. Auch bei den neuen Medien dominieren jene Unternehmen, die schon den Markt für Printmedien beherrschen, wie zum Beispiel der Verlag *Mondadori*, der zu Berlusconis Unternehmensgruppe gehört.

Silvio Berlusconi war der erste, der in Italien → *Fernsehen* aus kommerziellem Interesse heraus betrieb. Dadurch kam es zu einer erheblichen Verschärfung des Wettbewerbs. Im Jahre 1981 hatte das Postministerium bereits 554 Fernsehsender aufgelistet; zu den drei Networks von *Mediaset* und den zwei von *Vittorio Cecchi Gori* (*TMC* und *TMC2*) waren viele Lokalsender hinzugekommen. 1.059 Sender wurden im Jahre 1996 gezählt, wovon die Mehrheit ihren Sitz im Süden hat, wo die Zeitungsdichte besonders gering ist.

Während in den → Mediensystemen Nord- und Mitteleuropas der größte Anteil des Werbeaufkommens dem Printbereich zufällt (z. B. Dänemark 71 Prozent, Österreich 58 Prozent), bindet in Italien – wie z. B. auch in Griechenland und Portugal – das Fernsehen mehr als 50 Prozent der Etats. Der größte Teil davon geht in Italien an Berlusconis Firma *Publitalia*.

Auf dem italienischen Medienmarkt teilen fünf Unternehmen den Großteil des gesamten Werbekuchens unter sich auf; auch dadurch werden die Konzentrationstendenzen weiter verstärkt. Die Lage für kleinere Verlage, die den wenigen großen, mit der Industrie verflochtenen Unternehmen gegenüber stehen, wird so immer kritischer.

Beim Vertrieb und Verkauf von Zeitungen und Zeitschriften hat sich Italien inzwischen internationalen Verhältnissen angepasst. Die Besonderheit, dass Printprodukte nur an ganz bestimmten Verkaufsstellen zu erwerben sind, wurde per Gesetz (Nr. 108 vom 13. April 1999) beendet; jetzt dürfen sie – wie in anderen Ländern – auch in Supermärkten und an Tankstellen verkauft werden.

Gering ist nach wie vor die Zahl der Zeitungsabonnements, die bei nur acht Prozent liegt; nur Griechenland und Portugal weisen mit fünf bzw. drei Prozent eine niedrigere Prozentzahl auf. Ein wesentlicher Grund für die geringe Abonnementkultur Italiens ist das schlecht funktionierende Postwesen.

Ökonomisierungstendenzen beeinflussen den italienischen Journalismus immer stärker. Das öffentlich-rechtliche Fernsehen passt sich dabei den Privaten an (Konvergenz), u. a. dadurch, dass es die Zahl der Reporter und Korrespondenten reduziert. Deshalb wird verstärkt auf

Agenturmaterial zurückgegriffen – eine Tendenz, die sich noch stärker im Online-Bereich zeigt.

Auffälliges Demonstrationsobjekt für die Kommerzialisierung der Medien in Italien sind aber schon seit längerem die Tageszeitungen. Hier funktioniert der Kaufanreiz oft nicht mehr primär über das journalistische Produkt, sondern über *Beigaben* als ‚Mehrwert' (z. B. Hochglanzzeitschriften als Supplement, Bücher, Videokassetten und CDs ganz unterschiedlichen Inhalts bis hin zu Halsketten aus Glas oder Plastik). Inzwischen ist Italien hier zum Vorbild für deutsche Verlage geworden, die auf ähnliche Weise zusätzliche Finanzquellen erschließen.

In Italien gibt es keine Trennung zwischen Qualitäts- und Boulevardzeitungen (→ Boulevard-Journalismus), wie sie beispielsweise in Großbritannien, Frankreich oder Deutschland existiert. Diese Hybridisierung der Genres wird auch als *mielismo* bezeichnet; sie geht auf *Paolo Mieli* zurück, der in den 90er Jahren des 19. Jahrhunderts die traditionsreiche Qualitätszeitung *Corriere della Sera* mit Boulevardelementen versah. Er führte ‚Society-Reports' ein und versuchte, Information als Spektakel zu verpacken.

Als heute noch sichtbarer Ausdruck der literarischen Tradition des italienischen Journalismus gilt der *pastone*, eine Darstellungsform, bei der sich Nachricht und Kommentar mischen. Ein Grund für die anhaltende Dominanz des kommentierenden Stils ist auf der Strukturebene zu finden: in einer Differenzierung in Richtung der audiovisuellen Medien und einer Entdifferenzierung zu den (politischen) Wochenzeitschriften. Mit der immer größeren Ausbreitung der audiovisuellen Medien nimmt der Prozess der *settimanalizzazione* der Tageszeitungen zu, d. h., die Tageszeitungen werden den (politischen) Wochenzeitschriften immer ähnlicher.

Bei der *Zeitungsnutzung* liegt Italien mit rund 100 Exemplaren pro 1.000 Einwohner im unteren Drittel des internationalen Spektrums (Weischenberg 2000) – bei weiter sinkender Tendenz. Dieser Befund wird noch markanter, wenn man die großen regionalen Unterschiede in Italien betrachtet: Der deutlich höchste Prozentsatz an Zeitungslesern befindet sich im Nordosten des Landes; im Süden nimmt nicht einmal die Hälfte der Bevölkerung im Laufe einer Woche eine Zeitung in die Hand (Mancini 2000: 46 ff.). Dies bedeutet, dass ein Großteil der Italiener politische Informationen allenfalls aus dem Fernsehen bezieht.

Bei der *Fernsehnutzung* gehört Italien zu den führenden Nationen. Durchschnittlich kommt jeder Einwohner täglich auf eine Sehdauer von 241 Minuten; damit liegt das Land in Europa an der Spitze (Großbritannien 231, Spanien, 217, Deutschland 185 Minuten). Weltweit führend sind hier die USA mit täglich 270 Minuten Fernsehkonsum pro Kopf der Bevölkerung. (→ Mediennutzung)

Auf dem Zuschauermarkt wird immer härter und mit immer neuen Mitteln um Reichweiten und Marktanteile gekämpft. So zielt *Mediaset* mit einem morgendlichen Programmteppich aus Seifenopern und Shows auf Hausfrauen und Rentner. Die *serializzazione,* also die Verknüpfung von Sendungen zu Serien auf festen Programmplätzen, bewirkt neben der starken Zuschauerbindung auch eine Reduktion der Produktionskosten. In die Programmteppiche wird die Politik als Spektakel eingewoben (Calabrese 1998). Die (journalistische) Sprache passt sich dabei der Werbesprache an; vor allem im Fernsehjournalismus, so beklagen Kritiker, finden angesichts des *sensazionalismo* die professionellen Regeln des Journalismus immer weniger Beachtung.

Ähnlich wie in anderen Ländern wird auch in Italien eine Vergrößerung von → Wissensklüften durch Medieneinfluss befürchtet. Experten erwarten, dass sich der Trend in ihrem Land sogar noch stärker ausprägen wird als anderswo, weil die italienische Gesellschaft heute schon in mehrfacher Hinsicht ‚gespalten' sei – etwa hinsichtlich der deutlich unterschiedlichen Printmediennutzung im Norden und Süden des Landes sowie zwischen den Geschlechtern.

Grundlagen des Journalismus

Der Journalismus besitzt in Italien – im Unterschied zu anderen vergleichbaren Ländern – den Status einer Profession. Nach dem Gesetz Nr. 69 aus dem Jahre 1963 muss jeder, der als Journalist arbeiten will, beim *Ordine dei giornalisti* registriert sein. Dieser ‚Berufs-Orden' der Journalisten führt das Berufsregister *Albo dei giornalisti* und stellt die Presseausweise aus. Um zu den *Giornalisti professionisti* (Volljournalisten) zu gehören, muss man wenigstens 21 Jahre alt sein, mindestens 18 Monate im Praktikantenregister eingeschrieben gewesen sein und eine schriftliche und mündliche Prüfung in Rom bestehen. Volljournalisten sind jene, die ausschließlich und regelmäßig als Journalisten arbeiten; sie allein dürfen in den Redaktionen tätig sein. Dieser Status ist mit finanziellen Gratifikationen verbunden.

Das Berufsregister des *Ordine* unterscheidet eine zweite Gruppe, die so genannten *Giornalisti pubblicisti* (Publizisten) – nebenberufliche Journalisten, die nur als Korrespondenten, Autoren und Zuarbeiter in Erscheinung treten, nicht aber als eigentliche Blattmacher wirken dürfen. Auch die Publizisten müssen sich beim *Ordine* registrieren lassen. Im Jahre 2001 waren hier knapp 19.000 Professionisti, fast 48.000 Pubblicisti und rund 1.700 Praticanti eingeschrieben (Sorrentino 2002: 137).

Dass die Geschlossenheit der journalistischen Berufsgruppe in Italien kein funktionsfähiges Journalismussystem gewährleistet (Weischenberg 2000), hat mehrere Gründe. Ein zentraler ist die formale ‚Unterwanderung': Fast 40 Prozent der Praktikanten machen eine offizielle Eingabe beim *Ordine*, dass sie an der Prüfung teilnehmen wollen, obwohl sie die 18 Monate nicht durchgehend und/oder nicht beim gleichen Arbeitgeber absolviert haben; dennoch werden die meisten Bewerber zugelassen.

So werden die Berufsgrenzen durch die Praxis dekonturiert. Zudem gibt es zwar eine quantitative Reglementierung, aber keine qualitative.

Der *Ordine* verteidigt dennoch dieses System in seinen Grundsätzen. Gerade in einer Zeit, in der sich der Berufsstand vielen Anfechtungen ausgesetzt sehe, sei es wichtig, ihn durch die Führung der Berufslisten zu schützen und durch die Zugangskontrolle eine Einhaltung der journalistischen Pflichten zu gewährleisten. Nur so könne auch die Beachtung des ethischen Pflichtenkanon des *Ordine* sichergestellt werden.

Doch die italienischen Journalisten verhalten sich gegenüber der Berufsethik indifferent. Die *Carta di Treviso*, den Pressekodex des *Ordine*, kennen laut Umfragen nur rund 20 Prozent der Journalisten gut und knapp 35 Prozent überhaupt nicht (Mancini 2000). Auch die Personalrekrutierung der italienischen Medien, die insgesamt rund 17.000 Journalisten beschäftigen, folgt in erster Linie ökonomischen Erwägungen. Die privaten Sender kommen dabei mit halb soviel Personal und sogar nur einem Achtel soviel Journalisten aus wie die *RAI* (Weischenberg 2000).

Das italienische Rekrutierungssystem, das letztlich auf Patronage beruht, hat sich insgesamt als dysfunktional erwiesen – auch in Hinblick auf die Herstellung und Erhaltung von → Glaubwürdigkeit des Journalismus. Praktikantenplätze werden, so wird kritisiert, nicht in erster Linie nach Kriterien der professionellen Eignung vergeben; auch hier dominiert das Prinzip des Klientelismus. Die Problematik wird im Bereich der Online-Medien am offensichtlichsten. Der Widerspruch zwischen strengem Berufszugang zur Qualitätssicherung und tatsächlicher Berufspraxis mit einem ‚grauen' Arbeitsmarkt ist hier besonders groß.

Auch in Italien vermischen sich → Public Relations und Journalismus immer mehr. In den letzten Jahren nutzen die Unternehmen verstärkt PR, um ihre Produkte besser vermarkten zu können. Die Journalisten dienen dabei durch ihre Berichterstattung als Sprachrohr. Den Journalisten ist aber verboten, Werbung zu betreiben; dies dürfen sie nur zu wohltätigen Zwecken.

Besonders anschaulich für die Beschreibung der Verhältnisse wirkt der Begriff des *Giornalista dimezzato*, des zweigeteilten Journalisten, der (allenfalls) zur Hälfte unabhängig ist; zur anderen Hälfte ist er den Regeln sozialer Systeme wie Politik und Wirtschaft unterworfen. Dies gilt z. B. für die zahlreichen Spitzenpolitiker, die nichts dabei finden, weiterhin als *Giornalista professionista* in der Berufsliste geführt zu werden.

Eine Ursache für die mangelhafte → Professionalisierung des italienischen Journalismus ist auch die kritische Einstellung des *Ordine* wie der Journalistengewerkschaft gegenüber Studium und Journalistenschulen. Beide Organisationen befürchten offenbar, dass es durch die Liberalisierung des Berufszugangs als Folge der Akzeptanz von (noch mehr) Studiengängen und Ausbildungen an Journalistenschulen zu einer Überflutung des Marktes kommt. Ähnlich wie im Deutschland der 70er und 80er Jahre warnt man vor einer zu theoretischen Ausbildung, die den täglichen Aufgaben in der Redaktion nicht gerecht werde.

Ein besonderes Problem bleibt der ständig wachsende ‚Graumarkt der Akteure'. Da die Volljournalisten für den Verleger teuer sind, werden immer mehr journalistische Aufgaben ‚outgesourct', wodurch für Journalisten allein die Arbeitsmöglichkeiten bei Zulieferagenturen wachsen.

Bewertung und Fazit

Die *International Federation of Journalists* (IFJ) fühlte sich im Dezember 2002 dazu aufgerufen, vor einer Zerstörung der Pressefreiheit (→ Kommunikationsfreiheit) in Italien zu warnen. Aktuellen Anlass bildete die Krise des Autoherstellers *Fiat*, zu dessen Verlagsgruppe *La Stampa* gehört. Man fürchtete, dass die Tageszeitungen immer stärker unter den Einfluss der Industrie gerieten. Kurz darauf kam es zu einer schweren Krise des staatlichen Rundfunksenders *RAI*, die offenbarte, in welch extremen Maße sich in Italien die (Regierungs-) Parteien den öffentlich-rechtlichen Rundfunk untertan gemacht haben. In einer internationalen Aufstellung von *Reporter ohne Grenzen* zur Pressefreiheit rangierte Italien zuletzt nur noch auf Platz 40 (www.reporter-ohne-grenzen.de). All dies sind Schlaglichter auf das zentrale Problem von Medien und Journalismus in Italien: mangelnde Autonomie.

In Italien haben wir es mit einem Gesellschafts- und Mediensystem zu tun, das in besonderem Maße vom *Klientilismus* geprägt ist. Bis heute sind darüber hinaus die negativen Folgen gesellschaftlicher Bedingungen (schleppende Alphabetisierung, Nord/Süd-Differenz) erkennbar. Das Journalismus-System ist dadurch gekennzeichnet, dass es keine direkten Brüche in der Tradition gegeben hat. So konnten sich die parteipolitische Orientierung von Medien und der Rückgriff auf eher literarische Formen im Journalismus bis heute halten.

Seit Mitte der 70er Jahre kann man in Italien – analog zu den USA – von einem *giornalismo di mercato*, einem Markt- oder auch Marketingjournalismus (McManus 1994), sprechen. Gründe dafür sind die veränderten strukturellen Bedingungen, die durch das Aufkommen von neuen Technologien und durch Werbeinvestitionen zustande kamen.

Die Themenselektion scheint nicht mehr nach journalistischen Regeln stattzufinden, sondern dem Programmteppich angepasst zu werden. Das bedeutet, dass selbst in den Nachrichtensendungen ein immer größerer Prozentsatz bunten Themen gewidmet wird; Klatsch und

Servicethemen – wie Aspekte der Gesundheit im weitesten Sinne – verdrängen politische Fragestellungen.

In einem *Spiegel*-Interview aus Anlass der Veröffentlichung seines Romans „Baudolino" hat *Umberto Eco* auf die grundsätzlichen Konsequenzen der Machtergreifung eines Medienmoguls wie Berlusconi aufmerksam gemacht. Seiner Meinung nach werden dadurch offenbar unlösbare Probleme der heutigen ‚Mediendemokratie' deutlich – in Italien wie etwa auch in den USA. Eco regt deshalb an, im Internet-Zeitalter nach Alternativen zur repräsentativen Demokratie zu suchen, die eine neue Balance zwischen Staat und Protest, Machtzentren und lokalen Gemeinschaften herstellen. (Spiegel 2001/33: 174 ff.)

Ehe es dazu kommt, muss gefragt werden, ob das italienische Beispiel einer ‚Medienkultur' à la Berlusconi tatsächlich, wie Eco befürchtet, eine Art Avantgarde in der globalisierten Gesellschaft darstellt. Diese Frage bleibt bis auf weiteres offen.

Literatur

Calabrese, Omar (1998): Come nella boxe. Lo spettacolo della politica in TV, Rom/Bari.

Mancini, Paolo (2000): Il sistema fragile. I mass media in Italia tra politica e mercato, Roma.

McManus, John H. (1994): Market-Driven Journalism, Thousand Oaks u. a.

Menduni, Enrico/Antonio Catolfi (2001): Le Professioni del Giornalismo, Rom.

Murialdi, Paolo (2000 [1996]): Storia del giornalismo italiano, Bologna.

Natale, Anna Lucia (2004): Das Mediensystem Italiens, in: Hans-Bredow-Institut (Hrsg.): Internationales Handbuch Medien 2004/2005, Baden-Baden: 373-383.

Roidi, Vittorio (2001): La fabbrica delle notizie, Rom/Bari.

Sorrentino, Carlo (2002): Il Giornalismo. Che cos'è e come funziona, Rom.

Weber, Andreas (1997): Entwicklungsprozess von Presse und Rundfunk in Italien, Berlin.

Weischenberg, Siegfried (2000): Südlich von Tirol. Die Wirklichkeit der Medien im ‚System Berlusconi', in: G. Zurstiege (Hrsg.): Festschrift für die Wirklichkeit, Wiesbaden: 119-132.

Wolf, Andrea (1997): Telekratie oder Tele Morgana? Politik und Fernsehen in Italien, Frankfurt/M.

Siegfried Weischenberg, Hamburg

Japan

→ Asien

Journalismus

Definition/Begriffsbestimmung

Journalismus ist mehr (und anderes) als nur eine Ansammlung von Akteuren, die ‚Journalisten' genannt werden. Der Begriff lässt sich verstehen als Sinn- und Handlungszusammenhang, der von anderen Bereichen der Gesellschaft durch eine besondere Zuständigkeit abzugrenzen ist: Themen zu selektieren und zu präsentieren, die neu, relevant und faktisch sind. Damit wird die Perspektive einer konstruktivistischen → Systemtheorie eingenommen, die auf bestimmten empirischen und epistemologischen Voraussetzungen beruht (Scholl/Weischenberg 1998), nämlich, dass

- die moderne ausdifferenzierte Gesellschaft eine Instanz zur permantenten und zeitnahen Selbstbeobachtung braucht;
- dafür professionelle Beobachter notwendig sind, die mithilfe von eigenen Beobachtungen und Beschreibungen ‚Medienrealität' schaffen (→ Konstruktivismus);
- diese Beobachtungen als Fremdbeobachtung ablaufen und sich somit von anderen Bereichen wie z. B. Literatur (→ New Journalism) oder → Public Relations abgrenzen lassen.

Andere systemtheoretische Vorschläge modellieren Journalismus als Teil eines Systems Massenmedien (Luhmann 1996) oder als ‚Leistungssystem' von → Öffentlichkeit. Die Voraussetzungen all dieser Vorschläge sind – wissenschaftlich wie empirisch – nicht unumstritten (Lorenz 2002: 127 ff.).

Eine solche Perspektive konkurriert deshalb mit anderen Ansätzen: auf der einen Seite *empirisch-analytische*, die mit Theorien (allenfalls) mittlerer Reichweite entweder die Akteure und ihre Rollen (Weaver/Wilhoit 1996) oder Kommunikationsprozesse bei der Aussagenentstehung (→ Gatekeeping, → Redaktion) ins Visier nehmen; auf der anderen Seite *kulturorientierte*, die Journalismus als eine Textform oder als gesellschaftlichen Diskurs begreifen (→ Cultural Studies). Er lässt sich, so die Annahme, nicht durch Distinktionen wie Faktizität/Fiktionalität oder Information/Unterhaltung abgrenzen und wird als Teil der Populärkultur begriffen. Dies scheint angesichts der aktuellen ‚Wirklichkeit des Journalismus' insofern plausibel zu sein, als in der Tat Entgrenzungsprozesse ablaufen, welche die seit Ende des 19. Jahrhunderts beschreibbare Identität der Aussagenentstehung von → Massenmedien zur Disposition stellen.

Diese Entwicklung macht sichtbar, dass ‚Journalismus' eine soziale Konstruktion ist, die in einer bestimmten Gesellschaft zu einer bestimmten Zeit bestimmte Merkmale aufweist, wodurch sie bestimmte benötigte Leistungen erbringen kann. Es gibt also kein ‚Wesen' des Journalismus, wie von klassischen *normativ-ontologischen* Ansätzen der Publizistikwissenschaft postuliert wurde und in Praxis und Theorie bisweilen nach wie vor behauptet wird.

Der so systemtheoretisch modellierte Journalismus hat diverse *Strukturen* herausgebildet (Malik 2004: 44 ff.), um seiner Funktion gerecht zu werden und Leistungen für das Publikum und die diversen System-Umwelten (Wirtschaft, Politik, Wissenschaft usw.) zu erbringen. Zu diesen Strukturen gehören als *Subsysteme* insbesondere der → Lokaljournalismus, → Politikjournalismus, → Wirtschaftsjournalismus, → Kulturjournalismus und → Sportjournalismus sowie solch spezifische Bereiche wie → Wissenschaftsjournalismus, → Reisejournalismus oder Motorjournalismus und neuerdings → Medienjournalismus.

Hier gilt jenseits der zentralen *Leitorientierung* des Systems Journalismus, die man als nachrichtlich/nicht-nachrichtlich fassen kann, jeweils eine (themen-) spezifische ‚Zweitkodierung'. Sie orientiert sich z. B. beim Wirtschaftsjournalismus am ökonomischen Code.

Des Weiteren wird journalistisches *Entscheidungshandeln* über die verschiedenen Medienbereiche und Medienorganisationen und insbesondere in und durch → Redaktionen und Ressorts realisiert. Darüber hinaus hat der moderne Journalismus spezifische *Programme* entwickelt, die bis zu einem gewissen Grade festlegen, aus welchen Themen in welcher Weise Medienangebote gestaltet werden. Sie betreffen im Einzelnen die Themenauswahl (→ Gatekeeping), die → Recherche und die → Mediengattungen (Berichterstattungsmuster und Darstellungsformen, insbesondere → Nachricht/ Bericht).

Ob die *Akteure* (Journalisten) Teil des Systems sind und ob auch das *Publikum* inkludiert wird, ist letztlich eine Frage des Theoriedesigns. Die konstruktivistisch-systemtheoretische Journalismusforschung bezieht die Akteure als Rollenträger, die für ihre Entscheidungen die Verantwortung tragen (→ Medienethik) mit ein, während das Publikum zu den Umwelten gehört, mit denen der Journalismus über ‚strukturelle Kopplung' bzw. ‚Interpenetration' (wechselseitige Durchdringung) verbunden ist (→ Systemtheorie).

In einigen systemtheoretischen Vorschlägen werden die Rezipienten (im Rahmen eines ‚Systems Öffentlichkeit') zum Systembestandteil erklärt. Insbesondere auch die → Cultural Studies plädieren für die Inkludierung des Publikums und kritisieren seine angebliche ‚Randstellung' in dem hier skizzierten Entwurf. Gegen ein solches Groß-System spricht jedoch – neben theoretischen Überlegungen – die empirische Evidenz, die zeigt, dass Leser/Hörer/Zuschauer zwar eine zentrale Referenz des Journalismus bilden, aber bei der Aussagenentstehung schon aufgrund der Rollentrennung zwischen Produzenten und Rezipienten nur über Erwartungserwartungen ‚mitwirken' (Scholl/Weischenberg 1998: 120 ff.).

Auch bei den Abgrenzungen zu den Umwelten handelt es sich um theoriegeleitete Entscheidungen im Rahmen einer operationalen Definition von Journalismus. Grundsätzlich ‚lebt' der Journalismus von den Umwelten insofern, als diese als Informationsquelle dienen, die Ereignisse und Themen liefert; dabei spielt der Bereich Public Relations eine (zunehmend) wichtige Rolle. Der ‚eigensinnige' Journalismus setzt diese Einflüsse aber in seine Sprache um und ist in diesem Verständnis so autonom (nicht: autark), dass er sich nicht direkt von außen steuern, sondern nur nach Maßgabe seiner Eigengesetzlichkeit beeinflussen lässt.

In der Logik der Modellierung einer konstruktivistisch-systemtheoretischen Beobachtung des Journalismus wird erklärbar, warum bei der aktuellen Medienkommunikation eigene (und oft auch eigenwillige) Wirklichkeiten entstehen, die z. B. einem spezifischen professionellen Verständnis von → Objektivität folgen.

Der Journalismus erfüllt so insgesamt die Funktion der *Synchronisation* der Teilsysteme in der modernen, ausdifferenzierten Gesellschaft (zeitliche Dimension), die der *Thematisierung* gesellschaftlicher Kommunikation (sachliche Dimension), und trägt wesentlich zur *Selbstbeobachtung* und auch Selbstverständigung von Gesellschaft bei (soziale Dimension).

Geschichte/Entwicklung

Die Emergenz des Journalismus als soziales Funktionssystem ist Ergebnis und Ausdruck der Differenzierungsprozesse in modernen Gesellschaften. Sie ist in vielfältiger Weise verknüpft mit der Entwicklung von Mediensystemen und den darin wirkenden ökonomischen, politischen und technologischen Imperativen. Diese Prozesse sind Gegenstand der allgemeinen Kommunikationsgeschichte; in besonderem Maße ist darüber hinaus die Entstehung und Entwicklung der journalistischen Berufsrolle im Rahmen von Prozessen der → Professionalisierung von Bedeutung.

Insgesamt ist die Geschichte insbesondere des deutschen Journalismus nach wie vor unzureichend untersucht. Unklarheit besteht auch im Hinblick auf die Frage, wann genau von „Journalismus als soziales System" (Blöbaum 1994) gesprochen werden kann.

Nach wie vor folgt man bei der Rekonstruktion der Entwicklungsphasen des deutschen Journalismus der Pionierstudie von Dieter Paul Baumert (1928), in der eine Vierteilung von Entwicklungsphasen vorgenommen wurde:

- *präjournalistische* Periode (Ende 15. Jahrhundert)
- Periode des *korrespondierenden* Journalismus (16. bis Mitte 18. Jahrhundert)
- Periode des *schriftstellerischen* Journalismus (Mitte 18. bis 19. Jahrhundert)
- Periode des *redaktionellen* Journalismus (ab Mitte des 19. Jahrhunderts)

Die Herausbildung eines gesellschaftlichen Funktionssystems Journalismus kann mit den Anfängen dieser ‚Periode des redaktionellen Journalismus' zeitlich annäherungsweise fixiert werden. Dies war auch der Beginn von Differenzierungen und Leistungssteigerungen, die immer wieder durch soziale, ökonomische und technologische Einflüsse provoziert wurden:

- Auf der Ebene der *Mediensysteme* u. a. durch neue Publikations- und Distributionsformen,

- auf der Ebene der *Medieninstitutionen* u. a. durch Ressortgliederungen und neue Produktionsweisen,
- auf der Ebene der *Medienaussagen* u. a. durch die Entstehung eines lesekundigen Publikums, das Rezipientenrollen übernimmt, durch neue → Darstellungsformen, durch neue Methoden der → Recherche und durch anders geartete Selektionsprozeduren
- sowie auf der Ebene der *Medienakteure* durch neue Tätigkeitsprofile und Berufsrollen der Journalisten.

Insgesamt kann in den letzten rund 150 Jahren eine zunehmende → Professionalisierung des Journalismus registriert werden. Diese Prozesse haben sich aber keineswegs linear abgespielt und vor allem im Vergleich verschiedener Länder eine ganz unterschiedliche Beschleunigung und Ausprägung entwickelt. Dabei spielen die vier Faktoren Pressefreiheit (→ Kommunikationsfreiheit), ökonomische Entwicklung (→ Medienökonomie), politisches (Parteien-)System und journalistisches Bewusstsein eine zentrale Rolle (Requate 1995).

In den → USA führten diese Faktoren recht früh zu einem Journalismus, der sich als *Gegenpart* der Regierung versteht und durch hartnäckige Recherche von Fakten ökonomisch erfolgreich sein will. In → Frankreich dominierte lange (und in Teilen bis heute) ein *Meinungsjournalismus*, der sich einerseits einmischt in die ‚große Politik', aber eben deshalb auch bis zu einem gewissen Grade Teil des politischen Systems ist, so dass das Fehlen professioneller Distanz beklagt wird. In → Italien gibt es gleichfalls eine Tradition der Politisierung des Journalismus. Inzwischen hat die *Kommerzialisierung* des Fernsehens den seriösen Journalismus an den Rand gedrängt; prägende klientelistische Strukturen (auch) im Medienbereich begünstigen heute die Deprofessionalisierung der journalistischen Berufsrolle. In → Großbritannien ist die Pressefreiheit nie juristisch garantiert worden; andererseits gibt es faktisch aber große Spielräume für den Journalismus (Beispiel: Persönlichkeitsrechte, → Medienrecht), die insbesondere von einem aggressiven → Boulevard-Journalismus ausgenutzt werden.

In → Deutschland konnte man eine widersprüchliche und z. T. gegenläufige Entwicklung beobachten. Im Grunde waren die ersten 100 Jahre des ‚redaktionellen Journalismus' geprägt durch eine parteipolitische Ausrichtung vieler Zeitungen und die mehr oder weniger große Staatsnähe. Eine Relativierung erfuhr diese Tradition, die sich bis heute in der Präferenz des Leitartikels gegenüber der intensiv recherchierten Reportage zeigt, durch die *Generalanzeiger-Presse* Ende des 19. Jahrhunderts. Dadurch gab es einerseits einen Innovationsschub, andererseits aber auch den Strukturwandel der Zeitung hin zum Erwerbsunternehmen, der Bildung von Großkonzernen und ersten Erscheinungsformen von Pressekonzentration (→ Medienkonzentration).

Nur langsam hatte sich der deutsche Journalismus ab Mitte des 19. Jahrhunderts im Zuge der gesellschaftlichen Ausdifferenzierung aus der Politik herausgelöst. Gleichzeitig war ‚Journalist' allmählich als eigene Berufsrolle vom Politiker und auch vom Schriftsteller unterscheidbar geworden. Das *Reichspressegesetz* von 1874 brachte zwar juristisch die Garantie der Pressefreiheit; es gab in den Jahrzehnten danach aber immer wieder den – unterschiedlich erfolgreichen – Versuch, den Journalismus an die Kandare zu nehmen. Die Tradition der obrigkeitsstaatlichen Einflussnahme auf die Medien wirft in Deutschland bis heute einen langen Schatten auf den Journalismus, was nicht nur durch den Parteieneinfluss auf den öffentlich-rechtlichen Rundfunk immer wieder deutlich wird.

Erste Ansätze für die Berufsrolle ‚Redakteur' hatte es bereits im 17. Jahrhundert gegeben. Ab Ende des 18. Jahrhunderts richteten die größeren Zeitungen dann → Redaktionen ein und beschäftigten Redakteure und Korrespondenten. Ab Mitte des 19. Jahrhunderts gab es die ursprüngliche Identität von Verleger- und Redakteurrollen durchweg schon nicht mehr; der Verleger wurde zum Unternehmer, der Journalist zum abhängig Beschäftigten. (Weischenberg 2002: 381 ff.)

Die veränderten Rahmenbedingungen bedeuteten innerhalb weniger Jahre einen grundlegenden Wandel des Journalismus. Denn nach 1830 hatte sich zunächst der Typ des ‚philosophisch-politischen' Journalisten in den Vordergrund gedrängt. Der Berufstyp des ‚Nur-Journalisten' entstand erst im *Nachmärz*, also ab Mitte des 19. Jahrhunderts, als sich die Berufswege von Politikern und Journalisten trennten.

Der damalige „Strukturwandel der Öffentlichkeit" (Jürgen Habermas) führte dann nach und nach auch zu einem grundlegenden Strukturwandel des journalistischen Berufs. Dieser hatte die berufliche und auch ideologische Abhängigkeit der Journalisten von den Verlegern zur Folge. Aufstiegsmöglichkeiten versprach der Beruf nun einem Personenkreis, der zuvor von dieser gehobenen Tätigkeit ausgeschlossen war. Ob sich der Journalismus damit bis zum Ende des 19. Jahrhunderts tatsächlich vom Akademikerberuf zum Treffpunkt für alle möglichen Laufbahnen entwickelte, ist umstritten. Es steht aber fest, dass es nun viele Studienabbrecher und Berufswechsler in die Redaktionen zog und dass die Zusammensetzung der Berufsgruppe zunehmend heterogener wurde.

Die wachsende Bedeutung von Presse und Journalismus war schon früh begleitet von einer heftigen *Presse- und Journalismuskritik.* In den → USA, wo wohl zuerst von Journalismus im modernen Sinne gesprochen werden kann, richtete sie sich zur Jahrhundertwende insbesondere gegen das ‚muckraking', also die ersten Formen des → Investigativen Journalismus, der stets begleitet war von Übertreibungen durch Sensationalismus, Aufbauschen und Herumschnüffeln im Privatleben von Personen öffentlichen Interesses. Journalisten galten gerade in Deutschland als ‚Proletarier der Geistesarbeit'; den Konservativen erschienen sie als potenzielle Umstürzler, den Linken als opportunistische Handlanger der gewinnsüchtigen Pressekapitalisten. In der zweiten Hälfte des 19. Jahrhunderts wurde durch die Kritik auch deutlich, in welch starkem Maße die Zeitungen und ihr Personal verknüpft waren mit der (partei-) politischen Großwetterlage.

In den Jahren zwischen 1933 und 1945 konnte von einer professionellen Berufsrolle ‚Journalist' in Deutschland im Grunde nicht mehr gesprochen werden. Journalisten waren fest eingebunden in die politischen Ziele der nationalsozialistischen Diktatur, welche die Ausbildung, die berufliche Rekrutierung und die Berufsausübung durch gesetzliche Maßnahmen und einzelne Direktiven brutal kontrollierte.

Nach dem Zweiten Weltkrieg ist dann der angelsächsische → Informations-Journalismus in Westdeutschland eingeführt worden, während der ostdeutsche Journalismus nach den Regeln der sozialistischen Mediendoktrin funktionierte. Heute weist der gesamtdeutsche Journalismus wesentliche Charakteristika auf, die der Tradition angelsächsischer Länder entsprechen, aber auch – mit der immer wieder erkennbaren Parteinähe einzelner Medien – Merkmale, die einer genuinen deutschen Tradition des Journalismus entsprechen. (→ Deutschland)

Sowohl der deutsche als auch z. B. der Journalismus der USA können eine recht lange Tradition beruflicher Formierung in Berufsverbänden und Gewerkschaften vorweisen, die bis in die zweite Hälfte des 19. Jahrhunderts zurückreicht. Dies bedeutet jedoch weder eine Einheitlichkeit der Organisation beruflicher Interessen von Journalisten noch besonders große Organisationsfähigkeit. Es bedeutet auch keinen prägenden Einfluss ihrer Vertretungen gemäß der Tradition von Standesorganisationen der ‚klassischen Professionen'. Deren zentrales Merkmal

Autonomie strebten die Journalistenverbände seit den 20er Jahren des 20. Jahrhunderts bei ihrem – vergeblichen – Kampf um die rechtliche Absicherung *innerer Pressefreiheit* gegen wirtschaftlichen Druck (→ Medienkonzentration) an.

Die begrenzten Einflussmöglichkeiten der Verbände, welche durch die aktuelle Tendenz zurück zu freien Arbeitsverhältnissen im Journalismus weiter reduziert werden (→ Freier Journalismus), deuten – systemtheoretisch gefasst – auf eine sozusagen paradoxe Situation hin: Einerseits lässt sich der Journalismus zwar (immer noch) als autonomes Funktionssystem im Sinne eines eigenen Sinn- und Handlungszusammenhangs definieren; andererseits ist er in allen vergleichbaren westlichen Demokratien (Ausnahme: → Italien) aus verfassungsrechtlichen Gründen ein offener Beruf, der sich allenfalls empirisch, aber nicht normativ durch Berufsrollen, Ausbildungswege usw. abgrenzen lässt.

Forschungsstand

Bemühungen um eine wissenschaftlich-systematische Erforschung des Journalismus lassen sich mindestens bis zur Mitte des 19. Jahrhunderts zurückverfolgen, wobei insbesondere die Arbeiten von *Robert Prutz* (1816-1872) zur (historischen) Identifizierung von Journalismus (1845) und von *Max Weber* (1864-1920) zur (sozialwissenschaftlichen) Untersuchung der journalistischen Rolle (1910) von Bedeutung sind. Doch schon seit Mitte des 17. Jahrhunderts hatten sich ‚Klassiker' wie *Kaspar Stieler* (1632-1707) um den Gegenstand bemüht (Weischenberg 2004: 13 ff.).

Die Entwicklung der ‚modernen' Journalismusforschung im deutschsprachigen Raum als Disziplin, die sich auf den Prozess der Entstehung von Aussagen in und für Massenmedien konzentriert, lässt sich analytisch in drei Phasen unterteilen:

- bis Ende der 60er Jahre des 20. Jahrhunderts im Wesentlichen Zusammenstellung *normativer Kataloge* von ehemaligen Berufspraktikern, die durch Einzelbeobachtungen und Anekdotisches illustriert wurden;
- ab Anfang der 70er Jahre die Phase *empirisch-analytischer (Fall-)Studien*, die sich theoretisch und methodisch an Vorbildern aus den USA orientierten;
- ab den 90er Jahren (system-)*theoriegeleitete empirische* Forschung und seit ca. 2000 der intensivere Diskurs über makrotheoretische Konzepte.

Die Journalismusforschung war also insofern bis Ende der 60er Jahre vor allem Journalisten-Forschung – und dies auch nur in einem eingeschränkten Sinne. Denn im Zentrum stand in der Logik des vorherrschenden normativ-ontologischen Ansatzes die „publizistische Einzelpersönlichkeit mit ihren Nöten, Ansprüchen und Absichten" (Böckelmann 1993: 38).

Der durch öffentliche Forschungsförderung begünstigte Paradigmenwechsel ab Anfang der 70er Jahre führte erstmals zu empirie-gestützter Theorie (Rühl 1980) und vor allem zu zahlreichen systematischeren Beobachtungen von Tätigkeitsbereichen und Berufsrollen im Journalismus. Dabei dominierte – nicht zuletzt aus methodischen Gründen – die Erfassung von Befunden zur ‚subjektiven Dimension' des Journalismus, also zu den Einstellungen der Akteure und insbesondere ihrem → Rollenselbstverständnis.

Das *Rollenselbstverständnis* ist eine zentrale Kategorie der (empirischen) Journalismusforschung. Damit wird untersucht, ob sich Journalisten eher als neutrale Vermittler sehen oder als z. B. Erzieher, Anwalt oder Unterhalter – und unterstellt, dass solche Kommunikationsabsichten *Handlungsrelevanz* besitzen (Scholl/Weischenberg 1998: 175 ff.). Weiter gefasst ist der Begriff *Bewusstsein*, der sich auf alle Einstellungen journalistischer Akteure bezieht, soweit sie Prozesse der Aussagenentstehung und ihre Bedingungen betreffen. Auch hierzu sind verschiedene Fallstudien durchgeführt worden.

Vom Rollenselbstverständnis wird der Begriff *Berufsbild* nicht immer deutlich getrennt, der aber eine andere Basis hat. Berufsbilder stellen den Versuch dar, einen Katalog von Kennzeichen eines Berufes zu präsentieren, der sich aus normativen und empirischen Elementen zusammensetzt. Die vom Deutschen Journalisten-Verband (DJV) in größeren Abständen (1966, 1978, 1996) entworfenen Berufsbild-Kataloge demonstrieren die große Bandbreite der Vorstellungen, die man von der ‚Wirklichkeit des Journalismus' entwickeln kann.

Erste repräsentative Untersuchungen des Journalismus in Deutschland – nach dem Vorbild des seinerzeit nicht realisierten Vorschlags von Max Weber – sowie breiter angelegte theoretische Studien haben dann seit den 90er Jahren die Situation der deutschen Journalismusforschung deutlich verbessert (z. B. Blöbaum 1994). Diese Arbeiten orientierten sich mit deutlicher Mehrheit an der Luhmannschen → Systemtheorie (Weischenberg 2000). Ihre Beobachterkategorien für die Empirie zu öffnen und dabei die beteiligten Akteure mit ihren Merkmalen und Einstellungen einzubeziehen, war das Ziel des Versuchs, den „Journalismus in der Gesellschaft" (Scholl/Weischenberg 1998) theoriegeleitet zu beschreiben.

Seither scheint sich die deutsche Journalismusforschung auf die Debatte über die Frage zu konzentrieren, ob und inwieweit sich die Erfüllung der Funktion und der Leistungen des Journalismus (auch) individuellem Denken und Handeln zurechnen lässt (Löffelholz 2000). Damit ist natürlich kein exklusives Problem der Journalismusforschung beschrieben, sondern eine aktuelle Thematik in den Sozialwissenschaften.

Im Zusammenhang mit – nach jahrzehntelangen empirischen und zuletzt theoretischen Anstrengungen – nun anstehenden Aufräumarbeiten sind diverse Systematisierungsversuche unternommen worden (z. B. Löffelholz 2000; Zelitzer 2004), die unterschiedlich überzeugend ausfallen (Lorenz 2002: 3 ff.). Sie kämpfen mit dem Journalismus-Begriff, bemühen sich um Abgrenzungen zwischen Journalismus und z. B. Literatur, profilieren den zwangsläufig interdisziplinären Charakter einschlägiger Forschung, die zwischen Soziologie, Geschichtswissenschaft, Sprachwissenschaft, Politologie und Kulturwissenschaft oszilliert, versuchen tatsächliche oder vermeintliche Differenzen zwischen den verschiedenen Spielarten systemtheoretischer, handlungstheoretischer und konstruktivistischer Ansätze herauszuarbeiten oder propagieren eine ‚neue Journalismusforschung' als Teil der (traditionell rezeptionsorientierten) → Cultural Studies. Dabei ist das – womöglich unrealistische – Bemühen um eine ‚Supertheorie' erkennbar, bei dem die Kommunikationswissenschaft im Fall der → Medienwirkungen schon einmal die Waffen strecken musste.

Während die US-amerikanische Kommunikationsforschung ihrer pragmatischen Tradition treu bleibt, unzählige, eher kleinteilige Studien zu Akteuren und Kommunikationsprozessen bei der Aussagenentstehung durchzuführen, und (system-)theoretische Großkonzeptionen kaum zur Kenntnis nimmt, ist die deutsche Journalismusforschung also neuerdings stärker an der Lösung theoretischer Probleme interessiert. Das skizzierte systemtheoretische Verständnis gilt dabei als ‚Mainstream' (Löffelholz 2000). Das ist insofern berechtigt, als die dabei verwandten Unterscheidungen sogar in solchen Arbeiten deutlich werden, die eine erkennbar andere Richtung einschlagen und z. B. in handlungstheoretischen und lebensweltlichen Konzeptionen im Gefolge von Habermas das Heil suchen (Baum 1994).

Auch die gegenwärtige Kritik der deutschen Journalismusforschung arbeitet sich im Wesentlichen an der Systemtheorie ab. Sie präsentiert eine Reihe von bedenkenswerten Alternativvorschlägen, wobei aber fraglich ist, ob diese – zumal angesichts ihrer empirischen Unterversorgung – genug Substanz für einen Paradigmenwechsel aufweisen. Dies gilt insbesondere für *kulturwissenschaftliche Orientierungen*. In diesem Zusammenhang wird gefordert, → Unterhaltung als konstitutive Funktion des Journalismus anzuerkennen, dem Publikum eigenständige Relevanz in der Journalismusforschung zuzuweisen und journalistisches Handeln im Rahmen gesellschaftlicher Vermachtung und der diese ständig (re-)produzierenden Diskurse zu verorten. Zu den Widersprüchen solcher Diagnosen gehört, dass Journalismus demnach in vollem Umfang all die Publizistik mit einschließen soll, die besonders weit weg ist von den normativ zugewiesenen Erwartungen an die Medien.

Die im Rahmen dieses Diskurses zu entscheidende grundlegende Frage ist, ob man weiterhin und überall Journalismus über *eine* Primärfunktion als gesellschaftliches Teilsystem identifizieren kann. Dazu gehört sicherlich nicht die Unterhaltung: Wenn Journalismus mehr oder weniger (auch) für Unterhaltung zuständig wäre, ließe sich diese Frage leicht entscheiden. Dann würde er mit Medienkommunikation insgesamt gleichgesetzt – und dann gäbe es auch keine Legitimation mehr für eine spezifische Journalismusforschung.

Andererseits erscheint ein autonomes System Journalismus in *Diktaturen* nicht vorstellbar, wo die Politik den Journalismus direkt steuert und über diverse Sanktionsmechanismen verfügt, welche die Pressefreiheit (→ Kommunikationsfreiheit) außer Kraft setzen. Darüber hinaus gibt es in Demokratien westlich-kapitalistischen Typs aktuell Einschränkungen durch *Kommerzialisierungsprozesse*, welche die Systemgrenzen von Journalismus ebenfalls zur Disposition stellen.

Insofern muss sich Systemtheorie mit ihren Unterscheidungen jeweils gegenüber empirischen Beobachtungen bewähren. Die Auflösung von Grenzen bzw. die Aufweichung von binären Codes zur Abgrenzung von System und Umwelt sind keine theoretischen, sondern (allenfalls) empirische Gegenargumente.

Internationale Situation

Unsere aktuellen Kenntnisse über den Journalismus beruhen auf einer großen Zahl von Studien, die sich zum einen auf *Kommunikationsprozesse* bei der Aussagenentstehung und hier insbesondere auf Selektionsprozeduren beziehen (→ Gatekeeping, → Nachrichtenselektion, → Redaktion); zum anderen erfassen die zahlreichen Befragungen in aller Welt *Merkmale* und *Einstellungen* der Akteure und schließen von den Befunden auf die ‚Wirklichkeit des Journalismus'. Darüber hinaus beschäftigen sich neuerdings kritische Darstellungen insbesondere mit Entgrenzungstendenzen im Journalismus.

Die vielfältigen Beobachtungen lassen sich – trotz zahlreicher theoretischer und methodischer Probleme – zu einem internationalen Mosaik zusammensetzen, wobei strittig ist, ob dabei das Bild eines ‚globalen Journalismus' (Weaver 1998) entsteht. Zur Validität tragen hier insbesondere auch Untersuchungen bei, die im letzten Jahrzehnt im deutschsprachigen Raum entstanden sind (Marr et al. 2001; Weber 2000; Scholl/Weischenberg 1998). Die Situation lässt sich so beschreiben:

- Es gibt einen deutlichen *Unterschied* zwischen dem Journalismus in Diktaturen, Transformationsgesellschaften und Gesellschaften westlich-kapitalistischen Typs. Nach wie vor existiert in weiten Teilen der Welt faktisch keine Pressefreiheit (www.freedomhouse.org; www.reporter-ohne-grenzen.de). Journalisten, die eine Transparenz der Verhältnisse herstellen wollen, gefährden – z. B. in Staaten → Afrikas, → Lateinamerikas und auch in China (→ Asien) – ihre berufliche Existenz oder sogar ihr Leben. In Russland (→ Osteuropa) ist zwar die Pressezensur aufgehoben; trotz einer strukturell pluralistischen Medienlandschaft verstören hier in der Praxis aber vielfältige Einschränkungen und auch persönliche Gefährdungen bei der journalistischen Arbeit. Allein aus diesen Gründen besitzt das Konstrukt ‚globaler Journalismus' allenfalls stark eingeschränkte empirische Evidenz.

- *Isomorphien* von (vergleichbaren) Journalismus-Systemen nehmen bei den Produktionsweisen, bei den professionellen Mustern und Standards sowie aufgrund von Merkmalsähnlichkeiten der Akteure und ähnlichen Aufgabenselbstbeschreibungen zu. Hier verstärkt die wachsende Zahl von international tätigen und ökonomisch, organisatorisch und technisch ähnlich operierenden Medienunternehmen die Globalisierungstendenzen. Dem steht entgegen, dass es aber auch im Journalismus westlicher Prägung weiterhin charakteristische Medienkulturen gibt, die unterschiedliche nationale Herausforderungen an die Medien und den Journalismus stellen (Scholl/Weischenberg 1998: 197 ff.).
- Jahrelang vorgetragene Behauptungen, dass sich die deutschen Journalisten hinsichtlich ihrer professionellen Einstellungen (‚Linkslastigkeit', ‚Missionarrolle') deutlich von denen anderer westlicher Länder unterschieden, lassen sich im Lichte vorliegender Befunde nicht aufrechterhalten. Vielmehr gibt es deutliche Hinweise auf *Synchronisierungen* z. B. beim Rollenselbstverständnis, wo überall die Kommunikationsabsicht der ‚neutralen Informationsvermittlung' deutlich dominiert. Beim Vergleich des deutschen mit dem nordamerikanischen und französischen Journalismus profiliert sich darüber hinaus ein Gesamtbild, das so aussieht: Journalismus ist ein Mittelstandsberuf jüngerer Leute (Durchschnittsalter ca. 35 bis 40), mit einem relativ stabilen Frauenanteil von ca. einem Drittel, wobei der Schwerpunkt der Arbeitsplätze mit ca. drei Vierteln immer noch bei der Presse liegt. Insgesamt zeigt sich eine zunehmende Ausdifferenzierung der Binnenstruktur des Journalismus hinsichtlich der Ressorts und der Berufsrollen. Die Arbeitszufriedenheit liegt in allen drei Ländern recht hoch.
- Nach einer längeren Boom-Phase ist der Journalismus überall ökonomischen *Krisenerscheinungen* unterworfen, die zum Abbau von Arbeitsplätzen und insgesamt zu einer starken Reduzierung der redaktionellen Investitionen geführt haben. Im Zusammenhang damit ist eine große Zahl von Akteuren in den → Freien Journalismus abgedrängt worden. All dies geht auf Kosten des ‚Qualitätsjournalismus', der dauerhaft offenbar nicht mehr wesentlich über Werbeerlöse zu finanzieren ist. Die beobachtbaren Formen der Kostenersparnis durch Rationalisierung passen zwar zu den allgemeinen Erscheinungsformen der Globalisierung. Im nach wie vor im Wesentlichen national zu Stande kommenden Journalismus besteht jedoch – anders als in den meisten anderen Industriebereichen – grundsätzlich nicht die Möglichkeit, die Produktion in solche Länder zu verlagern, wo die Arbeitskosten gering sind.
- Auf der Ebene der journalistischen Programme lassen sich nach wie vor charakteristische *nationale Unterschiede* ausmachen. Dazu gehört z. B., dass der Recherche-Journalismus eher eine nordamerikanische als eine europäische Spezialität ist – trotz der Entzauberung der US-Journalisten seit dem 11. September 2001, der offenbar bei vielen Akteuren zu einer zumindest temporären patriotischen Einbindung in nationale Ziele führte, wie sie sonst nur aus Mediensystemen etwa der ‚Dritte-Welt-Länder' bekannt war. Die Befunde deuten des Weiteren auf ein großes Spektrum von Handlungsdispositionen in ethischen Konfliktsituationen, wobei die deutschen Journalisten offenbar eher zu größerer Sensibilität bei fragwürdigen Methoden neigen (Scholl/Weischenberg 1998: 229 ff.).

- Auffällig ist seit Jahren eine zunehmende Zahl von *Fälschungs-Skandalen* (→ Medienethik) im Journalismus. Immer wieder wurden – z. B. in den USA, in England und auch in Deutschland – Akteure enttarnt, die erfundene Storys, nicht geführte Interviews und manipulierte Fotos in den Medien unterbringen konnten. Die Zunahme von Fakes lässt sich auf zunehmenden Konkurrenzdruck der Medien zurückführen, deren leitendes Personal im Wettbewerb verstärkt auf exklusive Angebote setzt und dadurch Fehlleistungen provoziert. (Nicht nur) im Zusammenhang mit Authentizität erhält die Beschäftigung mit Problemen der → Visualisierung im Journalismus steigende Bedeutung.
- Als ‚global' kann ein *Unbehagen* gegenüber den Leistungen des Journalismus beschrieben werden, das sich in einer international sehr ähnlichen Medienkritik niederschlägt. Sie richtet sich vor allem gegen den ‚market-driven journalism' (→ Italien), der insbesondere durch die forcierte Entwicklung weg von der Information hin zur fiktionalen Unterhaltung gekennzeichnet sei. Als Einzelsymptome werden die Beeinflussung der Nachrichten durch die Werbung, die Aufbereitung von Nachrichtensendungen als Show und die zunehmende Verwandlung von (Fernseh-) Journalisten in Showstars genannt. Damit werde das Publikum auf die Rolle des Konsumenten reduziert und der Journalist auf die Rolle des Entertainers. (Bogart 1995) Im Lichte dieser Medienkritik gibt es auch erhebliche Evidenz für die Annahme, dass der Journalismus immer weniger Wert legt auf die Einhaltung der Grenzen zwischen Fakten und Fiktionen.
- Empirische Befunde deuten andererseits aber auf bestimmte *Trägheitsmomente* im Journalismus hinsichtlich der Bewahrung tradierter Maßstäbe hin. Zwar sind Hybridisierungsprozesse als Vermischung der Leistungen Information und Unterhaltung unübersehbar. Dabei gibt es jedoch hinsichtlich der einzelnen Medien und Ressorts deutliche Unterschiede, die insbesondere auch von dem Aufwand abhängen, der in Quellenangebote und redaktionelles Personal investiert wird. Die Tendenz zum *Infotainment* ist überall da besonders groß, wo nur über weniges exklusives Material verfügt werden kann (etwa durch eigene Korrespondenten oder eigenes Bildmaterial). Generell erweisen sich im Fernsehbereich die Tendenzen zur Attraktivitätssteigerung und Aufmerksamkeitsgenerierung durch unterhaltende Mittel bei privat-kommerziellen Veranstaltern als besonders groß.

Perspektiven/Ausblick

Zweifellos befindet sich der Journalismus am Beginn des neuen Jahrhunderts in einer Übergangsphase, die durch *Monopolverlust* und *Neuorientierung* gekennzeichnet ist. Die exklusive Zuständigkeit für die Auswahl und Präsentation von Nachrichten ging nicht zuletzt durch den Einfluss des → Internet verloren. Dadurch wird auch die Neuorientierung provoziert, deren Dimensionen in diversen Studien durch die Auflösung der Berufsbilder, die Profilierung neuer Tätigkeitsbereiche und insgesamt die Entstehung neuer ökonomischer, technischer und organisatorischer Grundlagen sichtbar werden. Insgesamt lassen sich diese Prozesse einerseits als Ausdifferenzierung und andererseits als Entgrenzung beschreiben.

In Deutschland wie z. B. auch den USA sind zunehmend Formen des Journalismus auszumachen, die ihn erweitern hin zur Technik, hin zum Marketing, hin zur Unterhaltung und hin zu den Public Relations. Arnold Schwarzenegger kündigte seinen Rollenwechsel vom Terminator zum Gouverneurs-Kandidaten in der *Jay Leno Show* an: Journalistische Nachrichten tauchen immer häufiger an Orten und insbesondere in (TV-)Programmen auf, wo man sie nicht erwartet, und verschwinden dort, wo man mit ihnen rechnet (Zelitzer 2004: 203).

Nicht zuletzt deshalb wird inzwischen gefragt, wie Journalismus unter den neuen Gegebenheiten (noch) möglich ist und ob er noch über die Primärfunktion abzugrenzen ist, die sozialen Teilsysteme mithilfe von Nachrichten als Fremdbeobachtung zu beschreiben, diese Beschreibungen den Teilsystemen wieder zur Verfügung zu stellen und somit als zentrales Selbstbeobachtungsinstrument von Gesellschaft zu dienen.

All die *Entgrenzungen* bei der Medienproduktion werfen Probleme in Hinblick auf die → Qualität der Kommunikationsleistungen und damit letztlich für die → Glaubwürdigkeit von Journalisten auf. Dabei bedeuten offensichtlich nun jene Perspektiven die größten Herausforderungen, welche die → Online-Kommunikation eröffnen.

Die Journalismusforschung wird dabei zwangsläufig immer ein Nachzügler sein. Sie kann mithilfe angemessener theoretischer Konzepte die Entwicklungen empirisch rekonstruieren und – im besten Falle – Hinweise geben auf Möglichkeiten, den Journalismus zu erhalten (Funktion) und weiterzuentwickeln (Struktur), der in der Verfassung seine Basis hat und wichtige Beiträge leistet für die demokratische Gesellschaft informierter Bürgerinnen und Bürger.

Literatur

Baum, Achim (1994): Journalistisches Handeln, Opladen.
Baumert, Dieter Paul (1928): Die Entstehung des deutschen Journalismus, München/Leipzig.
Blöbaum, Bernd (1994) Journalismus als soziales System, Opladen.
Böckelmann, Frank (1993): Journalismus als Beruf, Konstanz.
Bogart, Leo (1995): Commercial Culture, New York/Oxford.
Löffelholz, Martin (Hrsg.) (2000): Theorien des Journalismus, Wiesbaden.
Lorenz, Dagmar (2002): Journalismus, Stuttgart/Weimar.
Luhmann, Niklas (1996): Die Realität der Massenmedien, 2. erw. Aufl., Opladen.
Malik, Maja (2004): Journalismusjournalismus. Funktion, Strukturen und Strategien der journalistischen Selbstthematisierung, Wiesbaden.
Marr, Mirko et al. (2001): Journalisten in der Schweiz, Konstanz.
Neverla, Irene et al. (Hrsg.) (2002): Grundlagentexte zur Journalistik, Konstanz.
Requate, Jörg (1995): Journalismus als Beruf, Göttingen.
Rühl, Manfred (1980): Journalismus und Gesellschaft, Mainz.
Scholl, Armin/Siegfried Weischenberg (1998): Journalismus in der Gesellschaft, Opladen/Wiesbaden.
Weaver, David H. (Hrsg.) (1998): The Global Journalist, Cresskill/NJ.
Weaver, David H./G. Cleveland Wilhoit (1996): The American Journalist in the 1990s, Mahwah/NJ.
Weber, Stefan (2000): Was steuert Journalismus? Ein System zwischen Selbstreferenz und Fremdsteuerung, Konstanz.
Weischenberg, Siegfried (1998-2004): Journalistik, 3 Bde., Neuaufl.,Wiesbaden.
Weischenberg, Siegfried (2000): Luhmanns Realität der Massenmedien, in: H. Gripp-Hagelstange (Hrsg.): Niklas Luhmanns Denken, Konstanz: 157-178.
Zelitzer, Barbie (2004): Taking Journalism Seriously, Thousands Oaks/London.

Siegfried Weischenberg, Hamburg

Journalistenausbildung

Definition/Begriffsbestimmung

Die Journalistenausbildung in Deutschland teilt sich auf in die drei Bereiche *hochschulgebundene* (Universitäten und Fachhochschulen), *außeruniversitäre* und *kommerzielle* Ausbildung (Journalistenschulen, freie Anbieter) sowie das *Volontariat* (Ausbildung in den journalistischen Organisationen). Diese drei Bereiche bilden das System der Journalistenausbildung, dessen wissenschaftlicher Ausdruck die Journalistik als die Wissenschaft vom Journalismus und seiner Ausbidung darstellt (Weischenberg 2004: 13 ff.).

Die Entwicklung der Journalistenausbildung begann vor knapp 100 Jahren; ihre Etablierung und gegenwärtige Ausdifferenzierung ist vor allem eine Geschichte der Institutionalisierung und ihrer Akteure und nur im engen Zusammenhang mit der Evolution des → Journalismus zu verstehen. Aus dieser Verknüpfung resultieren auch die stetig wiederkehrenden Debatten zur Journalistenausbildung, die um die Problembereiche der Theorie-/Praxisintegration, um die journalistischen Qualifikationen und die daraus resultierenden Vermittlungsinhalte und immer wieder auch um den ‚richtigen' Ausbildungsweg für den Journalismus kreisen.

Vor diesem Hintergrund erweist es sich als sinnvoll, bei einer Darstellung der Journalistenausbildung auf die institutionellen Ordnungen und die Akteure und Akteurkonstellationen zurückzugreifen. Beides sind Begriffe der Theorie sozialer Differenzierung (Schimank 1996). Institutionelle Ordnungen beschreiben die Regeln und Ressourcen sowie die institutionellen Ziele (Organisationen der Journalistenausbildung, Ausbildungsziele und Curricula, Ausstattung). Institutionelle Ordnungen sind für die Akteure und Akteurkonstellationen eines bestimmten Systems handlungsleitend, etwa wenn die Curricula die Lehrinhalte vorgeben (Weischenberg 2004: 18); zugleich prägen aber auch die Akteure und Akteurkonstellationen die Strukturen eines Systems.

Geschichte/Entwicklung

Bereits die ersten Debatten über eine hochschulgebundene Journalistenausbildung befassten sich 1913 mit den Akteuren und institutionellen Ordnungen. Im Reichsverband der deutschen Presse wurde postuliert, dass es neben der wissenschaftlichen Behandlung des Zeitungswesens auch praktische Kurse geben werde, die den journalistischen Nachwuchs praxisnah und durch Praktiker ausbilden.

Das Theorie-/Praxisproblem und im Zusammenhang damit die Formulierung der Curricula sowie die Frage der Lehrkräfte, also das Zusammenspiel von Akteuren und institutionellen Ordnungen, stand somit bereits an der Wiege der Journalistenausbildung und zieht sich bis in die Gegenwart durch, denn auch der vorerst letzte Band zur Journalistenausbildung kann – immerhin fast neunzig Jahre später – unter vergleichbaren Vorzeichen gelesen werden (Altmeppen/Hömberg 2002). Die Frage der Journalistik als Hochschulfach, die Theorie-/Praxisdebatte, die Breite der Journalistenausbildung (Recht, Wirtschaft, Technik) beherrschen nach wie vor die einschlägigen Diskussionen.

In der NS-Zeit dominierte die Gleichschaltung auch die Journalistenausbildung. Die Nationalsozialisten verordneten die institutionelle Prägung der Journalistenausbildung durch die Reichspresseschule und normierte Ausbildungsgänge.

Nach dem Zweiten Weltkrieg standen Probleme des Wiederaufbaus eines journalistischen Systems wie Arbeitsbedingungen, Lizenzpolitik der Besatzungsmächte, Entnazifizierungsmaßnahmen und Berufsverbote im Vordergrund, so dass dem Thema Journalistenausbildung nur wenig Beachtung geschenkt wurde. In der Praxis wurden die Begabungsthese und das Leitbild der publizistischen Persönlichkeit kultiviert, die im Zusammenhang mit dem freien Berufszugang verhinderten, dass eine Auseinandersetzung über die Ausbildung auf breiter Basis stattfand. Journalistenausbildung fand *on-the-job* statt; statt konsensfähiger institutioneller Ordnungen (Curricula) dominierten individualistische Motive.

Erst Ende der 60er Jahre wurde die Ausbildungsdebatte auf eine neue Stufe gehoben, als die Journalistengewerkschaften und der *Deutsche Presserat* als Akteure zunehmend das Thema Ausbildung vorantrieben. Schon damals wurde erkennbar, dass die Entwicklung der Journalistenausbildung eng an die berufliche Entwicklung gekoppelt ist, denn die Forderungen nach einer Erneuerung der Journalistenausbildung speisten sich aus vielfältiger Kritik an den Berufsstandards (Hömberg 1978).

Die vielfältigen Initiativen führten in den 70er Jahren zur Gründung einer Reihe von universitären Studiengängen zur Journalistik, die sich vor allem auf das erste Memorandum des Deutschen Presserates zur Journalistenausbildung stützten (ebd.).

In Dortmund, München, Stuttgart-Hohenheim und Mainz entstanden grundständige oder Aufbaustudiengänge, die von der Praxis initiiert und von Politikern und Wissenschaftlern forciert wurden (Löffelholz 1989). Die in diesen Akteurkonstellationen entstandenen Studiengänge wiesen sich – bei allen Unterschieden – vor allem durch den Versuch der Theorie-/Praxisintegration aus, die durch einen mehr oder weniger hohen Anteil praktischer Lehrangebote und in das Studium integrierte Praktika gekennzeichnet war.

In den folgenden Jahrzehnten haben weitere Universitäten mit der Einrichtung von Studiengängen nachgezogen, deren institutionelle Ordnungen die Vielfalt ebenso wie den Wildwuchs weiter vorangetrieben haben. So finden sich Teilstudiengänge Journalistik (in Hamburg) neben Journalistik als Nebenfach (Bamberg) sowie Journalistik als Studiengang neben anderen in der Kommunikations- und Medienwissenschaft (Leipzig). Auch die traditionellen Institute der Kommunikations- und Medienwissenschaft (oder Publizistik) orientierten ihre institutionellen Ordnungen in Richtung einer praxisorientierten Journalistenausbildung.

Die vielfältigen Akteurkonstellationen und institutionellen Ordnungen der hochschulgebunden Journalistenausbildung sind vor dem Hintergrund des → Journalismus als Beruf mit freiem Zugang zu verstehen. Eine Regulierung der Ausbildung wird regelmäßig mit Hinweis auf die grundrechtliche Informationsfreiheit abgelehnt. Zudem dienen hohe Bewerberzahlen als Legitimation für institutionelle Neugründungen. Neben diesen Ausbildungsangeboten hat sich das Volontariat als „Königsweg" in den Journalismus – tarifvertraglich abgesichert – erhalten (Weischenberg 2002: 512 ff.), und auch Journalistenschulen wie etwa in München, Hamburg und Berlin bieten arrivierte Ausbildungsgänge an.

Mit dem – bildungspolitisch forcierten – Ausbau sind Fachhochschulen zu neuen Akteuren in der Journalistenausbildung geworden. Sie leiten ihre institutionellen Ordnungen aus dem erklärten Ziel eines kürzeren Studiums ab, dessen Inhalte vor allem durch eine starke Praxisorientierung gekennzeichnet sind.

Theorie und Praxis

Die hochschulgebundene Journalistenausbildung hat – angelehnt an das amerikanische Modell der *journalism schools* – von Anfang an eine Theorie-/Praxisintegration angestrebt. Curricular fixiert wird die Praxisorientierung durch verpflichtende Praxissemester oder die Integration von Volontariaten in das Studium sowie durch einen hohen Anteil praktischer Lehrangebote. Diese Praxisorientierung stellt eine Kontinuität in der Journalistenausbildung dar.

Eine zweite Kontinuität liegt darin, dass mittlerweile bei allen Curricula hochschulgebundener Studiengänge die Vermittlung von Qualifikationen durch ein systematisch erarbeitetes und – mit Nuancen – offensichtlich konsentiertes Raster erfolgt: Die Studierenden aller Studiengänge sollen Qualifikationen in den Bereichen Sach-, Fach- und Vermittlungskompetenz und – wenn auch weit weniger ausgeprägt – zur sozialen Orientierung erwerben (Weischenberg 1990).

Auch wenn sich dieses Raster als institutionelle Ordnung der Journalistenausbildung durchgesetzt hat – und somit Vergleiche zwischen den Studiengängen ermöglicht und Orientierung für die Studienbewerber bietet –, verbleibt den einzelnen Ausbildungsorganisationen genügend Raum für eigenständige Schwerpunktsetzungen. Diese liegen in unterschiedlichen Gewichtungen der Theorie-/Praxisanteile oder in der Konzentration auf bestimmte Sachkompetenzen (Wirtschaft, Kultur).

Während jedoch die Vermittlung von Sachkompetenzen eher nachrangig gefördert wird und die Journalistenausbildung insgesamt auf Generalisten im Journalistenberuf vorbereitet, bildet die Praxisorientierung einen unhintergehbaren Kern der Ausbildung, der aber nicht unumstritten ist. Schon eine frühe Forderung lautete: Praxisnähe ja, praktizistische Ausbildung nein (Rühl 1987: 75). Keine Ausbildungsinstitution könne auf die praktischen Ausbildungselemente verzichten; aber ebenso wenig sei unreflektiertes, selbstgenügsames Handwerkeln angebracht. Fortgeschrittene Kriterien für eine Theorie-/Praxisintegration hat die Journalistik jedoch bislang nicht erarbeitet.

Daher ist nach wie vor weniger eine Integration erkennbar als ein Nebeneinander unterschiedlichster Elemente: Lehraufträge an Praktiker, Kooperationen mit Journalistenschulen und Medienunternehmen, Lehrredaktionen und Labore, Simulationen und Praktikumscolloquien – die Palette unterschiedlicher Formen und Methoden der Praxisvermittlung ist breit; gemeinhin werden sie nicht integrativ, sondern additiv zu einem Ausbildungsangebot zusammengepuzzelt. Die Etablierung verpflichtender Praktika, die Reflexion der redaktionellen Erfahrungen in Colloquien und die Simulation der Praxis in den Lehrredaktionen bilden eher wacklige Brücken, die meist mehr der praktischen Vorbildung dienen als der Reflexion der journalistischen Arbeit.

Dieser Anspruch richtet sich vor allem an die Studiengänge; er ist aufgrund der kommerziellen Orientierung weder von den Journalistenschulen noch vom Volontariat zu erwarten. Doch lassen sich auch im Hochschulbereich die Auswirkungen eines marktorientierten Wettbewerbs beobachten, bei dem eine steigende Zahl von Studiengängen um Studienbewerber konkurriert und dabei vor allem die Praxisorientierung zur Markenbildung nutzt.

Insbesondere die neu gegründeten Fachhochschulstudiengänge haben den Praktizismus vorangetrieben. Die Ausbildung für die Praxis steht deutlich im Vordergrund, ohne verpflichtende Seminare in den Lehrredaktionen, ohne Praxissemester operiert keiner der Studiengänge in Bremen, Hannover, Gelsenkirchen, Wilhelmshaven und anderen Orten. (www.medienstudienfuehrer.de)

Ein vergleichbarer Markteffekt – mehr Angebot aufgrund steigender Nachfrage – lässt sich bei den Lehrbüchern beobachten. Während es vor drei Jahrzehnten im deutschen Sprachraum noch so gut wie keine einschlägigen Fachbücher gab, wird ihre Zahl inzwischen auf knapp 100 Titel geschätzt, wobei Praxisanleitungen deutlich überwiegen. Insgesamt werden einige Bereiche journalistischer Praxis gleich mehrfach abgedeckt (z. B. → Recherche und → Interview), während andere Felder noch brachliegen. Dies zeigt zwar eine gewisse → Professionalisierung der journalistischen Ausbildung an; andererseits fällt aber die Reflexion der Journalistenausbildung nur bescheiden aus. So existiert nur eine umfangreiche Analyse zur Journalistik (Weischenberg 1998-2004) und frühere Traditionen wie etwa öffentlich diskutierte Absolventenbefragungen, mit denen der Wert der hochschulgebundenen Ausbildung und ihre Schwachstellen aufgezeigt wurden, gibt es schon lange nicht mehr.

Die fehlende Reflexion der Journalistenausbildung wiegt umso schwerer, als unzweifelhaft die Expansion und Differenzierung der Organisationen, die Ausbildung anbieten, ansteigt. Daher sollten Studien, vor allem auch vergleichende, Auskunft darüber geben, welchen Wert und Nutzen einzelne Ausbildungsgänge haben, um Mängel aufzudecken, die Curricula an veränderte Anforderungen anzupassen und Studienbewerbern Orientierungshilfen zu geben.

In der Regel wird die Legitimation mit den gestiegenen beruflichen Anforderungen an Journalisten begründet sowie aus einem gar nicht bis diffus beschriebenen Bedarf abgeleitet. Die nur rudimentär vorliegenden Arbeitsmarktdaten zum Journalismus können das Angebot an Ausbildungsinstitutionen jedoch nur zum Teil legitimieren. Die Gründungswelle scheint eher auf die nach wie vor hohe Zahl an Bewerberinnen und Bewerbern in Studiengängen für Kommunikationsberufe rückführbar zu sein. Doch es ist fraglich, ob der Andrang sich nicht mehr auf den Mythos des Journalismus stützt als auf nachvollziehbare berufliche Chancen.

Versteht man Mythos als eine permanente Disposition, so wird mit der noch immer vertretenen Vorstellung vom Journalismus als Berufung und mit der Begabungsideologie dieser Mythos weiter gepflegt. Eine derart gesellschaftlich transportierte Disposition des Journalismus übt auf Studien- und Berufsanfänger einen hohen Reiz aus, denn sie verheißt den Journalisten Aufmerksamkeit, Zuwendung, Beachtung und Bedeutung, also genau jene Zuschreibungen, die in der Mediengesellschaft hohe Wertschätzung genießen. Es kann nicht verwundern, dass gerade Universitätsaspiranten diesem Mythos erliegen; es sollte allerdings verwundern, dass die Journalistenausbildung, die ansonsten Rationalität beansprucht, immer noch mit diesem Mythos spielt, anstatt verstärkt eine Professionalisierung auf der Grundlage empirisch fundierter Ausbildungs-, Arbeitsmarkt- und Berufsforschung zu betreiben.

Die Kontinuität in der Journalistenausbildung über das gesamte letzte Jahrhundert hinweg – immerhin haben knapp zwei Drittel der Journalisten in Deutschland inzwischen einen akademischen Abschluss (Weischenberg 2002: 520) – spricht für eine bemerkenswerte Weitsicht der Urväter der Journalistenausbildung. Für eine grundlegende Reformfreudigkeit der hochschulgebundenen Journalistenausbildung spricht sie eher nicht.

In dem Vierteljahrhundert seit der ersten Etablierung von Journalistik-Instituten an den Universitäten hat sich nach übereinstimmender Meinung nahezu aller Vertreter der → Kommunikationswissenschaft das Feld der Medienkommunikation grundlegend gewandelt, und es steht aktuell weiteren erheblichen Herausforderungen gegenüber. Angesichts der gesellschaftlichen Megatrends (wie zum Beispiel Ökonomisierung) und der neuen Medientrends (Unterhaltungsindustrie) müssen die Ausbildungsinstitutionen prüfen, wie sie für die Zukunft gerüstet sind. Das Prinzip des Learning by Doing und der Rekurs auf den Journalismus als Begabungsberuf reichen gewiss nicht aus.

Bewertung und Ausblick

In der Journalistenausbildung sind die Kontinuitäten größer als die Fortschritte. Trotz neuer Ausbildungsangebote hält sie stark an traditionellen Prämissen fest. Dazu gehören die Vielfalt der Ausbildungswege, die Versuche der Integration von Theorie und Praxis und der Konsens über die zu vermittelnden Kompetenzen. Möglicherweise liegt in der Kontinuität gerade die Chance, dem Journalismus und seiner Ausbildung eine erfolgreiche Zukunft zu prognostizieren.

Zweifelhaft ist aber, ob eine Journalistenausbildung, die auf jahrzehntealten Prämissen beruht, eine adäquate Qualifikation für Journalisten bieten kann, deren berufliche Anforderungen weit höher sind als in der Vergangenheit. Und es stellt sich die Frage, ob die institutionellen Ordnungen (wie z. B. die Ziele des Studiums und die daraus abgeleiteten Curricula) des letzten Jahrhunderts fortschrittlich genug sind, um einen qualitativ hoch stehenden Journalismus zu garantieren, der mit einer Reihe weiterer und zum Teil neuer Kommunikationsberufe in einer sich stark verändernden Medienlandschaft konkurriert.

Aus eigenem Antrieb hat sich an traditionellen Ausbildungsmodellen jahrzehntelang wenig geändert, auch weil sich das Wissenschaftssystem insgesamt nur wenig reformiert hat. Die Situation hat sich jedoch geändert. Dem regulativen Zwang von Hochschulreformen folgend, werden zunehmend gestufte Studiengänge (B.A., M.A.) an den Universitäten eingerichtet. B.A.-Journalistikstudiengänge an Universitäten verschärfen aber die Konkurrenzsituation zu den Fachhochschulstudiengängen. Durch kürzere Studienzeiten und vermehrte Praxisanteile gleichen sich die universitären Studiengänge den Fachhochschulcurricula immer mehr an, so dass sich die universitären Studiengänge fragen lassen müssen, welche wissenschaftliche Legitimation sie künftig haben werden. Zudem besteht die Gefahr, dass die nur rudimentär vorhandene journalistische Berufsforschung in den verkürzten Studiengängen noch weniger verbreitet sein wird.

Andererseits öffnet sich die Journalistenausbildung in der Ausgestaltung ihrer institutionellen Ordnungen nur zögerlich neuen Lehrformen wie etwa dem E-Learning durch die Konzipierung entsprechender Module (www.amace.de; www.sycom.ch), ohne dabei aber auf konzeptionelle Lösungen und konsentierte Standards zurückgreifen zu können. Bislang ungelöste Probleme einer nicht weiterentwickelten curricularen Ordnung verlängern sich somit in neue Herausforderungen.

Ein weiteres Problem des Journalismus ergibt sich aus der Entwicklung neuer Strukturen in Tätigkeits- und Qualifikationsprofilen, wie sie im → Online-Journalismus und der zunehmenden Unterhaltungsorientierung sichtbar werden. Während die Journalistenausbildung dem Idealtypus des journalistischen Berufs nachhängt, erfordern die beruflichen Strukturen aufgrund technologischer und ökonomischer Faktoren zwar immer mehr Kommunikatoren, aber möglicherweise immer weniger Journalisten.

In den zurückliegenden Jahren haben expandierende Berufsfelder wie die → Public Relations viele Absolventen mit journalistischer Ausbildung aufgenommen. Die Journalistik-Studiengänge haben darauf mit der Integration spezifischer Ausbildungsangebote für Öffentlichkeitsarbeit reagiert. Aktuell hat sich das Spektrum der Kommunikations- und Medienberufe erneut erweitert, ohne dass die Journalistenausbildung darauf bislang Reaktionen zeigt.

Allerdings sind Antworten auf diese Fragen wiederum auch deshalb schwierig, weil kaum eigenständige empirische Studien existieren; die Ausbildung spielt in der Journalismusforschung keine zentrale Rolle. Die expansive Entwicklung der Ausbildung, ihrer Grundlagen und ihrer Institutionen wird von der Forschung nur am Rande beachtet. Die (losen) Fäden einer Berufsforschung oder einer Professionalisierungsdebatte, in großen Abständen von der Kommunikations- und Medienwissenschaft aufgenommen (Hömberg 1978; Wilke 1987; Weischenberg 2004), bleiben unkoordiniert.

Veränderungen der Journalistenausbildung haben sich in den letzten Jahren auf institutioneller Ebene und auf der Akteursebene ergeben. Mit der Journalistenausbildung an Fachhochschulen und Neugründungen von Journalistenschulen vor allem der Medienbetriebe hat sich der Wettbewerb um die Bewerber verschärft. In diese Konkurrenz geraten die universitären Angebote, deren Grundorientierung und deren Ressourcenausstattung aber auf Ziele wissenschaftlicher Lehre und Forschung ausgerichtet sind.

Gestufte Studiengänge haben zwar in der gegenwärtigen Bildungspolitik Konjunktur. Ob derartige Studiengänge an Universitäten aber weiterhin im Spagat von schneller, praxisnaher Ausbildung und wissenschaftlichem Erkenntnisfortschritt konkurrenzfähig bleiben, wird sich an ihrer Fähigkeit zur Integration neuer Anforderungen zeigen – und vor allem daran, ob die Journalistik in der Lage ist, die notwendigen wissenschaftlichen Impulse zu geben: durch Theoriearbeit in der Journalistenausbildung und durch empirische Berufsforschung.

Literatur

Altmeppen, Klaus-Dieter/Walter Hömberg (Hrsg.) (2002): Journalistenausbildung für eine veränderte Medienwelt, Wiesbaden.

Hömberg, Walter (Hrsg.) (1978): Journalistenausbildung, München.

Löffelholz, Martin (1989): Politik im Wissenschaftssystem, Münster.

Rühl, Manfred (1987): Journalistenschwemme in der Kommunikatorendürre. Anmerkungen zur Steuerungsproblematik in der Ausbildung von Berufskommunikatoren, in: J. Wilke (Hrsg.): Zwischenbilanz der Journalistenausbildung, München: 65-88.

Schimank, Uwe (1996): Theorien gesellschaftlicher Differenzierung, Opladen.

Weischenberg, Siegfried (1990): Journalismus & Kompetenz, Opladen.

Weischenberg, Siegfried (1998-2004): Journalistik, 3 Bde., Neuaufl., Wiesbaden.

Wilke, Jürgen (Hrsg.) (1987): Zwischenbilanz der Journalistenausbildung, München.

Klaus-Dieter Altmeppen, Ilmenau

Journalistik

→ Journalistenausbildung
→ Kommunikationswissenschaft
→ Professionalisierung

Jugoslawien

→ Osteuropa

Kolumbien

→ Lateinamerika

Kommentar/Glosse

Definition/Begriffsbestimmung

Kommentar und Glosse sind meinungsbetonte journalistische Darstellungsformen, die sich mit aktuellen Ereignissen beschäftigen. Der Kommentar tut dies, indem er die Geschehnisse einordnet und bewertet; hierbei übt er Kritik, zeigt Missstände auf oder stellt das einzelne Ereignis in einen größeren Zusammenhang.

Die Glosse als satirische Darstellungsform hingegen spottet über Geschehnisse bzw. deren Verursacher und macht deren tatsächliche oder vermeintliche Lächerlichkeit deutlich. Sie tut dies mit den Mitteln der Ironie und der grotesken Verzerrung.

Sprachgeschichtlich betrachtet, stammen die Wörter Kommentar und Glosse aus dem Lateinischen und Griechischen. *Glotta* bedeutet im Altgriechischen Zunge, Wort und, daraus abgeleitet, Sprache.

Hauptbestandteil des Wortes *commentarius* ist das Substantiv *mens* (Verstand, Geist, Meinung); es ist eng verwandt mit dem deutschen Wort ‚meinen' und drückt – modern ausgedrückt – den kognitiven Akt der begründeten Annahme aus.

Geschichte/Entwicklung

Kommentare und Glossen finden als die beiden Hauptformen des *Räsonnements* seit dem 18. Jahrhundert Eingang in die Publizistik. Die Glosse tut dies, bis zum heutigen Tag, in zwei unterschiedlichen Ausprägungen: in seltenen Fällen als sachlich erklärende Form, in der überwiegenden Zahl der Fälle als satirische Form. Um unnötige Irrtümer zu vermeiden, soll – angelehnt an die übliche Wortbedeutung – unter der Glosse stets die satirische Form verstanden werden.

Kommentar wie Glosse sind in der Publizistik nicht ohne die Umbrüche der Aufklärung denkbar. Es ist dies die Zeit, in der das gelehrte Bürgertum seine Kritik an den bestehenden politischen und wirtschaftlichen Verhältnissen immer lauter äußert (Camen 1984: 20 ff.). Ein weiterer Grund des Aufbegehrens liegt – insbesondere in Deutschland – in der Ablehnung der napoleonischen Hegemoniebestrebungen. Das erwachende Nationalbewusstsein ruft eine Reihe gelehrter Stimmen auf den Plan, die eine Veränderung der bestehenden Verhältnisse fordern.

In der danach einsetzenden Zeit der *Restauration* fristete das Räsonnement ein kraftloses, weil staatlich unterdrücktes Dasein. Wenn überhaupt, dann äußerte sich öffentliche Kritik in den Feuilletons und wurde an Themen des allgemeinen Geisteslebens festgemacht. Das änderte sich erst mit dem Reichspressegesetz von 1874, das zwar die Zensur nicht beseitigte, jedoch die Publizistik insgesamt liberalisierte (→ Kommunikationsfreiheit).

Die Weimarer Zeit schließlich förderte zwar die Satire allgemein – Namen wie *Karl Kraus* (1874-1936) und *Kurt Tucholsky* (1890-1935) sprechen hier für sich. Der Kommentar jedoch trat eher selten auf, weil in informierende Texte mit großer Selbstverständlichkeit Meinung bzw. Wertung eingeflochten wurde.

Die Gleichschaltung der Publizistik durch den *Nationalsozialismus* beendete schließlich das öffentliche Räsonnement. Dort, wo Kommentare und Glossen erschienen, waren sie ihrer eigentlichen Funktion beraubt und bloß noch leere formale Hüllen, die Freiheit zu suggerieren suchten, wo totalitäre Gleichschaltung herrschte.

Nach Beendigung des Zweiten Weltkrieges etablierten die westlichen Siegermächte umgehend ihre Vorstellungen von unabhängiger und fairer Publizistik. Das bedeutete unter anderem die Festschreibung des *Trennungsgebotes* von Tatsache und Meinung nach dem Grundsatz: „Facts are sacred, comments are free."

Während sich in den Printmedien die beiden meinungsbildenden Formen schnell und umfassend durchsetzten, führen sie bis zum heutigen Tag in den elektronischen Medien ein eher stiefmütterliches Dasein. Im Fall der Glosse ist dies unproblematisch; deren satirischer Zugriff auf die Wirklichkeit wird durch kabarettistische und Comedy-Formate kompensiert.

Anders bei der Kommentierung. Die von Beginn an ausgewogene öffentlichrechtliche Kommentierung erfüllt häufig genug bestenfalls die formalen und inhaltlichen Kriterien einer Hintergrundberichterstattung.

Funktion des Kommentars

Der Kommentar ist, im Gegensatz zur Glosse, eine rein komplementäre Darstellungsform. Während die Glosse in seltenen Fällen als Solistin auftritt, wird der Kommentar immer von einem nachrichtlichen Artikel begleitet.

Im Idealfall enthält sich die → Nachricht jeder Parteilichkeit und Wertung. Das heißt, dass sie ausschließlich über Tatsachen informiert. Nun haben es diese Tatsachen an sich, in einem ständigen Mit-, Nach- und Nebeneinander zu anderen Tatsachen zu stehen; sie haben Anlässe, Ursachen, Konsequenzen, und sie beruhen auf menschlichem Wollen, Irren oder Versagen. Die Nachricht jedoch behandelt eben diese Tatsachen im Wesentlichen als punktuelle Geschehnisse ohne Vor- und Nachgeschichte.

Genau hier setzt der Kommentar ein und stellt die nachrichtliche Tatsache in einen größeren Zusammenhang: Er zeigt ihre Genese auf, indem er sie auf sachliche Ursachen oder menschliche Motive bzw. Motivstrukturen zurückführt; er zeigt ihre Funktion auf, indem er sie mit verschiedenen anderen Erscheinungen in ihrem zeitlichen Miteinander verknüpft; und er zeigt ihre Konsequenzen auf, indem er rückblickend Erfahrungen mit vergleichbaren Entwicklungen zurate zieht oder so schlüssig wie möglich Wahrscheinlichkeitsverläufe entwirft.

Diese Funktion des Kommentars ist das Erklären. Während die Nachricht informiert, verhilft der erklärende Kommentar dem Rezipienten in einer erkenntnisschwierigen Frage zu einem umfassenderen und sinnhaften Verständnis der Wirklichkeit.

Ein zweites Defizit der Nachricht ist ihr Streben nach Unparteilichkeit und Sachlichkeit. Sie bewertet nicht. Häufig jedoch sind die berichteten Tatsachen und die hinter ihnen liegenden gesellschaftlichen Umstände so, dass sie geradezu nach Bewertungen verlangen. Denn es gehört nun mal zu den Aufgaben des → Journalismus, Minderheiten zu schützen, Fehlentwicklungen anzuprangern und der Macht Schranken zu zeigen.

In dieser Funktion bewertet der Kommentar die berichteten Tatsachen. Er tut dies mit den Mitteln der Kritik, des Angriffs, des Vorwurfs oder Appells und auf viele andere Arten (Linden/Bleher 2000: 41 ff.). Der Kommentar dient in seiner bewertenden Funktion in einer orientierungsschwierigen Frage hauptsächlich der moralischen oder sozialen Ausrichtung des Rezipienten.

Es ist ein Gemeinplatz festzustellen, dass der Kommentar ein Ausfluss des Rechts auf freie Meinungsäußerung ist. Dieses wohl bedeutsamste Recht des Journalismus wird von Kommentatoren häufig missverstanden. Sie glauben, es sei bereits Ausweis einer guten Kommentierung, eine möglichst pointierte *Meinung* zu äußern.

Dem kann gar nicht laut genug widersprochen werden. Niemand erwirbt mit dem Redakteursstatus automatisch ‚berechtigte Ansichten'. Es reicht deshalb nicht, als Kommentator lauthals und selbstbewusst seinen Standpunkt darzulegen; es kommt vielmehr darauf an, ihn schlüssig zu begründen.

Deshalb steht und fällt ein Kommentar mit der Qualität seiner *Argumentation*. Sie entscheidet darüber, ob aus einer pointierten Bewertung ein ebenso nachvollziehbares wie nachhaltiges Werturteil wird; und sie macht den Unterschied aus zwischen vagen Vermutungen über mögliche gesellschaftliche Zusammenhänge und einer schlüssigen Erklärung, die ein sinnvolles Gesamtbild zulässt.

Anders jedoch als das Erklären und Bewerten ist das Argumentieren keine primäre, sondern eine sekundäre Funktion des Kommentars. Bewertungen und Erklärungen gesellschaftlicher Zusammenhänge stehen grundsätzlich unter einem Irrtumsverdacht. Sie sind strittig. Dies um so mehr, als unstrittige Themen keiner Bewertung oder Erklärung durch den Kommentar bedürfen.

Es gilt also, erstens, durch eine schlüssige Argumentation den Irrtumsverdacht zu minimieren. Dies unterscheidet Kommentierung von der Kommunikation am Stammtisch. Zweitens geht es um ein ganz anderes Ziel. Der Kommentar sollte, im Idealfall jedenfalls, Vorbild für eine allgemeine Streitkultur, für den demokratischen Diskurs, für den permanenten Prozess des fairen Widerstreits gesellschaftlicher Interessen sein.

So verstanden verzichtet der Kommentar auf strategische Finessen und Manipulationsmittel. Stattdessen wendet er sich an den denkenden Mitbürger. Ihm übermittelt er argumentativ seine Botschaft, die eine prinzipielle Erkennbarkeit und rationale Durchdringbarkeit der Welt voraussetzt (Nowag/Schalkowski 1998).

Aufbau des Kommentars

Das Basisschema eines Kommentars besteht aus der Abfolge von These, Argumentation und Fazit (Hoppe 1998: 77 ff.) bzw. der Kontaktaufnahme mit dem Rezipienten, der Darstellung der Lage, den Folgerungen daraus, der Widerlegung gegnerischer Argumente und der Schlussfolgerung (Linden/Bleher 2000: 41). Hierbei folgen Kommentare im Wesentlichen drei Modellen: dem Standpunktmodell, dem diskursiven oder dem dialektischen Modell. Dahinter verbergen sich unterschiedliche Persuasionsstrategien.

Das *Standpunktmodell* entwickelt am Anfang des Textes recht schnell eine zentrale wertende Behauptung oder eine zentrale Erklärung. Beide, die strittige Behauptung wie der Erklärungsversuch, werden danach durch eine stützende Argumentation abgesichert.

Anders das *diskursive Modell*. Es entwickelt aus teilweise recht unterschiedlichen Details im Verlauf des Textes eine Bewertung bzw. einen Erklärungsansatz.

Argumentationstheoretisch folgt der Standpunktkommentar dem Modell These-Argument, der diskursive Kommentar dem Modell Argument-Schlussfolgerung.

Wieder anders das *dialektische Modell*. Häufig wird es von Kommentatoren als ‚Zwar-aber-Kommentar' abgelehnt. Diese Ablehnung ist gerechtfertigt, wenn unter dem Begriffspaar ‚zwar/aber' ein nebulöses Worthülsengefecht zu verstehen ist. Sie ist jedoch ungerechtfertigt, wenn dahinter das redliche Ausleuchten zweier konträrer Positionen steht. Dies insbesondere deshalb, weil der dialektische Kommentar in seiner Synthese die Position des Journalisten klar zum Ausdruck bringen kann und soll.

Rede und Gegenrede, Argument und Gegenargument sind notwendige Bedingung für eine korrekte Willens- und Meinungsbildung – so jedenfalls legt es das *Spiegel*-Urteil des Verfassungsgerichts nahe (→ Deutschland). Da es immer schon eine Illusion war zu glauben, der durchschnittliche Bürger rezipiere zu jedem Thema ein breites Spektrum journalistischer Stellungnahmen, ist ein guter dialektischer Kommentar auf jeden Fall im Sinne der öffentlichen Aufgabe der Medien.

Funktion der Glosse

Der Kommentar setzt voraus, dass die Welt rational funktioniert und dass darüber, ebenfalls rational, kommuniziert werden kann. Diese Grundvoraussetzung teilt die Glosse nicht. Sie betrachtet die Welt als ein schwer zu durchdringendes *Chaos*, mitunter auch als ein Tollhaus, an das eine rationale Annäherung kaum möglich ist. Wo aber die Gesetze der Rationalität außer Kraft gesetzt sind, dort kann auch nicht nach den Regeln der Vernunft kommuniziert werden.

Es ist eine, wenn nicht die wichtigste Aufgabe der Glosse, dieses Chaos und die Unlogik unserer Welt aufzudecken. Häufig tut sie dies, indem sie nur einen einzigen Blick auf diese Welt wirft und eine szenische Momentaufnahme zeichnet. Denn natürlich ist in einer aus den Fugen geratenen Welt auch kein kontinuierlich und sich rational fortentwickelnder gesellschaftlicher Prozess mehr gegeben, den nachzuvollziehen sich lohnen könnte.

Der Kommentar greift bei seinen moralisch-sozialen Bewertungen auf den *common sense* bestehender Prinzipien zurück. Häufig bemüht er hierbei verfassungsrechtliche Grundsätze, allgemeingültige Regeln und bewährte Vorschriften. Das will die Glosse nicht; andernfalls müsste sie konzedieren, dass nicht alles um sie herum chaotisch und unlogisch ist. Da aber der Glossist bei seiner Kritik, seiner Häme, ja seinem Sarkasmus ebenfalls ein moralisch-soziales Fundament braucht, greift er gern auf etwas antiquiert wirkende alte Tugenden oder auf zukunftsweisende Utopien zurück.

Vor diesem Hintergrund wächst der Glosse eine zweite Aufgabe zu: Sie kann sogar diejenigen gesellschaftlichen Erscheinungen und Protagonisten kritisieren, bespötteln oder polemisch angreifen, die sich im Einklang mit den bestehenden Normen und Grundsätzen befinden. Sie kann sich, anders formuliert, ihren eigenen archimedischen Punkt definieren und von dort aus ihren ironischen bis sarkastischen Hebel ansetzen.

Hierbei entsteht ein grundsätzliches Problem. Ein Kommentator, der in der Wahl seiner Argumentation oder seines moralisch-sozialen Bezugssystems Fehler macht, ist jederzeit überprüfbar und seinerseits angreifbar. Der Glossist hingegen steht auch in dieser Beziehung jenseits eines jeden rationalen Zugriffs. Er findet jenseits seiner glossierenden Welt kein Korrektiv.

In diesem Zusammenhang sei die Bemerkung von *Kurt Tucholsky* aufgegriffen, Satire dürfe alles (1975: 43 f.). Das trifft so allgemein nicht zu und war von ihm, wie sein Artikel an anderer Stelle zeigt, so allgemein auch nicht gemeint. Natürlich genießt auch die Glosse keine grenzenlose Freiheit. Ihre Freiheit endet dort, wo Schmähkritik beginnt, also eine Kritik, der es nur noch um die Verletzung der Person, nicht mehr um die Sache geht. Wohl aber ist richtig, dass die Glosse in der Wahl ihrer Darstellungsmittel und ihres moralisch-sozialen Bezugssystems um ein Vielfaches freier ist als jede andere journalistische Darstellungsform (Nowag/Schalkowski 1998: 183 ff.).

Instrumente des Glossierens

Aus den Grundvoraussetzungen des Glossierens lässt sich fast logisch deren globale Darstellungsweise deduzieren. Anders als der Kommentar setzt sie ihr Thema szenisch ins Bild. Dabei begnügt sie sich damit, einen kleinen, isolierten Ausschnitt blitzlichthaft zu beleuchten und so zu tun, als sei dieser Ausschnitt das Ganze.

Eine andere Darstellungsweise beruht darauf, Wirklichkeit zu konstruieren und zu montieren. Hierbei werden disparate Teilrealitäten so zusammengefügt, dass in dem neuen Entwurf die gesamte Subjektivität der glossierenden Weltsicht erkennbar wird. Letztlich geht es hierbei so gut wie immer darum, die glossierte Wirklichkeit bis zur Kenntlichkeit zu entstellen. Hinter dem konstruierten und montierten Trugbild, das die Wirklichkeit auf die Spitze treibt, soll eben dadurch eine unverstellte, wahre Wirklichkeit erahnbar werden.

Stilistisch setzt der Glossist diese Intention auf recht verschiedene Art ins Werk. Sein wichtigstes Instrument ist die *Komik*. Sie wird erzielt, indem widersprüchliche Elemente aufeinander prallen: der hehre Anspruch auf die schnöde Realität, das große Wort auf die mickrige Tat und so fort.

Ein weiteres Universalinstrument stellt die *Ironie* dar. Ironie bedeutet, das Gegenteil dessen zu sagen, was man meint. Hierdurch erzielt der Glossist eine Zuspitzung seiner Äußerung. Das Problem, das der ironischen Äußerung anhaftet, ist ihre Erkennbarkeit; denn nur, wenn ein Rezipient sie als das erkennt, was sie ist, kann sie ihre Wirkung entfalten.

Ein wichtiges sprachliches Mittel der Glosse ist die *Verfremdung*. Von Verfremdung spricht man, wenn ein Sachverhalt in einer Sprache ausgedrückt wird, die ihm nicht angemessen ist: Liebe in Verwaltungsdeutsch, Alltagsprobleme in fachsprachlichem Jargon.

Bleibt abschließend die *Pointe* zu erwähnen. Die Pointe ist jener Knalleffekt oder Höhepunkt, der am Ende einer Glosse die sowieso schon komische oder verfremdete Sichtweise noch einmal auf den Kopf stellt und so Lachen, aber auch Nachdenken über die Unzulänglichkeit des gesellschaftlichen und individuellen Seins zu provozieren.

Kritik und Perspektiven

Ein Teil der tagesaktuellen Printmedien (→ Presse) begegnet der Konkurrenz der elektronischen Medien mit einer schleichenden *Boulevardisierung* (→ Boulevard-Journalismus, → Journalismus). Eines der Mittel, den Boulevard zu bedienen, ist die wachsende Zuspitzung der Artikel bzw. ihrer Aussagen. Ein anderer Teil begegnet der Schnelligkeit und Aktualität der elektronischen Medien mit einem erweiterten Angebot an interpretativer und analytischer Hintergrundberichterstattung.

Beide Strategien, so unterschiedlich sie sein mögen, führen, was den Meinungsartikel betrifft, zum gleichen Ergebnis: Er wird tendenziell überflüssig. Denn die boulevardeske genauso wie die Hintergrundberichterstattung geben dem Journalisten genug Möglichkeiten, seine Sicht der Dinge in die Darstellung einfließen zu lassen. Wer in bewusst ‚weich' formulierten News bereits mit kurzen szenisch-atmosphärischen Passagen, mit wertenden Begriffen und Hinweisen auf mögliche Zusammenhänge seine Position darlegen kann, der braucht keine Kommentierung mehr. Vergleichbares ließe sich für die ‚härtere' Hintergrundberichterstattung feststellen (Erbring 1989: 310 ff).

Das Trennungsgebot, das vorschreibt, dass Nachricht und Meinung für den Rezipienten klar unterscheidbar sein müssen, droht zu erodieren. Tendenzen wie das *Infotainment* in den elektronischen Medien und die Boulevardisierung oder Hintergrundberichterstattung in den Printmedien lassen befürchten, dass es einer weiteren Erosion ausgesetzt sein wird.

In der lokalen Berichterstattung, deren Artikel „zwischen Besinnungsaufsatz und Verwaltungsverordnung" (Erbring 1989: 311) angesiedelt sind, besteht es längst nicht mehr oder hat nie bestanden.

Literatur

Camen, Rainer (1984): Die Glosse in der deutschen Tagespresse, Bochum.

Erbring, Lutz (1989): Nachrichten zwischen Professionalität und Manipulation, in: F. Neidhardt et al. (Hrsg.): Kölner Zeitschrift für Soziologie und Sozialpsychologie, Sonderheft 30 Massenkommunikation: 301-313.

Hoppe, Anja Maria (1998): Der Kommentar, Dipl.-Arb., Dortmund.

Linden, Peter/Christian Bleher (2000): Glossen und Kommentare in den Printmedien, Berlin.

Nowag, Werner/Edmund Schalkowski (1998): Kommentar und Glosse, Konstanz.

Tucholsky, Kurt (1975): Was darf die Satire?, in: Gesamtausgabe 2, Reinbek: 42-44.

Werner Nowag, Witten

Kommunikation

Definition/Begriffsbestimmung

‚Kommunikation' ist abgeleitet vom lateinischen Verb ‚communicare': gemeinsam machen, vereinigen, teilen, mitteilen, teilnehmen lassen, sich beraten, besprechen. Der Begriff ‚communicatio' findet sich bereits bei den Grammatikern und Rhetorikern der Antike. *Zedlers Universal-Lexicon* von 1733 verweist auf diesen Traditionsstrang: „Communicatio [...] ist eine Figur in der Rede-Kunst, nach welcher man den Vortrag an die Zuhörer ins besondere richtet, und ihre Gedancken hierüber zu vernehmen sich anstellet, damit die Zuhörer vermöge des erweckten Vertrauens desto aufmercksamer werden" (Bd. 6: 845).

Im 19. Jahrhundert wird ‚Verkehr' zu einem zentralen Bestandteil der Wortbedeutung. So erläutert *Brockhaus' Konversations-Lexikon* von 1898 Kommunikation mit den Begriffen „Mitteilung, Eröffnung; Verkehr, Verbindung, Verbindungsweg" (Bd. 10: 529).

Klaus Merten hat 160 einschlägige Definitionen gesammelt, die zwischen 1909 und 1973 insbesondere von Kommunikationswissenschaftlern, Psychologen und Soziologen publiziert worden sind. Kommunikation wird mehrheitlich als *Prozess* bestimmt, wobei der einseitige Prozess (Transmission, Reiz-Reaktions-Handlung, Interpretation) häufiger genannt ist als der symmetrische Prozess (Austausch, Interaktion, Verhalten, Teilhabe, Beziehung, Verständigung). Das Ergebnis der Begriffsanalyse ist folgende systemtheoretisch inspirierte Definition: „Kommunikation ist das kleinste soziale System mit zeitlich-sachlich-sozialer Reflexivität, das durch Interaktion der Kommunikanden Behandlung von Handlungen erlaubt und soziale Strukturen ausdifferenziert" (Merten 1977: 163).

Der Begriff Kommunikation hat erst in den letzten Jahrzehnten Karriere gemacht. Inzwischen ist er längst zum Modewort verkommen. Der Schriftsteller *Botho Strauß*, ein sensibler Beobachter des Zeitgeists, kritisiert: „Dürfte ich das Unwort des Zeitalters bestimmen, so käme nur eines infrage: kommunizieren. Ein Autor kommuniziert nicht mit seinem Leser. Er sucht ihn zu verführen, zu amüsieren, zu provozieren, zu beleben. Welch einen Reichtum an (noch lebendigen) inneren Bewegungen und entsprechenden Ausdrücken verschlingt ein solch brutales Müllschluckerwort! Mann und Frau kommunizieren nicht miteinander. Die vielfältigen Rätsel, die sie einander aufgeben, fänden ihre schalste Lösung, sobald dieser nichtige Begriff zwischen sie tritt. Ein Katholik, der meint, er kommuniziere mit Gott, gehört auf der

Stelle exkommuniziert. Zu Gott betet man [...]" (2004: 164).

Auch wenn diese Kritik an dem soziotechnischen Wortgebrauch aus ästhetischer Sicht nachvollziehbar ist – als abstrakte Bezeichnung für Transmissions- und Austauschprozesse ist der Kommunikationsbegriff unverzichtbar.

Kommunikationsprozesse im weitesten Sinne lassen sich auf mehreren evolutionären Ebenen feststellen. Merten unterscheidet eine subanimalische und eine animalische Ebene sowie eine Humanebene und eine technische Ebene, die Massenkommunikation möglich macht (1977: 92 ff.).

Subanimalische Kommunikation kann man etwa bei physikalischen Prozessen wie der Einwirkung magnetisierter Substanzen aufeinander oder bei chemischen Prozessen wie der Verbindung verschiedener Moleküle beobachten. Auf organischem Niveau sind die Zellen in dauernder vegetativer Verbindung, etwa bei Stoffwechselvorgängen, die unwillkürlich ablaufen.

Die *animalische Kommunikation* verfügt bereits über ein großes Spektrum von Sende- und Empfangsmöglichkeiten. Tiere können alle fünf Sinne für die Übermittlung von Botschaften einsetzen: den visuellen, den auditiven, den taktilen, den gustatorischen und den olfaktorischen Kanal. Gedächtnis, Aufmerksamkeit und Signaltransfer ermöglichen differenzierte kommunikative Handlungen. Der Schwänzeltanz der Bienen z. B. vermittelt eine Fülle von Informationen: Er verweist auf die Richtung und auf die Entfernung der nächsten Futterstelle und gibt außerdem Hinweise auf den Kraftaufwand zur Erreichung des Ziels. Spezielle Signale dienen der Gruppenbildung: dem Zusammenschluss zu Herden und Schwärmen und teilweise sogar zu Gesellschaften wie den so genannten „Insektenstaaten" der Ameisen und Termiten.

Die *Humankommunikation* verfügt über alle Kommunikationsmittel der früheren Evolutionsstufen und zusätzlich über ein spezifisch menschliches Kommunikationsmittel: die Sprache. Auch wenn manchmal metaphorisch von der ‚Sprache der Tiere' oder der ‚Sprache der Musik' die Rede ist – die Sprache ist ein genuin menschliches Kommunikationsmittel, das in seiner Leistungsfähigkeit allen anderen Verständigungsformen überlegen ist und die Grundlage unserer Kultur darstellt. Neben dem Austausch untereinander ermöglicht sie auch Metakommunikation.

Geschichte/Entwicklung

Der Ursprung der *Sprache* liegt im Dunkeln – ihr Alter wird auf etwa 100.000 Jahre geschätzt. Der biblische Mythos vom Turmbau zu Babel (Genesis 11) beschreibt die Ausdifferenzierung in viele unterschiedliche Sprachen und Sprachgemeinschaften. Heute werden auf diesem Globus mehr als 3.000 verschiedene Hoch- bzw. Nationalsprachen gesprochen – von der riesigen Zahl an Dia- und Soziolekten, Gruppen-, Fach- und Sondersprachen gar nicht zu reden. Die gesprochene Sprache als Basis der menschlichen Kommunikation verlangt die räumliche und zeitliche Anwesenheit der Kommunikationspartner. Hier ist ein direkter Rollenwechsel zwischen Sprecher und Hörer möglich (dialogische Grundstruktur) oder zumindest eine direkte Resonanz (Gruppenkommunikation).

Durch die Erfindung der *Schrift* konnte die gesprochene Sprache aus der Bindung an die raumzeitliche und personale Anwesenheit gelöst werden. Die schriftliche Fixierung der Sprache erweitert die Zugänglichkeit der Inhalte auch für Kommunikationspartner an anderen Orten und zu anderen Zeiten, und sie garantiert zudem die Authentizität der Überlieferung. Die Entwicklung führt zu einer immer stärkeren Variabilität und Präzisierung: von der Keilschrift der Sumerer vor gut 5.000 Jahren über die ägyptische Bilderschrift und die chinesische Wortschrift bis zur alphabetischen Schrift der Griechen und Römer.

Schon in den frühen Hochkulturen wurden *technische Medien* entwickelt, um Kommunikationsinhalte zeitüberdauernd und/oder raumüberwindend zu konservieren (→ Medientechnik). Der kanadische Ökonom *Harold A. Innis* (1894-1952) unterscheidet ‚harte' Medien, die „dem Verfall in der Zeit trotzen, aber entsprechend schwer zu transportieren sind" (z. B. die Tontafeln der Mesopotamier oder die Inschriften auf Gebäuden), und ‚leichte' Medien, „die sich für den Transport über weite Strecken geradezu anbieten, aber verderblich sind, wie etwa das ägyptische Papyrus" (Kleinsteuber 1992: 324).

Während die genannten Medien nur einen eng begrenzten Adressatenkreis ansprechen können, versuchen die modernen → Massenmedien mittels technischer Vervielfältigung bzw. Verstärkung ein möglichst großes Publikum zu erreichen. *Massenkommunikation* ist nach der klassischen Definition von *Gerhard Maletzke* (1963: 32) „jene Form der Kommunikation, bei der Aussagen öffentlich (also ohne begrenzte und personell definierte Empfängerschaft) durch technische Verbreitungsmittel (Medien) indirekt (also bei räumlicher oder zeitlicher oder raumzeitlicher Distanz zwischen den Kommunikationspartnern) und einseitig (also ohne Rollenwechsel zwischen Aussagendem und Aufnehmendem) an ein disperses Publikum [...] vermittelt werden."

Massenkommunikation im genannten Sinne ist ein historisch recht junges Phänomen. *Wilbur Schramm* (1981: 203) hat eine Million Jahre der Menschheitsgeschichte auf einem 24-Stunden-Zifferblatt abgebildet. Die Existenz menschlicher Sprache setzt er an um das Jahr 100.000 v. Chr., also um 21.33 Uhr, und die Erfindung des Schreibens um 3.000 v. Chr., also um 23.52 Uhr. Die modernen Massenmedien, beginnend mit Gutenberg, treten in dieser Darstellung erst in der letzten Minute des 24-Stunden-Tages auf.

Die frühen gedruckten Nachrichtenmedien konzentrierten sich auf einzelne Ereignisse, repräsentierten also ein auf ein spezifisches Phänomen gerichtetes, ein occasionales Zeitbewusstsein. Ein wichtiger Entwicklungsschritt war die Einführung *periodischer Medien* an der Wende vom 16. zum 17. Jahrhundert: Die jetzt wöchentlich erscheinenden Zeitungen versorgten ihre Leser regelmäßig mit Neuigkeiten, die somit erwartbar wurden. Die Periodizitätsfolgen verkürzten sich immer mehr – bis hin zur Liveberichterstattung der Funkmedien seit dem vergangenen Jahrhundert. Bei den Telemedien → Radio und → Fernsehen ist die Gleichzeitigkeit erreicht, und man könnte sie statt als Fern- auch als Schnell-, also als Tacho-Medien bezeichnen (Hömberg 1990: 12).

Der Blick in die Kommunikationsgeschichte zeigt drei Entwicklungslinien, über die sich gesetzesähnliche Aussagen machen lassen: „1. Medien entstehen dann (und als dauerhafte Institutionen nur dann), wenn gesellschaftlicher Bedarf für sie erwachsen ist (Bedarfsgesetz). 2. Medien sterben nicht (Unverdrängbarkeitsgesetz). 3. Medien treten in progressiv kürzer werdenden Abständen auf die Bühne der gesellschaftlichen Kommunikation (Beschleunigungsgesetz)" (Schmolke 2004: 246). Zur Gegenwart hin verdichten sich die Medienangebote zu einer Kommunikationsspirale, deren Kreise immer enger werden.

Kommunikationstheorien

Kommunikationsphänomene werden aus verschiedenen fachlichen Perspektiven theoretisch zu fassen versucht. Philosophen, Theologen, Ökonomen, Juristen, Politikwissenschaftler, Soziologen, Sprach- und Literaturwissenschaftler, Pädagogen, Musik- und Kunstwissenschaftler analysieren diesen Objektbereich aus ganz unterschiedlicher Sicht. Inzwischen besteht ein weitgehender Konsens darüber, dass die Publizistik- und → Kommunikationswissenschaft, die sich schwerpunktmäßig mit der aktuellen und öffentlichen Kommunikation befasst, als interdisziplinäre Sozialwissenschaft einzuordnen ist.

Kommunikationstheoretische Ansätze können drei Dimensionen zugeordnet werden: einer grundlegenden (‚universalen') Dimension nach der Sichtweise des Erkenntnisobjektes; einer zweckorientierten (‚funktionalen') Dimension nach dem Kommunikationsinteresse; einer konkreten (‚gegenständlichen') Dimension nach der Wahl des kommunikativen Realitätsbereichs (Burkart/Hömberg 2004: 2 ff.).

- Die *grundlegende Dimension*: Die Ansätze, die hierunter fallen, beantworten die Frage nach den elementaren Kennzeichen von Kommunikation sehr unterschiedlich. Sie betrachten etwa den technischen Prozess der Zeichenübertragung, wie *Claude E. Shannon* (1916-2001) und *Warren Weaver* 1894-1978) in ihrer „Mathematischen Theorie der Kommunikation". Sie reflektieren Kommunikation als interaktiven Vorgang, wie der auf *George Herbert Mead* (1863-1931) zurückgehende „Symbolische Interaktionismus" und die „Theorie des kommunikativen Handelns" von *Jürgen Habermas*. Oder sie analysieren Kommunikation als umweltabhängiges Phänomen, und zwar auf der Basis konträrer Positionen: aus historisch-materialistischer oder aus systemtheoretischer Perspektive.
- Die *zweckorientierte Dimension*: Die einschlägigen Ansätze geben divergierende Antworten auf die Frage nach dem Verwendungszweck von Kommunikation. Sie konzentrieren sich z. B. auf die Beeinflussung, vor allem im Bereich der politischen Persuasion oder der Werbewirkung. Sie unterstützen das Kommunikationsziel Emanzipation, etwa innerhalb der Pädagogik, wenn Medienkompetenz und Kommunikationsfähigkeit angestrebt werden. Oder sie verfolgen therapeutische Ziele, z. B. bei der Behandlung pathologischer Kommunikations- und Verhaltensstörungen.
- Die *konkrete Dimension*: Hier wird zwischen diversen Bereichen der kommunikativen Wirklichkeit unterschieden. Die theoretischen Ansätze befassen sich zum einen mit Berufsfeldern wie → Journalismus, Öffentlichkeitsarbeit (→ Public Relations) und → Werbung, zum anderen mit weiter gefassten Anwendungsbereichen wie → Medienpädagogik und → Kommunikationspolitik oder mit Forschungsperspektiven wie Kommunikationsgeschichte.

Funktionale Theorieansätze haben vor etwa vier Jahrzehnten die bis dahin dominierenden normativen Betrachtungsweisen abgelöst. Innerhalb der Publizistik- und Kommunikationswissenschaft haben (neo-)marxistische Konzepte nur geringe Resonanz gefunden. Heute dominieren systemtheoretische Ansätze (→ Systemtheorie). Die Dichotomie von System und Subjekt findet allerdings zunehmend Kritik, und es wird eine Verbindung von Akteur-, Organisations- und Systemtheorie gefordert (→ Handlungstheorien).

Kommunikationsmodelle

Viele Kommunikationswissenschaftler haben versucht, ihre theoretischen Ansätze mithilfe von Schemata und Grafiken darzustellen. Solche Modelle verallgemeinern konkrete Ereignisabläufe und heben die als maßgebend erachteten Faktoren eines Prozesses hervor. Die wichtigsten Leistungen eines Kommunikationsmodells bestehen darin, Einzelaspekte in einen Gesamtzusammenhang zu integrieren (Organisationsfunktion) und dadurch zu neuen Einsichten zu verhelfen (heuristische Funktion).

Frühe Zeitungswissenschaftler haben ihre Erkenntnisse an Vorbildern aus der Natur plausibel zu machen versucht. Paradigmatisch sind hier die Baummodelle von *Karl d' Ester* (1928) und *Hans A. Münster* (1935). Obwohl sich diese organologischen Modelle optisch ähneln – ihr konzeptioneller Ausgangspunkt ist jeweils ganz unterschiedlich: Karl d' Esters „Zeitungsbaum" nennt Neuigkeitsbedürfnis, Zeitströmungen, Nachrichtenwesen, kommunikationspolitische Rahmenbedingungen und Unternehmergeist als Basis und zentrale Einflussfaktoren der Medienentwicklung. Hans A. Münsters „Baum der Publizistik“ dagegen wurzelt allein im „Willen zur politischen Beeinflussung“: Die Medien werden hier – ganz im Sinne der nationalsozialistischen Ideologie – ausschließlich als „publizistische Führungsmittel“ betrachtet.

In einem linearen Modell haben die Mathematiker *Claude E. Shannon* und *Warren Weaver* (1949: 7) den Weg der Signalübertragung dargestellt: Die Informationsquelle (*information source*) wählt eine Botschaft (*message*) aus, die vom Sender (*transmitter*) in ein Signal (*signal*) verwandelt und über einen Kommunikationskanal an einen Empfänger (*receiver*) geleitet wird. Der Empfänger dekodiert die Botschaft und leitet sie weiter an den Bestimmungsort (*destination*). In diesem Modell geht es ausschließlich um die technische Übertragung von Signalen, die durch Geräuschquellen (*noice source*) gestört werden kann. Sinn und Bedeutung der übertragenen Informationen bleiben ausgeblendet.

Großen Einfluss auf den wissenschaftlichen Diskurs hat Maletzkes (1963: 41) Feldschema der Massenkommunikation gehabt. Dieses Prozessmodell begreift Massenkommunikation als ein Beziehungssystem zwischen den Grundfaktoren Kommunikator, Aussage, Medium und Rezipient, die sich wechselseitig untereinander beeinflussen. Kommunikator und Rezipient handeln stets in Abhängigkeit von ihren psychischen und sozialen Dispositionen, und das jeweils vorhandene Fremdbild voneinander beeinflusst sie in ihrem Verhalten. Die Möglichkeit eines Feedbacks durch spontane Antworten des Rezipienten (wie Leserbriefe, Telefonanrufe usw.) ist vorgesehen. Diese prozesshafte Sichtweise von Massenkommunikation war vor allem deshalb innovativ, weil sie die bis dahin in der deutschsprachigen Fachdiskussion vorherrschende lineare Ursache-Wirkungs-Position abgelöst hat.

Die aktuelle technische Entwicklung lässt Konvergenztendenzen zwischen Telekommunikation, Computerisierung und herkömmlichen elektronischen Massenmedien erkennen. Die neuen Kommunikationssysteme ermöglichen klassische Individual-, Gruppen- und Massenkommunikation gleichermaßen. In Anlehnung an die Tradition von Gerhard Maletzke wurde deshalb ein Modell elektronischer Gemeinschaftskommunikation entwickelt (Burkart/Hömberg 1997: 84).

Die Unterschiede zwischen Kommunikator- und Rezipientenrolle sind hier zwar tendenziell eingeebnet, aber nicht prinzipiell aufgelöst. Statt von Kommunikatoren und Rezipienten sollte man im elektronisch medialisierten Kommunikationsraum besser von ‚Beteiligten' sprechen, wobei eine Gruppe von Beteiligten die Rollenmacht über die Inanspruchnahme und Indienstnahme von Kommunikationsmitteln besitzt, während der anderen Gruppe vorrangig die Möglichkeiten der Teilhabe und Teilnahme offen stehen. Die Auswahl und Gestaltung der Aussagen sowie ihre Wahrnehmung und Wirkung sind abhängig von der jeweils vorhandenen Kommunikationsstruktur und den eingesetzten Medienanwendungen. Die technische Kommunikationsstruktur wird bereitgestellt von Unternehmen, die als ‚organisierende Beteiligte' den elektronischen Kommunikationsraum erst möglich machen (z. B. Internet-Provider, Rundfunkanstalten, Telekom, Mailbox-Betreiber).

Kommunikationsmodi

Kommunikation ist eine Grundvoraussetzung menschlicher Existenz. Wenn man darunter nicht nur die intentionale Weitergabe von Informationen versteht, sondern – in einem weiteren Sinne – auch Interaktion (soziales Handeln) mittels Symbolen, dann hat auch die Verweigerung von Kommunikation Mitteilungscharakter. *Schweigen* kann sehr beredt sein – oder, wie es die Psychologen *Paul Watzlawick*, *Janet H. Beavin* und *Don D. Jackson* (1974: 53) formulieren: „Man kann nicht nicht kommunizieren". Ein weiteres Axiom dieser Autoren ist, dass jede menschliche Kommunikation einen Inhalts- und einen Beziehungsaspekt hat: Sie enthält Informationen über ein Objekt oder einen Vorgang (Sachinhalt) und zugleich Hinweise auf die Beziehung zwischen den Kommunikationspartnern und darauf, wie die Informationen aufzufassen sind (metakommunikative Verstehensanweisung).

Das wichtigste Mittel menschlicher Verständigung ist die *Sprache*, die normalerweise durch familiäre Sozialisation erlernt und durch Ausbildungsinstitutionen weiter geschult wird (Sprachunterricht). Die verbale Kommunikation erlaubt eine differenzierte Darstellung komplexer Inhalte. Sie ist die Urform der Verständigung zwischen zwei oder mehreren Kommunikationspartnern und die Voraussetzung organisierten sozialen Lebens.

Der sprachliche Austausch wird ergänzt durch *paralinguistische Elemente*, die auditiv (durch Lautstärke, Intonation, Tempo usw.) oder visuell (z. B. durch physisches Erscheinungsbild, Mimik, Gestik) vermittelt werden. Diese nonverbalen Elemente können etwa den Eindruck einer Rede verstärken oder abschwächen, und sie sind sehr wichtig für die emotionale Zuwendung, für Sympathien oder Antipathien der Zuhörer. Zur nonverbalen Kommunikation gehören auch die mit den anderen Sinnen aufgenommenen Informationen, also Berührungs-, Wärme-, Geruchs- und Geschmacksempfindungen.

Seit dem 19. Jahrhundert haben vor allem neue *visuelle Kommunikationsformen* und -medien an Bedeutung gewonnen. An die Seite von Pressezeichnung und Straßenplakat traten die Fotografie, der Film und das Fernsehen. Die modernen Bildmedien wurden rasch populär und erreichten einen hohen Verbreitungsgrad. Text und Bild treten meist nicht in Konkurrenz zueinander, sondern ergänzen sich.

Nonverbale Aspekte der Kommunikation werden nicht zuletzt unter dem Blickwinkel der Darstellungseffekte analysiert. *Hans Mathias Kepplinger* (2002: 363) versteht darunter „alle Wirkungen von Fernsehbeiträgen, Hörfunkbeiträgen und Pressefotos [...], die auf der nonverbalen und paraverbalen Selbstdarstellung von Personen sowie ihrer visuellen und akustischen Darstellung durch Fotografen, Kameraleute, Beleuchter, Tontechniker, Cutter und Journalisten beruhen". Empirisch untersucht wurden vor allem Fernsehsendungen; bei der Wahlkampfberichterstattung zeigte sich z. B., dass die Eindrücke der Zuschauer von den Spitzenkandidaten zu etwa zwei Dritteln auf verbalen und zu einem Drittel auf visuellen Informationen beruhen. Aufnahmetechniken, Beleuchtung, Kameraperspektiven, Schnittgeschwindigkeit und Montage haben Einfluss auf die Wahrnehmung der dargestellten Inhalte.

Zu unterscheiden ist schließlich zwischen privater und öffentlicher Kommunikation. *Private Kommunikation* richtet sich an einen Partner oder an eine begrenzte Anzahl eindeutig bestimmter Personen. Sie ist in besonderer Weise geschützt vor Kontrolle von außen (etwa durch das Briefgeheimnis).

Die *öffentliche Kommunikation* hingegen schränkt den Kreis der Kommunikationspartner nicht ein. → Öffentlichkeit fungiert (Klaus 2001: 20) „als Verständigungsprozess der Gesellschaft über sich selbst. Durch die Thematisierung, Verallgemeinerung und Bewertung von Erfahrungen werden im Prozess Öffentlichkeit:

- gesellschaftliche Wirklichkeitskonstruktionen verhandelt, gefestigt, ent- oder verworfen,
- die Regeln und Normen des gesellschaftlichen Zusammenlebens, also konsensuale soziale Werte aufgestellt, bestätigt oder modifiziert,

- sowie kulturelle Ziele überprüft und kulturelle Identitäten geschaffen".

Öffentlichkeit und Privatheit stehen in einem spannungsreichen Verhältnis zueinander, das sich im Lauf der Geschichte vielfach gewandelt hat. In der Epoche der Aufklärung begann eine Trennung dieser beiden Sphären. Die Privatheit bezog sich vor allem auf den familiären Raum, während sich der Diskurs über öffentliche Angelegenheiten in Lesegesellschaften, Vereinen, Clubs und Cafés verlagerte. Gegenwärtig ist, zusammen mit dem so genannten Wertewandel, eine zunehmende Individualisierung zu beobachten. Diese bedeutet zum einen eine größere Autonomie, zum anderen aber auch eine wachsende Unsicherheit, die den Bedarf nach Orientierung verstärkt. Die erhöhte Nachfrage nach Lebenshilfe durch Massenmedien und die Karriere des Ratgeberjournalismus haben hier ihre Wurzeln.

Die Trennung von öffentlicher und privater Kommunikation war historisch eine Voraussetzung für die Demokratisierung der Gesellschaft. In der Gegenwart verschwimmen die Grenzen zwischen diesen beiden Sphären. Talkshows, Daily Soaps und Real-Life-Formate im Fernsehen sowie Star- und People-Zeitschriften präsentieren zunehmend Themen aus dem Privat- und Intimbereich. Die Personalisierung spielt auch in der → politischen Kommunikation eine immer größere Rolle, und der Computer schafft die Voraussetzung für eine Verbindung von Individual-, Gruppen- und Massenkommunikation. Das → Internet bietet nicht nur die Möglichkeit zum politischen und gesellschaftlichen Diskurs, sondern ist zugleich eine Darstellungsfläche für private, ja intime Kommunikation. Der Veröffentlichung des Privaten entspricht eine Privatisierung des Öffentlichen.

Ausblick

In welcher Art von Gesellschaft leben wir heute? Aus ökonomischer Sicht war lange von ‚postindustrieller Gesellschaft' oder von ‚Dienstleistungsgesellschaft', aus soziologischer Sicht von ‚Risikogesellschaft', von ‚Multioptionsgesellschaft' und von ‚Erlebnisgesellschaft' die Rede. Inzwischen machen Begriffe wie ‚Informationsgesellschaft', ‚Wissensgesellschaft' und ‚Mediengesellschaft' Karriere.

Wenn auch solche monoperspektivischen Etikettierungen immer etwas Beliebiges haben – sie bringen Entwicklungen auf den Punkt. Und da sind markante Trends nicht zu übersehen: die Expansion der Medienangebote, die Zunahme der Reichweite und der Nutzungsdauer sowie die wachsende Konvergenz kommunikationstechnischer Sende- und Empfangsgeräte prägen längst die Alltagsrealität. Kommunikation war viele Jahrhunderte lang ein knappes Gut. Inzwischen haben Probleme der Fülle die Probleme des Mangels abgelöst.

Literatur

Brockhaus' Konversations-Lexikon (1898), 14. Aufl., Bd. 10, Leipzig u. a.

Burkart, Roland/Walter Hömberg (1997): Massenkommunikation und Publizistik, in: H. Fünfgeld/C. Mast (Hrsg.): Massenkommunikation, Opladen: 71-88.

Burkart, Roland/Walter Hömberg (Hrsg.) (2004): Kommunikationstheorien, 3. Aufl., Wien.

Hömberg, Walter (1990): Zeit, Zeitung, Zeitbewußtsein, in: Publizistik 1990/1: 5-17.

Kepplinger, Hans Mathias (2002): Nonverbale Kommunikation und Darstellungseffekte, in: E. Noelle-Neumann et al. (Hrsg.): Das Fischer Lexikon Publizistik/Massenkommunikation, Frankfurt/M.: 363-391.

Klaus, Elisabeth (2001): Das Öffentliche im Privaten – Das Private im Öffentlichen, in: F. Herrmann/M. Lünenborg (Hrsg.): Tabubruch als Programm, Opladen: 15-35.

Kleinsteuber, Hans J. (1992): Zeit und Raum in der Kommunikationstechnik: Harold A. Innis' Theorie des „technologischen Realismus", in: W. Hömberg/M. Schmolke (Hrsg.): Zeit, Raum, Kommunikation, München: 319-336.

Maletzke, Gerhard (1963): Psychologie der Massenkommunikation, Hamburg.

Merten, Klaus (1977): Kommunikation. Eine Begriffs- und Prozeßanalyse, Opladen.

Schmolke, Michael (2004): Theorie der Kommunikationsgeschichte, in: R. Burkart/W. Hömberg (Hrsg.): Kommunikationstheorien, 3. Aufl., Wien: 234-257.
Schramm, Wilbur (1981): What is a long time?, in: G. Cleveland Wilhoit/H. de Bock (Hrsg.): Mass Communication Review Yearbook, Bd. 2, Beverly Hills/London: 202-206.
Shannon, Claude E./Warren Weaver (1949): The Mathematical Theory of Communication, Urbana/IL u. a.
Strauß, Botho (2004): Orpheus in der Tiefgarage, in: Der Spiegel 2004/9: 164-166.
Watzlawick, Paul et al. (1974): Menschliche Kommunikation, 4. Aufl., Stuttgart/Wien.
Zedler, Johann Heinrich (1733): Großes vollständiges Universal-Lexicon aller Wissenschaften und Künste, Bd. 6, Halle/Leipzig.

Walter Hömberg, Eichstätt

Kommunikationsfreiheit

Definition/Begriffsbestimmung

Die Begriffe der Kommunikations- und Medienfreiheit kommen in den klassischen Verfassungsquellen, so auch dem Grundgesetz (GG) der Bundesrepublik Deutschland, nicht vor. Die zu Grunde liegenden Begriffe sind zudem nicht eindeutig: In den Rechtsgrundlagen ist von der Pressefreiheit, von Meinungsäußerungsfreiheit oder Rundfunkfreiheit die Rede.

In der nichtjuristischen wissenschaftlichen Sprache hat sich als Sammelname der Begriff ‚Kommunikationsfreiheit' eingebürgert. Im Zentrum des Grundrechts steht eine „wechselbezügliche Sinneinheit kommunikativer Freiheiten" (Berka 1999: 317), die Walter Berka als Kommunikationsfreiheit bezeichnet. Die Kommunikationsfreiheit umfasst weit mehr als die individuelle Meinungsfreiheit, die sich auf der Seite des Äußernden als Meinungsäußerungsfreiheit (durch Wort, Schrift, Druck oder bildliche Darstellung) und auf Seiten des Empfängers als Informations(empfangs)freiheit (Informationsaufnahme und -beschaffung) darstellt.

Michael Haller (2003: 13) bezeichnet die Kommunikationsfreiheit als ein weit reichendes Konglomerat von *Freiheitsrechten*, das „vom Recht auf Zugang zu Dokumenten und Informationen über mediale Veröffentlichungs-, Verbreitungs- und Nutzungsfreiheiten bis zur Gewährleistung einer informatorischen Grundversorgung reicht", auch neue Kommunikationstechnologien berücksichtigt und somit umfassender ist als die Termini Presse- bzw. Medienfreiheit. Die Kommunikationsfreiheit schützt die freie Bildung und Entfaltung der öffentlichen Meinung und ist damit eine Grundvoraussetzung einer liberalen, demokratischen Staatsordnung.

Der *Europäische Gerichtshof für Menschenrechte* (EGMR) bezeichnet die Meinungs- und Medienfreiheit als einen „Grundpfeiler einer demokratischen Gesellschaft" (EGMR 7.12.1976). Durch das Grundrecht der Kommunikationsfreiheit wird verbürgt, dass die Prozesse der öffentlichen Meinungsbildung und der Bildung einer politischen → Öffentlichkeit in Freiheit, also in einer autonomen, durch Offenheit und Pluralität gekennzeichneten freien Kommunikationsordnung ablaufen (Berka 1999: 316).

Das Verfassungsrecht gewährleistet die Freiheit der → Massenmedien gesondert in Form der *Medienfreiheit.* Ihr kommt als Voraussetzung entwickelter Kommunikationsstrukturen in funktionierenden Demokratien eine zentrale Bedeutung zu: „Demokratie braucht öffentliche Kommunikation. Diese kann in unserer komplexen, globalisierten und institutionalisierten Welt nahezu ausschließlich über die Medien erfolgen." (Kraßnitzer 2001: 168 f.)

Die Hervorhebung der Medienfreiheit ist also gut begründet: Die Massenmedien und die Verfügungsgewalt über die Telekommunikationseinrichtungen spielen eine Schlüsselrolle in der öffentlichen Kommunikation und bei der Herausbildung einer öffentlichen Meinung, die auf leistungsfähige Medien angewiesen sind. Die Massenmedien gelten wegen ihrer organisatorischen und finanziellen Komplexität der modernen Produktions- und Vertriebsverfahren als sehr verletzlich. Hinsichtlich ihrer besonderen Verantwortung gegenüber einer Gesellschaft bedarf es auch eines besonderen grundrechtlichen Schutzes (Berka 1999: 321).

Während die äußere Medienfreiheit in einem Abwehrrecht gegen den Staat besteht, beschäftigt sich die *innere Medienfreiheit* mit der Freiheit der Journalisten und Redakteure innerhalb der Redaktionen und Medienunternehmen. Richtlinien für die innere Medienfreiheit sind die Ausrichtung der Blattlinie, die Journalisten tatsächliche Schranken bei ihrer Berichterstattung aufstellen. Rechte und Pflichten der Redaktion gegenüber der Geschäftsleitung werden in *Redaktionsstatuten* festgeschrieben.

→ Presse und Rundfunk (→ Radio, → Fernsehen) unterliegen unterschiedlichen Regelungen: Die *Pressefreiheit* gilt als klassisches Individualrecht, bei der *Rundfunkfreiheit* treten aufgrund der historischen Entwicklung die Besonderheiten einer institutionellen öffentlichen Rundfunkfreiheit hervor. Art. 10 der Europäischen Menschenrechtskonvention (EMRK) gewährleistet die Veranstaltung von Rundfunk (Rundfunkfreiheit), die Gründung von Fernseh- und Rundfunkunternehmen kann aber einem staatlichen Genehmigungsverfahren unterliegen (Art. 10 Abs. 1 letzter Satz EMRK).

Für Medienunternehmen ist neben den genannten Freiheiten die *Informationszugangs-* und *Recherchefreiheit* besonders hervorzuheben; sie gewährleistet den Zugang der Journalisten zu Informationen. Die Pressefreiheit konkretisiert sich in einem eigenen → Zeugnisverweigerungsrecht für Journalisten. Zudem ist der Zugang zum Beruf des Journalisten in der Regel nicht staatlich reglementiert (→ Journalismus, → Italien).

Geschichte/Entwicklung

Gedanken über den Schutz der freien Rede sind zwar schon aus der Antike überliefert, doch erst im 17. Jahrhundert entfaltete sich die Vorstellung, dass jedem Einzelnen die Gedankenfreiheit und in Folge auch die Gedankenäußerungsfreiheit gewährt werden müsse. Im 18. Jahrhundert wurde ‚Preßfreiheit' als eher formaljuristischer Terminus angesehen, der den Druck von Zeitungen konzessionierte.

Als neben der Religion auch die Politik zur Zielscheibe der Pressekritik wurde, begannen restriktive Maßnahmen gegen die Presse. Insofern hängt die Idee der Pressefreiheit stark von der Entwicklung der Presse ab und entstand aus der Auflehnung der schreibenden Zunft gegen die Zensur.

Das erste Gesetz zur Abschaffung der *Zensur* wurde 1695 in → Großbritannien eingeführt. Diese Maßnahme, die den Begriff der Pressefreiheit noch vermied, erfolgte auf Forderung der Humanisten *John Milton* (1608-1674) und *John Locke* (1632-1704), das Zensurstatut nicht mehr zu verlängern. Am 4. Juli 1776 deklarierten die → USA ihre Unabhängigkeit, die Meinungs- und Pressefreiheit wurde als ein unveräußerliches Menschenrecht im First Amendment, dem ersten Verfassungszusatz von 1791, verankert.

In → Deutschland trat der Begriff Pressefreiheit erstmals 1774 als Reflexion der englischen Pressepraxis auf. In der → Schweiz gilt die Pressefreiheit seit 1848 durch die Bundesverfassung.

Bei der Revolution von 1848 in Deutschland forderte man u. a. die Freiheit der Presse. Im Gesetzentwurf hieß es: „Die Preßfreiheit darf unter keinen Umständen und in keiner Weise durch vorbeugende Maaßregeln, namentlich Censur, Concessionen, Sicherheitsbestellungen, Staatsauflagen, Beschränkungen der Druckereien oder des Buchhandels, Postverbote oder andere Hemmungen des freien Verkehrs beschränkt, suspendiert oder aufgehoben werden." Im Jahre 1854 entstand das erste Bundesgesetz, das die Pressefreiheit mit bestimmten Einschränkungen etablierte.

In → Österreich wurde die Pressefreiheit erstmals durch Art. 13 Staatsgrundgesetz (StGG) von 1867 hergestellt; die unbeschränkte Pressefreiheit wurde durch Beschluss der Nationalversammlung vom 30.10.1918 eingeführt (so genannter Zensurbeschluss).

Sowohl in *Deutschland* als auch in *Österreich* wurde die Pressefreiheit durch die nationalsozialistische Politik der Gleichschaltung vollständig aufgehoben. Alle Medien wurden von *Joseph Goebbels'* Propagandaministerium kontrolliert.

Nach der alliierten Besetzung wurde die Pressefreiheit in Westdeutschland 1949 wiederhergestellt. In der DDR gab es zwar (anders als in der Sowjetunion) offiziell keine Zensur; faktisch existierte jedoch auch keine Pressefreiheit, da die Zeitungsinhalte durch das staatliche Presseamt beim DDR-Ministerpräsidenten vorgegeben waren und Bücher Druckgenehmigungen brauchten.

Die *Europäische Menschenrechtskonvention* (EMRK) ist seit dem 3.9.1953 in Kraft (nach der Ratifizierung von 10 Mitgliedsstaaten des Europarates, z. B. durch Deutschland; Österreich ratifizierte 1958, die Schweiz erst 1974).

Der Begriff ‚Vierte Gewalt' (engl. ‚Fourth Estate') kam erstmals in Großbritannien gegen Mitte des 19. Jahrhunderts auf. Gemeint ist damit die Rolle der Medien als eigenständige Kontrollinstanz im Staat. Ihre Aufgabe besteht darin, Missstände innerhalb von Regierung, Justiz, Wirtschaft etc. aufzudecken und an die Öffentlichkeit zu bringen.

Die Gegenüberstellung der Medien als Vierte Gewalt – als so genannte ‚Publikative' zu den drei demokratisch sanktionierten Gewalten Judikative, Exekutive und Legislative – erscheint missverständlich und anmaßend. Eine Bezeichnung als ‚Vierte Macht' wäre zutreffender, da es sich um „Kontrolle und nicht um Sanktionsgewalt" handelt (Redelfs 2003: 222).

Rechtsgrundlagen und Grenzen

Die Rechtsgrundlage für die Kommunikationsfreiheit findet sich in → Deutschland in Art. 5 GG, in → Österreich in Art. 13 Staatsgrundgesetz (StGG) 1867 und in der → Schweiz in Art. 16 und 17 der Bundesverfassung. Neben diesen nationalen Bestimmungen gilt jeweils Art. 10 EMRK.

Nach Art. 5 Abs. 1 GG hat jedermann das Recht, „seine Meinung in Wort, Schrift und Bild frei zu äußern und zu verbreiten und sich aus allgemein zugänglichen Quellen ungehindert zu unterrichten". Die Pressefreiheit ist in Art. 5 GG in Form eines persönlichen Freiheitsrechts des Einzelnen (als die Freiheit, seine Meinung in Druckschriften auszusprechen und zu verbreiten; Abs. 1) und als eine institutionelle Garantie des freien Pressewesens gewährleistet: „Die Pressefreiheit und die Freiheit der Berichterstattung durch Rundfunk und Film werden gewährleistet." (Abs. 2) Auch im Art. 10 EMRK werden gleichermaßen individuelle und institutionelle Komponenten der Freiheit zum Ausdruck gebracht.

Als Grundrecht ist die Kommunikationsfreiheit zunächst als ein Abwehrrecht gegen den Staat konzipiert, wonach der Einzelne vor Eingriffen des Staates geschützt werden soll. Es wirkt nach herrschender juristischer Meinung auch auf privatrechtliche Normen und Urteile (also zwischen Privaten; so genannte Drittwirkung von Grundrechten) und nicht nur zwischen dem Einzelnen und dem Staat.

Auch ein unverzichtbares Grundrecht wie die Kommunikationsfreiheit kann aber nicht schrankenlos ausgestaltet sein, da Kommunikationsfreiheit nicht als Freiheit zur Beliebigkeit aufzufassen ist. Die Medienfreiheit findet ihre Grenzen (durch Gesetzesvorbehalte) in den allgemeinen Gesetzen und anderen Grundrechtsbestimmungen, vor allem in Strafbestimmungen über Beleidigungen und Verleumdung, in Jugendschutzbestimmungen, in Bestimmungen betreffend den

Schutz des Privatlebens und der persönlichen Ehre (→ Medienrecht). Explizit sind diese grundsätzlichen Schranken etwa schon in Art. 5 Abs. 2 GG sowie Art. 10 Abs. 2 EMRK genannt (so genannte materielle Gesetzesvorbehalte).

Wenn berechtigte Interessen durch die Ausübung der Kommunikationsfreiheit verletzt werden, muss durch eine Abwägung herausgefunden werden, welche Interessen überwiegen. Unwahre Tatsachenbehauptungen genießen grundsätzlich keinen Schutz; wahre Behauptungen müssen aber auch gegen andere Rechtsgüter und Grundrechte abgewogen werden. Als zulässige Einschränkungen der Kommunikationsfreiheit gelten Einschränkungen im Sinne des Jugendschutzes, zum Schutz des Privatlebens und der persönlichen Ehre und zum Schutz vor Beleidigungen und Verleumdungen.

Dem Grundgedanken der Kommunikationsfreiheit entspricht auch das *Zensurverbot*, das eine Lähmung der öffentlichen Meinungsbildung verhindern will. Dieses richtet sich gegen die Vorzensur und erfasst damit alle präventiven, vor dem Erscheinen eines Mediums ausgeübten Formen einer staatlichen Inhaltskontrolle, die in einem formellen Verfahren vorgenommen wird (Buchloh 2003: 113). Auf den Zweck der Zensur kommt es dabei nicht an. Sowohl in Art. 10 EMRK als auch in Art. 5 GG ist das Zensurverbot verankert.

Die *Einhaltung* der Kommunikationsfreiheit wird nicht nur durch die nationalen und internationalen (Höchst-)Gerichte wahrgenommen, sondern auch von so genannten ‚Wächterorganisationen' beobachtet. Einige der größten, weltweit tätigen, nicht-staatlichen Organisationen zur Verteidigung der Pressefreiheit sind:

- *Article 19 – The International Centre Against Censorship*;
- *The Committee to Protect Journalists* (CPJ);
- *The International Press Institute* (IPI);
- *Reporters Sans Frontières* (RSF)
- *World Association of Newspapers* (WAN).

Jede dieser Organisationen beschreitet einen anderen Weg, bedient sich unterschiedlicher Methoden und Forschungsstrategien, um die Kommunikationsfreiheit zu verteidigen und zu fördern. Die entstehenden Differenzierungen sind dem gemeinsamen Ziel nur dienlich. Ein weiteres Mittel zur Einhaltung der Kommunikationsfreiheit stellen verschiedene Institute der Selbstkontrolle, wie z. B. Presseräte, dar.

Internationale Situation

Eine besonders schwierige Frage ist die der *Messbarkeit* von Kommunikationsfreiheit. Die Forschung ist drei Wege gegangen, um das Ausmaß an Freiheit zu bestimmen bzw. einen Maßstab dafür zu finden:

- Man hat versucht, normative Modelle zu entwickeln, die herausarbeiten, wie Kommunikationsfreiheit aussehen sollte.
- Eine zweite Möglichkeit stellen Untersuchungen dar, die die Situation der Medien eines Landes beschreiben, Freiheit lässt sich am Verfassungsanspruch oder einem von anderswo übernommenen Maßstab messen.
- Schließlich bietet sich der internationale Vergleich an, der zu Rangordnungen von Ländern führt (→ Mediensysteme).

Ein großes Problem stellt die Uneinigkeit bei der Entscheidung über die Indikatoren, die für die Kommunikationsfreiheit entscheidend sind, dar (Holtz-Bacha 2003: 403; 410). Eine einheitliche und anerkannte Skala zur Messung steht noch aus; bewertet werden üblicherweise verschiedene Aspekte von Verstößen gegen die Kommunikationsfreiheit (Verhaftungen etc.) und politische, ökonomische und rechtliche Einflüsse (Monopole, Medienkonzentration, Zensur, Handhabung der Mediengesetze) sowie Aspekte der inneren Medienfreiheit (z. B. www.freedomhouse.org).

Die Übertragung des Konzeptes der Kommunikationsfreiheit auf das → Internet stellt einen weiteren Forschungsschwerpunkt dar. Das Netz bietet grundsätzlich eine gute Möglichkeit zur Meinungsäußerung – sofern man einen Zugang und technisches Know-how besitzt.

Höchst problematisch ist die Kontrolle der Einhaltung der Schranken der Kommunikationsfreiheit. Der wesentliche Unterschied sind die Staatsgrenzen, die im global präsenten nicht existieren. Daraus ergibt sich eine hohe Komplexität rechtlicher Fragen, da Unvereinbarkeiten zwischen Rechtssystemen nur schwer lösbar sind. In nicht-demokratischen Gesellschaften versuchen Regierungen und staatliche Organe, durch das Sperren von Websites die Informationsbeschaffung zu unterbinden. So wird in China das Internet rigoros vom Staat kontrolliert; die meisten internationalen Websites sind dort nicht erreichbar.

In China, Nordkorea, Kuba, Weißrussland, den meisten arabischen und vielen afrikanischen Staaten ist Kommunikationsfreiheit bis heute nicht-existent (→ Asien, → Lateinamerika, → Afrika, → Osteuropa). Ermordungen und Verhaftungen von Journalisten, Druck durch Einschüchterung und staatliche Reglementierung der Medien kommen häufig vor. Mindestens 128 Journalisten waren Ende 2004 weltweit in Haft für ihre Recherche- oder Publikationstätigkeit (www.reporter-ohne-grenzen.de).

In *Nordkorea* z. B. sind die Medien vollständig vom Staat kontrolliert; in *China* ist die staatliche Kontrolle von Nachrichteninhalten die Norm. Während Kapitalismus und Kommerz vorangetrieben werden, bleiben Presse- und Meinungsfreiheit weitgehend auf der Strecke.

In der *Türkei* werden trotz Reformbestrebungen der Regierung (im Zuge des angestrebten EU-Beitritts) Journalisten aufgrund ihrer Veröffentlichungen verurteilt, Medien regelmäßig zensiert.

Auch in *Weißrussland* und *Russland* sowie in anderen Staaten der ehemaligen Sowjetunion sind die Arbeitsbedingungen für Journalisten extrem schwierig. Sie werden bedroht, häufig auch festgenommen und schlimmstenfalls ermordet. In Weißrussland werden Zeitungen überdies mit dem Entzug ihrer Lizenz bedroht, wenn sie sich kritisch über die Regierung äußern. In vielen arabischen Staaten nutzt der Staat jede Kontrollmöglichkeit und erstickt jede oppositionelle Meinung.

Praxisrelevanz und Bewertung

In der Praxis erfährt die Medienfreiheit faktische Schranken vor allem durch Geld- und Personalmangel in den Medienunternehmen und durch den Einfluss der Wirtschaft auf die publizistischen Erzeugnisse bzw. den Einfluss der Medieninhaber auf die Journalisten, der die *innere Medienfreiheit* gefährden kann (→ Medienökonomie). Hier kann von ‚alltäglicher Zensur' gesprochen werden. Auch eine mangelnde *Informationszugangsfreiheit* schränkt die Medienfreiheit enorm ein.

Als eine institutionalisierte Form der Beschränkung der Medienfreiheit, insbesondere der Informationszugangsfreiheit, kann der *embedded journalism* angesehen werden. Als ‚embedded journalists' (embedded, engl. = eingebettet, integriert) gelten Medienvertreter, die von Regierungsseite aus zur Berichterstattung über bestimmte Projekte zugelassen werden. Die USA nahmen zum Irak-Krieg 2003 insgesamt rund 600 ‚embedded journalists' mit, von denen 16 ums Leben kamen. Diese Praxis der → Kriegsberichterstattung ist umstritten. Als Vorteil gilt, dass der ‚embedded journalist' direkt im Kontakt mit den Entscheidungsträgern steht. Als Gefahr wird gesehen, dass er zum bloßen Sprachrohr von Militär oder Regierung absinkt.

Auf gesellschaftlicher Ebene interessiert besonders die Frage, welche gesellschaftlichen *Wirkungen* und Folgen von Kommunikationsfreiheit festzustellen sind und welche Konsequenzen es hat, wenn eine Gesellschaft auf dieses Grundrecht ganz oder teilweise verzichtet. Die Funktionalität von Kommunikationsfreiheit ist für die Entwicklung einer Gesellschaft unübersehbar und notwendig. So kann die Kommunikationsfreiheit auch als treibender Motor bei der Zerschlagung von totalitären Staaten angesehen werden.

Die Kommunikationsfreiheit ist bis heute weltweit ein gefährdetes Gut; auch in demokratischen Staaten wird sie regelmäßig verletzt. Die Freiheit der Medien wird dabei nicht allein durch Zensur gefährdet, sondern auch durch staatliche oder private Medienmonopole (→ Italien). *Walter Berka* (1993: 323) stellt angesichts des Problems der → Medienkonzentration die Frage, „ob der Gesetzgeber unter dem Gesichtspunkt der Medienfreiheit vielleicht verpflichtet ist [...] zur Erhaltung der Medienvielfalt auch aktiv tätig zu werden [...]. Ein wesentlicher Bestandteil dieser Ordnung ist die Pluralität der Meinungen und Informationen, die jedem gesellschaftlichen Anliegen die Chance gibt, zu Wort zu kommen."

In den Industriestaaten können starke *Kommerzialisierung* und Monopolisierung der Medien bis zur Selbstzensur führen. Dazu sind die allgemeinen Konzentrationserscheinungen in den einzelnen Mediensektoren als Problem anzusehen. Dem versuchen Bestimmungen der Medienfusionskontrolle entgegenzuwirken.

Literatur

Berka, Walter (1999): Die Grundrechte, Wien/ New York.

Buchloh, Stephan (2003): Überlegungen zu einer Theorie der Zensur, in: W. R. Langenbucher (Hrsg.): Die Kommunikationsfreiheit der Gesellschaft, Sonderheft Publizistik 2003/4, Wiesbaden: 112-135.

Gornig, Gilbert-Hanno (1988): Äußerungsfreiheit und Informationsfreiheit als Menschenrechte, Berlin.

Haller, Michael (Hrsg.) (2003): Das freie Wort und seine Feinde, Konstanz.

Holtz-Bacha, Christina (2003): Wie die Freiheit messen? Wege und Probleme der empirischen Bewertung von Pressefreiheit, in: W. R. Langenbucher (Hrsg.): Die Kommunikationsfreiheit der Gesellschaft, Sonderheft Publizistik 2003/4, Wiesbaden: 403-412.

Kraßnitzer, Wolfgang (2001): Öffentliche Aufgabe als Grundlage von Medienprivilegien?, in: T. Zacharias (Hrsg.): Die Dynamik des Medienrechts, Wien: 167-213.

Redelfs, Manfred (2003): Recherche mit Hindernissen, in: W. R. Langenbucher (Hrsg.): Die Kommunikationsfreiheit der Gesellschaft, Sonderheft Publizistik 2003/4, Wiesbaden: 208-238.

Wolfgang R. Langenbucher/
Julia Wippersberg, Wien

Kommunikationspolitik

Definition/Begriffsbestimmung

Kommunikationspolitik ist Analyseobjekt verschiedener Wissenschaftsbereiche, vor allem aber der Politik- und der Kommunikationswissenschaft. Ebenso wie ‚Kommunikation' kann auch der Begriff ‚Kommunikationspolitik' (in der Politikwissenschaft wird eher das Synonym ‚Medienpolitik' gebraucht) kaum einvernehmlich definiert werden.

Einen Abgrenzungsversuch – der aber auch keinen Anspruch auf allgemeine Gültigkeit erheben kann – stellt die folgende Definition dar: Kommunikationspolitik ist geplantes und zielorientiertes Handeln zur Durchsetzung oder zur Schaffung oder Einhaltung von Normen im Bereich der Information und Kommunikation im öffentlichen oder im eigenen Interesse (Tonnemacher 2003: 21).

Der Stellenwert der Kommunikationspolitik besteht im Rahmen der → Kommunikationswissenschaft darin, dass Kenntnisse und Einsichten vermittelt werden, mit denen politische und ökonomische Bedingungen und Zusammenhänge in der Kommunikation erkannt, analysiert und bewertet werden können. Hierzu gehören vor allem:

- die geschichtliche Entwicklung von Medien und Kommunikationspolitik,

- die Strukturen des heutigen → Mediensystems und seine politischen, rechtlichen und ökonomischen Rahmenbedingungen,
- der Einblick in Ziele und Strategien von Interessengruppen und Akteuren sowie die Analyse deren kommunikationspolitischen Handelns
- und vor allem die Analyse der Konflikte und Auseinandersetzungen um die Medien und in den Medien, wobei diese sowohl Mittel als auch Objekt der Politik sein können.

Geschichte/Entwicklung

Ebenso wie Information und Kommunikation seit jeher eine Grundvoraussetzung für menschliches Zusammenleben gewesen sind und Massenkommunikation nicht erst mit der Erfindung des Buchdrucks begonnen hat, so ist auch für die Kommunikationspolitik kein eindeutiger Anfangszeitpunkt festzulegen. Die revolutionäre Bedeutung der neuen Drucktechnik, die nahezu für ein weiteres halbes Jahrtausend die Basis für → Massenmedien darstellen sollte, wurde von der Obrigkeit schnell erkannt, und man steuerte dieser neuen Form oppositioneller Öffentlichkeit sehr bald durch Einführung und Verschärfung von Zensurvorschriften entgegen. Erst mit den aus dem Gedankengut der Aufklärung entstandenen Revolutionen des ausgehenden 18. Jahrhunderts in den USA und in Frankreich verbreitete sich in Europa die Hoffnung auf eine Änderung der Jahrhunderte lang bedrückenden Zustände, auf Abschaffung der Pressezensur und Gewährung von Informations- und Meinungsfreiheit (→ Kommunikationsfreiheit). In Deutschland sollte dies allerdings noch – mit einer kurzen Unterbrechung zwischen 1919 und 1933 – bis zum Jahre 1945 dauern, in der DDR sogar bis 1989. In beiden totalitären Systemen im Deutschland des 20. Jahrhunderts wurden Medien und → Journalismus als wichtige Propagandamittel instrumentalisiert. Die Informations- und Meinungsfreiheit war abgeschafft, Vor-, Nach- oder auch Selbst-Zensur wurden praktiziert, und Journalisten wurden zu Erfüllungsgehilfen und Propagandisten für die herrschende Ideologie denaturiert.

Die Geschichte der Kommunikationspolitik zeigt sich als ein immer wieder von Rückschlägen gekennzeichneter *Kampf um die Kommunikationsfreiheiten*, die heute in westlichen Demokratien als Grund- oder Menschenrechte angesehen werden und im Grundgesetz, also der Verfassung der Bundesrepublik Deutschland, in Artikel 5 festgehalten sind. Dessen muss man sich immer bewusst sein, wenn wegen vielfacher und zweifellos oft auch bedenklicher Fehlentwicklungen in den Medien nach schärferer Kontrolle gerufen wird.

Die internationale Dimension hat für die Kommunikation und damit auch für die Kommunikationspolitik schon eine Rolle gespielt, seit es die ‚Grenzüberschreitung' von Medien gibt. Wenn man von Vorformen und früheren Einzelfällen absieht, dann ist der Beginn wohl mit den großen Erfindungen ab Mitte des 19. Jahrhunderts anzusetzen. Physischer Transport von Zeitungen und Zeitschriften durch Eisenbahnverbindungen war möglich geworden, und mit der Erfindung bzw. Entdeckung der elektrischen Telegrafie und der elektromagnetischen Wellen waren dann auch die ersten grenzüberschreitenden Medien geschaffen. Auf der Basis der Telegrafie entstanden Nachrichtenagenturen, und 1870 schlossen die drei großen europäischen Nachrichtenagenturen *Agence Havas*, das *Wolffsche Telegrafische Korrespondenzbureau* und *Reuters Telegram Company* einen Kartellvertrag, in den später noch die US-amerikanische *Associated Press* einbezogen und in dem die Nachrichtenberichterstattung über die Welt in vier Einflusszonen aufgeteilt wurde.

Bis in die zweite Hälfte des 20. Jahrhunderts blieben die Medien mit Ausnahme der Telegrafie und des Telefons aber auf nationale Verbreitungsgebiete beschränkt, wenn man von Auslandsrundfunk über Kurzwelle und von der Tatsache absieht, dass Printmedien in geringer Zahl und mit Aktualitätsverlusten ins Ausland transferiert werden konnten. Die terrestrische Verbreitung von Radio- und später auch Fernsehprogrammen erfolgte teilweise zwar schon grenzüberschreitend, war aber immer auf kleinere Räume limitiert. Erst zwei neue Kommunikationstechniken, die Satellitenübertragung und die weltweite Vernetzung – zunächst mit schmalbandigen Telefonkabeln und später immer weiter wachsenden Übertragungskapazitäten – sowie das Wachstum des Welthandels und der internationalen Kapitalverflechtungen machten internationale Kommunikation in den Dimensionen nötig und möglich, wie sie heute für uns selbstverständlich sind.

Forschungsstand

Voraussetzung für jedes kommunikationspolitische Handeln ist das → *Medienrecht*, mit dem die Rechtsverhältnisse für alle im Kommunikationsbereich stattfindenden Prozesse und Entscheidungen geregelt sind. Auf dem Fundament des Art. 5 GG, der in der Verfassung festgeschriebenen Freiheit von Information, Meinung und Medien, handelt es sich in erster Linie um das Presse- und das Rundfunkrecht, aber beispielsweise auch um weitere Vorschriften aus den verschiedensten anderen Rechtsgebieten vom Arbeits- bis zum Wettbewerbsrecht. Die Kompetenz für den Medienbereich liegt im Rahmen von deren Zuständigkeit für Kultur (Kulturhoheit) bei den Bundesländern; Rahmenkompetenzen hat aber auch der Bund und zuständig sind schließlich in Teilbereichen auch die Kommunen. Damit gibt es ein kompliziertes Geflecht von Zuständigkeiten, das über die klassische Gewaltenteilung aus Exekutive, Legislative und Justiz hinaus auch im geografischen Bereich existiert. So gibt es in jedem einzelnen Bundesland sowohl Landespresse- als auch Landesmedien- und Landesrundfunkgesetze, die zwar weitgehend identisch sind, aber dennoch jeweils nur für dieses Land gelten. Ebenso hat jedes Land seine eigene Landesmedienanstalt (Ausnahme: Berlin und Brandenburg mit einer gemeinsamen Anstalt), und überdies muss der *Rundfunkstaatsvertrag* mit verschiedenen Einzel- und Änderungsverträgen für Abstimmung und Vereinheitlichung sorgen.

Entsprechend agieren die Kommunikationspolitiker auf diesen Ebenen, wobei als *wesentliche Akteure* die politischen Parteien hinzukommen, die an der Meinungs- und Willensbildung mitwirken und daher auch in verschiedenster Form Einfluss auf die Medien ausüben bzw. sich dieser bedienen (→ politische Kommunikation). Während z. B. offiziell Medienfreiheit und Staatsferne in allen Parteiprogrammen als übergeordnete kommunikationspolitische Zielsetzungen angesehen werden, kontrollieren die politischen Parteien aber gleichzeitig die öffentlich-rechtlichen Rundfunkanstalten ARD und ZDF über deren Aufsichtsgremien.

Aus dem Bereich der Wirtschaft mischen sich vor allem Verbände kommunikationspolitisch ein, vom Arbeitgeberverband über Unternehmens- und Verlegerverbände bis zur Werbewirtschaft. Gewerkschaften, Kirchen und viele andere Institutionen sind kommunikationspolitisch ebenfalls tätig, manche auf unterschiedlichen Ebenen aktiv und manche auch nur mit Sitz und Stimme in den Rundfunk-Aufsichtsgremien. Wenn es auch bei dieser beispielhaften Aufzählung stets um organisierte Interessen geht, also um Zusammenschlüsse in Form von → Verbänden, Parteien oder anderen Gruppierungen, so sollte deutlich sein, dass auch jeder einzelne allein schon durch Auswahl und Umfang seiner Mediennutzung kommunikationspolitisch tätig wird und seine Interessen somit zwar nicht organisiert, aber individuell zum Ausdruck bringt.

Da die Hauptziele staatlicher Kommunikationspolitik gemäß Art. 5 GG in der

Aufrechterhaltung und Stabilisierung der Informations- und Meinungsfreiheit bestehen und hierfür als abgeleitetes Ziel die Qualität und Vielfalt des Angebots der → Massenmedien im Mittelpunkt kommunikationspolitischer Bemühungen steht, hat es immer *Konflikte* um Themen gegeben, die diese Ziele beeinträchtigen konnten: Dazu zählen die Konzentration im Pressebereich und später auch im Rundfunk (→ Medienkonzentration), sowie die Regelung des Wettbewerbs zwischen privaten und öffentlich-rechtlichen Rundfunksendern im *dualen Rundfunksystem*. Daneben haben besondere Situationen ein entsprechendes kommunikationspolitisches Handeln erforderlich gemacht, wie beispielsweise der Wiederaufbau der Medienlandschaft in der Besatzungszeit und in den ersten Jahren der Bundesrepublik oder die Übernahme, Anpassung oder Eingliederung des Mediensystems der alten DDR in die nunmehr vereinigte Bundesrepublik Deutschland im ersten Drittel der 90er Jahre. Ein Dauerthema für kommunikationspolitische Auseinandersetzungen stellt die innere Pressefreiheit dar, also die Frage der Verteilung der Kompetenzen zwischen Verleger und Redaktion in einem Verlag.

Wichtige Konflikte gab und gibt es auch um die Einführung der so genannten Neuen Medien bis hin zu heutigen Diskussionen über technische Konvergenz, Multimedia und die Information Society. Ganz aktuell und etwa seit Beginn des laufenden Jahrzehnts stellt eine Medienkrise auch die Kommunikationspolitik vor neue Herausforderungen. Da diese allerdings von einer generellen ökonomischen Rezession hervorgerufen ist, die sich vor allem in einer Krise der Werbewirtschaft manifestiert, sind die Einflussmöglichkeiten der Kommunikationspolitik entsprechend gering.

Abgesehen von den Wiederaufbau- und Eingliederungsprozessen der 50er und der 90er Jahre handelt es sich grundsätzlich um langfristige kommunikationspolitische Konflikte, die auch nie ganz gelöst werden konnten und können. So gibt es das Phänomen der *Pressekonzentration* in ihren unterschiedlichen Ausprägungen als Auflagen-, Verlags-, publizistische und Lokalkonzentration in der Bundesrepublik seit über 50 Jahren. Kommunikationspolitische Maßnahmen, wie die Schaffung einer Pressefusionskontrolle im Jahre 1976 haben zwar manche Entwicklungen abgemildert, können aber in ökonomischen Rezessionsphasen sehr leicht auch wieder infrage gestellt werden. Der Hauptkonflikt im Rundfunkbereich hat sich nicht von seinem Inhalt her, sondern allenfalls von der Ausprägung geändert: Ging es früher um die Einführung des Privatfunks, so geht es heute um die Stabilisierung und das Gleichgewicht im *dualen Rundfunksystem* bei gleichzeitiger Bestands- und Entwicklungsgarantie für die öffentlich-rechtlichen Rundfunkanstalten, ebenso aber auch um die Aufrechterhaltung einer Entwicklungsperspektive für die Privatsender. Schließlich handelt es sich im Bereich der ‚Neuen Medien' auch immer nur darum, diese möglichst ohne allzu große Friktionen und Verluste für die alten Medien in die Medienlandschaft einzugliedern, ihnen eine entsprechende Funktion und Teilaufgabe zuzuordnen und deren Erfüllung zu sichern.

Internationale Bezüge

Die Anfänge dessen, was man *internationale Kommunikationspolitik* nennen kann (→ internationale Kommunikation), bestanden in zwischenstaatlichen Abkommen zur Nutzung des damals so genannten ‚Fernmeldewesens' und später dann auch der Frequenzen für Radio sowie seit Ende des Zweiten Weltkrieges auch für Fernsehen. Bedeutende Institutionen wie die UNESCO, die Unterorganisation der UNO für Bildung, Wissenschaft und Kultur, wie *International Telecommunication Union* (ITU) oder die Funkverwaltungskonferenz (WARC) wurden gegründet und nahmen sich der Regelung der internationalen Kommunikationsbeziehungen an. Marksteine setzten sicherlich die *Declaration of Human Rights* der UNO von 1948 oder die *Europäische Menschenrechtskonvention* des *Europarats* von 1950, in denen die Informations- und Meinungsfreiheit als Menschenrechte festgeschrieben wurden. Vereinbarungen und Abkommen im Rahmen der Sicherung des freien Welthandels, wie das allgemeine Zoll- und Handelsabkommen GATT wurden geschlossen. Die *World Trade Organization* (WTO) wurde für wirtschaftliche Aspekte der internationalen Kommunikationsbeziehungen und einen entsprechenden Austausch zuständig. Im Zusammenhang mit dem Wachstum des Telekommunikationsbereichs und der fortschreitenden Globalisierung haben weitere Institutionen wie die *Weltbank* oder der *Internationale Währungsfond* (IWF) auch an kommunikationspolitischer Bedeutung gewonnen. Durch ihre Kreditvergabepolitik, die vielfach an neoliberale wirtschaftspolitische Bedingungen geknüpft ist, beeinflussen sie neben vielen anderen Bereichen auch die Entwicklung der Medien in Entwicklungsländern.

Gerade im internationalen Bereich wird das Zusammengehen von Politik und Ökonomie deutlich, zumal alle Institutionen – mit Ausnahme der UNESCO – wirtschaftspolitische Zielsetzungen verfolgen. Im Rahmen der UNESCO hatte es zu Zeiten des Kalten Krieges Auseinandersetzungen um eine neue Weltinformations- und Kommunikationsordnung (NWIKO) gegeben, bei der sich aber die Entwicklungsländer gemeinsam mit den Ostblockländern mit ihrem Wunsch nach einer Begrenzung des freien Informationsflusses nicht hatten durchsetzen können. Seither bemüht sich die UNESCO vor allem mit ihrem *International Programme for the Development of Communication* (IPDC) darum, Medien-Infrastrukturen in Entwicklungsländern aufzubauen. In diesem Programm spielt die Bundesrepublik Deutschland eine besondere Rolle, die sich im Übrigen über politische Stiftungen auch in der Förderung von Medien und Kommunikation in der Dritten Welt engagiert.

Im *europäischen Rahmen* gibt es zwei Institutionen, die für die internationale Kommunikationspolitik verantwortlich sind: Der *Europarat* arbeitet mit heute über 40 Mitgliedsstaaten auch auf den Gebieten der Medien, Bildung und Kultur, des Sozialwesens, der Gesundheit der Kommunal- und Regionalfragen sowie der Umwelt zusammen. Auf der Grundlage der Europäischen Menschenrechtskonvention hat er Konventionen abgeschlossen und Empfehlungen zur Kommunikationspolitik in den Mitgliedsländern herausgegeben, die so wichtige Themen umfassen wie die Medienkonzentration, die Freiheit der Information und der Meinungsäußerung oder auch Empfehlungen zu Werbung und Jugendschutz in den Medien oder zum Urheberrecht.

Wesentlich einflussreicher ist aber die *Europäische Union* (EU), da sie als politischer Zusammenschluss bindende Regeln wie z. B. die *Fernsehrichtlinie* ausgearbeitet hat, an die sich die Mitgliedsstaaten dann auch halten müssen. Im Zuge der Harmonisierung der Gesetzgebung in den einzelnen Mitgliedsländern hat die EU vielfach Entscheidungen herbeigeführt oder Bestimmungen erlassen, mit denen z. B. Medien-Fusionen nicht genehmigt wurden, wobei die Antikonzentrationspolitik der EU aber weniger dem Ziel der Erhaltung der Medienvielfalt als vielmehr der Förderung des Wettbewerbs als wirtschaftspolitischem Ziel dient.

Die EU engagiert sich ferner mit Medienförderungsprogrammen für die europäische audiovisuelle Industrie, hat mit der Fernsehrichtlinie klare Vorschriften zu → Werbung, Sponsoring, Teleshopping sowie zum Schutz der Jugend und der Menschenwürde in den Medien erlassen und sich dafür engagiert, dass die Übertragung von Ereignissen mit gesellschaftlicher Bedeutung für alle interessierten Fernsehzuschauer möglich sein muss. Ebenso hat sie für Zugangsoffenheit für alle Interessenten zum Internet gesorgt und Vorschriften zur Verhinderung neuer Barrieren, beispielsweise zur Reduzierung einer neuen ‚Wissenskluft', erlassen.

Wie die Politik der EU überhaupt, so wird auch deren Kommunikationspolitik oft kritisiert, und die Harmonisierungs- und Regulierungsbemühungen werden als bürokratisch oder sogar kontraproduktiv angesehen. Bei Wettbewerbsentscheidungen wird beispielsweise kritisiert, dass die EU Investitionsbündnisse verhindert habe, die dem Ziel der Aufrechterhaltung der Wettbewerbsfähigkeit gedient hätten. Andere Maßnahmen stehen international in der Kritik, da sie z. B. aus Sicht der → USA – wie im Falle des Films – den freien Welthandel durch protektionistische Maßnahmen zugunsten der europäischen audiovisuellen Industrie behindern. Ferner wird häufig auch ganz generell die Zuständigkeit der EU für Kommunikationspolitik angezweifelt, so z. B. von deutschen Bundesländern, die sich in ihrer Kulturhoheit, und damit Verantwortung für den Medienbereich, eingeschränkt fühlen. Aber nicht überall in Europa sind die Standards gleich, und wenn man das Ziel einer politischen europäischen Einigung vertritt, dann kann sich die Arbeit der EU mittel- bis langfristig zum Vorteil für eine freiheitliche und weitgehend nach einheitlichen Standards funktionierende Medienlandschaft auswirken (Tonnemacher 2003: 267-289).

Bewertung und Ausblick

Mindestens *vier Tendenzen* sind für die Entwicklung der Massenkommunikation deutlich feststellbar:

- die starke Diversifizierung des Mediensystems,
- seine ständige Beschleunigung,
- die wesentlich an Bedeutung gewinnende Kommerzialisierung sowie
- das Zusammenwachsen und die Vernetzung in internationaler und globaler Dimension.

Hier sind neue Aufgaben für die nationale und internationale Kommunikationspolitik zu sehen, denn es handelt sich um Umwälzungen, denen einzelne Staatskanzleien oder Medienanstalten in deutschen Bundesländern manchmal eher hilflos gegenüberstehen, zumal sie oft widerstreitende Interessen ‚in ihrer Brust vereinen' und beispielsweise Landespolitik oder Standortfragen vor die Erhaltung eines funktionalen Mediensystems stellen. Die *großen internationalen Medienmultis* wachsen weiter, unabhängig von Prosperität oder Rezession, und stellen heute schon Machtfaktoren dar, die – wenn überhaupt, dann – nur noch von einer supranationalen Kommunikationspolitik, wie sie beispielsweise von der EU betrieben wird, begrenzt werden können, denn nationaler Ordnungspolitik können diese sich dank internationaler oder globaler Betätigung entziehen. Und es gibt keinerlei Anzeichen dafür, dass diese Entwicklung einmal ‚zurückgeholt' oder gar umgedreht werden könnte, denn die Tendenz zur Konzentration ist systemimmanent.

Wichtig wird es daher auch in Zukunft sein, Kommunikationspolitik nicht durch Wirtschafts- und Strukturpolitik zu ersetzen, sondern sie stattdessen übergreifend integrativ zu betreiben und Wirtschaftspolitik in Medien- und Kommunikationspolitik einzuschließen. Zum anderen ist in wachsendem Maße internationale Zusammenarbeit gefordert, um unerwünschten Entwicklungen entgegenzutreten, sei es, dass es sich um die Kontrolle der Medienkonzentration handelt, oder aber um langfristig vielleicht noch bedeutsamere Aufgaben, wie die Förderung freier Medien und Kommunikation in Ländern der Dritten Welt, die gerade im Informations- und Kommunikationsbereich immer mehr (im Sinne des Wortes) ‚den Anschluss verlieren'. Eine weitere wichtige Aufgabe nationaler wie auch internationaler Kommunikationspolitik wird darin bestehen, für den Bestand und die Entwicklungsmöglichkeiten öffentlicher Radio- und Fernsehsender zu sorgen. Bei einem Fernsehen, das sich insgesamt zu einer riesigen Unterhaltungsmaschinerie entwickelt, muss auf die Erhaltung von Information, Unterhaltung und Bildung in qualitativ hochwertiger Form geachtet werden. Als Letztes, um nur einige der immer wichtigeren zukünftigen Themen zu benennen, muss auch die Bedeutung der Erziehung junger Menschen zur Medienkompetenz von der Kommunikationspolitik erkannt und in entsprechenden Maßnahmen umgesetzt werden.

Literatur

ALM (Hrsg.) (2004): Jahrbuch der Landesmedienanstalten 2003. Privater Rundfunk in Deutschland, München.

ARD (Hrsg.): Jahrbuch, (erscheint jährlich), Frankfurt/M. (erscheint jährlich).

BDZV (Hrsg.): Jahrbuch Zeitungen, Bonn (erscheint jährlich).

Branahl, Udo (2002): Medienrecht, 4. Aufl., Wiesbaden.

Hans-Bredow-Institut (Hrsg.) (2004): Internationales Handbuch Medien 2004/2005, Baden-Baden.

Jarren, Otfried et al. (Hrsg.) (1998): Politische Kommunikation in der demokratischen Gesellschaft, Opladen/Wiesbaden.

Medienbericht 1998. Hrsg. vom Presse- und Informationsamt der Bundesregierung. Bericht der Bundesregierung über die Lage der Medien in der Bundesrepublik Deutschland, Bundestagsdrucksache 13/10650 vom 18. Mai 1998, Bonn.

Meyn, Hermann (2004): Massenmedien in Deutschland, Neuaufl., Konstanz.

Tonnemacher, Jan (2003): Kommunikationspolitik in Deutschland, 2., überarb. u. erw. Aufl., Konstanz.

Wittkämper, Gerhard W./Anke Kohl (Hrsg.) (1996): Kommunikationspolitik. Einführung in die medienbezogene Politik, Darmstadt.

ZAW (Hrsg.): Jahrbuch. Werbung in Deutschland, Bonn (erscheint jährlich).

ZDF (Hrsg.): Jahrbuch, Mainz (erscheint jährlich).

Jan Tonnemacher, Eichstätt

Kommunikationswissenschaft

Definition/Begriffsbestimmung

Im Zentrum der Kommunikationswissenschaft stehen vor allem die durch Massenmedien vermittelte öffentliche → Kommunikation sowie die damit verbundenen Produktions-, Verbreitungs- und Rezeptionsprozesse. Besondere Bedeutung für die Disziplin haben zum einen die klassischen Massenmedien wie Zeitungen und Zeitschriften (→ Presse), Hörfunk (→ Radio) und → Fernsehen sowie der Film, zum anderen die so genannten ‚Neuen' Medien → Internet, die Online-Medien sowie die durch Digitalisierung und Vernetzung ermöglichten neuen Kommunikationsformen der Individualkommunikation (wie E-Mail, SMS, MMS) sowie der Gruppenkommunikation (wie Chats und Newsgroups).

Bei der computervermittelten Kommunikation zeigt sich zugleich die zunehmende Verschränkung öffentlicher und nicht-öffentlicher Kommunikationsprozesse. Die Kommunikationswissenschaft widmet sich aber auch anderen Massenmedien wie Bild- und Tonträgern (CD, Video, Kassetten), der Telekommunikation oder auch dem Buch- und Verlagswesen.

In den Blickpunkt des Faches rücken seit geraumer Zeit außerdem den Massenmedien vor-, neben- oder nachgelagerte Kommunikationsphänomene wie die Organisations- bzw. → Unternehmenskommunikation, die → Public Relations sowie die → Werbung. Auch der interpersonalen Kommunikation wird im Fach zunehmend Aufmerksamkeit zuteil. Sie erfährt als Basisphänomen für gesellschaftliche Kommunikation insoweit Beachtung, als sie an öffentliche Kommunikationsprozesse gebunden ist und etwa in der computervermittelten Kommunikation eine wichtige Rolle spielt.

Die Bedeutung der Kommunikationswissenschaft basiert auf der wachsenden medialen Durchdringung nahezu aller Bereiche des gesellschaftlichen Lebens. Dazu gehören insbesondere die Felder Politik, Wirtschaft, Wissenschaft und Kultur.

Geschichte/Entwicklung

Das heute als Kommunikationswissenschaft bezeichnete Fach ist eine relativ junge akademische Disziplin. Als Lehrfach gibt es sie in Deutschland seit 1916, als an der Universität Leipzig das erste Institut für Zeitungskunde eingerichtet wurde. Die Beschäftigung mit Formen öffentlicher Kommunikation reicht aber bis in die Antike zurück. Wissenschaftliche Betrachtungsweisen des Zeitungswesens entstanden im 17. Jahrhundert und fielen mit dem Aufkommen der periodischen Presse in Deutschland zusammen. In der Folge nahm die Beschäftigung mit dem Zeitungswesen und den von ihm ausgelösten politischen, wirtschaftlichen und kulturellen Prozessen durch Wissenschaftler unterschiedlicher Herkunft ständig zu (Groth 1948).

Mit der Gründung zeitungskundlicher Institute ab 1916 waren wichtige erste Schritte für die allmähliche Etablierung des Faches im deutschen Sprachraum getan. Anregungen dazu kamen außer in Leipzig auch in München (1924) oder Berlin (1925) aus der Medienpraxis selbst – sowohl von Journalistenseite wie auch aus Verlegerkreisen.

Die moderne Kommunikationswissenschaft geht im Wesentlichen auf zwei Stränge zurück (Pürer 2003: 16): auf die zeitungs- bzw. publizistikwissenschaftliche Tradition des deutschen Sprachraumes sowie auf die kommunikationswissenschaftliche Tradition angloamerikanischer Herkunft. Die *deutsche Zeitungswissenschaft* hatte nationalökonomische und historische Wurzeln. Sie widmete sich – auch als Publizistikwissenschaft – bis in die 60er Jahre vorwiegend der Journalismus- und Mediengeschichte sowie der Pressestatistik, und sie bediente sich dabei, neben der Statistik, primär geisteswissenschaftlich-hermeneutischer Methoden. Im Mittelpunkt standen Medien, Medieninhalte und publizistische Persönlichkeiten.

Die *angloamerikanische Variante* widmete sich bereits ab etwa Mitte der 20er Jahre besonders den Medienwirkungen. Um diese zu ergründen, bedienten sich damit befasste Soziologen, (Sozial-) Psychologen und Politologen sozialwissenschaftlicher Forschungsmethoden (→ Methoden der Kommunikationsforschung) wie Befragung, Inhaltsanalyse, Beobachtung und experimenteller Designs. Im Mittelpunkt stand die empirisch-analytische Untersuchung von Kommunikations*prozessen*. Diese empirische Kommunikationsforschung, die im deutschen Sprachraum Vorläufer in den quantitativen Methoden der Staatswissenschaften (also der ‚Statistik') hatte, begann ab Mitte der 60er Jahre in die deutsche Publizistikwissenschaft einzufließen und zunehmend um sich zu greifen.

Die Bezeichnung Kommunikationswissenschaft ist in Deutschland erstmals 1964 (an der Universität Erlangen-Nürnberg) vorzufinden, als dort ein „Lehrstuhl für Politik- und Kommunikationswissenschaft" eingerichtet wurde. Heute ist die Kommunikationswissenschaft eine Disziplin, die von der Mehrzahl ihrer Fachvertreter im sozialwissenschaftlichen Sinne verstanden wird und sich quantitativer wie qualitativer empirischer Methoden bedient. Freilich haben auch geisteswissenschaftlich-hermeneutisch verfahrende Forscher im Fach ihren festen Platz.

Seit Mitte der 70er Jahre gesellte sich eine weitere fachliche Ausrichtung hinzu, die sich *Medienwissenschaft* nennt. Ihren Gegenstand findet sie vor allem in den formalen Angebotsweisen insbesondere audiovisueller Medien, in der Ästhetik der Medien sowie in deren kulturellen Leistungen und deren technokulturellen Phänomenen.

Aktuelle Situation

Die Kommunikationswissenschaft hat einen umfassenden Lehr- und Forschungsgegenstand, aus dem sich zahlreiche Berührungspunkte zu anderen Disziplinen ergeben:

- Geschichte (Kommunikations- und Mediengeschichte),
- Politikwissenschaft (Kommunikations- und Medienpolitik),
- Rechtswissenschaft (Kommunikations- und Medienrecht),
- Wirtschaftswissenschaft (Kommunikations- und Medienökonomie),
- Soziologie, (gesellschaftliche Wirkungen von Medienkommunikation),
- Psychologie (individuelle Wirkungen von Medienkommunikation),
- Pädagogik (Medienerziehung, Mediendidaktik, Bildungstechnologie),
- Literatur- und Sprachwissenschaft (Medienanalyse),
- Film- und Fernsehwissenschaft,
- Medieninformatik.

Viele Fachvertreter der Kommunikationswissenschaft stammen ursprünglich aus diesen Disziplinen und erforschen Phänomene und Prozesse öffentlicher Kommunikation aus ihrer je spezifischen Perspektive in Hinblick auf den gemeinsamen Gegenstand. Auch insofern stellt die Kommunikationswissenschaft – in einem weiteren Sinne – eine *transdisziplinäre Integrationswissenschaft* dar, die geistes-, sozial-, kultur- (und durchaus auch kunst-) wissenschaftliche Disziplinen unter einem gemeinsamen Dach zusammenzuführen versucht.

Gegenstand der *Publizistik- und Kommunikationswissenschaft* (Pürer 2003; Burkart 2002; Kunczik/Zipfel 2001) sind dabei Phänomene öffentlicher Kommunikation, neben originärer Publizistik also vor allem

- die ‚alten' und ‚neuen' Massenmedien (→ Internet),
- ihre historische Entwicklung,
- ihre politischen und rechtlichen Grundlagen (→ Kommunikationspolitik, → Medienrecht),
- ihre ökonomischen Rahmenbedingungen (→ Medienökonomie),
- ihre Organisations- (→ Redaktion) und Erscheinungsformen,
- ihre Inhalte (→ Medieninhalte),
- ihre Nutzung (→ Mediennutzung)
- sowie ihre Wirkungen (→ Medienwirkungen) bzw. Folgen für Individuen wie Gesellschaft (→ Gewaltdarstellung).

Die Publizistikwissenschaft konzentriert sich auf die Erforschung aktueller (Massen-)Medien; die Kommunikationswissenschaft bezieht auch andere, nicht-aktuelle Medien sowie mediale Phänomene und Aspekte der Informations- und Kommunikationstechnologie in ihr Untersuchungsobjekt mit ein. Die zentralen Lehr- und Forschungsfelder kann man u. a. entlang des publizistischen bzw. (Massen-)Kommunikationsprozesses ausfindig machen. So befasst sich z. B. die *Kommunikatorforschung* vor allem mit den Systemen → Journalismus und Öffentlichkeitsarbeit (→ Public Relations), ermittelt also beispielsweise Rollen- und Berufsbilder der in den Massenmedien oder in der Öffentlichkeitsarbeit Tätigen, und erörtert Bedingungen und Prozesse der Entstehung (aktueller) publizistischer Aussagen.

Die *Medienwissenschaft* ging aus Sprach- und Literaturwissenschaften, aus der Theaterwissenschaft, der Volkskunde und anderen geisteswissenschaftlichen Fächern hervor (Rusch 2002). Sie gründet auf einem text- und kulturwissenschaftlichen Konzept, das Mitte der 70er Jahre entstand. Der Literaturbegriff wurde damals von so genannter ernster Literatur auf die Unterhaltungsliteratur sowie auf audiovisuelle Textformen erweitert. In den Inhalten der Massenmedien, in Spielfilmen, Hörspielen, Fernsehspielen etc. werden ‚Texte' gesehen.

Die Medienwissenschaft befasst sich vor allem „mit den technisch-apparativen Medien Film, Fernsehen, Radio und Internet und stellt hier wiederum die Produkte, also die Filme, Fernseh- und Radiosendungen sowie die Internetangebote als Medientexte in den Mittelpunkt ihrer Arbeit. Das schließt die Beschäftigung mit der Produktion und Rezeption dieser Produktionen nicht aus [...], nur geht die Blickrichtung immer von den Produktionen aus, die sie als Medientexte im weitesten Sinne versteht" (Hickethier 2003: 2 f.) und im wissenschaftlichen Diskurs als Medienkritik analysiert.

Dieses Text- und Sprachparadigma, der „linguistic turn", ist für die Beschäftigung mit Medien und Kommunikation „von großer Bedeutung, denn auf ihm gründet die Vorstellung, daß wir es bei Radio, Film, Fernsehen mit Medien zu tun haben, die letztlich als eine Art Sprache funktionieren, und daß sie auf der Existenz der mündlichen verbalen Sprache aufbauen bzw. diese zur Voraussetzung haben" (ebd.: 13). Dem *linguistic turn* zufolge werden kulturelle Äußerungen jedweder Art in *einer* ‚Sprache' gesehen. Die verbale Sprache wird als ein Modell verstanden und stellt Kategorien für die Betrachtung kultureller Äußerungen bereit.

In Analogie dazu werden dem ‚pictorial turn' zufolge Bilder „als komplexes Wechselspiel von Visualität, Apparat, Institution, Diskurs, Körper und Figuralität" (ebd.) verstanden. Mit einem ähnlichen Text-Begriff operieren auch die in der Medienwissenschaft zunehmend an Bedeutung gewinnenden → Cultural Studies. Für die Medienwissenschaft ist auch von Interesse, welche Rolle Gender bei der Produktion, Distribution und Rezeption von Medien und ihren Produkten spielt (→ Gender Studies).

Die *Journalistik(wissenschaft),* welche sich ab Mitte der 70er Jahre als Studienfach an deutschen Universitäten etablierte, sieht ihren Gegenstand in der wissenschaftlich-reflektierenden Auseinandersetzung mit dem Berufs- und Arbeitsfeld → Journalismus. Dadurch unterscheidet sie sich von einem praktizistisch-normativen Journalistik-Verständnis, das sich (nur) als Anleitung für journalistisches Handeln versteht (→ Professionalisierung). Im Sinne einer solchen ‚integrativen Perspektive' verortet *Siegfried Weischenberg* (2004) das System Journalismus in vier Kontexten:

- im Kontext des Medien*systems*, worunter der *Normenkontext* des Journalismus gemeint ist, wie etwa seine sozialen, historischen, politischen und rechtlichen Rahmenbedingungen;
- im Kontext der Medien*institutionen*, womit der *Strukturkontext* angesprochen ist, wie politische, ökonomische, technische oder organisatorische Zwänge innerhalb eines Medienbetriebes;
- im Kontext der Medien*aussagen,* in denen sich der *Funktionskontext* des Journalismus manifestiert – etwa mit Fragen danach, wie journalistische Aussagen entstehen, woher Journalisten ihr Material beziehen, nach welchen Regeln sie ihr Material auswählen und damit Wirklichkeit konstruieren, welchen Mustern die Berichterstattung folgt u. a. m.;
- bezüglich der Medien*akteure* selbst wird im Besonderen auf deren *Rollenkontext* verwiesen, also ihr Berufsverständnis und ihre Beziehungsmuster, ihre Rollenstereotype und Einstellungen, ihre Sozialisation und Professionalisierung u. a. m.

Ihre Aufgabe sieht die Journalistik darin, jene Faktoren, die das Handlungssystem Journalismus definieren (also Normen-, Struktur-, Funktions- und Rollenkontext), zu beschreiben, zu analysieren und nicht zuletzt theoretisch zu begründen. Dazu bedient sie sich vor allem auch der Publizistik- und Kommunikationswissenschaft, aus der heraus die Journalistik sich entwickelte und die ihr dazu in vielfältiger Weise wissenschaftliche Erkenntnisse zur Verfügung stellt. In jüngerer Zeit gibt es auch Bestrebungen, das Konzept der Cultural Studies mit dem Journalismus zu verbinden; es geht dabei vor allem um eine kulturkritische Analyse von Erscheinungen des *Populärjournalismus*.

Theorien und Methoden

Als inter- und transdisziplinärer Wissenschaft kann man sich den Gegenständen der Kommunikationswissenschaft oder einzelner ihrer Teildisziplinen und deren Forschungsfeldern aus unterschiedlichen theoretischen Perspektiven nähern (Burkart/Hömberg 2004; Bentele/Rühl 1993; Löffelholz 2000). Dies ist auch der Grund dafür, weshalb es keine alles dominierende Theorie gibt, das Fach vielmehr durch einen Theorienpluralismus gekennzeichnet ist.

In der Kommunikationswissenschaft dominieren so genannte ‚Theorien mittlerer Reichweite' (*Meso*theorien), die beanspruchen, Aussagen nur über begrenzte Phänomene der Kommunikations- und Medienwirklichkeit zu treffen und diese immer wieder (empirisch) zu prüfen. Es sind dies Bereichstheorien, die Phänomene wie Journalismus, Öffentlichkeitsarbeit, Werbung, Bedingungen der publizistischen Aussagenentstehung, Mediennutzungs- und Rezeptionsmuster oder Wirkungen der Massenmedien etc. zu erklären versuchen.

Daneben gibt es auch *Makro*theorien (→ Öffentlichkeit), wie etwa die → Systemtheorie, den → Konstruktivismus oder historisch-materialistische Theorien u. a. m., die eine universale Perspektive auf Phänomene wie Kommunikation, Medien, Journalismus oder Öffentlichkeit einnehmen. Schließlich ist auch auf *Mikro*theorien zu verweisen, die klein dimensionierte (gleichwohl hoch komplexe) Teilbereiche zu erklären versuchen wie beispielsweise Einstellungstheorien im Kontext individueller Kommunikations- und Medienwirkungen.

Die Vielfalt an Theorien findet sich auch in der Vielfalt an methodischen Zugängen wieder (→ Methoden der Kommunikationswissenschaft); die Fragestellung bestimmt dabei die Methode. In der Kommunikationswissenschaft und ihren Teilbereichen finden folgende Methoden bzw. Forschungstechniken Anwendung:

- die *historische Methode*, die beschreibt und analysiert (in der Medien- und Kommunikationsgeschichtsschreibung sowie generell in der Historiografie des Faches);
- quantitative und qualitative *empirisch-analytische Verfahren* wie die Inhaltsanalyse, die Befragung, die Beobachtung und experimentelle Designs (vor allem in der sozialwissenschaftlich ausgerichteten Publizistik- und Kommunikationswissenschaft sowie in der Journalistik;
- *hermeneutisch-interpretative Forschungstechniken*, die phänomenologisch ausgerichtet sind und vielfach in der kulturwissenschaftlich orientierten Medienwissenschaft, in den Cultural Studies, in der Genderforschung u. a. m. Anwendung finden; zu ihnen zählen u. a. produktanalytische, produktions- und rezeptionsanalytische Verfahren (Rusch 2002), die semiotische Analyse, die Diskursanalyse, die Dialoganalyse und die Ethnografie (Bonfadelli 2002) sowie die Prozess- und Organisationsanalyse.

Fazit und Perspektiven

Zusammenfassend lässt sich mit Bezugnahme auf *Knut Hickethier* (2003: 8) festhalten:

- Die Publizistik- und Kommunikationswissenschaft versteht sich als Sozialwissenschaft. Sie wendet sich besonders den journalistischen Medien und Formen zu und geht stärker empirisch im Sinne statistischer Verfahren vor. Dies gilt weitgehend auch für die Journalistik.
- Die Medienwissenschaft versteht sich eher als Text- und Kulturwissenschaft und befasst sich vorwiegend mit den audiovisuellen Medien, besonders mit den unterhaltenden und fiktionalen Formen. Sie arbeitet stärker exemplarisch und analytisch-interpretativ.

Vom Zeitalter der Digitalisierung und Vernetzung, der Globalisierung, der Technisierung sowie der wachsenden ökonomischen, politischen und sozialen Bedeutung von Informations- und Kommunikationsmedien ist die Kommunikationswissenschaft unmittelbar betroffen. Auch ändert sich der Untersuchungsgegenstand der Disziplin, zumal die klassische Trennung von interpersonaler und massenmedialer Kommunikation einem ‚hybridmedialen' Kommunikationsgegenstand weicht, in welchem die traditionellen Massenmedien gleichwohl ihren festen Platz haben (Löffelholz/Quandt 2003).

Dies stellt die Kommunikationswissenschaft vor neue Aufgaben (Brosius 2002: 8 f.). Sie muss eine gegenstandsbezogene Differenzierung des *Medienbegriffs* vornehmen und auch den Kommunikationsbegriff den neuen Verhältnissen anpassen. Durch die neuen Kommunikationsmedien sind *Methodenanpassungen* notwendig. Bezüglich der Inhaltsanalyse von Internet-Angeboten ist beispielsweise deren Dynamik, Flüchtigkeit und Multimedialität zu berücksichtigen; bei Online-Befragungen sind es etwa Aspekte der Stichprobenziehung, der Selbstselektion und der Authentizität; bei Experimenten ist es u. a. die Internet-Navigation, die anders als bei den klassischen Medien keinen linearen Nutzungsverlauf aufweist.

Durch die technologischen Veränderungen sind *Theorieanpassungen* notwendig, die der Vermehrung der Kommunikationsmodi (Individualität, Interaktivität und Multimedialität) Rechnung tragen. Auch in Lehre, Lehrmethodik und Didaktik sind Anpassungen durch die Integration des Internet erforderlich. Schließlich muss unter fachpolitischer Perspektive das *Profil* der Kommunikations- und Medienwissenschaft geschärft werden.

Hans-Bernd Brosius (2003: 43 ff.) plädiert dabei für eine Fokussierung auf das ‚Kerngeschäft' des Faches, nämlich auf den Prozess gesellschaftlicher Kommunikation und insbesondere die Analyse öffentlicher Kommunikationsphänomene. *Matthias Karmasin* (2003: 49 ff.) sieht das Fach als Schlüssel- und Integrationsdisziplin zwischen Kultur-, Sozial- und Naturwissenschaften mit einem *economic shift*, einem *cultural shift* sowie einem *convergence shift*. *Irene Neverla* (2003: 59 ff.) wiederum fordert eine Konzentration auf drei Felder, nämlich eine Theorie der Medienentwicklung, eine Neudefinition des Fachgegenstandes sowie eine methodologische Grundsatzdiskussion.

Die im deutschen Sprachraum personell und materiell nicht gerade üppig ausgestattete Kommunikationswissenschaft müsste diesen Herausforderungen dennoch gewachsen sein – nicht zuletzt auch aufgrund der international guten Vernetzung zahlreicher ihrer Repräsentanten.

Literatur

Bentele, Günter/Manfred Rühl (Hrsg.) (1993): Theorien öffentlicher Kommunikation, München.

Bonfadelli, Heinz (2002): Medieninhaltsforschung, Konstanz.

Brosius, Hans-Bernd (2002): Brauchen wir neue Kernbereiche?, in: Medien Journal 2002/2: 3-11.

Brosius, Hans-Bernd (2003): Aufgeregtheiten durch Technikfaszination, in: M. Löffelholz/T. Quandt (Hrsg.): Die neue Kommunikationswissenschaft. Wiesbaden: 43-48.

Burkart, Roland (2002): Kommunikationswissenschaft, 4., überarb. Aufl., Köln u. a.

Burkart, Roland/Walter Hömberg (Hrsg.) (2004): Kommunikationstheorien, 3., überarb. u. erw. Aufl., Wien.

Groth, Otto (1948): Geschichte der deutschen Zeitungswissenschaft, München.

Hickethier, Knut (2003): Einführung in die Medienwissenschaft, Stuttgart.

Karmasin, Matthias (2003): Was ist neu an der neuen Kommunikationswissenschaft, in: M. Löffelholz/T. Quandt (Hrsg.): Die neue Kommunikationswissenschaft, Wiesbaden: 49-58.

Kunczik, Michael/Astrid Zipfel (2001): Publizistik, Köln u. a.

Löffelholz, Martin (Hrsg.) (2000): Theorien des Journalismus, Wiesbaden.

Löffelholz, Martin/Thorsten Quandt (Hrsg.) (2003): Die neue Kommunikationswissenschaft, Wiesbaden.
Neverla, Irene (2003): Kommunikationswissenschaft zwischen Komplexität und Kanonisierung, in: M. Löffelholz/T. Quandt (Hrsg.): Die neue Kommunikationswissenschaft, Wiesbaden: 59-68.
Pürer, Heinz (2003): Publizistik- und Kommunikationswissenschaft, Konstanz.
Rusch, Gebhard (Hrsg.) (2002): Einführung in die Medienwissenschaft, Wiesbaden.
Weischenberg, Siegfried (1998-2004): Journalistik, 3 Bde., Neuaufl., Opladen/Wiesbaden.

Heinz Pürer, München

Kommunikator

→ Kommunikationswissenschaft
→ Journalismus

Konstruktivismus

Definition/Begriffsbestimmung

Der Konstruktivismus ist eine interdisziplinäre Denkschule mit stark naturwissenschaftlich-biologischen Wurzeln und einer besonderen Relevanz für das Verständnis journalistischer und medial erzeugter Wirklichkeiten. Vertreter dieser Denkschule lehnen Abbildtheorien und realistische Konzepte von Wahrnehmung entschieden ab, halten objektive Erkenntnis für prinzipiell unerreichbar und besetzen eine mittlere Position zwischen den erkenntnistheoretischen Extremen des Solipsismus und des naiven Realismus.

Der *naive Realismus* basiert auf der Annahme, dass eine beobachterunabhängige Realität existiert und dass sich diese zumindest prinzipiell in ihrer unverfälschten und damit wahren Gestalt erkennen lässt; das erkennende Bewusstsein spiegelt, so die Annahme, zumindest im Idealfall objektiver Weltwahrnehmung, mehr oder minder exakt die Struktur der wirklichen Welt. Wenn dieses Ideal der → Objektivität dagegen verletzt wird, lassen sich die Wahrnehmungsprodukte als ‚Verfälschung' und ‚Verzerrung von Wahrheit' und als ‚Manipulation' einer (absoluten) Realität klassifizieren.

Auf der anderen Seite des Extrems findet sich die Position des *Solipsismus*: Diese (kaum ernsthaft vertretene) Auffassung zieht die Existenz einer äußeren Welt selbst in Zweifel, vertritt die These von der vollständigen kognitiven Einsamkeit und erklärt alles zur Schimäre, zum Produkt und zur Einbildung des eigenen Geistes.

Zwischen diesen hier etwas karikierten Erkenntnistheorien befinden sich die verschiedenen Spielarten des Konstruktivismus: Konstruktivisten leugnen die Existenz einer Außenwelt nicht, verneinen aber ihre voraussetzungsfreie Erkennbarkeit und fragen stets nach dem Zustandekommen von Realitätskonzepten: Sämtlichc Spielarten konstruktivistischer Theoriebildung teilen überdies die fundamentale Annahme, dass Erkenntnis nicht auf einer Korrespondenz mit einer externen Wirklichkeit (Korrespondenztheorie der Wahrheit) beruht, sondern stets und unvermeidlich auf den *viablen* (das heißt: den nützlichen und brauchbaren) Konstruktionen eines Beobachters, eines Erkennenden (Glasersfeld 1996: 191 ff.; Maturana 1998: 22 ff.).

Diese Konstruktionen sind jedoch, um einen häufig geäußerten Einwand gegen den gesamten Diskurs aufzugreifen, nicht willkürlich oder beliebig, sondern im Gegenteil hochgradig voraussetzungsvoll: Konstruktion ist kein individueller Schöpfungsakt, kein bewusst steuerbarer Vorgang, sondern vielfältig bedingt durch Natur und Kultur, Geschichte, Sprache und insbesondere auch durch die Medien, die in modernen Gesellschaften als zentrale Sozialisationsinstanzen wirken.

Entwicklung/Geschichte

Die zentralen Wurzeln des Konstruktivismus liegen in der Neurobiologie, der Wissenssoziologie, der Kybernetik und der Geschichte der Philosophie (einführend Pörksen 2002). Vertreter eines *neurobiologisch* orientierten Konstruktivismus (wie etwa der Biologe und Systemtheoretiker *Humberto R. Maturana*) erforschten die Prozesse der Farbwahrnehmung und Gestalterkennung und machten darauf aufmerksam, dass das Gehirn (eines Menschen) keinen direkten Umweltkontakt besitzt: Das Nervensystem gilt ihnen als operativ geschlossen. Erst im Gehirn, so die Annahme, wird aus der Einheitssprache neuronaler Ereignisse eine unendlich nuancenreiche Wahrnehmungswelt konstruiert.

Die *sozialkonstruktivistische* und *wissenssoziologische Richtung* basiert demgegenüber auf der These, dass nicht das (einzelne) Gehirn der entscheidende Wirklichkeitsproduzent ist, sondern dass Realität im Gefüge der Gesellschaft und der jeweiligen Kultur entsteht. Der Einzelne erscheint demgemäß als form- und prägbar durch die ihn umgebende Kultur, sieht die Welt vor dem Hintergrund seiner Herkunft und ist empfänglich für die Außeneindrücke, die sich im Prozess der Sozialisation zunehmend erhärten und verfestigen.

Der Mathematiker und Physiker *Heinz von Foerster* hat *die kybernetische* Richtung des Konstruktivismus begründet und das kybernetische Fundamentalprinzip – die Idee der Zirkularität bzw. der zirkulären Kausalität – zu Ende gedacht und zur Selbstanwendung geführt: Entstanden ist ein dynamischer, mit Paradoxien und zirkulären Theoremen operierender Denkstil, der als Kybernetik der Kybernetik (oder auch als: Kybernetik zweiter Ordnung) bezeichnet wird. Dieser Denkstil hat den Konstruktivismus und die → Systemtheorie *Niklas Luhmanns* gleichermaßen geprägt, geht es doch stets um die logischen und methodischen Probleme, welche die Beobachtung des Beobachters unvermeidlich mit sich bringt.

Philosophiegeschichtlich interessierte Konstruktivisten (prominentes Beispiel: der Psychologe Ernst von Glasersfeld) haben schließlich immer wieder eine Art Ahnengalerie beschrieben: Elemente konstruktivistischen Denkens finden sich etwa, so lässt sich zeigen, bereits bei den frühen Skeptikern, in den Werken von *Gianbattista Vico* (1668-1744), *Immanuel Kant* (1724-1804) und dem späten *Ludwig Wittgenstein* (1889-1951). Der Konstruktivismus erscheint – so gesehen – als ein epochenspezifisch begründeter Skeptizismus; er gibt dem fundamentalen Erkenntniszweifel ein neues, zeitgemäßes Fundament (Glasersfeld 1996: 56 ff.).

Gegenwärtig zeichnet sich ab, dass die einst bestimmenden Konzepte der Gründergestalten (Humberto R. Maturanas Theorie der Autopoiesis, Heinz von Foersters Konzepte zur Selbstorganisation von Systemen, Ernst von Glasersfelds philsophiegeschichtliche Rekonstruktionen u. a.) an Einfluss verlieren. Ebenso ist beobachtbar, dass man in unterschiedlichen Disziplinen (Pädagogik, Psychotherapie, Management und eben auch: Medien- und Kommunikationswissenschaft) zur Anwendung und Umsetzung der Grundideen vordringen möchte.

Auch die ursprünglich prägende Richtung des neurobiologisch fundierten Konstruktivismus ist heute deutlich weniger dominant. Zunehmend gewinnen integrative Entwürfe an Gewicht: Sie setzen an der Schnittstelle von Gehirn und Gesellschaft an und berücksichtigen das Individuum und das Soziale gleichermaßen (insbesondere der ‚soziokulturelle Konstruktivismus' von Siegfried J. Schmidt 1994).

Mediale Wirklichkeitskonstruktionen

Konstruktivistische Überlegungen werden seit dem Beginn der 90er Jahre intensiv in der Journalistik und Kommunikationswissenschaft diskutiert und teils heftig angefeindet: So gilt der Konstruktivismus manchen Kritikern als ein haltloser, zu Willkür und Fälschung einladender Subjektivismus. Er verkürze, heißt es weiter, Erkenntnis auf das einsame Individuum, ignoriere das Soziale und die Makro-Perspektive der Medienanalyse, trete mit einem verborgenen Wahrheitsanspruch auf und arbeite sich publikumswirksam an einem naiven Realismus ab, der so überhaupt nicht mehr im Fach vertreten werde. Gleichwohl haben sich konstruktivistische Konzepte allmählich durchgesetzt und sind heute aus dem Kanon relevanter Theorie-Angebote nicht mehr wegzudenken. Um die Fülle der Befunde zumindest grob zu systematisieren, bietet es sich an, zwischen interpersoneller Kommunikation, einer konstruktivistischen Interpretation des Journalismus und einer konstruktivistisch fundierten Wirkungsforschung zu differenzieren (Weber 2003: 190 ff.)

Aus konstruktivistischer Sicht gilt es, linear-kausal angelegte Modelle interpersonaler Kommunikation, die von einem direkten Transfer von Informationen handeln und den Rezipienten als zentrale Verarbeitungsinstanz negieren, zu revidieren: Kanal, Übertragung, Sendung und Empfänger sind irreführende Metaphern, sofern es um den begrifflichen Inhalt geht. Es erscheint aus konstruktivistischer Sicht unmöglich zu erwarten, dass eine Äußerung in einem anderen genau jene Vorstellungen erweckt, auf die der Sprecher mit seiner Äußerung zielt, dass sich folglich ein Inhalt so ausdrücken lässt, dass ein Empfänger ihn exakt gemäß der Intention des Senders aufzunehmen vermag.

Der Konstruktivismus sensibilisiert vielmehr für die Normalität des Missverstehens, die *Unwahrscheinlichkeit* gelingender Kommunikation und die Fülle von Voraussetzungen, die jeden Akt der Kommunikation begleiten: Notwendig ist, dass die Kommunikationspartner (eine) Sprache beherrschen, die Regeln der Situation kennen, mit den adäquaten Redegattungen vertraut und letztlich auch überhaupt zu einer Äußerung und den entsprechenden Anschlussäußerungen motiviert sind. Was sich dann, wenn Kommunikation geschieht, beobachten und rekonstruieren lässt, ist die mehr oder minder eigenwillige Sinngebung kognitiv autonomer Individuen. Der so genannte ‚Empfänger' einer Botschaft wird zum aktiven Konstrukteur: Er ist es letztlich, der die Bedeutung einer Aussage bestimmt.

Die konstruktivistische Perspektive macht darüber hinaus den Abschied von einer ontologischen Deutung des → Journalismus begründbar: Journalismus hat, so wird deutlich, kein Wesen, keinen zeitlosen Identitätskern, sondern wandelt sich und ist das Ergebnis vielfältiger rechtlicher, historischer, ökonomischer, politischer und organisatorischer Rahmenbedingungen (Weischenberg 2004: 67 ff.). Begabungs- und Talentideologien verlieren an Überzeugungskraft, da journalistische Wirklichkeitskonstruktionen stets auf vielfältige Einflüsse und Zwänge zurückbezogen werden können. Ebenso erscheint der einzelne Journalist als vergleichsweise aktiver, wirklichkeitsherstellender Konstrukteur, nicht als passiver Vermittler realitätsgetreuer Nachrichten; er konstruiert letztlich autonom – und doch in einem gesellschaftlichen Bedingungsgefüge, das der bewussten Gestaltung des Einzelnen entzogen ist (Weischenberg 2004: 61 ff.).

Die Frage, wie sich die dann konstruierte journalistische Wirklichkeit zu einer (absoluten) Realität verhält, muss als prinzipiell unbeantwortbar gelten: Die Einstufung und Bewertung von Medienangeboten nach dem Grad ihrer Wahrheitsnähe, die für eine realistische Position maßgeblich ist, wird ersetzt durch den Vergleich unterschiedlicher und unvermeidlich beobachterabhängiger Wirklichkeiten. Es dominiert, so zeigen die entsprechenden Forschungsarbeiten, ein Interesse an den Mustern der Selektion, an unterschiedlichen Präsentationsformen und Varianten der Inszenierung von Realität (→ Nachrichtenselektion).

Auch für die Einschätzung von verbreiteten Berufsidealen und die Konzeption einer journalistischen Ethik (→ Medienethik) ist eine konstruktivistische Betrachtungsweise folgenreich: Das Ideal objektiver Berichterstattung erscheint illusionär – und aus einer praktisch-pragmatischen Perspektive des „strategischen Rituals" (Tuchman 1971-72) als eine professionelle Routine und Ansammlung handwerklicher Standards. Zu solchen Standards gehören beispielsweise: die Trennung von Nachricht und Meinung, das Zitieren verschiedener Auffassungen in einem Streitfall, der Verweis auf stützende Fakten und Experten-Statements zur Absicherung von Aussagen.

Die Betonung der Beobachterabhängigkeit allen Erkennens legt schließlich die Verantwortung für die eigenen Wirklichkeitskonstruktionen nahe und macht die Toleranz gegenüber anderen Wirklichkeiten (bei gleichzeitiger Ablehnung dogmatischer Wahrheitsansprüche) begründbar. Konstruktivistisch vorgebildete Journalisten werden für den Anteil, den sie bei der Herstellung einer Medienwirklichkeit besitzen, zumindest sensibilisiert.

Schließlich ist der Konstruktivismus auch für die kommunikationswissenschaftliche Wirkungsforschung von Belang: Ein schlicht gewirktes (und selbstverständlich auch ohne die Kritik von Konstruktivisten längst obsoletes) → Stimulus-Response-Modell und die Vorstellung von den allmächtigen Medien wird durch das Konzept des einflussreichen Rezipienten ersetzt. Insbesondere die basalen Annahmen inzwischen überholter Wirkungskonzepte bedürfen der Revision: Gleiche Stimuli (= Ursachen) müssen eben *nicht* auch die gleichen Wirkungen erzeugen; eine (potenzielle) Wirkung ist *nicht* notwendig davon abhängig, wie massiv und häufig der Stimulus eingesetzt wird; Stimuli sind *keine* bruchlos transferierbaren Informationspakete (Merten 1999: 341 ff.).

Der Rezipient erscheint aus konstruktivistischer Perspektive als die entscheidende Größe, die über den Erfolg oder Misserfolg von Medienwirkungen entscheidet: Was auch immer ihn erreicht, bricht sich an der Eigenlogik seines kognitiven Systems. Am Beispiel der Wirkungsforschung zeigt sich auch, dass der Konstruktivismus durchaus für die klassische → Kommunikationswissenschaft anschlussfähig ist: Der nutzerorientierte Ansatz bekommt hier ein erkenntnistheoretisches Fundament; die viel zitierte Schlüsselfrage, was die Menschen mit den Medien machen, welche Besonderheiten eines Medienangebots in einer spezifischen Situation von einem bestimmten Rezipienten tatsächlich auch aufgegriffen und genutzt werden, wird noch einmal aktualisiert (→ Nutzenansatz). Es liegt – folgt man diesen Überlegungen – nahe, das Blickfeld radikal zu erweitern, die Fülle von kontextuellen Faktoren zu berücksichtigen und nach Zusammenhängen zwischen Medienangeboten und (individuellen) Verarbeitungsprozessen zu suchen. Auch wenn derartige, komplexere Modelle zulasten einfacher und vor allem eingängiger Wirkungsbehauptungen gehen (Großmann: 25 ff.).

Bewertung und Ausblick

Der Konstruktivismus ist kein triviales Erzeugungsprogramm, das bestimmte Einsichten notwendig erzwingt; insofern fehlt ihm eine unmittelbare, gleichsam rezeptförmige Relevanz für die journalistische Praxis. Der eher indirekte Nutzen liegt darin, dass diese Denkschule ein Reservoir für neue Perspektiven und Beobachtungsmöglichkeiten darstellt: Die konstruktivistischen Überlegungen sensibilisieren für einen kritischen Umgang mit trivialen Kommunikations- und Wirkungskonzepten. Sie entziehen einer naiven Wissenschafts- und Faktengläubigkeit die Grundlage, irritieren ein im Kern realistisches Berufsverständnis im Journalismus und betonen die Eigenverantwortung des (journalistischen) Beobachters.

Offenbar wird – dies zeigt auch die bisherige empirische Forschungsarbeit (Weber 2003: 193 ff.) – die Eigengesetzlichkeit journalistischer Wirklichkeitskonstruktion und die zunehmende Relevanz von → Massenmedien für die moderne Welterfahrung: Aufgabe künftiger Forschungsarbeiten wird es sein, die Konstruktion dieser Medienwirklichkeit, die zunehmend zur eigentlichen Lebenswirklichkeit wird und diese vorstrukturiert, gleichermaßen konkret und umfassend zu beschreiben.

Literatur

Glasersfeld, Ernst von (1996): Radikaler Konstruktivismus, Frankfurt/M.

Großmann, Brit (1999): Der Einfluss des Radikalen Konstruktivismus auf die Kommunikationswissenschaft, in: G. Rusch/S. J. Schmidt (Hrsg.): Konstruktivismus in der Medien- und Kommunikationswissenschaft. DELFIN 1997, Frankfurt/M.: 14-51.

Maturana, Humberto R. (1998): Biologie der Realität, Frankfurt/M.

Merten, Klaus (1999): Einführung in die Kommunikationswissenschaft, Bd. 1/1: Grundlagen der Kommunikationswissenschaft, Münster.

Pörksen, Bernhard (2002): Die Gewissheit der Ungewissheit. Gespräche zum Konstruktivismus, Heidelberg.

Schmidt, Siegfried J. (1994): Kognitive Autonomie und soziale Orientierung, Frankfurt/M.

Tuchman, Gaye (1971-72): Objectivity as Strategic Ritual: An Examination of Newsmen's Notions of Objectivity, in: American Journal of Sociology 1971-72/4: 660-679.

Weber, Stefan (2003): Konstruktivistische Medientheorien, in: S. Weber (Hrsg.): Theorien der Medien, Konstanz: 180-201.

Weischenberg, Siegfried (1998-2004): Journalistik, 3 Bde., Wiesbaden.

Bernhard Pörksen, Hamburg

Kriegsberichterstattung

Definition/Begriffsbestimmung

Kriegsberichterstattung stellt keinen publizistischen Ausnahmefall dar, sondern ist fester Bestandteil des Nachrichtenjournalismus (→ Nachricht/Bericht): Kriegsschauplätze und -parteien variieren, aber der Krieg als Thema der Berichterstattung kehrt immer wieder auf die journalistische Agenda zurück. Die moderne Kriegsberichterstattung kann deshalb als operative Ausprägung des sozialen Systems → Journalismus verstanden werden. Der Journalismus selektiert, bearbeitet und publiziert im Rahmen spezieller Organisationen, bestimmter Handlungsprogramme und redaktioneller Rollendifferenzierung Themen, die zielgruppenspezifisch als informativ und relevant gelten. Als operative Ausprägung des Journalismus bezeichnet Kriegsberichterstattung alle journalistischen Operationen und Konstruktionen, die Krieg und/oder kriegsbezogene Ereignisse thematisieren bzw. deren Thematisierung vorbereiten (Staiger 2005).

In der *Sozialdimension* bezieht sich der Terminus Kriegsberichterstattung demnach auf die Beziehungen journalistischer, kriegsbeteiligter und kriegsbetroffener Personen und Organisationen, die einen Beitrag zur Thematisierung von Krieg oder kriegsbezogenen Ereignissen leisten. Unter den Begriff Kriegsberichterstattung fällt daher etwa die Arbeitsteilung zwischen dem Reporter im Konfliktgebiet und den Journalisten in der Heimatredaktion (→ Redaktion) oder die dynamischen Beziehungsmuster, die sich zwischen Journalismus, Sicherheitspolitik und Militär herausgebildet haben.

In der *Sachdimension* bezieht sich der Terminus auf Ereignisse, die als kriegsbezogen journalistisch beobachtbar sind. In der Kriegsberichterstattung geht es somit keineswegs nur um die Thematisierung von unmittelbaren Kriegshandlungen. Prinzipiell kann die Thematisierung von Krieg an jedes andere Thema anknüpfen. Bündnispolitik, wirtschaftliche Konsequenzen, Waffentechnologie, humanitäre Hilfe, Ergebnisse von Meinungsumfragen – diese und weitere Aspekte gehören mindestens genauso zur Kriegsberichterstattung wie Informationen über die eigentlichen kriegerischen Aktivitäten. In bestimmten Situationen avanciert sogar ein Sportthema – etwa der Aufenthalt eines Fußballtrainers in einem Konfliktgebiet – zum Topos von Kriegsberichterstattung.

Sowohl in der Sach- wie in der Sozialdimension liegen dieser Definition von Kriegsberichterstattung spezifische Verständnisse der Begriffe ‚Krieg' und ‚kriegsbezogenes Ereignis' zu Grunde. Wesentliche Merkmale des Krieges sind die Beteiligung von zumindest zwei militärischen bzw. bewaffneten Sozialsystemen, ein außerordentlich hohes Maß an physischer Gewalt gegen Menschen oder Sachen sowie eine gewisse Kontinuität der Kampfhandlungen. Diese Beschreibung geht über das traditionelle Verständnis des Krieges als zwischenstaatlichem Konflikt hinaus.

In binnen- oder (partiell) außerstaatlichen Konflikten, die seit dem Ende des Zweiten Weltkriegs die Statistiken gewaltsamer Auseinandersetzungen dominieren, ist zumindest eine der Kriegsparteien dem nicht-staatlichen Bereich zuzuordnen. Ob ein Konflikt als ‚Krieg' und darauf referierende Handlungen als ‚kriegsbezogene Ereignisse' zu bezeichnen sind, bleibt freilich letztlich den jeweiligen Beobachtern überlassen. Kriegsdefinitionen sind beobachterabhängig – und damit auch die Definition von Kriegsberichterstattung.

Geschichte/Entwicklung

Kriegsberichterstattung als operative Ausprägung des sozialen Systems Journalismus entstand mit der Herausbildung eines periodischen Zeitungswesens im 17. Jahrhundert. Vor Beginn des Zeitalters der Massenmedien gab es zwar ebenfalls Formen der Berichterstattung über Kriege. Diese waren jedoch auf die Ausdrucksmöglichkeiten von Schreibern und Boten, Offizieren und Chronisten, Historienmalern und Märchenerzählern begrenzt. Für die aufstrebenden Zeitungen und Zeitschriften der absolutistischen europäischen Gesellschaften lieferten erstmals die gewaltsamen Konflikte zwischen 1618 und 1648, vereinfachend häufig als ‚Dreißigjähriger Krieg' bezeichnet, den Stoff für publikumswirksam präsentierte Nachrichten, die – aus heutiger Sicht betrachtet – in Inhalt und Aufmachung freilich eher Abenteuergeschichten glichen.

Die Relevanz dieser schriftstellernden Kriegsberichterstattung reduzierte sich im 19. Jahrhundert – mit der Professionalisierung journalistischer Berufsrollen und dem Übergang zur großbetrieblichen Medienproduktion. In dieser Zeit entstanden die Basisprinzipien des heutigen Informationsjournalismus sowie ein differenziertes journalistisches Berufsfeld, so auch die Arbeitsrolle des ‚Kriegsberichterstatters'. Als erster Protagonist der modernen Kriegsberichterstattung gilt *William Howard Russell* (1820-1907), der für die Londoner *Times* 1854 von der Krim über den Krieg berichtete, den England zusammen mit Frankreich gegen Russland führte. Russell ordnete seine Berichterstattung keineswegs den kriegspolitischen Interessen Englands unter und geriet deshalb in Konflikt mit den Militärs. Gegen Ende des Krieges, im Jahre 1856, verpassten ihm die Engländer daher einen Maulkorb und schufen damit die Militärzensur. Das demonstrierte frühzeitig die enorme Relevanz der Kriegsberichterstattung für sicherheitspolitische und militärische Entscheidungen. Mit allen folgenden gewaltsamen Konflikten – vom amerikanischen Bürgerkrieg (1861-1865) bis zum Irak-Krieg (2003) – veränderte sich die Kriegsberichterstattung genauso gravierend wie der Journalismus generell.

Medientechnologische Innovationen, ökonomische Profitinteressen, sicherheitspolitische Instrumentalisierungsabsichten sowie Informations- und Unterhaltungsbedürfnisse des Publikums stellen prägende Faktoren der Kriegsberichterstattung dar. So haben beispielsweise Live-Berichterstattung, satellitengestützte Übermittlung recherchierter Informationen, web-basierter Journalismus oder die Professionalisierung des militärischen Informationsmanagements die Bedingungen und Formen der Kriegsberichterstattung nachhaltig verändert.

Gleichwohl gibt es Konstanten der Berichterstattung über Kriege, welche sich seit dem 19. Jahrhundert kaum gewandelt haben. Neben sicherheitspolitischen Intentionen zur Instrumentalisierung des Journalismus gelten vor allem die ökonomischen Interessen von Medienunternehmen (→ Medienökonomie) als maßgebliche Triebkräfte der Entwicklung.

Forschungsstand

Nicht zuletzt die Kritik an der Instrumentalisierung des Journalismus durch die sicherheitspolitische Öffentlichkeitsarbeit begründet auch die Relevanz des Themas Kriegsberichterstattung für die wissenschaftliche Forschung. Schon in einer der ersten medienbezogenen Publikationen, dem 1695 publizierten Buch „Zeitungs Lust und Nutz“, forderte *Kaspar Stieler* (1632-1707) eine *objektive Kriegsberichterstattung*. Seither wurde eine große Zahl wissenschaftlicher Beiträge zum Thema publiziert.

Aktuelle Einsichten in das spannungsreiche Verhältnis von Journalismus, Sicherheitspolitik, Militär und Publikum gründen vor allem auf Fallstudien: Jeder Krieg, der intensiver medial beachtet wurde, induzierte einen Schub entsprechender Analysen. Obgleich kriegsübergreifende Untersuchungen Ausnahmen darstellen und eine zusammenfassende Theorie der Kriegsberichterstattung nicht vorliegt, gibt es daher zu den wesentlichen kommunikationswissenschaftlichen Forschungsfeldern empirische Befunde, die ein mosaikartiges Bild der Kriegsberichterstattung und ihrer Folgen ermöglichen (Löffelholz 2005).

Bei der Erforschung journalistischer Angebotsproduktion stehen neben den Charakteristika von Kriegsberichterstattern vor allem die Beziehungen zwischen Kriegsberichterstattung und sicherheitspolitischem Informationsmanagement im Mittelpunkt wissenschaftlicher Aufmerksamkeit. Konstatiert wird eine wachsende Professionalisierung sicherheitspolitischer und militärischer Öffentlichkeitsarbeit, die in den USA seit Ende des Vietnamkrieges, in Deutschland deutlich später, beobachtbar ist. Krieg führende Parteien vertrauen dabei nicht nur auf eigene PR-Abteilungen (→ Public Relations), sondern beauftragen kommerzielle Agenturen, die sich zum Teil sogar auf Konflikt-Öffentlichkeitsarbeit spezialisiert haben. International diskutiert wird dabei unter anderem über die Legitimität der Geheimhaltung militärischer Informationen sowie über die Bedeutung einzelner sicherheitspolitischer PR-Instrumente (z. B. Zensur) oder der ‚Einbettung‘ von Journalisten in Streitkräfte, wie vom US-Militär im Irak-Krieg praktiziert.

Generell machen die Befunde der Journalismusforschung darauf aufmerksam, dass der Journalismus, auch der Kriegsjournalismus, Modelle der Wirklichkeit nach seinen eigenen Regeln entwirft. Die mediale Wirklichkeit des Krieges (→ Konstruktivismus) ist demnach nicht als Abbild des Krieges zu verstehen, sondern als Modell zu begreifen, das von redaktionellen Strukturen wesentlich geprägt wird.

Bei der Untersuchung von Kriegsberichterstattung stellt die Analyse von Medienangeboten den wesentlichen Teil der Forschungsaktivitäten dar. Die Befunde aus Fallstudien zeigen, dass in der Anfangsphase eines Krieges das Thema nahezu die gesamte Berichterstattung dominiert. Schon nach kurzer Zeit normalisiert sich der Umfang der Berichterstattung freilich: Der Krieg steht dann wieder in der üblichen Themenkonkurrenz. Lang andauernde Konflikte sowie Kriege, die nicht den Kriterien der → Nachrichtenselektion entsprechen, werden dagegen in der Berichterstattung marginalisiert.

Ob ein Krieg als berichtenswert eingestuft wird oder unbeobachtet bleibt, hängt unter anderen vom Grad der Betroffenheit, der Beteiligung so genannter Elite-Nationen, der Möglichkeit von Anschlusskommunikation an Ereignisse im Inland, dem Grad der Überraschung, der Visualisierbarkeit eines Ereignisses und der kulturellen, politischen oder ökonomischen Distanz ab (Löffelholz 2005). Inhaltsanalytisch untersucht wurde des Weiteren die Qualität der Kriegsberichterstattung: Stereotypisierung, Freund-Feind-Polarisierung, Simplifizierung, Pseudo-Dramatisierung, Militainment und einseitige Orientierung an staatlichen Informationsquellen des eigenen Landes stellen häufig verwendete – und häufig kritisierte – Formen der journalistischen Konstruktion von Kriegen dar (Gleich 2003).

Die Nutzung, Wirkung und Aneignung von Kriegsberichterstattung wurde ebenfalls in verschiedenen Dimensionen analysiert. Nachgewiesen werden konnte, dass die Kommunikation über Krieg beim Medienpublikum erhebliche Aufmerksamkeit bindet – jedenfalls am Anfang eines Konfliktes. Dabei werden ambivalente Reaktionen ausgelöst: Verunsicherung, Deprimierung, Ängstlichkeit, aber auch – in Abhängigkeit vom jeweiligen Konflikt – Zufriedenheit, dass endlich etwas unternommen wird.

Eine intensivere Nutzung von Nachrichtenmedien korreliert dabei positiv mit einem größeren Wissensstand über Konflikte. Mit zunehmender Kriegsdauer flaut das Interesse des Publikums freilich ab, denn Rezipienten neigen zu einer Indifferenz gegenüber Ereignissen, die sie selbst nicht betreffen. Die rezeptionsorientierte Forschung zeigte zudem, dass in den → USA bei beginnenden Konflikten die öffentliche Zustimmung zum Präsidenten sowie das Vertrauen in den Kongress und in das Militär deutlich zunimmt. Dieser so genannte ‚Rally-Effekt' (abgeleitet aus ‚Rally-around-the-flag') wird durch eine konsonante und undifferenzierte Berichterstattung der Medien begünstigt. Nach einiger Zeit gehen die Folgen des Effekts jedoch wieder zurück. Die politische Klasse wird spätestens nach zehn Monaten wieder so bewertet wie auf dem Vorkriegsniveau.

Ob die Medienberichterstattung generell dazu beitragen kann, Kriege zu beenden oder zu verstärken, ist umstritten. Einerseits werden Medien genutzt, um eine patriotische öffentliche Meinung zu stimulieren. Andererseits wird den Medien aber auch das Potenzial zugeschrieben, Friedensbemühungen zu fördern. In jedem Fall hat der zunehmend globale Charakter des öffentlichen Kommunikationssystems die Qualität sicherheitspolitischer Handlungen verändert. Denn auch das politische System nimmt vieles über die Medien vermittelt wahr.

Die Berichterstattung in Kriegssituationen prägt jedoch offenbar stärker die symbolische Themenstruktur als den tatsächlichen sicherheitspolitischen Entscheidungsprozess. Die Bedeutung der Kriegsberichterstattung für den politischen Prozess nimmt zu, wenn Sicherheitspolitiker die Medienangebote nicht mit anderen Informationsquellen abgleichen können. Besonders relevant ist Kriegsberichterstattung vor allem in Phasen der Entscheidungsfindung und wenn es im Entscheidungszentrum einen Dissens gibt.

Bewertung

Auch wenn Kriege zwischen Territorialstaaten im 21. Jahrhundert unwahrscheinlicher werden, weisen die vielfältigen (weiter) bestehenden Konflikte darauf hin, dass ein Zeitalter weltweiten Friedens nicht bevorsteht. Kriegsberichterstattung wird daher erhebliche Relevanz behalten – als Grundlage für die Entscheidungsfindung demokratischer Gesellschaften über die existenzielle Frage von Krieg oder Frieden, aber auch als Mittel immer professionellerer Instrumentalisierungsversuche des sicherheitspolitischen Informationsmanagements. Die Ideen eines ‚network-centric warfare' oder des ‚Total Information Awareness Project' verweisen darauf, dass gerade das US-amerikanische Militär Information und Kommunikation als Kernressourcen globaler Kriegführung des 21. Jahrhunderts versteht (Thussu/Freedman 2003).

Ob der Journalismus ausreichend vorbereitet ist, den damit verbundenen Herausforderungen adäquat zu begegnen, erscheint zumindest fragwürdig. Die Erosion des klassischen Nachrichtenjournalismus ist gerade bei der Kriegsberichterstattung augenscheinlich: Das zeigte sich besonders deutlich bei der propagandistischen Berichterstattung vieler US-amerikanischer Medien, die einst als Vorbild des objektiven Journalismus galten, über die Angriffe der USA und ihrer Alliierten auf Afghanistan (2001) und den Irak (2003).

Andererseits weist die zunehmende öffentliche Selbstthematisierung der Kriegsberichterstattung freilich darauf hin, dass die selbstorganisatorische Anpassung des Journalismus an veränderte Umweltbedingungen nicht unterschätzt werden darf: In diesem Sinn kann öffentliche (auch: wissenschaftliche) Kritik einen wesentlichen Beitrag zur Verbesserung der → Qualität von Kriegsberichterstattung leisten.

Literatur

Gleich, Uli (2003): Qualität im Journalismus am Beispiel der Kriegsberichterstattung, in: Media Perspektiven 2003/3: 139-148.

Löffelholz, Martin (Hrsg.) (2005): Krieg als Medienereignis II, Wiesbaden.

McLaughlin, Grey (2002): The War Correspondent, London.

Staiger, Jan (2005): Selbstorganisation, Nicht-Linearität, Viabilität, in: M. Löffelholz (Hrsg.): Krieg als Medienereignis II, Wiesbaden: 148-168.

Thussu, Daya Kishan/Des Freedman (Hrsg.) (2003): War and the Media. Reporting Conflict 24/7, London u. a.

Martin Löffelholz, Ilmenau

Krisenkommunikation

Definition/Begriffsbestimmung

Krisen können in unterschiedlichsten Bereichen – ob intra- oder interindividuell, intra- oder interorganisatorisch, intra- oder interkulturell – auftreten und kommuniziert werden. Gleichwohl wird der Begriff ‚Krisenkommunikation' oftmals nur auf Kommunikationsanstrengungen nach Eintritt eines Schadens bezogen. Dieses im Kontext der → Public Relations(-Forschung) verwendete Verständnis erscheint jedoch zu eng, um die mit dem Terminus bezeichneten Phänomene adäquat zu erfassen. Abgesehen von den vielfältigen Merkmalen der Kommunikation als einem flüchtigen, selektiven, reflexiven und komplexen sozialen Prozess beziehen differenziertere Begriffsbestimmungen vor allem die besonderen Charakteristika von Krisen ein.

Krisen können als (vermutete) Bedrohungen zentraler Werte eines Systems definiert werden. Dabei wird Sicherheit – bis hin zur Gefährdung der Existenz – reduziert; Zeitressourcen werden verknappt und hoher situativer Entscheidungsdruck mit kurzen Reaktionszeiten induziert. Krisen sind zudem durch die ungewollte Gefährdung dominanter Ziele (z. B. eines Unternehmens), einen ambivalenten und nicht vorhersehbaren Ausgang und die nur teilweise Beeinflussbarkeit des Krisenablaufs gekennzeichnet. Damit unterscheiden sich Krisen von *Konflikten* (die nicht zwangsläufig die Existenz gefährden), *Störungen* (die keine dominanten Ziele berühren) und *Katastrophen* (die stets negativ enden).

Unsicherheit, Entscheidungsdruck und Zeitknappheit sind freilich Phänomene, die in kognitiven und sozialen Prozessen generiert, verstärkt und reduziert werden. Die Genese, der Verlauf und die Lösung einer Krise basieren damit unter anderem auf den Bedingungen und Formen von Kommunikation. So gesehen, können Krisen (auch) als soziale Ereignisse verstanden werden, die durch fehlende oder misslingende Kommunikation konstituiert werden. Vor diesem Hintergrund kann zwischen *Primärkrisen*, etwa einem Chemieunfall, und medieninduzierten *Sekundärkrisen*, also publizistischen Krisen, unterschieden werden. Da Krisen stets von öffentlichem Interesse sind, besteht bei jeder Art von Krise die Möglichkeit, dass sie zu einer das (Unternehmens-) Image schädigenden publizistischen Krise wird.

Die Differenz von Primär- und Sekundärkrise verweist auf zwei voneinander zu unterscheidende Typen von Krisenkommunikation: die Kommunikation *über* Krisen (Sachdimension) und die Kommunikation *in* Krisen (Sozial- und Zeitdimension). In einer Krisensituation, etwa dem Unglück in einem Chemieunternehmen, unterliegt die Kommunikation der betroffenen Akteure den durch Existenzgefährdung, Unsicherheit, Entscheidungsdruck und Zeitknappheit induzierten besonderen Bedingungen von Krisen, während die handelnden Personen gleichzeitig über die Krise kommunizieren, um sie zu bewältigen (Krisenkommunikation als Kommunikation über Krisen in Krisen).

Für die Medienberichterstattung über derartige Unglücke gelten jedoch andere Bedingungen: Journalisten berichten über Krisen, ohne davon selbst unmittelbar betroffen zu sein. Krisencharakteristika wie Existenzgefährdung und Entscheidungsdruck sind Gegenstand der Berichterstattung, prägen aber nicht notwendigerweise die journalistische Arbeit (Krisenkommunikation als Kommunikation über Krisen). Allerdings: Reporter, die direkt in Krisensituationen oder Krisengebieten tätig sind, können dadurch in ihren Handlungen beeinflusst oder sogar existenziell gefährdet werden. Das wiederum prägt die Ergebnisse der Berichterstattung, also die Kommunikation über die Krise (Löffelholz 2004).

Die Kommunikation *über* Krisen ebenso wie die Kommunikation *in* Krisen beziehen sich – im Unterschied zur → Risikokommunikation – auf gegenwärtige, akut ausgelöste oder schwelende krisenhafte Ereignisse. Die Begriffe ‚Krisen'- und ‚Risikokommunikation' sind jedoch keineswegs so trennscharf, wie die Unterscheidung von potenziellen und akuten Ereignissen nahe legt. Denn Risikofaktoren stellen gleichzeitig potenzielle Krisenauslöser dar.

Risiken können daher als antizipierte potenzielle Krisen verstanden werden. Krisenkommunikation wäre insofern als Folge eines eingetretenen Risikos (Bewältigungskrise) oder einer unzureichenden oder gescheiterten Risikokommunikation (Legitimations- und Akzeptanzkrise) aufzufassen. Anders argumentiert bedeutet das: Werden krisenpräventive kommunikative Maßnahmen unter den Begriff Krisenkommunikation subsumiert, ist → Risikokommunikation als Subkategorie von (proaktiver) Krisenkommunikation zu beschreiben.

Entwicklung und Praxisrelevanz

Die Bedeutung von Öffentlichkeitsarbeit wurde schon Ende des 19. Jahrhunderts erkannt; dennoch professionalisierte und differenzierte sich die interne und externe Organisationskommunikation (→ Unternehmenskommunikation) nur langsam. Vor diesem Hintergrund ist verständlich, warum Unternehmen die Chancen einer strategisch geplanten Krisenkommunikation erst seit den 80er Jahren intensiver beachten. Krisenhafte Ereignisse wie der *Contergan-Skandal* (1961), der Austritt von *Dioxin* bei *Seveso* (1976), die Giftgaskatastrophe bei *Bhopal* (1984) oder das Tanker-Unglück der *Exxon Valdez* vor Alaska (1989) hatten international deutlich gemacht, welche erheblichen Konsequenzen (publizistische) Krisen haben können. In jüngerer Zeit haben vor allem die öffentliche Auseinandersetzung zwischen *Greenpeace* und dem Shell-Konzern über die Versenkung der Öl-Bohrplattform *Brent Spar* (1995) sowie der desaströs verlaufene ‚Elchtest' der A-Klasse von *Mercedes-Benz* (1997) demonstriert, wie relevant (fehlende oder unprofessionelle) Krisenkommunikation für den Unternehmens(miss)erfolg sein kann.

Trotz des zweifellos gewachsenen generellen Problembewusstseins für die Relevanz von Krisenkommunikation zeigen aktuelle Untersuchungen allerdings, dass am Beginn des 21. Jahrhunderts fast alle mittelständischen und sogar die meisten größeren Unternehmen – zumindest in Deutschland – keineswegs alle Möglichkeiten zur Vorbereitung auf die Bewältigung von (publizistischen) Krisen ausschöpfen.

Ein Großteil der Unternehmen verfügt über keine institutionalisierte Struktur zur Krisenkommunikation, etwa eigens geschultes Personal oder einen detaillierten Krisenkommunikationsplan. Mit welchen vielfältigen (publizistischen) Krisen Organisationen konfrontiert werden können, wird ebenfalls kaum berücksichtigt. Immerhin sehen jedoch zumindest größere Unternehmen die (Vorbereitung auf) Krisenkommunikation als festen Bestandteil ihrer Unternehmenskommunikation.

Forschungsstand und Befunde

Die Praxisrelevanz von Krisenkommunikation als Bestandteil unternehmerischen Handelns in Krisensituationen hat dazu geführt, dass das Thema zunächst in der so genannten ‚Praktikerliteratur' aufgegriffen wurde. Seit den 80er Jahren wurde eine ganze Reihe von Ratgebern zur Öffentlichkeitsarbeit in Krisen publiziert. Versprochen werden darin Präventivmaßnahmen gegen Imageverlust, Leitfäden zum Krisenmanagement oder praktische Hinweise zum richtigen Umgang mit Medien in Krisensituationen. Die meisten Werke stützen sich auf eine mehr oder weniger differenzierte Analyse von Kommunikationsstrategien anhand ausgewählter Krisenfälle, vor allem von (Groß-)Unternehmen. Andere – beispielsweise politische – Krisen und deren kommunikative Verarbeitung werden mit dem Thema dagegen kaum in Verbindung gebracht. Das gilt auch für die wissenschaftliche Literatur.

Mit den Bedingungen, Formen und Folgen von Krisen setzen sich zwar diverse wissenschaftliche Disziplinen auseinander. Kommunikative Aspekte spielen dabei jedoch weder in der Psychologie oder Soziologie noch in den Wirtschafts- und Politikwissenschaften eine besondere Rolle.

Die vorhanden empirischen Untersuchungen der Bedingungen, Formen und Konsequenzen von Krisenkommunikation sind primär im Kontext der → Kommunikations- und Medienwissenschaft entstanden. Grob können dabei zwei Gruppen von Studien unterschieden werden: In der ersten steht die Frage der *Vorbereitung* auf Krisenkommunikation im Mittelpunkt, während in der zweiten Gruppe *Krisensituationen* und deren kommunikative Folgen fallstudienartig ex post untersucht werden.

Die *komparative* Analyse diverser Krisen zeigt, dass ein relevanter Teil von Unternehmenskrisen (auch) durch die Medienberichterstattung über das tatsächliche oder vermeintliche Fehlverhalten von Unternehmen ausgelöst wurde. Sowohl die Beobachtung von als auch der Aufbau guter Beziehungen zu den Medien spielt demnach für die Bewältigung von (publizistischen) Krisen eine wichtige Rolle.

Unternehmerische Krisenfälle sind im Durchschnitt nach rund drei Monaten beendet. Allerdings variiert die Dauer je nach Krisenursache. Krisen, die auf fehlerhafte Produkte oder Dienstleistungen zurückgehen, sind zumeist nach wenigen Wochen bewältigt. Krisen, die enger mit Kunden oder Lieferanten verknüpft sind, können hingegen oft erst nach einem Jahr beendet werden.

Aufgaben im Rahmen von Krisenkommunikation nehmen vor allem Vertreter der Abteilung Unternehmenskommunikation sowie Führungskräfte und Vorstand wahr. In der latenten und akuten

Krisenphase sind Vorstand und andere Spitzenkräfte deutlich häufiger an Kommunikationsvorgängen beteiligt als in Nicht-Krisensituationen sowie in der Nachsorgephase (z. B. Roselieb 1999).

Empirische Untersuchungen zur Beziehung von Unternehmenskommunikation und Medienberichterstattung in Krisensituationen weisen nach, dass selbst kleine Unstimmigkeiten in der Unternehmenskommunikation erhebliche Folgen haben können. Nur wenn beispielsweise zum Krisenfall abgegebene Stellungnahmen inhaltlich konsistent sind, besteht die Chance, dass ein Unternehmen glaubwürdig bleibt (→ Glaubwürdigkeit). Gezeigt werden konnte darüber hinaus, dass im Verlauf der journalistischen Beschäftigung mit einer Krise Schuldzuweisungen publizistisch umbewertet werden können – nicht immer zum Vorteil des Unternehmens. Wenn etwa – wie 1988 beim Grubenunglück in Borken – in der Darstellung der Medien aus einem ‚unvermeidbaren, überraschenden Unglück' ein Ereignis wird, das ‚vorhersehbar war und auf Schlamperei beruhte', entsteht neben der Primärkrise eine publizistisch induzierte sekundäre Krise, die aufgrund des damit einher gehenden Vertrauensverlustes und Imageschadens erheblich längere Zeit zur Bewältigung erfordert (z. B. Mathes et al. 1991).

Weitere Analysen weisen darauf hin, dass für den Erfolg des Krisenmanagements eines Unternehmens die Kommunikation mit *externen* Anspruchsgruppen von nachhaltiger Relevanz ist. Die Verweigerung der Kommunikation mit solchen Gruppen (etwa, weil deren Bedeutung als gering eingeschätzt wird) kann im Zeitalter globaler Medienkommunikation auch international stark nachteilige Folgen haben, wie unter anderen die Auseinandersetzung um *Brent Spar* gezeigt hat: *Greenpeace* als externer Anspruchsgruppe gelang es, sich mithilfe entsprechender PR-Aktionen medial zu positionieren und damit einen erheblichen Teil der Kundschaft des Öl-Konzerns *Royal Dutch/Shell* gegen das Großunternehmen zu mobilisieren (Scherler 1996).

In weiteren Studien wurden beispielsweise die Rolle von Journalisten in der Krisenkommunikation untersucht, die Funktion von Krisenkommunikation als Managementaufgabe bestimmt oder analysiert, inwieweit erfolgreiche Krisenkommunikation prognostiziert werden kann.

Bewertung und Ausblick

Nicht nur für Unternehmen, sondern für alle Organisationen ist es sinnvoll, sich auf krisenhafte Situationen professionell vorzubereiten. Das Bewusstsein für die Relevanz *proaktiver* Krisenkommunikation zur Bewältigung problematischer Ereignisse wirkt freilich, abgesehen von Großunternehmen, nicht so ausgeprägt, wie es die vielfältige Ratgeberliteratur suggeriert.

Als Gegenstand wissenschaftlicher Forschung beschränkt sich die Analyse von Krisenkommunikation bisher weitgehend auf Aspekte der → Unternehmenskommunikation, während beispielsweise politische Krisen und deren Kommunikation bisher kaum beachtet werden. In diesem Kontext bietet es sich an, Konflikt-, Krisen- und Kriegskommunikation konzeptionell miteinander zu verbinden.

Die Vielzahl der Befunde zur Produktion, Präsentation und Rezeption konfliktiver Ereignisse und kriegerischer Auseinandersetzungen kann wichtige Anregungen zum besseren Verständnis der Krisenkommunikation von Unternehmen liefern, während politische, militärische und andere Organisationen durchaus von den Ergebnisse der auf Unternehmen bezogenen Krisenkommunikationsforschung profitieren können (→ Kriegsberichterstattung). Zu konstatieren ist darüber hinaus, dass die Krisenkommunikationsforschung von einer angemessenen theoretischen Durchdringung weit entfernt ist (Löffelholz 2004).

Sowohl die Praxisrelevanz des Themas als auch der bisherige Forschungsstand signalisieren insofern einen großen Bedarf an theoretisch elaborierten empirischen Studien.

Literatur

Löffelholz, Martin (2004): Krisen- und Kriegskommunikation als Forschungsfeld, in: ders. (Hrsg.): Krieg als Medienereignis II, Wiesbaden.

Mathes, Rainer et al. (1991): Kommunikation in der Krise: Autopsie eines Medienereignisses. Das Grubenunglück in Borken, Frankfurt/M.

Roselieb, Frank (1999): Empirische Befunde zu Frühwarnsystemen in der internen und externen Unternehmenskommunikation, in: M. Henckel von Donnersmarck/R. Schatz (Hrsg.): Frühwarnsysteme, Bonn u. a.: 85-105.

Scherler, Patrik (1996): Management der Krisen-Kommunikation. Theorie und Praxis zum Fall Brent Spar (Greenpeace gegen Royal Dutch/Shell), Frankfurt/M.

Martin Löffelholz, Ilmenau

Kuba

→ Lateinamerika

Kultivierungshypothese

Definition/Begriffsbestimmung

Wenn nach dem Medienkonsum etwas anders ist als vorher, kann man in der Regel von einer Wirkung sprechen (→ Medienwirkungen). → Information schafft Wissen; Drama erzeugt Emotion; Action hat Erregung zur Folge. Neben den kurzfristigen Einzeleffekten, die möglicherweise kaum längerfristige Spuren hinterlassen, ist in der Forschung zunehmend aber die *langfristige* Prägung von Vorstellungen über die Welt bedeutsam geworden.

Jeder heute lebende Mensch ist in irgendeiner Weise mit Medien aufgewachsen, hat eine so genannte ‚Mediensozialisation' (→ Medienpädagogik) erlebt. Die für Wissenschaft wie für Gesellschaft spannende Frage ist dabei, wie sich die Summe aller Medienerfahrungen auf die Vorstellungen von Welt und von anderen Menschen auswirkt. Konkret: Wie prägen in der Summe alle einzelnen Medieneindrücke und -erfahrungen die Realitätswahrnehmung? Spannend in diesem Zusammenhang ist ebenfalls die Frage, wie sich die außerhalb des Medialen gemachten realen Erfahrungen mit den medialen vermischen und gemeinsam zu einer Vorstellung von Zusammenleben und Gesellschaft führen.

Mit diesen Aspekten befasst sich die so genannte ‚Kultivierungshypothese'. Sie geht davon aus, dass vielleicht sogar der Großteil dessen, was wir an Erwartungen, Vorstellungen und auch Einstellungen gegenüber unserer sozialen Umwelt haben, von den Medien geprägt ist.

Entwicklung und Forschungsstand

Zu den zentralen Forschungen aus diesem Bereich gehören die Arbeiten der Gruppe um *George Gerbner* (1969, 1972), die sich seit den 60er Jahren des 20. Jahrhunderts vor allem mit dem langfristigen Einfluss des Fernsehens auf die Realitätswahrnehmung befasst hat. In Hunderten von empirischen Studien mit vielen Tausend einzelnen Daten wurde immer wieder bestätigt, dass vor allem das → *Fernsehen* vergleichsweise kohärente Strukturen und Systeme von Botschaften und Images verbreitet. Langfristig bleiben all diese Images nicht ohne Auswirkungen auf die Realitätswahrnehmung. Ja, die berühmt gewordenen Kultivierungsstudien der Forschungsgruppe Gerbner belegen, dass das Fernsehen sogar massiver als eigene Erfahrungen die Erwartungen und Vorstellungen von und über die Welt prägt. Kultivierend wirke dabei, dass eben eine Vielzahl von Menschen nicht nur innerhalb eines Landes, sondern in der globalisierten Welt über alle Grenzen hinweg ähnliche Bilder aufnähmen und zu gemeinsamen Weltbildern weiterverarbeiteten.

Mit anderen Worten (zunächst in der Theorie, dann auch empirisch bestätigt): Das Fernsehen schafft einen vielen – sehr wahrscheinlich den meisten – Menschen mindestens auf nationaler Ebene gemeinsamen symbolischen und kommunikativen Raum, der sie kulturell zusammenfügt. Der unablässige Strom von Geschichten, Mythen, Fakten, Dramaturgien und durchaus ähnlich aufgebauten Informationen trägt dazu bei, die Welt zu definieren und bestimmte soziale Strukturen fortzuschreiben.

Als in dieser Form vorher nicht bekanntes Massenmedium trägt das Fernsehen so zu einem hohen Grad sozialer Integration zumindest auf der kommunikativen Ebene bei. Selbst die früher noch üblichen demografischen Unterschiede (Alter, Geschlecht oder Bildungsstatus) sind durch den bei den Massenmedien ähnlichen Konsum gleicher oder ähnlicher Programme zum Teil aufgehoben worden. „Sex and the City“, die täglichen Nachrichten, Spielshows und Reality-TV schaffen einen klassen-, geschlechts-, alters-, ja grenzüberschreitenden gemeinsamen Kommunikationsraum.

Im Ansatz von Gerbner (1972) bedeutet diese Gemeinsamkeit schaffende Kommunikation allerdings auch erhebliche Einschränkungen für Tiefe und Qualität der miteinander geteilten Informationen. So unterstellt er den massenwirksamen Botschaften zugleich eine vereinfachende und oberflächliche Struktur. Nur die Inhalte und Dramaturgien könnten demnach ein möglichst großes Publikum erreichen, die sehr unterhaltsam und jedenfalls nicht besonders in die Tiefe gehend gestaltet sind. Von daher liegt dem zunächst deskriptiv-neutralen Ansatz der langfristigen Prägung von Weltbildern durch Medien hier zugleich eine zumindest leicht *kulturpessimistische Note* zu Grunde.

Zugespitzt kann man in der ursprünglichen Version der Kultivierungshypothese attestieren, dass danach Gemeinsamkeit durch Oberflächlichkeit erkauft wird. Anders gesprochen: Die auch in der öffentlichen Debatte regelmäßig angemerkte Quotenbetonung wird in der Diskussion regelmäßig verbunden mit einer vermeintlichen oder tatsächlichen Verflachung des Medienangebotes.

Aggression und Vielseher

Der Kultivierungsansatz geht zunächst davon aus, dass sich die Medien in ihren immer ähnlichen Geschichten und Strukturen auf die Realitätswahrnehmung auswirken. Zugleich aber muss man unterstellen, dass nur die Themen und Geschichten Mediennutzer interessieren, die in irgendeiner Weise schon in ihrer tatsächlichen Realitätswahrnehmung verankert sind. Die Medien werden deshalb letztlich nur das erfolgreich anbieten können, was an die Bedürfnisse und Erwartungen der Nutzer anknüpft (→ Nutzenansatz).

So entsteht also eine Wechselbeziehung: Medien greifen Themen der Menschen – sei es in der Information, sei es in der Fiktion – auf, verdichten diese, spitzen sie zu, und lassen sie kontinuierlich mit gewissen Variationen wieder im Programm, in der Presse den Menschen zukommen. Mediensozialisation und -kultivierung ist damit aber nicht losgelöst von den Grundmotiven menschlichen Zusammenlebens zu sehen.

Die Gruppe um Gerbner hatte in den 60er Jahren begonnen, zunächst konzentriert auf das Thema *Aggression* in den Medien durch Inhaltsanalysen festzustellen, welche Vorstellungen und Wahrnehmungen in Bezug auf Gewalt in der amerikanischen, später der internationalen Gesellschaft vorherrschen (→ Gewaltdarstellung). Die immer wieder bestätigten Ergebnisse machen dabei deutlich, dass die mediale Gewalt mitnichten der realen entspricht, sondern diese bei weitem überschätzt. Besonders im Fernsehen kommen überproportional mehr Gewaltakte vor, als sie in nahezu allen Regionen der Welt zu finden sind.

Entsprechend überschätzen *Vielseher* laut diesen Studien auch das Vorkommen von Aggression überproportional. Zugleich ist diese Kultivierung mit konkreten Verhaltens- und Wahrnehmungseffekten verbunden. Es bleibt nicht bei der bloßen Einschätzung der Realität als viel gefährlicher, als sie tatsächlich ist, Vielseher sind misstrauischer, glauben sich mehr absichern zu müssen, und entwickeln generell ein fatalistisches Weltbild. (Gerbner/Gross 1976)

Auch hier wird wiederum die Wechselbeziehung deutlich. Durch ihr negativeres Weltbild verhalten sich Vielseher misstrauischer gegenüber ihren Mitmenschen und schaffen entsprechend auch in der Realität, also kultivierend, ein Klima, das sich wiederum mit einer deutlicheren Betonung der negativen Aspekte des Zusammenlebens in den Medien fortsetzt. Kurzfristig mag dies bei einem einzelnen Film, bei einer einzigen Presseinformation zu ängstlichem Verhalten führen; langfristig sind die entsprechend kultivierten Menschen misstrauischer und machen sich mehr Sorgen.

Einschränkend sei auch hier gesagt, dass wiederum empirisch sehr schwer zu fassen ist, wo die Henne, wo das Ei ist. Eigene Untersuchungen (Groebel 2002) haben belegt, dass Kinder und Jugendliche, die sich mehr Sorgen machen, zum Teil aus Fluchtmotiven heraus einen höheren Fernsehkonsum aufweisen. Sie wollen die vermeintlich gefährliche Realität vermeiden, werden dann durch das Fernsehen und auch andere Medien noch einmal in ihrer Skepsis bestätigt.

Kultivierung und Lernen

Ein Großteil des Lernens von Menschen kommt nicht durch unmittelbar gemachte Erfahrungen zustande, sondern durch das von *Albert Bandura* (1986) beschriebene Beobachtungs- oder soziale Lernen. Schon im Kindesalter wird man die meisten Lernerfahrungen gar nicht selbst physisch machen müssen; man beobachtet bei anderen (den Eltern, Freunden, Lehrern), wie diese sich in verschiedenen Situationen verhalten und übernimmt die entsprechenden Reaktionsmuster. Dies macht auch die Medien – darin stimmen die meisten Wissenschaftler überein – zu einem sehr bedeutsamen und wirksamen Faktor bei der Gestaltung des Lebens und der Wahrnehmung der Realität: Menschen bewegen sich neben den physisch gemachten Erfahrungen vor allem in einem Raum der Symbole und der bei anderen erlebten Erfahrungen.

Beim Prozess der Kultivierung durch → Fernsehen, → Presse und → Internet übernehmen wir Konzepte der Realität in unser mentales System; langfristig entwickeln wir genaue Vorstellungen davon, wie bestimmte Facetten der Realität aussehen, ohne sie zwangsläufig jemals selbst unmittelbar erfahren haben zu müssen. Diese Vorstellungen wirken sich auf die Affekte, auf Verhaltensweisen und auch das tatsächliche Zusammenleben aus.

Nun könnte man vermuten, dass Menschen langfristig für reale Informationen und für fiktive Botschaften (aus Serien, Spielfilmen, Shows) unterschiedliche kognitive Verarbeitungsprozesse aktivieren. Auch wenn es schwierig ist, die Medienverarbeitung neurologisch zu untersuchen, so gibt es aus den unterschiedlichsten Wissenschaftsdisziplinen immer mehr Belege dafür, dass eben in der Wahrnehmung nicht zwischen Fiktionsquellen und Informationsquellen (→ Nachrichten, Dokumentationen) unterschieden wird. Wir sind uns bei unseren Erwartungen gegenüber der Umwelt nicht bewusst, woher genau diese Erwartungen stammen.

Inhalte der Kultivierung

Im Zusammenhang mit der Kultivierungshypothese wurde eine große Zahl unterschiedlicher sozialer Sachverhalte untersucht. So zeigen die Studien von Gerbner und seinen Kollegen unter anderem, dass durch die *Jugendbetonung* vor allem des Fernsehens Zuschauer die soziale Realität viel stärker auf der Basis von Jugendlichkcit und Jugendimages beurteilen als auf der Basis der viel mehr der Realität entsprechenden Gleichverteilung junger und älterer Menschen (Potter 1986).

Ebenso werden bestimmte *Berufsgruppen* in Bezug auf ihr Vorkommen in der Realität bei weitem überschätzt; gerade in Jugendprogrammen ist hier die Welt der Kreativität, der Models, der Schönheit, der Popmusik überrepräsentiert. Entsprechend überschätzen gerade jüngere Menschen bei weitem die Wahrscheinlichkeit, in entsprechenden Berufsgruppen unterzukommen. Dies zeigt zugleich das potenzielle soziale Risiko, das mit eventuell einseitiger Medienkultivierung verbunden ist. Jüngere, aber auch ältere Menschen bauen Erwartungen gegenüber wahrscheinlichen Karrieren auf, die in der Realität nicht wiederzufinden sind.

Ebenfalls nicht gerade korrespondierend mit einer Welt der Aufklärung und der Gleichberechtigung ist der Befund, dass die Fernsehwelt immer noch *männlich* dominiert wird (→ Gender Studies). Dabei geht es hier nicht um die Entscheidungsträger innerhalb des Systems der Medien, sondern um die Repräsentationen auf dem Bildschirm und in anderen Medienzusammenhängen. Trotz „Sex and the City“ sind in den Fernsehrollen, jedenfalls im internationalen Vergleich, immer noch Männer diejenigen, welche die führenden Positionen einnehmen. Es mag durchaus der Realität entsprechen, aber die Medienvermittlung setzt dieses häufig mit einem naturgesetzähnlichen Prinzip gleich. Frauen werden, selbst wenn sie in Führungspositionen dargestellt sind, wiederum eher stereotyp in die Rolle der letztlich Hilfsbedürftigen und Anlehnungssuchenden gerückt.

Auch *Familienformen* sind Teil der Weltbilder, welche die Medien vermitteln (→ Nachrichtenselektion, → Konstruktivismus). Über Jahrzehnte konnte man im Fernsehen – sicher wieder in Wechselbeziehung mit der Realität – die massive Veränderung der vermeintlich oder tatsächlich dominanten Formen des Zusammenlebens sehen. Noch in den 50er Jahren waren sowohl in den → USA wie in den meisten anderen Ländern der Welt (einschließlich → Deutschland) die ganz traditionellen Familien mit ihren entsprechenden Serien dominierend. Da die Kultivierungshypothese davon ausgeht, dass die wahrgenommene Fernsehrealität auf die wahrgenommene ‚wirkliche' Realität übertragen wird, kann man ihr eine verstärkende Funktion hinsichtlich bestehender Strukturen zuweisen, bzw. ein unter Umständen leichtes Vorauseilen bei den Entwicklungen, die sich tatsächlich in der Gesellschaft abspielen.

So kann man im Verlauf der ‚Familienbilder' des Fernsehens nach den 50er Jahren eine zum Teil schnellere Veränderung sehen, als sie sich in den Fakten und Statistiken über das Zusammenleben widerspiegelt. In den 60er Jahren entsteht die Akzeptanz der ‚wilden Ehe', und bereits Ende des Jahrzehnts finden sich entsprechende Darstellungen im Fernsehen und natürlich auch in den anderen Medien.

Gleichzeitig mit der Vorstellung von Familie ändert sich auch die Auffassung über *Sexualität.* In Europa noch bis in die 60er Jahre hinein weitgehend verpönt, wird seitdem auf dem Bildschirm die ‚sexuelle Revolution' propagiert. Ebenfalls in den 60er Jahren tauchen auf europäischen Bildschirmen die ersten unbekleideten Oberkörper von Frauen auf; in den USA dagegen ist bis ins 21. Jahrhundert hinein eine solche Darstellung noch eher verpönt.

Auch Homosexualität wird bis in die frühen 70er Jahre hinein entweder gar nicht thematisiert oder allenfalls im Bereich von Wissenschaftsmagazinen abgehandelt. Dies ändert sich im deutschen Fernsehen mit Sendungen, die ganz explizit auf zum Teil unterhaltsame Art und Weise Homosexualität zum Thema machen; erst in den 80er Jahren dagegen wird sie auch in amerikanischen Seifenopern („Dynasty“, „Denver Clan“) herausgestellt. Gleichzeitig macht der Bereich von Familie und Sexualität deutlich, wie sehr hier vor allem Serien und Fernsehunterhaltung das Klima prägen.

Im 21. Jahrhundert hat sich die Situation speziell bezüglich der Familien- und Sexualitätsbilder immer weiter ausdifferenziert. Neben die zum Teil ebenfalls fast normative Darstellung der völlig unverbindlichen Form des Zusammenlebens ist heute das so genannte ‚Patchwork' aus gleichzeitig nebeneinander existierenden unterschiedlichen Lebensstilen getreten. Die gerade im Fernsehen regelmäßig zu sehende ‚Patchwork-Familie', bei der die Familienmitglieder familiär unterschiedlich verbunden sind (Mutter mit Kindern aus verschiedenen Ehen, unverheirateter Lebensgefährte etc.), stehen neben der wieder stärker betonten sehr traditionellen Lebensform der klassischen Ehe mit einem verdienenden Mann und einer fürsorglichen Hausfrau, wie sie etliche Casting-Shows propagieren (z. B. „The Bachelor“).

Auch weitere gesellschaftspolitische Kultivierungen der gesamten Gesellschaft sind auf das Aufgreifen durch die Medien zurückzuführen. So hat sich *Umweltbewusstsein* sicherlich auch durch Kampagnen und politische Diskussionen ergeben; aber mindestens ebenso bedeutsam für die Verbreitung neuer Ideen und Innovationen ist ihr Erreichen des ‚Mainstreams' durch Medien (Potter 1986).

Erst wenn regelmäßig die Thematisierung von Faktoren wie Umwelt, Gleichberechtigung, Sicherheitspolitik breit gestreut in Medieninhalten auftaucht, kann man von einer Verbreitung entsprechender Ideen in der Bevölkerung ausgehen. Auch hier wird wieder die Wechselbeziehung deutlich: Während bei der kurzfristigen Thematisierung ein Ereignis, ein Sachverhalt einige Tage die Schlagzeilen und die öffentlichen Diskussionen bestimmt, geht es bei der Kultivierung um die allmähliche, dafür aber ‚nachhaltige' Veränderung eines Gesamtklimas in der Gesellschaft und um die Aufmerksamkeit und Etablierung langfristiger Themensysteme.

Gerbner hat in einer wiederum zum Teil kulturpessimistischen Weise diese gesellschaftspolitischen Veränderungen gleichgesetzt mit einer ‚Globalisierung' des amerikanischen Mainstreams. Danach – dies belegen tatsächlich zum Teil auch internationale Studien – hat die lange währende Dominanz amerikanischer Serien auf den Bildschirmen der Welt die Konsequenz, dass vor allem amerikanische Lebensformen und Konsumver-haltensweisen in den Alltag auch anderer Länder übernommen werden.

Viele Kulturpessimisten sprechen deshalb von einer immer noch zu großen Dominanz der amerikanischen Kultur. Umgekehrt kann man aber ebenso argumentieren, dass diese ihrerseits besonders viele internationale Einflüsse und Weltkulturen aufgreift und in der Populärkultur verdichtet. Genau dies macht sie dann attraktiv für viele Menschen – und nicht in erster Linie ihre ökonomischen und Marketingaktivitäten.

Fazit und Ausblick

Insgesamt zeigen die Befunde und Beispiele, wie dynamisch die Kultivierung durch die Medien verläuft. Einerseits mögen Klischees festgeschrieben werden; andererseits prägen neue Medientechnologien, neue Medienformate sehr schnell die öffentliche Debatte und das Wirklichkeitsklima – letztlich unsere Kultur.

Die Basis für Medienkultivierung wird dabei durch die Möglichkeit der Medien geprägt, soziales Lernen auch ohne unmittelbare Erfahrungen zu ermöglichen. Die ‚kognitive Trägheit', die mentale Ökonomie sorgen dann dafür, dass langfristig nicht zwischen Realität und Fiktion in der Wahrnehmung unterschieden wird. So kommt es, dass auch Spielfilme und Serien sehr wohl Menschen- und Weltbilder prägen können.

Mit den digitalen Medien → Internet, Mobilkommunikation und Festplattenrecorder entwickeln sich künftig auch neue Formen der Kultivierung (Groebel et al. 2005). Der Mediennutzer wird ein Stück weit aktiver, prägt selbst den (internationalen) Kulturraum mit; die Grenzen zwischen medialen und nicht-medialen Erfahrungen vermischen sich weiter. Es entstehen neue Verbindungen zwischen Aktivität und Passivität, zwischen Fiktion und Realität, zwischen sozialem Nahraum und entfernten Erfahrungsorten.

Ein Beispiel ist hier die Veränderung der Vorstellungen von Privatheit und von Öffentlichkeit durch Internet und Fernsehen (Weiß/Groebel 2002). Zunächst durch Änderungen des sozialen Klimas und der Normen sowie flankiert durch neue Möglichkeiten der persönlichen Exposition im Internet (Personal Websites) ist zu Beginn des 21. Jahrhunderts in vielen Bereichen von Medien und Zusammenleben das Tabu verschwunden, dass Intimes aus dem Privatleben normaler Menschen nicht in die Öffentlichkeit gehöre: Liebe, Trauer, Eifersucht, Neid, Ekel werden in Fernsehshows (z. B. Reality-TV) ‚kultiviert' und führen zu einer Veränderung des gesellschaftlichen und politischen Klimas, ja ihre Betonung scheint häufig erst die Voraussetzung für soziale Akzeptanz zu sein.

Auch hier lassen sich nur schwerlich Normen aufstellen; die kulturpessimistischen Diskussionen sind oft eher auf die Geschmacksveränderungen bezogen, soziale ‚Schädlichkeit' lässt sich kaum feststellen. Allenfalls wird häufig die Verschiebung von einer Sach- zu einer Gefühlsnorm auch in der Politik beklagt.

Literatur

Bandura, Albert (1986): Social foundations of thought and action, Englewood Cliffs/NJ.

Gerbner, George (1969): Toward ‚Cultural Indicators': The analysis of mass-mediated message systems, in: AV Communication Review 1969/2: 137-148.

Gerbner, George (1972): Communication and social environment, in: Scientific American 1972/3: 152-160.

Gerbner, George/Larry Gross (1976): Living with television. The violence profile, in: Journal of Communication 1976/3: 10-29.

Groebel, Jo (2002): Media and human development, in: Encyclopedia of the Social and Behavioral Sciences, London u. a.

Groebel, Jo et al. (Hrsg.) (2005): Mass-media content in mobile wireless communication, Mahwah/NJ.

Potter, W. James (1986): Perceived reality and the cultivation hypothesis, in: Journal of Broadcasting & Electronic Media 1986/2: 159-174.

Weiß, Ralph/Jo Groebel (Hrsg.) (2002): Privatheit im öffentlichen Raum, Opladen.

Jo Groebel, Düsseldorf

Kulturjournalismus

Definition/Begriffsbestimmung

Kulturjournalismus ist die beschreibende, analysierende und bewertende Berichterstattung über kulturelle Ausdrucksformen, ihre Zusammenhänge und ihren Wandel. Im modernen, kommunikationswissenschaftlichen Verständnis zählen zu diesen Ausdrucksformen alle Lebensäußerungen, mit denen Einzelne oder Gruppen schöpferisch oder habituell ihre Umwelt erfahren, gestalten und sich anderen symbolisch mitteilen (Reus 1999: 23). So gesehen macht Kultur nicht vor Ressortgrenzen Halt. → Massenmedien thematisieren sie auf den unterschiedlichsten Sendeplätzen oder Seiten; mit einer gewissen Berechtigung erlaubt es der weite Kulturbegriff sogar, das Angebot eines Senders, einer Zeitung oder einer Publikumszeitschrift insgesamt als Auseinandersetzung mit Kultur aufzufassen. Im engeren und landläufigen Sinne versteht man unter Kulturjournalismus die Arbeit in einer eigenen Kulturredaktion. In Deutschland kommt dem Feuilleton der Tagespresse nach wie vor eine besondere Thematisierungsfunktion zu.

Ursprünglich steht das lateinische ‚cultura' für die landwirtschaftliche Bearbeitung des Bodens. Doch schon im Altertum bezeichnet das Wort zugleich die Fähigkeiten, die der Mensch im Umgang mit der Natur entwickelt. ‚Cultura' spricht also ein Ensemble geistiger, ästhetischer, sittlicher und körperlicher Errungenschaften an. Die europäische Aufklärung macht dann keinen Unterschied mehr zwischen ‚Kultur' und ‚Zivilisation'; der Begriff schließt nun eine Vielzahl gesellschaftlicher Ausdrucks- und Umgangsformen ein. Diese Vorstellung setzt sich vor allem in den angelsächsischen Ländern durch. Im verhältnismäßig rückständigen Deutschland des 19. Jahrhunderts wachsen dagegen die Affekte gegen die ‚zivilisatorische' Moderne Englands oder Frankreichs. ‚Zivilisation' und ‚Kultur' entwickeln sich hier zu Lande seit der Romantik zu Gegensätzen – jene steht für ‚äußerliche', materielle Errungenschaften, diese aber für die ‚höheren', die ‚inneren' Werte einer Gesellschaft. Diese inneren Werte werden eng mit imaginativen und künstlerischen Ausdrucksformen verbunden.

Nach 1945 hat sich auch in der deutschen Gesellschaft der Kulturbegriff stark geweitet. Längst umschließt er nicht mehr nur die Künste, sondern auch Warenästhetik, Reisen und Freizeittätigkeiten, Gastronomie, Massenmedien, ja jede Form des kommunikativen Austausches in der Gesellschaft. In aller Regel lösen Kulturredaktionen von → Printmedien oder Sendern das damit verbundene Problem der Allzuständigkeit für sich, indem sie ‚Kultur' weiterhin eng an Kunst und Bildung koppeln. Das gilt im Großen und Ganzen auch für die Kulturressorts von Boulevardmedien (→ Boulevardjournalismus) und Publikumszeitschriften, wenngleich sie so genannte Unterhaltungskunst (Popmusik, Kino, Bestsellerliteratur) weit stärker berücksichtigen.

Geschichte/Entwicklung

Die Geschichte des Kulturressorts ist durchaus keine Geschichte publizistischer Belanglosigkeit. Zu Beginn des 19. Jahrhunderts übernimmt die deutsche Presse eine Pariser Neuerung und grenzt einen Teil der Zeitungsseiten von politischer Korrespondenz ab. ‚Unter dem Strich' ist nun Raum für Konzert- oder Theaterneuigkeiten, für Hinweise auf Bücher und Virtuosen, auf Redouten und Soirées – Raum also für geistreiche Betrachtungen wie für Gesellschaftsklatsch. Im ‚Feuilleton' (der Begriff existiert schon im 18. Jahrhundert) fließen damit zwei publizistische Traditionen zusammen: die ‚gelehrten Artikel' und das unterhaltsam-moralisierende Zeiträsonnement der bürgerlichen Aufklärung (z. B. Gotthold Ephraim Lessing oder Matthias Claudius).

Das charakteristische Nebeneinander von Belehrung und Unterhaltung (Haacke 1951-1953) kommt beim Publikum glänzend an in einer Zeit, in der die Künste aus dem höfischen Raum heraustreten und Öffentlichkeit sich formiert. In den Salons der Romantik emanzipiert sich der Bürger als geschmacksbildende Instanz. Man trifft sich an Orten und zu Ereignissen, die von Journalen zum Stadtgespräch gemacht werden. Bis zur Mitte des 19. Jahrhunderts steigt die Zahl der Zeitungen sprunghaft an, und die Zensur politischer Berichterstattung erlaubt es Verlegern, sich mit Kulturberichten zu profilieren (→ Pressefreiheit). Zudem verstehen es die besten Köpfe des deutschen Vormärz (1815-1847, stilprägend: Heinrich Heine), den eleganten Konversationston ihrer ‚Feuilletons' zur politischen Camouflage zu nutzen. Bis 1900 professionalisiert sich der Kulturbetrieb wie der → Journalismus. Während eine Vielzahl von Unterhaltungszeitschriften entstehen, kann der Kulturteil der Tagespresse nun auf hauptberufliche, oft gefürchtete Rezensenten zurückgreifen (beispielhaft der Wiener Musikkritiker und Wagner-Gegner Eduard Hanslick). Neben Rezensionen stehen feuilletonistische Alltagsplaudereien und „Spaziergänge" in hoher Blüte (in Wien Daniel Spitzer, Ludwig Speidel oder Theodor Herzl, in Berlin

Ernst Ludwig Kossak, später Victor Auburtin).

Im meinungsfreudigen Feuilleton der Weimarer Republik spiegeln sich die weltanschaulichen Richtungskämpfe der Zeit. Während das junge → Radio ein Unterhaltungsmedium mit Ausflügen in die Kulturkritik bleibt (etwa in den literarischen Diskussionen der „Berliner Funkstunde"), verbinden sich mit der Literatur- und Theaterkritik der großen deutschen und österreichischen Blätter noch heute klangvolle Namen: Kurt Tucholsky, Walter Benjamin, Alfred Kerr, Herbert Ihering, Alfred Polgar, Karl Kraus, Manfred Georg, Monty Jacobs und viele andere. Vor allem die Theaterkritik in Berlin gilt als überaus einflussreich. Dem machen die Nationalsozialisten ein Ende. Goebbels' Propagandaministerium zerschlägt das Feuilleton und benennt das Ressort in „Kulturpolitik" um. An die Stelle der nun als „zersetzend" diskriminierten Kritik soll die gelenkte Würdigung „völkischen" Kulturlebens treten (Reus: 1999: 163).

Zur Bekennerlust der Weimarer Zeit findet das Feuilleton nach 1945 nur langsam zurück. In der DDR haben Zeitungen den Direktiven des Presseamtes beim Ministerrat zu folgen. In Westdeutschland bleibt die alltägliche Ereignisberichterstattung bis heute vergleichsweise nüchtern und entgegenkommend. Zugleich erwächst den Zeitungen in Publikumszeitschriften und Lifestyle-Magazinen, die Sujets der Kulturberichterstattung ebenfalls abdecken, sowie im Gesamtprogramm der elektronischen Medien erhebliche Konkurrenz. Das Zeitungsfeuilleton als Geschmacksinstanz hat keine Monopolstellung mehr – bleibt aber einflussreich, auch in der Bedeutung der überregionalen Berichterstattung für die Themenauswahl der Kulturprogramme in → Radio (z. B. *Deutschlandfunk*) und → Fernsehen (z. B. *Aspekte*).

Der Bestand des Feuilletons erscheint derzeit nicht gefährdet. Es kann sich weiterhin behaupten als Ressort, das immerhin Bildungsmultiplikatoren anspricht und zum Prestige eines Blattes beiträgt. Mit gelegentlichen, politisch ambitionierten „Debatten" macht es erfolgreich auf sich aufmerksam. Erheblich schlechter stehen die klassischen Kulturmagazine in Fernsehen und Radio da. Sie werden vom Programmumfeld zunehmend an den Rand gedrückt (Sendeplatz, Sendedauer). Andererseits entwickeln sich in den Unterhaltungsprogrammen des Rundfunks Formen der Kulturberichterstattung weiter (z. B. Musikmoderation), und die Vervielfältigung der Kanäle hat wiederum ‚anspruchsvolle' Kultursender wie *Arte* oder *3sat* hervorgebracht. Neue Möglichkeiten eröffnet das → Internet. Auf unzähligen professionellen wie privaten Websites finden sich Kulturkritik und -information. Der Informationsdienst *perlentaucher.de* profiliert sich als Führer durch das überregionale Presse-Feuilleton.

Forschungsstand

Seit den 90er Jahren wird wiederholt beklagt, Feuilleton und Kulturmagazine zerflössen in Beliebigkeit, Kritik und Rezension wichen Service und Geplauder, alles (und damit nichts) werde zu Kultur erhoben. Doch das Lamento verkennt nicht nur die Ursprünge des Feuilletons, es verkennt auch reale Größenordnungen. Was → Massenmedien als ‚Kultur' zur öffentlichen Wahrnehmung freigeben, wird nach wie vor von den Künsten bestimmt. Das haben Forschungen wiederholt gezeigt (Frank et al. 1991; Stegert 1998). Theater, Musik, Literatur, bildende Kunst und (weniger deutlich) Film sind die dominierenden Gegenstände – freilich mit unterschiedlichen Ausprägungen: Während etwa die Theaterkritik der institutionalisierten ‚Hochkultur' eng verbunden ist, wenden sich Film- und Musikkritik längst populären Genres zu. Das gilt besonders für Boulevardzeitungen, ist aber auch ein deutlicher Trend in der so genannten Qualitätspresse (→ Qualität). Sonstige Alltagskultur geht – hier wie dort – meist ohne das Etikett ‚Kultur' in anderen Ressorts auf.

Aktuelle Längsschnittdaten zum Feuilleton bestätigen die älteren Befunde. Demnach haben die Künste seit den 80er Jahren zwar leicht an Bedeutung verloren, bilden aber (inklusive Film) im Jahre 2003 immer noch weit mehr als die Hälfte aller Berichterstattungsanlässe. Alltagskultur bleibt marginal. Sehr deutlich zugelegt hat allerdings das Themenfeld ‚politische Kultur'.

Mit der Konzentration auf „Events" verschwindet auch die Rezension keineswegs, sondern bleibt neben kurzen Meldungen wichtigste Beitragsform. Ihr Tenor ist öfter positiv als negativ.

Erreicht das Feuilleton den Nutzerkreis, den es erreichen könnte? 44 Prozent der Bundesbürger bekundeten 2002 bei einer Repräsentativbefragung des SWR Interesse an Kulturthemen (Klingler/Neuwöhner 2003: 310). Die tatsächliche Nutzung des Feuilletons an einem Stichtag liegt der Langzeitstudie „Massenkommunikation" zufolge erheblich darunter, bei weniger als zehn Prozent. Sehr niedrig sind auch die Quoten der Kulturmagazine in Radio und Fernsehen (Reus 1999: 67 f.).

Bei großen Teilen des ‚Kulturpublikums' klaffen also Interesse und Rezeption auseinander. Die neuere Forschung verfolgt dieses Phänomen und unterscheidet nach bestimmten Verhaltens- und Nutzungsmustern zwischen Milieus oder Kulturtypen. So ließ sich in einer Studie zeigen, dass jener Typus dem Feuilleton am fernsten steht, der eher genussorientierten Themen wie Reise, Film, Mode oder Essen/Trinken zugetan ist. Am nächsten steht dem Feuilleton dagegen ein bildungsbürgerlicher Typus.

Durchweg alle Kulturtypen, so zeigte die Studie außerdem, wünschen mehr Vielfalt journalistischer Formen im Feuilleton (→ Mediengattungen). Andere Untersuchungen belegen, dass Leser, Hörer und Zuschauer heute von Kritik weit mehr Information als Verdikte erwarten. Sie sind nicht unempfänglich für Kritikermeinungen, verhalten sich aber mündiger als frühere Generationen. Je vertrauter ihnen Kulturgenre, Ereignis oder Interpret ist, desto weniger lassen sie sich in Geschmacksurteilen beeinflussen. Dies rechtfertigt eine deutlich ‚journalistischere' und weniger kunstrichterliche Ausrichtung der Rezension. Ihr stärkster Effekt ist die Thematisierung: Sie entscheidet, was man wahrnimmt und worüber man spricht (→ Agenda Setting) – weniger, wie man darüber zu denken hat. Auf Standpunkt und Haltung brauchen Kulturjournalisten gleichwohl nicht zu verzichten.

Bewertung und Fazit

Ein solcher Verzicht auf eigene Wertungen würde Kulturjournalisten auch schwer fallen, wie die Kommunikatorforschung zeigt. Sie sehen sich durchaus als Informanten und Unterhalter ihres Publikums; in → Deutschland wie in den → USA gehört aber auch pädagogisches Ethos zu ihrem Selbstverständnis. Bei der Vermittlung von ‚Werten' kommt der so genannten Qualitätspresse (überregionale und namhafte regionale Zeitungen, Wochenblätter) die Rolle von Meinungsführern zu, an denen sich auch elektronische Medien orientieren.

Kulturkritik lebt also in hohem Maße von zwischenmedialer Beeinflussung und der Sogkraft von Leitmedien. Zwar berücksichtigen alle Kulturredaktionen übergeordnete Nachrichtenfaktoren (wie Prominenz, Nähe, Skandal) und lassen sich von internen Besonderheiten beeinflussen (redaktionelle Grundsätze, Vorlieben einzelner Journalisten, Eitelkeiten und Gefälligkeiten, materielle Bedingungen) (→ Nachrichten-Selektion). Doch es sind die großen Blätter, die Bedeutung inszenieren und Interpretationsnormen vorgeben. Das zeigt sich unter anderem im Trend zum ‚Debattenfeuilleton' (etwa die Auseinandersetzungen um den US-Historiker Daniel Goldhagen, um Martin Walser, um Stasi-Verstrickungen von Künstlern oder um Biotechnologie), dem sich kleinere Redaktionen im Wechselspiel von Anpassung und Distinktion gerne anschließen. Es zeigt sich auch in sprachlichen Mustern – wobei die stilistischen Eigenarten des ‚Feuilletonismus' weit größer sind als die anderer Ressorts. Sie schließen rhetorische Tugenden ebenso ein wie Dünkel und Zumutung; sprachliches Raffinement, Witz und Farbe gehören zum Alltag der Kulturberichterstattung ebenso wie Imponiergehabe oder akademische Abstraktion.

Neben dem Wiederaufleben von politisch-ästhetischen Debatten hat die Aufwertung des lokalen (Kunst-)Geschehens die Kulturberichterstattung der vergangenen beiden Jahrzehnte geprägt. Für junge Journalisten bieten sich hier fassettenreiche Möglichkeiten der freien Mitarbeit. Die Zahl der Planstellen in Kulturredaktionen ist dagegen eher bescheiden; ein festes Arbeitsverhältnis in Verlags- und Funkhäusern zu erhalten gestaltet sich zunehmend schwierig (→ Freier Journalismus).

In Geschichte und Gegenwart des Kulturjournalismus spiegelt sich publizistischer wie gesellschaftlicher Wandel exemplarisch. Noch hinkt das moderne Feuilleton dem gesellschaftlich sanktionierten Kulturbegriff zwar hinterher, doch ist zu erwarten, dass es sich über den Trend zu politischen Sujets hinaus weiter öffnen wird. Damit könnte es bei einem mündiger gewordenen Publikum wieder Boden gut machen. Das wäre auch dringend zu wünschen, denn bei aller Bedeutung von Information und Service braucht die Gesellschaft eine publizistische Instanz, die nicht als Richter, aber als Gutachter ihrer symbolischen Lebensäußerungen auftritt; die nicht endgültige Urteile fällt, aber lesbare Argumente formuliert, warum Größe von Mittelmaß, Qualität von Pfusch zu scheiden wäre.

Entstanden aus der Geschmacksemanzipation des Bürgertums, ist der Kulturjournalismus auch eine Schule des subjektiven Blicks, auf den keine Publizistik verzichten darf und mit dessen Hilfe sie mitunter den Augenblick überdauert. „Das Feuilleton", meinte jedenfalls der Feuilletonist Ludwig Speidel, „ist die Unsterblichkeit des Tages." (Speidel 1963: 13)

Literatur

Eagleton, Terry (2001): Was ist Kultur? Eine Einführung, 2. Aufl., München.

Frank, Bernward et al. (1991): Kultur und Medien. Angebote – Interessen – Verhalten, Baden-Baden.

Haacke, Wilmont (1951-1953): Handbuch des Feuilletons, 3 Bde., Emsdetten.

Klingler, Walter/Ulrich Neuwöhner (2003): Kultur in Fernsehen und Hörfunk. Kulturinteresse der Bevölkerung und die Bedeutung der Medien, in: Media Perspektiven 2003/7: 310-319.

Reus, Gunter (1999): Ressort: Feuilleton. Kulturjournalismus für Massenmedien, 2. Aufl., Konstanz.

Speidel, Ludwig (1963): Kritische Schriften. Ausgewählt, eingeleitet und erläutert von Julius Rütsch, Zürich/Stuttgart.

Stegert, Gernot (1998): Feuilleton für alle. Strategien im Kulturjournalismus der Presse, Tübingen.

Gunter Reus, Hannover

Lateinamerika

Allgemeine Rahmenbedingungen

Auf den Gipfeltreffen der *Organisation Amerikanischer Staaten* (OAS) wird in regelmäßigen Abständen die erfolgreiche Demokratisierung des amerikanischen Kontinents gefeiert. Nur noch *Kuba* gilt als diktatorisch regierter Staat. Dabei wird von den 34 Staatschefs bewusst ignoriert, dass ein wesentlicher Bestandteil für eine pluralistische Gesellschaft – die Medienfreiheit – in den meisten OAS-Mitgliedsländern nicht konsolidiert ist. Zwar wird weitgehend auf plumpe Zensur verzichtet, doch in zahlreichen Staaten existieren repressive Gesetze, welche die Pressefreiheit ins Visier nehmen. Politische Kontrolle gibt es fast überall. Physische Gewalt gegen Journalisten ist nicht selten (→ Kommunikationsfreiheit).

Mediensysteme und Journalismus

Im Allgemeinen kann festgestellt werden, dass in Lateinamerika alle Medien – das gilt für → Presse, → Radio, → Fernsehen aber auch für Internetauftritte – dem Druck der jeweiligen Regierungspolitik ausgesetzt sind. Im Printbereich wissen sich die Verlegerfamilien durch parteipolitische bzw. ideologische Bündnisse oder durch extremen Opportunismus (*Globo*-Konzern, Brasilien) über Wasser zu halten. Soweit es um privatrechtliche Medien geht, sind Repressalien mittlerweile fast ausnahmslos indirekt angelegt. Dort, wo es im TV-Bereich um ‚Staatssender' geht, greift die Politik oft offen in die Personalpolitik der Sender (z. B. *TVN* in Chile) ein.

Die Gesetzgebung ist aus Sicht von unabhängigen Journalistenvereinigungen mangelhaft. *Chile* kann als Beispiel besonders repressiver Politik erwähnt werden. Dort sind Journalisten „wegen übler Nachrede" von Strafverfolgung bedroht. Grotesk mutet in diesem Zusammenhang die Position des Parlaments an. Die Demokratie hat nach dem politischen Rückzug des früheren Diktators *Augusto Pinochet* die Presseartikel der damaligen Staatssicherheits-Gesetzgebung gestrichen. Die entfernten Artikel wurden dann in überarbeiteter Form von den sich demokratisch gebenden Parlamentariern in das Strafgesetzbuch übernommen.

Ansonsten gibt es subtile Methoden, die häufig gegen Pressevertreter in Südamerika angewendet werden. Das gilt für den stillschweigenden, nie offen deklarierten Entzug von Werbung staatlicher Unternehmen oder Institutionen. Auch werden Verleger oder journalistische Persönlichkeiten schnell kaltgestellt; ein Beispiel war die Enteignung von *Baruch Ivcher*, Besitzer von *Kanal 2 Frecuencia Latina*, in Peru.

Ideologischer Journalismus, der extrem nahe an der Macht agiert, ist ohnehin keine Seltenheit. Die kolumbianische Zeitung *El Tiempo* ist das Sprachrohr der liberalen Partei und die der Regierung von Präsident *Alvaro Uribe*. Verleger-Sohn *Francisco Santos* ist Vize-Präsident der Bürgerkriegs-Republik.

Seit der sozialdemokratisch ausgerichtete Peronist *Nestor Kirchner* argentinischer Präsident ist, sieht mancher Beobachter die vormals linke, intellektuell angehauchte Zeitung *Pagina 12* zu einem Amtsblatt degradiert. Ihr Chef und Herausgeber *Horacio Verbitzky* ist einer der engsten Medienberater Kirchners; beide waren in den 70er Jahren Mitglieder der linkskatholischen Guerilla Montoneros.

In *Argentinien* sind *Clarin* und *Pagina 12* zu De-facto-Verlautbarungsorganen der Regierung geworden. Im Gegenzug bekommen sie alle relevanten Informationen exklusiv. Eine unabhängige Medienberichterstattung ist nicht existent. Tendenzschutz oder verlegerische Verantwortung sind Fremdworte für die Medieneigner, die ihren ökonomischen Interessen alles unterzuordnen scheinen.

Die Gesetzgebung nimmt meist nur direkten Einfluss auf TV und Radio. Zeitungen sind privatrechtliche Erzeugnisse. Im elektronischen Medienbereich läuft das Spiel über die Vergabe von Konzessionen. Medienmonopole wie *Globo* (Brasilien), *Grupo Clarin* und *Citicorp Equity Investment* (Argentinien) oder die *Cisneros*-Gruppe (Venezuela) teilen den Markt unter sich auf. Sie können nach Gusto schalten und walten. Für den *taz*-Südamerika-Korrespondenten *Ingo Malcher* herrscht auf dem Subkontinent ein „vogelfreier Markt".

Brasilien ist ein besonders gutes Beispiel für die ‚politische' Vergabe von Konzessionen. Der *Globo*-Konzern hatte während des Militärregimes zu starkem Wachstum angesetzt. Dafür sind im Umkehrschluss Persönlichkeitsrechte (→ Medienrecht), Datenschutz oder Urheberrechte so gut wie gar nicht geregelt. Die offen repressiven Gesetzgebungen wie etwa in Chile führen immer wieder zu

Streit mit dem interamerikanischen Verlegerverband *SIP* oder landen vor dem interamerikanischen Menschenrechtshof.

Fazit und Ausblick

Zusammengefasst gilt, dass es in Lateinamerika in der Politik, in den Eliten und in der Gesellschaft im Allgemeinen kein Verständnis für die Funktion der Medien als ‚Vierte Gewalt' (→ Kommunikationspolitik) gibt. Nehmen und geben ist Brauch zwischen Medien und Politik. Ob es in Lateinamerika wirklich gelingt, demokratische Gesellschaften aufzubauen, ist vor diesem Hintergrund fraglich. Programm- oder Zeitungsmacher haben die ‚Schere im Kopf'. Sie sind erheblichem Druck ausgesetzt, den etwa die Organisation *Reporter ohne Grenzen* als schlimmer einschätzt als die mäßigen Arbeitsbedingungen in → Afrika. (www.reporter-ohne-grenzen.de)

Mit Europa ist eine andere Tendenz in Süd- und Mittelamerika vergleichbar: Die Zeitungen verlieren an Auflagen; sie verlieren Leser. Junge Menschen sind kaum noch für das Zeitunglesen zu gewinnen. Die seichten Programme der Privatsender unterstützen die Entpolitisierung. Zeitungen bleiben in Südamerika viel zu teure Erzeugnisse. Sie sind für viele Menschen ein Luxus, der höchstens sonntags konsumiert werden kann.

Keine guten Voraussetzungen für mehr Seriosität, mehr Eigenständigkeit, mehr Vielfalt, mehr Demokratie.

Literatur

Fox, Elisabeth (2000): Latin American Broadcasting, Luton.

Hans-Bredow-Institut (Hrsg.) (2004): Internationales Handbuch Medien 2004/2005, Baden-Baden (Artikel zu Argentinien, Bolivien, Chile, Mexiko, Mittelamerika, Panama).

Priess, Frank (1997): Pressefreiheit in Lateinamerika, St. Augustin.

Hendrik Groth, Essen

Layout

Definition/Begriffsbestimmung

Der englische Begriff Layout meint wörtlich ‚ausbreiten' oder anlegen' und bezeichnet im redaktionellen Kontext die Text- und Bildgestaltung. Man könnte bei Layout auch an Design denken, Fachleute ziehen zwischen den beiden Begriffen allerdings eine strenge Grenze: Design „ist das grundsätzliche grafisch-typografische Konzept [...]; Layout bezieht sich vor allem auf die tägliche Seitengestaltung" (Rehe 1986: 89).

Die begriffliche Trennung von Layout und Design hat einen ganz handfesten Grund: Layout kann im redaktionellen Tagesgeschäft nur dann zügig realisiert werden, wenn das Design klar definiert und „in einem Stilbuch zementiert ist" (ebd.). In modernen Redaktionssystemen werden deshalb nur die im Stilbuch definierten Layoutkomponenten für den Bau der Zeitungs- oder Zeitschriftenseiten zugelassen; für die Redakteure heißt das, dass sie von vornherein nur bestimmte Schrifttypen, Schriftgrößen, Schriftauszeichnungen, Laufbreiten, Symbole, Signets, Logos oder Linientypen einsetzen können. So wird z. B. sichergestellt, dass im Textkörper eines Druckmediums durchgängig die gleichen Schriften eingesetzt werden, dass bestimmte Logos nur an bestimmten Positionen im Heft Platz finden – und dass die Zeitung oder die Zeitschrift im Zeitverlauf insgesamt ein wiedererkennbares Gesicht bekommt.

Wird in einer Print-Redaktion ein Layout gebaut, dann geht es also um das stilbuchgemäße Anordnen und Gestalten von Texten, Bildern und Grafiken. Während das Design primär darauf zielt, ein Druckmedium optisch unverwechselbar zu gestalten, dient das Layout dazu, im Rahmen des gegebenen Designs Informationen visuell optimal für die jeweilige Leserklientel aufzubereiten.

Mikro- und Makrotypografie

Wann ist ein Layout visuell optimal? Unterschieden werden grundsätzlich zwei Faktoren, die für eine rezipientenfreundliche Seitengestaltung von Bedeutung sind: die Mikro- und die Makrotypografie.

In der *Mikrotypografie* geht es um optimale Leserlichkeit. Die Schriftzeichen müssen so gestaltet sein, dass der eigentliche Lesevorgang möglichst irritationsfrei und reibungslos abläuft. Anders gesagt: Was gelesen werden soll, muss mühelos zu lesen sein. Zu beachten sind hier die Befunde der Wahrnehmungspsychologie über den Ablauf des Leseprozesses: Der Blick läuft beim Lesen nicht in einer linearen Bewegung über die Zeile, sondern springt von einer Stelle der Zeile zur nächsten, wobei der Bereich des Scharfsehens in Abhängigkeit vom Abstand zur betrachteten Seite eine nur in Grenzen variable Größe hat. Soll die in Millisekunden betrachtete, optische Information problemlos aufgenommen werden, brauchen die Zeichen in Größe und Form günstige Eigenschaften.

Störungen bereits in der Phase der optischen Informationsaufnahme können durch problematische Gestaltungsentscheidungen verursacht werden: Die Schriftzeichen stehen zu dicht beieinander; der Abstand zwischen den Zeilen ist zu klein; die Schriftzeichen unterscheiden sich zu wenig, um klar voneinander unterschieden werden zu können etc. Um ein Verlesen von vornherein auszuschließen, muss das Lesen deshalb schon im Kleinen unterstützt werden; die Brotschrift beispielsweise, also die Schrift des Fließtextes, sollte immer eine lesefreundliche Größe haben – typischerweise 10 bis 12 Punkt.

In der *Makrotypografie* geht es dagegen um die Gesamt-Komposition einer Druckseite. Ziel makrotypografischer Gestaltung ist es, ein optisch attraktives, klar gewichtetes und übersichtlich strukturiertes Informationsangebot zu unterbreiten. Die Schlüsselfragen lauten: Wie groß darf das Bild für den Artikel sein? Wie werden die Fotos angemessen auf der Seite verteilt? Wird eine Infografik angeboten? Werden Info-Kästen eingestreut? Wie soll der Blick über die Seite geführt werden? Wie werden die Schlagzeilen angeordnet? Wie werden die Themen visuell hierarchisiert?

Abseits von Geschmacksfragen sind Mikro- und Makrotypografie im engeren Sinne dann optimal, wenn sie auf die Gesetzmäßigkeiten menschlicher Wahrnehmung abgestimmt sind. Visuell optimal ist in dieser Hinsicht, was vom naturgegebenen, biologischen Kognitionsapparat des Menschen störungsfrei und zügig aufgenommen werden kann.

So ist es z. B. für die Leser von Zeitungen, Zeitschriften oder Websites wichtig, möglichst schnell zu erfassen, welche Themen aus Redaktionssicht als wichtiger und welche als unwichtiger eingeschätzt werden. Um die redaktionelle Relevanzzuweisung zu vermitteln, wird deshalb im makrotypografischen Layout vor allem mit Größenunterschieden und mit Platzierungsentscheidungen gearbeitet. Im Prinzip gelten dabei einfache Regeln: Eine relativ größere Schlagzeilenschrift teilt beispielsweise metakommunikativ mit, dass das betreffende Thema (relativ) wichtiger ist als ein Thema mit vergleichsweise kleinerer Schlagzeile. Und ein am Seitenkopf oder über dem Bruch positionierter Artikel signalisiert, dass das Thema wichtiger ist als ein am Seitenfuß oder unter dem Bruch platzierter Artikel. Zudem muss die Makrotypografie auch Orientierung schaffen, vor allem indem thematisch verwandte Artikel zu Gruppen zusammengefasst werden – etwa in die typischen Zeitungsbücher wie Sport, Politik, Wirtschaft oder Feuilleton.

Gestaltgesetze

Damit keine Irritationen erzeugt werden, sind die Gesetze des Sehens, die so genannten ‚Gestaltgesetze' von besonderer Relevanz. Der Verständlichkeitsforscher Peter Teigeler (1982: 95) hält dazu fest: „Die Gesetze des Sehens beschreiben wesentliche Züge der Art und Weise, wie wir unsere Umwelt wahrnehmen, d. h. wie wir das, was an Wahrnehmungs-Reizen [...] auf uns trifft, ordnen, gliedern und unserer Art zu sehen anpassen."

Werden die Gestaltgesetze für die konkrete Seitengestaltung berücksichtigt, dann wird den Lesern schon beim Überfliegen intuitiv klar, welche unterschiedlichen Gruppen von Informationen auf der gerade betrachteten Seite angelegt sind: Meldungen beispielsweise stehen in der rechten Spalte; das Impressum am Seitenfuß; das Aufmacherbild gehört zum größten Text etc. All dies erleichtert die Informationsaufnahme durch die Leser. Die wichtigsten Gesetze des Sehens sind:

- das Gesetz der *Nähe*: „Was nahe beieinander liegt, wird auch als zusammengehörig wahrgenommen" (Teigeler 1982: 9);
- das Gesetz der *Ähnlichkeit*: „Was einander ähnlich ist oder gleich, wird auch als ähnlich bzw. gleich und damit als zusammengehörig wahrgenommen, was einander nicht ähnlich ist oder ungleich, wird auch als unähnlich bzw. ungleich und damit als nicht zusammengehörig wahrgenommen" (Teigeler 1982: 96);
- das Gesetz der *Geschlossenheit*: „Was durch Linien zusammengeschlossen, also ‚geschlossen' ist, wird als zusammengehörig wahrgenommen, was nicht durch Linien zusammengeschlossen, also offen ist, wird nicht als zusammengehörig wahrgenommen" (Teigeler 1996: 97).

Wahrnehmungsfreundliche Seitengestaltung ist im Journalismus jedoch nur das notwendige Kriterium für gelungenes Layout. Redaktionen entscheiden tagtäglich, was gekoppelt an die Erwartungen der Leser als das Wichtigste erscheinen soll. Erst wenn sich diese redaktionellen Gewichtungen im Layout in angemessener Weise widerspiegeln, den Texten also eine sichtbare Bedeutung zugewiesen ist, kann ein Layout auch im journalistischen Sinn als optimal gelten.

Literatur

Bucher, Hans-Jürgen/Joachim Blum (1998): Die Zeitung: ein Multimedium, Konstanz.
Heijnk, Stefan (1997): Textoptimierung für Printmedien, Wiesbaden.
Rehe, Rolf F. (1986): Typografie und Design für Zeitungen, Darmstadt.
Teigeler, Peter (1982): Verständlich schreiben, Bad Honnef.

Stefan Heijnk, Hannover

Lettland

→ Osteuropa

Libanon

→ Asien

Litauen

→ Osteuropa

Lokaljournalismus

Definition/Begriffsbestimmung

Lokaljournalismus bezeichnet die Bereitstellung von Themen zur öffentlichen Kommunikation im geografischen Nahbereich. Er wirkt demokratiefunktional, wenn und insoweit er die Artikulation pluraler Interessen innerhalb einer Gemeinde, eines Stadtteils oder einer Stadt, eines Kreises oder einer Region sicherstellt und die Teilhabe der Bürger am politischen Prozess gewähren hilft.

Im Vergleich zum überregionalen → Journalismus zeichnet den Lokaljournalismus eine größere Nähe zum Rezipienten und seiner Lebenswelt aus, die ihm bei der Erfüllung seiner Orientierungs- und Integrationsfunktion entgegenkommt, gerade vor dem Hintergrund einer zunehmenden Individualisierung medialer Nutzungsgewohnheiten. Eine größere Nähe besteht allerdings auch zu lokalen Eliten und Wirtschaftsunternehmen im Verbreitungsgebiet, auf deren Werbespots bzw. Inserate lokale Medienbetriebe angewiesen sind. Die dem Lokaljournalismus normativ zugewiesenen Funktionen der Kritik und Kontrolle können dadurch beeinträchtigt werden.

Geschichte/Entwicklung

Lokale Berichterstattung begann in größeren Städten wie Leipzig und Berlin. 1700 veröffentlichte die *Leipziger Zeitung* zum ersten Mal Meldungen aus dem Stadtgebiet. Lokalnotizen finden sich in den Folgejahren sporadisch in verschiedenen Zeitungen. Außerdem entstanden mit den so genannten Intelligenzblättern lokal ausgerichtete Anzeigenblätter mit gewerblichen Annoncen und behördlichen Mitteilungen.

In der Weimarer Republik wurde der Journalismus bis ins Lokale von konfessionell bzw. parteipolitisch gebundenen Zeitungen bestimmt. Mit deren Gleichschaltung im Nationalsozialismus funktionierte man die Lokalberichterstattung zur Heimatpropaganda um.

Nach Wegfall der *Lizenzpflicht* 1949 kam es zunächst zu einer Vielzahl von Zeitungsgründungen. Der Mitte der 50er Jahre einsetzende Konzentrationsprozess innerhalb der Tagespresse führte zu einer dramatischen Zunahme der Ein-Zeitungs-Kreise, die sich erst Mitte der 70er Jahre verlangsamte (→ Pressekonzentration). In der DDR waren die SED-Bezirkszeitungen auf lokaler Ebene praktisch ohne Konkurrenz.

Für lokale Informationen ist die Zeitung in weiten Teilen Deutschlands immer noch die einzige aktuelle Quelle. Weit verbreitet sind daneben die meist wöchentlich erscheinenden lokalen Anzeigenblätter, die unentgeltlich an alle Haushalte verteilt werden, sowie Amts- und Gemeindeblätter. Ergänzt werden die *lokalen Print-Produkte* mancherorts durch Stadtmagazine, die hauptsächlich Veranstaltungstipps und Kulturbeiträge für ein jüngeres Publikum bereithalten.

Lokaljournalismus war in Deutschland bis Mitte der 80er Jahre Printjournalismus. Bis zur Festschreibung des dualen Rundfunksystems verzichtete die ARD auf lokale Programme, da die Lokalpresse ihre Existenzgrundlage durch Rundfunkwerbung bedroht sah. *Kommerzielle Lokalsender* wurden ab 1984 mit der Begründung eingeführt, dass eine Vermehrung lokaler Medien zwangsläufig die Nahraum-Kommunikation verbessere. Einige Bundesländer ließen auch die Einrichtung nichtkommerzieller Hörfunkprogramme und Offener Kanäle bzw. Bürgermedien zu, die dem Bürger besondere Partizipationschancen am lokalen Kommunikationsprozess bieten sollten.

Die Arbeitsgemeinschaft der Landesmedienanstalten in der Bundesrepublik Deutschland (2003: 313) zählte im August 2003 144 private lokale und regionale Hörfunkprogramme. Jedoch ist der kommerzielle Lokalrundfunk in Deutschland sehr unterschiedlich ausgeprägt. Während er sich beispielsweise in Nordrhein-Westfalen etabliert hat und dort auch wissenschaftlich umfangreich untersucht ist, spielt er in vielen anderen Bundesländern eine geringe oder gar keine Rolle.

Auch das *Lokalfernsehen* konnte sich nicht flächendeckend durchsetzen, hauptsächlich aus finanziellen Gründen. Neben den vor allem in den ostdeutschen Bundesländern zahlreichen kleinen Stadtkanälen finden sich lokale und regionale Fernsehanbieter in verschiedenen Ballungsräumen, wo sie mit dem Angebot der ARD-Regionalprogramme konkurrieren; bisweilen – wie etwa in Köln und Dortmund – auch mit deren stadtbezogenen Programmfenstern.

Forschungsstand

Bis Anfang der 90er Jahre wurden zahlreiche Studien zum lokalen Printjournalismus vorgelegt, abgelöst von einer Reihe empirischer Untersuchungen zum Lokalradio. In den letzten Jahren ließ das Forschungsinteresse an den lokalen Medien deutlich nach; neuere Publikationen beschränken sich häufig auf die Zusammenfassung der zum großen Teil überholten Daten.

Nach Schätzungen arbeiten zwei Drittel aller Tageszeitungsredakteure im Lokalen; 1992 waren dies fast 10.000 (Jonscher 1995: 329), dazu etwa noch einmal so viele freie Mitarbeiter (Kurp 1994: 232). Das Lokalressort gilt noch immer als klassische Einstiegsstation auf dem Karriereweg von Redakteuren; daher ist das Durchschnittsalter der Lokalredakteure niedriger als in anderen Ressorts. Das Durchschnittsalter der festen Mitarbeiter von Lokalfunk-Redaktionen ist ebenfalls relativ niedrig. Vergleichsweise hoch ist der Anteil der weiblichen Beschäftigten in den nordrhein-westfälischen Lokalradios (ebd. 1994: 343). Diverse ältere Inhaltsanalysen von Lokalzeitungen ergaben, dass der Anteil politischer Inhalte an der Themen-Agenda gering ist. Der Schwerpunkt liegt auf der Berichterstattung über Vereine und deren Veranstaltungen – nicht nur in den Ein-Zeitungs-Kreisen. Eine größere Anzahl von Anbietern führt also nicht zwangsläufig zu mehr publizistischer Vielfalt (ebd. 1994: 199 ff.). Öffentliche Termine bestimmen die Themenauswahl, einfache Themen setzen sich gegen komplexe durch.

Anspruchsvollere journalistische Darstellungsformen wie → Kommentar, Glosse oder → Reportage werden sowohl in der Lokalzeitung als auch im Lokalradio stark vernachlässigt (Kurp 1994: 250, 332 f.; Hintze 2002: 94 f.). Kritischer Journalismus kommt in den ländlichen Lokalzeitungen viel zu kurz, nimmt aber mit der Wohnortgröße zu. Die Bereitschaft zu kritischer Berichterstattung ist in Lokalteilen von Großstädten mehr als dreimal so hoch wie auf dem Lande (Hintze 2002: 89). Häufig bemängelt wird in der Forschungsliteratur die fehlende oder unzureichende → Recherche. Beiträge stützen sich bisweilen nur auf eine einzige Quelle; Pressemitteilungen gelangen ungeprüft ins Blatt, ohne dass der Leser ihren eigentlichen Urheber erkennen kann.

Neben dem Vertrieb ist es vor allem die Lokalredaktion, welche die für den wirtschaftlichen Erfolg eines Verlages notwendigen Kontakte knüpft. Um Informationen sammeln, auswählen, bearbeiten und verbreiten zu können, stellt sie kommunikative wie soziale Beziehungen zu Vertretern anderer Interessenorganisationen her (Jonscher 1995: 303). Diese organisierte Elite spielt bei der Versorgung der Lokaljournalisten mit Informationen eine entscheidende Rolle. Einfache Bürger sind dagegen stark unterrepräsentiert und dienen nur in einem Drittel der Fälle als Informationsquelle. Im Vergleich zur tatsächlichen gesellschaftlichen Verteilung entsteht eine Verschiebung vor allem zugunsten von Politik, Verwaltung und wirtschaftlichen bzw. kulturellen Institutionen (Grimme 1991: 99 ff.).

Nach mehreren Inhaltsanalysen zum Lokalradio in Nordrhein-Westfalen wird der vom Landesrundfunkgesetz vorgeschriebene Bildungsauftrag insgesamt unzureichend erfüllt. Bunte Themen haben ein deutliches Übergewicht (Kurp 1994: 325). Dennoch trägt der Lokalfunk durchaus zu publizistischer Vielfalt bei.

Praxisrelevanz

Grundsätzlich übernehmen Lokaljournalisten die gleichen Aufgaben wie ihre Kollegen im überregionalen Journalismus. Eine Besonderheit ergibt sich allerdings daraus, dass im Lokaljournalismus alle Ressorts in verkleinertem Maßstab wiederzufinden sind. Ein Lokaljournalist benötigt oft Sachwissen in mehreren für den Nahbereich relevanten Feldern – über die Grenzen von Politik, Wirtschaft, Sport, Kultur und Wissenschaft hinaus. Das zwischenzeitlich diskutierte Modell des Lokal*fach*journalisten, der sich auf einen Teilbereich spezialisieren kann, hat sich nicht durchgesetzt.

Da die meisten lokalen Informationsanbieter inzwischen mit Angeboten für ihr Verbreitungsgebiet im → Internet vertreten sind, werden auch Kompetenzen des → Online-Journalismus im Lokalen stärker nachgefragt – auch wenn die Online-Inhalte meist Übernahmen bereits publizierter Beiträge sind und ihren Bearbeitern eine eigenständige journalistische Leistung weitgehend abgesprochen wird.

Freie Mitarbeiter spielen traditionell eine große Rolle im Lokalen, vor allem im von Vereinsberichterstattung geprägten ländlichen Lokalressort (→ Freier Journalismus). Nachgesagt wird ihnen häufig eine größere Nähe zum Rezipienten. Dem widerspricht der Befund, dass freie Mitarbeiter die Gemeindeelite noch stärker als Informationsquelle präsentieren und in ihrer Berichterstattung noch häufiger auf Politiker fokussieren als ihre Kollegen mit Festanstellung (Grimme 1991: 110). Vergleichsweise spät führte die ökonomisch-technische Entwicklung auch bei der Tageszeitung zu Rationalisierungen im redaktionellen Bereich. Outsourcing, also das Auslagern ursprünglich selbst erbrachter Leistungen, führte zu einer deutlichen Verkleinerung der Redaktionen. Nach dem Krisenjahr 2001 wurden teilweise zehn bis 15 Prozent der Belegschaft entlassen; viele Zeitungen verloren an Umfang. Ob sie damit auch schlechter wurden, lässt sich empirisch bislang nicht belegen.

Insgesamt ist im Lokaljournalismus die Tendenz erkennbar, Personal zu reduzieren und bestimmte Aufgaben einzelnen freien Journalisten, Fotografen, Journalistenbüros oder Produktionsfirmen zu übertragen. Heftig umstritten ist, ob Medienunternehmen damit ihre lokale Kernkompetenz aufs Spiel setzen.

Bewertung

Lokale Massenmedien nehmen bei der Herstellung kommunaler Öffentlichkeit eine zentrale Position ein. Umso schwerer wiegt es, wenn es dabei zu systematischen Verzerrungen kommt. Komplexe Zusammenhänge werden im Lokalen zugunsten einfach strukturierter Themen ausgespart (Kurp 1994: 250). Originär erarbeitete Beiträge treten gegenüber Verlautbarungen in den Hintergrund.

Der Nachweis weitgehender Kritiklosigkeit wurde von verschiedenen Studien erbracht (Hintze 2002: 88). Investigative Recherche spielt im Lokalen eine zu geringe Rolle; oft beschränken sich Journalisten auf bereits veröffentlichte Fälle bzw. verstecken sich hinter den Aussagen Dritter, um einem Konflikt mit den Protagonisten der lokalen Elite auszuweichen (→ Investigativer Journalismus). Damit erfüllen sie ihre Kontrollfunktion nur unzureichend.

Viele Zeitungsverlage haben auf die Reichweitenverluste und die Erkenntnisse der Leserschaftsforschung reagiert – und das nicht nur mit dem Aufpolieren des Layouts. Schulprojekte, Umfragen und die Organisation bzw. das Sponsoring von Kultur- oder Sportveranstaltungen halfen, die *Leser-Blatt-Bindung* zu verbessern. Zeitungen verschiedener Größen und Auflagenstärken haben eigene Leserbefragungen gestartet und ihre verschiedenen Lokalausgaben den Leserbedürfnissen angepasst. Einige regionale Zeitungshäuser bemühten sich erkennbar, Leser stärker an das Blatt zu binden. Die Einführung von Lesertelefonen, Gastkommentaren und Diskussionsforen wie beispielsweise bei der *Magdeburger Volksstimme* (ebd.: 127) erhöht offensichtlich die Partizipationschancen der lokalen Zeitungsleser. Tägliche und durchaus kritische Kommentare im Lokalen sind ebenfalls keine Seltenheit mehr.

Ausblick

Trotz weiter sinkender Auflagen und Reichweiten: Die Inhalte der Lokalpresse sind kaum ersetzbar. Eine stärkere Lokalisierung ist daher für die Zeitungen insgesamt notwendig. Das bedeutet einen Ausbau der Vor-Ort-Berichterstattung bis ins Sublokale, die Steigerung ihres Nutzwerts und die Entdeckung des ‚normalen' Bürgers als Informant bzw. als Objekt der Berichterstattung.

Je kleinteiliger und unübersichtlicher die Medienwelt wird, desto mehr kann die Zeitung wieder mit ihren Stärken Übersichtlichkeit und → Glaubwürdigkeit punkten. Sie wird weniger als Nachrichtenübermittler und dafür mehr als Orientierungshilfe gefragt sein. Dabei spielt das Lokale als Ordnungsprinzip eine wichtige Rolle. Starre Redaktionsgrenzen gehören der Vergangenheit an. Vielfach wird der Lesestoff bereits ressortübergreifend nach dem Desktop-Prinzip organisiert.

In der Forschung herrscht Einigkeit darüber, dass der Lokalteil nach wie vor entscheidend für die Nutzung einer Regionalzeitung ist. Nach der Allensbacher Werbeträger-Analyse (AWA 2003) lesen 83 Prozent der Personen, die von einer Tageszeitung erreicht werden, lokale Berichte im Allgemeinen immer. Die lokalen Tageszeitungen verfügen auch in Zukunft über stabile Märkte, müssen sich aber zunehmend gegen Konkurrenten mit kostenfreien Angeboten durchsetzen. Dazu gehören Anzeigen- und Offertenblätter, Gratis-Zeitungen und Internet-Dienstleister. Medienbetriebe werden stärker mit anderen Anbietern um die Rolle des lokalen ‚Informationsbrokers' konkurrieren. Um sich die lokalen Märkte auch künftig zu sichern, müssen sie auf strategische Kooperationen zwischen verschiedenen → Mediengattungen setzen. Dadurch können sie Inhalte synergetisch über verschiedene mediale Plattformen verbreiten.

Darüber hinaus sollten insbesondere die Verlage damit rechnen, ihr Geld nur noch zu einem Teil im Informationsbereich zu verdienen. Einige erschließen sich inzwischen neue Geschäftsfelder, etwa durch die Übernahme fremder Aufgaben bei der Zustellung. So trägt die *Westdeutsche Allgemeine Zeitung* mancherorts mit der Zeitung auch die Post aus.

Die österreichischen *Vorarlberger Nachrichten* verkaufen ihren Lesern nicht nur eine Zeitung, sondern auch Strom und Unfall-Versicherungen. Erfolgsentscheidend ist neben der Qualität des Print-Produkts zunehmend die Beziehung des Verlags zum Kunden mit seinen verschiedenen Informations- und Verbraucherbedürfnissen.

Literatur

Arbeitsgemeinschaft der Landesmedienanstalten in der Bundesrepublik Deutschland (Hrsg.) (2003): Privater Rundfunk in Deutschland 2003, Berlin.

Grimme, Eduard W. P. (1991): Zwischen Routine und Recherche, Opladen.

Hintze, Manfred (2002): Lokalpresse – quo vadis?, Frankfurt/M.

Jonscher, Norbert (1995): Lokale Publizistik, Opladen.

Kurp, Matthias (1994): Lokale Medien und kommunale Eliten, Opladen.

Günther Rager/
Gregor Hassemer, Dortmund

Luxemburg

→ Benelux-Länder

Malaysia

→ Asien

Massenmedien

Definition/Begriffsbestimmung

‚Medien', ‚Massenmedien' und ‚Massenkommunikation' sind Begriffe, die heutzutage in der Alltagssprache und in den Alltagstheorien der Mediengesellschaft gang und gäbe sind. Auch als journalistik- und kommunikationswissenschaftliche Fachtermini in der Theorienbildung und in empirischen Untersuchungen sind sie zentral. Daneben wird der Begriff ‚Medien' auch in anderen wissenschaftlichen Fächern gebraucht, vor allem in den geisteswissenschaftlichen Nachbardisziplinen wie Medienwissenschaft sowie Film- und Fernsehwissenschaft (→ Kommunikationswissenschaft).

Was ist mit ‚Massenmedien' gemeint? Zunächst gilt: → Kommunikation bedarf immer eines Mediums, d. h. eines Mittels, eines Trägers oder einer Vermittlungsinstanz. Diese Mittel wandeln sich im historischen Verlauf, und entsprechend lässt sich Menschheitsgeschichte auch als Mediengeschichte verstehen.

Im ursprünglichen Wortsinn ist unter einem Medium ein Mittel, ein Träger, ein Übertragungsweg zu verstehen. Von den physikalischen Medien wie Luft und Wasser sind die symbolischen Medien zu unterscheiden. Menschheitsgeschichtlich waren dies zunächst die Sprache und dann die Schrift. Sie bedienen sich symbolischer Zeichen, die stellvertretend für etwas anderes stehen, also Repräsentationsfunktion haben. Mithilfe der Schrift gelingt es, die „Zeitgebundenheit als auch die Flüchtigkeit und Vergänglichkeit aller mündlichen Verständigungsversuche“ zu überwinden und die „verschiedenen Ausdruckstechniken“ zu erweitern (Burkart 2002: 40).

Die klassische und wohl berühmteste Definition von Massenmedien bzw. Massenkommunikation stammt von *Gerhard Maletzke* (1963: 76): Medien der Massenkommunikation seien „die technischen Instrumente oder Apparaturen, mit denen Aussagen öffentlich, indirekt und einseitig einem dispersen Publikum vermittelt werden“. Davon grenzt er die „publizistischen Institutionen als soziale Gebilde“ ab, die er als Kommunikatoren bezeichnet und sozialpsychologisch zu bestimmen sucht. Mit dispersem Publikum sind räumlich voneinander getrennte Individuen oder allenfalls kleine Gruppen gemeint, zwischen denen im Normalfall keine direkten zwischenmenschlichen Beziehungen bestehen und die lediglich durch die gemeinsame Zuwendung zu den Medienangeboten verbunden sind.

Geschichte/Entwicklung

Anfang des 20. Jahrhunderts stand der Charakter der industriell standardisierten, massenhaft erzeugten Produktion von Medieninhalten im Vordergrund der wissenschaftlichen Debatte. Der Begriff der Massenmedien und der Massenkommunikation war Teil eines Bildes von der Massengesellschaft, in der isolierte Individuen den Vorgaben der industriellen Fertigung und Interessen erlagen. Ab Mitte des 20. Jahrhunderts brach dieser monolithische Begriff der Massenmedien etwas auf, indem sowohl Gesellschaft wie auch Medien differenzierter betrachtet wurden. Allerdings galten weiterhin die Merkmalselemente der One-to-many-Kommunikation, wie sie schon den Printmedien (→ Presse) des 19. Jahrhunderts und dann auch den elektronischen Medien → Radio und → Fernsehen des 20. Jahrhunderts zu Eigen waren, als Kernelemente der Massenmedien; deren Vermittlung richtete sich von einem Kommunikationsanbieter an ein raum-zeitlich und sozial verstreutes Publikum.

Aber schon in dieser Phase wurde deutlich, dass der technikfokussierte Blick auf das wissenschaftliche Materialobjekt nicht ausreicht. Das Substanzielle der Massenmedien liegt nicht in der → Medientechnik. Jede Technik ist wie ein Rohstoff, der erst durch Menschen sozial gestaltet und domestiziert wird und dessen Nutzen erst durch die praktische Gestaltung entsteht. Im Englischen ist hierfür der Begriff des *social shaping* von Technik knapp und treffend.

Die Spezifik der modernen Massenmedien liegt darin, dass sie in komplexe Handlungszusammenhänge eingebettet und dass sie institutionalisiert sind. Damit ist gemeint, dass wir wechselseitig darauf vertrauen können, dass Massenmedien nach bestimmten sozialen Regelwerken hergestellt und rezipiert werden. Ihr Sinn ist es, im öffentlichen Raum zur Selbstverständigung der Gesellschaft zu aktuellen Fragen beizutragen.

Mit dem Aufkommen des → Internet war der monopolistische Verteilcharakter der klassischen Massenmedien zwar nicht obsolet, aber als dominanter Prototyp in der modernen Gesellschaft überholt. Streng genommen, kann nunmehr auch der Begriff der Massenmedien nicht mehr zentraler Bezugspunkt und Basiseinheit des Faches Journalistik und Kommunikationswissenschaft sein. Worum es im Kern weiterhin geht, ist medial vermittelte öffentliche und aktuelle Kommunikation (→ Öffentlichkeit).

Die klassischen One-to-many-Massenmedien in ihrer Funktion als Vermittler öffentlicher Kommunikation bleiben eine wichtige und unerlässliche Variante neben anderen Medien der Individualkommunikation (*one-to-one*, wie z. B. Telefon oder E-Mail) oder des Typus *many-to-many* (wie Chatgroups). Gleichermaßen wird – wenn auch in immer neuen Variationen – ein Gefüge und Geflecht von massenmedialen und interpersonalen Kommunikationsformen dazu zählen.

Forschungsstand und Präzisierungen

Die theoretischen Bemühungen um die begriffliche Präzisierung der Termini Medien und Massenmedien sind als Teil der kommunikationswissenschaftlichen Theoriearbeit zu verstehen, mit dem Ziel, Bausteine eines Gesamtgebäudes zu formen. Demgegenüber haben Medientheorien – mehr oder weniger – den Anspruch, selbst Theoriegebäude herzustellen, und der Radius ihrer Aussagen umfasst nicht nur den Gegenstand selbst, sondern auch seine gesellschaftliche Bedeutung. Allerdings ist die Grenzlinie nicht eindeutig zu ziehen, vor allem nicht zwischen einigen anspruchsvollen Begriffsklärungen und so mancher schlichter Medientheorie.

Einigkeit besteht darin, dass es sich bei ‚Medien' oder ‚Massenmedien' um Schlüsselbegriffe des Faches handelt, um „zentrale Bezugspunkte", um eine „Grundkategorie", eine „Basiseinheit" (Weber 2003: 19) im Rahmen von Basistheorien, die das intellektuelle Handwerkszeug zur theoretischen Verankerung und zur empirischen Überprüfung von Modellen bilden.

Umso verwirrender mag es zunächst wirken, dass selbst im *inner circle* des Faches über den Begriff der Massenmedien lange Zeit keine Klarheit bestand, ja, dass er bis heute schillernd geblieben ist. Das hat bis zu einem gewissen Grad mit dem Entwicklungsstand des Faches zu tun, das erst in den vergangenen Jahrzehnten theoriefähig wurde. Es ist aber auch Merkmal einer pluralistischen Theorienbildung in einem ungesteuerten offenen Wissenschaftssystem, und es ist – nicht zuletzt, wie sich an der jüngsten Entwicklung mit dem ‚neuen Medium' → Internet zeigt – auch unabdingbare Begleiterscheinung eines Gegenstandes, der sich dynamisch entwickelt.

Auf derselben Linie einer technikinduzierten Begriffsbestimmung wie Maletzke (1963) liegt *Harry Pross* (1972). Er unterscheidet primäre, sekundäre und tertiäre Medien. In den Frühzeiten der oralen Kultur bedienten wir uns der Sprache als einem primären Medium. Es setzt Kenntnisse eines gemeinsamen Zeichensystem bei beiden Kommunikationspartnern voraus, aber keinerlei technische Geräte.

Was Pross mit sekundären und tertiären Medien meint, sind in Maletzkes Sinne Massenmedien. Mit sekundären Medien sind solche gemeint, die beim Ausgangspartner der Kommunikation eine komplexere Technologie voraussetzen; prototypisch hierfür sind die ersten Massenmedien Flugschrift und Buch, dann Zeitung und Zeitschrift. Sie bedürfen der Satz- und Drucktechnik zur Herstellung, aber keinerlei Gerätschaft für die Nutzung und Rezeption. Dem folgen die tertiären Medien, die technische Einrichtungen sowohl für Herstellung wie für den Gebrauch voraussetzen; das sind alle elektronischen Massenmedien wie Film, Radio und Fernsehen sowie die modernen Medien der Individualkommunikation wie das Telefon. Auch der gesamte Komplex der digitalen Medien und damit auch das Internet gehören hierher.

Digitale Medien und Online-Kommunikation werden neuerdings jedoch auch als „quartäre Medien" bezeichnet (Burkart 2002: 38), um ihre Besonderheit gegenüber den tertiären Medien hervorzuheben (→ Online-Journalismus). Sie liegt in der höheren Interaktivität, die den ‚Usern' ermöglicht wird, aber auch von ihnen gefordert ist. Die starre Rollenteilung zwischen Sendern und Empfängern ist dabei ein Stück aufgehoben, es bedarf aber auch einer besonderen, technisch gestützten Medienkompetenz der Nutzer.

Der Gedanke, dass das Medium nicht über die Form der Technik, sondern über die soziale Ausgestaltung der Kommunikation zu bestimmen ist (die sich allerdings der Technik bedient), wird ab den 70er Jahren zum tragenden Gedanken in der kommunikationswissenschaftlichen Theorienbildung.

Franz Ronneberger (1978: 29) spricht von Medien als „soziokulturellen Institutionen", die sich durch Formalisierung, Permanenz und Verlässlichkeit auszeichnen. Nach ihm haben vor allem *Manfred Rühl* (1998), *Ulrich Saxer* (1980) und *Roland Burkart* (2002) immer wieder und nachdrücklich auf die gesellschaftliche Ausgestaltung der medialen Technik hingewiesen und von der „sozialen Doppelnatur" der Medien gesprochen.

Nicht nur wird jede Technik vergesellschaftet, sozial geprägt und quasi domestiziert, sondern es entstehen auch um die Kommunikationstechnik herum bestimmte Sozialsysteme, die sich institutionalisieren. Damit ist gemeint, dass die Handlungsweisen rund um die mediale Technik nach allmählich eingespielten Regeln und Routinen erfolgen, dass sich spezialisierte Berufe wie vor allem der Journalismus bilden, deren Angehörige arbeitsteilig miteinander kooperieren, und dass sich ökonomische und politische Interessen in Organisationen bündeln – seien dies Medienunternehmen oder Berufs- und Interessensverbände (→ Verbände).

All dies ergibt eingespielte Erwartungen und etablierte Interessenskonstellationen, die wiederum auf der Nutzerseite bekannt sind, so dass insgesamt von einer gesellschaftlichen ‚Institutionalisierung' gesprochen wird. In diesem Begriff schwingt auch die Macht mit d. h., die historisch gewachsene Bedeutungsschwere und Dominanz dieses gesellschaftlichen Bereiches der Massenmedien. Somit ist als Arbeitsdefinition, die den gegenwärtigen Diskussionsstand in der Kommunikationswissenschaft widerspiegelt, abzuleiten: Massenmedien sind institutionalisierte Handlungszusammenhänge, die sich komplexer Kommunikationskanäle und -techniken bedienen und in arbeitsteiligen Organisationsformen nach bestimmten Regeln und Routinen für die Gesellschaft bedeutungsvolle Funktionen für die öffentliche Kommunikation erbringen.

Diese Definition ist schon fast identisch mit dem, was in der Journalistik und Kommunikationswissenschaft unter → Journalismus verstanden wird, wobei für den Journalismus die stärkere Akzentsetzung auf der Vermittlung faktenbetonter und aktueller Kommunikation liegt (Weischenberg 1998: 56).

Ausblick

Der Theoriestatus, endlich eine brauchbare und zufrieden stellende Definition von Massenmedien erreicht zu haben, war der Kommunikationswissenschaft aber nicht lange vergönnt. Mit dem Aufkommen des Internet in den 90er Jahren und mit der wachsenden Konvergenz der Felder Telekommunikation, Computer und Rundfunk wurden die Karten wieder neu gemischt.

Ist das → Internet nun eine technische Plattform, eine „kommunikative Infrastruktur" (Burkart 2002: 44) oder doch ein Massenmedium? Das Internet könnte man als Massenmedium sehen, wenn man ‚Masse' im Sinne von massenhafter, zahlreicher Verbreitung definiert oder – ganz anders – im Sinne von komplexen Netzwerken (Weischenberg 1998: 50). So betrachtet, wäre das neue Begriffskompositum „Netz-Medium" (Neverla 1998) geeignet als Bezeichnung für alle digitalen Online-Kommunikationen, in dem die klassischen Massenmedien ebenso integriert wären wie die Medien der Individual- und Gruppenkommunikation.

Als hilfreich hat sich auch der Vorschlag von Kubicek et al. (1997: 32 ff.) erwiesen, zwischen „Medien erster Ordnung" und „Medien zweiter Ordnung" zu unterscheiden. Mit Medien erster Ordnung sind die Techniken gemeint, die jeweils mit bestimmten Handlungspotenzialen ausgestattet sind. Medien zweiter Ordnung sind erst dann gegeben, wenn sich Kommunikatoren institutionalisieren, die ihre Funktionen auf ein Publikum hin orientieren.

In diesem Verständnis kann das Internet einerseits als technische Infrastruktur (Medium erster Ordnung) verstanden werden, das je nach Gebrauchsweise für Individualkommunikation, für Gruppenkommunikation oder eben als Medium zweiter Ordnung im Sinne der klassischen Massenmedien genutzt wird. Letzteres wäre bei allen redaktionellen Online-Angeboten der kommerziellen Medienunternehmen der Fall.

Betrachtet man die historische Entwicklung des Gegenstandes und der Theorienbildung, ist gut nachvollziehbar, dass einige Forscher raten, vom Begriff der Massenmedien als Gegenstandsbereich der Kommunikationswissenschaft abzurücken. *Manfred Rühl* (1998) setzte sich dafür ein, die Publizistik, das heißt die aktuelle und öffentliche Kommunikation, zum Gegenstand zu erklären. Ähnlich plädierten *Alexander Görke* und *Matthias Kohring* (1997) dafür, auf die *Begriffe* ‚Massenmedien' und ‚Massenkommunikation' in der Theoriebildung ganz zu verzichten und sich stattdessen mit Journalismus- und Öffentlichkeitsforschung zu befassen. Das sind radikale Forderungen, die sich bislang in der wissenschaftlichen Praxis nicht durchgesetzt haben und schon gar nicht in den gesellschaftlichen Alltagsdiskursen. Der Begriff der Massenmedien lässt sich nicht per Dekret ausmerzen. Aber sein zentraler Stellenwert hat sich im Zuge der historischen Entwicklung überholt, da die Fassetten dessen, was einmal Massenmedien waren, immer schillernder werden.

Welcher Begriff im Laufe der Zeit an seine Stelle treten wird, bleibt abzuwarten.

Literatur

Burkart, Roland (2002): Kommunikationswissenschaft, Wien u. a.

Görke, Alexander/Matthias Kohring (1997): Worüber reden wir? Vom Nutzen systemtheoretischen Denkens für die Publizistikwissenschaft, in: Medien Journal 2002/1: 3-14.

Kubicek, Herbert et al. (1997): Bürgerinformation durch neue Medien?, Opladen.

Maletzke, Gerhard (1963): Psychologie der Massenkommunikation, Hamburg.

Neverla, Irene (Hrsg.) (1998): Das Netz-Medium, Opladen/Wiesbaden.

Pross, Harry (1972): Medienforschung, Darmstadt.

Ronneberger, Franz (1978): Kommunikationspolitik, Bd. 1., Mainz.

Rühl, Manfred (1998): Von fantastischen Medien und publizistischer Medialisierung, in: B. Dernbach et al. (Hrsg.): Publizistik im vernetzten Zeitalter, Opladen/Wiesbaden: 95-107.

Saxer, Ulrich (1980): Grenzen der Publizistikwissenschaft, in: Publizistik 1980/4: 525-543.

Weber, Stefan (2003): Einführung: (Basis-) Theorien für die Medienwissenschaft, in: ders. (Hrsg.): Theorien der Medien, Konstanz: 11-48.

Weischenberg, Siegfried (1998): Pull, Push und Medien-Pfusch. Computerisierung – kommunikationswissenschaftlich revisited, in: I. Neverla (Hrsg.): Das Netz-Medium, Opladen/Wiesbaden: 37-62.

Irene Neverla, Hamburg

Medien

→ Massenmedien

Medienakteure

→ Journalismus
→ Redaktion

Medienethik

Definition/Begriffsbestimmung

Medienethik dient dem Ziel, die Standards, Werte und Moralvorstellungen zu reflektieren, die für Akteure im → Journalismus, in der → Werbung oder der → Public Relations gelten sollten oder tatsächlich gelten. Es handelt sich um eine *angewandte Ethik* bzw. um eine so genannte Bereichsethik, die man – gelegentlich auch etwas abwertend – zu den ‚Bindestrich-Ethiken' zählt. Ihre Besonderheit besteht darin, dass sie (hierin der Bio-Ethik, der Medizin-Ethik oder auch der Umweltethik vergleichbar) die spezifischen Anforderungen eines Arbeitsbereiches (hier: der Medien oder auch einzelner Medien) mit ethischer Reflexion und moralischer Orientierung verknüpft (Debatin 1997: 282 f.): Einerseits dient sie dem Nachdenken über die allgemeinen Prämissen, die theoretischen Begründungen und auch die konkreten Zwänge, die einer moralisch bewerteten Entscheidung zugrunde liegen; Medienethik leistet somit die kritische Beobachtung der jeweils geltenden Normen und Regeln in Medienorganisationen und → Mediensystemen und macht diese transparent (Reflexionsfunktion der Medienethik). Andererseits zielt sie auch auf die konkrete Umsetzung: Medienethik liefert Handreichungen für eine Verbesserung der (journalistischen) Praxis; sie fördert die Präzisierung professioneller Regeln und Standards und dient damit auch der Orientierung der Medienakteure (Steuerungsfunktion der Medienethik).

Anlass medienethischer Diskussionen sind in der Regel Aufsehen erregende Verfehlungen, über die dann wiederum in den Medien kritisch berichtet wird. Zu solchen Verfehlungen gehören *Fälschungen* (Hitler-Tagebücher), Formen sensationalistischer Berichterstattung über Unglücks- und Todesfälle (die Fotos des toten Uwe Barschel), das Vorgehen von einzelnen Journalisten im Falle eines Verbrechens (Interviews mit Kriminellen während des Gladbecker Geiseldramas), Verletzungen der *Persönlichkeitsrechte* (Pranger-Methoden der Boulevardpresse), Formen direkter oder indirekter Korruption (Belohnung von gefälliger Berichterstattung durch lukrative Anzeigen o. ä.) oder Exzesse im Unterhaltungsfernsehen (Big Brother) (→ Boulevard-Journalismus).

Den Debatten über so genannte ‚Medienaffären' fehlt es jedoch häufig an terminologischer Präzision. Verwechselt werden im Zuge öffentlicher Auseinandersetzungen (aber auch gelegentlich im Rahmen wissenschaftlicher Analysen) die Begriffe Moral und Ethik, Ethik und Recht, Kommunikationsethik, journalistische Ethik und Medienethik. Daher ist grundsätzlich – zumindest zur innerwissenschaftlichen Verständigung – festzuhalten: Ethik handelt von der *Innensteuerung* nach der Maßgabe des eigenen Gewissens, sie wirkt gleichsam von innen. Sie ist eine Frage individueller Bereitschaft, eigener Einsicht und reflektierter Entscheidungen bei faktisch gegebenen Wahlmöglichkeiten.

Rechtliche Regelungen zielen dagegen auf eine *Außensteuerung* nach der Maßgabe allgemein gültiger, unter Umständen scharf sanktionierter Regeln (→ Medienrecht). Es ist der Zwangscharakter des Rechts, nicht so sehr die eigene Einsicht und die Selbstverpflichtung, die hier regulierend wirken.

Zwischen Ethik und Moral wird in der wissenschaftlichen Literatur häufig ein Unterschied gemacht, der sich alltagssprachlich allerdings (hier verwendet man die Begriffe in der Regel synonym) nicht durchgesetzt hat: *Moral* bezeichnet, folgt man der strikten terminologischen Trennung, die Gesamtheit moralischer Urteile und Normen, auf deren Basis bewusst oder unbewusst gehandelt wird. Unter *Ethik* versteht man demgegenüber die „Reflexionstheorie der Moral" (Weischenberg 2004: 189): Sie zielt auf die Rekonstruktion von Prämissen und zentralen Begründungen, die das moralische

Handeln leiten. Ethik bezeichnet in diesem Verständnis die (wissenschaftliche) Beobachtung moralisch zu bewertender Handlungen.

Abzugrenzen ist das weite Feld der Medienethik schließlich von dem noch allgemeiner gefassten Konzept der Kommunikationsethik, das interpersonale *und* massenmediale → Kommunikation umfasst (Thomaß 1998: 41). Zu unterscheiden ist Medienethik auch von dem enger gefassten Begriff der journalistischen Ethik: Journalistische Ethik bezieht sich per Definition allein auf die Journalisten als die zentralen Medienakteure, die für ihre Recherchemethoden und letztlich auch für die absehbaren Folgen ihrer Berichterstattung (Mit-)Verantwortung tragen.

Medienethische Reflexion konzentriert sich allerdings traditionell primär auf Journalisten, so dass sich eine Fülle von Veröffentlichungen – auch unter der Rubrik Medienethik – eigentlich auf die journalistische Ethik bezieht. In dem Konzept selbst ist diese begriffliche Verengung – obgleich häufig vorzufinden – jedoch nicht angelegt, geht es doch im Falle der Medienethik um die Möglichkeiten und die Bedingungen verantwortlichen Medienhandelns überhaupt. In den Kreis der Verantwortlichen gehören demnach nicht nur journalistisch Tätige, sondern auch Medienunternehmer, Verleger, Herausgeber und Intendanten; auch das Publikum wird von manchen Autoren als eine entscheidende Größe identifiziert, das durch mehr oder minder starke Nachfrage das Angebot prägt – und entsprechend auch als mitverantwortlich angesehen werden kann.

Das heißt: Medienethik kreist um die Frage, wer mit welcher Begründung für welche Formen medialer Berichterstattung die *Verantwortung* trägt oder doch tragen sollte. Die Antworten auf diese Schlüsselfrage fallen – je nach Interesse, Perspektive und theoretisch-fachlichem Hintergrund – äußerst unterschiedlich aus.

Geschichte/Entwicklung

Die Debatte über medienethische Fragen und die Klagen über Verfehlungen der Presse reichen zurück bis zur Veröffentlichung erster Zeitungen zu Beginn des 17. Jahrhunderts. Von einer systematisch geführten Diskussion kann zu diesem Zeitpunkt jedoch noch keine Rede sein.

Der Begriff der Ethik tauchte 1889 das erste Mal im Titel einer pressekritischen Publikation – „Ethics of Journalism" – auf (Christians 2000: 16 ff.). Im Verbund mit der allmählichen Entstehung der Massenpresse und im Zuge der Auseinandersetzung mit den Wirkungen von Agitation und Propaganda wuchs das Bewusstsein für womöglich gefährliche, die Gesellschaft beschädigende Fehlentwicklungen im Medienbereich. Themen, die sich bis in die heutige Zeit hinein erhalten haben, waren: die Manipulation der öffentlichen Meinung, die Verletzung der Privatsphäre und die Auseinandersetzung mit dem Ideal einer möglichst wahrheitsgetreuen Berichterstattung (→ Objektivität).

1910 verfasste ein Verlegerverband in Kansas erstmals einen *Ethikkodex* für Journalisten. Ab 1920 erschienen erste Lehrbücher zur Medienethik in den USA. Die → Journalistenausbildung an nordamerikanischen Universitäten professionalisierte sich und gab der medienethischen Diskussion damit einen systematischen Ort. Allerdings hat der einsetzende Siegeszug eines strikt naturwissenschaftlich-empirischen Wissenschaftsverständnisses ethische Fragen schließlich erneut marginalisiert: Das emphatische Objektivitätsideal und die Forderung nach wertfreier Wissenschaft ließen die Auseinandersetzung mit dem von Normen und Werten durchtränkten Diskurs der Medienethik als deplatziert und randständig erscheinen (ebd.: 23 f.).

Einen Schub erhielt die Debatte über medienethische Fragen erneut im Jahre 1947: Finanziell unterstützt durch den *Time*-Verleger *Henry Luce* (1898-1967), veröffentlichte in diesem Jahr die so genannte *Hutchins Commission* (benannt nach ihrem Vorsitzenden *Robert Hutchins*, Rektor der Universität von Chicago) einen Bericht, mit dessen Erscheinen das Konzept der *Sozialverantwortung* der Presse zum Schlagwort wurde (Day 2003: 38 ff.). Anlass dieses Expertenberichts war die Sorge über eine unfaire, tendenziöse Berichterstattung, geprägt von Klatsch und Tratsch und nicht von nützlicher, für die Bevölkerung relevanter Information. Die Presse solle sich, so die Forderung der Kommissionsmitglieder, stärker am Gemeinwohl orientieren, eine umfassende Berichterstattung über das Tagesgeschehen leisten, ein Forum zum Meinungsaustausch bieten, verschiedene Weltbilder und Gruppenziele darstellen, die Diskussion über gesellschaftspolitisch relevante Werte und Ziele vorantreiben.

Allerdings offenbaren derartige Appelle ein grundsätzliches Dilemma und eine „eingebaute Schizophrenie" (Weischenberg 2004: 171) offener Mediensysteme. Es zeigt sich ein Konflikt zwischen der kommerziellen Ausrichtung des einzelnen Medienunternehmens und der öffentlich erhobenen Forderung nach einer (ethisch-moralischen) Orientierung am Gemeinwohl. Einerseits dienen Medienunternehmer Einzelinteressen; sie wollen und müssen Geld verdienen, Profite erwirtschaften, in Konkurrenz mit anderen um Marktanteile kämpfen. Andererseits sollen sie sich jedoch im Dienste der Aufklärung und der Mündigkeit des Einzelnen engagieren und sich an dem Ideal umfassender Information orientieren.

Die Grundfrage, wie denn das Konzept der Sozialverantwortung durchgesetzt werden kann (ohne die Autonomie von Medienunternehmen und letztlich auch die Pressefreiheit zu beschädigen), vermochte auch die Hutchins Commission nicht beantworten. Der Bericht setzte jedoch das Schlagwort der Sozialverantwortung auf die Agenda medienethischer Diskussionen, die zumindest in den USA energisch fortgeführt wurden: So befassten sich einzelne Autoren wie z. B. *John C. Merrill* ausführlich mit den zunehmend verbreiteten Ethik-Kodizes; andere analysierten das medienethische Curriculum an nordamerikanischen Universitäten wie z. B. *Clifford G. Christians* und machten die (angeblich) sinkende → Glaubwürdigkeit von Journalisten und einzelnen Medien, denen das Publikum zweifelhafte Recherchemethoden und eine unfaire Berichterstattung vorwarf, zum Thema (Thomaß 1998: 41 f.). Ebenso ist zu beobachten, dass die Debatte über medienethische Fragen in den Sog der allgemeinen Globalisierungs-Diskussion geriet und zunehmend von den Prozessen der Kommerzialisierung, der weltweiten Vernetzung und der Digitalisierung von Medien und Märkten bestimmt wurde (Christians 2000: 28 ff.).

Einen etwas anderen Verlauf nahm die medienethische Diskussion im deutschsprachigen Raum: Die normativontologisch argumentierende Publizistikwissenschaft eines *Emil Dovifat* sah sich noch problemlos in der Lage, Fragen der Gesinnung und der moralischen Integrität zum Thema zu machen und entschiedene Werturteile abzugeben. Mit der Umorientierung des Faches in Richtung einer empirisch arbeitenden Sozialwissenschaft in den 60er Jahren hat sich dies jedoch geändert. Normative Fragestellungen wurden verdrängt und schienen nun nicht mehr zum Paradigma einer wertfreien Beschreibung des empirisch Gegebenen zu passen.

Anders als in den USA war das Thema Ethik lange Zeit kein systematisch verankerter Bestandteil der Journalistenausbildung. Und schließlich hatte die nordamerikanische Ethikdiskussion stets einen pragmatischen Charakter: Die Integration von Theorie und Praxis hielt das Interesse von Wissenschaftlern und Medienakteuren gleichermaßen wach (Weischenberg 2004: 198 f.).

Erst in den 80er Jahren kam es schließlich – ausgelöst durch verschiedene Medienaffären und angeregt durch systemtheoretisch orientierte Arbeiten zur Ethik als Steuerungsressource journalistischen Handelns – zu einer Umorientierung in der deutschsprachigen → Kommunikationswissenschaft: Hatte man zuvor noch eine methodologisch begründete Ethik-Abstinenz diagnostiziert, so ließ sich nun ein steigender Ethik-Bedarf feststellen (Thomaß 1998: 261 ff.). Es erschien eine Reihe von intensiv diskutierten Monografien (z. B. Boventer 1984). Sammelbände machten bereits publizierte Grundlagentexte erneut zugänglich. Verschiedene Reader konzentrierten sich (wie auch heute noch häufig feststellbar) auf ethische Fragen im Journalismus. Und es kam zu teilweise heftigen Kontroversen zwischen strikt anti-individualistisch argumentierenden Systemtheoretikern (→ Systemtheorie) und jenen Autoren, die den (vermeintlich autonom agierenden) Einzelnen als die entscheidende Adresse für ethisch-moralische Forderungen betrachteten.

Zu beobachten ist in den letzten Jahren, dass sich der medienethische Diskurs zur Debatte über die → Qualität der Medien verschiebt. Die Diskussion über Medienethik gewinnt damit an Handlungsrelevanz, sie wird konkreter, pragmatischer und verknüpft allgemeine Überlegungen mit spezifischen professionellen Standards im Journalismus. Inzwischen ist das Thema Medienethik – dies wird u. a. durch verschiedene Dissertationen sowie durch die Aktivitäten des *Netzwerks Medienethik* (seit 1997) und der noch relativ jungen Fachgruppe *Kommunikations- und Medienethik* (seit 1999) in der Deutschen Gesellschaft für Publizistik und Kommunikationswissenschaft belegt – fachintern durchaus etabliert. Einschränkend muss man allerdings hinzufügen, dass – wiederum im Gegensatz zu den USA – eine feste institutionelle Verankerung in Form von spezifisch ausgerichteten Professuren, allgemein akzeptierten Curricula oder eigenen Zeitschriften noch immer fehlt.

Grundlagen der Medienethik

Über Medienethik wird interdisziplinär diskutiert. An den Debatten beteiligen sich Kommunikationswissenschaftler, Soziologen, Politologen, Philosophen, die Vertreter von einzelnen Berufsgruppen aus Journalismus, Public Relations und Werbung sowie das Medienpublikum. Die dabei vertretenen Standpunkte lassen sich in der Regel auf bewusste oder unbewusste Vorentscheidungen zurückführen: Die unterschiedlichen Basistheorien und Begründungsversuche, die der jeweiligen Position zu Grunde liegen, bestimmen die Debatten.

Als grundlegend hat sich auch in der Journalistik und → Kommunikationswissenschaft die Unterscheidung zwischen Pflichtethik und utilitaristischer Ethik erwiesen (Wilke 1996: 4 f.). Die *Pflichtethik* geht auf *Immanuel Kants* (1724-1804) Kategorischen Imperativ zurück: „Handle so", heißt es bei Kant, „dass die Maxime deines Willens jederzeit zugleich als Prinzip einer allgemeinen Gesetzgebung gelten könne" (zit. n. Krainer 2001: 214).

Verlangt wird damit, dass moralische akzeptable Handlungen situationsunabhängig verallgemeinerbar sein müssen und dass man sich an bestimmten Werten orientiert, weil diese *an sich* gut sind. Konkret: Wenn sich ein Journalist (z. B. im Verlauf einer → Recherche) überlegt, ob es nicht zweckdienlich wäre, die eigene Identität mit einer Lüge zu kaschieren, dann müsste er sich mit Kant unmittelbar auch die Frage vorlegen: Kann ich wollen, dass die Lüge zum Prinzip erhoben wird? Der Ethik-Test, der die Entscheidung über die Legitimität einer Handlung bestimmt, besteht in dem Nachdenken über die potenzielle Verallgemeinerbarkeit der jeweiligen Vorgehensweise. Der Einwand gegen eine solche Begründung der Medienethik ist offensichtlich: Die Pflichtethik besitzt keine handlungsleitenden Qualitäten, wenn sich Werte widersprechen, wenn also beispielsweise ein Journalist ‚undercover' recherchiert und sich – im Interesse der Allgemeinheit – einer Lüge bedient.

Weniger rigide wirkt demgegenüber die *utilitaristische Ethik* der Philosophen *Jeremy Bentham* (1748-1832) und *John Stuart Mill* (1806-1873). Ihnen geht es nicht um die Intentionen, die einer Handlung zu Grunde liegen mögen, sondern um die tatsächlich eintretenden Folgen für die Allgemeinheit bzw. für eine möglichst große Zahl von Menschen. Utilitaristisch argumentierende Autoren bewerten Handlungen danach, ob sie die größtmögliche Zufriedenheit möglichst vieler Menschen („das größte Glück der größten Zahl") wahrscheinlicher machen. Die Lüge eines verdeckt arbeitenden Reporters ließe sich hier durchaus mit dem Hinweis auf die positiven Folgen für die Allgemeinheit (Enthüllung skandalöser Vorgänge, Abwendung von Schaden o. Ä.) rechtfertigen.

Auch bei einer solchen Argumentationsweise ist jedoch der zentrale Einwand unmittelbar evident, weil sich hier das Begründungsproblem ethischer Entscheidungen schlicht verschiebt: Man muss nun über die Legitimation jener ominösen Instanz nachdenken, welche die Nützlichkeitsfeststellungen macht (Wilke 1996: 5). Wer entscheidet, so die Kernfrage, mit welchen Kriterien was für eine größtmögliche Zahl nützlich ist? Wie lassen sich Folgen – gerade im Bereich der Massenkommunikation – mit Gewissheit vorhersagen? Ist der einzelne Medienakteur für das verantwortlich, was er beabsichtigt? Oder kann er auch für die tatsächlich eintretenden Konsequenzen zur Rechenschaft gezogen werden?

Die Unterscheidung zwischen der Pflichtethik Immanuel Kants und der Ethik des Utilitarismus taucht erneut in der idealtypischen Gegenüberstellung von *Gesinnungs-* und *Verantwortungsethik* bei *Max Weber* (1864-1920) auf; auch sie wird in zahlreichen einschlägigen Publikationen zur Klärung der eigenen medienethischen Position angeführt (Wilke 1996: 5). Ein Gesinnungsethiker orientiert sich – kontextblind und ohne Beachtung der Folgen – an bestimmten Werten und Grundsätzen, die er für gut befindet (Max Weber hat diesen Idealtypus der Figur des Heiligen nachgebildet). Ein Verantwortungsethiker achtet demgegenüber auf die Folgen, auch wenn ihn diese Orientierung an den Konsequenzen seiner Handlung dazu führen mag, dass er von seinen Grundsätzen abweicht und zahlreiche Kompromisse schließen muss.

Auch hier zeigt sich: Eine ausschließliche Orientierung an einer gesinnungsethischen Begründung der eigenen Handlungen wäre nicht sinnvoll. Und ebenso stellt sich im Falle der verantwortungsethischen Argumentation erneut das Problem der Planbarkeit von Folgewirkungen. Somit liegt es nahe, Pflichtethik und utilitaristische Ethik, Gesinnungs- und Verantwortungsethik, wie dies auch schon Weber vorsieht, nicht strikt als einander ausschließende Alternativen zu begreifen, sondern in Abhängigkeit von der jeweiligen Situation zu entscheiden: Je nach Lage der Dinge mag ein rigides Festhalten an Grundsätzen, aber auch ein Abrücken von diesen Grundsätzen (zugunsten vorhersehbarer bzw. erwünschter Wirkungen) im weiten Feld der Massenkommunikation angebracht erscheinen.

Basistheorien und Kontroversen

Entscheidende Impulse erhielt die Diskussion über geeignete theoretische Grundlagen der Medienethik aber nicht allein aus der Philosophie Kants oder den Schriften des Utilitarismus, sondern (zumindest gilt dies für die deutschsprachige Kommunikationswissenschaft) auch aus der → Systemtheorie und der Diskursethik. Die Diskursethik geht auf die Sozialphilosophen *Jürgen Habermas* und *Karl-Otto Apel* zurück und ist als Grundlage journalistischer Ethik – als eine Art Modell zur Begründung und Verfestigung von Normen – vorgeschlagen worden (Thomaß 1998: 33 ff.; Krainer 2001: 219 ff.). Eine ihrer Grundideen besagt, dass der Geltungsanspruch von Normen und Werten über den Diskurs (das heißt hier: durch das Abwägen der Argumente mit abschließender Einigung) erzielt werden kann. Vorausgesetzt wird damit die Verständigungsbereitschaft der jeweils Beteiligten, ihre Befähigung zum Kompromiss und die Möglichkeit, tatsächlich einen Konsens über Normen zu erreichen, da diese ja erst nach erfolgtem Einverständnis Geltung beanspruchen dürfen. Unklar bleibt, wie sich dieser Diskurs über Fragen der Medienethik organisieren und institutionell verankern ließe.

Im Kontrast zu der Verständigungseuphorie der Diskursethik wirkt die Position der Systemtheorie geradezu kühl und alles andere als idealistisch. Sie zielt auf die Demontage einer Ethik-Konzeption, die den frei entscheidenden Einzelnen zum ‚moralischen Helden' stilisiert.

Entsprechend bildeten sich in den 80er Jahren – nach der Veröffentlichung zentraler Aufsätze zum Thema – zwei Lager heraus, die in eine letztlich fruchtbare Kontroverse eintraten. Auf der einen Seite fanden sich die Vertreter eines *normativ-ontologischen Ansatzes* wie z. B. *Hermann Boventer*, die sich in der Tradition der Individualethik darum bemühten, allgemein gültige Maßstäbe am (journalistischen) Individuum festzumachen. Auf der anderen Seite standen strikt systemtheoretisch argumentierende Kommunikationswissenschaftler wie z. B. *Manfred Rühl* und *Ulrich Saxer*. Sie wurden als Vertreter des *empirisch-analytischen Ansatzes* etikettiert und machten auf systemische Imperative aufmerksam, die dem moralischen Handeln des Einzelnen entgegen stehen können, es vielleicht sogar unmöglich machen. Zu solchen Imperativen gehören die Profitorientierung von Medienunternehmen, der Konkurrenz-, Zeit- und Erfolgsdruck, die Organisations- und Managementroutinen usw.

Auch am Beispiel dieser Kontroverse wird deutlich, dass die Extrempositionen gleichermaßen nicht zu überzeugen vermögen: So überfordert die Individualethik ohne Zweifel den Einzelnen, auch wenn eingeräumt werden muss, dass Ethik nicht ohne das Konzept persönlicher Entscheidungsfreiheit und individueller Verantwortung auskommen kann.

Die systemtheoretische Herangehensweise hat zwar die Legende vom moralisch handelnden Einzelkämpfer zerstört und das Verständnis des Journalismus insgesamt entmythologisiert; sie bietet jedoch, was die Medienethik betrifft, kaum mehr als den resignativen Rekurs auf systemische Zwänge und Marktmechanismen, kann also im Sinne eines „systemischen Fatalismus" (Weischenberg 2004: 209) missbraucht werden.

Es zeigt sich erneut, dass – gerade in Zeiten des Wertepluralismus – nicht *die* Antwort auf alle ethischen Fragen, nicht *die* Lösung sämtlicher Probleme existiert. Ein angemessen komplexes, die medienethische Reflexion stimulierendes Bild entsteht erst, wenn man die Appelle an den Einzelnen mit dem Hinweis auf die Zwänge des Systems verknüpft, wenn man also Autonomie und Abhängigkeit im Bemühen um eine möglichst situationsgerechte Beurteilung zusammendenkt. Den Versuch einer solchen Synthese stellt die *konstruktivistische Systemtheorie* dar (Weischenberg 2004: 224 ff.). Medienethik wird hier zu Verantwortungsethik von Individuen, die ihren Anteil an den Wirklichkeitskonstruktionen anerkennen – und die sich doch der unvermeidlichen Zwänge bewusst sind.

Ethik und Verantwortung

Die Frage nach den jeweils Verantwortlichen ist *die* Kernfrage der Medienethik. Es gilt in den stark arbeitsteiligen Prozessen der Massenkommunikation zu klären, wem Handlungen und Handlungsfolgen begründet zugeschrieben werden können, wie sich die Zuständigkeiten verteilen. In der Journalistik und Kommunikationswissenschaft hat es sich weitgehend durchgesetzt, vier mögliche Handlungs- und Verantwortungsbezirke zu unterscheiden (Teichert 1996: 763 ff.; Weischenberg 2004: 217 ff.):

- Das Konzept einer *Individualethik* konzentriert sich auf den einzelnen Journalisten, macht ihn für die absehbaren Folgen seiner Handlungen verantwortlich. Eine solche, auf den Einzelnen gerichtete Zuschreibung von Verantwortung hat stets mit dem Vorwurf zu kämpfen, dass sie die Berufswirklichkeit idealisiert, also die vielfältigen Zwänge des (journalistischen) Handelns übersieht. Dem ist zu entgegnen, dass ethische Postulate nie mit der jeweiligen beruflichen Praxis identisch sein können. Sie dienen der Verbesserung dieser Praxis, insofern muss es eine Kluft zwischen beruflicher Realität und beruflichem Ideal, zwischen dem Gegebenen und dem Gewünschten, geben.
- Der *Professionsethik* geht es um die moralischen Maßstäbe einer Berufsgruppe wie etwa der Journalisten, die teilweise von Berufsverbänden kodifiziert wird. Sie soll für den gesamten Berufsstand ein Stück Berechenbarkeit stiften und vermittelt die Standards und Regeln für die tägliche Arbeit in einem Medienunternehmen (Weischenberg 2004: 219 f.). Zu solchen Standards gehören im Journalismus etwa: die sorgfältige → Recherche, präzise Quellenangaben, die Trennung von → Nachricht und Meinung bzw. das Bemühen um → Objektivität. Kritisiert wird an den jeweiligen ‚Standesethiken', dass sie regelhaft mit absoluten Werten (z. B. ‚der Wahrheit') oder auch mit dem Hinweis auf bereits bestehendes Recht argumentieren und somit längst verrechtlichte Berufsnormen noch einmal einfordern (Beispiel: die Forderung nach Informantenschutz, die im → Zeugnisverweigerungsrecht bereits geregelt ist).
- Die *Institutionenethik* rückt das einzelne Medienunternehmen in den Blick: Kernfrage ist hier, wie die kommerzielle Ausrichtung mit dem Ideal der Sozialverantwortung verknüpft werden kann und wie sich ökonomische Rationalität und medienethische Orientierung unter marktwirtschaftlichen Bedingungen verbinden lassen. Den Versuch einer Antwort beinhaltet das Konzept des ‚Stakeholder-Managements' (Karmasin/Winter 2002: 24 ff.). Stakeholder sind (im Gegensatz zu den rein gewinnorientierten Shareholdern) weiter gefasste Anspruchsgruppen, die Interesse an dem jeweiligen Unternehmen haben oder von seinen Entscheidungen betroffen sind; sie verlangen bzw. sollten verlangen, dass ihre Interessen in die Unternehmensentscheidungen einbezogen werden. Letztlich bleibt jedoch auch in diesem Konzept das Grundproblem ungelöst, wie im Konfliktfall zwischen Gewinnorientierung und moralisch korrektem Verhalten entschieden werden soll.
- Die *Publikumsethik,* die entscheidend von Clifford Christians geprägt worden ist, erinnert die einzelnen Mediennutzer an ihre Mitverantwortung für das vorhandene und zukünftige Angebot (Teichert 1996: 770). Aufgabe des mündigen Publikums ist demnach die Programmsteuerung durch gezielte Verweigerung und begründete Rezeption. Medienkonsum erscheint aus dieser Perspektive als eine moralische Herausforderung und nicht als eine zu Unterhaltungs- und Entspannungszwecken betriebene Betätigung, der sich Zeitungsleser, Radiohörer, Fernsehzuschauer und die Nutzer von Online-Angeboten stellen müssen. Motto: Wir haben die Medien, die wir verdienen. Das Problem ist, dass diese Variante der Ethik – vermutlich weil dies im Falle der Massenmedien schlicht unmöglich ist – keine berechenbaren Einfluss- und Mitgestaltungsmöglichkeiten des Publikums aufzuzeigen vermag. Daher bleibt nur der allgemeine Appell, der Aufruf zur bewussten Medienverweigerung oder aber das Vertrauen auf die Repräsentation von Öffentlichkeit und Publikumsinteressen durch Ombudsleute, einen kritischen → Medienjournalismus und Media-Watch-Organisationen.

Grundsätzlich zu diskutieren ist, ob es – komplementär zu diesen verschiedenen Perspektiven und Ebenen – auch eine mehr oder minder spezifisch ausformulierte Ethik für einzelne Medien geben sollte. Diese Frage hat durch die Verbreitung des → Internet und die Entstehung des → Online-Journalismus eine besondere Aktualität bekommen. Die spezifischen Merkmale des Netz-Mediums (Interaktivität, Multimedialität, Hypertextualität), die unschärfer werdende Trennlinie zwischen Berichtererstattung und Werbung (E-Commerce, ‚sponsored content'), die Schwierigkeiten, die → Glaubwürdigkeit von Quellen einzuschätzen, die Probleme der Datensicherheit und des Datenmissbrauchs, die ungehemmte Verbreitung diskriminierender Inhalte (*hate speech*) und pornografischer Bilder stellen die Medienethik zumindest vor neue Herausforderungen. Allerdings sind die Chancen, eine Ethik im Netz tatsächlich auch durchzusetzen, zumindest prekär: Die Größe und die Undurchschaubarkeit des Internet machen es äußerst schwierig, Zuständigkeit zu rekonstruieren, Quellen zu benennen, Gerüchte bis zu ihrem Urheber zurückzuverfolgen und die Frage der Verantwortung zu klären.

Praxisrelevanz und Ausblick

Medienethik muss – so sie denn für die Praxis von Nutzen sein will – eine Reihe von Voraussetzungen erfüllen: Sie braucht die theoretische Fundierung und gleichzeitig die präzise Bezogenheit auf die jeweiligen Tätigkeiten und aktuell beobachtbaren Medienentwicklungen, und sie sollte wirkungsvoll artikuliert werden. Und es gilt, sie in der Ausbildung zu verankern und den zuständigen Berufsgruppen – auch im Sinne einer freiwilligen Selbstverpflichtung – nahe zu bringen (Thomaß 1998: 17, 51).

Wenn man diese Kriterien zu Grunde legt, so zeigt sich ein heterogenes Bild: International weit verbreitet sind *Berufskodizes* – Grundsatzpapiere mit entsprechenden professionellen Zielwerten, die als Instrumente der Selbst- und Qualitätskontrolle dienen sollen. Sie finden sich im PR-Bereich, in der Werbung und vor allem auch im Journalismus. Zu den wesentlichen journalistischen Kodizes gehören beispielsweise: die Berufsgrundsätze der *Internationalen Journalisten-Föderation* (Bordeaux 1954), das Europäische Communiqué der journalistischen Berufsgrundsätze (München 1971), das Schlusscommuniqué der Internationalen Konferenz der Journalistenverbände (Prag 1983), die UNESCO-Mediendeklaration (Paris 1978) sowie die verschiedenen nationalen Pressekodizes wie etwa die immer wieder ergänzten Publizistischen *Grundsätze des Deutschen Presserats* (zuerst 1979).

Derartige Standesgrundsätze gleichen sich in der Regel zumindest in groben Zügen. Gemeinsam sind ihnen folgende Kernpunkte (Pürer 1992: 311; Teichert 1996: 761 f.):

- der Appell an das Verantwortungsbewusstsein der Journalisten bei der Erfüllung ihrer öffentlichen Aufgabe;
- die Aufforderung zu einer unabhängigen Berichterstattung;
- die Achtung vor der Wahrheit;
- die korrekte Beschaffung und Wiedergabe von Informationen;
- die Richtigstellung von Falschmeldungen;
- die Wahrung der Vertraulichkeit, des Berufsgeheimnisses und des Zeugnisverweigerungsrechts;
- der Respekt vor der Privat- und Intimsphäre;
- das Eintreten für Menschenrechte und Frieden;
- die Ablehnung von Diskriminierung und Gewaltverherrlichung;
- die Aufforderung, bei laufenden Ermittlungen und schwebenden Gerichtsverfahren zurückhaltend zu berichten;
- der Hinweis, dass das journalistische Berufsethos mit Geschenkannahmen

und die Gewährung von Vorteilen nicht zu vereinbaren ist.

Diese Berufskodizes sind jedoch nicht – wie dies im Falle rechtlicher Regelungen der Fall wäre – verbindlich. Ihre Vor- und Nachteile liegen auf der Hand: Sie liefern Orientierung, regen idealerweise die Selbstverständigung innerhalb einer Profession an, beruhen jedoch auf freiwilliger Selbstverpflichtung – ohne dass unmittelbare Sanktionsmöglichkeiten existieren würden. Den nationalen Presseräten steht allenfalls das vergleichsweise schwache Instrument der Rüge und der Missbilligung zur Verfügung. Kritisiert werden solche Kodizes jedoch nicht allein aufgrund ihres fehlenden Sanktionspotenzials, sondern auch, weil sie sich häufig absoluten Werten (Wahrheit, Objektivität) verpflichten, denen es an berufsspezifischer Konkretisierung fehlt. Ebenso wird kritisch angemerkt, dass Kodizes oft nur wiederholen, was ohnehin bereits geregelt ist, also geltendes Recht verbal verdoppeln (Krainer 2001: 135). Immerhin ist festzuhalten, dass es – auch im internationalen Maßstab – einen Wertekonsens der Standesorganisationen gibt.

Weit weniger klar strukturiert stellt sich die *Ausbildung* in Fragen der Medienethik dar. Auch hier ist erneut der Vergleich mit der Situation in den USA erhellend: Das Thema Ethik wird an nordamerikanischen Universitäten intensiv (auch in Form von eigenen Fachzeitschriften wie dem *Journal of Mass Media Ethics)* behandelt und ist hier in der → Journalistenausbildung mit ihren relativ einheitlichen Curricula vergleichsweise fest verankert. Es existieren Lehrbücher, die – gleichermaßen philosophiegeschichtlich informiert und pragmatisch orientiert – durch eine Mischung aus Abstraktion und berufsspezifischer Konkretion beeindrucken (z. B. Day 2003).

Ein häufig eingesetztes didaktisches Mittel in solchen Lehr- und Arbeitsbüchern ist die *Kasuistik*, das Studium einzelner Medienaffären, das die Relativität von scheinbar universal gültigen Entscheidungsregeln am Einzelfall demonstriert. In der deutschsprachigen Journalistik und Kommunikationswissenschaft ist dagegen ein derartiges Lehrbuch noch immer Desiderat, fehlen Professuren mit einem entsprechenden Schwerpunkt und mangelt es an einer systematischen Einbindung der Medienethik in die Lehre.

Dies ist bedauerlich, da gerade in Zeiten der fortschreitenden Kommerzialisierung und Globalisierung des Mediengeschäfts der Ethik-Bedarf weiter zunehmen wird. Es ist keine prophetische Gabe notwendig, um zu erkennen: Je weniger rechtliche Regelungen mit nationalstaatlichem Zuschnitt im Prozess der Globalisierung greifen und je mehr der ökonomische Druck auf einzelne Medienunternehmen zunimmt, desto wichtiger wird der Akt der reflektierten Selbstverpflichtung und die medienethisch begründbare Entscheidung des Einzelnen.

Medienethische Reflexion ist – so gesehen – notwendige Reaktion auf die Verhältnisse.

Literatur

Boventer, Hermann (1984): Ethik des Journalismus, Konstanz.

Christians, Clifford G. (2000): An Intellectual History of Media Ethics, in: B. Pattyn (Hrsg.): Media Ethics, Leuven: 15-46.

Day, Louis Alvin (2003): Ethics in Media Communications, 4. Aufl., Belmont.

Debatin, Bernhard (1997): Ethische Grenzen oder Grenze der Ethik?, in: G. Bentele/M. Haller (Hrsg.): Aktuelle Entstehung von Öffentlichkeit, Konstanz: 281-290.

Karmasin, Matthias/Carsten Winter (2002): Medienethik vor der Herausforderung der globalen Kommerzialisierung von Medienkultur: Probleme und Perspektiven, in: M. Karmasin (Hrsg.): Medien und Ethik, Stuttgart: 9-37.

Krainer, Larissa (2001): Medien und Ethik, München.

Pürer, Heinz (1992): Ethik in Journalismus und Massenkommunikation, in: Publizistik 1992/3: 304-321.

Rühl, Manfred/Ulrich Saxer (1981): 25 Jahre Deutscher Presserat, in: Publizistik 1981/4: 471-507.

Teichert, Will (1996): Journalistische Verantwortung: Medienethik als Qualitätsproblem, in: J. Nida-Rümelin (Hrsg.): Angewandte Ethik, Stuttgart: 751-776.
Thomaß, Barbara (1998): Journalistische Ethik, Opladen/Wiesbaden.
Weischenberg, Siegfried (2004): Journalistik, Bd. 1, 3. Aufl., Wiesbaden.
Wilke, Jürgen (1996): Journalistische Berufsethik in der Journalistenausbildung, in: ders. (Hrsg.): Ethik der Massenmedien, Wien: 1-12.

Bernhard Pörksen, Hamburg

Medienforschung

Definition/Begriffsbestimmung

Die Funktion der Medienforschung besteht darin, Medienangebot und Mediennutzung sinnvoll aufeinander zu beziehen. Hauptaufgabe ist die systematische und repräsentative Erfassung des Feedbacks im Prozess der Massenkommunikation. Medienforschung macht andere Rückkopplungen wie Publikumspost, Hörer- und Zuschauertelefon nicht überflüssig, sie gilt aber als einziges zuverlässiges Instrument, um den Kommunikationserfolg eines Mediums kontrollieren zu können.

Aus wirtschaftlicher Sicht wird Medienforschung oft als *Mediaforschung* auf die Untersuchung des Publikumsverhaltens gegenüber Massenmedien als Werbeträgern reduziert. Diese Werbeträgerforschung bzw. Anzeigenmarktforschung lässt sich nur schwer von redaktioneller Medienforschung unterscheiden (Siegert 1993: 20), weil ähnliche Untersuchungsgegenstände mit identischen Methoden der empirischen Sozialforschung traktiert werden (→ Methoden der Kommunikationsforschung). Die Entdeckungs- und Verwertungszusammenhänge beider Forschungsausprägungen weichen aber insofern voneinander ab, als der ökonomische Begriff Mediaforschung auf den Rezipienten als potenziellen Konsumenten eines Produktes verengt ist, während *redaktionelle Medienforschung* als Hilfe für das Entscheidungshandeln im → Journalismus verwendet wird.

Werbeträger- oder Anzeigenmarktforschung richtet sich sowohl an Verlagsleitung bzw. Werbegesellschaften der Medienorganisationen als auch an Media Agenturen, die für Kunden Werbebuchungen nach Maßgabe der Publikumsakzeptanz vornehmen (→ Werbung). Diese erwarten präzise und verlässliche Mediadaten zur gezielten Platzierung von Werbeschaltungen in Presseprodukten und Rundfunkmedien.

Neben der reinen Reichweitenforschung gehören auch Werbewirkungsforschung und Werbeerfolgskontrolle (Recall-Tests) zur Mediaforschung, mit denen nicht nur die Quantität der Werbekontakte, sondern auch deren Intensität und Qualität gemessen wird.

Werbeträgerforschung und redaktionelle Medienforschung sind Formen der *Publikumsforschung*, die im akademisch-universitären Kontext ebenfalls die Nutzung von → Massenmedien und → Journalismus umfasst (→ Mediennutzung), dort aber als Grundlagenforschung ohne direkte Verwertungsinteressen betrieben wird. In ihrer Variante als angewandte empirische Publikumsforschung lässt sich praxisorientierte Medienforschung vom allgemeinen Forschungsfeld Massenkommunikation (→ Kommunikation) dadurch abgrenzen, dass die Untersuchungen von den Medienorganisationen in Auftrag gegeben werden (Siegert 1993: 17-25).

Medienforschung in diesem Verständnis ist nicht die Erforschung der Medien, sondern anwendungsorientierte Forschung für die Medien. Diese Konzeptualisierung angewandter Medien- und Publikumsforschung entspricht einem „Blick der Medienorganisationen auf ihr Publikum“ (Kiefer 1999: 703).

Geschichte/Entwicklung

Die Anfänge der Leserforschung liegen im frühen 20. Jahrhundert (Meyen 2001: 43-98). Anstöße dieser frühen Forschungsbemühungen kamen aus der gewerkschaftlich organisierten Arbeiterbewegung, welche die Frage umtrieb, was und wie viel Arbeiter lesen. Auch wenn mit Analysen der Ausleihstatistiken Leipziger Bibliotheken und Bildungsvereine das Verhältnis des Arbeiters zum Buch nicht repräsentativ untersucht wurde, deutete sich der Einzug der Sozialforschung in die Erkundungen zum Verhalten der Medienpublika an. *Michael Meyen* (2001: 45) verweist darauf, dass die Leipziger Gewerkschaften sich zudem kurz nach der Jahrhundertwende auch für die Pressenutzung der Arbeiterschaft interessierten und dabei entdeckten, dass viele Arbeiter nicht nur die Parteipresse, sondern auch die bürgerlichen Zeitungen lasen.

Neben gewerkschaftlicher Neugier wurde ökonomisches Denken in den Verlagen zur Triebfeder früher Medien- und Publikumsforschung. Erste Käuferbefragungen zu Beginn des Jahrhunderts operierten ohne die Standards empirischer Sozialforschung, doch gaben ausgefüllte Buchkarten den Verlegern Auskunft über Käuferschaft und Motive des Kaufs. Der Wert dieser frühen Verbrauchsforschung bestand darin, kontinuierliche Markterforschung über Jahrzehnte hinweg betrieben und die Erkundung des potenziellen Konsumenten zum festen Inventar des Verlagsmarketings gemacht zu haben.

In der historischen Betrachtung der Rezeptionsforschung herrscht Einigkeit, dass erste leserkundliche Erhebungen der Publizistikwissenschaft, die von *Hans Amandus Münster* und *Emil Dovifat* in den frühen 30er Jahren am Deutschen Institut für Zeitungskunde durchgeführt wurden, nur bedingt als direkte Vorläufer heutiger Medien- und Publikumsforschung angesehen werden können (Schulz 1994: 189 f.). Bemühungen am Heidelberger Institut für Zeitungswesen, ein Konzept für empirische Hörerforschung zu entwickeln, kamen über gut gemeinte Ansätze nicht hinaus und wurden von den Nationalsozialisten schließlich ebenso erstickt wie ähnliche Pläne am Deutschen Institut für Zeitungskunde in Berlin.

Viele der wesentlichen methodischen Impulse, die den Fortschritt angewandter Medienforschung begünstigten, stammten zunächst aus dem angloamerikanischen Raum. George Hotchkiss führte schon 1921 eine erste schriftliche Umfrage zu den Zeitungslesegewohnheiten der New Yorker Oberschicht durch, während *George Gallup* (1901-1984) 1927 an der Universität von Iowa das Verfahren der mündlichen Befragung repräsentativer Leserquerschnitte entwickelte, bevor er acht Jahre später das *Gallup-Institut* gründete, das noch heute vielerorts synonym für Umfrage- und Meinungsforschung steht (Schulz 1994: 190).

Die frühe amerikanische Sozialforschung hatte zwar großen Einfluss auf die Forschungsentwicklung im deutschsprachigen Raum, doch handelte es sich in Teilen um einen Re-Import. Dieser ist vor allem mit dem Namen *Paul Felix Lazarsfeld* (1901-1976) verbunden, der zunächst in Wien Psychologie lehrte und nach seiner Emigration in die USA in den 30er Jahren das *Office of Radio Research* aufbaute. Es wurde 1940 zum *Bureau of Applied Social Research* ausgebaut und war Ausgangspunkt für Methodeninnovationen wie *panel technique* und *program analyzer*. Doch schon seine frühen Arbeiten für die Österreichische Radio-Verkehrs AG (RAVAG) machten ihn zum Pionier der Hörerforschung. 1931 legte Lazarsfeld eine Hörerumfrage auf, die Antworten von rund 36.000 Hörern analysierte und dabei erstmals soziodemografische Variablen berücksichtigte.

Weitere Einflüsse erhielt die Medienforschung aus Großbritannien. Dort hatte die BBC schon 1936 eine Hörerforschung aufgebaut, das *Audience Research Department*, das seitdem durch tägliche mündliche Befragungen die aktuellen Hörerzahlen ermittelte und zusätzlich auch auf schriftlichem Wege systematisch Hörerurteile und -bewertungen einholte.

Dagegen beschränkten sich in Deutschland die Forschungsaktivitäten zum Rundfunk in der Weimarer Republik fast ausschließlich auf sporadische Auswertungen von Hörerzuschriften (→ Radio). Später wurden aber auch hier zu Lande Volksbefragungen über Hörgewohnheiten durchgeführt. In einer Untersuchung der Reichs-Rundfunk-Gesellschaft von 1931 wurde erstmals nicht nach Hörerwünschen, sondern nach Hörgewohnheiten gefragt, so dass eine erste Tageshörkurve vorlag. Wenig später kam es zu einer ersten Verbindung früher Hörerforschung mit kommerzieller Marktforschung. Im Rahmen einer Telefunken-Studie wurden 1.000 Hörer mittels mündlicher → Interviews besonders nach der Geräteausstattung befragt; immerhin ging es in dieser Untersuchung primär um Informationsbedürfnisse der Rundfunkgeräte-Industrie (Bessler 1980: 30).

Eine explizit auf sozialwissenschaftlichen Methoden begründete institutionalisierte Publikumsforschung entwickelte sich erst nach Ende des Zweiten Weltkriegs. Sie folgte zunächst mehr politischen als wirtschaftlichen Motiven. Die ersten bald medienforschenden Meinungsforschungsinstitute wurden 1945 von den Militärregierungen der Besatzungsmächte gegründet: das Institut *Public Opinion Research* (später *Emnid*) in Bielefeld von den Briten, *Opinion Survey Section* (später *DIVO*) in Frankfurt von den Amerikanern. Diese Unterabteilung für Umfrageforschung des *Office of Military Governement for Germany* (OMGUS) führte ab Januar 1946 die ersten Bevölkerungsumfragen durch, u. a. zur Einstellung der Deutschen zur damals praktizierten Radiozensur und zur → Glaubwürdigkeit des Rundfunks (Bessler 1980: 46).

Das Ende des Lizenzzwangs und die Phase wirtschaftlicher Konsolidierung nach der Währungsunion beschleunigten die Institutionalisierung der Medienforschung. Neue, unabhängige Institute ohne Besatzungsvorläufer wie das *Institut für Demoskopie Allensbach* (IfD) oder das *Institut zur Erforschung der Öffentlichen Meinung* in München (1947; später *Infratest*) entstanden.

Aktuelle Medienforschung

Standarduntersuchungen der Medienforschung sind heute in der Regel als Gemeinschaftsuntersuchungen konzipiert, da sie große Märkte abdecken müssen und von Einzelmedien allein nicht finanzierbar sind. Überdies wird von den Werbekunden eine gewisse Vergleichbarkeit der Ergebnisse gefordert. Zu den Standardinstrumenten der Medienforschung gehören die aus der Leseranalyse (Beginn: 1954) hervorgegangene *Media Analyse* (MA), in der die 250 wichtigsten Unternehmen der Werbewirtschaft vereint sind, und die ebenfalls jährlich als Markt-Media-Analyse durchgeführte unabhängige *Allensbacher Werbeträgeranalyse* (AWA). Im Gegensatz zur MA, die zu einem Partnerschaftsmodell fusioniert wurde, ist die AWA eine ‚Single-Source-Erhebung': Alle Daten speisen sich aus einer Quelle; Erhebungseinheit ist eine interviewte Person, während bei der MA auf der Basis unabhängiger verschiedener Datensätze durch Stichprobenfusionierung künstliche Befragte konstruiert werden, und zwar auf Basis von rund 50.000 Interviews.

Als ‚Standardwährung' für die *Leserforschung* gelten auch die vom *Zentralausschuss der Werbewirtschaft* (ZAW) ins Leben gerufenen, vierteljährlich erscheinenden *IVW-Auflagenlisten.* Zudem geben Großverlage eigene so genannte Markt-Media-Analysen in Auftrag wie die *Verbraucheranalyse VA* (Heinrich Bauer Verlag und Axel Springer Verlag), die *Typologie der Wünsche* (Burda), die *Brigitte Kommunikationsanalyse* (Gruner + Jahr) und die Image-Studie *FAME* (Milchstraße), die ökonomisch relevante Marketing-Zielgruppen mit Mediadaten zusammenführen.

Dagegen sind großflächige Studien der Zeitungsverlage selten. Die wenigen Gemeinschaftsuntersuchungen werden meist von der *Arbeitsgemeinschaft Regionalpresse*, dem *Arbeitskreis Nielsen-Ballungsraum* und der *Zeitungs Marketing Gesellschaft* durchgeführt.

Für die *Hörerforschung* werden Standarddaten durch die *MA Radio* (Elektroniktranche der AG.MA) und durch die *Elektronische Medienanalyse E.M.A.* ermittelt, die aus der Funkmedienanalyse hervorging und auch als Basis-Struktur-Erhebung für den Aufbau des *Fernseh-Panels* der GfK diente. Seit 2000 wird die MA Radio zweimal jährlich, und zwar auf Basis computergestützter Telefoninterviews (CATI) durchgeführt.

Parallel dazu werden Hörerdaten im Auftrag der *Bayerischen Landes-Medienanstalt* (BLM) von der *Funkanalyse Bayern (FAB)* ermittelt, die an das Abfragemodell der MA angelehnt ist. Der Erhebungszeitraum der MA Radio beträgt seit 2002 rund 30 Wochen pro Jahr, um Verzerrungen durch punktuelle hörerwirksame Werbeaktionen der Radiosender während der Feldphase entgegenzuwirken.

Als Standardmessinstrument für die *Fernsehforschung* gilt die seit 1984 kontinuierlich betriebene *GfK-Fernsehforschung*, die eine sekundengenaue telemetrische Messung des Nutzungsverhaltens gewährleistet. Dieses Messsystem arbeitet im Auftrag der 1988 gegründeten *Arbeitsgemeinschaft Fernsehforschung* (AGF), einem Zusammenschluss öffentlich-rechtlicher und privater Fernsehanbieter.

Die Daten der GfK-Fernsehforschung, die auf einem 5.640 Haushalte und rund 13.000 Personen umfassenden Panel basieren, bilden die alleinige Grundlage der quantitativ-standardisierten Fernsehforschung. Als ungewichtete ‚Quickberichte' werden die Daten am Morgen des Folgetages elektronisch aufbereitet, damit den Redaktionen in der Konferenz ein erstes systematisches Feedback vorliegt. Zudem sind zusätzliche Informationen wie Minutenverläufe und Umschaltanalysen verfügbar. Während Standarduntersuchungen sehr häufig von der Programmplanung genutzt werden, sind Sonderanalysen wie spezifische Publikumsbefragungen und Gruppendiskussionen, die auch als „sendungs- oder schemaplatzbegleitende Fernsehforschung" (Klingler 1998: 922) bezeichnet werden, oft Mittel redaktioneller Forschung.

Nutzerforschung

Das → Internet als jüngstes Medium erlaubt hinsichtlich der Abrufzahlen eine im Vergleich zu anderen Medien umfassende und vollständige Publikumsforschung, da die Nutzung nicht mittels Stichproben gemessen werden muss, sondern alle Seitenabrufe exakt mittels Zählpixels (Tags) registriert werden können. *IVW Online* hat rund 400 Online-Werbeträger gelistet, deren *Visits* (zusammenhängende Nutzung eines Internetangebotes) und *Page Impressions* (Seitenaufrufe) ermittelt und kontinuierlich ausgewiesen werden.

Im Auftrag der *Arbeitsgemeinschaft Internet Research* (AGIREV) ermittelt zudem der *Online Reichweiten Monitor* (ORM) die Reichweiten von Online-Werbeträgern in Deutschland. In den halbjährlichen Erhebungswellen werden im ‚Random-Route-Verfahren' rund 13.000 Personen mittels ‚Computer Assisted Personal Interview' zur Internetnutzung befragt.

Als größte kontinuierliche Repräsentativbefragung gilt die *@facts-Studie*, die von den Online-Vermarktern der privaten Fernsehsender in Auftrag gegeben wird. Täglich werden dazu rund 500 computergestützte Telefoninterviews durchgeführt.

Andere Studien wie *Deutschland Online, (N)Onliner-Atlas*, die *Allensbacher Computer- und Technikanalyse* (ACTA) und die *ARD-ZDF-Online-Studie* untersuchen nicht die Reichweiten einzelner Internetangebote, sondern Umfang, Modus und Motive der allgemeinen Nutzung und Nichtnutzung des Internets. Eine reine Nutzerbefragung ist dagegen die *W3B-Studie* von Fittkau & Maß, die mit Onlinefragebögen operiert.

Im Dezember 2002 haben sich AGIREV und die Arbeitsgemeinschaft *@facts* mit weiteren Online-Vermarktern zur *Arbeitsgemeinschaft Online Forschung* (AGOF) zusammengeschlossen, um praxisnahe Standards in der Internet- und Online-Werbeträgerforschung zu entwickeln. Mit Jahresbeginn 2004 traten Mitglieder der AGOF der AG.MA mit dem Ziel bei, eine einheitliche Werbewährung für die Online-Media-Planung zu etablieren und die Reichweitenmessung an die gültigen MA-Parameter anzugleichen.

Praxisrelevanz

Während die positive Funktion der Medienforschung für die Werbetreibenden und die Geschäftsführung von Medienunternehmen unbestritten ist, galt das Verhältnis zwischen Medienforschung und journalistischer Praxis lange Zeit als belastet. Zwar setzen nach wie vor viele Redakteure auf Intuition und Erfahrung, doch hat sich die „Marktmacht Medienforschung" (Siegert 1993) nicht nur in den Chefetagen langsam etabliert; sie ist auch in den Redaktionen zu einer heimlichen Hauptsache geworden. Immerhin 97 Prozent der Journalisten in Deutschland kommen mittlerweile mit Ergebnissen empirischer Publikumsforschung in Kontakt (Hohlfeld 2003: 265).

Trotz mäßigem Vorwissen – nur zwei von fünf Journalisten verfügen laut Selbsteinschätzung über gute oder sehr gute Methodenkenntnisse – wird redaktionelle Medienforschung insgesamt gut akzeptiert. 83 Prozent sind überzeugt, Forschung helfe, journalistische Produkte zu verbessern; drei Viertel der Journalisten sind der Ansicht, Forschung sollte für die Erfolgskontrolle eingesetzt werden. Und selbst in der redaktionellen Planung spielt Forschung in vielen Medien eine zentrale Rolle: In über 90 Prozent der Redaktionen werden Forschungsbefunde bei Relaunches oder Reformen in die Konzeption einbezogen (ebd.: 316).

Entscheidend für den Transfer der Forschungsdaten in die Praxis ist die Form der Vermittlung. Fast die Hälfte der Praktiker favorisiert eine reine Präsentation der Zahlen; ein knappes Drittel möchte die Daten von Medienforschern interpretiert bekommen, die übrigen 23 Prozent erwarten gar konkrete Umsetzungsvorschläge. Diejenigen, denen die Informationen persönlich vermittelt werden, schätzen Serviceleistung und Nutzen angewandter Medienforschung besonders hoch ein. In Redaktionen, die einen festen und kontinuierlichen persönlichen Austausch mit Medienforschung pflegen, ist deshalb die Akzeptanz der Forschung am besten. Jeder sechste Journalist zweifelt indes generell den Sinn von Medienforschung an. Dieser harte Kern von Forschungsgegnern ist besonders stark verbreitet unter Printredakteuren ohne leitende Funktion.

Eine verbesserte Medienforschung für die Praxis müsste – den kritischen Journalisten zufolge – bei der oft als unzureichend empfundenen Abstimmung und der institutionellen Verzahnung beider Bereiche ansetzen. Daneben werden angewandter Medienforschung konkrete Vermittlungsprobleme wie mangelhafte → Verständlichkeit und Handhabbarkeit der Befunde, falsche Interpretation, langsames Arbeiten und schwach akzentuierte Präsentation angelastet. Änderungswünsche betreffen zudem den ungenügend detaillierten Zugriff auf den Forschungsgegenstand und die geringe Nähe zur redaktionellen Praxis: Forschern fehle vor allem das Gespür für redaktionelle Sachzwänge, etwa das Arbeiten unter den knappen Ressourcen Aufmerksamkeit und Zeit.

Bewertung und Ausblick

Angestoßen und intensiviert wurde die Medien- und Publikumsforschung in Deutschland durch Begehrlichkeiten der Werbewirtschaft in den 50er Jahren. Infolge der Ausbildung technischen und methodischen Know-hows war sie – als

Anzeigenmarktforschung und Werbeträgerforschung – bis zu Beginn der 70er Jahre alleinige Domäne kommerzieller Marktforschungsinstitute, die dadurch Definitionsmacht über Bedingungen, Verfahren und Erkenntnisse angewandter Forschung erlangten.

Erst mit Ausbildung eigenständiger Forschungsabteilungen in Presseverlagen und Rundfunkunternehmen gelangte durch Zugewinn professioneller Kompetenzen ein Teil der Kontrolle in die Medienunternehmen zurück. Gleichwohl sorgte nach einer Phase gesellschaftspolitisch orientierter Nutzungsforschung in den 70er und 80er Jahren die zunehmende Ökonomisierung des Mediensystems dafür, dass Forschung auf die vielfältigen Anforderungen der Werbewirtschaft zugeschnitten und verengt wurde. Mit dieser Tendenz ging ein vergleichsweise einseitiger Zufluss von Finanzen in die Standardforschungsinstrumente einher.

Parallel dazu wird seit einigen Jahren in kleinteilige sendeplatz- bzw. objektbezogene Redaktionsforschung investiert, die der Redaktionsberatung zugute kommt und von personeller Expansion begleitet ist. Mit konkreter Projektberatung für kleinere redaktionelle Einheiten gelangt angewandte Forschung heute vor allem im Rundfunk in die Arbeitsebene der Praktiker, während sie zuvor nur werbetreibende Wirtschaft und Medienmanagement bediente. Dort, wo redaktionelle Medienforschung systematisch und ungehindert in die journalistische Entscheidungspraxis einfließen kann, ist Nutzen für einen publikumsnahen Journalismus erwartbar; hier wirkt sie steuerungsrelevant. Wo Medienforschung Herrschaftswissen der Geschäftsleitung bleibt, eignet sie sich allenfalls zur nachträglichen Legitimation unpopulärer Unternehmensentscheidungen und zur Durchsetzung journalismusfremder Reformen.

Literatur

Bessler, Hansjörg (1980): Hörer- und Zuschauerforschung, Bd. 5 der Reihe Rundfunk in Deutschland, hrsg. v. Hans Bausch, München.

Hohlfeld, Ralf (2003): Journalismus und Medienforschung. Theorie, Empirie, Transfer, Konstanz.

Kiefer, Marie-Luise (1999): Das Rundfunkpublikum als Bürger und Kunde, in: D. Schwarzkopf (Hrsg.): Rundfunkpolitik in Deutschland, Bd. 2, München: 701-744.

Klingler, Walter (1998): Fernsehforschung in einer öffentlich-rechtlichen Rundfunkanstalt, in: W. Klingler et al. (Hrsg.): Fernsehforschung in Deutschland, Baden-Baden: 915-927.

Meyen, Michael (2001): Hauptsache Unterhaltung. Mediennutzung und Medienbewertung in Deutschland in den 50er Jahren, Münster.

Schulz, Rüdiger (1994): Mediaforschung, in: E. Noelle-Neumann et al. (Hrsg.): Fischer Lexikon Publizistik Massenkommunikation, Frankfurt/M.: 187-218.

Siegert, Gabriele (1993): Marktmacht Medienforschung, München.

Ralf Hohlfeld, Eichstätt

Medienfreiheit

→ Kommunikationsfreiheit

Mediengattungen

Definitionen/Begriffsbestimmungen

Es lassen sich drei verschiedene Definitionen des Begriffs ‚Mediengattung' unterscheiden: In einem eng gefassten Verständnis sind Mediengattungen ausschließlich Darstellungsformen; das heißt: historisch gewachsene, stark konventionalisierte Formen journalistischer Texte mit unterschiedlicher Funktion (Information, Bewertung, Unterhaltung) sowie gemeinsamen formalen, strukturellen und/oder inhaltlichen Merkmalen. Zu den wichtigsten Darstellungsformen gehören im Journalismus Nachricht und Bericht, Reportage und Feature, das Interview und schließlich Kommentar und Glosse.

Ein weiter gefasstes Begriffsverständnis (Schmidt/Weischenberg 1994) begreift Mediengattungen als Darstellungsformen *und* Berichterstattungsmuster: Demnach zählen nicht nur einzelne journalistische Formen zu den Mediengattungen, sondern auch allgemeine Muster der Gestaltung von Medienaussagen wie etwa der Informations-Journalismus, der New Journalism oder der Investigative Journalismus.

Das am weitesten gefasste Verständnis des Begriffs versteht schließlich Mediengattungen in einem allgemeinen Sinne als historisch und kulturell spezifische, gesellschaftlich verfestigte und formalisierte Lösungen kommunikativer Probleme, als „Muster, welche bestimmte – in der Regel die wichtigsten – kommunikativen Vorgänge mehr oder minder detailliert und mehr oder minder verpflichtend festlegen“ (Luckmann 1986: 200).

Neben *Thomas Luckmanns* kommunikativer Gattungsanalyse basiert der erweiterte Gattungsbegriff auf der Rahmen-Analyse von *Erving Goffman* (1993) und dem Konzept der *Medien-Frames* (Scheufele 2003). „Media frames are persistent patterns of cognition, interpretation, and presentation, of selection, emphasis, and exclusion [...]. Frames enable journalists to process large amounts of information quickly and routinely.“ (Gitlin 1980: 7)

Gattungen vereinfachen, sie standardisieren komplexe journalistische und redaktionelle Abläufe und schränken Entscheidungsspielräume ein (→ Redaktion). Dadurch ermöglichen sie die Ausbildung stabiler Erwartungen von Organisationen, Journalisten und Rezipienten. Sie sichern eine Praxis, die sich durch fortwährende Anwendung bewährt hat und durch die kontinuierliche Erfüllung von Erwartungen Vertrauen (→ Glaubwürdigkeit) schafft.

Handlungsroutinen und Strukturen

Medien werden institutionalisiert, wenn sie sich als Mittel zur Lösung gesellschaftlicher Kommunikationsprobleme bewähren, wenn sie durch journalistische Beobachtung, Themenselektion, → Recherche und Vermittlung wichtige Leistungen für die Gesellschaft erbringen. Im Laufe der Mediengeschichte wurden jeweils neue Medien nach Anpassungs- und Akzeptanzprozessen ins Medienensemble integriert. Dabei bildeten sich Konkurrenz-, Komplementaritäts- und Konvergenzbeziehungen heraus, die auch Lern- und Entwicklungsergebnis von Medienproduzenten wie -konsumenten waren. Mediale Rollen, Erwartungen und Gattungen haben sich über große Zeiträume eingespielt.

Diese äußeren Strukturen – Art des Mediums, Positionierung und sozialer Kontext – bestimmen die inneren Strukturen, also die Organisation des Medienunternehmens, redaktionelle Abläufe, Formen des journalistischen Produkts und Forderungen des Publikums. Erwartungshaltungen an den → Journalismus führen bei Medien und Publikum zu inhaltlichen und formalen Vorstellungen, deren Nichteinhaltung Irritation erzeugen würde und deren Einhaltung wiederum Anschlusskommunikation ermöglicht.

Analog zur Mediengattung finden sich in der Literatur im Kern übereinstimmende Begriffe wie Medienschemata, -frames und -muster. *Siegfried J. Schmidt* und *Siegfried Weischenberg* (1994: 212 f.) unterscheiden Gattungen als kognitive und kommunikative Phänomene: Medienschemata sind demnach Orientierungsmuster, die bei der Rezeption medialer Angebote formale und inhaltliche Merkmale erkennen und zuordnen lassen und die Möglichkeiten und Grenzen der Medienangebote mitteilen.

Gerade die kontinuierliche, periodische Produktion im Journalismus, die arbeitsteilig, geplant und organisiert erfolgt, ist ohne die Anwendung konsentierter Verfahren, erkennbarer Berichterstattungsmuster und weitgehend standardisierter Darstellungsformen nicht möglich. Solche in arbeitsteiligen und rollenspezifischen Entscheidungsprogrammen ausgebildeten, nicht festgeschriebenen und doch als praktikabel und nützlich erkannten Produktionsroutinen betreffen redaktionelle Abläufe, die Entscheidung für differenzierte Programm-, Sendungs- oder Textformen, Strategien der Recherche, Muster zur Selektion der Themen und Verfahren der Überprüfung von Informationen.

Journalistische Handlungsroutinen müssen prinzipiell innovationsoffen bleiben, sie dürfen nicht in den Verfassungsrang redaktioneller Bürokratien erhoben werden. Die journalistischen Akteure sind strategiefähig; sie sind es, welche die Strukturen herausbilden, und sie kennen ihre Möglichkeiten (‚choices') und ihre Grenzen bzw. Zwänge (‚constraints'). Routinen und Strukturen wirken situationsvereinfachend, wenn sie Handlungsmöglichkeiten reduzieren; zugleich schaffen sie dadurch aber auch Optionen für neue und andere Handlungen.

Darstellungsformen

Dass sich starre formale Vorgaben – Gattungen – und kreative Freiräume nicht ausschließen, beweisen Musik oder Literatur: Neues zu schaffen ist im Rahmen der Gattungen möglich. Auch im Journalismus haben sich Darstellungsformen als Konvention der Präsentation von Medienaussagen etabliert, Text- bzw. Sendungsgattungen, standardisierte Formate und Genres der Mitteilung, die durch die Wiederkehr der erwarteten und bekannten Formen Sicherheit geben und die Konzentration auf die neuen Inhalte ermöglichen.

Die journalistischen Gattungen wie → Nachricht und Bericht, Dokumentation, → Interview, Magazinstory, → Reportage und Feature, Essay, Kolumne, → Kommentar und Glosse, Leitartikel, Porträt, Rezension, Kritik oder Feuilleton lassen sich in referierende, interpretierende und kommentierende bzw. in tatsachen-, meinungs- und unterhaltungsbetonte Formen unterteilen. Sie werden entweder mit der Gattungsbezeichnung angekündigt oder grafisch bzw. durch → Layout (z. B. Glosse in Kursivschrift und Kasten) erkennbar gemacht.

Berichterstattungsmuster

Berichterstattungsmuster sind die „Gesamtstrategien des Wirklichkeitsbezugs und der Thematisierung im Journalismus" (Schmidt/Weischenberg 1994: 224). Die Entscheidung für ein Berichterstattungsmuster grenzt die möglichen Themenfelder und die Form der Bearbeitung ein. Ebenso hat die Orientierung an einer Berufsrolle Folgen: Berichterstattungsmuster wie Berufsrollen schaffen Frames, spezifische Interpretationsrahmen für Journalisten, die Themenwahl, Recherche und Präsentation bestimmen (→ Rollenselbstverständnis). Durch Spezialisierung reduzieren sie alternative Möglichkeiten. Die Konzentration etwa auf die Reporterrolle stellt eine Routine dar, die aber deshalb innovative Reportagen nicht ausschließt.

Die Journalismusforschung macht weitflächige journalistische Berichterstattungsmuster aus; idealtypisch finden sich informierender, → investigativer, interpretativer, sozialwissenschaftlicher und neuer Journalismus (→ New Journalism). Wohl gab und gibt es immer wieder mehr oder weniger neue Etikettierungen, Misch- und Zwischenformen; letztlich sind diese aber einer oder mehreren der genannten Kategorien zuzuordnen. Entscheidend sollte die jeweilige journalistische Vorgehensweise sein: die Themenwahl, die Formen der Recherche, die textliche Umsetzung und schließlich die Präsentation.

Journalistische Berichterstattungsmuster brauchen entsprechende mediale Möglichkeiten. Sie folgen nicht selten journalistischen Trends. Lange Zeit dominierende Muster geraten in den Hintergrund, andere können nach Jahren und unter veränderten infrastrukturellen Bedingungen wieder ‚neu' entdeckt werden. Mit entsprechend modifizierten Instrumentarien und Vorgehensweisen ausgestattet, findet man sie in einem neuen Medienumfeld als Innovationen wieder.

Berufsauffassungen festzuschreiben, individuelles journalistisches Handeln typischen beruflichen Rollenmustern zuzuordnen, verlangt den relativierenden Hinweis, dass Journalisten nur ganz selten ausschließlich einem einzigen Berichterstattungsmuster folgen. Je nach Aufgabenstellung wechseln sie zwischen den verschiedenen Mustern. Dabei sind individuelle und (medien-)systembedingte Faktoren von Bedeutung – etwa persönliche Lebensläufe, Bildungs- und Ausbildungswege, Berufserwartungen, berufliche Sozialisation, allgemeine Sachzwänge des medienspezifischen Umfeldes, der konkreten redaktionellen Arbeitsbedingungen sowie die Funktion und Position eines Journalisten innerhalb des Medienbetriebes selbst. Bei aller Relativierung leistet die Berufsrollenforschung notwendige Differenzierungsarbeit; sie vermag Tendenzen und Schwerpunkte aufzuzeigen und Hinweise auf die Spezialisierung und Diversifizierung journalistischen Handelns zu geben (Haas 1999: 102).

Muster der Nachrichtenselektion

Die empirische Untersuchung der Nachrichtenauswahl hat Selektionsmuster der journalistischen Praxis gezeigt, die mit unterschiedlicher Gewichtung und ausreichend Raum zur medialen Positionierung über große Zeiträume konstant sind (Wilke 1984). Die wichtigsten Erklärungstraditionen sind die Gatekeeper-Forschung (→ Gatekeeping), die News/Bias-Forschung und die Nachrichtenwert-Theorie (→ Nachrichtenselektion).

Der *Gatekeeper-Ansatz* war ursprünglich davon ausgegangen, dass ein Redakteur – an seinen persönlichen und beruflichen Werten und Einstellungen orientiert – Nachrichten nach subjektiver Einschätzung auswählt. Dagegen erfolgt die Themenselektion aus organisatorischer Sicht durch Journalisten als Rollenträger. Durch fortwährende Praxis entsteht eine Standardisierung der Selektion, die auch zur persönlichen Entscheidungsentlastung beiträgt.

Die Nachrichtenwert-Theorie ist das wichtigste Erklärungsschema für Nachrichtenauswahl. Winfried Schulz (1976) fasste folgende achtzehn Nachrichtenfaktoren in sechs Dimensionen zusammen: Zeit (Nachrichtenfaktoren Dauer und Thematisierung), Nähe (räumliche, politische und kulturelle Nähe sowie Relevanz), Status (regionale, nationale Zentralität, persönlicher Einfluss, Prominenz), Dynamik (Überraschung, Struktur), Valenz (Konflikt, Kriminalität, Schaden, Erfolg), Identifikation (Personalisierung, Ethnozentrismus). Je mehr dieser Faktoren ein Ereignis aufweist, desto größer ist die Wahrscheinlichkeit, dass darüber berichtet wird. Nachrichtenfaktoren sind nicht nur Merkmale von Ereignissen, sondern auch Rahmen der journalistischen Interpretation und Definition der Realität.

Demgegenüber untersucht die News-Bias-Forschung Gründe für eine unausgewogene Nachrichtenauswahl, zu der Entgrenzungsphänomene ebenso beitragen wie die instrumentelle Aktualisierung von Themen durch Fremdinteressen.

Medien-Frames

Der ‚Framing'-Ansatz untersucht sowohl stabile journalistische Selektions- und Verarbeitungsmuster als auch deren Veränderung. Aus Erfahrung gebildete Interpretationsrahmen finden sich bei Journalisten wie Rezipienten. Sie bestimmen nicht nur die Auswahl, sondern auch die Darstellung von Ereignissen in hohem Maße (Gitlin 1980). Formale Medienschemata – etwa die Wahlberichterstattung (→ Wahlforschung) oder der Korrespondentenbericht – haben sich als hoch strukturierte, dramaturgisch elaborierte, in der journalistischen Aufbereitung redundante und inhaltlich variierende Medienereignisse etabliert.

Mediale Frames verändern sich aber auch, und/oder es entstehen neue. So zeigt der Vergleich der Berichterstattung über den Golfkrieg 1991 und 2003 deutliche Veränderungen. Die Quellenkritik wurde in völlig neuem Ausmaß Bestandteil des Frames → ,Kriegsberichterstattung'. Außergewöhnliche Ereignisse wie terroristische Attentate oder Naturkatastrophen weisen ein fixes Setting an wiederkehrenden Merkmalen auf.

Als erstaunlich schwieriges Framing erweist sich die Europaberichterstattung; die journalistische Rahmung bleibt hier in vielen Medien hinter der Bedeutung des Themas zurück und handelt es in Form isolierter Einzelberichte ab. Eine überzeugende Vermittlungsstrategie scheint noch nicht gefunden.

Bewertung und Ausblick

Mit dem sozialen und medialen Wandel verändern sich auch Strukturen und Mediengattungen. Neben den lange bestehenden und bewährten haben sich neue Ressorts wie ,Leichter Leben', ,Ratgeber' etc. etabliert; zur kompetenten Bewältigung von Großereignissen (Krisen, Katastrophen, Kriege) werden Schwerpunktressorts gebildet, die der klaren Orientierung der Nutzer dienen.

Gegenteilige Folgen verursacht die zunehmende Vermischung klassischer Gattungen wie → Nachricht oder Bericht mit unterhaltenden Darstellungsformen zum Infotainment (→ Unterhaltung). Für manche steigert es die Attraktivität von Texten und erleichtert die Nutzung; für alle aber verletzt es formale und inhaltliche Prinzipien, die im Laufe der Mediensozialisation erlernten Erwartungen und gefährdet damit journalistische → Glaubwürdigkeit. Das gilt ebenso für die Aufweichung der Trennungspostulate: Advertorials, Abogeschenke oder gesponserte Themenseiten heben die Trennung von → Journalismus und → Werbung, die Synchronisation von Meinung und Bericht das Trennungspostulat von Nachricht und Kommentar auf. Problematisch ist an diesen Entwicklungen, dass Rezipienten durch eine Fehlmarkierung irritiert werden, Medien ihr Glaubwürdigkeitskapital mit nichtjournalistischen Interessen teilen und dazu einseitig in die Beziehungsqualität zu ihren Nutzern eingreifen. Wenn sich Systeme interessengeleiteter Kommunikation wie Politik, Werbung oder → Public Relations journalistischer Erfolgsroutinen der Selektion und Präsentation an den gesellschaftlichen Orten des Journalismus bedienen können, dann gefährden Medien damit die Autonomie ihrer Entscheidungen und die Vertrauensbasis zu ihren Rezipienten.

Literatur

Gitlin, Todd (1980): The whole world is watching: mass media in the making and unmaking of the new left, Berkeley/CA.

Goffman, Erving (1993): Rahmen-Analyse. Ein Versuch über die Organisation von Alltagserfahrungen, 3. Aufl., Frankfurt/M. [zuerst 1974].

Haas, Hannes (1999): Empirischer Journalismus. Verfahren zur Erkundung gesellschaftlicher Wirklichkeit, Wien u. a.

Luckmann, Thomas (1986): Grundformen der gesellschaftlichen Vermittlung des Wissens: Kommunikative Gattungen, in: F. Neidhardt et al. (Hrsg.): Kultur und Gesellschaft. Kölner Zeitschrift für Soziologie und Sozialpsychologie, Sonderheft 27, Opladen: 191-211.

Scheufele, Bertram (2003): Frames – Framing – Framing-Effekte. Theoretische und methodische Grundlegung sowie empirische Befunde zur Nachrichtenproduktion, Wiesbaden.

Schmidt, Siegfried J./Siegfried Weischenberg (1994): Mediengattungen, Berichterstattungsmuster, Darstellungsformen, in: K. Merten et al. (Hrsg.): Die Wirklichkeit der Medien, Opladen: 212-236.

Schulz, Winfried (1976): Die Konstruktion von Realität in den Nachrichtenmedien, Freiburg.

Wilke, Jürgen (1984): Nachrichtenauswahl und Medienrealität in vier Jahrhunderten, Berlin/New York.

Hannes Haas, Wien

Mediengeschichte
→ Fernsehen
→ Journalismus
→ Presse
→ Radio

Medieninhalte

Definition/Begriffsbestimmung

Medieninhalte lassen sich nach unterschiedlichen Kriterien und Perspektiven bestimmen (Bonfadelli 2002: 13):

- Unter *technischen* Aspekten geht es um die formale Gestaltung von Aussagen;
- unter *symbolischen* Aspekten sind die Bedeutung von (einzelnen) Aussagen und ihr Bezug zur Realität (Referenz) interessant;
- unter *diskursiven* Aspekten werden die Aussagen in ihrer Gesamtheit als Text betrachtet;
- in *ökonomischer* Hinsicht handelt es sich um ein Angebot bzw. Produkt;
- in *politischer* Hinsicht dienen Aussagen als Botschaften mit bestimmten Intentionen.

Im Alltag sind „Was steht drin?" und „Stimmt das?" die beiden Fragen, welche oft gestellt werden, wenn über Medieninhalte – speziell: über journalistische Berichterstattung – diskutiert wird. Beide Fragen sind so selbstverständlich, dass ihre Brisanz und Problematik kaum noch bemerkt werden.

In der Tat ist der Begriff ‚Medieninhalt' problematisch, weil er den technischen Aspekt des Mediums als Klammer für unterschiedliche Sinnbereiche (→ Journalismus, → Unterhaltung, → Werbung) benutzt und damit völlig unterschiedliche Inhaltsbereiche scheinbar vereinheitlicht. Demgegenüber wäre eine Begriffsstrategie angemessener, die von den genannten Sinnbereichen ausgeht und deren jeweilige mediale Ausdrucksformen als Folgephänomen thematisiert, also journalistische, unterhaltende und werbliche Inhalte getrennt nach unterschiedlichen medialen Formen (Print-, Funk-, Online-Medien) untersucht.

Forschungsstand

Unabhängig von der Perspektive, aus der Medieninhalte und Medienaussagen beschrieben und analysiert werden, geht es bei der Diskussion um Medieninhalte in erster Linie darum, was sie über den *Kommunikator* aussagen – die Journalisten, Werbetreibenden, Unterhaltungsproduzenten oder die berichterstattende Medienorganisation (Zeitung, Zeitschrift, Hörfunk, Fernsehen, WWW). Im Journalismus etwa ist der Blickwinkel von Interesse, unter dem die Berichterstattung über Politik erfolgt: Steht dahinter nur ein ‚kluger Kopf' oder eine bestimmte politische Linie?

Ein zweiter Fragekomplex umfasst das Wirkungspotenzial (→ Medienwirkungen):

- Führt die sensationalistische und voyeuristische Berichterstattung zur Politikverdrossenheit (→ Politische Kommunikation)?
- Bewirkt die ausführliche und detaillierte Schilderung von Gewalt die emotionale Abstumpfung der Mediennutzer oder gar Nachahmungstaten (→ Gewaltdarstellung)?
- Hat → Werbung viel oder wenig Suggestionskraft?

Solche Fragen können durchaus in zwei Wirkungsrichtungen analysiert werden, denn Medieninhalte gelten sowohl als Spiegel als auch als Vorbereiter kultureller und normativer Vorstellungen einer Gesellschaft (etwa sexueller Normen, Kriminalität/Devianz, Gewalt).

Ein dritter Fragekomplex umfasst die *Struktur* von Medieninhalten:

- Gleichen sich die Programmstrukturen des öffentlich-rechtlichen und des privat-kommerziellen Rundfunks einander an?
- Erfüllen Hörfunk- und Fernsehsender ihren Programmauftrag mit Informati-

ons- und Bildungssendungen oder beschränken sie sich auf Unterhaltungsangebote und Werbung?

Die Anlässe für Medieninhaltsforschung sind also in erster Linie der Schluss von den Medieninhalten (Bonfadelli 2002: 14 ff.)

- auf deren Herstellung und Hersteller (Kommunikatoren),
- auf ihre Folgen und Wirkungen (besser: auf das Wirkungspotenzial),
- auf den gesellschaftlichen Kontext (gesellschaftliche, kulturelle Normen),
- auf die Strukturen des gesamten Medienangebotes selbst sowie
- auf die formale oder intertextuelle Realisierung als Schemata oder Genres.

Dabei geht es in der Medieninhaltsforschung (→ Methoden der Kommunikationsforschung) zwar nicht um die Produktion, Nutzung oder Wirkung der Medieninhalte selbst, sondern um deren Klassifizierung, Kategorisierung und Typisierung (ebd.: 29 ff.); aber man kann die Analyse von Medieninhalten und ihren Strukturen als Schnittstelle für die Analyse ihrer Entstehung und Folgen betrachten.

In diesem Sinn definiert *Klaus Merten* (1995: 16) die Inhaltsanalyse, also die empirische Methode, mit der die Medieninhalte untersucht werden. Die manifesten Inhalte dienen als Basis für die Inferenz auf die nicht-manifesten aufgeführten Kontexte.

Ein anderer Forschungszweig beschäftigt sich mit der *Referenz* von Medieninhalten. Im Bereich der journalistischen Berichterstattung geht es vor allem um die Relation zwischen Medieninhalten und Realität, also um ihre → Objektivität und Relevanz (Neuberger 1996). Im Mittelpunkt steht dabei die Frage, ob es möglich ist, Realität (zumindest ausschnittweise korrekt) abzubilden. Während sich die Objektivität auf die Richtigkeit als Übereinstimmung zwischen Aussage (Berichterstattung) und Sachverhalt (Realität) bezieht, meint Relevanz die (angemessene) Repräsentanz des Berichterstattungsgegenstands und die Ausgewogenheit der Berichterstattung (→ Konstruktivismus, → Nachrichtenselektion).

Repräsentanzprobleme

Beispiele für Repräsentanzprobleme sind Stereotypisierungen in der Darstellung von Frauen (im Unterschied zu Männern), von alten Menschen und Jugendlichen (im Vergleich zum Altersdurchschnitt), von Minoritäten (im Unterschied zur Majorität oder zum Mainstream) und von anderen Ländern (im Vergleich zum Inland). Typische, damit verbundene Fragestellungen können sein:

- Ist die Berichterstattung über Ausländer fair und neutral oder tendenziell und subtil ausländerfeindlich?
- Werden Frauen in der bzw. durch die Berichterstattung unterrepräsentiert, herabgestuft und stereotyp auf bestimmte Rollenmuster reduziert?

Auch für diesen Fragekomplex dient die Inhaltsanalyse als Forschungsinstrument. Bei bestimmten Fragestellungen, in denen es auf die Repräsentanz von Ereignissen ankommt, wird die Analyse der Medieninhalte mit anderen Analysemitteln kombiniert, die hilfsweise den betreffenden Realitätsausschnitt rekonstruieren (sollen). Dies können offizielle Statistiken sein (etwa über die Kriminalitätsrate in bestimmten Regionen) oder Experten, die bestimmte Sachverhalte beurteilen (insbesondere bei wissenschaftlichen Fragen) (Kepplinger 1992: 58 f.).

Oft klaffen persönliche Erfahrung und mediale (journalistische) Berichterstattung auseinander, was allerdings nur Mediennutzer empfinden können, die über vergleichende Erfahrungen verfügen. Da dies für den Großteil von Ereignissen und für viele Mediennutzer nicht möglich ist und zudem nicht unbedingt die persönliche Wahrnehmung die umfassendere und korrektere ist, muss es andere Möglichkeiten geben, die Berichterstattung auf Wahrheitsgehalt zu prüfen.

In einer Studie zum *MacArthur Day* wurden mehrere Beobachter eingesetzt, die von unterschiedlichen Standorten das Ereignis der Rückkehr von General MacArthur aus dem Korea-Krieg (1951) und den damit verbundenen Feierlichkeiten protokollierten, damit es mit der Fernsehberichterstattung verglichen werden konnte. Die Studie kam zu dem Ergebnis, dass die persönliche Beobachtung und die Fernsehberichterstattung stark voneinander abwichen, was die Autoren auf den Inszenierungs- und Dramatisierungscharakter des Fernsehens zurückführten. (Lang/Lang 1973: 500 f.)

Die Tatsache, dass Alternativmedien über Ereignisse berichten, die in den etablierten Medien vernachlässigt, unterdrückt oder verschwiegen werden, ist ein Indiz dafür, dass es nicht nur individuelle, sondern auch strukturell bedingte Wahrnehmungsdifferenzen gibt, wenn bestimmte gesellschaftliche Gruppen systematisch andere Vorstellungen als der professionelle Journalismus davon haben, was relevant und berichterstattenswert ist und wie darüber berichtet werden sollte.

Der wissenschaftliche Streit entsteht bei diesen Fragen über das sowohl erkenntnistheoretische als auch berufspraktische Problem, ob Medieninhalte ein Abbild von Realität sein können und sollen (Schulz 1989):

- Kann ein wissenschaftlicher Beobachter Realität oder Ausschnitte aus der Realität angemessen beschreiben und ihn zu den Medieninhalten in Bezug setzen (realistischer Standpunkt)?
- Oder ist es allenfalls möglich, verschiedene Beobachterstandpunkte miteinander zu vergleichen, ohne diese hierarchisch danach zu ordnen, welcher näher an der Realität liegt, die selbst unerkennbar bleibt bzw. die nur in pluraler Form (als Realitäten) überhaupt gedacht werden kann (konstruktivistischer Standpunkt)?

Auch bei solchen Fragen (→ Konstruktivismus, → Nachrichtenselektion) wird deutlich, dass der Begriff Medieninhalt(e) problematisch ist. Zum einen gilt die Forderung nach Objektivität und Relevanz in erster Linie für den Journalismus und wird nur aus ideologiekritischer Perspektive auch auf die Unterhaltung übertragen, während bei Werbung die Kriterien Objektivität und Relevanz keine Rolle spielen. Zum anderen unterstellt die Verwendung des Begriffs, dass es problemlos sei, den/die Medieninhalt(e) objektiv zu erfassen, so dass man ihn/sie mit der Realität vergleichen kann. Angesichts der individuell und sozial völlig unterschiedlichen Rezeptionsweisen von (Medien-) Inhalten wäre eine wissenschaftlich korrekte Rezeptionsweise allerdings genauso ein Kunstprodukt wie die Realitätsindikatoren, die auf offiziellen Statistiken oder Expertenurteilen beruhen.

Forschungsthemen

Die Beschäftigung mit Medieninhalten kann sich prinzipiell auf alle Berichterstattungsgegenstände und Anlässe beziehen. Dennoch gibt es besonders häufig untersuchte Themen. Für den Bereich der journalistischen Berichterstattung sind dies; Politik und politische Prozesse im Allgemeinen; Wahlkampf; Skandale; Konflikte, Krisen, Terrorismus, Kriege; Kriminalität, Gewalt (vor allem in Boulevardmedien); Ausländer, Minderheiten, Fremdenfeindlichkeit, Rechtsradikalismus; Geschlechter, Sexualität (vor allem in Boulevardmedien); Umwelt, Wissenschaft, Technik, Risiken; Gesundheit, Krankheit, Medizin; Wirtschaft; Sport; Medien.

Die Untersuchung von Unterhaltungsformaten beschäftigt sich vor allem mit den Themen Sexualität/Sexualisierung und Gewalt (→ Gewaltdarstellung). Wenn Werbung erforscht wird, steht die Verbindung ihrer Inhalte mit Images (von Produkten in der Wirtschaft oder von Kandidaten in der Politik) und mit kulturellen bzw. gesellschaftlichen Werten im Mittelpunkt (Bonfadelli 2002: 33 ff.; Maurer/Reinemann 2005).

Darüber hinaus werden formal-gestalterische Strukturen in Beziehung gesetzt zu den Medieninhalten. Dazu gehören etwa die Verständlichkeit und Informationsmenge, die Darstellungsformen (Genres, Formate) sowie die bewertenden Kategorien der Qualität und Leistung von Medieninhalten. (Bonfadelli 2002: 39 f., 110 ff.)

Ein besonderes Forschungsgebiet sind Bildinhalte, die sich vom Produktionsprozess bis zum Rezeptionsprozess sehr stark von textlichen Medieninhalten unterscheiden (→ Visualisierung). Dabei sind neben dem Pressefoto und dem Plakatbild vor allem filmische Bilder sowie grafische Multimedia-Elemente von Interesse. Die Kommunikationswissenschaft hat sich vor allem mit der nonverbalen Kommunikation (Gestik, Mimik, Bewegung) im Fernsehen (redaktionelle, unterhaltende und werbliche Inhalte) oder auf Plakaten beschäftigt (Müller 2003: 183 ff.).

Programmstruktur-Analysen

Von (medien)politischer Relevanz ist die Debatte um die programmstrukturelle Konvergenz zwischen öffentlich-rechtlichen und privat-kommerziellen Hörfunk- und Fernsehsendungen: Die Konvergenzthese (Schatz et al. 1989) besagt, dass sich die Inhalte und Präsentationsweisen der öffentlich-rechtlichen Rundfunkprogramme denen der privat-kommerziellen angleichen. Trifft diese These empirisch zu, stellt sich die Frage, inwiefern der öffentlich-rechtliche Rundfunk einer gesonderten verfassungsrechtlichen Bestandsgarantie bedarf. Seit 1985 erhebt das Kölner *Institut für empirische Medienforschung* (IFEM) im Auftrag der ARD/ZDF-Medienkommission jährlich die Struktur deutscher Fernsehprogramme und kommt immer wieder zu dem Ergebnis, dass die öffentlich-rechtlichen Fernsehprogramme deutlich mehr Informations- und Bildungssendungen anbieten als die privat-kommerziellen Sender (Krüger 2001).

Eine weitere kontinuierliche Programmstrukturanalyse des deutschen Fernsehens wird vom *Göttinger Institut für angewandte Kommunikationsforschung* (GÖFAK) seit 1997 im Auftrag der Arbeitsgemeinschaft der Landesmedienanstalten (ALM) durchgeführt. Hier steht die Qualität der Programme im Mittelpunkt; sie wird daran gemessen, wie hoch der Anteil an Informationssendungen allgemein ist (im Unterschied zu fiktionaler und nonfiktionaler Unterhaltung) und inwiefern die Berichterstattung Themen mit politischer (öffentlicher) Relevanz behandelt (im Unterschied zu Themen aus der Sach-, Lebenswelt- und Unterhaltungspublizistik). Die Studie kommt ebenfalls zu dem Ergebnis, dass die öffentlich-rechtlichen Fernsehsender deutlich mehr Informationssendungen und politische Beiträge im Programm haben als die privat-kommerziellen Fernsehsender (Weiß 1998).

Die Themen- und Forschungsbereiche, die sich mit Medieninhalten beschäftigen, sind äußerst heterogen und vielfältig. Darüber hinaus ist die Erforschung von Medieninhalten der Kristallisationspunkt für zahlreiche weiter reichende Fragestellungen zur Erforschung von Kontextbedingungen der Produktion und Rezeption aktueller Medienangebote.

Literatur

Bonfadelli, Heinz (2002): Medieninhaltsforschung, Konstanz.

Kepplinger, Hans Mathias (1992): Ereignismanagement, Zürich/Osnabrück.

Krüger, Udo Michael (2001): Programmprofile im dualen Fernsehsystem 1991-2000, Baden-Baden.

Lang, Kurt/Gladys Engel Lang (1973): Mac Arthur Day in Chicago, in: J. Aufermann et al. (Hrsg.): Gesellschaftliche Kommunikation und Information, Frankfurt/M.: 498-525.

Maurer, Markus/Carsten Reinemann (2005): Medieninhalte in Deutschland, Wiesbaden.

Merten, Klaus (1995): Inhaltsanalyse, 2. Aufl., Opladen.

Müller, Marion G. (2003): Grundlagen der visuellen Kommunikation, Konstanz.
Neuberger, Christoph (1996): Journalismus als Problembearbeitung, Konstanz.
Schatz, Heribert et al. (1989): Der Vielfalt eine Chance? Empirische Befunde zu einem zentralen Argument für die ‚Dualisierung' des Rundfunks in der Bundesrepublik Deutschland, in: Rundfunk und Fernsehen 1989/1: 5-24.
Schulz, Winfried (1989): Massenmedien und Realität, in: M. Kaase/W. Schulz (Hrsg.): Massenkommunikation, Opladen: 135-149.
Weiß, Hans-Jürgen (1998): Auf dem Weg zu einer kontinuierlichen Fernsehprogrammforschung der Landesmedienanstalten. Eine Evaluations- und Machbarkeitsstudie, Berlin.

Armin Scholl, Münster

Medienjournalismus

Definition/Begriffsbestimmung

Medienjournalismus bezeichnet die ‚Berichterstattung von Medien über Medien'. Mit dieser Definition hat sich eine umfassende Interpretation des Begriffs etabliert, die sich nicht nur auf die Rezension einzelner Medienangebote bezieht, sondern die analytische und kritische Berichterstattung über das Thema ‚Medien' im weitesten Sinne beschreibt. Neben der klassischen Fernsehkritik beinhaltet dies etwa auch die Berichterstattung über einen skandalösen Werbespot, über die Kommunikationsberater eines Ministers oder die Situation von Journalisten in Kriegsgebieten.

Eine so weit gefasste Begriffsbestimmung ist zwar einfach und praktisch; sie bringt allerdings auch Abgrenzungsprobleme mit sich. Was genau ist mit dem Thema ‚Medien' eigentlich gemeint? Welche Inhalte (→ Medieninhalte) konstituieren den Medienjournalismus als spezielle Spielart des → Journalismus, und wo werden die Grenzen dieses Themenfeldes gesteckt? Diese Fragen sind mehr als eine ‚Wortklauberei', denn die Schwierigkeit, ‚Medien' zu definieren und zu begrenzen (→ Massenmedien), charakterisiert sowohl die Entwicklung der medienjournalistischen Praxis als auch ihre Erforschung.

Entwicklung und Situation

Bis zur Einführung des dualen Rundfunksystems bestand die Berichterstattung über Medien im Wesentlichen aus Ankündigungen sowie Vor- und Nachkritiken zum Fernsehprogramm. Mit der Ausweitung des Medienmarktes in den 90er Jahren erlebte der Medienjournalismus einen Aufschwung, der sich besonders in seiner redaktionellen Institutionalisierung bei Printmedien widerspiegelte: Die Einrichtung eigenständiger Medienressorts sowie einer separaten Medienseite wurde in den deutschen Qualitätszeitungen zum Standard; ein Großteil der Regionalpresse besaß zumindest eine TV-Seite oder feste personelle Zuständigkeiten für die Berichterstattung über Medien. Doch auch wenn sich damit die organisatorischen Voraussetzungen für eine kontinuierliche, umfassende Berichterstattung über Medien verbesserten, blieb Medienjournalismus beim überwiegenden Teil der Presse thematisch beschränkt – auf die Berichterstattung über das Fernsehprogramm und über Fernsehprominenz. (Fengler 2000; Krüger/Müller-Sachse 1999)

Heute zeigt sich der Medienjournalismus in Deutschland einerseits als nur schwach ausgeprägte Form des Journalismus:

- Medienseiten und Medienressorts in Zeitungen werden zunehmend wieder abgeschafft.
- Es existieren nur wenige Medienmagazine im (öffentlich-rechtlichen) Hörfunk.
- Der Medienjournalismus im Fernsehen zeichnet sich durch große Unbeständigkeit aus; wiederholt wurden TV-Medienmagazine ins Leben gerufen, von denen sich bislang jedoch keines langfristig etablieren konnte.

Andererseits sind ‚die Medien' längst zu elementaren Bestandteilen aller Gesellschaftsbereiche geworden, so dass Medienthemen immer wieder und in fast allen Ressorts behandelt werden: die Kirch-Pleite als Wirtschaftsthema, die Fußball-Übertragungsrechte als Gegenstand der Sportberichterstattung, die Erhöhung der Rundfunkgebühren als Fall für die Politikredaktion.

Forschungsstand

Im Laufe der Zeit haben sich verschiedene kommunikationswissenschaftliche Studien damit beschäftigt, die spezifischen Themen und Organisationsformen des Medienjournalismus zu identifizieren (Fengler 2000). In solchen Bestandsaufnahmen wird Medienberichterstattung in der Regel über diejenigen Themen und redaktionellen Strukturen definiert, die im jeweiligen Untersuchungszeitraum in den Redaktionen und Publikationen der Stichprobe aufzufinden waren.

Neben den Struktur- und Themenanalysen befasst sich die → Kommunikationswissenschaft vor allem mit den besonderen Problemen, die mit der Berichterstattung über die eigene (Medien-) Branche einhergehen. Denn Konkurrenz und Konzentration von Medienunternehmen haben zur Folge, dass diese den Medienjournalismus mitunter als PR-Instrument für das eigene Haus vereinnahmen. Immer wieder gibt es Beispiele dafür, dass die Berichterstattung zur Konkurrenzschelte, Cross-Promotion und Schleichwerbung für den eigenen Betrieb eingesetzt wird, während Probleme des eigenen oder wirtschaftlich verbundener Unternehmen verharmlost bzw. verschwiegen werden.

Auch die Journalisten selbst empfinden die Berichterstattung über die eigene Branche, über Arbeitgeber und Kollegen gelegentlich als heikel. Insbesondere die Thematisierung der eigenen Redaktion nehmen sie als Sonderfall wahr, der nur selten mit herkömmlichen journalistischen Routinen bearbeitet wird, sondern Überlegungen zur Selbstdarstellung in der Öffentlichkeit unausweichlich ins Spiel bringt. (Malik 2004; Ruß-Mohl/Fengler 2000; Krüger/Müller-Sachse 1999; Weßler u. a. 1997; für die USA: Fengler 2002)

Die besonderen Restriktionen des Medienjournalismus stoßen vor allem deshalb auf wissenschaftliches Interesse, weil vielfältige Erwartungen, vor allem demokratietheoretisch begründete Aufgaben, mit ihm verbunden werden – in der Politik, in der Wissenschaft, aber auch im Journalismus selbst: Die Berichterstattung über Medien solle zur medialen Selbstkontrolle und Qualitätssicherung beitragen, Transparenz und → Glaubwürdigkeit herstellen, die Medienkompetenz der Bürger stärken und gesellschaftliche → Medienkritik anregen. Um diese Aufgaben zu realisieren, müsse der Journalismus die eigene Branche mit derselben Unabhängigkeit und denselben Bewertungsmaßstäben behandeln, die auch sonst seine Arbeit kennzeichnen. (Ruß-Mohl/Fengler 2000; Weßler u. a. 1997)

Konsequenzen und Bewertung

Ähnlich wie die journalistische Praxis noch nach konsistenten Organisations- und Themenkonzepten für die Berichterstattung über Medien sucht, ist auch der Forschung noch keine präzise theoretische Bestimmung und Begrenzung des Medienjournalismus gelungen. Die kommunikationswissenschaftlichen Struktur- und Themenanalysen ermöglichen zwar einen detaillierten Überblick über den jeweiligen ‚Stand der Dinge'; sie tragen jedoch nicht zu einer trennscharfen Begriffsbestimmung des ‚Medienjournalismus' bei. Denn die Definition bleibt stets an den konkreten Gegenstand gebunden, ist also weder räumlich noch zeitlich übertragbar.

Doch um Medienjournalismus als spezielles Phänomen begreifen zu können, wäre eine präzise, übertragbare Bestimmung des Themas Medien notwendig – immerhin gewinnen gerade ‚die

Medien' im Zuge technischer und ökonomischer Entwicklungen ständig neue Fassetten.

Für die journalistische Praxis besteht die Herausforderung darin, mit den besonderen Bedingungen der Medienberichterstattung möglichst glaubwürdig umzugehen. In den → Redaktionen kann das Bewusstsein über die Restriktionen der eigenen Wahrnehmungen und Handlungen zu einer besonders sorgfältigen → Recherche und transparenten Darstellung von Medienthemen führen, die etwa wirtschaftliche Verflechtungen in der Berichterstattung offen legt oder Eigen-PR als Hausmitteilung kennzeichnet. Die Medienunternehmen können diese Arbeitsprinzipien unterstützen, indem sie die Autonomie redaktioneller Entscheidungen gewährleisten.

Die Erwartung, dass Redaktionen ihre Medienberichterstattung darüber hinaus auch noch auf die Erfüllung demokratiesichernder Aufgaben ausrichten, scheint dagegen weniger Erfolg versprechend. Schließlich wird der Journalismus für Medienthemen prinzipiell durch dieselben Strukturen und Arbeitsroutinen geprägt wie der Journalismus für andere Themenfelder: Aufgrund allgemeiner gesellschaftlicher Aufmerksamkeitsstrukturen und gängiger journalistischer Selektionsroutinen berichtet auch der Medienjournalismus vor allem über Aufsehen erregende Ereignisse, prominente Personen und relevante Probleme (→ Nachrichtenselektion). Wie andere Journalismus-Sparten beschäftigt er sich hingegen nicht mit Themen, die in den Redaktionen als langweilig und alltäglich bewertet werden, deren Wahrheitsgehalt nicht überprüft werden kann und für die keine Aufmerksamkeit beim Zielpublikum prognostiziert wird.

Die Themen und der Umfang der Medienberichterstattung werden in deutschen Redaktionen außerdem durch knappe Zeit- und Personalressourcen begrenzt, denn die Journalisten vermuten bei ihrem Publikum nur wenig Interesse für Medienthemen. Da die Strukturen und Arbeitsmethoden des Journalismus also nicht primär auf Aufgaben wie Selbstkontrolle, Qualitätssicherung oder die Vermittlung von Medienkompetenz abzielen, sind diese Leistungen allenfalls als potenzielle Nebenwirkungen eines unabhängigen, sorgfältigen Medienjournalismus zu erwarten (Malik 2004).

Medienjournalismus lässt sich also nicht problemlos als eigenständige Spielform des Journalismus identifizieren. Da die Medien längst in alle Gesellschaftsbereiche hineinwirken, ist anzunehmen, dass sich der Medienjournalismus zukünftig weniger als spezielles Themengebiet, sondern vor allem als ständig mitlaufendes Phänomen in allen Journalismus-Sparten ausprägt.

Literatur

Fengler, Susanne (2000): Propaganda oder Polizei? Medienjournalismus im Spiegel der Medienforschung, in: S. Ruß-Mohl/S. Fengler (Hrsg.): Medien auf der Bühne der Medien – Zur Zukunft von Medienjournalismus und Medien-PR, Berlin: 74-91.

Fengler, Susanne (2002): Medienjournalismus in den USA, Konstanz.

Krüger, Udo Michael/Karl H. Müller-Sachse (1999): Medienjournalismus. Strukturen, Themen, Spannungsfelder, Opladen/Wiesbaden.

Malik, Maja (2004): Journalismusjournalismus. Funktion, Strukturen und Strategien der journalistischen Selbstthematisierung, Wiesbaden.

Ruß-Mohl, Stephan/Susanne Fengler (Hrsg.) (2000): Medien auf der Bühne der Medien – Zur Zukunft von Medienjournalismus und Medien-PR, Berlin.

Weßler, Hartmut et al. (Hrsg.) (1997): Perspektiven der Medienkritik, Opladen.

Maja Malik, Hamburg

Medienkonzentration

Definition/Begriffsbestimmung

Medienkonzentration ist ein Sammelbegriff, mit dem sehr unterschiedliche Konzentrationsformen zusammengefasst und entsprechend zum Teil nur unscharf beschrieben werden. Zunächst werden darunter sowohl Zusammenballungen von Medienunternehmen (Anbieterseite) als auch von Medien (Angebotsseite) verstanden und dies sowohl monomedial – also bei einem Medientyp, z. B. den Zeitungen – als auch multimedial oder crossmedial – z. B. Zeitungen und Zeitschriften oder Zeitschriften und Fernsehprogrammen. Hinzu kommen Formen der *vertikalen* Konzentration, also die Zusammenführung von Unternehmen auf unterschiedlichen Produktionsstufen – z. B. Druckerei und Zeitungsverlag oder TV-Produktion und Fernsehveranstalter – in einem Konzern. Letztlich gilt es, bei all diesen Konzentrationsformen die jeweiligen Verbreitungs- bzw. Ausstrahlungsgebiete der Medien zu unterscheiden, also die so genannten relevanten Märkte: national, regional oder lokal (→ Medienökonomie).

Geschichte/Entwicklung

In allen westlichen Demokratien haben die Medien die gewichtige Aufgabe, dem Bürger die eigene Meinungsbildung zu ermöglichen. Das setzt eine *Vielfalt* an Informationen voraus, die insbesondere dann erreicht ist, wenn auch eine Vielzahl an Quellen gegeben ist. Für die Demokratieverwirklichung ist Medienvielfalt unverzichtbar. Um diese Funktion wahrnehmen zu können, müssen Medien unabhängig vom Staat agieren können; sie müssen staatsfern organisiert sein.

Nach dem Nationalsozialismus haben zunächst die Alliierten die Rolle der Medien für die Demokratie betont. Sämtliche Medien aus der Zeit des Nationalsozialismus wurden verboten. Nach einer Übergangsphase suchten sich die westlichen Alliierten aus ihrer Sicht geeignete Kandidaten, denen sie mit einer Lizenz die Herausgabe von Zeitungen oder Zeitschriften erlaubten. Die Lizenznehmer bauten Verlage auf und gaben zunehmend selbstständig – anfangs mit erheblichen Hilfestellungen auf allen Produktionsebenen – Zeitungen und Zeitschriften heraus. Die Printmedien wurden also nach marktwirtschaftlichen Gesetzen organisiert (Koszyk 1986).

Für die Organisation des Rundfunks – damals hieß das zunächst: für den Hörfunk (→ Radio) – lehnten die West-Alliierten den Staatsrundfunk ab, wie er damals in fast allen europäischen Ländern existierte. In → Deutschland sollte gerade der Rundfunk nicht wieder von einer künftigen Regierung für eigene Zwecke instrumentalisiert werden können. Auch die privat-wirtschaftliche Organisation – wie etwa in den USA – wurde abgelehnt und letztlich nach dem Vorbild der britischen *BBC* eine Institution festgeschrieben, die weder über den Markt kommerzielle Ziele verfolgte noch über Steuermittel finanziert werden sollte, sondern über Gebühren, die jeder zu zahlen hatte, der Rundfunkprogramme empfangen wollte. Um einen Missbrauch durch eine künftige Zentralregierung zu erschweren, wurde die Zuständigkeit für den Rundfunk im Rahmen der Kulturhoheit den noch zu bildenden Bundesländern zugewiesen. Auf dieser Basis sind die Landesrundfunkanstalten entstanden.

Die öffentlich-rechtliche Rundfunkorganisation ist schon in den 50er Jahren kritisiert worden. Insbesondere Zeitungs- und Zeitschriftenverleger forderten Privatfunk. In einzelnen Bundesländern waren diese Initiativen von der Politik aufgenommen worden. Die teilweise oder gar vollständige Privatisierung des Rundfunks ist im Wesentlichen nicht von der Politik verhindert worden, sondern insbesondere vom Bundesverfassungsgericht.

Das *Bundesverfassungsgericht* ließ sich dabei von der These leiten, dass der Rundfunk mehr Einfluss auf die öffentliche Meinungsbildung habe als das geschriebene Wort, und deshalb besonderen Regelungen unterliegen müsse. Eine binnenplurale Organisation mit Rundfunkräten als obersten Organen, die idealtypisch spiegelbildlich zur Gesellschaft zusammengesetzt sein sollten, galt als Garant für die plurale Ausgestaltung der Programme. Die Einflussbegrenzung eines einzelnen Programms – und damit bei privater Trägerschaft eines einzelnen Unternehmens – durch eine Vielzahl von Programmen sei nicht möglich, da dafür die Distributionsmöglichkeiten fehlten und – speziell für das Fernsehen – der Finanzbedarf zu groß sei.

Bei der → Presse hingegen schien die Setzung aufzugehen, über eine Vielzahl von Objekten und Verlagen eine publizistische Machtballung zu verhindern. Nach der Beendigung des *Lizenzzwangs* und basierend auf dem Artikel 5 des Grundgesetzes waren Ende 1949 innerhalb weniger Monate mehrere Hundert neue Zeitungen auf den Markt gekommen. Viele dieser Zeitungen waren nicht völlig neu, sondern knüpften an Vorgänger aus der Zeit vor dem Nationalsozialismus an. Die so genannten ‚Altverleger', die unter der Kontrolle der Alliierten quasi mit Berufsverbot belegt gewesen waren, kehrten mit ihren Zeitungen in den Markt zurück. Sie mussten sich der Konkurrenz der Lizenzzeitungen stellen und boten sich mit diesen und untereinander den erhofften Wettbewerb im Leser- und mit wachsender Bedeutung im Anzeigenmarkt.

Viele der neuen Verlage verzichteten von Anfang an auf eine eigene Hauptredaktion und kauften stattdessen die überregionale Berichterstattung, den so genannten ‚Mantel', von in der Regel größeren Verlagen in der jeweiligen Region. Ende der 80er Jahre gab es in den alten Bundesländern nur noch rund 120 Hauptredaktionen.

Aus der Sicht der Leser war allerdings eine andere Folge der publizistischen Konzentration gewichtiger: das Ausdünnen des Angebots durch ein anhaltendes Zeitungssterben. Insbesondere kleinauflagige Zeitungen verschwanden vom Markt. Wurden Anfang 1950 noch rund 750 Zeitungen (Diederichs 1973) in den alten Bundesländern gezählt, sind es heute nur noch rund 350 Titel im gesamten Bundesgebiet (inklusive der neuen Bundesländer). Maßgeblich für die anhaltende Konzentration sind wirtschaftliche Gründe. Zeitungen finanzieren sich nicht allein über den Verkauf des Produkts, sondern ganz wesentlich durch den Verkauf von Werbeflächen. Über Jahrzehnte stammten rund zwei Drittel der Einnahmen von Zeitungsverlagen aus der Werbung.

Erst im Zuge der seit dem Jahr 2001 anhaltenden Werbekrise sind die Einnahmen aus dem Verkauf von Anzeigen und dem Transport beigefügter Prospekte (Beilagengeschäft) so stark rückläufig, dass der Anteil der Verkaufserlöse steigt. Da der Werbekunde eine möglichst große Zahl seiner potenziellen Kunden erreichen will, inseriert er in den Zeitungen mit der größten Reichweite. Weitere Zeitungen werden aus Kostengründen häufig nicht belegt. Die Werbeeinnahmen der im Markt nachrangigen Zeitungen sind daher geringer, und entsprechend können sie weniger in ihre redaktionellen Leistungen investieren. Dadurch verlieren sie tendenziell Leser und bei sinkender Leserzahl auch Lukrativität im Anzeigenmarkt. Diese Interdependenz zwischen Leser- und Anzeigenmarkt wird auch als *Anzeigen-Auflagen-Spirale* bezeichnet.

Situation und Einordnung

Tageszeitungen: Die Marktmechanismen haben dazu geführt, dass bis heute anhaltend immer mehr kleine Zeitungen und Lokalausgaben in nachrangiger Marktstellung aufgegeben werden. Dazu haben vielerorts Formen des Verdrängungswettbewerbs durch die jeweiligen Marktführer beigetragen.

Die publizistische Konzentration (auf Seiten des Angebots) schreitet also weiter voran. Zum einen werden immer noch

Hauptredaktionen geschlossen, so dass der Marktanteil und damit der publizistische Einfluss der übrigen wächst. Zum anderen steigt durch den anhaltenden Rückzug von Zeitungen aus jenen Gebieten, in denen sie nur nachrangige Wettbewerbspositionen haben, der Grad der Monopolisierung.

Rund 60 Prozent der Kreise und kreisfreien Städte zählen inzwischen zu den *Ein-Zeitungs-Kreisen*. Der Anteil der betroffenen Wohnbevölkerung liegt bei deutlich über 40 Prozent. Da vielerorts inzwischen die beiden einzigen Zeitungen in einer Verlagsgruppe erscheinen (z. B. in den Regionen Aachen, Hannover, Köln, Nürnberg, Stuttgart sowie großen Teilen des Ruhrgebiets), ist die Anbieterkonzentration noch deutlich größer.

Zeitschriften: Auch im Zeitschriftenmarkt besteht inzwischen eine hohe Konzentration. Die vier größten Verlagsgruppen (*Heinrich Bauer Verlag*, *Hubert Burda Medien*, *Axel Springer Verlag* und *Gruner + Jahr*) kommen gemeinsam auf einen Marktanteil an der verkauften Auflage von rund 60 Prozent. Trotz dieses auch im Vergleich zum Zeitungsmarkt enorm hohen Niveaus funktioniert der Zeitschriftenmarkt unter marktwirtschaftlichen Aspekten aber besser als der Zeitungsmarkt. Wegen der Ausdifferenzierung in Zielgruppen haben auch kleine und mittlere Verlage die Möglichkeit, immer wieder neue Produkte zu starten und im Markt zu etablieren.

Rundfunk: Der Rundfunk ist wegen des anhaltenden Widerstands des Bundesverfassungsgerichts bis Mitte der 80er Jahre eine Domäne der öffentlich-rechtlichen Rundfunkanstalten geblieben (→ Radio, → Fernsehen). Erst 1981 haben die Karlsruher Richter den Ländern freigestellt, neben den öffentlich-rechtlichen Sendern, deren Bestand und Entwicklung wegen der von ihnen zu leistenden Grundversorgung garantiert worden ist, private Anbieter zuzulassen.

Auch für den privaten Teil des sich daraufhin entwickelnden dualen Systems gilt aber das Vielfaltspostulat. Die Richter haben den Ländern freigestellt, diese Vielfalt, über eine Vielzahl von Angeboten und Anbietern (außenplurales Modell) oder über binnenplurale Modelle anzustreben, z. B. mit unabhängigen Programmbeiräten.

Für den Privatfunk haben die Länder unterschiedliche Organisationsformen etabliert. Diese Unterschiede sind im Wesentlichen beim Hörfunk ausgeprägt, da sich im Fernsehbereich wegen der nach wie vor hohen Kosten vor allem bundesweit ausgerichtete Programme durchsetzten. Ballungsraum-TV, lokale (vor allem in Bayern und Sachsen) und landesweite Angebote spielen nur eine nachrangige Rolle.

Privatradio: Die meisten Länder haben sich beim Hörfunk für landesweite Programme entschieden, andere für Mischformen von lokalen und landesweiten Angeboten (z. B. Bayern, Baden-Württemberg, Sachsen) oder ausschließlich für Lokalfunk (z. B. Nordrhein-Westfalen). Die wenigen bundesweiten Privatprogramme (z. B. *RTL*, *Klassik Radio*, *Melodie*) sind im Markt nur randständig. Insbesondere wegen dieser Strukturausprägungen ist das Konzentrationsniveau im privaten Hörfunk wesentlich geringer als beim Fernsehen.

Bei den regionalen und lokalen Anbietern haben sich jeweils insbesondere Unternehmen aus dem jeweiligen Verbreitungsgebiet engagiert. Eine wesentliche Rolle haben dabei von Anfang an die örtlichen Zeitungsverlage eingenommen, die vom werbefinanzierten Privatfunk ihre Stellung im Werbemarkt bedroht sahen. Hinzu kamen auch andere Medienunternehmen wie Zeitschriftenverlage oder Medienkonzerne wie Bertelsmann. Unternehmen aus anderen Branchen sind bis auf Ausnahmen (z. B. die Oschmann-Gruppe), insgesamt gesehen, im Hörfunk randständig geblieben.

Nur wenige Unternehmen sind heute disloziert an mehreren regionalen oder lokalen Anbietern beteiligt. Dazu gehören als wichtigste Eigner die *RTL Group* und die Konzerne *Burda* und *Springer*. Viele Zeitungsverlage haben dieses Engagement – nicht zuletzt ausgelöst durch die Zeitungskrise und die von ihr ausgehende Refokussierung des Kerngeschäfts – reduziert. Zum Teil auch über derartige Verkäufe ist die *horizontale* Konzentration in der Branche aber auch gewachsen, weil sich zunehmend einzelne Senderunternehmen an anderen Sendern beteiligen.

Privatfernsehen: Die Vielfaltsicherung beim Privatfernsehen sollte zunächst über das so genannte ‚Konsortialmodell' erreicht werden. Die Bundesländer hatten sich darauf verständigt, dass ein einzelnes Unternehmen oder ein einzelner Unternehmer an einem Sender einen Anteil von maximal 49,9 Prozent halten dürfe. Einem potenziellen Machtmissbrauch sollte über eine Aufteilung des Kapitals und der Stimmrechte auf jeweils wenigstens drei Eigner begegnet werden. Von den so entstehenden Konsortien leitet sich der Name des Modells ab. Daneben waren zwei weitere Beteiligungen mit unter 25 Prozent an meinungsbildenden Programmen (Vollprogramme oder Spartenprogramme Information) erlaubt. Nach den frühen Gründungen von *Sat.1* und *RTL* zeichnete sich schon bei den so genannten Sendern der 2. Generation (*RTL 2*, *Kabel 1*, *Vox*) ab, dass sich im deutschen Privatfernsehen ein Duopol der Konzerne Bertelsmann (damals noch mit dem später übernommenen Partner *CLT*) und *Kirch* (zeitweilig in Verbindung mit dem Springer-Konzern) entwickelte. Die Beteiligungsgrenzen erwiesen sich für die beiden Konzerne als hinderlich.

Die Politik ist den Konzernen rasch entgegengekommen. Das Konsortialmodell wurde durch das *Marktanteilsmodell* ersetzt. Die neue Freiheit, TV-Sender auch vollständig besitzen zu können, wurde schnell genutzt. Der *Kirch*-Konzern führte *Sat.1*, *Pro Sieben* und *Kabel 1* in einem Unternehmen zusammen, gründete später den Nachrichtensender *N24* und besaß daneben noch das *DSF* und *Premiere*. Die *ProSiebenSat.1-Gruppe* wurde nach dem Kirch-Zusammenbruch von amerikanischen Investoren unter Führung von *Haim Saban* übernommen.

Auch bei *Premiere World* hat sich eine internationale Investorengruppe engagiert. Der *Bertelsmann*-Konzern übernahm *RTL* und *Vox* jeweils annähernd vollständig, behielt seine Anteile an *Super RTL* und *RTL 2* und kaufte sich zudem bei *n-tv* ein. Die Grenzen des Wachstums sind heute weit gesteckt: Sie werden im Normalfall erst dann erreicht, wenn ein Unternehmen mit all seinen Sendern im Gesamtmarkt der deutschsprachigen Programme einen Zuschaueranteil von 30 Prozent erreicht.

Die Gefahr der Grenzverletzung ist gering, da seit Jahren die öffentlich-rechtlichen Programme einen Anteil von rund 40 Prozent erreichen und sich die übrigen 60 Prozent auf die *ProSiebenSat.1-* sowie die *RTL-Gruppe* und die wachsende Zahl weiterer – allerdings kleiner – Marktteilnehmer aufteilen. Die neuen Freiheiten entsprachen den wirtschaftlichen Interessen der Standortländer – vor allem Bayerns und Nordrhein-Westfalens. Die ökonomischen Interessen diktierten den Paradigmenwechsel, bei dem die Vielfaltsicherung als über Jahrzehnte dominante Zielsetzung ihren Rang verlor.

Regulierung und Quellenlage

Die Einstellung von Tageszeitungen ist schon in der jungen Republik als Verlust, zugleich aber auch als Normalität in einer Marktwirtschaft wahrgenommen worden. Erst als auch die Dritt- oder gar Zweitzeitungen wirtschaftliche Probleme bekamen, merkte die Politik auf. Hinzu kam, dass vermehrt auflagenstarke Titel aus entsprechend größeren Verlagen existenziell gefährdet waren. Zudem scheiterten Gründungen von Zeitungen und unterblieben schließlich. Basierend auf dem Auftrag der Verfassung, für Vielfalt zu sorgen, hat der Bundestag dann Mitte der 70er Jahre nach gründlichen Vorarbeiten in den Markt eingegriffen.

Da der Staat nicht in die inhaltliche Medienproduktion eingreifen darf (Staatsferne der Medien), wurde versucht, durch eine Absicherung der Verlage – also über eine möglichst große Zahl von Anbietern – ein vielfältiges Angebot zu erhalten. Zu diesem Zweck ist das Kartellrecht mit einer so genannten *Presseklausel* verschärft worden. Seit 1976 sind demnach fast alle Beteiligungen (ab 25 Prozent Kapitalanteil) oder Übernahmen von Verlagen der Zustimmungspflicht durch das Bundeskartellamt unterstellt. Daraufhin ist das Tempo der ökonomischen Pressekonzentration deutlich zurückgegangen. Allerdings wurde der Prozess auch nie vollständig gestoppt.

Dass sich das Kartellrecht bewährt hat, zeigt insbesondere die Entwicklung der Marktanteile der zehn größten Verlagsgruppen an der verkauften Gesamtauflage der Tageszeitungen. Dieser Anteil ist in den letzten zehn Jahren nur um einen Prozentpunkt auf 56 Prozent gestiegen.

Anders sieht die Situation bei den multimedialen Anbieterstrukturen aus: Obwohl diese schon zur Zeit der Verabschiedung des neuen Staatsvertrags etabliert worden waren, hat die Politik die neueren Gefahren für die Vielfalt der Medien fast gänzlich außer Acht gelassen. Zwar ist mancher Unternehmertraum von reichen Synergiepotenzialen multimedialer Anbieterstrukturen inzwischen zerstoben, dennoch ist der publizistische Einfluss einzelner Medienunternehmen gerade wegen ihres multimedialen Agierens immens.

Gemessen an den vielfaltsichernden Maßnahmen der 70er Jahre mit Bezug auf den Zeitungsmarkt sind viele multimediale Anbieterstrukturen heute grenzüberschreitend, auch wenn für Multimedia-Strukturen noch erhebliche mess-methodische Probleme bestehen. Bislang verweigert die Politik hier jede zeitgemäße → Regulierung von publizistischer Macht, die allein dem Auftrag zur Vielfaltsicherung entsprechen würde.

„Die Verhinderung des Entstehens vorherrschender Meinungsmacht", wie es das Bundesverfassungsgericht 1986 formuliert hat, ist normativ der Ankerpunkt jeder Kommunikationspolitik. Insbesondere unter dem Druck der Medienunternehmen, die sich bei ihrer Lobbypolitik auch auf ihre publizistische Macht stützen, haben sich allerdings sowohl der Bundestag – zuständig vor allem für die Printmedien – als auch die Länder – zuständig vor allem für den Rundfunk – schwer getan mit der Sicherung der Meinungsvielfalt. Einst strenge Gesetze zur Vielfaltsicherung im Rundfunk wurden verwässert und die Existenz einzelner öffentlich-rechtlicher Sender (Privatisierung des ZDF) bzw. des öffentlich-rechtlichen Systems infrage gestellt. Derzeitig berät der Bundestag über eine *Deregulierung* des Kartellrechts speziell für die Verlagsbranche. Maßnahmen zur Stützung der Vielfalt im Zeitungsmarkt, in vielen europäischen Ländern zum Teil seit Jahrzehnten üblich, werden nicht vorgenommen.

Um die Vielfaltsicherung ist es also nicht gut bestellt. Allein das Bundesverfassungsgericht hat sich hier nicht nur mahnend, sondern auch eingreifend als Stütze erwiesen.

Schlecht ist auch die Quellenlage: Seitdem die Bundesregierungen den so genannten *Medienbericht* nur noch unregelmäßig und mit großen Abständen präsentieren (zuletzt 1998) und zudem das Statistische Bundesamt nach einem Beschluss der Bundesregierung von 1996 die *Pressestatistik* nicht mehr vorlegt (zuletzt für 1994), fehlen vielfach offizielle Informationen und gesicherte Daten zur Pressekonzentration. Zudem fehlen Studien, die sich mit den Auswirkungen der Konzentration auf die Qualität des Angebots befassen.

Gesichert ist allein die Erkenntnis, dass Wettbewerb etwa bei lokalen oder regionalen Abonnementzeitungen zu einem quantitativ größeren Angebot führt, etwa durch umfangreichere Lokalberichterstattung. Insbesondere in Bezug auf Auswirkungen von Konzentrationsvorgängen auf die Qualität der Angebote bestehen aber erhebliche Desiderate in der Forschung. Dazu gehören auch Fragen zur Unabhängigkeit von Journalisten.

Zweifelhaft ist, dass deren Autonomie (→ Kommunikationsfreiheit) fern von normativen Vorgaben tatsächlich gewährleistet werden kann, wenn in Zeiten steigender Arbeitslosigkeit und einer sinkenden Zahl von Arbeitgebern durch die Konzentrationsentwicklung vielfach ein Stellenwechsel nicht zu realisieren ist. Insbesondere die Journalistengewerkschaften (→ Verbände) setzen sich seit Jahrzehnten für Regelungen zur inneren Pressefreiheit ein, mit denen die Position der Redaktion gegenüber der Unternehmensleitung gestärkt werden soll. Die Gewerkschaften sehen darin auch eine Möglichkeit, die Auswirkungen der Medienkonzentration zu mildern; sie finden für diese Forderung aber nur unzureichend Unterstützung in der Politik.

Im Vergleich zu den Printmedien ist der Kenntnisstand über den Rundfunk erheblich besser. Insbesondere über die Angebotsstruktur und Qualität von Fernsehprogrammen werden regelmäßig Untersuchungen vorgenommen. Über die Veröffentlichungen der *Kommission zur Ermittlung der Konzentration* (KEK 2004) sind zudem auch die Angebots- und Anbieterstrukturen im Rundfunk wesentlich besser erschlossen. Dabei spielt auch die Internationalisierung der Medienbranche eine erhebliche Rolle. Speziell in der Kinofilm- und der Fernsehproduktion sind US-Konzerne in den meisten Teilen der Welt dominant.

Internationale Aspekte

In Deutschland sind US-Konzerne auch bei Fernsehprogrammen engagiert: *Saban* und andere US-Konzerne bestimmen bei der *ProSiebenSat.1-Gruppe*; andere bieten eine steigende Zahl von Spartenprogrammen im Digitalfernsehen (Premiere World). Bei den Printmedien, insbesondere bei den Tageszeitungen, sind ausländische Konzerne eher randständig.

Große deutsche Verlagsunternehmen engagieren sich dagegen vielfältig im europäischen Ausland, aber auch darüber hinaus. Vor allem in den Ländern Mittel- und → Osteuropas nehmen deutsche Verlage vielfach führende Markstellungen bei Zeitungen und Zeitschriften ein. Dadurch gelingt es den Unternehmen einerseits, sich von nationalen Konjunkturen unabhängiger zu machen und damit betriebswirtschaftlich stabiler aufzustellen; andererseits gehen dem nationalen Markt die Investitionssummen verloren, die ursprünglich hier zu Lande generiert worden sind.

Auch Fragen zu den Auswirkungen der Internationalisierung der Medienbranchen sind vielfach noch nicht beantwortet.

Literatur

Diederichs, Helmut H. (1973): Konzentration in den Massenmedien, München.

Knoche, Manfred (1978): Einführung in die Pressekonzentrationsforschung. Theoretische und empirische Grundlagen – Kommunikationspolitische Voraussetzungen, Berlin.

Kommission zur Ermittlung der Konzentration (KEK) (2004): Sicherung der Meinungsvielfalt in Zeiten des Umbruchs, Berlin.

Koszyk, Kurt (1986): Pressepolitik für Deutsche 1945-1949, Berlin.

Meyn, Hermann (2004): Massenmedien in der Bundesrepublik Deutschland, Konstanz.

Röper, Horst (2002): Formationen deutscher Medienmultis, in: Media Perspektiven 2002/9: 406-432.

Horst Röper, Dortmund

Medienkritik

Definition und Entstehungsgeschichte

Der Begriff ‚Medienkritik' bezeichnet alle Formen des kritischen Diskurses über die Medien der öffentlichen Kommunikation, die von ihnen verbreiteten Aussagen sowie deren Voraussetzungen und Folgen. Im weiteren Sinn hat es Medienkritik stets gegeben, seitdem es Medien gibt: *Platon* missbilligte die Lektüre von *Homers* Epen, weil sie ein schädliches Bild der Götterwelt förderten, und die spätmittelalterliche Kirche misstraute der Verbreitung des Buchdrucks, weil sie ihr Ideenmonopol gefährdet sah.

Im engeren, modernen Sinn ist unter Medienkritik jener Diskurs zu verstehen, der sich mit den Bedingungen, Inhalten und Wirkungen der Massenmedien befasst, die sich mithilfe neuzeitlicher Medientechnologien an ein disperses Massenpublikum wenden. Diese moderne Medienkritik beginnt im Gefolge der Aufklärung am Anfang des 19. Jahrhunderts mit dem Aufstieg der → Presse, führt über den Film und den Hörfunk (→ Radio) zum → Fernsehen und ist mit der Etablierung des → Internet nicht am Ende.

Historisch gesehen hat jede neue Kommunikationstechnik bei ihrem Erscheinen immer eine besondere kritische Aufmerksamkeit auf sich gezogen: Dabei speisten sich progressiv-optimistische Erwartungen in der Regel aus politischen und gesellschaftlichen Motiven und erhofften von einer verbreiterten Medienöffentlichkeit Fortschritte in Richtung allgemeiner Aufklärung, Emanzipation und Partizipation.

Konservativ-pessimistische Erwartungen basierten demgegenüber meist auf kulturellen Argumenten und sahen in der wachsenden Medialisierung eine Gefahr für tradierte geistige und künstlerische Errungenschaften. Derartig grundsätzliche Positionen der Medienkritik haben sich dann meist abgeschliffen, sobald sich die verschiedenen Massenmedien als ein normaler Bestandteil des gesellschaftlichen Alltags etabliert hatten.

Die Antagonismen zwischen kulturoptimistischer und kulturpessimistischer Betrachtung der Massenmedien haben sich in der Medienkritik allerdings insofern erhalten, als der Siegeszug der Massenkommunikation in den zurückliegenden zwei Jahrhunderten inzwischen weder als reiner ‚Glücksfall' noch als reiner ‚Unglücksfall' angesehen wird, sondern als ein epochaler Wandlungsprozess, der politisch, gesellschaftlich und kulturell sowohl beachtliche Gewinne als auch bedenkliche Verluste einschließt.

Erscheinungsformen

Auf der Grundlage dieser Erkenntnis lassen sich bestimmte Varianten der modernen Medienkritik hinsichtlich ihrer Gegenstände, Vorgehensweisen und Ziele unterscheiden. Weit ins 19. Jahrhundert zurück reicht die Kritik an der mangelhaften Qualifikation und der oberflächlichen Arbeitsweise der Journalisten (z. B. bei *Arthur Schopenhauer*, *Friedrich Nietzsche*). Von dort führt ein gerader Weg zur Kritik der ‚banalisierenden' und ‚verdummenden' Medieninhalte und vor allem der ‚Sprachverhunzung' (→ Mediensprache) durch die Medien (z. B. bei Karl Kraus).

Der Film mit seinen visualisierten Illusionen, der Hörfunk und das Fernsehen mit ihren seriellen Unterhaltungsangeboten, ihrem propagandistischen Potenzial und mit ihren manipulativen Möglichkeiten gerieten unter einen aufklärerisch begründeten Ideologieverdacht (z. B. bei *Siegfried Kracauer*, *Theodor W. Adorno*, *Günther Anders*, *Neil Postman*, *Pierre Bourdieu*). All diese medienkritischen Ansätze richten sich zunächst gegen die auf ein Massenpublikum zugeschnittenen Medienprodukte, beziehen aber auch die ökonomischen und technischen Ursachen und Folgen einer um sich greifenden Industrialisierung und Kommerzialisierung der Medienproduktion ein. Zuweilen wird dabei das Mediensystem zum allmächtigen Schlüsselfaktor einer gesamtgesellschaftlichen Krise stilisiert. (Weßler et al. 1997)

Von dieser bis in die Kultur- und Geschichtsphilosophie ausgreifenden Medienkritik ist jene kritische Praxis zu unterscheiden, die Existenz und Stellenwert der Massenmedien als Normalität betrachtet und sich mit einzelnen Problemen und Produkten auseinander setzt. Sie hat ihren Platz vorzugsweise im → Medienjournalismus, der jeweils aktuelle Tendenzen und Angebote der Medien und ihrer Entwicklung kritisch aufgreift. Dabei steht bis heute das ‚Leitmedium Fernsehen' im Vordergrund, dessen flächendeckende Verbreitung und extensive Nutzung auch ein breites Interesse des Publikums an der Medienkritik verspricht.

Dominierte in der Frühzeit des Fernsehens – bei einem überschaubaren Programmangebot – noch die Kritik einzelner Sendungen, so hat sich nach der Zulassung privater Anbieter der Schwerpunkt des kritischen Medienjournalismus verlagert. Einerseits führt die schiere Masse und Vielfalt des Fernsehangebots dazu, dass sich die inhaltliche, formale und funktionale Konsistenz des Fernsehens (und auch anderer Massenmedien) zunehmend auflöst; andererseits ‚zerstreut' sich das Publikum, und die Kritik kann nicht mehr von gemeinsamen Programminteressen und -erfahrungen ausgehen. Demgemäß richtet die Kritik ihre Aufmerksamkeit mehr und mehr auf übergeordnete (z. B. wirtschaftliche, politische, rechtliche, ethische) Medienthemen. Sie entfernt sich damit zugleich von der konkreten Projekt-Arbeit der Medienschaffenden.

Es verwundert deshalb nicht, dass die Beachtung der Medienkritik in der Medienpraxis begrenzt ist. Das gilt umso mehr als der ‚Erfolg' von Medienangeboten immer seltener an publizistischen oder kulturellen Qualitätskriterien gemessen wird, sondern vorrangig an ökonomisch relevanten – wie Quote oder Auflage. Diese Entwicklung mag auch erklären, dass das wissenschaftliche Interesse an medienkritischen Projekten schwindet.

Bewertung und Ausblick

Nur wenige Probleme der – insbesondere auch langfristigen – → Medienwirkungen finden in der Forschung noch nachhaltige Beachtung (wie z. B. seit je die Folgen von → Gewaltdarstellungen für Kinder und Jugendliche oder neuerdings die journalistische Qualitätssicherung). Die Wissenschaft liefert überwiegend empirische Momentaufnahmen, deren Geltungsdauer die Kurzlebigkeit der sich hektisch verändernden Medienrealität kaum übertrifft.

Das vorherrschende Selbstverständnis der mit Medien befassten Disziplinen als ‚empirische Sozialwissenschaften' geht zudem einher mit einer bemerkenswerten Scheu gegenüber normativer Kritik. Die sich stetig fortzeugenden empirischen Bestandsaufnahmen von ‚Ist-Zuständen' lähmt offenbar die Fähigkeit der Wissenschaft, die Entwicklung der Medien auf der Grundlage von ‚Soll-Maßstäben' kritisch zu analysieren und zu bewerten.

Wenn der öffentliche Mediendiskurs die kritische Distanz gegenüber seinen Gegenständen nicht behauptet, könnte ihn eine beständig perfektionierte, von Unternehmens-Interessen und Prominenten-Kult angetriebene Medien-PR letztlich überwuchern.

Literatur

Fischer, Dieter (1983): Von Börne bis Kraus: Auseinandersetzungen um die Zeitung und ihre Sprache, in: Publizistik 1983/4: 525-546.

Hausmanninger, Thomas (2002): Grundlegungsfragen der Medienethik, in: Publizistik 2002/3: 280-294.

Ruß-Mohl, Stephan/Susanne Fengler (Hrsg.) (2000): Medien auf der Bühne der Medien, Berlin.

Schneider, Irmela/Peter M. Spangenberg (Hrsg.) (2002): Medienkultur der 50er Jahre. Diskursgeschichte der Medien nach 1945, Bd. 1, Wiesbaden.

Weßler, Hartmut et al. (Hrsg.) (1997): Perspektiven der Medienkritik, Wiesbaden.

Dieter Roß, Hamburg

Medienkultur

Definition und Entwicklungsgeschichte

Der Begriff Medienkultur beschreibt unterschiedliche Wechselwirkungen von Medienangeboten und den Bereichen Gesellschaft, Kultur und Individuum. Wechselwirkungen von Medienangeboten und Medienwirkung sind etwa die Erhaltung des gesellschaftlichen Status quo, die Vermittlung von kollektiven Symbolen, die Konstruktion medialer Kommunikationsräume, die Bereitstellung von Sinnstiftungs- und Identitätsmodellen und die Stabilisierung von Emotionen. Diese Wirkungsvielfalt verweist auf die zentrale Funktion der Medien in der Gesellschaft, im kulturellen System und in der individuellen Alltagswelt.

Der Gegenstandsbereich Medienkultur erweitert die bisherige Konzentration der literaturwissenschaftlichen Medienforschung auf den Bereich Medienästhetik. Seit den 90er Jahren versteht sich diese zunehmend als Kulturwissenschaft (Hickethier 2003: 435), die mit unterschiedlichen Theorien Wechselverhältnisse von Medienangeboten und Medienwirkung untersucht.

Siegfried J. Schmidt (1990: 130 ff.) sieht eine zentrale Funktion der Medien in der Beobachtung der kulturellen Teilprogramme und in der Produktion kollektiv gültiger Wirklichkeitsvorstellungen. Kultur und Medien befinden sich aus seiner Sicht in einem Wechselverhältnis kontinuierlicher Ausdifferenzierung und wechselseitiger Stabilisierung. Auf diese Weise erfüllten Medien eine kontinuierliche, wechselseitige Stabilisierungsfunktion in Kultur und Gesellschaft. Die besondere Problemlösungskompetenz der Medien passt sich jeweils aktuellen Herausforderungen an. Medien bilden Lösungsinstanzen für Probleme aktueller gesellschaftlicher Entwicklungen.

Massenmedien lassen sich nicht auf eine Beobachterperspektive reduzieren, sondern sind selbst gestaltender Teil der Kultur (Hickethier 2003: 440). Sie treten in Konkurrenz zu zentralen Sinnstiftungs- und Wertevermittlungsinstanzen wie etwa Religionen. Die Sinnstiftung basiert dabei zunehmend auf einer medialisierten Kommunikation. Auch die Wertevermittlung orientiert sich an medial präsentierten Verhaltensmodellen.

Ein Kernbereich der Medienkulturforschung ist die individuelle Wirkung von Medienangeboten (→ Medienwirkungen). Vertreter der Medienwissenschaft (→ Kommunikationswissenschaft) sehen in der medialen Konstruktion von Wirklichkeitsmodellen (→ Konstruktivismus) eine Voraussetzung für die menschliche Fähigkeit, sich eigenen Wünschen und gesellschaftlichen Anforderungen anzupassen. Medienangebote und individuelle Medienwirkung werden in Zyklusmodellen beschrieben. Beispielsweise geht es um die Wechselwirkungen zwischen Mediengenres und medialen Weltbildern (ebd.: 449 f.).

Die *Medienästhetik*, also die Formen der Gestaltung von Medienprodukten, nimmt eine Schlüsselstellung im Zusammenhang von Medienangeboten und Medienwirkungen ein. So ist die symbolische Vermittlung eine Voraussetzung für die Bereitstellung von Deutungsmustern zur Verarbeitung von Wirklichkeit. Medienästhetik bildet auf diese Weise ebenso die Grundlage für individuelle Nutzungsmöglichkeiten wie für die gesellschaftlicher Wirkung: „Der Mensch wird durch die Medien als kulturelles und soziales Wesen geformt." (Ebd.: 449)

Medienkulturforschung

Einen Schwerpunkt der Medienkulturforschung bilden die Wechselwirkungen der elektronisch verbreiteten Massenmedien mit den etablierten Kulturbereichen. Im historischen Rückblick werden kulturelle Veränderungen durch den Einfluss der Medien erklärt. So lag eine Zielsetzung bisheriger medientechnischer Entwicklungen in der Aufhebung räumlicher und zeitlicher Begrenzungen. Kulturelle

Raumvorstellungen veränderten sich u. a. durch die mediale Vermittlung eigener Kommunikationsräume (ebd.: 441). Die mediale Bearbeitung von Zeit führte zu Veränderungen der menschlichen Wahrnehmung und zur Koordination von Zeit in Gesellschaften.

In der amerikanischen Forschung beschreiben Medienwissenschaftler mit dem Begriff → Media Culture die zentrale Rolle der Medienästhetik innerhalb des bestehenden Ensembles kultureller Vermittlung (Kellner 1995). Ein Schwerpunkt medienästhetischer Forschung ist der Einfluss etablierter Inhalte und Motive auf die Medieninhalte und die Wechselwirkungen zwischen Literatur, Theater und Medien.

Teilbereiche dieser Wechselwirkung werden auch unter dem Stichwort ‚Intermedialität' oder ‚mediale Spiegelung' untersucht. So übernehmen Romane, wie sich zeigen lässt, Erzählweisen und Dramaturgien des populären Kinofilms. Theaterregisseure wiederum inszenieren Daily Soaps als erfolgreiche Erzählform des Fernsehens. Theater und Literatur haben sich mittlerweile zu Instanzen der Medienkritik entwickelt, indem sie u. a. auf Stereotype von Inhalt und Form der medialen Vermittlung hinweisen.

Diese im Konzept der Medienkultur enthaltenen Forschungsperspektiven machen eine Fülle von *Wechselwirkungen* zum Thema. Sie zeigen – ausgehend von den Spezifika einzelner Angebote – Wechselwirkungen zwischen verschiedenen Medien und zwischen Medien, Gesellschaft und Kultur, Medien und Identität, Medien und individuellem Alltag auf. Deutlich wird in jedem Fall die fundamentale Relevanz der Medien für die Konstruktion von Wirklichkeit.

Literatur

Hickethier, Knut (2003): Medienkultur, in: G. Bentele et al. (Hrsg.): Öffentliche Kommunikation, Wiesbaden: 435-457.

Kellner, Douglas (1995): Media Culture, New York.

Schmidt, Siegfried J. (1992): Medien, Kultur: Medienkultur, in: ders. (Hrsg.): Kognition und Gesellschaft, Frankfurt/M.: 425-450.

Schmidt, Siegfried J. (1999): Blickwechsel. Umrisse einer Medienepistemologie, in: S. J. Schmidt/G. Rusch (Hrsg.): Konstruktivismus in der Medien- und Kommunikationswissenschaft, Frankfurt/M.: 119-145.

Joan Kristin Bleicher, Hamburg

Medienmanagement

Definition/Begriffsbestimmung

Für eine begründete Definition von Medienmanagement ist von den einschlägigen wirtschaftswissenschaftlichen Begriffen und Kategorien auszugehen. Demnach ist Medienmanagement im Kontext von → Medienökonomie als übergeordneter Begrifflichkeit zu verorten und zu definieren. Gegenstand der Medienökonomie ist die ökonomische Analyse der Bedingungen journalistischer Produktion, der Distribution und des Konsums von Medieninhalten und Trägermedien. Unterschieden werden können dabei mikro- und makroökonomische Fragen bzw. Entscheidungen.

Die *makroökonomische* Analyse im Rahmen der Medienökonomie bezieht sich auf die Strukturen und volkswirtschaftlichen Prozesse der Medienwirtschaft als Branche. Klassisch sind hier Untersuchungen zum Konzentrationsgrad in den Medienteilmärkten, etwa für Zeitungen und Zeitschriften oder für die Fernsehproduktion (→ Medienkonzentration). Auch die Diskussion zum Marktversagen und zur → Regulierung der Medienwirtschaft bezieht sich auf die Branche. Makroökonomischer Natur ist ebenfalls die Debatte um die Konvergenz von Medien, Informationstechnologie und Telekommunikation in technologischer und industrieller Hinsicht, soweit sie sich auf die jeweiligen Branchen insgesamt bezieht.

Der *Mikroökonomie* zuzuordnen sind die (einzelwirtschaftlichen) Entscheidungen der Produzenten und Konsumenten der Medienwirtschaft und die spezifischen Regulierungsprobleme und Fragen der Unternehmensordnung bei den privaten und öffentlichen Unternehmen der Medienwirtschaft. Diese einzelwirtschaftlichen Entscheidungen und Regulierungsfragen lassen sich einer Betriebswirtschaftslehre der Medien zuweisen. Medienmanagement zielt dabei aus prozessualer Perspektive auf die Steuerung der Handlungen im Realgüterprozess (Beschaffung, Produktion, Absatz), im Wertumlaufprozess (Investition und Finanzierung) und im internen und externen Rechnungswesen, das der Dokumentation, Information und Vorbereitung von Entscheidungen im Realgüter-, Wertumlauf- und Managementprozess von Medienunternehmen dient. Der Managementprozess umfasst nach der klassischen Einteilung der Management- bzw. Führungsfunktionen die *Planung* und die *Realisation* mit den Teilfunktionen Organisation, Personal und Leitung sowie die *Kontrolle*.

Forschungsstand

Die Analyse von Medien aus einer wirtschaftswissenschaftlichen Perspektive hat in den letzten Jahren stark an Bedeutung gewonnen. Eine zentrale Triebkraft für die steigende Aufmerksamkeit auf Seiten der Forschung stellte dabei die Entstehung des → Internet dar. Mit seiner ganz spezifischen ökonomischen Logik, die deutlich von den Strukturen und Prozessen der klassischen Medien Print und Rundfunk abweicht, zog es das Interesse der medienwirtschaftlichen Forschung auf sich (→ Presse, → Radio, → Fernsehen). In diesem Kontext stieg auch das wirtschaftswissenschaftliche Interesse an Medien allgemein.

Auch von der → Kommunikationswissenschaft wird inzwischen neben der publizistischen Dimension die Bedeutung ökonomischer Fragen bei der Analyse von Medien thematisiert. Das Repertoire an Lehrbüchern und Forschungsarbeiten im Bereich Medienmanagement ist mittlerweile recht umfangreich. Drei Gruppen von Arbeiten sind zu unterscheiden:

Eine erste Gruppe von Werken im Bereich Medienmanagement bilden jene Arbeiten, die sich aus einer ökonomietheoretischen Perspektive mit den *Strukturen* und *Akteuren* der Medienwirtschaft beschäftigen und die Spezifika von Medienunternehmen, Medienprodukten und Medienproduktion zu bestimmen und zu begründen versuchen (Heinrich 1999, 2001; Kiefer 2001). Aus den ökonomischen Merkmalen von Medienprodukten und ihrem Produktionsprozess lassen sich Erklärungen für das strategische Handeln von Medienunternehmen gewinnen. Mit diesen Überlegungen bilden die Arbeiten den zweckmäßigen Startpunkt für jede fundierte wirtschaftswissenschaftliche Beschäftigung mit Medienunternehmen und Medienmanagement und stellen damit das Fundament für die Formulierung einer ökonomischen Theorie der Medienunternehmung dar.

Eine zweite Gruppe von Arbeiten fokussiert ausgewählte Fragestellungen des Medienmanagements. Zu unterscheiden sind dabei ein branchenorientierter und ein funktionsorientierter Fokus. *Branchenorientierte* Arbeiten betrachten ganz überwiegend eine einzelne ausgewählte Medienteilbranche, die sodann hinsichtlich Strukturen und Besonderheiten des Managements der Branchenunternehmen im Einzelnen vorgestellt und analysiert wird (z. B. Picard/Brody 2002). Eine umfassende Analyse aller (klassischen) Medienteilmärkte (also Zeitungen, Zeitschriften, Hörfunk und Fernsehen), des Internet als neuem elektronischen Medium sowie der internationalen Medienmärkte einschließlich der intermediären Verflechtungen findet sich bislang nur selten (so bei Sjurts 2002). *Funktionsorientierte* Arbeiten stellen auf einzelne Teilfunktionen des Managements von Medienunternehmen ab. Dabei dominieren Fragen der Unternehmensstrategie und zu den Rahmenbedingungen strategischen Handelns, wie insbesondere zu technischen Entwicklungen bei den Verbreitungswegen und zu Regulierungsfragen (z. B. Owen 1999).

Einen weiteren Schwerpunkt bilden Arbeiten zu den Managementfunktionen Organisation und Controlling. Bei der *Organisationsthematik* steht dabei in letzter Zeit vor allem die Frage der ökonomisch zweckmäßigen Organisation der Produktion von Mediengütern im Hinblick auf die Handlungsalternativen Insourcing und Outsourcing im Mittelpunkt. Weiter von Interesse sind Strukturen der Aufbau- und Ablauforganisation, insbesondere in → Redaktionen, und Spezifika der Organisationskultur von Medienunternehmen.

In *Controlling*-fokussierten Arbeiten werden ganz überwiegend Fragen einer klassischen Kostenkontrolle thematisiert. Anknüpfend an die diversen Wertschöpfungsaktivitäten, etwa in Produktion oder Vertrieb, versuchen die Autoren hierfür geeignete Effizienzkriterien und aussagekräftige Kennzahlen zu entwickeln. Aktuell gilt das wissenschaftliche Interesse vor allem den *strategischen Handlungsoptionen* von Medienunternehmen im Umgang mit den Herausforderungen der neuen Technologien in Form von Internet und Digitalisierung des Rundfunks. Im Einzelnen geht es dabei beispielsweise um Innovationsstrategien für Medienunternehmen, Crossmedia-Strategien (→ Crossmedia), den Umgang mit Internetpiraterie, Aspekte des Branding, also des Markenmanagements, und um Contentmanagement.

Die dritte Gruppe von Arbeiten stellen Lehrbücher und Sammelbände dar, die es sich zur Aufgabe machen, das *Funktionsspektrum* im Medienmanagement – zum Teil auch noch nach Medienteilmärkten unterschieden – aufzuzeigen. Die Lehrbücher setzen dabei ganz überwiegend bei den allgemeinen betriebswirtschaftlichen Funktionen an und zeigen sodann deren spezifische Ausgestaltung in Medienunternehmen auf (z. B. Schumann/Hess 2002). Art und Umfang der Darstellung von medienspezifischen Ausprägungen der einzelnen Unternehmensfunktionen fallen dabei sehr unterschiedlich aus. Sie reichen von einer stringenten Fokussierung der medienspezifischen Funktionselemente bis hin zu Arbeiten, die vor allem auf die Inhalte der Managementfunktionen allgemein abstellen und eher illustrierend Beispiele aus der Medienbranche heranziehen.
Für die *Sammelbände* zum Medienmanagement gilt, dass die dort unter Medienmanagement subsumierten Inhalte in aller Regel nicht dem einschlägigen betriebswirtschaftlichen Begriffsverständnis von Management entsprechen. Die Werke bilden vielmehr ganz überwiegend das Spektrum der Fragen ab, die sich – sei es im Bereich der Managementfunktionen oder der Sachfunktionen – aktuell im Kontext von Medienunternehmen stellen (z. B. Picard 2002). In konzeptioneller Hinsicht zu unterscheiden sind dabei Sammelwerke, die sich durch Integration von Übungsaufgaben auch als Lehrbücher verstehen, und eher forschungsorientierte Zusammenstellungen aktueller Fragen in Medienunternehmen.

Das mittlerweile breite Literaturangebot wird ergänzt durch wissenschaftliche *Zeitschriften*, die sich (auch) des Themas Medienmanagement annehmen, so beispielsweise im internationalen Kontext das *Journal of Media Economics* und seit 2004 das *Journal of Media Business Studies*. Im deutschsprachigen Markt ist seit 2004 die Zeitschrift *Medienwirtschaft* präsent. Einen Überblick über die Begrifflichkeiten im Kontext von Medienökonomie und Medienmanagement bieten seit kurzem einschlägige Lexika (Sjurts 2004).

Internationale Bezüge

Die internationale Ausrichtung von Lehre und Forschung im Bereich Medienmanagement ist traditionell hoch. Dies liegt zum einen darin begründet, dass insbesondere im Bereich des Rundfunks technologische Entwicklungen und Inhaltetrends vorwiegend in den → USA und im nichtdeutschsprachigen europäischen Ausland entwickelt werden. Ein frühzeitiger Blick in ausländische Medienmärkte lässt somit Prognosen über die Entwicklung der deutschen Medienbranche zu. Zum Zweiten ist die Internationalisierung des Medienmanagements begründet in dem Bemühen deutscher Medienunternehmen, in ausländische Märkte einzutreten – wie umgekehrt ausländische Medienkonzerne den deutschen Medienmarkt fokussieren (→ Internationale Kommunikation). Triebkraft für den Drang der deutschen Medienunternehmen in das Ausland sind erstens die Lebenszyklusphase deutscher Medienmärkte, die in vielen Fällen schon die Reifephase erreicht hat, und zweitens das Regulierungssystem, das der Expansion im Inland enge Grenzen setzt. Für die ausländischen Medienkonzerne erscheint Deutschland interessant, da der deutsche nach wie vor der größte Werbemarkt in Europa ist (→ Werbung).

Die Medienmanagement-Literatur greift die Internationalisierung zum einen in Arbeiten auf, die sich mit den Strategien internationaler Medienunternehmen beschäftigen (Sjurts 2002). Zum anderen finden sich Studien, die sich kritisch mit der entstehenden globalen Vormachtstellung weniger großer Medienkonzerne befassen und in Hinblick auf die Wirkungen auf die ökonomische und publizistische Vielfalt analysieren (Herman/McChesney 1997).

Bewertung

Mit der raschen Ausweitung der Diskussion um die ökonomischen Aspekte von Medien hat die Präzision im Gebrauch der einschlägigen wirtschaftswissenschaftlichen Begriffe und Kategorien nicht Schritt gehalten. So werden vielfach immer noch ‚Medienökonomie', ‚Medienwirtschaft' und ‚Medienmanagement' teils (umgangssprachlich) synonym oder abweichend vom standardisierten ökonomischen Sprachgebrauch mit recht eigenwilliger inhaltlicher Ausprägung verwendet, ohne dass dies auch nur ansatzweise begründet würde. Dieser Befund gilt dabei für Lehrbücher, Sammelwerke und Zeitschriftenbeiträge gleichermaßen.

Ganz ähnlich verhält es sich mit der definitorischen Bestimmung von Medienunternehmen und Medienprodukten. Indem sie fälschlicherweise von einem konsensualen Begriffsverständnis ausgehen, werden diese grundlegenden Begrifflichkeiten von den meisten Autoren überhaupt nicht thematisiert.

Ein Vergleich der impliziten Begriffsverständnisse zeigt jedoch deutliche Differenzen. Die negativen Konsequenzen der begrifflichen Unschärfe für die Klarheit bei der ökonomischen Analyse von Medien und Medienunternehmen liegen auf der Hand. Für die Formulierung, Abgrenzung und Etablierung von Medienmanagement als eigenem Lehr- und Forschungsgebiet ist definitorische Klarheit jedoch unabdingbar.

Die medienwirtschaftliche Forschung sollte deshalb dem Bemühen um die Formulierung einer begründeten Theorie der Medienunternehmung verstärkt Aufmerksamkeit widmen.

Literatur

Heinrich, Jürgen (1999/2001): Medienökonomie, 2 Bde., Opladen.

Herman, Edward S./Robert McChesney (1997): The global media, London/Washington.

Kiefer, Marie Luise (2001): Medienökonomik, München/Wien.

Owen, Bruce M. (1999): The internet challenge to television, Cambridge/MA.

Picard, Robert G. (Hrsg.) (2002): Media firms: Structures, operations and performance, Mahwah, NJ/London.

Picard, Robert G./Jeffrey H. Brody (2002): The newspaper publishing industry, Boston/MA u. a.

Schumann, Matthias/Thomas Hess (2002): Grundfragen der Medienwirtschaft, 2. Aufl., Berlin u. a.

Sjurts, Insa (2002): Strategien in der Medienbranche, 2. Aufl., Wiesbaden.
Sjurts, Insa (2004) (Hrsg.): Lexikon der Medienwirtschaft – Ökonomische, kommunikationswissenschaftliche, juristische und technische Grundbegriffe, Wiesbaden.

Insa Sjurts, Hamburg

Mediennutzung

Begriffsbestimmung und Situation

Mediennutzung, Schlafen und Arbeiten: Nimmt man das Zeitbudget als Maßstab, dann dominieren diese drei Beschäftigungen unser Leben. Sich ausruhen muss der Mensch und Geld verdienen meistens auch. Warum aber verbringt der Durchschnittsdeutsche ein Drittel seiner Lebenszeit mit den Angeboten der Massenmedien? Der Begriff ‚Mediennutzung' meint dabei nur den Kontakt: Menschen schenken dem Angebot oft nur ein Minimum an Aufmerksamkeit und nehmen es kaum wahr (Hasebrink 2003: 101 f.).

Knapp 99 Prozent der Deutschen leben in einem Haushalt mit Fernsehapparat. Lag die tägliche Sehdauer in der Bundesrepublik bis Mitte der 80er Jahre konstant bei etwa zwei Stunden, so stieg sie nach der Zulassung kommerzieller Veranstalter deutlich an. Die kontinuierlichen Erhebungen (→ Medienforschung) der *Gesellschaft für Konsumforschung (GfK)* kamen seit Mitte der 90er Jahre stets auf knapp über drei Stunden am Tag. Ursachen sind die stärkere Orientierung an den Zuschauerwünschen, die Programmvermehrung, der Rückgang der Arbeitszeit sowie demografische Entwicklungen (mehr alte Menschen, mehr Kleinhaushalte). Knapp zwei Drittel der Fernsehzeit entfallen auf die Stunden zwischen 17 und 23 Uhr.

Wann die Menschen sich Zeit für das Medium nehmen (können), hängt weitgehend von anderen Faktoren ab als vom Programm. → Fernsehen gehört zum Tagesablauf und ist oft nur Nebentätigkeit; man schaltet immer zur gleichen Zeit an und geht immer zur gleichen Zeit ins Bett. Die größte Anziehungskraft haben in Deutschland Sportübertragungen (vor allem Fußball), große Unterhaltungsshows, internationale Spitzenfilme sowie Krimiserien, die im Inland spielen.

Auch die Radiodichte liegt bei knapp 99 Prozent. Die Mehrheit der Hörer erwartet vom Hörfunk (→ Radio) Musik, die Tagesneuigkeiten, morgens die genaue Uhrzeit, den Wetterbericht und vielleicht noch die Staumeldungen. Radio wird in der Regel nebenbei gehört (auch die Nachrichten und die Wortbeiträge), vor allem beim Arbeiten, beim Essen und beim Autofahren. Entscheidend für die Programmwahl sind die Musikfarbe (mit Abstand der wichtigste Grund), der Lokalbezug und die Moderation. Die überwiegende Mehrheit nutzt ‚durchhörbare Wellen'. Ausdrückliche ‚Zuhör-Programme' wie Klassik- oder Info-Radios erreichen nur kleine Bevölkerungsgruppen.

Die Reichweite der Tageszeitungen (→ Presse) geht seit Jahren leicht zurück. Zwar sind junge Leute von den Printmedien schon immer deutlich schlechter erreicht worden als der Bevölkerungsdurchschnitt; aber in dieser Altersgruppe sinkt die Reichweite der Presse besonders schnell.

Forschungsstand

Es gibt keine umfassende Theorie der Mediennutzung. Den allermeisten Studien aus diesem Bereich liegt der Uses-and-Gratifications-Approach (→ Nutzenansatz) zu Grunde, der davon ausgeht, dass Mediennutzung über Motive und Bedürfnisse der Rezipienten erklärt werden kann. Gefragt wird nach den Belohnungen (‚gratifications'), die Menschen erhalten, wenn sie sich Medienangeboten zuwenden. Wir kennen unsere Probleme und Bedürfnisse, rechnen die Handlungsalternativen durch (zu denen Medienangebote genauso gehören wie andere Quellen der Bedürfnisbefriedigung) und entscheiden uns für diejenige mit dem besten Kosten-Nutzen-Verhältnis.

In dieser Forschungstradition sind zwar teilweise sehr lange Kataloge mit Bedürfnissen entstanden, die von den Medien befriedigt werden sollen; in der Regel beruhen diese Kataloge aber auf Befragungen und setzen damit voraus, dass die Menschen in der Lage sind, über ihre Bedürfnisse und ihre Motive Auskunft zu geben. Da Motive stets mit einem bestimmten Image verknüpft sind und außerdem nah am Intimbereich liegen, gehört ihre Erkundung zu den schwierigsten Forschungsfeldern überhaupt. Dazu kommt, dass Medien keineswegs immer bewusst und zielgerichtet genutzt werden, sondern habituell und nebenbei. Unbewusstes, beiläufiges Verhalten wird bei Befragungen schlecht erinnert. Welche Bedürfnisse der Forscher findet, hängt deshalb davon ab, welche Vorgaben er in den Fragebogen geschrieben hat (→ Methoden der Kommunikationsforschung).

Um Mediennutzung erklären zu können, hat die → Kommunikationswissenschaft theoretische Ansätze aus der Psychologie und der Soziologie übernommen (Wünsch 2002). Hierzu zählen Identitätstheorien (parasoziale Interaktion, soziales Vergleichen), Erregungstheorien (Mood Management, Sensation Seeking, Neugierverhalten, Erlebnisthese, Spannung) und anthropologische Ansätze (Unterhaltung als Spiel).

Die gesellschaftlichen Ursachen und Folgen der Mediennutzung werden dabei in der Regel ausgeblendet. Modelle, die Mediennutzung nicht nur über menschliche Grundbedürfnisse erklären wollen, sondern Medieninhalte und das soziale Umfeld berücksichtigen, orientieren sich stark an Einzelfällen. Die Analyse-Kategorien beziehen sich deshalb eher auf Personen als auf die Gesamtgesellschaft, verstellen so den Blick auf strukturelle Ursachen und erlauben nicht, Veränderungen zu erklären.

Dies gilt auch für die → Cultural Studies, die sich ausdrücklich als Antwort auf die Mängel des Uses-and-Gratifications-Ansatzes und der traditionellen Kommunikationsforschung überhaupt verstehen und Medienanalyse als Gesellschaftsanalyse betreiben wollen. Die meisten Rezipientenstudien aus diesem Bereich beschränken sich auf Einzelbeobachtungen.

Der schwedische Kommunikationswissenschaftler *Karl Erik Rosengren* (1996) hat das sozialwissenschaftliche Konzept des Lebensstils modifiziert und darauf hingewiesen, dass alle Handlungen – und damit auch die Nutzung von Medienangeboten – durch strukturelle, positionelle und individuelle Merkmale und Bedingungen determiniert seien. Sein Modell verdeutlicht die überragende Bedeutung struktureller Merkmale, die nicht nur alle Handlungsmuster mitbestimmen, sondern auch in positionelle und individuelle Merkmale einfließen.

Der *Lebensstil-Ansatz* gibt Hinweise auf Determinanten der Mediennutzung; Mediennutzung lässt sich nicht losgelöst vom Alltag der Menschen betrachten. Von den Faktoren, die Rosengren genannt hat (Industrialisierung, Urbanisierung und Religion; Geschlecht, Alter, Bildung und Stellung im Beruf; Grundwerte und Überzeugungen), ist leicht auf weitere zu schließen: auf die Arbeitsbedingungen, auf das Zeitbudget, auf das Einkommen – also auf Faktoren, die bereits in Untersuchungen aus der ersten Hälfte des 20. Jahrhunderts als entscheidend für den Zugang zu den Medien und für deren Nutzung herausgestellt wurden.

Konsequenzen

Die Mehrheit der Menschen erwartet von den Medien in erster Linie → Unterhaltung und Überblickswissen. Unterhaltung ist dabei ein subjektabhängiger Begriff und keine Kategorie zur Beschreibung des Angebots. Der Rezipient kann jedes Angebot zur Unterhaltung nutzen, wenn es ihn denn von einer anderen Seite beansprucht als die täglich notwendigen Verrichtungen, wenn es für einen ‚Bruch mit dem Alltag' sorgt und gleichzeitig für

Genuss und Erbauung, für Vergnügen, Kurzweil und Zerstreuung (Meyen 2004: 110 ff.). Während das Bedürfnis nach Unterhaltung vor allem in den Anforderungen wurzelt, die der Arbeitsalltag stellt, hängt das Bedürfnis nach Überblickswissen mit dem Verlust an Stabilität zusammen und mit dem Wunsch, die Umwelt trotzdem kontrollieren zu können.

Medien liefern das Gefühl, informiert zu sein, die Sicherheit, nichts Wesentliches versäumt zu haben. Medien erlauben Passivität, stehen allzeit bereit und sind außerdem die mit Abstand billigste Freizeitbeschäftigung. Da das Fernsehen die beiden wichtigsten Erwartungen der Menschen an die Medien am besten erfüllt, ist es das Leitmedium unserer Tage. Fernsehen unterhält besser als alle Alternativen und ist den anderen → Massenmedien in Sachen Überblickswissen mindestens ebenbürtig (Meyen 2004: 109 ff.).

In Krisenzeiten verschieben sich allerdings die *Nutzungsmotive*. Der Unterhaltungscharakter tritt zurück, das Bedürfnis nach Informationen gewinnt die Oberhand und die Nutzungsfrequenz steigt.

Zum Bedürfnis nach Überblickswissen gehört das Bedürfnis nach einem ‚Frühwarnsystem': Wenn etwas wirklich Wichtiges passiert, etwas, das mich betrifft und vielleicht mein Leben verändert, dann werden es mir die Medien sagen. Minimale Informiertheit, nicht nur über Politik, sondern über die Medienthemen überhaupt, ist allerdings eine soziale Norm.

Medien liefern Gesprächsstoff, Wissen über andere Länder und Kulturen und Sozialprestige. Gerade die Nachrichtenzeiten sind zudem Fixpunkte im Tagesablauf. Der Mensch braucht feste Zeiten zur Orientierung. Die Nähe zur Religion ist offensichtlich: Fast alle Kirchen rufen den Menschen zu bestimmten Stunden zur Besinnung und gliedern nicht nur den Tag, sondern auch die Woche und das Jahr.

Mediennutzertypen

Ein Typus steht für eine Gruppe von Menschen, die bestimmte Persönlichkeitsmerkmale gemeinsam haben. Da Mediennutzung von zahlreichen Faktoren beeinflusst wird und die jeweilige ‚Ordnung' von den ausgewählten Merkmalen abhängt, steht in der Kommunikationsforschung eine ganze Reihe von Typenkatalogen nebeneinander.

Wenn im Folgenden nur zwei Erwartungshaltungen gegenüber den Medien unterschieden werden, mag dies im Vergleich mit den Typologien der angewandten Mediaforschung als grobe Vereinfachung erscheinen (Oehmichen/Ridder 2003). An dieser Stelle geht es jedoch in erster Linie darum, gewissermaßen schlaglichtartig einen entscheidenden Unterschied zu erhellen und zugleich die These zu stützen, dass die Motive für die Mediennutzung vor allen Dingen von den Arbeitsbedingungen und vom Alltag der Menschen abhängen.

Diese beiden Gruppen sind der informationsorientierte und der unterhaltungsorientierte Mediennutzer. Sie unterscheiden sich nicht in ihrem Unterhaltungsbedürfnis (dies ist bei allen ähnlich groß), wohl aber in Hinblick auf ihre Informationsorientierung.

Der ‚typische' *informationsorientierte* Mediennutzer ist ein gut ausgebildeter, etwas älterer Mann mit einem überdurchschnittlichen Einkommen; er gehört eher zur Oberschicht und hat wahrscheinlich einen Schreibtischberuf. Dass er Leitartikel liest und Kommentare hört, sich für das Ausland interessiert und überregionale Zeitungen kauft, heißt nicht (dies sei wiederholt), dass er von Rundfunk, Presse und Kino nicht auch Unterhaltung erwartet. Bei vielen gehört dieses ‚auch' sogar eher vor die Rubrik ‚Information'. Anders als der *unterhaltungsorientierte* Mediennutzer aber nutzt der informationsorientierte Typ die politischen Angebote der Medien, und damit ist all das gemeint, was über die Nachrichten hinausgeht, auch in so genannten ‚ruhigen Zeiten' – und zwar bewusst und nicht zufällig oder aus Verlegenheit.

Die soziodemografischen Kategorien Geschlecht, Ausbildung und Einkommen lassen vermuten, dass es vor allem der gesellschaftliche Status und die Anforderungen des Berufs sind, welche die Zugehörigkeit zu einem der beiden Mediennutzertypen beeinflussen.

Die Position in der Hierarchie der Arbeitswelt bestimmt: die Art der Berufstätigkeit und den Grad der Fremdbestimmung, den Spielraum für Selbstständigkeit und die Größe sowie die Qualität des persönlichen Netzwerkes. Menschen mit höherer Bildung und höherem Einkommen haben mehr Bekannte und mehr Freunde; sie sind mit ihren Netzwerken zufriedener als Angehörige unterer sozialer Schichten und auch deshalb weniger auf Medienunterhaltung angewiesen.

Perspektiven

Die Trends der Mediennutzung lassen sich zum einen mit soziodemografischen Entwicklungen begründen und zum anderen mit Veränderungen im Medienbereich. Die Tageszeitung hat das Monopol in Sachen *Lokalinformation* verloren (→ Lokaljournalismus). Außerdem bietet das Fernsehen heute rund um die Uhr leicht Verdauliches und entzieht der Zeitung so die ‚Unterhaltungs-Leser'. Da das Zeitunglesen mit lokaler Integration und vor allem mit der Gründung eines eigenen Haushalts verknüpft ist, drücken Mobilität, Individualisierung und das Nesthocker-Phänomen die Leserzahl (Meyen 2004: 194 ff.).

Das → Internet befriedigt andere Bedürfnisse als Rundfunk und Presse und ist in Sachen Unterhaltung und Überblickswissen keine Konkurrenz. Schwerpunkte der Internetnutzung liegen in den Bereichen Individualkommunikation (E-Mail, Chat – vor allem anonyme Gespräche – und Erotik), Informationssuche (universeller Informations- und Wissensspeicher) sowie Service und E-Commerce. Für Teile der Bevölkerung reicht dieser Nutzwert offenbar nicht, um die Zugangs-Barrieren zu überwinden.

Der ‚typische' Internet-Nutzer ist eher ein Mann als eine Frau; er ist jung, berufstätig oder noch in der Ausbildung und entspricht damit ziemlich genau dem Informations-Typ. Online-Angebote verlangen mehr Aktivität, als der Mediennutzer normalerweise entwickeln will.

Müßiggang und Faulsein, scheinbar handeln, ohne wirklich handeln zu müssen, nichts tun und doch ‚dabei' sein – das sind entscheidende Motive für die Mediennutzung, die eine flächendeckende Ablösung von Rundfunk und Presse unwahrscheinlich machen.

Literatur

Hasebrink, Uwe (2003): Nutzungsforschung, in G. Bentele et al. (Hrsg.): Handbuch der öffentlichen Kommunikation, Wiesbaden: 101-127.

Meyen, Michael (2004): Mediennutzung. Mediaforschung, Medienfunktionen, Nutzungsmuster, 2. Aufl., Konstanz.

Oehmichen, Ekkehardt/Christa-Maria Ridder (2003): Die MedienNutzerTypologie, Baden-Baden.

Rosengren, Karl Erik (1996): Inhaltliche Theorien und formale Modelle in der Forschung über individuelle Mediennutzung, in: U. Hasebrink/F. Krotz (Hrsg.): Die Zuschauer als Fernsehregisseure?, Baden-Baden/Hamburg: 13-36.

Wünsch, Carsten (2002): Unterhaltungstheorien, in: W. Früh (Hrsg.): Unterhaltung durch Fernsehen, Konstanz: 15-48.

Michael Meyen, München

Medienökonomie

Definition/Begriffsbestimmung

Zur Begriffsbestimmung einer Wissenschaft ist es sinnvoll, ihren Gegenstandsbereich und ihren Analyseansatz zu trennen. Gegenstandsbereich der Medienökonomie ist zum einen das Wirtschaftssystem, dem in der Theorie sozialer Systeme alle auf Bedürfnisbefriedigung gerichtete

Handlungen zugerechnet werden, die der Produktion und dem Tausch von Gütern (einschließlich Dienstleistungen) dienen, und zum anderen das System der → Massenmedien. Hier erfolgt die Eingrenzung nicht einheitlich; aber überwiegend werden nur die aktuell berichtenden Massenmedien Zeitung, Zeitschrift (einschließlich Anzeigenblatt), Radio, Fernsehen und Online-Medien einbezogen.

Medienökonomie ist damit Spezialgebiet der Ökonomie, ähnlich wie Agrarökonomie oder Bankbetriebslehre. Eine solche *spezielle* Medienökonomie ist sehr fruchtbar, weil sich der Mediensektor signifikant von anderen Sektoren der Wirtschaft unterscheidet und weil diese Besonderheiten sehr gut mit wirtschaftswissenschaftlichen Analyseinstrumenten untersucht werden können.

Die Zuordnung der Medienökonomie zur Ökonomie ist allerdings, insbesondere im deutschsprachigen Raum, strittig. Zum Teil wird Medienökonomie der Kommunikationswissenschaft zugeordnet, zum Teil wird eine Interdisziplinarität gefordert, und zum Teil wird eine Transdisziplinarität für angemessen gehalten. Bislang haben sich Interdisziplinarität und Transdisziplinarität aber als Wunschdenken und nicht als tragfähige Problemlösungsansätze erwiesen.

Medien und Kommunikation sind Gegenstand ökonomischer Analyse, weil Produktion, Distribution und Konsum der massenmedial erstellten Güter Information, Bildung, Unterhaltung und Werbung – kurz: die Medienproduktion – die knappen gesellschaftlichen Ressourcen Arbeit, Kapital und Natur verbraucht. Die Medienproduktion konkurriert also mit anderen Verwendungsmöglichkeiten der knappen Ressourcen der Gesellschaft und vor diesen Alternativen müssen sich die Kosten der Medienproduktion legitimieren.

Die Analyse der (optimalen) Verteilung der knappen gesellschaftlichen Ressourcen auf die Produktion gesellschaftlich gewünschter Güter ist die zentrale Fragestellung der Ökonomie, und die Analyse der (optimalen) Allokation der Ressourcen auf Umfang und Struktur der Medienproduktion ist mithin die zentrale Fragestellung der Medienökonomie.

Diese Fragestellung hat verschiedene Ebenen. Sie kann beschreibend, erklärend oder normativ sein, und sie kann auf verschiedenen Aggregationsebenen angesiedelt sein. In etwas grober Gliederung kann die *einzelwirtschaftliche* Ebene des Individuums und des Produkts, die Ebene der *Unternehmung*, die Ebene der *Märkte* und die Ebene der *Gesamtwirtschaft* unterschieden werden.

Das System der Massenmedien ist auch insoweit Teil der Ökonomie, als es dem Analyseinstrumentarium der Ökonomie unterliegt. In diesem Sinne gleicht die Medienökonomie anderen Ökonomien wie z. B. der Gesundheitsökonomie oder der Ökonomie des Rechts. Das Analyseinstrumentarium ist der individualistische Rationalansatz mit seinen zentralen Elementen des methodologischen Individualismus und der Annahme eines rational-opportunistischen Verhaltens mit dem Ergebnis einer beschränkten Informiertheit.

Mit diesem Analyseansatz wird dann das Handeln der Akteure des Mediensystems und die Funktionsweise von Institutionen, die das Verhalten der Akteure des Mediensystems kanalisieren, untersucht. So sind z. B. Anreizelemente für Journalisten, die Funktion von Medienmarken oder die Funktion der Medienunternehmung als Institution Gegenstand medienökonomischer Forschung.

Mithin kann zusammenfassend definiert werden: Medienökonomie untersucht mit den Methoden der Ökonomie, wie die Güter → Information, Bildung, → Unterhaltung und → Werbung in aktuell berichtenden Massenmedien produziert, verteilt und konsumiert werden oder werden sollen.

Geschichte/Entwicklung

Massenmedien und hier naturgemäß Zeitungen sind in → Deutschland schon recht früh Analyseobjekt der Ökonomie gewesen (Bücher 1917). Vor allem in den → USA und in → Großbritannien hat sich dann mit der Entstehung des Rundfunks eine Debatte über mögliche *Regulierungskonzepte* entwickelt, die nachfolgend, insbesondere in den USA, unter speziellem Bezug auf das Fernsehen, zu einer so genannten Fernseh-Ökonomie (Television Economics) ausgebaut worden ist.

Insgesamt aber steht die Forschung im Bereich der Medienökonomie sicher noch in ihren Anfängen: Es gibt diverse Ansätze, aber kein Konzept (Kiefer 2001: 35). Gerade die Ökonomie hat den Mediensektor bislang nur sehr rudimentär behandelt. So taucht in der Standard-Klassifikation der Forschungsgebiete der Ökonomie (JEL Klassifikation) die Medienökonomie nicht auf, im Gegensatz z. B. zur Kulturökonomik oder zur Ökonomik des Rechts. Typisch ist vielmehr die Befassung mit Medienökonomie im Rahmen von Publizistik- und → Kommunikationswissenschaft. Erst langsam beginnt insbesondere die Betriebswirtschaft sich mit dem Management von Massenmedien (→ Medienmanagement) zu befassen (Sjurts 2002; Wirtz 2003).

In der Weiterentwicklung der Medienökonomie spielt die *Industrieökonomik* und die Neue Institutionentheorie eine wichtige Rolle. Die Industrieökonomik, die sich im Prinzip mit der Interaktion zwischen Markt und Unternehmen bei unvollständigem Wettbewerb befasst, ist sowohl in ihrer traditionellen Variante mit dem Structure-Conduct-Performance-Ansatz als auch in ihrer neueren Variante mit ihrer spieltheoretischen Fundierung geeignet, die komplexen Interaktionen des Mediensystems zu analysieren. Und die Neue Institutionenökonomik bietet einen umfassenden Ansatz zur Erklärung der Institutionen, die im Mediensystem eine zentrale Rolle spielen, wie z. B. die Medienunternehmung, die Medienmarke oder die Berufsnormen, um nur einige Institutionen zu nennen, die das Verhalten der Akteure des Mediensystems kanalisieren.

Aus dem Bereich der Wirtschaftspolitik kann insbesondere die Theorie der *Wirtschaftspolitik* einen Beitrag zur Fundierung einer Medienordnungspolitik leisten. Eine *Betriebswirtschaftslehre* der Medien sollte vor allem jene Funktionsbereiche der Medienunternehmung analysieren, die sich in ihren Funktionsbedingungen von anderen Industrieunternehmen unterscheiden, also in der Frage der Organisation der (kreativen) journalistischen Produktion einschließlich der Frage geeigneter Anreizmechanismen, in der Frage der Leistungsmessung und Qualitätskontrolle und ansatzweise in der Frage der geeigneten Produkt- und Kommunikationspolitik von Medienunternehmen (→ Unternehmenskommunikation).

Eine spezielle theoretische Statistik muss nicht entwickelt werden; allerdings befindet sich die praktische Statistik des Mediensystems in dem unbegreiflichen Zustand der Nichtexistenz: Es gibt (in Deutschland) keine Pressestatistik (→ Medienkonzentration), keine Rundfunkstatistik und keine umfassende Medienstatistik; die ansonsten recht detaillierte Umsatzsteuerstatistik ist z. B. nicht einmal in der Lage, Hörfunk und Fernsehen getrennt zu erfassen.

Forschungsstand

Letztlich ist die Ökonomie handlungsorientiert, und in diesem Sinne versucht auch die Medienökonomie die Frage zu beantworten, wie die Allokation der Ressourcen so organisiert werden kann, dass so kostengünstig wie möglich das produziert wird, was das Publikum rezipieren will. Der Markt gilt in der Ökonomik als grundsätzlich optimales Verfahren der Koordination der Tauschbeziehungen: Der Markt bietet mit dem Preismechanismus ein optimales Informationssystem, in dem die Kosten der Produktion und die Präferenzen der Rezipienten umfassend berücksichtigt werden; der Markt bietet mit Privateigentum und Wettbewerb ein optimales Motivationssystem für die Akteure. Die Optimalität der Allokation der Ressourcen durch den Markt gilt aber nur grundsätzlich bei Erfüllung der folgenden Strukturbedingungen:

- Definition und Durchsetzung von Eigentumsrechten sind möglich;
- Strukturbedingungen des Wettbewerbs sind erfüllt;
- Transparenz der Marktteilnehmer und Rationalität der Marktteilnehmer sind gegeben.

Wenn diese Bedingungen nicht hinreichend erfüllt sind – in der Regel ist dies eine Frage des Grades, nicht der Existenz –, entstehen eine Reihe von Ausnahmetatbeständen, die in der Ökonomie unter dem Begriff *Marktversagen* zusammengefasst werden. In diesen Fällen funktioniert die Allokation durch Märkte nicht optimal. Die Ausnahmetatbestände sind die Existenz öffentlicher Güter, die Existenz externer Effekte (in beiden Fällen können bzw. sollen Eigentumsrechte nicht definiert und durchgesetzt werden), die Existenz kontinuierlich sinkender Durchschnittskosten der Produktion (diese begründen Strukturprobleme des Wettbewerbs) und/oder die Existenz von Informationsmängeln insbesondere der Konsumenten.

Das Mediensystem und die Medienproduktion ist durch eine sehr große Fülle von Marktversagenselementen gekennzeichnet (Heinrich 2001: 93 ff.):

- Die Information ist ein öffentliches Gut, an dem Eigentumsrechte nur schwer begründet werden können.
- Massenmedien produzieren externe Effekte in praktisch unüberschaubarer Fülle und Komplexität.
- Aufgrund der einzigartigen Fixkostendegression der Medienproduktion entstehen signifikante Strukturprobleme des Wettbewerbs.
- Die Rezipienten haben erhebliche Informationsmängel in Bezug auf die Qualität und den Nutzen der Medienproduktion mit der Folge eines Marktversagens, was die Medienqualität anbetrifft.

Diese Fülle von Marktversagenselementen begründet aus ökonomischer Sicht das Nachdenken über kollektiv organisierte Korrekturen und die Analyse möglicher *Regulierungen*. → Regulierung bezeichnet die staatliche Verhaltensbeeinflussung von Unternehmen mit dem Ziel, Marktversagen zu korrigieren. Dazu existieren zwei Möglichkeiten der Organisation: öffentliche Unternehmen mit politisch kontrollierter Bürokratie oder private Unternehmen mit politischer Kontrolle.

Regulierung ist also eine Art Kompromiss zwischen staatlicher Hoheitsausübung und marktwirtschaftlicher Produktion und spielt gerade im Mediensystem eine wichtige Rolle.

Marktversagen ist aber nur eine notwendige, keine hinreichende Begründung für eine staatliche Regulierung. Auch Staatsversagen/Politikversagen muss ins Kalkül gezogen werden, d. h. durch staatliches Handeln herbeigeführte Fehlallokation von Ressourcen. Als wesentliche Begründung für ein Staatsversagen gelten das Informationsproblem, das Interessenproblem und das Problem der Ineffizienz bürokratischen Handelns.

Bewertung und Ausblick

Die Ökonomie endet bei der Analyse solcher Güter und Dienstleistungen, die wenigstens konzeptionell der Bewertung durch individuelles *Konsumentenkalkül* unterliegen können. Wenn also die normativen Funktionszuschreibungen des Mediensystems ernst genommen werden und wenn Meinungsvielfalt, Wahrheit oder eine massenmediale Rekonstruktion der Realität vom Mediensystem erwartet werden, dann kann Konsumentenkalkül nicht der Maßstab sein.

Wahrheit ist keine Ware, kann keine Ware sein; sie ist als ein objektiver Tatbestand zumindest denkbar und kann nicht beeinflusst werden durch Präferenzen von Konsumenten oder durch die Kosten ihrer Produktion. Kurz: Die

Wahrheit kann dem in der Ökonomie üblichen Kosten-Nutzen-Kalkül nicht unterworfen werden. Auch die massenmediale Darstellung der *Wirklichkeit* (→ Konstruktivismus) kann nur sehr begrenzt an Rezipientenpräferenzen ausgerichtet sein, weil die Realität nicht verformbar und die Öffentlichkeit nicht segmentierbar ist. Und auch die Produktion von Meinungsvielfalt kann nicht (nur) dem Markt anvertraut werden.

Dass sich im *Wettbewerb* der Meinungen die richtigen oder die besten Meinungen durchsetzen, mag sein. Aber zur Begründung kann nicht auf das *Marktmodell* verwiesen werden, das ja nicht behauptet, dass die besten Güter produziert werden, sondern nur behauptet, dass die Güter gemäß den Konsumentenpräferenzen und so billig wie möglich produziert werden.

→ Öffentlichkeit, Meinungsvielfalt und Wahrheit sind keine Waren, die so billig wie möglich gemäß den Konsumentenpräferenzen produziert werden sollten. Sie sind nur jenseits der Kategorien von Gebrauchswert und Tauschwert zu bewerten. Dieser Bereich der Medienproduktion liegt mithin normativ jenseits der Wirkungsweise des Wettbewerbs und ist einer theoretisch fundierten ökonomischen Analyse im Grunde nicht zugänglich (Heinrich 2002: 46).

Alternative Ansätze zur Lösung der normativen Funktionszuschreibungen des Mediensystems sind allerdings nicht in Sicht.

Literatur

Altmeppen, Klaus/Matthias Karmasin (Hrsg.) (2003/2004): Medien und Ökonomie, 2 Bde., Wiesbaden.

Bücher, Karl (1917): Gesammelte Aufsätze zur Zeitungskunde, Tübingen.

Heinrich, Jürgen (2001/2002): Medienökonomie, 2 Bde., Wiesbaden.

Heinrich, Jürgen/Frank Lobigs (2003): Neue Institutionenökonomik, in: K.-D. Altmeppen/M. Karmasin (Hrsg.): Medien und Ökonomie, Bd. 1, Wiesbaden: 245-268.

Karmasin, Matthias (1998): Medienökonomie, Graz-Wien.

Kiefer, Marie Luise (2001): Medienökonomik, München.

Owen, Bruce M. (1975): Economics and Freedom of Expression, Cambridge/MA.

Sjurts, Insa (2002): Strategien in der Medienbranche, 2. Aufl., Wiesbaden.

Wirtz, Bernd W. (Hrsg.) (2003): Handbuch Medien- und Multimediamanagement, Wiesbaden.

Jürgen Heinrich, Dortmund

Medienpädagogik

Definition/Begriffsbestimmung

Die Medienpädagogik gliedert sich in unterschiedliche Bereiche: Da ist zuerst natürlich die *Medienerziehung*, die als die Praxis der Medienpädagogik verstanden wird. Die *Mediendidaktik* fragt nach dem pädagogisch-didaktisch sinnvollen Einsatz von Medien in Lehr- und Lernprozessen. Die → *Medientheorie* ist notwendig, um eine Bestimmung der Struktureigenschaften unterschiedlicher Medien vorzunehmen und legt dabei eine wesentliche Grundlage für die Medienpädagogik hinsichtlich des darin enthaltenen Begriffs von Medien (→ Massenmedien). Fragen des verantwortungsvollen Umgangs mit Medien durch Menschen als auch durch Institutionen und Gesellschaft thematisiert die → *Medienethik*. In der *Medienkunde* soll Wissen über Medien und ihrer Handhabung vermittelt werden. Sie spielte traditionell in der Medienpädagogik eine große Rolle, muss heute aber erweitert um das Wissen über → Mediensysteme, also die gesellschaftliche, ökonomische, kulturelle und politische Dimension von Medien gesehen werden. In der *Mediensozialisation* wird untersucht, wie die Medien sich auf psychische und soziale Aspekte der Mediennutzer auswirken.

Konkret umfasst Medienpädagogik zum einen die Frage nach der Rolle von Medien in Prozessen des Erziehens, Unterrichtens und Informierens, also nach dem sinnvollen Einsatz von Medien in

Prozessen pädagogischen Handelns. Zum anderen befasst sich die Medienpädagogik auch mit den Einflüssen von Medien auf die Persönlichkeit und damit verbunden mit entsprechenden erzieherischen Konzepten, wie darauf unter der Maßgabe der Stärkung der Autonomie und der Kompetenz der Subjekte zu reagieren ist. Medienpädagogik selbst stellt die theoretische, systematische und konzeptionelle Ausarbeitung der Antworten zu diesen Fragen dar.

Medienpädagogik kann als eine Teildisziplin der Erziehungswissenschaft bezeichnet werden, die von der Annahme ausgeht, dass zum einen das Verhältnis des Menschen zur Welt in modernen Gesellschaften größtenteils durch Medien (→ Massenmedien) vermittelt ist, zum anderen pädagogisches Handeln nur als ein Handeln in einer durch Medien geprägten Welt gedacht werden kann. Unter ‚Medien' werden dabei in einem weiten Sinne alle Vermittlungsformen von Welt verstanden wie etwa die Sprache, in einem engeren und gebräuchlicheren Sinne alle technisch produzierten – wie etwa das Buch – oder mithilfe von Technik ermöglichten Formen der → *Kommunikation* wie etwa das → Fernsehen oder das → Internet. Dabei werden Medien eingebunden in politische, gesellschaftliche, ökonomische, kulturelle und lebensweltliche Zusammenhänge, wozu die Medienpädagogik Stellung nehmen muss.

Die Medienpädagogik entwickelt wissenschaftlich begründete Konzepte und gibt Orientierung für den praktischen Umgang mit Medien. Sie muss diese Konzepte in der Praxis auf ihre pädagogische Umsetzbarkeit und auf ihre Wirksamkeit hin überprüfen. Darüber hinaus beschäftigt sich die Medienpädagogik aber auch mit einer kritischen Reflexion der bestehenden Praxis im Umgang mit Medien in der Alltagswelt von Menschen und von Institutionen. Sie hat die Ergebnisse dieser kritischen Betrachtung zur Aufklärung von Praxis an diese zurückzugeben, ohne diese aber bevormunden zu wollen. Die Medienpädagogik als eine wissenschaftliche Disziplin muss dazu mit der Praxis in einen Dialog treten.

Die Praxis, die sich mit Medien beschäftigt, wird *Medienerziehung* genannt. Sie setzt medienpädagogische Konzepte um und versucht, die in der Medienpädagogik erarbeiteten Ziele mit den unterschiedlichsten Methoden zu erreichen. Dabei sollen diese Ziele und Methoden selbst wiederum einer kritischen Betrachtung im Handeln mit Medien unterworfen werden. Ziel der Medienerziehung ist es, Menschen das kompetente, selbstbestimmte, sozialverantwortliche, kritische und solidarische Handeln in einer durch Medien geprägten Welt zu ermöglichen. Der Begriff der *Medienkompetenz* versucht, diese Zielvorstellungen zu bündeln.

Geschichte/Entwicklung

Die Geschichte der Medienpädagogik lässt sich an dem Aufkommen jeweils – zeithistorisch gesehenen – neuer Medien gut veranschaulichen. Schon die Verbreitung des Buches durch entsprechende Techniken hat bei Pädagogen des 18. Jahrhunderts zur Ablehnung des Lesens geführt.

Einen wesentlichen Einschnitt stellte jedoch das Aufkommen des Kinos zu Beginn des 20. Jahrhunderts dar, welches damals nach Meinung vieler Pädagogen und Lehrer zur Verrohung, Kriminalisierung und Sexualisierung der Jugend führte. Die Folge waren die Ausarbeitung des ersten Jugendmedienschutzgesetzes von 1923 sowie der erste bewahrpädagogischen Ansatz.

Ähnliche Diskussionen lassen sich mit der Verbreitung des Fernsehens als Massenmedien zu Beginn der 60er Jahre sowie der Verbreitung von Videogeräten in den 80er Jahren finden. Auch die so genannten ‚Neuen Medien' wie Computerspiele und das Internet sind von solchen kulturkritischen Vorwürfen nicht verschont geblieben. Entsprechend dieser Medienentwicklungen lassen sich Ansätze finden, die das Denken und das Handeln von Pädagogen bestimmt haben. Traditionsreich und auch heute noch wirksam ist die *kulturkritisch-geisteswissenschaftliche* Position. Sie ist durch zwei Strömungen bestimmt: die Bewahrpädagogik und die Filmerziehung.

Die Bewahrpädagogik sieht vor allem die negativen Einflüsse von Medien und will deshalb die Menschen vor deren schädlichen Einflüssen schützen. Historisch ist sie mit die älteste Position und hat sich jeweils mit den Neuen Medien kritisch auseinander gesetzt. Sie ist heute noch in vielen Köpfen von Pädagogen und den entsprechenden pädagogischen Institutionen wirksam, wenn etwa elektronische Medien in der pädagogischen Arbeit nicht zugelassen werden, da man ihre negativen Einflüsse fürchtet oder etwa meint, dies sei nur Zeitverschwendung.

Es hat sich jedoch gezeigt, dass die oftmals heftig angefeindeten Medien schnell zum Alltag der Menschen wurden und eine gesellschaftliche Akzeptanz fanden. Ein typisches Kennzeichen der bewahrpädagogischen Position ist, dass sie den Menschen und insbesondere Kinder und Jugendliche als hilflose Opfer der entsprechenden Medien sieht. In eine ähnliche Richtung hat auch der Ansatz der Filmerziehung gedacht, der aber nun nicht alle schlechten Medien verbieten wollte, sondern vielmehr die Stärken und das Gute mancher Medien nutzte, um, an positiven Beispielen orientiert, sich entwickeln zu können.

Eine Verbesserung von Lernen durch und mithilfe von → Medientechnik und eine Optimierung von Lernprozessen erhoffte sich die *technologisch-funktionale* Position. Sie war in den 60er und 70er Jahren besonders aktiv und forderte schon recht früh den Einsatz elektronischer Medien in den Schulen und anderen Bildungseinrichtungen. Dazu gehörten etwa das Lesenlernen mithilfe des Computers, der Einsatz des Schulfernsehens wie auch des Schulfunks sowie das Sprachlabor.

Die mangelnde technische Entwicklung dieser Medien im Vergleich zu den heutigen Möglichkeiten sowie die doch sehr einfache Lerntheorie, die diesen Ansätzen zugrunde lag, führten zu keinen großen Erfolgen. Glaubte man damals noch, dass eine einfache Verstärkung von Lernerfolgen ausreichen würde, sieht man heute Lernen doch als einen kognitiven, komplexeren sozialen Prozess. In dieser Position stand mehr das Medium und nicht der Mensch im Zentrum.

Eine Reaktion auf diese technologische Position war die Ausbildung von *ideologie- und gesellschaftskritischen* Positionen. Die vor allem in den 70er Jahren mit der Studentenbewegung aufkommenden Ansätze stellten die Massenmedien unter einen Manipulationsverdacht; sie vertraten die Ansicht, dass die Menschen bewusst nicht alle Informationen, die für die politische Willensbildung notwendig seien, bekommen würden. Sie forderten eine Medienerziehung, die sich kritisch mit den Massenmedien wie Zeitungen und Fernsehen auseinander setzt und die die Medien selbst zur Herstellung einer Gegenöffentlichkeit nutzt. Die ideologiekritische Position sah zwar – ähnlich wie der bewahrpädagogische Ansatz – auch den Menschen als Opfer der Medien; sie unterstellte aber die Möglichkeit, mithilfe von und der Arbeit mit Medien eine kritische Position gegenüber Medien zu entwickeln.

Mit dem letztgenannten Aspekt ist auch der Übergang zu einem heute dominierenden und von vielen Medienerziehern praktizierten Ansatz geschaffen: der *handlungsorientierten* Medienpädagogik. Durch aktive und erfahrungsbezogene Auseinandersetzung mit den Medien – vor allem durch so genannte handhabbare Medien wie Fotoapparat, Filmkamera oder Video – sollen die positiven Aspekte von Medien sowie ihre Stärken für gestalterische Momente und zum Ausdruck der eigenen Befindlichkeit be- und genutzt werden.

Forschungsstand

Seit den 90er Jahren des 20. Jahrhunderts haben sich neuere Ansätze etabliert, die sich vor allem an sozial- und medienwissenschaftlichen Forschungsergebnissen orientieren, selbst empirische Studien durchführen und den Umgang wie auch die Rezeption von Medien als einen komplexen Vorgang betrachten, bei dem sich nicht vereinfachend von einer Wirkung von Medien auf den Menschen sprechen lässt (→ Medienwirkungen). Vielmehr sehen diese Ansätze den Menschen in seinem Handeln und Umgang mit Medien als aktiv und nicht als Opfer an.

Einen Paradigmenwechsel stellten die Arbeiten von *Michael Charlton* und *Klaus Neumann* (1986) dar, die den Medienrezeptionsprozess als thematisch voreingenommen kennzeichneten. Sie meinten damit, dass → Mediennutzung nicht zufällig oder willkürlich geschieht, sondern durch die Spiegelung symbolischer Themen in den Medien gesehen werden muss – mit Bezug auf die eigenen zu bearbeitenden Themen. Damit wurde deutlich, dass Konzepte der Medienerziehung zuerst die ‚handlungsleitenden Themen' der Mediennutzer beachten müssen, bevor konkrete Interventionen durchgeführt werden.

In dem Ansatz von *Gerhard Tulodziecki* (1997) kommen situations- und bedürfnisspezifische sowie sozio-moralische und entwicklungspsychologische Aspekte der Mediennutzung bei der Gestaltung von Medienerziehung zum Tragen. *Dieter Spanhel* (1999) vertritt einen integrierten Ansatz einer Medienerziehung, der deutlich macht, dass Medien im schulischen Prozess in allen Fächern angesprochen werden müssen und nicht auf ein Fach beschränkt bleiben dürfen.

Mehr auf die Bedeutung und Funktion von Medien für die Lebensbewältigung als auch für die Identitätsentwicklung gehen *Michael Charlton* und *Klaus Neumann* sowie *Stefan Aufenanger* (1991) in ihrem Ansatz der strukturanalytischen Rezeptionsforschung ein. Medienerziehung darf aus dieser Perspektive nicht einfach nur auf Wirkungen von Medien zielen, sondern sollte berücksichtigen, welche Funktionen Medien im Leben von Kindern und Jugendlichen spielen und welche positive Bedeutung diese haben können. Medien, Mediengeschichte und Mediencharaktere können aus dieser Position zur Identifikation, zur Projektion als auch zur → Regulierung von Kommunikation und Interaktion dienen. Baacke (1997) und Mitarbeiter haben einen sozial-ökologischen Ansatz entwickelt, der die verschiedenen Medienwelten von Kindern und Jugendlichen bei der Konzeption medienpädagogischen Handelns einbezieht.

Fazit

Insgesamt erweitern sich die Gegenstandsbereiche der Medienpädagogik auch mit der Veränderung und dem Aufkommen neuer Medien. So spielen medienpädagogische Konzepte bei Fragen der Integration von Computer und Internet in Lehr- und Lernprozessen eine große Rolle, und sie können einen wichtigen Beitrag zum Einsatz von Lernprogrammen oder zur Gestaltung von *multimedialen Lernumgebungen* leisten. Sowohl die Erwachsenenbildung als auch die Seniorenarbeit werden zukünftig wichtige Arbeitsfelder der Medienerziehung darstellen.

Literatur

Aufenanger, Stefan (Hrsg.) (1991): Neue Medien – Neue Pädagogik, Bonn.

Baacke, Dieter (1975): Kommunikation und Kompetenz, München.

Baacke, Dieter (1997): Medienpädagogik, Tübingen.

Charlton, Michael/Klaus Neumann (1986): Medienkonsum und Lebensbewältigung in der Familie, Weinheim.

Deutsches Jugendinstitut (Hrsg.) (1994): Handbuch Medienerziehung im Kindergarten, 2 Bde., Opladen.

Hiegemann, Susanne/Wolfgang H. Swoboda (Hrsg.) (1994): Handbuch der Medienpädagogik, Opladen.

Hüther, Jürgen et al. (Hrsg.) (1997): Grundbegriffe Medienpädagogik, München.
Issing, Ludwig J./Paul Klimsa (2002): Information und Lernen mit Multimedia und Internet, Weinheim.
Marotzki, Winfried et al. (Hrsg.) (2000): Zum Bildungswert des Internet, Opladen.
Moser, Heinz (2000): Einführung in die Medienpädagogik, Opladen.
Schell, Fred (2003): Aktive Medienarbeit mit Jugendlichen, München.
Schorb, Bernd (1995): Medienalltag und Handeln, Opladen.
Spanhel, Dieter (1999): Integrative Medienerziehung in der Hauptschule, München.
Tulodziecki, Gerhard (1997): Medien in Erziehung und Bildung, Bad Heilbrunn/Obb.

Stefan Aufenanger, Hamburg

Medienpsychologie

Definition/Begriffsbestimmung

Als ‚Medienpsychologie' bezeichnet man die Teildisziplin der Psychologie, deren Interesse dem menschlichen Erleben und Verhalten im Umgang mit Medien gilt. Sie bewegt sich damit im Schnittfeld zwischen Psychologie und → Kommunikationswissenschaft. Gemeinsame Basis für Kommunikationswissenschaft und Medienpsychologie ist der Bezug auf Medien und auf Prozesse öffentlicher und individueller Kommunikation. Die Besonderheit der Medienpsychologie besteht darin, dass ihr Hauptinteresse den inneren Prozessen der Rezipienten gilt, dass sie also quasi die ‚black box' der Medienrezeption zu erklären und medienbezogenes Verhalten und Erleben vorherzusagen versucht.

Geschichte/Entwicklung

Die Themen, welche im Laufe der Zeit aus medienpsychologischer Perspektive behandelt wurden, spiegeln den technischen Fortschritt im Medienbereich wider. So folgten auf die erste Stummfilmaufführung (1912) schnell auch erste Arbeiten zur Filmrezeption. Als Pionierarbeit wird die Publikation von *Hugo Münsterberg* „The photoplay – A psychological study" aus dem Jahre 1916 angesehen.

Die frühen Arbeiten beschrieben zunächst die → Mediennutzung der Rezipienten und untersuchten deren Zusammenhänge mit soziodemografischen Merkmalen und der Persönlichkeit der Rezipienten. Von Beginn an befasste sich ein großer Teil medienpsychologischer Studien mit der Wirkung der Medien (→ Medienwirkungen) insbesondere auf jugendliche Rezipienten; dabei stand oft die Wirkung von → Gewaltdarstellungen im Vordergrund.

Den zweiten großen Forschungsbereich in der Frühphase der Medienpsychologie bildete die Radioforschung, die ihre Blütezeit zwischen 1930 und 1950 hatte. Im Gegensatz zur Filmforschung etablierte sich die Radioforschung schon früh als eigene Forschungsrichtung mit eigenen institutionellen Zentren (z. B. ab 1937 das *Office of Radio Research* an der Princeton University). In der Auseinandersetzung mit der Frage, welche Funktionen das Radio im Alltag der Hörerinnen und Hörer hat, wurde der Grundstein für die später sehr einflussreiche Theorie des → Nutzenansatzes gelegt.

Mit der raschen Ausbreitung des Fernsehens in den USA während der 50er Jahre rückte dann dieses neue Medium in den Mittelpunkt der Aufmerksamkeit. Zu einer klar abgrenzbaren eigenständigen Forschungsrichtung entwickelte sich die Medienpsychologie aber erst ab den 80er Jahren. Ausschlaggebend war eine Entwicklung innerhalb der Psychologie: Mit der so genannten ‚kognitiven Wende' der 70er Jahre wandelte sich das psychologische Bild der Rezipienten von eher passiven Empfängern medialer Reize hin zu einer aktiven Rollc. Dic entsprechenden Arbeiten gingen zunehmend davon aus, dass die Rezipienten sich selektiv Medieninhalten aussetzen und diese auch abhängig von ihrem Wissen und ihren Einstellungen unterschiedlich verarbeiten.

Auch die Einbeziehung von Persönlichkeitsmerkmalen, motivationspsychologischen und sozialpsychologischen Theorien erweiterte das Spektrum und die Erklärungskraft der medienpsychologischen Disziplin in dieser Zeit. Darüber hinaus gewann die Medienpsychologie auch institutionell an Profil, indem medienpsychologische Institute und die Zeitschrift *Medienpsychologie* (heute: Zeitschrift für Medienpsychologie) gegründet wurden.

Seit Mitte der 90er Jahre werden Computer, das → Internet sowie die Mobilkommunikation zunehmend zum Gegenstand medienpsychologischer Untersuchungen. In diesem Zusammenhang erweitert sich das Untersuchungsspektrum in zweierlei Hinsicht: Zum einen gewinnt der Begriff der Interaktivität, wie er mit zahlreichen Online-Anwendungen verbunden ist, an Bedeutung. Zum anderen ist eine Auflösung der vormals relativ klar erkennbaren Grenzen zwischen Individual-, Organisations- und Massenkommunikation zu beobachten, was dazu führt, dass sich die Medienpsychologie zunehmend mit Prozessen der technisch vermittelten Individual- und Organisationskommunikation beschäftigt. Ein wichtiger Schwerpunkt medienpsychologischer Forschung der letzten Jahre besteht schließlich in der Untersuchung mediengestützter Lern- und Sozialisationsprozesse.

Im Vergleich zu den genannten Medien spielten die Printmedien in der bisherigen Entwicklung der Medienpsychologie stets eine recht geringe Rolle, was unter anderem darauf zurückgeführt wird, dass sich im Hinblick auf dieses Medium schon früh die Publizistik- bzw. Zeitungswissenschaft etabliert hatte.

Forschungsstand

Der Gegenstandsbereich medienpsychologischer Forschung überlappt sich zum Teil mit diversen Forschungsbereichen der Kommunikationswissenschaft (insbesondere Mediennutzung, Medienwirkungen, Nutzenansatz, Gewaltdarstellung). An dieser Stelle sollen deshalb einige Forschungsstränge und -befunde skizziert werden, denen eine spezifisch medienpsychologische Perspektive zugrunde liegt und die einen ausgeprägten Praxisbezug aufweisen.

Den Fortschritten der kognitiven Psychologie entsprechend hat die Medienpsychologie viele wichtige Beiträge zur Erforschung der *Informationsverarbeitungsprozesse* von Medienrezipienten geleistet. Besonders prominent geworden ist das Modell unterschiedlicher Verarbeitungstiefen bei der persuasiven Kommunikation, z. B. bei Wahl- oder Konsumgüterwerbung (Elaboration-Likelihood-Model of Persuasion). Dieses Modell geht von zwei unterschiedlichen Verarbeitungsweisen für mediale Angebote aus:

- Eine *zentrale Verarbeitung*, die immer dann auftritt, wenn der Rezipient ein spezifisches Interesse an dem betreffenden Thema hat, sich entsprechend aufmerksam der Medienaussage zuwendet, diese abwägt und im Falle einer positiven Bewertung seine Einstellung gegenüber dem behandelten Objekt (z. B. einem Politiker oder einem Produkt) entsprechend ändert. Bei dieser Art der Verarbeitung kommt es demnach auf gut begründete Argumente an, um erfolgreich zu sein.
- Eine *periphere Verarbeitung*, die dann auftritt, wenn der Rezipient kein besonderes Interesse am Thema hat, wenn er die Medienbotschaft eher nebenbei aufnimmt und sich keine Gedanken darüber macht. In solchen Fällen kann es dann zu einer gewissen positiven Einstellungsveränderung kommen, wenn das Medienangebot irgendeinen positiv empfundenen Reiz enthält (z. B. Humor, Schönheit, Erotik, eine vertraute Melodie etc.), der sich in der Erinnerung mit dem Objekt verbindet. Bei dieser Art der Verarbeitung kommt es demnach eher auf äußere Reize als auf Argumente an.

Die entsprechende Forschung ist für die Planung und Gestaltung von Informations-, Aufklärungs- oder Werbekampagnen offensichtlich von großer Bedeutung. Sie weist darauf hin, dass das Vorwissen und das Interesse der Rezipienten sowie die konkrete Rezeptionssituation, die mit mehr oder weniger großer Aufmerksamkeit für den Medieninhalt verbunden ist, die Art der Verarbeitung und damit auch die Aussichten für die Umsetzung der jeweiligen Kommunikationsziele entscheidend prägen.

Im Hinblick auf die Informationsverarbeitung von Rezipienten sind weitere medienpsychologische Untersuchungen der letzten Jahre zu nennen, welche die Alltagsrationalität der Nachrichtenrezeption herausgearbeitet haben. Danach folgen Rezipienten bei der Rezeption von Nachrichten keineswegs den Regeln wissenschaftlicher Rationalität, denen zufolge die Vollständigkeit und logische Schlüssigkeit der relevanten Informationen ausschlaggebend sein sollten. Vielmehr verwenden sie vereinfachende Interpretationsregeln; sie orientieren sich eher an oberflächlichen Merkmalen oder anschaulichen Einzelinformationen wie z. B. Fallbeispielen. Insbesondere interpretieren sie die angebotenen Inhalte eng bezogen auf ihre eigenen Alltagserfahrungen und Interessen.

Medienpsychologische Forschung hat sich besonders intensiv mit den *emotionalen Aspekten* der Medienrezeption auseinander gesetzt. Im Zusammenhang mit der Untersuchung der Auswahl von Medienangeboten ist insbesondere die Theorie der Stimmungsregulation (mood management) zu nennen, die mit dem Namen von *Dolf Zillmann* verbunden ist (→ Unterhaltung). Diese geht davon aus, dass Menschen die Medien dazu einsetzen, ihre Stimmung auf ein angenehmes Niveau zu regeln. Das heißt konkret, dass in stressbelasteten Situationen eher beruhigende Inhalte ausgewählt werden, während umgekehrt in Situationen, in denen eher Langeweile besteht, in den Medien reizstarke anregende Inhalte gesucht werden.

Zahlreiche Untersuchungen gelten auch den Prozessen, die mit dem Unterhaltungserleben insbesondere bei fiktionalen Angeboten verbunden sind. Im Vordergrund steht dabei der Prozess des empathischen Miterlebens, der in Gang kommt, wenn der Rezipient mit bestimmten Protagonisten des Medienangebots mitfühlt und entsprechend hofft, dass ihnen Unheil erspart bleibt bzw. dass sie ihr Glück finden.

Dieser Mechanismus wird auch als maßgeblich für das bei der Rezeption fiktionaler Unterhaltung entscheidende Spannungserleben angesehen: Die Dramaturgie setzt die positiv bewerteten Helden verschiedenen Gefahren aus, so dass die Rezipienten um sie fürchten müssen. Die dabei aufgebaute Erregung wird bei dem (in den meisten Fällen) schließlich eintretenden Happy End sehr positiv erlebt.

Ein bereits in den 50er Jahren formuliertes Konzept, das für die Medienpsychologie noch heute von großer Bedeutung ist, ist das der *parasozialen Interaktion* bzw. der parasozialen Beziehungen. Während der Rezeption, so die Annahme, interagieren die Rezipienten mit den Medienfiguren, als seien diese reale Personen. Dies ist nicht im pathologischen Sinne zu verstehen – also dass die Rezipienten Realität und Fiktion verwechseln. Vielmehr weist dieser Ansatz darauf hin, dass sich Rezipienten, um ein Medienangebot bzw. das Handeln der dort auftretenden Personen verstehen zu können, laufend vorstellen müssen, sie würden mit eben diesen Personen interagieren. Gegenüber den Personen, welche die Rezipienten in den Medien regelmäßig antreffen, also z. B. Helden aus Serien, Moderatoren von Daily Talks oder Nachrichtensprechern, entwickeln sich aus diesen Interaktionen schließlich parasoziale Beziehungen: Die Rezipienten haben das Gefühl, diese Personen gut zu kennen. Sie sind ihnen vertraut, und sie mögen ihnen sogar ‚fehlen', wenn etwa die betreffende Sendung abgesetzt wird.

Weitere soziale Aspekte der Medienrezeption, die von der Medienpsychologie thematisiert werden, sind soziale Vergleichsprozesse sowie die soziale Identität. Bei der Medienrezeption vergleichen die Rezipienten die beobachteten Personen mit sich selbst; sie nutzen die Medienfiguren zur sozialen Einordnung ihrer eigenen Perspektive und damit letztlich auch zur Bestimmung ihrer eigenen Identität.

Ein wichtiges neueres medienpsychologisches Konzept ist das ‚Präsenz'-Konzept: Insbesondere im Zusammenhang mit so genannten virtuellen Welten, mit technisch hergestellten Wahrnehmungsumgebungen, die darauf abzielen, den Eindruck des Dabeiseins zu maximieren, wird mit diesem Konzept untersucht, welche technischen und inhaltlichen Faktoren diesen Präsenzeindruck erhöhen oder senken.

Im Zusammenhang mit den (zunächst weit überzogenen) Erwartungen hinsichtlich einer Informations- und Wissensgesellschaft und nicht zuletzt in der Folge der negativen Ergebnisse in der PISA-Studie wird in den letzten Jahren viel in die Forschung über das Lernen mit neuen Medientechnologien investiert. In diesem Zusammenhang spielen medienpsychologische Ansätze die wichtigste Rolle. Dazu gehört etwa die *Usability-Forschung*, im Rahmen derer in enger Kooperation mit der Informatik untersucht wird, wie technische Informationssysteme so gestaltet werden können, dass die Nutzer mit ihnen die intendierten Zwecke erreichen können. Von Bedeutung ist auch der aus der Sozial- und Organisationspsychologie hervorgegangene Forschungsstrang zum Lernen und Arbeiten in Netzwerken.

Methoden der Medienpsychologie

Die Medienpsychologie weist heute ein breites Spektrum wissenschaftlicher Methoden auf, das sich von dem der übrigen Kommunikations- und Medienwissenschaft (→ Methoden der Kommunikationswissenschaft) insofern unterscheidet, als *experimentelle Verfahren* ein deutlich größeres Gewicht haben. Dabei werden Untersuchungspersonen gezielt mit kontrolliertem medialen Stimulusmaterial konfrontiert, um dann die dabei auftretenden Reaktionen zu erfassen. Dieses Vorgehen wird als der einzige Weg angesehen, mit dem Kausalbeziehungen untersucht werden können. Ihm kommt daher in der Wirkungsforschung (→ Medienwirkungen) sowie in konkreten anwendungsbezogenen Fragen, etwa nach der optimalen Gestaltung von Nachrichtensendungen oder von Lernsoftware, eine besondere Bedeutung zu.

Verfahren der *Beobachtung* werden insbesondere bei offenen Verhaltensweisen eingesetzt; sie bieten den Vorteil, dass es keine Probleme mit sozialer Erwünschtheit gibt, dass auch unbewusste bzw. wenig bewusste Verhaltensweisen erfasst werden können und dass auch dann Ergebnisse erzielt werden können, wenn die Beobachtungspersonen wenig auskunftsfähig oder -willig sind.

Befragungen werden meist zur Erfassung von Einstellungen, Präferenzen und Motiven der Rezipienten genutzt, aber auch zur Beschreibung der Mediennutzung. Diese Verfahren sind forschungsökonomisch vergleichsweise günstig; es können sich aber Probleme durch mangelnde Auskunftsfähigkeit und durch soziale Erwünschtheit ergeben. So tendieren viele Menschen dazu, das Ausmaß ihrer Fernsehnutzung niedriger anzugeben, als sie tatsächlich ist.

Zu den für die Medienpsychologie spezifischen Verfahren gehört die Technik des *Lauten Denkens*: Zur Erfassung der Gedanken während oder direkt nach der Mediennutzung werden Rezipienten aufgefordert, ihre Gedanken bei der Rezeption frei zu formulieren.

Außerdem werden oft auch *psychophysiologische Methoden* angewendet, etwa wenn es um die Messung von Spannung, Aufmerksamkeit, Erregung,

Interesse oder von erlebten Emotionen währen der Medienrezeption geht. Erfasst werden z. B. der Hautleitwert oder die Herzrate. Mit ebensolchem technischem Aufwand verbunden sind Untersuchungen mit Verfahren zur Verfolgung von *Blickbewegungen* (eyetracking), die darauf abzielen, exakt nachvollziehen zu können, wohin genau ein Rezipient bei der Rezeption eines bestimmten Medienangebots blickt.

Bewertung und Ausblick

Im Rahmen des Gesamtspektrums der kommunikationswissenschaftlichen Forschung kommt der Medienpsychologie ein ganz spezifischer und zentraler Platz zu. Dieser ist charakterisiert durch die Konzentration auf das Individuum – meist auf individuelle Rezipienten. Für die Frage, wie die Rezipienten bestimmte Medienangebote auswählen, wahrnehmen und verarbeiten, und für die Frage nach den individuellen Wirkungen medienvermittelter Kommunikation ist diese Forschungsrichtung von zentraler Bedeutung. Diese wird im Zeichen zunehmend individualisierter Mediennutzung und interaktiver Mediendienste künftig noch weiter wachsen.

Zu berücksichtigen ist dabei aber auch, dass es für die medienpsychologische Perspektive eine besonders große Herausforderung darstellt, wesentliche Merkmale öffentlicher Kommunikation in ihre Modellbildung einzubeziehen. Dazu gehört etwa der Umstand, dass es hier in der Regel weniger um einzelne Rezipienten, sondern um mehr oder weniger große Publika geht; die Unterschiede zwischen diesen beiden Betrachtungsebenen sind bisher unzureichend bekannt. Außerdem sind in medienpsychologischen Modellen die gesellschaftlichen Rahmenbedingungen sowie die Produktionsprozesse medialer Information und Unterhaltung nur unzureichend berücksichtigt.

Im Sinne einer interdisziplinären Kooperation zwischen verschiedenen Betrachtungsperspektiven wäre dies auch eine falsche Erwartung: Es kommt darauf an, die Erkenntnisse der Medienpsychologie dort, wo sie inhaltlich relevant werden, systematisch in umfassendere Modelle öffentlicher Kommunikation einzubauen.

Literatur

Böhme-Dürr, Karin (2003): Medienpsychologie, in: G. Bentele et al. (Hrsg.): Öffentliche Kommunikation, Wiesbaden: 283-300.

Mangold, Roland et al. (Hrsg.) (2004): Lehrbuch der Medienpsychologie, Göttingen.

Trepte, Sabine (1999): Forschungsstand der Medienpsychologie, in: Medienpsychologie 1999/3: 200-218.

Winterhoff-Spurk, Peter (2004): Medienpsychologie: Eine Einführung, 2. Aufl., Stuttgart.

Uwe Hasebrink, Hamburg

Medienrecht

Definition/Begriffsbestimmung

Medienrecht ist keine eigenständige Rechtsdisziplin, sondern ein „Querschnittsrechtsgebiet“ (Paschke 2001: 2). Der Begriff wird seit Mitte der 80er Jahre verwendet; er erfasst Normen aus unterschiedlichen Gebieten sowohl des privaten als auch des öffentlichen Rechts unter dem Blickwinkel der Medien.

Zum herkömmlichen Medienrecht gehören das Presse-, Rundfunk- und Äußerungsrecht. Die Entwicklung der ‚neuen Medien’ hat zu zahlreichen Kodifikationen geführt. Zu nennen sind: Das Telekommunikationsgesetz (TKG), das Informations- und Kommunikationsdienste-Gesetz (IuKDG), das Teledienstgesetz (TDG), das Teledienstedatenschutzgesetz (TDDSG), das Signaturgesetz (SigG) und der Mediendienste-Staatsvertrag (MDSdV).

Verfassungsrechtliche Grundlagen

Medienrecht bedeutet „konkretisiertes Verfassungsrecht“ (Hermann/Lausen

2004: 149). Ausgangspunkt sind die im Grundgesetz verankerten Kommunikationsfreiheiten, wobei die Grundrechte nach der Rechtsprechung des Bundesverfassungsgerichts nicht nur Abwehrrechte des Bürgers gegen den Staat sind, sondern eine objektive Wertordnung enthalten.

Nach Art. 5 I GG hat jeder das „Recht, seine Meinung in Wort, Schrift und Bild zu verbreiten" (Grundrecht der *Meinungsfreiheit*) und sich „aus allgemein zugänglichen Quellen zu unterrichten" (*Informationsfreiheit*). Beide Grundrechte umfassen auch die nicht-publizistische Kommunikation, gelten also für jedermann. Darüber hinaus werden in Art. 5 I 2 GG ausdrücklich die „Pressefreiheit und die Freiheit der Berichterstattung durch Rundfunk und Film" gewährleistet. Art. 5 I 2 gewährleistet das Institut der freien Presse.

Das Bundesverfassungsgericht hat im *Spiegel*-Urteil aus dem Jahre 1966 eine Pflicht des Staates begründet, u. a. Gefahren abzuwehren, die einem freien Pressewesen aus der Bildung von Meinungsmonopolen erwachsen könnten. Es hat auch festgestellt, dass das Grundrecht nicht nur die Verbreitung von Nachrichten und Meinungen gewährleistet, sondern auch die Beschaffung von Informationen. Von besonderer Bedeutung ist in diesem Zusammenhang das publizistische → Zeugnisverweigerungsrecht, das für die Funktionsfähigkeit einer freien Presse unentbehrlich ist. Als absolute Eingriffsschranke enthält Art. 5 I 3 GG das *Zensurverbot*.

Die Freiheiten des Art. 5 I GG sind nicht schrankenlos. Nach Art. 5 II GG finden die in Absatz 1 gewährleisteten Rechte ihre Schranken in den Vorschriften der allgemeinen Gesetze, den gesetzlichen Bestimmungen zum Schutz der Jugend und im Recht der persönlichen Ehre. *Allgemeine Gesetze* sind solche, die sich nicht gegen eine bestimmte Meinung richten, sondern schlechthin dem Schutz eines bestimmten Rechtsguts dienen. Die Rechtsanwendung erfordert immer eine Güterwägung unter Berücksichtigung aller Umstände des Einzelfalls. Nach der Rechtsprechung des Bundesverfassungsgerichts gibt es keinen Primat der Kommunikationsgrundrechte.

So hat das Bundesverfassungsgericht im berühmten ‚Lüth-Urteil' einen Boykottaufruf, der sich auf eine rein geistige Wirkung (des „Jud Süß"-Regisseurs Veit Harlan) beschränkte, legitimitiert (Entscheidungen des Bundesverfassungsgerichts Band 7, Seite 198 ff. – „Lüth"). Die Frage, ob eine vorsätzliche sittenwidrige Schädigung im Sine des § 826 BGB vorliege, müsse aber „im Lichte der Bedeutung des Grundrechtes" beurteilt werden. Das Bundesverfassungsgericht bezeichnet das Grundrecht der Meinungsfreiheit als „schlechthin konstituierend" für eine freiheitlich demokratische Staatsordnung. Dies darf aber nicht etwa dahingehend missverstanden werden, dass jeder Eingriff, der durch eine Meinungsäußerung begangen wird, erlaubt wäre. Nicht zulässig ist ein Boykottaufruf, dem durch Androhung oder Ankündigung schwerer Nachteile und Ausnutzung sozialer oder wirtschaftlicher Abhängigkeit Nachdruck verliehen wird (Entscheidung des Bundesverfassungsgerichts Band 25, 256 – „Blinkfüer").

Persönlichkeitsrecht

Das Grundgesetz garantiert in Art. 1 Abs. 1 die *Menschenwürde*. Nach Art. 2 Abs. 1 GG hat jeder das Recht auf freie Entfaltung seiner Persönlichkeit, soweit er nicht Rechte anderer verletzt oder gegen die verfassungsmäßige Ordnung oder das Sittengesetz verstößt. Aus diesen Wertentscheidungen des Grundgesetzes hat die Rechtsprechung ein darüber hinausgehendes *allgemeines Persönlichkeitsrecht* abgeleitet, das vor unberechtigten Eingriffen nicht nur des Staates, sondern auch von Seiten Dritter zu schützen ist.

Berichterstattung und Kommentierung in den Massenmedien können wegen ihrer Verbreitung und Intensität ihrer Beeinflussung das Persönlichkeitsrecht besonders intensiv verletzen. Dabei ist zwischen Tatsachenbehauptungen und Werturteilen zu differenzieren, wobei die Abgrenzung im Einzelfall schwierig sein kann.

Bei *Tatsachenbehauptungen* ist das Schutzbedürfnis regelmäßig höher, was aber nicht dazu führt, dass Tatsachenbehauptungen von vornherein dem Grundrechtsschutz entzogen wären. Regelmäßig besteht auch unter dem Blickwinkel der Meinungsfreiheit kein legitimes Interesse an der Verbreitung von Tatsachen, deren Unwahrheit feststeht. Dies bedeutet aber nicht, dass die Presse, falls der Ruf einer Person gefährdet ist, nur Informationen verbreiten dürfte, an deren Zuverlässigkeit zu zweifeln sie im Zeitpunkt ihrer Veröffentlichung ernstlich keinen Anlass hat. So kann es erlaubt sein, dass die Presse auf einen Verdacht ehrenrühriger Vorgänge hinweist, ohne dass sich mit pressemäßigen Mitteln zum Zeitpunkt der Veröffentlichung die Wahrheit ermitteln ließe.

Zulässig ist es, dass die Medien über einen Verdacht berichten, wenn sie deutlich machen, dass der Verdacht nicht erwiesen ist. Erforderlich ist aber in jedem Fall, dass hinreichende Anhaltspunkte für die Richtigkeit des Verdachtes vorhanden sind. Hier sind an die Einhaltung der journalistischen *Sorgfaltspflicht* erhebliche Anforderungen zu stellen.

Umgekehrt kann die Meinungsfreiheit aber auch dann, wenn es sich um ‚wahre Tatsachen' handelt, nicht stets den Vorrang beanspruchen. So besteht in der Regel kein legitimes Interesse an der Veröffentlichung von Informationen aus der Intimsphäre Dritter. Bei Informationen, die den Privatbereich betreffen, ist nach der Rechtsprechung des Bundesverfassungsgerichts eine Abwägung erforderlich. Es ist zu besorgen, dass die jüngst ergangene *Caroline von Monaco*-Entscheidung des Europäischen Gerichtshofs für Menschenrechte zu einer Stärkung des Privatsphärenschutzes zulasten der Pressefreiheit führen wird (→ Kommunikationsfreiheit).

Bei *Werturteilen* spricht eine „Vermutung für die Freiheit der Rede". Aber auch bei Werturteilen muss die Meinungsfreiheit zurücktreten, wenn die Menschenwürde des Betroffenen verletzt wird oder wenn sich eine Äußerung als Formalbeleidigung oder als Schmähung erweist, bei der nicht mehr die Auseinandersetzung in der Sache, sondern die Diffamierung der Person im Vordergrund steht.

Gemäß § 22 des Kunsturhebergesetzes (→ Urheberrecht) dürfen *Fotos* nur mit Einwilligung der abgebildeten Person verbreitet oder öffentlich ausgestellt werden. Ohne Einwilligung darf ein Bildnis unter den Voraussetzungen der §§ 23, 24 Kunsturhebergesetz verbreitet oder ausgestellt werden, insbesondere, wenn das Foto zur Zeitgeschichte gehört. Auch *Personen der Zeitgeschichte* müssen es aber nicht hinnehmen, dass ihr Foto ungenehmigt zum Zwecke der Werbung verwendet wird.

Rechtsschutz

Nach den Pressegesetzen der Länder ist der verantwortliche Redakteur (nach einigen Landesrechten außerdem der Verleger) verpflichtet, auf Verlangen eines unmittelbar Betroffenen eine *Gegendarstellung* abzudrucken. Eine Gegendarstellung ist aber nur gegen Tatsachenbehauptungen und nicht gegen Werturteile zulässig. Die Gegendarstellung muss die beanstandeten Stellen bezeichnen, sich auf tatsächliche Angaben beschränken und vom Einsender unterzeichnet sein. Sie ist unverzüglich und in demselben Teil des Druckwerkes sowie in derselben Schrift wie der Abdruck des beanstandeten Teils ohne Einschaltungen und Weglassungen abzudrucken. Insbesondere darf sie nicht in der Form eines Leserbriefes erscheinen. Zu beachten ist dabei, dass im Rahmen der gerichtlichen Durchsetzung der Gegendarstellung keine Wahrheitsprüfung stattfindet.

Von größter Bedeutung ist der auf einer analogen Anwendung des §§ 1004 des Bürgerlichen Gesetzbuches beruhende *Unterlassungsanspruch.* Er ist möglich sowohl gegen Tatsachenbehauptungen als auch gegen Meinungsäußerungen. Er ist nach rechtsverletzenden Presseveröffentlichungen möglich, wenn Wiederholungsgefahr besteht, wobei nach rechtsverletzenden Presseveröffentlichungen die Wiederholungsgefahr grundsätzlich vermutet wird. Er ist auch als vorbeugender Unterlassungsanspruch möglich; Voraussetzung ist dann aber eine Erstbegehungsgefahr. Der Unterlassungsanspruch kann im Wege des *einstweiligen Verfügungsverfahrens* geltend gemacht werden.

Berichtigungsansprüche unterscheiden sich vom Gegendarstellungsanspruch dadurch, dass es sich bei der Gegendarstellung um die persönliche Erklärung des Betroffenen, bei der Berichtigung hingegen um eine eigene Erklärung des Verantwortlichen handelt.

Die Verletzung fremder Rechte kann auch einen Anspruch auf *Ersatz des materiellen Schadens* (§§ 823, 824, 826 BGB) oder auf Herausgabe einer ungerechtfertigten Bereicherung (§ 812 BGB) auslösen. Letzteres kommt insbesondere bei der ungenehmigten Verwendung von Bildnissen zu Werbezwecken in Betracht.

Von besonderer Bedeutung ist schließlich der Anspruch auf Geldentschädigung wegen *immaterieller Schäden.* Dieser kommt in Betracht bei schweren Eingriffen in die Intim-, Privat- und Eigensphäre – etwa durch erfundene Interviews oder durch belastende Falschzitate, bei unzulässiger Bildnisveröffentlichung durch Werbung, bei heimlichen Tonbandmitschnitten, bei der ungenehmigten Veröffentlichung von Nacktfotos sowie in Fällen der *Schmähkritik.*

Zu beachten ist ferner der am 6. August 2004 in Kraft getretene neue Strafrechtstatbestand des §§ 201 a StGB. Danach wird eine Strafbarkeit begründet, wenn ein Foto in einer Wohnung oder in einem gegen Einblicke besonders geschützten Raum gemacht wurde, durch eine solche Aufnahme der persönliche Lebensbereich verletzt wird und die Aufnahme unbefugt erfolgt ist. Strafbar ist auch die Weitergabe eines so entstandenen Fotos ebenso wie die Verwendung einer solchen Aufnahme, die ein Dritter hergestellt hat.

Internationale Situation

Insbesondere die „Konvention zum Schutze der Menschenrechte und Grundfreiheiten" (EMRK vom 4.1.1950) hat sich zu einem internationalen Rechtsschutzsystem entwickelt, dem zurzeit 44 Mitgliedstaaten angehören. Nach Art. 8 EMRK hat jede Person das Recht auf Achtung ihres Privat- und Familienlebens, ihrer Wohnung und ihrer Korrespondenz. Diese Bestimmung umfasst den Schutz der *Privatsphäre* und das *Recht am eigenen Bild.* Nach Art. 10 ist das Recht auf freie Meinungsäußerung gewährleistet. Dieses Recht schließt die Meinungsfreiheit und die Freiheit ein, Informationen und Ideen ohne behördliche Eingriffe und ohne Rücksicht auf Staatsgrenzen zu empfangen und weiterzugeben. Nach Art. 10 Abs. 2 ist jedoch die Ausübung mit Pflichten und Verantwortung verbunden. Deshalb kann sie Einschränkungen unterworfen werden u. a. zum Schutz des guten Rufes und der Rechte anderer. Zur Sicherstellung der Einhaltung der Verpflichtungen ist der *Europäische Gerichtshof für Menschenrechte* mit Sitz in Straßburg errichtet worden.

Im europäischen Gemeinschaftsrecht enthält erst der künftige Vertrag über eine Verfassung für Europa einen *Grundrechtekatalog.* In der Präambel heißt es, dass die Union die Rechte, Freiheiten und Grundsätze anerkennt, die in der Charta der Grundrechte enthalten sind. Die Union wird der europäischen Konvention zum Schutz der Menschenrechte und Grundfreiheiten beitreten (Art. I-9 Abs. 1 und 2). Nach Art. II-67 hat jede Person das Recht auf Achtung ihres Privat- und

Familienlebens, ihrer Wohnung sowie ihrer Kommunikation. In Art. II-71 wird unter wörtlicher Übernahme von Art. 10 Abs. 1 Satz 1 EMRK die Freiheit der Meinungsäußerung und Informationsfreiheit anerkannt. Darüber hinaus heißt es in Abs. 2: „Die Freiheit der Medien und ihrer Pluralität werden geachtet".

Die nationalen Rechtsordnungen vieler Staaten – z. B. die → Schweiz, → Österreich und → Italien – gewähren einen der Rechtslage in Deutschland vergleichbaren Schutz. In → Frankreich sind die Grundlagen der Pressefreiheit in Art. 11 der Deklaration der Menschen- und Bürgerrechte aus dem Jahre 1789 gelegt. Dort heißt es: „Der freie Austausch der Gedanken und Meinungen ist eines der kostbarsten Menschenrechte; jeder Bürger kann mithin frei reden, schreiben und drucken, vorbehaltlich seiner Verantwortlichkeit für den Missbrauch dieser Freiheit in den durch das Gesetz bestimmten Fällen".

Frankreich schützt die Privatsphäre sehr stark. Art. 9 Code Civil garantiert den Schutz des Privatlebens. Bildnisveröffentlichungen sind stets nur mit Einwilligung des Abgebildeten zulässig. Politiker und sonstige öffentliche Personen können, wenn sie sich in die Öffentlichkeit begeben, nur abgebildet werden, sofern sie in ihrer öffentlichen Funktion auftreten.

Ganz anders ist die Lage in England (→ Großbritannien). Dort hat der Court of Appeal im Jahre 1990 erklärt: „It is well known that in English law there is no right of privacy, and accordingly there is no right of action for breach of a person's privacy." Die Pressefreiheit ist nicht durch ein Gesetz garantiert, aber als überragendes Rechtsgut anerkannt: „But a freedom which is restricted to what judges think to be responsible or in the public interest is no freedom. Freedom means the right to publish things which government and judges, however well motivated, think should be not published. It means the right to say things which right-thinking people regard as dangerous or irresponsible [...]. Even trivial facts relating to a public figure can be of great interest to readers and other observers of the media." (A.v.B. plc [2003] QB 195 (202 ff.) per Lord Woolf)

Lord Woolf definiert den Begriff ‚public figure' sehr weit. Er umfasst „all those who play a role in public life, whether in politics, the economy, the arts, the social sphere, sport or any other domain." Allerdings ist durch den im Jahre 2000 in Kraft getretenen Human Rights Act 1998 u. a. Art. 8 EMRK in das englische Recht inkorporiert worden. Dies wird – insbesondere auch unter Berücksichtigung der Rechtsprechung des europäischen Gerichtshofes für Menschenrechte – zu einer stärkeren Berücksichtigung der Persönlichkeitsrechte führen müssen.

In den → USA wird die Meinungs- und Pressefreiheit im 1791 in Kraft getretenen „First Amendment" garantiert: „Der Kongress soll kein Gesetz erlassen [...], das die Meinungs- oder Pressefreiheit einschränkt." Die Rechtsprechung des Supreme Court begründet für die Presse eine weitgehende Freizügigkeit in allen Dingen, die das öffentliche Interesse berühren. Maßgebend ist die Entscheidung *New York Times* vs. Sullivan aus dem Jahre 1964. Darin heißt es: „The debate on public issues should be uninhibited, robust and wide-open."

Ausblick

Der *Europäische Gerichtshof für Menschenrechte* (EGMR) hat durch das Urteil vom 24. Juni 2004 („Caroline von Monaco", Archiv für Presserecht 2004: 348 ff.) entschieden, dass die Kriterien der innerstaatlichen deutschen Gerichte nicht ausreichend sind, um einen wirksamen Schutz des Privatlebens einer Person zu gewährleisten und gegen Art. 8 EMRK verstoßen. In Sachen, in denen es um den Ausgleich zwischen dem Schutz der Privatsphäre und der freien Meinungsäußerung geht, sei auf den Beitrag abzustellen,

„den Fotos oder Artikel in der Presse zu einer Debatte von allgemeinem Interesse leisten"; die Rolle der Presse als ‚Wachhund' sei auf eine Berichterstattung über Fakten beschränkt, die „geeignet sind, eine Debatte in einer demokratischen Gesellschaft auszulösen, wenn sie sich auf Politiker beispielsweise in Ausübung ihrer Ämter bezieht". Für eine Berichterstattung über Einzelheiten aus dem Privatleben einer Person, die eine solche Funktion nicht ausübe, gebe es keinen legitimen Grund.

Die Begründung der Entscheidung begegnet schwerwiegenden Bedenken. Denn damit werden die Akzente gegenüber der bisherigen deutschen Rechtsprechung deutlich verschoben. Gleichwohl erscheinen Befürchtungen, dass dieses Urteil jegliche Form von → investigativem Journalismus unmöglich mache, nicht gerechtfertigt. Sie bedeutet auch nicht das „Ende der Pressefreiheit", wie manche Kritiker meinen.

Die weitere Entwicklung ist offen. Dabei ist insbesondere auch zu berücksichtigen, dass die EMRK und die Zusatzprotokolle nur den Rang eines einfachen Bundesgesetzes haben und nicht über der Verfassung stehen. Das Bundesverfassungsgericht hat durch Beschluss vom 14. Oktober 2004 (www.bverfg.de/Entscheidungen/rs) entschieden, dass die deutschen Gerichte die Konvention bei der Interpretation des nationalen Rechtes zu beachten und anzuwenden haben, ihre Gewährleistungen allerdings kein unmittelbar verfassungsrechtlicher Prüfungsmaßstab sind.

Der Konventionstext und die Rechtsprechung des EGMR dienen auf der Ebene des Verfassungsrechtes nur als Auslegungshilfen für die Bestimmung von Inhalt und Reichweite von Grundrechten und rechtsstaatlichen Grundsätzen des Grundgesetzes, Entscheidungen des Gerichtshofs sind nicht „schematisch zu vollstrecken".

Literatur

Branahl, Udo (2001): Medienrecht, 2. Aufl., Wiesbaden.

Herrmann, Günter/Matthias Lausen (2004): Rundfunkrecht, 2. Aufl., München.

Kloepfer, Michael (2002): Informationsrecht, München.

Paschke, Marian (2001): Medienrecht, 2. Aufl., Berlin/Heidelberg.

Wenzel, Karl Egbert (2003): Das Recht der Wort- und Bildberichterstattung, 5. Aufl., Köln.

Wolfgang Wehler, Düsseldorf

Mediensprache

Definition/Begriffsbestimmung

Mit Mediensprache soll die Sprache bezeichnet werden, die sich in journalistischen Produkten, also Texten für Massenmedien, manifestiert. Da in Bezug auf die verwendete Sprache keine Gemeinsamkeiten z. B. zwischen Zeitungen, Plakaten, Büchern und Schallplatten erkennbar sind, soll hier von einem engen Massenmedien-Begriff (→ Massenmedien) ausgegangen werden: Alle Aussagen, die zwar „öffentlich, durch technische Verbreitungsmittel, indirekt und einseitig an ein disperses Publikum vermittelt werden" (Maletzke 1978: 32), aber primär *künstlerische* Ansprüche erheben oder als separat erschienene Werke ausschließlich für Produkte oder Dienstleistungen *werben*, werden hier nicht als durch Mediensprache gestaltete Werke betrachtet.

Das ist eine anfechtbare und nicht trennscharfe Festlegung. Trotzdem kann man sagen, dass poetische Werke, die als Bücher erscheinen, anderen Produktions- und vor allem anderen Rezeptionsbedingungen unterliegen als journalistische Texte. Ebenso unterscheiden sich künstlerisch gestaltete Spielfilme von journalistischen Nachrichtenfilmen. Auch Werbeplakate werden anders erstellt und wahrgenommen als redaktionelle Zeitungstexte.

Auch auf einen so engen Begriff von Massenmedien bezogen lässt sich innerhalb der jeweiligen Einzelsprachen keine ‚Mediensprache' definieren in dem Sinn wie sich eine Mundart (z. B. Schwäbisch), eine Sondersprache (z. B. Jugendsprache) oder eine Fachsprache (z. B. die Fachsprache der Chemie) beschreiben lässt. Die Sprache, die in den Medien verwendet wird, hat keine eigene Lautung wie die Mundarten, keinen eigenen Wortschatz wie die Fachsprachen und keinen eigenen Satzbau, wie man ihn in einigen Sondersprachen finden kann.

Merkmale

Es sind immer wieder Merkmale von Mediensprache postuliert worden wie Verständlichkeit, Ökonomie (Kürze), sprachliche Attraktivität usw. Dabei handelt es sich aber nicht um Forderungen speziell an Mediensprache, sondern um universelle Bedingungen von menschlicher Kommunikation, wie sie u. a. als „Konversationsmaximen" (H. Paul Grice 1975) beschrieben worden sind. Insbesondere für die Maxime der → Verständlichkeit ist allerdings festzustellen, dass sie für die Mediensprache eine besondere Bedeutung hat, weil Mediensprache wegen des dispersen Publikums Teil von Laienkommunikation ist, was die unerklärte Verwendung von fachsprachlichen Elementen verbietet.

Die spezifischen Gemeinsamkeiten der sprachlichen Produkte (Kommunikate), die durch Massenmedien transportiert werden und die dazu berechtigen, von einer ‚Mediensprache' zu reden, betreffen vor allem die Art ihrer Hervorbringung in einem arbeitsteiligen Prozess durch professionalisierte Autoren (Mehrfachautorenschaft) und die Angewiesenheit auf die Verbreitung durch technische Mittel. Der Kommunikator, der eine Größe aus einer Mehrzahl von Personen bezeichnet, richtet sich immer an unterschiedliche Rezipienten (Mehrfachadressierung).

Massenmedien in modernen Gesellschaften sind Institutionen, die der öffentlichen Selbstverständigung und Bewusstseinsbildung dienen. Die von ihnen verwendete Sprache ist geprägt durch die institutionellen Rahmenbedingungen. Diese sind u. a. kulturell und historisch gewachsen und rechtlich und ökonomisch gesetzt, was zur Ausbildung professioneller Standards für die Erstellung von Texten geführt hat. Medienübergreifend äußert sich das vor allem in sprachlichen Darstellungsformen, die es so nur in den Massenmedien gibt (→ Nachricht/Bericht, → Reportage, → Interview).

Für die Themen und die Art ihrer Entfaltung spielt außerdem die *Periodizität* der Massenmedien eine wichtige Rolle. Die Behandlung eines Themas in einer Tageszeitung, in der es schon wenige Ausgaben früher vorgekommen ist, sieht anders aus als in einem einmalig erscheinenden Druckwerk, z. B. in einem Buch.

Sprachkritik

Die Geschichte der kritischen Beschäftigung mit der Sprache der Massenmedien ist über weite Strecken nichts als eine Diffamierung der Medien als Sprachverderber. Sie beginnt bereits kurz nach dem Erscheinen der ersten Zeitung und hält bis heute an. Im 19. Jahrhundert geben prominente Autoren (*Ludwig Börne*, *Arthur Schopenhauer*, *Ferdinand Kürnberger*, *Friedrich Nietzsche* u. a.) den Zeitungen die Schuld am Verderb der deutschen Sprache, den sie besonders auf den Gebieten der Orthografie, Grammatik, Wortbildung und des Satzbaus ausmachen.

Immer wieder einmal tauchen „die Juden" als die Schuldigen an der „Verrottung" der deutschen Sprache auf, so in der ersten Auflage von *Gustav Wustmanns* „Allerhand Sprachdummheiten" aus dem Jahr 1891. Die Kritik an der Sprache der Presse erreicht in der ersten Hälfte des 20. Jahrhunderts einen Höhepunkt durch *Karl Kraus* (1874-1936).

In der zweiten Hälfte des 20. Jahrhunderts wird die Kritik an der Mediensprache vor allem von Journalisten getragen, durch hausinterne Publikationen oder redaktionsinterne Formulierungsvorschriften, durch unregelmäßig erscheinende Sprachglossen oder auch durch größere Buchveröffentlichungen. Eine Blütezeit gibt es in den 50er Jahren als Teil der konservativen Kulturkritik der Nachkriegszeit.

Zu den wichtigen journalistischen Sprachkritikern des letzten Viertels des 20. Jahrhunderts gehören der stark von *Ludwig Reiners* beeinflusste *Wolf Schneider* sowie *Rudolf Walther Leonhardt*, *Eicke Christian Hirsch* und *Dieter E. Zimmer*, der auch sprachwissenschaftlichen Kriterien verpflichtet ist. Folgende Mängel werden vor allem kritisiert:

- Verstöße gegen die Orthografie und gegen die Interpunktion. Hier geht es um die bekannten Beispiele von Groß- und Klein-, von Getrennt- und Zusammenschreibung usw. Dem entspricht für die elektronischen Medien die Klage über fehlerhafte Aussprache, z. B. Kontraktionen wie ‚ham' für ‚haben' oder die falsche Aussprache von Namen.
- Flexionsfehler, etwa wenn nach Präpositionen der falsche Kasus gewählt wird.
- Unzutreffende Wortwahl, z. B. ‚Freiheitskämpfer' oder ‚Terrorist'. Auf dieser Ebene ist am ehesten die Vorstellung greifbar, dass durch die sprachliche Form das Denken der Menschen und damit ihre Einstellung zu dem in Rede stehenden Sachverhalt beeinflusst werde.
- Syntaktische Fehler, z. B. wenn in der indirekten Rede der Indikativ gesetzt wird.
- So genannte Fremdwörter. Die Klage darüber finden wir schon im 17. Jahrhundert. Heute wird unter dem Stichwort ‚Fremdwörter' einerseits über Anglizismen geklagt und andererseits über Fachwörter, die einem Laienpublikum nicht verständlich sind.
- Schließlich werden Stilblüten Gegenstand der Kritik.

Die Sprachkritik der Journalisten der Gegenwart lässt sich so zusammenfassen: Die frühere pauschale Diffamierung der Zeitungssprache gibt es so nicht mehr. So gut wie nie werden die Normen, auf die sich die Sprachkritiker berufen, expliziert. Oft genug sind es die Normen eines tradierten guten Geschmacks der Schriftsprache des gebildeten Bürgertums, der sich bisweilen auf die Sprache der deutschen Klassik beruft. Das führt dann zu eher gut gemeintem sprachpflegerischem Bemühen. Auch die bisweilen bemühte Norm der Verständlichkeit bleibt in ihrer Reichweite diffus.

Die Sprachwissenschaft hat die Sprachkritik weitgehend allein gelassen. Das ist bedauerlich, denn der Versuch, alte oder neue Normen ohne Reflexion der kommunikativen Bedürfnisse von Menschen durchzusetzen, ist nicht nur unsinnig, sondern meist auch erfolglos. Die schwierige und keineswegs einsträngig zu beschreibende Frage, ob und wie direkt über eine bewusste Steuerung des Sprachgebrauchs gesellschaftliche Verhältnisse geändert werden können, wird in aller Regel vorsichtshalber gar nicht angesprochen. Es kann auch sein, dass Sprachwissenschaft und Sprachkritik hier einvernehmlich zusammenwirken: Die eine lässt die andere allein, weil diese das gern so möchte.

Forschungsstand

Es ist erstaunlich, vielleicht auch beunruhigend, dass die Beschäftigung mit sprachlichen Phänomenen in der Wissenschaft, die sich ganz auf die Massenmedien konzentriert und zusammenfassend Journalistik oder → Kommunikationswissenschaft genannt wird, eine eher marginale Rolle spielt. Das betrifft sowohl die Forschung wie auch die akademische Lehre, wo oft genug der sprachliche Teil mit den Büchern von Wolf Schneider (z. B. 1984) bestritten wird, der ein fleißiger Sammler von sehr anschaulichem Material und ein scharfzüngiger Kritiker ist, aber nicht den Anspruch erheben kann, sein Urteil auf wissenschaftliche Analysen zu gründen.

Für die Mehrzahl der linguistischen Untersuchungen ist festzustellen, dass die Besonderheiten massenmedialer Textproduktion nicht systematisch berücksichtigt werden; vielen Linguisten sind die Texte von Zeitungen (→ Presse), → Radio, → Fernsehen und → Internet Ergebnisse von menschlicher Kommunikation wie andere auch. Ein Zeitungskommentar hat vor allem den Charme der leichten Zugänglichkeit, wird aber im Übrigen analysiert wie jeder andere argumentierende Text.

Bisweilen wird ein stark kurzschlüssiger Zusammenhang zwischen der Sprache der Medien und einer Wirkung bei den Rezipienten hergestellt (→ Medienwirkungen). Dem muss entgegengehalten werden, dass aus Texten allein noch keine Wirkungen abgelesen werden können; sprachliche Texte sind lediglich Potenziale, die Wirkungen oder Effekte bei Rezipienten erzielen können, dieses aber nicht zwangsläufig tun.

Die Art ihrer technischen Verbreitung beeinflusst die Mediensprache. Die *gedruckten Medien* haben die längste Geschichte und deshalb ist die Entwicklung ihrer Sprache auch am besten erforscht. Von dem einförmigen, an diplomatische Depeschen oder Chroniken erinnernden Stil der ersten Blätter hat sich die Sprache in je eigene Sprachformen ausdifferenziert in verschiedenen Zeitungs- und Zeitschriften-Typen mit Ressortgliederungen, die auch unterschiedliche Schreibweisen pflegen.

In der durch die technische Entwicklung möglich gewordenen *Massenpresse* haben ökonomische Bedingungen die Textproduktion stark beeinflusst. Allerdings gibt es weder auf der Wort- noch auf der Satzebene einsträngige Entwicklungen: Neben dem reduzierten Wortschatz und der Kurzsyntax der Kaufzeitungen gibt es die mit Fachvokabular angereicherten und mit differenziertem Satzbau geschriebenen Texte des Feuilletons und des Wirtschaftsteils der Qualitätszeitungen. Auch für die *Zeitschriften*, die meist ihr Zielpublikum genauer kennen als die Zeitungen, lässt sich, bezogen auf die Wort- und Satzebene, wenig Gemeinsames feststellen. Inzwischen gibt es in Deutschland noch nicht einmal eine einheitliche Rechtschreibung für die Printmedien.

Für den *Hörfunk* besteht das Hauptproblem in der technischen Rezeptionsbedingung, dass die Hörer die Mitteilungen nur akustisch im Tempo ihrer Ausstrahlung aufnehmen können. Ihnen fehlt also einerseits die optische Unterstützung der direkten Kommunikation oder des Fernsehens und andererseits die Möglichkeit, das Rezeptionstempo selbst bestimmen zu können. Trotzdem sind viele der journalistisch gestalteten Hörfunkbeiträge schriftlich formulierte Texte, die vorgelesen werden. Sie verwenden eine für das Hören weitgehend ungeeignete Syntax der Schriftsprache. Die Rezeptionsprobleme verschärfen sich zudem dadurch, dass das Radio zum ‚Nebenbei-Medium' geworden ist, d. h., die Rezipienten hören, während sie eine andere Tätigkeit verrichten.

Für *Fernsehen und Film* wird der (verbalen) Sprache von den Programm-Machern eine sekundäre Rolle zugewiesen. Von den verlesenen Meldungen in den Nachrichtensendungen abgesehen wird in den journalistisch gestalteten Beiträgen meistens den vorhandenen Bildern ein sprachlicher Text hinzugefügt. Dabei wird im Einzelfall immer wieder darüber gestritten, ob der Text die Bilder erklären, ergänzen oder nur begleiten soll. Dem Zusammenhang von Bildern und Texten wird in der Wissenschaft eine hohe Bedeutung für die Rezeptionsmöglichkeit zugeschrieben.

Für das jüngste technische Verbreitungsmittel, das *Internet*, liegen verständlicherweise die wenigsten Analysen vor. In vielen Fällen ist es so, dass sich im Internet Texte finden, die ohnehin für eines der anderen Medien geschrieben worden sind und hier dann zusätzlich abgerufen werden können, oder es werden im Internet Texte verbreitet, die produziert waren und in den anderen Medien keinen Platz mehr gefunden haben. Ob die nur für das Internet erstellten Texte (z. B. Online-Zeitungen) letztlich eine eigene Sprachform haben werden, welche die technischen Möglichkeiten dieses Mediums berücksichtigt, muss noch genauer beobachtet werden. Die Möglichkeit des selektiven Lesens ist zwar auch bei den Printmedien vorhanden, allerdings im Internet durch seine fast unbegrenzten Verknüpfungsmöglichkeiten in nicht mehr vergleichbarer Dimension. Wie weit die immer wieder für Internet-Texte behauptete Annäherung an gesprochene Sprache Bestand hat, muss sich erst noch zeigen. Ob sich hier wirklich eine größere ‚Lockerheit' z. B. bei der Wortbildung und mehr ‚Toleranz' gegenüber schriftsprachlichen Normen durchsetzen wird, ist bisher nicht erkennbar.

Journalistische Textsorten

Das Gemeinsame der Mediensprache ist jenseits der traditionell von der Sprachkritik betrachteten Ebenen (Wortwahl und Satzbau) zu finden, nämlich in den journalistischen Textsorten. Diese nur den Massenmedien eigenen Klassen von Texten sind im Zuge der Differenzierung des Mediensystems historisch gewachsen und auch weiterhin Veränderungen unterworfen. Mit zunehmender Professionalisierung der Medienberufe sind aber deutliche Normierungen der journalistischen Textsorten vorgenommen worden, die sich auf den unterschiedlichen sprachlichen Ebenen ausprägen. (→ Mediengattungen)

Zur Klassifizierung von journalistischen Texten gibt es zwischen den Wissenschaften keine terminologische Verständigung. Was in der Linguistik als ‚Textsorte' bezeichnet wird, heißt in der Kommunikationswissenschaft ‚journalistische Darstellungsform', ‚journalistische Form', ‚Journalistische Textgattung' oder ‚Genre'.

In der Linguistik wird die Zuordnung eines Textes zu einer Textsorte vor allem nach dem kommunikativen Zweck des Textes vorgenommen, der vom Textproduzenten für den Rezipienten erkennbar signalisiert wird. In der Kommunikationswissenschaft wird ein Text einer Darstellungsform aufgrund von äußeren Merkmalen zugeordnet, die auch als Normen für die Erstellung von Texten fungieren und als Qualitätsmaß verwendet werden können. Während linguistische Textsorten deskriptiv konstruiert werden, sind journalistische Darstellungsformen normativ und evaluativ. Wie stark die Einteilung in Darstellungsformen in der journalistischen Berufspraxis wurzelt, zeigt sich u. a. an der Beobachtung, dass berufliches Ansehen auch daran gemessen wird, in welchen Formen sich ein Redaktionsmitglied äußern darf. Bei großen Zeitungen oder Rundfunkanstalten trennen den Leitartikler (→ Kommentar) und den Schreiber von Nachrichtenmeldungen (→ Nachricht/Bericht) mehrere Hierarchieebenen. Bei freien Mitarbeitern wird ein Feature (→ Reportage/Feature) besser bezahlt als ein Bericht.

Ein bisher in der Wissenschaft erst in Anfängen analysierter Prozess ist die redaktionelle Bearbeitung journalistischer Texte bis zum medialen Endprodukt (Blomqvist 2002). Dieser reicht z. B. von der Verfertigung von Nachrichtentexten aus dem Agenturtext, dem oft schon andere Texte zu Grunde liegen, zu je unterschiedlichen Meldungstexten in verschiedenen Medien.

Ausblick

Die aktuelle Mediensprache an der Sprache Schillers und Kleists ausrichten zu wollen, ist sicher unangemessen. Eine wissenschaftlich fundierte ständige Kritik der Mediensprache ist aber notwendig. Linguistik und Kommunikationswissenschaft müssen mehr als bisher zusammenarbeiten und so das Bewusstsein für eine auch kulturell angemessene Sprache in den Massenmedien stärken.

Literatur

Blomqvist, Clarissa (2002): Über die allmähliche Veränderung der Nachricht beim Redigieren, Frankfurt/M. u. a.

Burger, Harald (1990): Sprache der Massenmedien, 2. Aufl., Berlin.

Grice, H. Paul (1975): Logik und Konversation, in: G. Meggle (Hrsg.): Handlung, Kommunikation, Bedeutung, Frankfurt/M.: 243-265.

Lüger, Heinz-Helmut (1995): Pressesprache, 2., neu bearb. Aufl., Tübingen.

Möhn, Dieter et al. (Hrsg.) (2001): Mediensprache und Medienlinguistik, Frankfurt/M.

Schneider, Wolf (1984): Deutsch für Profis, 5. Aufl., Hamburg.

Straßner, Erich (2000): Journalistische Texte, Tübingen.

Wustmann, Gustav (1891): Allerhand Sprachdummheiten. Kleine deutsche Grammatik des Zweifelhaften, des Falschen und des Häßlichen, Leipzig.

Jörg Hennig, Hamburg

Mediensysteme

Definition/Begriffsbestimmung

Der Begriff ‚Mediensystem' beschreibt die Gesamtheit von Ordnungen oder Strukturen, die Medien in einem definierten Raum – zumeist ein Staat – charakterisieren. Analysieren wir die Bestandteile des Begriffs, so treffen wir einerseits auf den der Medien; in diesem Zusammenhang sind zumeist die zentralen → Massenmedien aus den Sektoren Print, Funk und neuerdings auch Internet gemeint.

System (abgeleitet vom griech. systema = Zusammengesetztes, Zusammengestelltes) umschreibt eine Einheit oder Gesamtheit, die sich aus verschiedenen Einzelbestandteilen (Elementen) und Vorgängen (Prozessen) zusammensetzt, welche in einem inneren Funktionszusammenhang zueinander stehen. Die Analyse eines Mediensystems richtet – ähnlich der Systemtheorie – den Fokus quasi von oben auf die vorherrschenden Zusammenhänge, die als prägend und charakterisierend gesehen werden.

Mehrere Modifikationen sind zu beachten. Dieser Systembegriff knüpft an frühere Ansätze der → Systemtheorie an, bevor die Idee eingeführt wurde, dass Systeme nach Geschlossenheit gegenüber der Umwelt und nach Gleichgewicht streben (Homöostase). Eher geht es um zentrale Zusammenhänge im Bereich Medien und deren Elemente wie Printmedien, Rundfunk, Online, die zugleich als Subsysteme interpretiert werden können. Der systemorientierten Makro-Perspektive kann die Mikro-Perspektive der einzelnen Akteure zur Seite gestellt werden, z. B. die der Kommunikatoren (→ Journalismus) oder Mediennutzer (Merrill 1995).

Geschichte/Entwicklung

Mediensysteme sind im nationalstaatlichen Kontext entstanden und wurden lange Zeit als solche wahrgenommen; der Blick auf Nachbarsysteme blieb die Ausnahme. Die Analyse von Mediensystemen und ihr Vergleich haben daher eine relativ kurze Geschichte (Corner et al. 1997). Frühe Ansätze beschäftigten sich mit konkreten Gegenständen wie der Erforschung von Kriegspropaganda oder der inhaltsanalytischen Auswertung der Prestigepresse. In der Phase des Kalten Krieges galt die Unterscheidung zwischen prinzipiell freien Medien im Westen und den von der kommunistischen Partei gesteuerten Medien im östlichen Lager zu den festen Bestandteilen der Totalitarismustheorie (Siebert et al. 1956). Mit der Globalisierung von Medienanbietern, Programmen und Konzepten (→ Internationale Kommunikation) und der sehr viel höheren Mobilität von Journalisten nimmt das Interesse an auswärtiger Medienerfahrung derzeit massiv zu.

Forschungsstand

Der besondere Reiz einer Analyse von Mediensystemen liegt in der vergleichenden Perspektive. In der Konfrontation mit anderen Systemen wird die Spezifik des eigenen Systems (→ Deutschland) deutlich. Begriffe wie → Kommunikationsfreiheit oder duales System erhalten in Abgrenzung zu anderen Strukturen ihre spezifische Bedeutung. Erst, wer kontrollierte Medien erlebt hat, vermag deren freiheitliche Verfassung wirklich zu schätzen.

Dieser Vergleich von Mediensystemen bedarf einer spezifischen *komparativen Methodik*: ein Reflektieren darüber, was vergleichbar und wie dies zu handhaben ist (Kleinsteuber 2003). Zu diesem Komplex zählt der vergleichende Blick auf fremde Mediensysteme (USA, Großbritannien etc.) ebenso wie die Erstellung komparativer Typologien (z. B. freie vs. unfreie Systeme) oder die Formulierung komparativer Theorien (z. B. zur Medientransformation), in denen die vielfältige Welterfahrung in einer klassifizierenden Systematik geordnet wird. (Esser/Pfetsch 2003; Blumler et al. 1992).

Das deutsche Rundfunksystem fällt z. B. durch seine föderale Struktur auf, die so einzig ist in der Welt. Die Logik des Vergleichs geht immer davon aus, dass es Ähnlichkeiten und Unterschiede gibt. In jeder vergleichenden Analyse sollten beide Elemente – Nähe und Differenz – einbezogen werden; nur so sind umfassende Aussagen zu treffen (Kleinsteuber 2003: 384 f.).

Was können Gegenstände des Vergleichs sein? Im Prinzip kann alles komparativ untersucht werden, was auch innerhalb eines Systems von Interesse ist, also Großstrukturen (z. B. Medienordnungen), bestimmte Grundlagen (z. B. Medienfreiheiten, → Kommunikationsfreiheit), staatliche Aufsichtsstrukturen (z. B. → Regulierung und ihre Behörden), → Medieninhalte (z. B. TV-Programme) oder auch → Mediennutzung (z. B. Reichweitenuntersuchungen).

Im Regelfall wird das zugrunde liegende System national geprägt sein. Variationen sind durchaus denkbar; so lässt sich z. B. auch die Lage in föderalen Gliedstaaten oder urbanen Medienmärkten (Kommunikationsräumen) vergleichen. Der Vergleich ist üblicherweise horizontal angelegt, bezieht sich also auf zeitgleiche Beobachtung, allerdings sind auch zeitversetzte Szenarien denkbar, z. B. Medien in Transitionsprozessen in verschiedenen Epochen (diachronischer Ansatz). Ein weiterer Aspekt findet sich in der Regionalität von Mediensystemen: Wegen gemeinsamer Vergangenheiten, kultureller Nähen und ähnlichen Entwicklungen kann es sinnvoll sein, Medien in bestimmten Großregionen (z. B. Europa, → Asien) gemeinsam zu analysieren.

Die üblichen → Methoden der empirischen Sozialwissenschaft, wie sie in der Kommunikationswissenschaft Eingang fanden, sind durchgängig auch in der vergleichenden Forschung einsetzbar – etwa die Dokumenten- und Literaturanalyse, die Inhaltsanalyse oder die Auswertung von statistischen Daten aller Art. Das Ziel vergleichender Ansätze ist es häufig, sich mit anderen, fernen Verhältnissen zu beschäftigen, was umso informativer ist, wenn die Ergebnisse auf das vertraute eigene System rückgeschlossen werden. Schließlich kann am Ende eines komparativen Prozesses die Erstellung von Typologien stehen oder die Formulierung einer Theorie.

Besonderheiten von Mediensystemen

Bestimmte Medien sind in bestimmten Kontexten entstanden und deshalb stehen einzelne Länder für spezifische Ordnungsvorstellungen (zu einem globalen Überblick der Mediensysteme Hans-Bredow-Institut 2004). So entstand das öffentlich-rechtliche Prinzip nach dem Ersten Weltkrieg mit der *BBC* in → Großbritannien, das kommerzielle Prinzip dagegen im selben Zeitraum in den → USA. → Frankreich steht für eine stark etatistische, von der Exekutive her bestimmte Rundfunktradition, dazu kommt eine ausgeprägte Betonung von Eigenproduktionsquoten, die heimische Filmproduzenten schützen sollen (was das Land mit Kanada verbindet); → Italien steht für eine Variante von Klienteljournalismus und mahnt an, über die Probleme nachzudenken, die entstehen, wenn der reichste Geschäftsmann und größte Medienbesitzer (*Silvio Berlusconi*) auch noch das Amt des Ministerpräsidenten übernimmt.

Auch im Bereich der Printmedien weist der Vergleich auf große regionale Unterschiede hin. So finden wir besonders in Skandinavien, den USA und Deutschland eine ausgeprägte Lokalpresse, während sich in den klassischen Zentralstaaten Großbritannien und Frankreich auch die Presseprodukion in den Hauptstädten konzentriert. In südeuropäischen Staaten – → Spanien und Italien – wird vergleichsweise wenig Zeitung gelesen und Boulevardmedien sind weitgehend unbekannt. Japan verfügt über den höchsten Zeitungskonsum, während in den ärmsten Staaten der Welt die Presse wenig entwickelt ist und stattdessen (etwa im südlichen Afrika) das Radio eine dominierende Rolle einnimmt.

Heute haben sich die europäischen Rundfunksysteme teilweise ‚amerikanisiert'; heraus kam ein ‚duales' System mit einer kommerziellen Komponente, wie wir es auch aus Deutschland kennen. Dieses Beispiel verdeutlicht, dass Systeme nicht unverbunden nebeneinander existieren, sondern vielfältig miteinander verknüpft sind.

Dafür sind mehrere komparative Herangehensweisen vorstellbar (Kleinsteuber 2003: 386 ff.). Dazu zählen die selbstbestimmte Übernahme neuer Ideen in einem anderen Land (*Diffusion*, wie im Falle der Kommerzialisierung), die abhängige Übernahme von Medienordnungen (*Dependenz*, z. B. im alten Sowjetimperium), die zeitversetzte Einführung von Innovationen (*Temporanz*, z. B. entstand Kabelfernsehen zuerst in den USA und konnte dort beobachtet werden) und die gezielte Suche nach besten Lösungen (*Performanz*, z. B. wenn in Deutschland gezielt nach ‚Best Practice-Lösungen' gesucht wird).

Typen und Theorien

Es liegt nahe, vergleichende Ansätze so zu modifizieren, dass am Ende eine Typologie herauskommt – der Regel folgend, dass jeweils ähnliche Systeme zu Gruppen zusammengefasst werden. Eine bekannte Typologie der Weltmediensysteme stammt von der New Yorker Organisation *Freedom House*, welche die Staaten der Welt nach dem Grad der Medienfreiheit klassifiziert. Im Jahre 2002 kamen 78 Staaten (20 Prozent der Weltbevölkerung) ohne signifikante Restriktionen aus, 47 Staaten (38 Prozent) galten als teilweise frei, 68 Staaten (42 Prozent) als nicht frei (www.freedomhouse.org). Ähnliche Klassifikationen gibt es z. B. zur Freiheit des → Internet, zur Bedrohung von Journalisten oder zur Transparenz in Politik und Wirtschaft.

Entwickelt man diese Aggregation von Systemähnlichkeiten weiter und fragt ergänzend nach den Gründen für Gemeinsamkeiten bzw. Unterschiede, so können komparative Theorien daraus destilliert werden. Eine bekannte Studie aus den 50er Jahren fragte nach ‚global media philosophies' und kam nach Auswertung historischer und gegenwärtiger Erfahrung zu vier Typen von Medienordnungen: Authoritarian, Libertarian, Communist und Social Responsibility (Siebert et al. 1956).

Der kommunistische Typus schwand mit dem Ende des Ostblocks, stattdessen lief dort ein politischer Transitionsprozess ab, in dem die Medien eine hervorgehobene Rolle spielten. Bereits früher waren Wellen der Demokratisierung politischer Systeme zu beobachten (Südeuropa, → Lateinamerika; Osteuropa gilt als dritte Welle).

Die Frage liegt nahe, welche Rolle die Medien in diesen Übergangsprozessen spielten: Erwiesen sie sich eher als vorantreibende Kraft oder als Hemmnis? (Thomaß/Tzankoff 2001) Einfache Antworten sind nicht möglich, doch war oft zu beobachten, dass die Journalisten sich in Zeiten des Umbruchs nach einer Phase des

Abwartens auf die Seite der Reformer schlugen und deren Ziele in die Öffentlichkeit trugen. Belohnt wurden sie während dieser Übergangsphase durch besondere Freiheiten, während nach der nachfolgenden Konsolidierungsphase neue Herren die Medien übernahmen und neue Abhängigkeiten schufen.

Diese Transformationsprozesse verliefen in → Osteuropa recht unterschiedlich. Während in Staaten wie Polen oder Ungarn eine starke Verwestlichung der Medienverhältnisse das Ergebnis war, übernahmen in Russland neue Oligarchen den Medienbereich – oft in enger Allianz mit dem machtvollen Präsidenten, der damit Kritiker unter Druck hält.

Andere vergleichende Ansätze konzentrieren sich auf globale Ungleichheiten, auf die große Kluft zwischen reichen und den armen Staaten. Schon in den 70er Jahren waren die ungleichen und asymmetrischen Kommunikationsströme zwischen Nordamerika und Westeuropa einerseits und der Dritten Welt kritisiert worden, die von den westlichen Weltagenturen abhängig waren und kaum eigene Nachrichten zu generieren vermochten.

In der aktuellen Theorie des ‚Digital Divide' (→ Wissensklufthypothese) wird debattiert, wie unterschiedlich die neuen digitalen Möglichkeiten wie Personal Computer und Internet vom ‚Norden' und dem ‚Süden' genutzt werden und was es bedeutet, dass in absehbarer Zeit die digitalen Segnungen nur in den Industriestaaten von der großen Zahl der Bürger genutzt werden können. Andere komparative Theorien beschäftigen sich mit der Gemeinsamkeit hinter dem öffentlich-rechtlichen Prinzip – internationaler Gattungsbegriff *Public Service* – und trennen dabei übergreifende Gemeinsamkeiten – z. B. einen gesellschaftlich formulierten Programmauftrag – von nationalen Besonderheiten – z. B. den deutschen Rundfunkrat mit Vertretern gesellschaftlich relevanter Gruppen (Raboy 1996).

Praxisrelevanz

Vergleichende Ansätze haben zunehmend auch praktische Bedeutung. Beispielsweise wird im internationalen Kontext aufmerksam beobachtet, welche Erfahrungen mit der Rundfunkaufsicht gemacht wurden. Das internationale Vorbild dafür stammt aus den → USA, wo mit der *Federal Communications Commission* (FCC) seit 1934 eine unabhängige Regulierungskommission für Lizenzvergabe und allgemeine Aufsicht zuständig ist. Bei diesem Modell untersteht der gesamte Rundfunksektor (ähnlich Kanada und Australien) einer Behörde. Im Vergleich dazu ist der Aufbau von Regulierungsstrukturen in Staaten mit dualer Tradition sehr viel später – erst in den 80er Jahren – erfolgt. Zudem beschränken sich hier die Aufsichtsstrukturen auf den privat-kommerziellen Sektor, so in Deutschland und Frankreich (Hoffmann-Riem 1996). Einmalig in der Welt ist das deutsche Modell insoweit, als es mit den insgesamt 15 Landesmedienanstalten das föderale Prinzip konsequent abbildet.

Die amerikanische *FCC* war bereits von Anbeginn bestens auf die digital konvergierende Medienzukunft vorbereitet, bei der Funkmedien und Netzmedien zunehmend konvergieren, weil alle Sektoren unter ihrem gemeinsamen Dach reguliert werden. → Großbritannien hat 2004 mit der Gründung der neuen Behörde *Ofcom* auf diese Herausforderung reagiert.

Dagegen zeigt sich ein Staat wie → Deutschland an diesem Punkt unbeweglich. Während hier die Rundfunkaufsicht in der Hand der Länder liegt, wird der Telekom-Sektor vom Bund über die Regulierungsbehörde (RegTP) kontrolliert, was Kompetenzstreitigkeiten fast unvermeidlich macht, etwa wenn – was heute mit digitalen Techniken kein Problem mehr darstellt – über das Telekom-Netz Fernsehprogramme verteilt werden. Hier wäre es im Sinne von Performanz und Temporanz wichtig, die inzwischen in anderen Staaten gesammelten Erfahrungen auszuwerten und den gesamten Bereich der Kommunikationsaufsicht zu modernisieren, also auf Weltstandard zu bringen.

Bewertung und Ausblick

Die Betrachtung außerdeutscher Mediensysteme spielte lange Zeit in der deutschen → Kommunikationswissenschaft nur eine nachgeordnete Rolle. Bestenfalls wurden Entwicklungen in den USA verfolgt, weil von dort die meisten neuen Impulse kamen – und vielleicht noch in Großbritannien, dem Mutterland des Public Service-Gedankens. Zeitweise bestand ein vertieftes Interesse auch an den Verhältnissen in der DDR, was aber vor allem die Kritik am Zensurmodell im ‚realen Sozialismus' und letztlich die Höherrangigkeit des westlichen Mediensystems unterstreichen sollte.

Erst der unumkehrbare Trend zu *Globalisierung* und → Internationaler Kommunikation, der gleichermaßen von den Medien vorangetrieben und in ihnen abgebildet wird, führt uns vor Augen, welchen unmittelbaren Einfluss Medienentwicklungen fern unserer Heimat haben können. Es geht hier um die zahlreichen Organisations- und Programmimporte aus den USA, aber auch um die rasch anwachsende Bedeutung der europäischen Medienpolitik oder die ausländischen Medien, die Migranten in Deutschland versorgen. Umgekehrt wurden im letzten Jahrzehnt Elemente der westlichen Medienordnung nach Osteuropa transferiert, wo sich inzwischen wesentliche Segmente des Medienangebots in der Hand auswärtiger, oft deutscher Eigner befinden (→ Medienkonzentration).

Gegenüber diesen Tendenzen der Globalisierung haben sich allerdings auch regionale und lokale Bewegungen entwickelt, die bewusst globale Einflüsse abzuwehren versuchen und verstärkt auf örtliche Traditionen und Produktionen setzen. Hier sei daran erinnert, dass sich etwa der arabische Kommunikationsraum nach einstmals deutlicher westlicher Dominanz emanzipieren konnte und z. B. inzwischen über eine differenzierte Struktur eigener Nachrichtenkanäle verfügt (wie etwa *Al Dschasira*). Die beobachtbare Durchmischung globaler und lokaler Medientrends in einer zugleich ähnlicher werdenden und sich stärker ausdifferenzierenden Welt bezeichnen wir als ‚Glokalisierung'.

Der Blick auf die Mediensysteme der Welt verdeutlicht, dass das mannigfache globale Angebot auch als eine Art sozialen Labors interpretiert werden kann. Immer wieder erstaunt die Breite der Medienerfahrungen, die uns demonstriert, dass viele Dinge auch ganz anders – vielleicht sogar besser – gestaltet werden können als im eigenen Land. Dabei bedarf es allerdings einer ausgeprägten transkulturellen Sensibilität, denn statt die Vielgestaltigkeit der Weltmedienszene auf uns wirken zu lassen, verfallen wir allzu schnell in simple Beurteilungen. Das Fernsehsystem der USA ist nicht nur kommerziell geprägt (es verfügt z. B. über einen kleinen öffentlichen Sektor, der sich organisatorisch völlig vom europäischen Public Service unterscheidet), und nicht alle Medienangebote in der so genannten Dritten Welt stehen unter der Kuratel der jeweiligen Machthaber. Bei dem Vorhaben, die Mediensysteme in ihrer ganzen Breite zu verstehen, müssen wir uns vor der Simplifizierung, dem bequemen Rückfall in klischeehafte Stereotypenbildung hüten.

Nur bei einer unbefangen-offenen Grundhaltung gegenüber dem Erfahrungsschatz der Staaten, Gesellschaften und Kulturen dieser Welt wird es gelingen, ein umfassendes und faires Bild von der Pluralität globaler Medienverhältnisse zu gewinnen.

Literatur

Blumler, Jay G. et al. (Hrsg.) (1992): Comparatively Speaking. Communication and Culture Across Space and Time, Newbury Park CA.

Corner, John et al. (Hrsg.) (1997): International Media Research. A Critical Survey, London.
Esser, Frank/Barbara Pfetsch (Hrsg.) (2003): Politische Kommunikation im internationalen Vergleich, Wiesbaden.
Hans-Bredow-Institut (Hrsg.) (2004): Internationales Handbuch Medien 2004/2005, Baden-Baden.
Hoffmann-Riem, Wolfgang (1996): Regulating Media. The Licensing and Supervision of Broadcasters in Six Counties, New York/London.
Kleinsteuber, Hans J. (2003): Mediensysteme im internationalen Vergleich, in: G. Bentele et al. (Hrsg.): Öffentliche Kommunikation, Wiesbaden: 382-396.
Merrill, John C. (Hrsg.) (1995): Global Journalism, White Plains.
Raboy, Marc (Hrsg.) (1996): Public Broadcasting for the 21st Century, Luton.
Siebert, Fred S. et al. (1956): Four Theories of the Press, Urbana/IL.
Thomaß, Barbara/Michaela Tzankoff (Hrsg.) (2001): Medien und Transformation in Osteuropa, Wiesbaden.

Hans J. Kleinsteuber, Hamburg

Medientechnik

Definition/Begriffsbestimmung

Medien bedürfen der Mittler zwischen Produzenten und Konsumenten von Medieninhalten und diese Mittler (= lat. medium) sind ohne Technik nicht denkbar. Technik ist dabei als Nutzbarmachung naturwissenschaftlicher Erkenntnisse für konkrete Anwendungen im Interesse der Menschen zu verstehen (Kleinsteuber 1999; Weischenberg 2002).

Die Entwicklung moderner Massenmedien steht in ständiger Wechselwirkung mit (medien-)technischen Innovationen; ihre Wurzeln werden meist in der Erfindung der Buchdrucktechnik gesehen. Sie schuf die Grundlage für die Evolution von Druckmedien (engl. Printmedien); aus der drahtlosen Funkentechnik entstand der Rundfunk (engl. Broadcasting). Viele zentrale Begriffe, die wir mit Medien identifizieren, haben ihren Ursprung in naturwissenschaftlichen Zusammenhängen; so bezieht sich das → Radio auf radius (= Strahl) oder der Rundfunk auf die Funkentechnik.

Die Möglichkeiten der Technik bestimmen bei der Übertragung von Medieninhalten immer die materiellen Rahmenbedingungen, die weder durch juristische noch durch politische, ökonomische oder kulturelle Anforderungen verändert werden können. Dazu gilt, dass sich die Technik zu den Inhalten ähnlich verhält wie Hardware zu Software in der Computertechnik. Dies impliziert, dass publizistische Inhalte wesentlich von deren technischer Grundlage mitbestimmt werden. Darum müssen diese Inhalte immer medienspezifisch aufbereitet werden. Nachrichten aus der mit Monitoren bestückten Redaktion, präsentiert im Ganzseitenumbruch und vervielfältigt in Rotationspressen, müssen anders angepackt werden als solche, die im digitalen Radiostudio produziert, auf die Sendeantenne gegeben und im Empfänger in auditive Signale rückverwandelt werden.

Geschichte/Entwicklung

In jeder neuen Medientechnik stecken, wie die Mediengeschichte zeigt, Bestandteile älterer Kulturtechniken. Tatsächlich wurde bereits in der Antike mittels Keilschrift auf Tontafeln, mittels Hieroglyphen auf Papyrus, mittels Tafel und Griffel kommuniziert. Im Mittelalter standen Feder und Briefpapier im Mittelpunkt; die Versendung von Briefen stellte ein kaiserlicher Postdienst sicher. (Innis 1950)

Wenn wir die Anfänge der modernen Massenkommunikation auf die Erfindung des Buchdrucks durch *Johannes Gutenberg* (1394-1468) um 1450 datieren, so deshalb, weil damit die Grundlagen für eine massenhafte Reproduktion von Medieninhalten geschaffen wurden. Um 1620 war es dann so weit, dass Nachrichten, die schon lange zuvor handschriftlich ausgetauscht worden waren, in regelmäßig erscheinenden, gedruckten Zeitungen

(→ Presse) publiziert wurden. Die weitere Entwicklung der Zeitung von einem teuren und elitären Medium für wenige zu einem Massenprodukt wurde von *technischen Innovationen* begleitet. So steht der Beginn der Boulevardpresse (→ Boulevard-Journalismus) in engem Zusammenhang mit der Entwicklung von Schnellpressen und später mit der Möglichkeit, Bilder in das Druckbild einzufügen.

Kostengünstige Produktion und Aktualität der Zeitungen wurden entscheidend verbessert durch den Einsatz der mechanischen Setzmaschine *Linotype* (1886). Bereits vor dem Ersten Weltkrieg wurde damit begonnen, farbliche Akzente zu setzen, etwa bei Unterstreichungen auf der Titelseite oder bei Comics. Eine Revolution in den Redaktionen löste die Einführung von Computertechniken ab den 70er Jahren aus. Artikel werden heute – gleich ob für Print- oder Online-Medien – in vernetzten Redaktionssystemen erstellt.

Erste Grundlagen für die elektronische Kommunikation waren mit dem Telegrafen (1838) und dem Telefon (1876) in den USA gelegt worden (Winston 1998). Mit Telegrafen und Morse-Alphabet wurden die Voraussetzungen für erste → Nachrichtenagenturen (technisch metaphorisch ‚wire agencies' genannt) geschaffen; seitdem bedienen sich die ab etwa 1850 tätigen Agenturen, die bald weltweit zu agieren begannen, jeweils modernster Übertragungstechniken.

Diese frühen, bidirektionalen Kommunikationstechniken entstanden vorrangig in den USA, was oft mit dem demokratisch-partizipativen politischen System in Verbindung gebracht wurde. In Europa wurden spezifische Eigenheiten der elektromagnetischen Wellen, zuerst beobachtet bei der Funkenübertragung, genutzt, um daraus drahtlose Sendestrecken aufzubauen.

Die frühe Entwicklung der Funktechnik ist eng mit dem Namen *Guglielmo Marchese Marconi* (1874-1937) verbunden. Sie war monodirektional angelegt und schuf die Voraussetzungen dafür, nach dem Ersten Weltkrieg private Haushalte in die Übertragung einzubeziehen und damit das → Radio und den Hörfunk zu schaffen (1919/20 in Nordamerika, 1923 in Deutschland). Die Übertragung erfolgte anfänglich über Lang-, Mittel- und Kurzwelle in Amplitudenmodulation (AM). Nach dem Zweiten Weltkrieg kam die Ultrakurzwelle (UKW) in Frequenzmodulation (FM); es folgten Stereoübertragung, digitale Datendienste etc.

Parallel wurde mit der Technik des → Fernsehens experimentiert, die in den 30er Jahren in verschiedenen Staaten prinzipiell einsatzbereit war, sich aber erst nach dem Zweiten Weltkrieg als Regeltechnik durchsetzte (in den USA ab 1945, in Deutschland 1954). Das TV-Signal wurde anfangs terrestrisch und in Schwarz-weiß ausgestrahlt; 1967 wurde das Farbbild eingeführt. Später kamen Stereoton, Videotext (Texttafeln übermittelt in der Austastlücke) etc. dazu. Diese Art der Ausstrahlung bot angesichts der Begrenztheit des elektromagnetischen Sendespektrums nur eine geringe Zahl von Sendekanälen.

Dies änderte sich in den 80er Jahren durch den Einsatz der so genannten ‚Neuen Medien' Kabel und Satellit, über die seinerzeit eine heftige Debatte geführt wurde. Heute beziehen über 60 Prozent der deutschen Haushalte ihr Programm über Koaxialkabel, über 30 Prozent via Rundfunksatellit (meist Astra). Damit war eine Vervielfachung des Programmangebots verbunden, und kommerzielle Anbieter wie z. B. *Sat.1* konnten entsprechend expandieren.

Alle bisher beschriebene Rundfunkübertragung fand in analoger Technik (= das Signal wird in Zwischenwerten abgebildet) statt, was klare Grenzen in Kapazität und Qualität setzte. Seit den 80er Jahren findet eine sukzessive Digitalisierung (= das Signal wird in genau definierten Werten, einem binären Kode übertragen) aller Medien statt. Inzwischen befinden wir uns in einer Phase der Einführung digitalen Hörfunks und Fernsehens; die Digitalisierung überformt aber auch alle anderen Varianten von Medien und führt zu deren Konvergenz.

Forschungsstand

Die technische Grundlage aller Medien wird in Deutschland mit seiner idealistischen Wissenschaftstradition gern unterschätzt. So ist es üblich, kommunikationswissenschaftliche Lehrbücher über Medien zu schreiben, ohne deren technische Grundlagen angemessen zu thematisieren.

Dies wird durch die traditionelle Zweiteilung in der wissenschaftlichen Erarbeitung von Medien unterstützt: Die technische Entwicklung obliegt den Ingenieuren und Naturwissenschaftlern; die inhaltliche Füllung wird von sozial- und geisteswissenschaftlichen Disziplinen bearbeitet. Auf dieser Grundlage ist in Deutschland eine Art *dezistionistisches* Modell entstanden, wobei Technik als neutral oder ‚jungfräulich' interpretiert wird, während Wissenschaft, Politik und Ökonomie darüber entscheiden, wie sie gesellschaftlich angemessen (z. B. sozialverträglich) eingesetzt wird.

Das kann zu Fehleinschätzungen führen. Es beruhte z. B. auf technischem Unverstand, als zehn Jahre lang – zwischen 1975 und 1985 – die Vorzüge eines Rückkanals in den Koaxialkabelnetzen Deutschlands lang und breit in Wissenschaft und Politik debattiert wurden, diese technische Lösung aber real gar nicht zur Verfügung stand.

Insbesondere in Nordamerika entstand das Gegenmodell zu dieser deutschen Tradition. Die Wechselbeziehungen zwischen Technik und Inhalt werden weitaus stärker thematisiert; ein typisches Lehrbuch informiert zu Anfang über die den Medien zugrunde liegenden technischen Rahmenbedingungen. Diese Sichtweise fördert die Entstehung eines *deterministischen* Modells, bei dem die Technik der Medien wesentlich bestimmt, in welcher Form Inhalte präsentiert werden.

Dieser Ansatz wurde bei uns vor allem in den Arbeiten des Kanadiers *Marshall McLuhan* (1911-1980) bekannt. In den 60er Jahren noch eher belächelt, findet er inzwischen breite Anerkennung. Von ihm stammt die griffige Formel „The Medium is the Message" – die technische Struktur der Medien bestimme die inhaltliche Botschaft (McLuhan/Quentin 1967).

Es sind vor allem die neuen Medientechniken der 80er Jahre Kabel und Satellit und die vernetzten Computer mit den Online-Medien aus den 90er Jahren, die uns die große Bedeutung der technischen Strukturen hinter den Medien vor Augen führen. Inzwischen hat sich auch bei uns eine differenzierte Sicht auf die Medientechnik durchgesetzt, die Elemente eines zumindest sanften Determinismus enthält. Folglich steht heute eine Sichtweise im Vordergrund, bei der von ständiger Wechselwirkung zwischen technischer und inhaltlicher Seite der Medien ausgegangen wird.

Aktuelle Situation

Die derzeitige Debatte um neue Medientechniken wird vom Prozess der *Digitalisierung* beherrscht. Dabei geht es darum, dass die in jeder Hinsicht überlegene digitale Technik, die aus der Computerentwicklung stammt, die bisherigen Medientechniken ablöst. Diese Digitalisierung erfolgt in einem langjährigen Prozess, begleitet von Hoffnungen auf schnelle Markteinführungen, die auf einen Mediennutzer treffen, der z. T. skeptisch auf die neuen Angebote reagiert. Dieses Szenarium löst immer wieder Verzögerungen aus, bis hin zum völligen Scheitern neuer Techniklinien. Die Digitalisierung verändert nicht nur die herkömmliche Medienwelt. Vernetzte Computer selbst werden zu Medien, wenn sie den Zugang zu Online-Portalen mit publizistischen Inhalten eröffnen oder Internet-Radio ermöglichen.

Die Digitalisierung führt zu einer Reihe unbestreitbarer Vorteile gegenüber bestehenden Medientechniken; dazu zählen:

- Das Signal kann komprimiert werden, ermöglicht damit die weitaus ökonomischere Nutzung von Frequenzen (eine analoge TV-Frequenz nimmt sechs und mehr digitale Programme auf).
- Das Signal ist robuster, weniger störanfällig und benötigt weniger Energie.
- Das Signal ist transparent, ermöglicht gleichzeitig alle multimedialen Anwendungsformen (Ton, Bild, Text, Grafik etc.) und die Präsentation über eine Plattform (z. B. Monitor).
- Das Signal kann bidirektional ausgetauscht werden, Interaktivität ermöglicht völlig neue Lösungen (E-Mail, Recherche, Spiele etc.).

Entlang der Übertragungslinie der medialen Kommunikation ist die Digitalisierung sehr ungleich fortgeschritten. Im Bereich der Produktion wurde sie weitgehend abgeschlossen. Dazu zählen das elektronische Redaktionssystem in den Zeitungs- und Onlineredaktionen und die digitalisierten Studios bei Hörfunk und Fernsehen. Die Übertragung zum Endverbraucher wird in diesen Jahren von analogen auf digitale Signale umgestellt.

Im Hörfunk wurde bereits in den 90er Jahren ein *Digital Satellite Radio* (DSR) via Kabel von der Telekom eingeführt, das aber mangels ausreichender Nachfrage eingestellt werden musste. Für die terrestrische Übertragung wurde als europäisches Projekt *Digital Audio Broadcasting* (DAB) entwickelt, das sich seit 1999 im deutschen Regelbetrieb befindet. Aus Mitteln der Rundfunkgebühr wurde inzwischen der größte Teil Deutschlands mit einem digitalen Radiosendenetz erfasst. Das Interesse an DAB-Empfängern ist allerdings weiterhin gering; auch spezielle Programmangebote gibt es nur wenige.

Schneller geht die Digitalisierung der Fernsehübertragung in der Norm *Digital Video Broadcasting* (DVB) voran. Seit 1996 senden Satelliten in dieser Technik (DVB-S), wenig später begann die digitale Umstellung von Kabelnetzen (DVB-C). Im Jahre 2003 wurde Berlin weltweit der erste Kommunikationsraum, in dem Fernsehen nurmehr in DVB-T ausgestrahlt wird. Ein Beschluss der Bundesregierung besagt, dass im Jahr 2010 die analoge Übertragung für Fernsehen, 2015 für den Hörfunk beendet wird.

Am wenigsten ist die Digitalisierung der Empfangsgeräte fortgeschritten. Die weiterhin analog arbeitenden TV-Empfänger benötigen fast immer einen Decoder (die so genannte Set-Top-Box), um das digital ankommende Signal analog weiterverarbeiten zu können. Digitales Fernsehen über Kabel und Satellit wird massiv von Pay-TV-Anbietern – in Deutschland von *Premiere World* – zur Übertragung ihres ‚Bouquets' von Programmen genutzt. Inzwischen ist aber auch ein breites Angebot ‚freier' digitaler TV-Sender via Satellit verfügbar; sie addieren sich insgesamt zu mehreren hundert Programmen, darunter viele aus entfernten Ländern, etwa aus der arabischen Welt.

Wieder anders sieht es bei Speichertechniken aus. Hier löste die digitale Compact Disc (CD) die analoge Vinyl-Schallplatte bereits fast vollständig ab. Inzwischen sind Geräte für Videoaufzeichnung und -wiedergabe in der Auslegung *Digital Video Disc* (DVD) ein großer Erfolg am Markt, auch die Harddisc wird zunehmend als Speicher für TV-Programme eingesetzt.

Computernetze entstanden schmalbandig. Sie übertragen aber inzwischen immer größere Bandbreiten; die Metapher für diese Hochleistungsinfrastrukturen ist der ‚Information Highway' (Kleinsteuber 1996). Neben den bekannten Online-Zeitungen sind über Streaming-Techniken auch Internet-Radiostationen erreichbar; genannt werden etwa 10.000 weltweit. Sobald breitbandiges Internet installiert wird – z. B. über Telefonienetze (ADLS) oder Kabelnetze (Kabelmodems) – ist auch *Video-on-Demand* möglich, also der individuelle Abruf von Videofilmen. Dieses Angebot konkurriert mit digitalem Pay-TV und steht noch am Anfang.

Im Zusammenhang mit digitalen Medien wird immer wieder auf Konvergenzprozesse verwiesen, also das Verschmelzen von Medien-, Telekommunikations- und Informationstechniken. Tatsächlich finden bei Zeitungen Online, Internetradio, Video über das Telefonienetz oder Agenturmeldungen auf Handy ständig Grenzüberschreitungen statt, die so früher undenkbar waren.

Andererseits ist die medientechnische Geschichte immer wieder von konvergenten Prozessen begleitet gewesen (das Fax-Gerät verbindet z. B. Telefonie und Bildübertragung); es handelt sich also um einen kontinuierlichen Prozess. Außerdem führen beim Konsumenten eingefahrene Gewohnheiten dazu, dass viele der neuen konvergenten Angebote nur zögerlich angenommen werden.

Internationale Aspekte

Medientechniken haben einen gewaltigen Beitrag zur Globalisierung geleistet. Dabei ist die → internationale Kommunikation über große Distanz nicht das eigentlich Neue: Unsere Schrift stammt aus Mesepotamien; die Zahlen stammen aus Indien; das Geheimnis der Papierherstellung stammt aus China. Und seit weit über 100 Jahren können wir ohne Zeitverzug global kommunizieren; das erste transatlantische Unterwasserkabel ging bereits 1866 in Dienst.

Aber diese Weltnetze standen nur kleinen Eliten in Politik, Militär und Wirtschaft zur Verfügung; für Privatleute waren sie unerschwinglich. Einen Schub erhielt die globale Kommunikation vor allem durch zwei Techniken: Satellit und → Internet. Mit drei geostationär platzierten Rundfunksatelliten ist es z. B. heute möglich, die bewohnten Teile des Erdkreises mit TV-Programmen zu versorgen. So entstand ein sich rasch verdichtendes Angebot von globalen News- (*CNN*) und Musikkanälen (*MTV*), die inzwischen regionale Konkurrenz bekommen und sich deshalb diversifiziert haben.

Während das globale TV von einigen großen und finanzkräftigen Akteuren kontrolliert wird, öffnet sich das Internet auch vergleichsweise kleinen und finanzschwachen Anbietern, von denen viele aus der Zivilgesellschaft kommen. So sind in diesem Bereich neben professionellen Informationsanbietern (z. B. *CNN.com*) auch alternative Angebote zu finden wie die von *Indymedia* (indymedia.org), die sich als Gegengewicht zu global agierenden Medienkonzernen verstehen.

Ein weiteres Merkmal der internationalen Entwicklung sind *zunehmende Ungleichzeitigkeiten*. Digitales Fernsehen ist z. B. innerhalb Europas in Großbritannien weit verbreitet (2002: 30 Prozent der Haushalte), in Deutschland steckt es in den Anfängen (7 Prozent), anderswo ist es fast unbekannt (Griechenland unter 1 Prozent).

Konsequenzen

Die Digitalisierung der Medien hat bereits heute zu weit reichenden Veränderungen im → Journalismus geführt. Redakteure an ihren Computerterminals übernehmen Satz und Layout ihrer Zeitung und haben traditionsreiche Berufsgruppen wie die der Setzer überflüssig gemacht. Sie schätzen zwar die damit verbundene Erhöhung der Kontrolle über das eigene Produkt. Gleichzeitig aber nimmt die Häufigkeit von Schreibfehlern zu, weil Nachkontrollen fehlen. Journalisten haben, so ergaben Studien, nach anfänglicher Skepsis die Vorzüge der neuen Technik anerkannt und sich längst im digitalen Alltag zurechtgefunden (Prott 1983; Steg 1992).

Digitale Lösungen sind inzwischen so preiswert, dass sie auch von kleinen Anbietern eingesetzt werden können, die meisten Journalistenbüros und → Freien Journalisten arbeiten mit ihnen. Die freiwillige oder erzwungene Tätigkeit in einer redaktionellen ‚Ich-AG' geht oft mit dem Einsatz neuester digitaler Technik einher – inkl. digitaler Kameras für den Printjournalisten oder digitaler Schnittgeräte für Funkjournalisten.

Die Digitalisierung öffnet den Weg für weit reichende Rationalisierungsmöglichkeiten. Während in der Phase der ‚New Economy'-Euphorie noch viele neue Online-Redaktionen eingerichtet wurden, findet nun in der nachfolgenden Krisenstimmung zunehmend – für den Nutzer kaum erkennbar – ‚Outsorcing' statt (→ Deutschland). Publizistische Produkte werden zentral produziert und zugekauft. So liefern Nachrichtenagenturen Inhalte für Online-Portale oder spezialisierte Agenturen bieten ganze, fertig umbrochene Seiten an, etwa für die Wochenendausgabe.

Inzwischen sind auch Nachrichtenportale entstanden. Das bekannteste ist von *Google News* (news.google.com), das bestehende Angebote weltweit beobachtet, nach statistischen Parametern auswertet und die meistgenannten Themen zum eigenen Top-Thema macht. Einerseits kommen derartige Angebote völlig ohne eigene Redaktion aus, arbeiten also parasitär; andererseits ermöglichen sie einen einzigartigen Überblick über die weltweite Nachrichtenlage.

Ein weiteres Element stellt die potenzielle Dialogisierung der Medienkommunikation dar. Über Online-Portale ist die problemlose Rückkommunikation mit der Redaktion möglich. Der Redakteur, der mit seiner E-Mail-Adresse den Artikel zeichnet, muss mit sehr viel mehr Leserpost rechnen. Das ermöglicht ihm, die Resonanz seiner Berichte genauer abzuschätzen, gleichzeitig stellt die Bearbeitung von Antworten eine zusätzliche Belastung dar.

Der Redakteur der Zukunft (→ Journalismus) wird sich auf neue technische Herausforderungen und Fertigkeiten einstellen müssen. Dazu wird er sich zugleich stärker spezialisieren müssen; inzwischen wird vom Berufsfeld des ‚technischen Redakteurs' gesprochen. Auf der anderen Seite ist er gut beraten, wenn er sich unter dem Vorzeichen publizistischer Konvergenz nicht nur auf ein spezifisches Medium festlegt.

In den neuen digitalen Welten wird Multimedia und → Crossmedia im Vordergrund stehen; ein Beitrag, verfasst für ein Medium, ist problemlos in einem anderen sekundär zu verwerten. Dazu kommt die beliebige Verknüpfung von Text, Bild, Grafik, Hör- und Videosequenz innerhalb eines Portals, die ganz neue Anforderungen an den Online-Journalisten stellt.

Bewertung und Ausblick

Jede Technik ist janusköpfig, bietet Chancen und Risiken zugleich (Riehm/Wingert 1995). Waren in früheren Technikgenerationen ihre Schöpfer dankbar, wenn die Systeme überhaupt funktionierten, so ermöglicht die leistungsfähige Digitaltechnik heute ein „Communication by Design" (Mansell/Livingstone 1996), also ein differenziertes Einstellen der Technik auf bestimmte vorgegebene Aufgaben.

So führte die Einführung der digitalen Universaltechnik in den Medienbereich nicht – wie bei Computern und Internet – zu einer globalen Vereinheitlichung. Um das hochauflösende Fernsehen *High Definition Television* (HDTV) kam es zu einem Wettlauf zwischen Japan, Europa und USA. Während die Erstgenannten ihre jeweils inkompatiblen Techniken zurückzogen, wurde digitales HDTV bisher nur in den USA eingeführt; Europa arbeitet an eigenen Lösungen.

Pay-TV wurde in Europa in bewusst proprietärer (= vom Hersteller bestimmter, inkompatibler) Technik eingeführt (z. B. die d-box von *Premiere*), so dass nationale Versorgungsräume von den Anbietern kontrolliert werden können. Eine europäische Initative in Richtung offener Architektur kulminierte in der Entwicklung einer *Multimedia Home Platform*

(MHP), die einerseits keinen Anbieter diskriminiert, zum anderen umfängliche interaktive Lösungen anbietet.

Nun stehen geschlossene gegen offene Konzepte in Europa, und es ist keineswegs ausgemacht, dass die proprietäre Logik machtvoller Marktakteure überwunden werden kann. Während besonders in Amerika in technikdeterministischer Tradition postuliert wurde, die neuen Angebote seien „Technologies of Freedom" (Sola Pool 1983), ist keineswegs gesichert, dass sich offene und freie Designs tatsächlich durchsetzen.

Die Erfahrung hat gezeigt, dass Medien trotz technischen Wandels nicht verschwinden; vielmehr bauen sie historisch aufeinander auf, wobei frühere Formen heute in neuer Weise weiterleben. So wird das Internet weder die Zeitung verschwinden lassen, noch das Internet-Radio den herkömmlichen Sender. Vielmehr ist eine deutliche Vermehrung und -verbreiterung der Übermittlungswege zu beobachten. Dabei zeichnet sich schon jetzt ab, dass trotz aller technischen Konvergenz der Konsument mit seinen Gewohnheiten letztlich zukünftige Techniklösungen bestimmt.

Das Wohnzimmer wird auch weiterhin von der passiven Unterhaltungsmaschine Fernsehen – zukünftig in Leinwandgröße und mit Rundum-Sound – beherrscht werden, wobei monodirektional präsentierte Angebote – manche frei, manche bezahlt – vorherrschen werden. Im Arbeitszimmer wird dagegen der Computer die Szene beherrschen, mit einem breiten Angebot individuell abrufbarer Informationsangebote und der Möglichkeit der Recherche, des Chattens, des Feedbacks und anderer Formen individueller Aktivität. Die erstgenannte Nutzung erfolgt entspannt ‚leaning back', die zweite konzentriert ‚leaning forward'. Beide Varianten der Kommunikation werden ausschließlich digital erfolgen und sich technisch kaum mehr unterscheiden.

Die Beharrlichkeit des Nutzers ist bei vielen euphorischen Szenarien der digitalen Zukunft viel zu wenig beachtet worden. Die Designer der neuen Umwelten müssen sie weit ernster nehmen. Denn nicht wenige der mit großen Versprechungen angetretenen neuen Angebote – HDTV oder DSR – haben am Markt schlicht versagt; andere wie DAB haben schwer zu kämpfen.

Hier ist die → Kommunikationswissenschaft gefordert, sich weit mehr mit ihrem Kenntnisstand einzubringen und für nutzerfreundliche und offene Medienlandschaften der Zukunft einzutreten.

Literatur

Innis, Harold A. (1950): Empire and Communications, Toronto.

Kleinsteuber, Hans J. (Hrsg.) (1996): Der Information Superhighway. Amerikanische Visionen und Erfahrungen, Opladen.

Kleinsteuber, Hans J. (1999): Massenmedien, in: St. Bröchler et al. (Hrsg.): Handbuch Technikfolgenabschätzung, Bd. 3, Berlin: 795-812.

Mansell, Robin/Roger Livingstone (Hrsg.) (1996): Communication by Design. The Politics of Information and Communication Technologies, New York.

McLuhan, Marshall/Fiore Quentin (1967): The Medium is the Message, Harmondsworth.

Prott, Jürgen et al. (1983): Berufsbilder der Journalisten im Wandel? Zeitungsredakteure unter den Bedingungen der Bildschirmarbeit, Frankfurt/M.

Riehm, Ulrich/Bernd Wingert (1995): Multimedia – Mythen, Chancen und Herausforderungen, Bonn.

Sola Pool, Ithiel de (1983): Technologies of Freedom. On Free Speech in an Electronic Age, Cambridge/MA.

Steg, Thomas (1992): Redakteure und Rationalisierung, Frankfurt/M.

Weischenberg, Siegfried (2002): Journalistik, Bd. 2, Wiesbaden.

Winston, Brian (1998): Media Technology and Society, New York.

Hans J. Kleinsteuber, Hamburg

Medientheorien

Definition/Begriffsbestimmung

Unter dem Begriff der ‚Medientheorien' werden Aussagenzusammenhänge verstanden, von denen jeder auf seine Weise festlegt und begründet, was man unter Medien verstehen soll, und darauf aufbauend beschreibt und erklärt, was aus dieser Definition folgt. Beispielsweise kann man den Begriff des Mediums durch eine Aufzählung einzelner Medien – Zeitung, Zeitschrift, Buch, Fernsehen usw. – bestimmen und dann alle oder einige dieser Medien charakterisieren: Welche Wahrnehmungskanäle sie ansprechen, wie die Produktion von Inhalten organisiert ist und wie sie rezipiert werden. Oder man kann ganz allgemein definieren, was ein Medium sein soll – beispielsweise hat *Marshall McLuhan* (1911-1980) unter einem Medium all das verstanden, was zwischen Mensch und Umwelt ist: Buch und Fernsehen, aber auch Werkzeuge, Waffen oder Kleidungsstücke. In einer derartigen Theorie hat die Erfindung neuer Medien dann manchmal große Konsequenzen für Kultur und Gesellschaft, über die man sich Gedanken machen muss.

Medienbegriffe und darauf aufbauend Medientheorien können also ganz unterschiedlich angelegt sein; es gibt eine Vielzahl von Wissenschaftlern aller Art, die dazu Konzeptionen und Theorien entwickelt haben. In vielen einführenden Texten werden Medientheorien deshalb als Ideen einzelner Autoren vorgestellt (Pias et al. 2002; Kloock/Spahr 2000).

Hier wird dagegen ein anderes Ordnungsprinzip gewählt: Medientheorien werden danach sortiert, auf welche Art von Medien sie sich beziehen und auf welchen Grundlagen sie aufbauen. Das macht Sinn, weil keine Theorie und auch keine Medientheorie bei Null anfängt; vielmehr setzen alle etwas voraus. Was vorausgesetzt wird, ist dann aber wichtig, wenn es darum geht, die Tragweite einer Theorie einzuschätzen, aber auch, um zu beurteilen, welche Art von Medientheorien am ehesten Antworten auf die Fragen gibt, die Leser haben.

In diesem Sinn werden hier vier Typen von Medientheorien vorgestellt:

- Die erste Gruppe bilden intuitiv oder mit elementaren Eigenschaften begründete Medientheorien – etwa die, die einfach mit einer Aufzählung beginnen, welche Medien es gäbe –; sie haben ihren Schwerpunkt darin, dass sie es ermöglichen, einzelne Medien wie Fernsehen oder Buch voneinander zu unterscheiden und dann genauer zu beschreiben.
- In der zweiten Gruppe finden sich Medientheorien, die einen allgemeinen Medienbegriff unterstellen und dann dessen Konsequenzen herausarbeiten – ein Beispiel ist der Ansatz McLuhans, der seinen Medienbegriff nicht weiter rechtfertigt, sondern nach der kulturellen oder gesellschaftlichen Bedeutung von Medien fragt.
- Als dritte Gruppe umreißen wir die Medientheorien, die wie die Kulturindustrietheorie vor dem Hintergrund großer Basistheorien entstanden sind; marxistische und systemtheoretische Medienvorstellungen sind weitere Beispiele. Sie leiten die Bedeutung von Medien von diesen allgemeiner angelegten Theorien ab.
- Als vierte Gruppe schließlich fassen wir neuere Medientheorien zusammen, welche die zunehmende Bedeutung der digitalen Medien wie PC und → Internet berücksichtigen und die (wie beispielsweise die Medientheorie *Paul Virilios*) auf die Zukunft der Menschheit in der so genannten Mediengesellschaft gerichtet sind.

‚Intuitiv-elementare' Theorien

Die in dieser Gruppe zusammengefassten Medientheorien gehen im Prinzip davon aus, dass ein Medium ein Mittel bzw. ein Vermittelndes ist, wie es die Herkunft dieses Wortes aus dem Lateinischen nahe legt. In dieser allgemeinen Bedeutung lassen sich in vielen Wissenschaften und auch in Nichtwissenschaften Medienbegriffe finden. Einen solchen Ansatz kann man dann im Rahmen der → Kommunikationswissenschaft und der Journalistik auf publizistische Medien einschränken und auf zwei Arten theoretisch weiterentwickeln: durch Einzelmedientheorien, indem man etwa → Radio, Zeitung (→ Presse) oder Kino gesondert betrachtet, oder indem man gemeinsame Eigenschaften verschiedener Medien ermittelt und so funktionale Typologien von Medien als Grundlage einer Medientheorie konstruiert.

Einzelmedientheorien gibt es zu den wichtigsten publizistischen Medien. Hier werden etwa Theater, Plakat und Flugschrift, Brief, Buch, Heftchen, Zeitung und Zeitschrift, dann Telefon, Foto, Film, Schallplatte, Hörfunk, und schließlich Fernsehen, Video, CD und Computer als Medien benannt, also das, was im allgemeinen Sprachgebrauch als Medium bezeichnet wird. Jedes dieser einzelnen Medien hat eine technische Seite (→ Medientechnik), eine eigenständige, komplexe, meist auch institutionelle Einbettung in Kultur und Gesellschaft und eine eigenständige Geschichte, die in Zusammenhang mit den anderen Medien steht. Wie bekannt, kann diese Geschichte wechselvoll sein – so wurde das Telefon ursprünglich zur Übertragung von Musik erfunden, hat sich aber für ganz andere Zwecke durchgesetzt.

Einzelmedientheorien müssen dann je nach Medium ganz unterschiedliche Besonderheiten mit berücksichtigen. So sind etwa Brief und Telefon Medien der interpersonalen → Kommunikation, deren Verfügbarkeit professionell (durch Unternehmen wie die Telekom oder die Post) gesichert ist.

Im Falle von Medien wie → Fernsehen und Film sind dagegen Produktion und Rezeption funktional voneinander getrennt, wobei für die Produktion von Inhalten eigenständige Einrichtungen wie Verlage oder Fernsehveranstalter zuständig sind. Fernsehen und Film unterscheiden sich ihrerseits aber etwa in der Art der staatlichen → Regulierung ebenso voneinander wie in ihrer gesellschaftlichen Bedeutung, wie die Begriffe ‚Leitmedium Fernsehen' oder ‚Fernsehgesellschaft' erkennen lassen. Dementsprechend kann man zu jedem einzelnen Medium eigenständige theoretische Aussagen über Produktion, Distribution, Rezeption sowie über seine institutionelle Verankerung in der Gesellschaft und seine gesellschaftliche Bedeutung machen.

Die auf Einzelmedien bezogenen theoretischen und historischen Aussagen müssen also je neu untersucht werden. Beispiele für tiefer gehende, komplexe Einzelmedientheorien, die auf die Funktionsweise der Gesellschaft hinweisen, liegen mit der Radiotheorie *Bertold Brechts*, der Fernsehtheorie von *Hans Magnus Enzensberger* oder der von *Siegfried Kracauer* begründeten Filmtheorie vor (Faulstich 1995).

Daneben gibt es vielfältige Versuche, durch Gegenüberstellungen auf der Basis intuitiver Vorannahmen typologische Medientheorien zu konstruieren. Die einfachste Unterscheidung dieser Art liegt mit der Gegenüberstellung von Medien der interpersonalen Kommunikation und der Massenkommunikation vor. Differenzierter können beispielsweise Printmedien, szenische Medien, audiovisuelle Medien und computergestützte Medien voneinander unterschieden werden.

Andere Differenzierungen setzen an der Frage an, unter welchen Bedingungen Medien ‚funktionieren'. So ist etwa das Telefon ein synchrones Medium, während der Brief ein asynchrones Medium ist. Auch werden manchmal so genannten Ablaufmedien, die wie das Fernsehen zu einer bestimmten Zeit etwas Bestimmtes offerieren, von Abrufmedien abgegrenzt; Abrufmedien sind beispielsweise Websites, die jederzeit den gleichen Inhalt anzeigen.

Eine komplexere Unterscheidung liegt mit der Differenzierung zwischen primären, sekundären und tertiären Medien vor. *Primäre Medien* sind dabei Medien, die ohne Technikeinsatz auskommen, wie z. B. die Sprache (wobei strittig ist, ob Sprache überhaupt ein Medium ist); *sekundäre Medien* sind Medien, bei denen ein Technikeinsatz auf der Produktionsseite stattfindet, wie z. B. bei der Zeitung; und *tertiäre Medien* sind Medien, die wie das Fernsehen Technik auf der Produktions- und Rezeptionsseite erfordern.

Jede diese Unterscheidungen bildet die Basis für unterschiedliche medientheoretische Aussagen. Nicht zuletzt werden über unterschiedliche Medienformen ja auch unterschiedliche Wirkungen (→ Medienwirkungen) erzielt, wie dies z. B. die Theorie der wachsenden Wissenskluft (→ Wissensklufthypothese) behauptet. Diese Theorie besagt unter anderem, dass Menschen, die ihre Informationen aus Printmedien beziehen, eher ihr abstraktes Denken üben, während Menschen, die sich mittels des Fernsehens informieren, eher ihre Assoziationsfähigkeiten und Emotionen entwickeln.

Medienbezogene Theorien

Als weitere Gruppe von Medientheorien lassen sich Entwürfe zusammenfassen, die sich dem Thema Medium und seiner Rolle in Kultur und Gesellschaft in einer komplexen Weise annähern, ohne dabei aber ihre Begriffe und Fragestellungen aus einer übergeordneten sozialen und Kulturtheorie abzuleiten. (Schöttker 1999) Ein berühmtes Beispiel für eine solche Theorie ist die medienhistorische Theorie des Ökonomen *Harold A. Innis* (1894-1952). Innis stieß in den 40er Jahren des vergangenen Jahrhunderts bei der Untersuchung der Frage, wovon der kanadische Holzexport abhing, auf die Zeitungskonjunktur in den Vereinigten Staaten. Davon angeregt beschäftigte er sich genauer mit Medien und entwickelte die Grundlagen einer universellen Mediengeschichte, die darauf abzielt, ökonomische Strukturen, gesellschaftliche Machtverhältnisse und die jeweils vorherrschenden Medien in Bezug zueinander zu setzen. Beispielsweise brauchen traditional legitimierte Gesellschaftsformen überdauernde Medien, während aggressive Großreiche zur Kriegsführung leicht transportierbare Medien benötigen. (Innis 1951)

Der Ansatz von Innis wurde dann von *McLuhan* (z. B. 1968) aufgenommen, der daraus eine breit rezepierte Medientheorie entwickelt hat. Danach ist alles ein Medium, was zwischen Mensch und Umwelt anzutreffen ist – also auch Aussichtstürme, die Straße oder Kleider, aber eben auch Medien, die wie das Fernglas oder das Fernsehen die Wahrnehmung verändern. Mediengeschichte wird dann zur Gesellschaftsgeschichte, und nach McLuhan folgte einer Epoche des Hörens eine Epoche des Sehens als wichtigster Wahrnehmungsart, bedingt durch Schrift und Druckmaschine.

Heute dagegen stehen wir am Beginn der Ära der elektronischen Medien – nach McLuhan verschwinden mit der „Gutenberg-Galaxis" die Entfremdung zwischen den Menschen, das unheilvolle Expertentum, der überzogene Individualismus. Die Welt wird stattdessen zum globalen Dorf, in der alle Nachbarn sind. *Neil Postman* (1931-2003) hat bekanntlich diese Beschreibung aufgenommen, aber ihre Bewertung umgekehrt: Die audiovisuellen Medien zerstören seiner Meinung nach die Kultur des Lesens, die Wissenschaft und allgemein das analytische Denken – mit heute noch unübersehbaren Folgen für Kultur und Gesellschaft (z. B. Postman 1985). Solider hat *Joshua Meyrowitz* (1987) die These von der „Fernsehgesellschaft" empirisch zu untermauern versucht, indem er zeigt, wie Fernsehen bestehende soziale Orientierungen unterminiert, aber auch neue schafft.

Medientheorien dieser Art versuchen also deren Rolle in Kultur und Gesellschaft zu beleuchten, wobei spezifische Medienbegriffe Verwendung finden. Die

Sprachwissenschaftler *Eric Havelock* und *Milman Parry*, die Medientheoretiker *Walter Ong* und *Michael Giesecke*, der Historiker *Jan Assmann* und der Ethnologe *Jack Goody* haben sich in diesem Sinn mit den Medien Schrift und Buchdruck beschäftigt. Erwähnen kann man hier weiter die Schriften *Walter Benjamins*, die sich mit der Beziehung zwischen Medien, Kunst und Ästhetik beschäftigen. Danach geht durch die technische Reproduzierbarkeit von Kunstwerken deren Authentizität und damit ihr Besonderes, nämlich ihre „Aura", wie Benjamin das nannte, verloren: Beethovens Neunte als Klingelton oder die Mona Lisa als Bildschirmschoner sind Beispiele von heute dafür.

Eher aktuelle Medientheoretiker dieser Art sind *Jean Baudrillard*, *Paul Virilio* und *Villém Flusser*. *Virilio* und *Flusser* etwa beschäftigen sich mit der Frage, welche Bedeutung die medialen Veränderungen von heute haben. Dabei verwendet beispielsweise Virilio einen sehr breiten, an McLuhan anknüpfenden Medienbegriff und geht überdies davon aus, dass Medien und Krieg zusammenhängen. Virilios assoziativ geschriebene Texte beschäftigen sich dann mit der sich durch die Medien verändernden Rolle von Zeit: inwiefern das Zusammenspiel von Krieg und Medien zur immer weiter gehenden Beschleunigung von Handlungsabläufen führt, so dass letztlich die Menschen hinderlich und überflüssig werden. Nicht ganz so pessimistisch liest sich die Medientheorie Flussers, der im Zusammenhang mit der Analyse des Verhältnisses von Information und Kommunikation verschiedene Szenarien für die Zukunft entwickelt, deren Eintreffen aber davon abhängt, was die Menschen damit machen.

Kultur- und Gesellschaftstheorien

Als weitere Gruppe lässt sich eine Reihe von ebenfalls sehr unterschiedlichen Medientheorien benennen, die mit aus breiteren Kultur- und Sozialtheorien abgeleiteten Medienbegriffen operieren. Der bekannteste Ansatz dieser Art ist natürlich die Kulturindustrietheorie von *Theodor W. Adorno* und *Max Horkheimer*, die von einem marxistisch–psychoanalytisch basierten Konzept von Mensch und Gesellschaft ausgehen.

Es ist Horkheimer und Adorno zufolge so, dass der historische Prozess der Aufklärung, verstanden als ständiger Zugewinn von Rationalität und menschlicher Kontrolle über die Natur und die menschlichen Lebensumstände, im 20. Jahrhundert ins Irrationale umschlägt; vor allem die Medien haben sich von einem Garanten von Fortschritt und Demokratie in ein Instrument der kapitalistischen Herrschaft verwandelt. Medieninhalte werden dementsprechend als Waren analysiert, die Ungerechtigkeit und Ausbeutung garantieren, indem sie ein System bilden, in dem sich Psyche und Alltag des Einzelnen hoffnungslos verheddern. (Horkheimer/Adorno 1971)

In *marxistisch begründeten Medientheorien* ergibt sich die Rolle der Medien aus ihrer Bedeutung für die gesellschaftliche Produktionsweise im Prozess der gesellschaftlichen Entwicklung. In einer eher vereinfachenden Perspektive werden Medien im Kapitalismus zu Unterdrückungsapparaten, aber im Sozialismus zu Instrumenten der Volksaufklärung. Weniger schlicht gibt es natürlich auch kritisch angelegte Versuche, den Medien im Rahmen einer umfassenden und systematisch angelegten Gesellschaftstheorie, die sich auf die ökonomischen Verhältnisse gründet, einen Platz zuzuweisen.

Im Anschluss daran lässt sich auf *Jürgen Habermas* verweisen. Habermas beschäftigt sich in seiner Habilitationsschrift mit den für das Funktionieren von Öffentlichkeit und Demokratie relevanten Medien, die ihren Charakter durch ihre Verwendung bekommen. In seinem zweiten großen, für die Kommunikationswissenschaft relevanten Ansatz, der Theorie kommunikativen Handelns (→ Handlungstheorie), geht es ihm dann allgemeiner darum, Kultur, Gesellschaft und Individuum kommunikationstheoretisch zu fundieren (Gripp 1986). Dabei steht die Untersuchung kommunikativen und instrumentellen Handelns im Mittelpunkt; wie bei dem Soziologen *Talcott Parsons* (1902-1979) werden Medien in einem allgemeinen Sinn als Vermittlungsinstitutionen behandelt, zu denen sowohl die publizistischen Medien als auch Medien wie Geld oder Status gehören.

Ein weiterer medientheoretischer Ansatz dieses Typs gründet in der → Systemtheorie und in dem damit eng verbundenen so genannten Radikalen → Konstruktivismus, die zum Beispiel im Bereich der Journalismusforschung eine Rolle spielen (→ Journalismus). Die Systemtheorie geht bekanntlich in Orientierung an *Niklas Luhmann* (1927-1998) von einem allgemeinen Systembegriff aus, von dem aus sie alle sozialen und kulturellen Phänomene – so auch Medien und Journalismus – einzuordnen versucht. Im Anschluss daran haben verschiedene Autoren eigenständige Kultur- und Medientheorien vorgelegt, in deren Rahmen die Medien als Instrumente der individuellen und sozialen Konstruktion von Wirklichkeit gesehen werden.

Weiter müssen empirisch-funktionalistisch angelegte Medientheorien erwähnt werden, die beispielsweise – mehr oder weniger explizit – in quantitativ-empirisch ausgelegten Arbeiten verwendet werden. Hier wird in Anlehnung an den mathematischen Informationsbegriff (→ Information) von *Claude Shannon* (1916-2001) und *Warren Weaver* (1894-1978) Kommunikation als Informationstransport behandelt, wobei Medien dann die Kanäle sind, durch die das geschieht. Dieser Informationstransport dient dementsprechend der Bedürfnisbefriedigung, wie es z. B. der Uses-and-Gratifications-Ansatz (→ Nutzenansatz) meint, und medienbezogenes Handeln der Nutzer wird so vor allem zur Wahl zwischen verschiedenen Angeboten. Es liegt hier in der Konsequenz nahe, dann nach einer extern verstandenen Wirkung (von Medieninhalten) zu fragen.

Schließlich soll auf die *kulturorientiert-handlungsbezogenen Medientheorien* verwiesen werden, die sich durch ihren Bezug auf die Semiotik als Basistheorie charakterisieren lassen. Danach ist der Mensch ein Wesen, das sich in einem symbolischen Universum bewegt, in dessen Rahmen Medien eine wichtige Rolle spielen. Da so die menschliche Sprache zum zentralen Charakteristikum des Menschen wird, muss die Semiotik als Wissenschaft der Zeichen herangezogen werden, um das symbolisch bezogene Handeln, das Kommunizieren und das Erleben der Menschen beschreiben, rekonstruieren und so verstehen zu können.

Medien können dann als gesellschaftlich vermittelte Institutionen betrachtet werden, die einerseits Zeichenfolgen inszenieren und distribuieren und dabei kulturellen und gesellschaftlichen Einflüssen unterliegen, andererseits auf der Ebene der Rezeption und des Verstehens als Erlebnisräume dienen. Hier lassen sich beispielsweise die → Cultural Studies und der Symbolische Interaktionismus, aber auch philosophische Ansätze wie die von *Ernst Cassirer* (1874-1945) oder *Susan Langer* verorten. Allerdings wird darin den einzelnen Medien nur wenig Aufmerksamkeit geschenkt; es geht vielmehr um die Art der Diskurse, in denen Medien Verwendung finden, und um die Art, wie die Medien Aufmerksamkeit erregen, wie die Menschen sie sich aneignen und was sie damit machen (z. B. Thwaites et al. 2002).

Ausblick

Medien bilden heute einen ausgesprochen dynamischen Kern einer sich rapide entwickelnden Kultur. Der Erfolg der digitalen Medien beginnt deshalb auch im Bereich der Medientheorien Spuren zu hinterlassen. Nach der Diskussion, ob das → Internet überhaupt als Medium begriffen werden kann, steht heute die Beobachtung im Mittelpunkt, dass die digitalen Medien aufgrund ihrer Verbundenheit mit der Universalmaschine Computer und ihrer Vernetzung alle anderen Medien simulieren können. Dabei sorgt die Umstellung auf digitale Repräsentation von Daten dafür, dass die ,alten' Medien zusammenwachsen und dass neue medial vermittelte Formen von Kommunikation entstehen, die von den Menschen zunehmend auch genutzt werden. Damit kommt den Medien eine sehr viel bedeutsamere Rolle zu als bisher, wie es z. B. im Begriff der Medien-, Informations- oder Wissensgesellschaft ja auch mitgedacht ist. War es eine implizite Rechtfertigung von Einzelmedientheorien, dass jedes Medium eine Sinnprovinz im Alltag der Menschen bildete, die mit spezifischen Nutzungszeiten, -orten und sozialen Beziehungen verknüpft war, so wirft die *Digitalisierung* verstärkt die Frage nach einer zusammenhängenden Medientheorie auf. Diese fehlt der Kommunikations- und Medienwissenschaft – jedenfalls, soweit es um sozialwissenschaftlich und empirisch validierte Theorien geht.

Andererseits rücken damit auch neue Fragen in den Vordergrund, etwa dadurch, dass die Medien dazu beitragen, dass sich die Lebensbereiche der Menschen immer mehr verändern. Deshalb werden Medientheorien mit Individualisierungs-, Globalisierungs- und Ökonomisierungsprozessen verbunden, oder es entstehen Mediatisierungstheorien, die vor allem die medial induzierten Veränderungen von Alltag und sozialen Beziehungen der Menschen beschreiben (z. B. Krotz 2001).

Literatur

Faulstich, Werner (1995): Grundwissen Medien, 2., verb. Aufl., München.

Gripp, Helga (1986): Jürgen Habermas: und es gibt sie doch – Zur kommunikationstheoretischen Begründung von Vernunft bei Jürgen Habermas, Paderborn u. a.

Horkheimer, Max/Theodor W. Adorno (1971): Dialektik der Aufklärung, Frankfurt/M.

Innis, Harold A. (1951): The Bias of Communication, Toronto.

Kloock, Daniela/Angela Spahr (2000): Medientheorien. Eine Einführung, 2. korr. u. erw. Aufl., München.

Krotz, Friedrich (2001): Die Mediatisierung kommunikativen Handelns, Wiesbaden.

McLuhan, Marshall (1968): Die Gutenberg-Galaxis. Das Ende des Buchzeitalters, Düsseldorf/Wien.

Meyrowitz, Joshua (1987): Die Fernsehgesellschaft, Weinheim/Basel.

Pias, Claus et al. (Hrsg.) (2002): Kursbuch Medienkultur, Stuttgart.

Postman, Neil (1985): Wir amüsieren uns zu Tode, Frankfurt/M.

Schöttker, Detlev (Hrsg.) (1999): Von der Stimme zum Internet, Göttingen.

Thwaites, Tony et al. (2002): Introducing Cultural and Media Studies, 2. Aufl., Houndsmills.

Friedrich Krotz, Erfurt

Medienwirkungen

Begriffsbestimmung und Probleme

Das Manipulationspotenzial und die damit zusammenhängenden Fragen nach der Medienwirkung beschäftigten nicht nur immer wieder die Öffentlichkeit; sie standen von Beginn an auch im Zentrum der → Kommunikations- und Medienwissenschaft. Produktion und Distribution sowie Nutzung von Medienangeboten in Form von politischer Propaganda, Werbung oder Mediengewalt interessieren letztlich immer speziell in Bezug auf Effekte, die sie beim Rezipienten und beim Medienpublikum, aber auch auf die Gesellschaft überhaupt haben.

All dies fasst der Begriff ,Medienwirkungen'. Die Fragestellungen dazu und die zu ihrer Beantwortung formulierten Theorien, aber auch die ihnen zugrunde liegenden Paradigmen haben sich im Verlauf der Entwicklung der Wirkungsforschung (Bonfadelli 2004; Brosius 2003; Jäckel 1999; Schenk 2002) verändert.

In der Öffentlichkeit wird die Frage nach den Medienwirkungen immer wieder emotionalisiert und kontrovers diskutiert. Auslöser sind meist spektakuläre Fälle von vermeintlichen Wirkungen der Medien etwa im Zusammenhang mit dem Schulmassaker von 1999 an der Columbine-Highschool in Littleton oder der Bluttat vom April 2002 im Gutenberg-Gymnasium in Erfurt, aber auch der Berichterstattung über Katastrophen wie Tschernobyl und Exxon Valdez oder Umweltskandale und Risiken wie BSE oder SARS, welche große Teile der Bevölkerung verängstigt haben. Dabei dominieren meist allzu *monokausale* Wirkungsvermutungen in den Kategorien der Massenpsychologie und kulturpessimistische Vorurteile. Die den Medien spekulativ unterstellte negative *Allmacht* und die dabei geäußerten Vorwürfe und Schuldzuweisungen kontrastieren allerdings sowohl mit der Flüchtigkeit und Nichtsichtbarkeit von Medienwirkungen als auch dem Nichtwissen der Laien über das komplexe Wirkungsgeschehen.

Speziell Journalisten haben eine oft nur eingeschränkte Sicht auf Medienwirkungen. In ihrer Berichterstattung verlangen sie von Experten aus der Wirkungsforschung immer wieder klare ‚Entweder-Oder'-Aussagen bezüglich der Frage: „Haben Medien Wirkungen oder nicht?" Differenziertere Antworten – etwa zum komplexen situationsabhängigen Einfluss der Medien im Kontext des Entstehens von Alltagsgewalt – werden fälschlicherweise meist so dargestellt, als ob der Forschungsstand bezüglich der Mediengewaltfrage nach wie vor widersprüchlich sei und die Experten uneinig wären.

Es ist aber zu beobachten, dass nicht nur Journalisten, sondern auch Politiker hinsichtlich sozial schädlicher Medienwirkungen im Allgemeinen und im Speziellen bezüglich der Frage, ob Gewalt durch Gewalt in den Medien entstehe, meist einseitig vom ‚worst case' ausgehen (→ Gewaltdarstellung). In der Medienwirkungsforschung ist dieses Phänomen als *Third-Person-Effekt* in den letzten Jahren vielfach untersucht und belegt worden (Brosius/Engel 1997): Menschen glauben, dass andere – third persons – durch die Medien stärker beeinflusst werden als sie selbst.

Hinzuweisen ist neben den Politikern auch auf Eliten aus der Wirtschaft, die für solche Wahrnehmungen besonders anfällig sind. Medieneffekte ereignen sich dann indirekt dadurch, dass diese Eliten aufgrund des vermeintlich angenommenen Medieneinflusses auf die Öffentlichkeit anders reagieren, als wenn die Medien in ihrer Berichterstattung das Thema nicht aufgegriffen hätten.

Journalisten haben aber noch aus anderen Gründen ein ambivalentes Verhältnis zu Medienwirkungen. Zum einen vermerken sie es nicht ohne Stolz, wenn ihre öffentlich kundgegebenen Meinungen in den politischen Diskurs einfließen; gleichzeitig scheuen sie sich aber, Verantwortung zu übernehmen (→ Medienethik) für unerwünschte Effekte z. B. bei (zu wenig fundiertem) Ratgeber- oder Skandaljournalismus (Rath 2000).

Forschungsstand

Auch die Medienwirkungs*forschung* tut sich mit der Frage nach den Medienwirkungen nicht leicht. Hinzuweisen ist auf die Tatsache, dass die Massenmedien heute so omnipräsent sind und alle Sphären des gesellschaftlichen Seins so tief greifend durchdringen, dass ein Vergleich von Nutzern und Nichtnutzern der Medien (→ Mediennutzung) geradezu unmöglich geworden ist. Vermeintliche Medienwirkungen von öffentlichen Informationskampagnen können eben durchaus das Resultat allgemeiner gesellschaftlicher Entwicklungen oder indirekt durch interpersonale Kommunikation entstanden sein. Umgekehrt mag eine AIDS-Präventionskampagne auf den ersten Blick keinen direkten Einfluss auf die Entwicklung der Ansteckungsstatistik gehabt haben, längerfristig vielleicht aber schon – oder die Effekte könnten durch die gleichzeitig gegenläufig erfolgte gesellschaftliche Abnahme des Schutzverhaltens von Risikogruppen neutralisiert worden sein.

Die *geschlossene* Theorie der Medienwirkungsforschung gibt es auch deshalb nicht, weil vielfältige Medienwirkungsphänomene auf ganz unterschiedlichen Ebenen und in unzähligen Feldern der Gesellschaft zu erfassen sind. Als Reaktion darauf sind Wirkungstheorien entwickelt worden, welche sich mit je verschiedenen Wirkungsphänomenen wie selektiver Medienzuwendung, Themensetzung, Wissensvermittlung oder Kultivierung von Realitätsvorstellungen durch Medien befassen.

Darüber hinaus ist festzuhalten, dass in der Medienwirkungsforschung nicht mehr die ‚Entweder-Oder'-Frage zentral ist, ob den Medien nun starke Wirkungen im Sinne von Medien*macht* oder schwache Wirkungen im Sinne von Medien*ohnmacht* zuzuschreiben sind (Brosius/Engel 1997). Solche generellen Basisannahmen in Sinne von Meta-Theorien oder forschungsleitenden Paradigmen prägten zwar die *Geschichte* der Medienwirkungsforschung (→ Two-Step-Flow of Communication); dass Medien Wirkungen haben, ist heute jedoch hinlänglich empirisch belegt und in der ‚scientific community' unbestritten.

In der Forschung wie auch Theoriebildung wird darum versucht, genauer zu spezifizieren, unter welchen Bedingungen und vermittels welcher Einflussfaktoren und mediatisierender Prozesse mehr oder weniger starke Medieneffekte bei unterschiedlichen Personen, Gruppen oder Segmenten der Gesellschaft auftreten:

- *Wirkungsebenen*: *Margot Berghaus* (1999) hat versucht, die vielfältigen Phänomene von Medienwirkungen in einem Ebenenmodell analytisch zu systematisieren und zu gewichten. Auf einer ersten Ebene der Hierarchie möglicher Wirkungen konkurrieren die Einflussmöglichkeiten des sozialen Umfeldes mit denen der Medien: Meta-Analysen der Mediengewaltforschung zeigen, dass die Medien beim Zustandekommen von Alltagsgewalt zwar eine signifikante, aber im Vergleich mit anderen sozialen Einflussfaktoren nur eine nachrangige Position einnehmen. Auf einer zweiten Ebene – im Rahmen der genutzten Medien – geht es einerseits um die Frage der (formalen) Wirkungen eines einzelnen Mediums (etwa TV vs. Buch) und andererseits um die Wirkung einzelner Medieninhalte. Auf einer dritten Ebene gibt es kognitive Wirkungen von Medieninhalten (Beeinflussung von Themen und Wissensvermittlung) und affektive Wirkungen (Effekte auf Gefühle und Stimmungsmanagement) sowie Wirkungen als Beeinflussung von Meinungen, Einstellungen und Verhaltensweisen.
- *Wirkungsfelder*: Die medienvermittelte Kommunikation ereignet sich in verschiedenen inhaltlichen Feldern, mit denen sich je eigene mehr oder weniger abgeschlossene Gebiete der Wirkungsforschung befassen (Bonfadelli 2004): → Politische Kommunikation mit politischer Propaganda und → Wahlkämpfen, → Werbung und Kampagnen (Brosius/Fahr 1996; Felser 1997), Unterhaltung (Zillmann/Vorderer 2000), Mediengewalt (→ Gewaltdarstellung), die Geschlechterrollendarstellung und Sexualität (→ Gender Studies) oder Wissenschafts- und → Risikokommunikation.
- *Rezipienten*: Kinder und Jugendliche als Objekte von Medienberichterstattung, Adressaten von TV-Werbung, wehrlose Opfer von Mediengewalt oder aktive Interaktionspartner in Computerspielen haben in der Wirkungsforschung seit je eine herausragende Rolle gespielt (Singer/Singer 2001). Daneben sind aber auch andere Gruppen wie alte Leute, Minoritäten oder Eliten Gegenstand der Medienwirkungsforschung.
- *Wirkungsmodalitäten*: Wirkungsphänomene können auch in zeitlicher Hinsicht differenziert werden (kurzfristige vs. langfristige Sozialisationswirkungen

der Medien). Zudem gibt es die unbeabsichtigten neben den beabsichtigten Wirkungen von Propaganda und Werbung oder Info-Kampagnen. Auch ist zu unterscheiden zwischen den im öffentlichen Diskurs dominierenden Einzelfällen von spektakulären starken Wirkungen in der Tiefe (→ Stimulus-Response-Modell) wie etwa Nachahmungsgewalt im Gefolge der habitualisierten Nutzung von Mediengewalt und den ebenso gewichtigen, wenig intensiven Effekten in der Breite, aber bei besonders vielen Leuten – z. B. im Falle von Medienereignissen wie einer Rede des Papstes, Olympischen Spielen oder einem Unglücksfall.

Omnipräsenz und Selektivität

Die wichtigste Medienwirkung besteht darin, dass die Medien zu einem alltäglichen Bestandteil des Lebens der meisten Menschen geworden sind, einen zentralen Stellenwert im Tagesablauf haben und diesen in Form von Ritualen auch mehr oder weniger strukturieren. Trotz ihrer unverminderten Attraktivität, ja gar Faszination, gibt es aber beträchtliche Unterschiede in der → Mediennutzung der verschiedenen Bevölkerungsgruppen.

In theoretischer Hinsicht beschäftigt sich der *Uses-and-Gratifications-Approach* (→ Nutzenansatz) seit den frühen 70er Jahren mit den hinter der Medienzuwendung stehenden Bedürfnissen und Motiven. In Umkehrung der traditionellen Frage der Wirkungsforschung – Was machen die Medien mit den Menschen? – wurde nun gefragt: Was machen die Menschen mit den Medien? Prämisse ist, dass Mediennutzung eine Form von sozialem Handeln darstellt, also sinnhaft, intentional und mehr oder weniger aktiv ist.

Der Nutzenansatz ist für den Journalismus in verschiedener Hinsicht *praxisrelevant:*

- Medienzuwendung erfolgt oft wegen affektiver und weniger wegen kognitiver Bedürfnisse. Eine dominante Unterhaltungsfunktion im Rezeptionsprozess erschwert aber die Informationsaufnahme. Dies gilt auf der Ebene des Mediums speziell für das Fernsehen, wo oft eine Diskrepanz bzw. Schere zwischen der Informations- und der Unterhaltungsfunktion eines Beitrags besteht.
- Umgekehrt sollte bei abstrakten und ich-fernen Themen etwa im Print-Journalismus aktiv Lesemotivation erzeugt werden. Journalisten müssen sich auch publikumsbezogen fragen, ob sich Medientext und Rezipientenerwartungen entsprechen.

Quantitative wie qualitative Forschungen zeigen, dass die *Aufmerksamkeit* der Rezipienten im Rezeptionsprozess sehr selektiv ist: Meist wird nur ein kleiner Teil der Zeitung gelesen, und vieles geht verloren. Aber auch bei gelesenen Texten sind Leseabbrüche die Regel, und das Zur-Kenntnis-Genommene ist häufig nur flüchtig überflogen worden.

Das dazu in der Werbewirkungsforschung entwickelte *Elaboration-Likelihood-Modell* (ELM) unterscheidet zwischen zwei Modalitäten der Medienzuwendung: Mediennutzung erfolgt nur nebenbei, d. h. mit geringer Involviertheit (Halff 1998), wenn man z. B. die Werbung in einem Print-Magazin flüchtig durchblättert oder die Tagesschau beim Essen nebenbei mitverfolgt. Medienwirkungen können dann aber, wenigstens kurzfristig, trotzdem erfolgen – etwa, wenn sich ein Rezipient durch inhaltlich periphere Reize wie die Attraktivität der Moderatorin, starke Bilder oder Emotionen beeinflussen lässt. Bei hoher Involviertheit hingegen schenken Rezipienten dem Medientext viel Aufmerksamkeit und verarbeiten diesen sorgfältig. Sie bilden sich dann aufgrund der persönlich wahrgenommenen Stärke der Argumente ein Urteil und entscheiden sich auf dieser Basis für oder gegen die in der Medienbotschaft vertretene Meinung.

Rezipienten spielen auch eine aktive Rolle bei der Verarbeitung und beim *Verstehen* von Medienbotschaften. Medieninhalte werden nicht ‚quasi 1 zu 1‘ im

Gehirn abgebildet. Aufgrund von selektiver Wahrnehmung und selektiver Interpretation formen Rezipienten Medieninhalte um und konstruieren auf der Basis ihres Vorwissens und bestehender kognitiver Schemata eine eigene kognitive Wirklichkeit, wobei neben Weglassungen und Verknappungen auch Rekonstruktionen und Elaborationen eine wichtige Rolle spielen. Das Vorhandensein von zum Medientext dissonanten Einstellungen und Schemata kann zur Folge haben, dass die Medienbotschaft nicht zur Kenntnis genommen wird, zurückgewiesen wird (‚Bumerangeffekt') oder als oppositionelle Leseart ‚gegen den Strich' rezipiert wird.

Praktische Konsequenzen für den Journalismus hat in diesem Kontext die *Verständlichkeitsforschung*, deren Befunde belegen, dass viele journalistische Texte für die Rezipienten zu kompliziert sind, und dass zu selten der Fachjargon von Experten verständlich umgesetzt wird. Journalisten müssen einen Mittelweg finden zwischen zwei Polen: Texte können für die Rezipienten zu einfach und zu redundant sein. Ist das Meiste schon bekannt, stellt sich Langeweile ein. Umgekehrt überfordern komplizierte Texte und zu viel Neues sowie Unverständliches die Rezipienten und führen ebenfalls zum Leseabbruch. (→ Verständlichkeit)

Thematisierung und Wissen

Der wichtigste Ansatz der neueren Wirkungsforschung ist sicher → *Agenda Setting*. Medien bestimmen demnach nicht so sehr, *wie* Menschen über Themen denken (= Meinungen), sondern *worüber* sie denken (= Prioritäten). Da jeden Tag potenziell unendlich viele Ereignisse passieren, der zur Verfügung stehende Platz in den Medien aber immer limitiert ist, erfolgt in der Berichterstattung der Medien aufgrund der bestehenden Nachrichtenwerte eine starke Selektion und Fokussierung auf eine beschränkte Anzahl von Themen.

Medien machen so bestimmte Themen dringlich, während anderen Themen eine geringere Priorität eingeräumt wird; diese Medien-Agenda setzt sich wiederum in die Publikums-Agenda um. Der Prozess des Agenda-Settings wird aber nicht nur von den Journalisten bestimmt, sondern ebenso durch vorgelagerte Instanzen wie → Public Relations oder soziale Bewegungen, welche durch Themenmanagement und Inszenierung von Medienereignissen die knappe Aufmerksamkeit der Medien zu lenken versuchen.

Journalisten müssen sich fragen, ob sie in ihrer Berichterstattung die Realität möglichst ‚objektiv' zu spiegeln versuchen (→ Objektivität, → Konstruktivismus), oder inwiefern sie Themen aktiv setzen und gewichten, etwa im Sinne einer Frühwarnfunktion des Journalismus. Thematisierung kann aber auch passivreaktiv in Abhängigkeit des Inputs von vorgelagerten Instanzen erfolgen. Gewisse (unbequeme) Themen – wie z. B. Armut oder ältere Menschen – können schließlich auch unterbewertet bzw. verschwiegen werden und aus der Medien-Agenda ganz oder teilweise herausfallen.

Nach Erkenntnissen der neueren Medienwirkungsforschung besteht die Hauptfunktion der modernen → Massenmedien nicht so sehr in der Beeinflussung von Meinungen und Einstellungen, sondern in der *Wissensvermittlung*. Allerdings zeigen Forschungen etwa im Vorfeld von Abstimmungen und Wahlen immer wieder, dass der Informationsstand der Bevölkerung trotz intensiver Berichterstattung und hohem Medienkonsum vergleichsweise bescheiden ist. Gerade beim Fernsehen zeigt sich die Diskrepanz zwischen ausgesprochen intensiver Nutzung und vergleichsweise geringem Beitrag zur Informiertheit besonders deutlich (Graber 2001).

Die 1970 in diesem Zusammenhang formulierte These von der wachsenden *Wissenskluft* (→ Wissensklufthypothese) postuliert darüber hinausgehend, dass der Wissensstand in den verschiedenen sozialen Segmenten einer Gesellschaft höchst ungleich verteilt ist, und dass sich Wissensklüfte zwischen den Bildungs- und Statusgruppen bei steigender Medienberichterstattung nicht ausgleichen, sondern tendenziell eher verstärken. Als besonders gut informiert erweisen sich gebildete und statushohe Personen, welche vorab die informationsreichen Printmedien nutzen, über ausreichendes Vorwissen in vielen Bereichen verfügen, in der Schule gute Fertigkeiten im Umgang mit Medien (Medienkompetenz) (→ Medienpädagogik) erworben haben und auch Zugang zu relevanten interpersonalen Kanälen haben.

Während in der Anfangsphase das Wissenskluft-Phänomen vorab als ‚Defizithypothese' verstanden wurde, meinten Vertreter der ‚Differenzhypothese', dass beim Zustandekommen von Wissensklüften die persönliche Motivation, Informationen zu suchen und zu beachten, entscheidender sei. Heute geht man im Rahmen der ‚Kontingenzthese' davon aus, dass sowohl Motivation als auch Bildung und Kompetenz als Faktoren bei der Entstehung von Wissensklüften zusammenwirken. Hinzu kommt, dass das Vorhandensein von Konflikt auf der gesellschaftlichen Ebene sich z. B. ausgleichend auswirken und der Herausbildung von Wissensklüften entgegenwirken kann.

Die Berücksichtigung des Vorwissens (vorhandenes Vokabular und Basiskonzepte), kann – zusammen mit einer zielgruppengerechten und themenspezifischen journalistischen Umsetzung – das Entstehen von Wissensklüften verhindern. Konkretisierung, Personalisierung und → Visualisierung, aber auch das Aufzeigen von persönlicher Betroffenheit sind ebenfalls Möglichkeiten, Rezipienten für abstrakte und auf den ersten Blick ich-ferne Themen zu interessieren.

Kultivierung und Dynamisierung

Die in den frühen 70er Jahren aufgrund von jährlich durchgeführten Inhaltsanalysen im Fernsehen formulierte → Kultivierungshypothese bedeutet: Kumulativ und konsonant auf einem hohen Niveau angebotene Gewalt im Fernsehen (→ Gewaltdarstellung), die zudem nicht selektiv genutzt wird, kultiviert medienspezifische Bilder in den Köpfen der Rezipienten. *Vielseher* nehmen ihre Umwelt im Vergleich zu den Wenigsehern quasi durch eine ‚TV-Brille' verzerrt wahr. Das Fernsehen ist damit für die moderne Gesellschaft zum Symbolproduzenten mit mythologischer Funktion geworden, indem es zum ‚Mainstreaming' der Gesellschaft beiträgt, d. h. Vorstellungen und Meinungen zu vielen Aspekten der sozialen Realität – Gewalt, Geschlechterstereotype, Familienbilder etc. – homogenisiert.

Journalisten müssen sich in diesem Zusammenhang fragen, aus welcher Perspektive sie über ein kontroverses Thema berichten. Meist liegen der Berichterstattung *Medienframes* (Scheufele 2003) zugrunde, die bestimmte Aspekte der Realität betonen und in den Vordergrund rücken, während andere Aspekte abgeschwächt werden und in den Hintergrund treten (→ Nachrichtenselektion); es werden gewisse Ursachen benannt und bestimmte Akteure als verantwortlich bezeichnet, und oft werden auch realisierbare Lösungen nahe gelegt.

Die Medienwirkungsforschung hat sich in ihrer klassischen Phase in den 40er, 50er und 60er Jahren (→ Two-Step-Flow of Communication) vor allem mit der Frage nach *Einstellungsänderungen* als Folge von Medienzuwendung befasst. Auch in der Öffentlichkeit werden Medienwirkungen oft mit der Beeinflussung von Meinungen, Einstellungen und Verhalten gleichgesetzt. Im klassischen Bereich der Meinungsbeeinflussung zeigte sich aber aufgrund von unzähligen Laborexperimenten und verstärkt auch in Feldstudien, dass Einstellungen durch Medienbotschaften in der Regel nur schwer zu ändern sind.

Die Prädispositionen der Rezipienten haben *selektive Wahrnehmung* und Interpretation der Medieninformation zur Folge und bewirken im Normalfall die Bestätigung und Verstärkung der bestehenden Haltungen. Dies gilt besonders für werthaltige Themen wie beispielsweise die Einstellung gegenüber der Abtreibung (Brosius 2003: 136). Rezipientenselektivität wird auch deshalb begünstigt, weil die Medien nur selten konsonant einseitig gefärbt berichten, sondern in den meisten Fällen umfassend über das bestehende Meinungsspektrum informieren.

Besonders die öffentlich-rechtlichen Rundfunkanstalten sind zu einer vielfältigen und ausgewogenen Berichterstattung verpflichtet. Einstellungsänderungen bilden somit eher die Ausnahme – etwa bei neuen Themen (z. B. Gentechnologie), zu denen sich die Rezipienten noch keine Meinung gebildet haben. Der Einfluss der Medien ist zudem bei Kindern größer als bei Erwachsenen, weil jene ebenfalls noch über wenig gesichertes Vorwissen verfügen.

Trotz des insgesamt relativ geringen Medieneinflusses darf aber nicht vergessen werden, dass Meinungsbeeinflussung vorkommt und die öffentliche Meinung in vielen Bereichen dynamisch und wenig stabil ist. Eine besondere Rolle spielen Agenda-Setting und Medien-Framing: Durch die Betonung bestimmter Themen im Wahlkampf (→ Wahlforschung) können diese bei den Bürgerinnen und Bürgern zu Bewertungsmaßstäben von Politikern und Parteien (‚Priming') werden.

Ein ähnlicher Effekt entsteht bei Sachabstimmungen dann, wenn in der Berichterstattung z. B. über eine Umweltvorlage das Frame ‚Kosten' bzw. ‚Wirtschaftlichkeit' in den Vordergrund gerückt wird, das Frame ‚ökologische Gefährdung bzw. Nachhaltigkeit' jedoch kaum eine Rolle spielt. Dominantes Framing kann in diesem Zusammenhang für das Abstimmungsverhalten relevant werden.

Literatur

Berghaus, Margot (1999): Wie Massenmedien wirken. Ein Modell zur Systematisierung, in: Rundfunk und Fernsehen 1999/2: 181-199.

Bonfadelli, Heinz (2004): Medienwirkungsforschung, 2 Bde., 3./2. überarb. Aufl., Konstanz.

Brosius, Hans-Bernd (2003): Medienwirkung, in: G. Bentele et al. (Hrsg.): Öffentliche Kommunikation, Wiesbaden: 128-148.

Brosius, Hans-Bernd/Andreas Fahr (1996): Werbewirkung im Fernsehen, München.

Brosius, Hans-Bernd/Dirk Engel (1997): „Die Medien beeinflussen vielleicht die anderen, aber mich doch nicht": Zu den Ursachen des Third-Person-Effekts, in: Publizistik, 1997/3: 325-345.

Bryant, Jennings/Dolf Zillmann (Hrsg.) (2002): Media Effects, Mahwa/NJ.

Felser, Georg (1997): Werbe- und Konsumentenpsychologie, Stuttgart.

Graber, Doris (2001): Processing Politics, Chicago/IL.

Halff, Gregor (1998): Die Malaise der Medienwirkungsforschung: Transklassische Wirkungen und klassische Forschung, Opladen/Wiesbaden.

Rath, Martin (Hrsg.) (2000): Medienethik und Medienwirkungsforschung, Wiesbaden.

Schenk, Michael (2002): Medienwirkungsforschung, 2. Aufl., Tübingen.

Scheufele, Bertram (2003): Frames – Framing – Framing-Effekte, Wiesbaden.

Singer, Dorothy G./Jerome L. Singer (Hrsg.) (2001): Handbook of Children and the Media, Thousand Oaks u. a.

Zillmann, Dolf/Peter Vorderer (Hrsg.) (2000): Media Entertainment, Mahwah/NJ.

Heinz Bonfadelli, Zürich

Medienwissenschaft

→ Kommunikationswissenschaft

Meinungs(äußerungs)freiheit

→ Kommunikationsfreiheit

Methoden der Kommunikationsforschung

Einführung und Überblick

In der empirischen Kommunikationsforschung findet eine Fülle unterschiedlicher Verfahren und Techniken zur Datenerhebung Anwendung: persönliche, schriftliche oder telefonische Befragungen, Beobachtungen sowie diverse Formen der Analyse unterschiedlicher Medieninhalte. Daten und Ergebnisse, die mit Hilfe dieser Methoden zustande kommen, werden für nahezu alle gesellschaftlichen Bereiche benötigt: Die Marktforschung ist an den Vorlieben der Konsumenten, die Medien sind am Verhalten und den Bedürfnissen ihres Publikums, die Politik ist an den Parteipräferenzen der Wähler interessiert. Alle Methoden schließen an selbstverständliche Alltagsituationen an: Die Befragung von anderen Menschen gehört zur alltäglichen Kommunikation, ebenso wie das Beobachten und Strukturieren von Handlungen anderer – und beim Lesen von Texten oder beim Fernsehen fertigt jeder laufend eigene Inhaltsanalysen an.

Zur Beurteilung und Einordnung von Ergebnissen der empirischen Forschung sind Basiskenntnisse der Methoden unabdingbar; nur so lassen sich ihre Leistungsfähigkeit, aber auch ihre Grenzen beurteilen. Das gilt beispielsweise auch für Journalisten, die aus empirischen Ergebnissen Berichte machen müssen, sowie für nahezu alle Medienberufe, die Entscheidungen auf der Basis von empirischen Daten fällen, wie dies in den → Public Relations, der → Werbung oder im → Medienmanagement der Fall ist.

Besonders wichtig sind diese Basiskenntnisse aber für die Studierenden der → Kommunikationswissenschaft, die sich heute vor allem als empirische Sozialwissenschaft versteht, in welcher der Einsatz und die Kenntnis von Methoden von zentraler Bedeutung sind. Für Wissenschaftler jeder wissenschaftlichen Disziplin gehört die Frage, wie und auf welchem Wege sie zu ihren Erkenntnissen kommt und welchen Geltungsbereich diese beanspruchen können, zu den zentralen Faktoren beim Nachdenken über wissenschaftliches Handeln.

Methodologie

Wissenschaftliches Handeln kann als soziales Problemlösungshandeln verstanden werden, wobei wissenschaftliches Problemlösen an bestimmte Regeln und Anforderungen gebunden ist. Am Beginn steht die konkrete Formulierung des zu lösenden Problems bzw. der zu untersuchenden Fragestellung, die mit Bezug zum jeweiligen Forschungsstand (Theorien, vorangegangene Untersuchungen) formuliert werden muss. Die Art und Weise, wie das Problem gelöst und die Forschungsfrage beantwortet werden soll und welche Methoden und Verfahren dazu schließlich konkret gewählt werden, wird im Rahmen der so genannten ‚Operationalisierung' festgelegt. Die so gewonnenen Ergebnisse werden schließlich auf die Ausgangsfrage zurückbezogen, um auf diese Weise kritisch zu beleuchten, welchen Erkenntnisgewinn die gesamte Untersuchung gebracht und inwieweit sie zur Lösung des eingangs formulierten Problems beigetragen hat.

Die *Operationalisierung* steht methodologisch im Zentrum dieses Prozesses, denn erst die genaue Offenlegung des gewählten Weges zur Lösung des Problems macht die gesamte Untersuchung für andere nachvollziehbar und wiederholbar und genügt so den zentralen Kriterien der Wissenschaftlichkeit. Das gilt grundsätzlich für jede Form wissenschaftlichen Problemlösens, nicht nur für die empirische.

Gleichwohl haben sich unter dem Dach der empirischen Sozialforschung im Allgemeinen und der empirischen Kommunikationsforschung im Speziellen besondere Arbeitsregeln und Qualitätsmaßstäbe herausgebildet. Dabei kann empirische Forschung im weitesten Sinne als Kontakt der Wissenschaft mit der gesellschaftlichen Umwelt aufgefasst werden, über den Erfahrungen über die ‚soziale Realität' gesammelt und systematisiert werden. Der direkteste Kontakt mit der zu untersuchenden Umwelt findet dabei während der Phase der Datenerhebung – etwa mit Hilfe der Methoden Befragung, Inhaltsanalyse oder Beobachtung – statt.

Eine grundlegende Unterteilung der empirischen Methoden liegt in der Unterscheidung in quantitativ-standardisierte und qualitativ-offene Verfahren, die sich zusammengefasst vor allem hinsichtlich folgender Aspekte voneinander abgrenzen lassen:

- *Standardisierte Verfahren* werden hauptsächlich für den Vergleich zwischen den Untersuchungsobjekten eingesetzt. Die Vergleichbarkeit und die Möglichkeit zur Verarbeitung großer Fallzahlen wird dabei mit Hilfe eines weitgehend standardisierten Erhebungsinstruments, der Kontrolle der Erhebungssituation und nach bestimmten Regeln der Stichprobenbildung hergestellt (z. B. Brosius/Koschel 2001: 78 ff.; Diekmann 2000: 325 ff.). Ziel ist die ‚Objektivierung' des gesamten Verfahrens, was seine maximale Reliabilität (Reproduzierbarkeit der Ergebnisse) und Validität (= Gültigkeit im Sinne der Frage, ob der Forscher mit seinem methodischen Instrument tatsächlich das erhebt und erheben kann, was er im Sinne seiner Forschungsfrage herausfinden will) gewährleisten soll.
- Bei den qualitativen Verfahren hingegen erfolgt sowohl die Gestaltung des Erhebungsinstruments (z. B. ein Interviewleitfaden) und der Erhebungssituation als auch der Auswahl der Untersuchungsobjekte weitaus offener. Dabei geht es nicht um Repräsentativität, sondern um ein tieferes Verständnis des Typischen von wenigen Fällen. Die Subjektivität sowohl des Forschers als auch der Beforschten sind zentraler Bestandteil des gesamten qualitativen Forschungsprozesses (Flick 2002: 16 ff.).
- Die Trennung quantitativer und qualitativer Verfahren, die vor allem auch aus erkenntnistheoretisch-methodologischen Gründen voraussetzungsreich und diskussionswürdig erscheint, geht auf unterschiedliche Forschungsphilosophien zurück, die in der Forschungspraxis allerdings eine eher untergeordnete Rolle spielen, da quantitative und qualitative Verfahren ganz selbstverständlich und eher pragmatisch-technisch miteinander kombiniert werden (Scholl 2003: 25 ff.). Aus diesem Grund werden hier die Unterschiede zwischen quantitativen und qualitativen Methoden nicht grundsätzlich, sondern eher pragmatisch behandelt, indem die gängigen quantitativ-standardisierten und qualitativ-offenen Formen auf der Ebene der jeweiligen Methoden vorgestellt werden.

Forschungsprozess

Die → Kommunikationswissenschaft orientiert sich überwiegend an der empirischen Forschungslogik und den Methoden der Sozialwissenschaften. Die Besonderheiten speziell der empirischen Kommunikationsforschung beziehen sich insofern vor allem auf inhaltlich spezifische Fragestellungen und Anwendungen, die zwar auch mit Methodenadaptionen verbunden sein können, aber im Wesentlichen mit Hilfe des ‚Werkzeugkastens' der empirischen Sozialforschung bearbeitet werden. Diese ist vor allem durch die Erkenntnistheorie des *Kritischen Rationalismus* und die aus ihm hervorgegangenen methodologischen Regeln geprägt – auch wenn es dazu eine Reihe alternativer Positionen gibt (Flick 2002: 33 ff.; Kromrey 2002: 58 ff.).

Die Anwendung des methodischen ‚Werkzeugs' folgt einem weitgehend festgelegten forschungslogischen Ablauf, der als zirkulärer Prozess zwischen Theorie (Aufstellen von Hypothesen über die soziale ‚Wirklichkeit') und Empirie (Überprüfen der Hypothesen an der ‚Wirklichkeit' und ggf. Modifizierung der

Theorie/Hypothese) angelegt ist. Er wird in die Phasen Entdeckungs-, Begründungs- und Verwertungszusammenhang aufgeteilt (Friedrichs 1990: 50 ff.).

Unter *Entdeckungszusammenhang* wird der Anlass verstanden, der zu einem Forschungsprojekt geführt hat (soziales Problem, Problem der Theoriebildung, Auftragsforschung). Im Zentrum dieser Phase steht die Formulierung und Präzisierung der zu untersuchenden Fragestellung, deren Relevanz unter Berücksichtigung des jeweiligen Forschungsstandes diskutiert werden sollte.

Mit dem *Begründungszusammenhang* wird die Art und Weise spezifiziert, wie die Fragestellung untersucht und beantwortet werden soll. Zu dieser Phase der eigentlichen methodischen Arbeit gehört eine Vielzahl von miteinander zusammenhängenden Arbeitschritten zur genauen Planung und Vorbereitung der Erhebung – wie die Ableitung empirisch überprüfbarer Hypothesen aus der Fragestellung, die Definition und Klärung der dabei verwendeten Begriffe, die Bestimmung und Operationalisierung relevanter Variablen sowie die Wahl geeigneter Methoden zur Datenerhebung.

Das damit bis zu dieser Stelle konzipierte Instrument zur Datenerhebung (bei einer Befragung kann es sich dabei z. B. um einen Fragebogen handeln) wird anschließend einem so genannten Pretest unterzogen, der wiederum zu Modifikationen des Untersuchungsdesigns führen kann. Ferner ist die zu untersuchende Stichprobe festzulegen (z. B. Brosius/Koschel 2001: 78 ff.), bevor sich die eigentliche Phase der Datenerhebung anschließen kann.

Die Datenauswertung erfolgt bei standardisierten Methoden statistisch, bei offenen hingegen textanalytisch (wie z. B. bei der qualitativen Inhaltsanalyse oder bei hermeneutischen Verfahren), wobei auch diese Form der Auswertung computergestützt erfolgen kann (Kuckartz 1999). In jedem Falle sollten die Daten so ausgewertet werden, dass die Ergebnisse eine Prüfung der Hypothesen erlauben und eine Rückbindung an die eingangs formulierte Fragestellung und an den bisherigen Forschungsstand erfolgen kann.

Diese Rückbindung der Ergebnisse an die Fragestellung und die Diskussion, welchen Beitrag sie zur Lösung des konkreten Problems geleistet haben, wird gemeinhin unter die Phase des *Verwertungszusammenhangs* subsumiert, zu dem auch die Publikation der Ergebnisse gehört. Da Datenauswertung, Hypothesenprüfung und Ergebnisdarstellung tatsächlich aber kaum voneinander zu trennen sind, ist auch der Übergang zwischen Begründungs- und Verwertungszusammenhang fließend, weil beide Phasen eng aufeinander bezogen sind.

Auf der Basis dieser verschiedenen Arbeitschritte wird in den meisten Methoden-Lehrbüchern der idealtypische Forschungsprozess beschrieben, der in der konkreten praktischen Umsetzung zwar variieren kann, im Prinzip aber in seinen wesentlichen Phasen eingehalten werden sollte, um Transparenz und Nachvollziehbarkeit des Vorgehens zu gewährleisten. Die Wahl der geeigneten Methode zur Datenerhebung hängt maßgeblich von der zugrunde liegenden Forschungsfrage ab. Manche Fragestellungen erfordern auch die Konzeption eines so genannten *Mehrmethodendesigns*, bei dem verschiedene Methoden wie z. B. die Befragung und die Inhaltsanalyse zum Einsatz kommen.

Inhaltsanalyse

Die Inhaltsanalyse gilt am ehesten als ‚originär' kommunikationswissenschaftliche Methode und wird entsprechend häufig eingesetzt. Ihre Untersuchungsgegenstände sind vielfach textliche oder visuelle Medienprodukte wie z. B. Beiträge aus Printmedien oder Fernsehsendungen.

Im Prinzip lässt sich die Inhaltsanalyse aber auf alle Kommunikationsinhalte anwenden, soweit sich diese, z. B. durch Verschriftlichung, manifest machen lassen (Merten 1995: 14 f.).

Die Inhaltsanalyse wird als empirische Methode eingesetzt „zur systematischen, intersubjektiv nachvollziehbaren Beschreibung inhaltlicher und formaler Merkmale von Mitteilungen; (häufig mit dem Ziel einer darauf gestützten interpretativen Inferenz)“ (Früh 2001: 25). Unter *Inferenz* versteht man in diesem Zusammenhang den Schluss von Merkmalen des Textes auf Merkmale des Kontextes – wie zum Beispiel den Rückschluss auf Intentionen des Kommunikators, auf Wirkungen beim Rezipienten oder auf die soziale Situation zur Entstehungszeit des Textes (Merten 1995: 23 ff.; Brosius/Koschel 2001: 163 ff.).

Mit Hilfe der Inhaltsanalyse werden in der Kommunikationswissenschaft vielfach Fragestellungen bearbeitet, die sich auf die Themenspektren von verschiedenen Medien (im Zeitverlauf) oder auf die Analyse von (politischen) Tendenzen in der Berichterstattung beziehen. Speziell in der Journalismusforschung wird die Inhaltsanalyse auch eingesetzt, um mit Hilfe so genannter Input-Output-Analysen, den Einfluss von → Public Relations (Input, z. B. in Form von Pressemitteilungen) auf die journalistische Berichterstattung (Output, z. B. in Form von Beiträgen, die auf Pressemitteilungen basieren) zu untersuchen.

Unter dem Begriff ‚Inhaltsanalyse‘ werden zahlreiche Verfahren unterschieden (Merten 1995: 119 ff.), die sich allerdings nur schwer anschaulich systematisieren lassen. Denn trotz vielfältiger ‚methodischer Arbeitsanweisungen‘ und gewissen Standardisierungsmöglichkeiten, die sich aus ähnlichen Fragestellungen ergeben, muss im Prinzip für jede neue Untersuchung eine neue inhaltsanalytische Variante entwickelt werden. Zudem hat die Methode auf dem Weg zu ihrer theoretisch-methodischen Fundierung schon verschiedene Entwicklungsphasen (Merten 1995: 35 ff.) und ‚Innovationsschübe‘ (Wirth/Lauf 2001) erlebt, so dass sich immer wieder Weiterentwicklungen beobachten lassen (Früh 2001: 199 ff.).

Zu den am meisten thematisierten Unterscheidungen gehört auf jeden Fall die zwischen quantitativer und qualitativer Inhaltsanalyse. Auch wenn speziell für die Inhaltsanalyse immer wieder betont wird, dass die Differenzierung in quantitative und qualitative Verfahren wenig fruchtbar ist, wurde die „qualitativ-quantitativ-Debatte“ (Früh 2001: 67) für keine andere Methode so intensiv geführt wie für die Inhaltsanalyse. Allerdings zeigen gerade die für die qualitative Inhaltsanalyse vorgeschlagenen Verfahren, dass auch diese meist verhältnismäßig regelgeleitet angelegt sind und ebenso wie die quantitative Inhaltsanalyse die Definition von Variablen, Ausprägungen und Kodierregeln vorsehen.

Gleichwohl wird die Inhaltsanalyse in der Kommunikationswissenschaft vielfach als quantitativ-standardisierte Variante zur Analyse großer Textmengen eingesetzt. Der methodische Aufwand bezieht sich dabei hauptsächlich auf die Entwicklung des inhaltsanalytischen Erhebungsinstruments. Mit diesem so genannten *Kategorienschema* wird genau festgelegt, mit Hilfe welcher Kategorien die zu analysierenden Texte oder Bilder verarbeitet werden sollen. Unter formalen Kategorien versteht man dabei z. B. das Erscheinungsdatum eines Beitrags, seine Größe oder auch das Medium, in dem er erschienen ist. Mit Hilfe inhaltlicher Kategorien werden hingegen beispielsweise Themen, im Beitrag genannte Akteure oder auch Bewertungen erhoben.

Auch wenn dies Beispiele für Inhaltsanalyse-Kategorien sind, die immer wieder eingesetzt werden (Bonfadelli 2002: 95 ff.), muss die Entwicklung des Kategorienschemas doch jeweils sehr genau auf die zugrunde liegende Fragestellung und das zu analysierende Material abgestimmt werden. Aus diesem Grund beziehen sich auch auf genau diesen Teil der Operationalisierung im inhaltsanalytischen Forschungsprozess die meisten methodisch-handwerklichen Regeln, die in den einschlägigen Lehrbüchern unter der

Überschrift „Praxis der Inhaltsanalyse" behandelt werden und den genauen Weg von der Fragestellung über die Hypothesenbildung und die Entwicklung des Erhebungsinstruments bis hin zu den sich anschließenden Phasen wie Test-, Anwendungs- und Auswertungsphase nachzeichnen (Früh 2001: 135 ff.; Merten 1995: 314 ff.).

Befragung

Auch wenn sich die sozialwissenschaftliche Methode der Befragung am alltäglichen Gespräch orientiert und die Alltagskommunikation als Grundlage nutzt, um an Informationen über das jeweilige Forschungsobjekt zu kommen, erfolgt sie doch sehr viel strukturierter und planvoller. Denn für den Forscher besteht „das Ziel der (sozial)wissenschaftlichen Befragung [...] zusammengefasst darin, durch regulierte (einseitig regelgeleitete) Kommunikation reliable (zuverlässige, konsistente) und valide (akkurate, gültige) Informationen über den Forschungsgegenstand zu erfahren" (Scholl 2003: 24).

Die Befragung ist eine der wichtigsten Methoden in der Sozialwissenschaft allgemein und in der Kommunikationswissenschaft speziell und wird dort in dementsprechend vielen Themenfeldern eingesetzt: zum Beispiel in der Rezeptionsforschung zur Ermittlung des Mediennutzungsverhaltens (→ Mediennutzung), in der Journalismusforschung (→ Journalismus) zur Erhebung des beruflichen Selbstverständnisses von Journalisten (→ Rollenselbstverständnis) oder auch in Bereichen der Wirkungsforschung (→ Medienwirkungen) zur Veränderung von politischen Einstellungen und Wahlverhalten (→ Wahlforschung) unter dem Einfluss von Medienberichterstattung.

Unter ‚Befragung' werden vielfältige Verfahren und Formen subsumiert (Scholl 2003: 31 ff.); sie werden nach ihrem Kommunikationsmodus in mündliche, telefonische und schriftliche Befragungen unterschieden. Jedes dieser Verfahren kann auch computergestützt eingesetzt werden. Beim computergestützten Interview führt der Interviewer beispielsweise ein Laptop mit, liest Fragen und Antwortvorgaben vom Bildschirm vor und gibt die Antworten direkt in den Computer ein. Standard ist mittlerweile das entsprechende Verfahren für das *Computer Assisted Telephone Interviewing* (CATI). Die Techniken ersparen überdies die gesonderte Dateneingabe. Eine Reihe neuer methodischer Herausforderungen und Möglichkeiten ergeben sich zudem über *Online-Befragungen* (Batinic et al. 1999).

Die Wahl des einen oder anderen Verfahrens hängt immer von der Fragestellung und vom genauen Gegeneinander-Abwägen ihrer spezifischen Vor- und Nachteile ab. So kann die eigentliche Befragungssituation z. B. bei der schriftlichen Befragung nicht mehr kontrolliert werden, weil der Befragende beim Ausfüllen des Fragbogens nicht anwesend ist, während die Durchführung persönlicher Interviews deutlich teurer und zeitaufwändiger ist.

Die Unterscheidung verschiedener Befragungsformen bezieht sich auf die unterschiedlich starke Regulierung von Befragungen. So können die Befragungssituation und die Fragen selbst ganz unterschiedlich stark standardisiert sein. Das Kontinuum reicht dementsprechend vom sehr offenen und wenig strukturierten narrativen Interview über das teilstrukturierte *Leitfadeninterview* sowie das problemzentrierte Interview (Flick 2002: 117) bis hin zur standardisierten Befragung, bei der sowohl die Frageformulierung als auch die Antwortvorgaben genau festgelegt sind. *Standardisierte Befragungen* werden vor allem dann eingesetzt, wenn mit großen Stichproben gearbeitet wird und viele Personen befragt werden sollen, während die offenen Formen eher bei kleinen Fallzahlen zum Einsatz kommen und die Befragung eher inhaltlich in die Tiefe als quantitativ in die Breite gehen soll.

Neben diesen grundlegenden Verfahren und Formen gibt es zahlreiche Varianten der Befragung (Scholl 2003: 105 ff.) wie z. B. die *Gruppendiskussion*, bei der die Befragung nicht auf individueller Ebene, sondern als Gruppengespräch angelegt ist, und die *Delphi-Befragung* von Experten zur Lösung bestimmter Probleme oder zur Prognose von Entwicklungen und Trends.

Allerdings beschäftigt sich trotz dieser Fülle von Verfahren und Formen ein Großteil der Methodenliteratur zur Befragung mit der Konzeption von Fragebögen. Gerade für diese standardisierte Befragungsform existieren vielfältige Regeln und Techniken zur ‚richtigen' Formulierung von Fragen und Antwortvorgaben sowie zum Aufbau und der Gestaltung des Fragebogens (Scholl 2003: 139 ff.; Brosius/Koschel 2001: 117 ff.).

Eng an die Entwicklung der Befragung gekoppelt ist die so genannte *Reaktivitätsforschung*, die sich mit den Problemen und Einflussfaktoren beschäftigt, welche die Validität von Befragungsergebnissen beeinträchtigen können (Scholl 2003: 197 ff.). Reaktivität – d. h. die bei der Befragung unerwünschte Beeinflussung des zu Befragenden und seines Antwortverhaltens – kann sich dabei sowohl auf kognitive als auch auf soziale Effekte beziehen.

Kognitive Effekte können sich z. B. bei Verständnisproblemen seitens des Befragten mit Fragenformulierungen und Antwortvorgaben ergeben, während die sozialen Effekte die diversen Einflussfaktoren auf das Antwortverhalten betreffen, die sich aus der Interaktionsbeziehung zwischen Befragendem und Befragtem ergeben. Diese kann z. B. zu dem Phänomen der ‚sozialen Erwünschtheit' führen, wenn der Befragte seine Antwort an der von ihm antizipierten Erwartung des Interviewers bzw. einer unterstellten sozialen Norm ausrichtet, die nicht seiner eigentlichen Einstellung entspricht.

Beobachtung

Im Unterschied zu Inhaltsanalyse und Befragung wird die Beobachtung in der Kommunikationswissenschaft eher selten eingesetzt. Auch in den einschlägigen Lehrbüchern zur empirischen Sozialforschung wird ihr vergleichsweise wenig oder gar kein Platz eingeräumt. Der Einsatz der Beobachtung erfordert einen erheblichen forschungsorganisatorischen Aufwand und kann sich fast immer nur auf wenige Untersuchungsobjekte beziehen. Häufig wird die Beobachtung deswegen im Rahmen von Fallstudien eingesetzt. In der Kommunikationswissenschaft finden sich Beispiele für Beobachtungsstudien vor allem im Rahmen der Journalismusforschung und der Beobachtung redaktioneller Arbeitsabläufe (→ Redaktion; → Gatekeeping) sowie in Bezug auf Mediennutzung, -selektion und -wirkung (Gehrau 2002: 104 ff.).

Während die Befragung auf kommunikative Äußerungen der zu Befragenden angewiesen ist, erfasst die Beobachtung Verhalten im weitesten Sinne und nicht über den kommunikativen ‚Umweg' über einen Befragten. Dementsprechend wird unter der wissenschaftlichen Beobachtung „die direkte Beobachtung menschlicher Handlungen, sprachlicher Äußerungen, nonverbaler Reaktionen (Mimik, Gestik, Körpersprache) und anderer sozialer Merkmale (Kleidung, Symbole, Gebräuche, Wohnformen usw.) verstanden" (Diekmann 2002: 456). In einer anderen Definition wird zudem hervorgehoben, dass nicht nur die sichtbaren Handlungen Gegenstand einer Beobachtung sein können, sondern auch Körperreaktionen (wie z. B. Blick- oder Pupillenreaktionen), die mit physiologischen Messverfahren apparativ beobachtbar werden (Gehrau 2002: 26).

Die gängigsten Beobachtungsvarianten werden nach der Rolle des Beobachters, der Beobachtungssituation und der Erhebungsmethode systematisiert (Gehrau 2002: 27 ff.; Flick 2002: 199 ff.):

- Auf der Ebene des *Beobachters* geht es neben anderen Varianten vor allem um die Frage, ob der Beobachter selbst am Geschehen teilnimmt oder nicht (teilnehmende versus nicht teilnehmende Beobachtung) und ob der Forscher die Beobachtung selbst vornimmt oder einen anderen Beobachter einsetzt.
- In Bezug auf die *Beobachtungssituation* ist die zentrale Differenz, ob die Beobachtung offen oder verdeckt erfolgt (Weiß der Beobachtete, dass er beobachtet wird oder weiß er es nicht?).
- Zur wichtigsten Unterscheidung bezüglich des Erhebungsverfahrens gehört schließlich die Dimension standardisierte vs. nicht standardisierte Protokollierung. Bei der standardisierten *Protokollierung* folgt diese einem festen Beobachtungsschema, während sie bei der nicht standardisierten Variante frei und in den eigenen Worten des Beobachters erfolgt.

Experiment

Das Experiment ist in der Kommunikationswissenschaft keine eigenständige Methode zur Datenerhebung (→ Medienpsychologie), sondern eine spezifische Form der Methodenanwendung. Im Rahmen einer experimentellen Versuchsanordnung können z. B. die bisher beschriebenen Methoden einzeln oder in Kombination eingesetzt werden, wobei die Befragung am häufigsten eingesetzt wird (Loosen et al. 2002: 57 ff.).

Das Experiment erfordert eine spezielle Versuchsanordnung, weil es bei wissenschaftlichen Experimenten immer um die Überprüfung von Kausalzusammenhängen geht. Zu diesem Zweck wird der Einfluss einer unabhängigen Variablen (Ursache, z. B. Rezeption von Gewaltvideos) auf eine abhängige Variable (Wirkung, z. B. Befürwortung von Gewalt als Konfliktlösungsmittel) untersucht (→ Gewaltdarstellung).

Um sicherzustellen, dass Veränderungen der abhängigen Variablen tatsächlich auf den Einfluss der unabhängigen Variablen zurückzuführen sind, werden im Rahmen eines Experiments zwei Gruppen von Versuchspersonen miteinander verglichen: die Experimentalgruppe, die einem Stimulus (eine Ausprägung der unabhängigen Variablen) ausgesetzt wird, und die Kontrollgruppe, die diesem Stimulus nicht ausgesetzt wird (die andere Ausprägung der Variablen). Bis auf die Variation der unabhängigen Variablen müssen beide Gruppen hinsichtlich ihrer sonstigen Merkmale identisch zusammengesetzt sein (Brosius/Koschel 2001: 205), damit ein möglicher Kausalzusammenhang auch wirklich nur auf die Variation des Stimulus zurückgeführt werden kann. Aufbauend auf diesen Grundprinzipien werden unterschiedlich komplexe Experimentaldesigns unterschieden, die z. B. Vorher-Nachher-Messungen oder die Kombination von zwei oder mehr unabhängigen Variablen (mehrfaktorielle Designs) vorsehen (Scholl 2003: 85 ff.; Brosius/Koschel 2001: 232 ff.; Diekmann 2000: 296 ff.).

Ausblick

Schon die hier stark komprimierte Darstellung macht die kaum noch überschaubare Methodenvielfalt in der empirischen Kommunikationsforschung deutlich. Und der Trend zur Pluralisierung von Formen, Verfahren und Varianten hält an. Er wird maßgeblich getragen von verschiedenen Entwicklungen:

- die zunehmende Verbreitung computergestützer Verfahren zur Datenerhebung (vor allem vorangetrieben durch die angewandte Markt-, Medien- und Meinungsforschung),
- die sich ständig weiterentwickelnden Methoden der Online-Forschung
- und die zunehmenden Bemühungen um Querverbindungen zwischen qualitativen und quantitativen Verfahren.

Nicht zuletzt diese Querverbindungen führen auch zur zunehmenden Verbreitung von *Mehrmethoden-Designs*. Gleichzeitig zeigt sich anhand des überaus vielfältigen Kanons speziell der qualitativen Methoden aber auch, dass hier vielfach Verfahren für spezielle Fragestellungen und Gegenstandsbereiche kombiniert und neu zugeschnitten werden. Zunehmende Bedeutung erhalten auch komparative Methoden (→ Mediensysteme).

Dieser Trend zur Differenzierung zeigt sich nicht zuletzt auch an der Zunahme von Methodenliteratur mit kommunikationswissenschaftlicher Ausrichtung, die sehr viel genauer auf disziplinspezifische Fragestellungen, Probleme und Methodenadaptionen der Kommunikationswissenschaft eingehen kann, als dies in den vielen Lehrbüchern zur empirischen Sozialforschung der Fall ist. Ein weiteres Beispiel für diese Entwicklung sind die Bemühungen des Faches, spezielle Standards für die kommunikationswissenschaftliche Methodenausbildung zu etablieren – auch zur Sicherung und Konturierung der eigenen wissenschaftlichen Disziplin (→ Kommunikationswissenschaft).

Auch wenn sich Methoden-Lehrbücher häufig anders lesen: Die Regeln über den Gebrauch von Methoden sind keine fertigen Rezepte; ihre ‚korrekte' Anwendung allein garantiert noch kein optimales Gelingen. Die Liste der Zutaten muss immer wieder neu zusammengestellt und die Zubereitung immer wieder kreativ variiert werden – für jede empirische Untersuchung und jede Fragestellung von neuem.

Literatur

Batinic, Bernad et al. (Hrsg.) (1999): Online Research, Göttingen u. a.

Bonfadelli, Heinz (2002): Medieninhaltsforschung. Grundlagen, Methoden, Anwendungen, Konstanz.

Brosius, Hans-Bernd/Friederike Koschel (2001): Methoden der empirischen Kommunikationsforschung, Wiesbaden.

Diekmann, Andreas (2000): Empirische Sozialforschung, Reinbek bei Hamburg.

Flick, Uwe (2002): Qualitative Sozialforschung, Reinbek bei Hamburg.

Friedrichs, Jürgen (1990): Methoden der empirischen Sozialforschung, Opladen.

Früh, Werner (2001): Inhaltsanalyse. Theorie und Praxis, Konstanz.

Gehrau, Volker (2002): Die Beobachtung in der Kommunikationswissenschaft, Konstanz.

Kromrey, Helmut (2002): Empirische Sozialforschung, Opladen.

Kuckartz, Udo (1999): Computergestützte Analyse qualitativer Daten, Opladen/Wiesbaden.

Loosen, Wiebke et al. (2002): Systemtheoretische und konstruktivistische Methodologie, in: A. Scholl (Hrsg.): Systemtheorie und Konstruktivismus in der Kommunikationswissenschaft, Konstanz: 37-65.

Merten, Klaus (1995): Inhaltsanalyse, Opladen.

Scholl, Armin (2003): Die Befragung, Konstanz.

Wirth, Werner/Edmund Lauf (Hrsg.) (2001): Inhaltsanalyse, Köln.

Wiebke Loosen, Hamburg

Mongolei
→ Asien

Nachricht/Bericht

Definition/Begriffsbestimmung

Die Wirklichkeit der Medien beruht auf ‚Erzählungen', die Angebote zur Orientierung in der Welt machen. Eine zentrale Rolle spielen dabei Nachrichten und Berichte, die kontinuierlich ein Arrangement von Informationen anbieten. Dabei handelt es sich um Strategien zur Beobachtung, Beschreibung und Erklärung der Welt, die sich seit rund 150 Jahren bewährt haben.

Unter Nachricht – ursprünglich gleichbedeutend mit ‚Zeitung' – wird heute allgemein eine Mitteilung verstanden, die für die Öffentlichkeit von Interesse ist. Zu den unzähligen Versuchen zu definieren, was eine Nachricht ist, gehören praxisfixierte und eher theoriegeleitete, pauschal gefasste und konkrete, moderne und altmodische. Häufig erscheint dabei in erkenntnistheoretischer Unschuld (→ Konstruktivismus) → Objektivität als zentrales Merkmal, wodurch ein großer Erwartungshorizont aufgespannt wird. Tatsächlich aber begrenzen Bedingungen des ‚newsmaking' die Qualität von Nachrichten auf ein „punktuelles, zeitbezogenenes Kennenlernen von deutlich sichtbaren Situationen" (Roshco 1975: 15).

Insgesamt heben die angebotenen Begriffsbestimmungen gleichermaßen ab auf die Generalisierung von Auswahlkriterien wie auf Umsetzungsstrategien: Nachricht ist demnach zum einen ‚publizistischer Rohstoff' und zum anderen eine journalistische Darstellungsform (→ Mediengattungen). In der journalistischen Praxis wird dabei üblicherweise nicht allgemein von ‚Nachrichten', sondern konkret von ‚Meldung' und ‚Bericht' als Bezeichnungen für Nachrichten-Darstellungsformen gesprochen; dies ist eine formale Unterscheidung. (Weischenberg 2001)

Meldungen sind bei den Tageszeitungen Kurz-Nachrichten mit einer Länge von gewöhnlich nicht mehr als 20 bis 30 Druckzeilen. Sie werden – der typografischen Anordnung (dem ‚Umbruch') folgend – auch ‚Einspalter' genannt und enthalten in aller Kürze nur die notwendigsten Informationen. In Berichten werden Sachverhalte ausführlicher, unter Verwendung von Stilmitteln des Erzählens, dargestellt. Inhaltlich wird dabei zwischen dem Tatsachenbericht (fact story), dem Handlungsbericht (action story) und dem Zitatenbericht (quote story) unterschieden.

Im *Tatsachenbericht* geht es um die Zusammenfassung, Einordnung und Gewichtung von Fakten. Dabei werden zentrale Tatsachen an den Anfang gestellt; es folgen die jeweils weniger wichtigen Informationen.

Im *Handlungsbericht* werden Ereignisabläufe zusammengefasst. Der konkrete Endpunkt der Ereignisse wird dabei an den Anfang gestellt; die jeweils weniger wichtigen Einzelinformationen folgen.

Im *Zitatenbericht* geht es um die Komprimierung von Aussagen, die aus Reden und Diskussionen, aber auch aus Manuskripten und Interviews stammen. Dabei müssen die Kernaussagen herausgehoben und an den Anfang gestellt werden; weitere Zitat-Passagen werden dann jeweils durch Erläuterungen verbunden.

Entstehung und Entwicklung

Die moderne Nachricht und ihre Aufbauprinzipien sind zusammen mit dem Aufkommen des kommerziellen → Journalismus in den → USA entstanden. Zur Entwicklung der ‚news story', die vor allem auf Geschäftsinteressen angelsächsischer → Nachrichtenagenturen im 19. und frühen 20. Jahrhundert zurückgeführt wird, haben dabei verschiedene ökonomische und technische Faktoren beigetragen.

Zuerst produzierte wohl die nordamerikanische Nachrichtenagentur *New York Associated Press* (später: „Associated Press") ‚objektive Nachrichten'. Deren Merkmal der formalen und inhaltlichen Neutralität erlaubte, einen großen Kundenstamm mit demselben Material bedienen zu können. Für den umkämpften Nachrichtenmarkt der Lokalzeitungen – mit Abnehmern sowohl im Lager der Republikaner als auch der Demokraten – war so nach dem amerikanischen Bürgerkrieg ein wirtschaftlich vernünftiges Berichterstattungsmuster gefunden worden (→ Informations-Journalismus). Durch die Platzierung zentraler Fakten am Anfang der Nachrichten wurde auch dem Problem der damals unsicheren Telegrafenleitungen Rechnung getragen (→ Medientechnik).

In dieser angelsächsischen Tradition werden bis heute Nachricht und Kommentar im Journalismus westlichen Typs (formal) getrennt. Dazu gibt es den klassischen Satz von *Charles Prestwich Scott* vom *Manchester Guardian*: „Comment is free, facts are sacred". Doch diese Abgrenzung ist – so zeigt die Pressegeschichte – keineswegs ‚natürlich' im Journalismus. Die frühen Zeitungen des 17. und 18. Jahrhunderts waren kommentarlos; ‚Parteylichkeit' galt als unerwünscht (Schönhagen 1998). Mit dem Fall der Zensur zog in Deutschland seit der Mitte des 19. Jahrhunderts das politische Räsonnement ein, und damit setzte sich der Meinungsjournalismus durch (→ Journalismus).

Die Trennung von Nachricht und → Kommentar wurde dann erst nach dem Zweiten Weltkrieg in (West-)Deutschland zum zentralen Faktor eines Journalismus-Konzepts nach angelsächsischem Vorbild. Seit den 60er Jahren wird dieses Muster aber immer wieder kritisch hinterfragt, weil der → Informations-Journalismus Hintergründe, Ursachen und Interpretationen ausklammere; durch ‚seine' Nachrichten und Berichte werde nur die Oberfläche beschrieben. (→ Mediengattungen)

Forschung und Lehre

Die Nachrichtenforschung hat sich in den vergangenen fünfzig Jahren als eigenes Feld der → Kommunikationswissenschaft profiliert. Sie beschäftigt sich in erster Linie mit Fragen der → Nachrichtenselektion und dabei mit dem Verhältnis zwischen den Ereignissen und der Berichterstattung. Die Befunde legen nahe, die in Definitionen der Nachricht enthaltene ‚Objektivität' abzukoppeln von Wahrheitspostulaten.

Fragt man nach der Funktion dieses Maßstabs im Rahmen der Medienproduktion, so kann man → Objektivität als Methode verstehen, welche den Medien und ihren Journalisten Sicherheit und Arbeitsfähigkeit verschafft. Dies hat nichts mit der Widerspiegelung von Realität zu tun, sondern mit *Strategien* der Journalisten zur Beobachtung und Beschreibung von Ereignissen (Tuchman 1978). Dazu gehören die Gegenüberstellung von zwei Quellen und die Zuordnung von Aussagen zu Personen, wobei durch die Verwendung von Anführungszeichen eine formale Trennung zwischen dem Inhalt eines Berichts und dem Berichterstatter selbst und seinen Überzeugungen erfolgt. Das Setzen von Anführungszeichen – oder beim Hörfunk die Verwendung der Formel „wie X wörtlich sagte" – ist Sache des Berichterstatters und somit ein bewusster Eingriff.

Verstanden als intersubjektive Vereinbarung über die Art der Konstruktion von Wirklichkeit (→ Konstruktivismus), welche im Journalismus konsentiert ist, liegen einem solchen Objektivitätsverständnis nicht die Kriterien ‚Wahrheit' oder ‚Realitätsnähe' zugrunde, sondern relative Begriffe wie ‚Glaubwürdigkeit', ‚Verlässlichkeit' oder ‚Nützlichkeit'. Sie gelten für die Sammlung, aber insbesondere auch für die Präsentation von Nachrichten mit Hilfe bestimmter Darstellungsformen. Diese Vereinbarung hat sich zum Berichterstattungsmuster der ‚Objektiven Berichterstattung' verdichtet. → Glaubwürdigkeit, Verlässlichkeit und Nützlichkeit werden aber nicht durch den Inhalt von Nachrichten direkt hergestellt, sondern durch die Erfüllung von bestimmten Erwartungen gegenüber den Rahmenbedingungen der Nachrichtenproduktion.

Dass die journalistische Praxis keineswegs der ‚reinen Lehre des Nachrichten-Journalismus' folgt, zeigen empirische Untersuchungen. Demnach wird zumindest implizit gegen die Trennungsnorm von Nachricht und Meinung verstoßen, und zwar durch ‚Synchronisation', also die Anpassung der Nachrichtenauswahl an die Kommentierung (Schönbach 1977).

In der Lehre des Nachrichten-Journalismus (Weischenberg 2001), die in den USA in vielen *textbooks* ausgebreitet ist (z. B. Mencher 1983), werden Nachrichten und Berichte nach dem Prinzip der ‚umgekehrten Pyramide' aufgebaut. Zu beantworten sind im Rahmen einer so formalisierten Anordnung des Materials insgesamt sieben Fragen: Wer, was, wann, wo, warum, wie, woher (welche

Quelle)? Die Antworten auf diese Fragen werden üblicherweise so gruppiert, dass die wichtigsten Tatsachen an den Anfang kommen. „The hard facts go first", heißt es im angelsächsischen Journalismus.

Längere Nachrichten (Berichte) haben einen – auch formal – abgegrenzten *Vorspann* (lead), der maximal drei bis vier Sätze lang ist. Er soll mehrere Funktionen gleichzeitig erfüllen: Leseanreiz sein, eine erste Orientierung über ein Ereignis oder einen Sachverhalt anbieten und die wesentlichen Informationen prägnant, klar und übersichtlich zusammenfassen.

Kritikfelder

Pauschal wird oft der Vorwurf erhoben, in Nachrichten und Berichten werde ‚die Realität' verzerrt. Die Art der Berichterstattung konzentriere sich einseitig auf dramatische und gewalttätige Ereignisse, bevorzuge bestimmte Länder und Regionen und vernachlässige andere; sie überrepräsentiere die gesellschaftliche Elite, stelle Stereotype über Minoritäten und Randgruppen her und produziere Mythen über gesellschaftliche Situationen und menschliches Verhalten. Also: Die ‚Medienrealität' sei nicht dasselbe wie die gesellschaftliche Wirklichkeit, und deshalb sei die Berichterstattung nicht objektiv.

Grundsätzlich wird der ‚Objektivität' von Nachrichten aber nach wie vor ein hoher Stellenwert zugewiesen; das Postulat findet sich in den gesetzlichen Bestimmungen für den öffentlich-rechtlichen Rundfunk in → Deutschland, und es ist in journalistischen Rollenbildern fest verankert. „Nachricht und Wahrheit [sind] nicht dasselbe", schrieb der Publizist *Walter Lippmann* (1964 [1922]: 243) zwar schon kurz nach dem Ersten Weltkrieg. Dem wird jedoch bis heute – ungeachtet erkenntnistheoretischer und professioneller Gegenargumente (→ Konstruktivismus) – entgegengehalten, Nachrichten könnten durchaus ‚wahr' sein, und zwar durch den Willen des Einzelnen, der für Objektivität und Vertrauen sorge. Das Problem der ‚Objektivität' von Nachrichten sei somit nur ein graduelles und kein prinzipielles.

Es gibt nur wenige Nachrichten-Medien in Deutschland, die sich offiziell nicht an die Normen des Nachrichten-Journalismus halten. Sie bevorzugen auch im Nachrichtenteil eine subjektive Darstellungsweise, weil sie der Auffassung sind, dass ‚Wertneutralität' der Wirklichkeitsvermittlung geradezu im Wege stehen kann; das markanteste Beispiel hierfür ist die *Tageszeitung* (taz).

Wer eine solch konsequente Aufgabe des Objektivitäts-Standards nicht für vertretbar hält, muss sich aber über die Grenzen und Gefahren dieses Musters im Klaren sein. Sie liegen da, wo widersprüchliche Wahrheitsbehauptungen nur formalisiert werden: Der Journalist sammelt zu einem Ereignis die Interpretation A und die Interpretation B, stellt beide einander gegenüber und glaubt, seine Arbeit getan zu haben. Doch diese Art der Informationssammlung ist oft nicht ausreichend. Auf der anderen Seite führt aber ein nachlässiger Umgang mit den Regeln des Nachrichten-Journalismus erst recht zu schlechten Produkten. Dies gilt insbesondere für implizite oder explizite Wertungen in scheinbar objektiven Nachrichten.

Perspektiven

Neuerdings werden Medienaussagen offeriert, die eine Verschmelzung traditionell gut unterscheidbarer Darstellungsformen darstellen. Dabei entstehen neue Hybrid-Formen, die sich in den vertrauten Schubladen nicht mehr ohne weiteres unterbringen lassen. Leitmedium ist dabei das → Fernsehen, das in den vergangenen Jahren auch in Nachrichtensendungen Kombinationen von Information und → Unterhaltung kreiert hat, die als ‚Infotainment' bezeichnet werden. Inzwischen stellen viele Stories eine Mischung aus Bericht und Analyse dar. Man offeriert außerdem Service und erhebt so den Anspruch, den Leserinnen und Lesern exklusiv mehr bieten zu können als die

Nachrichten, welche aus anderen Medien bekannt sind.

Im → Sportjournalismus der Printmedien versucht man aufgrund der Aktualitätsunterlegenheit gegenüber den ‚Live-Medien' Fernsehen und Hörfunk schon seit vielen Jahren, konsequent auf ‚Hintergrund' und ‚Analyse' auszuweichen. Im → Kulturjournalismus haben Mischformen sowohl bei der Kunstkritik als auch in der Form von ‚Feuilletons' Tradition, wobei vor allem stilistisch die Grenzen zwischen Journalismus und Literatur bewusst aufgehoben werden.

Insbesondere im → Internet werden heute neue Darstellungsformen ausprobiert, um die technischen Möglichkeiten von Hypertext und Multimedia umfassend nutzen zu können. Versprochen wird eine Revolution journalistischer Erzählweisen im Netz. Die bisher bekannten journalistischen Hybrid-Formen, welche im Internet zum Einsatz kommen, erscheinen jedoch noch nicht lehrbuchfähig – es gibt Postulate, aber keine Rezepte. Was zu erkennen ist, wirft eher berufsethische Fragen auf, als dass es professionelle Anstöße gibt.

Die Propheten des ‚Cyber-Journalismus' halten dagegen, dass die etablierten Regeln und Darstellungsformen des Nachrichten-Journalismus für das Internet unbrauchbar seien. Dies gelte insbesondere für das Aufbau-Prinzip nach der Struktur der ‚umgekehrten Pyramide'. Im Online-Zeitalter würden Nachrichten nicht mehr linear gelesen, sondern als Textangebot verstanden, das mit Hilfe der Links alle möglichen (auch: interaktiven) Nutzungsformen erlaube. Statt eines hierarchischen Nachrichten-Aufbaus sei alles das zu favorisieren, was einerseits die Verzweigung und andererseits die Vernetzung von Informationssträngen begünstige.

Zweifellos provoziert das Netz neue (journalistische) Formen, die den Potenzialen der Interaktivität gerecht werden. Dazu gehört erstens, Nachrichten durch Text- und Bilddokumentationen anzureichern, die direkt ‚angeklickt' werden können. Und zweitens, Angebote zu machen, die dem Nutzer Möglichkeiten zur individuellen Recherche, Vertiefung und ‚Personalisierung' von Nachrichten erlauben.

Damit sind die Prinzipien des Nachrichten-Journalismus, die sich als brauchbar erwiesen haben, jedoch keineswegs aufgehoben. Abzuwarten bleibt auch, welche neuen Potenziale sich durch die komplette technische Realisierung von Multimedia ergeben werden.

Auf jeden Fall sind Nachrichten zunehmend einem doppelten Anspruch ausgesetzt: Einerseits den Eindruck erwecken zu müssen, dass ‚die Realität' Referenz der Berichterstattung ist und bleibt, und andererseits zusammen mit dem Informationsangebot auch Unterhaltungsbedürfnissen gerecht werden zu müssen.

Dieser Erwartungsdruck wird durch die neuen technologischen und ökonomischen Rahmenbedingungen weiter verstärkt.

Literatur

Lippmann, Walter (1964 [1922]): Die öffentliche Meinung [Public Opinion], München.
Mencher, Melvin (1983): Basic News Writing, Dubuque/IA.
Roshco, Bernard (1975): Newsmaking, Chicago/IL.
Schönbach, Klaus (1977): Trennung von Nachricht und Meinung, Freiburg/München.
Schönhagen, Philomen (1998): Unparteilichkeit im Journalismus. Tradition einer Qualitätsnorm, Tübingen.
Tuchman, Gaye (1978): Making News. A Study in the Construction of Reality, New York.
Weischenberg, Siegfried (2001): Nachrichten-Journalismus. Anleitungen und Qualitäts-Standards für die Medienpraxis, Wiesbaden.

Siegfried Weischenberg, Hamburg

Nachrichtenagenturen

Definition/Begriffsbestimmung

Nachrichtenagenturen sind ‚Mittler' zwischen den Ereignissen und den Medien. Sie sammeln Meldungen für die Medien und bereiten sie auf – so schnell und so unparteilich wie möglich. Ihre Kunden sind vor allem Zeitungen, Rundfunkanstalten, Internetdienste, Unternehmen, Behörden und Privatleute. Kaum ein Medium erlaubt sich heute noch ein großes eigenes Korrespondentennetz; es verlässt sich auf eine oder mehrere Nachrichtenagenturen. Die Nachrichtenvermittlungskette würde also ohne das Glied Nachrichtenagentur kollabieren.

In der Regel – und traditionell – sind die Nachrichtenagenturen der westlichen Welt im Eigentum von Verleger-Genossenschaften. Aber auch private Investoren sowie Aktieninhaber engagieren sich in diesem Bereich. Die *Deutsche Presse-Agentur* (dpa) z. B. ist eine GmbH und gehört überwiegend den deutschen Verlegern; *Reuters* dagegen ist eine Aktiengesellschaft. Teilweise sind Nachrichtenagenturen aber auch der Regierung zugeordnet wie *Xinhua,* seit 1949 offizielle Nachrichtenagentur Chinas (→ Asien).

Nachrichtenagenturen verbreiten vor allem → Nachrichten in der klassischen Länge von rund 700 Zeichen. Eine weitere Darstellungsform ist der *Korrespondentenbericht*, rund 4200 Zeichen lang. Hier bleibt dem Agenturjournalisten Raum für Hintergründe. Längst sind die Agenturen aber auch Dienstleister: Überblicke bringen den Kunden auf den neuesten Stand, Zusammenfassungen nehmen ihm das Zusammenschreiben großer Komplexe ab, Terminübersichten helfen ihm bei der Planung. Dazu kommen maßgeschneiderte Meldungen für die verschiedenen Medien, wie etwa die Kurznachrichten-Blöcke für den Rundfunk oder Nachrichten mit speziellen Leads für das Internet. Das führt zu einer fast schon unüberschaubaren Flut von Material (→ Agentur-Journalismus).

Geschichte/Entwicklung

Nachrichtenagenturen gibt es seit mehr als 150 Jahren. Ihre Entstehung verdankten sie zum großen Teil der Telegrafie, welche die schnelle Übermittlung von Nachrichten erst möglich machte (→ Medientechnik). Zuvor waren dafür Brieftauben eingesetzt worden. Mitte des 19. Jahrhunderts begannen Nachrichtenbüros mit ihrer Arbeit – darunter alle drei heute noch existierenden Weltagenturen (AP, Reuters und AFP). Anfangs stand die Wirtschaftsberichterstattung im Mittelpunkt; es folgten Informationen, die diese beeinflussen konnten – zumeist aus der Politik. Heute liefern Nachrichtenagenturen die gesamte Nachrichtenpalette. Üblicherweise gelangen die Meldungen über Satellit zu den Kunden. Es gibt aber auch den Weg über das Internet, per Fax oder ISDN und vereinzelt sogar noch Briefdienste.

1835 schloss sich in Paris eine Anzahl kleinerer Nachrichtenbüros zur *Agence Havas* zusammen, die seither als älteste Nachrichtenagentur gilt. *Charles-Louis Havas* (1783-1858) war ein französischer Geschäftsmann, der sich als reiner Nachrichtensammler und -verkäufer verstand. Er wollte dieselben Nachrichten an möglichst viele Abnehmer verkaufen – ein bis heute unverändertes Agenturziel. Zu den Kunden von Havas gehörten Firmen, Banken und auch Zeitungen. Letztere sparten mit der Entsendung Kosten für eigene Korrespondenten; dies ist auch heute noch einer der zentralen Gründe für Verleger, eine Agentur zu abonnieren. Der spätere Gründer von *Reuters*, Paul Julius Reuter, und auch Bernhard Wolff, Begründer des *Wolffschen Telegraphenbüros (WTB)*, lernten ihr Handwerk bei Havas. (Höhne 1984)

Die Nachrichtenagentur *Reuters* in London gilt zwar vielen als älteste Nachrichtenagentur weltweit, ist aber einige Jahre jünger als *AP* und *AFP*. Sie wurde 1851 von Paul Julius Reuter (1816-1899) gegründet, der über das neue Calais-Dover-Kabel Börsennachrichten zwischen

London und Calais vermittelte. Reuters begründete mit der Gleichbehandlung von Kunden ein noch heute gültiges Agenturprinzip. Außerdem setzte er als Erster darauf, schnellster bei der Nachrichtenübermittlung zu sein und mit seiner Firma nahe am politischen und wirtschaftlichen Geschehen zu sein. Darin folgte ihm die Konkurrenz weltweit. Fast alle großen Nachrichtenagenturen haben ihren Sitz in den Hauptstädten nahe den Regierungszentralen.

In Nordamerika lief die Entwicklung etwas anders. Die weiten Wege zwangen die Zeitungen schnell, sich zusammenzuschließen. Schiffe aus Europa und damit die Zeitungen vom Alten Kontinent landeten zuerst in Halifax im Nordosten an. 1848 schlossen sich sechs New Yorker Zeitungsverleger zusammen und gründeten in Halifax die *Harbour News*. Von ihrem Büro aus wurden Nachrichten per Telegraf weitervermittelt. Damit es noch ein wenig schneller ging, wurden Schnellsegler gekauft, die den Frachtschiffen entgegenfuhren und die Nachrichten von Bord holten. 1880 beteiligten sich schon 355 Zeitungen an diesem Netzwerk, der Genossenschaft *Associated Press* (AP).

Als der Begründer des Agenturjournalismus in Deutschland gilt *Bernhard Wolff* (1811-1879). Er gründete 1849 das *Wolffsche Telegraphenbüro (WTB)* in Berlin, das anfangs vor allem Firmen- und Börsennachrichten sammelte, sich aber schnell zum führenden Nachrichtenanbieter in Deutschland entwickelte.

Nach dem Zweiten Weltkrieg standen die deutschen Medien zunächst unter der Kontrolle der Alliierten. Die Militärregierungen übernahmen die Nachrichtensammlung und -verbreitung und gründeten zu diesem Zweck in jeder der vier Besatzungszonen eine Nachrichtenagentur. Diese waren Nachrichtenlieferanten für die in der jeweiligen Zone erscheinenden Zeitungen.

In Hamburg entstand der *German News-Service – British Zone (GNS/BZ)*, gefolgt 1947 vom *Deutschen Pressedienst GmbH* (dpd). Deren Nachrichten wurden über eine Fernschreibleitung nach London gesendet und von dort aus an die Zeitungen in der britischen Besatzungszone gefunkt. Nachrichten aus dem Ausland lieferte der englischsprachige Dienst von *Reuters*.

In Bad Nauheim gründeten die Amerikaner eine Agentur, die ebenfalls *GNS* hieß, aber dann wegen der Namensgleichheit in *DANA* und später in *DENA* umbenannt wurde. Die *DENA* diente als Ausbildungsstätte für eine neue Generation deutscher Nachrichtenredakteure. Sie sollten die Grundsätze des anglo-amerikanischen Journalismus durchsetzen.

Die 21 Zeitungen in der französischen Besatzungszone bekamen ihr Material von der 1945 in Baden-Baden gegründeten *Rheinischen Nachrichtenagentur* (Rheina). Nachfolgerin wurde 1947 die *Süddeutsche Nachrichtenagentur* (Südena). Zu 49 Prozent gehörte sie den deutschen Verlegern in der Besatzungszone, zu 51 Prozent der Militärregierung.

In der sowjetischen Zone verlief die Entwicklung anders: Das *Sowjetische Nachrichtenbüro (SNB)* entwickelte sich nach der Gründung der Deutschen Demokratischen Republik zu einer staatlich kontrollierten Nachrichtenagentur und hatte als *Allgemeines Deutsches Nachrichtenbüro* (ADN) bis zum Ende der DDR das alleinige Nachrichtenmonopol im Land.

1948 einigten sich die *DENA* und der *dpd* – Letzterer zuvor verschmolzen mit der *Südena* – auf die Gründung einer neuen, gemeinsamen Agentur: die *Deutsche Presse-Agentur* (dpa).

Der internationale Markt

Weltweit gibt es derzeit rund 180 Nachrichtenagenturen. Nur wenige davon aber sind Global Player. Die meisten Agenturen operieren vor allem auf ihren Heimatmärkten, auch wenn sie mitunter über ein eigenes Netz an Auslandskorrespondenten verfügen und ihre Dienste in mehreren Sprachen anbieten. (Wilke 1997) Alle Agenturen weltweit liegen miteinander im Wettstreit. Das hindert sie nicht daran zu kooperieren. Ein gutes Beispiel sind dafür die beiden Großen in Kontinentaleuropa, *AFP* und *dpa*. In Deutschland erklärte Konkurrenten, sind die *AFP*-Tochter *AFX* in London gemeinsam mit der *dpa* und der österreichischen *APA* am Wirtschaftsdienst *dpa/AFX* in Frankfurt beteiligt.

Die drei Großen der Branche sind *Associated Press (AP)*, *Reuters* und *Agence France Presse (AFP)*. Sie reklamieren für sich, in bestimmten Bereichen jeweils die größte Agentur der Welt zu sein. *Reuters* ist vor allem eine Agentur für Wirtschafts- und Finanznachrichten. Nur etwa 5 Prozent der Umsätze machen heute noch die klassischen Nachrichtendienste aus. Die Agentur hat Nachrichtenbüros in mehr als 200 Städten der Welt und in 94 Ländern. Die Dienste erscheinen in 22 Sprachen, umfassen täglich 1,5 bis 2 Millionen Wörter und erreichen Kunden in über 150 Ländern. Der Umsatz von *Reuters* liegt bei jährlich knapp 2 Milliarden Euro. Die Agentur hat etwa 15.000 Beschäftigte (2004) in Finanz- und Mediendiensten; gut 2.000 davon sind Journalisten.

Associated Press erreicht täglich eine Milliarde Menschen und gilt damit als Rückgrat des weltweiten Informationssystems. Allein in den USA beliefert die Agentur über 5.000 Radio- und Fernsehsender und 1.700 Zeitungen. Insgesamt hat sie Kunden in gut 120 Ländern. Ihr Budget beträgt rund 570 Millionen US-Dollar. Die rund 3.700 Mitarbeiter der Agentur mit Hauptsitz New York und in weltweit 242 Büros verfassen Dienste in Englisch, Deutsch, Niederländisch, Französisch und Spanisch, die wiederum in weitere Sprachen übersetzt werden. Produziert werden täglich 20 Millionen Wörter und 1.000 Fotos für weltweit mehr als 15.000 Kunden. Für ihre Arbeit hat *AP* bis 2003 47 Pulitzer-Preise erhalten und 28 Foto-Pulitzer.

Agence France Presse mit Sitz in Paris ist die Nachfolgerin des 1835 gegründeten Zusammenschlusses mehrerer Nachrichtenbüros, der *Agence Havas*. Sie kann daher als älteste Nachrichtenagentur der Welt gelten. Inzwischen ist *AFP* in 165 Ländern aktiv. Sie hat mehr als 2.000 Angestellte, 900 davon außerhalb Frankreichs. Der tägliche Ausstoß beträgt rund 500.000 Wörter in Französisch, Englisch, Deutsch, Spanisch, Arabisch und Portugiesisch sowie 750 Fotos und Grafiken. Die Meldungen fließen in die fünf *AFP*-Regionalzentren in Paris und Washington, Montevideo, Hongkong und Nikosia ein. Dort und in Berlin – das Büro für den deutschsprachigen Raum – sowie in Rio de Janeiro, wo der lateinamerikanische Dienst erstellt wird, werden die Endfassungen verantwortet und an die Kunden weitergegeben. *AFP* hat nach eigenen Angaben das dichteste Korrespondentennetz aller Medien in der Welt. Das Budget beträgt mehr als 250 Millionen Euro.

Neben den Global Players gibt es noch zahlreiche andere Agenturen, die zwar auch im Ausland aktiv sind, aber immer nur punktuell. Dazu gehören die deutsche *dpa* und die italienische *ANSA*. Bis in die 70er Jahre spielte noch die US-amerikanische Agentur *United Press International* (UPI) international eine Rolle, hat aber seither immer mehr an Bedeutung verloren.

Die 1949 gegründete *Deutsche Presse-Agentur* hat ihren Sitz in Hamburg. Das Unternehmen mit seinen Tochterfirmen beschäftigt zusammen gut 1.000 Mitarbeiter. Die Agentur arbeitet international; sie hat in den großen Städten der Welt Mitarbeiter und ein umfassendes Korrespondentennetz. Neben dem deutschen Dienst bietet die *dpa* auch einen englischen, spanischen und arabischen Dienst an, die in Washington DC, Cork, Buenos Aires, Madrid, Nikosia und Bangkok produziert werden. Zu dem Unternehmen gehören sieben Tochterfirmen und zwei Beteiligungsfirmen mit überwiegend journalistischen Produkten.

Das Hauptprodukt der *dpa* ist der Basisdienst mit täglich rund 800 Meldungen und Korrespondentenberichten. Ergänzt wird das Angebot mit täglich 350 aktuellen Fotos vom Bilderdienst der Agentur in Frankfurt.

Die *dpa* gehört überwiegend den deutschen Verlegern, die jeweils aber nicht mehr als 1,5 Prozent Anteile halten dürfen. Eigentümer sind aber auch öffentlich-rechtliche Rundfunkanstalten und private Sender. Ihre Anteile zusammen dürfen 25 Prozent der Stammeinlagen nicht überschreiten.

Die italienische Nachrichtenagentur *ANSA* wurde 1945 als Genossenschaft in Rom gegründet. Heute verbreitet sie Wort- und Bildmaterial in italienischer, spanischer, englischer, französischer und arabischer Sprache. Die Kunden der privaten Kooperative der italienischen Zeitungen sitzen in vielen Ländern der Welt, vor allem in Lateinamerika.

Die überwiegende Zahl der Agenturen arbeitet national. Ihre Kunden sind in ihren Heimatländern; internationale Nachrichten werden in der Regel zugekauft. Zu dieser Gruppe gehört die *Austria Presse Agentur* (APA), die nationale Nachrichtenagentur Österreichs. Sie gehört den österreichischen Tageszeitungen und dem *ORF*. Die *APA*-Gruppe setzt sich aus der genossenschaftlich organisierten Nachrichtenagentur und vier Tochterunternehmen zusammen.

Der deutsche Markt

In Deutschland gibt es neun größere Nachrichtenagenturen (dpa, AP, Reuters, AFP, ddp, epd, KNA, sid und vwd). Damit ist das Land international der Markt mit der größten Anzahl von Nachrichtenagenturen. Diese neun sind sehr unterschiedlich groß und arbeiten zum Teil spezialisiert.

Die *dpa* ist die größte der in Deutschland arbeitenden Nachrichtenagenturen. Sie hat zwölf Landesdienste mit Meldungen aus der Region. Überregional Interessantes findet in der Hamburger Zentrale Eingang in den Basisdienst, das Hauptprodukt der Agentur. In Deutschland arbeiten rund 330 fest angestellte Redakteure. Die Auslandsnachrichten des deutschen Dienstes werden von Korrespondenten und Stringern weltweit gesammelt. Im Bildbereich arbeitet *dpa* mit der Fotoagentur *European Press Photo Agency* (epa) zusammen.

Die erste Meldung von *AP* in deutscher Sprache wurde 1946 gesendet; offizielle Gründung der *AP* GmbH in Frankfurt war aber erst 1950. Der *AP*-Nachrichtendienst in Frankfurt umfasst täglich rund 250 Meldungen; 60 Prozent davon sind Inlandsmeldungen. Dazu kommen rund 100 Bilder. *AP* in Deutschland hat in 16 Außenbüros und in den Büros des internationalen Dienstes in Paris und Brüssel etwa 130 Mitarbeiter. Sie beliefert 120 Kunden. Seit 1981 bietet *AP* auch einen Schweizer Nachrichtendienst in Deutsch und Französisch an. Die Redaktion sitzt in Bern und Zürich.

Sitz von *Reuters Deutschland* ist Frankfurt; die Zentralredaktion ist jedoch in Berlin angesiedelt. Außerdem werden noch vier Regionalbüros unterhalten. Insgesamt beschäftigt Reuters rund 500 Mitarbeiter. Der 1971 gegründete Dienst umfasst täglich zwischen 300 und 400 Meldungen aus den Bereichen Politik, Wirtschaft, Vermischtes sowie Börsen. Für die deutschen und Schweizer Kunden wird auch ein Bilderdienst angeboten. 2004 wurden die Europa-Aktivitäten des Konzerns in Ländergruppen neu strukturiert. Deutschland bildet seither mit den nordischen Ländern, der Schweiz und Österreich eine dieser Gruppen.

AFP Deutschland bietet seit 1947 einen deutschsprachigen Dienst an und hat inzwischen – nach Jahren in Bonn – ihren Sitz in Berlin. Dort arbeiten etwa 70 Mitarbeiter, ergänzt durch rund 20 des Weltnachrichtendienstes. Ein Schwerpunkt der *AFP* ist die internationale Berichterstattung; der Auslandsanteil umfasst ca. 60 Prozent des Angebotes. 1985 wurde der *AFP* Bilderdienst gegründet. *AFP* kooperiert im Bildbereich mit *ddp* und ist Eigentümerin des *sid*. Täglich werden im Schnitt gut 200 Artikel für rund 120 Kunden verfasst. Der Umsatz liegt bei gut 5 Millionen Euro (Stand 12/2003).

Der *Deutsche Depeschen Dienst (ddp)* hat seinen Sitz in Berlin. 1998 kam die Agentur als *ddp/ADN* zur damaligen Pro Sieben-Gruppe; seit 2000 firmiert sie als *ddp*. Sie hat 120 Mitarbeiter und gehört der Arques Industries AG mit Sitz in Starnberg. Der *ddp* ist eine nationale Agentur, die ihre Hauptaufgabe in der deutschen Berichterstattung sieht. Zudem produziert sie so genannte Themendienste zu den Bereichen Reise, Auto etc. Der Basisdienst enthält täglich rund 350 Meldungen. Ende 2004 war – nach Eröffnung eines Insolvenzverfahrens – die Zukunft der Agentur (wieder einmal) ungewiss.

Der *Evangelische Pressedienst* (epd) hat seinen Sitz in Frankfurt. Er wird von der evangelischen Kirche getragen und hat sich auf Berichterstattung aus den Bereichen Kirche, Religion, Kultur, Medien und Bildung, Gesellschaft, Soziales, Dritte Welt und Entwicklungspolitik spezialisiert. Der *epd* wurde 1910 in Berlin gegründet und ist damit die älteste der bestehenden deutschen Nachrichtenagenturen. Er hat acht Landesdienste, die das gesamte Bundesgebiet abdecken. Sie sind rechtlich eigenständige Gesellschaften in der Trägerschaft ihrer jeweiligen Landeskirche. Rund 80 Redakteure sind beim *epd* angestellt. Täglich umfasst der Basisdienst rund 50 Meldungen. Herausgeber und Verlag ist das Gemeinschaftswerk der Evangelischen Publizistik (GEP).

Die *Katholische Nachrichten-Agentur (KNA)* sitzt in Bonn, hat aber insgesamt elf Redaktionsstandorte. Sie wird je zur Hälfte von den katholischen Bistümern oder ihren Treuhändern getragen und von Mitgliedsverlagen der Arbeitsgemeinschaft katholischer Presse und der UNITAS Verlagsgemeinschaft, einer Gruppe katholischer Verlage. Die *KNA* ist noch stärker als der *epd* auf das Themenfeld Kirche eingegrenzt. Angeboten werden neben dem Basisdienst etwa Fachdienste wie „Spezial Bistumspresse", „Ökumenische Information" oder „Orden heute". Täglich sendet die *KNA* im Schnitt gut 70 Texte. Knapp 50 Redakteure arbeiten im Wort- und Bildbereich. Insgesamt hat die 1953 gegründete Agentur in Deutschland rund 90 Mitarbeiter.

Nationaler und internationaler Sport sind die Themen des *Sport-Informations-Dienstes* (sid) mit Sitz in Neuss. Ein Teil der 50 Mitarbeiter arbeitet in Hamburg, Berlin, Frankfurt, Leipzig und München. Täglich produziert die Sportagentur rund 30.000 Wörter für die deutschen Medien. Der *sid* kooperiert mit *AFP* und *Reuters*. Die Agentur wurde 1945 gegründet.

Die 1949 gegründeten *Vereinigte Wirtschaftdienste* (vwd) mit Sitz in Eschborn haben ihren Schwerpunkt in der Wirtschaftsberichterstattung. Zu ihren Kunden zählen vor allem Banken, Versicherungen, Industrie und Verbände, aber auch Medien. *Vwd* beschäftigt rund 240 Mitarbeiter an sieben Standorten in Deutschland; die Agentur macht einen Umsatz von rund 60 Millionen Euro.

Finanzierung

Die Agentur-Nachrichten werden überwiegend im Abonnement an die Kunden vertrieben; sie abonnieren eine Nachrichtenagentur in der Regel mindestens für ein Jahr. Die Kosten dafür richten sich nach der Auflage bzw. nach der Hörer-/Seher-Zahl der Kunden. Je reichweitenstärker das Medium, desto mehr muss es für eine Agentur bezahlen. Kleine Zeitungen z. B. zahlen also entsprechend weniger. Für Medien mit Spezialinteressen werden im Einzelfall auch Modulverträge angeboten. Die Säulen einer Agentur aber sind die Abonnements ihrer gesamten Dienste im Wort- und Bildbereich. Andere Verkaufsmodelle haben sich als wirtschaftlich nicht tragfähig erwiesen.

Eine Nachrichtenagentur muss ihre Produkte im Abonnement verkaufen, weil sie kontinuierlich hohe Kosten hat: Sie hält ein großes Netz an Angestellten und Pauschalisten vor – je nach Anspruch national oder international. Dazu kommt das teure technische Equipment.

Beim Personal sind die entsandten Korrespondenten am teuersten. Deswegen wird im Ausland verstärkt auf Ortskräfte bzw. Pauschalisten zurückgegriffen. Mitarbeiter in der Fläche werden oft per Zeile bezahlt. Derzeit liegt der Satz innerhalb Deutschlands etwa bei der *dpa* zwischen 1,10 und 1,30 Euro pro Nachrichtenzeile (69 Anschläge).

Es gibt viele Kunden, die gerne nach Abdruck bezahlen würden – wegen des vermeintlichen Überangebotes. Tatsächlich haben Untersuchungen von *dpa* ergeben, dass im Schnitt nur rund zwei Prozent des Outputs gedruckt werden. Doch die Bedürfnisse der Kunden einer Agentur sind sehr unterschiedlich. Einige legen Wert auf Auslandsberichterstattung; andere wollen über jedes Kulturevent informiert werden; wieder andere verlangen Wirtschaftshintergründe. Das Angebot einer Agentur muss so vielfältig sein wie das ihrer Kundschaft. Das ist teuer.

Bewertung und Ausblick

Die große Verantwortung, die Nachrichtenagenturen bei der Verbreitung von Informationen haben, schließt eine wie auch immer geartete Parteilichkeit aus. So steht etwa im Statut der *dpa*: „Das Unternehmen erfüllt seine Aufgabe unparteiisch und unabhängig von Einwirkungen und Einflüssen durch Parteien, Weltanschauungsgruppen, Wirtschafts- oder Finanzgruppen und Regierungen." Die Sequenz ‚Kommentar' gibt es dementsprechend in keiner Meldung und keinem Bericht. (Zschunke 2000)

Trotzdem unterliegt eine Nachricht auch bei einer Nachrichtenagentur rechtlichen, wirtschaftlichen und technischen Einflüssen. Nicht zuletzt spielt auch die Absatzchance einer Meldung eine Rolle bei der Nachrichtenauswahl: Je bekannter oder bedeutender der Ausgangspartner einer Meldung ist, desto größer ist die Chance, dass sie abgedruckt wird. Und die größtmögliche Verbreitung des eigenen Materials ist ein wichtiges Ziel einer Agentur.

Die Kunden der Nachrichtenagenturen sind politisch unterschiedlich ausgerichtet; sie haben auch die verschiedensten wirtschaftlichen Interessen. Das oberste Prinzip einer Agentur muss also die → Objektivität sein. Jede Tendenz würde die Kunden gegen sie aufbringen.

Nachrichtenagenturen werden weiterhin notwendig für den Medienmarkt sein; aber sie werden sich stärker wandeln als früher. Die Kunden sind anspruchsvoller, kritischer, kostenbewusster und entschlussfreudiger geworden. Die Zeit langer Vertragslaufzeiten ist vorbei. Große Agenturen wie *AP* und *Reuters* werden es am leichtesten haben, unter diesem Druck zu bestehen.

Aber nicht nur bei den kleinen Anbietern hat eine Zeit der Verschlankungen und Strukturreformen begonnen. Deshalb werden Standorte infrage gestellt, Auslandsoperationen überprüft, die Zahl der Mitarbeiter reduziert und Nischen gesucht für Neupositionierungen. Am Ende werden ein paar Agenturen vom Markt verschwunden sein. Die anderen aber werden sich gestrafft und neu aufgestellt ihrer alten Aufgabe stellen: Nachrichten beschaffen, schnell und objektiv.

Immer nach dem Motto: Be first, but first be right!

Literatur

Höhne, Hansjoachim (1984): Report über Nachrichtenagenturen, Bd. 1, Baden-Baden.

Wilke, Jürgen (1997): Nachrichtenagenturen im Wettbewerb, Konstanz.

Zschunke, Peter (2000): Agenturjournalismus, Nachrichtenschreiben im Sekundentakt, 2. überarb. Aufl., Konstanz.

Hilke Segbers, Hamburg

Nachrichtenselektion

Definition/Begriffsbestimmung

Nachrichtenselektion lässt sich als Prozess der Auswahl, Präsentation und Rezeption bestimmter Ereignisse als Nachricht begreifen. In der Forschung gibt es dazu derzeit vier aktuelle Konzepte:

- Das Konzept der *Nachrichtenfaktoren* (Nachrichtenwert-Theorie) charakterisiert die Merkmale, die ein Ereignis aufweisen muss, um von Journalisten als → Nachricht/Bericht präsentiert werden zu können.
- Die *News-Bias-Forschung* befasst sich spezieller mit Einstellungen der Journalisten und den Nachrichteninhalten mit dem Ziel, Unausgewogenheiten festzustellen.
- Mit dem *Framing-Konzept* lässt sich die Stabilität und Veränderung der Selektivität von Journalisten, Nachrichteninhalten und Rezipienten beschreiben.
- → *Gatekeeping* richtet sich auf die Journalisten und Medienorganisationen, welche die Nachrichtenauswahl beeinflussen.

Entstehung/Entwicklung

Mit dem Begriff „news values" beschrieb 1922 erstmals Walter Lippmann (1889-1974) Kriterien der Publikationswürdigkeit von Ereignissen. Dreißig Jahre später interessierte man sich für die subjektiven Dispositionen der Journalisten als ‚Schleusenwärter' (Gatekeeper) sowie ihre Sozialisationsbedingungen und dann auch für die organisatorischen und technischen Zwänge des Auswahlprozesses.

Verzögert wurden kognitions-psychologische Forschungen rezipiert, welche die Selektivität von Entscheidungen im Nachrichtenprozess erklären können. Das Interesse verlagerte sich auf eine integrierte Perspektive der Selektivität des gesamten Nachrichtenprozesses (Scheufele 2003; Ruhrmann et al. 2003). Auch Übergänge zwischen Information und → Unterhaltung wurden ein kommunikationswissenschaftliches Thema (Görke/ Ruhrmann 2003).

Nachrichtenwert-Theorie

Die Nachrichtenwert-Theorie untersucht, welche Ereignisse aufgrund bestimmter Merkmale (Nachrichtenfaktoren) zu Nachrichten werden. Je mehr *Nachrichtenfaktoren* ein Ereignis betreffen oder ihm zugeschrieben werden, desto höher ist sein Nachrichtenwert. Die Sozialforscher *Johann Galtung* und *Mari Holmboe Ruge* (1965) benennen zwölf Ereignismerkmale und führen Forschungen von *Einar Östgaard* weiter, der spezifische Merkmale der Nachrichtenereignisse findet, die über ihre Publikation entscheiden; explizit nennt Östgaard (1965: 45 ff.) drei Nachrichtenfaktoren:

- *Vereinfachung* (simplification) bestimmt nicht nur die journalistische Selektion, sondern auch die redaktionelle Verarbeitung von Nachrichten. Da vor allem ‚einfache' Ereignisse für die Publikation ausgewählt und redaktionell zusätzlich simplifiziert werden, ist von Anfang an klar, dass komplexere Zusammenhänge kaum eine Chance haben, zur Nachricht zu werden.
- *Identifikation* (identification) bedeutet, dass vor allem Berichte über Personen oder Geschehnisse, die dem Publikum schon vertraut sind, zur Nachricht werden können.
- *Sensationalismus* (sensationalism) meint, dass Presse und Fernsehen bevorzugt über Konflikte, gefährliche Situationen, Unfälle und Katastrophen aller Art berichten – mithin von dramatischen und emotional besetzten Ereignissen, welche die öffentliche Aufmerksamkeit erregen.

Schon diese drei Auswahlfaktoren begünstigen eine Rationalität, die den Status quo der Weltordnung bestärkt und die individuellen Handlungen politischer Führer oder internationaler Großmächte betont. Massenmedien bevorzugen ferner bei der Berichterstattung eher die Konflikte mit Einsatz von Gewalt als friedliche Lösungsversuche oder Ziele internationaler Diplomatie und Politik.

Zusätzlich werden später Annahmen über den Zusammenhang dieser Nachrichtenfaktoren formuliert (Schulz 1976). Daneben entscheiden Umfang, Aufmachung und Platzierung von Meldungen über deren *Nachrichtenwert,* der die formale Beachtung der Nachrichten beeinflusst.

Das *Finalmodell* der Nachrichtenauswahl besagt, dass die Selektion auch als eine an bestimmten Zwecken orientierte Mittelwahl verstanden werden kann (Staab 1990). Ähnlich sind Überlegungen, die davon ausgehen, dass Ereignisse zum Zwecke der Berichterstattung inszeniert und aktualisiert werden können.

Zuletzt haben *Georg Ruhrmann* et al. (2003) im Zeitraum von 1992 bis 2001 TV-Nachrichten empirisch analysiert und festgestellt, dass es zu einem deutlichen Rückgang der politischen Berichterstattung kommt. Eine im Rahmen der Studie durchgeführte Journalistenbefragung dokumentiert den Zwang zur Aktualität. Die klassischen Nachrichtenfaktoren ‚Vereinfachung', ‚Identifikation' und ‚Sensationalismus' fördern die Rezeption. Ein Drittel der Zuschauer ignoriert Nachrichten dennoch ganz.

News-Bias-Forschung und ‚Framing'

Die News-Bias-Forschung untersucht den Zusammenhang zwischen der politischen Einstellung von Journalisten und ihrer Nachrichtenauswahl. So geht man davon aus, dass Journalisten den höchsten Nachrichtenwert solchen Ereignissen zurechnen, die den eigenen Auffassungen entsprechen. Deutsche Journalisten wählen – häufiger als ihre britischen und amerikanischen Kollegen – angeblich die Nachrichten nach der eigenen Konfliktsicht aus.

Zwanzig Jahre zuvor hatte man die Frage untersucht, ob die journalistische Maxime einer Trennung von Nachricht und Meinung eingehalten wird. Schönbach (1977) zeigt, dass Ereignis und Fakten so ausgewählt werden, dass die redaktionelle Linie des Hauses unterstützt wird. Eine andere Strategie der Verzerrung besteht in der Zitation von ‚opportunen Zeugen': Journalisten lassen Akteure zu Wort kommen, die im Sinne der redaktionellen Linie argumentieren.

Der interdisziplinäre *Framing-Ansatz* hat das Ziel, Konzepte der Nachrichtenauswahl und der → Medienwirkungen miteinander zu verbinden. Zudem beansprucht er, Stabilität und Wandel der Nachrichtenselektivität im Zeitverlauf zu erklären. Frames gelten als Interpretationsmuster, mit denen sich Informationen sinnvoll einordnen und effizient verarbeiten lassen. Durch framing werden bestimmte Aspekte der wahrgenommenen Realität betont und andere ignoriert.

Das Konzept impliziert, dass der routinisierte journalistische Bezugsrahmen zumindest über eine bestimmte Zeit hinweg relativ stabil bleibt. Allerdings kann ein Frame anlässlich von Schlüsselereignissen modifiziert oder durch einen ganz neuen Bezugsrahmen abgelöst werden. Dabei lässt sich unterscheiden, ob sich Frames verändern, ohne einen völlig neuen Bezugsrahmen zu etablieren. Zu denken ist an eine sensibilisierte Berichterstattung über Opfer von terroristischen Anschlägen, etwa nach Ermahnung der Journalisten durch die Politik.

Kongruente und bisher unverbundene Frames können auch miteinander verknüpft werden. Hier ist das Beispiel der Berichterstattung zur ‚Greencard' zu nennen: Journalisten kombinieren das Thema Migration mit dem Thema der Besetzung hoch qualifizierter Arbeitsplätze. Schließlich können völlig neue Frames zustande kommen. Es treten dann veränderte journalistische Selektionsroutinen auf, gerade weil sich die neuartigen Ereignisse mit vorhandenen Frames nicht mehr konsistent interpretieren lassen.

Die Veränderung von Frames wird langfristig auch durch den Wertewandel sowie eine damit einhergehende Veränderung von Konzepten der Nachrichtenideologie ausgelöst. Hinzu kommt jedoch auch die Kommunikationspolitik der Akteure selbst, die neue Deutungsmuster durchsetzen. (Scheufele 2003: 104)

Je nach Komplexität des gewählten Kontextes lassen sich zwei Formen des Nachrichten-Frames unterscheiden: ein kurzfristig, episodisch angelegter und ein eher langfristig, thematisch angelegter Nachrichten-Frame (Iyengar 1991). *Episodische* Nachrichten-Frames beschreiben konkrete Ereignisse, sie lassen sich in TV-Nachrichten gut visualisieren. *Thematische* Nachrichten-Frames zeigen komplexe Zusammenhänge, Rede und Gegenrede von Sprechern, die zumeist als Experten auftreten.

Innerhalb des gesamten Prozesses der Nachrichtenauswahl beeinflussen Frames, welches Geschehen ein Journalist überhaupt als nachrichtenrelevantes Ereignis begreift, welche Aspekte dieses Ereignisses für die Nachrichtenberichterstattung ausgewählt werden, in welchen thematischen Kontext dieses Ereignis oder der gewählte Ereignisaspekt eingebettet wird und wie der Nachrichtenwert eines Ereignisses bestimmt wird, d. h., welche Nachrichtenfaktoren in welcher Ausprägung auftreten.

Damit ist das Verhältnis von Nachrichtenframes und Nachrichtenfaktoren angesprochen. Während Nachrichten*frames* den sozialen und kognitiven Kontext der journalistischen Selektivität bzw. ihrer Nachrichtengebung sowie das Auswahlhandeln des Rezipienten konstituieren, erklären die Nachrichten*faktoren* auf der Basis von Attributionsprozessen, welche konkreten Ereignismerkmale dazu führen, ob das Zeitgeschehen als Nachricht präsentiert wird oder nicht.

Integriertes Modell

Der Nachrichtenprozess lässt sich als integriertes Modell darstellen (Ruhrmann 1989). Am Anfang steht die Auswahl genuiner Ereignisse und ihre Präsentation als Nachricht. Hinzu kommen die von organisierten Akteuren produzierten PR-Events und strategisch relevante Kampagnen, die in Nachrichten zunehmend berücksichtigt werden.

Unauffälliger und gerade auch deshalb wirksam sind die eigens für die Nachrichtengebung produzierten mediatisierten Ereignisse, die als Inszenierung auch zu (un)beabsichtigten (Neben-)Folgen führen können. Innerhalb des Prozesses der Nachrichtenauswahl beeinflussen die *Journalisten-Frames*, in welchen thematischen Kontext das Ereignis eingebettet wird, welche Ursachen und Bedingungen, Akteurskonstellationen sowie Folgen und Wirkungen öffentlich zur Sprache kommen.

Die Nachrichtenfaktoren selbst wiederum werden – so die hier vertretene These – von den *Nachrichten-Frames* aktiviert. Im Prozess der Nachrichtendarstellung werden Elemente (Schemata) von Frames verändert, so dass es zu neuen Bewertungen und Zurechnungen, zu Abschwächungen sowie zu Auslassungen kommen kann (Ruhrmann 1989: 61 f.). Die aktivierten Frames entscheiden auch darüber, mit welcher Intensität der Nachrichtenfaktor in der Darstellung ausgeprägt wird.

Modellhaft lassen sich auch die Rückwirkungen und -folgen der publizierten Nachrichten auf die gesellschaftlich organisierten Akteure darstellen. Sie orientieren sich an der Nachrichtenlage und ‚produzieren' bei Bedarf mediatisierte Ereignisse, die mit bestimmter Sicherheit nachrichtenrelevant und von Journalisten-Frames beeinflusst werden.

Ausblick

Ausgangspunkt der Nachrichtenforschung war die Frage, wie komplexes Geschehen zur Nachricht werden kann. Neuere Analysen zeigen, dass die Komplexität in den Nachrichten schwindet. Internationale Politik wird zunehmend in einem Kontext von Aggression und Krieg präsentiert. Zudem führt die zunehmende ‚Amerikanisierung' der Nachrichten (mehr Service, weniger Politik) dazu, dass komplizierte politische und militärische Konflikte personalisiert werden. Das Publikum erhält dadurch kaum noch die Möglichkeit, die politischen Hintergründe kennen zu lernen.

Nachrichten gelten als wichtigstes publizistisches Informationsangebot. Empirische Befunde zeigen bei den Arbeitsprozessen der Journalisten deutliche Zunahmen von Tempo und Dynamik. Hier sind weitere medienökonomische und organisationssoziologische Analysen der journalistischen Arbeitsprozesse notwendig.

Genauer zu erforschen sind auch die wahrnehmungspsychologischen Grundlagen der in den 60er Jahren entwickelten Konzeption der Nachrichtenwerte. Sie wären auf der Grundlage neuerer *kognitionspsychologischer* Forschung zu reformulieren. Interessant sind hier das *Priming-Konzept* sowie die *Schematheorie*. Des Weiteren sind Langzeitstudien für repräsentative Stichproben von Nachrichtenmeldungen zu fördern (Ruhrmann et al. 2003).

Schließlich geht es um international vergleichende Arbeiten, um mehr über kulturspezifische Besonderheiten der Nachrichtenauswahl zu erfahren. Bekanntlich wurde das Konzept der Nachrichtenfaktoren bezüglich seiner Blindstellen gegenüber nichtwestlichen Kulturen und Nationen immer wieder kritisiert, nicht zuletzt im Interesse einer aufklärerischen Leistung des Konzepts für Politik und Medien.

Literatur

Galtung, Johan/Marie H. Ruge (1965): The Structure of Foreign News, in: Journal of Peace Research 1965/1: 64-91.

Görke, Alexander/Georg Ruhrmann (2003): Public Communication between facts and fictions: on the construction of genetics risks, in: Public Understanding of Science 2003/12: 229-241.

Iyengar, Shanto (1991): Is Anyone Responsible? How Television Frames Political Issues, Chicago/IL.

Lippmann, Walter (1922): Public Opinion, New York.

Östgaard, Einar (1965): Factors Influencing the Flow of News, in: Journal of Peace Research 1965/2: 39-63.

Ruhrmann, Georg (1989): Rezipient und Nachricht. Struktur und Prozess der Nachrichtenrekonstruktion, Opladen.

Ruhrmann, Georg et al. (2003): Der Wert von Nachrichten im deutschen Fernsehen, Opladen.

Scheufele, Bertram (2003): Frames – Framing – Framing-Effekte, Opladen.

Schönbach, Klaus (1977): Trennung von Nachricht und Meinung, Freiburg.

Schulz, Winfried (1976): Die Konstruktion von Realität in den Nachrichtenmedien, Freiburg/München.

Staab, Joachim Friedrich (1990): Nachrichtenwert-Theorie, Freiburg/München.

Georg Ruhrmann, Jena

New Journalism

Definition/Begriffsbestimmung

Als New Journalism wird jenes journalistisch-literarische Genre (→ Mediengattungen) bezeichnet, das in den frühen 60er Jahren des 20. Jahrhunderts in New York entstand und aufgrund verschiedener innovativer Elemente in Thematisierung, Sprache und Erzählperspektive die Ur-Form des modernen Lifestyle- bzw. Zeitgeist-Journalismus darstellt. Bei diesem Gegenentwurf zum reinen → Informations-Journalismus steht nicht so sehr die tatsachenorientierte, ‚objektive' Berichterstattung im Mittelpunkt der Reportagen, sondern eher die Schilderung der mit dem Ereignis zusammenhängenden Motive, Ursachen und Protagonisten.

In Abgrenzung zum etablierten Journalismus der amerikanischen Leitmedien der Nachkriegszeit beanspruchte diese Strömung nicht nur ‚neu' zu sein, sondern verstand sich auch als journalistisches Genre mit literarischem Anspruch (Haas/Wallisch 1991). Dies manifestierte sich vor allem in einem für den Journalismus unkonventionellen Sprachgebrauch, den die Gründer dieses Genres – *Tom Wolfe*, *Gay Talese* und *Jimmy Breslin* – mit Bedacht pflegten und zu ihrem Markenzeichen machten.

Geschichte/Entwicklung

Für ihre äußerst ungewöhnlichen Reportagen fanden die jungen Autoren zu Beginn der 60er Jahre Förderer, die das Ausbrechen aus dem starren Journalismus-Schema als Zeichen der Zeit richtig zu deuten wussten.

Schon bald wurde *Tom Wolfe* zur Galionsfigur des New Journalism. Mit seinen Reportagen und Textsammlungen, u. a. *The Kandy-Kolored Tangerine-Flake Streamline Baby* (1963/65) oder *The Electric Kool-Aid Acid Test* (1968), erregte er nicht nur Aufmerksamkeit, sondern in konservativeren publizistischen und wissenschaftlichen Kreisen auch Unmut und Widerspruch. Sein eigenwilliger Schreibstil wurde von Kritikern als Ablenkungsmanöver von einer mangelhaften → Recherche ausgelegt, nicht selten wurde er auch mit dem Verdacht der Fiktionalisierung konfrontiert. Wolfe konnte diese Vorwürfe aber stets mit plausiblen Belegen für seine doch gewissenhafte Recherche entkräften.

Nicht nur Journalisten, sondern auch Literaten erlagen der Verführung, nicht-fiktionale Stoffe literarisch aufzubereiten. *Truman Capote* war etwa nach *Breakfast At Tiffany's* (1958) längst als Romancier etabliert; seinen größten Erfolg feierte er jedoch mit dem Tatsachenroman (non-fiction novel) *In Cold Blood* (1965), der von einem mehrfachen Raubmord handelt. Auch der Schriftsteller *Norman Mailer* (*The Naked and the Dead*, 1948) zeigte Qualitäten als Journalist. Sein Buch *Armies of The Night* (1968) gilt als eines der prägnantesten journalistischen Werke über die US-Friedensbewegung gegen den Vietnam-Krieg.

So neu wie der Name war die dahinter stehende Idee aber keineswegs: Bereits Jahrzehnte zuvor hatten es Autoren wie *Egon Erwin Kisch*, *Joseph Roth*, *Antoine de Saint-Exupéry*, *William Faulkner* oder *Ernest Hemingway* meisterhaft verstanden, journalistisches Sujet und literarische Methode zu kombinieren. Das Spannungsverhältnis von Literatur und Journalismus erhielt vor allem im deutschen Sprachraum in den Anfangsjahren des 20. Jahrhunderts in der Diskussion um die ‚neue Sachlichkeit' immer wieder Nahrung für Kontroversen.

Während diese Autoren aber noch eigenständig und ohne gemeinsame Programmatik agierten, traten die New Journalists als Gruppe mit einem bis dahin unerhörten Selbstbewusstsein auf: In einem Manifest erklärte Wolfe (1973) kurzerhand die → Reportage zur höchsten literarischen Kunstform – und nicht mehr den Roman. Nicht das vermeintliche sprachliche Niveau, sondern das Sujet mache den Unterschied aus: Die Realität hatte nach Ansicht der New Journalists der Fiktion den Rang abgelaufen.

Die neuen Genre-Techniken waren gewagt: Der Standpunkt der ‚subjektiven Kamera' wurde durch einen farbenreichen, teilweise bizarren Sprachgebrauch noch zusätzlich betont. Mit Vorliebe wurden Situationen wie in Romanen oder Novellen szenisch dargestellt, wobei der Wiedergabe authentischer Dialoge besondere Bedeutung zugemessen wurde. Vor allem bei *Tom Wolfe* und *Hunter S. Thompson* (*Fear and Loathing in Las Vegas*, 1971) verschwamm oft die Grenze zwischen dem in der jeweiligen Situation gesprochenen Wort und einem inneren Monolog. Beide Autoren tendierten in ihren Texten zudem oft zur – allerdings meist klar erkennbaren – Übertreibung.

Jeder Schreiber fühlte sich ermuntert, seinen eigenen Stil zu pflegen: *Norman Mailer* betrachtete die eigene Erfahrung als einzig gültige und stellte daher meist selbst den Protagonisten seiner Stoffe dar, während *Tom Wolfe* sich als Akteur ausblendete und lieber sprachlich experimentierte. Assoziationen zur bunten Welt der Pop-Art und der Comics waren dabei durchaus gewollt – die Alltagskultur wur de zum festen Bestandteil der journalistischen Themenwahl.

Der Erfolg des New Journalism lässt sich nicht erklären, ohne auf die Situation der amerikanischen Gesellschaft in den 60er Jahren hinzuweisen: Die Hippies in San Francisco, die Friedensmärsche in Washington und der Wettlauf zum Mond waren Themen, die sich nach Ansicht der New Journalists mit traditionellen Methoden nur unzureichend hätten beschreiben lassen. Erst mit neuen Stilmitteln konnte der Zeitgeist vermittelt werden, und dieser Stil begeisterte in der Folge hunderttausende Leser.

Typisch für den New Journalism war stets auch die breit gefächerte Medienpalette. So schrieben die Autoren zwar für arrivierte Medien wie *The Herald Tribune* und *Esquire*, aber auch für Pop-Magazine wie *Rolling Stone*. Es geschah nicht selten, dass lange Reportagen gleich in Buchform erschienen.

Ab den 70er Jahren wurden andere Strömungen – wie z. B. der Investigative Journalismus – erneut einflussreicher. Der New Journalism blieb aber in den Lifestyle- und Zeitgeistmagazinen wie *Esquire* und *Rolling Stone* der maßgebliche Schreibstil. Ab den 80er Jahren fand der New Journalism auch in europäischen Magazinen ein Forum; zunächst in Großbritannien (*The Face*, *i-D*), später auch im deutschen Sprachraum (*Twen*, *Wiener*, *Tempo, Max*).

Ausblick

Auch heute gelten die New Journalists nach wie vor als stilbildend – dies lässt sich an zahlreichen Werken ablesen, die mit renommierten Preisen ausgezeichnet werden. Der Regelfall sind solche Reportagen allerdings nicht mehr. Der Trend zu mehr Illustration und kürzeren Texten hat fast alle Magazine erfasst; nur wenige wie *Esquire* oder *Harper's Magazine* halten mit ihrem großen Textanteil am nunmehr schon ‚klassischen' New Journalism fest.

Das → Internet bietet aber in Form von so genannten *Weblogs* eine neue und viel versprechende Plattform für engagierten, literarischen Journalismus – wenngleich die publizistische Verbreitung und der kommerzielle Erfolg noch ausstehen.

Literatur

Arlen, Michael J. (1972): Notes on The New Journalism, in: Atlantic Monthly, May 1972: 43-47.

Bleicher, Joan Kristin/Bernhard Pörksen (Hrsg.) (2004): Grenzgänger. Formen des New Journalism, Wiesbaden.

Haas, Hannes/Gianluca Wallisch (1991): Literarischer Journalismus oder journalistische Literatur?, in: Publizistik 1991/3: 298-314.

Wolfe, Tom (1973): The New Journalism, New York.

Gianluca Wallisch, Wien

Niederlande

→ Benelux-Länder

Norwegen

→ Skandinavien

Nutzenansatz

Definition/Begriffsbestimmung

Das Stichwort ‚Nutzenansatz' steht für eine breite Palette von Forschungsarbeiten, denen die Annahme gemeinsam ist, dass Menschen die Medien zu ihrem eigenen Nutzen verwenden und gezielt solche Medienangebote auswählen, die ihren Bedürfnissen am besten entsprechen. Ausgangspunkt ist damit die Vorstellung von einem ‚aktiven Publikum', das den Medien und ihren potenziellen Wirkungen nicht hilflos ausgeliefert ist, sondern selbst bestimmt, welchen Angeboten es sich zuwendet und welchen nicht.

Anders als bei den Ansätzen in der Wirkungsforschung, die danach fragen, was die Medien mit den Menschen machen (→ Medienwirkungen, → Stimulus-Response-Modell), geht es beim Nutzenansatz also um die Frage, was die Menschen mit den Medien machen. Dabei wird oft unterschieden zwischen dem Nutzen, den die Menschen bei bestimmten Medien suchen, und den Belohnungen bzw. Gratifikationen, die mit der Nutzung dieser Medien tatsächlich verbunden sind. In diesen Fällen ist dann vom ‚Nutzen- und Belohnungsansatz' bzw. oft auch vom ‚Uses-and-Gratifications-Approach' die Rede. (Schenk 2002)

Entwicklung/Forschungsstand

Die Ursprünge des Nutzenansatzes reichen zurück bis in die 40er Jahre des 20. Jahrhunderts. In einem Umfeld, das noch von der Annahme starker Medienwirkungen geprägt war, entwickelte die Forschung in den USA ein Interesse an den Funktionen, die insbesondere bestimmte Unterhaltungsangebote für die jeweiligen Nutzer erfüllen. Frühe Studien galten etwa der Frage, aus welchen Motiven viele Hausfrauen die damaligen Radio-Soap Operas anhörten und warum die damals aufkommenden Quizshows sehr rasch so hohe Popularität gewannen. In dieser frühen Phase spielte in der Forschung – dem Zeitgeist entsprechend, der populärer → Unterhaltung sehr skeptisch gegenüberstand – vor allem das Nutzungsmotiv des ‚Eskapismus' eine wichtige Rolle: Die Nutzung von Unterhaltungsangeboten wurde insbesondere darauf zurückgeführt, dass die Menschen vor der Realität fliehen wollen, indem sie sich fiktionalen oder unbeschwert unterhaltenden Formaten zuwenden.

Einen wesentlichen Schritt machte die entsprechende Forschung in den 70er Jahren, insbesondere mit dem bahnbrechenden Buch „The uses of mass communications" von Jay G. Blumler und Elihu Katz (1974). Damals wurde die Ausgangsidee wie folgt konkretisiert: Das Interesse gilt den sozialen und psychologischen Ursprüngen von *Bedürfnissen*, aus denen sich bestimmte Erwartungen gegenüber den Medien, aber auch gegenüber nicht-medialen Handlungsmöglichkeiten ergeben. Diese Erwartungen führen dann zu bestimmten Mustern der → Mediennutzung oder nicht-medienbezogenen Aktivitäten, woraus sich eine mehr oder weniger gelungene Befriedigung der Ausgangsbedürfnisse sowie andere nicht beabsichtigte Konsequenzen ergeben.

Wichtig an dieser Klärung ist vor allem, dass die Mediennutzung hier explizit als funktionale Alternative zu nicht-medienbezogenen Aktivitäten aufgefasst wird. Der Ansatz will also auch erklären, unter welchen Bedingungen sich Menschen zur Erfüllung ihrer Informationsbedürfnisse an Massenmedien oder an Bekannte wenden, oder unter welchen Bedingungen sie ihre Freizeit lieber zu Hause beim Fernsehen oder außer Haus mit Freunden verbringen.

Bei der Rezeption der entsprechenden Forschung in Deutschland in den 70er Jahren wurde eine eigenständige Variante dieses Ansatzes entwickelt (Renckstorf/Teichert 1984), welche die Aktivität des Publikums nicht nur in einem bewussten Auswahlverhalten sieht, sondern insbesondere auch darin, dass die Menschen die ausgewählten Inhalte vor dem Hintergrund ihrer aktuellen Lebenssituation interpretieren und sich zu ihnen in Beziehung setzen. Mediennutzung wird somit als *soziales Handeln* verstanden, das viele Parallelen zur direkten zwischenmenschlichen Kommunikation aufweist.

Eine formalisierte Weiterentwicklung der Grundannahmen des Nutzenansatzes besteht darin, explizit zwischen gesuchten und erhaltenen *Gratifikationen* zu unterscheiden: Aus Bedürfnissen und bisherigen Erfahrungen mit den Medien ergeben sich bestimmte Erwartungen an die Medien – gesuchte Gratifikationen. Wird aufgrund dieser Erwartungen ein bestimmtes Angebot ausgewählt und genutzt, erweisen sich diese als richtig oder falsch, d. h., die gesuchten Gratifikationen stellen sich tatsächlich ein, oder sie bleiben aus. Dies beeinflusst wiederum die Erwartungen in künftigen Nutzungssituationen. Es muss danach Ziel von Medienanbietern sein, die Diskrepanz zwischen gesuchten und erhaltenen Gratifikationen möglichst gering zu halten. (Palmgreen 1984)

Durch die Forschung zum Nutzenansatz zieht sich das Anliegen, eine grundlegende Systematik von Motiven zu ermitteln, mit denen die Nutzung aller Medien erklärt werden kann. Dieser Versuch war bisher wenig erfolgreich. Stabile Befunde ergeben sich lediglich in der Richtung, dass sich in vielen Studien zwei Gruppen erkennen lassen, von denen die eine eine stärker selektive und informationsorientierte Mediennutzung aufweist, während die andere eher ein ritualisiertes und unterhaltungsorientiertes Nutzungsverhalten zeigt.

Praxisrelevanz

Die Grundgedanken des Nutzenansatzes und die an ihnen ausgerichtete Forschung sind für die Medienpraxis von herausragender Bedeutung und aus dem Alltag der strategischen Planung von Medienunternehmen kaum mehr wegzudenken. In zahlreichen Untersuchungen werden die konkreten Erwartungen der jeweiligen Zielgruppen an bestimmte Medienangebote erfasst und mit dem tatsächlichen Nutzungsverhalten abgeglichen. So kann festgestellt werden, welche Merkmale des Angebots für die Auswahlentscheidung der Nutzer besonders relevant sind und entsprechend den Erwartungen gestaltet werden sollten.

Auch für Vergleiche mit Konkurrenzangeboten ist diese Forschungsstrategie einschlägig, da sich im Detail nachverfolgen lässt, in welchen Nutzenaspekten das eigene Angebot der Konkurrenz über- oder unterlegen ist. Dies gilt nicht nur für den Vergleich zwischen den Angeboten der gleichen Gattung, etwa zweier Nachrichtenmagazine oder zweier Talkshows, sondern auch für den Vergleich zwischen verschiedenen Medien. So sind in den letzten Jahren zahlreiche Studien erschienen, die sich mit den Nutzenerwartungen gegenüber dem → Internet beschäftigen; aus dem Vergleich mit den Erwartungen gegenüber Fernsehen und Presse wird dann gefolgert, inwieweit das Internet die klassischen Medien in bestimmten Funktionen ersetzen wird oder aber eher Komplementärfunktionen übernimmt.

Besonders relevant in der Praxis sind auch auf der Basis von Nutzungsmotiven gebildete Nutzertypen (→ Mediennutzung). Für diese Gruppen, die in ihren Erwartungen an bestimmte Angebote weitgehend homogen sind, lassen sich – so zumindest das Ziel – gezielt auf die jeweilige Motivstruktur ausgerichtete Angebote herstellen.

Bewertung und Ausblick

Der Nutzenansatz ist aus theoretischen und auch aus methodischen Gründen vielfach kritisiert worden. So wurde das sehr ökonomisch-rational anmutende Menschenbild, demzufolge Mediennutzung das Ergebnis nüchterner Nutzenmaximierung ist und kein Raum für eher emotional und unbewusst gesteuerte Auswahl- und Rezeptionsprozesse bleibt, oft und zu Recht in Zweifel gezogen. Der Relevanz der betreffenden Forschung in Theorie und Praxis hat das keinen Abbruch getan; zu gut passen die Grundüberlegungen zu dem Anliegen der Medienunternehmen, Publikumsverhalten berechenbar und vorhersagbar zu machen, um auf dieser Grundlage strategische Entscheidungen treffen zu können.

Literatur

Blumler, Jay G./Elihu Katz (Hrsg.) (1974): The uses of mass communications: current perspectives in gratifications research, Beverly Hills.

Palmgreen, Philip (1984): Der ‚Uses and Gratifications Approach', in: K. Renckstorf/W. Teichert (Hrsg.): Empirische Publikumsforschung, Hamburg: 69-81.

Renckstorf, Karsten/Will Teichert (1984): Der ‚Uses and Gratifications Approach': ein Statement, in: K. Renckstorf/W. Teichert (Hrsg.): Empirische Publikumsforschung, Hamburg: 82-87.

Schenk, Michael (2002): Medienwirkungsforschung, Tübingen.

Uwe Hasebrink, Hamburg

Objektivität

Definition/Begriffsbestimmung

Die Objektivitätsnorm gilt als wichtigste Norm im Journalismus. Ihr Gehalt und ihre Erfüllbarkeit sind allerdings umstritten. Grundsätzlich lassen sich zwei Bedeutungsvarianten unterscheiden:

- Ein *enges*, erkenntnistheoretisches Objektivitätsverständnis ist auf die Frage nach der ‚Richtigkeit' oder ‚Wahrheit' von Behauptungen bezogen, also auf das Verhältnis zwischen der Realität und Aussagen über Aspekte der Realität. Je nach Position (Realismus, → Konstruktivismus) wird die Möglichkeit eines Zugangs zur Realität unterschiedlich eingeschätzt.
- Ein *weiter* Objektivitätsbegriff, der aus der Medienpraxis zum Teil in die Kommunikationswissenschaft übernommen worden ist, geht darüber hinaus und umfasst auch Normen wie Neutralität, Vielfalt, Ausgewogenheit, Maßstabsgerechtigkeit, Vollständigkeit, Wichtigkeit sowie die Trennung von Nachricht und Meinung, die nicht oder nur indirekt mit Erkenntnis in Verbindung stehen (Neuberger 1997). Damit werden auch implizite Wertungen über die Relevanz von Nachrichten und Meinungen unter dem Objektivitätsbegriff subsumiert. Dies widerspricht einer Tradition in der Wissenschaftstheorie (*Max Weber*, *Karl R. Popper*), wonach Erkenntnis- und Wertfragen getrennt werden müssen, da Werturteile nicht ‚objektiv' gefällt werden können.

Das Erkenntnisinteresse des → Journalismus richtet sich aufgrund seiner Funktion auf die Beschreibung und Erklärung *singulärer Ereignisse*, die aus der Perspektive des Systems relevant sind (→ Nachrichtenselektion). Dieses Interesse an Einzelereignissen teilt er mit den historischen Wissenschaften und dem Rechtssystem (Gerichtsverfahren), nicht aber mit den theoretischen Wissenschaften, die nach ‚Gesetzen', also allgemeinen Zusammenhängen zwischen Ereignissen suchen.

Neben dem Sammeln von Fakten, auf das sich der tagesaktuelle → Informations-Journalismus konzentriert (‚W-Fragen', → Nachricht/Bericht), bemüht sich ein analytischer Journalismus um die Erklärung, also die Ermittlung der Ursachen und Folgen von Ereignissen. Allerdings können Ereignisse meist nur mit Hilfe von – mehr oder weniger plausiblen, jedenfalls nicht systematisch geprüften – Alltagstheorien erklärt werden.

Wegen seiner begrenzten Beobachtungskapazität ist der Journalismus mit einem *Synchronisationsproblem* konfrontiert: Häufig sind Journalisten nicht am Ort des Geschehens anwesend; dies gilt besonders für Ereignisse mit dem Nachrichtenfaktor ‚Überraschung'. Medien können sich deshalb überwiegend nicht auf primäre Beobachtungen stützen, sondern müssen sich auf Sekundärinformationen verlassen, die aktiv (→ Recherche) oder passiv (→ Public Relations, → Nachrichtenagenturen) von Quellen in die Redaktion gelangen und deren Zuverlässigkeit geprüft werden muss.

Geschichte/Entwicklung

Im Fall der journalistischen Objektivitätsnorm wurde der Schritt von einer weit verbreiteten Praxis zu einer Vorschrift in den USA erst in den 20er Jahren des 20. Jahrhunderts vollzogen. Der entscheidende Punkt sei, so *Michael Schudson* (2001), die Artikulation der Norm in Kodizes und Lehrbüchern gewesen, die Teil einer sich herausbildenden beruflichen Kultur des Journalismus wurde (→ Professionalisierung). Während und nach dem Ersten Weltkrieg stieg das Bewusstsein für die Manipulierbarkeit der öffentlichen Meinung durch Public Relations und Propaganda. Der Journalismus reagierte darauf durch die Betonung der Objektivität und die Orientierung an wissenschaftlichen Idealen.

Gängige ökonomische und technische Erklärungen für die Normentstehung im 19. Jahrhundert weist Schudson zurück: die neutrale, überparteiliche Ausrichtung auf ein möglichst breites Publikum (,Penny Press'), die Einführung des Telegrafen und die Gründung von Nachrichtenagenturen. Sie könnten nur die Praxis erklären, nicht aber die Norm, außerdem seien sie empirisch nicht ausreichend belegt.

Mit dem heute dominanten → Informations-Journalismus (Weischenberg 1983), der in den USA als ,Objective Reporting' bezeichnet wird, verbinden sich Normen wie Unparteilichkeit, die standardisierte Nachrichtenform (,W-Fragen', Aufbau nach dem Prinzip der ,umgekehrten Pyramide'), die Nennung von Quellen sowie die Trennung von Nachricht und Meinung. Der Informations-Journalismus ist zwar ökonomisch, organisatorisch und professionell hoch effizient, wird aber seit den 60er Jahren des 20. Jahrhunderts in den Vereinigten Staaten als gesellschaftlich dysfunktional kritisiert:

Verdeckt durch die Ideologie der Neutralität, bevorzuge der Informationsjournalismus offizielle Standpunkte, beobachtbare und eindeutige Fakten, die aus dem Kontext gerissen würden, Ereignisse, die von einflussreichen Institutionen kontrolliert und inszeniert würden, sowie Konflikte. Weniger dramatisches Geschehen und langfristige Prozesse würden dagegen vernachlässigt.

Berichterstattungsmuster (→ Mediengattungen), die als Alternativen zum ,Objective Reporting' vorgeschlagen wurden, sollen die Erfassung der Realität verbessern (→ Investigativer Journalismus, Interpretativer Journalismus, Präzisionsjournalismus, → New Journalism). Die im Vergleich zu den USA etwas geringere Bedeutung der Objektivitätsnorm in Deutschland wird auf die traditionell stärkere Meinungsorientierung und Parteilichkeit im deutschen → Journalismus zurückgeführt (Donsbach/Klett 1993).

Operationalisierung/Normakzeptanz

Die Kritik am ,Objective Reporting' richtet sich gegen das breite Objektivitätsverständnis und damit in erster Linie gegen eine bestimmte Art der Nachrichtenauswahl und -präsentation. Beschränkt man sich dagegen auf die Norm im *engeren* Sinne, so stimmen die im Journalismus anerkannten Regeln für die Beobachtung von Ereignissen und die Prüfung von Nachrichten mit Grundprinzipien des ,Kritischen Rationalismus' überein, der davon ausgeht, dass hypothetische, vorläufige Aussagen über die Realität möglich sind (Offenheit des Erkenntnisprozesses, Konsensbildung über Beobachtungs- und Prüfmethoden, Kritik der im Einzelfall angewandten Methoden, Transparenz und Kritikmöglichkeit als notwendige Voraussetzungen für die intersubjektive Nachprüfbarkeit).

Diese Regeln sind zum Teil rechtlich (Landespresse- und Landesmediengesetze usw.) und standesethisch (Pressekodex usw.) kodifiziert, zum Teil werden sie in Lehrbüchern beschrieben (Neuberger 1996: 137-184):

- Die Genauigkeit der *Beobachtung* vor Ort kann durch Aufzeichnungstechniken (Stenografie, Ton- und Bildaufnahmen, Zeitlupe usw.) verbessert werden.
- Zur nachträglichen *Prüfung* gehören u. a. die Bestätigung durch eine zweite, unabhängige Quelle sowie die Anhörung von Betroffenen und Augenzeugen.

Die Ergebnisse und der Verlauf des Prüfprozesses sollten – zumindest im Falle wichtiger Nachrichten – dem Publikum mitgeteilt werden. Solche metakommunikativen Hinweise können der Name und Angaben über die → Glaubwürdigkeit der Quellen, die Beobachtungs- und Prüfmethoden, widersprüchliche Aussagen verschiedener Quellen, die Identität und Kompetenz des Prüfenden sowie den Gewissheitsgrad von Aussagen sein.

Die durch Meta-Aussagen hergestellte *Transparenz* ermöglicht die intersubjektive Nachprüfbarkeit durch die Rezipienten. Journalistische Angebote sind Erfahrungs- und Vertrauensgüter, die von den Rezipienten erst nach dem Konsum oder selbst dann nicht hinreichend beurteilt werden können. Meta-Aussagen erleichtern Qualitätsbewertungen und können die Glaubwürdigkeit stärken.

Nach der Publikation ist der Erkenntnisprozess nicht abgeschlossen: Behauptungen können jederzeit infrage gestellt werden. Deshalb sollten Redaktionen einerseits Selbstkritik (Korrekturspalte, Ombudsleute), andererseits Fremdkritik an Konkurrenzmedien üben (→ Medienjournalismus). Rezipienten sollte die Möglichkeit der öffentlichen Kritik eingeräumt werden (Leserbriefe, Online-Foren), wobei eine Richtigstellung auch rechtlich durchgesetzt werden kann (Gegendarstellung, Widerruf).

Redaktionsinterne und -externe Strukturen können die Normakzeptanz und -beachtung begünstigen (Kollegenkritik, Unabhängigkeit der Redaktion, Ressourcenausstattung, Aus- und Weiterbildung, ‚Media Watchdogs' usw.). Der Journalismus dürfte aber im Vergleich zur Wissenschaft wegen seiner Aktualitätsorientierung und wenig ausgebildeten Prüfmechanismen relativ fehleranfällig sein.

Normakzeptanz/Normverletzungen

In den Diskursen über → Qualität und Ethik im Journalismus werden Begründungen der Norm und ihre Akzeptanz, Normverletzungen (→ Medienethik), besonders Medienskandale (Fall Kummer, Fall Born, ‚Hitler-Tagebücher' usw.), ihre Ursachen und ihre öffentliche Verarbeitung behandelt. In der *Accuracy-Forschung* wird versucht, die Richtigkeit journalistischer Informationen durch empirische Methoden zu ermitteln. Nach *Bernard Williams* (2003) sind Genauigkeit und Aufrichtigkeit die Haupttugenden der Wahrheit. Normverstöße lassen sich mit Hilfe dieser beiden Tugenden in zwei Gruppen einteilen: Irrtümer aus mangelnder Sorgfalt und absichtliche Täuschungen (Lügen). Daneben gibt es scherzhaft gemeinte ‚Hoaxes', die für den aufmerksamen Rezipienten durchschaubar sein sollen.

Eine Mehrheit der deutschen Journalistinnen und Journalisten, so zeigte im Jahr 1993 eine repräsentative Befragung (Weischenberg et al. 1994: 160 f.), akzeptiert die Objektivitätsnorm: Journalisten sollten „die Realität genauso abbilden, wie sie ist" (66 Prozent), und sie sollten „Nachrichten nicht bringen, deren faktischer Inhalt nicht bestätigt wurde" (61 Prozent).

Im internationalen Vergleich lassen sich Unterschiede im Verständnis der Norm feststellen (Donsbach/Klett 1993: 66): Deutsche Journalisten verbinden damit am häufigsten die Ermittlung von Fakten (42 Prozent), während US-amerikanische Journalisten am ehesten an eine faire Repräsentation unterschiedlicher politischer Positionen denken (40 Prozent). Die → Glaubwürdigkeit ist das empirisch ermittelbare Maß, in dem Medienangebote von den Rezipienten als objektiv eingeschätzt werden.

Den Journalismus haben stets Zweifel an der Erfüllbarkeit der Objektivitätsnorm begleitet. So hat *Gaye Tuchman* (1971-1972) in einem viel zitierten Aufsatz jene Regeln, die Journalisten befolgen, um objektiv zu berichten, als „strategisches Ritual" bezeichnet, das sie vor Kritik und Verleumdungsklagen schützen soll, aber nichts zur Sicherung von Objektivität beiträgt. Während nach Tuchman der Prüfung sämtlicher Fakten im Journalismus strukturelle Barrieren entgegenstehen (wie die knappe Zeit bis zum Redaktionsschluss), wurden in der Kommunikationswissenschaft auch prinzipielle Zweifel erhoben, die zu Beginn der 90er Jahre durch den → ‚Konstruktivismus' erkenntnistheoretisch fundiert wurden.

‚Radikale Konstruktivisten' gehen davon aus, dass das Gehirn kognitiv geschlossen ist. Sie stützen sich auf Ergebnisse der Neurophysiologie, wonach neuronale Erregungen unspezifisch sind. Erst das Gehirn weise ihnen nach eigenen Kriterien Bedeutungen zu. Die individuellen Wirklichkeitskonstruktionen seien dennoch nicht willkürlich, weil sie gesellschaftlich parallelisiert werden. Dies soll durch Kommunikation geschehen, wobei den Massenmedien ein starker Einfluss auf die gemeinsamen Wirklichkeitsvorstellungen zugeschrieben wird.

Die Kritik von Vertretern des Realismus am Konstruktivismus wurde in der Kommunikationswissenschaft nur selten rezipiert. Realisten gestehen natürlich durchaus zu, dass es keinen ‚göttlichen' Standpunkt gibt, von dem aus die Relation zwischen den Repräsentationen und der Wirklichkeit, die sie angeblich darstellen, überblickt werden kann. Dass ein solcher Vergleich nicht möglich ist, schließe aber nicht die Möglichkeit aus, dass Aktivationsmuster des Gehirns Repräsentationen der Umwelt sind. Außerdem entstehe ein Widerspruch, wenn einerseits das Gelingen von Kommunikation zur Abstimmung von Wirklichkeitsvorstellungen unterstellt wird, andererseits die Realität als unzugänglich erklärt wird, da Teil der Kommunikation das Erkennen materieller Zeichen ist. Der Erfolg von Kommunikation und sonstiger Erkenntnis könne nicht unterschiedlich plausibel sein. Ebenfalls widersprüchlich erscheint der Versuch, den Konstruktivismus durch empirische Ergebnisse zu stützen.

Mit dem Realismus vereinbar ist ein (moderater) sozialer Konstruktivismus. Danach wird das Erkennen sowohl durch die Realität als auch die konstruierten Mittel des Erkennens, vor allem die Sprache, bestimmt. Jede Realitätsbeobachtung und -beschreibung ist unvermeidlich selektiv, perspektivisch und abhängig von kulturell geprägten Schemata. So legen Nachrichtenfaktoren (wie Negativismus und Eliteperson) als „institutionelle Tatsachen" (Searle 1997: 37 f.) fest, welche Aspekte der Realität relevant sein sollen.

Literatur

Donsbach, Wolfgang/Bettina Klett (1993): Subjective objectivity. How journalists in four countries define a key term of their profession, in: Gazette 1993/1: 53-83.

Neuberger, Christoph (1996): Journalismus als Problembearbeitung. Objektivität und Relevanz in der öffentlichen Kommunikation, Konstanz.

Neuberger, Christoph (1997): Was ist wirklich, was ist wichtig? Zur Begründung von Qualitätskriterien im Journalismus, in: G. Bentele/M. Haller (Hrsg.): Aktuelle Entstehung von Öffentlichkeit, Konstanz: 311-322.

Schudson, Michael (2001): The objectivity norm in American journalism, in: Journalism 2001/2: 149-170.

Searle, John R. (1997): Die Konstruktion der gesellschaftlichen Wirklichkeit, Reinbek bei Hamburg.

Tuchman, Gaye (1971-1972): Objectivity as Strategic Ritual: An Examination of Newsmen's Notions of Objectivity, in: American Journal of Sociology 1971-1972/4: 660-679.

Weischenberg, Siegfried (1983): Investigativer Journalismus und ‚kapitalistischer Realismus'. Zu den Strukturbedingungen eines anderen Paradigmas der Berichterstattung, in: Rundfunk und Fernsehen 1983/3-4: 349-369.

Weischenberg, Siegfried et al. (1994): Merkmale und Einstellungen von Journalisten, in: Media Perspektiven 1994/4: 154-167.

Williams, Bernard (2003): Wahrheit und Wahrhaftigkeit, Frankfurt/M.

Christoph Neuberger, Münster

Öffentlichkeit/Öffentliche Meinung

Definition/Begriffsbestimmung

‚Öffentlichkeit' und ‚Öffentliche Meinung' sind zentrale Begriffe der Kommunikationswissenschaft, mit denen Aufgaben, Funktionen und Gefährdungen des Journalismus und der Medien bestimmt werden. Angesichts ihrer weit reichenden Bedeutung gilt es, die beiden oft verwechselten, aber keineswegs identischen Termini trennscharf zu definieren.

In seiner ursprünglichen Bedeutung wird das Wort *Öffentlichkeit* ohne Artikel benutzt; es handelt sich lediglich um das vom Adjektiv öffentlich abgeleitete Substantiv im Sinne von Publizität. Öffentlichkeit bezeichnet dann das Prinzip der Unbeschränktheit von Kommunikation in einem Personenkreis – z. B. bei einer Gerichtsverhandlung, in einer akademischen Disziplin, in der ganzen Gesellschaft usw. Dabei können Beschränkungen auf allen Ebenen von Kommunikation (Beteiligte, Inhalte, Formen, Kanäle usw.) negiert werden. Da nur über die Verneinung seines Gegenteils (als Abwesenheit von Kommunikationsbarrieren) zu konkretisieren, ist dieser Begriff schwer fassbar, was dazu beitragen mag, dass seine Gebräuchlichkeit abnimmt.

Heute wird der Ausdruck Öffentlichkeit in der Regel mit Artikel verwendet (die Öffentlichkeit, eine Öffentlichkeit, die/mehrere Öffentlichkeiten), womit ein bestimmter Kreis von Personen gemeint ist, die Zugang zu Informationen haben, über die sie relativ frei miteinander kommunizieren (können).

Die Öffentlichkeit einer Gerichtsverhandlung bilden diejenigen Personen, die sich über das Prozessgeschehen informieren und darüber diskutieren (können); die (Fach-)Öffentlichkeit einer akademischen Disziplin besteht aus den Wissenschaftlern, die ihre einschlägigen Fachpublikationen rezipieren (können); die Öffentlichkeit einer Gesellschaft bilden diejenigen Menschen, denen die in dieser Kultur veröffentlichten Informationen zugänglich sind usw.

Den theoretischen Hintergrund des Begriffs *Öffentliche Meinung* bilden sozial- und kommunikationswissenschaftliche Ansätze, die sich um eine Erklärung des Phänomens der nicht erzwungenen Konformität bemühen. Öffentliche Meinung wird in diesem Zusammenhang als die in einem Personenkreis – meist einer Gesellschaft – für maßgeblich erachtete Meinung definiert, der gegenüber davon abweichende eigene Meinungen verschwiegen werden.

Aus diesem Schweigen speist sich ein Prozess der Selbstverstärkung, der aus einer zunächst nur für vorherrschend gehaltenen Auffassung die dann tatsächlich dominierende öffentliche Meinung werden lässt. So schrieb 1922 *Ferdinand Tönnies* (1855-1936) in seiner „Kritik der Öffentlichen Meinung": „Die Öffentliche Meinung tritt immer mit dem Anspruch auf, maßgebend zu sein, sie heischt Zustimmung und macht wenigstens das Schweigen, das Unterlassen des Widerspruchs zur Pflicht. Mit mehr oder weniger Erfolg; je vollkommener der Erfolg, umso mehr bewährt sie sich als die Öffentliche Meinung, trotz des mehr oder minder zum Schweigen gebrachten Widerspruchs." (Tönnies 2001: 361)

Und Elisabeth Noelle-Neumann (1980: 255) schrieb in ihrer ‚Theorie der Schweigespirale': „Öffentliche Meinung, das sind Meinungen, Verhaltensweisen, die man in der Öffentlichkeit äußern oder zeigen *muß*, wenn man sich nicht isolieren will; in kontroversen, im Wandel begriffenen Bereichen oder in neu entstandenen Spannungszonen in der Öffentlichkeit äußern *kann* ohne Gefahr, sich zu isolieren." (kurs. im Orig.) Aus Isolationsfurcht behielten Menschen eigene Meinungen für sich, wenn ihr „quasistatistisches Organ" (Noelle-Neumann 1980: 256) ihnen anzeige, dass sie nicht mit der öffentlichen Meinung übereinstimmten.

Sowohl Tönnies als auch Noelle-Neumann weisen darauf hin, dass Medien entscheidend die Vorstellungen davon prägen, was in einer Gesellschaft für vorherrschend gehalten wird und zur öffentlichen Meinung werden kann. Unterschiede der Ansätze zeigen sich hinsichtlich des sozialen Stellenwerts der öffentlichen Meinung.

Der ‚Theorie der Schweigespirale' liegt die Prämisse zugrunde, Isolationsfurcht und die sich daraus ergebende Selbstgenerierung der öffentlichen Meinung seien biologisch verankert, damit Gesellschaft möglich wird. „Öffentliche Meinung – unsere soziale Haut", bereits der Untertitel von Noelle-Neumanns Buch deutet an, dass hier die Scheu, eine (vermeintlich) von der Mehrheit abweichende eigene Meinung zu äußern, als Kern der sozialen Existenz gedeutet wird.

Entwicklung und Forschungsstand

Am Beginn der Aufklärungsepoche wurde das Adjektiv ‚public' im Englischen oder ‚öffentlich' im Deutschen nur sparsam verwendet, ein davon abgeleitetes Substantiv war nicht gebräuchlich; gleichwohl hat sich z. B. *Daniel Defoe* 1711 in seiner Zeitschrift *The Review* vehement für das Prinzip der Unbeschränktheit der gesellschaftlichen Kommunikation (Pressefreiheit, → Kommunikationsfreiheit) eingesetzt, dem allein durch die Pflicht zur Wahrheit eine Grenze gezogen sein sollte (Pöttker 2002: 12-17).

Der Unterschied zwischen den Begriffen Öffentlichkeit und Öffentliche Meinung ist bereits im 19. Jahrhundert beschrieben worden. *Albert Schäffle* (1831-1903) hat ihm in seinem 1875 erschienenen Hauptwerk „Bau und Leben des socialen Körpers" einen ganzen Abschnitt gewidmet. Den Begriff Öffentlichkeit bestimmt Schäffle (2001: 118) bereits in beiden Varianten (mit und ohne Artikel) in deutlicher Affinität zu den oben gegebenen Definitionen: „Oeffentlichkeit setzt Offenheit voraus, d. h. ein Offensein, eine Möglichkeit der Ausbreitung von Ideen über geschlossene Kreise geistiger Berufsarbeit hinaus." In Schäffles scharf davon abgesetztem Begriff der öffentlichen Meinung klingt bereits das konstitutive Moment des für maßgeblich Gehaltenen an: „Die öffentliche Meinung ist Reaktion des Publikums, des Volksverstandes, Volksgemütes, Volkswillens auf bestimmte leitende Ansichten, Urteile und Neigungen." (Ebd.: 121)

Auch richtet Schäffle bereits einen kritischen Blick auf das Potenzial von Medien und den Interessen dahinter, durch die Prägung der öffentlichen Meinung gesellschaftliche Macht auszuüben: „Auf die Presse werfen sich [...] die Politik wie die Börsenspekulation, die religiöse, wie die irreligiöse Propaganda. Durch die Presse ‚macht' man die öffentliche Meinung wenigstens für den Tag. [...] Alle Leitbahnen der öffentlichen Meinung und alle Formen öffentlicher Massenkundgebung sind in hohem Grad den Gefahren der *Korruption* und der *Fälschung* ausgesetzt." (Ebd.: 125 f., kurs. im Orig.) Schon am Anfang war also eine kritische Sicht auf die Möglichkeit von Irrationalität oder Illegitimität mit dem Begriff der öffentlichen Meinung verbunden.

Auf Kosten der ursprünglichen Auffassung hat sich im 20. Jahrhundert jene Bedeutung verbreitet, die der Verwendung des Ausdrucks ‚Öffentlichkeit' mit Artikel entspricht. Zu diesem Begriffswandel hat auch *Jürgen Habermas'* einflussreiche Habilitationsschrift „Strukturwandel der Öffentlichkeit" (1990 [zuerst 1962]) beigetragen. Habermas geht auf das 18. Jahrhundert zurück und rekonstruiert einen Verfall ‚der' Öffentlichkeit seit der Aufklärungsepoche. Da nur etwas Stoffliches seine Struktur ändern bzw. verfallen kann, wird ‚die' Öffentlichkeit heute meist als eine Art soziales Gebilde betrachtet.

Die von Habermas unabsichtlich geförderte Verdinglichung des Begriffs Öffentlichkeit hat eine problematische Seite, weil sie die Aufmerksamkeit vom Prinzip der Unbeschränktheit der Kommunikation und dessen produktiven Funktionen ablenkt. Sie liegt u. a. dem Hinweis zugrunde, es sei nicht (mehr) möglich, nur von *einer* Öffentlichkeit zu sprechen; vielmehr sei eine Differenzierung in zahlreiche (Teil-)Öffentlichkeiten zu beobachten (ebd.). Eine Pluralbildung wäre beim Prinzip der kommunikativen Unbeschränktheit obsolet.

Auf der Linie dieser Begriffsentwicklung liegt auch ein von *Jürgen Gerhards* und *Friedhelm Neidhardt* (1991) systemtheoretisch ausgearbeitetes Konzept, das ‚die' Öffentlichkeit quasi als eine politische Institution auffasst. Abgesehen von der Verdinglichung zeigt sich eine Tendenz, neben Recht und Markt auch Öffentlichkeit als Ressource von Problemverarbeitung und (Selbst-)Regulierung zu begreifen, die für die Integration moderner Gesellschaften entscheidend ist (Peters 2002; Pöttker 2004). Dagegen wird von anderen Autoren die bedrohliche Seite von Öffentlichkeit betont (Noelle-Neumann 1979), wobei ihre Schutzfunktion aus dem Blick gerät.

Was die Phänomenebene betrifft, erscheint es plausibel, Modernisierung nicht zuletzt als einen gesellschaftlichen Entwicklungsprozess aufzufassen, zu dem als Gegengewicht zur fortschreitenden funktionalen Differenzierung auch die Entfaltung des Öffentlichkeitsprinzips gehört. Dass dessen Vordringen noch nicht abgeschlossen ist, zeigt sich u. a. am wachsenden Bedarf an Daten- und Persönlichkeitsschutz. Deregulierung der Medien und Entertainisierung des Qualitätsjournalismus (→ Qualität) können aus dieser Perspektive als Ausdehnung der gesellschaftlichen Öffentlichkeit auf das ganze Publikum – inklusive Frauen, Arbeitern, Jugendlichen usw. – aufgefasst werden.

Der kritische Blick auf das Phänomen der Konformität, der zur Tradition eines Bildes vom Menschen als lernfähiges, zur Selbstbestimmung befähigtes Wesen gehört, hat mit der ‚Theorie der Schweigespirale' an Intensität verloren. In sozialistischen und konservativ-autoritären Regimen ist die Ideologie von der gesellschaftlichen Notwendigkeit eines einheitlichen Kollektivbewusstseins ohnehin das ganze 20. Jahrhundert hindurch propagiert worden.

Im demokratischen Westen ist als skeptisches Element der mit dem Begriff ‚Öffentliche Meinung' konnotierte Verdacht erhalten geblieben, dass die Massenmedien und besonders das Fernsehen einen illegitimen Einfluss auf politische Entscheidungen nehmen (können). Noelle-Neumann und ihre Schule richten diesen Verdacht hauptsächlich gegen Journalisten und Intellektuelle, die zu Meinungsführern (→ Two-Step-Flow of Communication) würden, weil sie keine Isolationsfurcht hätten oder diese überwänden. Der kritische Blick kann aber auch, wie schon bei Schäffle und Tönnies, auf den Herrschaftsapparat oder auf große Wirtschaftsunternehmen gerichtet werden, die durch Gesetzgebung, Öffentlichkeitsarbeit (→ Public Relations) oder Anzeigenaufträge (→ Werbung) die Medien und damit die öffentliche Meinung lenken.

Praxisrelevanz

Ein wichtiger Bezug zur Praxis der Medienberufe ergibt sich daraus, dass sowohl der Begriff Öffentlichkeit als auch der Begriff öffentliche Meinung benutzt werden (können), um die konstitutive Aufgabe oder Funktion des → Journalismus zu bestimmen. Letztlich führt es zu gegensätzlichen Konzeptionen von Journalismus, ob man die Angehörigen dieses Berufes mit dem Herstellen von Öffentlichkeit oder mit der Bildung von öffentlicher Meinung betraut.

Geht man vom Begriff ‚Öffentlichkeit' aus, so stellt sich Journalisten die Aufgabe, räumliche, zeitliche und vor allem soziale, durch die funktionale Parzellierung der modernen Gesellschaft entstandene Kommunikationsbarrieren mit richtigen und wichtigen Informationen zu überwinden. Daraus ergibt sich eine professionelle Funktionalität kommunikativer Darstellungsformen, die Informationen den Weg zum Publikum ebnen – aber auch eine Funktionalität von Recherchetechniken, die dazu dienen, Sachverhalte überhaupt erst öffentlich kommunizierbar zu machen (→ Recherche). Im Übrigen impliziert die Aufgabe, Öffentlichkeit im Sinne einer Sphäre der ungehinderten gesellschaftlichen Kommunikation herzustellen, eine journalistische Grundpflicht zum Publizieren, auf deren Boden nicht das Veröffentlichen von Informationen, sondern der Verzicht darauf begründungsbedürftig ist.

Dem Konzept, dass Journalisten Öffentlichkeit herzustellen haben, steht die Vorstellung diametral entgegen, sie hätten maßgeblich an der Herausbildung der öffentlichen Meinung mitzuwirken. Zwar mögen sie dies realiter oft genug tun, aber als normatives Konzept bedeutete das Erzeugen von öffentlicher Meinung (also von einheitlichem Massenbewusstsein, vor dem abweichende Informationen, Auffassungen und Verhaltensweisen geheim gehalten werden), dass die Schaffung von Kommunikationsbarrieren und gerade nicht deren Überwindung zur Aufgabe des Journalismus würde. Aus dieser Perspektive wären professionelle Darstellungsformen (→ Mediengattungen), die das Ankommen von Kommunikationsinhalten beim Publikum fördern, ebenso funktional wie in jedem Konzept von politischer Propaganda oder von Wirtschaftswerbung, während Techniken der investigativen Recherche (→ Investigativer Journalismus) oder die professionelle Grundpflicht zum Publizieren aus dieser Perspektive obsolet, wenn nicht dysfunktional erscheinen müssten.

Internationale Aspekte und Fazit

Während für das deutsche Wort ‚Öffentliche Meinung' im Englischen mit ‚public opinion' ein eindeutiges Pendant zur Verfügung steht, tun sich Übersetzer kommunikationswissenschaftlicher Texte mit dem Ausdruck Öffentlichkeit schwer. Hierfür bietet sich im Englischen eine ganze Reihe von Möglichkeiten an: ‚public', ‚public sphere', ‚public discourse', ‚publicity', ‚publicness' usw. In der Regel kommt der Übersetzer nicht an allen Stellen eines Textes mit derselben Vokabel aus, woran sich zeigt, dass der Ausdruck ‚Öffentlichkeit' im Deutschen unterschiedliche Bedeutungen trägt. Möchte man den ursprünglichen Begriff (Prinzip der Unbeschränktheit von Kommunikation) zum Ausdruck bringen, ist man auf das in der Aufklärungsepoche gebräuchliche, heute altertümlich wirkende Wort ‚publicness' angewiesen, weil ‚publicity' mittlerweile in den Kontext von Werbung und Starkult gehört (Splichal 2002).

Von Europa als einem Raum (relativ) unbeschränkter Kommunikation kann gegenwärtig keine Rede sein. Vielmehr erheben sich auch innerhalb der Europäischen Union, in der politische Öffentlichkeit als Gegengewicht zu ihren wenig transparenten legislativen und exekutiven Strukturen besonders wichtig wäre, neben räumlichen und sozialen auch erhebliche *kulturelle* Kommunikationsbarrieren.

Ein Prozess, in dem Medien und Journalismus die Grenzen der Nationalkulturen als gewachsene Kommunikationsräume überwinden, hat kaum begonnen. Ob und in welchem Maße sich eine Öffnung der nationalen Öffentlichkeiten für Europa vollziehen wird, hängt weniger von akademischen Konzeptionen als von medienpolitischen Prioritäten ab.

So unterschiedlich die Begriffe sind, die sich mit den beiden Ausdrücken ‚Öffentlichkeit' und ‚Öffentliche Meinung' verbinden, so unterschiedlich können die Folgen sein, die sich aus ihrer Verwendung für journalistische Berufspraxis und Medienpolitik ergeben. Den beiden Begriffen Konturen zu geben, ist deshalb ein wichtiger Beitrag der Kommunikationswissenschaft zur praktischen Gestaltung der gesellschaftlichen Kommunikation und ihrer Strukturbedingungen.

Literatur

Gerhards, Jürgen/Friedhelm Neidhardt (1991): Strukturen und Funktionen moderner Öffentlichkeit. Fragestellungen und Ansätze, in: S. Müller-Doohm/K. Neumann-Braun (Hrsg.): Öffentlichkeit, Kultur, Massenkommunikation, Oldenburg: 31-89.

Habermas, Jürgen (1990): Strukturwandel der Öffentlichkeit, Frankfurt/M.

Neidhardt, Friedhelm (Hrsg.) (1994): Öffentlichkeit, öffentliche Meinung, soziale Bewegungen, Wiesbaden (= Kölner Zeitschrift für Soziologie und Sozialpsychologie, Sonderheft 34).

Noelle-Neumann, Elisabeth (1979): Öffentlichkeit als Bedrohung, 2. durchges. Aufl., Freiburg/München.

Noelle-Neumann, Elisabeth (1980): Die Schweigespirale. Öffentliche Meinung – unsere soziale Haut, München/Zürich.

Peters, Bernhard (2002): Die Leistungsfähigkeit heutiger Öffentlichkeiten – einige theoretische Kontroversen, in: K. Imhof et al. (Hrsg.): Integration und Medien, Wiesbaden: 23-35.

Pöttker, Horst (2004): Öffentlichkeit und soziale Selbstregulierung, in: S. Baringhorst/I. Broer (Hrsg.): Grenzgänge(r). Festschrift für Gerhard Hufnagel zum 65. Geburtstag, Siegen: 313-324.

Schäffle, Albert (2001): Die geistige Reaktion der Massen auf die Autorität: Oeffentlichkeit, Publikum, öffentliche Meinung und Tagespresse, in: H. Pöttker (Hrsg.): Öffentlichkeit als gesellschaftlicher Auftrag, Konstanz: 114-132.

Splichal, Slavko (2002): Principles of Publicity and Press Freedom, Lanham/MD.

Tönnies, Ferdinand (2001): Kritik der Öffentlichen Meinung, in: H. Pöttker (Hrsg.): Öffentlichkeit als gesellschaftlicher Auftrag, Konstanz: 354-409.

Horst Pöttker, Dortmund

Öffentlichkeitsarbeit

→ Public Relations

Österreich

Allgemeine Rahmenbedingungen

Die Republik Österreich ist 84.000 km^2 groß und hat 8,1 Millionen Einwohner. 1995 wurde Österreich EU-Mitglied; 1996 wurden 1000 Jahre österreichischer Identität („Ostarichi") begangen. Das heutige Österreich entstand 1918 – nach dem Ende des Ersten Weltkrieges und dem damit verbundenen Zerfall der österreichisch-ungarischen Monarchie, die eine der europäischen Großmächte war.

Österreichs Mediensystem zu Beginn des 21. Jahrhunderts erscheint strukturell einerseits noch immer durch historische Traditionen – wie Staatseinfluss, Korporatismus, Oligopolbildung – und die Rolle als Klein- bzw. Mittelstaat geprägt. Andererseits gewinnen EU-Standards (Liberalisierung, Deregulierung, Kommerzialisierung, Internationalisierung) immer mehr an Bedeutung. Als Sonderfall kann der hohe Grad der → Medienkonzentration, besonders im Sektor der Tageszeitungen und Magazine gelten.

Österreich war auch das letzte Land in Europa, das Privatradio und Privatfernsehen zugelassen hat. Bis heute kann nur von einem schwach entwickelten dualen System bei den elektronischen Medien gesprochen werden. Die Vorrangstellung des öffentlich-rechtlichen *Österreichischen Rundfunks* (ORF) erscheint ungebrochen. Dazu haben der kleine Markt, die Medienpolitik, aber auch die Unternehmenspolitik des *ORF* in Richtung Selbstkommerzialisierung beigetragen.

Die Entwicklung des Printsektors war in den vergangenen Jahren und Jahrzehnten dagegen durch das fast völlige Verschwinden der in der Nachkriegszeit dominierenden Parteipresse, durch horizontale und vertikale Konzentrationstendenzen geprägt. Dazu zählen die Dominanz der *Neuen Kronen Zeitung*, das Verschwinden zahlreicher Titel und eine starke Konzentration auch im Magazinsektor sowie das massive (Kapital-)Engagement deutscher Medienkonzerne in den 80er Jahren.

Grundlagen des Mediensystems

Bei den *Tageszeitungen* (→ Presse) – mit einer aktuellen Reichweite von rund 75 Prozent (2003) – hat sich die Anzahl der Titel vom Höchststand 36 (1946) auf inzwischen 14 (2004) drastisch reduziert. Mit rund 44 Prozent Reichweite ist die *Neue Kronen-Zeitung* in Europa – sieht man etwa von Luxemburg oder dem Vatikan ab – einsame Spitze, gefolgt vom *Kurier* aus dem in der *Mediaprint* mit der *Westdeutschen Allgemeinen Zeitung* (WAZ) zusammengeschlossenen Partnerverlag. Noch deutlicher erscheint die Konzentration in einzelnen Regionalmärkten. So verfügt das Medienhaus *Eugen Ruß* im äußersten Westen Österreichs, in Vorarlberg, über einen Marktanteil von rund 95 Prozent (Steinmaurer 2002: 22 ff.). Der WAZ-Verlag ist an der *Neuen Kronen Zeitung* mit 50 Prozent, am *Kurier* mit 49,4 Prozent beteiligt. *Springer* hat sich kürzlich von der *Tiroler Tageszeitung* zurückgezogen, wo der Südtiroler *Athesia Verlag* (Dolomiten) inzwischen die Nachfolge angetreten hat. *Bertelsmann* ist bei *Tele* mit 25 Prozent, der *Süddeutsche Verlag* beim Qualitätsblatt *Standard* mit 49 Prozent beteiligt. Am *Wirtschaftsblatt* hat der schwedische *Bonnier*-Konzern 50 Prozent Anteile.

Nach der *Mediaprint* hat sich der *Styria Verlag* an zweiter Stelle als heimischer Medienkonzern etabliert, der auch an kroatischen und slowenischen Blättern Anteile besitzt. Im Besitz der *Styria* befinden sich u. a. die Nummer drei der Tageszeitungen, die *Kleine Zeitung*, sowie die Qualitätszeitung *Die Presse*.

Bei den *Wochenzeitungen* und *Magazinen*, einem in Österreich relativ gut entwickelten Marktsegment, war die Entwicklung der vergangenen Jahre von einem wechselnden Auf und Ab charakterisiert. Hier hatten in den 50er und 60er Jahren deutsche Illustrierte den Markt besetzt. Erst in den 70er Jahren gelang es – mit Neugründungen wie *profil* als politischem und *trend* als Wirtschafts-Magazin, mit *Auto Revue* oder dem Jugendmagazin *Rennbahn-Express* – österreichischen Produkten die bundesdeutsche Konkurrenz wieder zurückzudrängen.

In den 90er Jahren ist es dann mit der Gründung der Nachrichtenillustrierten *News* und einer Reihe von Folge-Titeln bis hin zu *Woman* den Brüdern Fellner gelungen, diesen Markt vor allem vom Anzeigenaufkommen, aber auch den Abonnements- und Leserzahlen her nachhaltig zu entwickeln. An der Verlagsgruppe beteiligte sich 1998 *Gruner + Jahr* mit 75 Prozent; zuvor waren in Deutschland einige Magazine (*Tempo*) nach dem Vorbild von *Basta, Wiener* und *News* auf den Markt gekommen.

Einen neuen Konzentrations-Höhepunkt erlebte dieser Sektor im Jahr 2000, als es zu einer Verschränkung zwischen *News-Verlag* und der *Mediaprint* bzw. den dort vertretenen Magazinen kam. *WAZ* und *Bertelsmann* waren hier gleichfalls beteiligt. Dass diese Verflechtung letztlich die Zustimmung des Kartellgerichts fand beziehungsweise vom zuständigen Justizministerium kein Einspruch erhoben wurde, kann als weiterer gravierender medienpolitischer Sündenfall bezeichnet werden. Heute sind 14 Magazine praktisch unter einem Dach verbunden, die den Markt zu weit über 90 Prozent beherrschen.

Nicht viel weniger konzentriert stellen sich die Verhältnisse bei den österreichischen Wochenzeitungen (rund 190 Titel) dar, wo sowohl in den dominanten Teilmärkten Niederösterreich (*Niederösterreichische Nachrichten*) und Oberösterreich (*Rundschau-Verlag*), aber auch in Salzburg, Tirol, Wien und dem Burgenland einige wenige ‚Platzhirsche' den (alleinigen) Ton angeben.

Die Erhöhung der Posttarife hatte als Nebeneffekt auch zur Folge, dass hunderte auflagenschwächere Zeitschriften und Magazine, nicht zuletzt aus dem Bereich zivilgesellschaftlicher Einrichtungen und Organisationen, ihr Erscheinen einstellen mussten. Die in der Vergangenheit ausgeprägte (Titel-)Vielfalt auf diesem Sektor ist in den letzten Jahren drastisch zurückgegangen. Daran hatte auch die Medienpolitik der konservativ-freiheitlichen Bundesregierung seit 2000 einen erheblichen Anteil (Fabris 2004: 15 ff.)

Aufgrund der historischen Entwicklung nach 1955, als *Rundfunk* zur Bundes- und nicht zur Ländersache wurde, erwarb sich der *ORF* ein Sende-Monopol sowohl für den Hörfunk (→ Radio) als auch für das → Fernsehen, das erst Mitte der 90er Jahre von den ersten Privatradios gebrochen wurde. Allerdings hatte besonders in jenen über 80 Prozent der Haushalte, die Fernsehen über Kabel oder Satellit empfangen konnten, die Konkurrenz von 30 bis 50 überwiegend deutschsprachigen ausländischen Fernsehprogrammen erheblich zugenommen. Der *ORF* behielt dennoch bis heute unangefochten seine Position als Marktführer (40 bis 50 Prozent Reichweite).

Die private (Sende-)Konkurrenz hatte es unter diesen Umständen von Beginn an schwer. Die ersten Privatradios hatten noch einen regionalen bzw. lokalen Sendeauftrag, inzwischen hat die Tendenz zur Kettenbildung stark zugenommen. Der *Radiotest* weist (2004) für 50 kommerzielle Privatradios zusammen einen Marktanteil von rund 21 Prozent aus. Die meisten Hörer und Hörerinnen erreicht das *Krone Hit Radio*. 13 freie, nichtkommerzielle Radios müssen inzwischen auf jede finanzielle Unterstützung aus Bundesmitteln verzichten. Nur wenige Stationen sind finanziell in der Lage, dem ursprünglichen Auftrag regionaler und lokaler Berichterstattung nachzukommen.

Der Start von *ATVplus*, dem ersten und einzigen bundesweit terrestrisch ausgestrahlten Privat-TV-Programm, erfolgte am 1. Juni 2003. Den größten Anteil an diesem Sender hält der Münchner Filmhändler *Herbert Kloiber*. Sowohl die Quoten wie die Programmerfolge sind bisher eher bescheiden geblieben. Von einer Bereicherung der TV-Landschaft kann hier ebenso wenig wie bei den neuen Ballungsraum-Sendern in Salzburg, Linz und Wien gesprochen werden. Die wirtschaftliche Zukunft erscheint höchst ungewiss.

Ein *Online*-Auftritt ist für die österreichischen Zeitungen seit langem selbstverständlich geworden. Viele Unternehmen haben auch eigene Online-Redaktionen eingerichtet (→ Internet). Neben dem journalistischen Angebot finden sich zahlreiche andere Dienstleistungen, vor allem im Unterhaltungs- und Servicebereich. Die *Österreichische Web-Analyse* erhebt seit 1998 die User der Internet-Seiten. 2003 wurde auf ein neues Messverfahren (SZM) umgestellt. Die ohnehin gedämpften Erwartungen in die Online-Auftritte der Zeitungen und Magazine sind in der jüngsten Zeit weiter reduziert worden, auch wenn die Bereitschaft der Werbewirtschaft zugenommen hat, im Internet zu werben. Stark angestiegen sind auch die User-Zahlen. Vor allem Jugendliche beziehen Informationen und Unterhaltung zunehmend online.

Grundlagen des Journalismus

Der kontinuierlichen Entwicklung eines modernen demokratischen → Journalismus standen in Österreich allein im vergangenen Jahrhundert zahlreiche historische Brüche entgegen: 1918 der revolutionäre Übergang von der alten Donau-Monarchie zum neuen Kleinstaat der Ersten Republik, 1933/34 Austrofaschismus, Nazi-Putsch und Bürgerkrieg, 1938 bis 1945 Annexion durch Nazi-Deutschland, 1945 Kriegsende und zugleich Beginn einer zehnjährigen Besetzung durch die Alliierten, 1955 Staatsvertrag, 1994 EU-Mitgliedschaft. Ein Verständnis von Medien- und Journalistenfreiheit konnte sich unter diesen Umständen nur mühsam und verspätet entwickeln (Fabris/Hausjell 1991: 11 ff.). In den langen Jahren schwarz-roter und später rot-schwarzer

Regierung dominierte vor allem im Rundfunk der so genannte ‚Proporz-Parteien-Journalismus'; die Partei-Zeitungen hingegen verloren nach und nach an Bedeutung.

Die personelle Kontinuität zur NS-Zeit war in vielen Medien bis in die 60er Jahre spürbar. Die Medienpolitik der Alierten, vor allem jene der USA, bestärkte die Westintegration des österreichischen Journalismus. Erst in den 70er Jahren erfolgte ein gesellschaftlicher wie ökonomischer Aufstieg, der allerdings durch die krisenhafte Entwicklung der Medienwirtschaft in den letzten Jahren wieder gefährdet erscheint.

Die Geschichte des österreichischen Journalismus spiegelt die historische Entwicklung mit ihren Kontinuitäten und Brüchen. Auf der einen Seite finden sich glänzende Beispiele für herausragende publizistische und journalistische Leistungen – *Karl Kraus* (1874-1936) und seine *Fackel* zum Beispiel; auf der anderen Seite haben die lange Geschichte des Obrigkeitsstaates, politische Abhängigkeit, wirtschaftliche Probleme usw. zur Verzögerung des Entstehens eines modernen Journalismus in einem angelsächsischen oder skandinavischen Verständnis geführt.

Heute gibt es ein Nebeneinander verschiedener journalistischer Kulturen von Qualitäts- und Boulevardjournalismus; die journalistischen Arbeitsbedingungen sind vielfach ungünstig. Andererseits kann von einem gesellschaftlichen Aufstieg zu einer der wichtigsten gesellschaftlichen Einflussgruppen (‚vierte Macht') gesprochen werden (Fabris/ Hausjell 1991). Kommerzialisierung, Internationalisierung, Technisierung, Entprofessionalisierung und Phänomene wie Konzernjournalismus haben auch den österreichischen Journalismus erfasst. Medien und Kommunikation werden primär unter ökonomischen Prämissen betrachtet, die Zukunft – Stichwort Digitalisierung – wird vor allem als Fortschritt der (Medien-)Technik gesehen.

Der jüngste österreichische *Journalisten-Medien- und PR-Index* (2003) beinhaltet insgesamt 15.000 Personen, die als Freie oder fest Angestellte in diesen Berufsfeldern tätig sind. Die Zahl der ‚Kern-Journalisten' dürfte rund 6.000 bis 7.000 betragen.

Typische österreichische Journalisten unterscheiden sich nur wenig von ihren Kollegen in anderen europäischen Ländern. Im Vergleich etwa zu → Deutschland ist allerdings der Prozentsatz der Studienabbrecher, d. h. von Journalisten ohne abgeschlossenes Universitätsstudium, um einiges höher – auch wenn das Ausbildungsangebot in Österreich (Universitäten, Fachhochschule, österreichische Medienakademie des Kuratoriums für Journalistenausbildung, Oberösterreichische Medienakademie u. a.) gerade in den letzten Jahren deutlich zugenommen hat. Die meisten Journalisten arbeiten in Wien. Zwei Drittel sind jünger als 44 Jahre; der Großteil stammt aus dem sozialen Mittelstand (Bildungsbürgertum). Der Anteil der Kinderlosen, Unverheirateten und Geschiedenen ist höher als in der Gesamtbevölkerung, was vor allem mit den (wenig familienfreundlichen) Arbeitszeiten zusammenhängen dürfte. Die meisten arbeiten in einem ‚klassischen' Ressort, bei einem Printmedium und sind schon länger als zehn Jahre im Journalismus tätig. (Karmasin 1996: 75 f.)

Der Frauenanteil beträgt seit einiger Zeit etwas über 30 Prozent, wobei der Anteil von Journalisten im Agentur- und Zeitschriftensektor sowie bei den Freien vergleichsweise höher ist. Ungleich ist der Anteil von Männern und Frauen je nach Ressortzugehörigkeit (z. B. Sportressort), aber auch in den Führungspositionen. Zwar steht seit 2002 mit *Monika Lindner* als Generaldirektorin zum ersten Mal eine Frau an der Spitze des *ORF*, doch sind auch dort die führenden Stellen nur zu einem Viertel von Frauen besetzt. In keiner österreichischen Tageszeitung findet sich eine Frau in den obersten Rängen (Herausgabe, Geschäftsführung,

Chefredaktion). Zwar sind seit den 70er Jahren viele ehemalige ,Männerbastionen' in den Medien gefallen und befinden sich Journalistinnen insgesamt auf dem Vormarsch, doch erscheint vor allem die ,gläserne Decke' den Zugang nach oben weiterhin zu behindern.

Bewertung und Ausblick

Wichtige Einrichtungen der journalistischen Infrastruktur wie der Österreichische Presserat, Medienverbände oder der Medienjournalismus befinden sich heute in einem krisenhaften Stadium. Die Grenzen zu PR und Werbung sind fließend geworden. Mit dem Antritt der schwarzblauen Bundesregierung im Jahr 2000 hat auch der politische Druck (neue Gesetze, Klageflut gegen Medien und Journalisten) deutlich zugenommen.

EU (z. B. Europäischer Gerichtshof), Oberstgerichte, Parteien, Interessenverbände und die großen Medienunternehmen sind neben der Regierung die wichtigsten Akteure der Medien- und → Kommunikationspolitik, die inzwischen auch über eine eigene Behörde (KommAustria) beim Bundeskanzleramt verfügt. Generell gilt heute der Vorrang eines ökonomisch-technologischen Paradigmas, wogegen die kulturelle Dimension und ein Verständnis von Medien und Journalismus als meritorische Güter zurückgedrängt wurden. Abzuwarten bleibt, welche Auswirkungen die Digitalisierung haben wird, und ob es den österreichischen Medienunternehmen gelingt, im Prozess der Internationalisierung nicht nur eine passive Rolle zu spielen.

Trotz einiger nach wie vor bestehenden Besonderheiten (Tradition, Kleinstaatlichkeit, Konzentrationsgrad) befinden sich Medien und Journalismus in Österreich jedoch auf dem Weg zu EU-Mitte.

Literatur

Fabris, Hans Heinz/Fritz Hausjell (Hrsg.) (1991): Die vierte Macht. Zu Geschichte und Kultur des Journalismus in Österreich nach 1945, Wien.

Fabris, Hans Heinz (Hrsg.) (2004): Bericht zur Lage des Journalismus in Österreich, Salzburg.

Hoffer, Peter (Hrsg.) (2003): Journalisten-, Medien- und PR-Index, Wien.

Karmasin, Matthias (1996): Journalismus: Beruf ohne Moral?, Wien.

Steinmaurer, Thomas (2002): Konzentriert und verflochten. Österreichs Mediensystem im Überblick, Innsbruck u. a.

Steinmaurer, Thomas (2004): Das Mediensystem Österreichs, in: Hans-Bredow-Institut (Hrsg.): Internationales Handbuch Medien 2004/2005, Baden-Baden: 505-520.

Hans Heinz Fabris, Salzburg

Online-Journalismus

Definition/Begriffsbestimmung

Online-Journalismus ist der Teilbereich des Journalismus, dessen journalistische Inhalte ,online' publiziert werden. Im Gegensatz zu anderen Journalismus-Bereichen wie dem → Print-, → Radio- oder → Fernseh-Journalismus ist der Online-Journalismus weniger klar umrissen, denn unter dem Oberbegriff ,online' können prinzipiell höchst unterschiedliche Formen computervermittelter Kommunikation entlang von Datenleitungen oder per Funkübertragung verstanden werden.

Im Allgemeinen wird jedoch nur dann von ,Online-Journalismus' gesprochen, wenn

- öffentliche bzw. öffentlichkeitswirksame, gesellschaftlich relevante, non-fiktionale Aussagen auf der Basis aktueller Ereignisse produziert und distribuiert werden;
- die Publikation der Inhalte weitestgehend auf der Basis des World Wide Web erfolgt (neben dem WWW können unterstützend beispielsweise E-Mail als Distributions- oder Rückkanal sowie Chat für vertiefende Diskussionen zu Schwerpunktthemen zum Einsatz kommen);

- die Aussagen nicht selbstbezüglich sind, sondern (im Gegensatz zur Online-PR) auf Fremdkommunikation/Berichterstattung basieren.

Zurzeit ist der webbasierte Journalismus noch stark print-orientiert, was unter anderem auf Bandbreitenbegrenzungen bei der Übertragung der Inhalte zurückzuführen ist. Angesichts technologischer Fortschritte ist eine stärkere Gewichtung der audio-visuellen Vermittlung von Inhalten aber denkbar, und somit auch eine Veränderung des Online-Journalismus in Richtung Rundfunk.

Geschichte/Entwicklung

Der webbasierte Online-Journalismus existiert erst seit etwa Mitte der 90er Jahre. Die technologische Basis lässt sich jedoch sehr viel weiter zurückverfolgen: Die Grundsteine für das → Internet wurden bereits in den 60er und 70er Jahren gelegt, ausgehend von ersten Computernetzen wie dem *ARPAnet*.

Versteht man Medien im Sinne soziokultureller Institutionen (→ Massenmedien) und nicht nur als Technologien zur Informationsvermittlung (Kubicek 1997), so sind Vorläufer des heutigen Online-Journalismus aber eher in den so genannten ‚neuen Medien' der 70er und 80er Jahre zu sehen. Damals wurden in Europa Videotex-/Viewdata-Systeme wie Prestel, Btx und Minitel mit erheblicher staatlicher Förderung eingeführt; in den USA gab es einige vorwiegend privatwirtschaftliche Initiativen in dieser Richtung.

Bei den Videotex-/Viewdata-Systemen wurden Daten mittels eines Modems oder eines vergleichbaren Geräts über einen entsprechenden Kanal (vor allem Telefon) gesendet und von einem Decoder in Text- oder Grafikelemente umgesetzt, die dann auf einem speziellen Monitor oder dem Fernsehapparat dargestellt wurden. Die Systeme unterstützten zudem einen Rückkanal für Nutzereingaben, der z. B. für E-Mail, Online-Banking oder Spiele genutzt werden konnte. Auf dieser technischen Basis entwickelten sich Vorformen des heutigen Online-Journalismus. Allerdings konnten sich die Systeme (mit Ausnahme des französischen *Télétel/Minitel*) nicht auf breiter Ebene durchsetzen, so dass es bei den Ansätzen blieb.

Unabhängig von den staatlich geförderten Großprojekten nutzten ab Mitte der 80er Jahre immer mehr Computerbesitzer die Möglichkeit, sich über Telefonleitung mittels Modem in Computernetze einzuwählen und dort angebotene Informationen abzurufen. Anfangs noch auf eine kleine Gruppe von technikbegeisterten Computerfreaks beschränkt, entwickelten sich diese Online-Dienste bald zum Geschäft. ‚Dial-up'-Anbieter wie *CompuServe*, *Prodigy* und *AOL* begannen vor allem in den USA, mit traditionellen Medienunternehmen zu kooperieren, um z. B. durch journalistische Angebote attraktive Inhalte über ihre proprietären Dienste anzubieten. Anfang der 90er Jahre stiegen u. a. *CNN*, *Chicago Tribune*, *Time*, *New York Times* bei *AOL* und die *Los Angeles Times* bei *Prodigy* ein. Hier wurde schon ‚Online-Journalismus' betrieben – wenn auch noch nicht über das Internet bzw. WWW, sondern über die jeweiligen Online-Dienste.

Das Internet wurde erst zwischen 1993 und 1995 attraktiver, auch bedingt durch die Entwicklung einfach zu bedienender grafischer Browser wie *Mosaic*, *Netscape* und *Internet Explorer*. Erste Angebote erschienen 1994: Die *Palo Alto Weekly* startete am 19. Januar als wohl erste Zeitung ins Internet, allerdings mit einem sehr beschränkten Angebot.

Als weltweit erstes Nachrichtenmagazin gab *Der Spiegel* am 25. Oktober 1994 sein Web-Debüt und schlug damit *Time* um einen Tag. Pioniere bei den deutschen Tageszeitungen sind die *Schweriner Volkszeitung* und die *Tageszeitung* (taz); am 5. Mai 1995 startete *SVZonline*, gefolgt von der *digitaz* am 12. Mai.

In den Folgejahren sprangen immer mehr Medienunternehmen auf den fahrenden Zug auf – auch aus dem Gefühl heraus, ‚mit dabei' sein zu müssen. Denn das Internet galt längst als Wachstumsbereich, die New Economy boomte, und man erhoffte sich von Online-Publikationen angesichts positiver wirtschaftlicher Prognosen entsprechend große Gewinne. Das Publizieren über das Netz wurde zum Modethema – und machte selbst auch Schlagzeilen, u. a. als der ‚Internet-Reporter' *Matt Drudge* die Clinton-Lewinsky-Story am 18. Januar 1998 auf seiner selbst gebastelten Website namens *Drudge Report* veröffentlichte. Ausgelöst durch die Internet-Berichterstattung wurde aus der Geschichte ein handfester Politskandal.

Der Online-Hype fand allerdings in den Jahren 2000/2001 sein vorläufiges Ende: An der Börse kam es zu erheblichen Einbrüchen bei den Internet-Papieren. Ebenso steil wie der Aufstieg vieler ‚Dotcom-Unternehmen' war auch ihr Fall: Die insgesamt völlig überbewerteten Aktien der New Economy stürzten in kürzester Zeit ins Bodenlose; diverse Multimedia-Agenturen und Online-Anbieter mussten Konkurs anmelden. Die in den Internet-Bereich gesetzten Hoffnungen wurden dadurch nachhaltig erschüttert, und in der Folge reduzierten viele traditionelle Medienhäuser ihr Engagement oder zogen sich sogar vollständig zurück.

Die Lage hat sich seither nicht unbedingt verbessert: Ökonomisch hängt der Online-Journalismus am Tropf der traditionellen Medien, da der Online-Werbemarkt die Web-Angebote bislang kaum trägt – trotz wachsender Nutzungszahlen, die vor allem nach den Anschlägen vom 11. September 2001 und während des Irak-Krieges 2003 sprunghaft anstiegen. Das verloren gegangene Vertrauen in den Internet-Bereich konnte dadurch nicht wiederhergestellt werden – weder bei den Medienunternehmen, noch bei der Werbeindustrie. Reine Online-Angebote wie die Berliner *Netzeitung*, die im November 2000 startete, bleiben daher auch weiterhin die Ausnahme: Zu gering scheinen momentan die Erfolgsaussichten zu sein.

Forschungsstand

Betrachtet man die Forschung zur Netzkommunikation, so muss man konstatieren: Den professionellen Kommunikatoren galt sicherlich nicht das Hauptinteresse. Man kümmerte sich zunächst um die gesamtgesellschaftlichen Folgen des Internet und damit verbunden auch um Fragen nach der politischen Regelung der Entwicklungen sowie Nutzungsaspekte – wohl auch, weil hier besonders viel soziale und politische Brisanz vermutet wurde. Interaktivität, Multimedialität, Community-Building – dies sind einige der Schlagworte, die in der Wissenschaft besonderen Widerhall fanden.

Daneben existieren natürlich auch diverse Arbeiten zum Online-Journalismus. Insbesondere vor dem Fall der New Economy wurde vergleichsweise viel publiziert. Allerdings sind die meisten Veröffentlichungen eher konzeptuell-spekulativer Natur. ‚Handfeste' empirische Arbeiten sind eher selten, und die Prognosen früher Arbeiten sind bereits von den extrem schnellen Entwicklungen im Online-Bereich überholt worden. Dennoch: Einige Befragungsstudien bieten umfangreiche Basisdaten zur allgemeinen Deskription des Online-Journalismus (z. B. Neuberger 2002; Löffelholz et al. 2003). Informationen zum journalistischen Arbeiten in Redaktionen liefern daneben verschiedene Fallstudien, die auf unterschiedlichen Methoden gründen (Neuberger 2003; Quandt 2004).

Aus den verschiedenen Studien ergibt sich für Deutschland folgendes Bild: Je nachdem, wie eng man den Journalismusbegriff fasst, sind hier zu Lande zwischen knapp 2.000 (Neuberger 2002) und rund 8.000 Personen (Löffelholz et al. 2003) im Online-Journalismus tätig. Der Hinweis auf die Enge der Definition ist hier von zentraler Bedeutung und erklärt auch die erheblichen Diskrepanzen in den Schätzungen: Denn zu dem ‚weiteren'

Personenkreis der im Online-Journalismus Tätigen gehören auch ‚Content-Manager' verschiedenster Couleur sowie Teilzeitkräfte und eine hohe Zahl an freien Mitarbeitern.

Insgesamt scheint der Online-Journalismus noch nicht über verfestigte Strukturen zu verfügen und ist daher durchlässig für Berufs- und Quereinsteiger. Hierfür sprechen Ergebnisse, die den durchschnittlichen ‚Online-Journalisten' als vergleichsweise jung und mit weniger Berufserfahrung als die Kollegen im ‚traditionellen' Journalismus bestimmen (ebd.).

Uneinheitlich sind auch die Tätigkeitsprofile (Löffelholz et al. 2003; Quandt 2004): So finden sich vor allem in kleineren redaktionellen Einheiten Allrounder, die vielfältige Aufgaben erfüllen – vom Einpflegen der Inhalte, dem Gestalten der Seite über User-Kontakte bis hin zum Schreiben von Beiträgen. Auf der anderen Seite sind auch viele Redakteure mit dem Umarbeiten von Agenturnachrichten (→ Agentur-Journalismus) und dem Redigieren von Texten aus dem Muttermedium beschäftigt.

Das zeitnahe Produzieren für ein Medium ohne Deadline erfordert ein permanentes Aktualisieren des Angebots, und die hierfür erforderliche Menge an Inhalten kann zumeist nicht durch eigenrecherchiertes Material erbracht werden. Eher die Ausnahme denn die Regel scheinen ‚Multimedia'-Reporter mit einem Laptop unter dem Arm zu sein, die auch Videos drehen, Audio aufbereiten und Texte redigieren – diese visionären Konzepte eines ‚neuen Journalismus' sind bislang noch nicht zur Realität geworden.

Neben den Kommunikatoren selbst sind aber auch andere Teilaspekte des ‚Online-Journalismus' erforscht worden. So wurden insbesondere die Hypertextualität und Multimedialität journalistischer Produkte im WWW thematisiert, zudem die Folgen durch die Aufhebung von Platz- und Zeitbeschränkungen, durch Individualisierung/Personalisierung und durch Interaktivität. Die Auswirkungen sowohl auf die Produktion als auch auf die Produkte wurden durchaus kritisch diskutiert.

Darüber hinaus nahmen einige Studien auch die User journalistischer Netz-Angebote unter die Lupe. Zum einen wurden dabei Aspekte der Rezeption untersucht, z. B. die Frage, ob Rezipienten online-journalistische Inhalte als glaubwürdig einschätzen; zum anderen wurde in breit angelegten Befragungsstudien das Publikum (journalistischer) Webseiten näher beschrieben (z. B. in der US-amerikanischen Untersuchung „National News Audience" des *PEW Research Center*, aber auch in der jährlichen ARD/ZDF-Online-Studie).

Der Langzeitvergleich der Ergebnisse zeigt, dass sich das Netz-Publikum insgesamt immer stärker dem Bevölkerungsschnitt angleicht, insbesondere, was das quantitative Verhältnis von Frauen zu Männern angeht. Allerdings gibt es immer noch stabile Gruppen von ‚Internet-Verweigerern' (vor allem bei den älteren Nutzern), die mit online-journalistischen Angeboten nicht zu erreichen sind.

Praxisaspekte

Das Arbeiten im Online-Journalismus unterscheidet sich in mehrerlei Hinsicht von jenem im herkömmlichen Journalismus. Veränderte Rahmenbedingungen und neue Möglichkeiten spielen dabei eine Rolle: Zu nennen sind hier die Zusammenführung von Print- und Audio/Video-Elementen im Online-Bereich, die Modularisierung von Textelementen durch Hyperlinks, aber auch neue Formen der Interaktion mit dem User, der Wegfall von Produktionsdeadlines und das enge Ineinandergreifen von Produktion und Distribution auf einer technischen Plattform.

In den meisten größeren Redaktionen werden inzwischen so genannte *Content Management Systeme* (CMS) eingesetzt, die dem Redakteur u. a. Eingabemasken für Inhalte unterschiedlichster Art zur Verfügung stellen, Organisations-, Verwaltungs- und Archivierungsfunktionen beinhalten sowie (teil-)automatisiertes Layouten ermöglichen. Die Integration und der Leistungsumfang dieser Programme ist unterschiedlich – am Markt gibt es diverse Systeme. Zudem stehen an den Arbeitsplätzen der Redakteure vielerorts auch satelliten- oder netzbasierte Ticker-Systeme zur Verfügung, die einen direkten Zugriff auf die Meldungen der Nachrichtenagenturen ermöglichen.

Einheitliche Standards haben sich allerdings noch nicht herausbilden können, sowohl was die technische Ausstattung als auch die Art des Umgang mit ihr angeht. Zum Teil werden aufgrund des eng gesteckten ökonomischen Rahmens Inhalte aus einem Muttermedium übernommen (so genannte Shovelware), oder es werden Agenturmeldungen umgearbeitet; zum Teil wird aufwändiger produziert. Das Handlungsspektrum ist also sehr weit (Quandt 2004).

Dennoch gibt es ein verbindendes Element: Zeitnahe Produktion ist für den Online-Journalismus insgesamt die zentrale Maßgabe. Zumeist werden aktuelle und gleichzeitig kurze Informationen geboten – mit der Begründung, dass online vor allem schnell zu konsumierende Texte nachgefragt werden.

Dementsprechend prägt ein knapper, agenturähnlicher Stil viele Angebote. Zwar sind auch aufwändigere Aufarbeitungen von Inhalten über die Einbindung von Bild- oder Tonelementen möglich; doch diese werden zurzeit eher selten genutzt. Eigenständige Darstellungsformen konnte der Online-Journalismus damit noch nicht entwickeln – zumindest nicht solche, die als ‚Standard' gelten können (→ Nachricht/Bericht, → Mediengattungen), wie dies in anderen Journalismus-Bereichen der Fall ist (Meier 2002). Online-Journalismus ist damit immer noch ein heterogener Bereich, für den keine konsentierte Berufspraxis identifiziert werden kann.

Ausblick

Die Situation des Online-Journalismus nach der New-Economy-Krise ist paradox: Zwar nehmen die Nutzerzahlen zu; es werden Bandbreitengewinne und damit neue, kreative Möglichkeiten für den Journalismus erwartet – und gleichzeitig ist das Vertrauen in die ökonomische Zukunft der Web-Angebote seitens der Medienhäuser gering.

Sicherlich sind einige Zukunftsszenarien denkbar: So könnten die Bandbreitengewinne Formen fernsehähnlicher Dienste ermöglichen, die gepaart mit den Möglichkeiten der Interaktivität zu neuen Optionen für die Medienhäuser führen. Möglicherweise kommt es dann zu Substitutionseffekten bzw. zu einer ‚Kannibalisierung' (d. h. die Nutzer wenden sich dem Online-Angebot zu, und diese Nutzungszeit geht zulasten des Fernsehkonsums). Bislang ist eine solche Substitution allerdings nur in sehr geringem Ausmaß nachgewiesen worden.

Diskutiert wird zudem über die Verbindung von klassischem Print mit den Möglichkeiten von Online, z. B. im Rahmen von E-Paper-Projekten. Entsprechende Initiativen sind aber noch nicht über den Pilotstatus hinausgekommen, und es werden mitunter erhebliche Zweifel laut, ob für E-Papers überhaupt ein Markt besteht.

Plausibel erscheint hingegen das Szenario, dass es in den nächsten Jahren zu einer Marktbereinigung im Bereich journalistischer Webangebote kommt. Sollte sich die ökonomische Situation nicht nachhaltig ändern, werden wohl nur wenige Anbieter überleben können. Diese werden sich dann einen wieder wachsenden Markt teilen können und von den eben angesprochenen Entwicklungen profitieren. Jedoch ist zu bedenken, dass sich der Online-Journalismus in den letzten Jahren permanent verändert hat, mitunter in Richtungen, die niemand prognostizierte. Daher gilt es, mit Vorhersagen vorsichtig zu sein.

Literatur

Kubicek, Herbert (1997): Das Internet auf dem Weg zum Massenmedium?, in: R. Werle/C. Lang (Hrsg.): Modell Internet? Entwicklungsperspektiven neuer Kommunikationsnetze, Frankfurt/M./New York: 213-239.

Löffelholz, Martin et al. (2003): Onlinejournalisten in Deutschland, in: Media Perspektiven 2003/10: 477-486.

Meier, Klaus (Hrsg.) (2002): Internet-Journalismus, 3. überarb. u. erw. Aufl., Konstanz.

Neuberger, Christoph (2002): Online-Journalismus: Akteure, redaktionelle Strukturen und Berufskontext, in: Medien & Kommunikationswissenschaft 2002/1: 102-114.

Neuberger, Christoph (2003): Onlinejournalismus: Veränderungen – Glaubwürdigkeit – Technisierung; in: Media Perspektiven 2003/3: 131-138.

Quandt, Thorsten (2004): Journalisten im Netz. Über die Arbeit in Online-Redaktionen, Wiesbaden.

Thorsten Quandt, München

Opinion Leader

→ Two-Step-Flow of Communication

Osteuropa

Allgemeine Rahmenbedingungen

Die osteuropäischen Gesellschaften waren in den letzten 15 Jahren tief greifenden Transformationsprozessen ausgesetzt, die alle Bereiche erfassten: das politisch-institutionelle System, die wirtschaftliche Struktur, das Rechtswesen, die Bildungs- und Gesundheitssysteme, den Bereich der politischen Kultur und die Strukturen der sozialen Sicherungen. Zu den Strukturmerkmalen, die allen osteuropäischen Mediensystemen gemeinsam sind, zählen

- die Umwandlung der staatswirtschaftlichen Strukturen,
- die Loslösung der Medien aus der unmittelbaren staatlichen Verfügung,
- die Pluralisierung der Angebotsstruktur,
- die Wandlung der journalistischen Arbeit
- sowie die Durchdringung mit westlichen Standards und ausländischem Kapital.

Zwar stehen im Folgenden die Gemeinsamkeiten im Vordergrund der Betrachtung; dennoch sollte der osteuropäische Medienraum nicht voreilig als einheitlich betrachtet werden. Die Unterschiede des vorsozialistischen Erbes und der Entwicklungen im Prozess der Konsolidierung nach dem unmittelbaren Umbruch haben im Einzelnen je spezifische → Mediensysteme hervorgebracht. Auch sollten keine allzu voreiligen Schlüsse zwischen dem Stand bzw. dem Niveau der demokratischen Konsolidierung sowie dem wirtschaftlichen Entwicklungsstand einerseits und der Verfasstheit des Mediensystems, seiner Pluralität bzw. Meinungs- und Angebotsvielfalt andererseits gezogen werden. In der Medienforschung sind zwar zahlreiche Länderstudien entstanden (regelmäßig in Handbuch des Bredow-Instituts dokumentiert); vergleichende Analysen jedoch, die den Zusammenhang zwischen den Transformationsprozessen und den neuen Mediensystemen systematisch untersuchen, gibt es bislang nur in Ansätzen (Thomaß/Tzankoff 2001).

Grundlagen der Mediensysteme

Im Sozialismus besaß die verordnete sozialistische Konstruktion von Wirklichkeit zentrale Legitimation. Nach 1989 galt es, neue Vorstellungen von der Funktion der Berichterstattung in der Gesellschaft sowie ein neues Verständnis von → Öffentlichkeit und der Rolle der Medien zu finden. Zeitgleich mussten die Medien – vormals unter den politischen Richtlinien der kommunistischen Parteien – unter Rentabilitätsgesichtspunkten und gemäß den technisch induzierten Veränderungen umstrukturiert werden, wobei importierte Modelle einer sich globalisierenden Informationsgesellschaft dominierten.

In den Medienlandschaften Osteuropas sind einerseits die gleichen Wandlungsprozesse zu beobachten, die unter dem Stichwort ‚Informationsgesellschaft' für die westlichen Länder diskutiert werden. Andererseits werden Spezifika der einzelnen Länder wirksam, die mit Faktoren wie politischen Rahmenbedingungen und Gesetzgebung, politischer Kultur und historischen Traditionen seit der Zwischenkriegszeit sowie mit den speziellen ökonomischen Bedingungen und Investitionsstrukturen (in- und ausländische Kapitalanteile, Kaufkraft des Binnenmarktes u. a.) zusammenhängen.

Der Mediensektor gehörte in fast allen Ländern zu Beginn des gesellschaftlichen Wandels zu jenen Bereichen, die sich großer Aufmerksamkeit erfreuten. Rede- und Meinungsfreiheit (→ Kommunikationsfreiheit) galten und gelten zum Teil bis heute als besonders wichtige Errungenschaften des Transformationsprozesses. In der unmittelbaren Umbruchsphase wirkten die Medien in den meisten Ländern als Verstärker wenn nicht gar als Motoren des Regimewechsels. Engagierte Journalisten demontierten die autoritären Machthaber durch kritische Berichterstattung. Die so genannte ‚Baltische Kette' – eine gemeinsame Massendemonstration der baltischen Staaten Litauen, Lettland und Estland im Sommer 1989 – wurde zu einem international wahrgenommenen Medienereignis, das auch von *CNN* übertragen wurde (Vihalemm 2001: 97).

Im Zuge der Konsolidierung zeigte sich jedoch in den meisten Ländern, wie schnell die neuen medialen Freiheiten wieder eingeschränkt werden konnten. Politische Eliten und einflussreiche Wirtschaftskreise entwickelten unterschiedliche Strategien, um via Medien Einfluss zu gewinnen, zentrale Medien zu kontrollieren und zu instrumentalisieren. Dies geschah über formale Hürden wie gesetzliche Regelungen oder Lizenzvergabe, direkte Einflussnahme durch Personalpolitik oder indirekte Manipulationen wie Anzeigepolitik, in einzelnen Fällen auch über direkte politische oder strafrechtliche Mechanismen der Einschüchterung. In den so genannten ‚Medienkriegen' *Ungarns* instrumentalisierte die Regierung die Medien systematisch für die eigenen Zwecke (Bajomi-Lázár 2001).

Die Schaffung der mediengesetzlichen Grundlagen (→ Medienrecht, → Regulierung) vollzog sich in den verschiedenen Ländern sehr unterschiedlich. Während einige früh neue Gesetze schufen (*Lettland, Russland*), geschah dies in anderen (*Ungarn*) vergleichsweise spät bzw. Gesetze wurde immer wieder geändert (*Bulgarien*). In *Estland* gibt es 2004 kein allgemeines Medien- oder Pressegesetz, in *Tschechien* dauerte es zehn Jahre bis zur Einigung auf ein Pressegesetz. (Hans-Bredow-Institut 2004) Gesetzgebungsverfahren gerieten häufig in den Sog parteipolitischer Machtkämpfe und die politischen Eliten taten sich mehrheitlich schwer, die Medien freizugeben. Nicht selten beugten sich Regierungsmehrheiten eher westlichen Erwartungen mit Blick auf die erhoffte EU-Integration als aufgrund der politischen Einsicht in die Notwendigkeit freier Medien.

Vor allem bei dem ehemals staatlichen Rundfunk (→ Fernsehen, → Radio) wirken weiterhin Mechanismen der politischen Einflussnahme über die Regulationsgremien oder die Personalpolitik bei der Besetzung wichtiger Positionen. Besonders die offiziellen Aufsichtsgremien des Rundfunks wurden in vielen Ländern durch die direkten Einflussmöglichkeiten der jeweiligen Regierungsmehrheiten zu parteipolitischen Instrumenten degradiert (→ Kommunikationspolitik).

Aber auch mächtige Finanz- und Wirtschaftsgruppierungen benutzen die Medien im Kampf gegeneinander (in *Russland* Medienmogule wie Beresowski und Gussinski) bzw. gegen unliebsame Politiker und Regierungen als Instrumente.

Die wirtschaftliche Krise, die in den meisten Ländern spätestens Mitte der 90er Jahre die letzten Hoffnungen auf eine baldige ökonomische Prosperität zunichte machte, schränkte die Handlungsspielräume der Medien zunehmend ein (→ Medienökonomie). Unter dem Druck von Konkurrenz und Konzentration wichen Hoffnungen auf die Etablierung eines ‚neuen' eigenständigen Mediensystems mit kritischer Berichterstattung schnell dem Diktat der Marktanteile und dem Kampf um die geringen Werbeetats. Dazu kommen die Dominanz ausländischen Kapitals, westlicher Nachrichtenagenturen und Spielfilmanbieter.

Heute kann insofern von einem konsolidierten Mediensektor gesprochen werden, als sowohl im Bereich der Presse als auch im Bereich der elektronischen Medien die Marktanteile im Wesentlichen verteilt sind und allenfalls der Prozess der Konzentration fortschreiten und zum Aufgeben kleinerer Anbieter führen wird. In vielen Ländern hat der Werbemarkt unter den schwierigen wirtschaftlichen Bedingungen zu einer großen Konkurrenz unter den Anbietern geführt.

Naheliegenderweise vollzog sich der Wandel am schnellsten im Printbereich (→ Presse), da hier vor allem in den ersten Jahren mit einem vergleichsweise geringen finanziellen Aufwand neue Zeitungen und Zeitschriften entstanden. In allen Ländern verloren die einst dominierenden Parteizeitungen an Einfluss und Auflage. Allerdings geriet der Printbereich auch schnell unter den Einfluss ausländischer Finanzgeber, die zumeist mit einem an westlichen Verhältnissen gemessen geringen Finanzvolumen vergleichsweise hohe Marktanteile erreichen konnten. Auch der Wandel zur Kommerzialisierung und Boulevardisierung erreichte den Printbereich schneller, während die landesweit ausstrahlenden staatlichen elektronischen Rundfunkanbieter länger dem staatssozialistisch geprägten Berichterstattungsstil verhaftet blieben.

In allen Ländern hat sich mehr oder minder nach europäischem Vorbild ein duales System von privaten und öffentlichen bzw. staatlichen Rundfunkssystemen entwickelt. Insgesamt gelang die Durchsetzung eines dualen Systems im Radiobereich schneller, da kleine, häufig nur lokal anbietende Sender mit geringem Finanzvolumen entstehen konnten, während der teure Fernsehbereich länger für seine Diversifizierung brauchte.

Demokratisierungsblockaden sind vor allem bei den ehemals staatlichen Fernsehanbietern zu beobachten, die weiterhin in vielen Ländern unter mehr oder minder direktem Einfluss der Regierungsmehrheit stehen bzw. nach einer ersten Phase der Liberalisierung zum Ort des Kampfes der politischen Gruppierungen und Eliten um medialen Einfluss wurden. Wo finanzstarke ausländische Konzerne Privatsender übernahmen, entstanden häufig nach westlichen Standards professionalisierte Programme mit einem kommerziellen Mix aus Spielfilmen, Shows etc. mit einem geringen Anteil an politischen Sendungen und ohne Anspruch auf Etablierung eines kritischen Profils.

Grundlagen des Journalismus

Wie in den meisten Berufszweigen setzten in der journalistischen Arbeit nach 1989 große Veränderungen ein. Das professionsbezogene Handwerk musste zum Teil neu erlernt und das → Rollenselbstverständnis umdefiniert werden. Westliche Kriterien und marktwirtschaftliche Anforderungen hielten – wenn auch gebrochen – Einzug und veränderten den Berufsalltag. Gerade im Journalismus erforderten die technisch bedingten Neuerungen, die mit den Stichworten ‚Informationsgesellschaft', ‚Digitalisierung', ‚Internet' u. a. umrissen werden können, massive Anpassungen und Umlernprozesse. In allen Ländern hielt eine neue Generation vergleichsweise junger Leute zwischen Anfang 20 und Anfang 40 Einzug in den Medienbereich. Die älteren, erfahrenen Journalisten waren zumeist durch die Politisierung des Medienbereichs diskreditiert und zogen sich in politikferne Nischen zurück. Daraus ergaben sich vor allem zu Beginn Defizite durch mangelnde Berufserfahrung und journalistische Ausbildung. Viele gestalteten die journalistische Aufbruchsstimmung der ersten Jahre mit Engagement und Enthusiasmus. Nach der ersten Phase des ‚Medienbooms' wuchs der wirtschaftliche Druck auf den Medienbereich jedoch schnell an und schränkte die professionsbezogenen Möglichkeiten ein.

Die Konkurrenz unter den Journalisten ist heute zumeist groß; viele arbeiten auf Honorarbasis oder unter ungesicherten arbeitsrechtlichen Bedingungen. Deutlich ist eine Diskrepanz zwischen dem großen gesellschaftlichen Engagement der Journalisten zu Zeiten des unmittelbaren Umbruchs (mit Ausnahme *Tschechiens*) und einer schnell einsetzenden Desillusionierung erkennbar, mit unterschiedlichen Folgen: Rückzug in die eigene Karriereplanung, parteiliche Loyalität dem jeweiligen Brötchengeber gegenüber, überzeichnete Boulevardisierung unter Negierung professioneller Standards, Selbstzensur und vorauseilender Gehorsam. Auch der gekaufte Journalismus existiert weiterhin.

Dennoch sind in den meisten Ländern Ansätze für einen kritischen und unabhängigen Journalismus gegeben. Die Selbsteinschätzung befragter Journalisten, die hohe professionelle Standards formulieren, sollten nicht nur als Zugeständnisse an von ‚dem Westen' erwartete Bekundungen interpretiert werden, sondern als Versuch, unter den gegebenen engen Spielräumen den gesetzten Standards gerecht zu werden.

Bei der Berichterstattung wird weiterhin nicht immer den Regeln des Journalismus – gründliche → Recherche sowie Trennung von → Nachricht und → Kommentar – Genüge getan. Die „Aufdeckung politischer Skandale" trägt durch unklare Stoßrichtung und mangelhafte Analyse sowie Verquickung der Berichterstattung mit politischen Interessen immer wieder eher zur Verstärkung der Politikverdrossenheit und weiteren Desillusionierung als zur Aufklärung bei. Wenn auch politische Druckausübung weiterhin zu beobachten ist, so gehören Strafverfolgungen, Körperverletzungen bis hin zu Mord in der Regel nur in *Russland* und dem ehemaligen *Jugoslawien* zum Berufsrisiko.

Der Prozess einer neuen Rollenselbstfindung in den osteuropäischen Gesellschaften kann kaum als abgeschlossen bewertet werden. In *Russland* und den Ländern des ehemaligen *Jugoslawien* haben der massive politische Druck und Krieg, in Ländern mit Phasen regelrechter ‚Medienkriege' wie in *Ungarn* oder in *Bulgarien* eine überpolitisierte, verengte Diskussion den Diskurs um Selbstregulierung und ethische Standards behindert.

In Ländern mit einer besser entwickelten und zur Zeit des Staatssozialismus existenten Opposition und Untergrundpresse hat dieser Diskurs früher eingesetzt. So etablierte sich in *Estland* ein Medienrat und formulierte journalistische Normen, in *Polen* wurde vom Medienrat eine Mediencharta verabschiedet. Das Verhältnis zwischen Journalisten und politischen Akteuren ist in vielen Ländern durch Misstrauen gekennzeichnet.

Fazit

Als großer Fortschritt des osteuropäischen Transformationsprozesses ist es insgesamt zu werten, dass die Medien nicht mehr wie in Zeiten des Staatssozialismus Teil des politischen Systems sind, sondern sich als eigenständiges System in der Gesellschaft mit eigener Funktionslogik etabliert haben bzw. etablieren. Die Leitidee der Medien als vierte Gewalt mag dabei in manchen politischen Diskussionen weiterwirken. Faktisch dominieren auch in den wirtschaftlich stabileren Ländern Osteuropas medienökonomische Zwänge.

Literatur

Hans-Bredow-Institut (Hrsg.) (2004): Internationales Handbuch Medien 2004/2005, Baden-Baden (Artikel zu Bulgarien, Estland, Polen, Restjugoslawien, Russland, Tschechien, Ungarn).

Thomaß, Barbara/Michaela Tzankoff (Hrsg.) (2001): Medien und Transformation in Osteuropa, Wiesbaden.

Michaela Tzankoff, Hamburg

Palästina

→ Asien

Peru

→ Lateinamerika

Philippinen

→ Asien

Politikjournalismus

Definition/Begriffsbestimmung

Politikjournalismus ist jener Journalismus, der sich mit den Entwicklungen und Zuständen der Politik auf internationaler, nationaler, regionaler und lokaler Ebene befasst. Da wir zugleich die Begriffe → Lokaljournalismus und → Auslandsberichterstattung kennen, bezieht sich Politikjournalismus in engerem Sinn auf die nationale Ebene. Dies gilt vor allem für französische oder italienische Zeitungen, die die Rubriken ‚Politique' oder ‚Politiques' abgrenzen gegen ‚Monde' oder ‚International' und ‚Politica' gegen ‚Esteri' oder ‚Mondo'. Mit ‚Politique' und ‚Politica' ist immer die nationale Politik gemeint.

In Deutschland allerdings umfasst das Ressort ‚Politik' in der Regel nationale und internationale Politik. Politischer Journalismus kommt in allen aktuellen Medien vor, die sich nicht auf ein Spezialthema (wie Wirtschaft, Sport, Gesellschaft oder Musik) beschränken. Die politischen Journalisten betreiben hauptsächlich Regierungs-, Parlaments-, Parteien-, Verbands-, Wahl-, Abstimmungs- und Themenberichterstattung. Dort, wo auch das Internationale mitgemeint ist, kommen zudem Diplomatie-, Globalisierungs-, Drittwelt- und Kriegsberichterstattung hinzu. Sie verwenden dabei vor allem die Konzepte des Informations-, Interpretations-, Meinungs-, Investigations- und Präzisionsjournalismus, des anwaltschaftlichen Journalismus sowie des Public Journalism (→ Mediengattungen). Für ihre Arbeit stützen sie sich in der Regel auf ein solides Beziehungsnetz. Sie recherchieren bei Betroffenen, im Internet und in Bibliotheken, sind aber auch immer wieder als Zeitzeugen vor Ort. Manchmal setzen sie zudem unorthodoxe Methoden ein (indem sie beispielsweise geheime Dokumente kopieren und veröffentlichen) (→ Investigativer Journalismus). Politische Journalisten genießen häufig hohes Ansehen.

Geschichte/Entwicklung

Erik Neveu (2002) unterscheidet vier Generationen des politischen Journalismus. Die erste – proto-journalistische – sieht er in der Zeit nach den bürgerlichen Revolutionen, als Politiker als Publizisten wirkten (und eben nicht als Journalisten). Die zweite beginnt bei ihm in der zweiten Hälfte des 19. Jahrhunderts, als sich der Journalismus professionalisierte. Die dritte setzt etwa 1960 mit einer Journalistengeneration von kritischen Experten ein, welche die politischen Akteure im Namen des Publikums mit Insiderwissen und kritischer Distanz befragen. Und schließlich hebt laut Neveu jetzt eine Phase an, in der *Public Journalism* eine Rolle spielt.

Wir können jedoch schon in der frühen Neuzeit eine Vorform des politischen Journalismus beobachten (Korrespondenten der Handelshäuser, Verfasser von Pamphleten, Herausgeber der ersten Zeitungen). Insofern ist die Politikberichterstattung die Urform des → Journalismus – andere Ressorts wie Feuilleton (→ Kulturjournalismus), Wirtschaft (→ Wirtschaftsjournalismus) oder Sport (→ Sportjournalismus) kamen erst gegen die Wende vom 19. zum 20. Jahrhundert hinzu.

Richtig ‚politisch' wurde der Journalismus allerdings zur Zeit der bürgerlichen Revolutionen am Ende des 18. Jahrhunderts, und daran schloss sich die Phase des parteiorientierten politischen Journalismus an, die in den → USA nur kurz, in → Deutschland bis 1945 und in → Frankreich, → Österreich, → Italien oder der → Schweiz weit darüber hinaus andauerte. Mit dem Aufstieg der Massenpresse begann – wieder zu verschiedenen Zeitpunkten je nach Land – die Phase des autonomen, an Nachrichtenwerten orientierten politischen Journalismus. Er hat sich mehrfach gewandelt, nicht zuletzt durch die Ausdifferenzierung der Medien (→ Radio, → Fernsehen, → Internet) und durch die technischen Möglichkeiten (Farbbilder, Infografik, Satellitenempfang, Internet).

Höhepunkte des politischen Journalismus waren jene Momente, in denen er Fehlleistungen des politischen Systems enthüllte oder sich gegen dessen Übergriffe wehrte – wie in der *Dreyfus-Affäre* um 1898 in Frankreich, der *Spiegel-Affäre* 1962 in Deutschland, dem *Watergate-Skandal* 1973/74 in den USA, der *Libanon-Connection/Kopp-Affäre* 1988 in der Schweiz, dem *Moskauer Putsch* 1991 in Russland oder der *Parteispenden-Affäre* 2000 in Deutschland.

Forschungsstand und Praxisrelevanz

Die Gesamtdarstellungen und Sammelpublikationen zur → Politischen Kommunikation, die zahlreich sind, sowie internationale oder auf einzelne Länder bezogene Studien zum Zustand des Journalismus befassen sich direkt oder indirekt immer auch mit dem Politikjournalismus, ohne ihn allerdings stets explizit zu nennen. Er ist dort am intensivsten erforscht, wo es um Medieninhalte geht. In jüngster Zeit wurden auch vergleichende Studien angestellt (z. B. Donsbach 1993; Esser 1998; Preisinger 2003), die meist von Deutschland ausgingen. Außerdem wird der Fokus zunehmend auf die Beziehungen zwischen Journalismus und Politik gerichtet (Staudacher 1997; Carton 2003; Hoffmann 2003).

Raymond Kuhn und *Erik Neveu* (2002) kommt das Verdienst zu, international die Forschung angeregt und vorangetrieben zu haben. In vergleichender Hinsicht kann der politische Journalismus mit den Konzepten von *Herbert J. Altschull* (1989) sowie von *Jay Blumler* und *Michael Gurevitch* (1995) theoretisch erfasst werden.

Politikjournalismus lässt sich aber schlecht verstehen ohne die Selbstzeugnisse von Journalisten, die besonders in den USA in Form von Memoiren zahlreich sind, die es aber auch in Deutschland und Frankreich gibt. Die Forschung kommt nur voran, wenn sie politische Journalisten befragen, beobachten und ihre Medienbeiträge analysieren kann. Handbücher, die speziell auf den politischen Journalismus ausgerichtet sind und auch den Praktikern nützen, fehlen indes noch.

Bewertung und Ausblick

Der politische Journalismus pendelt zwischen Machtverliebtheit und ‚vierter Gewalt': Politische Journalisten genießen die Nähe zu den Mächtigen, aber sie setzen diese auch öffentlich unter Druck. Ihr Problem ist, dass sie in eine zu enge Beziehung zur politischen Elite geraten können und mehr für die Beschriebenen berichten als für das Publikum. Dies gilt etwa für einen Großteil der Medienleute Washingtons, aber auch für die Elite der Pariser Journalisten. Das wiederum fördert die Tendenz, dass sich die Medien bei grundlegenden politischen Entscheidungen patriotisch im Schlepptau der Regierungen bewegen. Das Problem der politischen Journalisten ist überdies, dass sie einer in vielfacher Hinsicht eher unpolitischen Bevölkerung komplizierte abstrakte Sachverhalte erläutern müssen.

Sie laufen dabei Gefahr, die Themenberichterstattung (*policy*) zugunsten der Personen- und Parteiengerangel-Berichterstattung (*politics*) zu vernachlässigen. Dies ist bei der Wahl- und Parteienberichterstattung in vielen Ländern – so etwa in den USA, in Großbritannien, Frankreich, Deutschland, Italien, Österreich und der Schweiz – der Fall.

Nicht mehr so stark im Zentrum der Medien stehen die Debatten der Parlamente: Die Medienschaffenden haben die vollständige Berichterstattung in Form einer Chronik fallen lassen zugunsten der Darstellung der zentralen Konflikte. Hingegen existieren in den meisten Ländern inzwischen TV-Parlamentskanäle und Internetdienste, die den Interessierten die Originaldebatten vermitteln.

Die politischen Journalisten messen ferner in allen Ländern dem ‚Präzisionsjournalismus' (→ Mediengattungen) zu wenig Bedeutung bei, während der → Investigative Journalismus in erster Linie von den Ressourcen und in zweiter Linie von Informanten vor allem aus dem Lager der jeweiligen politischen Opposition abhängt. Der anwaltschaftliche Journalismus, ein Kind des sozialistischen Journalismus im 19. Jahrhundert und der Bewegung um 1968, ist im politischen Bereich spärlicher geworden. Und Public Journalism hat sich außerhalb der USA noch nicht durchgesetzt. Zugenommen hat der Einbezug der Privatsphäre in die politische Berichterstattung, besonders in Großbritannien und in den USA, weniger in Deutschland, Österreich und der Schweiz, schon gar nicht in Frankreich – wobei allerdings oft die Politiker selber durch ihr Verhalten Anlass dazu geben.

Verbessert hat sich die Vielfalt der Darstellungsformen: Während sich politischer Journalismus vor 50 Jahren vornehmlich mit Nachrichten und Kommentaren begnügte, setzt er heute zusätzlich Features, Reportagen, Porträts, Interviews, Satiren, Karikaturen, Analysen, Diskussionen und Direktübertragungen ein. Stark zugelegt haben Qualitätszeitungen wie *New York Times*, *Guardian*, *Le Monde*, *Corriere della sera* sowie dem Public Service verpflichtete Radio- und Fernsehprogramme wie *National Public Radio*, *BBC*, *ARD*, *ORF*, *SRG*, *Arte* mit Themenschwerpunkten und Dossiers zu aktuellen politischen Fragen.

Literatur

Altschull, J. Herbert (1989): Agenten der Macht, Konstanz.

Blumler, Jay G./Michael Gurevitch (1995): The Crisis of Public Communication, London/New York.

Carton, Daniel (2003): "Bien entendu... c'est off". Ce que les journalistes politiques ne racontent jamais, Paris.

Donsbach, Wolfgang (1993): Journalismus versus journalism – ein Vergleich im Verhältnis von Politik und Medien in Deutschland und in den USA, in: W. Donsbach et al. (Hrsg.): Beziehungsspiele – Medien und Politik in der öffentlichen Diskussion, Gütersloh: 283-316.

Esser, Frank (1998): Die Kräfte hinter den Schlagzeilen, Freiburg/München.

Gerber, Yves (2003): En Suisse, le quatrième pouvoir se fait humble, in: Presse et communication, 2003/2: 36-38.

Hoffmann, Jochen (2003): Inszenierung und Interpenetration, Wiesbaden.

Koelbl, Herlinde (2001): Die Meute. Macht und Ohnmacht der Medien, München.

Kuhn, Raymond/Erik Neveu (Hrsg.) (2002): Political Journalism, London/New York.

Neveu, Erik (2002): Four generations of political journalism, in: R. Kuhn/E. Neveu (Hrsg.): Political Journalism, London/New York: 22-43.

Preisinger, Irene (2002): Information zwischen Interpretation und Kritik, Wiesbaden.

Staudacher, Anita (1997): "Geh, samma per du!" Die Symbiose zwischen Journalist und Politiker in Österreich, Wien.

Roger Blum, Bern

Politische Kommunikation

Definition/Begriffsbestimmung

Politische Kommunikation ist kein klar umrissener Forschungsgegenstand. Hierzu fehlt es an Verständigung darüber, was überhaupt unter ‚politischer Kommunikation' zu verstehen ist, welchen normativen Anforderungen sie ausgesetzt werden soll und welche theoretischen und methodischen Herangehensweisen über Disziplinengrenzen hinweg forschungsleitend sein könnten.

In einer ersten Annäherung lässt sich politische Kommunikation als der Nachrichten- und Informationsfluss beschreiben, der den politischen Prozess strukturiert und ihm Bedeutung gibt (Pye 1993: 442). Um den politischen Prozess greifbar zu machen, kann er in zwei Arenen zerlegt werden: die parlamentarisch-administrative und die öffentliche (Kriesi 2001:4). In Ersterer werden Probleme gelöst – in Letzterer steht die Aufmerksamkeit für und Zustimmung zu Akteuren und Standpunkten im Mittelpunkt. Politische Kommunikation findet in beiden Arenen statt.

In der *öffentlichen Arena* ist politische Kommunikation auf das Publikum ausgerichtet. Hier erfüllt sie eine Vermittlungs- und Informationsleistung. Politische Kommunikation findet dabei vor allem als massenmediale Kommunikation statt (→ Massenmedien). Sie ermöglicht es den Bürgern, an Politik teilzunehmen und politische Akteure zu kontrollieren. Diese Kommunikation ist auch für die politischen Akteure unabdingbar, welche die öffentliche Meinung beobachten und beeinflussen.

Auch in der *parlamentarisch-administrativen Arena* findet politische Kommunikation statt. Hier geht es um die interne Verhandlungskommunikation, an deren Ende politische Entscheidungen stehen. Freilich wird auch diese Kommunikation von der öffentlichen Kommunikation begleitet und möglicherweise auch davon beeinflusst.

Die Politische Kommunikationsforschung beschäftigt sich primär mit der öffentlichen Arena, die im Mittelpunkt dieses Beitrages steht. Dabei gilt zu beachten, dass auch diese engere Fassung politischer Kommunikation in ihrer Wirkung nicht auf die öffentliche Arena beschränkt bleibt. Politische Kommunikation wird nicht mehr als Konstante, sondern als ein Bestimmungsfaktor der parlamentarisch-administrativen Arena betrachtet (ebd.: 1), trägt sie doch bei zur politischen Sozialisation und zur Legitimierung von Akteuren und Ideen. Das ist es, was *Otfried Jarren* et al. (1998: 20) als Legitimation durch Kommunikation und *Max Weber* (1947: 325) als legitime Herrschaft und als Kennzeichen der Demokratie bezeichnen (→ Kommunikationspolitik). Die Vernachlässigung der Binnenkommunikation der parlamentarisch-administrativen Arena in der politischen Kommunikationsforschung führt jedoch vielfach dazu, dass die meist medienvermittelte Kommunikation zwischen Politik und Bürger in ihrer Wirkung überschätzt wird, die informellen Beziehungsspiele jedoch unerforscht und unterschätzt bleiben.

Politische Kommunikation in der öffentlichen Arena bewegt sich im Spannungsfeld von politischen Sprechern, Medien und Bürgern. Massenmedien stellen dabei heute den Hauptvermittlungsmechanismus zwischen der Politik und den Bürgern dar, haben sich doch die traditionellen Bindungen zu Organisationen der Interessenaggregation, wie den Parteien, abgeschwächt. Ohne Medien gäbe es keine stabile, dauerhafte Kommunikation zwischen den Akteuren.

Die Medien selbst jedoch haben sich in jüngster Zeit von dem institutionalisierten politischen Prozess gelöst (Brettschneider 1998: 396). Es kam zur Säkularisierung und Kommerzialisierung. Im Pressebereich hat der Niedergang der Parteipresse und im Rundfunkbereich die Einführung privater Anbieter diesen Prozess beschleunigt, den Wettbewerb zwischen den Medien erhöht und damit deren Orientierung am Publikumsgeschmack verstärkt (→ Presse, → Fernsehen).

Das Publikum ist demnach die zentrale Letztinstanz politischer Kommunikation: Die Medien versuchen, ihren Marktanteil zu erhöhen, indem sie seine Wünsche beachten; demokratische Regime wiederum sind auf die Wählergunst angewiesen. Die Bürger beeinflussen aber nicht nur die Medien und die Politik, sondern werden auch selbst von diesen beeinflusst. Wie politische Informationen genutzt werden und wie sie auf Einstellungen und eventuell politisches Verhalten wirken, ist ein zentrales Forschungsgebiet der politischen Kommunikation. So geht die Forschung heute weder von all- noch von ohnmächtigen Medien aus (→ Medienwirkungen). Vielmehr bestimmt die Berichterstattung der Medien mit, welche Themen auf der Tagesordnung stehen (→ Agenda Setting), welche Interpretationsrahmen prominent sind und damit zur Bewertung von politischen Sprechern herangezogen werden (→ Politikjournalismus).

Zentral für diese Bereitstellung von Themen und Interpretationsrahmen für die öffentliche Kommunikation ist das Spannungsfeld zwischen politischen Sprechern und den Medien. Hierbei gibt es unterschiedliche Vorstellungen, in welchem Verhältnis die beiden stehen (Jarren/Donges 2002: 26 f.). Drei Paradigmen lassen sich unterscheiden: das Paradigma der *Gewaltenteilung*, der *Instrumentalisierung* und der *Symbiose*.

Ersteres sieht Politik und Medien als autonome Systeme an. So ist es den Medien möglich, politische Institutionen zu kontrollieren. Beim Instrumentalisierungsparadigma lassen sich zwei konträre Ausformungen unterscheiden. Zum einen wird die Übermacht der Massenmedien proklamiert, stellen sie doch häufig die einzige Möglichkeit für politische Akteure dar, ihre Wählerschaft zu erreichen. Das wiederum führe zu einem hohen Anpassungsdruck auf politische Institutionen, der schlussendlich der Politik die Logik der Medien aufzwinge. Diese Mediatisierung der Politik, d. h. die Ausrichtung politischen Handelns und Verhaltens an den Regeln des Mediensystems, bringt – so wird argumentiert – bewährte Verfahren der Entscheidungsfindung aus dem Gleichgewicht, da Positionen im Voraus öffentlich festgelegt werden und Kompromisse deshalb kaum mehr zu finden sind (z. B. Kriesi 2001: 18).

Im Gegensatz dazu wird auch die Übermacht der Politik gegenüber den Medien proklamiert. Die Politik habe sich auf die Bedeutung der Medien eingestellt und ihre Kommunikationsaktivitäten professionalisiert. Politische PR mit ihrem gezielten Themen- und Ereignismanagement mache die Medien machtlos (→ Public Relations).

In der → Kommunikationswissenschaft dominiert heute die Ansicht, dass man beiden Perspektiven durchaus Realitätsgehalt zusprechen muss und sie demnach vereinen kann. Politik und Medien werden in einem wechselseitigen Abhängigkeitsverhältnis gesehen (Paradigma der Symbiose), in dem Information gegen Publizität getauscht wird.

Internationale Bezüge

Von Beginn an standen Kommunikationsstrukturen und -kulturen (Pfetsch/Esser 2003: 26) im Mittelpunkt der politischen Kommunikationsforschung. Die Strukturdimension ist durch institutionelle Bedingungen gekennzeichnet, wohingegen die Kulturdimension auf die Akteure, deren Interdependenzen und die daraus resultierenden Wirkungen zielt. Letztere schlug sich in den frühen Jahren vor allem in der Erforschung der Wirkung von Kommunikation auf öffentliche Meinung nieder (→ Öffentlichkeit). Hierbei wurde schon sehr früh gezeigt (→ Two-Step-Flow of Communication), dass die interpersonale Kommunikation eine intervenierende Variable für die Wirkung der Massenkommunikation auf die Bürger darstellt (Lazarsfeld et al. 1968).

Kommunikationskulturen und -strukturen standen im Mittelpunkt der Auseinandersetzung über die Potenziale politischer Kommunikation für die Entwicklung demokratischer Staaten. Politischer Kommunikation wurden Potenziale zur Mobilisierung, Integration und Sozialisation der Bürger und damit besondere Bedeutung zur Entwicklung der in den 50er und 60er Jahren entstehenden Staatswesen in → Afrika und → Asien zugesprochen.

Strukturelle Fragen prägten die frühe Auseinandersetzung über das Verhältnis von Medien und Politik. Siebert et al. (1956) postulieren, dass das Mediensystem das politische System widerspiegelt. Daraus entwickeln die Autoren mehrere idealtypische Modelle von → Mediensystemen, denen unterschiedliche Werte zugrunde liegen. Hauptaufgabe der Medien im liberalen Modell ist die Kontrolle der Regierung; im autoritären sollen Medien die Politik der Herrschenden unterstützen. Der Konflikt zwischen Freiheit und Zensur ist in den Modellen zentral – und reflektiert damit einen Teil der Auseinandersetzung zwischen den westlichen und kommunistischen Regimes während des Kalten Krieges.

Die praktisch-politische Brisanz des Forschungsfeldes wird auch im Streit um eine *Neue Weltinformationsordnung* in den 70er Jahren deutlich (→ Internationale Kommunikation). Ausgangspunkt war der Vorwurf der Entwicklungsländer, der Nachrichtenfluss sei von den Industrieländern dominiert; über sie selbst werde kaum berichtet – und wenn, dann in Stereotypen. Dies zementiere die Vorherrschaft der westlichen Welt. Die stark normativ geprägte Debatte um eine neue Weltinformationsordnung begründete das Forschungsgebiet zur Nachrichtengeografie mit. Im Mittelpunkt dieser Forschungsrichtung steht die Frage, welche Faktoren bestimmen, über welche Länder oder Weltregionen berichtet wird. (→ Nachrichtenselektion, → Auslandsberichterstattung)

Forschungsstand

In den letzten drei Jahrzehnten ist das Interesse an der Erforschung politischer Kommunikation angestiegen. Ein Schwerpunktthema ist weiterhin die Wirkung von politischer Kommunikation auf die Bevölkerung, deren Problemwahrnehmung und Bewertungsschemata. Auch die Frage nach der Leistung politischer Kommunikation für neu entstehende Demokratien hat durch das Ende des Kalten Krieges an Schwung erhalten. So werden die Transformationen von Medienstrukturen in den Ländern des ehemaligen Ostblocks untersucht und deren Beitrag zur Konsolidierung der Demokratien beleuchtet.

Zunehmend beschäftigen sich Studien mit verschiedensten Aspekten der Kommunikationskultur zwischen Journalisten und politischen Sprechern. Hierbei steht die Modernisierung politischer Kommunikation im Mittelpunkt. Politische PR, Themen- und Ereignismanagement oder die aus den USA stammenden TV-Debatten zwischen den Hauptkontrahenten einer Wahl, die bei der Bundestagswahl 2002 erstmals auch in Deutschland durchgeführt wurden, sind nur einige Beispiele hierfür.

Auch gibt es mittlerweile Untersuchungen, die den Einfluss politischer PR auf die Medienberichterstattung analysieren (Schulz 1997: 225 f.). Dabei ist zu konstatieren, dass die Berichterstattung der Medien weitgehend durch das Material der Informationslieferanten bestimmt wird: Die Öffentlichkeitsarbeit hat die Themen und das Timing der Medien – zumindest zum Teil – unter Kontrolle. (→ Public Relations)

Politische Kommunikationsforschung zeigt bisher eine starke Orientierung auf Wahlkampfphasen und damit eine Vernachlässigung der Routinephasen. Inwieweit aber die Ergebnisse, die in der Hochzeit der politischen Auseinandersetzung gewonnen wurden, für die politische Kommunikation eines Landes repräsentativ sind, bleibt offen. Zudem findet eine relativ starke Fixierung auf das Fernsehen statt. Trotz seiner Schlüsselrolle für die politische Kommunikation in der öffentlichen Arena ist das Fernsehen aber nicht das alleinige Kommunikationsmittel. Entscheidungsträger nutzen beispielsweise sehr stark die Qualitätszeitungen, um sich zu informieren. Nicht zu vernachlässigen ist zudem die interpersonale Kommunikation zwischen Bürgern, aber auch in der parlamentarisch-administrativen Arena, welche die jeweilige Einstellungsbildung mitformt.

Erst in jüngerer Zeit hat die international vergleichende Forschung einen festen Platz in der politischen Kommunikationsforschung eingenommen. Zuvor beschränkte man sich auf die Untersuchung von nationalen Einzelphänomenen und unterschätzte die Möglichkeiten des internationalen Vergleichs (→ Mediensysteme). Dieser neuere Fokus der politischen Kommunikationsforschung ermöglicht es, die Frage zu beantworten, ob, und wenn ja wie, politische Kommunikationskulturen und -strukturen zwischen Ländern variieren und welche Faktoren das bedingen.

Ausgangspunkt dieser Fragestellung ist der Begriff der ‚Amerikanisierung', die Idee also, dass die US-amerikanische Mediendemokratie das Rollenmodell für die Entwicklung der politischen Kommunikation in allen westlichen Demokratien sein könne (Blumler/Gurevitch 1995:77). Vieles spricht dafür, dass die so genannte ‚Amerikanisierung' eine allgemeine Entwicklung der Modernisierung politischer Kommunikation infolge von sozialem Wandel ist.

Die heutige Diskussion über diese Modernisierung politischer Kommunikation befasst sich indessen mit der Richtung dieser Entwicklung und den Kontextfaktoren, die Modernisierung beeinflussen. So wird zum Beispiel vermutet, dass die Öffentlichkeitsarbeit politischer Akteure in Ländern mit mehrheitsdemokratischen Strukturen, schwacher Parteibindung, einer schwach konzentrierten Presse und einem kommerzialisierten, diversifizierten Mediensystem eine besondere Bedeutung hat (Kriesi 2001:46). ‚Spin doctors', die zwar kein politisches Amt bekleiden, jedoch die Informationspolitik der Regierungen sorgfältig orchestrieren, haben bisher vor allem in den mehrheitsdemokratischen Ländern Großbritannien und USA Prominenz erfahren.

Bewertung

Politische Kommunikation ist für alle Länder zentral. In Demokratien spielt sie eine gewichtige Rolle für die Legitimierung, für die Integration und damit für die Demokratie. Das ist der Grund, warum Veränderungen der politischen Kommunikation kritisch verfolgt werden. So steht zum Beispiel im Augenblick die Auseinandersetzung über die Chancen und Gefahren einer ‚Elektronischen Partizipation und Demokratie' auf der Tagesordnung.

Wie eine von Populismus, Dramatisierung und Konflikt gekennzeichnete mediale Berichterstattung das Politikbild der Bevölkerung in westlichen Demokratien nachhaltig verändert und wie politische Kommunikation den politischen Prozess selbst strukturiert, ihm Bedeutung gibt und prägt: Dies wird auch in Zukunft ein zentraler Bestandteil kommunikations- und politikwissenschaftlicher Analyse sein – beeinflusst politische Kommunikation doch die Qualität der Demokratie.

Literatur

Blumler, Jay G./Michael Gurevitch (1995): The Crisis of Public Communication, London.

Brettschneider, Frank (1998): Medien als Imagemacher?, in: Media Perspektiven 1998/8: 392-401.

Jarren, Otfried/Patrick Donges (2002): Politische Kommunikation in der Mediengesellschaft, Wiesbaden.

Jarren, Otfried/Ulrich Sarcinelli (1998): ‚Politische Kommunikation' als Forschungs- und als politisches Handlungsfeld. Einleitende Anmerkungen zum Versuch der systematischen Erschließung, Wiesbaden: 13-20.

Kriesi, Hanspeter (2001): Die Rolle der Öffentlichkeit im politischen Entscheidungsprozess, in: Wissenschaftszentrum Berlin für Sozialforschung (WZB): Discussion Paper P 01-701.

Lazarsfeld, Paul F. et al. (1968): The People's Choice, 3. Aufl., New York.

Pfetsch, Barbara/Frank Esser (2003): Politische Kommunikation im internationalen Vergleich. Neuorientierung in einer veränderten Welt, in: F. Esser/B. Pfetsch (Hrsg.): Politische Kommunikation im internationalen Vergleich, Wiesbaden: 9-34.

Pye, Lucian (1993): Political Communication, in: V. Bogdanor (Hrsg.): The Blackwell Encyclopaedia of Political Science, Cambridge/MA: 442-445.

Schulz, Winfried (1997): Politische Kommunikation, Wiesbaden.

Siebert, Fred et al. (1956): Four Theories of the Press, Urbana/IL.

Weber, Max (1947): The Theory of Social and Economic Organization, New York.

Barbara Pfetsch, Hohenheim

Presse

Definition/Begriffsbestimmung

Mit dem Sammelbegriff Presse wurden früher allgemein alle Printmedien und ihre Produkte, d. h. im Druckverfahren auf Papier aufgebrachte und vervielfältigte Schriftwerke mit Texten, Grafiken und Fotos bezeichnet. Das schließt Bücher mit ein. In der Publizistik- und → Kommunikationswissenschaft verwendet man den Ausdruck heute im engeren Sinne für die Gesamtheit aller periodischen Druckmedien, also Zeitungen und Zeitschriften.

Zugleich steht der Begriff Presse für die gesellschaftliche Einrichtung von Öffentlichkeit herstellenden und die Allgemeinheit informierenden → Massenmedien mit ihren Organisationen, Unternehmen und Akteuren. In diesem Fall spricht man von der *Institution Presse*. Allein schon die große Vielfalt und Heterogenität der verschiedenen Typen periodischer Druckmedien macht begriffliche Differenzierungen notwendig.

Zeitungen sind mehrmals wöchentlich erscheinende Presseorgane, die in ihrer Berichterstattung jüngstes Gegenwartsgeschehen aus einem prinzipiell unbeschränkten Spektrum möglicher Themen auswählen, redaktionell bearbeiten und an ein nicht begrenztes Publikum verbreiten. Die Zeitung vereinigt damit die vier klassischen Merkmale der *Periodizität* (regelmäßiges Erscheinen), der *Aktualität* (größtmöglicher Gegenwartsbezug), der *Universalität* (unbegrenzte thematische Vielfalt) und der *Publizität* (öffentliche Zugänglichkeit für jedermann).

Zeitungen lassen sich zunächst nach ihrem Erscheinungsrhythmus unterscheiden: Mindestens zweimal wöchentlich herausgegebene Blätter gelten als Tageszeitungen, während Wochenzeitungen pressetypologisch den Zeitschriften zugerechnet werden. Auch reine Wirtschaftstitel oder tägliche Fachzeitungen wie die *Ärzte-Zeitung* werden in Ermangelung thematischer Universalität nicht zu den Tageszeitungen gezählt.

Ein Sonderfall ist der selten gewordene Typus des *Lokalanzeigers*, der sich in seiner tagesaktuellen Berichterstattung ausschließlich auf Geschehen in der Erscheinungsregion bezieht. Die Differenzierung nach Verbreitungsgebiet kennt Lokal- bzw. Regionalzeitungen und überregionale Blätter (oft auch ‚Qualitätszeitungen' genannt). Daneben werden Zeitungen nach der üblichen Vertriebsform in Abonnement- und Kauf- bzw. Straßenverkaufszeitungen unterschieden. Einen eigenständigen Typus bilden die Titel der *Gratispresse*, auch ‚Verteilzeitungen' genannt, die ausschließlich über Anzeigenwerbung finanziert und unentgeltlich abgegeben werden.

Dem gegenüber steht der Begriff *Zeitschrift* für periodische Druckmedien mit maximal wöchentlicher und mindestens halbjährlicher Erscheinungsweise. Darunter fallen so unterschiedliche Periodika wie Illustrierte, Wochenzeitungen, wissenschaftliche Journale, Kirchenblätter, Mitgliederorgane, periodische Amtspublizistik und literarische Zeitschriften. Eine umfassende und zugleich präzise positive Bestimmung der Zeitschrift ist deshalb nicht möglich. In der Regel erfolgt sie negativ in Abgrenzung zur (Tages-)Zeitung: Denn Aktualität, Periodizität, Universalität und Publizität gelten in unterschiedlichem Maße auch für Zeitschriften, jedoch lediglich in Form thematischer Unbegrenztheit unter Verzicht auf primäre Aktualität oder in Form fachlich-aktuellen Inhalts unter Verzicht auf Universalität.

Verschiedene Typologien zur Gliederung des vielfältigen Zeitschriftenwesens orientieren sich an Inhalten (Thematik), Erscheinungshäufigkeit, Leserschaft bzw. Zielgruppe, Strukturmerkmalen, herausgebenden Organisationen sowie (intendierten) Funktionen. Doch gelingt keiner von ihnen eine komplette Systematisierung aller zugehörigen Pressetitel; stets bleiben Grenzfälle und Restkategorien.

Weitgehend konsentiert ist die Unterscheidung in

- *Publikumszeitschriften* bzw. Titel der Populärpresse, zu denen hochauflagige Illustrierte, Nachrichtenmagazine, Programm-, Frauen- und Jugendzeitschriften, ein breites Spektrum an Special-Interest-Titeln (wie Computer-, Mode-Sportzeitschriften etc.), Titel der Wirtschaftspresse und populärwissenschaftliche Magazine gehören;
- berufs- bzw. sachbezogene und wissenschaftliche *Fachzeitschriften*;
- *Mitgliederorgane* von Parteien, → Verbänden und Vereinen;
- *Werk-* und *Kundenzeitschriften*;
- *Amtsblätter*;
- sowie – mangels publizistischer Leistung schwer zuzuordnen – die Titel der *Insertionspresse*, die kostenlose Anzeigen- und gegen Entgelt angebotene Offertenblätter umfasst.

Geschichte/Entwicklung

Entstehung und Entwicklung der Presse sind aufs Engste mit der Erfindung des Drucks mit beweglichen Lettern (um 1450) durch *Johannes Gutenberg* (um 1400-1468) verknüpft. Doch gab es zuvor bereits Briefzeitungen, geschriebene Zeitungen sowie Ein- und Mehrblattdrucke, darunter so genannte *newe zeitungen* (von ‚tîdinge' bzw. ‚zîdunge', was Neuigkeit, Botschaft, Nachricht bedeutet), die bereits Auslands- und Handelsnachrichten sowie unterhaltende Kuriosa enthielten und auf Märkten gewerbsmäßig vertrieben wurden.

Halbjährlich zu den Messen in Köln, Frankfurt oder Leipzig herausgegebene ‚Messrelationen' bilden im ausgehenden 16. Jahrhundert frühe periodische Nachrichtendrucke. Als erste eigentliche Zeitungen gelten die beiden Wochentitel *Relation* (Straßburg 1605) und *Aviso* (Wolfenbüttel 1609). Wenig später erscheinen Zeitungen auch in Basel (1610), Berlin (1617), London (1621) und Paris (1631). Lange bevor sich ein tägliches Erscheinen durchsetzt, wird 1650 in Leipzig mit den werktäglich erscheinenden *Einkommenden Zeitungen* die erste Tageszeitung herausgegeben. Von Beginn an unterlagen Zeitungen restriktiver obrig-keitlicher Kontrolle durch Kirche und Staat mittels Zensur, Steuern und Privilegierung.

Als älteste Zeitschrift gilt die Rorschacher Monatsschrift *Historische Relatio* von 1597. Es folgten *Gelehrten-Zeitschriften*, universalwissenschaftliche Periodika wie das Pariser *Journal des Scavans* (1665) oder die Leipziger *Acta eruditorum* (1682). Christian Thomasius' *Monatsgespräche* (1688) markieren den Übergang zur populärwissenschaftlichen und kritisch-literarischen Zeitschrift.

Bereits 1674 erscheint in Nürnberg mit dem *Götter-Both Mercurius* vorübergehend die erste politische Zeitschrift. Im Geist der Aufklärung entstehen (nach englischem Vorbild) Titel wie die Hamburger *Erbaulichen Ruh-Stunden* zur Belehrung und Unterhaltung eines gebildeten, jüngeren und auch weiblichen Publikums und begründen die Tradition *Moralischer Wochenschriften.*

Die zweite Hälfte des 18. Jahrhunderts ist die Zeit des Aufschwungs und der Ausdifferenzierung des Zeitschriftenwesens. 1790 gibt es bereits rund 3.500 Zeitschriftentitel, die jedoch mit Auflagen von 500 bis 1.000 Stück oft nicht lange bestehen. Mit der Klassik und dann der Romantik entsteht eine Fülle literarischer und politischer Zeitschriften (mit Autoren wie *Gotthold Ephraim Lessing*, *Friedrich Wilhelm Joseph von Schelling*, den Brüdern *August Wilhelm* und *Friedrich Schlegel*, *Novalis*, *Heinrich von Kleist* u. a.).

Nachdem die Pressezensur in England (→ Großbritannien) bereits 1695 aufgehoben worden war, in Nordamerika (→ USA) die Freiheit der Presse 1776 in der „Bill of Rights" des Staates Virginia garantiert wurde und → Frankreich im Zuge der Französischen Revolution 1789 nachzog, setzt der Kampf um Pressefreiheit in → Deutschland erst im letzen Drittel des 18. Jahrhunderts ein.

Zu Beginn des 19. Jahrhunderts befördern liberale und verfassungspatriotische Strömungen die Entwicklung der politischen Tagespresse mit Titeln wie dem von Joseph Görres herausgegebenen *Rheinischen Merkur*. Im Vormärz und bis zur Revolution 1848 wurden zunehmend Zeitschriften ein Mittel politischer Diskussion, da umfangreichere Druckwerke (mit höherer Bogenzahl) nicht der Pressezensur unterlagen.

Populäre Familien-Unterhaltungstitel wie das *Pfennig Magazin* (ab 1833) oder *Die Gartenlaube* (ab 1853) erreichten erstmals hohe Auflagen. In der zweiten Hälfte des 19. Jahrhun-derts kam es hier zu Lande zur Blüte der Meinungs- und Parteipresse, während sich in den USA ab 1830 und wenig später auch in England mit den ‚penny papers' bereits der Wandel zur *Massenpresse* vollzog. Voraussetzungen für die Entstehung einer modernen Presse in Deutschland waren

- *gesellschaftlich*: Auflösung der Ständegesellschaft und Entwicklung einer bürgerlichen Öffentlichkeit;
- *politisch*: Aufhebung der Pressezensur (1848), des staatlichen Anzeigenmonopols (1850) und Verabschiedung des Reichspressegesetzes (1874);
- *ökonomisch*: Industrialisierung mit expandierenden Arbeitsmärkten (steigende Kaufkraft) und wachsende Bedeutung gewerblicher Anzeigen für die Presse (Verbilligung des Bezugspreises von Presseprodukten);
- *kulturell*: Alphabetisierung bzw. verbreitete Lesefähigkeit der Bevölkerung und rapide wachsendes gesellschaftliches Interesse an Information;
- *technisch* (→ Medientechnik): Innovationen der Drucktechnik, Beschleunigung und Verdichtung der Nachrichtenübermittlung (Eisenbahn ab 1835, Telegrafie ab 1849, Telefon nach 1876) sowie damit einhergehend die Etablierung von → Nachrichtenagenturen.

All diese Entwicklungen führten Ende des 19. Jahrhunderts auch in Deutschland zu einem Wandel von der Autorenpublizistik hin zur industriellen Massenpresse. Ihr wichtigstes Medium wurde der auf politische Neutralität, lokale Information und Unterhaltung abstellende Zeitungstyp des *Generalanzeigers*, der aufgrund rasch steigender Erlöse mit Gewerbe- und Kleinanzeigen billig angeboten werden konnte und mit Niedrigstpreisen neue Leserschaften erschloss.

Das Geschäft mit Generalanzeigern und neu hinzukommenden Straßenverkaufszeitungen führte wenig später in Berlin zur Entstehung erster Pressekonzerne (*Mosse*, *Ullstein*, *Scherl*). Die beiden Weltkriege, die Weltwirtschaftskrise sowie die Aus- und Gleichschaltung der bürgerlichen Presse unter der nationalsozialistischen Herrschaft führten zu dramatischen Einschnitten in der Entwicklung der deutschen Presse, denen 1945 der so genannte ‚Blackout', ein generelles Aus für alle Verlage, Druckereien, Redaktionen und Presseerzeugnisse durch die alliierten Siegermächte folgte.

Presse und Mediensysteme

Als gesellschaftliche Einrichtung erbringt die Institution Presse spezifische, unentbehrliche Leistungen für die Gesellschaft. Die Institutionalisierung von Pressesystemen erschließt sich jedoch nur vor dem Hintergrund des Gesellschaftssystems und der jeweiligen Form politischer Herrschaft (→ Mediensysteme).

In *autoritären Systemen* wird die Presse von den Herrschenden in Dienst genommen. Sie unterliegt strengen Kontrollen (Pressezensur) oder ist vom Wohlwollen bzw. von Zuwendungen durch die Regierenden abhängig (Privilegierung, Subventionierung). Ersteres gilt etwa für die Presse des Absolutismus, in der Zeitungen ein Mittel der Staatsräson waren und der positiven Selbstdarstellung absolutistischer Fürsten dienten. Letzteres findet man auch in Entwicklungsländern mit fehlenden oder schwach ausgeprägten demokratischen Strukturen, in denen die Presse zwar privatwirtschaftlich organisiert, ökonomisch aber nicht von selbst überlebensfähig ist.

In *totalitären Systemen* wird die Presse auch organisatorisch dem Staats- und Parteizentralismus eingefügt und für die herrschende Ideologie instrumentalisiert. Kennzeichen sind eine möglichst lückenlose Lenkung und Kontrolle durch Staat und Partei. Exemplarisch hierfür stehen die Presse in der nationalsozialistischen Diktatur und die Presse unter SED-Herrschaft in der DDR.

In *pluralistischen Gesellschaften* mit parlamentarischer Demokratie und marktwirtschaftlicher Ökonomie haben sich liberale Pressesysteme herausgebildet, in denen Zeitungen und Zeitschriften privatwirtschaftlich organisierter Presseunternehmen der Information und Unterhaltung des Publikums dienen. Ihre wichtigsten gesellschaftlichen Funktionen liegen in gesellschaftlicher Integration und dem Herstellen von → Öffentlichkeit. Demokratietheoretisch begründet wird ihnen eine ‚öffentliche Aufgabe' zugewiesen, der sie durch Information und Beitrag zur Meinungsbildung der Bevölkerung sowie Kritik und Kontrolle der verfassungsmäßigen Gewalten nachkommen sollen.

Da eine funktionierende Presse für die freie Meinungs- und Willensbildung in der Gesellschaft der Bundesrepublik als konstitutiv gilt, genießt sie *Pressefreiheit*, besondere Privilegien wie Informantenschutz (→ Zeugnisverweigerungsrecht), Beschlagnahme- und Durchsuchungsverbote) und unterliegt neben allgemein rechtlichen Normen (Presserecht, allgemeines Ordnungs- und Strafrecht) keiner besonderen Kontrolle durch den Staat (→ Medienrecht, → Kommunikationsfreiheit). Mit der Idee der Staatsferne korrespondiert das Prinzip der *Selbstkontrolle*: Da Presseunternehmen selbst auch politische und wirtschaftliche Interessen vertreten, wird zum einen auf hinreichende Medienvielfalt mit wechselseitiger Beobachtung und Kontrolle, zum anderen auf das Selbstkontrollorgan des *Deutschen Presserats* mit seinen Publizistischen Grundsätzen (‚Pressekodex') gesetzt. Lediglich zur Sicherung der Vielfalt am Pressemarkt hat der Gesetzgeber Maßnahmen ergriffen und angesichts von Pressekonzentrationsprozessen eine kartellrechtliche Pressefusionskontrolle eingerichtet (→ Medienkonzentration).

Forschung

Presseforschung leistet mit aktuellen und historischen Analysen auf Mikro- wie Makroebene unter publizistischen, politisch-rechtlichen, ökonomischen oder soziokulturellen Gesichtpunkten einen Beitrag zur Erforschung der Entstehung, Geschichte, Strukturen und Funktionen von Printmedien und deren Wandel. Es kann nicht verwundern, dass angesichts der Vielfalt des Zeitschriftenwesens die Tagespresse deutlich besser erforscht ist als das weite Feld der Zeitschriften. Dies liegt jedoch auch an der besonderen publizistischen Bedeutung, die der Tageszeitung – nicht nur bis zum Aufkommen von Hörfunk und Fernsehen – zugemessen worden ist.

Studien über die Zeitung – zunächst in Form normativer Kritik an Sprache, Inhalten und der Zugänglichkeit für jedermann – reichen bis ins 17. Jahrhundert zurück. Als Klassiker wissenschaftlicher Presseforschung gelten die Arbeiten von *Kaspar Stiehler* (1695), *Joachim von Schwarzkopf* (1795), *Robert E. Prutz* (1845), *Emil Löbl* (1903), *Karl Bücher* (1926) und *Otto Groth* (1928-30). In der ersten Hälfte des 20. Jahrhunderts standen neben pressehistorischen Studien definitorische und klassifikatorische Bemühungen im Vordergrund der noch jungen Zeitungswissenschaft.

Mit dem Wandel zur Publizistik- und → Kommunikationswissenschaft in den 50er und 60er Jahren ist die Hinwendung zu einem sozialwissenschaftlichen Selbstverständnis mit empirisch-analytischem Vorgehen verbunden. Es entstehen die Forschungsfelder Markt-, Redaktions-, Inhalts-, Nutzungs-, Wirkungs- und Innovationsforschung. Trotzdem bleibt es beim weitgehenden Nebeneinander pressegeschichtlicher Analysen mit historisch-quellenkritischer Methodik und empirischen Untersuchungen zu gegenwärtigen Strukturen und Entwicklungen der Presse.

Das Problem der Theorieferne nicht nur rein deskriptiver Arbeiten wird noch verstärkt durch den Umstand, dass aktuelle Presseforschung in großem Umfang auf Daten zurückgreift, die in der Praxis für die Praxis erhoben worden sind. Denn neben universitären Studien und solchen durch unabhängige Forschungsinstitute findet man kommerzielle Auftragsforschung, verbandseigene Analysen sowie Erhebungen der Pressewirtschaft selbst, deren Befunde von der Publizistik- und Kommunikationswissenschaft nicht unreflektiert übernommen werden sollten.

Im Bereich der Tagespresse kommt den pressestatistischen Zählungen von *Walter J. Schütz* besondere Bedeutung zu. Er unterscheidet *redaktionelle Ausgaben* (Zeitungen mit eigenem Lokal- bzw. Regionalteil), *Verlage als Herausgeber* (alle Ausgaben, bei denen der gleiche Herausgeber bzw. Verlag im Impressum erscheint) und *publizistische Einheiten* (alle Ausgaben mit identischem ‚Mantel', also einem gemeinsamen allgemein-politischen Teil). Anhand dieser Unterscheidung hat Schütz in regelmäßig durchgeführten Vollerhebungen Daten zur redaktionellen und verlegerischen Struktur der Tagespresse in Deutschland ermittelt. Das ermöglicht einen Überblick über Angebot, Konzentrationsgrad und Entwicklungen am Markt der Tageszeitungen.

Mikrostrukturen der Presse

Pressebetriebe sind in aller Regel privatwirtschaftlich organisierte, gewinnorientierte Unternehmen. *Verleger* bzw. Verlagsleitung produzieren auf eigene Kosten und eigenes unternehmerisches Risiko. Es handelt sich jedoch um Wirtschaftsunternehmen, deren Produkte besondere Merkmale aufweisen:

- Zeitungen und Zeitschriften sind sowohl Ware (materiell) als auch Dienstleistung (kulturell);
- sie sind besonders kurzlebige Produkte, aber auf Periodizität und Kontinuität angelegt;
- ihre Herstellung ist vergleichsweise kostenintensiv;
- Zeitungen und (Publikums-) Zeitschriften werden als so genannte ‚Koppelprodukte' auf zwei Märkten – dem Lesermarkt und dem Anzeigenmarkt – abgesetzt, die beide miteinander verflochten sind.

Weil der Anzeigenpreis von der Reichweite eines Pressetitels abhängt, steigen mit zunehmender Auflage bzw. Leserzahl auch die Anzeigenerlöse (→ Werbung). Zudem ermöglicht ein größeres Anzeigenaufkommen entweder niedrigere Bezugspreise oder ein verbessertes redaktionelles Angebot, wodurch zusätzliche Leser gewonnen werden können, was wiederum die Auflage steigen lässt (*Anzeigen-Auflagen-Spirale*). Unternehmensziel ist die erfolgreiche Produktion und der gewinnbringende Absatz von Zeitungen oder Zeitschriften.

Zu diesem Zweck sind Presseverlage in die Funktionsbereiche Redaktion, Anzeigenwesen, Vertrieb und kaufmännische Verwaltung gegliedert. Werden die Pressetitel im Verlag selbst hergestellt, kommt der Bereich Technik hinzu. Die → *Redaktion* ist mit hierarchischer Gliederung, Ressortdifferenzierung und Koordinationseinrichtungen (z. B. Redaktionskonferenz) selbst auch wieder eine arbeitsteilige Organisation, in der Redakteure die publizistischen Inhalte, also den redaktionellen Teil einer Zeitung oder Zeitschrift, erstellen und verantworten. Da der Verleger jedoch die Gesamtverantwortung für das Presseunternehmen trägt, obliegt ihm nicht nur die Entscheidungsgewalt über alle unternehmerischen Fragen, sondern auch die publizistische Grundsatzkompetenz (Festlegung und Sicherung der ‚Blattlinie'). Den Redakteuren kommt hingegen die Detailkompetenz (Entscheidungsrecht über tagesaktuelle Auswahl und redaktionelle Behandlung von Themen) zu.

Strittig war und ist die Zuweisung der dazwischen liegenden *Richtlinienkompetenz* (Entscheidungsrecht über die Haltung zu Fragen, deren Bedeutung über das Tagesaktuelle hinausreicht). Sie wurde früher generell dem Verleger zugestanden, wird jedoch von Journalistenseite für die (Chef-)Redaktion beansprucht (Stichwort *Innere Pressefreiheit*). Häufig liegt sie bei Herausgebern, die in vielen Pressebetrieben eine Scharnierfunktion zwischen Redaktion und Verlag einnehmen.

Makrostrukturen der Presse

Die *Tagespresse* in Deutschland zeichnet sich durch eine hohe Anzahl von Zeitungstiteln, regionale Vielfalt bei den Abonnementzeitungen, einen relativ geringen Anteil an Kaufzeitungen und – trotz hoher Zeitungsdichte in Berlin – durch das Fehlen einer klassischen Hauptstadtpresse (wie in London oder Paris) aus. Ihre Struktur ist letztlich Ergebnis und Spätfolge der *Lizenzpolitik* der Alliierten nach 1945. So bestehen die dominierenden regionalen Abonnementzeitungen in den westdeutschen Bundesländern vor allem aus früheren Lizenztiteln, in den ostdeutschen Ländern ganz überwiegend aus ehemaligen SED-Bezirkszeitungen, die mit ihren großen, monopolartigen Verbreitungsgebieten 1989/90 an westdeutsche Verlage verkauft worden sind.

Heute hat sich der Markt der Tageszeitungen auf hohem Konzentrationsniveau (→ Medienkonzentration) gefestigt; die seltenen Neugründungen haben kaum eine Chance auf längerfristigen Marktzutritt. Die Vielzahl vor allem mittlerer und kleiner Regionalzeitungen relativiert sich, wenn man nach der Eigenständigkeit der Zeitungsunternehmen fragt: 1.561 Zeitungsausgaben werden heute von 349 Verlagen herausgegeben; ihr Zeitungsmantel wird von 134 Vollredaktionen (publizistischen Einheiten) erstellt.

So kommt es, dass seit Jahren in mehr als der Hälfte aller Kreise und kreisfreien Städte nur eine Tageszeitung ohne örtliche Konkurrenz erscheint (*Einzeitungskreise*), wovon über 40 Prozent der Bevölkerung betroffen sind. Die Konzentration am Zeitungsmarkt zeigt sich auch darin, dass die zehn größten Zeitungsverlagsgruppen einen Marktanteil von über 55 Prozent aller Tageszeitungen halten. Allein der *Axel Springer Verlag* als der größte Zeitungskonzern kommt auf einen Marktanteil von rund 23 Prozent – am Markt der Straßenverkaufszeitungen mit *Bild* (ca. 4 Mio. Auflage) gar auf einen Anteil von über 80 Prozent.

Die 331 Titel der Lokal- und Regionalpresse werden zu rund 90 Prozent, die wenigen überregionalen Tageszeitungen zu etwa 75 Prozent im Abonnement abgesetzt, wobei der Vertrieb überwiegend als Hauszustellung durch Austräger des eigenen oder eines kooperierenden Zeitungsverlags erfolgt. Die acht Boulevardblätter hingegen sind typische Straßenverkaufszeitungen, die üblicherweise im Einzelverkauf (an Kiosken, durch Zeitungsständer, in Buchhandlungen, an U-Bahnhöfen oder in Lokalen) abgesetzt werden.

Alle Tageszeitungen zusammen erreichen eine Gesamtauflage von über 22 Mio. Exemplaren. Damit kommen in Deutschland auf 1.000 Einwohner rund 320 Zeitungsexemplare. Die höchste Zeitungsdichte findet man in → Skandinavien (Norwegen 680, Schweden 590) und Japan (650); deutlich niedriger ist sie in den südeuropäischen Ländern (→ Italien 120, Portugal unter 90). Während hier zu Lande die Auflagen der Tageszeitungen seit Jahren leicht zurückgehen, verzeichnen China (plus 36 Prozent) und Indien (plus 23 Prozent) weltweit die höchsten Auflagensteigerungen (→ Asien). Und das, obwohl in Indien der tägliche Bezug einer Zeitung mehr als ein durchschnittliches Jahreseinkommen kostet. In den Ländern Südosteuropas (→ Osteuropa) betragen die Bezugskosten immerhin noch zwischen 10 und 25 Prozent des Durchschnittsverdiensts.

Das Angebot der *Zeitschriften* in Deutschland lässt sich nur schwer überblicken. Ihr Gesamtbestand ist kaum vollständig zu ermitteln, wird jedoch auf über 20.000 Titel geschätzt. Das Statistische Bundesamt kam in den 90er Jahren für gut 9.000 erfasste Zeitschriften auf eine Gesamtauflage von über 380 Mio. Exemplaren, von denen allein über 130 Mio. auf die Publikumszeitschriften entfallen. Und diese Zahl steigt weiter, auch wenn die Durchschnittsauflage der Blätter in den vergangenen Jahren leicht gesunken ist. Der Grund hierfür ist das Hinzukommen immer neuer Zeitschriftentitel.

Während die Zeit der klassischen *Illustrierten* spätestens seit dem Aufkommen des Privatfernsehens vorbei ist, steigt die Zahl der Special-Interest-Titel weiter an. Umkämpft bleibt der Markt der *TV-Programmzeitschriften*, von denen die erfolgreichsten bis zu 2,5 Mio. Exemplare pro Ausgabe verkaufen.

Infolge anhaltenden Wettbewerbs und starker Konzentration bei der Publikumspresse werden heute viele dieser Titel von wenigen großen Printmedienkonzernen (*Bauer*, *Springer*, *Burda*, *Gruner+Jahr*) herausgegeben. Deren Marktanteil an den IVW-kontrollierten Publikums-Zeitschriften beträgt inzwischen über 60 Prozent; an den mindestens 14-täglich herausgegebenen Titeln überschritt er 2002 gar die 80-Prozent-Marke.

Bei den Fachzeitschriften hingegen ist die Auflage in den vergangenen Jahren deutlich zurückge-gangen, was auch daran liegt, dass Fach-organe mit kleineren Auflagen heute rasch an Finanzierbarkeitsgrenzen stoßen.

Die Gesetze des freien Marktes haben in den letzten 20 Jahren auch zu branchendiagonaler Konzentration geführt, so dass sich die großen Presseunternehmen in Deutschland längst zu branchenübergreifenden Medienkonzernen entwickelt haben. Während sich Tageszeitungsverlage dabei vor allem im lokalen privaten Hörfunk (→ Radio) engagieren, sind große Zeitschriftenkonzerne wie *Bertelsmann/Gruner+Jahr* und *Springer* auch in das Geschäft mit überregionalem privatkommerziellem → Fernsehen eingestiegen.

Bewertung und Ausblick

In der jüngeren Vergangenheit ist die *Konjunkturabhängigkeit* von Pressetiteln erneut deutlich geworden. Tageszeitungen leiden unter deutlich gesunkenen Werbeeinnahmen. Die klassischen Erlösrelationen der Zeitung (zwei Drittel Anzeigen-, ein Drittel Vertriebserlöse) haben sich zu Ungunsten der Einnahmen aus dem Anzeigengeschäft verschoben. Viele Titel der Finanz- und Anlegerpresse sind infolge des Einbruchs am Neuen Markt nach nur wenigen Jahren wieder eingestellt worden. Neben konjunkturellen Problemen erfährt die Presse jedoch auch *strukturelle Veränderungen*. So betrafen die Einbrüche bei den Werbeeinnahmen vor allem Rubrikenanzeigen (Immobilien-, Stellen-, Kfz-Markt), die aufgrund der Vorteile hinsichtlich Schnelligkeit, günstiger Kosten und größerer Reichweite vermehrt ins → Internet abwandern.

Veränderungen gibt es aber auch bei der Leserschaft und ihrem Nutzungsverhalten (→ Mediennutzung). Zwar erreicht die Tageszeitung in Deutschland immer noch rund 80 Prozent der Gesamtbevölkerung. Aber die für Zeitungslektüre durchschnittlich aufgewendete Zeit ist (trotz insgesamt weiter ansteigender Mediennutzungsdauer) auf eine knappe halbe Stunde pro Tag gesunken.

Überdies steigt der Altersdurchschnitt der Zeitungsleser. Nur noch jeder zweite *Jugendliche* nutzt die Tageszeitung, und das weniger als eine Viertelstunde am Tag. Diesen Entwicklungen begegnen Zeitungsverlage mit eigenen Online-Angeboten im Internet (→ Online-Journalismus) sowie neuerdings – nach englischem Vorbild – zusätzlichen Kompaktausgaben von Tageszeitungen im handlichen *Tabloid-Format*. Ob die Online-Inhalte von Zeitungen allerdings auch in Zukunft kostenfrei angeboten werden können, hängt weitgehend von der Entwicklung bei den Werbeerlösen aus Internetwerbung ab. Gegenwärtig zeichnet sich jedenfalls ein Trend zu Angeboten gegen Nutzungsentgelt ab (den so genannten *E-Papers*).

Bei den Zeitschriften wird die Entwicklung zu größerer Titelvielfalt bei sinkender Durchschnittsauflage wohl weiter anhalten. Die fortschreitende Marktsegmentierung resultiert aus immer neuen Zeitschriften, die – gestützt durch spezielle Marktanalysen – nach Attraktivität für die Werbeindustrie strikt auf bestimmte Zielgruppen hin konzipiert werden.

Bei beobachtbaren Prozessen der *Internationalisierung* spielen deutsche Pressekonzerne eine zentrale Rolle. Die großen Zeitschriftenverlage sind fast alle auch auf west- und osteuropäischen Pressemärkten aktiv, inzwischen vermehrt auch in den → USA. *Gruner+Jahr* erwirtschaftet heute die Hälfte seines Gesamtumsatzes mit dem Auslandsgeschäft. Auch Tageszeitungsverlage (wie *Springer*, *WAZ-Konzern*, *Passauer Neue Presse*) haben Pressetitel in osteuropäischen Ländern aufgekauft (→ Osteuropa). Zum Teil sind einheimische Anteilseigner in diesen Ländern mittlerweile gegenüber ausländischen Besitzern deutlich in der Minderheit.

Doch findet diese Internationalisierung bislang fast ausschließlich am ökonomischen Markt statt; publizistische Märkte erweisen sich als national bzw. vom Sprachraum begrenzt. So werden international verbreitete Titel wie *Geo*, *Elle* und *Cosmopolitan* mit unterschiedlichen Inhalten von eigenständigen Redaktionen in den jeweiligen Ländern zusammengestellt. Seltene Ausnahmen sind die seit Jahrzehnten weltweit erfolgreiche US-Zeitschrift *Reader's Digest* und der Offenbacher Titel *Burda Moden*, der mit Übersetzungen der deutschen Ausgabe zeitweilig in über 120 Ländern vertrieben worden ist.

Entgegen immer wieder geäußerter Befürchtungen, dass Zeitungen und Zeitschriften durch das Aufkommen neuer Massenmedien verdrängt würden, hat sich die Presse dadurch zwar verändert, aber stets auch behaupten können. *Technisch* geht die Entwicklung hin zur Digitalisierung auch der Herstellung von Printprodukten und der Konvergenz von Kommunikationsformen, *ökonomisch* zu vermehrter Zielgruppenorientierung und der Nutzung von Verbundvorteilen, *redaktionell* zu crossmedialer Produktion und Verwertung. So werden sich Zeitungen und Zeitschriften weiter verändern.

Doch bleibt ihr Erfolg selbst bei fortschreitender Kommerzialisierung der Medien auch in Zukunft letztlich abhängig von ihrer publizistischen Leistung.

Literatur

Pürer, Heinz/Johannes Raabe (1996): Medien in Deutschland, Bd. 1: Presse, Konstanz.
Stöber, Rudolf (2003): Medienstrukturen: Presse, in: G. Bentele et al. (Hrsg.): Öffentliche Kommunikation, Wiesbaden: 313-329.
Vogel, Andreas/Christina Holtz-Bacha (Hrsg.) (2002): Zeitschriften und Zeitschriftenforschung (=Publizistik-Sonderheft 2002/3), Wiesbaden.
Wilke, Jürgen (Hrsg.) (1999): Mediengeschichte der Bundesrepublik Deutschland, Köln.
Wilke, Jürgen (2000): Grundzüge der Medien- und Kommunikationsgeschichte, Köln.

Johannes Raabe, Bamberg

Pressefreiheit

→ Kommunikationsfreiheit

Pressekonzentration

→ Medienkonzentration

Print-Journalismus

Definition/Begriffsbestimmung

Journalismus lässt sich definieren als das systematische Recherchieren, Selektieren, Redigieren und Veröffentlichen von Informationen in periodischen bzw. aktuellen Medien. Zu diesen Medien zählen im Allgemeinen Fernsehen, Hörfunk, Zeitungen, Zeitschriften, Bücher und das Internet. Print-Journalismus ist demnach die journalistische Teilmenge, bei der das Material ausschließlich über gedruckte Medien an die Öffentlichkeit gelangt (engl. to print = drucken).

Zu den gedruckten Medien gehören Zeitungen, Zeitschriften und Bücher. Die gedruckten Medien stehen aufgrund ihrer im Vergleich zu → Radio und → Fernsehen und zum → Internet wesentlich längeren Historie und der zugrunde liegenden Drucktechnik für die alten Medien.

Geschichte/Entwicklung

Um 1450 herum revolutionierte der Mainzer Goldschmied *Johannes Gutenberg* (um 1400-1468) die Drucktechnik, indem er die beweglichen Lettern erfand und aus einer Weinpresse die erste Druckmaschine entwickelte. Das war die Voraussetzung, um das Drucken von Informationen auf Papier wesentlich zu beschleunigen und zu verbilligen. Was vorher den Kirchen und Klöstern sowie den Aristokraten vorbehalten war, entwickelte sich allmählich zum Allgemeingut.

Die Entwicklung des Buchdrucks schuf die Grundlagen für den Journalismus. Die Personen (Sekretäre, Diplomaten, Handelsschreiber usw.), die im 16. und 17. Jahrhundert mit dem regelmäßigen und systematischen Sammeln und Veröffentlichen von Informationen in *Avisen* und *Messrelationen* begannen, waren die ersten Journalisten, auch wenn sie sich selbst so noch nicht nannten und diese Tätigkeit nebenberuflich ausübten. Im 18. Jahrhundert wuchs der Nachrichtenstoff so an, dass für die Auswahl und Bearbeitung von Informationen hauptberufliche Mitarbeiter benötigt wurden. Es entstand der Beruf des Redakteurs.

Bis in das 20. Jahrhundert hinein ist die Geschichte des Journalismus mit der Geschichte des Print-Journalismus identisch. Wenn *Dieter Paul Baumert* (1928: 18-28) die Entwicklung des → Journalismus in die vier Phasen präjournalistische Periode (bis Ende Mittelalter), korrespondierender Journalismus (frühe Neuzeit), schriftstellerischer Journalismus (18. Jahrhundert) und redaktioneller Journalismus (ab 1850) einteilt, gliedert er damit gleichzeitig auch die Geschichte des Print-Journalismus.

So wie der Print-Journalismus seine Entstehung der Verbesserung der Drucktechnik verdankt, haben technische Innovationen das Berufsbild bis zum heutigen Tage immer wieder verändert und geprägt. Mitte des 19. Jahrhunderts beschleunigte die Einführung der Telegrafie die Nachrichtenübermittlung (→ Medientechnik). Elementare Neuigkeiten wie Kriegsnachrichten oder Naturkatastrophen, die zuvor Tage und Wochen brauchten, um sich zu verbreiten, konnten nun innerhalb von Minuten weitergemeldet werden. Aber zum beherrschenden Handwerkszeug aller Print-Journalisten sollte bald das 1876 eingeführte Telefon werden, dass innerhalb weniger Jahre die schnelle und weltumspannende Recherche bei vergleichsweise geringen Kosten erlaubte.

Telegrafie und Telefon erleichterten dem Print-Journalisten die Arbeit, aber sie hatten noch keine grundsätzlichen Auswirkungen auf die Arbeitsabläufe in den Redaktionen (→ Redaktion). Bis in die 70er Jahre des 20. Jahrhunderts hinein bestand die Arbeitsweise der Journalisten im Wesentlichen aus zwei Schritten: Der Journalist recherchierte sein Thema und schrieb seinen Artikel mit Hilfe einer Schreibmaschine. Damit war seine Arbeit weitestgehend erledigt. Danach wurde sein Manuskript gesetzt, layoutet, korrigiert und druckfertig gemacht. Dafür waren andere zuständig: Schreibkräfte, Setzer, Grafiker, Korrektoren und Metteure.

Diese stark arbeitsteilige und daher langwierige Arbeitsweise bestimmte den redaktionellen Produktionsprozess rund zwei Jahrhunderte, bis die Einführung von Computern die redaktionelle Arbeit substanziell verändern sollte. Das Schlüsselwort hieß *Desktop-Publishing*. Computer wie der Apple 2c ermöglichten es, Text und Bilder auf einem Bildschirm zusammenzubringen und zu bearbeiten. Die Computer selbst konnten miteinander vernetzt werden, so dass Text- und Bilddaten in Sekundenschnelle zwischen den Arbeitsplätzen transportiert werden konnten. Einmal gespeicherte Daten konnten beliebig häufig verwendet werden.

Schnell war findigen Verlagsmanagern klar, dass man auf diesem Wege den redaktionellen Produktionsprozess stark rationalisieren und Redaktion, Verlag und Druckerei auf das Engste miteinander vernetzen konnte. In Deutschland wurden die ersten computergesteuerten Redaktionssysteme in den 70er Jahren eingeführt (Weischenberg et al. 1994: 83). Die moderne Technik machte Berufe wie Setzer und Metteure überflüssig und verschob deren Tätigkeiten in die Verantwortung der Redaktion.

Heutzutage gehören zu den Kernaufgaben eines Print-Journalisten nicht nur das Recherchieren und das Schreiben, sondern auch der Seitenumbruch auf dem Computer und die Schlusskorrektur. Vom Redaktionscomputer gehen die Daten direkt in die Druckerei und dort auf die Druckmaschinen. Aus der ehemaligen Druckvorstufe ist die *Redaktionsendstufe* geworden.

Das Berufsbild von Print-Journalisten ist seit Einführung des Computers komplexer und ganzheitlicher geworden. Mittlerweile ist er für das redaktionelle Produkt komplett verantwortlich. Er muss immer noch recherchieren und schreiben. Zusätzlich aber muss er etwas von Gestaltung verstehen, Fotos einsetzen, Schaubilder planen und Layouts ausführen können. Er muss die dazu nötige Hard- und Software bedienen können. Der Computer hat die Schreibmaschine und das Archiv ersetzt; das Tischtelefon ist durch das Handy ergänzt worden; das Fax hat den Brief abgelöst und wird vom noch schnelleren E-Mail-Verkehr verdrängt. Das → Internet selbst – als Verknüpfung aller Computernetzwerke dieser Welt – hat den Journalisten ein ebenso schnelles wie schwer zu beherrschendes Recherchewerkzeug an die Hand gegeben.

Mit all dem ist das Tempo in den Redaktionen und die Belastung der Journalisten erheblich gewachsen. Die Gefahren für die → Qualität sind ebenfalls gestiegen. In vielen Fällen hat pures Informationsmanagement kritischen und kontrollierenden Journalismus ersetzt. Die Zahl der Informationen, welche die Redaktionen täglich aus Pressestellen, → Nachrichtenagenturen, dem Internet, von freien Mitarbeitern, anderen Medien und weiteren Informationsquellen erreicht, ist mittlerweile so hoch, und der Arbeits-, Zeit- und Kostendruck der Redakteure so stark, dass ein Großteil des zur Veröffentlichung frei gegebenen Materials gar nicht mehr auf Richtigkeit und Glaubwürdigkeit überprüft werden kann. Zwei Drittel aller Tageszeitungsartikel basieren bereits auf den Mitteilungen von PR-Abteilungen (Ruß-Mohl 2003: 292). Die umfassende journalistische Aufgabe, zu der auch die intensive → Recherche gehört, wird im Alltag häufig auf die reine Selektion reduziert (→ Nachrichtenselektion). Das Risiko, dass sich der Verlautbarungsjournalismus immer weiter durchsetzt, wächst.

Bestandsaufnahme

Auch wenn sich die elektronischen Medien in den vergangenen Jahrzehnten im öffentlichen Bewusstsein nach vorne drängen konnten, arbeiten die meisten Journalisten nach wie vor im Print-Journalismus. Von den knapp 40.000 fest angestellten Redakteuren bei journalistischen Medien waren 2003 rund zwei Drittel bei den Printmedien angestellt (Bausch 2003: 15 f.) Ähnlich sah die Relation bei den schätzungsweise 22.500 freien Journalisten in Deutschland aus. Hauptarbeitgeber für Print-Journalisten sind wenige große Redaktionen. Knapp ein Drittel aller Journalisten, die in den gedruckten Medien tätig sind, arbeiten bei den knapp 80 *Tageszeitungen* mit einer Auflage von jeweils über 100.000 verkauften Exemplaren.

Ganz ähnlich sieht es bei den *Zeitschriften* aus. Die wenigen großen Publikums-Blätter mit Auflagen über einer halben Million Exemplare stellen etwa zwei Drittel aller Arbeitsplätze im nichtaktuellen Bereich. Die vielen kleinen Special-Interest- und Fachzeitschriften arbeiten in der Regel mit nur wenigen angestellten und vielen freien Mitarbeitern.

Der Weg in den Print-Journalismus führt stärker als in den anderen Mediengattungen über das Volontariat. Von den insgesamt rund 2.700 Volontärsplätzen stellen die Tageszeitungen alleine etwa 1.300, die Zeitschriften noch einmal 700. Im Gegensatz zu früher folgt das Volontariat nur noch selten direkt auf das Abitur, sondern immer öfter auf ein abgeschlossenes Hochschulstudium und/oder langjährige freie Mitarbeit (Bausch 2003: 48) (→ Freier Journalismus).

Der deutsche Print-Journalismus unterscheidet sich vom Print-Journalismus anglo-amerikanischer Prägung. Während in → Großbritannien und den → USA getrennt wird zwischen recherchierenden Journalisten (Reporter) und redigierenden Journalisten (Editor), üben Print-Journalisten in Deutschland beide Funktionen in einer Person aus. Während dort unterschieden wird zwischen berichtenden und kommentierenden Autoren, liegen Bericht und Kommentar hier zu Lande oft in einer Hand.

Das heißt, der Beruf war in Deutschland von Beginn an ganzheitlicher angelegt. Die Journalisten sind autonomer, weil sie weniger kontrolliert werden. Auch wenn der amerikanischen Variante Vorteile nachgesagt werden, weil sich die hochgradige Arbeitsteilung in mehr Recherche- und Berichterstattungstiefe, mehr Kontrolle und damit mehr Qualität niederschlagen soll, waren diese bislang nicht so offensichtlich, dass sie den Print-Journalismus hier zu Lande praktisch beeinflusst haben. Deshalb ist es bei einzelnen Versuchen mit dem amerikanischen ‚Newsroom'-Prinzip geblieben (→ Redaktion). Dabei werden die wesentlichen blattmacherischen Entscheidungen in einem einzigen großen Raum getroffen, in dem alle wichtigen redaktionellen Ressorts und Produktionsabteilungen vertreten sind (Beispiel *Handelsblatt*).

Einordnung und Bewertung

Seit Anfang der 90er Jahre haben sich die Grundlagen für den Print-Journalismus verändert. Die Auflagenzahlen sämtlicher Printmedien stagnieren bzw. gehen zurück. Die Märkte für das gedruckte Wort sind gesättigt. Zeitungen, Zeitschriften und Bücher müssen sich die Aufmerksamkeit des Publikums mit dem Hörfunk, Fernsehen und dem schnell expandierenden Internet teilen. Der klassische Vorteil, dass Zeitungen, Zeitschriften und Bücher unabhängig von Raum und Zeit nutzbar sind, relativiert sich mit der Miniaturisierung und Mobilisierung elektronischer Trägermedien und reicht allein zur Positionsbehauptung nicht mehr aus.

Zu der strukturellen Krise der Printmedien kommen noch konjunkturelle Dämpfer, die den Kostendruck in den Redaktionen permanent erhöhen. Kosten- und Konkurrenzdruck haben den Print-Journalismus kundenfreundlicher gemacht; Marketingkonzepte haben Einzug in die redaktionelle Planung der Verlage gehalten. Das bestimmende Schlagwort der letzten Jahre heißt *Redaktionsmarketing* und meint das präzise Ausrichten der gedruckten Medien an den Bedürfnissen von Lesern und Käufern.

Die Strategien der Kundengewinnung und Kundenbindung umfassen Form und Inhalt. Mit regelmäßigen Überarbeitungen des Erscheinungsbildes werden Zeitungen und Zeitschriften dem Kundengeschmack angepasst und in ihrer Benutzerfreundlichkeit verbessert. Typisch sind kürzere Texte, der verstärkte Einsatz von Schaubildern und Beiträgen, die sich aus verschiedenen Text- und Bildbausteinen zusammensetzen. Dem Leser soll die Möglichkeit gegeben werden, an verschiedenen Stellen eines Beitrags in ein Thema einzusteigen. Befördert wurde diese Entwicklung durch den Erfolg des 1993 gegründeten Nachrichtenmagazins *Focus*, dem es mit kurzen Texten (‚Häppchenjournalismus'), vielen Schaubildern und einer positiven Grundstimmung gelang, sich auf einem als extrem schwierig geltenden Markt durchzusetzen. Zeitungen und Zeitschriften haben sich in der äußeren Form einander angenähert.

Der formalen Überarbeitung entspricht im Inhaltlichen die permanente Überprüfung der journalistischen Leistung auf ihre praktische Verwertbarkeit hin. Lektüre soll sich lohnen und die Printmedien damit unverzichtbar für ihre Leser machen. Die Zahl von Ratschlägen zur Geldanlage, Gesundheit, Karriere, Konsum und anderen lebenswichtigen Themenkreisen ist spürbar in die Höhe gestiegen. Das ist nicht ohne Auswirkungen auf die Anforderungen an die Print-Journalisten geblieben. Gesucht werden vermehrt flexible und kreative Service-Journalisten, während sich der Publizist, der in Kritik und Kontrolle eine seiner Hauptaufgaben sieht, zu einer gefährdeten Spezies zu entwickeln scheint (→ Rollenselbstverständnis).

Da Printmedien mit Lesern und Anzeigenkunden schon immer zwei Absatzmärkte hatten, beschränkt sich die verstärkte Kundenbindung nicht nur auf den Vertriebsmarkt, sondern auch auf den Werbemarkt. Neben dem vorherrschenden Service-Journalismus gibt es immer wieder Versuche die Leser auf anderem Wege zu erreichen.

Insbesondere die lokalen Tageszeitungen experimentieren seit einigen Jahren, um im Medienangebot ihre einzigartige und unverwechselbare Position zu finden. Sie heben die klassischen *Ressortgrenzen* (→ Redaktion) auf, variieren mit der Vielfalt der Darstellungsformen und betonen den Begriff Heimat neu, indem sie das Lokale wieder sehr viel höher gewichten als in den Jahren zuvor.

Ausblick

Generell hat sich der Print-Journalismus der Zukunft einer doppelten Herausforderung zu stellen: Zum einen müssen die beteiligten Akteure immer mehr Aufgaben erledigen. Print-Journalisten müssen jetzt schon recherchieren, schreiben, auswählen, redigieren und layouten können. Sie benötigen technische Anwenderkenntnisse, um die vielfältige Redaktionssoftware und das Internet zu bedienen. Aufgrund der sich ständig verschärfenden inter- und intramedialen Konkurrenz brauchen sie wachsendes Know-how in der effizienten Steuerung von Redaktionen: Kosten-, Personal-, Qualitätsmanagement und Redaktionsmarketing werden zu weiteren zentralen Feldern eines ganzheitlichen und komplexen Berufsbildes.

Zum anderen wird die Suche nach eigener Unverwechselbarkeit im Print-Journalismus auch die nächsten Jahre bestimmen. Denn noch ist nicht entschieden, ob und wie weit sich die alten gedruckten Medien vor den neuen elektronischen Medien zurückziehen müssen.

Literatur

Baumert, Dieter Paul (1928): Die Entstehung des deutschen Journalismus, München/ Leipzig.

Bausch, Manfred (2003): Journalistinnen und Journalisten. Herausgegeben von der Zentralstelle für Arbeitsvermittlung der Bundesanstalt für Arbeit, Bonn.

Belz, Christopher et al. (1999): Berufsbilder im Journalismus, Konstanz.

Mast, Claudia (Hrsg.) (2004): ABC des Journalismus, Konstanz.

Ruß-Mohl, Stephan (2003): Journalismus, Frankfurt/M.

Schneider, Wolf/Paul-Josef Raue (2003): Das neue Handbuch des Journalismus, Reinbek bei Hamburg.

Weischenberg, Siegfried et al. (1994): Die Zukunft des Journalismus. Technologische, ökonomische und redaktionelle Trends, Opladen.

Wilke, Jürgen (2002): Presse, in: E. Noelle-Neumann et al. (Hrsg.): Fischer Lexikon Publizistik – Massenkommunikation, Frankfurt/M.: 422-459.

Kurt Weichler, Gelsenkirchen

Professionalisierung

Definition/Begriffsbestimmung

Unter ‚Professionalisierung' wird der Prozess der Verberuflichung verstanden, der im → Journalismus zur Ausprägung von spezifischen Merkmalen der Akteure geführt hat. Dazu gehören ein breites Spektrum an Wissen, die Klärung beruflicher Qualitätsziele sowie die Fähigkeit, diese Ziele durch Anwenden beruflicher Standards zu erreichen.

Die beruflichen Voraussetzungen können durch Ausbildung angeeignet und erlernt werden. Sie versetzen den Journalisten in die Lage, entsprechende Leistungen auf dem vielseitigen, sich stark verändernden Arbeitsmarkt – im Rahmen unterschiedlicher medialer und redaktioneller Arbeitsteilung – dauerhaft zu erbringen.

Entstehung und Einordnung

Der Paradigmenwechsel in den 70er Jahren vom Journalismus als *Begabungsberuf* zum Journalismus als System mit eigenen Ausbildungsanforderungen war die Geburtsstunde der Journalistik in Deutschland (→ Journalistenausbildung, → Kommunikationswissenschaft). Damit rückte auch ‚Professionalität' in das Zentrum einer neuen Begrifflichkeit. Diese Verberuflichung ist jedoch erst spät in die Wahrnehmung des Journalismus getreten. Nicht der Beruf aus Leidenschaft, sondern berufliche Merkmale im vielschichtigen System journalistischer Produktionsprozesse wurden schließlich zu Kategorien, mit denen die Formel der Integration von Theorie und Praxis als Charakterisierung der neuen Wissenschaft Journalistik entfaltet werden konnte.

Die Theoriefähigkeit entstand nicht allein aus der Kompilation kommunikationswissenschaftlicher Hypothesen, um die journalistischen Arbeitsverfahren mit ihren normativen Vorgaben wie Sorgfaltspflicht in der → Recherche, Unabhängigkeit gegenüber staatlichen und politischen Vermittlungszielen oder strukturelle Vielfalt von Medienangeboten als Gewährleistung von Medienfreiheit (→ Kommunikationsfreiheit) und Herstellung einer pluralen → Öffentlichkeit zu gewährleisten.

Die Theoriefähigkeit erschöpfte sich auch nicht durch die Verbindung normativer Vorgaben mit den empirischen Studien über Effizienzkriterien: Wie es den Medien gelingen kann, eigene Profile in der öffentlichen Wahrnehmung zu gewinnen, unterschiedliche Funktionen in den komplexen Prozessen der öffentlichen Kommunikation auszuüben, Akzeptanz und Resonanz zu optimieren oder Inhalte und Formen ihrer Angebote zu modifizieren.

Die zentrale Theorieleistung der *Journalistik* (Weischenberg 1998-2004) bestand von Anfang an in der Zielsetzung, den Journalismus als System zu verstehen. In ihm ist die Berufsausübung des einzelnen Journalisten vertikal in Abhängigkeit zu den Aufgabenstellungen innerhalb der je gegebenen redaktionellen Organisation (→ Redaktion) und medialen Struktur zu beachten; horizontal ist diese Berufsausübung im Zusammenhang mit den jeweiligen Themenwelten zu betrachten, deren Tauglichkeit für die Optimierung der Medienkonsistenz stets neu getestet und evaluiert werden muss. Und schließlich ist die Rollenselbstdefinition der Journalisten wichtig, wie sie nicht zuletzt in den beruflichen Organisationen der Journalisten artikuliert ist (→ Rollenselbstverständnis).

„Professionalisierung durch Wissenschaft" (Koszyk 1974) war die Voraussetzung dafür, dass es die Journalistik geben konnte. Die Disziplin leitet vor allem auch das Nachdenken darüber an, mit welchem Wissen und mit welchen Fähigkeiten Zielsetzungen im journalistischen Berufsfeld optimiert und wie solche Ziele mit welchen Arbeitsverfahren erreicht werden können. *Autonomie* und *Kompetenz* als berufliche Ansprüche des journalistischen Berufs sind in der Wissenschaft allerdings stets relativiert durch die Abhängigkeiten und Zwänge, die sich aus dem – politischen und ökonomischen – Systemcharakter des Journalismus ergeben. Journalistische Arbeitsbedingungen verändern sich ständig.

Diese Dynamisierung ist der Sinn der Integration von Theorie und Praxis. Empirisch wurde diese Praxistauglichkeit der Journalistik zum Härtetest ihres Theorieanspruchs. Deshalb ist für die Berufsorientierung in der Journalistik ihre Ausbildungsleistung entscheidend. Die Journalistik ist eine Professionalisierung erzeugende und befördernde Wissenschaft, die in einem kategorialen Rahmen betrieben wird, in dem Professionalität im Journalismus am Maßstab von Qualität des journalistischen Berufssystems optimal erreicht werden soll.

Forschungsstand

Die wissenschaftliche Erforschung der Professionalisierung im Journalismus ist aus der Perspektive der Journalistik eher unübersichtlich und im Sinne des dynamisierenden Anspruchs auch kaum abschließend möglich. Die vergleichsweise schnellen und tief greifenden Veränderungen im journalistischen Berufssystem sind dafür eine Ursache. Historisch wurde der Journalismus als Ausformung der bürgerlichen Gesellschaft analysiert, in der das freie Individuum als ausdrucksstarke Persönlichkeit im Zentrum der Betrachtung steht.

Schon die Kritik von Jürgen Habermas (1961) an der Illusion einer fortschreitenden bürgerlichen Öffentlichkeit durch den medialen Diskurs freier vernunftbegabter Individuen hätte die Tore in der Wissenschaft in andere Richtungen öffnen können. Im Zuge der politisch-ideologischen Zuspitzungen in den 60er Jahren wurde seine Schrift „Strukturwandel der Öffentlichkeit" stattdessen überwiegend als ‚Überbau'-Legitimation für die Politisierung von Wissenschaften gebraucht.

Weit früher hatte es bereits ein Forschungskonzept in der deutschen Soziologie gegeben, das im engeren Sinne Beruf und Professionalisierung in den Mittelpunkt rückte. *Max Weber* (1864-1920) – nicht nur ein herausragender Wissenschaftler, sondern auch ein scharfzüngiger Journalist – hielt nur wenig von der Art und Weise, wie zu seinen Zeiten der Journalismus an deutschen Universitäten betrachtet wurde. Im Oktober 1910 unterbreitete er den Teilnehmern des ersten deutschen Soziologentags seine Gedanken zu einer groß angelegten Presseuntersuchung (Weber 1911). Doch aus der ‚Presseenquete' wurde nichts.

Diese Episode ist aber erhellend für den Forschungszusammenhang, in dem die Professionalisierung im Journalismus gesehen werden muss: Erst die genaue empirische Bestandsaufnahme über die tatsächlichen Leistungen und Ergebnisse im Journalismus schaffen den Zugang für die Erörterung, welche beruflichen Voraussetzungen, welches Wissen und welche Fähigkeiten Journalisten haben und haben sollen.

Eine Übersicht der Forschungsansätze und -ergebnisse zum „Journalismus als Beruf" hat in neuerer Zeit Jörg Requate (2002) vorgelegt. Er zeichnet nicht nur nach, wie die ideologische Sichtweise der Journalisten als freie Persönlichkeiten der empirischen Betrachtung ihrer tatsächlichen Arbeitszusammenhänge gewichen ist, sondern ordnet darüber hinaus die Forschungsarbeiten in ihren zeitlich-kulturellen Kontext ein. Auf diese Weise kann er auch die erheblichen nationalen Unterschiede deutlich machen, wie das Thema der journalistischen Professionalisierung wissenschaftlich durchgearbeitet und gedeutet worden ist. So fällt z. B. auf, dass in den → USA die Bindung des Journalismus an politische Institutionen und überhaupt an organisierte Macht viel früher und energischer überwunden wurde als in Europa – eine Spur, die sich bis in die Gegenwart verfolgen lässt (Kleinsteuber 2001).

Die Jagd nach Fakten und die Dramatisierung von Nachrichten führte zu einer Dynamisierung im Journalismus, welche die Professionalisierung in den USA frühzeitiger und dauerhafter förderte. Verständlicherweise lagen in den USA die Forschungen der Mass Communication und die berufsorientierten Departments der Journalism Schools traditionell immer enger zusammen als in Europa, insbesondere in Deutschland.

Die erste umfassende ‚Journalistenenquete' in Deutschland hat es erst Mitte der 90er Jahre gegeben (Weischenberg et al. 1994). In einer wichtigen Phase des vor allem technisch und politisch bedingten Umbaus des Mediensystems wurde sehr deutlich, dass die professionellen Merkmale im Berufssystem Journalismus wie zum Beispiel ‚neutrale Vermittler', ‚Service' oder ‚Orientierung' eine ungleich größere Bedeutung haben als individuelle Merkmale wie zum Beispiel politische Präferenzen oder idealistische Vorstellungen der Selbstverwirklichung.

Gerade die Dominanz in der Rollenzuweisung (→ Rollenselbstverständnis) als ‚neutrale Vermittler' widersprach nicht nur vielen Vorstellungen – auch in der Wissenschaft. Sie hat für zahlreiche weitere Studien einen Befund vorgegeben, der es leichter gemacht hat, die Redaktionsforschung in das Professionalisierungskonzept, welches aus der Berufssoziologie adaptiert worden war (Weischenberg 2003: 489 ff.), zu integrieren.

Die umfangreichen neueren Forschungen über die Zusammenhänge zwischen Redaktion und journalistischen Tätigkeiten wurden vor allem durch eine Arbeit von *Manfred Rühl* angeregt, die er zuerst im Jahr 1969 mit der programmatischen Überschrift „Die Zeitungsredaktion als organisiertes soziales System" veröffentlichte (Rühl 1979). In dieser Studie nahm er die jüngeren Ansätze zur Kommunikatorforschung auf, in denen die in Arbeits- und Berufsrollen handelnde Person in Beziehung zu Organisationen mit ihren Anweisungs- und Sollvorgaben gesetzt wird. Im größeren Zusammenhang der → Systemtheorie hat Rühl (1980: 323) später die vorrangigen Leistungen und besonderen Wirkungen des Journalismus als „die Herstellung und Bereitstellung von Themen zur öffentlichen Kommunikation" charakterisiert.

Die Zusammenführung von Redaktion und journalistischen Berufsrollen gewinnt für das Professionalisierungskonzept zunehmend Bedeutung. In diesem Konzept ist es z. B. wichtig, ob die berufliche journalistische Arbeit in den Medien, also redaktionell verortet, stattfindet oder ob sie eine (scheinbar) freie Produzententätigkeit ist, die ihre Ergebnisse im Auftrag von Redaktionen oder für den Medienmarkt vorlegt (→ Freier Journalismus).

Die Ausdifferenzierung des Mediensystems ist ohne solche Auslagerungen und ohne die grundsätzliche soziale Statusunterscheidung in den journalistischen Arbeitsfeldern nicht denkbar. Spätestens mit dem Aufbrechen der Medienstrukturkrisen seit 2001 ist sie auch in das allgemeine öffentliche Bewusstsein getreten.

Praxisrelevanz und Ausblick

In der weiteren Ausdifferenzierung durch Studien auf den genannten Grundlagen ist die journalistische Berufsforschung nahe an die Janusköpfigkeit der journalistischen Praxis herangekommen. Diese Doppelrolle entsteht einerseits aus den Arbeitsbeziehungen innerhalb einer Redaktion oder zu Redaktionen, andererseits aus den Zielvorstellungen, die ein Journalist mit seiner Arbeit verbindet und mit denen er auf die Erfahrungen in den beruflichen Arbeitsbeziehungen reagiert.

Dieses Merkmal der Professionalisierung wird empirisch z. B. deutlich in der Zugehörigkeit des Journalisten zu seinem Berufsverband oder zu seiner Gewerkschaft. Journalistische Berufsausübung und journalistische Berufsorganisation sind einander ergänzende Merkmalsebenen auch für die Wissenschaft, sofern sie die Professionalisierung des Journalismus im Auge hat. Mit dieser Feststellung ist ein entscheidender Bruch gegenüber früheren Betrachtungen des journalistischen Berufs verbunden, die ausschließlich das journalistische Produkt, die Persönlichkeit, die Ausdrucksbegabung des einzelnen Individuums wahrgenommen haben. Arbeits- und Berufsrollen sind die zwei Seiten eines wissenschaftlichen Professionalisierungskonzepts.

Die meisten wissenschaftlichen Arbeiten konzentrieren sich auf die Merkmale der Arbeitsrollen im Journalismus. Außen vor ist zu oft die Frage geblieben, welche Bedeutung und welchen Einfluss die Berufsorganisationen auf die Professionalisierung im Journalismus haben (→ Verbände). Schon oberflächlich betrachtet ist diese Rollenwahrnehmung von erheblichem Gewicht. Berufsorganisationen wirken unmittelbar auf die Arbeitsverhältnisse im Journalismus, z. B. durch Tarif- und Arbeitsrecht. Mittelbar ist ihre Wirkung ebenfalls sehr groß: in den aus- und weiterbildenden Einrichtungen, aber auch durch die ständige Fortschreibung des Berufsbildes durch den *Deutschen Journalisten-Verband* (DJV) oder durch berufspolitische Netzwerke wie die „Initiative Qualität" des DJV (→ Qualität).

Vor allem aber infolge der rapiden Entwicklungen des Mediensystems gelten für die Journalistik mit Beginn dieses Jahrhunderts wieder neue empirische Tatbestände – mit Auswirkungen auf die Organisation der Berufsausübung. Sie bestimmen die technischen und betrieblichen Entwicklungen, so dass die Medien Zeitung, Zeitschrift, Hörfunk und Fernsehen nur noch bedingt die Beziehungssysteme journalistischer Professionalisierung sind. Durch die diagonalen Konzentrationen im Mediensystem entstehen stattdessen zunehmend Arbeitsbeziehungen, in denen journalistische Professionalität für crossmediale Strategien und Verwertungen (→ Crossmedia) gefordert wird (Altmeppen et al. 2002: 350 ff.).

Die erneut anstehenden gravierenden Veränderungen in der journalistischen Berufsausübung sind in den Konturen bereits jetzt erkennbar. Für diese Veränderungen gibt es irreversible Gründe und durchaus variable Erscheinungsformen (Pätzold/Dörmann 2004):

- Mehrmediale Produkte schaffen eine breitere Verwertungsbasis; gleiche Themen werden für unterschiedliche Redaktionen medienspezifisch aufbereitet.

- Crossmediale Produkte schaffen neue Beziehungen auf den journalistischen Absatzmärkten.
- Die mehrmedialen Strukturen von Medienunternehmen fördern die mehrmediale Nutzung journalistischer Teil- oder Fertigprodukte.
- Freie Journalisten bilden Bürogemeinschaften oder Produktionsfirmen, um für mehrere Redaktionen, Unternehmen oder Organisationen Aufträge übernehmen zu können.
- Marketing zwischen Redaktionen und journalistischen Auftragnehmern wird zum festen Bestandteil des journalistischen Berufssystems.

Im Prozess der Nachrichten- und Informationsüberflutung geht es für den Journalismus vor allem darum, relevante Informationen zuverlässig zur Verfügung zu stellen und Orientierungshilfen im Informationsdschungel zu geben.

Dann nämlich wären Professionalisierung und Qualität berufsspezifische Merkmale mit einem hohen ökonomischen Wert.

Literatur

Altmeppen, Klaus-Dieter et al. (2002): Technisierung und organisatorischer Wandel, in: I. Neverla et al. (Hrsg.): Grundlagentexte zur Journalistik, Konstanz: 350-355.

Habermas, Jürgen (1961): Strukturwandel der Öffentlichkeit, Frankfurt/M.

Kleinsteuber, Hans J. (Hrsg.) (2001): Aktuelle Medientrends in den USA, Wiesbaden.

Koszyk, Kurt (1974): Professionalisierung durch Wissenschaft, in: Aus Politik und Zeitgeschichte B24: 27-37.

Pätzold, Ulrich/Jürgen Dörmann (2004): Professionalisierung im Journalismus – neue journalistische Berufsperspektiven, Hagen.

Requate, Jörg (2002): Journalismus als Beruf, in: I. Neverla et al. (Hrsg.): Grundlagentexte zur Journalistik, Konstanz: 417-433.

Rühl, Manfred (1979): Die Zeitungsredaktion als organisiertes soziales System, 2. Aufl., Fribourg.

Rühl, Manfred (1980): Journalismus und Gesellschaft, Mainz.

Weber, Max (1911): Soziologie des Zeitungswesens, Tübingen.

Weischenberg, Siegfried (1998-2004): Journalistik, 3. Bde., Neuaufl., Opladen/Wiesbaden.

Weischenberg, Siegfried et al. (1994): Journalismus in Deutschland, in: Journalist 1994/5: 55-69.

Ulrich Pätzold, Dortmund

Public Relations

Definition/Begriffsbestimmung

Die wohl international bekannteste und gängigste Definition stammt von den beiden amerikanischen PR-Forschern *James Grunig* und *Todd Hunt*: Sie definieren PR als „management of communication between an organization and its publics" (Grunig/Hunt 1984: 6). Die Autoren betonen damit den Charakter der PR als geplante und strategische Kommunikation, deren Ziel es ist, die kommunikativen Beziehungen zu denjenigen Personen und/oder Gruppen langfristig zu stabilisieren, die durch ihr Handeln beeinflussen können, ob und in welchem Ausmaß die Organisation ihre Ziele erreicht.

Neben Kunden, Lieferanten und Aktionären rücken damit beispielsweise im Fall von Wirtschaftsunternehmen auch Mitarbeiter, Vertreter von Politik und Verwaltung wie auch das nachbarschaftliche Umfeld in den Mittelpunkt. PR erfüllt für Organisationen zentrale Legitimationsfunktionen gegenüber all diesen relevanten Anspruchsgruppen: Die Interessen der Organisation sollen von ihnen nicht nur akzeptiert, sondern als legitim, d. h. einem gemeinsamen Interesse folgend, angesehen werden.

Über die Herstellung und Sicherung von Legitimation vergrößert Public Relations Freiheitsgrade organisatorischen Handelns und schafft die kommunikativen Voraussetzungen für den Organisationserfolg. Um Organisationen und deren Handeln erfolgreich legitimieren zu können, muss PR die Interessen, Erwartungen und Positionen der relevanten Anspruchsgruppen kennen und diese so übersetzen, dass sie als Informationen in organisationspolitischen Entscheidungsprozessen verarbeitet werden können.

Als organisationale Grenzstelle (‚boundary role') vermittelt PR zwischen den Interessen der Organisation und denen der Anspruchsgruppen in der Organisationsumwelt; primärer Bezugspunkt sind dabei aber immer die Organisationsziele und die Organisationsstrategie. PR ist strategische und persuasive Kommunikation, die der Realisierung von Partikularinteressen dient.

Geschichte/Entwicklung

Ist PR ein Phänomen moderner Gesellschaften, eine amerikanische ‚Erfindung', die nach 1945 auch in Deutschland übernommen wurde – oder haben bereits die *Apostel*, *Aristoteles* oder gar *Adam* und *Eva* (‚Werbung um Vertrauen') PR betrieben? Über die Frage, seit wann es Öffentlichkeitsarbeit gibt, existieren sehr unterschiedliche Ansichten, die sich je nach Beobachtungsstandpunkt unterscheiden.

Mit Blick auf spezifische Tätigkeitsmuster weisen bereits im Mittelalter Formen der öffentlichen Interessenvertretung von Zünften, Kirchen und mittelalterlichen Herrschern ähnliche Funktionen auf, wie sie auch heutige PR-Instrumente erfüllen. Und Elemente staatlicher Pressearbeit lassen sich in Deutschland bis weit ins 19. Jahrhundert zurückverfolgen.

Diese Formen der öffentlichen Interessenvertretung sind jedoch nicht mit der Existenz eines strukturierten Berufsfeldes Public Relations gleichzusetzen. Ein solches eigenständiges, mit übergreifenden charakteristischen Tätigkeitsmustern und Berufsrollen ausgestattetes Berufsfeld hat sich in Deutschland erst nach 1945 – eng gekoppelt an die wirtschaftliche, gesellschaftliche und politische Entwicklung – herausgebildet. Unterschieden werden in diesem Zusammenhang drei Phasen: „Neubeginn und Aufschwung" (1945-1958), „Konsolidierung des Berufsfeldes" (1958-1985) und „Professionalisierung und Ausdifferenzierung" (seit 1985) (Bentele 1998: 76).

Prägend für die Phase des Neubeginns war vor allem der wirtschaftliche Aufschwung und die starke Orientierung an amerikanischen Vorbildern Anfang der 1950er Jahre: Die PR bemühte sich – gerade auch vor dem Hintergrund der NS-Propaganda – um ein berufliches Selbstverständnis, das die Funktionen der PR für demokratische Gesellschaften in den Vordergrund rückte: Konsens, Vertrauen, Beziehungspflege oder → Glaubwürdigkeit sind entsprechend Schlüsselbegriffe der PR im Nachkriegsdeutschland.

Die folgende Konsolidierungsphase ist vor allem durch eine weitergehende Verfestigung einer PR-Berufskultur und eines Berufsbildes geprägt. Die Gründung der beiden bedeutsamsten Berufsorganisationen, der *Deutschen Public Relations Gesellschaft* (DPRG; 1958) und der *Gesellschaft Public Relations Agenturen* (GPRA; 1973), fällt in diese Phase.

Die Entwicklung des Berufsfeldes ist schließlich seit 1985 durch eine erhebliche quantitative und qualitative Bedeutungszunahme der PR und eine stark voranschreitende Ausdifferenzierung der Tätigkeitsfelder und Arbeitsbereiche gekennzeichnet. Dies geht einher mit einer kontinuierlichen Verwissenschaftlichung der Verfahren und Techniken der PR sowie einer steigenden Akademisierung und Professionalisierung des Berufsfeldes.

Forschungsstand

Public Relations ist in Deutschland und in Europa allgemein ein vergleichsweise junges Berufsfeld. Entsprechend kann auch die kommunikationswissenschaftliche Forschung im deutschsprachigen Raum auf keine lange Tradition zurückblicken. Vereinzelte Forschungsarbeiten sind zwar bereits seit den 50er Jahren zu beobachten, eine intensive und systematische wissenschaftliche Beschäftigung setzte aber erst Anfang der 90er Jahre ein.

Die späte Beachtung der PR durch die → Kommunikationswissenschaft ist zudem auch als Folge der journalismus- und publizistikzentrierten Tradition des Faches zu sehen, die mit erheblichen normativen Vorbehalten gegenüber Formen der persuasiven Kommunikation – also auch der → Werbung und der PR – einherging und bis heute noch anhält (Jarren/Röttger 2004).

Die Intensivierung von PR-Forschungsaktivitäten in den letzten 20 Jahren zeigt sich u. a. an der inzwischen großen Zahl von Dissertationen und Publikationen mit PR-Thematik, an der wachsenden Zahl von Professuren mit PR-Schwerpunkt und den zahlreichen wissenschaftlichen Tagungen und Forschungsprojekten, die in den letzten Jahren durchgeführt wurden. Die genannten Forschungsaktivitäten können jedoch nicht darüber hinwegtäuschen, dass die theoretische und empirische Analyse der Öffentlichkeitsarbeit nach wie vor erhebliche Leerstellen aufweist.

Die PR-Theoriebildung steht erst am Anfang; es existieren bis heute im deutschsprachigen Raum nur wenige theoretisch-wissenschaftliche Basisarbeiten, und es fehlt z. B. der Anschluss an umfassendere Öffentlichkeits- oder Gesellschaftstheorien.

Zugleich ist in der PR-Literatur ein erheblicher Überschuss an Praktiker-Modellen bzw. ‚Theorien' zu beobachten, welche sich überwiegend aus der Marktlogik ergeben und Teil der professionellen Inszenierung von PR-Akteuren sind.

Auch mit Blick auf die empirische PR-Forschung gibt es viele offene Fragen: So existieren bis heute z. B. nur wenige Informationen über die Grundgesamtheit der PR-Berufsinhaber:

- Wie viele PR-Kommunikatoren arbeiten in Deutschland und wie verteilen sie sich auf die verschiedenen Tätigkeitsfelder (u. a. Wirtschaft, Behörden, Vereine und Verbände)?
- Lassen sich typische Muster der Berufssozialisation innerhalb der PR entdecken und welches Rollenselbstverständnis weisen PR-Kommunikatoren auf?

Besonders intensiv und umfassend wurde und wird das Verhältnis von → Journalismus und Öffentlichkeitsarbeit analysiert, wobei diese Beziehungskonstellation aufgrund der bereits beschriebenen zeitungs- und publizistikwissenschaftlichen Tradition im Fach bislang vor allem aus der Perspektive des Journalismus zum Thema gemacht wurde. Im Mittelpunkt steht dabei primär die einseitige Frage, ob und inwieweit die qualitative Ausweitung und Professionalisierung der PR die Unabhängigkeit und Leistungsfähigkeit des Journalismus gefährdet.

Von herausgehobener Bedeutung für die Analyse des Verhältnisses von PR und Journalismus sind im deutschsprachigen Raum die frühen Forschungsarbeiten von *Barbara Baerns* (1985) aus den 80er Jahren. Am Beispiel der landespolitischen Berichterstattung in Nordrhein-Westfalen analysierte Baerns damals zum einen Prozesse der Informationsbeschaffung (Thematisierung) und Informationsbearbeitung (Transformation) durch den Journalismus und zum anderen die Bereitstellung und Verbreitung von Informationen durch Öffentlichkeitsarbeit (Thematisierung und Diffusion).

Baerns Schlussfolgerung, die Öffentlichkeitsarbeit habe „Themen und Timing der Medienberichterstattung unter Kontrolle" (Baerns 1985: 98), wurde in der Folge – allerdings nicht von der Autorin selbst – als so genannte ‚Determinierungshypothese' bezeichnet. Die Rezeption und Diskussion der Determinierungshypothese ist zudem von Missverständnissen begleitet: Aus der Kontrolle von *Thema* und *Timing* der Medienberichterstattung wurde so häufig die Aussage, dass Öffentlichkeitsarbeit den Journalismus determiniere (siehe z. B. Schantel 2000: 70).

Die Annahme einer Determinierung des Journalismus durch die PR prägte bis in die 90er Jahre hinein die theoretische und empirische Forschung und machte zugleich die starke normative Ausrichtung der Debatte deutlich: Implizit liegt der Mehrzahl der ‚Determinierungsstudien' die Annahme einer tendenziell manipulierenden, propagandistischen, alleine dem Erfolg verpflichteten und damit insgesamt gefährlichen Öffentlichkeitsarbeit und eines gesellschaftlich wertvollen, ethisch hochwertigen und selbstlosen Journalismus zu Grunde. Dabei wird die zunehmende Ökonomisierung des Journalismus ebenso ausgeblendet, wie die de facto existierenden gesellschaftlichen Funktionen der PR (u. a. Interessenausgleich, Konsensfindung).

Die wachsende Kritik an der einseitigen (journalismuszentrierten) Analyse der Beziehungen von PR und Journalismus führte zu einer Erweiterung der Forschungsperspektive. Die Beziehungen zwischen PR und Journalismus werden heute nicht mehr ausschließlich im Hinblick auf die Effekte auf Seiten des Journalismus analysiert; in den Mittelpunkt rücken vielmehr die wechselseitigen Beeinflussungen, Abhängigkeiten und Anpassungsleistungen.

Prominentester Ansatz ist dabei das *Intereffikationsmodell*, das *Günter Bentele*, *Tobias Liebert* und *Stefan Seeling* 1997 erstmals vorstellten. Das Modell geht davon aus, dass PR und Journalismus sich gegenseitig ermöglichen (interefficare), ohne dass es dabei zu einseitigen Abhängigkeiten kommt. Sowohl PR wie auch Journalismus können ohne die jeweils andere Seite nicht adäquat funktionieren. Intereffikation basiert auf beidseitigen Anpassungen (Adaptionen) und Beeinflussungen (Induktionen).

Vom Intereffikationsansatz unterscheidet sich eine systemtheoretische Bestimmung des Verhältnisses von PR und Journalismus, wie sie z. B. von *Claudia Schweda* und *Rainer Opherden* (1995) vorgelegt wurde. Journalismus (und PR) werden hier als eigenständige Systeme modelliert, die prinzipiell operativ geschlossen und funktional nicht steuerbar sind. Vor diesem Hintergrund kann dann die Beziehung zwischen PR und Journalismus als *strukturelle Kopplung* beschrieben werden; PR und Journalismus sind different, aufeinander bezogen und funktional autonom (→ Systemtheorie).

Aufgaben und Ziele

Die konkreten Aufgabenfelder der Öffentlichkeitsarbeit können nach Bezugsgruppen, Themen und Instrumenten systematisiert werden:

- Folgende Arbeitsfelder werden primär über ihre zentralen Bezugsgruppen definiert: Internal Relations (Interne Kommunikation); Media Relations (Presse-/Medienarbeit); Community Relations (Nachbarschafts- und Standort-PR).
- Folgende Arbeitsfelder werden primär über ihre zentralen Themen bzw. Beziehungsprobleme definiert: Issues Management; Crisis Management (Krisen-PR); Public Affairs; Financial & Investor Relations; Corporate Identity.
- Folgende Arbeitsfelder werden primär über die zentralen Instrumente/Kommunikationsformen definiert: Online-PR; Kampagnen; Veranstaltungen; Mediengestaltung; Sponsoring; Trainings.

Theoretisch lassen sich die Funktionen und Aufgabenfelder der PR relativ klar und eindeutig formulieren; in der Praxis ist eine Abgrenzung der PR gegenüber benachbarten Feldern wie → Werbung, Marketing und → Journalismus jedoch nicht immer einfach auszumachen:

- Sind freie Journalisten (→ Freier Journalismus), die für Mitarbeiter- oder Kundenmagazine schreiben, Journalisten oder PR-Experten?
- Wie ist es zu bewerten, wenn z. B. die Öffentlichkeitsarbeit eines Chemieunternehmens von der Marketingabteilung geleistet wird?
- Und was ist mit dem PR-Referenten eines Radiosenders, der auch für die Werbung zuständig ist?

In der Praxis sind die Grenzen u. a. aufgrund der großen funktionalen Nähe der genannten Bereiche fließend; analytisch lassen sich zwischen den unterschiedlichen Formen öffentlicher Kommunikation allerdings sehr wohl Unterscheidungskriterien ausmachen. Zudem handelt es sich bei Öffentlichkeitsarbeit um ein Berufsfeld mit freiem, nicht normiertem Zugang. Jeder und jede kann sich PR-Berater nennen und als solcher tätig sein: Spezifische Voraussetzungen, die den Berufszugang einengen könnten, existieren nicht. Entsprechend arbeiten heute Menschen mit den unterschiedlichsten Bildungs- und Berufsbiografien in der PR.

Während Werbung in erster Linie kurzfristige, auf Absatzsteigerung ausgerichtete Ziele verfolgt, zielt PR mittel- und langfristig auf Imagebildung und die Sicherung von Erfolgspotenzialen: PR schafft durch die Gestaltung langfristig stabiler Kommunikationsbeziehungen die Bedingungen dafür, dass Organisationen erfolgreich agieren können. Aus den unterschiedlichen Zielen ergeben sich unterschiedliche Zielgruppen und Kommunikationsobjekte: Werbung richtet seine produkt- und dienstleistungsbezogenen Botschaften primär an (potenzielle) Käufer; PR bezieht sich demgegenüber nicht nur auf einzelne Produkte, sondern hat stärker die Gesamtorganisation im Blick und spricht insbesondere auch nichtmarktverbundene Zielgruppen an. Im Marktbezug unterscheiden sich auch Marketing und PR; Marketingkommunikation richtet sich primär an marktverbundene Zielgruppen und fokussiert marktbezogene Austauschbeziehungen.

Konsequenzen und Ausblick

Für die aktuelle und zukünftige Entwicklung der PR lassen sich als wesentliche Trends die → Professionalisierung, Ausdifferenzierung und zunehmende Integration der Kommunikation beschreiben. Professionalisierungstendenzen können an der steigenden Bedeutung von wissenschaftlich fundierter und systematischer Ausbildung in der PR sowohl auf Angebots- wie Nachfrageseite festgemacht werden und zeigen sich zudem auch in einer steigenden Verwissenschaftlichung von PR-Instrumentarien und -Verfahren.

Zudem differenziert sich das PR-Berufsfeld weiter aus. Dies betrifft zum einen eher thematische Spezialisierungen, angefangen bei Investor Relations über Umwelt-PR bis hin zu Health-PR, und zum anderen eher verfahrensbezogene Spezialisierungen – z. B. Sponsoring, Issues Management oder Krisen-PR.

Nur scheinbar im Widerspruch zur Ausdifferenzierung der PR steht die wachsende Bedeutung einer Integration der Kommunikation, genauer gesagt, der drei Kommunikationsbereiche Werbung, Marketing und Public Relations. Der Blick in die Praxis macht zwar deutlich, dass Integration bislang eher Wunsch und weniger Wirklichkeit unternehmerischer Praxis ist; dennoch ist nicht zu verkennen, dass die Zahl der Unternehmen wächst, die eine systematische Abstimmung ihrer Kommunikationsprozesse mit dem Ziel eines konsistenten und widerspruchsfreien Auftritts verfolgen.

Schließlich können – wie in vielen anderen gesellschaftlichen Bereichen auch – erhebliche Einflüsse der technologischen Entwicklungen (Digitalisierung und Konvergenz) auf die PR konstatiert werden: So wird es erwartbar nicht nur zu einer weiteren Beschleunigung der PR-Kommunikation und PR-Arbeit kommen; zudem wird auch das Zusammenwachsen von Individual- und Massenkommunikation (→ Kommunikation, → Massenmedien), die Verschmelzung von Endgeräten wie Telefon, Fernseher und PC, erhebliche Konsequenzen für die Praxis der Öffentlichkeitsarbeit haben. Verstärkte Formen der cross media relations (→ Crossmedia), der sehr gezielten Stakeholderansprache, aber auch eine stärkere Kopplung des internen und externen Kommunikationsmanagements dürften die Folge sein.

Die Beschleunigung der Kommunikation und die enorme Zunahme der Möglichkeiten für Organisationen, unabhängig von journalistischen Medien Informationen zu erhalten und Informationen über sich selbst zur Verfügung zu stellen, verändern zudem die grundsätzliche Machtbeziehung zwischen PR und Journalismus. Organisationen werden zunehmend unter Umgehung der Medien mit ihren Zielgruppen kommunizieren und (journalistische) Medien verlieren damit teilweise ihr traditionelles Informations- und Unterhaltungsmonopol.

Literatur

Baerns, Barbara (1985): Öffentlichkeitsarbeit oder Journalismus?, Köln.

Bentele, Günter (Hrsg.) (1998): Berufsfeld Public Relations, Berlin.

Bentele, Günter et al. (1997): Von der Determination zur Intereffikation, in: G. Bentele/M. Haller (Hrsg.): Aktuelle Entstehung von Öffentlichkeit, Konstanz: 225-250.

Grunig, James E./Todd Hunt (1984): Managing Public Relations, New York u. a.

Jarren, Otfried/Ulrike Röttger (2005): Public Relations aus kommunikationswissenschaftlicher Sicht, in: G. Bentele et al. (Hrsg.): Handbuch Public Relations, Wiesbaden (i.E.).

Schantel, Alexandra (2000): Determination oder Intereffikation?, in: Publizistik 2000/1: 70-88.

Schweda, Claudia/Rainer Opherden (1995): Journalismus und Public Relations, Wiesbaden.

Ulrike Röttger, Münster

Public Service

→ Deutschland
→ Großbritannien

Publikum

→ Mediennutzung
→ Medienwirkungen

Publizistikwissenschaft

→ Kommunikationswissenschaft

Qualität

Definition/Begriffsbestimmung

Was journalistische Qualität ist, lässt sich nicht ein für alle Mal ‚wissenschaftlich' definieren. Sie ist abhängig vom Medium, vom Genre, vom Publikations-Rhythmus, von den Zielgruppen und – last not least – vom Selbstverständnis und von den Ansprüchen, die Redaktionen sowie die einzelnen Mitarbeiter an sich selbst richten.

Fragt man Journalisten nach einem Kriterien-Katalog, um journalistische Qualität zu bestimmen, werden in aller Regel aber mehr oder minder dieselben Stichworte genannt:

- Aktualität (zeitliche Nähe zum Geschehen),
- Relevanz (Bedeutung/‚Gewicht' des Geschehens/Themas für die Publika),
- Objektivität/Vielfalt (Faktentreue, Trennung von Nachricht und Meinung, Vielfalt der Blickwinkel, Fairness/Ausgewogenheit, Hintergrund),
- Originalität (Leseanreiz, Exklusivität/ Anteil an Eigenrecherche),
- Komplexitäts-Reduktion (Verständliche Sprache, angemessene Vereinfachung, Faktentreue, erforderliche Kontextinformation).

Weniger häufig aufgeführt werden dagegen zwei weitere Kriterien (die gleichwohl an Bedeutung gewonnen haben):

- Interaktivität (Rückkopplung/Austausch mit den Publika),
- Transparenz (Offenlegen der Berichterstattungs-Bedingungen, Quellenkritik, Einblick in den Medienbetrieb und in die eigene Redaktion).

Zu unterscheiden sind auch *Qualitätsmanagement* und *Qualitätssicherung*: Das eine akzentuiert stärker die innerredaktionelle Qualitätsarbeit, wie sie ein guter Chefredakteur als ‚Top-Manager' der Redaktion in engem Zusammenspiel mit seinen Redakteuren betreiben sollte. Qualitätssicherung ist dagegen der umfassendere Begriff, weil er auch außerredaktionelle Initiativen mit einbezieht – insbesondere die Infrastrukturen des Journalismus. Andererseits akzentuiert sprachlich Qualitätssicherung den Status quo – Qualität soll natürlich nicht nur ‚gesichert', sondern ‚verbessert' werden. Vor diesem Hintergrund ist es nicht nur ein Spiel mit Worten, wenn Qualitätsforscher und -manager in jüngerer Zeit häufiger den Begriff ‚Qualitätskultur' favorisieren (Held/Ruß-Mohl 2000).

Geschichte/Entwicklung

Medien- und Journalismuskritik gibt es, solange es Massenmedien und Journalismus gibt (→ Medienkritik, → Medienjournalismus). Eine systematische wissenschaftliche Beschäftigung mit Fragen der Qualitätssicherung und -steigerung, des Qualitätsmanagements in Redaktionen und der Entwicklung einer Qualitätskultur in der Medienbranche setzte jedoch erst spät ein – in Deutschland Anfang der 90er Jahre des 20. Jahrhunderts.

Anlass dafür waren journalistische Fälschungs-Skandale, sich häufende Beschwerden und Klagen bei Presseräten und ordentlichen Gerichten sowie dramatische Glaubwürdigkeitsverluste (→ Glaubwürdigkeit) der Medien. Bei Fernsehen und Radio sind die entsprechenden Werte in den Keller gesackt; die Zeitungen haben sich in Deutschland während der vergangenen Jahrzehnte auf niedrigem Niveau stabilisiert.

Für den Journalismus ist es ein Alarmsignal, wenn nur rund 20 Prozent der Befragten der Meinung sind, die Medien berichteten wahrheitsgetreu – nahezu egal, ob nach dem Fernsehen, dem Hörfunk oder der Zeitung gefragt wird (Berg/Kiefer 1996). Bedauerlicherweise wurde diese Frage in der Nachfolgestudie für das Jahr 2000 nicht mehr gestellt. Die Entwicklung in den letzten fünf Jahren kann somit im Rahmen der Langzeitstudie Massenkommunikation nicht weiterverfolgt werden.

Andere neuere Studien belegen jedoch, dass sich der Trend fortsetzt. Bei Umfragen in der Bevölkerung zum Sozialprestige verschiedener Berufe landen die Journalisten ohnehin seit Jahr und Tag am unteren Ende der Ranking-Skala.

Forschungsstand

Was hat die Kommunikationswissenschaft zur Qualitätssicherung im Journalismus beigetragen? Was kann sie realistischerweise beisteuern? Fraglos hat sie die Diskussion erst einmal angestoßen (Langenbucher 1984: 23-31; Ruß-Mohl 1992: 83-96) und mitbewirkt, dass Medienpraktiker das Qualitäts-Problem allmählich als lösungsbedürftig erkennen und sich damit kritisch auseinandersetzen. Aber auch in der Wissenschaft hat es eine Weile gedauert, bis sich ein an Kriterien journalistischer Professionalität orientierter Qualitätsdiskurs gegenüber dem herkömmlichen, moralisch ‚aufgeladenen' Ethik-Diskurs durchgesetzt hat (→ Medienethik).

Wer im Journalismus und in Redaktionen mehr Qualitätsorientierung und -management durchsetzen will, muss sich zunächst Rechenschaft darüber ablegen, weshalb sich Managementmethoden, die sich anderswo bewährt haben, bisher ausgerechnet in einer Branche nicht durchgesetzt haben, die auf die Jagd von Neuigkeiten und auf Informationsverarbeitung spezialisiert ist und damit eigentlich für Neuerungen besonders offen sein sollte.

Die Forscher haben dafür vielfältige Gründe zusammengetragen. Die vermutlich wichtigsten sind *ökonomischer* Natur:

- Medienbetriebe gehörten und gehören (trotz zyklischer Rückschläge und gelegentlicher Pleiten) zu den besonders profitablen Unternehmen. Über lange Zeit hinweg gab es vor allem im lokalen und regionalen Bereich viele *Quasi-Monopole*, die erst jetzt durch die verstärkte Konkurrenz zwischen verschiedenen Medien gefährdet sind. Solche

Vormachtstellungen am Markt fördern nicht den Qualitätswettbewerb.

- Auch die *Eigentumsverhältnisse* begünstigten oftmals ein ‚Weiterwursteln'. Solange gut verdient wurde und die Erträge wohlhabenden Eigentümer-Familien zuflossen, gab es kaum Handlungsbedarf. Mit der Börsennotierung wächst von der Investorenseite her der Druck, den *shareholder value* zu steigern. Dieser Druck ist eine zweischneidige Angelegenheit. Je nach Managementphilosophie und Marktsegment kann er zu Qualitäts- und/oder zu Effizienzsteigerungen führen. Aus der Sicht von Journalisten dürfte letzteres weitaus häufiger der Fall sein.
- Die *Produktionszyklen* sind kurz; das Produkt muss in sehr knappen Zeitabständen jeweils völlig neu erstellt werden. Bei einigen Medien – z. B. Nachrichtensendern und Internet-Angeboten – gibt es inzwischen einen *24 hours news cycle*. Schon die Natur des Produkts erschwert somit Qualitätsmanagement.
- Da die meisten Medienangebote ganz oder überwiegend über → Werbung finanziert werden, haben sich Leser, Hörer und Zuschauer daran gewöhnt, dass Medienprodukte billig zu haben sind. Dem (fast) geschenkten Gaul schaut man nicht ins Maul. Damit fehlt es den Publika an *Qualitätsbewusstsein*, das sich womöglich ganz anders entwickeln würde, wenn es keine Quersubventionierung gäbe.
- Umgekehrt sind für die Medienunternehmen die Werbetreibenden die wichtigeren Kunden. Ökonomisch betrachtet, sind die Publika primär dann von Interesse, wenn sie aus der Sicht der Werbekunden die ‚richtigen' Zielgruppen darstellen, also z. B. jung und kaufkräftig sind. Der Qualitätswettbewerb bezieht sich also auch auf die Werbetreibenden. Nicht alle Leser, Hörer und Zuschauer sind unter diesen Umständen gleich ‚wertvoll'.
- Ebenso fehlte es in vielen Häusern an *Marketing* und an *Markenbewusstsein* (Hess 2003). Vor allem letzteres verpflichtet, wenn es erst einmal vorhanden ist, Produzenten auf konsistente Qualitätsstandards.
- Ein Teil des Medienmarktes funktioniert als „market for lemons“: Damit hat *George A. Akerlof* Märkte umschrieben, auf denen „Käufer keine oder sehr viel weniger Information über die Qualität haben als die Verkäufer. Dies führt dazu, dass bei gegebenem Preis vorzugsweise Güter mit relativ schlechter Qualität angeboten werden, so genannte ‚Zitronen'. Sobald die Käufer dies realisiert haben, werden auch sie nur noch bereit sein, den Preis für Güter schlechter Qualität zu entrichten. Dadurch aber verringert sich für Anbieter von Gütern hoher Qualität nochmals der Anreiz, auf diesem Markt anzutreten. Langfristig werden so fast nur noch ‚Zitronen' angeboten: Die schlechte Qualität setzt sich durch und verdrängt die gute vom Markt.“ (zit. n. Kirchgässner 1997: 72) In solchen Marktsegmenten dürfte es von vornherein wenig aussichtsreich sein, Qualitätsmanagement und hohe Qualitätsstandards zu propagieren.

Aber auch die *rechtlichen* Rahmenbedingungen sind wenig dazu angetan, das Interesse von Medienunternehmen an Qualität zu steigern. Bedingt durch die großen Freiräume, welche die in der Verfassung garantierte Pressefreiheit sichert, ist es schwieriger, gegenüber den Medien Qualitätsansprüche einzuklagen und Produkthaftung durchzusetzen, als bei anderen Konsumgütern oder Dienstleistungen.

Dementsprechend unterentwickelt ist in den Redaktionen das Bewusstsein für die möglichen Folgen fehlerhafter Berichterstattung. Zu diesen ökonomischen und rechtlichen Aspekten kommen die besonderen Arbeitsbedingungen im Journalismus und das Eigenleben von Redaktionen hinzu, also *redaktionssoziologi-*

sche Ursachen, die mangelnde Qualitätssicherung zu erklären vermögen.

Forschungen und die Fachdiskussion der letzten Jahre haben gezeigt, wie sich publizistische Qualität dingfest machen lässt, und dass einzelne Dimensionen und Facetten von Qualität durchaus messbar sind. Der viel zitierte ‚Pudding Qualität' hat sich zwar als Ganzes nicht an die Wand nageln lassen, aber die einstmals amorphe Masse wurde zunehmend in ihre Einzelbestandteile zerlegt und damit auch ‚fixierbar'.

Es mag weiterhin unmöglich sein, wissenschaftlich exakt zu bestimmen, ob die *Frankfurter Allgemeine Zeitung* oder die *Süddeutsche Zeitung* bei einem Qualitäts-Ranking die Nase vorn haben, und ob dieses oder jenes Seite 3-Feature alle anderen in seiner Qualität überragt. Wenn sich jedoch eine Redaktion auf bestimmte Qualitätsziele verpflichtet und diese hinreichend klar benennt, dann können Wissenschaftler durchaus evaluieren, ob und inwieweit diese Ziele (z. B. → Aktualität, Anteil eigenrecherchierter Beiträge, Ausgewogenheit, Quellenvielfalt) erreicht werden.

Sofern Publizistikwissenschaftler etwas von journalistischer Praxis verstehen, könnten sie also bei der Evaluierung von Qualitätsmanagement und Qualitätsprogrammen einen konstruktiven Beitrag leisten. Mögen *einzelne* Messmethoden anfechtbar sein – mit einer *multiplen Evaluierung*, die sich mehrerer Forschungsmethoden bedient, lässt sich gewiss ein sehr viel genaueres Bild von der Qualität einzelner Medienprodukte gewinnen.

Zu nennen sind direkte und indirekte Verfahren der Qualitätsmessung. Direkte Methoden ‚messen' einzelne Qualitätskriterien direkt am journalistischen Produkt; indirekte Verfahren beziehen sich auf das Vorhandensein bestimmter Indikatoren, die mit hoher Wahrscheinlichkeit einen Rückschluss auf publizistische Qualität erlauben. Hinzu kommen die bekannten Verfahren, Qualität über den Markterfolg zu messen oder von Expertengremien bewerten zu lassen. Allenfalls würde durch die Messverfahren der Forschungsaufwand so hoch, dass sich unter dem Blickwinkel der Forschungsökonomie fragen ließe, ob wir wirklich alles so genau wissen wollen.

Die Medienforschung liefert inzwischen Daten, ohne die systematische Qualitätssicherung kaum möglich wäre. Forschungsinstitute wie *Medien Tenor* (Bonn), *Prime Research* (Mainz) oder der *Forschungsbereich Öffentlichkeit und Gesellschaft* (Universität Zürich) beobachten mit empirisch-quantitativen Methoden kontinuierlich die Medienberichterstattung und legen issue- oder institutionenbezogen aktuelle Inhaltsanalysen vor. So lassen sich Tendenzen des Over-, Under- und Non-Reporting ausmachen, also Übertreibungen, Einseitigkeiten und Lücken der Berichterstattung dingfest machen – aber auch strukturelle Abhängigkeiten etwa der Presse von Nachrichtenagenturen quantifizieren oder durch ein Zitate-Ranking feststellen, welche Leitmedien von anderen Massenmedien am häufigsten zitiert werden.

Internationale Bezüge

Einen intensiven Qualitätsdiskurs führen seit vielen Jahren vor allem die beiden US-amerikanischen Fachzeitschriften *American Journalism Review* und *Columbia Journalism Review* und – erkennbar diesen Vorbildern folgend – in Deutschland *message.* Darüber hinaus wirkt in den USA eine Vielfalt von Infrastrukturen qualitätssichernd – vor allem angesehene Journalisten-Preise wie den *Pulitzer-Preis*, für den zahlreiche Redaktionen umfangreiche Projekte investigativer journalistischer Recherche in Gang setzen.

Anders als in Europa gibt es in den → USA auch eine Reihe von Stiftungen, die journalistische Qualitätssicherung fördern und Vorhaben wie das *Project for Excellence in Journalism* (www.journalism.org) oder den Diskurs um *Civic Journalism* bzw. *Public Journalism* (www.pewcenter.org) vorantreiben – eine Form des Journalismus, die auf die Reaktivierung bürgerschaftlichen Engagements zielt.

Die nahe liegende These, dass im Blick auf die große Vielfalt von Qualitätsinitiativen auf dem größten Medienmarkt der Welt ‚economies of scale' wirksam werden, wird durch ein kleines Land wie die → Schweiz konterkariert, das sich – bezogen auf seine nur 7,2 Millionen Einwohner – nicht nur durch eine unglaubliche Vielzahl von Presseprodukten, sondern auch durch ein dichtmaschiges Netzwerk qualitätssichernder Infrastrukturen auszeichnet. In der Schweiz und in → Österreich sind Vereine gegründet worden, die journalistische Qualitätssicherung als Anliegen verfolgen.

Lohnenswert ist auch der Blick nach Japan (→ Asien). Ähnlich wie die Autoindustrie in den 70er Jahren, können Redaktionen dort in puncto Qualitätsmanagement eine Menge lernen: In Tokio leistet sich beispielsweise ein führendes Blatt wie die *Yomuri Shimbun* ein so genanntes *Newspaper Audit Committee*: Es checkt die Genauigkeit und die Verständlichkeit der Berichterstattung im Vergleich mit anderen Zeitungen. Seine Bewertung wird täglich an die Redaktion übermittelt, in der Hoffnung, dass dies zur Qualitätsverbesserung beiträgt. In der Redaktionszentrale in Tokio gibt es 25 solcher Auditoren, die einmal Redakteure waren und weitere fünf Auditoren von außen, die im Hauptberuf Journalistik-Dozenten oder Medienkritiker sind. Sie überprüfen jeden Artikel auf der Grundlage ihrer Erfahrung. Das Audit Committee trifft sich täglich, um die Qualität einzelner Beiträge, die Angemessenheit von Rubriken etc. zu diskutieren und anschließend seinen Report herauszugeben.

Praxisrelevanz

Der Journalismus zeigt sich gegenüber Qualitätsinitiativen ziemlich resistent. Erst allmählich wird publizistische Qualität von der Praxis ‚entdeckt', nachdem das Thema in der Wissenschaft bereits eine erstaunliche Karriere durchlaufen hat.

Soll der Schritt weg von der Routine und hin zum aktiven Qualitätsmanagement oder gar zur Entwicklung einer Qualitätskultur in der Redaktion gelingen, wird die Redaktionsleitung gemeinsam mit allen Mitarbeitern Ziele und Qualitätskriterien der redaktionellen Arbeit präzise formulieren müssen. Jede → Redaktion, welche die Qualität ihrer Arbeit überprüfbar verbessern möchte, muss deshalb im Blick auf ihre Zielgruppen und Rahmenbedingungen ihre eigenen Prioritäten bestimmen.

Von Fall zu Fall wird das Ergebnis variieren: Wer eine Jugendzeitschrift betreut, braucht einen anderen Kriterien-Mix als die *Tagesthemen*-Redaktion der ARD, und für eine Ratgeber-Sendung bedarf es wiederum anderer Qualitäts-Maßstäbe als für ein Kulturmagazin. Für alle gilt indes, dass Qualität erst dann überprüfbar wird, wenn man sich vorher auf Qualitätskriterien und deren Gewichtung verständigt.

Sind die Ziele definiert, folgt die Umsetzung und damit der produktionsbegleitende Qualitätssicherungs-Prozess. Einige Punkte sind von zentraler Bedeutung:

- *Quellenvielfalt:* Die Berichterstattung sollte aus möglichst vielen Quellen schöpfen, soweit diese für das Thema relevant sind.
- *Nachrichtenwerte:* Bei der Auswahl von Nachrichten und Themen sind Nachrichtenfaktoren zu berücksichtigen (→ Nachrichtenselektion, → Gatekeeping).
- *Überprüfungs-, Ergänzungs- und Gegenrecherche:* PR-Mitteilungen und Agenturmeldungen sind auf Vollständigkeit zu prüfen. Gegebenenfalls bedarf es der Ergänzung, bei konfliktträchtigen Themen oder zweifelhaften Quellen auch der Gegenrecherche (→ Recherche).

- *Gegenlesen/Redigieren:* Weil vier Augen mehr als zwei sehen, wird jeder Beitrag von einem Redakteur gegengelesen und redigiert. In heiklen Fällen lassen sich als zusätzliche Prüfinstanz externe Experten und – bei drohenden gerichtlichen Auseinandersetzungen – der Justitiar einschalten.
- *Korrektorat:* In den meisten Redaktionen wurde es abgeschafft und in einigen qualitätsbewussten Häusern inzwischen wieder eingeführt. Beiträge werden nochmals auf Grammatik- und Rechtschreibfehler geprüft, bevor sie in Druck gehen.
- *Redaktionsstatute und Reglements:* Nicht nur die Rechte, sondern auch die Pflichten der Journalisten und die Erwartungen, die die Chefredaktion in puncto Ethik und Professionalität hegt, werden am besten schriftlich fixiert. Darüber hinaus können *Redaktionshandbücher* bei der Bewältigung des Alltagsgeschäfts helfen.
- *Beobachtung der Konkurrenz:* Insbesondere die Arbeit der Branchenbesten sollte genau verfolgt werden – mit dem Ziel, für die eigene Arbeit Anregungen zu erhalten (‚Benchmarking').

Qualitätsbewusstsein lässt sich nicht verordnen, wohl aber entwickeln. Dazu sollte die Chefredaktion Anreize setzen, damit die Redaktionsmitarbeiter – unter Einschluss der freien Mitarbeiter – von sich aus alles tun, um Fehler zu vermeiden. Ein Klima der Angst in der Redaktion führt dazu, dass Fehler vertuscht oder anderen angelastet werden. Ziel sollte es dagegen sein, gemeinsam aus Fehlern zu lernen.

Wie hätte also *korrektive Qualitätssicherung* auszusehen?

- *Korrekturspalten:* Redaktionen, die den Mut haben, Fehler einzugestehen, können an → Glaubwürdigkeit nur gewinnen. Im deutschsprachigen Raum berichtigen indes Medien nur selten freiwillig den Unfug, den sie am Vortag verbreitet haben. In den → USA ist das anders: Zumindest bei den Printmedien sind *Corrections* längst zur Selbstverständlichkeit geworden. Wer eine solche Spalte einführt, sollte sie allerdings pflegen – und in seiner Redaktion die nötige Überzeugungsarbeit leisten, damit sich alle Ressorts beteiligen, obschon niemand gerne am Pranger steht. Wird nur sporadisch und ‚kosmetisch' korrigiert, merken und verübeln das die Publika.
- *Blatt- und Programm-Kritik:* In gut geführten Redaktionen gehört die Blatt- oder Programm-Kritik regelmäßig auf die Tagesordnung der Redaktionskonferenz. Sie sollte gut vorbereitet sein und aus unterschiedlichen Blickwinkeln erfolgen, damit Kritik nicht aus dem Bauch geübt wird und sie weder zum Ritual verkommt noch dazu missbraucht wird, Kollegen ‚vorzuführen'.
- *Systematische Auswertung* von Kritik: Jegliche Art von Kritik aus dem Publikum sollte erfasst und systematisch ausgewertet werden. Auch deshalb ist es gut, wenn es in der Redaktion eine zentrale Anlaufstelle gibt – etwa einen Leserschaftsbeauftragten oder einen *Ombudsman*. Bündeln sich Rückmeldungen dort, so ist gesichert, dass es nicht von Launen und vom Missmut einzelner Redakteure abhängt, wie man Beschwerdeführern begegnet und ob geäußerte Kritik an die Redaktionsspitze weitergeleitet wird.

Darüber hinaus gälte es, redaktionelles Qualitätsmanagement in den größeren Kontext einzubetten. Publizistische Qualitätssicherung ist nicht allein eine Aufgabe einzelner Journalisten oder Medienunternehmen, sondern hat eine überbetriebliche, ja sogar gesellschaftliche Dimension. In der Publizistik ist Qualitätsmanagement mehr als anderswo Kommunikationsmanagement. Qualitätssicherung kann nur gelingen, wenn es auch außerhalb der Redaktionen ein Netzwerk von Initiativen und Institutionen gibt, die zur Qualitätssicherung etwas beisteuern und die untereinander kommunizieren.

Der Deutsche Journalisten-Verband (→ Verbände) versucht mit mehreren Projekten, dieses Netzwerk zu verstärken. Die *Initiative Qualität* schließt Verbände und Persönlichkeiten zusammen, die sich um Qualitätssicherung und -verbesserung im Journalismus kümmern. Ein jährliches Treffen der Leiter von Aus- und Weiterbildungseinrichtungen trägt ebenfalls erste Früchte: Dort bemüht man sich zurzeit um eine freiwillige *Zertifizierung* der Ausbildungsgänge nach amerikanischem Vorbild.

Bewertung und Ausblick

Die wirtschaftlichen Rahmenbedingungen vieler Medien haben sich in den letzten Jahren dramatisch verändert; insbesondere die drastischen Rückgänge im Geschäft mit Anzeigen und Werbespots zwingen eisern zum Sparen. Diese ökonomischen Veränderungen dürften eher einen Effizienzschub als einen Qualitätszuwachs bewirken. In hochwertige journalistische Qualität investieren gewinnorientierte Unternehmen nur dann, wenn sie sich mit ihren Produkten in jenem kleinen, elitären Marktsegment bewegen, wo sich dies auch rechnet.

Konzerne fürchten allerdings um ihren guten Ruf. Insoweit wächst der Druck auf die Medienunternehmen, ‚good corporate citizens' zu werden – wie andere Großunternehmen auch, die von den Medien meist stärker observiert werden als die eigene Branche. Die ganze Logik und Logistik des *Corporate journalism* läuft darauf hinaus, Standards zu setzen und diese nicht beliebig zu unterschreiten.

Sodann ruft Qualitätsverfall Gegenbewegungen hervor. In der Bevölkerung und auch in der Politik ist das Unbehagen über die Medien gewachsen. Andererseits sind Politiker viel zu sehr auf Medienaufmerksamkeit und -wohlwollen angewiesen, als dass von ihnen Initiativen oder gar ‚Wunder' zu erwarten wären, welche die Kreise der Medienkonzerne ernsthaft stören könnten.

Womöglich ist es gar nicht nötig, Qualität wissenschaftlich-exakt zu bestimmen, um mehr Qualität zu erreichen. Wichtiger ist wohl ein kontinuierlicher öffentlicher und fachöffentlicher Diskurs über den Journalismus und damit zur publizistischen Qualität, damit die Journalisten qualitätsbewusster arbeiten und die Publika als Kunden Qualität einfordern.

Somit kommt der Berichterstattung über Medien, also dem → Medienjournalismus, bei der publizistischen Qualitätssicherung eine zentrale Rolle zu, die dieser allerdings bisher nur partiell ausfüllt. Funktionierte der Medienjournalismus verlässlicher, könnte er so etwas wie die ‚fünfte Gewalt' sein, welche die vierte beobachtet und ‚beaufsichtigt', ohne Zensur auszuüben.

Und noch einen qualitätsfördernen Effekt zeitigt Medienjournalismus: Journalisten und Medienmanager werden immer häufiger selbst Gegenstand und damit ‚Opfer' von Medienberichterstattung.

Bekanntlich sind Medienleute äußerst dünnhäutig und mögen es nicht, wenn an ihnen herumgenörgelt wird. Die schiere Erfahrung, einmal auf der anderen Seite zu erleben, wie ‚Rudeljournalismus' funktioniert und wie wehrlos man ihm ausgeliefert sein kann, zeitigt in den USA bereits heilsame Effekte.

Es ist also nicht ganz aussichtslos, im Journalismus Qualitätsinitiativen voranzutreiben zu wollen – auch wenn solches Mühen vielfach an Don Quijotes Kampf gegen Windmühlenflügel erinnern mag.

Literatur

Berg, Klaus/Marie-Luise Kiefer (1996): Massenkommunikation V, Baden-Baden.

Bruhn, Manfred (1996): Qualitätsmanagement in Dienstleistungen, Berlin u. a.

Bucher, Hans-Jürgen/Klaus-Dieter Altmeppen (Hrsg.) (2003): Qualität im Journalismus, Wiesbaden.

Held, Barbara/Stephan Ruß-Mohl (Hrsg.) (2000): Qualität durch Kommunikation sichern, Frankfurt/M.

Hess, Constanze (2002): Determinanten im Lesermarketing regionaler Tageszeitungen in Deutschland und den Niederlanden, Amsterdam.

Kepplinger, Hans Mathias (2001): Die Kunst der Skandalierung und die Illusion der Wahrheit, München.

Kirchgässner, Gebhard (1997): Homo Oeconomicus, Tübingen.

Langenbucher, Wolfgang R. (1984): Qualitätssicherung im Journalismus, in: H.-K. Selbmann (Hrsg.): Qualitätssicherung ärztlichen Handelns, Gerlingen: 23-31.

Ruß-Mohl, Stephan (1992): Am eigenen Schopfe ... Qualitätssicherung im Journalismus – Grundfragen, Ansätze, Näherungsversuche, in: Publizistik 1992/1: 83-96.

Zollondz, Hans Dieter (2002): Grundlagen Qualitätsmanagement, München/Wien.

Stephan Ruß-Mohl, Lugano

Radio

Definition/Begriffsbestimmung

Das Radio (abgeleitet von lat. radius = Strahl) ist ein uns vertrautes Empfangsgerät für den *Hörfunk*, das – meist in mehreren Exemplaren – in nahezu jedem Haushalt zu finden ist. Daneben ermöglicht es mobilen Empfang, z. B. unterwegs im Auto. Das Radio nimmt in unserem täglichen Medienkonsum den größten zeitlichen Raum ein (in → Deutschland mit ca. 206 Minuten täglich); gleichwohl ist seine Wirkung begrenzt, weil es vor allem als Nebenher-Medium konsumiert wird. Bei erster Annäherung können wir Radio als das ausschließlich auf den Gehörsinn wirkende Funkmedium definieren, das sich deutlich vom zweiten Funkmedium, dem audiovisuellen Medium Fernsehen abhebt.

Jenseits dieser allgemeinen Begriffsbestimmung verstehen wir unter Radio ganz unterschiedliche Dinge, die sich nach dem jeweiligen Kontext sortieren. Dazu zählen:

- Das Radio kann als Hardware interpretiert werden, als Endpunkt eines technischen Übertragungssystems (das Radio als Empfänger), aber auch als Software oder als Programminhalt (etwas wird im Radio gehört); die Trennung ist oft nicht eindeutig.
- Mit Radio bezeichnen wir die Übertragungstechnik, bei der eine gerichtete auditive Verbindung zwischen einem Studiomikrofon und einem häuslichen Lautsprecher hergestellt wird.
- Radio ist ein Programmmedium, in dem von Anbietern, die ganz unterschiedlich organisiert, finanziert und motiviert sind, Programme zusammengestellt werden, die über Sender verteilt und von Zuhörern am Empfänger ausgewählt und konsumiert werden.
- Anbieter von Radioprogrammen sind im *dualen System* entweder öffentlich-rechtlich organisiert, folgen einem gesetzlich fixierten Programmauftrag und finanzieren sich (überwiegend) aus Gebühren, oder sie sind kommerziell organisiert, dienen vor allem der Reichweiten- und damit der Gewinnmaximierung und finanzieren sich aus Werbeeinblendungen.
- Außerdem gibt es nicht-kommerzielle Lokalstationen, getragen von Bürgervereinigungen, finanziert aus Spenden und Mitgliederbeiträgen, die freien Zugang und programmliche Alternative anstreben; beziehen wir sie mit ein, sprechen wir von einem *trialen System*.
- Radioprogramme folgen heute ganz unterschiedlichem Zuschnitt. Es gibt Vollprogramme (mit Musik, Nachrichten, Moderation etc.), die vor allem hohe Reichweiten erzielen sollen; sie unterscheiden sich vor allem nach Musikfarben. Dazu finden sich Spartenangebote, etwa für Nachrichten, Kultur oder multikulturelle Inhalte.
- Das Radio ist ein Massenmedium mit hohen und langen Einschaltungen, das

gleichwohl in scharfer Konkurrenz zu anderen Medien steht. Seine Vorteile liegen im breiten Angebot, in der hohen → Aktualität, im lokalen Bezug und der Verfügbarkeit an jedem Ort zu jeder Zeit.

Geschichte/Entwicklung

Das Radio entstand nach dem Ersten Weltkrieg aus der drahtlosen Funktechnik, die auf besonderen Eigenschaften der elektromagnetischen Wellen beruhte. Wesentliche Vorarbeiten dazu leistete der Physiker *Heinrich Rudolf Hertz* (1857-1894), der nachwies, dass elektromagnetische Wellen vermittels Funken erzeugt werden können (→ Medientechnik). Nach ihm wird bis heute die Anzahl der Schwingungen eines elektromagnetischen Feldes – und damit die Frequenz eines Senders – bezeichnet (KHz etc.)

Erste konkrete Anwendungen lieferte der Italiener *Guglielmo Marchese Marconi* (1874-1937), der damit den drahtlosen Nachrichtenverkehr begründete. Nach früheren Anwendungen dieser Technik in den Bereichen Politik, Militär, Kolonien und Wirtschaft und der Nutzung durch interessierte Bastler (Amateurfunk), entdeckte man nach dem Ersten Weltkrieg den privaten Haushalt als potenziellen Adressaten. So entstand der Hörfunk, zuerst in Nordamerika (1919/20), etwas später in Deutschland (1923), wo Funkgesellschaften die Programmproduktion übernahmen. Die Funkhoheit lag dabei von Anbeginn bei der Post, die gegen Gebühr Radioprogramm anbot; inhaltlich bestand eine erhebliche staatliche Kontrolle.

Das in den Anfangsjahrzehnten verwandte Lang-, Mittel- und Kurzwellensignal in Amplitudenmodulation (AM) konnte teilweise über weite Distanz empfangen werden, was ab Ende der 20er Jahre die Einführung von *Auslandsfunk* beförderte – anfänglich für Propagandazwecke (*Radio Moskau*), dann zur Pflege von Beziehungen zu Auslandsbürgern (Deutschland) und zu eigenen Kolonien (*BBC Commonwealth Service*).

Noch am Tage der Machtergreifung durch die Nationalsozialisten 1933 wurden die Spitzen des deutschen Rundfunks abgelöst und durch linientreue Nazi-Vertreter ersetzt; sie machten das Radio mit Volksempfänger und Führerreden zum wichtigsten Propagandainstrument der Diktatur.

Nach dem Zusammenbruch des Regimes musste der Rundfunk von Grund auf neu organisiert werden. Er entstand dezentral in den Besatzungszonen nach Vorgaben der Besatzer. Ende der 40er Jahre wurden die neu entstandenen Anbieter in deutsche Verfügung zurückgegeben und in die Rechtsform öffentlich-rechtlicher Anstalten überführt. Angesichts dieser spezifischen Entstehungsgeschichte und später vom Bundesverfassungsgericht bestätigt, blieb der Hörfunk in Deutschland ein regionales, mitunter lokales Medium – entweder in Landesrundfunkgesetzen oder Staatsverträgen normiert oder nach der kommerziellen Öffnung durch Landesmedienanstalten lizenziert (Kauffmann 1997).

Zur besseren Koordinierung untereinander schlossen sich im Jahre 1950 die Rundfunkanstalten zur *Arbeitsgemeinschaft der öffentlich-rechtlichen Rundfunkanstalten der Bundesrepublik Deutschland* (ARD) zusammen. Derzeit gehören ihr neun Anstalten an, die ihr regionales Sendegebiet mit einer Reihe von Radioprogrammen versorgen (Kleinsteuber/Thomaß 2002). Gemeinsam kommen sie auf 1.500 Sendestunden täglich und einen Marktanteil von 55 Prozent. Es gibt in Deutschland – international eine Sondersituation – nur zwei nationale Hörfunkprogramme: *Deutschlandfunk* und *DeutschlandRadio*, die von *ARD* und *ZDF* gemeinsam getragen werden.

Um 1950 wurde neben dem Hauptprogramm ein zweites Angebot aufgebaut. Angesichts des damaligen Frequenzmangels auf der Mittelwelle wurde der Ultrakurzwellen-Bereich (UKW) erschlossen, beruhend auf Frequenzmodulation (FM), was bessere Übertragungsqualitäten bei lokalem Senderadius ermöglichte. War das Radioprogramm anfänglich als Vollprogramm konzipiert, mit unterschiedlichen Anteilen von Musik, Nachrichten, aber auch Bildung (Schulfunk), Hörspiel etc., so geriet dieses Schema unter massiver Konkurrenz des Fernsehens ins Wanken. Die Einschaltungen gingen zurück, und neue Präsentationsformen wurden erprobt; unter dem Begriff *Servicewellen* entstanden reichweitenbetonte Programme mit Unterhaltungsmusik und plaudernder Moderation. Die besonders populären Frequenzen der Anstalten betrieben zumeist auch Hörfunkwerbung; das Gros der Finanzierung kam aber aus der Radiogebühr.

Mitte der 80er Jahre entstanden erste *kommerzielle* Sender, die gewinnorientiert arbeiten und sich ausschließlich aus Werbeeinnahmen finanzieren. Sie werden in den jeweiligen Bundesländern lizenziert, die entweder landesweite Sendenetze favorisierten (z. B. Schleswig-Holstein) oder Lokalstationen (z. B. Bayern).

Die neuen Konkurrenten orientierten sich an internationalen, vor allem amerikanischen Vorbildern und begannen eine Formatierung der Angebote wie z. B. *Top-40* oder *Easy Listening*. Unter großen Konkurrenzdruck gekommen, begannen auch die öffentlich-rechtlichen Anbieter mit einer weiteren Spezialisierung ihrer Angebote: Einzelne Programme maximieren vor allem die Reichweiten mit populären Musikfarben; andere versorgen spezifische Nischen wie 24-Stunden-Nachrichtenangebote, Kultur und Klassik, regionale und lokale Programme oder Fensterangebote.

Je nach Bundesland sehr unterschiedlich sind inzwischen auch nicht-kommerzielle Lokalstationen und einige *Offene Kanäle* auf Sendung gegangen, die interessierten Bürgern und Amateuren direkten Zugang zum Radiomedium ermöglichen. Heute stellt sich die deutsche Radiolandschaft relativ vielfältig dar, föderal zerklüftet und stark regional differenziert.

Forschungsstand

Das Radio stand lange Zeit im Schatten des → Fernsehens, dem es vorausging und von dessen Aufstieg zum hegemonialen Medium es schwer getroffen wurde. Erst in den letzten Jahren wurde es wiederentdeckt als Medium mit spezifischen Leistungen und Vorteilen, die ihm in den Einschaltungen sogar noch Zuwächse verschafften (Lindner-Braun 1998). Sie lagen in Deutschland 1970 bei 67 Minuten, 1980 bei 154 Minuten, 1990 bei 170 Minuten und 2000 bei 206 Minuten (zum Vergleich: Fernsehen 185 Minuten). Die Tagesreichweite des Hörfunks liegt bei 85 Prozent und ist damit dem Fernsehen vergleichbar (Tageszeitung: nur 54 Prozent). Die Nebenher-Funktion des Radios wird in gemischten Nutzungen sichtbar; so wird Radio weit weniger während der Freizeit gehört (45 Minuten) als während anderer Verrichtungen (162 Minuten).

Die besondere *Mobilität* des Mediums wird darin deutlich, dass ein erheblicher Teil des Konsums außer Haus stattfindet (80 Minuten). Das Radio wird von allen Altersgruppen ab 14 Jahren gleichermaßen geschätzt; der Höhepunkt der Einschaltung liegt in den Morgenstunden (etwa 6 bis 9 Uhr). Befragt nach den *Nutzungsmotiven* stehen beim Hörfunk im Vordergrund: Entspannung (81 Prozent der Antwortenden), nicht allein fühlen (79 Prozent), Alltag vergessen (78 Prozent) und Spaß (72 Prozent). Fragt man nach dem Image der Medien, so sticht das Radio mit folgenden Eigenschaften hervor: unterhaltend/unterhaltsam (72 Prozent), locker und ungezwungen (69 Prozent), sympathisch (65 Prozent). (Media Perspektiven 2003)

Die *Reichweiten* der öffentlich-rechtlichen und privat-kommerziellen Stationen werden regional, entsprechend den Sendegebieten erhoben. Jenseits des öffentlichen Sektors haben sich werbefinanzierte Stationen vor allem in landesweiten Netzen und in Ballungszentren als lukrativ erwiesen. Etliche der kleinen Lokalstationen befinden sich in finanziellen Schwierigkeiten.

Der Anteil an den Bruttoaufwendungen der → Werbung für den Hörfunk ist mit 897 Millionen und 5,4 Prozent (2002) relativ gering und sinkt leicht (1995: 6,5 Prozent). Rechnet man das Nettowerbeaufkommen auf die Bundesbürger um, so kommt im Durchschnitt ein Betrag von 10,30 Euro pro Kopf und Jahr heraus. Was den Forschungsstand anbetrifft, so haben viele der Landesmedienanstalten, welche den kommerziellen Radiosektor lizenzieren und beaufsichtigen, Studien vorgelegt. Jenseits der Tatsache, dass sie der Legitimation der eigenen Arbeit dienen, unterstreichen sie, dass der Grad der Radioversorgung je nach Bundesland, dazu zwischen den Metropolen und der ländlichen Peripherie, recht unterschiedlich sein kann.

Internationale Situation

In → Großbritannien wurde bereits in den 20er Jahren mit der *BBC* das Modell eines staatlich installierten, aber unabhängig organisierten und finanzierten Rundfunks geschaffen, der sich einem öffentlichen Auftrag (*Public Service*) verpflichtet sieht. Dieses Modell setzte sich nach dem Zweiten Weltkrieg fast überall in Europa durch. Es ist normalerweise zentralistisch konstruiert, mit nationalen Programmangeboten und einer späteren von oben angeordneten Regionalisierung. Das föderale deutsche Modell ist international ohne Beispiel. Gleichfalls in den 20er Jahren entstand in den → USA das *kommerzielle* Modell, bei dem Werbefinanzierung und Gewinnmotivation im Vordergrund stehen. Dort schlossen sich lokal entstandene Stationen nationalen Netzen an, die für Programmeinspeisung sorgten. So entstanden Network-Strukturen; die heute bekannten TV-Anbieter *ABC*, *CBS* und *NBC* sind als Radio-Networks entstanden.

Diese Radiostruktur geriet mit dem Aufstieg des amerikanischen Fernsehens in eine schwere Krise, zumal das neue Angebot attraktive Bestandteile des Radios (etwa Seifenopern) übernahm. In völliger Abkehr von der bisherigen Marktstrategie versuchten es Sender in den 50er Jahren mit spezialisierten Angeboten, aus denen schließlich immer neue *Radioformate* entstanden, wie sie heute auch bei uns charakteristisch sind. Die neueste Tendenz in den USA ist allerdings, dass nach Deregulierungen (→ Regulierung) Radiostationen in großer Zahl aufgekauft, in Ketten verbunden werden und zunehmend automatisiert arbeiten. So wird es möglich, selbst mit bescheidenem Geldeinsatz eine Station profitabel zu betreiben; lokale Berichterstattung und journalistische Leistung bleiben dabei aber auf der Strecke.

Kommerzielles Radio blieb in Europa bis in die 80er Jahre die große Ausnahme (wie *RTL* aus Luxemburg), wurde dann aber flächendeckend eingeführt. Damit war ein massiver Amerikanisierungsschub in den Marktstrategien der neuen Anbieter verbunden, denn nur in den USA bestand das notwendige Know-how für den Betrieb derartiger Stationen.

In den USA gab es von den ersten Tagen der Radioentwicklung an auch *nichtkommerzielle* Träger wie Universitäten, Schulen oder Kommunen. Diese litten zeitweise unter massivem Druck der Kommerziellen, konnten sich aber als eigenständige Anbieter etablieren und vernetzen (*National Public Radio*).

Dazu entstanden seit Ende der 40er Jahre erste Community Stationen (*Pacifica Radio*), die von lokalen Bürgerassoziationen getragen wurden. Sie wurden zum Vorbild für die dritte Säule in der Radioversorgung, wie sie heute in vielen Teilen der Welt etabliert ist. Ihr Erscheinungsbild variiert: In Südeuropa gingen sie aus freien Radios hervor, in Nordeuropa versorgen sie als Nahradios Hunderte von Kommunen. In den ärmsten Teilen der Welt, wo das kostengünstige Radio häufig das wichtigste Medium darstellt, haben sie ihre größte Bedeutung (→ Afrika).

Praxisrelevanz und Bewertung

Das Radio gilt als das aktuellste und einzige, universell verfügbare Medium, von dem im Tagesverlauf viele Hörer laufende Informationen beziehen. Darum unterhalten die meisten Stationen eigene Nachrichtenredaktionen (→ Radiojournalismus). Öffentlich-rechtliche Anbieter bieten zudem Nachrichtenkanäle, leisten sich wortdominierte Programme und nutzen ihr weltweites Korrespondentennetz. Kommerzielle Stationen begnügen sich meist mit kurzen Überblicksmeldungen.

Ein wichtiges Feld stellt die Moderation dar, die neben Journalisten auch von ganz anders sozialisierten Mitarbeitern (etwa Discjockeys) übernommen wird. Hier geht es um Unterhaltung, Spaß, Telefonate, Gewinnspiele etc. Da sich die reichweitenstarken Stationen vor allem durch die Musikfarbe unterscheiden, stützt eine ausgefeilte Musikplanung das Programm, eingesetzt dafür werden so genannte Computeruhren, welche die Platzierung der Musiktitel und der Werbeeinblendungen, deren Wiederholungen und Wortbeiträge übernehmen. Zusammengeführt werden Musik und Sprache heute in vollständig digitalisierten Radiostudios, die von einer Person zu steuern sind.

Ganz anders sieht es oft in den nichtkommerziellen Stationen aus, die mit einfachster Technik arbeiten und eine bunte Abfolge mehr oder minder zusammenhängender Beiträge abliefern, moderiert von Liebhabern des Mediums; ein zunehmend multikultureller Einschlag mit Fremdsprachen und Weltmusik ist zu beobachten (Dorer/Baratsits 1995).

Das Radio hatte zwischen den 20er und 50er, den so genannten ‚Radio Days', seine große Zeit als elektronisches Leitmedium; darauf wurde es vom Fernsehen zeitweise regelrecht marginalisiert. Gleichwohl erholte es sich als eigenständiges Medium mit hohen Einschaltungszahlen.

Nur die alltägliche Nutzung hat sich völlig verändert. Als *Nebenher-Medium* begleitet es den Tagesablauf mit dem Höhepunkt der frühen Tagesstunden (Aufstehzeit), Autofahrten, Haus- und Computerarbeiten. Darum ist auch die Aufmerksamkeit des Hörers gering; das Radioangebot wirkt dann wie eine Art Musiktapete mit der Möglichkeit, sich kurz über aktuelle Vorgänge zu informieren. Die menschliche Stimme belebt das Alleinsein.

Das Radio kann aber weit mehr; es ist auch ein plurales Medium. Oft sind Dutzende von Stationen empfangbar, die ein breites Spektrum anbieten, inkl. Nachrichten, klassische Musik und Kultur, lokale Angebote oder Musik aus anderen Teilen der Welt. Diese Variationsbreite macht die Lebendigkeit und Vielseitigkeit dieses Mediums aus und sichert ihm auch in einer multimedialen Zukunft seine Existenz.

Ausblick

Die nächsten großen Veränderungen werden von der Technik ausgehen. Seit vielen Jahren wird an der *Digitalisierung* des Hörfunks gearbeitet, bisher mit geringem Erfolg (Kleinsteuber 2004). Ein erster Versuch mit *Digital Satellite Radio* (SDR) via Kabel scheiterte bereits vor einigen Jahren. Der Satellitenbetreiber Astra bietet *Astra Digital* Radio (ADR) an, gleichfalls mit geringem Erfolg, weil bei Übertragung via Kabel und Satellit die Mobilität wegfällt, einer der zentralen Vorteile des Mediums.

Für die terrestrische Ausstrahlung wurde als Nachfolgetechnik von UKW *Digital Audio Broadcasting* (DAB) als europäisches Projekt entwickelt und 1999 in Deutschland in den Regelbetrieb überführt. Obwohl das Land inzwischen zum größten Teil mit einem DAB-Sendenetz abgedeckt ist, blieb der Zuspruch bisher gering. Im Jahre 2003 wurde damit begonnen, auch die AM-Übertragung

(Kurz-, Mittel- und Langwelle) über *Digital Radio Mondiale* (DRM) zu erneuern.

Für die ärmeren, besonders Radio-affinen Teile der Welt wird inzwischen digitaler, direktstrahlender *Satellitenfunk* von *Worldspace* angeboten. In den USA wird eine ähnliche Technik eingesetzt, um Pay-Audio mit 100 digitalen Kanälen für mobile Nutzer, insbesondere Autofahrer, zur Verfügung zu stellen (*XM Satellite Radio*); für Europa wird dieses Angebot entwickelt. Über Audio-Streaming ist so genanntes ‚Cyberradio' im Internet empfangbar, mit derzeit etwa 10.000 Stationen aus vielen Winkeln der Welt. Dabei unterscheidet man Offline-Stationen, die ihr ausgesendetes Programm zusätzlich im Internet anbieten und reine Online-Stationen, die nur im Netz verfügbar sind.

Sicherlich kann bei mehreren der erwähnten Angebote die Frage aufgeworfen werden, inwieweit das Angebot noch als Radio zu klassifizieren ist. Dies gilt umso mehr bei *Pay-Audio-Diensten* mit einer Fülle streng formatierter Musikkanäle (wie sie z. B. *Premiere World* als Zusatzleistung zum Pay-TV anbietet) oder *Audio-on-Demand*, also individuelle Abrufmöglichkeiten im Internet.

In der Zukunft mag das Radio in der heute vertrauten Variante verschwinden. Die auditive Versorgung des Medienkonsumenten wird dagegen eine Konstante bleiben. Sie wird dann über eine ganze Palette von parallelen Techniken und Übertragungswegen laufen. Allerdings scheint der typische Hörer mit der derzeitigen UKW-basierten Versorgung weitgehend zufrieden zu sein, zumal die neuen Angebote kostenaufwändig und oft kompliziert sind; der Zugewinn an Qualität und Auswahlmöglichkeit bleibt eher begrenzt.

Bisher sind die verschiedenen Techniklinien zur Digitalisierung des Hörfunks vor allem von Ingenieuren aufgelegt worden, ohne dass dabei typische Hörergewohnheiten ausreichend berücksichtigt worden wären. Vielleicht liegt deswegen das Radio bei der Digitalisierung hinter anderen Medien zurück.

Der Radioempfänger der Zukunft wird wohl nur dann akzeptiert werden, wenn er die verschiedenen oben genannten Normen (DAB, DRM, Internet-Radio etc.) für den Nutzer unsichtbar, gleichzeitig aber leicht navigierbar in einem Gerät vereint. Für die Programmanbieter gilt, dass sie die Variationsbreite des Radios voll ausnutzen sollten.

Dabei finden sich Chancen vor allem dort, wo andere Medien Defizite haben: Das Radio wird auch in Zukunft vor allem mit Aktualität, Mobilität, lokaler Kompetenz und Zugang zu Angeboten aus aller Welt punkten können.

Literatur

Bauer, Helmut/Stephan Ory (Hrsg.) (2001): Hörfunk-Jahrbuch 2000/2001, Berlin.

Bruenjes, Stephan/Ulrich Wegener (Hrsg.) (1998): Radio-Report. Programme, Profile, Perspektiven, München.

Dorer, Johanna/Alexander Baratsits (Hrsg.) (1995): Radiokultur von Morgen, Wien.

Häusermann, Jürg (1998): Radio, Tübingen.

Kauffmann, Ulrich (1997): Der nationale Hörfunk im vereinigten Deutschland, München.

Kleinsteuber, Hans J. (2004): Radio und Radiotechnik im digitalen Zeitalter, in: H. Segeberg (Hrsg.): Die Medien und ihre Technik, Marburg: 371-397.

Kleinsteuber, Hans J./Barbara Thomaß (2002): Der Hörfunk: Organisations-, Programm- und Konsumentenstrukturen, in: J. F.- Leonhard et al. (Hrsg.): Medienwissenschaft, 3. Teilband, Berlin: 1959-1975.

Lindner-Braun, Christa (Hrsg.) (1998): Radioforschung. Konzepte, Instrumente und Ergebnisse aus der Praxis, Opladen.

Media Perspektiven (2003): Basisdaten – Daten zur Mediensituation in Deutschland 2002, Frankfurt/M.

Stuhlmann, Andreas (Hrsg.) (2001): Radio-Kultur und Hör-Kunst. Zwischen Avantgarde und Popularkultur 1923-2001, Würzburg.

Hans J. Kleinsteuber, Hamburg

Radio-Journalismus

Definition/Begriffsbestimmung

Radio-Journalismus ist die Tätigkeit der inhaltlichen Gestaltung von Radioprogrammen im Wortbereich. Das elektronische Medium → Radio hat den ursprünglich von den gedruckten Medien kommenden Journalismusbegriff (→ Journalismus) grundlegend verändert. Lediglich die Berufsbezeichnungen entsprechen beim modernen Radio noch den ursprünglichen.

Journalisten im ursprünglichen Sinne sind beim Radio Redakteure und Reporter. *Redakteure* entscheiden über die Inhalte. Sie entscheiden darüber, ob und in welcher Form einzelne Beiträge gebracht werden, und sie gestalten Sendeflächen – so wie Zeitungsredakteure Zeitungsseiten gestalten. Die *Reporter* sind die Informationsbeschaffer; sie recherchieren Informationen und gestalten Sendebeiträge.

Die neuen Berufe im Radio-Journalismus sind Sprecher, Präsentator, Moderator und Producer. *Sprecher* gab es von Anfang an beim Radio. In früher Zeit waren sie meist Schauspieler oder hatten jedenfalls eine Schauspielausbildung. Sie verlasen am Mikrofon Texte, die in der Regel andere geschrieben hatten.

Die klassischen Sprecher gibt es heute gelegentlich nur noch bei den Nachrichten und hier und da noch als so genannte Programmsprecher. Sie präsentieren die letzten noch existierenden traditionellen Einschaltprogramme. Selbst Nachrichtensendungen werden immer häufiger von Nachrichtenredakteuren selbst gesprochen – aus Kostengründen, aus Gründen der → Glaubwürdigkeit und auch, um die Nachrichten und die Radioprogramme insgesamt stärker zu personalisieren. Dies entspricht dem Radio in seiner Eigenschaft als emotional wirkendes Medium.

Der *Moderator* oder Präsentator ist beim Radio der ‚Verkäufer' des Programms. Mit den Moderatoren identifizieren die Hörer eine Welle; sie stehen für die Anmutung eines Programms und für das Gesamtklangbild. Für viele stehen sie sogar für die Inhalte, was in der Regel nicht zutreffend ist. Für die Inhalte sind Redakteure und Reporter zuständig; die Moderatoren stehen für die Präsentation, also dafür, dass die Inhalte vermittelt werden. Selbst von Moderatoren geführte Interviews basieren auf der Vorbereitung, auf dem so genannten ‚Briefing' durch Redakteure.

Moderatoren sollen Kommunikatoren sein – und Sympathieträger, denn das Publikum orientiert sich an ihnen, um über die Qualität des Programms zu entscheiden. In der Figur des Moderators sollten sich journalistische Kompetenz und die Fähigkeit vereinen, Medieninhalte öffentlich zu präsentieren. Journalistische Ausbildung ist deshalb eine gute Voraussetzung für die medialen Verkäufer.

Viele Radioprogramme werden aus diesem Grund von gelernten Journalisten moderiert, welche die Befähigung zum öffentlichen Auftritt haben. Redaktionen, in denen Redakteure regelmäßig moderieren und Moderatoren des Öfteren auch als Redakteure arbeiten, sind meist die erfolgreichsten.

Geschichte/Entwicklung

Das Radio hatte in Deutschland in den 20er Jahren kaum Journalisten als Mitarbeiter. Die Radiomacher der frühen Jahre waren Beamte aus der öffentlichen Verwaltung, die das neue Medium entwickeln sollten, sowie Techniker und Künstler. Informationen spielten im Radioprogramm am Anfang so gut wie gar keine Rolle. Später wurden sie von der *DRADAG* (Drahtloser Dienst, AG für Buch und Presse) zugeliefert. Die Nachrichten dieser von der Reichsregierung zu 51 Prozent und von Wirtschaftsunternehmen zu 49 Prozent kontrollierten so genannten ‚Nachrichtenstelle' mussten unverzüglich, ungekürzt und unverändert vom Radio verbreitet werden. Der Rundfunk war in der Weimarer Republik zwischen Staat und Wirtschaft angesiedelt.

Die Nachrichtenjournalisten gehörten nicht dem Rundfunk an. Voraussetzung dafür war auch die Tatsache, dass man das Grundrecht der Pressefreiheit (→ Kommunikationsfreiheit) in der Verfassung nur auf die gedruckten Medien, nicht aber auf das Radio bezog.

Als nach dem Zweiten Weltkrieg in Westdeutschland – d. h., in den drei westlichen Besatzungszonen – der öffentlich-rechtliche Rundfunk entstand, gab es einen Mangel an Radio-Journalisten. Das Radio rekrutierte seine journalistischen Mitarbeiter im Wesentlichen aus dem Bereich der gedruckten Medien. Journalisten von Zeitungen, die oftmals im Nationalsozialismus Schreibverbot hatten, bauten schrittweise Redaktionen, insbesondere Nachrichten- und Kulturredaktionen auf. Literaten, die ebenso wie Journalisten lange Zeit Arbeits- bzw. Veröffentlichungsverbot hatten, entwickelten sehr rasch respektable Radioprogramme.

Ergänzt wurden die Redaktionen durch Nachwuchsjournalisten, die von den Verantwortlichen der Besatzungsmächte ausgebildet wurden. So betätigten sich beispielsweise bei *Radio Frankfurt* (einem Sender der amerikanischen Militärregierung, aus dem durch hessisches Landesgesetz im Jahre 1948 der *Hessische Rundfunk* wurde) die amerikanischen Kontrolloffiziere als Initiatoren einer Journalistenausbildung nach angelsächsischem Vorbild.

In den 60er Jahren des 20. Jahrhunderts begannen die ersten Veränderungen im deutschen Radio-Journalismus. Die journalistischen Programme entwickelten sich weg von der gesprochenen Zeitung zu tatsächlich radiofonen Vermittlungsformen.

Kompetenz und Ausbildung

Bis in die 90er Jahre wurde Radio-Journalismus grundsätzlich über die inhaltliche Kompetenz definiert. Man suchte Fachjournalisten, die auf ihrem jeweiligen Gebiet Experten waren. Gelegentlich waren sie auch gute Radiomacher; sehr oft traf dies aber nicht zu. Die Folge waren Radiosendungen, die eher wie gesprochene Zeitungsbeiträge klangen und deshalb kaum Erfolg beim Publikum hatten.

Die Veränderungen der Programme verlangten hier ein Umdenken. Seit das Radio vorrangig als Tagesbegleitmedium genutzt wird und das gezielte Einschalten bestimmter Sendungen zur Ausnahme geworden ist, gewinnen Programmmacher eines anderen Typs an Einfluss: Der reine Fachjournalist ist immer weniger gefragt. An die Stelle von Fachkompetenz ist *Vermittlungskompetenz* getreten. Von einem Radio-Journalisten wird verlangt, dass er das Medium Radio entsprechend seinen Stärken (Schnelligkeit, Direktheit, Emotionalität) einsetzt und die Schwächen des Mediums (Nebenbeihören, geteilte Aufmerksamkeit des Publikums etc.) erkennt. Gefragt ist der ‚Broadcaster', ein generalistisch gebildeter und denkender Journalist, der sich um *Fachkompetenz* von außen bemüht und seinerseits auf geeignete Vermittlungsformen achtet.

Diese Umorientierung ist umso wichtiger, als das Radio heute nach Wellen und weniger nach Sendungen genutzt wird. Wellendesign wird vom Radio-Journalisten moderner Prägung erwartet. Dazu gehört das Beherrschen von zeitgemäßen Produktionsmethoden ebenso wie der Umgang mit Musik – eben je nach Zielgruppe der Welle.

Während früher die *Musikgestaltung* ausschließlich in den Händen von Musikredakteuren lag, muss ein Redakteur, der Sendestrecken mit Inhalten füllt, heute selbst eine Beziehung zur Musik haben. Dies nicht nur, weil Musik ein immer wichtiger werdender Einschaltimpuls wird, sondern auch, weil es bei einer Welle immer stärker auf das Gesamtklangbild ankommt, auf die so genannte ‚Anmutung'. Nur über die richtige Anmutung wird ein großes Publikum erreicht, über inhaltlich definierte Einzelsendungen nur noch Minderheiten.

Hinzu kommt, dass Radio-Journalisten gehalten sind, zwei Eigenschaften des

Mediums Radio zu beachten: Das Radio ist zum einen ein Erzählmedium und zum anderen ein dialogisches Medium – es ist kein Manuskriptmedium. Die Regel des angelsächsischen Radio-Journalismus („Radio must not be read, it must be said") setzt sich langsam auch im deutschsprachigen Raum durch.

Die Veränderungen des Berufsbildes haben naturgemäß auch zur Veränderung der Radio-Journalistenausbildung geführt (→ Journalistenausbildung). Voraussetzung für den Beruf des Radio-Journalisten ist in der Regel ein abgeschlossenes *Hochschulstudium*. Dabei ist die Wahl des Studienfachs eher nachrangig. Wichtiger ist zum einen, dass ein künftiger Radio-Journalist, der im Beruf fast zwangsläufig Themen oberflächlich behandeln muss, zumindest während der Ausbildung die Erfahrung eines systematischen, gründlichen Umgangs mit Themen macht. Nach dem Studium folgt in der Regel das Volontariat bei einem Sender.

Es gibt Studiengänge, die eine praktische Ausbildung beim Radio in das Studium integrieren. Einem Volontariat geht nicht selten ein Redaktionspraktikum voraus, das vor allem als Eignungstest für den Beruf dient. Aus einem Praktikum ergibt sich in vielen Fällen eine anschließende freie Mitarbeit, die nach dem Studienabschluss oft unmittelbar in den Beruf führt – womöglich auch ohne ein Volontariat.

Die *Volontariate* sind in vielen Rundfunkanstalten in der jüngsten Vergangenheit umstrukturiert worden. Im Hinblick auf veränderte Programmstrukturen und die damit verbundenen veränderten Anforderungen ist in vielen Volontariaten das Gewicht von der Fachkompetenz zur Vermittlungs- und Kommunikationskompetenz verlagert worden.

Journalistenschulen und *Aufbaustudiengänge* ergänzen das Ausbildungsangebot. Gelegentlich haben auch so genannte Seiteneinsteiger eine Chance als Radio-Journalisten. Ihre Zahl ist aber heutzutage so klein, dass sie im Unterschied zu den Aufbaujahren des öffentlich-rechtlichen Rundfunks kaum noch eine Rolle spielen.

Auslandserfahrung ist für Radio-Journalisten wichtig, wird aber nach dem Hochschulstudium kaum noch erworben. Auslandssemester sind deshalb hilfreich, weil sie die Kommunikationskompetenz erweitern. Im Beruf selbst werden Auslandserfahrungen kaum noch gemacht. Von den wenigen Radio-Journalisten abgesehen, die für eine begrenzte Zeit ihres Berufslebens als Auslandskorrespondenten (→ Auslandsberichterstattung) eingesetzt werden, ist eine Arbeit im Ausland die absolute Ausnahme. So sind zum Beispiel die Versuche, innerhalb Europas Radio-Journalisten für einige Zeit auszutauschen, meist gescheitert. Gründe dafür sind in der Regel die damit verbundenen Kosten sowie fehlende Sprachkenntnisse. Hier versucht allerdings die *European Broadcasting Union* (EBU) durch internationale Trainingsprogramme einen gewissen Ausgleich zu schaffen.

Bewertung und Ausblick

Der Radio-Journalismus hat sich in den zurückliegenden etwa 30 Jahren zu einem eigenständigen Beruf entwickelt. Der Wechsel zwischen den Medien ist deshalb die Ausnahme. Die ganz spezifischen Produktionsmethoden des Radios erfordern eine spezielle Ausbildung und lange medientypische Erfahrungen. Selbst die immer wieder gemachten Versuche, innerhalb der öffentlich-rechtlichen Funkhäuser Journalisten mehrmedial, für Radio und Fernsehen, einzusetzen, sind in den meisten Fällen gescheitert. Nicht einmal das Modell eines mehrmedial arbeitenden Reporters ist in der Praxis wirklich erfolgreich. Es handelt sich um wenig sachdienliche, kostenbedingte Hilfskonstruktionen.

Eine wesentliche Veränderung im Radio-Journalismus in den letzten Jahren besteht darin, dass die Tätigkeit immer häufiger in freier Mitarbeit erfolgt (→ Freier Journalismus). Sowohl für die

Rundfunkanstalten als auch für die Journalisten bedeutet dies den Zwang zu einer stärkeren Flexibilität und eine mehr oder minder ausgeprägte wirtschaftliche Unsicherheit.

Da der Wortanteil in den meisten Radioprogrammen – sieht man von den wenigen reinen Informationskanälen ab – immer geringer wird, gehört die Zukunft weniger dem klassischen Journalisten, sondern eher dem *Radiodesigner*. Ein Bedarf an Fachredakteuren ist kaum noch vorhanden. Man holt, falls inhaltliche Kompetenz benötigt wird, stattdessen *Experten* von außen, die in Interviews Rede und Antwort stehen. Die Tendenz zum *Infotainment* – d. h., zur immer stärker werdenden Überlagerung der Informationen durch Unterhaltungselemente – tut ein Übriges. Dieser Trend macht inzwischen in vielen Funkhäusern auch vor den Nachrichten nicht halt.

Literatur

Arnold, Bernd-Peter (1999): ABC des Hörfunks, Konstanz.

Blaes, Ruth (Hrsg.) (2000): Handwerk Nachrichten, Wiesbaden.

La Roche, Walter von/Axel Buchholz (Hrsg.) (2004): Radio-Journalismus, 8., überarb. Aufl., München.

Bernd-Peter Arnold, Frankfurt/M.

Recherche

Definition/Begriffsbestimmung

Die journalistische Recherche ist ein professionelles Verfahren, „mit dem Aussagen über Vorgänge beschafft, geprüft und beurteilt werden“ (Haller 2004: 39). Ihr Ziel besteht darin, Ereignisse möglichst genau zu rekonstruieren sowie die dabei gewonnenen Informationen in einen Sinnzusammenhang zu stellen und öffentlich zu machen. Die Recherche legt demnach Dinge offen, die ohne sie im Verborgenen geblieben wären. Nach diesem Begriffsverständnis fällt etwa die bloße Entgegennahme und redaktionelle Bearbeitung von Presseerklärungen (→ Public Relations) nicht unter Recherche. Hierfür wäre die Überprüfung der erhaltenen Informationen unabdingbare Voraussetzung. Die Recherche setzt immer eine aktive Rolle des Journalisten voraus.

In der Praxis ist es sinnvoll, zwischen verschiedenen Recherchetypen zu unterscheiden:

- Die *Überprüfungs- oder Vervollständigungsrecherche* will Aussagen über Geschehnisse unstrittig machen und die beteiligten Akteure ermitteln. Sie knüpft in der Regel an aktuelle Ereignisse an, etwa indem eine Agenturmeldung oder Presseinformation als Ansatzpunkt für weitere Nachforschungen genommen wird. Dieser Recherchetyp spielt im Berufsalltag die größte Rolle.
- Die *Themenrecherche* spürt Trends nach und greift Aspekte auf, die dem Zeitgeist entsprechen oder für die jeweilige Zielgruppe des Mediums von besonderem Interesse sind. Als ‚offenes Thema' vertieft dieser Typus eine Fragestellung, für die es in der Regel zwar auch einen aktuellen Aufhänger gibt, die aber in ihrer Symptomatik weiter ausgeleuchtet werden soll, wofür sowohl empirische Daten als auch Einzelschicksale herangezogen werden. Recherchen dieser Art befassen sich z. B. mit den gesellschaftlichen Konsequenzen der Zunahme von Single-Haushalten in Großstädten oder mit der Frage, warum immer mehr Teenager unter Essstörungen leiden.
- Die aufdeckende oder *investigative Recherche* (→ Investigativer Journalismus) zeichnet sich dadurch aus, dass aufgrund der Nachforschungen eines Journalisten eine Information von öffentlicher Relevanz publik wird, die nur gegen einen Widerstand zu erlangen war. Dieser Recherchetyp macht etwas öffentlich, was einzelne Beteiligte lieber geheim halten möchten. Häufig gelingt die Enthüllung mit Hilfe von In-

formanten, die Insider-Informationen lancieren. Dieser Recherche-Typus ist wegen seiner demokratietheoretischen Funktion der Machtkontrolle besonders wichtig, zugleich allerdings wegen seines aufwändigen und konfliktträchtigen Verfahrens die am wenigsten gepflegte Form (→ Rollenselbstverständnis).

Geschichte/Entwicklung

Die Recherche hat sich als journalistische Arbeitsmethode im Laufe des 19. Jahrhunderts in erster Linie aus der *Sozialreportage* entwickelt. Zuvor sahen Zeitungen ihre Hauptfunktion in der Wiedergabe von Meldungen aus Politik und Wirtschaft sowie im Räsonnement. So hebt *Jörg Requate* hervor (1995: 130), dass in Deutschland zu Beginn des 19. Jahrhunderts eine wesentliche Qualifikationsanforderung für Redakteure die Beherrschung von Fremdsprachen war, um ausländische Blätter lesen und übersetzen zu können. Für eine kritische Prüfung der Informationen fehlte es vor der Erfindung und Verbreitung des Telegrafen nicht nur an technischen Mitteln, sondern auch an Zeit: Die Zahl der fest angestellten Redakteure lag in Deutschland vor 1848 lediglich zwischen 30 und 50. Erst mit der Entwicklung eines Berufsjournalismus (→ Journalismus) in der zweiten Hälfte des 19. Jahrhunderts stieg der Anreiz, zusätzlichen Aufwand für die Recherche zu betreiben. Freie Mitarbeiter, die nach Zeilen bezahlt wurden, hatten dagegen zwangsläufig ein geringeres Interesse an einem hohen Rechercheaufwand.

Behindert wurde die Entwicklung einer Recherchekultur in Deutschland durch die im Vergleich zu England und den USA strenge Gängelung der Presse. Wo rechtliche Garantien der Pressefreiheit (→ Kommunikationsfreiheit) fehlten oder nicht gesichert erschienen, war der Bezug auf die ‚öffentliche Meinung' (→ Öffentlichkeit) zwangsläufig ein wichtiges Legitimationsmuster. Unter den Bedingungen staatlicher Aufsicht galt die ‚Gesinnungsfestigkeit' bei den deutschen Journalisten des 19. Jahrhunderts deshalb als Ehrensache, während Unparteilichkeit mit dem Verdacht einherging, sich äußeren Pressionen zu unterwerfen. Der *Meinungsjournalismus* genoss daher ein höheres Ansehen als die penible Faktenrecherche. Unter den Bedingungen des Zeugniszwanges, der bis 1907 fortbestand, konnte Informanten außerdem kein wirksamer Schutz gewährt werden (→ Zeugnisverweigerungsrecht). So blieb die amtliche Bekanntmachung lange Zeit der wichtigste Weg, auf dem eine Nachricht an die Öffentlichkeit kam. Wollten Journalisten exklusive Informationen erlangen, war es in Deutschland hilfreich, von den Informanten als Gleichgesinnter akzeptiert zu werden.

In den → USA, in denen die Pressefreiheit als typische Errungenschaft einer bürgerlichen Revolution bereits 1791 Verfassungsrang erhielt, bildete sich dagegen frühzeitig eine Massenpresse aus, die in der zweiten Hälfte des 19. Jahrhunderts die Parteipresse in den Hintergrund drängte. Dieser Prozess verhalf dem für den angelsächsischen Journalismus prägenden Prinzip des *Objective Reporting* (→ Informations-Journalismus, → Mediengattungen) zum Durchbruch: Wo Fakten wegen ihrer universellen Verkäuflichkeit mehr gefragt waren als Meinungen und geistreiche Betrachtungen, musste die Recherche als journalistisches Instrument der Informationsgewinnung ausgebaut werden.

Die auflagenstarke *Penny Press* griff in Form der Sozialreportage bald auch Themen auf, die von den Journalisten selbst gesetzt wurden, denn die Verleger erkannten, dass Skandalberichte über das soziale Elend in den großen Städten viele Leser interessierten. Das Aufkommen der Illustrierten als erste national verbreitete Medien begründete in den USA zwischen 1902 und 1914 eine Blüte des *Muckraking*, der aufdeckenden Recherche über Korruption und Machtmissbrauch (Redelfs 2003: 232). Bekannte Vertreter dieser Richtung sind z. B. der Schriftsteller und Journalist *Upton Sinclair* (1878-1968), der verdeckt die Arbeitsbedingungen in den Schlachthöfen Chicagos recherchierte oder *Ida M. Tarbell*, die vier Jahre lang die Geschäftspraktiken von Rockefellers *Standard Oil Company* untersuchte. Solche aufwändigen Recherchen waren möglich, weil ihre Verleger aufgrund des boomenden nationalen Anzeigengeschäfts in der Lage waren, ein Honorar von 50.000 Dollar allein für diese Enthüllungsgeschichten zu zahlen.

An die Tradition des Muckraking knüpften viele US-Journalisten an, als im Zuge der von der *Washington Post* aufgedeckten *Watergate-Affäre* in den 70er Jahren des 20. Jahrhunderts das *Investigative Reporting* (→ Investigativer Journalismus) große Aufmerksamkeit erlangte. Obwohl die aufdeckende Recherche schon aus Kostengründen immer nur von einem kleinen Teil der Medien praktiziert wurde, entwickelte sie sich zu einem zentralen beruflichen Leitbild. Dies drückt sich in den USA auch darin aus, dass die renommiertesten Journalistenpreise für herausragende Recherche-Leistungen vergeben werden.

In England (→ Großbritannien) sind die Sozialreportagen von *William T. Stead* ein frühes Beispiel für aufwändigen Recherche-Journalismus: Der Chefredakteur der *Pall Mall Gazette* prangerte die Kinderprostitution an, indem er 1885 unter falschem Namen einem Händlerring ein minderjähriges Mädchen regelrecht ‚abkaufte', um anschließend über diese verdeckte Recherche zu berichten. Ähnlich wie in den USA ist auch in England ein enger Zusammenhang zwischen dem Rückgang der Parteipresse und einer steigenden Bedeutung der Recherche für die *Fact Story* zu beobachten.

In → Deutschland blockierte dagegen das staatliche Anzeigenmonopol zunächst die Presseentwicklung. Erst nach der Reichsgründung entstanden größere Pressehäuser, doch die Tradition des Meinungsjournalismus wirkte bis nach dem Zweiten Weltkrieg fort und behinderte die Entwicklung einer Recherchekultur nach angelsächsischem Vorbild.

Forschungsstand

Obwohl die Recherche eine journalistische Basisqualifikation ist, wurde ihr in Deutschland in der Forschung wie in der Ausbildung lange Zeit wenig Aufmerksamkeit gewidmet. Über viele Jahre war das erstmals 1983 erschienene praxisorientierte Handbuch von *Michael Haller* (2004) nicht nur die wichtigste, sondern die einzige Monografie, während in den USA eine Fülle von Lehrbüchern und empirischen Studien entstand. Die unterschiedlichen beruflichen Leitbilder haben somit auch ihren Niederschlag in den Forschungsanstrengungen gefunden.

Die Recherche ist im Rahmen von Kommunikatorstudien wiederholt international vergleichend untersucht worden. *Wolfgang Donsbach* (1993) stellte fest, dass der Anteil der Journalisten, die gleichzeitig selbst recherchieren und kommentieren, in Deutschland bei fast drei Vierteln liege, in den USA aber bei weniger als einem Fünftel. In diesem Befund bildet sich die unterschiedliche Redaktionsorganisation ab (→ Redaktion), die Auswirkungen auf das berufliche Selbstverständnis hat: Während in den USA deutlich unterschieden wird zwischen dem *Reporter*, der recherchiert und schreibt, dem *Editor*, der redaktionelle Aufgaben übernimmt und dem *Editorial Writer*, der kommentiert, herrschen in Deutschland Aufgabenüberlappungen vor, die einem klaren Selbstverständnis als ‚Rechercheur' entgegenwirken. Den größeren Stellenwert der Recherche fand Donsbach auch anhand der Quellen wieder, welche die Journalisten ihrem letzten Bericht zugrunde gelegt hatten: In Deutschland spielte der Rückgriff auf Agenturmeldungen und Pressemitteilungen eine deutlich größere Rolle als bei den US-Kollegen, die vorrangig eigene Befragungen bei Augenzeugen oder Experten nannten.

In der Studie von *Armin Scholl* und *Siegfried Weischenberg* wird das Recherchieren mit mehr als zwei Stunden täglich zwar als die häufigste Tätigkeit ausgewiesen. Allerdings betonen die Autoren zu diesem Durchschnittswert, „daß ein emphatischer Recherchebegriff unangemessen ist“ (1998: 91), weil es sich um eine formelle Tätigkeitsbeschreibung handele, welche die Informationsbeschaffung von Arbeiten wie Moderieren, Redigieren oder Produzieren abgrenze. Aufschlussreich sind die deutlichen Unterschiede, die sich im internationalen Vergleich bei der Bereitschaft ergeben, zu aggressiven Recherchemethoden zu greifen: Deutsche Journalisten sind hier wesentlich zurückhaltender als ihre amerikanischen, britischen oder australischen Kollegen (Scholl/Weischenberg 1998: 230).

In diesem Befund spiegelt sich das unterschiedliche → Rollenselbstverständnis wider, denn ein Selbstverständnis als kontrollierende ‚vierte Gewalt', das investigative Methoden erfordert, ist in den angelsächsischen Ländern ausgeprägter, während in Deutschland die Informationsfunktion des Journalismus im Vordergrund steht.

Die Rechercheleistung ist ferner im Zusammenhang mit Untersuchungen zu → Public Relations thematisiert worden. Mitte der 80er Jahre stellte eine Pilotstudie fest, dass rund zwei Drittel der Nachrichten zur Landespolitik in Nordrhein-Westfalen auf PR-Material basierten, ohne dass eine journalistische Nachrecherche stattgefunden habe. Die daraus abgeleitete *Determinationshypothese* ist mittlerweile einer differenzierteren Betrachtung der *Interdependenz* von PR und Journalismus gewichen. Gleichwohl ist der Aspekt, dass die Recherche letztlich die Autonomie des Journalismus gegenüber der PR absichert, gerade in Zeiten der Medienkrise mit ihren Kürzungen im redaktionellen Bereich wieder hochaktuell. Dies gilt umso mehr, als freie Journalisten vermehrt für beide Bereiche arbeiten und damit bei der Bewertung von Informationen leichter in Abhängigkeit geraten können (→ Freier Journalismus).

Praxisempfehlungen

Die Rechercheausbildung hat in Deutschland bis vor wenigen Jahren darunter gelitten, dass der Journalismus traditionell als ‚Begabungsberuf' verstanden wurde. Es fehlte somit eine Herangehensweise, welche die Recherche pragmatisch als vermittelbares Handwerk begriffen hat, für das ein Wissen um Methoden der Informationsbeschaffung und -bewertung, der zur Verfügung stehenden Quellen sowie der Rechercherechte unabdingbar ist.

Das methodische Recherchieren beginnt nach Haller (2004: 84) mit einer Relevanzeinschätzung, anhand derer geprüft wird, ob das jeweilige Thema wichtig bzw. für die Zielgruppe interessant genug ist, um eine Recherche zu rechtfertigen. Anschließend wird die Ausgangsinformation anhand einer Fakten- und Quellenkontrolle auf ihre Gültigkeit untersucht.

Diese *Basisrecherche* kann im weiteren Verlauf in der Informationsdichte erhöht werden, indem zunehmend auch das Umfeld der am Geschehen Beteiligten ausgeleuchtet wird. Erst wenn die Sachverhaltsebene geklärt ist, wird die wesentlich schwierigere Deutungsebene ins Blickfeld genommen, die sich anhand der klassischen journalistischen ‚Wie'- und ‚Warum'-Fragen (→ Nachricht/Bericht) erschließt und für deren Klärung sich ein hypothesengeleitetes Vorgehen anbietet.

Zu den Grundregeln der Recherche gehört eine gewisse *Hierarchie* der Informationsbeschaffung, die über die Auswertung bereits veröffentlichten Materials (dokumentenorientiert), zur Befragung von Experten und Augenzeugen (personenorientiert), und zur Vorort-Recherche führt (ereignisorientiert). Dabei ist auf die Erhöhung der Informationstiefe zu achten, statt der Versuchung einer stets erweiterten Informationsbreite zu erliegen. Die Analyse der *Interessenlage* der Gesprächspartner und eine abwechselnde Befragung der verschiedenen Lager verhindert, dass die Recherche zu sehr durch die Sichtweise eines Akteurs geprägt wird.

Ausblick

Nach langer Vernachlässigung hat das Interesse an Recherche im deutschen Journalismus in den letzten Jahren zugenommen. Dies ist zum einen an vermehrten Veröffentlichungen zum Thema fest zu machen (Leif 2003; Ludwig 2002), aber auch an der Gründung der Journalistenorganisation *Netzwerk Recherche* im Jahre 2001. Der Verein versteht sich als Lobby für die Förderung der Recherche und trägt durch die Vergabe von Recherche-Stipendien, die Auslobung von Preisen, die Veranstaltung von Fortbildungen und Kongressen sowie durch eigene Publikationen (Netzwerk Recherche 2003) wesentlich zur Belebung der innerprofessionellen Debatte über Recherche-Standards bei (www.netzwerkrecherche.de).

Obwohl der investigative Journalismus in Deutschland immer noch ein Schattendasein führt und hauptsächlich mit dem Magazin *Der Spiegel* sowie einigen politischen Magazinen des öffentlich-rechtlichen Rundfunks assoziiert wird, ist somit in jüngster Zeit eine Bewegung erkennbar, die auf die Recherche als wesentliches Merkmal journalistischer Qualität setzt.

Literatur

Donsbach, Wolfgang (1993): Redaktionelle Kontrolle im Journalismus: Ein internationaler Vergleich, in: W. A. Mahle (Hrsg.): Journalisten in Deutschland, München: 143-160.

Haller, Michael (2004): Recherchieren, 6., überarb. Aufl., Konstanz.

Leif, Thomas (Hrsg.) (2003): Mehr Leidenschaft Recherche, Wiesbaden.

Ludwig, Johannes (2002): Investigativer Journalismus, Konstanz.

Redelfs, Manfred (2003): Recherche mit Hindernissen. Investigativer Journalismus in Deutschland und den USA, in: W. R. Langenbucher (Hrsg.): Die Kommunikationsfreiheit der Gesellschaft, Wiesbaden: 208-238.

Requate, Jörg (1995): Journalismus als Beruf. Entstehung und Entwicklung des Journalistenberufs im 19. Jahrhundert, Göttingen.

Scholl, Armin/Siegfried Weischenberg (1998): Journalismus in der Gesellschaft, Opladen.

Manfred Redelfs, Hamburg

Redaktion

Definition/Begriffsbestimmung

Der Begriff ‚Redaktion' wird im deutschsprachigen Journalismus vielfältig verwendet. Definitorische Klarheit bringt eine Gegenüberstellung mit den entsprechenden englischen Bezeichnungen. Im Allgemeinen ist mit ‚Redaktion' diejenige Abteilung eines Medienunternehmens gemeint, welche die journalistischen Leistungen erbringt (editorial department). Mitunter werden die Gesamtheit aller journalistischen Mitarbeiter als ‚Redaktion' bezeichnet (editorial staff), die Räume bzw. die organisatorischen Strukturen, in denen sie arbeiten (newsroom), oder auch die Tätigkeit der Redakteure: Sie erledigen die ‚Redaktion' eines publizistischen Werkes (editing). Redakteure sind fest angestellte Journalisten (im Gegensatz zu den freien Mitarbeitern) – ein Begriff, der sich ebenfalls nicht treffend ins Englische übersetzen lässt, weil dort ‚editors' und ‚reporters' eine ganz bestimmte journalistische Rollen einnehmen und sich nicht durch die Art des Arbeitsverhältnisses definieren.

Geschichte/Entwicklung

Der → Journalismus kam Jahrhunderte lang weitgehend ohne Redaktion als eigene Abteilung aus (Meier 2002: 110). Eigenständige redaktionelle Handlungen wie die Selektion (→ Nachrichtenselektion) oder das Redigieren können bis ins

19. Jahrhundert von anderen Produktionshandlungen wie das Verlegen oder das Drucken personell noch kaum getrennt werden. Die Zeitungsverleger im 17. und 18. Jahrhundert waren im Hauptberuf zumeist Buchdrucker oder Postmeister, die Nachrichten aus anderen Zeitungen entnahmen oder von nebenberuflich arbeitenden Korrespondenten beliefert wurden.

Zwar leisteten sich einige Prestigeblätter schon im 18. Jahrhundert einen fest angestellten, hauptberuflichen Redakteur, der meist eine eigenständige Sparte unter Titeln wie „Von Gelehrten Sachen" oder „Der gelehrte Artikel" redigierte (die um 1800 in das Feuilleton überging). Von einer Entstehung der Redaktion kann man jedoch erst in der Mitte des 19. Jahrhunderts mit dem Aufkommen der Massenpresse sprechen.

Soziale, politische, wirtschaftliche und technische Faktoren führten in der zweiten Hälfte des 19. Jahrhunderts dazu, dass einerseits die Kommunikationsbedürfnisse der Bevölkerung wuchsen und andererseits diese auch durch vielfältige Presseangebote gestillt und dadurch die journalistischen Tätigkeiten hauptberuflich ausgeübt werden konnten, der *redaktionelle* Journalismus also zu einem eigenständigen Beruf wurde. Bei der *Neuen Zürcher Zeitung (NZZ)* zum Beispiel wuchs die Zahl der Redakteure zwischen 1860 und 1900 von zwei auf acht, wobei die Redaktion ab 1894 drei Ausgaben täglich und 18 pro Woche produzierte. Der Berliner *Lokal-Anzeiger* dagegen fing 1883 mit drei Redakteuren an, hatte zehn Jahre später elf, 1899 bereits 46 Redakteure beschäftigt und dürfte damit zur Jahrhundertwende die größte Redaktion in Deutschland betrieben haben.

Redaktionelle Arbeitsteilung mit Spezialisierung und Ressortierung bildete sich in dieser Zeit ebenfalls heraus: zunächst das Wirtschafts- und das Lokalressort und um die Jahrhundertwende zunehmend auch das Sportressort (Meier 2002: 119-132). Seitdem orientieren sich alle Nachrichten-Medien – von den Tages- und Wochenzeitungen, über Zeitschriften, Radio- und Fernsehsender bis zu Online-Medien und Nachrichtenagenturen – im Kern an dieser klassischen Ressortstruktur: Die Einteilung der Welt in Politik, Wirtschaft, Kultur, Sport und Lokales ist die Wahrnehmungsstruktur des (Nachrichten-)Journalismus.

Forschungsstand

Die Anfänge der *Redaktionsforschung* in den USA liegen in den so genannten Gatekeeper-Studien in den 50er Jahren, die das Selektionsverhalten von Nachrichtenredaktionen mit sozialwissenschaftlichen Methoden untersuchten (→ Gatekeeping). In Deutschland beschäftigten sich zwar fast alle Nestoren der Zeitungswissenschaft von den 20er bis zu den 60er Jahren in Teilen ihrer Werke mit der Zeitungsredaktion; sie kamen dabei aber über vorempirische Beschreibungen nicht hinaus.

Manfred Rühls (1979 [zuerst 1969]) Pionierstudie zur Zeitungsredaktion in der zweiten Hälfte der 60er Jahre beachtete erstmals die Interaktionsbeziehungen in einer Redaktion sowie den funktionalen Zusammenhang zwischen (redaktionsexterner) Umwelt und der internen Differenzierung der Redaktion. Neue Antriebe erhielt die Redaktionsforschung in den 90er Jahren, als Aspekte des Redaktionsmanagements und des redaktionellen Marketings (→ Medienmanagement) eine größere Rolle in Praxis und Wissenschaft spielten und sich der analytische Bezugsrahmen der Forschung nicht nur auf soziologische und publizistische Theorien bezog, sondern auch Aspekte der Managementlehre integrierte (Ruß-Mohl 1995; Meckel 1999; Meier 2002).

Organisation/Arbeitsweisen

Die *Struktur* einer Redaktion richtet sich im Idealfall nach der publizistischen Strategie, den journalistischen Konzepten, Zielen und Zielgruppen. Ohne strenges organisatorisches Korsett könnten die journalistischen Produkte nicht die Wünsche der Leser, Hörer und Zuschauer befriedigen. Die Kunden der Journalisten müssen sich darauf verlassen können, dass die Zeitung oder die Sendung regelmäßig und pünktlich erscheint und dass das Spektrum an aktuellen Themen die Erwartungen erfüllt. Es wäre ebenso unbefriedigend, wenn eine Morgenzeitung erst am Abend ausgeliefert würde, wie wenn eine Fernseh-Nachrichtensendung zufällig einmal nur über Politik und ein anderes Mal nur über Sport berichtete. Organisation, Struktur und Arbeitsweise einer Redaktion müssen sich auf diese thematischen und zeitlichen Erwartungen einstellen.

Die *Aufgaben* in einer Redaktion können auf zwei verschiedene Arten verteilt werden: Einerseits können die Redakteure auf Objekte spezialisiert sein – sie sind für ganz bestimmte Sparten, Sendungen oder Themengebiete zuständig (Spartenorganisation) – andererseits nach ihrer Tätigkeit (Funktionalorganisation). Ob die Redakteure auf Tätigkeiten spezialisiert sind, hängt größtenteils von der Journalismuskultur und -tradition ab: In deutschsprachigen Zeitungsredaktionen zum Beispiel erledigt der Redakteur überwiegend alle Tätigkeiten von Recherche, Texten und Redigieren bis zu Blattplanung und Seitenlayout; im angloamerikanischen Journalismus (→ USA, → Großbritannien) hat sich dagegen frühzeitig eine funktionale Spezialisierung in ‚reporters' und ‚editors' durchgesetzt (Esser 1998). Während die reporters recherchieren und schreiben, ist es die alleinige Aufgabe der editors, Texte zu redigieren, Schlagzeilen zu formulieren, die Seiten am Computer zu layouten und die Produktionsabläufe zu überwachen.

Beide Organisationsformen haben Vor- und Nachteile. Der Trend in den USA geht in Richtung stärkerer Abstimmung zwischen reporters und editors, die traditionell wenig miteinander zu tun haben (Meier 2002: 244-248). Im deutschsprachigen Raum wird dagegen immer mehr zwischen Schreiber und Blattmacher differenziert, wobei man aber das angloamerikanische Modell nicht direkt übernimmt, sondern eigene Organisationsformen entwirft.

Kriterien der vertikalen Abteilungsbildung sind die Entscheidungskompetenz und die Machtverteilung innerhalb einer Organisation. Typische Organisationsweise der Redaktion ist die *Einlinienorganisation* mit dem klassischen Bild der Pyramide und dem Prinzip der Auftragserteilung. Die Hierarchie Chefredaktion/Ressortleiter/Redakteure ist sowohl in deutschen als auch in anglo-amerikanischen Redaktionen üblich.

Die *Autonomie* einer Redaktion gegenüber dem Medieneigentümer und anderen Abteilungen im Medienunternehmen ist Grundlage der → Glaubwürdigkeit des Journalismus, der nur unabhängig von parteilichen und kommerziellen Interessen die Bedürfnisse der Publika bedienen kann. Die Einflussbeziehungen zwischen Eigentümer und Redaktion werden seit den 60er Jahren unter dem Stichwort *Innere Pressefreiheit* diskutiert (→ Kommunikationsfreiheit). In einigen Medienunternehmen wurden *Redaktionsstatute* abgeschlossen, die den Umgang miteinander regeln und die Kompetenzen abgrenzen. Die Bedeutung dieser Statute wird heutzutage allerdings als relativ gering eingeschätzt.

Der *Erscheinungsrhythmus* eines Mediums bestimmt wesentlich die zeitlichen Strukturen und Arbeitsweisen einer Redaktion. Mit ‚Workflow' wird dabei zweierlei bezeichnet: erstens die Stationen, die ein Beitrag durchläuft, bis er gedruckt oder gesendet wird, und zweitens die grundsätzlichen, routinisierten Abläufe in einer Redaktion – von der *Redaktionskonferenz* und Themenplanung über die Beitragsproduktion bis zum Andruck, zur Sendung oder zur Aktualisierung eines Online-Magazins.

Während die Redaktionen von *Nachrichtensendungen* nahezu rund um die

Uhr im Schichtbetrieb arbeiten und sich manche Tätigkeiten stündlich oder sogar viertelstündlich wiederholen, haben *Zeitungsredaktionen* einen am Tagesrhythmus orientierten Workflow: Am Vormittag wird das einlaufende Material sortiert, in Konferenzen werden Themen besprochen und vergeben; die ersten Recherchen laufen an. Erst am Nachmittag wird geschrieben und layoutet. Die letzten Beiträge werden kurz vor Redaktionsschluss am Abend fertig.

Ganz anders müssen *Online-Redaktionen* ihren Workflow organisieren (→ Online-Journalismus): Sie haben weder Redaktionsschluss noch Sendetermin; die Nutzer erwarten eine permanente Aktualisierung der Nachrichten. Der redaktionelle Workflow muss so eingerichtet sein, dass ein Beitrag von einem Texter in die Hand eines anderen wandern kann: Eine neue Schicht übernimmt die Geschichte und schreibt sie aufgrund der aktuellen Lage um und weiter. Nachrichten zu zentralen Ereignissen werden meist mehr als ein Dutzend Mal umgeschrieben.

Technische Innovationen (→ Medientechnik) verändern den Organisations- und Produktionszusammenhang in den Redaktionen grundlegend. Während früher strikt lineare Abläufe vorgegeben waren, werden mit digitaler Technik die Tätigkeiten vernetzt. Redaktionssysteme bzw. Content Management Systeme für Print, Audio, Video und Internet strukturieren und steuern heute die redaktionelle Produktion bei allen Medien.

Ein Beispiel dafür ist die Radioredaktion: Früher lag ein O-Ton auf einem Tonband vor; das Band wurde geschnitten und geklebt. Dabei wurde immer mit dem Original gearbeitet, denn mit jeder Kopie hätten die Töne an Qualität verloren. Das Tonband musste materiell immer vorhanden sein, wenn der Beitrag gesendet wurde; danach wanderte das Band ins Archiv. Nach der Digitalisierung der Radiotechnik liegen O-Töne und Beiträge auf Servern, die für jeden Redakteur permanent übers Netzwerk erreichbar sind. Töne können beliebig oft kopiert werden. In kurzer Zeit können mehrere Versionen eines Beitrags für verschiedene Sendungen produziert werden.

Umstrukturierungen und Ausblick

Nicht nur technische Innovationen, auch neue gesellschaftliche oder ökonomische Rahmenbedingungen zwingen Redaktionen zu Umstrukturierungen. Wenn sich die Wünsche und Interessen des Publikums ändern, wenn sich die gesellschaftlichen Anforderungen an die Herangehensweise an Themen wandeln und dementsprechend die Inhalte eines Mediums modernisiert werden sollen, muss auch und vor allem die Redaktion umgebaut werden.

Bereits in den 90er Jahren haben mehr als 80 Prozent der deutschen Zeitungschefredakteure ihre Redaktionen umgebaut; die meisten davon mit neuen Modellen, die bislang nicht in der Praxis erprobt waren (Meier 2002: 286). Dies war allerdings nur der Auftakt zu einer ganzen Reihe weiterer Umstrukturierungen nach der Jahrtausendwende, die vor allem auf einer veränderten Teamarbeit beruhen – über Ressortgrenzen und Medien hinweg (Meier 2003). Innovative Chefredakteure haben Ressorts neu geschnitten, (auch architektonisch) Wände eingerissen, Großressorts geschaffen, Themen- und Autorenteams eingerichtet, das redaktionelle Management gestärkt oder einen *Newsdesk* installiert:

- *Ressortübergreifende Teams* sollen den Nachteil der klassischen Redaktionsorganisation ausgleichen, dass im Ressort-Egoismus das Bewusstsein für die Zeitung oder das Programm als Ganzes abhanden kommt und die Redaktion nur Themen wahrnimmt, die ins Raster der Ressorts oder der Abteilungen passen. Journalistische Teams verknüpfen verschiedene Kompetenzen; z. B. arbeiten ein Politikredakteur und ein Spezialist für Wirtschaftsthemen zusammen, um ein Schwerpunktthema tief gehender und umfangreicher recherchieren zu können. Befragungen und Beobachtungen in verschiedenen Redaktionen zeigen deutlich, dass Redakteure nicht nur Einzelkämpfer am Schreibtisch sind, sondern durchaus im Team arbeiten können, wenn die Chefredaktion dafür neue Strukturen zur Verfügung stellt und die Teamarbeit fordert und fördert (Meier 2002: 432).

- *Crossmediale Teams* nutzen eine Redaktion für mehrere Ausspielkanäle. Es gibt nach wie vor Spezialisten für Print, für online, für Radio und für Fernsehen, welche die Eigenheiten, die Vor- und Nachteile des jeweiligen Mediums kennen und das Storytelling dafür beherrschen. Aber diese Spezialisten bringen ein Grundverständnis für die anderen Medien mit – und: Sie sitzen themenbezogen nebeneinander, besprechen Themen, tauschen Tipps und Informationen aus, nutzen gemeinsam Ressourcen. Dabei besteht allerdings die Schwierigkeit, die verschiedenen Temporalstrukturen und damit den unterschiedlichen redaktionellen Workflow in einer Redaktion zu koordinieren. Auf den hohen Erprobungs- und Forschungsbedarf zu crossmedialen Redaktionen geht ein Prototyp eines ‚multiple-media micro newsrooms' ein, den die *IFRA* – eine weltweite Verlegerorganisation mit Sitz in Darmstadt – am *College of Journalism and Mass Communication* der University of South Carolina in Columbia im Jahr 2002 gebaut hat (www.newsplex.org).

Beide Konzepte von Teamarbeit werden in so genannten *Newsrooms* oder an *Newsdesks* kombiniert. Diese Anglizismen avancierten in den vergangenen Jahren im deutschsprachigen Raum zu Modewörtern in Sachen *Redaktionsmanagement*. Sie werden allerdings nicht einheitlich verwendet: Manchmal wird am Newsdesk nur monomedial gearbeitet; oder es sitzen dort nur ein oder zwei Redaktionsmanager, die das Nachrichtenmaterial koordinieren (Beispiel: *Süddeutsche Zeitung*).

In anderen Medienhäusern ist mit ‚Newsdesk' oder ‚Newsroom' ein zentraler großer Arbeitsbereich gemeint, an dem mindestens ein halbes Dutzend Redakteure verschiedener Ressorts gemeinsam produzieren und verschiedene Medien bedienen (Beispiele: *Freie Presse* und *Mainpost*). Ein weiteres Konzept sieht ein gemeinsames Newsdesk für mehrere Lokalredaktionen vor (Beispiel: *Mainpost*). In anderen Redaktionen schließlich wurden die kleinteiligen Büros aufgelöst und ein großer gemeinsamer Newsroom geschaffen (Beispiel *Handelsblatt:* 900 Quadratmeter für 70 Redakteure seit 2002; oder *Austria Presse Agentur APA:* 1.500 Quadratmeter für 100 Redakteure ab 2005).

Literatur

Esser, Frank (1998): Die Kräfte hinter den Schlagzeilen, Freiburg/München.

Meckel, Miriam (1999): Redaktionsmanagement, Opladen/Wiesbaden.

Meier, Klaus (2002): Ressort, Sparte, Team, Konstanz.

Meier, Klaus (2003): Die Neuerfindung der Redaktion, in: Verband Österreichischer Zeitungen (Hrsg.): Presse 2003, Wien: 214-229.

Rühl, Manfred (1979): Die Zeitungsredaktion als organisiertes soziales System, 2. Aufl., Fribourg.

Ruß-Mohl, Stephan (1995): Redaktionelles Marketing und Management, in: O. Jarren (Hrsg.): Medien und Journalismus, Bd. 2, Opladen: 103-138.

Klaus Meier, Darmstadt

Regulierung

Definition/Begriffsbestimmung

Der Begriff der Regulierung ist sowohl innerhalb der Wissenschaft als auch im Alltagsverständnis weit verbreitet; gleichwohl fehlt eine einheitliche und konsistente Begriffsbestimmung. Der Terminus wird sowohl innerhalb einzelner wissenschaftlicher Disziplinen – wie den

Sozial-, Rechts- und Wirtschaftswissenschaften – als auch zwischen einzelnen Ländern und Kulturräumen unterschiedlich verstanden und interpretiert. In der wissenschaftlichen Literatur wird Regulierung sowohl definiert als

- eine *Regelsetzung*: „promulgation of a binding set of rules" (Baldwin/Cave 1999: 2),
- eine *unbestimmbare Handlungsbeeinflussung*: „any form of behavioural control, whatever the origin" (Ogus 1994: 1) oder
- eine *Form staatlichen Handelns*: „Regulation occurs when the state constraints private activity in order to promote the public interest" (Francis 1993: 1 f.).

Ferner unterscheidet sich der amerikanische Begriff der ‚regulation' von dem, was in Europa unter ‚Regulierung' verstanden wird. Im amerikanischen Verständnis meint regulation „sustained and focused control exercised by a public agency, on the basis of a legislative mandate, over activities that are generally regarded as desirable to society", während „European scholars traditionally tended to identify regulation with the whole realm of legislation, governance and social control" (Majone 1996: 9). Insbesondere in Deutschland ist das Verständnis von Regulierung im „bedeutendem Maße durch die stark ausgeprägte legalistische Kultur im Bereich des Gesetzesvollzugs gekennzeichnet" (Bundschuh 1998/99: 37).

In einem solchen ‚deutschen' Verständnis von Regulierung wird leicht übersehen, dass Regulierung zwar von staatlichen Akteuren ausgeht, in der Regel jedoch nicht einseitig verläuft. Vielmehr erweist sie sich in der modernen, funktional differenzierten Gesellschaft als ein vielschichtiger und komplexer sozialer Gestaltungsprozess, der grundsätzlich arbeitsteilig vollzogen wird und an dem zahlreiche Akteure in Form von Aushandlungsprozessen Anteil haben. Wir halten es daher für sinnvoll, Regulierung als ein *Steuerungsprogramm* zu definieren, das es staatlichen Akteuren ermöglicht, mit Hilfe des Rechts intentional in gesellschaftliche Teilsysteme einzugreifen. Das Ziel von Regulierung ist die Schaffung bzw. die Gestaltung von Handlungssystemen, in denen sich soziale Prozesse, durch die bestimmte Zustände erreicht werden sollen, vollziehen (Jarren et al. 2002: 362).

Forschungsstand

In Deutschland spricht man eher von einer ‚Medienpolitik' als von einer ‚Medienregulierung', wenngleich beide Begriffe weitgehend synonym gebraucht werden können. Medien- oder → Kommunikationspolitik ist als wissenschaftlicher Teilbereich mittlerweile anerkannt, wenn auch nur schwach institutionalisiert. Dies liegt zum einen darin begründet, dass die wissenschaftliche Reflexion über Medien- und Kommunikationspolitik nur wenig Widerhall in der praktischen Politik findet, wo das Politikfeld eine kaum wahrnehmbare Identität aufweist und stark fragmentiert ist. Zum anderen befassen sich mehrere Disziplinen – neben der Publizistik- und Politikwissenschaft vor allem auch die Rechtswissenschaft und die Ökonomie – mit ihren jeweils höchst unterschiedlichen Ansätzen, Modellen und Methoden mit medienpolitischen Fragen.

Ähnlich wie der Begriff der Regulierung wird auch die *Medienpolitik* als Forschungsgegenstand von den beteiligten wissenschaftlichen Disziplinen unterschiedlich gefasst, wobei bereits die Definition des Begriffs auf unterschiedliche Forschungsperspektiven verweist. In Teilen der Politikwissenschaft beispielsweise wird Medienpolitik stark auf den Staat und sein Handeln bezogen und definiert als „die Gesamtheit der Maßnahmen des politisch-administrativen Systems (Parteien, Parlamente, Regierungen und Ministerialverwaltungen des Bundes und der Länder), die direkt oder indirekt auf die

Produktion, Distribution und dem Konsum (Rezeption) massenmedial verbreiteter Inhalte einwirken“ (Schatz et al. 1990: 332).

Eine weitere Forschungsperspektive versucht hingegen, Medienpolitik nicht nur auf die Handlungen staatlicher Akteure zu begrenzen, sondern auch *Akteure* aus den Bereichen Ökonomie, Gesellschaft oder Technik in die Analyse mit einzubeziehen. Medienpolitik wird hierbei definiert als „eigenständiges, in seinen Dimensionen (sozial, zeitlich, sachlich) offenes Handlungssystem, das vorrangig durch Kommunikation konstituiert wird und sich auf die Massenmedien als Regelungsfeld bezieht“ (Jarren/Donges 1997: 239).

Neben politischen Akteuren auf nationaler und europäischer Ebene sind in einem solchen Handlungssystem auch Akteure des ökonomischen Systems (vor allem die Medienunternehmen und ihre Verbände) und des intermediären Systems zu finden. Aus der Perspektive eines solchen Ansatzes verschiebt sich die Analyse von Medienpolitik stärker darauf, welche Akteure des Handlungssystems in der Lage sind, durch Vernetzung Kommunikationsarenen zu konstituieren, den Zugang anderer Akteure zu diesen Arenen und damit auch die Auswahl der innerhalb des Handlungssystems thematisierten Probleme zu beeinflussen.

In eher systemtheoretisch argumentierenden Arbeiten zur Medienpolitik wird zudem mit dem Begriff der *Steuerung* gearbeitet. Zunächst wurde dabei, unter Rückgriff auf die autopoietische → Systemtheorie *Niklas Luhmanns*, die Möglichkeit einer erfolgreichen Steuerung seitens der Politik in Abrede gestellt (Marcinkowski 1993). In stärker akteurtheoretischer Perspektive wird Steuerung hingegen als ein arbeitsteiliger Prozess beschrieben, der an den institutionellen Rahmenbedingungen des Handelns von Akteuren und spezifischen Akteurkonstellationen ansetzt und den Eigensinn der funktionalen Teilsysteme berücksichtigt. Eine politische Steuerung des Rundfunks setzt nach diesem Verständnis daran an, die institutionellen Ordnungen zu modifizieren, aus denen heraus Akteure des Rundfunksystems handeln, also durch indirekte bzw. prozedurale Steuerung die operationalen Vorgaben für die Situationswahrnehmung der Akteure zu verändern (Donges 2002).

Ferner gewinnen in der Literatur Begriffe wie ‚Selbst-, und ‚Co-Regulierung‘ an Bedeutung. Der Begriff der *Selbstregulierung* wird dabei in der internationalen Literatur als „broad concept, covering a wide range of institutional arrangements” (Ogus 1994: 108 f.) bezeichnet. Selbstregulierung meint, so ein Definitionsvorschlag, jene Formen der Regelsetzung, bei denen private Akteure wie z. B. Medienunternehmen bindende Regeln für die gesamte Branche aufstellen und diese auch selbst durchsetzen (Jarren et al. 2002). Sind mit Selbstregulierung jedoch Arrangements gemeint, in denen die Regelsetzung in Zusammenarbeit oder im Auftrag staatlicher Akteure vorgenommen wird, sollte der Begriff besser durch ‚regulierte Selbstregulierung‘ bzw. ‚Co-Regulierung‘ präzisiert werden.

Co-Regulation bezeichnet in der angelsächsischen Literatur einen Prozess, in dem sektorspezifische Standards zunächst von der Industrie selbst ausgearbeitet und dann von staatlichen Stellen in geltendes Recht umgesetzt werden (Ayres/Braithwaite 1992: 102). Im deutschen Sprachraum hat sich für diese Zwischenformen der von *Wolfgang Hoffmann-Riem* geprägte Begriff der ‚regulierten Selbstregulierung‘ oder ‚regulierten Selbstregelung‘ etabliert. Zwischen den Polen einer „hoheitlich-imperativen Regulierung“ und einer „privaten Selbstregelung“ verortet er zwei Formen einer solchen Selbstregelung: die „hoheitliche Regulierung mit Einbau selbstregulativer Elemente“, bei welcher der Staat weiterhin zumindest teilweise eine Erfüllungsverantwortung übernimmt, sowie einen zweiten Typ der „hoheitlich regulierten Selbstregelung", bei der sich der Staat zunächst auf die Selbstregelung privater Akteure verlässt, allerdings einen regulativen Rahmen vorgibt, „durch den der Spielraum bei der Optionenkonkretisierung und -wahl eingeengt wird" (Hoffmann-Riem 2001: 28, 31).

Formen der (regulierten) Selbstregulierung werden insbesondere in der angelsächsischen Forschungsliteratur als „useful [...] supplement to government regulation" (Campbell 1999: 772) thematisiert, während in Ländern mit einem stärker legalistischen Verständnis von Regulierung solche Formen eher als Indikatoren eines möglichen ‚Staatsversagens' interpretiert werden.

Internationale Bezüge

Betrachtet man die verschiedenen Formen der Medienpolitik in unterschiedlichen Ländern, so fällt auf, wie stark sie mit bestimmten Vorstellungen darüber korrespondieren, was Regulierung ist und welche Rolle der Staat dabei einnehmen sollte. Dabei verweist *Gerhard Vowe* (1999) auf drei idealtypische Modelle von Medienpolitik:

- das *konservative Modell* der Kontrolle von und durch Medien (→ Deutschland, → Österreich),
- das *liberale Modell* des Spielraums für und durch Medien (angelsächsische Länder, → USA, → Großbritannien)
- sowie das *demokratische Modell* einer Teilhabe an und durch Medien (→ Skandinavien).

Das in Deutschland vorherrschende Regulierungskonzept ist in weiten Teilen staatlich-hoheitlich, orientiert sich vor allem am politischen Medieninhalt und versucht mit relativ unbestimmten Zielvorgaben über Organisationssteuerung mittels rechtlicher Instrumente und vermittelt über gesellschaftliche Vertreter eine bestimmte Vielfalt zu erzeugen (Jarren 1999). Für solche traditionellen Formen der Regulierung wird es zunehmend schwieriger, eine – mehr oder minder geschlossene und dauerhafte – Rundfunkordnung ‚aus einem Guss' zu entwickeln. Allein die technische Entwicklung (Konvergenz), aber auch die veränderten Akteurkonstellationen in den Rundfunkmärkten sind heute allenfalls mittelfristig abschätzbar und nicht vorab sicher zu prognostizieren. Gesellschaftliche und sozial-kulturelle Zielsetzungen jeder Regulierung sind zudem in einer multikulturellen, individualisierten Gesellschaft notwendigerweise umstritten und allgemeine Zielsetzungen lassen sich nur schwer in juristisch operationalisierbare Leistungsanforderungen transformieren.

Die amerikanische Rundfunkpolitik entspricht hingegen weitgehend dem Verständnis von Regulierung, wonach der Staat nur bei offensichtlichem Marktversagen einzugreifen habe. Marktmechanismen werden denn auch kaum zur Stützung einer Gemeinwohlorientierung – wie im europäischen Regulierungsverständnis – außer Kraft gesetzt, die *Federal Communication Commission* (FCC) lässt die Rundfunkunternehmen weitgehend ungehindert gewähren und versteht sich eher als ‚Schiedsrichter' bei Konflikten denn als Gestalter einer Rundfunkordnung (Kleinsteuber 1996).

Auch in anderen angelsächsischen Ländern bezieht sich die Regulierung des Rundfunks sehr stark auf die Regulierung von Strukturen und Prozessen innerhalb und zwischen Akteuren – was in den kontinentaleuropäischen Ländern weniger der Fall ist. Hervorzuheben sind hierbei insbesondere die angesprochenen Formen der (regulierten) Selbstregulierung (vor allem in Australien und Kanada), der Einbezug gesellschaftlicher Interessen in Form öffentlicher Konsultationen (vor allem in Großbritannien, Kanada und z. T. USA) und die detaillierte Regulierung kommerzieller Aktivitäten des öffentlichen Rundfunks (→ Großbritannien).

Demgegenüber setzt die Rundfunkregulierung in den kontinentaleuropäischen Ländern – hier vor allem in → Frankreich und → Deutschland – stärker auf die Rundfunkveranstalter als Steuerungsobjekte. Dieses Regulierungsverständnis führt dabei im etatistischen Frankreich dazu, dass insbesondere der öffentliche Rundfunk sehr eng mit dem politischen Zentrum verbunden ist, während in Deutschland versucht wird, eine zu enge Staatsnähe des öffentlichen Rundfunks durch den Einbezug gesellschaftlicher Gruppen (z. B. bei der Besetzung von Rundfunkräten) zu verhindern – was allerdings durch die parteipolitische Verbundenheit vieler Vertreter der gesellschaftlichen Gruppen konterkariert wird. In Ländern wie Großbritannien stützt sich die Regulierung des Rundfunks stark auf die Setzung von Verfahrensregeln, welche die publizistische Orientierung des Rundfunks und die Professionalität der handelnden Akteure absichern soll (Donges 2002: 266-272).

Bewertung und Ausblick

Aus komparativen und theoriegeleiteten Studien zur Regulierung des Rundfunks kann der Schluss gezogen werden, dass prozessorientierte Formen der Regulierung – wie wir sie vor allem im angelsächsischen Raum vorfinden – interessante Alternativen zur traditionellen, stark auf Rundfunkveranstalter und Programminhalte fixierten Rundfunkpolitik in Deutschland sind. Auch ist im gesamten Medienbereich über neue Formen der regulierten Selbstregulierung nachzudenken.

Die bestehenden – und hinsichtlich ihrer Wirkung in Teilbereichen erheblichen – Defizite von privaten Selbstkontrolleinrichtungen (wie etwa der *Freiwilligen Selbstkontrolle Fernsehen*) verweisen auf die Notwendigkeit der Beteiligung staatlicher Akteure oder von Regulierungsbehörden an solchen Formen der Selbstregulierung. Schließlich sollten verstärkt zivilgesellschaftliche Akteure in Arrangements regulierter Selbstregulierung an der Medienregulierung beteiligt werden (Jarren/Donges 2000).

Literatur

Ayres, Ian/John Braithwaite (1992): Responsive regulation, New York/Oxford.

Baldwin, Robert/Martin Cave (1999): Understanding Regulation, Oxford.

Bundschuh, Anja (1998/99): Fernsehen und Jugendschutz in Europa, Baden-Baden.

Campbell, Angela J. (1999): Self-Regulation and the Media, in: Federal Communications Law Journal 51: 711-772.

Donges, Patrick (2002): Rundfunkpolitik zwischen Sollen, Wollen und Können, Wiesbaden.

Francis, John G. (1993): The Politics of Regulation, Oxford/Cambridge.

Hoffmann-Riem, Wolfgang (2001): Modernisierung von Recht und Justiz, Frankfurt/M.

Jarren, Otfried (1999): Medienregulierung in der Informationsgesellschaft?, in: Publizistik 1999/2: 149-164.

Jarren, Otfried/Patrick Donges (1997): Ende der Massenkommunikation – Ende der Medienpolitik?, in: H. Fünfgeld/C. Mast (Hrsg.): Massenkommunikation, Opladen: 231-252.

Jarren, Otfried/Patrick Donges (2000): Medienregulierung durch die Gesellschaft? Eine steuerungstheoretische und komparative Studie mit Schwerpunkt Schweiz, Wiesbaden.

Jarren, Otfried et al. (2002): Rundfunkregulierung. Leitbilder, Modelle und Erfahrungen im internationalen Vergleich, Zürich.

Kleinsteuber, Hans J. (1996): Regulierung des Rundfunks in den USA, in: Rundfunk und Fernsehen 1996/1: 27-50.

Majone, Giandomenico (1996): Regulating Europe, London/New York.

Marcinkowski, Frank (1993): Publizistik als autopoietisches System, Opladen.

Ogus, Anthony I. (1994): Regulation. Legal Form and Economic Theory, Oxford.

Schatz, Heribert et al. (1990): Medienpolitik, in: K. v. Beyme/M. G. Schmidt (Hrsg.): Politik in der Bundesrepublik Deutschland, Opladen: 331-359.

Vowe, Gerhard (1999): Medienpolitik zwischen Freiheit, Gleichheit und Sicherheit, in: Publizistik 1999/4: 395-415.

Otfried Jarren/Patrick Donges, Zürich

Reisejournalismus

Definition/Begriffsbestimmung

Reisejournalismus ist ein Sammelbegriff, der die Berichterstattung über mehr oder minder ferne Welten beschreibt, wobei der Aspekt des realen Besuchs oder auch die Befriedigung von Neugier und Exotik (‚Reise im Ohrensessel') im Vordergrund stehen können. Die Berichterstattung über potenzielle oder tatsächliche Reiseziele hat mit der Reisefreudigkeit in den letzten Jahrzehnten an Umfang und Bedeutung massiv zugenommen; sie findet in allen Medienformen statt, z. B. im Reiseteil einer Tageszeitung, in speziellen Reisezeitschriften, in TV-Magazinen und in Online-Angeboten. Von der → Auslandsberichterstattung unterscheidet sich Reisejournalismus durch unterhaltende, dokumentierende und erzählende Darstellungsformen.

Geschichte/Entwicklung

Berichterstattung über ferne Länder hat Menschen schon immer fasziniert. Als Urvater des Heimbringens von Erfahrungen mit fernen Ländern gilt der griechische Reisende *Herodot*. Weitere Berichte sind aus der Antike und dem Mittelalter überliefert, die koloniale Eroberung der Welt schuf neue Nachfragen nach Texten und Bildern der Außenwelt.

Journalistisch gehaltene Reiseberichte fanden sich ab etwa 1850 im Feuilleton deutscher Tageszeitungen, entstanden parallel zu den Anfängen des organisierten Tourismus. Bereits vor dem Ersten Weltkrieg war Berichterstattung über populäre Reiseziele in deutschen Zeitungen üblich, so bot die *Vossische Zeitung* Beilagen „Für Reisen und Wandern", die *Leipziger Zeitung* „Aus Bädern und Sommerfrischen" an.

Einen erneuten Schub erhielt die Reiseberichterstattung erst wieder nach dem Zweiten Weltkrieg: So begann die *Süddeutsche Zeitung* 1949 mit einer regelmäßigen Reisebeilage; andere Zeitungen folgten (Schmitz-Forte 1995). Mit wachsender Reiselust der Deutschen setzte eine Intensivierung und Diversifizierung des Angebots ein, die bis heute keinen Abschluss gefunden hat.

Aktuelle Situation

Inzwischen sind Reisebeilagen von Tageszeitungen eine Selbstverständlichkeit, oft ist sie mit der Wochenendausgabe verbunden. Spezielle Reisezeitschriften wie *Geo Saison*, *Globo* oder *Merian* haben sich fest am Markt etabliert; dazu kommt eine unübersehbare Zahl von Magazinen, die z. B. Abenteuerurlaub, bestimmte Zielregionen, Geschäftsreisende oder günstige Flugpreise in den Mittelpunkt stellen.

Inzwischen sind Reisethemen auch in den allgemeinen Publikumszeitschriften angekommen (Reisesonderteile). Ebenso werden Zielgruppen bedient: Frauen, Sportler, Autoreisende erhalten in ihren Zeitschriften speziell auf ihre Bedürfnisse zugeschnittene Berichte (Aigner 1992).

Reisemagazine haben auch im öffentlich-rechtlichen Fernsehen Eingang gefunden, etwa mit dem Angebot „ARD-Ratgeber Reisen". Im kommerziellen Bereich ist „Vox-Tours" besonders bekannt. Auf *9Live* bedient seit 2001 „sonnenklar TV" ein Programmfenster mit einem Reiseshopping-Angebot, bei dem Reisebilder mit Werbung für Ziele oder Veranstalter abwechseln. Der *Travel Channel* aus London gilt als erster TV-Spartenkanal nur für Reisethemen; *TV Travel Shop* (TUI), ist in Deutschland in dieser Sparte aktiv.

Kooperationsformen zwischen ‚Massen'medien und ‚Massen'tourismus waren schon immer vielfältig; eine übliche Form sind die ‚Leserreisen' von Printmedien. Im Online-Bereich haben sich Anbieter etabliert, die im Sinne von Konvergenz Reiseberichte ‚mit der rechten Hand' und Buchungsmöglichkeiten ‚mit der linken' anbieten.

Reiseberichterstattung unterliegt besonderen Rahmenbedingungen, die oft mit denen der Motorjournalisten verglichen werden. Reisen kostet Geld und nur wenige Redaktionen zeigen sich bereit, die wahren Reisekosten der Journalisten zu übernehmen. Umgekehrt laden Veranstalter von Reisen und Reiseziele Journalisten gern zu Besichtigungsfahrten ein, verbunden mit der Erwartung, dass darauf freundlich berichtet wird.

Ein großer Teil der Reiseberichterstattung wird von freien Journalisten geleistet. Angesichts dieser Rahmenbedingungen zeichnet sich die Berichterstattung häufig durch euphorische Darstellungen („Paradies", „Geheimtipp") aus; Probleme der Zielregion bleiben ausgeklammert, Stereotypen werden bedient (Kleinsteuber 1997).

Praxisrelevanz

Die Reiseberichterstattung folgt relativ klaren Regeln. Typische Darstellungsform ist die → *Reportage*, bei der ein Journalist das Reiseziel in Augenschein genommen hat und seine Eindrücke zurückbringt (= reportare). Sie bietet meist ein buntes Kaleidoskop individueller Eindrücke, dramaturgisch spannungsvoll präsentiert und verbunden mit üppiger Bebilderung. Fast immer runden abgesetzte, aber auf das Ziel bezogene Serviceinformationen (Kosten, Unterbringungsmöglichkeiten, weitere Informationen etc.) die Darstellung ab (O'Neil 2000; Zobel 1997).

Reisethemen werden aber auch in kürzeren Darstellungen, in → Nachrichten und Berichten, angesprochen; dann geht es um eher konkrete Informationen, etwa über neu entwickelte Urlaubsgebiete, Verkehrsverbindungen oder Krankheiten. Wesentlich bei der erfolgreichen Reiseberichterstattung ist das Eingehen auf die Erwartungshaltungen der Leser: Funsportler, Weinliebhaber oder Radfahrer erwarten jeweils ganz unterschiedliche Sichtweisen ihrer Journalisten.

Ein weiteres Element ist von Bedeutung: Wer konkret eine Reise plant, wird sich einen Reiseführer in Buchform besorgen; Reisejournalismus befriedigt dagegen oft eher ein Bedürfnis nach Durchstreifen der Ferne, bedient eine eher diffuse Sehnsucht nach Kulissenwechsel und Exotik, ohne dabei die Sicherheit des eigenen Zuhauses zu verlassen. Daran wird sich ein Autor orientieren müssen.

Bewertung und Ausblick

Berichterstattung für den Reisenden erwies sich in den letzten Jahrzehnten als Wachstumsgebiet. Dafür ist sowohl der reale Anstieg der Mobilität von Menschen verantwortlich als auch das gesteigerte Interesse an anderen Kulturen und Lebenswelten. Guter Reisejournalismus bewegt sich im Feld der transkulturellen Kommunikation und muss besonders darauf achten, fremde Welten fair und differenziert darzustellen, besser noch: zu erklären. Eine gute Reisereportage muss abwechslungsreich und farbintensiv dramatisiert sein; sie sollte aber auch von verlässlichen Service-Informationen begleitet werden.

Belastet wird die Berichterstattung durch die massiven PR-Interessen (→ Public Relations) der Reiseindustrie und der Neigung oder auch Notwendigkeit der Journalisten, auf ihre Gratis-Verlockungen einzugehen und ihr zu Diensten zu sein. Hier kann nur eine medienethische Steuerung gegenhalten; z. B. erwähnen seriöse amerikanische Zeitungen, wenn Sponsoren hinter einer Reisereportage stehen (→ Medienethik).

Der Reisejournalismus tendiert in eine spezifische Richtung der Konvergenz; zunehmend verbindet er sich unmittelbar mit Angeboten der Reiseindustrie. Manche Reportagen dienen faktisch dazu, das Interesse auf bestimmte Reiseziele und Veranstalter zu lenken. Diese Zusammenführung findet sowohl in Reiseprogrammen kommerzieller TV-Anbieter statt wie auch über Online-Portale.

Seriöser Reisejournalismus wird sich von dieser Art schleichender Werbung eindeutig absetzen müssen. Andererseits muss dem Leser klar sein, dass differenzierte Reiseberichterstattung ihren Preis hat. Sie verfügt über das Potenzial, Verständnis und Dialog zwischen Kulturen zu befördern. Im journalistischen Alltag ist sie aber oft weit davon entfernt.

Literatur

Aigner, Gottfried (1992): Ressort: Reise. Neue Verantwortung im Reisejournalismus, München.

Kleinsteuber, Hans J. (1997): Reisejournalismus, Opladen.

O'Neil, L. Peat (2000): Travel Writing. A Guide to Research, Writing and Selling, Cincinnati/OH.

Schmitz-Forte, Achim (1995): Die journalistische Reisebeschreibung nach 1945 am Beispiel des Kölner Stadtanzeigers und der Süddeutschen Zeitung, Frankfurt/M.

Zobel, Louise Purwin (1997): The Travel Writer's Handbook, Chicago/IL.

Hans J. Kleinsteuber, Hamburg

Reportage/Feature

Definition/Begriffsbestimmung

Mit ‚Reportage' und ‚Feature' werden journalistische Produkte benannt, die mit sprachlichen, meist auch bildlichen Mitteln über Akteure und deren Handlungen erzählen. Der Rohstoff besteht aus realitätsbezogenen Aussagen (d. h., sie besitzen ein Korrelat in der realen Lebenswelt), die jedoch nicht nachrichtlich als Bericht, sondern als subjektive, dramaturgisch gegliederte Erlebnisschilderungen wiedergegeben werden. Im → Journalismus spricht man hier von der *Darstellungsform* der Reportage bzw. des Features und bezeichnet damit zwei funktionstheoretisch abgrenzbare, dabei gattungsabhängige Vermittlungsformen (→ Mediengattungen).

Begriff der Reportage

Der Begriff der Reportage (lat. reportare = zurückbringen, überbringen) ist dem Französischen entlehnt und findet sich im Sprachgebrauch der deutschen Journalisten erst nach der Wende vom 19. zum 20. Jahrhundert. Deutlich früher kam das Wort *Reporter* auf als Synonym für Berichterstatter, vermutlich eine Übernahme aus dem Englischen. Dort ist der Begriff Reporter seit dem 18. Jahrhundert für journalistische Berichterstattung gebräuchlich, zunächst für die Parlamentsberichterstattung (ab 1736 in *The Gentleman's Magazine*), später allgemein für Berichterstatter und seit dem Aufkommen der Massenpresse in der Mitte des 19. Jahrhunderts zunehmend für recherchierende Journalisten (Haller 1997: 38).

In der Journalistik des deutschen Sprachraums wird heute mit *Reportage* der als subjektive Erzählung aufbereitete Tatsachenbericht eines Beobachters bezeichnet, der als Augenzeuge am Ort des Geschehens war und das Beobachtete einerseits mit Faktischem (→ Recherche), andererseits mit persönlichen Eindrücken und Empfindungen (subjektive Wahrnehmung), nicht jedoch mit Meinungsäußerungen durchsetzt (Reumann 1994: 102).

Der Text der Reportage folgt einer dramaturgischen Gliederung (wie: Analepse) und verwendet eine „teils beschreibende, teils erzählende, teils schildernde Sprache" (Haller 1997: 95). Er darf zudem die Empfindungen und Assoziationen des Reporters zum Ausdruck bringen und ist wegen der damit verbundenen Verwendung von Tropen (insb. Euphemismen, Metaphern) „durchaus literarisch, niemals aber dichterisch" (ebd.: 96 f.).

Geschichte der Reportage

Die Reportage ist erheblich älter als ihr Begriff und speist sich aus zwei literarischen Traditionen: der des Reiseberichts und jener des Augenzeugenberichts. Hauptmerkmale des *Reiseberichts* (→ Reisejournalismus) finden sich bereits in den Berichten des antiken Chronisten *Herodot*, der zwischen 450 und 435 v. Chr. nach Ägypten und Kleinasien auch Unteritalien, die südliche Adria und Sizilien bereiste. Es ist überliefert, dass Herodot mit seiner Vortragstätigkeit über die fremden Kulturen großen Anklang fand. Dabei bediente er sich jener Gestaltungs- und Stilmittel, wie sie für die Reportage charakteristisch sind: Kontrastreiche, dabei tatsachenbetonte Schilderung exemplarischer Handlungen, Beschreibung exotischer Szenen und Landschaften, Verknüpfung der Erzählstücke und Episoden zu einem handlungslogischen Ablauf, Sinndeutungen des Erzählten u. a. m. Mit den Entdecker-, Abenteurer- und Handelsreisen wurden in der Neuzeit die Reisetagebücher in der Form von Erlebnisreportagen populär (*Amerigo Vespucci*, *Marco Polo*, *Johann Hellfrich*).

In Deutschland wurde das Thema ‚Reisen' im 17. Jahrhundert zur literarischen Gattung (*Grimmelshausen*) und im Laufe des 18. Jahrhunderts zur dichterischen Kunstform stilisiert. Das vornehmlich allegorisch benutzte Genre diente in der Frühromantik als Spielwiese für phantastische Dichtungen (*Adalbert von Chamisso*) – und evozierte Kritik. Es brach ein für die deutsche Erzählliteratur seither kennzeichnender Realismus-Streit auf, dessen Zankapfel der Realitätsgehalt des Reiseberichts war. Reine Dichtung sei „nur Milchspeise für Kinder" (1985: VII), schrieb *Johann Gottfried Seume* 1803. Mit seinem (in die Form eines fiktiven Briefes gekleideten) Reisebericht wollte er einen mit Fakten belegten Tatsachenbericht geben und so den Anspruch auf Wahrhaftigkeit erfüllen. In der Biedermeierzeit wurde der neue Realismus aufgegriffen und als literarisch-journalistischer Zwitter kultiviert (*Heinrich Heine*, *Theodor Fontane* u. a.); dieser ist bis in die 20er Jahre des 20. Jahrhunderts als ein literarisierendes, meist ‚Reportage' genanntes Genre tradiert und wird immer wieder aufs Neue belebt.

Auch das Genre des *Augenzeugenberichts* reicht zurück in die Antike. Überliefert ist uns der in Briefform verfasste Bericht des *Gajus Cacilius Plinius* über das Erdbeben von Pompeji, laut *Theodor Mommsen* „die journalistische Glanzleistung des Altertums." (zit. nach Kisch 1923: 299).

Die Rolle des Zeugen, der in der Presse über seine Beobachtungen berichtet, gewinnt nach Entstehung der Tageszeitungen (1650) mehr und mehr die Funktion des Chronisten, wobei die Quellenlage (was ist authentisch, was Kolportage?) meist im Unklaren bleibt. Mit der im 19. Jahrhundert in den Großstädten in Großbritannien und den USA verbreiteten Massenpresse (‚penny press') wandelt sich der Beobachter-Zeuge zum hauptberuflich tätigen Reporter, der Gerichtsverhandlungen beiwohnt und zu Unfällen und Verbrechen eilt, um zu berichten, was er hat beobachten und durch genaues Nachfragen hat rekonstruieren können. So entsteht das professionelle ‚reporting' der Pressejournalisten, zu dessen Qualitätskriterien die Unabhängigkeit der Beobachterrolle und die Zuverlässigkeit der Beobachtungen gehören (Requate 1995: 33 ff.).

Zu Berühmtheit gelangte der Reporter *William Howard Russell*, der als Sonderkorrespondent der *Times* 1854 auf der Krim den britisch-russischen Krieg verfolgte (→ Kriegsberichterstattung) und dessen schonungslose Augenzeugenberichte den Sturz der Regierung Aberdeen nach sich zogen (Haller 1991). Seit damals ist für den anglo-amerikanischen Journalismus die Aufgaben- und Funktionsteilung zwischen ‚reporting' (Informationsbeschaffung) und ‚editing' (redigierende Textverarbeitung) charakteristisch, während im deutschsprachigen Raum bis heute das Konzept des ‚Generalisten' (Berichterstatter und Redakteur) vorherrscht (→ Redaktion).

Die moderne Reportage vereinigt beide Traditionen und Funktionen. „Die Reisereportage hatte zur Aufgabe, stellvertretend für die Hörer und Leser Distanzen zu überwinden, um Fremdes nahe zu bringen [...]; der Augenzeugenbericht hatte zur Aufgabe, stellvertretend für die Leser Barrieren zu überschreiten, um Unzugängliches zugänglich zu machen [...]. Beides, Distanz und Barriere, gelten in der unübersichtlich gewordenen Industriegesellschaft auch im übertragenen Sinn: Der Reporter überwindet soziale Distanzen und er überschreitet institutionelle Barrieren“ (Haller 1997: 33).

Ihre Ausformung maßgeblich geprägt haben die sozialkritischen Enthüllungsreportagen, wie sie Ende des 19. Jahrhunderts in den damaligen Großstädten publiziert wurden: In Chicago und New York die ‚Muckraker' (beispielhaft *Ida Tarbell*, *Elisabeth Cochrane*, *Jacob A. Riis*; → Recherche), in London die sich als ‚Fourth Estate' begreifenden Reporter (insbesondere *William Thomas Stead*), in Wien verdeckt recherchierende Milieureporter (insbesondere *Max Winter*) und in Prag und Berlin die oft klassenkämpferisch agierenden Enthüllungsreporter (insbesondere *Egon Erwin Kisch*, *Joseph Roth*).

Mit dem kommerziellen Erfolg der Zeitungen vertieft sich in den 20er Jahren die im 19. Jahrhundert aufgebrochene Kluft zwischen Literatur und Journalismus: Die Literaten verachten die Reportage als ein oberflächliches, konfektioniertes Serienprodukt; die Reporter kritisieren die literarischen Texte als realitätsflüchtige Schilderungen ohne Aufklärungswert. Der sich zuspitzende Disput dreht sich nun um die politische Forderung nach der ‚sozialen Wahrheit' des Dargestellten. Die eine Seite sagt, die journalistische Reportage sei nur vom Zufall des Augenscheins geprägt (*Georg Lukács*, *Siegfried Kracauer*); die andere kontert, es gehöre zum journalistischen Handwerk, die beobachteten Situationen danach zu prüfen, ob sie für das Typische oder das Besondere – und letzteres als Exempel des Allgemeinen – zu nutzen seien (*Egon Erwin Kisch*, *Joseph Roth*).

Der gute Reporter, so Egon Erwin Kisch, füge das Besondere in den gesellschaftlichen Zusammenhang; „ein Chronist, der lügt, ist erledigt.“ (zit n. Kisch 1979: 129 ff.) – ein Anspruch, dem sich auch die angloamerikanischen Reporter verpflichtet sehen. Zwar entstand in den 60er Jahren in den USA ein dem literarischen Genre und individualistischen Sprachstil verpflichteter → New Journalism (*Tom Wolfe*, *Norman Mailer*, *Truman Capote*), der die Unterscheidung zwischen Faktischem und Fiktionalen für seine Arbeiten nicht gelten ließ. Dennoch hat sich der tatsachenbetonte, subjektiv schildernde Erlebnis- bzw. Recherchenbericht als Typ der modernen Reportage stets behauptet (in den USA haben seit 1946 die Kriegsreporter *John Hersey* für Hiroshima, *Seymour Hersh* für Mi Lay und *Sydney Schanberg* für Kambodscha Vorbildfunktion).

Im Nachkriegsdeutschland wurde die Reportage – als komplementäre Form zur → Nachricht – in den 60er Jahren kultiviert, zuerst über die Erfindung der ‚Seite Drei' der *Süddeutschen Zeitung*, dann ab 1964 durch die Beschäftigung von Journalisten mit Reporter-Status in der *Spiegel*-Redaktion. Seit den 80er Jahren hat sich dieser Typ auch in den audiovisuellen Medien (Reportageformate bei privaten wie öffentlich-rechtlichen Programmanbietern) etabliert. Sein Realismusanspruch ist unstrittig. Das Outing unwahrer Aussagen als ‚skandalöse Fälschungen' (*Michael Born*, *Tom Kummer* u. a.) belegt, dass für die Reportage der Anspruch der Authentizität und der Wahrhaftigkeit gilt, auch wenn verschiedene, von privaten Programmanbietern produzierte Reportagesendungen als ‚faction', als Mix aus Faktischem und Fiktonalem, verkauft wurden. (→ Medienethik)

Praxis des Reportageschreibens

Zu den im Journalismus unstrittigen Anforderungen an die Reportage gehören: die Authentizität des Augenscheins, die Simulation von Gegenwärtigkeit (Präsens als Tempus der Erzählung), die verbundene Schreibe (Storytelling) sowie die konkret-anschauliche Sprache des Reporters. Je nach Thema, Mediengattung und Intention lässt sich heute die journalistische

Reportage in folgende fünf Typen unterscheiden:

- Die *ereignisbezogene Reportage* entstammt der Augenzeugen-Berichterstattung und ordnet den Stoff chronologisch; dabei erweitert der Reporter seinen Bericht um Erlebnisse, Impressionen und Assoziationen (beispielhaft: Sportereignis-Reportagen im Rundfunk). Gelegentlich tritt hier die Reportage auch als ein den Bericht ergänzender Beitrag in Erscheinung.
- Die *Milieu-Reportage* ähnelt im Aufbau der Reiserreportage und schildert die Lebensumstände von Personen oder Gruppen in fremden bzw. befremdlichen Situationen oder Zusammenhängen (beispielhaft hierfür die Reportagen von Egon Erwin Kisch).
- In der *Selbsterfahrungs-Reportage* ist der Reporter selbst einer der Akteure, um durch Rollenspiel fremde Situationen erfahren zu können (beispielhaft sind hierfür die Reportagen von *Günter Wallraff*).
- Die *Personen-Reportage* porträtiert eine bemerkenswerte Einzelperson in ihrem spezifischen Handlungszusammenhang; meist sind es Künstler, Forscher oder Helden, aber auch Leute in Ausnahmesituationen (beispielhaft seien hier die Arbeiten der Kisch-Preisträgerinnen *Wibke Bruhns* (1988), *Antje Potthoff* (1996), *Marie-Luise Scherer* (1979), *Barbara Supp* (1995) und *Margrit Sprecher* (1991) genannt).
- Die *aufdeckende Reportage* verwertet investigativ beschaffte Informationen und beschreibt (soziale) Missstände, rekonstruiert Entstehungsgeschichten, schildert die Situation der Betroffenen und nennt die Verantwortlichen (im Magazinjournalismus, insbesondere *Stern*, *Spiegel* sowie *Panorama*, ARD).

Begriff des Features

Der Begriff des Features ist dem amerikanischen Englisch entlehnt. Im amerikanischen Sprachraum wurde die ursprüngliche Wortbedeutung bereits im 19. Jahrhundert auch metaphorisch benutzt analog zur deutschen Metapher ‚Gesichtspunkt' zur Bezeichnung einer Haupteigenschaft oder der Hauptattraktionen. Im Laufe des 20. Jahrhunderts etablierte sich im anglo-amerikanischen Journalismus das Wort ‚feature' als Synonym für eine unterhaltsam geschriebene, mit ‚human interest' ausgestattete ‚news story'. Ihr Rohstoff sind nachrichtliche Informationen, doch wird das Material weder nach dem Muster der Meldung (lead, inverted pyramid), noch nach dem des Berichts, vielmehr in der Art einer erzähllogisch ablaufenden Geschichte ohne ‚summary lead' aufbereitet (→ Nachricht/Bericht).

Im deutschen Sprachraum wurde der Begriff nach 1945 zunächst vom → Radio-Journalismus für gebaute, mit Archivmaterial wie auch O-Tönen angereicherte Beiträge benutzt. Im → Print-Journalismus wird seit den 60er Jahren die Bezeichnung Feature uneinheitlich, doch vornehmlich für solche Beiträge verwendet, die – darin der Reportage ähnlich – konkret-anschaulich Szenen und Situationen beschreiben. Doch im Unterschied zur Reportage steht nicht das authentische Erlebnis des Reporters im Mittelpunkt, sondern ein recherchierbares, oft auch problemhaltiges Thema, das vermittels Fallbeispielen und typisierender Szenen sozusagen auf die Augenhöhe der Leserschaft umgesetzt werden soll. Kennzeichnend für die Umsetzung von Feature-Themen ist der Mix aus aktuellem Nachrichtenstoff, recherchierten Strukturdaten und realen Situationen, die Funktionszusammenhänge und Auswirkungen ‚lebendig' machen sollen.

Geschichte des Features

In den USA entwickelten die großen Tageszeitungen der Ostküste (in erster Linie *The New York Herald*) zeitgleich mit der Konfektionierung der Nachrichtenverarbeitung (insbesondere das ‚news writing' in der Form der ‚inverted pyramid' mit ihrem ‚summary lead') auch das ‚story telling' – ein mit szenischen Begebenheiten und personalisierten Informationen angereicherter Bericht. Letzterer sollte das oft spröde wirkende Nachrichtenbild der Zeitungsseite auflockern und neue Leser – vor allem auch Leserinnen – erschließen.

Die sich entwickelnde Zweiteilung news story/feature story wurde in den folgenden Jahrzehnten bei der Tagespresse Standard und über die neu gegründeten Wochenmagazine (*Time*, *Newsweek*) weiter ausgeformt. Gelegentlich wurde dasselbe Ereignis in beiden Darstellungsformen präsentiert: rein informativ sowie als unterhaltsame Erzählung. Der Erfolg des Features ging vor allem darauf zurück, dass es – im Unterschied zur Meldung – den Bericht meist über eine Episode oder eine Situation eröffnete und mit einem Spannungsbogen das Leserinteresse möglichst bis zum letzten Absatz aufrecht erhielt. In den US-amerikanischen Handbüchern der 50er Jahre ist vom „suspended interest" des Features die Rede – was denn auch zur Kritik am Trend zum „literary craftsman" führte: „Journalism tends to forget that the purpose of news writing is to inform, not to entertain." (Hohenberg 1960: 81).

Rund fünf Jahrzehnte nach den USA wurde auch im deutschen Sprachraum das ‚story telling' als Alternative zur puren Nachrichtenform entdeckt, einerseits vermittels der Nachrichtenmagazingeschichte (als erster *Der Spiegel*), andererseits über das so genannten ‚Anfeaturen' der Berichte mit einem erzählend formulierten szenischen Einstieg. Doch im Unterschied zu den USA, wo die Formenlehre auf das binäre Muster Newsstory/Featurestory reduziert ist, werden in Deutschland seither die Erzählformen stärker differenziert (Haller 1997: 93) und das Feature in funktionaler Hinsicht von der Reportage unterschieden. „Reportagen sollen Einzelschicksale erfassen, ohne Allgemeingültigkeit zu behaupten, Features dagegen sollen allgemein Gültiges erfassen, aufgezeigt an einem Beispiel." (Meyer 1983: 16)

Diesem Ansatz zufolge dient das Feature dem Zweck, „Situationen und Zusammenhänge exemplarisch zu zeigen", während die Reportage vor allem „authentische und einmalige Erlebnisse bzw. Beobachtungen" erzählt (Haller 1997: 93). Zu den mit Reportage und Feature verwandten weiteren Formen lassen sich die Newsmagazine-Story und der TV-Report zählen, die beide ebenfalls eine Dramaturgie als Erzählablauf (‚roter Faden') aufweisen.

Praxis des Featureschreibens

Im Journalismus besteht Einigkeit darin, dass Authentizität beim Feature nicht zwingend erforderlich ist, d. h., der Journalist darf auch recherchiertes Material szenisch inszenieren bzw. Situationen nachstellen (Doku-TV, Reality-TV). Dabei ist strittig, ob und in welchem Umfang solche Inszenierungen als Surrogate kenntlich gemacht werden müssen.

Im Hörfunk wird mit Feature eine Produktion bezeichnet, der meist ein zeitaktuelles, über Recherche erschlossenes Strukturthema zugrunde liegt und mit ‚Atmo' sowie O-Tönen interessanter Akteure, Zeugen und Fachleuten zusammengebaut wird (so genannter gebauter Beitrag). Im Zeitungsjournalismus dominiert der mit szenischen Beschreibungen und direkten Zitaten angereicherte Bericht (chronologischer Aufbau). Dramaturgisch durchgestaltete Features (argumentative Stoffgliederung) auf der Basis selbst recherchierter Materialien sind eine Spezialität des *Spiegel* (Titelgeschichten) und gelegentlich der *Zeit* (Dossier) sowie der Wirtschaftsmagazine *Manager Magazin* und *Wirtschaftswoche*. Oft vermitteln diese Texte zudem eine implizit wertende Gesamtsicht auf das Thema (so genannte ‚Quintessenz').

Forschungsstand

Die Darstellungsformen im Allgemeinen und die der Reportage bzw. Feature im

Besonderen sind in der Journalistik bislang wenig ausgearbeitet. Theorieorientierte Beschreibungen der Funktionen liegen unter *normativ-pragmatischer* (Haller 1987: 73 ff.) sowie unter systemtheoretischer Perspektive (Weischenberg 2002: 120 ff.) vor. Die erstere definiert Darstellungsformen als ein auf „Orientierung" angelegtes Funktionsbündel mit folgenden vier Dimensionen: das Thema, die Intention des Kommunikators, die Erwartung der Rezipienten sowie das Spezifische der Mediengattung. Nach diesem Ansatz besteht die Orientierungsfunktion der Reportage darin, die Rezipienten über die Simulation von Gegenwärtigkeit an einem (tatsächlich vergangenen) Realgeschehen emotional teilhaben zu lassen; die Funktion des Features indessen wird darin gesehen, Wirkungs- und Ursachenzusammenhänge auf der Ebene der Alltagserfahrung nachvollziehbar zu machen. (Haller 1997: 71 ff.)

Der *systemtheoretisch-konstruktivistische Ansatz* spricht von „Berichterstattungsmustern und Genres", die „Auskunft (geben) [...] über die Wirklichkeitsmodelle, welche Kommunikatoren anbieten wollen, und über die Wirklichkeitsmodelle, an welche Rezipienten gewöhnt sind" (Weischenberg 2002: 124). Dabei werden Reportage und Feature gleichermaßen der Unterhaltung zugewiesen (Weischenberg 2001: 49), wobei das Feature eine „Unterhaltungs-Darstellungsform" sei, „die der Beschreibung und Analyse von Ereignissen und Zuständen sowie der Ausleuchtung von Hintergründen dient; [...] der Nachrichtenfaktor ‚Publikums-Interesse' spielt hier eine besondere Rolle." (Weischenberg 2001: 177) Im Übrigen folgt dieser Ansatz der US-amerikanischen Tradition und gebraucht den Koppelbegriff ‚Reportage-Feature' für alle subjektiven Erzählformen; auf eine Binnendifferenzierung wird explizit verzichtet (Weischenberg 2001: 200).

Die Literaturwissenschaften rechnen die Reportage, nicht aber das Feature zu den „narrativen Texten", denen stets „eine Handlung zu Grunde liegt" (Link 1974: 272), in welche (mindestens) ein Akteur involviert ist. Das Reportage-Material besitzt unter literaturwissenschaftlichem Blickwinkel vier konstituierende Dimensionen: Ereignis(se), Akteur(e), Zeit und Raum.

In der Literatur bewusst offen gehalten wird das Verhältnis zwischen Erzähler (Beobachter oder Akteur) und Autor (Reporter); im Journalismus indessen wird die Identität beider Rollen unterstellt und als Nachweis von Authentizität genommen. Von den Literaturwissenschaften bislang nicht berücksichtigt werden die Feature-Formen.

Ausblick

Mit der Erweiterung der Mediengattungen (→ Internet) und dem durch Deregulierungen verschärften Medienwettbewerb verschieben sich die Medienfunktionen. Während bei den *General-Interest-Medien* die Nachfrage nach Informationsleistungen zurückgeht, gewinnen die für die Generierung von Aufmerksamkeit (Voraussetzung für Reichweite) wichtigen Präsentationsformen an Einfluss, so vor allem der Sensationalismus mit den Nachrichtenwerten Kontrast, Prominenz, Nähe – und in der Folge solche Formen, die Medienbindung erzeugen können (→ Nachrichtenselektion).

Dies leisten im Fernsehen derzeit Personality- und Event-Inszenierungen, die bei den Zuschauern voyeuristische Neigungen und den Wunsch nach Mit-Erleben stimulieren. Im Wettbewerb um Aufmerksamkeit hat auch das journalistische ‚Emotainment' – ein Mix aus Nachrichten, kolportierten Hergangsgeschichten sowie Erzählungen aus der Opfer-Perspektive (beispielhaft die *Bild*-Zeitung im Fall Sebnitz 2001) – an Geltung deutlich gewonnen. Mit diesem Trend einher geht die Aufweichung tradierter Trennungsregeln (Sachbericht – Kommentar sowie Nachricht – subjektive Erzählung) zugunsten eines funktionalen Mischprodukts.

Einem deutlich anderen Trend folgen die meisten *Online-Medien*, die eine Erweiterung der klassischen Darstellungsformen befördern. Viele im World Wide Web des Internet angebotene Produktionen verknüpfen einzelne, gut eingegrenzte Formen mit Hyperlinks und erreichen auf diese Weise eine komplexe Gesamtdarstellung, die sich oftmals aus aktuellen Meldungen, Ereignisberichten, recherchierten Features, Bilddokumentationen, Interviews und singulären Erlebnisreportagen zusammensetzt (→ Online-Journalismus).

Damit werden den subjektiven Erzählformen neue Entfaltungsräume geöffnet.

Literatur

Haller, Michael (1991): Alles schreiben oder den Mund halten? William Howard Russell, der erste Frontreporter, in: Die Zeit v. 8.3.1991: 45.

Haller, Michael (1997): Die Reportage, 4. Aufl., Konstanz.

Hohenberg, John (1960): The Professional Journalist, 4. Aufl., New York.

Kisch, Egon Erwin (1979): Debüt beim Mühlenfeuer, in: Marktplatz der Sensationen, Ges. Werke Bd. VII, 4. Aufl., Berlin/ Weimar: 128-138.

Kisch, Egon Erwin (Hrsg.) (1923): Klassischer Journalismus, Berlin.

Link, Jürgen (1974): Literaturwissenschaftliche Grundbegriffe, München.

Meyer, Werner (1983): Zeitungspraktikum, Percha a. Starnberger See.

Requate, Jörg (1995): Journalismus als Beruf, Göttingen.

Reumann, Kurt (1994): Journalistische Darstellungsformen, in: E. Noelle-Neumann et al. (Hrsg.): Fischer Lexikon Publizistik/Massenkommunikation, Frankfurt/M.: 91-116.

Seume, Johann Gottfried (1985) [zuerst 1805]: Spaziergang nach Syrakus im Jahre 1802, München.

Weischenberg, Siegfried (2002): Journalistik, Bd. 2, Wiesbaden.

Weischenberg, Siegfried (2001): Nachrichten-Journalismus, Wiesbaden.

Michael Haller, Leipzig

Ressort

→ Redaktion

Rezeption

→ Mediennutzung
→ Medienwirkungen

Risikokommunikation

Definition/Begriffsbestimmung

Risikokommunikation kann als Prozess beschrieben werden, der die Unsicherheit über zukünftige Schäden thematisiert, die sich mittel- oder unmittelbar auf individuelle bzw. organisationelle Entscheidungen zurechnen lassen (Luhmann 1991; Ruhrmann 2003). Erfolgt die Thematisierung durch oder aufgrund von Journalismus, Public Relations, Werbung oder Unterhaltung, kann – ergänzend – von öffentlicher Risikokommunikation gesprochen werden.

Zu den Themenfeldern zählten zunächst die so genannten Groß- bzw. Schlüsseltechnologien (Kernenergie, Gentechnologie, Klimawandel, Chemie), die dann später um ein – heutzutage kaum mehr überschaubares – Spektrum verschiedenster Gesundheits- und Ernährungsrisiken (AIDS, BSE, Rauchen, Risikosportarten etc.) erweitert wurden. Aus kommunikationswissenschaftlicher Sicht interessiert hierbei vor allem, welchen Beitrag öffentliche Kommunikation im Rahmen des gesellschaftlichen Risikodiskurses erbringt und wie dies die Interdependenzverhältnisse zwischen einzelnen Sozialsystemen der Gesellschaft (z. B. zwischen Journalismus, Politik und Wissenschaft) beeinflusst.

Geschichte/Entwicklung

Der Ursprung und historische Entstehungskontext des Begriffs Risiko wird für gewöhnlich in der frühen Seefahrt gesehen, die alsbald versicherungstechnische Fragestellungen aufkommen ließ. Gemessen daran ist Risikoforschung ein vergleichsweise neuzeitliches Phänomen, das erst im vergangenen Jahrhundert einsetzt. Entlang der jeweils vorherrschenden wissenschaftlichen Teildisziplinen lässt sich die Risikoforschung in verschiedene Phasen einteilen.

Die Frühphase ist von einer *formal-normativen* Perspektive geprägt, deren Ziel darin zu sehen ist, ein universell gültiges Risikomaß zu entwickeln. Ein derartiges Risikomaß, so der Grundgedanke, würde es ermöglichen, verschiedene technische und natürliche Risiken ihrer jeweiligen Eintrittswahrscheinlichkeit und Schädlichkeit gemäß miteinander zu vergleichen und ein allgemein vertretbares Ausmaß an Sicherheit zu gewährleisten (Starr 1993). Hierzu bedient sich die Forschung einer aus der Versicherungswirtschaft entlehnten Formel, derzufolge sich ein Risiko (R) als das Produkt von Eintrittswahrscheinlichkeit (W) und möglichem Schaden (S) definiert. Mit der formal-normativen Risikoperspektive verknüpft sich auch die Erwartung, öffentliche Risikodiskurse – in einem wissenschaftlichen Sinne – rationaler gestalten, die politische Entscheidungsfindung zuverlässig orientieren und schließlich die Welt sicherer machen zu können.

Mit der Beantwortung der Frage nach der akzeptablen Sicherheit neuer Technologien war die formal-normative Risikoforschung jedoch alsbald überfordert. Als problematisch bzw. unlösbar hat sich im Einzelnen sowohl die einheitliche und konsensuelle Operationalisierung der Formelkomponenten erwiesen als auch der Umstand, dass eine Definition ‚objektiver Risiken' – selbst wenn diese von der Wissenschaft geleistet werden könnte – mit Blick auf die öffentliche Risikowahrnehmung sozial nicht durchsetzungsfähig ist und somit eine Risikoakzeptanz jenseits der Wissenschaft nicht gewährleisten kann.

Diese Problemlage bildet den Ausgangspunkt der *empirisch-psychologischen* Risikoforschung. Hauptanliegen dieses Ansatzes ist es, die Unterschiede zwischen der Risikowahrnehmung von Experten und Laien aufzuzeigen und zu berechnen (Slovic 1987). Als ‚subjektives Risiko' wird demnach bezeichnet, wie Menschen in einer bestimmten Situation ein spezifisches Risiko beobachten und bewerten. Gilt die Risikoeinschätzung demgegenüber wissenschaftlich als hinreichend gestützt, wird (auch weiterhin) von ‚objektivem Risiko' gesprochen: „Indem die psychologische Forschung sich den kognitiven Dimensionen der Risikowahrnehmung widmete, kam sie dem Wunsch vieler Entscheidungsträger entgegen, wissenschaftliche Erklärungen für das Protestverhalten zu liefern, ohne dabei die Rolle der Experten und ihren Kompetenzanspruch zu erschüttern." (Renn 1984: 57) In diesem Sinne markiert die Unterscheidung von Experten- und Laienperspektive keineswegs nur den jeweiligen Beobachterstandpunkt, sondern impliziert gleichzeitig eine normative Aussage über die Qualität und Reichweite der jeweiligen Einschätzung.

Allerdings hat die psychologische Risikoforschung eine ganze Reihe von Faktoren aufzeigen können, die anlässlich individueller Risikowahrnehmung relevant werden. Hierzu zählen im einzelnen Aspekte, welche die Art der Risiken, der Risikofolgen, deren Größenordnung und den mit der Risikoquelle assoziierten Nutzen betreffen. So werden Risiken, die freiwillig eingegangen werden, eher akzeptiert als solche, die als unfreiwillig erlebt werden.

Risiken, die als kontrollierbar gelten, werden denen vorgezogen, die als unkontrollierbar eingeschätzt werden. Unbekannte Risiken werden im Vergleich zu solchen, mit denen die Menschen im Alltag umzugehen gelernt haben, als höher eingeschätzt. Das heißt: Mit der Bekanntheit des Risikos sinkt die Risikoeinschätzung und steigt die Risikoakzeptanz. Beeinflusst wird die Risikoeinschätzung und -akzeptanz zudem durch Merkmale wie geografische und zeitliche Nähe beziehungsweise Distanz zur Risikoquelle, deren Katastrophenpotential sowie die Reversibilität oder Irreversibilität des eingetretenen Schadens. Profitieren schließlich nur einige wenige davon, dass eine riskante (technologische) Entscheidung getroffen wird, werden also deren nützliche Folgen ungleich verteilt, so führt auch dies zu einer Abnahme der Risikoakzeptanz.

Als problematisch hat sich indes erwiesen, dass die Operationalisierung und die Messung der Risikofaktoren nicht einheitlich gestaltet wurde. Zudem kann darin, dass zu jeder endlichen Anzahl von akzeptanzrelevanten Aspekten stets noch weitere gefunden werden können, eine entscheidende Schwäche dieser Forschungsrichtung gesehen werden (Görke 1999: 25 ff.).

In *kultur-soziologischen* Ansätzen zur Risikoforschung geht es nicht mehr allein darum, für wie gefährlich oder riskant einzelne Menschen eine bestimmte Technik- oder Lebensentscheidung halten, sondern darum, wie individuelle Risikowahrnehmungen zu gesellschaftlichen Risikokonstruktionen führen. Hierbei wird die (vereinfachende) Unterscheidung zwischen Experten und Laien ersetzt durch eine gesellschaftliche Risikoanalyse unter den Bedingungen multiperspektivischer Beobachterverhältnisse.

Bedeutend sind in diesem Zusammenhang insbesondere die Beiträge von *Mary Douglas* und *Aaron Wildavsky* (1982), die das Phänomen zeitversetzter Risikoselektion kulturanthropologisch beschreiben. Ihr Leitgedanke ist, dass jede Gesellschaft ihre je eigene selektive Sicht ihrer natürlichen Umwelt entwirft. Diese wiederum beeinflusst, welche Risiken mit öffentlicher Aufmerksamkeit rechnen können und welche nicht.

Radikaler noch identifiziert im deutschen Sprachraum der Soziologe *Niklas Luhmann* Beobachtungs- und Kommunikationsereignisse als Quelle der gesellschaftlichen Risikowahrnehmung. Luhmann modelliert hierbei die Gesellschaft als emergentes Netzwerk (→ Systemtheorie) prinzipiell gleichrangiger und autonom operierender Funktionssysteme (Recht, Politik, Wirtschaft, Religion, Erziehung, Wissenschaft). Ökologische Krisen begegnen der Gesellschaft demnach nicht in Form einer objektiven Gefährdungslage, der durch Handlungs- oder Unterlassungsoptionen beizukommen ist, sondern in Form von Krisenbeobachtungen einzelner Gesellschaftsbereiche.

Die Gesellschaft kann sich in diesem Sinne nur selbst und nur durch Kommunikation (der verschiedenen Krisenbeobachtungen) gefährden (Luhmann 1991). In Abgrenzung zur Frühphase der Risikoforschung wird hierbei der Begriff der Sicherheit vermieden. Sie gilt in letzter Konsequenz als unerreichbar und damit als soziale Fiktion, da nicht nur die Wahrnehmung, sondern auch die Unterlassung einer Entscheidungsoption (in der Zukunft) negative Folgen haben kann (Görke 1999: 28 ff.)

Forschungsstand

Die kommunikationswissenschaftliche Risikoforschung setzt erst vergleichsweise spät ein und ist zudem durch eine doppelte (und zuweilen additive) Engführung gekennzeichnet. Man interessiert sich zum einen bevorzugt für die Analyse *journalistischer Informationsangebote* (→ Journalismus) und entsprechend weniger für die Beiträge, die → Public Relations (Hribal 1999), → Unterhaltung (Görke/Ruhrmann 2003) und → Werbung zum Verständnis öffentlicher Risikokonstruktion erbringen. Diese Engführung ist im Grunde nur fachhistorisch zu begründen.

Die kommunikationswissenschaftliche Risikoanalyse ist zum zweiten durch eine Präferenz für bestimmte *technische Verbreitungsmedien* geprägt: Untersucht wurden demnach vor allem die journalistische Risikoberichterstattung in Printmedien und – seltener – im Leitmedium Fernsehen. Diese Engführung ist im Kern wohl forschungsökonomisch begründet.

Steht der journalistische Beitrag zur gesellschaftlichen Risikokonstruktion im

Fokus des Forschungsinteresses, werden zudem in der Regel nicht verschiedene Risikothemen miteinander verglichen. Vielmehr konzentrieren sich die Studien auf die Analyse eines ausgewählten Risikothemas (z. B. Gentechnologie, BSE, Kernenergie). Diese kommunikationswissenschaftlichen Beiträge zur Risikoproblematik kann man weiterhin gut den letzten beiden Phasen der allgemeinen Risikoforschung zuordnen.

Dementsprechend lassen sich risiko-objektivistische und risiko-konstruktivistische Ansätze unterscheiden. Generell gilt hierbei: Je weniger (divergierende) Beobachterperspektiven in das jeweilige Risikoverständnis einfließen, desto geringer ist die Wahrscheinlichkeit, dass die (unterschiedlichen) Beiträge von Journalismus, PR, Werbung und Unterhaltung zum Prozess gesellschaftlicher Risikokonstruktion Berücksichtigung finden.

Die *risiko-objektivistische* Kommunikationsforschung zeichnet sich dadurch aus, dass sie Risiken prinzipiell für objektiv (→ Objektivität), d. h., ohne subjektive Beeinträchtigung durch einen oder mehrere Beobachter, seien es Dritte oder der beobachtende Forscher selbst, erkennbar hält. Sämtliche Aussagen zum (Risiko-)Journalismus, seinen Aufgaben, Limitationen und Folgen basieren auf der Grundannahme der Erkenn- und Abbildbarkeit von (riskanter) Realität (Görke 1999: 61-154).

Die *risiko-konstruktivistische* Kommunikationsforschung (→ Konstruktivismus) geht demgegenüber davon aus, dass Aussagen über Risikowirklichkeiten stets von Beobachtern getroffen werden. Die Analyse der je spezifischen Eigenselektivität des jeweiligen Beobachters steht daher im Mittelpunkt des Forschungsinteresses. Nachrichtenwerte (→ Nachrichtenselektion) und journalistische Routinen werden in dieser Perspektive nicht etwa als (dysfunktionale) Ursache einer daraus resultierenden verzerrten (subjektiven) Risikowahrnehmung durch das Laienpublikum gehalten. Sie werden vielmehr als funktionale Eigenwerte und evolutionäre Errungenschaften der journalistischen Nachrichten- und Risikokonstruktion betrachtet, die sich darin nicht prinzipiell von funktional anders ausgerichteten Risikokonstruktionen der Sozialbereiche Wissenschaft, Politik und Wirtschaft unterscheidet. (Görke 1999: 155-209)

Praxisrelevanz/internationale Bezüge

Die Ergebnisse der kommunikationswissenschaftlichen Risikoforschung sind vorwiegend der Grundlagenforschung zuzurechnen. Praxisbezug haben sie indes insofern, als sie potenziell die spezifische Selektivität öffentlicher Risikowahrnehmung besser verständlich machen. Der Versuch, eine kommunikationswissenschaftliche Risikoanalyse – etwa im Rahmen von Mediationsverfahren – zeitnäher an den politischen Entscheidungsprozess heranzuführen, stellt eine aktuelle Herausforderung für die Kommunikationsforschung dar.

Risikoforschung kann insgesamt als interdisziplinäres und internationales Forschungsfeld beschrieben werden. Fraglich indes ist, ob die kommunikationswissenschaftliche Risikoforschung dieser doppelten Herausforderung bislang hinreichend genügt. Klar ist, dass die skizzierten fachhistorischen und forschungsökonomischen Engführungen eher dagegen sprechen. Berücksichtigt man zudem, dass in der Regel zeitgleich nicht verschiedene Risiken, sondern stets ausgewählte einzelne Risikothemen Forschungsinteresse auf sich ziehen, deren Analyse ferner nicht selten an den nationalen Grenzen halt macht, mag es eher unwahrscheinlich erscheinen, dass speziell an die Beiträge der kommunikationswissenschaftlichen Risikoforschung aus dem deutschen Sprachraum in anderen Ländern und Disziplinen sinnvoll angeschlossen wird.

Dies impliziert auch, dass die Wahrscheinlichkeit wächst, dass da, wo kommunikationswissenschaftliche Beiträge ausbleiben, so manches theoretische oder/

und methodologische Rad neu erfunden werden wird. In jüngerer Zeit lässt sich gleichwohl eine Reihe von Studien verzeichnen, welche die Analyse einzelner Risikothemen immerhin ländervergleichend anlegen (Görke et al. 2000). Internationale und interdisziplinär besetzte Forschungsverbünde könnten hier hilfreich sein (z. B. Bauer/Gaskell 2002).

Ausblick

Wenn davon die Rede ist, dass die kommunikationswissenschaftliche Risikoforschung von fachhistorischen, forschungsökonomischen und internationalisierungsbedingten Einschränkungen geprägt ist, impliziert dies auch, dass sie ihr Potential bis dato nicht voll ausschöpft. Eben dies gelingt in dem Maß, wie a) die bislang vorherrschende Präferenz für die Analyse journalistischer Angebote ergänzt wird um Studien, die auch den Beitrag von Werbung, PR, und Unterhaltung für die gesellschaftliche Risikokonstruktion analysieren. Notwendig erscheinen hierbei b) auch solche Studien, die etwa journalistische und unterhaltende und/oder werbende Kommunikationen mit Blick auf spezifische Risikothemen vergleichen. Die vorherrschende Präferenz für die Analyse von Printmedien sollte hierbei ferner systematisch ergänzt werden durch Studien, die c) zunehmend themen- und d) ländervergleichend angelegt sind und e) auch audiovisuelle Verbreitungsmedien (Fernsehen, Kinofilm) berücksichtigen.

Literatur

Bauer, Martin/George Gaskell (Hrsg.) (2002): Biotechnology. The Making of a Global Controversy, Cambridge.

Douglas, Mary/Aaron Wildavsky (1982): Risk and culture, Berkeley/CA u. a.

Görke, Alexander (1999): Risikojournalismus und Risikogesellschaft, Opladen.

Görke, Alexander et al. (2000): Gentechnologie in der Presse, in: Publizistik 2000/1: 20-37.

Görke, Alexander/Georg Ruhrmann (2003): Public communication between facts and fictions, in: Public Understanding of Science, Vol. 12: 229-241.

Hribal, Lucie (1999): Public Relations-Kultur und Risikokommunikation, Konstanz.

Luhmann, Niklas (1991): Soziologie des Risikos. Berlin/New York.

Renn, Ortwin (1984): Risikowahrnehmung der Kernenergie, Franfurt M./New York.

Ruhrmann, Georg (2003): Risikokommunikation, in: G. Bentele et al. (Hrsg.): Öffentliche Kommunikation, Wiesbaden: 539-549.

Slovic, Paul (1987): Perception of risk, in: Science 236: 280-285.

Starr, Chauncey (1993): Sozialer Nutzen versus technisches Risiko, in: G. Bechmann (Hrsg.): Risiko und Gesellschaft, Opladen: 3-24.

Alexander Görke, Münster

Rollenselbstverständnis

Definition/Begriffsbestimmung

Der Begriff der ‚Rolle' stammt aus der Soziologie und bezeichnet dort die Gesamtheit von Erwartungen, die andere Personen an den Inhaber einer sozialen Position stellen. Als ‚Position' gilt der Ort, den ein Mensch in sozialen Beziehungen einnimmt. Das Rollenselbstverständnis bilden dann jene Erwartungen, die sich die Inhaber dieser Rollen aneignen und die bei ihnen zu bestimmten regelmäßigen Einstellungen und Verhaltensweisen führen.

Übertragen auf den → Journalismus bedeutet Rollenselbstverständnis: Was sehen Journalisten als legitime Erwartungen anderer an ihren Beruf an, so dass sie sich diese Erwartungen für ihr Selbstbild und ihr Aufgabenverständnis zu eigen machen? In der Literatur findet man häufiger auch Rolle und ‚Funktion' (→ Systemtheorie) von Journalisten synonym verwendet. Wissenschaftlich genau ist es aber, unter Rolle die erwähnten akzeptierten Erwartungen (normativ) und unter ‚Funktion' die tatsächlichen Folgen oder Leistungen von Journalismus für andere Systeme, zum Beispiel für die Gesellschaft als Ganzes, zu verstehen (empirisch).

Wie Journalisten ihre Rolle und Aufgabe sehen, ist ein wichtiger Faktor im beruflichen Handeln. Man kann das Rollenselbstverständnis zu denjenigen Variablen zählen, die den Einfluss von Primär-Variablen wie Nachrichtenfaktoren, Tendenz des Mediums oder der eigenen Subjektivität auf die Nachrichtenauswahl moderieren (→ Nachrichtenselektion). Beispielsweise kann das Rollenselbstbild eines neutralen Berichterstatters den Einfluss der redaktionellen Tendenz des Mediums oder der eigenen subjektiven Einstellungen zurückdrängen, bzw. ein eher politisches Selbstverständnis deren Einfluss verstärken.

Geschichte/Entwicklung

Mit welcher Stärke sich die verschiedenen Rollen-Optionen den Journalisten eines Landes, Mediengenres oder einzelnen Mediums zur Übernahme anbieten, hängt von sehr vielen Faktoren ab. Eine wichtige Ursache für Unterschiede, die man zwischen Ländern findet, ist deren historische Entwicklung. So gab es in Deutschland lange Zeit keine Tradition einer auf → Objektivität und Neutralität verpflichteten Presse. Im Zentrum der journalistischen Tätigkeit stand stattdessen die Meinungspublizistik.

In Deutschland war der Journalismus auch bis zur Mitte des 20. Jahrhunderts nie wirklich frei, sondern wurde für wechselnde weltanschauliche oder machtpolitische Interessen vereinnahmt. In einer solchen Umwelt hält sich noch lange das Selbstverständnis eines Journalismus als Freiheitskämpfer und Gegengewalt zu jeglicher Herrschaft. Gerade weil der Journalismus in Deutschland der in manchen anderen Ländern gewährten Freiheitsrechte beraubt war, entwickelte sich ein Rollenverständnis, das als Kern des Berufs die Freiheit zum Ausdruck der subjektiven Meinung ansieht.

In den USA bildete sich dagegen, wie *Michael Schudson* (1978) beschreibt, schon Mitte des 19. Jahrhunderts eine Orientierung am Publikumsinteresse heraus, die wirtschaftlich zwangsläufig zu einer Überwindung der Parteilichkeit führen musste. So entstand dort die Rollentrennung von Reporter, Editor und Kommentator sowie die Herausbildung der Objektivitäts- und Neutralitätsnorm. Es war der Triumph der Nachrichten über die Kommentare und der Fakten über die Meinungen.

Auch nach dem Zweiten Weltkrieg wurde die Presse in Deutschland mit einer erzieherischen Funktion betraut, im Westen mit dem ‚Re-education-Programm' und im Osten mit der Einbindung der Medien in den sozialistischen Gestaltungsauftrag. Die Ambitionen der westlichen Alliierten, den deutschen Nachkriegsjournalisten ein angelsächsisches Rollenselbstverständnis nahe zu bringen, stießen auf vielfältigen Widerstand. Der damalige Vorsitzende des Deutschen Journalisten-Verbandes (DJV) plädierte für eine „Abkehr von jenem Zeitungs- und Journalistentyp, den die Besatzungsmächte in Deutschland zu züchten versuchen" und sein Nachfolger wollte die „alte Tradition" erhalten und wieder der „Entfaltung der journalistischen Persönlichkeit" alle Möglichkeiten geben. In den 60er Jahren des 20. Jahrhunderts mit ihrem extrem raschen Wandel in allen gesellschaftlichen Bereichen verstärkte sich noch einmal diese Haltung und dehnte sich auf alle anderen etablierten Kräfte in Staat und Gesellschaft aus. (Donsbach 1999)

Hinzu kommt, dass es in den meisten europäischen Ländern keine dem amerikanischen Journalismus vergleichbaren Standards in den Berufsnormen und in der Berufsausbildung gibt (→ Medienethik). In den USA hat rund jeder zweite Journalist das Fach ‚Journalism' an Hochschulen studiert, die sich auf bestimmte Pflicht-Module in den Ausbildungsinhalten gegenüber der American *Association for Education in Journalism and Mass Communication* (AEJMC) verpflichtet haben. Wo solche empirischen, wenngleich nicht normativen Standard-

Zugangswege zum Journalistenberuf fehlen, ist die Herausbildung des Rollenverständnisses erstens sehr heterogen und zweitens mit sehr viel größerer Wahrscheinlichkeit durch subjektive eigene Interessen oder Interessen der direkten Interaktionspartner (wie z. B. Arbeitgeber) geprägt.

Aber auch in anderen Ländern veränderte sich das Rollenselbstverständnis. Amerikanische Wissenschaftler (→ USA) erkennen im Vietnam-Krieg und in der Watergate-Affäre um Präsident Nixon entscheidende Ereignisse, die viele Berufsangehörige erst zu „Skeptikern" und dann zu „Zynikern" gemacht habe (Patterson 1993). Auch in Schweden (→ Skandinavien) stieg der Anteil kritischer und negativer Nachrichten in den 60er Jahren rapide an, was *Jörgen Westerstahl* und *Folke Johansson* (1986) dazu brachte, von der Ablösung der Ideologie eines „paternalistischen" Journalismus durch die Ideologie des „kritischen Journalismus" zu sprechen. Ebenso wie diese Veränderungen, die in den 60er Jahren im Journalismus offensichtlich weltweit Platz griffen, muss auch noch im Detail durch komparative Forschung geklärt werden, welche Muster und Entwicklungen im Aufgabenverständnis von Journalisten eher universell und welche eher individuell bzw. medial oder geografisch spezifisch sind.

Idealtypen und Typologien

Verschiedene Autoren haben theoretische Konzepte zum Rollenselbstverständnis von Journalisten vorgelegt. Dabei lassen sich grob idealtypische, normative und empirische Typologien unterscheiden. *Idealtypen* bilden nach dem Soziologen *Max Weber* (1864-1920) die Endpunkte einer Dimension, die in dieser reinen Form in der Wirklichkeit nicht vorkommen, aber hilfreich zur Kennzeichnung dieser Dimension sind. Die erste Unterscheidung dieser Art legten *Fred S. Siebert*, *Theodore Peterson* und *Wilbur Schramm* (1956) mit ihren „Four Theories of the Press" vor. Diese sind keine Theorien im wissenschaftlichen Sinn, sondern eben idealtypische Rollenbilder für Journalisten: der „autoritäre", der „sowjetische", der „liberale" und der „sozial verantwortliche" Journalist. Alle Typen haben die Geschichte überlebt, wenngleich kommunistische und andere autoritäre Mediensysteme weniger geworden sind. In demokratischen Gesellschaften nimmt dagegen die Spannung zwischen einem liberalen oder einem sozial verantwortlichen Rollenselbstverständnis von Journalisten zu.

Ein weiteres, theoretisch unterfüttertes Idealtypen-Paar stellte *Morris Janowitz* (1975) mit dem „Gatekeeper" und „Advocate" vor. Sie unterscheiden sich vor allem hinsichtlich ihres Publikumsbildes und ihrer Nachrichtenauswahl. Der anwaltschaftliche Journalist geht davon aus, dass Teile seines Publikums nicht in der Lage sind, ihre eigenen Interessen zu erkennen und zu vertreten. Es sei daher Aufgabe der Journalisten, stellvertretend für dieses Publikum zu handeln. Folgerichtig wählt dieser Typus auch bewusst Nachrichten aus, die den Interessen der gesellschaftlichen Gruppen nutzen, für die er sich einsetzt. Demgegenüber sieht der ‚Gatekeeper' sein Publikum als grundsätzlich mündig an und leitet daraus ab, dass er die Nachrichten ausschließlich nach professionellen Kriterien, wie z. B. dem Nachrichtenwert auszuwählen hat (→ Nachrichtenselektion). Ähnliche idealtypische Unterscheidungen bilden der „neutrale" und der „partizipative" Journalist – zwei Idealtypen, die zuerst *Bernard Cohen* (1963) prägte und die dann später von anderen Autoren empirisch operationalisiert wurden.

In Deutschland hat *Wolfgang R. Langenbucher* mit seinem Gegensatzpaar des „Mediators" und „Kommunikators" (Langenbucher 1974/75) die Debatte über das Rollenselbstverständnis von Journalisten belebt. Der Autor hält nach unserer Verfassung jeden einzelnen Bürger – in der

Praxis heute die einzelnen Interessengruppen in der Gesellschaft – für die eigentlichen Kommunikatoren, deren Ansichten und Meinungen in die → Öffentlichkeit zu tragen seien. Aufgabe der Journalisten sei dagegen die Rolle des professionellen Mediators, der diese vielen Äußerungen aufgreift, prüft, auswählt und verbreitet. Nur diese Rolle könne überhaupt ‚verberuflicht' und Inhalt einer Profession werden. Langenbucher verstand seinen damals viel beachteten Beitrag auch als Kritik am Rollenselbstverständnis der deutschen Journalisten, die sich nach seiner Wahrnehmung viel zu sehr als Kommunikatoren sähen und sich nicht auf ihre eigentliche berufliche Rolle beschränkten. Aktiver versus passiver Journalist oder liberaler versus parteilicher sind weitere Idealtypen.

Während solche Idealtypen durchaus eine empirische Qualität haben, weil sie als heuristische Grundlage für die Forschung dienen können, sind *normative Rollenbilder* reine Erwartungen, wie Journalisten ihren Beruf verstehen sollten. In diese Kategorie gehört zum Beispiel die Unterscheidung von *Thomas E. Patterson* (1993) in Journalisten als ‚Signaler', ‚Common Carrier', ‚Watchdog' und ‚Public Representative'. Als ‚Signaler' sollen Journalisten eine Art Frühwarnsystem für die Gesellschaft darstellen. Als ‚Common Carrier' sollen sie ein Informationskanal zwischen Regierenden und Regierten, als ‚Watchdog' ein Kontrollorgan für die gesellschaftlichen Institutionen in Politik und Wirtschaft und als ‚Public Representative' ein Sprachrohr der öffentlichen Meinung sein.

Empirische Typologien schließlich ergeben sich aus der Forschung selbst. Zwar sind die Messungen – z. B. Fragen und Antwortvorgaben in Befragungen – meist auf der Grundlage theoretischer Vorüberlegungen entstanden, aber die konkreten Typologien ergeben sich dann erst aus der Struktur der Antworten – z. B. im Anschluss an Faktorenanalysen (statistisches Verfahren zur Feststellung, welche Antworten von einzelnen Befragten häufiger gleichzeitig gegeben werden).

David Weaver und *G. Cleveland Wilhoit* (1986) kamen so nach einer Repräsentativbefragung amerikanischer Journalisten zu drei unterschiedlichen Typen von Rollenselbstverständnis: „information dissemination", „interpretative-investigative" und „adversary". Bei dem erstgenannten standen Aussagen im Vordergrund, die sich auf die neutrale Informationsverbreitung bezogen, beim zweiten solche, die das aktive Recherchieren von Fakten (→ Investigativer Journalismus) und deren Interpretation betonten, und schließlich beim dritten Typ Aussagen, die eine grundsätzliche Gegnerschaft zu Politik und Wirtschaft zum Ausdruck brachten. In einem Vergleich von deutschen und britischen Journalisten reduzierte *Renate Köcher* (1986) das Aufgabenverständnis auf „Spürhunde" (britische) und „Missionare" (deutsche Journalisten).

Der gemeinsame Kern dieser Typologien ist die Frage, welchen Zielen die journalistische Arbeit dienen soll und wie sich die Berufsangehörigen daher bei ihrer Arbeit, insbesondere bei der Nachrichtenbeschaffung und -verarbeitung, verhalten sollen. Diese Ziele lassen sich auf kommerzielle, pädagogische und politische Ziele eingrenzen. Bei den *kommerziellen Zielen* geht es um die Frage, wie Journalisten das größte Publikum erreichen. Die Nachrichtenauswahl wird dann dominiert von den Publikumserwartungen – unabhängig davon, ob diese zum Beispiel funktional für eine funktionierende Demokratie oder ethisch immer integer ist.

Bei den *pädagogischen Zielen* geht es um die Frage, was gut für die Gesellschaft oder zumindest weite Teile von ihr ist. Die Nachrichtenauswahl wird dann bestimmt von Fragen der Relevanz und der Funktionalität für das Verständnis von Weltgeschehen – unabhängig davon, ob diese das Publikum stark nachfragt, oder ob sie sich mit den politischen Zielen der Journalisten oder ihrer Arbeitgeber deckt. Bei den *politischen Zielen* geht es um die Frage, was einem bestimmten politischen oder weltanschaulichen Zweck (der Journalisten oder ihrer Arbeitgeber) dient – unabhängig davon wiederum, ob dies die Leser, Hörer, Zuschauer wollen und ob es gut für Demokratie und Gesellschaft ist.

Auch diese Typologie nach den Zielen journalistischer Arbeit ist weder vollständig noch ausschließlich. In allen Ländern werden sich Journalisten in unterschiedlicher Intensität Elemente aus allen diesen Zielen zu eigen machen.

Die bisherige Beschäftigung mit dem Rollenselbstverständnis macht deutlich, dass es keine einheitlichen Erwartungen an den Beruf gibt und sich daher Journalisten weder im internationalen Vergleich noch innerhalb eines Landes auf eine einheitliche Rolle festlegen lassen. Zu verschieden sind Ansprüche und Erwartungen ihrer Interaktionspartner und zu verschieden die Optionen, die ihnen die Berufsnormen anbieten.

Befunde und Bewertung

Um zu ermitteln, welches Rollenselbstverständnis Journalisten konkret haben, stehen dem Forscher verschiedene Verfahren zur Verfügung (→ Methoden der Kommunikationsforschung). Die wichtigsten sind die Befragung, die Inhaltsanalyse und die teilnehmende Beobachtung. Das mit Abstand am häufigste angewandte Verfahren ist die Befragung. Die Inhaltsanalyse lässt Schlüsse auf das Rollenverständnis immer nur indirekt über das Arbeitsprodukt zu. Die teilnehmende Beobachtung ist zudem sehr aufwändig in der Durchführung und daher meist auf wenige Untersuchungseinheiten begrenzt.

Bei Befragungen mittels standardisiertem Fragebogen (das häufigste und ergiebigste Verfahren) ist es meistens wenig sinnvoll, die Journalisten direkt nach ihrem Rollenselbstverständnis zu fragen. Solche Fragen produzieren oft nur sozial wünschbare Antworten oder fehlende Daten mangels klarer Vorstellungen bei den Journalisten.

Vor dem Hintergrund der erwähnten theoretischen Konzepte hat die Journalismusforschung deshalb eine Vielzahl von empirischen Indikatoren für das Rollenverständnis entwickelt und angewandt. Wie Journalisten ihre Rolle sehen, kann man zum Beispiel daran festmachen,

- mit welchen Motiven sie den Beruf überhaupt auswählen,
- welche subjektive Bedeutung die verschiedenen Eigenschaften und Merkmale des Berufs haben (zum Beispiel Einfluss auf Politik und öffentliche Meinung auszuüben),
- welches für sie wichtige Qualifikationen sind,
- wie sie Berufsnormen wie etwa → Objektivität, Fairness oder Distanz beurteilen,
- wie sie ihr Publikum sehen,
- oder wie sie ihr Verhältnis zu politischer oder wirtschaftlicher Macht definieren.

Vergleichende Untersuchungen sind hier – wie bei allen Erhebungen zu sozialen Normen und Verhaltensmustern besonders ergiebig. Empirische Studien über einzelne Länder besitzen dem gegenüber den gravierenden Nachteil, dass für die Bewertung ihrer Ergebnisse ein größerer Kontext fehlt. Wie bedeutsam einzelne Befunde sind, kann man meist erst anhand von vergleichenden Analysen einschätzen, die verschiedene Länder einbeziehen.

Journalisten in westlichen Demokratien wirken unter ähnlichen rechtlichen, politischen, wirtschaftlichen und kulturellen Rahmenbedingungen. Sie wirken jedoch auch in Gesellschaften, die sich in der Entwicklung und der Struktur ihrer politischen Systeme sowie ihrer Medienlandschaften teilweise grundlegend unterscheiden. Diese Differenzen dürften einen erheblichen Einfluss auf das berufliche Denken und Handeln von Journalisten in den verschiedenen Ländern besitzen.

Die international vergleichende Forschung über das Rollenselbstverständnis von Journalisten begann mit den ‚Professionalisierungs-Studien' von *Jack M. McLeod* (1964), die in mehreren anderen Ländern wiederholt wurden. Seit den 80er Jahren hat sich die empirische Basis solcher Vergleiche stark erweitert. Im Mittelpunkt aus deutscher Sicht standen dabei vor allem Vergleiche mit angelsächsischen Ländern.

Die Ergebnisse solcher Studien zeigen meistens durchgängig, dass sich der deutsche Journalismus durch stärker politisch-partizipative und advokatorische Elemente im Berufsverständnis auszeichnet. Dies drückt sich z. B. aus in der Bedeutung von Aufgabenbeschreibungen wie „der Bevölkerung demokratische Prinzipien beibringen", „den Leuten helfen, sie beraten" oder „Anwalt der Benachteiligten" zu sein.

Es wurde in der Literatur häufig diskutiert, ob sich das Rollenverständnis von Journalisten tatsächlich auf ihre Nachrichtenauswahl auswirkt. Auch hier konnte man mit international vergleichenden Ansätzen zeigen, dass dies der Fall ist. So trafen in einem repräsentativen Test im Rahmen einer Umfrage deutsche Journalisten deutlich stärker als ihre Kollegen in den USA, Großbritannien, Schweden und Italien Nachrichtenentscheidungen, die ihre subjektive Problemsicht stützen (Patterson/Donsbach 1996).

Allerdings kann man in den letzten Jahren eine gewisse Konvergenz im Rollenselbstverständnis erkennen. Einerseits gibt es in den angelsächsischen Ländern, besonders in den USA, mit dem → Investigativen Journalismus oder dem ‚public journalism' Berichterstattungsmuster bzw. Rollenmodelle, die eine stärker aktive und/oder partizipative Aufgaben der Journalisten betonen. Andererseits hat die zunehmende kommerzielle Orientierung der Medien auch in Deutschland und anderen europäischen Ländern die Bedeutung politisch-aktiver, ‚missionarischer' Rollenbilder etwas zurückgedrängt.

Literatur

Cohen, Bernard C. (1963): The Press and Foreign Policy, Princeton/NJ.

Donsbach, Wolfgang (1999): Journalismus und journalistisches Berufsverständnis, in: J. Wilke (Hrsg.): Mediengeschichte der Bundesrepublik Deutschland, Köln u. a.: 489-517.

Janowitz, Morris (1975): Professional Models in Journalism: The Gatekeeper and the Advocate, in: Journalism Quarterly 52: 618-626, 662.

Köcher, Renate (1986): Bloodhounds or Missionaries: Role Definitions of German and British Journalists, in: European Journal of Communication 1986/1: 43-64.

Langenbucher, Wolfgang R. (1974/75): Kommunikation als Beruf, in: Publizistik 1974/3-4, 1975/1-2: 256-277.

McLeod, Jack M./Searle E. Hawley Jr. (1964): Professionalization among Newsmen, in: Journalism Quarterly 1964/3: 529-539, 577.

Patterson, Thomas E. (1993): Out of order, New York.

Patterson, Thomas E./Wolfgang Donsbach (1996): News Decisions: Journalists as Partisan Actors, in: Political Communication 1996/4: 455-468.

Schudson, Michael (1978): Discovering the News, New York.

Siebert, Fred S. et al. (1956): Four Theories of the Press, Urbana/IL.

Weaver, David/G. Cleveland Wilhoit (1986): The American Journalist, Bloomington/IN.

Westerstahl, Jörgen/Folke Johansson (1986): News Ideologies as Moulders of Domestic News, in: European Journal of Communication 1986/1: 133-146.

Wolfgang Donsbach, Dresden

Rundfunk

→ Radio
→ Fernsehen

Rundfunkfreiheit
→ Kommunikationsfreiheit

Russland
→ Osteuropa

Schweden
→ Skandinavien

Schweigespirale

Definition/Begriffsbestimmung

‚Schweigespirale' ist die Bezeichnung für eine sozialpsychologisch orientierte Medienwirkungstheorie (→ Medienwirkungen), die in den 70er Jahren des 20. Jahrhunderts von *Elisabeth Noelle-Neumann* entwickelt wurde. Ihr Ausgangspunkt ist die Isolationsfurcht: Der Mensch strebt nach Zuwendung und Anerkennung, und er fürchtet sich vor sozialer Isolation. Isolieren kann man sich, wenn man in öffentlichen Situationen bestimmte Meinungen, die gesellschaftlich geächtet sind, äußert und andere, die gesellschaftlich hoch erwünscht sind, nicht äußert.

Der Einzelne will gesellschaftliche Isolation vermeiden. Aus diesem Grund beobachtet er fortwährend seine Umwelt, um festzustellen, welche Meinungen gesellschaftlich akzeptiert und welche gesellschaftlich inakzeptabel sind, welche Meinungen zunehmen und welche an Boden verlieren. Noelle-Neumann (1982) spricht in diesem Zusammenhang von einem quasi-statistischen Wahrnehmungsorgan und meint damit die menschliche Fähigkeit, aus Einzelbeobachtungen ein Bild von gesellschaftlichen Mehrheitsverteilungen zu gewinnen.

Für die Umweltbeobachtung nutzt man zwei Quellen: die persönliche Erfahrung und die Massenmedien. Die Medien vermitteln der Bevölkerung also eine Vorstellung vom herrschenden Meinungsklima. Dieses Bild kann aber von der tatsächlichen Meinungsverteilung in der Bevölkerung abweichen.

Forschungsstand

Der Prozess der Schweigespirale, so zeigt die einschlägige Forschung, ist an bestimmte Voraussetzungen gebunden. Entscheidend ist das Verhalten der Medien. Diese müssen *kumulativ* und *konsonant* über ein Thema berichten. Das Thema muss über einen längeren Zeitraum einen prominenten Platz in der Medienagenda (→ Agenda Setting) einnehmen. Die Medien müssen überdies einheitlich über ein Thema berichten und damit die selektive Wahrnehmung der Rezipienten ausschalten.

Noelle-Neumann (1982) geht davon aus, dass diese Konsonanz der Medien bei wichtigen Themen durchaus auch in pluralistischen Gesellschaften gegeben sein kann, da die Journalisten eine relativ homogene Berufsgruppe darstellen und vor allem in ihren Selektionskriterien übereinstimmen. Die Schweigespirale kann sich überdies nur bei Themen einstellen, die eine moralische Deutung erfahren. Die unterschiedlichen Meinungen zu einem Thema dürfen nicht als richtig oder falsch; sie müssen als gut oder böse gekennzeichnet sein.

Ein Teil der Bevölkerung wird sich – dies ist das Ergebnis seiner Umweltbeobachtung – als Mehrheit oder als zukünftiger Sieger sehen, ein anderer als Minderheit. Diese Wahrnehmung muss aber nicht richtig sein. Um Anerkennung zu finden, wird die vermeintliche Mehrheit in öffentlichen Situationen ihre Meinung offen äußern, die vermeintliche Minderheit wird ihre Meinung aus Isolationsfurcht eher verschweigen. Dies hat wiederum unmittelbare Einflüsse auf das öffentliche Meinungsbild.

Bei ihrer nicht-medialen Umweltbeobachtung werden die Menschen eher mit der Meinung konfrontiert, welche die Unterstützung der Medien findet, die vermeintliche Minderheitsmeinung wird dagegen seltener zu hören sein. Die Schweigespirale ist in Gang gekommen. Mediale und interpersonale → Kommunikation wirken in eine Richtung, da die Personen in der interpersonalen Kommunikation aktiver sind, die von den Medien als Mehrheit gekennzeichnet werden.

Das Verleugnen der eigenen Position bleibt für die Vertreter der vermeintlichen Minderheit nicht ohne Folgen. Sie werden anfälliger für Persuasionsversuche und werden sich mit der Zeit auch inhaltlich der Mehrheitsposition anschließen.

Zwei Gruppen werden in diesen Prozessen nicht beeinflusst: die Avantgarde und der harte Kern. Zur Avantgarde zählen die Personen, die eine Meinung schon dann laut äußern, wenn diese noch eine Minderheitsmeinung ist. Diese Avantgarde kann den Prozess der Schweigespirale in Gang bringen. Zum harten Kern zählen die Personen, die auch dann noch öffentlich zu einer Meinung stehen, wenn diese ihre öffentliche Mehrheit verloren hat.

Konsequenzen und Bewertung

Die Theorie der Schweigespirale hat in erheblichem Umfang die Forschung stimuliert, sie ist auch international wahrgenommen und diskutiert worden (Deisenberg 1986; Scheufele/Moy 2000). Die Diskussion wurde zum Teil sehr kritisch geführt. Dies lag zum einen sicherlich an einigen Versuchen, diesen Ansatz (medien-)politisch zu instrumentalisieren. Zum anderen gibt es aber auch gewisse konzeptionelle und empirische Schwächen. So müssen die undifferenzierten Annahmen zur Bedeutung der Isolationsfurcht oder die geringe Beachtung der Rolle von Bezugsgruppen kritisiert werden, ebenso die Annahmen über mediale Konsonanz.

Das Gesellschafts- und Menschenbild der Schweigespirale erscheint unterkomplex. Noelle-Neumann unterschätzt die Fähigkeit und Möglichkeit der Menschen, sich in komplexen Gesellschaften in Meinungsnischen zu bewegen, in denen sie eine Abweichung von der herrschenden Meinung nicht wahrnehmen oder gut aushalten können. (Scherer 1990)

Kritisch ist auch anzumerken, dass ein vollständiger Test der Theorie immer noch aussteht. Bislang wurden eher Einzelteile geprüft. Die Studien konzentrieren sich in der Regel auf die Individualebene. Untersuchungen, die Inhaltsanalysen mit Bevölkerungsumfragen verbinden, fehlen weitgehend.

Am häufigsten ist die These von der unterschiedlichen Redebereitschaft empirisch untersucht worden. Diese Forschungen ergaben zumeist eine, wenn in der Regel auch nur schwache Bestätigung für die These Noelle-Neumanns.

Die Theorie der Schweigespirale stellt aber einen hochinteressanten Versuch dar, Medienwirkungen auf Basis sozialpsychologischer Überlegungen zu erklären. Der besondere Verdienst des Ansatzes liegt darin, Ergebnisse der Konformitätsforschung in die Kommunikationswissenschaft zu integrieren. Überdies verbindet Noelle-Neumann Überlegungen zur Massenkommunikation mit Vorstellungen zur interpersonalen Kommunikation. Sie integriert damit zwei ansonsten nur wenig verbundene Felder der Kommunikationswissenschaft und kann durch das Zusammenwirken von Prozessen auf beiden Ebenen gesellschaftlichen Wandel erklären.

Literatur

Deisenberg, Anna M. (1986): Die Schweigespirale – die Rezeption des Modells im In- und Ausland, München.

Noelle-Neumann, Elisabeth (1982): Die Schweigespirale. Öffentliche Meinung – unsere soziale Haut, Frankfurt/M. u. a.

Scherer, Helmut (1990): Massenmedien, Meinungsklima und Einstellung. Eine Untersuchung zur Theorie der Schweigespirale, Opladen.

Scheufele, Dietram A./Patricia Moy (2000): Twenty-Five Years of the Spiral of Silence: A Conceptual Review and Empirical Outlook, in: International Journal of Public Opinion Research 2000/1: 3-28.

Helmut Scherer, Hannover

Schweiz

Allgemeine Rahmenbedingungen

In der im Jahre 2000 in Kraft getretenen Bundesverfassung (BV) finden sich drei medienrechtliche Vorschriften. In Artikel 16 wird jeder Person das Recht zugebilligt, ihre Meinung frei zu bilden und sie ungehindert zu äußern und zu verbreiten. Artikel 17 verbietet die Zensur und gewährleistet die unternehmerische Freiheit von Presse, Radio und Fernsehen. Während den Behörden und Parlamentariern im Pressewesen mit Ausnahme einer Subvention zur Beförderung der Druckerzeugnisse keine weiteren medienpolitischen Eingriffsmöglichkeiten zugebilligt werden, haben Radio und Fernsehen gemäß Artikel 93 einen Leistungsauftrag zu erfüllen.

Innerhalb der allgemeinen Bundeskompetenz zur Regelung von Radio und Fernsehen wird den Veranstaltern die Erfüllung eines Leistungsauftrages im Interesse der Bevölkerung und unter Berücksichtigung politischer und kultureller Strukturen abverlangt. Unter Wahrung gewisser Informations- und Unterhaltungsnormen sind Radio und Fernsehen als unabhängige Institutionen in der Gestaltung ihrer Programme grundsätzlich frei. Die Gewährung der Programmautonomie wird allerdings mit einem mehrstufigen Aufsichts- bzw. Beschwerdewesen gedämpft.

Das Bundesgesetz über Radio und Fernsehen (RTVG), das gegenwärtig vom Parlament revidiert wird und frühestens im Jahre 2006 in Kraft treten wird, konkretisiert sowohl den Leistungsauftrag als auch die Art und Weise der Programmaufsicht. Ebenfalls in diesem Gesetz geregelt werden die Grundsätze zur Veranstaltung von Programmen, die Organisationsweise, die Finanzierungsart von Veranstaltern und das Aufsichtswesen. Die Details finden sich in dem vom Bundesrat dazu erlassenen Verordnung (RTVV) sowie in den vom Bundesrat – der siebenköpfigen Exekutive der schweizerischen Eidgenossenschaft – erlassenen Rundfunkkonzessionen.

Grundlagen des Mediensystems

In der Auseinandersetzung zwischen dem Ancien Regime und dem aufbegehrenden Bürgertum leistete die politische Gesinnungspresse zur Entwicklung des modernen schweizerischen Bundesstaates einen wichtigen Beitrag (→ Presse). Zu Beginn des 20. Jahrhunderts erschienen rund 120 Tageszeitungen, die sich in sprachlich-kulturell, geografisch und politisch eng begrenzten Räumen etablierten und dadurch dem stark entwickelten Föderalismus zusätzliches Gewicht gaben. Die Identität zwischen Raum und Zeitungsverbreitung verschaffte den führenden Lokal- und Regionalzeitungen einen Standortvorteil, der bis zum heutigen Tag wirksam ist, auch wenn die wachsende Mobilität die Grenzen zunehmend aufweicht.

Folgende Tages- und Wochenzeitungen sowie Pressemagazine sind für die Schweiz charakteristisch:

- überregionale Elite- oder Qualitätszeitung (*Neue Zürcher Zeitung*),
- überregionale Boulevardzeitung (*Blick*),
- überregionale Wochenzeitungen und Nachrichtenmagazine (*Schweizer Illustrierte Weltwoche, Facts, WOZ*),
- überregionale Sonntagszeitungen (*Sonntagsblick, Sonntagszeitung, Le Matin Dimanche, NZZ am Sonntag*),
- auflagenstarke deutschsprachige Regionalzeitungen (*Tages-Anzeiger, Mittelland-Zeitung, Berner Zeitung* u. a.),
- auflagenstarke französischsprachige Regionalzeitungen (*24-heures, La Tribune de Genève* u. a.),
- italienischsprachige Regionalzeitungen (z. B. *il Corriere del Ticino*),
- rätoromanische Tageszeitung (*La Quotidiana*),
- Finanz- und Wirtschaftspresse, wöchentlich (*Cash* u. a.),

- Mitgliedschaftspresse, wöchentlich (*Migros-Magazin* u. a.),
- Pendlerzeitungen, werktäglich und unentgeltlich (*20 Minuten*).

Der hohe Stellenwert der täglich bis wöchentlich erscheinenden *Regional- und Lokalzeitungen* zeigt sich auch bei deren Bedeutung. Auf die Frage nach den unverzichtbaren Medien zur Information und Orientierung im Alltag, halten 78 Prozent die Lokal- und Regionalzeitungen für unverzichtbar; die überregionale Zeitung kommt auf 61 Prozent, das Lokal- und Regionalradio auf 57 Prozent, das sprachregionale Fernsehen auf 42 Prozent, die Zeitschrift auf 40 Prozent, das sprachregionale Radio auf 38 Prozent und die Pendlerzeitung auf 31 Prozent. Die Pendlerzeitung *20 Minuten* ist innerhalb eines Jahres zur auflagenstärksten Zeitung avanciert und scheint in Ballungsräumen in der Lage zu sein, den traditionellen Tageszeitungen allmählich das Wasser abzugraben.

Sechs der zehn auflagenstärksten Kaufzeitungen haben im Jahre 2003 an Auflage eingebüßt. In Anbetracht der sinkenden Inserateinnahmen – die Tagespresse hat innerhalb eines Jahres 7 Prozent an Inserateseiten eingebüßt, während die Gratispresse dazu gewonnen hat – sieht sich das ‚Businessmodell Tageszeitung' immer stärker in die Defensive gedrängt. Heute muss sich zwar eine Regionalzeitung nur noch in seltenen Fällen gegenüber einer Konkurrenzzeitung publizistisch behaupten, aber auf dem Werbemarkt hat der Wettbewerb gegenüber TV, Radio, Internet, Gratisblättern, Plakatkampagnen, Sponsoring sowie Direkt- und Eventmarketing massiv zugenommen.

Bei den elektronischen Medien dominiert die *Schweizerische Radio- und Fernsehgesellschaft SRG SSR idée suisse*, deren Umsatz 1.500 Millionen Franken erreicht (2003). Als Unternehmen orientiert sich die *SRG SSR* heute am Aktienrecht und bildet eine Unternehmensgruppe im Sinne einer Holding.

Die *SRG SSR* ist allerdings ein privatrechtlicher Verband von Vereinen und besteht nicht nur aus professionellen Organisationen, sondern auch aus einer Trägerschaft, die eine Brücke zwischen der Öffentlichkeit und dem Unternehmen bildet. Die Trägerschaften der *SRG SSR* gliedern sich in vier sprachlich kulturell aufgeteilte Regionalgesellschaften, die wiederum lokale Ableger schaffen. Sie haben die Aufgabe, die Interessen der Bevölkerung bei der Gestaltung der Programme zu artikulieren und vertreten umgekehrt auch die Anliegen der Programmschaffenden gegenüber der Allgemeinheit. Zusätzlich haben alle diese Trägerschaften einen ‚repräsentativen konsultativen Publikumsrat' einzusetzen, der den Kontakt zwischen Programmverantwortlichen und Publikum sichern soll.

Schwergewichtig beschäftigen sich diese Publikumsräte – mehrheitlich in ihrer Freizeit – mit der Beobachtung von einzelnen Radio- und Fernsehsendungen der *SRG SSR* oder mit übergreifenden Themen wie Bildung am Fernsehen, der Gender-Problematik (→ Gender Studies) oder der Berichterstattung vor wichtigen Abstimmungen auf eidgenössischer Ebene.

Seit ihrer Gründung hat die *SRG SSR* ihr mehrsprachiges Angebot von drei auf 18 Radioprogramme und von zwei auf sieben Fernsehprogramme erhöht (→ Radio, → Fernsehen). Im Jahr 2003 beschäftigte die *SRG SSR* 4.583 Mitarbeitende in Vollzeitstellen und ist somit die größte Arbeitgeberin für Journalisten der elektronischen Medien.

Die *SRG SSR* strahlt drei Fernseh-Vollprogramme aus: je eines in Deutsch (SF DRS), Französisch (TSR) und Italienisch (TSI) sowie regelmäßige Beiträge in Rätoromanisch innerhalb des Programms von *SF DRS*. Die SRG-Programme erreichen in der Deutschschweiz einen Marktanteil von 43 Prozent (Primetime). TSR hat einen Marktanteil von 31 Prozent, TSI von 33 Prozent (24-Stunden). Die Deutschschweizer saßen 2003 im Schnitt 141 Minuten pro Tag vor dem Fernseher, in der Westschweiz 168 Minuten und im italienischsprachigen Teil 175 Minuten.

Daneben wird für jede der Haupt-Sprachregionen seit September 1997 noch ein zweites Ergänzungsprogramm angeboten (SF2/TSR2/TSI2). In diesen eher auf die jüngere Generation zugeschnittenen Programmen, dominieren Kinder- und Kultursendungen, Spielfilme und Sportübertragungen. Seit dem 3. Mai 1999 betreibt *SF DRS* in Zusammenarbeit mit *Presse TV* (Verlegerfernsehen) einen Wiederholungskanal für eigenproduzierte aktuelle Informationssendungen.

Das *Radio* erreicht täglich neun von zehn Personen. Der Marktanteil der *SRG*-Programme beträgt 66 Prozent. Die *SRG* verbreitet je drei Radioprogramme in den drei Landes-Hauptsprachen und zusätzlich rund 15 Stunden täglich auch Sendungen in Rätoromanisch (über UKW, Digital-Satellit und Kabel). Auf die Bedürfnisse der 12- bis 24-jährigen Hörer in der Deutschschweiz ist das digitale Jugendradio *Virus* ausgerichtet, das allerdings über keine terrestrischen Frequenzen verfügt. Drei digitale Spartensender (*Swiss Pop, Swiss Culture and Jazz, Swiss Classic*) ergänzen das Angebot.

Beim Hörfunk stehen den sprachregionalen *SRG*-Sendern rund 45 kommerzielle Anbieter gegenüber, die allerdings primär im lokalen bzw. regionalen Bereich operieren. Im Unterschied zum Fernsehen spielt sich der publizistische Wettbewerb beim Radio hauptsächlich zwischen schweizerischen Veranstaltern ab.

Die Eigentumsverhältnisse bei den Privatradios haben sich seit den Anfängen des dualen Rundfunks erheblich verändert. Nach anfänglicher Skepsis der meisten Zeitungsverleger gegenüber der Lokalradioentwicklung haben sie sich nach und nach an den Stationen beteiligt und kontrollieren inzwischen die Mehrheit aller Sender. Auch an einzelnen TV-Regionalsendern halten führende Medienunternehmen des Landes namhafte Anteile. Die Marktanteile der TV-Regionalsender betragen lediglich 4 Prozent (Primetime). Mehr als die Hälfte des Fernsehkonsums geht an die vielen Kanäle aus den Nachbarstaaten.

Fast jedes Medienunternehmen unterhält auch ein *Online*-Angebot. Auffallend ist, dass zahlreiche Printprodukte in jüngster Zeit einen Relaunch ihres → Internet-Auftrittes vorgenommen haben. Diese Bestrebungen stehen nicht zuletzt in Zusammenhang mit der derzeitigen Krise auf dem Online-Werbemarkt.

Schenkt man den zahlreichen Prognosen bezüglich Zukunft von Tageszeitungen im Netz Glauben, gelten diese langfristig als Gewinner. Als erfahrene Medienunternehmen können sie sich auch im Internet auf ihre Stärken berufen und in diesem Sinne von → Crossmedia-Strategien profitieren. In der gegenwärtig schwierigen Lage der großen Verlagsunternehmen ist die Bereitschaft allerdings gering, mehr Ressourcen in Online-Produkte zu investieren. Damit ist auch nicht mit einer höheren Realisierung des internetspezifischen Mehrwerts zu rechnen. Guter → Online-Journalismus ist noch in weiter Ferne.

Die Schweizer Medienlandschaft wird geprägt von großen, regional verankerten Medienhäusern. Im Vergleich zum benachbarten Ausland sind die Umsätze allerdings eher bescheiden. Die umsatzstärksten Verlagsunternehmen sind: *Ringier AG* mit 1.033 Millionen Franken (2002), *Edipresse* mit 804 Millionen Franken (2003), *Tamedia AG* mit 569 Millionen Franken (2003) und die *NZZ-Gruppe* mit 461 Millionen SFr. (2003). Zürich, die heimliche Hauptstadt, ist zugleich auch die Medienstadt der Schweiz, dort konzentrieren sich die deutschsprachigen Leitmedien.

Grundlagen des Journalismus

Die Marktdominanz vieler regionalen ‚Forumszeitungen' – deren Verlagshäuser zudem auf vielfältige Weise untereinander kooperieren – und die starke Stellung der öffentlichen Radio- und Fernsehsender führen zu einer gewissen Homogenisierung des Journalismus (→ Medienkonzentration). Auch ist es in den vergangenen 15 Jahren zu einem bisher nicht gekannten Wechsel von Medienschaffenden und Medienmanagern zwischen Verlagshäusern und *SRG* bzw. Titeln und Kanälen gekommen. Dies hat einen – gewissermaßen entideologisierten – Mainstream-Journalismus mit geringer publizistischer Profilierung gefördert.

Diese Tendenz wird zusätzlich dadurch beschleunigt, dass die Boulevardzeitung *Blick* zwar ab und zu Kampagnenjournalismus betreibt, gleichzeitig aber den traditionellen Bereichen Politik und Wirtschaft hohe Bedeutung beimisst. Auch pflegt *Blick* einen ernsthaften Stil und zollt – wie die übrigen tagesaktuellen Medien – dem schweizerischen politischen *Konkordanzsystem* publizistisch Tribut. Nach Ansicht von Roger Blum neigen politische Journalisten zur Konkordanz und stellen immer wieder ihre staatsbürgerlichen Prinzipien vor die journalistischen. (Blum 2003)

Die Medienschaffenden dienen der direkten Demokratie und der schweizerischen Staatsidee und geben den Werten der schweizerischen politischen Kultur eine höhere Priorität als den Werten eines kritischen, aggressiven Journalismus. Die nach wie vor stark politisch geprägte Institutionalisierung des öffentlichen Rundfunks, der führenden Nachrichtenagentur *SDA* sowie der Leitmedien im Printsektor führt zu einem eher angepassten, kompromissbereiten Journalismus, der sich aber durchgehend um das Handwerk, um → Qualität und die journalistischen Regeln bemüht.

Die Ausbildung für Medienschaffende (→ Journalistenausbildung) findet nicht nur auf universitärer Ebene statt, sondern vor allem im Medienausbildungszentrum *MAZ* in Luzern, das als Fachschule in erster Linie von der Medienbranche selbst getragen wird. Mehr als 80 Prozent aller Journalisten der Schweiz haben mindestens eine abgeschlossene Matura vorzuweisen. Die Mehrzahl hat auch ein Universitätsstudium absolviert.

Der nach dem Boomjahr 2000 einsetzende Anzeigenschwund – allein die Tageszeitungen verloren in den vergangenen drei Jahren mehr als einen Drittel ihres Volumens – besteht die wachsende Gefahr, dass Leistungsanforderungen und Leistungsbewertungssysteme im Journalismus zum Tragen kommen, die in erster Linie wirtschaftliche und erst in zweiter Linie publizistische Ziele anvisieren (→ Werbung). Im Jahre 2004 kündigten die Verleger den Gesamtarbeitsvertrag und forderten, gegen den Protest von Berufsverband und Gewerkschaft, auf die Festlegung von Mindestlöhnen und -honoraren zu verzichten.

Gewinnmargen oder Auflagenzahlen kursieren immer weniger nur ausschließlich in der Geschäftsleitung; auch Chefredaktion bzw. Ressortleitung werden in wirtschaftliche Zielsetzungen eingebunden. Auch die ‚Verarbeitung' von immer aufwändigeren Daten zur Publikumsforschung bei der täglichen Redaktionsarbeit wird zwar noch aktuell, aber nicht mehr prinzipiell problematisiert und als Ausdruck von Professionalität akzeptiert. 70 Prozent der Medienschaffenden in der Schweiz sind der Meinung, die Publikums- und Leserschaftsforschung würden für die redaktionelle Arbeit wichtige Informationen liefern. (Marr et al. 2001) In der jüngsten Journalistenbefragung in der Schweiz ist es für 21 Prozent aller Medienschaffenden wichtig, in der Rolle als Vermarkter ein nachgefragtes Produkt möglichst Gewinn bringend abzusetzen und für jeden siebten der fast 2.000 befragten Journalisten ist es wichtig, in der Rolle als Zielgruppenverkäufer ein günstiges Werbeumfeld zu schaffen (ebd.: 124).

Für den Chefredaktor der *NZZ* befindet sich der Journalismus zu oft in Gefahrenzonen, indem er mittels ‚Borderline-Journalismus' (Choreografierung von

Wahrheit), Mid-risk-Journalism (50 Prozent Fakten und 50 Prozent Spekulation) oder Thesenjournalismus Realität inszeniert. Jedenfalls treffen auch beim Schweizer Presserat immer mehr Beschwerden ein. Mit 103 Klagen im Jahre 2003 hat sich die Zahl seit dem Jahr 2000 fast verdoppelt. Davon wurden 30 Klagen ganz oder teilweise gutgeheißen.

Bewertung und Ausblick

Aus mehreren Gründen hat der Druck auf die schweizerischen Medienunternehmen weiter zugenommen. Die klassische Tageszeitung bekundet enorme Mühe, ihre traditionell herausragende Stellung gegenüber den elektronischen Medien zu behaupten. Anfang 2004 gab es bei den Tageszeitungen noch rund zwei Dutzend Einzeltitel, die über eine vollausgebaute Redaktion verfügen und sechsmal in der Woche erschienen.

Mit der erfolgreichen Lancierung der Pendlerzeitung *20 Minuten*, den zum Teil dramatischen Rückgängen der Stellenanzeigen und Anzeigeerlöse, den gesättigten Medienmärkten und der zunehmenden Konkurrenz aus dem Ausland werden die schweizerischen Medienhäuser zukünftig stark gefordert. Zusätzlich haben die beträchtlichen Investitionen im Online-Bereich die Renditen geschmälert, ohne dass mittelfristig Aussichten auf neue lukrative Geschäftsfelder erkennbar sind. Darüber hinaus hat die aktuelle Rezession nicht nur deutlich gemacht, wie instabil die Werbeeinnahmen zur Finanzierung der Inhalte sind, sondern auch hoch qualifizierte Arbeitsplätze vernichtet und die Konzentration vorangetrieben.

Qualität und Vielfalt stellen sich in einem kleinen, kulturell und föderalistisch geprägten Medienmarkt nicht von selbst ein. Jedenfalls bereiten publizistisch und demokratiepolitisch problematische Kooperations- und Konzentrationsprozesse nicht nur dem Gesetzgeber, sondern auch den Verlegern und Medienschaffenden schier unlösbare Probleme.

Die historisch gerechtfertigte Sensibilität der Medienbranche gegenüber Eingriffen des Staates darf im Gegenzug nicht zu einer noch größeren Abhängigkeit gegenüber der Wirtschaft führen. Der indirekten Medienförderung, einer verstärkten Selbstregulierung der Branche und der wachsenden Rolle der Zivilgesellschaft sollten zukünftig stärkere Beachtung geschenkt werden, damit die Medien ihre wichtige Aufgabe bei der Selbstverständigung von Gesellschaften tatsächlich spielen können.

Literatur

Blum, Roger (2003): Medienstrukturen der Schweiz, in: G. Bentele et al. (Hrsg.): Öffentliche Kommunikation, Wiesbaden: 366-381.

Drack, Markus (Hrsg.) (2000): Radio und Fernsehen in der Schweiz. Geschichte der Schweizerischen Rundspruchgesellschaft SRG bis 1958, Baden.

Marr, Mirko et al. (2001): Journalisten in der Schweiz, Konstanz.

Meier, Werner A. (2004): Das Mediensystem der Schweiz, in: Hans-Bredow-Institut (Hrsg.): Internationales Handbuch Medien 2004/2005, Baden-Baden: 594-606.

SRG SSR (Hrsg.) (2001): Gesamtstrategie der SRG SSR idée suisse 2001-2006, Bern.

SRG SSR (Hrsg.) (2003): Geschäftsbericht 2002, Bern.

SRG SSR (Hrsg.) (2003): Nutzenbilanz, Bern.

Werner A. Meier, Zürich

Skandinavien

Allgemeine Rahmenbedingungen

Skandinavien ist zweifelsohne eine Besonderheit: ein geografisch zusammenhängender Raum weitgehend innerhalb der Europäischen Union, in dem Geschichte, Sprache und Kultur ebenso eigenständiger wie unterschiedlicher Staaten untrennbar miteinander verbunden sind. Für das übrige Europa hat sich dieser Umstand in den letzten 30 Jahren insbesondere an der höchst umstrittenen Frage des Beitritts Skandinaviens zur

Europäischen Union und zuletzt an den Volksabstimmungen über die Einführung des Euro gezeigt, dem die skandinavischen Gesellschaften in weiten Teilen mit Ablehnung begegnen. So sehr sich die wirtschaftspolitische Orientierung nach Europa in den skandinavischen Ländern in den letzten Jahren vertieft hat, so wenig steht die traditionelle kulturelle Zugehörigkeit zu Skandinavien infrage.

Als Kleinstaaten an der europäischen Peripherie leben Dänemark, Norwegen, Schweden und Finnland mit diesem Widerspruch. Man profitiert in ökonomischer und finanzieller Hinsicht von der Mitgliedschaft in der Europäischen Union (außer Norwegen), aber die kulturelle Identität ist weniger europäisch denn skandinavisch begründet.

In kaum einem Politikbereich zeigt sich dies deutlicher als in der Medienpolitik (→ Kommunikationspolitik), die in Skandinavien unverändert kulturpolitisch geprägt bleibt, selbst wenn die Mediensysteme unter dem Druck grenzüberschreitender Fernsehprogramme und kommerzieller Anbieter auch im Norden inzwischen dereguliert wurden (→ Regulierung). Davon bleibt auch der Journalismus in Skandinavien nicht unberührt.

Grundlagen der Mediensysteme

Zeitungen nehmen traditionell eine überaus starke Stellung ein (→ Presse). Gemessen an der Auflagenhöhe pro 1.000 Einwohner, zählen Norwegen, Finnland und Schweden weltweit zu den Top Five der Zeitungsländer. In *Schweden* ist mit der *Tryckfrihedtsförordningen* im Jahre 1766 vermutlich das erste Pressegesetz der Welt entstanden, das nach und nach ausgeweitet wurde. Informationen zu veröffentlichen und zu verbreiten, ist seitdem ein Verfassungsrecht. Andererseits wird in *Norwegen* seit Mitte der 90er Jahre über eine Verfassungsänderung diskutiert, um den verfassungsrechtlich bislang eher vagen Schutz der freien Meinungsäußerung umfassender sicherzustellen (Hans-Bredow-Institut 2004: 498).

Das Pressesystem in Dänemark, Norwegen und Schweden war von seinen Ursprüngen im ausgehenden 19. Jahrhundert bis weit nach dem Zweiten Weltkrieg parteipolitisch dominiert: So gaben in *Dänemark* noch Ende der 20er Jahre die vier etablierten Parteien – Sozialdemokraten, Konservative, Liberale und Radikalliberale – in jeder größeren Provinzstadt eine eigene Zeitung heraus. In *Schweden* und *Norwegen* fand sich das gleiche Muster.

Dieses System erodierte erst in den 60er und 70er Jahren, als die Zeitungen unter wirtschaftlichem Druck zunehmend damit begannen, extreme Standpunkte zu vermeiden, um auch Leser mit anderen politischen Ansichten zu gewinnen. Gleichzeitig veränderten sich allmählich die Besitzverhältnisse, was die parteipolitische Bindung schließlich auflöste. Heute sind die Zeitungsmärkte in Skandinavien genauso stark konzentriert wie in anderen europäischen Ländern (→ Medienkonzentration).

Im Vergleich zu den europäischen Kernstaaten sind private kommerzielle Rundfunkanbieter in Skandinavien erst sehr spät zugelassen worden (→ Radio, → Fernsehen). In Dänemark fiel das Monopol des öffentlichen Rundfunks (DR *Danmarks Radio*) 1988, in Norwegen (NRK *Norsk Rikskringkasting*) 1991 und in Schweden (SR *Sveriges Radio*, SVT *Sveriges Television*) erst 1992.

Eine Ausnahme bildet *Finnland*, das mit *MTV3* bereits 1957 und damit im europäischen Vergleich sehr früh einen privaten Fernsehanbieter aufwies. Dänemark, Norwegen und Schweden folgten jedoch der für Kleinstaaten bezeichnenden Medienpolitik, konsequenter und länger als die größeren EU-Länder am öffentlichen Rundfunk festgehalten zu haben. In *Dänemark* und *Norwegen* erfolgte der Bruch des öffentlichen Fernsehmonopols darüber hinaus über einen besonderen Weg: In beiden Ländern wurden Gesellschaften zur Veranstaltung eines zweiten nationalen Fernsehprogramms gegründet, denen ebenfalls Public-Service-Verpflichtungen auferlegt wurden.

Das dänische TV2 nahm seinen Sendebetrieb 1988 auf, in Norwegen ging TV2 1992 auf Sendung. Das norwegische TV2 gehört zu je einem Drittel den Medienkonzernen *Schibsted*, *Egmont* und *A-Pressen*, während sein dänisches Pendant im Kern öffentlich-rechtlich verfasst ist und sich nicht nur über Werbung, sondern auch über Gebühren finanzieren kann. In *Schweden* startete 1994 mit TV4 der erste landesweite private Fernsehsender. Wichtigster Wegbereiter der spät erfolgten Deregulierung in den drei Ländern war jedoch ein pan-skandinavischer kommerzieller Satellitensender aus dem Ausland: TV3. Das Unternehmen gehört zum *Kinnevik*-Konzern und strahlte seit 1987 von London aus rein kommerzielle Programme für Dänemark, Schweden und Norwegen aus. TV3 umging damit die restriktiven Werbe- und Lizenzierungsbestimmungen, die in Skandinavien bis in die 90er Jahre hinein galten, und wurde zum Schrittmacher der Kommerzialisierung in den drei Fernsehmärkten.

Bei der Umgestaltung der Rundfunklandschaft ist die skandinavische Medienpolitik im Wesentlichen drei Prinzipien gefolgt: Erstens sollen nationale/skandinavische Programmangebote erweitert, zweitens die programmliche Vielfalt gesichert und drittens dezentrale Beteiligungsmöglichkeiten geschaffen werden. Letzteres drückte sich bereits in den 80er Jahren in zumeist versuchsweise eingeführten, unabhängigen privaten lokalen Hörfunk- und Fernsehanbietern aus, die ein Charakteristikum der skandinavischen Medienmärkte geblieben sind, selbst wenn sie den ursprünglich nicht-kommerziellen Status inzwischen größtenteils wieder aufgeben mussten.

So werden die Medienmärkte Skandinaviens heute von einer großen Zahl lokaler Rundfunksender geprägt: Etwa 70 lokale Radiosender, zehn regionale Radio-Networks und mit *Radio Nova* einen nationalen Kanal gibt es in Finnland. Norwegen kann in 26 Regionen mit lokalem Fernsehen und insgesamt mit 274 lizenzierten Lokalradios aufwarten. In *Dänemark* gab es schon 1992 landesweit 378 lizenzierte Lokalradios und 123 lizenzierte lokale Fernsehstationen. In *Schweden* summiert sich die Zahl der Lokalradiolizenzen auf insgesamt 93. Gleichzeitig sind 138 regional bzw. lokal begrenzte Kabel-TV-Sender registriert.

Bekannt hoch ist die Internetverbreitung in Skandinavien; sie liegt zwischen 60 Prozent (Schweden) und 45 Prozent (Finnland) Internetanschlüssen. Wie in anderen Ländern dominieren unter den skandinavischen Websites neben den Suchmaschinen vor allem die Domains etablierter Medien wie TV-Sender und Zeitungen. Mit dem Netzwerk *Skandinavia Online* (SOL) existiert beispielsweise auch eine pan-skandinavische Internetplattform, die in Norwegen, Schweden, Dänemark und Finnland angeboten wird.

Grundlagen des Journalismus

Die Charakteristika der skandinavischen Medienmärkte bestimmen noch heute den → Journalismus im Norden. Das journalistische Berufsbild in Skandinavien wird insbesondere durch folgende Aspekte der Medienentwicklung geprägt:

- die Entstehung des Pressesystems als Ausdruck des bestehenden Parteienspektrums, das noch bis in die 70er Jahre hinein existierte;
- das im europäischen Vergleich lange aufrechterhaltene Monopol des öffentlich-rechtlichen Rundfunks, welches Ausdruck eines primär kulturellen Rundfunkverständnisses ist;
- das verhältnismäßig große Angebot lokaler Medien, das nicht nur aus Zeitungen, sondern auch aus lokalen TV- und Radiosendern unterschiedlichster Prägung besteht.

Zu den Leitvorstellungen des Journalismus in Skandinavien dürfen vor diesem

Hintergrund wohl ein ausgeprägtes politisches Bewusstsein, die klare Trennung kommerzieller und publizistischer Interessen sowie eine herausgehobene Bedeutung des Lokalen gezählt werden. Dass viele journalistische Berufswege traditionell im Lokaljournalismus wurzeln, ist bekannt. Mit dem überaus großen Angebot lokaler Rundfunkstationen, die aufgrund ihrer finanziellen Situation von Anfang an auf freiwillige Mitarbeit und unbezahltes Engagement journalistisch Interessierter angewiesen waren, sind die Einstiegsbarrieren für den Journalismus in Skandinavien jedoch im internationalen Vergleich bemerkenswert niedrig.

In *Schweden* genießen Journalisten verfassungsrechtlich eine größere Freiheit der Informationsbeschaffung, als es beispielsweise das deutsche Presserecht zulässt. Neben dem Recht auf Anonymität und Schutz der Informationsquellen, also eine Art → Zeugnisverweigerungsrecht, weist Schweden das so genannte ‚offentligheitsprincipen' auf: Jeder hat das Recht, freie Einsicht in behördliche Dokumente zu nehmen. Dieses ‚Öffentlichkeitsprinzip' kennt nur wenige gesetzlich geregelte Ausnahmen (Haaß 2002: 17).

Fazit und Bewertung

Die skandinavischen Länder genießen ein hohes Maß an Medienfreiheit (→ Kommunikationsfreiheit), das politisch und verfassungsrechtlich ebenso gefordert wie gefördert wird. Soweit es den Rundfunk in Skandinavien betrifft, haben vor allem die Bedrohung durch vom Ausland einstrahlende Programme und die in den 70er Jahren gewachsene kulturpolitische Bedeutung des lokalen und regionalen Raums zur Deregulierung geführt.

Heute verfügen alle skandinavischen Länder über ein umfassendes Rundfunkangebot, das neben nationalen öffentlich-rechtlichen und privaten Sendern auch eine große Anzahl und Vielfalt lokaler Sender umfasst. Das ist umso bemerkenswerter, als die skandinavischen Länder vergleichsweise kleine Bevölkerungszahlen aufweisen. Als größtes Land hat Schweden 8,9 Millionen Einwohner, es folgen Dänemark mit 5,4 Millionen, Finnland mit 5,2 Millionen und Norwegen mit 4,5 Millionen.

Das gleiche Bild ergibt sich jedoch auch in der Presselandschaft: *Norwegen* allein hat beispielsweise 217 Zeitungen mit einer Gesamtauflage von 3,1 Millionen, 40,5 Prozent davon sind Lokalzeitungen. Die Medienmärkte im Norden Europas weisen damit für Kleinstaaten eine bemerkenswert dichte Anbieterstruktur auf, die sich auf die nationale, die regionale und die lokale Ebene verteilt.

Ungeachtet aller Veränderungen in den Medien ist die starke Stellung der Presse und die übergeordnete Bedeutung des öffentlich-rechtlichen Rundfunks bisher nie ernsthaft infrage gestellt worden.

Literatur

Haaß, Mareike (2002): Rundfunk in Schweden, Hamburg.

Hans-Bredow-Institut (Hrsg.) (2004): Internationales Handbuch Medien 2004/2005, Baden-Baden (Artikel zu Dänemark, Finnland, Norwegen und Schweden).

Rossmann, Torsten (1994): Rundfunkpolitik in Dänemark, Hamburg.

Torsten Rossmann, Berlin

Spanien

Allgemeine Rahmenbedingungen

Spanien wurde erst nach dem Tod des Diktators *Francisco Franco* (1892-1975) eine Demokratie. Bis dahin unterlagen die Medien einer mehr oder weniger streng gehandhabten Zensur.

Am 15. März 1966 verabschiedete das Ministerium für Information und Tourismus ein gemildertes Pressegesetz, welches die letzten Jahre der Diktatur und die ersten der Transition beherrschte. Obwohl es noch ganz im Geiste Francos verfasst war, erleichterte es den Zeitungen einen entscheidenden Durchbruch in die Moderne. Doch die endgültige Presse-

und Meinungsfreiheit (→ Kommunikationsfreiheit) wurde erst im Paragrafen 20 der Verfassung von 1978 geregelt.

Dieser Paragraf wird jedoch von Journalisten und ihren Organisationen scharf kritisiert, weil er keinen Unterschied macht zwischen dem Recht der Bürger, sich zu informieren und dem der professionellen Journalisten, Information zu suchen und zu verbreiten – wodurch diese oft in Schwierigkeiten geraten.

Nach dem Ende der Diktatur setzte ein Prozess ein, der das Ziel hatte, die der Politik Francos angepassten Medien abzubauen und den freien Marktverhältnissen anzupassen. In den letzten Jahren haben sich die Medienstrukturen in Spanien, dank einer allgemeinen Deregulierung (→ Regulierung), stark verändert.

Grundlagen des Mediensystems

Der Trend der großen Print- und audiovisuellen Medien zu Konzentration und internationaler Fusion heute wird von einer beachtlichen Ausdehnung der regionalen und lokalen Medien begleitet. Neben Konzernen, die unter staatlicher Protektion entstanden, wie die Telefongesellschaft *Telefónica*, stehen private Gruppen mit internationaler, nationaler, und regionaler Reichweite wie *Prisa* (die wichtigste spanische Gruppe mit multimedialer Struktur), *Vocento* und *Recoletos* sowie die kleineren Konzerne *Godó*, *Zeta* und *Prensa Ibérica*.

In Spanien erscheinen rund 130 Tageszeitungen (→ Presse) mit einer durchschnittlichen Gesamtauflage von 4,3 Millionen Exemplaren. Die wichtigsten vier überregionalen Tageszeitungen mit allgemeiner Information haben alle ihren Stammsitz in Madrid, werden jedoch in verschiedenen, geografisch verteilten Druckzentren hergestellt und geben auch in den autonomen Gemeinschaften spezielle Regionalausgaben heraus:

- *El País* (liberal, der sozialistischen Arbeiterpartei nahestehend, 435.300 Exemplare),
- *El Mundo* (sympathisiert mit der konservativen Partei, bietet oft sensationellen Stoff und Enthüllungen von Skandalen, 300.100),
- *ABC* (monarchistisch-konservativ 262.870),
- und *La Razón,* die 1998 von dem ehemaligen Direktor von *ABC*, *Luis María Anson*, gegründet wurde (extrem konservativ, monarchistisch und katholisch, 140.000 Exemplare).

Die regionale Presse wird hauptsächlich von drei Mediengruppen herausgegeben: *El Correo* (16 Titel), *Zeta* (11 Titel) und *Prensa Ibérica* (14 Titel). Außer den Tageszeitungen mit allgemeiner Information erscheinen täglich vier Sportzeitungen:

- *Marca* (mit 381.000 Exemplaren die zweitgrößte Auflage sämtlicher Tageszeitungen), *As*, *Sport* und *Mundo Deportivo*
- sowie drei Wirtschaftszeitungen: *Cinco Días*, *Expansion* und *La Gaceta de los Negocios*.

Der Zeitschriftensektor ist sehr breit gefächert und zeichnet sich durch die hohe Präsenz ausländischer Konzerne wie *Bertelsmann*, *Hachette* und *Burda* aus. Vor allem die wöchentlichen Frauenzeitschriften erfreuen sich größter Beliebtheit mit Auflagen von fast einer Million Exemplaren (*Pronto*) und dem tonangebenden Glamour-Blatt auf Hochglanzpapier *Hola* (564.000 Exemplare).

Am 10.1.1980 wurde das von der Verfassung von 1978 in Auftrag gegebene Mediengesetz für Radio und Fernsehen (*Estatuto de la Radio y la Televisión*) verabschiedet. In Spanien wird → Fernsehen sowohl privat als auch öffentlich-rechtlich betrieben. Öffentliche Sender sind *TV*, *La 2* und *TVE International*.

Das spanische Parlament genehmigte im Dezember 1983 die Gründung von dritten Kanälen für die autonomen Gemeinschaften. Seit 1989 existieren auch zwei private Fernsehsender, (*Tele5* und *Antena 3 TV*) sowie der Pay-TV-Sender *Canal+*.

Alle frei zugänglichen Fernsehsender werden durch Werbung finanziert. Die öffentlich-rechtlichen Kanäle erhielten bis zum Ende der politischen Transition staatliche Unterstützung, die aber 1983 gestrichen wurde. Solange keine private Konkurrenz existierte, konnten sie sich durch Werbung finanzieren. Seit den 90er Jahren stieg das jährliche Defizit des öffentlich-rechtlichen Fernsehens unaufhörlich an. Der jetzige Finanzminister kündigte für das Jahr 2004 die Übernahme der angefallenen Summe als Staatsschuld an. Danach sollen nur noch diejenigen Programme subventioniert werden, die als ‚öffentlicher Dienst' eingestuft werden können.

Die Entwicklung des Hörfunks (→ Radio) erfolgte in Spanien anders als in den meisten europäischen Ländern. In Madrid wurde nach dem Bürgerkrieg ein gemischtes System eingeführt, bei dem sich der Staat das Monopol der Radioübertragung vorbehielt und einerseits sein eigenes Sendenetz ausbaute, aber andererseits auch an private, dem Regime nahestehende Unternehmen Lizenzen erteilte, um die restlichen Frequenzen zu nutzen. Die politische Wende nach der Einführung der Demokratie bedeutete für den öffentlichen Hörfunk eine Zeit der Neuorientierung, die aber die grundlegende Struktur der großen Anzahl von lokalen und regionalen Sendern nicht änderte. Dazu kamen in den 80er Jahren noch die neu erschlossenen Kanäle der autonomen Regierungen. Jene wurden anhand der entsprechenden Statuten reguliert und nach der Genehmigung der Kosten von den jeweiligen Parlamenten teils durch öffentliche Gelder und teils durch Werbung finanziert. Der öffentliche Hörfunk beendete im Jahre 1988 seine Fusionsprozesse.

Aufgrund der verzweigten Netzstruktur ist es äußerst schwierig, genaue Daten über Sender und Hörer zu erstellen. Schätzungsweise gibt es insgesamt mehr als 1.600 Anbieter, die wiederum eine bestimmte Anzahl von Sendestationen besitzen. Der spanische Hörfunk spielt, gestern so wie heute, eine besondere Rolle im öffentlichen Leben und leistet der Demokratie wesentlich bessere Dienste als das Fernsehen.

Fast alle Medien können online eingesehen werden; die größten Tageszeitungen jedoch nur nach entsprechender Bezahlung. Die allgemeine Nutzung des → Internet ist noch verhältnismäßig niedrig; sie liegt bei ca. 26 Prozent (Januar 2004).

Bewertung und Fazit

Es gibt in Spanien keine Boulevardpresse. Diese findet in etwa ihren Ersatz bei den männlichen Lesern in den Sportzeitungen und bei den weiblichen in den Frauenzeitschriften. Gleichzeitig ist die so genannte seriöse Presse weniger seriös als in anderen europäischen Ländern – sowohl in der Auswahl der Themen als auch in der journalistischen Behandlung.

Die Medien haben eine starke ideologische Bindung. Daraus ergibt sich, dass die gut bezahlten Journalisten, besonders die Chefredakteure, über eine beachtliche politische Macht verfügen, die in keinem Verhältnis zu den Leserzahlen steht.

Im Vergleich zum restlichen Europa liegt die Zahl der Zeitungsleser sehr niedrig; sie beträgt 106 Zeitungsexemplare je 1.000 Einwohner – eine Zahl, die absolut nicht im Einklang mit dem wirtschaftlichen Niveau des Landes steht. Dabei muss man noch beachten, dass bei dieser Messung die vier täglich erscheinenden Sportzeitungen mitgerechnet wurden. Ohne diese läge die durchschnittliche Leserquote für Tageszeitungen mit allgemeiner Information bei rund 80 Exemplaren je 1.000 Einwohner.

Ein anderes Merkmal der spanischen Presse ist die Tendenz zur *Personalisierung* der Information, welche die spanische Faszination für Persönlichkeiten widerspiegelt. Der Anteil von unterzeichneten Meinungskolumnen in der Tagespresse ist außerordentlich hoch.

Das *Fernsehen* ist das beliebteste Medium; ihm vertrauen die Spanier am meisten (→ Glaubwürdigkeit). Man sagt, 70 Prozent der Bevölkerung bildeten ihre politische Meinung aufgrund der Informationen, die das Fernsehen vermittelt.

Der Bereich der audiovisuellen Kommunikation ist nur unzureichend geregelt (→ Regulierung), so dass ein großes Netz von illegalen lokalen Fernseh- und Hörfunksendern – man spricht von rund 800 – entstanden ist. Außerdem gibt es keine öffentlich-rechtliche Kontrollinstanz für das Fernsehen: Permanent wird das Medium von der jeweils regierenden politischen Partei als Sprachrohr und Propagandamittel benutzt.

Literatur

Jahn, Britta (2003): Die Fernsehpolitik der spanischen Regierung Aznar (1996-2001), Köln.

Mateo, Rosario de (2004): Medien in Spanien, in: Hans-Bredow-Institut (Hrsg.): Internationales Handbuch Medien 2004/2005, Baden-Baden: 649-661.

Schulze Schneider, Ingrid (2004): Spanische Medienkultur, Berlin.

Ingrid Schulze Schneider, Madrid

Sportjournalismus

Definition/Begriffsbestimmung

Sportjournalismus ist das Leistungssystem des → Journalismus, welches durch Kommunikationen über Ereignisse, Tatbestände und Entwicklungen des Sports in allen relevanten Massenmedien generiert wird. In der gemeinsamen Entwicklung zeigen sich sowohl Affinität als auch Abhängigkeit von Sport und Medien.

Bestimmte Sportarten sind ohne Massenmedien gar nicht mehr denkbar. Sport initiiert Kommunikationsprozesse, produziert Kommunikationsereignisse und präsentiert Kommunikationsinhalte.

Insbesondere die Sportberichterstattung im Leitmedium → Fernsehen hat sich durch kommerzielle und marktwirtschaftliche Öffnung erheblich verändert. Übertragungsrechte, Zweitverwertungen und langfristige Lizenzen werden inzwischen in der Sportberichterstattung immer wichtiger. Im dualen Fernseh-Sportprogramm hat die mediale Vielfalt aber nicht zu einer publizistischen Vielfalt, sondern eher zu einer ständigen Vervielfältigung desselben (‚more of the same') geführt.

Während nach dem Zweiten Weltkrieg Funk- und Printmedien über 40 Jahre ein komplementäres Verhältnis auszeichnete, kommen spätestens mit der Jahrtausendwende konkurrierende intermediale Aspekte hinzu. Sie zeigen nachhaltige programmliche Auswirkungen auf den Sportjournalismus in den Medien und tief greifende persönliche Auswirkungen für den Sportjournalisten.

Geschichte und Forschungsstand

Aufnahme fand der Sport in den Tageszeitungen, als die → Presse als Spiegel des Kulturlebens ihre journalistische Aufgabe mit geschäftlichen Interessen vereinbaren konnte. Bis 1880 hatte sich der Sport gesamtgesellschaftlich nicht etablieren können.

Schon zu Beginn des 20. Jahrhunderts bestimmte in den deutschen Blättern dann der Fußball das Geschehen. Das 1894 gegründete Fachblatt *Der Fußball* wurde 1895 in eine allgemeine Sportzeitung umgewandelt. *Fußball*, 1911 von *Eugen Seybold* in München gegründet, widmete sich von Beginn an ausschließlich der Berichterstattung über diese Sportart. Mitarbeiter war der spätere *Kicker*-Gründer *Walter Bensemann*. Mit der Ausweitung der Sportfachpresse fand das Sportressort auch Eingang in die Tagespresse und wurde nach Politik, Wirtschaft, Kultur und Lokalem zum fünften klassischen Ressort.

Als Geburtstag des Sportressorts gilt der 23. Mai 1886. An diesem Tag erschien in den *Münchener Neuesten Nachrichten* erstmals eine eigene Sportrubrik. Entscheidende Ursache für den Erfolg des Ressorts war von Beginn an die Nutzung der unterhaltenden Elemente des Sports.

In den 70er und 80er Jahren des 20. Jahrhunderts wurde die Rolle der Boulevardzeitungen (→ Boulevard-Journalismus) richtungweisend für die Entwicklung der Sportberichterstattung. Die Boulevardblätter waren es, welche die Journalisten zum ‚Hinunter von den Tribünen' aufriefen. Seitdem ist Inhalt und Form der Berichterstattung auch der so genannten seriösen Blätter stark am Vorbild insbesondere von *Bild* orientiert. Das gilt auch für die Nachrichtenagenturen und im weitesten Sinn ebenso für Hörfunk und Fernsehen, deren Siegeszug in den 20er bzw. 50er Jahren in besonders starkem Maße von der Sportberichterstattung bestimmt worden war.

Die Sportberichterstattung setzt heute im Leitmedium Fernsehen fast ausschließlich auf die unterhaltenden Elemente des Sports. Personalisierung bestimmt die Inhalte. Hintergrundberichterstattung spielt keine nennenswerte Rolle mehr – dabei gibt es im Sport unzählige Indikatoren für kritische und zu kritisierende Entwicklungen (Fischer 1993).

Weit verbreitet in Theorie und Praxis ist die Auffassung, dass das Verhältnis zwischen der primären sportlichen Aktion und der sekundären journalistischen Präsentation in den Medien an einem kritischen Punkt angelangt ist. Dem Sport drohe durch sein Zusammenspiel mit den Medien und insbesondere dem Fernsehen der Verlust an Autonomie und die Gefahr zunehmender Fremdbestimmung (Muckenhaupt 1990).

Weitere Belege für Probleme mit der ‚Sportmedienrealität' finden sich bei *Josef Hackforth* (1994). Auch er beklagt das ‚more of the same': Anstelle der Präsentation einer Vielzahl der betriebenen Sportarten würden im Fernsehen nur wenige Sportarten berücksichtigt. Kritisiert wird auch die Boulevardisierung; anstelle sachlicher und kritischer Berichterstattung über den Sport gebe es einen deutlichen Trend zur Unterhaltung.

Grundlegende Wandlungen und Veränderungsprozesse in der medialen Darstellung des Sports bleiben nach den vorliegenden wissenschaftlichen Befunden nicht ohne Folgen. Sie machen bei den Kommunikatoren auf einen bedeutsamen Rollenwechsel aufmerksam (→ Rollenselbstverständnis): Hohe Berufszufriedenheit korrespondiert mit rückläufiger Meinungsbereitschaft und ansteigender Unterhaltungs- und Service-Orientierung. Skrupelloserer Umgang mit Fakten und die Akzeptanz aggressiverer Recherchemethoden zeigen zudem, dass die Medienkonkurrenz nicht ohne Konsequenzen geblieben ist. Einschätzungen aus den 70er Jahren, als die Sportjournalisten – als „Außenseiter der Redaktion" (Weischenberg 1976) – erstmals in den Fokus kommunikationswissenschaftlicher Betrachtung rückten, sind in den 80er und 90er Jahren (Fischer 1993; Görner 1995) somit modifiziert, aber nicht revidiert worden.

Der Umfang der Sportberichterstattung am redaktionellen Teil der Tageszeitung schwankt Inhaltsanalysen zu Folge zwischen 5,8 Prozent in überregionalen und 19,3 Prozent in regionalen Zeitungen. Für die *Bild*-Zeitung war schon 1970 ein Wert von 18,2 Prozent ermittelt worden, der beständig ausgebaut wurde und Deutschlands führende Boulevardzeitung zum inhaltlichen Print-Leitmedium werden ließ. In Regionalzeitungs-Studien wurde in den 90er Jahren ein Anteil des Sports von 12,1 Prozent analysiert. Bemerkenswert ist dabei vor allem der hohe Anteil der lokalen Sportberichterstattung, der zum Teil an die 50 Prozent heranreicht. (Fischer 1991)

Bewertung und Ausblick

100 Jahre Sportjournalismus veranlassten den Tübinger Sportpädagogen *Ommo Grupe* (1986) zur der Feststellung einer „momentanen Orientierungslosigkeit" von Sportjournalismus und Sportjournalisten. Grupe sah die Gefahr des Sturzes „in die bequeme Mittelmäßigkeit". *Steffen Haffner*, (1989), der ehemalige Sport-Ressortleiter der *Frankfurter Allge-*

meinen Zeitung, kritisierte schon Ende der 80er Jahre die Schwankungen der Sportberichterstattung „zwischen dem Hochjubeln, dem Heroisieren von Athleten zu Übermenschen und dem lustvollen Niederreißen von Denkmälern“. Haffner warf den Sportjournalisten wenig freundlich „unreflektierten Erfolgsfetischismus“ vor. Seitdem ist die Lage noch schlimmer geworden.

Die totale Orientierung am Ereignis bleibt weiterhin erstes Kriterium – und damit Hauptproblem – für die Sportberichterstattung in allen Medien. Das schließt zwar Veränderungen im Sinne einer analytischen Berichterstattung grundsätzlich nicht aus; von einer Konjunktur sportpolitischer, -kultureller und -wissenschaftlicher Fragestellungen – durchaus befördert durch die → Nachrichtenagenturen in den 90er Jahren – kann aber keine Rede mehr sein.

Sorgen um die Zukunft der Sportberichterstattung in den Tageszeitungen schienen bis 2000 weitgehend unbegründet, obwohl es damals schon unterschiedliche Bewertungen ihrer zukünftigen Entwicklung auf dem Medienmarkt gab. Dies ist in Zeiten wirtschaftlichen Drucks aber anders geworden. Die Umfänge der Sportberichterstattung in den Tageszeitungen steigen nicht mehr; die Reduzierung geht dabei immer zulasten der Sportarten, die als ‚nicht publikumswirksam' gelten.

Dominant bleiben Fußball und Formel 1. Allein die ARD übertrug 16 von 31 Spielen der Fußball-Europameisterschaft 2004 in Portugal live und zeigte insgesamt mehr als 75 Stunden Fußball. ‚König Fußball' ist aber nicht nur im Fernsehen Premium-Produkt, sondern auch in den anderen Medien. Dem geforderten kritischen Profil des Sportjournalismus ist unter den gegebenen Umständen deshalb nur noch schwer nachzukommen.

Die Sportberichterstattung speziell im Fernsehen versucht sich zwar über eine ‚Sportartenvielfalt' zu legitimieren, welche die Fernsehforschung von ARD und ZDF präsentiert. Dieser Befund hält einer soliden sozialwissenschaftlichen Überprüfung aber nicht Stand, argumentiert der Sportwissenschaftler und Sportfunktionär *Helmut Digel* (2004). Bei ARD und ZDF kommen zwar immer noch viel mehr Sportarten vor als in den privaten Programmen. Die Größenverhältnisse sind aber auch im öffentlich-rechtlichen Fernsehen eindeutig: 2002 wurden von 14.080 Programmstunden 23 Prozent dem Fußball gewidmet (Rühle 2003).

Fernsehmacher argumentieren mit den Quoten, die Sportfunktionäre mit unterschiedlichen Interessen. Längst macht der Sport aber zahlreiche Zugeständnisse. Nicht wenige Sportverbände sind bereit, sich an den Produktionskosten zu beteiligen, sollte ihre Sportart im Fernsehen übertragen werden. Die Pläne eines eigenen Sportkanals hat der Deutsche Sportbund (DSB) nach internen Studien wegen mangelnder Finanzierbarkeit allerdings zurückgestellt.

Hans Blickensdörfer und andere Klassiker des deutschen Sportjournalismus erkannten frühzeitig, dass der Sportjournalismus Gefahr läuft, zum ‚Zitatenjournalismus' zu verkommen. Wer kritisch fragt und schreibt, erhält keine Interviewtermine mehr. Und wer nicht mehr fragen darf, bekommt keine Zitate mehr – und damit keine Geschichten.

Qualitativ könnte bei den Zeitungen die Zukunft in der Konjunktur eines modernen *regionalen* und *lokalen* Sportjournalismus liegen. Hier gibt es ein Potenzial, das längst nicht ausgeschöpft ist. Lokal(-sport)journalismus ist trotz Konzentrationstendenzen auf dem Markt möglicherweise ein entscheidender Überlebensfaktor des Mediums Zeitung.

Literatur

Digel, Helmut (2004): Das öffentlich-rechliche Fernsehen und die Sportverbände: Anmerkungen zu einem zerrütteten Verhältnis, in: Olympisches Feuer 2004/1: 24-27.

Fischer, Christoph (1991): Lokalsport in der Tagespresse, in: Brennpunkte der Sportwissenschaft 1991/2: 214-223.

Fischer, Christoph (1993): Professionelle Sportkommunikatoren, Köln/Berlin.
Görner, Felix (1995): Vom Außenseiter zum Aufsteiger, Köln/Berlin.
Grupe, Ommo (1986): Der Sportjournalismus gehört ins eigene Boot, in: DSB-Informationen 1986: 50-52.
Hackforth, Josef (1994): Sportjournalismus in Deutschland, in: J. Hackforth/C. Fischer (Hrsg.): ABC des Sportjournalismus, München: 13-49.
Haffner, Steffen (1989): Medien: Mittler der Moral oder Vermittler ohne Moral?, in: Sportjournalist 1989/5: 30 ff.
Muckenhaupt, Manfred (1990): Sportrealität und Mediensport, in: O. Grupe (Hrsg.): Kulturgut oder Körperkult?, Tübingen: 113-130.
Rühle, Angela (2003): Sportprofile deutscher Fernsehsender 2002, in: Media Perspektiven 2003/5: 216-230.
Weischenberg, Siegfried (1976): Die Außenseiter der Redaktion, Bochum.

Christoph Fischer, Köln

Stimulus-Response-Modell

Definition/Begriffsbestimmung

Das Stimulus-Response-Modell (S-R-Modell) gilt als erster systematischer Ansatz zur Erfassung von → Medienwirkungen. Es wird historisch der Frühzeit der Medienwirkungsforschung – ca. 1900 bis 1940 – zugeschrieben und mit der Phase der vermuteten starken Medienwirkungen assoziiert.

Die grundlegende Charakteristik des Modells besteht zum einen in der engen Korrespondenz zwischen Merkmalen des einzelnen Medienstimulus und Merkmalen der dadurch ausgelösten Reaktion beim Rezipienten. Der Inhalt der Kommunikation und die Richtung des Effekts werden gleichgesetzt. Medienwirkungen sind demnach spezifische Reaktionen der Rezipienten auf spezifische Reizvorlagen, wobei eine Isomorphie zwischen Stimulus und Response angenommen wird: Ein gewalthaltiger Stimulus wird eine gewalthaltige Reaktion, ein humorvoller Stimulus wird Heiterkeit und ein persuasiver Stimulus eine entsprechende Einstellungs- oder Meinungsänderung auslösen.

Geschichte/Entwicklung

Das S-R-Modell beruht auf einer zweifelhaften Interpretation der ‚Instinktpsychologie' und der ‚Theorie der Massengesellschaft'. Die kurz nach der Jahrhundertwende entwickelte ‚Instinktpsychologie' wurde dahingehend interpretiert, dass Medieninhalte als Stimuli auf innere, biologisch determinierte Triebe, Emotionen und andere Prozesse zielen, über die der Einzelne keine Kontrolle besitzt. Insofern würden bei allen Individuen gleiche oder zumindest ähnliche Reaktionen ausgelöst.

Nach der in der Soziologie der Jahrhundertwende vorherrschenden ‚Theorie der Massengesellschaft' sind die Individuen aufgrund arbeitsteiliger Industrie- und Produktionsprozesse zunehmend voneinander entfremdet, so dass traditionelle Primärgruppenbeziehungen wie Familie und lokale Gemeinschaften verloren gehen und Gewohnheiten, verbindende Traditionen, Werte und religiöse Überzeugungen verfallen. Individuen in Massengesellschaften leben isoliert, atomisiert und in wechselseitiger Anonymität. Sie sind somit, so wurde weiter angenommen, den Stimuli der Medien willkürlich und schutzlos ausgeliefert – auch deshalb, weil Massenmedien nach früheren Vorstellungen hauptsächlich von Personen und Institutionen (Regierung, Werbetreibende, Interessengruppen) betrieben werden, die auf eine gewollte und gerichtete Beeinflussung der Rezipienten abzielen.

Eine Schlüsselrolle bei der Übertragung des Modells in die Medienwirkungsforschung wird *Harold Lasswell* (1927: 630) zugeschrieben, der in einem frühen Text zur Propagandaforschung schrieb: „The strategy of propaganda [...] can readily be described in the language of stimulus-response. The propagandist may be said to be concerned with the multiplication of those stimuli which are best calculated to evoke the desired response, and with the nullification of those stimuli which are likely to instigate the undesired response."

Konsequenzen und Bewertung

Während das Lasswell-Zitat lange Zeit vielen Autoren als Beleg dafür diente, dass die Kommunikationswissenschaft das S-R-Modell selbst kultivierte und explizit vertrat, überwiegt heute eine differenziertere Sichtweise. Danach darf diese Aussage zur Propagandaforschung auch nicht als repräsentativ für die gesamte Medienwirkungsforschung der Frühzeit des Faches gesehen werden.

Entsprechend erklären *Gladys E. Lang* und *Kurt Lang* (1981: 655) in einem Essay zur Geschichte der Wirkungsforschung, dass in der Vorphase des Zweiten Weltkriegs kaum ein reputabler Sozialwissenschaftler mit Annahmen gearbeitet hat, die man heute als S-R-Beziehung charakterisieren würde. Auch *Steven H. Chaffee* und *John L. Hochheimer* (1982: 285) bilanzieren, dass keiner der frühen Medienwirkungsforscher von einem einfachen, direkten Einflussmodell ausgegangen zu sein scheint, nach dem ein Medieninhalt bei großen Bevölkerungsschichten auf Akzeptanz und Verhaltensänderung treffen würde. Ähnliche Einschätzungen finden sich bei zahlreichen anderen Autoren.

Die Arbeiten legen den Schluss nahe, dass die gängige Darstellung der Fachgeschichtsschreibung zu revidieren ist (Esser/Brosius 2000): Die frühe Medienwirkungsforschung ist nicht pauschal von einer naiven Betrachtung des Wirkungsprozesses im Sinne einer Determination der Reaktion durch den Medienstimulus ausgegangen. Schon damals wurden intervenierende Variablen identifiziert (→ Two-Step-Flow of Communication); allerdings konnten die postulierten Zusammenhänge empirisch nur in begrenztem Umfang umgesetzt werden.

Es wäre also unangemessen, den damaligen Forschern eine Stimulus-Response-Perspektive zu unterstellen, nur weil sie noch nicht auf komplexe Forschungsdesigns und multivariate Datenanalysen zurückgreifen konnten. Heute dient das S-R-Modell einigen Autoren noch als Scheingegner, um den eigenen theoretischen Ansatz als möglichst differenziert erscheinen zu lassen.

Literatur

Chaffee, Steven H./John L. Hochheimer (1982): The beginnings of political communication research in the United States: Origins of the ‚limited effects' model, in: E. M. Rogers/F. Balle (Hrsg.): The media revolution in America and in Western Europe, Norwood: 267-296.

Esser, Frank/Hans-Bernd Brosius (2000): Auf der Suche nach dem Stimulus-Response-Modell, in: A. Schorr (Hrsg.): Publikums- und Wirkungsforschung, Opladen: 55-70.

Lang, Gladys E./Kurt Lang (1981): Mass communication and public opinion: Strategies for research, in: M. Rosenberg/R. H. Turner (Hrsg.): Social psychology: Sociological perspectives, New York: 653-682.

Lasswell, Harold (1927): The theory of political propaganda, in: American Political Science Review 21: 627-631.

Schenk, Michael (2002): Medienwirkungsforschung, 2. Aufl., Tübingen.

Frank Esser, Columbia/MO

Südafrika

→ Afrika

Südkorea

→ Asien

Systemtheorie

Definition/Begriffsbestimmung

Systemtheorie ist ein Oberbegriff für verschiedene Theorieansätze, die jeweils davon abhängen, was das analysierte oder beobachtete System ist. Unabhängig von diesen Unterschieden im Detail lassen sich wichtige Gemeinsamkeiten feststellen: Systemisch denken bedeutet danach, eine ganzheitliche (holistische) Perspektive einzunehmen. Statt Phänomene einzeln und in ihrem Ursache-Wirkungs-Verhältnis zu analysieren, werden Systeme beobachtet, die aus Einzelteilen (Elementen) und deren Verknüpfung (Relationen) bestehen. Damit verbunden ist die Vorstellung der Übersummation oder Emergenz („das Ganze ist mehr als die Summe seiner Teile").

Gemeinsam ist den verschiedenen Ansätzen, dass sich der systemtheoretische Blick auf die (In-)Stabilität oder (Dys-)Funktionalität des beobachteten Systems in seiner historischen (evolutionären) Entwicklung und in der Beziehung zu seiner Umwelt richtet. An die Stelle von (linearer) Kausalität oder zielgerichteter (teleologischer) Steuerung von gesellschaftlichen Entwicklungen tritt die kybernetische Kreislauf-Logik der Selbstorganisation und Selbstregulation der Gesellschaft oder gesellschaftlicher Teilsysteme (Weber 2003: 203 f.).

Systemtheorie liefert deshalb Erklärungen für die Eigengesetzlichkeit von Systemen wie etwa → Journalismus oder → Public Relations. Sie macht auf die unterschiedlichen (systeminternen) Programme der Wirklichkeitskonstruktion (→ Konstruktivismus) aufmerksam und zeigt, dass Fremdsteuerung nur möglich ist, wenn man sich an den Spielregeln der Eigensteuerung des Systems orientiert.

Vor allem die bekannte Theorie sozialer Systeme von *Niklas Luhmann* (1927-1998) findet in der → Kommunikationswissenschaft eine breite und intensive Rezeption. Das ist nicht unberechtigt, weil diese Theorie als Basiselement nicht die individuelle oder soziale *Handlung* von Menschen (→ Handlungstheorien), sondern → *Kommunikation* gewählt hat – also besonders gut zu einem Fach passt, das sich mit Kommunikation beschäftigt. Diese Theorieentscheidung hat allerdings Folgen, weil a) der Begriff der Kommunikation sehr weit gefasst wird und b) die vor allem in der Soziologie gewohnte Analyse der Handlung von Individuen bzw. von Akteuren nachrangig (allerdings nicht irrelevant!) wird.

Kommunikation und Handlung

Die breite Definition von Kommunikation bezieht sich nicht nur – wie man es im Alltag gewohnt ist – auf die direkte oder medial vermittelte sprachliche Interaktion von anwesenden Personen, sondern auch auf Makro-Phänomene der Gesellschaft wie etwa auf die Politik, die Wirtschaft, die Kunst, die Wissenschaft, die Justiz usw. (Luhmann 1984: 15 ff.). Die Kommunikation der Politik meint dabei nicht das Gespräch zwischen Politikern, sondern die abstrakten Operationen eines Systems, das zwar nicht ohne Menschen (Akteure) denkbar ist, aber auch nicht auf deren Interaktionen (von Politikern mit Bürgern, von Unternehmern mit Konsumenten, von Künstlern mit Kunst-Interessierten, von Wissenschaftlern mit Anwendern, von Richtern mit Angeklagten usw.) reduzierbar erscheint.

Die Theorie sozialer Systeme verwendet für diese überindividuellen Beziehungen den Begriff der *symbolisch generalisierten Kommunikationsmedien* (Krause 1996: 34 f.). Gemeint sind damit diejenigen abstrakten Mechanismen (deshalb symbolisch), die (Anschluss-) Kommunikation wahrscheinlicher machen, und zwar unabhängig davon, ob einzelne Menschen motiviert sind zu kommunizieren oder nicht (deshalb generalisiert).

In der Politik ist das symbolisch generalisierte Medium die *Macht*, in der Wirtschaft das *Geld*, in der Kunst die *Ästhetik*, in der Wissenschaft die *Wahrheit*, in der Justiz das *Recht*. Man kann auch umgekehrt formulieren: Dass, wenn Macht im Spiel ist, es sich um einen politischen Prozess handelt; wenn mit Geld bzw. Zahlungen operiert wird, handelt es sich um Wirtschaft usw. (Berghaus 2003: 100 ff.). Diese Kommunikationsmedien beziehen sich aber nicht ausschließlich – aber vorwiegend – auf die betreffenden Systeme, also Macht nicht nur auf Politik,

Geld nicht nur auf Wirtschaft oder Wahrheit nicht nur auf Wissenschaft.

Zwar spielt auch außerhalb der Wissenschaft Wahrheit eine Rolle; nur in der Wissenschaft wird sie jedoch reflexiv auf sich selbst angewendet. Nur in der Politik schließt Macht an Macht an, auch wenn Zahlungen (etwa bei Bestechungen) fließen; nur in der Wirtschaft zirkuliert Geld, auch wenn Politiker ihre eigenen Firmen (Berlusconi, → Italien) oder ihnen nahe stehende Unternehmen bei öffentlichen Ausschreibungen bevorzugen – also Macht als Vehikel für wirtschaftliche Prozesse benutzen.

Kommunikation ist ferner deutlich von Handlung zu unterscheiden, denn sie besteht nicht aus einer Kette von Handlungen wie etwa: A sagt etwas zu B und B zu C oder zurück zu A. Zwar beschreiben wir im Alltag Kommunikation so, dass wir die Rollen des Sprechers und des Hörers aufteilen, aber diese Zuschreibung zu Personen (Adressierung) umfasst nur einen Teil des Phänomens. Kommunikation ist nämlich nicht nur der Akt der *Mitteilung*, also die Äußerung bzw. Äußerungsform, und auch nicht nur die *Information*, also die Auswahl eines Kommunikationsinhaltes, sondern ist erst dann abgeschlossen, wenn sie verstanden wird, also wenn jemand an die Kommunikationsofferte anschließt (Luhmann 1984: 203 ff.).

Dieses *Verstehen* haben wir uns allerdings nicht (nur) als psychisches Phänomen vorzustellen. Im sozialen Sinn ist es nicht von Missverstehen zu unterscheiden, sondern umfasst dieses, denn sonst müssten wir doch wieder vom Sprecher (allein) oder vom Hörer (allein) ausgehen, da entweder der Sprecher oder der Hörer festlegen muss, ob Verstehen oder Missverstehen vorliegt. Verstehen im sozialen Sinn meint das Weiterführen der Kommunikation, ohne dass man dabei in die Gedanken des Sprechers oder Hörers Einblick hat. Mit ‚man' sind sowohl ein externer Beobachter gemeint als auch die internen Beobachter Sprecher und Hörer. Verstehen ist sozusagen die Mitteilung der Information ‚verstanden' (bzw. ‚nicht verstanden') und somit eine eigensinnige Operation und nicht fremd importierter Sinn. Wenn Verständnis kommuniziert wird, bedeutet dies gerade nicht, dass die Bewusstseinsinhalte der Kommunikationspartner identisch sind oder transportiert werden, sondern Verständnis ist der Ersatz dafür, dass ein Bewusstsein keinen direkten Zugang zu einem anderen Bewusstsein hat.

Liegt Verstehen vor, kann dieses noch danach spezifiziert werden, ob es kooperativ (konsensorientiert) oder konfrontativ (konfliktartig) verläuft. Auch der Streit und der Vorwurf des Missverstehens sind Bestandteil von Kommunikation. Die Annahme oder Ablehnung einer mitgeteilten und verstandenen Informationsselektion ist nicht notwendiger (logischer) Bestandteil von Kommunikation, gehört aber oft (empirisch) dazu.

Kommunikation ist nach Luhmann die emergente Einheit der Selektionen von Information (was wird kommuniziert?), Mitteilung (wie wird kommuniziert?), Verstehen (wie wird die Differenz von Information und Mitteilung zur Fortsetzung genutzt?) und eventuell Akzeptanz (wie wird die Kommunikation angenommen?). Diese Selektionen sind folglich zu differenzieren und bilden dennoch eine Einheit, ohne die wir nicht von Kommunikation sprechen könnten – daher der Begriff der Emergenz, der ausdrückt, dass die notwendigen Einheiten nur im Zusammenspiel zur Kommunikation führen, also ein nicht auf die einzelnen Einheiten reduzierbares Phänomen darstellen.

Dennoch rechnen wir im Alltag (und oft auch in der Wissenschaft) Kommunikation jemandem zu, adressieren sie und reduzieren sie dadurch auf (die) Handlung (von jemand). Nur durch die Adressierung und Reduktion können wir Kommunikation beobachten. Deshalb bestehen soziale Systeme nicht nur aus kommunikativen Elementen, sondern zusätzlich aus deren Zurechnungen und Adressierungen auf Personen oder Organisationen und damit aus ihrer Reduktion auf Handlungen (Luhmann 1984: 225 ff.).

Mit dieser Begriffsausweitung können wir auch vom Beispiel der direkten Kommunikation (Interaktion) auf das Makro-Phänomen der gesellschaftlichen Kommunikation abstrahieren. Eine Gesellschaft besteht aus allen realisierten Kommunikationen (und ihren Zuschreibungen auf Handlungen). Damit sind nicht nur Gespräche zwischen Individuen gemeint, sondern auch symbolisch generalisierte Kommunikationen wie Zahlungen, Einflussnahmen, Rechtssprechung, Forschen usw. Dieser Kommunikationsbegriff abstrahiert vom Individuum; er negiert es nicht. Wir können nur nicht mehr Kommunikation beschreiben, indem wir vom Individuum ausgehen, weil Kommunikation mehr ist als Summe individueller Äußerungen oder Mitteilungen von Informationen.

System und Umwelt

Systeme operieren prozesshaft und zirkulär. Sie bestehen aus Kommunikationen oder Kommunikationskreisläufen und unterscheiden sich von ihrer Umwelt. Sie definieren sich geradezu durch die Unterscheidung von ihrer Umwelt, also von allem, was sie *nicht* sind. Systeme werden folglich nach Luhmann nicht mehr als Verhältnis von Teil und Ganzem beschrieben, sondern als komplexe (zusammengesetzte) Einheiten, die erst in der Differenz zu ihrer Umwelt entstehen.

Soziale Systeme definieren und konstituieren sich demzufolge selbst, auch wenn dies nicht ohne Umweltanreize stattfinden kann. Demnach gibt es auch nicht *die* Umwelt, weil diese systemrelativ ist: Die Umwelt ist alles, was nicht das System ist, sie ist also für jedes System anders bzw. eine andere. Wenn Systeme sich dadurch definieren (und damit generieren), dass sie sich von der/ihrer Umwelt unterscheiden, dann bedeutet dies, dass sie eigenständig operieren, also nach eigenen Regeln. In diesem Sinne sind soziale wie auch biologische oder psychische Systeme (operational) geschlossen. Geschlossenheit bedeutet aber nicht, dass sie von der Umwelt abgeschottet wären und dass es keine Umwelteinflüsse auf das System gäbe. Die systemische *Autonomie* ist gerade nicht gleich *Autarkie*. Sie besagt vielmehr, dass das System permanent Umwelteinflüsse registriert und verarbeitet – dies jedoch nicht als direkte Instruktionen oder Interventionen durch die Umwelt, sondern eben nach eigenen Maßgaben, Maßstäben und strukturellen Vorgaben (Luhmann 1984: 63 f., 279).

Die Tatsache, dass Systeme eigensinnig operieren und die Elemente ihrer Operationen selbst hervorbringen (auch wenn dies durch Umweltanregungen geschieht), wird in der Systemtheorie Luhmann'scher Prägung *Autopoiesis* genannt (Krause 1996: 21 ff.). Dieser von dem chilenischen Biologen *Humberto R. Maturana* erfundene Begriff bezeichnet die Selbstschöpfung aus etwas bereits Bestehendem, die nicht mit der Schöpfung aus dem Nichts zu verwechseln ist.

Allerdings ist die in der Biologie auf Lebewesen bezogene Verwendung des Prinzips nicht ohne weiteres übertragbar auf soziale Systeme, denn Autopoiesis im sozialen System bedeutet, dass Kommunikation aus Kommunikation entsteht und aus sonst nichts. Dies setzt voraus, Kommunikation vollständig ohne Rückgriff auf sie motivierende Bewusstseine zu konzipieren – eine mit dem Alltagsverständnis von Kommunikation schwer zu vereinbarende Vorstellung.

Funktion und Struktur

In der Moderne besteht die Gesellschaft, so Luhmann, aus funktional ausdifferenzierten Sozialsystemen wie Politik, Wirtschaft, Wissenschaft, Kunst, Justiz usw. Jedes dieser Systeme erfüllt exklusiv eine *Funktion* für die (Gesamt-) Gesellschaft; die Beziehungen zwischen Systemen werden dagegen als *Leistungen* bezeichnet. Die Exklusivität der Funktionserfüllung bedeutet im Umkehrschluss, dass kein anderes System diese Funktion (so gut oder so vollständig) übernehmen kann. Ein solcher Redundanzverzicht ist für eine Gesellschaft äußerst effektiv, aber auch riskant (ebd.: 36 ff.).

Funktionen sind zeitlich sehr stabil und konstitutiv für die betreffenden Systeme, weshalb Systeme operational geschlossen sind. Wohingegen die Strukturen der Systeme einem permanenten Wandel unterliegen, der aus der Anpassung an die Umweltverhältnisse resultiert und die Offenheit der Systeme reguliert. So erfüllt die Politik – das sind nach systemtheoretischem Verständnis nicht die Regierung oder das Parlament, sondern alle politischen Entscheidungsprozesse – die Funktion für die Gesellschaft, allgemein verbindliche Entscheidungen zu produzieren.

Die unterschiedlichen Herrschaftsformen machen die spezifische *Struktur* der Politik aus (Demokratie, Diktatur, Monarchie usw.). Die Wirtschaft – das sind nicht die Unternehmen als Produzenten, sondern die wirtschaftlichen Kreisläufe – stellt die grundlegenden materiellen Ressourcen für die Gesellschaft bereit und sorgt für deren Verteilung (die nicht notwendigerweise gerecht sein muss). Hier bilden verschiedene Formen der Wirtschaftsweise (Marktwirtschaft, Planwirtschaft usw.) die Struktur des Systems.

Wenn die Theorie sozialer Systeme gesellschaftliche Funktionssysteme radikal voneinander abgrenzt, stellt sich die Frage, wie es möglich ist, dass die auf diese Weise kategorial getrennten Sinnebenen dennoch miteinander in Kontakt treten und sich wechselseitig beeinflussen – oder in der systemtheoretischen Terminologie: irritieren. Die Antwort liefert das Konzept der *Interpenetration* (wechselseitige Durchdringung) oder der *strukturellen Kopplung*; beide Begriffe werden weitgehend synonym benutzt (Luhmann 1984: 289ff.). Darunter ist zu verstehen, dass sich Systeme zeitlich längerfristig oder sogar dauerhaft an bestimmte Umweltbereiche koppeln und mit ihnen Interaktionen eingehen. Dies ist jedoch nicht als Beeinflussung im kausalen Sinn zu verstehen und auch nicht als wechselseitige Beeinflussung, da die Kopplung auf der Strukturebene stattfindet, nicht jedoch die Operationen des Systems selbst betrifft.

Übertragung und Anwendung

Wenn die Gesellschaft aus funktional ausdifferenzierten Systemen besteht, stellt sich die Frage, ob die → Massenmedien, → Öffentlichkeit oder → Journalismus ebenfalls als autopoietisch operierende Systeme beschrieben und analysiert werden können. Systemtheoretisch argumentierende Kommunikationswissenschaftler bejahen diese Frage, streiten sich aber darum, wie dieses System genau zu definieren ist (Scholl/Weischenberg 1998: 76). Zu den weitgehend anerkannten Vorschlägen gehört, dass dieses System den Code *Aktualität* benutzt und die Funktion hat, die Gesellschaft zu ‚synchronisieren' und damit die gesellschaftlichen Funktionssysteme Politik, Wirtschaft, Recht usw. füreinander wechselseitig beobachtbar zu machen (Görke 1999: 278 ff.; 310 ff.).

Insgesamt zeigt sich: In der Journalismusforschung nach Funktion (im Singular!) und Strukturen des Journalismus zu suchen, hat eine völlig andere Herangehensweise zur Folge als der Versuch, journalistische Wirklichkeitsdarstellung an ‚der' Realität messen zu wollen, denn Journalismus kann und soll in dieser Sichtweise nicht ‚die' Realität (repräsentativ) abbilden, sondern hoch selektiv über aktuelle, also zeitlich nahe, außergewöhnliche und relevante Ereignisse berichten (→ Konstruktivismus). Das entbindet Journalisten nicht von der Pflicht, ‚wahrheitsgemäß' zu berichten (→ Objektivität) – aber dies erfolgt im Rahmen funktionaler Zwänge oder normativer Zuweisungen (Weischenberg 1994: 429).

Konsequenzen hat die systemtheoretische Sichtweise auch für das Verhältnis zur Umwelt des Journalismus, etwa zu den → Public Relations. Die Tatsache, dass Journalisten vermeintlich den Großteil ihrer Informationen aus PR-Informationsangeboten beziehen, kann so lange nicht als Abhängigkeit oder Einflussnahme interpretiert werden, wie diese Informationen systemspezifisch, nach journalistischen Regeln, ausgewählt, verarbeitet und präsentiert werden.

Das Konzept der strukturellen Kopplung legt das Augenmerk hauptsächlich darauf, dass sich beide Systeme wechselseitig Ressourcen zur Verfügung stellen, dabei auf der operativen Ebene aber autonom bleiben, weil weder die PR den Journalismus langfristig und über alle Themen und in allen Medienbereichen determinieren kann noch der Journalismus die PR in ihrer grundsätzlichen Funktion verändert. Beide Systeme behalten trotz ihrer intensiven Beziehung ihre jeweils exklusive Funktion für die Gesellschaft (Scholl/Weischenberg 1998: 132 ff.).

Schließlich impliziert das systemtheoretische Kommunikationsverständnis, dass journalistische Berichterstattung und öffentliche Rezeption in einem zirkulären Verhältnis zueinander stehen. Journalismus und Publikum sind wechselseitig voneinander abhängig und konstituieren erst zusammen → Öffentlichkeit (Görke 1999: 309 f.). Demnach lassen sich Journalismus und Publikum analog segmentieren: Politischer Journalismus richtet sich an ein anderes Publikum als Lifestyle-Journalismus bzw. unterschiedliche Publikumssegmente fragen unterschiedliche Berichterstattungsmuster (→ Mediengattungen) nach (Scholl/Weischenberg 1998: 163 ff.).

In allen Anwendungsfällen wird deutlich, dass Systemtheorie Abschied nimmt von einer einseitigen (gerichteten) Kausalität: Weder beeinflusst die externe Wirklichkeit die journalistische Berichterstattung, so dass die Journalisten sie nur noch (richtig) abbilden müssen, noch berichten die Journalisten subjektiv und gemäß ihrer eigenen (politischen) Einstellung verzerrend. Vielmehr bestimmt die historisch gewachsene und kulturell spezifische Anwendung professioneller Regeln die Selektion und Darstellung von Ereignissen (→ Nachrichtenselektion).

Ferner determinieren weder die PR die journalistische Berichterstattung noch beherrschen umgekehrt die Spielregeln der Medien die Entscheidungen der Politik, Wirtschaft usw., weil sich Systeme nach ihrer Eigenlogik verhalten und nicht (direkt) instruierbar bzw. steuerbar sind. Und schließlich manipulieren die Journalisten nicht ihr Publikum; sie werden umgekehrt auch nicht vollständig bestimmt durch dessen Interessen, so dass beide Seiten nicht aufeinander reduzierbar sind.

Systemtheoretische Forschung sensibilisiert den Beobachter für die Eigensinnigkeit, Eigenrationalität, Eigenkomplexität und Eigenzeitlichkeit sozialer Systeme, erzeugt aber gleichzeitig auch ein Bewusstsein dafür, dass das Funktionieren eines Systems mit ganz unterschiedlichen Strukturen möglich ist.

Literatur

Berghaus, Margot (2003): Luhmann leicht gemacht. Eine Einführung in die Systemtheorie, Köln.

Görke, Alexander (1999): Risikojournalismus und Risikogesellschaft, Opladen/Wiesbaden.

Krause, Detlef (1996): Luhmann-Lexikon. Eine Einführung in das Gesamtwerk von Niklas Luhmann, Stuttgart.

Luhmann, Niklas (1984): Soziale Systeme, Frankfurt/M.

Scholl, Armin/Siegfried Weischenberg (1998): Journalismus in der Gesellschaft, Opladen/Wiesbaden.

Weber, Stefan (2003): Systemtheorien der Medien, in: S. Weber (Hrsg.): Theorien der Medien, Konstanz: 202-223.

Weischenberg, Siegfried (1994): Journalismus als soziales System, in: K. Merten et al. (Hrsg.): Die Wirklichkeit der Medien, Opladen: 427-454.

Armin Scholl, Münster

Tageszeitung
→ Presse

Taiwan
→ Asien

Thailand
→ Asien

Tschechien
→ Osteuropa

Two-step-flow of Communication

Definition/Begriffsbestimmung

Die Hypothese des ‚Two-step-flow of Communication' entstand durch wissenschaftliche Kreativität und Innovation. Sie war (im kritisch-rationalistischen Sinne) eine Hilfshypothese bei der Analyse von Daten, die im Jahre 1940 durch *Paul Lazarsfeld*, *Bernard Berelson* und *Hazel Gaudet* in „The People's Choice" 1940 (auch *Erie-County-Studie* genannt) über Massenmedien und Wahlverhalten (→ Wahlforschung) erhoben wurden. In Erie County wurde kein handlungsrelevanter Einfluss von Medienberichterstattung festgestellt; stattdessen erwähnten Wähler häufig persönliche statt medialer Informationsquellen. Gleichzeitig zeigten die Daten eine Gruppe von Befragten, die überdurchschnittlich häufig Medien nutzten, dabei zugleich (nach Selbsteinschätzung) im Untersuchungszeitraum versucht hatten, einen Wähler politisch zu überzeugen und dass sie um Rat in politischen Fragen gebeten worden waren.

Daraus entstand eher induktiv die Hypothese, dass Medien nicht direkt (auf Wähler) wirken, sondern zuerst so genannte ‚Meinungsführer' (opinion leaders) informieren/beeinflussen und diese anschließend Informationen und Einfluss gesellschaftlich weiterreichen: „Ideas often flow from radio and print to the opinion leaders and from them to the less active sections of the population" (Lazarsfeld et al. 1944: 151). Insgesamt drei weitere Publikationen (alle nach den Städten benannt, in denen die Datenerhebung stattgefunden hat) bilden zusammen mit „The People's Choice" den Ausgangspunkt der Two-step-flow-Forschung: die *Rovere-Studie* (Merton 1949), die *Elmira-Studie* (Berelson et al. 1954) und die *Decatur-Studie* (Katz/Lazarsfeld 1955).

Entwicklung und Einordnung

Die Two-step-flow-Hypothese leitete die Abkehr von den zentralen Prämissen des → Stimulus-Response-Modells in seiner einfachsten Form mit ein, wonach Medien starke, geheime Verführer seien und Publika dagegen aus sozial isolierten und schwachen Rezipienten bestünden. Ins Zentrum rückte die *Selektivität*; danach bestimmen intervenierende Variablen des inter- und intrapersonalen Kontexts die → Medienwirkungen mindestens mit bzw. konstituieren diese. Dies war zwar ausführlich von *Joseph T. Klapper* (1960) sekundäranalytisch beschrieben worden, hat aber in der Two-step-flow-Hypothese erstmals eine primäranalytische Bedeutung.

In „The People's Choice" ist Medienwirkung daher kein Massenphänomen, sondern wird durch den sozialen Kontext unterschiedlich konstituiert. Auch in der *Decatur-Studie* ist der ‚opinion leader' eine Selektivitätsinstanz, die den unmittelbaren Fluss von Meinung und Information unterbricht, die Medienmacht schwächt und den Rezipienten in einen (mikro)sozialen Kontext stellt. Der Meinungsführer besitzt weniger eine soziale Selektions*position* (die ‚opinion leaders' unterscheiden sich sozioökonomisch nicht signifikant), sondern vielmehr eine soziale Selektions*funktion*. Folglich erfassen die Autoren in den einschlägigen Untersuchungen die selektionsrelevanten Persönlichkeitsmerkmale der ‚opinion leaders', wie etwa Geselligkeit und sozioökonomischer Status.

Diese Suche nach messbaren Persönlichkeitsmerkmalen, die als intervenierende Variablen eine Kommunikationswirkung verstärken oder verhindern, führte zu einem eigenen Forschungszweig, der sich – später nahezu unabhängig von der Two-step-flow-Hypothese – den ‚opinion leaders' und ihren intrapersonalen Merkmalen widmete. Das Konzept der *Persönlichkeitsstärke* des Instituts für Demoskopie Allensbach steht ebenfalls in dieser Forschungstradition (Schenk/Rössler 1997).

Einen anderen Akzent setzten bereits 1957 *James Coleman*, *Elihu Katz* und *Herbert Menzel*, als sie statt *intra-* nunmehr *inter*personale Selektivitätsinstanzen suchten. In einer Untersuchung darüber, wie Ärzte ein neues Medikament verschreiben, stellten sie fest, dass auch für ‚opinion leaders' die Medieninhalte nicht unmittelbar handlungsrelevant sind (also keine Weitergabe von Informationen fördern), wohl aber die persönliche Kommunikation mit angesehenen Kollegen, die sich ihrerseits wiederum an eigene ‚opinion leaders' wenden usw.

Die Autoren erweiterten daher das Grundmodell um weitere Hilfshypothesen vom Two-step-flow zum Multi-step-flow und zum interpersonalen Netzwerk. Spätere, selektivitätsparadigmatische Studien über den Two-step-flow suchen die Selektivitätsinstanz in der Botschaft, d. h. in der bewertenden Meta-Aussage durch die ‚opinion leaders' bei ihrer Weitergabe von Informationen (Merten 1990).

Zwar war die Two-step-flow-Hypothese prägend für den paradigmatischen Wechsel der Medienwirkungsforschung zur Selektivität. Und sie steht auch im engen Zusammenhang mit weiteren Weichenstellungen der Medienwirkungsforschung. Aber dort war sie nur Gradmesser (und nicht mehr Katalysator) für Erkenntnisevolutionen. Letztlich geht dies darauf zurück, dass die Hypothese nicht genügend komplex und besonders das ihr zugrunde liegende (Medien-)Wirkungsverständnis unterdefiniert ist. Denn bereits „The People's Choice" unterscheidet nicht zwischen Information und Einfluss oder zwischen Meinungs- und Verhaltensänderung. Die Two-step-flow-Hypothese war auch flexibel genug, um mit dem Funktionalismus (→ Systemtheorie) und seiner kommunikationswissenschaftlichen Ausprägung, dem *Uses-and-gratifications-Ansatz* vereinbar zu sein (→ Nutzenansatz). Während die ursprüngliche Hypothese die Wirkungsstärke der Medien durch Selektivität geschmälert sah, wurde nun die Wirkungssignifikanz umgekehrt: Die größere Rolle liege bei den Rezipienten.

Über diese paradigmatische Grenze wurde die Two-step-flow-Hypothese erstmals empirisch von anderen als von ihren ursprünglichen Erfindern getragen: *Verling C. Troldahl* (1966) unterscheidet zwischen ‚opinion leaders' und ‚opinion seekers' und nimmt an, dass die Kommunikationsinitiative bei der zweiten Gruppe liegt, die Rat suchen, um ihre kognitive Konsistenz aufrechtzuerhalten.

Die ‚opinion leaders' unterscheiden sich von den ‚opinion seekers' besonders in ihrer noch größeren Selbstsicherheit gegenüber den → Massenmedien.

Die ‚opinion leaders', ‚opinion followers' sowie eine dritte Gruppe – die Inaktiven – haben nicht etwa feste, kausalitätsintervenierende Eigenschaften, sondern unterscheiden sich funktionalistisch hinsichtlich des individuellen und situativen Nutzens, den sie durch die Kommunikation erreichen wollen. Hierzu zählt – neben Konsistenzstreben – auch Risikominimierung. In dieser Uses-and-gratifications-Tradition steht auch die Two-step-flow-Erhebung von *Alexis S. Tan* (1980), die Wissen und Involvement als vorausgehende und erklärende Faktoren der Mediennutzung beschreibt: persönliches Involvement verstärke das Bedürfnis nach Information; interpersonale Kommunikation fördere – umgekehrt wie bei den ursprünglichen Two-step-flow-Studien – die Zeitungsnutzung. Hier hatte daher die Two-step-flow-Forschung sichtbar dieselbe Umkehr vollzogen wie ein großer Teil der Medienwirkungsforschung: von der kausalistischen Medienzentriertheit zur funktionalistischen Zentriertheit auf den Mediennutzer.

Praxisrelevanz

Besonders häufig – und dabei immer seltener wirklich hypothetisch – angewendet wird die Two-step-flow-Hypothese in der Praxis der (persuasiven) Kommunikation und des Marketing. Die ‚richtigen opinion leaders' zu identifizieren, gehört längst zur Schlüsselaufgabe von Kommunikationspraktikern. Dies hat zwei Gründe:

- die beschriebene inhaltliche Dehnbarkeit der Hypothese
- und die Handlungsrelevanz, welche bereits in den frühen Untersuchungen eine Rolle spielte und seitdem fortgeschrieben worden ist.

„The People's Choice" hatte Wahlverhalten, die Panelstudie in Decatur das Kaufverhalten von Hausfrauen und die (Auftrags-)Studien z. B. von Coleman, Katz und Menzel das ärztliche Verschreiben von Medikamenten als abhängige Variablen. Die in der Multi-step-flow-Forschung enthaltene Fragestellung, wie sich Nachrichten innerhalb von sozialen Systemen ausbreiten, führte zur *Diffusions- und Innovationsforschung*, deren Erkenntnisinteresse der Informations- und Verhaltensübernahme gilt (z. B. Rogers 1962). So beschreiben *Paul J. Deutschmann* und *Wayne A. Danielson* (1960), dass der Einfluss von interpersonaler (gegenüber massenmedialer) Kommunikation bei Ereignissen mit hohem Nachrichtenwert sinkt. Besonders *Everett M. Rogers* (1962) übertrug diese sozialwissenschaftliche Diffusionsforschung ins Marketing und übersetzte die ‚opinion leaders' dort in ‚Innovatoren' und ‚Diffusionsagenten'. Daraus entwickelte sich schließlich eine praktizistische *Konsumentenforschung*, die der Frage nachgeht, wie (stark) Produktkauf und -verwendung durch interpersonale Kommunikation beeinflusst werden kann.

In der Praxis des *Marketing* und der Organisationskommunikation (→ Unternehmenskommunikation) gehört diese Frage heute bereits zur Norm und ist die jüngste Entwicklungsstufe der Two-step-flow-Hypothese (einer ursprünglich normbrechenden Innovation).

Bewertung

Zwar ist die Two-step-flow-Hypothese präzisiert, modifiziert und letztlich falsifiziert worden. Dabei bleibt offen, ob sie bereits in ihrer ursprünglichen Version schlichtweg ein Artefakt ihrer Erhebungsmethode, oder nur zeit-räumlich eingeschränkt valide war – also ob sich das Mediensystem schneller verändert hat als die Hypothese modifiziert werden konnte. Aber sie hat eine breite sowohl empirische als auch theoriebildende Anschlussforschung katalysiert und so zur Evolution der Medienwirkungsforschung beigetragen.

Dabei war die Hypothese des Two-step-flow of Communication zugleich Ausdruck und Entstehungszusammenhang von Paradigmenwechseln in der Kommunikationswissenschaft. Ihr Aussagegehalt bezieht sich daher zwar besonders auf eine „era before more advanced political media systems (particularly television) became available and before a more educated and media-dependent public had emerged" (Robinson 1976: 304). Ihre Rolle war jedoch für den kommunikationswissenschaftlichen Erkenntnisfortschritt der letzten Jahrzehnte signifikant.

Literatur

Berelson, Bernard et al. (1954): Voting, Chicago.

Coleman, James et al. (1957): The Diffusion of an Innovation Among Physicians, in: Sociometry 20: 253-270.

Deutschmann, Paul J./Wayne A. Danielson (1960): Diffusion on Knowledge of the Major News Story, in: Journalism Quarterly 37: 345-355.

Katz, Elihu/Paul F. Lazarsfeld (1955): Personal Influence, Glencoe.
Klapper, Joseph T. (1960): The Effects of Mass Communication, Glencoe/IL.
Lazarsfeld, Paul F. et al. (1944): The People's Choice, New York.
Merten, Klaus (1990): Kommunikation und ‚two-step-flow of communication', in: Hans-Bredow-Institut (Hrsg.): Rundfunk und Fernsehen 1948-1989, Hamburg: 589-599.
Merton, Robert K. (1949): Patterns of Influence, in: P. F. Lazarsfeld/F. N. Stanton (Hrsg.): Communication Research 1948-49, New York: 180-219.
Robinson, John P. (1976): Interpersonal Influence in Election Campaigns: Two Step-flow Hypotheses, in: Public Opinion Quarterly 40: 304-319.
Rogers, Everett M. (1962): Diffusion on Innovations, New York/London.
Rogers, Everett M. (1969): Modernization among Peasants, New York/Chicago.
Schenk, Michael/Patrick Rössler (1997): The Rediscovery of Opinion Leaders. An Application of the Personality Strength Scale, in: Communications, Vol. 22: 5-30.
Tan, Alexis S. (1980): Mass Media Use, Issue Knowledge and Political Involvement, in: Public Opinion Quarterly, Vol. 44: 241-248.
Troldahl, Verling C. (1966): A Field Test of a Modified Two-Step-Flow of Communication, in: Public Opinion Quarterly 30: 609-623.

Gregor Halff, Dortmund/Berlin

Ungarn

→ Osteuropa

Unterhaltung

Definition/Begriffsbestimmung

Folgt man kulturpessimistischen Deutungen, ist Unterhaltung zu einer weit verbreiteten Lebensphilosophie geworden, die nahezu alle Lebensbereiche durchdringt. Bei genauer Betrachtung bleibt die Diagnose jedoch vage. Unterhaltung ist zwar ein sehr verbreiteter Begriff, doch besteht wenig Einigkeit darüber, was darunter zu verstehen sei. Ohne Anspruch auf Vollständigkeit zählt Carsten Wünsch (2002) ca. 20 verschiedene Theorien. Im journalistischen Bereich am geläufigsten ist wohl die Sichtweise von Unterhaltung als *Genrekategorie* (→ Mediengattungen).

Nach inhaltlichen und/oder wirkungsfunktionalen Kriterien werden Mediengenres in fiktionale und nonfiktionale Unterhaltung, Information, Bildung etc. gruppiert. Die Kategorisierung variiert nach Abstraktionsniveau und den verwendeten Klassifikationskriterien.

Ungeachtet der Unterschiede geht man dabei implizit entweder von den Intentionen der Journalisten oder den mutmaßlichen Wirkungen beim Publikum aus (→ Medienwirkungen). Journalisten produzieren Beiträge, von denen sie annehmen, dass sie das Publikum unterhalten werden. Da dies jedoch nicht unbedingt eintreffen muss, ist klar, dass sie nicht Unterhaltung, sondern nur Unterhaltungs*angebote* produzieren. Erst wenn sich die Zuschauer tatsächlich damit unterhalten, mutiert das Unterhaltungsangebot zur Unterhaltung.

Damit wird deutlich, dass das Kriterium für Unterhaltung in einer bestimmten Form des Erlebens zu suchen ist. In den diversen Unterhaltungstheorien geschieht dies in unterschiedlichem Maße.

Forschungsstand

Anthropologische Ansätze sehen Unterhaltung als ein Wesensmerkmal des Menschen. Dazu gehören sowohl Theorien, die im Anschluss an *Johan Huizinga* (1872-1945) das Spielmotiv als menschliches Grundbedürfnis beschreiben, als auch Konzepte, die in den Inhalten, Themen und Stoffen von Medienunterhaltung die moderne Variante uralter Märchen, Mythen und Dramen sehen. Entsprechend wird Unterhaltung aus archetypischen Situationen des menschlichen Lebens abgeleitet, die kulturübergreifend und geschichtslos immer wiederkehren, wie etwa die Darstellung von Liebe und Gewalt.

Evolutionsbiologische Theorien versuchen, Unterhaltung durch ‚biologisierte' Verhaltenstendenzen des Menschen zu erklären. Im Zuge der Menschheitsentwicklung, so wird argumentiert, hätten sich unsere Instinkte zunehmend gelockert und die Emotionen gleichzeitig ausdifferenziert. Dabei seien zwei Emotionsklassen entstanden: Den negativen Emotionen komme nach wie vor eine handlungsleitende Funktion in Gefahrensituationen zu. Sie verengen allerdings das Denk-Handlungsrepertoire auf lebensrettende Maßnahmen. Positive Emotionen dagegen erweitern es und motivieren kreatives, exploratives Verhalten. Sie sind also besonders attraktiv, weil sie die menschlichen Möglichkeiten über die lebensnotwendige Reaktivität hinaus geradezu dramatisch erweitern.

Positive Emotionen stellen ein Wesensmerkmal von Unterhaltung dar. Entsprechend beschreibt *Peter Winterhoff-Spurk* (2000) Unterhaltung als Emotion in der Dimension Lust-Unlust. Eine unspezifische Erregung wird durch kognitive Kontrollprozesse (appraisal) hinsichtlich ihrer hedonistischen Qualität bewertet. Fernsehen ist für den Zuschauer dann unterhaltend, wenn durch mäßige Neuartigkeit Erregung entsteht, die Gefühle erzeugt und hinsichtlich der lebensweltlichen Ziele und Bewältigungsfähigkeit des Zuschauers eher irrelevant ist.

Der derzeit bekannteste emotionspsychologische Ansatz ist die *Moodmanagement-Theorie* von *Dolf Zillmann* und *Jennings Bryant* (1994). Sie unterstellt einen hedonistischen Rezipienten, der stets angenehme Stimmungen sucht und unangenehme beseitigen will. Dieses Streben nach Stimmungsoptimierung führt zu einer geeigneten Auswahl von Medienangeboten. Dabei benutzt der Rezipient seine Kenntnisse über das spezifische Unterhaltungspotential bestimmter Genres. Das Fernsehen ist zwar nicht die einzige, aber die bequemste Möglichkeit, Stimmungen zu optimieren. Die Richtung der Veränderung orientiert sich an einem (individuell) mittleren Erregungsniveau, das subjektiv als Optimum erlebt wird. Liegt das aktuelle Level darunter, sucht der Rezipient Anregung durch reizstarke Stimuli, liegt es darüber, präferiert er eher ruhigere Medienangebote.

Unterhaltung als *positive Metaemotion:* Gemäß diesem Verständnis begreift *Mary Beth Oliver* (1993) durch die Rezeption entstandene Emotionen als Auslöser, die Unterhaltung erst auf einer Metaebene entstehen lassen (z. B. „Es ist schön, auch einmal traurig zu sein"). Damit kann Unterhaltung auch bei negativen Medieninhalten erklärt werden.

Performative Motivationsansätze gehen davon aus, dass die Unterhaltungsmotivation aus der Tätigkeit selbst folgt. Solche autotelischen oder flow-Erlebnisse zeichnen sich insbesondere durch ständiges und direktes Feedback und eine vollständige Konzentration auf die Handlung aus. Dadurch verschmelzen Handlung und Bewusstsein derart, dass der Rezipient die dualistische Perspektive verliert und ganz in die handlungsinduzierte Welt ‚eintaucht' (vgl. auch ähnliche Konzepte wie Immersion, Involvement, Presence).

Soziologische Ansätze berücksichtigen besonders Rezipientenbedürfnisse sozialen Ursprungs. Die → Cultural Studies verwenden den Begriff nur am Rande, indem sie Unterhaltung der Populärkultur subsumieren: Die ‚kleinen Leute' ziehen aus der Nutzung unterhaltender Medieninhalte eine klammheimliche Freude, indem sie die Produkte der Kulturindustrie nicht nach deren, sondern gemäß der eigenen Intention interpretieren.

Im Kontext des Uses and Gratifications-Ansatzes (→ Nutzenansatz) wurde vor Jahrzehnten die *Eskapismusthese* entwickelt. Ihr zufolge ist der Alltag vieler Menschen so trist, dass sie die Unterhaltungsangebote der Medien nutzen, um in eine angenehmere Scheinwelt zu flüchten. Die Konsequenzen einer solchen Nutzungsstrategie werden kontrovers diskutiert. Einerseits wird darin eine Entlastungsfunktion gesehen, andererseits eine Ablenkung von den realen Problemen und ihrer gesellschaftlichen Ursachen, die zu unkritischer Passivität führe.

Ursula Dehm (1984) beruft sich ebenfalls auf den Uses and Gratifications-Ansatz. Medienangebote stehen bei der Bedürfnisbefriedigung des Publikums immer in Konkurrenz zu anderen, funktional äquivalenten Möglichkeiten. Sie lokalisiert Unterhaltung weder allein beim Rezipienten noch beim Medienangebot, sondern in der spezifischen Relation beider Größen. Der Rezipient ist sich seiner Bedürfnisse bewusst und weiß auch, welche Medienangebote diese am besten befriedigen. Dies führt zu einem individuell variierenden intentionalen Selektionsverhalten. Erfüllt die Auswahl die Erwartungen, festigt dies die Annahmen; im negativen Falle werden sie korrigiert.

Bewertung

Schon ein kurzer Blick auf die beschriebenen Theorien zeigt, dass sie erstens heterogen und zweitens jeweils auf spezifische Art sehr selektiv sind. Eine aussagekräftige Theorie sollte nicht nur erklären, *warum* sich Menschen unterhalten wollen und für welche subjektiven Zwecke dies funktional erscheint, sondern vor allem auch, *wie* im Kommunikationsprozess durch das spezifische Zusammenspiel mehrerer Faktoren Unterhaltung entsteht. Dabei sollten auch einige Probleme gelöst werden, die sich mit den vorhandenen Theorien entweder nicht lösen lassen oder dort zu konkurrierenden Lösungen führen.

Wenn man bisher implizit oder explizit davon ausgeht, dass Unterhaltung nur bei so genannten ‚Unterhaltungssendungen' entstehen kann, dann sollte eine leistungsfähigere Theorie in der Lage sein, Unterhaltung auch im Kontext von Informationssendungen oder Bildungsangeboten zu identifizieren. Längst weiß man, dass Unterhaltung nicht etwa den Gegensatz von Information darstellt, und es gibt Phänomene wie ‚Infotainment' (→ Journalismus) oder ‚Edutainment', die sich eigentlich in keine der herkömmlichen Unterhaltungstheorien einordnen lassen.

Medienrezeption (→ Mediennutzung) stellt nicht immer ein motiviertes und zielgerichtetes Verhalten dar, sondern geschieht oft auch habitualisiert und eher beiläufig. Deshalb muss eine solche Theorie in der Lage sein, Unterhaltung auch als absichtsfreien Nebeneffekt zu erklären. Schließlich ist noch ein häufig diskutiertes Problem zu lösen: Wie kann es sein, dass Unterhaltung als positives Erleben entsteht, obwohl der Rezipient während der Rezeption überwiegend oder gar ausschließlich negative Emotionen erlebt (z. B. Melodram, Horrorfilm etc.)?

Konzept einer Rahmentheorie

Die *Triadisch-dynamische Unterhaltungstheorie* (TDU) bedeutet den Vorschlag einer gestuften Theoriebildung (Früh 2002, 2003). Auf relativ hohem Abstraktionsniveau wird dabei eine Rahmentheorie definiert, die so offen konzipiert ist, dass sie partikulare Theorien im Sinne eines Modulsystems temporär integrieren kann. Ihre Basisannahmen lauten:

- Unterhaltung ist ein *positives*, kognitiv-affektives *Erleben* mit emotionsähnlichem Charakter.
- Unterhaltung ist *selbstbestimmt*, kann also nicht gefordert oder erzwungen werden.
- Unterhaltung ist ein *differentes Erleben* eigenständiger Art (unterscheidet sich also von anderen positiven Emotionen wie Spaß, Freude etc.).

Medienvermittelte Unterhaltung entsteht im Kommunikationsprozess dynamisch durch informationsverarbeitende und kommentierende Aktivitäten. Sie ist weder an bestimmte Personen noch an bestimmte Medienangebote oder Situationen gebunden, sondern kann prinzipiell jederzeit entstehen. Unterhaltung stellt eine ‚Kulturtechnik' dar, die vor jeder Medienwirkung wie Information, Bildung etc. liegt. Das lässt sich z. B. daran erkennen, dass man sich durch → Information unterhalten kann – es kommt nur auf den Verarbeitungsmodus an, in dem dies geschieht. Deshalb ist es nahe liegend, Unterhaltung als (Rezeptions-) Prozess zu beschreiben.

Die Triadisch-dynamische Unterhaltungstheorie ist eine Anwendung des → Dynamisch-transaktionalen Ansatzes mit seinen Bestandteilen molarer Kontext, Transaktion und dynamische Betrachtungsweise. Auf der Grundlage eines dynamischen Energiebudget-Managements entsteht dennoch Unterhaltung als *Makroemotion*. Durch kognitive Kontrollprozesse (appraisal) in konkreten Situationen und in Bezug auf ein konkretes Fernsehangebot werden die allgemeinen Unterhaltungspotenziale dreier Gruppen von Bedingungsfaktoren durch den Rezipienten interpretiert und hinsichtlich ihrer Zweckdienlichkeit für Unterhaltung geprüft: Medienangebot, personale (d. h. eigene) Dispositionen und sozialer/situativer Kontext.

Diese Prüfung beginnt bereits vor der Rezeption und erstreckt sich bis zur postrezeptiven Phase. Je nachdem, wie gut die Bedingungsfaktoren zueinander passen (‚fitten'), entsteht Unterhaltung als variable Größe mehr oder weniger optimal und umfangreich. Durch eine transaktional integrierte Informations- und Emotionsverarbeitung werden die einzelnen kognitiv-affektiven Wahrnehmungen auf der *Mikroebene* kontinuierlich zu einer allgemeineren Makroemotion transformiert. Während auf der Mikroebene (unmittelbare Reaktion auf Stimulus und Kontext) alle Emotionen positiver wie negativer Art erlebt werden können, findet das Unterhaltungserleben simultan als tendenziell positive Emotion auf der *Metaebene* statt.

Beim Entstehen des unterhaltenden Verarbeitungsmodus spielt der Faktor ‚Souveränität/Kontrolle' eine besondere Rolle. Gemeint ist damit einerseits die Tatsache, dass der Entschluss, sich zu unterhalten, frei getroffen und die Unterhaltung jederzeit unterbrochen oder die Verarbeitungsintensität gesteuert werden kann. Andererseits meint Kontrollierbarkeit die disponiblen (erwünschten oder unerwünschten) Konsequenzen für die normale Lebenswelt.

Fazit

Ein wesentliches Merkmal von Unterhaltung ist demnach die Möglichkeit, virtuell unbegrenzte Risiken eingehen zu können, weil sie durch die Dispositionsfreiheit und Begrenztheit der Unterhaltungsepisode kontrollierbar bleiben (kontrollierter Kontrollverlust). Durch die Wiedererlangung der Kontrolle entsteht ein positives Kompetenzgefühl, das als Unterhaltung erlebt wird.

Unterhaltung stellt also keine bestimmte Klasse von Medienangeboten dar; vielmehr können sie alle zu einem Unterhaltungserleben führen, sofern eine bestimmte Verarbeitungsmodalität möglich ist. Damit ist der Zuschauer nicht auf typische ‚Unterhaltungsangebote' angewiesen; er kann sich – mehr oder weniger gut und mit mehr oder weniger großer Wahrscheinlichkeit – prinzipiell mit jedem Medienangebot unterhalten.

Es gibt also keinen Schwellenwert für Unterhaltung, sondern immer nur mehr oder weniger starke, unterhaltende Anteile am Erleben.

Literatur

Dehm, Ursula (1984): Fernsehunterhaltung, Mainz.

Früh, Werner (2002): Unterhaltung durch das Fernsehen. Eine molare Theorie, Konstanz.

Früh, Werner (2003): Triadisch-dynamische Unterhaltungstheorie (TDU), in: W. Früh/ H.-J. Stiehler (Hrsg.): Theorie der Unterhaltung. Ein interdisziplinärer Diskurs, Köln: 27-56.

Oliver, Mary Beth (1993): Exploring the paradox of the enjoyment of sad films, in: Human Communication Research 1993/19: 315-342.

Winterhoff-Spurk, Peter (2000): Der Ekel vor dem Leichten, in: G. Roters et al. (Hrsg.): Unterhaltung und Unterhaltungsrezeption, Baden-Baden: 77-98.
Wünsch, Carsten (2002): Unterhaltungstheorien, in: W. Früh: Unterhaltung durch das Fernsehen, Konstanz: 15-48.
Zillmann, Dolf/Jennings Bryant (1994): Entertainment as Media Effect, in: J. Bryant/D. Zillmann (Hrsg.): Media Effects: Advances in Theory and Research, Hillsdale: 437-461.

Werner Früh, Leipzig

Unternehmens-kommunikation

Definition/Begriffsbestimmung

Der Begriff der Unternehmenskommunikation wird in der Literatur keineswegs einheitlich verwendet. Prinzipiell lassen sich zwei unterschiedliche Zugangsweisen erkennen, eine organisations- und eine marketingorientierte. Aus einer *organisationsbezogenen* Sichtweise umschreibt Unternehmenskommunikation Kommunikationsprozesse von Wirtschaftsunternehmen sowohl in ihrem Binnen- als auch in ihrem Außenverhältnis. Sie stellt einen Teilbereich der Organisationskommunikation dar, ein Forschungsgebiet, das Organisationen jeglichen Typs berücksichtigt, einschließlich Wirtschaftsorganisationen. Wie für alle sozialen Systeme (→ Systemtheorie) sind Kommunikationsprozesse auch für Unternehmen konstitutiv. Diese Erkenntnis über die zentrale Rolle von → Kommunikation beginnt sich indes erst langsam durchzusetzen. Unabhängig davon schließt eine organisationsbezogene Betrachtungsweise ein differenziertes Kommunikationsverständnis ein (Theis-Berglmair 2003).

Aus einer *marketingorientierten* Perspektive umfasst Unternehmenskommunikation „die Gesamtheit sämtlicher Kommunikationsinstrumente und -maßnahmen eines Unternehmens, die eingesetzt werden, um das Unternehmen und seine Leistungen den relevanten internen und externen Zielgruppen der Kommunikation darzustellen“ (Bruhn 1995: 1). Sofern der Kommunikationsbegriff überhaupt eine Spezifizierung erfährt, wird in der Regel auf den Transfer von Botschaften und Mitteilungen Bezug genommen. Die folgenden Ausführungen zur Unternehmenskommunikation folgen einer organisationsbezogenen Sichtweise und berücksichtigen insbesondere kommunikationswissenschaftlich relevante Anknüpfungspunkte.

Geschichte/Entwicklung

Noch bis in die 80er Jahre des 20. Jahrhunderts waren wissenschaftliche Arbeiten über die Rolle von Kommunikation für Unternehmen eher selten vorzufinden – sieht man einmal ab von der Produktwerbung, die als Teilbereich des Marketings bereits seit den 60er Jahren erhebliche Forschungsaktivitäten auf sich ziehen konnte (→ Werbung). In den letzten 15 bis 20 Jahren mehren sich hingegen umfassender angelegte Publikationen zum Thema Unternehmenskommunikation, welche die kommunikativen Aktivitäten von Wirtschaftsorganisationen nicht ausschließlich als Instrument des Marketing-Mixes betrachten, sondern diese Aktivitäten – häufig auch als → Public Relations bezeichnet – als Teil eines umfassenden *Kommunikationsmanagements* interpretieren, welches vor allem auf das soziale und politische Umfeld von Unternehmen ausgerichtet ist. Für diese Entwicklung hin zu einem umfassenden Kommunikationsmanagement lassen sich *gesellschaftliche*, *wissenschaftliche* und *technische* Gründe benennen. Faktisch sind diese Aspekte miteinander verwoben; analytisch lassen sie sich aber durchaus trennen.

Das verstärkte Aufkommen des Themas Unternehmenskommunikation kann im Zusammenhang mit der Entwicklung moderner Gesellschaften hin zu Kommunikationsgesellschaften (Münch 1995) gesehen werden. Derartige Gesellschaftsbeschreibungen gehen von veränderten Anforderungen an die Unternehmen im Hinblick auf Kommunikation, ja von einem verstärkten Zwang zur Kommunikation aus, unter dem individuelle und korporative Akteure gleichermaßen stehen.

In Kommunikationsgesellschaften sind Unternehmen vor die Herausforderung gestellt, sowohl gegenüber ihrer organisatorischen Umwelt bzw. ihren Umwelten einheitlich, überzeugend und glaubwürdig zu kommunizieren, als auch nach innen hin wachsende Kommunikationsansprüche zu erfüllen. In dem Maße, in dem wissenschaftliche Beschreibungen heutiger Gesellschaften Eingang in die Praxis finden und sich Anspruchsgruppen im Umfeld von Unternehmen zunehmend Gehör verschaffen, steigt die dem Faktor Kommunikation zugeschriebene Bedeutung. Unternehmenskommunikation kann sich nicht länger in Produktwerbung erschöpfen, sondern muss Phänomene wie Reputation und Image ebenfalls einschließen – im Innen- wie im Außenverhältnis.

Die wissenschaftlichen Gründe für die gestiegene Bedeutung einer Unternehmenskommunikation sind einmal inhaltlicher, zum anderen struktureller Art. Bereits in den 80er Jahren des 20. Jahrhunderts kommt es zu einem Paradigmenwechsel in der Organisationsforschung. An die Stelle von Rationalität als zentraler forschungsleitender Metapher treten konkurrierende Vorstellungen über das Funktionieren von Organisationen, die alternierend als Kulturen, Netzwerke oder soziale Systeme beschrieben werden.

All diese Konzepte, die auf unterschiedliche Weise – z. B. in Form einer Unternehmenskultur oder einer *Corporate Identity* – Eingang in die Unternehmenspraxis erfahren, regen zum Nachdenken über die Bedeutung von Kommunikation in diesem Kontext an. Gleichwohl hängt es von der Art der Institutionalisierung dieses Forschungsbereichs an den Universitäten und Hochschulen ab, in welchem Umfang und in welcher Form Kommunikationswissenschaftler sich an diesen Reflexionsleistungen beteiligen.

Forschungsstand

Bedingt durch den tradierten Gegenstandsbereich des Fachs konzentrieren sich die von der Kommunikationswissenschaft thematisierten Aspekte einer Unternehmenskommunikation primär auf extern orientierte Maßnahmen. Das auf Öffentlichkeit ausgerichtete „Issues Management“ (Röttger 2001) bietet unmittelbare Anschlussmöglichkeiten an Konzepte des → Agenda-Setting und Agenda-Building; aber auch Bezüge zur Kommunikatorforschung lassen sich herstellen (Selektionsstufen im Produktionsprozess von Nachrichten, → Nachrichtenselektion).

Ähnlich wie in der Mediaforschung erfolgte im Rahmen von externer Unternehmenskommunikation schon bald eine Differenzierung der Kommunikationsstrategien nach verschiedenen Zielen (z. B. Image und Reputation) und Zielgruppen. Dabei wird zunehmend die Notwendigkeit erkannt, ‚interne' Public Relations zu betreiben, um die Identifikation und die Motivation der Organisationsmitglieder zu sichern bzw. zu stärken.

Mit dem Aufkommen neuer technischer Möglichkeiten gewinnt der instrumentelle Einsatz von Kommunikation und Kommunikationsmedien im Binnen- wie im Außenverhältnis einer Organisation an Relevanz. Unter kommunikationswissenschaftlichen Aspekten interessiert vor allem die Veränderung von Funktionsprofilen der unterschiedlichen Medien, die in der Unternehmenskommunikation zum Einsatz kommen. Hierbei ist dem jeweiligen Organisationskontext Rechnung zu tragen.

Aus betriebswirtschaftlicher Perspektive geht die Auffassung von Kommunikation als einem strategischen Faktor mit

Bemühungen einher, Effizienz und Produktivität von Unternehmenskommunikation zu operationalisieren, mit dem Ziel, diese in Zukunft in betriebswirtschaftlichen Kennzahlen ausdrücken zu können. Hieran sind besonders einige international tätige Großunternehmen interessiert, die entsprechende Forschungen in Auftrag gegeben haben.

Ähnlich wie in der externen Kommunikation (Baerns 1995) soll die gesamte Unternehmenskommunikation einer Erfolgskontrolle, einem ‚Kommunikationscontrolling' unterworfen werden. Zeitgleich dazu gibt es Bestrebungen, Konzepte einer integrierten Unternehmenskommunikation zu erarbeiten, d. h. alle Kommunikationsaktivitäten von Unternehmen aufeinander abzustimmen.

Diese hoch gesteckten Erwartungen konnten bislang jedoch nicht erfüllt werden; sofern Pläne auf dem Papier vorlagen, erwiesen sie sich als in der Praxis nicht umsetzbar. Das mag u. a. mit dem eingeschränkten Kommunikationsbegriff zusammenhängen, der vor allem in den betriebswirtschaftlich orientierten Konzepten Verwendung findet, aber auch mit der Unkenntnis vom Funktionieren sozialer Systeme und der Rolle von Kommunikation in diesem bzw. für diesen Prozess.

Internationale Situation und Praxisrelevanz

In den USA, wo die → Kommunikationswissenschaft sowohl in den *Departments of Journalism* als auch in den *Departments of Speech Communication* verankert ist, bieten sich gute Voraussetzungen zur Thematisierung einer Unternehmenskommunikation als Teilbereich einer Organisationskommunikation. Sie ist vornehmlich in den letztgenannten Departments vertreten. Dieses ausgeprägte thematische Interesse spiegelt sich auch in der Fachgesellschaft der *International Communication Association* (ICA) wider, deren Division *Organizational Communication* über Jahre hinweg eine der mitgliederstärksten Sektionen bildet. In ihr arbeiten Kommunikationswissenschaftler, Psychologen, Soziologen und Forscher anderer Disziplinen eng zusammen. Eine vergleichbare Situation findet man in Großbritannien, aber auch in den skandinavischen Ländern vor.

In denjenigen Ländern, in denen die Kommunikationswissenschaft in erster Linie in Form einer Publizistik, Massenkommunikationsforschung oder Journalistik an den Hochschulen vertreten ist (z. B. in Deutschland), gerät die Unternehmenskommunikation über den Bereich der → Public Relations in den Aufmerksamkeitsfokus der Forscher. Mit Blick auf den als zentral definierten Gegenstandsbereich des Fachs, die öffentliche Kommunikation, interessiert zunächst die extern gerichtete Kommunikation von Unternehmen, vor allem die über Massenmedien realisierte Form von Öffentlichkeitsarbeit.

Im Zuge der Diskussion um integrierte Konzepte einer Unternehmenskommunikation werden aber bald intern wie extern gerichtete Maßnahmen zum Thema der Forschung. In diesem Zusammenhang spielt auch die Etablierung von Foren eine Rolle, in denen Wissenschaftler unterschiedlicher Disziplinen Problembereiche einer Unternehmenskommunikation formulieren und diskutieren können. Eine dieser Foren stellt die „Fachgruppe Public Relations und Organisationskommunikation" der *Deutschen Gesellschaft für Publizistik- und Kommunikationswissenschaft* (DGPuK) dar.

Innerhalb der akademischen Institutionen wird das Thema Unternehmenskommunikation aber nach wie vor eher disziplinär als interdisziplinär behandelt. In der deutschsprachigen Kommunikationswissenschaft hat dieser Bereich zwar (noch) eine Randstellung inne; in der Praxis steigen jedoch sowohl die Relevanz dieses Themas als auch die Beschäftigungschancen für Absolventen kommunikationswissenschaftlicher Studiengänge. Das hängt zwar nicht ausschließlich, aber zu einem nicht ganz unerheblichen Teil mit den veränderten technischen Möglichkeiten der Unternehmenskommunikation zusammen.

Über Jahre hinweg und unter dem Einfluss eines rationalen Paradigmas beschränkte sich die Unternehmenskommunikation auf interpersonelle Face-to-Face-Kommunikation, schriftliche Mitteilungssysteme (z. B. Verteiler, Umläufe etc.) und medial vermittelte Kommunikation, meist in Form von *Mitarbeiter-* bzw. *Kundenzeitschriften*. In den letzten Jahren hat sich das Spektrum der Kommunikationsformen erheblich erweitert: Tradierte Medien sind um Business-TV, Intranet, E-Mail, Video-Konferenzen u. Ä. ergänzt worden. Daraus ergeben sich sowohl Anforderungen an die technisch-handwerkliche (Aus-)Gestaltung dieser Medien als auch an die zielgruppenadäquate Ansprache.

Neuerdings hat dies zu einer verstärkten Nachfrage nach journalistisch ausgebildeten, technisch versierten Universitätsabsolventen geführt und auf dem Arbeitsmarkt für Kommunikationswissenschaftler neue Beschäftigungschancen geschaffen. Kommunikationswissenschaftlich-journalistisch Ausgebildete verfügen in der Regel über die erforderlichen Fähigkeiten und Kenntnisse, diese Medien so aufzubereiten, dass sie im Wettbewerb um die Aufmerksamkeit der Kunden mit anderen, professionell aufgemachten Medienprodukten konkurrieren können. Unternehmens- und branchenbezogene Publikationen wie z. B. Kundenzeitschriften zählen seit einigen Jahren zu den am stärksten steigenden Segmenten im Printbereich.

Die Tätigkeit eines in den letzten Jahren zunehmend nachgefragten *Kommunikationsspezialisten* erschöpft sich aber nicht in technisch-handwerklichen Leistungen. Stattdessen sind die verschiedenen Kommunikationsformen und -wege auf ihre Leistungsfähigkeit und ihre Funktionalität im spezifischen Kontext eines Unternehmens hin zu analysieren und zu gestalten. Das bedarf sowohl eines (über Massenkommunikation hinausreichenden) kommunikationswissenschaftlichen Wissens als auch der Kenntnisse bezüglich des Funktionierens von Unternehmen als Organisationen.

Dieses (interdisziplinäre) Wissen ist derzeit allenfalls in Ansätzen vorhanden (Mast 2002); das gilt sowohl für die (betriebswirtschaftliche) Organisationsforschung als auch für die primär massenmedial geprägte Kommunikationswissenschaft. Die Herangehensweise an das Thema Unternehmenskommunikation ist denn auch stärker an disziplinären Traditionen orientiert denn an interdisziplinären Ansätzen.

Ausblick

In den letzten Jahren ist die Relevanz von Kommunikation für Wirtschaftsunternehmen zunehmend erkannt worden. Die Konsequenzen dieser Entwicklung sind jedoch verschieden: Aus einem betriebswirtschaftlichen Blickwinkel steht die Optimierung von Kommunikation bzw. Kommunikationsprozessen im Vordergrund – bis hin zu der Möglichkeit, den Erfolg kommunikativer Maßnahmen in Form von betriebswirtschaftlichen Kennzahlen ausdrücken zu können. Kommunikation als strategischer Managementaufgabe wird dabei eine unmittelbare Bedeutung für betriebliche Wertschöpfungsprozesse zugeschrieben. Diesem Ansinnen kommt die Auffassung von Kommunikation als einer mehr oder weniger zentral steuerbaren Aufgabe sehr entgegen.

In der Kommunikationsforschung ist eine derartige, ausschließlich kommunikatororientierte Sichtweise längst um rezipientenorientierte Ansätze ergänzt worden (→ Medienwirkungen). Aus verschiedenen Erfahrungen (z. B. Aufklärungskampagnen, politische Kampagnen) wissen Kommunikationsforscher um die Möglichkeiten, aber auch um die Grenzen des strategischen Einsatzes kommunikativer Maßnahmen, um die Voraussetzungen für Verstehensleistungen und letztlich um die Kontingenz aller kommunikativen Prozesse. Von daher sind aus der Kommunikationswissenschaft in Zukunft wichtige Impulse für die Unternehmenskommunikation zu erwarten – sowohl in theoretischer als auch in praktischer Hinsicht.

Literatur

Baerns, Barbara (1995): PR-Erfolgskontrolle, Frankfurt/M.
Bruhn, Manfred (1995): Integrierte Unternehmenskommunikation, 2. Aufl., Stuttgart.
Mast, Claudia (2002): Unternehmenskommunikation, Stuttgart.
Münch, Richard (1995): Dynamik der Kommunikationsgesellschaft, Frankfurt/M.
Röttger, Ulrike (Hrsg.) (2001): Issues Management, Wiesbaden.
Theis-Berglmair, Anna M. (2003): Organisationskommunikation, Münster u. a.

Anna M. Theis-Berglmair, Bamberg

Urheberrecht

Definition/Begriffsbestimmung

Die Verwertungsrechte – z. B. das *Vervielfältigungsrecht*, das *Senderecht* oder das *Onlinerecht* – haben für den Urheber dieselbe Bedeutung wie die Formen für den Werkzeugmacher. Sie sind die Instrumente, mit denen Journalisten und andere Urheber ihre Werke an den Verwerter bringen. Der darf dann den Beitrag drucken (vervielfältigen) und das gedruckte Werk verkaufen (verbreiten). Wenn ein Journalist mit einem konkreten Verwerter handelseinig geworden ist, erwirbt dieser die für seine Möglichkeiten vorgesehenen *Nutzungsrechte.*

Das sind auf spezielle Nutzungsmöglichkeiten zugeschnittene Verwertungsrechte. Genauso wenig, wie der Hersteller seine Werkzeugformen dem Auftraggeber nach erfolgreicher Beendigung seines Auftrages überlässt, bekommt der Verwerter anschließend die Verwertungsrechte des Urhebers. Alles, was er erhält, sind die für seine Zwecke notwendigen Nutzungsrechte.

Werkzeugformen und Verwertungsrechte unterscheiden sich zwar gegenständlich, aber das Verwertungsrecht ist – wie die Form – geeignet, ständig neu zur Nutzung eingesetzt zu werden. Zudem hat der Urheber – wie der Werkzeughersteller – das Recht, seinen Namen auf das neue Werk zu prägen (Urheberbezeichnung), zu bestimmen, ob und wie es in den Handel gebracht wird (Veröffentlichungsrecht), und die Form festzulegen, die niemand ohne seine Erlaubnis verändern darf (Schutz vor Entstellung des Werkes). All dies sind die *Urheberpersönlichkeitsrechte.*

Das Urheberrecht hat noch einen weiteren Vorteil z. B. für Journalisten: Es dient, so sagt es der Gesetzgeber, „der Sicherung einer angemessenen Vergütung für die Nutzung des Werkes".

Praxisrelevanz

Journalisten sind *Urheber* – was gern übersehen wird. Redakteure vergessen vor allem unter dem Druck des Budgets, dass ihre freien Autoren ihre Rechtsposition brauchen, um von ihrer Arbeit leben zu können; freie Journalisten machen sich die Möglichkeiten des Urheberrechts häufig zu wenig zu Nutze.

Geschützt ist das *Werk* des Journalisten, seine Schöpfung, d. h., der Kommentar, der Bericht, die Glosse, das Feature, der Magazinbeitrag, das Foto (→ Mediengattungen). Jede mit den Sinnen erlebbare Form journalistischen Schaffens. Nur die Information (Nachricht) ist frei; sie wird durch das Urheberrecht nicht geschützt. Auch die Idee ist mangels Form nicht schutzfähig; erst das Exposee, das Konzept etc. genießen den Schutz.

Wie kommt der journalistisch tätige Urheber zu seiner *angemessenen Vergütung*? Er schließt einen Vertrag über die Werknutzung oder die Einräumung von Nutzungsrechten. In beiden Fällen kann der Verwerter nach dem Zweck des Vertrages seine Nutzungsmöglichkeiten ausschöpfen. Auch ein mündlicher Vertrag gilt als Vertrag.

Die Rechte (→ Medienrecht) müssen deshalb möglichst genau festgelegt werden. Der Verleger einer Tageszeitung benötigt das Vervielfältigungsrecht und das Verbreitungsrecht; wenn er einen Online-Dienst der Zeitung betreibt, muss er auch das Onlinerecht besitzen. Und er muss die Rechte bezahlen, die er erwirbt. Der Verleger kann sie nur dann zu seiner eigenen (ausschließlichen) Nutzung erwerben. Er kann aber auch akzeptieren, dass ein weiterer ein gleiches Nutzungsrecht erwirbt. Danach gestaltet sich der angemessene Preis.

Die Vergütung des Urhebers hängt aber noch von anderen Faktoren ab. Räumt er auch noch das Senderecht oder weitere Rechte ein, erhöht sich der Preis; zusätzliche Rechte, die der Verwerter nutzen kann, kosten zusätzliches Geld. Räumt der Urheber die Rechte auf lange Zeit ein, erhöht sich das Honorar wiederum. Auch die Auflage, die Gestaltung, die Nachfrage etc. bestimmen den angemessenen Preis.

Entscheidend ist nicht allein, was ‚üblicherweise' gezahlt wird. Üblich sind z. B. bei Tageszeitungen, Zeitschriften und im privaten Rundfunk Vergütungen, die nicht einmal ausreichen, um die Kosten (z. B. für die Recherche) zu decken. Wenn das der Fall ist, hat der Journalist einen gesetzlichen Anspruch auf eine Erhöhung der Bezahlung.

Angemessen ist das, was üblich und *redlich* ist, was also ein redlicher Kaufmann für die Leistung zahlen würde. Unerheblich ist das Argument des Verwerters, er verdiene mit der Nutzung des Werkes nichts. Auch der Hotelier kann seine Mitarbeiter nicht erst bezahlen, wenn das Hotel ausgebucht ist.

Verdient der Verwerter außergewöhnlich viel Geld mit dem Werk des Urhebers oder hat er sonst einen besonderen Nutzen davon, partizipiert der Urheber auch daran durch eine weitere Beteiligung – entweder bereits über den Vertrag oder nach Korrektur des Vertrages, die gerichtlich erzwungen werden kann. Das ist der Fall, wenn z. B. ein Sachbuch unerwartet zum Bestseller wird und der Verlag damit viel Geld verdient.

Empfehlungen

Verlage, Rundfunkunternehmen und andere Medienhäuser neigen dazu, sich möglichst viele Rechte gegen möglichst wenig Bezahlung zu sichern. Sie arbeiten mit so genannten *Allgemeinen Geschäftsbedingungen,* um dieses Ziel zu erreichen. Vor solchem Kleingedruckten ist Vorsicht geboten: Sehr schnell kann die Chance der Mehrfachverwertung des eigenen Werkes vertan sein, wenn es unbesehen unterschrieben wird. Den Nutzen ziehen dann andere. Um die Praxis der maximalen Rechte bei minimalen Honoraren (neudeutsch: ‚buy-out') zu ändern, wollen der Deutsche Journalisten-Verband (DJV) und andere → Verbände der Urheber mit den Verlegern und anderen Medienproduzenten *Gemeinsame Vergütungsregeln* aufstellen.

Anders verhalten sich die Rundfunkanstalten. Bei ihnen gibt es Tarifverträge und Honorarbedingungen, welche die Vergütung und Erlösbeteiligung regeln. Auch die Wiederholung eines journalistischen Beitrags kann hier vergütet werden.

Außer den Urhebern und den Verwertern bewegen sich *Verwertungsgesellschaften* auf dem Markt der Urheberrechte. Sie nehmen solche Rechte wahr, welche die Urheber im Allgemeinen selbst nicht kontrollieren können.

Wenn ein Zeitungsartikel für den Schulunterricht kopiert wird, erfährt es der Urheber nicht. Ebenso ergeht es ihm bei der Nutzung seines Beitrags in Pressespiegeln von Unternehmen und in vielen anderen Fällen. Verwertungsgesellschaften wie die *VG Wort* überwachen diese Nutzungen und erheben von den Nutzern die Vergütungen. Sie werden einmal jährlich an die Urheber ausgeschüttet.

Es lohnt sich daher für Urheber, mit den Gesellschaften Wahrnehmungsverträge abzuschließen, um an deren Ausschüttungen beteiligt zu werden. Erst 70 Jahre nach dem Tod des Urhebers erlischt das Urheberrecht.

Wer gut verhandelt, sorgt also auch für seine Erben.

Literatur

Delp, Ludwig (2003): Das Recht des geistigen Schaffens in der Informationsgesellschaft, München.

Hillig, Hans-Peter (2003): Urheber- und Verlagsrecht, 10. Aufl., München.

Hucko, Elmar (2002): Das neue Urhebervertragsrecht, Halle.

Schulze, Gernot (2001): Mein Rechte als Urheber, 4. Aufl., München.

Benno H. Pöppelmann, Berlin

USA

Allgemeine Rahmenbedingungen

Die USA haben seit über 200 Jahren in der internationalen Entwicklung von Medien und Journalismus eine Schrittmacherfunktion übernommen. Nachdem die Pressegeschichte in der ‚alten Welt' ihren Ausgang genommen hatte, kamen – was die Entwicklung der internationalen → Medienssysteme anbetrifft – immer neue Impulse von jenseits des Atlantiks (Kleinsteuber 2001). Genannt seien das Institut der Pressefreiheit (→ Kommunikationsfreiheit), neue Zeitungsmodelle, kommerzieller Rundfunk und seine → Regulierung, journalistische Konzepte, inhaltliche Angebote und → Medienethik.

Es ist nur folgerichtig, dass man in bestimmten Medienbereichen von Prozessen der *Amerikanisierung* spricht. Andererseits ist dieser Begriff problematisch, da zwischen schlichter Adaption amerikanischer Vorbilder (z. B. kommerzielles Rundfunkmodell), Übernahme und Einfügen von Erfahrungen in den eigenen Kontext (z. B. Regulierung des Rundfunks) und historischen Beiträgen von richtungsweisender Bedeutung, ohne dass sie in Europa übernommen worden wären (z. B. amerikanisches Verständnis von Pressefreiheit), zu unterscheiden ist.

Grundlagen des Mediensystems

Das frühe *Zeitungswesen* in den britischen Kolonien konnte sich vergleichsweise offen und unreglementiert entfalten; eine erste Konfrontation zwischen Staatsmacht (Gouverneur) und Zeitungsverleger von 1735 ging zugunsten des Letzteren aus. Während Revolution und Unabhängigkeitskrieg stand das Gros der Presse auf Seiten der Rebellen gegen die Krone; Grundprinzipien der Verfassungsgebung (Federalist Papers) wurden in Publikationen öffentlich diskutiert. Angesichts der seinerzeit bereits starken Stellung der → Presse wurden ihre Rechte in extensiver Weise in der Verfassung verankert.

Die weitere Presseentwicklung war durch immer neue Innovationen geprägt, die meist erst später ihren Weg nach Europa fanden (Kleinsteuber 2004). In den 30er Jahren des 19. Jahrhunderts entstand so etwas wie eine Boulevardpresse (One-Penny-Press); zum Ende des 19. Jahrhunderts schälte sich in massiven Pressekriegen (*Joseph Pulitzer* vs. *William Randolph Hearst*) die moderne Massenpresse mit Bebilderung, Farbe auf dem Titelblatt und Comics heraus.

Bis heute hat sich erhalten, dass nahezu alle Zeitungen nur lokale/regionale Verbreitung haben. Erst in den 70er Jahren wagte der *Wall Street Journal* Satellitenübertragung des Drucksatzes und Druck in verschiedenen Landesteilen. 1981 wurde *USA Today* als erste nationale Zeitung konzipiert; inzwischen führt sie die Auflagen an (2001: 2,15 Mio.). Die nachfolgenden Zeitungen sind: *Wall Street Journal* (1,8 Mio.), *New York Times* (1,1 Mio), *Los Angeles Times* (0,95 Mio.) und *Washington Post* (0,76 Mio.) Bei sinkender Tendenz werden kaum mehr 60 Prozent der Haushalte täglich von einer Zeitung erreicht (85 Prozent greifen wöchentlich zu einer Zeitung);

darunter sind 10 Prozent Produktionen für den nationalen Markt.

Die Anfänge von *Zeitschriften* sind in den USA zu finden. Oft aus Almanachen entstanden, fanden sie früh weite Verbreitung. Die auflagenstärksten Produkte waren Ende 2001: *Reader's Digest* (12,2 Mio.), *TV Guide* (9,1 Mio.), *Better Homes and Gardens* (7,6 Mio.), *National Geographic* (6,9 Mio.). Bekannte politische Magazine sind *Time* (4,1 Mio.) und *Newsweek* (3,25 Mio.), die weltweit in verschiedenen Regional- und Sprachausgaben ediert werden.

Nach dem Ersten Weltkrieg begann der Aufstieg der elektronischen Medien (Kittross/Sterling 2001). Der *Hörfunk* startete 1919/20 und endete nach einer chaotischen Findungsphase in einer fast rein kommerziellen Ordnung: Lokales → Radio wurde von Unternehmen angeboten, die sich über Werbeeinblendungen finanzierten. Der Beginn staatlicher Lizenzierung 1927 und die Etablierung der Aufsichtskommission *Federal Communications Commission* (FCC) 1934 brachten Ruhe in die schnell wachsende Branche. Die FCC stellt seitdem Sendelizenzen für Radio- und Fernsehstationen aus und gilt als internationales Vorbild für Medienregulierung (→ Regulierung). Da lokaler Studiobetrieb kostenaufwändig war, schlossen sich die Stationen nationalen *Networks* an, die einen großen Teil von Programm und Werbung beisteuerten.

Das Network-Prinzip wurde später vom → Fernsehen übernommen (Head et al. 2001). Nach ersten Ansätzen in den 30er Jahren, breitete sich TV nach dem Zweiten Weltkrieg schnell aus. Auch heute noch werden fast 50 Prozent des TV-Konsums von den Networkgesellschaften *NBC*, *CBS* und *ABC* und dem kleineren *Fox Network* von *Rupert Murdoch* bestritten.

Seit den 70er Jahren sorgen Kabel (Verbreitung ca. 69 Prozent) und Satellitenfernsehen dafür, dass der typische US-Haushalt über 100 Programme zur Auswahl hat – darunter viele Spartenkanäle, etwa für Nachrichten (*CNN*), Sport (*ESPN*) oder auch Geschichte (*History*). Zu einem großen Markt wuchs Pay-TV heran; der bekannteste Kanal *Home Box Office* (HBO) bietet vor allem neue Spielfilme an.

In der Konkurrenz zum Fernsehen haben die Printmedien der USA massiv verloren; insbesondere sind die einst starken Boulevardzeitungen und Publikumszeitschriften (z. B. *Life Magazin*) verschwunden. Die Presselandschaft ist zunehmend weniger vielfältig, Monopolzeitungen und Zeitungsketten in der Hand von Investorengruppen sind die Regel. Der Fernsehkonsum stagniert auf hohem Niveau (Einschaltung pro Gerät und Tag 2002/03: 7 Stunden 40 Minuten).

88 Prozent der Amerikaner nennen das Fernsehen als wichtige Quelle für politische Nachrichten (Zeitungen 61 Prozent); 50 Prozent meinen, dass TV-Nachrichten den besten ‚Job' in der Berichterstattung machen. Zunehmende Bedeutung haben die Online-Portale wichtiger Zeitungen, die aber selten profitabel sind; eine Ausnahme stellt das *Wall Street Journal* dar.

Grundlagen des Journalismus

Entsprechend der langen und wechselhaften Mediengeschichte der USA hat sich ein in vieler Hinsicht vorbildhafter Journalismus entwickelt (Fengler 2002). Besonders hervorzuheben ist die Tradition des → Investigativen Journalismus – ein Leitbild, beruhend auf gründlicher, oft verdeckter → Recherche, dem Ziel dienend, politische oder andere Missstände öffentlich anzuprangern.

Das große Vorbild geben immer noch die Journalisten ab, die einst Präsident *Richard Nixons* Watergate-Machenschaften offen legten und ihn schließlich zum Rücktritt (1974) zwangen. Der Umgang zwischen Politikern und Journalisten ist in den USA traditionell ruppiger und von häufiger Konfrontation begleitet; zumindest sehen sich die Medienleute gern als

‚Adversaries', als Gegner der Politiker (→ Rollenselbstverständnis). Folgerichtig wird auch die → politische Kommunikation in den USA eher von journalistischen Regeln bestimmt; Politiker müssen sich dem unterwerfen (Pfetsch 2003). So ist in Deutschland üblich, dass Interviews von Politikern autorisiert und nach deren Vorstellung auch geändert werden können, während in den USA das gesprochene Wort ohne Änderungsmöglichkeit gedruckt wird.

Bereits vor mehr als 100 Jahren begann die professionelle Ausbildung von Kommunikatoren an *journalism schools*, die Universitäten angeschlossen sind (→ Journalistenausbildung). Dort wird eine betont praktische Ausbildung angeboten. Viele Universitäten verfügen über eigene Zeitungen, Radio- und TV-Stationen; von ihnen kommt das Gros der berufstätigen Journalisten. Diese journalism schools werden häufig von Verlegern und Medienindustriellen gefördert; dagegen ist der Betrieb unternehmenseigener Schulen wie in Deutschland nicht üblich.

Da es keine allgemeine gesetzliche Regelungen (Presserecht) für journalistisches Handeln gibt, spielt → Medienethik eine besonders große Rolle. In Ermangelung hoheitlicher Bestimmungen sollen – so die allgemeine Einschätzung – die Akteure sich selbst darüber verständigen, was in der Profession akzeptabel und was zu ächten ist. Medienethik zählt zu den selbstverständlichen Ausbildungsfächern der journalism schools, und die Grenzen der Profession werden fachintern heftig diskutiert (z. B. in der *Columbia Journalism Review*). Wesentlich ist, dass die ethische Bindung nicht nur Journalisten erreicht, sondern auch Eigner, Verleger und Herausgeber. So sind *Ethik-Kodizes* sowohl von Branchenverbänden wie auch von Journalistenorganisationen weit verbreitet; bei Verstoß droht der Ausschluss. Ein anderes Moment der Förderung guten Journalismus sind die zahlreichen und hoch geschätzten Preise, der berühmteste ist der *Pulitzer-Preis*.

Medienfreiheit

Im Mittelpunkt der US-Mediensituation steht ein spezifisches Verständnis von → Kommunikationsfreiheit (Kleinsteuber 2003). Bereits in den Jahren der Verfassungsgebung bestand Einigkeit darüber, dass die Rechte der Presse besonders zu schützen sind. Folglich wurde an erster Stelle im Grundrechtskatalog, welcher der Verfassung angehängt wurde (*First Amendment*), festgeschrieben, dass der Kongress kein Gesetz machen dürfe, welches „die Freiheit der Rede oder der Presse einschränkt". Danach dürfen die inneren Verhältnisse der Presse nicht, wie in Deutschland und fast überall in Europa, unter einen Gesetzesvorbehalt gestellt werden; es gibt folglich keine distinkte Pressegesetzgebung. Dies bedeutet aber nicht, dass die Presse schrankenlos agieren kann; allgemeine Bestimmungen über Beleidigung, Urheberrecht oder Geheimhaltung gelten auch für sie.

Gleichwohl landen viele Streitfälle mangels gesetzlicher Klarheit beim Obersten Gericht, dem Supreme Court, dem es immer wieder zufällt, Grenzfälle zu entscheiden. Als z. B. die *New York Times* auf dem Höhepunkt des Vietnamkriegs streng geheime Papiere aus dem Pentagon abdruckte (die *Pentagon Papers*), erhob die Regierung Einwände wegen Geheimnisverrat. Damals entschied das Gericht zugunsten der Zeitung und der Pressefreiheit. In anderen Situationen hat es allerdings auch massive gesetzliche Eingriffe gegen Oppositionsmedien und Zensurmaßnahmen in Kriegszeiten für akzeptabel erklärt; dies gilt – nach einer Entscheidung von 1919 – für Zeiten von „clear and present danger", wenn also eine unmittelbare militärische Bedrohung besteht.

Der Supreme Court hat in einer Reihe von leitenden Entscheidungen definiert, wie er sich die Rolle der Medien vorstellt. Bekannt wurde das Bild eines „Marketplace of Ideas", dass auf den Richter *Oliver Wendell Holmes* (1919) zurückgeht. Dies impliziert, dass in den USA das Äußern aller – auch extremer – Positionen unter dem Schutz der Meinungsfreiheit steht, was (anders als in Deutschland) auch rassistische oder menschenverachtende Äußerungen einschließt.

Eine andere zentrale Denkfigur findet sich in der Vorstellung der Medien als ‚Vierte Macht': als Kraft in der Gesellschaft, die spezifischen Privilegien aus dem First Amendment bezieht, dafür aber auch Pflichten zu erbringen hat, nämlich wachsam zu sein gegenüber Machtmissbrauch (McChesney 1999). Diese Vorstellung korrespondiert eng mit der Idealisierung der investigativen Aufgaben, die Journalisten zu erfüllen haben.

Konsequenzen und Bewertung

Es steht wohl außer Frage, dass von den USA weltweit die meisten und wirkungsmächtigsten Impulse in der Entwicklung von Medien und Journalismus ausgingen. Viele der dort entstandenen Konzepte, – von der Boulevardzeitung bis zum kommerziellen Fernsehen, von der akademischen Journalistenausbildung bis zur investigativen Recherche – sprangen auf andere Länder über, ganz sicher auch nach Deutschland.

Dennoch sind die USA keineswegs ein Idealland, was wünschbare Medienverhältnisse anbetrifft. Weder sind Entwicklungen allein deswegen anzustreben, weil sie aus der Neuen Welt kommen, noch sind sie deswegen abzulehnen. Für uns stellen amerikanische Erfahrungen zuerst einmal Angebote dar, bedenkenswerte Alternativen zu unseren eigenen Sichtweisen und Traditionen. In der Konsequenz werden eigene Entwicklungen oft mit denen Amerikas verwoben. So entstand z. B. aus der Verbindung der europäischen öffentlich-rechtlichen Tradition und amerikanischer Kommerzialität das duale Rundfunksystem.

In der realen Welt sind die Medien der USA oft dem eigenen Anspruch nicht gerecht geworden. Wir sind in Europa irritiert darüber, wie nach den Terroranschlägen vom 11. September 2001 die US-Medien mit nur wenigen Ausnahmen unkritisch Sichtweisen des Präsidenten, seiner Administration und des Militärs übernahmen. In Kriegs- und Krisenzeiten gibt es eine alte Gewohnheit, in Patriotismus zu verfallen und sich hinter der politischen Führung („rallying behind the flag") zu sammeln. Dabei geht vielfach die Distanz der Medien verloren.

Freilich ist in einer offenen Gesellschaft wie den USA Zensur undenkbar. Kritiker fanden in den letzten Jahren vor allem im → Internet die Chance, gegenläufige Informationen und Analysen der Öffentlichkeit zur Verfügung zu stellen. Bisher zumindest hat sich nach Phasen patriotischer Aufwallung die Situation immer wieder normalisiert.

In den USA wird viel von einer allgemeinen Medienkrise gesprochen, die aus einer ganz anderen Richtung kommt. Die einst reichhaltige und verschiedene Positionen reflektierende Tagespresse ist angesichts von massiven Werberückgängen und offensiver Konkurrenz des Fernsehens immer mehr zusammengeschmolzen; lokale Zeitungsmärkte mit konkurrierenden Blättern sind heute die große Ausnahme (1,3 Prozent). Die einst vielgestaltige Zeitungslandschaft wurde weitgehend von Kettenunternehmen übernommen und befindet sich im Eigentum von Investoren, welche die potenziell hohen Gewinnmargen schätzen und kaum noch publizistische Anliegen vertreten (Bagdikian 2000).

Die großen TV-Networks, nach wie vor führend in der Meinungsbildung der Bürger, sind Teile viel größerer Unternehmenskonglomerate (Compaine/Gomery 2000). Die Medienkonzentrationsprozesse der letzten Jahrzehnte waren atemberaubend (→ Medienkonzentration). *Cross-Ownership* zwischen verschiedenen Medien ist zur Regel geworden; entsprechende Vorschriften der FCC sind immer weiter dereguliert, also reduziert worden.

Heute haben fünf der sechs größten Medienkonzerne der Welt ihren Sitz in den USA (darunter als größter *Time Warner*), und ihr globaler Einfluss (*CNN*, *MTV* etc.) kann nicht unterschätzt werden.

Literatur

Bagdikian, Ben (2000): The Media Monopoly, 6. Aufl., Boston/MA.

Broadcasting and Cablecasting Yearbook, New Providence/NJ (erscheint jährlich).

Compaigne, Benjamin/Douglas Gomery (2000): Who owns the Media? Competition and Concentration in the Mass Media Industry, 3. Aufl., Mahwah/NJ.

FCC, Annual Report, Washington (erscheint jährlich).

Fengler, Susanne (2002): Medienjournalismus in den USA, Konstanz.

Head, Sydney W. et al. (2001): Broadcasting in America. A Survey in Electronic Media, Boston/MA.

Kittross, John Michael/Christopher H. Sterling (2001): Stay Tuned. A History of American Broadcasting, 3. Aufl., Belmont/CA.

Kleinsteuber, Hans J. (Hrsg.) (2001): Aktuelle Medientrends in den USA, Wiesbaden.

Kleinsteuber, Hans J. (2003): Pressefreiheit in den USA – zwischen „Marketplace of Ideas“ und „The People's Right to Know“, in: W. R. Langenbucher (Hrsg.): Die Kommunikationsfreiheit der Gesellschaft, Wiesbaden: 72-95.

Kleinsteuber, Hans J. (2004): Das Mediensystem der USA, in: Hans-Bredow-Institut (Hrsg.): Internationales Handbuch Medien 2004/2005, Baden-Baden: 1081-1094.

McChesney, Robert W. (1999): Rich Media, Poor Democracy. Communication Politics in Dubious Times, Urbana/IL.

Pfetsch, Barbara (2003): Politische Kommunikationskultur: Politische Sprecher und Journalisten in der Bundesrepublik und den USA im Vergleich, Wiesbaden.

Hans J. Kleinsteuber, Hamburg

Venezuela

→ Lateinamerika

Verbände/Vereine

Definition/Begriffsbestimmung

Vereine und Verbände sind korporative Akteure; sie vertreten die gemeinsamen Interessen ihrer Mitglieder. Verwandte Begriffe sind ‚Partei' oder auch ‚Gesellschaft'. Während sich ‚Verein' im 19. Jahrhundert einerseits über das Wortpaar ‚politischer Verein' zu Partei und andererseits zu Privatvereinen – z. B. in Gesangs- oder Turnverein – ausdifferenziert, wird ‚Verband' seit dem späten 19. Jahrhundert verstärkt für sozioökonomische Interessengruppierungen gebräuchlich. Letztere werden auch Interessenverbände genannt.

Rechtlich sind Verbände Vereinigungen von natürlichen oder juristischen Personen, die sich eine Satzung gegeben haben, um dauerhaft gemeinsame Interessen zu verfolgen. Es gibt privatrechtliche Vereinigungen (z. B. rechtsfähiger Verein) und öffentlich-rechtliche Körperschaften (z. B. Sozialversicherungsträger oder kommunale Zweckverbände). Bestimmte Verbände (z. B. Ärzte- oder Handwerkskammer) haben Zwangscharakter, weil die Mitgliedschaft gesetzlich geregelt ist.

In demokratischen Systemen überwiegt die Freiwilligkeit der Vereinigungen. Diese Verbände besitzen Jurisdiktionsgewalt nur insoweit es die Satzung erlaubt und die Mitglieder sich ihr unterwerfen. Rechtsfähig werden Vereine durch Eintrag ins Vereinsregister, damit können sie den Zusatz e. V. tragen. Von der Paulskirchenverfassung 1848 über die Weimarer von 1919 bis zum Grundgesetz, Art. 9, von 1949 ist die Vereinigungsfreiheit ein zentrales Grundrecht. Sie wird durch das BGB geregelt. Im Unterschied zum Parteienrecht sind gesetzliche Erfordernisse an die innerverbandliche Demokratie nicht definiert. Allerdings dürfen auch Vereine und Verbände der demokratischen Grundordnung nicht zuwider handeln.

Die Organisationsbegriffe ‚Verband' und ‚Verein' werden zumeist, doch nicht durchgängig synonym gebraucht. *Max Weber* (1864-1920) z. B. benutzte ‚Verband' als den allgemeineren Begriff, ‚Verein' hingegen nur für die Unterform der Vereinigung natürlicher Personen. Andere Unterscheidungen stellen den Verein als Zusammenschluss natürlicher Personen den Verbänden als eine Organisationsstufe höherer Ordnung gegenüber, die nichtnatürliche juristische Personen – darunter auch Vereine – organisiert.

Eine dritte Unterscheidung differenziert zwischen Vereinen, deren Organisationsziele nach innen gerichtet sind (z. B. Gesangsverein), und Verbänden, die nach außen Einfluss nehmen und Interessen vertreten. Im Weiteren werden beide Begriffe nicht getrennt, weil Wissenschaft, Selbstbezeichnung und das Koalitionsrecht keine allgemeingültige Unterscheidung treffen.

Für die hier zu betrachtenden Verbände und Vereinigungen ist die Vertretung politischer Interessen im Allgemeinen und kommunikationspolitischer Interessen im Besonderen konstitutiv (→ Kommunikationspolitik). Interessenpolitik streitet um knappe Güter, die in Gestalt verallgemeinerbarer sozialer, politischer und wirtschaftlicher Bedürfnisse auftreten.

Neben den Verbänden gibt es weitere Formen der Interessenvertretung. Im internationalen Politik- und Wirtschaftsleben dienen z. B. auch Botschaften, Konsulate, Handelsvertretungen der Wahrnehmung von Interessen. In der nationalen Politik vertreten Parteien ebenfalls Interessen. Der wichtigste Unterschied zwischen Parteien und Verbänden betrifft die Beteiligung an Wahlen. Aber auch hinsichtlich des Abstraktionsgrads der behandelten Interessen unterscheiden sich beide. Parteien vertreten eher als Verbände Interessen höherer Ordnung. Volksparteien machen diesen Unterschied besonders deutlich: Sie aggregieren teils sogar gegensätzliche Interessen, die sich in Arbeitskreise oder Flügel, z. B. in Arbeitgeber- und Arbeitnehmerflügel differenzieren können. Parteien, die programmatisch sehr eng gefasst sind, und als Klientelparteien z. B. bestimmten regionalen oder sozialen Interessen verpflichtet sind, stehen hingegen Verbänden recht nahe.

Geschichte und aktuelle Situation

Abgesehen von Industrie- und Handelskammern, die sich schon bis ins 18. Jahrhundert zurückverfolgen lassen, entwickelte sich das moderne Interessenverbandssystem seit dem 19. Jahrhundert parallel zur Auflösung des alten Zunftsystems. Das Ende des Zunftzwangs und die Einführung der Gewerbefreiheit – in Deutschland 1869 weitgehend abgeschlossen – schufen Raum und zugleich Notwendigkeit für Interessenvertretungen neuer Art. Im Kaiserreich und in der Weimarer Republik entwickelte sich eine mächtige, kritisch betrachtete Verbandsdemokratie.

In der Zeit des Nationalsozialismus wurden die Verbände entweder gleichgeschaltet oder verboten. Sofern sie gleichgeschaltet, d. h., personell mit verlässlichen Stützen des Systems und institutionell den Prinzipien der Führerdiktatur angepasst wurden, dienten sie als Zwangsverbände den Zwecken des Regimes. Zum Beispiel mussten alle Journalisten in die umfunktionierte ehemalige Journalistengewerkschaft Reichsverband der Deutschen Presse (RDP, 1910-1945) eintreten; der *RDP* führte die Schriftleiterliste, Streichung aus dieser Liste kam einem Berufsverbot gleich. Alle Medien- und Kulturschaffenden waren zudem in verschiedenen Kammern zwangsorganisiert. Die Zeitungsverleger waren Mitglieder im ebenfalls gleichgeschalteten Verein deutscher Zeitungs-Verleger (1894-1945). Das rudimentäre Verbandswesen der DDR ähnelte dem des NS-Systems.

In Deutschland gibt es derzeit mehr als 10.000 Verbände, davon knapp 7.000 Berufs-, knapp 4.000 Interessenverbände und mehrere hundert Industrie-, Handels-,

Handwerks- und Berufskammern. Demgegenüber stehen ca. 200.000 eingetragene Vereine.

Wichtige Medienverbände sind die Journalistengewerkschaften (→ Journalismus) Deutscher Journalisten-Verband (DJV, gegründet 1949) und der Fachbereich 8 Medien, Kunst und Kultur innerhalb der Vereinigten Dienstleistungsgewerkschaft (ver.di) und als Arbeitgeberverbände der Bundesverband deutscher Zeitungsverleger (BDZV, gegründet 1954), der Verband Deutscher Zeitschriftenverleger (VDZ, gegründet 1949) und als Interessenvertretung der privaten Rundfunksender der Verband Privater Rundfunk und Telekommunikation (VPRT, gegründet 1990).

Der DJV hat gegenwärtig (2004) ca. 40.000 Mitglieder, die Journalistenvertretung Deutsche Journalistinnen- und Journalisten-Union (dju) innerhalb des Fachbereichs 8 der Gewerkschaft ver.di ca. 21.000. Weitere ca. 25.000 Journalisten sind in ver.di in der Fachgruppe Rundfunk, Film, Audiovisuelle Medien organisiert. Beim BDZV gibt es 320, beim VDZ ca. 400, beim VPRT 149 Mitglieder als juristische Personen.

Daneben gibt es eine Fülle weiterer Verbände aus dem Medienbereich. Werbe-Dachverband ist der 1949 gegründete Zentralausschuß der Werbewirtschaft, heute Zentralverband der deutschen werbetreibenden Wirtschaft (ZAW).

Nach innen dienen die Verbände in der Regel folgenden Zielen: Mitgliederberatung (juristisch, ökonomisch, sozial), Rechtsschutz, Schiedsgerichtsbarkeit, Weiterbildung. Nach außen vertreten die Verbände gegenüber Politik und Gesellschaft zum Teil gemeinsame, zum Teil gegensätzliche Interessen:

- Gemeinsame oder ähnlich gelagerte Interessen vertreten die Medienverbände in Angelegenheiten der Presse- und Medienfreiheit, bei der Sicherung der öffentlichen Aufgabe der Medien, bei der Wahrung des Ansehens der Medien und der Stützung der Demokratie.
- Auch in Angelegenheiten medialer Selbstkontrolle aggregieren die Medienverbände ähnliche Interessen: Verleger- und Journalistenvertretungen haben sich z. B. in der Selbstkontrolleinrichtung Deutscher Presserat zusammengeschlossen (seit 1956).
- Für die elektronischen Medien existieren vergleichbare Organisationen, z. B. die Freiwillige Selbstkontrolle Fernsehen (seit 1993) oder die Freiwillige Selbstkontrolle Multimedia (seit 1997). Der ZAW hat 1972 den Deutschen Werberat ins Leben gerufen.
- Eine deutliche Frontstellung zwischen Arbeitgeber- und Arbeitnehmerinteressen zeigt sich in Fragen der Tarif-, der Sozial-, der Wettbewerbspolitik und in etlichen Fällen der Politikberatung. Der *VPRT* engagiert sich nicht in der Tarifpolitik.

Die Unterschiede seien an drei wichtigen Verbänden – *DJV*, *dju* und *BDZV* – erläutert: Aufgrund der ideologisch heterogenen Mitgliederstruktur verzichtet der *DJV* auf Stellungnahmen zu tagespolitischen Fragen jenseits der eigenen gewerkschaftlichen Aufgaben. Er lehnt eine Änderung der privatwirtschaftlichen Struktur des Massenmediensystems der Bundesrepublik ab. Allerdings fordert er – wie schon sein Vorgänger, der *RDP* – den Ausbau der inneren Pressefreiheit, d. h. der Abgrenzung der Rechte und Pflichten von Verlegern und Journalisten. Der *BDZV* bekämpft aus nahe liegenden Gründen alle Vergemeinschaftungsforderungen und betrachtet die innere Pressefreiheit als Angriff auf das Eigentumsrecht.

Im Unterschied zu *DJV* und *BDZV* beansprucht die dju ein allgemeinpolitisches Mandat: d. h., *dju* und die übergeordneten Gewerkschaften bis zu hin ver.di nehmen auch Stellung zu tagespolitischen Fragen, die über Themen aus dem Bereich der Wirtschafts-, Sozial- und Tarifpolitik hinausreichen – z. B. 2003 gegen den dritten Irak-Krieg. Die dju fordert einen weiteren Ausbau der sozialen Demokratie und die Gewährleistung der inneren Pressefreiheit. Alle drei jedoch – und der *VDZ* – sind Trägerverbände des Deutschen Presserats. Alle diese Verbände sind mehr oder weniger stark föderal organisiert.

Zur Vertretung supranationaler Interessen und übernational wichtiger medienpolitischer Themen (z. B. Pressefreiheit) sind die meisten nationalen Medienverbände korporative Mitglieder europäischer und internationaler Vereinigungen.

Forschungsstand und Bewertung

Verbände sind für demokratisch verfasste Gesellschaften funktional notwendig, weil sie der Aggregierung, Artikulation und dem Ausgleich unterschiedlicher Interessen dienen. Zugleich legitimieren sie das politische System, tragen zur Integration der Bürger in die Gesellschaft bei, selektieren wichtigere und weniger wichtige Anliegen, formulieren interne Kompromisse vor, koordinieren Interessen und stellen Expertenwissen bereit. Verbände sind daher grundsätzlich in modernen, ausdifferenzierten und demokratischen Systemen unverzichtbar.

Zugleich ergeben sich jedoch aus dem Charakter der Verbände als korporative Akteure Probleme für die Demokratie, denn sie sind einflussreich und durchsetzungsfähig. Sie können sich auf gemeinsame Ziele ihrer Mitglieder verständigen und die dazu notwendigen kommunikativen Schritte planen, einleiten und umsetzen. Sie sind besser als individuelle und kollektive Akteure imstande, strategische Partnerschaften und Kooperationen einzugehen. Damit sind sie nicht nur strategie-, sondern auch konfliktfähig.

Das zeitigt dysfunktionale Nebeneffekte, da die in der Gesellschaft vorhandenen Interessen nicht alle in gleichem Maße zu organisieren sind. Die Interessen Sozial- und Bildungsschwacher sind z. B. vergleichsweise schlecht organisierbar. Sofern die Interessen homogen sind, von vielen Personen geteilt werden und großes ökonomisches Potenzial vertreten, lassen sie sich leichter bündeln und durchsetzen. Politiknah agierende korporative Akteure, wie sie z. B. Arbeitgeber- und Arbeitnehmerorganisationen darstellen, haben größere Durchsetzungschancen als politikferne Vereinigungen. Die in der Gesellschaft vorhandenen Interessen haben also keine absolute Chancengleichheit hinsichtlich ihrer Artikulation und Aggregierung.

Den Parlamenten obliegt es, die Unterschiede abzuwägen, und der Exekutive, einen möglichst gerechten Ausgleich zu erreichen.

Politik und Kommunikation der Verbände betreffen drei Dimensionen, die in Anlehnung an die anglo-amerikanische Politiktheorie als *polity*, *policy* und *politics* bezeichnet werden. Als Polity-Dimension werden die Fragen des institutionellen Rahmens (Verfassung, Rechtssystem) verstanden; mit policy wird die Formulierung der materiellen Dimension (Interessen, Aufgaben, Ziele) bezeichnet; unter politics fällt die prozessuale Dimension der Kommunikation dieser Interessen (Interessenvermittlung in Konflikt und Konsens). So sind die berührten Probleme vielschichtig. Die Theoriebildung zur Verbandsforschung trägt sowohl normative, als auch deskriptive und analytische Charakteristika. Eine vereinheitlichende Verbands- oder Vereinstheorie wird daher bis auf weiteres fehlen.

Hinzu kommt, historische und politikwissenschaftliche Verbandsforschung hat sich lange Zeit vornehmlich auf die informellen Instrumente der Verbandspolitik beschränkt: Einflussnahme als Lobby-Arbeit, über Personalpolitik, die Mitarbeit in politischen Gremien (insbes. Einflussnahme durch Expertisen) bis hin zu Korruption und Geldzuwendungen. In jüngerer Zeit ist insbesondere der Fokus in der Kommunikationswissenschaft stärker auf die medienvermittelte Verbandskommunikation gelegt worden. Doch ist damit eher die Aufmerksamkeit auf Desiderate zukünftiger Forschung gelegt worden, als dass diese Defizite bislang schon abgestellt worden wären.

Literatur

Alemann, Ulrich von (1987): Organisierte Interessen in der Bundesrepublik, Opladen.

Fischer, Heinz-Dietrich (Hrsg.) (1991): Medienverbände in Deutschland, Berlin.

Hackenbroch, Rolf (1998): Verbändekommunikation, in: O. Jarren et al. (Hrsg.): Politische Kommunikation in der demokratischen Gesellschaft, Opladen: 482-488.

Rucht, Dieter (1993): Parteien, Verbände und Bewegungen als Systeme politischer Interessenvermittlung, in: O. Niedermayer/ R. Stöss (Hrsg.): Stand und Perspektiven der Parteienforschung in Deutschland, Opladen: 251-275.

Rudzio, Wolfgang (2000): Das politische System der Bundesrepublik Deutschland, Opladen.

Schulze, Volker (1994): Im Interesse der Zeitung. Zur Kommunikationspolitik des Bundesverbandes Deutscher Zeitungsverleger vom Ausgang der sechziger bis zum Beginn der neunziger Jahre, Frankfurt/M.

Stöber, Rudolf (1992): Pressefreiheit und Verbandsinteresse. Die Rechtspolitik des ‚Reichsverbands der Deutschen Presse' und des ‚Vereins Deutscher Zeitungs-Verleger' während der Weimarer Republik. Berlin.

Rudolf Stöber, Bamberg

Verständlichkeit

Definition/Begriffsbestimmung

Verständlichkeit ist Grundvoraussetzung jeder → Kommunikation. Insofern ist es nicht verwunderlich, dass das Problem der Verständlichkeit auch die Geschichte der Medien und des → Journalismus von Beginn an begleitet, ja dass die Verständlichkeit zu einem universellen Gradmesser für die → Qualität journalistischer Produkte geworden ist.

Die Begriffe Verstehen, Verständnis, Verständigung und Verständlichkeit bilden eine Begriffsfamilie: *Verstehen* ist die Voraussetzung für (gegenseitige) *Verständigung*, *Verständlichkeit* ist ein Qualitätsurteil, das auf der Basis eines entsprechenden (individuellen) *Verständnisses* gefällt wird. Im Zusammenhang einer Kommunikationstheorie betrachtet, ist das Problem des Verstehens auf einer mikrostrukturellen Ebene angesiedelt und wurde dementsprechend schwerpunktmäßig von Theorien bearbeitet, deren Gegenstand der Sprachgebrauch in der Kommunikation ist. Allerdings reicht das Problem des Verstehens in viele makrostrukturelle Phänomene hinein: ob systemtheoretisch von struktureller Kopplung zwischen Systemen die Rede ist (→ Systemtheorie), ob über → Medienwirkungen spekuliert wird oder ob die Adressatenorientierung eines Zeitungs-Relaunch beurteilt werden soll – die Ebene des Verstehens und die Annahme der Verständlichkeit liegen allen Aussagen über solche makrostrukturellen Zusammenhänge zugrunde. Nur wenn ein Beitrag in bestimmter Weise verstanden wurde, kann er zur Wahl einer bestimmten Partei motivieren, zur Ausbildung gewalttätiger Neigungen beitragen (→ Gewaltdarstellung) oder bei Rezipienten aus anderen gesellschaftlichen Systemen, wie Politik, Wissenschaft oder Wirtschaft zu dem führen, was in der Systemtheorie als ‚Irritation' bezeichnet wird.

Verständlichkeit und Verstehen

Für die Komplexität des Problems der Verständlichkeit lässt sich im Hinblick auf das Verstehen eine ganze Reihe von Gründen ausmachen:

- Die *Vielschichtigkeit* des Verstehens: Die Gegenstände des Verstehens können ganz unterschiedlicher Art sein. Verstehen kann man Äußerungen, Texte, Sätze, Wörter, Bilder, Hypertexte, Abbildungen, Gesten, Theorien, Menschen, eine Sprache oder eine Handlung. Das Verstehen einer Intention, einer Absicht, scheint dabei allerdings insofern eine Sonderrolle einzunehmen, als es den verschiedenen Verstehensdimensionen zugrunde liegt: Verstehen, wie ein Text oder ein Filmbeitrag gemeint (‚intendiert') ist, führt zu dem, was man den kommunikativen Sinn der entsprechenden Kommunikationsbeiträge nennen kann. Für die Massenkommunikation ist es entscheidend, Intentionalität und Meinen über das individuelle Handeln singulärer Medienakteure hinaus zu erweitern: Kollektiv verfolgte Intentionen sind kommunikative Zwecke oder Strategien, die von Redaktionen, Parteien, Rundfunkanstalten, Unternehmen oder Verbänden umgesetzt werden können. Das Verständnis von Medienbeiträgen zielt gerade auf diese kommunikativen Zwecke, die über die Intentionen der Einzelakteure hinausweisen.

- Die *Offenheit* der Verstehenskriterien: Hypothesen über Medienwirkungen basieren – oft unhinterfragt – auf der Annahme von homogenen Verständnissen bestimmter Medienprodukte. Die verstehensorientierte Rezeptionsforschung, auch ‚Aneignungsforschung' genannt, hat aber gezeigt, dass die Einlassung auf und die Zuwendung zu einem Medienprodukt ganz unterschiedlich ausgeprägt sein kann und das ganze Spektrum vom ‚Nebenbei-Konsum' bis zur konzentrierten Aufmerksamkeit umfasst. Dementsprechend offen ist, was als Verstehen eines Medienproduktes gilt: die Zuordnung zu einem bestimmten Thema, die Identifikation einer der auftretenden oder genannten Personen, die Einordnung in einen Diskussionszusammenhang, oder die Erkenntnis, den Beitrag früher schon einmal gesehen zu haben.
- Die *Unmerklichkeit* des Verstehens: Verstehen stellt sich ein; man kann es nicht erzwingen, weder bei sich selbst, noch bei einem Kommunikationspartner. Verstehen ist deshalb auch kein Prozess, wie verschiedene psychologische Theorien annehmen. Man kann nicht zwei Stunden lang etwas verstehen und dann aufhören. Was Prozesscharakter hat, ist das Interpretieren, auf das wir dann zurückgreifen, wenn sich das Verstehen nicht einstellt. Ob jemand etwas verstanden hat, zeigt sich in der Kommunikation, z. B. darin, wie er über einen Fernsehbeitrag oder über einen Zeitungstext diskutieren kann.
- Die *Subjektivität* des Verstehens: Verständlich ist ein Kommunikationsbeitrag immer nur für ein bestimmtes Individuum. D. h.: Verständlichkeit ist immer relativ zur kommunikativen Kompetenz, zu den Wissensvoraussetzungen und auch zur Kommunikationssituation, in welcher sich der entsprechende Adressat befindet. Verständlichkeit ist deshalb keine Eigenschaft der Kommunikationsbeiträge, also beispielsweise von Texten, Filmbeiträgen, Fotos oder Grafiken, sondern ein Attribut, das ein bestimmter Adressat einem Kommunikationsbeitrag beimisst – also ein typisches Beobachterkonstrukt.

In der Medienkommunikation ist das Problem der Verständlichkeit gewissermaßen radikalisiert: die Anonymität der Adressaten, die Verschiedenheit und Unvorhersehbarkeit der Rezeptionssituation sowie die fehlende Rückfragemöglichkeit verschärfen – im Vergleich zur direkten Kommunikation – das Problem auf allen Ebenen.

Forschungs-Traditionen

Trotz der offensichtlich zentralen Rolle, welche die Begriffe Verstehen und Verständlichkeit für eine Theorie der → Kommunikation und der Massenkommunikation spielen, haben sowohl Verstehenstheorien als auch die Verständlichkeitsforschung bislang eher ein Schattendasein in der Medien- und Kommunikationswissenschaft geführt. Das lange Zeit – und teilweise noch heute – vorherrschende Übertragungsmodell der Kommunikation, ist kein guter Nährboden für Verständlichkeitsforschung: Versteht man Kommunikation im Sinne einer Informationsübertragung von einem Sender zu einem Empfänger, so reduziert sich Verständlichkeit auf eine technische

Übertragungsqualität. Da aber der ‚Sender' in der Kommunikation → Information nicht an einen Empfänger abgibt, wie ein Verkäufer seine Ware an den Kunden, kann dieses Modell für die Kommunikation nicht passen. Wenn in der Medien- und Kommunikationswissenschaft mehr von Wirkungen als von Verständlichkeit die Rede ist, so spiegelt das die technisch-kausale Sichtweise der Kommunikation, die hinter dem Übertragungsmodell steht.

Als journalistische Qualitätsnorm taucht die Verständlichkeit allerdings seit dem ersten Zeitungsjahrhundert regelmäßig auf, wobei die Besonderheit des *Wortschatzes* (z. B. Fach- und Fremdwortschatz), die *syntaktische Komplexität* (wie Satzlänge oder Hypotaxe) sowie *Textgliederung* und *thematische Ordnung* die zentralen Verständlichkeitsaspekte darstellen. Bezugspunkt ist das rhetorische Prinzip des „prodesse et delectare" aus der Schulrhetorik, das *Caspar Stieler* (1632-1707) im Titel seiner die Zeitungsdebatten des 17. Jahrhundert zusammenfassenden Schrift „Zeitungslust und Nutz" explizit zitiert. Rhetorische Regeln sind bis in die Gegenwart eine Bezugsquelle für Verständlichkeits-Ratgeber und journalistische Stilbücher geblieben.

Auch in der Sprachwissenschaft, die geradezu prädestiniert wäre für eine wissenschaftliche Fundierung der Verständlichkeitsforschung, blieb diese aufgrund der Vorherrschaft des strukturalistischen Paradigmas lange Zeit unterbelichtet. Erst mit der so genannten ‚pragmatischen Wende' der Linguistik und der Sprachwissenschaft wurde die Perspektive der Sprachbenutzer und ihre kommunikativen Probleme überhaupt für theoriewürdig befunden.

Hans Jürgen Heringer hat (1979: 255) als einer der ersten in der Sprachwissenschaft die Frage aufgeworfen, ob Verständlichkeit ein „genuiner Forschungsbereich der Linguistik" sei, und sie auf der Grundlage einer Theorie des kommunikativen Handelns auch positiv beantwortet. Interessanterweise sah er bereits damals im Bereich ‚Öffentlichkeit und Medien' einen der wichtigsten Anwendungsbereiche sprachwissenschaftlicher Verständlichkeitsforschung.

Seine Initialzündung führte in der Linguistik zu einer ganzen Reihe von Forschungsinitiativen in so unterschiedlichen Bereichen wie den technischen Dokumentationen, der Medikamenteninformation, den Fernsehnachrichten, den Hörfunknachrichten, dem journalistischen Texten, sowie der Ausweitung der Verständlichkeitsproblematik auf Text-Bild-Zusammenhänge (Muckenhaupt 1980), Layout, Textdesign und Visualisierungen (Bucher 1996). Gemeinsam ist diesen Ansätzen die Abkehr von einem textorientierten und naturalistischen Verständlichkeitskonzept hin zu einem *interaktiven*: Verständlichkeit ist eine Qualität des Aneignungsprozesses eines Textes oder eines Medienproduktes und dementsprechend auch rezipientenabhängig.

Die in diesen unterschiedlichen Anwendungsfeldern aufblühende *Verständlichkeitsforschung* lässt sich in folgende Forschungsbereiche einteilen:

- die Fundierung kommunikativer Maximen,
- die kognitionswissenschaftliche Verständlichkeitsforschung,
- die empirisch-induktive Verständlichkeitsforschung
- und die textlinguistische und dialoganalytische Verständlichkeitsforschung.

Kommunikative Maximen

Dass die Verständlichkeitsmaxime nur ganz selten einer wissenschaftlichen Begründung unterzogen wurde, liegt an ihrer Selbstverständlichkeit. In dem folgenreichsten Begründungsversuch, den der Sprachphilosoph *Paul Grice* (1975) in den 60er Jahren vorgelegt hat, wird diese Selbstverständlichkeit der Verständlichkeitsmaxime mit deren metaphysische Charakter erklärt und in einen Zusammenhang mit anderen Maximen derselben Kategorie gestellt. Grice zeigt, dass es eine Art kommunikativer Imperativ ist, die Maximen der *Relevanz*, der *Informativität*, der *Wahrheit* und der *Verständlichkeit* in jeder Kommunikation zu berücksichtigen. Diese Maximen sind in seiner Argumentation die Bedingung der Möglichkeit von Kommunikation überhaupt und deshalb auch Bestandteil einer Definition von Kommunikation (→ Mediensprache).

Für die Verständlichkeit, welche die Art und Weise regeln soll, wie etwas zu sagen ist, formuliert Paul Grice die übergeordnete Supermaxime „Sei klar" ("Be perspicious"), die er folgendermaßen konkretisiert: „Vermeide Unklarheit im Ausdruck" („Avoid obscurity of expression"), „Vermeide Mehrdeutigkeit" („Avoid ambiguity"), „Fass dich kurz und vermeide Weitschweifigkeit" („Be brief, avoid unnecessary prolixity"), „Geh systematisch vor" („Be orderly") (ebd.: 46). Vor allem die auf der Grundlage der pragmatischen Linguistik betriebene Verständlichkeitsforschung hat sich auf diesen kommunikationsethischen Klärungsversuch gestützt, der später auch in der Medien- und Kommunikationswissenschaft aufgegriffen und konkretisiert und erweitert wurde (Muckenhaupt 1980; Bucher 2003).

Mentalistische Forschung

Die kognitionswissenschaftliche oder mentalistische Verständlichkeitsforschung geht von der Prämisse aus, dass Textverständnisse sich nicht einfach einstellen, sondern mittels kognitiver Operationen aus den Texten selbst abgeleitet werden. Diese *Inferenzen* erfolgen nach bestimmten Mustern und überführen die Struktur eines Textes in Wissensstrukturen; insofern wird in dieser Forschungsrichtung von einer *Leser-Text-Interaktion* ausgegangen (Ballstaedt/Mandl 1988: 1040).

Die Erforschung solcher Verstehensprozesse ist nur indirekt möglich, indem der Wissensaufbau entweder während der Rezeptionsphase mittels Messungen der Lesegeschwindigkeit, Blickaufzeichnungen oder durch die Methode des ‚Lauten Denkens' erschlossen, oder nachträglich durch Behaltenstests, Lückentests, Fragebögen oder Aktionstests ermittelt wird.

Mit der *Skript-Theorie* wurde eine wissenschaftliche Basis zur Analyse der mentalen Prozesse des Verstehens gefunden: Skripts sind kognitive Muster, nach denen die Abfolge von Ereignissen ebenso wie die Abfolge von Sätzen in einen sinnvollen Zusammenhang gebracht werden können und die es dem Rezipienten auch ermöglichen, Lücken durch Inferenzen zu schließen. Verständlichkeit lässt sich in diesem Modell definieren als Skriptangemessenheit. Die Textmerkmale, auf die sich nach diesem kognitiv-konstruktivistischen Verstehensmodells der Rezipient stützen kann, haben *Norbert Groeben* und *Ursula Christmann* (1989) in vier Dimensionen eingeteilt:

- Stilistische Einfachheit,
- Semantische Redundanz,
- Kognitive Strukturierung
- Konzeptueller Konflikt.

Empirisch hat sich die *kognitive Strukturierung* als bedeutsamste Verständlichkeitsdimension erwiesen. Die Maßnahmen zur expliziten Markierung der Textstruktur wie die Vorstrukturierung (‚advance organizer'), Hervorhebungen wichtiger Begriffe, Themen oder Inhalte, Zusammenfassungen, Beispiele und Kontrastmarkierungen sind auch in der journalistischen Stilistik aufgegriffen worden.

Empirisch-induktive Forschung

Ziel dieser Ansätze ist es, verständnisfördernde Bedingungen von Texten zu finden und die Verständlichkeit konkreter Texte zu prognostizieren. Verständlichkeit wird demzufolge als *textimmanentes* Merkmal – unabhängig von der Rezeption und dem Rezipienten – aufgefasst. In der Lesbarkeitsforschung (Readability) werden Verständlichkeitsformeln entwickelt, welche die Lesbarkeit und Verständlichkeit eines Textes messbar machen sollen. In diese Formeln finden vor allem sprachstatistische Daten Eingang (wie Wortlänge, Silbenzahl, Satzlänge oder Anzahl der unterschiedlichen Wörter), so dass auf der Basis eines Textauszuges dessen *Verständlichkeitsindex* errechnet werden kann (Ballstaedt/Mandl 1988: 1046 f.). Lesbarkeitsformeln schränken Verständlichkeit auf sprachliche Oberflächenphänomene ein, ohne auf Satz- und Textzusammenhänge, Textfunktionen, Darstellungsformen oder Adressatenfragen einzugehen. Insofern sind aus den so ermittelten Verständlichkeitsindizes auch keine Strategien zur Optimierung der Verständlichkeit eines Beitrages ableitbar.

Ein zweiter empirisch-induktiver Ansatz stützt sich auf Expertenurteile und versucht darüber, Dimensionen und Kriterien der Textverständlichkeit zu entwickeln. Der in Deutschland bekannteste und auch für den Journalismus folgenreichste Ansatz dieser Art ist das so genannte *Hamburger Verständlichkeitskonzept* (Langer et al. 1990). Aus Schätzdaten von Experten zu verschiedenen Texten werden vier Dimensionen der Verständlichkeit abgeleiten und konkretisiert, wie sie zum Teil bereits aus der rhetorischen und der stilistischen Verständlichkeitsforschung bekannt sind:

- sprachliche Einfachheit,
- Gliederung-Ordnung,
- Kürze-Prägnanz,
- zusätzliche Stimulanz (womit die vormals als ästhetisch bezeichnete Dimension gemeint ist).

Journalistische Stilbücher ganz verschiedener Provenienz haben sich regelmäßig auf diese Dimensionen bezogen und immer wieder auch mit den Befunden der Lesbarkeitsforschung für entsprechende stilistischen Prinzipen der Kürze und Prägnanz argumentiert (→ Mediensprache).

Textlinguistik und Dialoganalyse

Während die kognitionswissenschaftlichen Ansätze Kriterien der Verständlichkeit aus den mentalen Verarbeitungsprozessen abzuleiten versuchen, stützen sich die textlinguistischen und dialoganalytischen Ansätze auf die Merkmale des Rezeptionsgegenstandes selbst. Diese Schwerpunktsetzung bedeutet allerdings keinen Rückfall in einen textimmanenten Verständlichkeitsbegriff, da die Textrezeption systematisch einbezogen bleibt. Das erfolgt entweder auf der Grundlage eines kognitionswissenschaftlichen Modells (van Dijk/Kintsch 1983) oder aber im Rahmen einer sprachwissenschaftlichen Handlungstheorie (Heringer 1979).

So gehen *Teun van Dijk* und *Walter Kintsch* davon aus, dass sowohl das Wissen eines Menschen als auch der kommunikative Sinn von Texten hierarchisch gegliederte *Propositionsnetze* darstellen, und das Verstehen eines Textes darin besteht, die Textpropositionen schrittweise und additiv in Wissenspropositionen zu überführen. Textverständlichkeit ist demzufolge ein Kriterium der Propositionsanordnung; Textkohärenz wird so zum zentralen Verständlichkeitskriterium. Textsorten oder Darstellungsformen werden unter dieser Perspektive als Prototypen für Propositionsanordnungen verstanden, deren gemeinsame Kenntnis auf Seiten der Textproduzenten und der Textrezipienten die Verständigung erst ermöglichen.

Aus Sicht einer *handlungstheoretischen* Sprachwissenschaft ist der Propositionsbegriff zu eng, um Textstrukturen und damit auch Textverstehen zu modellieren. Texte werden in dieser Forschungstradition als komplexe Handlungszusammenhänge verstanden, die systematisch in mehreren Dimensionen strukturiert sind: Sowohl mit ganzen Texten werden Handlungen vollzogen (z. B.: die Bundesregierung kritisieren) als auch mit Textpassagen oder Sätzen (beispielsweise: ein Argument für die Schwächen der Bundesregierung anführen) – was deren Funktion im Textganzen ausmacht.

Mit einer handlungstheoretischen Sprach- und Kommunikationsauffassung gewinnt man eine breite Palette von Dimensionen der Dialog- oder Textorganisation, die systematisch untereinander zusammenhängen und die alle verstehensrelevant sind:

- die Funktionen oder Handlungen von Texten, Textpassagen und Abbildungen,
- die Themen und Inhalte (Propositionen),
- die lexikalische und syntaktische Form eines Textes,
- die kommunikativen Prinzipien, nach denen ein Beitrag gestaltet ist,
- das vorausgesetzte Wissen,
- und die entsprechenden Festlegungen, die ein Produzent mit seinen Beiträgen eingeht.

Einen Kommunikationsbeitrag verstehen heißt dementsprechend, alle relevanten Zusammenhänge sehen, die auf den verschiedenen Ebenen der Text- und Dialogorganisation bestehen können (Bucher 1999). Verfahren zur Optimierung der Textverständlichkeit umfassen deshalb nicht nur lexikalische und syntaktische Maßnahmen, sondern auch:

- *kohärenzstiftende Verfahren* sowohl auf der Mikroebene (Kohärenzmarkierungen wie Aufzählungen, Konjunktionen, adversative oder argumentative Ausdrücke) als auch auf der Makroebene (Überschriften, Vorspänne, Zwischentitel);
- Maßnahmen zur Herstellung *gemeinsamen Wissens* – in Form von Worterklärungen, Hintergrundinformationen, Zusammenfassungen einer Vorgeschichte;
- *reflexive Maßnahmen* zur Erklärung medienspezifischer oder redaktioneller Hintergründe und Zusammenhänge;
- *Visualisierungen* zur Veranschaulichung komplexer Sachverhalten.

Ein solches Verständlichkeitskonzept hat den Vorteil, dass es Einsichten und Anregungen anderer Ansätze integrieren kann, ohne deren Einseitigkeiten zu übernehmen.

Entwicklungsperspektiven/Ausblick

Fragen des Verstehens und der Verständlichkeit wurden bis vor kurzem ausschließlich im Hinblick auf lineare Kommunikationsangebote behandelt. Mit den Neuen Medien und dem → Internet, aber auch schon mit den modernen Tageszeitungen sind non-lineare Medien mit hypertextuellen Strukturen entstanden, die eine Erweiterung des Problemhorizontes zumindest unter zwei Gesichtspunkte erfordern. Erstens: Wenn in solchen Hypertexten die Sequentialität aufgebrochen ist, und die Nutzer ihre eigenen Nutzungssequenzen herstellen, muss die dafür erforderliche Unterstützungsleistung eines Angebotes ein zentraler Verständlichkeitsgesichtspunkt werden. Mit der *Usability*-Forschung ist diese Erweiterung des Verständlichkeitskonzeptes auf kommunikative Cluster bereits in Ansätzen vorgenommen und auch in entsprechende verständnissichernde Maßnahmen überführt worden (Bucher 2001).

Und zweitens: Die Simultanität mehrerer Darstellungsformen wie Text, Bild, Grafik, Video und Audio – auch als Multimedia bezeichnet – erfordert eine Erweiterung eines textbezogenen Verständlichkeitskonzeptes hin zu so genannten *multimodalen Kommunikationsformen.* Textdesign, Kommunikationsdesign und Hypertextualität bilden den theoretischen Rahmen für die Fundierung eines auf non-lineare Medien ausgeweiteten Verständlichkeitskonzeptes.

Literatur

Ballstaedt, Steffen-Peter/Heinz Mandl (1988): The Assessment of Comprehensibility, in: U. Ammon et al. (Hrsg.): Sociolinguistics: An International Handbook of the Science of Language and Society, Berlin/New York: 1039-1052.

Bucher, Hans-Jürgen (1996): Textdesign – Zaubermittel der Verständlichkeit?, in: E. W. B. Hess-Lüttich et al. (Hrsg.): Textstrukturen im Medienwandel, Frankfurt/M.: 31-59.

Bucher, Hans-Jürgen (1999): Sprachwissenschaftliche Methoden der Medienanalyse, in: J.-F. Leonhard et al. (Hrsg.): Medienwissenschaft, Bd. 1, Berlin/New York: 213-231.

Bucher, Hans-Jürgen (2001): Von der Verständlichkeit zur Usability. Rezeptionsbefunde zur Nutzung von Online-Medien, in: Osnabrücker Beiträge zur Sprachtheorie (OBST) 63: 45-66.

Bucher, Hans-Jürgen (2003): Journalistische Qualität und Theorien des Journalismus, in: H.-J. Bucher/K.-D. Altmeppen (Hrsg.): Qualität im Journalismus, Wiesbaden: 11-34.

Dijk, Teun A. van/Walter Kintsch (1983): Strategies of Discourse Comprehension, New York.

Grice, Paul (1975): Logic and Conversation, in: P. Cole/J. L. Morgan (Hrsg.): Syntax and Semantics, Bd. 3: Speech Acts, New York: 41-58.

Groeben, Norbert/Ursula Christmann (1989): Textoptimierung unter Verständlichkeitsperspektive, in: G. Antos/H. P. Krings (Hrsg.): Textproduktion, Tübingen: 165-196.

Heringer, Hans Jürgen (1979): Verständlichkeit: Ein genuiner Forschungsbereich der Linguistik, in: Zeitschrift für Germanistische Linguistik (ZGL) 1979/7: 255-278.

Langer, Inghard et al. (1990): Sich verständlich ausdrücken, 4. neugest. Aufl., München/Basel.

Muckenhaupt, M. (1980): Der Ärger mit Wörtern und Bildern, in: Kodikas/Code. An international Journal of Semantics, 1980/2: 187-209.

Hans-Jürgen Bucher, Trier

Visualisierung

Definition/Begriffsbestimmung

‚Visualisierung' ist ein zunächst technisch besetzter Begriff, der die bildliche Darstellung eines Kommunikationsprozesses, einer inhaltlichen Botschaft oder eines Kommunikationsmediums beschreibt. Dabei impliziert Visualisierung, dass das Dargestellte bereits in anderer, nicht-bildlicher Form kommuniziert wurde.

Visualisierung ist von der umfassenderen Bezeichnung ‚Visuelle Kommunikation' (Lester 2000; Knieper/Müller 2001; Müller 2003) zu unterscheiden. In einer engen Definitionsvariante bezeichnet Visualisierung lediglich den Prozess der Verbildlichung von Inhalten oder Botschaften. Innerhalb dieser engen Definition stehen Gestaltungs- und Wirkungsaspekte im Vordergrund. Weiter gefasst kann Visualisierung auf größere gesellschaftliche Kommunikationsprozesse über längere Zeiträume bezogen werden. Die Fragestellungen im weiteren Kontext von Visualisierung befassen sich mit den Auswirkungen der Verbildlichung auf Kommunikationsprozesse generell sowie auf soziale, ökonomische und politische Teilsysteme von Gesellschaft (→ Kommunikation).

Forschungsstand

Der Visualisierungsprozess ist bislang nur ungenügend erforscht. Empirische Beobachtungen deuten jedoch darauf hin, dass visuelle Kommunikationsprozesse anders ablaufen als textuelle Kommunikationsprozesse. Während *textbasierte* Kommunikation – verbal und schriftlich – einer rational-argumentativen Logik folgen, gründet *bildbasierte* Kommunikation auf einer assoziativen Logik (Müller 2003: 22).

Bedeutungsähnlichkeiten zwischen verschiedenen Bildeindrücken können aufgrund einer visuellen Analogie hergestellt werden, die nicht unbedingt rational begründet sein muss. Die optische Erscheinungsähnlichkeit kann eine Inhaltsähnlichkeit suggerieren. Aufgrund dieser Ambivalenz visueller Kommunikation werden Bildern häufig manipulative Wirkungen unterstellt, die bislang nicht eindeutig nachgewiesen sind (→ Bild-Journalismus).

Die wissenschaftliche Auseinandersetzung mit visuellen Formen des Journalismus ist noch relativ jung. Dies ist nicht zuletzt auf die Textfokussierung des westlichen Kulturkreises zurückzuführen, der Informationen als wortgebunden begreift und Bildern tendenziell eher emotionale Qualitäten zuspricht. Zugleich war die zweite Hälfte des 20. Jahrhunderts durch einen journalistischen Visualisierungstrend charakterisiert, der sich auch in der vermehrten Erforschung der Bildmedien niederschlug. Dabei sind Studien zu Bildrezeption und Bildwirkung rar.

In den 70er Jahren entwickelte eine Schweizer Forschergruppe das so genannte ‚Berner System'; das im Wesentlichen ein Kodierschema zur Beschreibung natürlicher menschlicher Bewegungen auf Filmmaterial ist (Frey 1999: 65-73). Der aus der psychologischen Stereotypenforschung stammende Ansatz zielt auf die Erforschung visueller Medienwirkungen, unter anderem auf den Zusammenhang von Visualisierung und Personalisierung in der politischen Kommunikation (Frey 1999: 95-97). Erste Ergebnisse deuten daraufhin, dass erstens „bereits eine schemenhafte Wahrnehmung menschlicher Gesichtszüge genügt, um bei den Betrachtern eine dezidierte Meinung über die Persönlichkeitseigenschaften der Stimulusperson hervorzurufen" und zweitens, „das Bewegungsverhalten einer Person in weitaus stärkerem Maße als deren statisches physiognomisches Aussehen den Prozeß der spontanen Eigenschaftszuschreibung steuert" (ebd.: 135 f.). Anders ausgedrückt: Die Körperhaltung ist für die Zuschreibung von Sympathie oder Kompetenz wichtiger als die Mimik.

In eine ähnliche Forschungsrichtung zielt auch das am *Institut für Demoskopie Allensbach* entwickelte Instrumentarium der *Bildsignale* für die Anwendung in Repräsentativumfragen (Petersen 2003). Visualisierung ist in diesem Kontext vor allem auf die Erforschung menschlicher Porträtdarstellungen in Printbildern gerichtet.

Für die Printmedien einschlägig ist auch die Forschung zur *Infografik* – der visuellen Illustration journalistischer Beiträge. Der Begriff wurde in den 80er Jahren geprägt und beschreibt das Ziel von Tageszeitungsredaktionen, „Informationen grafisch aufzubereiten und zu präsentieren" (Knieper 1995: 3). Ein innovatives und noch kaum erforschtes Gebiet sind Pressefotografien und ihre spezifischen visuellen Produktions- und Wirkungskontexte (Grittmann 2003). Jenseits dieser empirischen Ansätze sind in der Visualisierungsforschung eher bildtheoretische Herangehensweisen verbreitet (Sachs-Hombach 2003), die Bilder als Texte und semiotische Konstruktionen analysieren.

Visualisierung ist in der US-amerikanischen Forschungslandschaft schon seit längerer Zeit fest verankert (→ USA). Hingegen hat die *Deutsche Gesellschaft für Publizistik- und Kommunikationswissenschaft* (DGPuK) erst seit 2000 eine eigene Sektion, die sich mit dem Gebiet der visuellen Kommunikation befasst.

Praxisrelevanz und internationale Bezüge

Praxisrelevanz besitzt der Ansatz des Medienpädagogen *Christian Doelker* (1999), der unter dem Begriff *visuelle Kompetenz* die Vielfalt und die Wirkungsweise von Bildern mit dem Ziel analysiert, die Fähigkeit der Betrachter zur Bildanalyse zu befördern. Einen anderen, praktisch orientierten Analyseansatz vertritt *Marion G. Müller* (2003) mit einem dreistufigen Modell, das von der Bildbeschreibung über die Bildanalyse bis zur Bildinterpretation führt.

Ein ‚Klassiker' der visuellen Kommunikationsforschung mit starken praktischen Bezügen ist der Band von *Paul Martin Lester* (2000), der neben Grundlagen der Bildverarbeitung im Gehirn auch Tipps für die Bildgestaltung liefert – von der Typografie über Cartoons, Infografiken, Fotografie bis zu Film, Fernsehen und elektronischen Kommunikationsformen.

Fazit und Ausblick

Der *Visualisierungstrend* der letzten Jahrzehnte hat bis auf das Radio fast alle Massenmedien erfasst – von Print über Video, → Fernsehen, Film bis hin zur Computer- und Handykommunikation, so dass der visuellen Kommunikationsforschung im 21. Jahrhundert eine gesteigerte Bedeutung zukommt. Während beispielsweise die Fernsehkommunikation noch immer nicht adäquat auf ihre Strukturen, Funktionen und Wirkungen hin untersucht ist, liegt die Fragestellung nach visuellen Querbezügen zwischen verschiedenen Medientypen noch vollständig brach.

Die politische Instrumentalisierung der Bildmedien, etwa durch Terrorgruppierungen, die in Videobotschaften globale Aufmerksamkeit erzielen, gehört zu jenen Forschungsfeldern, die dringender Bearbeitung bedürfen (Knieper/Müller 2004). Zu den Aufgaben der Zukunft zählt auch die Entwicklung einer spezifischen journalistischen Ethik (→ Medienethik) der Visualisierung.

Literatur

Doelker, Christian (1999): Ein Bild ist mehr als ein Bild, 2. Aufl., Stuttgart.

Frey, Siegfried (1999): Die Macht des Bildes, Bern u. a.

Grittmann, Elke (2003): Die Konstruktion von Authentizität, in: T. Knieper/M. G. Müller (Hrsg.): Authentizität und Inszenierung von Bilderwelten, Köln: 123-149.

Knieper, Thomas (1995): Infographiken: Das visuelle Informationspotential der Tageszeitung, München.

Knieper, Thomas/Marion G. Müller (Hrsg.) (2001): Kommunikation visuell, Köln.

Knieper, Thomas/Marion G. Müller (Hrsg.) (2004): War Visions – Bildkommunikation + Krieg, Köln.

Lester, Paul Martin (2000): Visual Communication, 2. Aufl., Belmont/CA u. a.

Müller, Marion G. (2003): Grundlagen der visuellen Kommunikation, Konstanz.

Petersen, Thomas (2003): Der Test von Bildsignalen in Repräsentativumfragen: Erste Ergebnisse, in: T. Knieper/M. G. Müller (Hrsg.): Authentizität und Inszenierung von Bilderwelten, Köln: 102-122.

Sachs-Hombach, Klaus (2003): Das Bild als kommunikatives Medium, Köln.

Marion G. Müller, Bremen

Wahlforschung

Definition/Begriffsbestimmung

Unter dem Begriff der Wahlforschung wird ein breites Spektrum von Forschungsaktivitäten im Umfeld von Wahlkämpfen und Wahlen zusammengefasst. Im Folgenden soll nur ein Teilsegment dieser Forschung diskutiert werden: die Versuche, das Wahl*verhalten* der Bürger in demokratisch verfassten Gesellschaften auf der Grundlage sozialwissenschaftlicher Theorien und empirischer Studien zu erklären. Im Mittelpunkt stehen dabei vor allem Forschungskonzepte, die sich mit dem Einfluss der Wahlkampfkommunikation auf die Wähler und in diesem Zusammenhang mit der Wirkung der Wahlkampfberichterstattung und -kommentierung sowie der Wahlwerbung in den → Massenmedien befassen.

Ausgeklammert werden damit die Umfrageforschung (→ Methoden der Kommunikationsforschung), mit der die Entwicklung der Wahlabsichten während eines Wahlkampfs erfasst und zu Wahlprognosen hochgerechnet wird, sowie die Hochrechnungen von Wahlergebnissen an Wahlabenden. Außerdem werden im Folgenden die Entstehung und Inhalte der Wahlkampfkommunikation in den Medien, mit denen sich Systemanalysen → politischer Kommunikation befassen, außer Acht gelassen.

Die Ergebnisse der Interaktionsprozesse zwischen Politik und Medien werden vielmehr vorausgesetzt (modelltheoretisch gesprochen: sie werden als ‚exogene' bzw. ‚unabhängige' Variablen definiert) – als Hintergrund für die Erörterung der Frage, ob Medien einen Einfluss auf Wähler und damit letztlich auch auf den Ausgang von Wahlen haben.

Geschichte/Entwicklung

Die Anfänge der modernen empirischen Wahlforschung werden häufig mit der 1940 durchgeführten und 1944 erstmals publizierten ‚Erie-County-Studie' von *Paul F. Lazarsfeld* (1901-1976) et al. gleichgesetzt. Der Ausgangspunkt der Studie war die Vermutung, dass der Medienwahlkampf – das modernste Medium war damals das → Radio – das Wahlverhalten unmittelbar beeinflussen könnte. Zwar wird noch heute über die angemessene Interpretation der Ergebnisse dieser Studie gestritten. Jedoch zeigte nicht nur sie, sondern auch die daran anschließende, umfangreiche Wahlforschung eindeutig die Grenzen einfacher monokausaler Vorstellungen vom Persuasionspotenzial der Medien in Wahlkämpfen auf. (→ Two-Step-Flow of Communication)

Politische Prädispositionen, die bei den Wählern schon vor Wahlkämpfen existieren und in ihren jeweiligen Lebenskontexten sozial verankert sind, sowie Gespräche über Politik in der Familie, mit Freunden und Kollegen haben vielmehr einen deutlich stärkeren Einfluss auf Wahlentscheidungen als die Wahlkampfberichterstattung und -kommentierung in den Medien. Der Einfluss der Medien ist vor allem auf die Verstärkung vorhandener politischer Einstellungen beschränkt. Dazu kommt als indirekter Wirkungsfaktor, dass politische Medienangebote von politischen Meinungsführern – den ‚politischen Wortführern' in den sozialen Netzwerken – stärker genutzt werden als von den restlichen Wählern.

Auch die Studien, die zu den berühmt gewordenen Fernsehdiskussionen zwischen *John F. Kennedy* und *Richard M. Nixon* im amerikanischen Präsidentschaftswahlkampf 1960 durchgeführt worden sind, belegen diesen Ergebnistrend (Weiß 1976: 36 ff.). Unabhängig davon hat gerade dieses Medienereignis den Ruf vom → Fernsehen als ‚wahlkampfentscheidendem Medium' in Politik und Öffentlichkeit begründet. Dementsprechend orientiert sich der Politik- und Medienbetrieb in Wahlkampfzeiten weiterhin an einem Persuasionsmodell, das – zumindest in seiner ursprünglichen Form – von der Kommunikationswissenschaft längst aufgegeben worden ist.

Etwa ab Ende der 60er Jahre vollzieht sich ein Umbruch der Fragestellungen und Untersuchungsansätze in der kommunikationswissenschaftlichen Wahlforschung. Anstelle der bisherigen Fokussierung auf die politische Meinungsmacht der Medien rücken nun Studien in den Vordergrund, die sich unmittelbarer mit den Auswirkungen der politischen Informationsgebung der Medien in Wahlkämpfen beschäftigten. Der gemeinsame Nenner dieser Forschungsansätze ist die Annahme, dass Massenmedien eher politische Vorstellungen (political cognitions, political beliefs) als politische Einstellungen (political attitudes) und das Wahlverhalten beeinflussen könnten.

Insbesondere in den USA wird seit Ende der 60er Jahre untersucht, welchen Einfluss die Selektivität der Berichterstattung (→ Nachrichtenselektion) über politische Wahlkampfthemen (Thematisierung, Umfang, Aufmachung etc.) darauf hat, wie die Wähler die politische Relevanz dieser Themen einschätzen. Die Ergebnisse einer der ersten Studien zu dieser Fragestellung, der 1972 von *Maxwell E. McCombs* und *Donald L. Shaw* (1972) veröffentlichten ‚Chapel Hill-Studie', waren so vielversprechend, dass sie einen wahren Forschungsboom auslösten (→ Agenda Setting).

Zwar belegt diese Forschung, dass auch die Thematisierungs- bzw. Themenstrukturierungseffekte der Medien in Wahlkämpfen an Rahmenbedingungen gebunden sind, die in ihrer Mehrzahl schon aus der Persuasionsforschung bekannt sind. Insbesondere sind es wiederum vor allem die Wähler, die – z. B. durch ein stärker oder schwächer ausgeprägtes politisches Informationsbedürfnis und ganz generell durch ihr politisches Kommunikationsverhalten – über das Agenda-Setting-Potenzial der Medien bestimmen. Andererseits konnten in dieser Forschungstradition vielfältige (bedingte) Effekte der medienvermittelten Wahlkampfkommunikation auf die politischen Vorstellungen der Wähler nachgewiesen werden.

Nahezu parallel zur Institutionalisierung der Agenda-Setting-Forschung skizzierte *Elisabeth Noelle-Neumann* (1973) eine andere Version der Rückkehr zur Konzeption mächtiger, politisch einflussreicher Medien. Ihr Thema ist der Medieneinfluss auf das öffentliche *Meinungsklima*, das sie in einem theoretisch vielschichtigen Konzept zusammenfasste (→ Schweigespirale). Angewandt auf Wahlkämpfe geht es dabei um die Frage, ob und wie Journalisten und Medien die Vorstellungen der Wähler über den Wahlausgang, über Sieger und Verlierer, beeinflussen können. Insbesondere eine Studie zum Bundestagswahlkampf 1976, auf deren Grundlage sie dem – damals noch exklusiv öffentlich-rechtlichen – Fernsehen einen ‚wahlentscheidenden' Einfluss zusprach (Noelle-Neumann 1977), wurde in Wissenschaft und Öffentlichkeit heftig diskutiert. (→ Öffentlichkeit/Öffentliche Meinung)

Diese Studie war nicht zuletzt deshalb so umstritten, weil die Autorin implizit einen Zusammenhang zwischen kognitiven Medieneffekten (Beeinflussung des Meinungsklimas) und Persuasionseffekten (Beeinflussung des Wahlverhaltens) herstellte. Betrachtet man die neueste Entwicklung der kommunikationswissenschaftlichen Wahlforschung, ist sie jedoch heute genau bei diesem Thema angekommen: der Suche nach theoretischen Konzepten, die eine Brücke zwischen dem – gut belegten – Einflusspotenzial der Medien auf politische Vorstellungen und den politischen Einstellungen und Verhaltensweisen der Wähler schlagen.

Besonders deutlich wird diese Entwicklung in der Ausweitung der Agenda-Setting-Forschung durch das ‚Framing'- sowie das ‚Priming'-Konzept (Dams 2004: 18 ff.) (→ Medienwirkungen). Das *Framing*-Konzept bezieht sich auf die Attribute, mit denen Wahlkampfthemen im Zuge der Wahlkampfberichterstattung und Wahlkampfkommentierung der Medien inhaltlich ‚aufgeladen' und derart mit politischen Tendenzen versehen werden können. *Priming* bedeutet, dass die Themen- und Ereigniskontexte der Wahlkampfberichterstattung einen indirekten Einfluss auf die Bewertung der Parteien und Kandidaten durch die Mediennutzer und Wähler haben. Die Berichterstattung der Medien über für bestimmte Parteien oder Kandidaten ‚günstige' bzw. ‚ungünstige' Themen und Ereignisse versieht diese mit Quasi-Attributen, aus denen positive bzw. negative Einstellungen der Mediennutzer gegenüber Parteien und Kandidaten resultieren können.

Forschungsstand und Bewertung

Trotz eines gemeinsamen Startpunkts, der viel zitierten ‚Erie-County-Studie' von Lazarsfeld und seinen Mitarbeitern zum amerikanischen Präsidentschaftswahlkampf im Jahr 1940, stehen politikwissenschaftliche und kommunikationswissenschaftliche Ansätze zur Erklärung des Wahlverhaltens relativ unverbunden nebeneinander. In der politikwissenschaftlichen Forschung werden einerseits längerfristige politische Einstellungen und deren Verankerung in sozialen Strukturen und Konflikten, andererseits die ‚reale Politik' (Parteien, Kandidaten sowie politische Streitfragen und Entscheidungen) als Bezugspunkt des Wählerverhaltens in den Mittelpunkt der Analysen gestellt (Dams 2004: 24 ff.). Folgende Forschungsansätze lassen sich unterscheiden:

- Der von Lazarsfeld et al. (1944) begründete *sozialstrukturelle* Ansatz geht davon aus, dass sich politische Einstellungen in den sozialen Lebens- und Arbeitskontexten der Wähler herausbilden und Wahlverhalten daher durch sozialstrukturelle Faktoren wie sozioökonomischer Status, Berufstätigkeit, Religion, Regionalität etc. prognostizierbar ist. Voraussetzung für die Anwendbarkeit dieses Erklärungskonzepts ist allerdings, dass sich das Parteiensystem über längere Zeit hinweg entlang gesellschaftlichen Konfliktlinien herausgebildet hat, so dass die einzelnen Parteien und Kandidaten bestimmten Konfliktlösungen und sozialen Milieus näher stehen (bzw. zumindest zu stehen scheinen) als anderen.

- Der von *Angus Campbell* et al. (1960) an der University of Michigan entwickelte *sozialpsychologische* Ansatz versucht Wahlverhalten langfristig auf der Grundlage der ‚Parteiidentifikation' der Wähler zu erklären. Dazu kommen als kurzfristige (und damit wahlkampfrelevante) Erklärungsfaktoren die Orientierung an politischen Sachthemen und Kandidaten. Von einer ‚Normalwahl' wird dann gesprochen, wenn die kurzfristige Einschätzung der Sach- und Personalpolitik der konkurrierenden Parteien mit der langfristigen Parteiidentifkation übereinstimmt. Ein von dieser Norm abweichendes Wahlverhalten wird jedoch durchaus als ‚modellverträglich' angesehen und durch widersprüchliche Wahlkampfkonstellationen erklärt.
- Der *Rational-Choice-Ansatz* schließlich verwendet die Axiome der ökonomischen Theorie der Politik von *Anthony Downs* zur Erklärung des Wahlverhaltens. Danach entscheiden sich die Wähler – nach subjektiven (!) Rationalitätskriterien – für diejenige Partei, die ihren eigenen Zielvorstellungen am nächsten kommt. Voraussetzung für die Anwendbarkeit dieses Modells ist nicht nur, dass solche Zielvorstellungen bei den Wählern existieren, sondern auch, dass sie entlang solchen Kriterien die Grundpositionen sowie die konkrete Politik der konkurrierenden Parteien beurteilen.
- Die *kommunikationswissenschaftliche* Wahlforschung unterstellt, zumeist ohne explizite Bezugnahme auf alternative oder komplementäre Konzepte der politikwissenschaftlichen Wahlforschung, dass (1) sich die Entscheidung der Wähler für eine bestimmte Partei oder einen bestimmten Kandidaten in der vergleichsweise kurzen Zeitspanne vor der Wahl herauskristallisiert, (2) diese Entscheidung durch den Wahlkampf beeinflusst wird, und (3) den Journalisten und Medien in diesem Einflussprozess eine entscheidende Bedeutung zukommt.

Ausgesprochen kurzfristige Auswirkungen der massenmedialen Konstruktion von Politik treten damit in den Vordergrund. An realen politischen Konflikten und Parteipositionen längerfristig orientiertes Wahlverhalten tritt ebenso in den Hintergrund wie die aus der subjektiven Sicht der Wähler ‚rationale' Abrechnung politischer Leistungen und Fehlleistungen von Parteien und Kandidaten während einer Legislaturperiode.

Das konstante Element in den theoretischen Modellen der kommunikationswissenschaftlichen Wahlforschung ist die Grundannahme, dass mediale Faktoren der Wahlkampfkommunikation irgendeinen Einfluss auf Mediennutzer und Wähler haben. Verändert haben sich in der historischen Entwicklung dieser Forschung die Annahmen, welche Effekte dies im Einzelnen sein könnten und wie sie sich wechselseitig bedingen. In dieser Frage ist eine starke Parallelität zur allgemeinen konzeptionellen Entwicklung der Medienwirkungsforschung festzustellen. Die Ursache dafür liegt auf der Hand: Politik und Wahlkämpfe sind ein zentrales Feld der Medienwirkungsforschung (Dams 2004: 12 ff.) (→ Medienwirkungen).

Die neuere Wahlforschung, die sich auf die ‚zweite Dimension' von Agenda-Setting-Effekten der Massenmedien bezieht, ist durchaus als Rückkehr zur Erforschung von Einstellungs- und Verhalteneffekten der Massenmedien in Wahlkämpfen zu verstehen. Allerdings werden nun nicht nur längere Wirkungsketten zwischen politischen Medieninformationen, politischen Vorstellungen, politischen Einstellungen und Wahlverhalten unterstellt. Vielmehr ist nun auch – in Abkehr von linearen, hierarchischen Wirkungsmodellen – mehr Raum für die Analyse der Interaktion zwischen unterschiedlichen Effektdimensionen.

In dieselbe Richtung weist das *RAS-Modell* von *John R. Zaller* (1989), das in der politik- und kommunikationswissenschaftlichen Wahlforschung gleichermaßen stark beachtet wird (Dams 2004: 126 ff.). Zaller geht davon aus, dass Menschen Informationen rezipieren (*r*eceive), einen Teil davon akzeptieren (*a*ccept) und akzeptierte Informationen zu ‚Erwägungen' – im Sinne von Einstellungen bzw. Orientierungen – verarbeiten. Wenn Menschen Entscheidungen treffen müssen, ziehen sie aus diesen Erwägungen eine Art Gedächtnis-Stichprobe (*s*ample). Dabei folgen sie einer Entscheidungsheuristik, die vorwiegend auf leicht verfügbare (‚top of the head') Erwägungen zurückgreift.

Bezogen auf Wahlkämpfe und Wahlentscheidungen spricht Zaller den Medien deshalb eine zentrale Rolle zu, weil sie durch die aktuelle Wahlkampfberichterstattung und -kommentierung ständig Einfluss darauf haben, welche (akzeptierten) politischen Informationen bzw. politischen Erwägungen bei den Mediennutzern und Wählern ‚top of the head' sind, sobald sie nach ihrer politischen Meinung gefragt werden. Folgt man dieser Entscheidungslogik, dann reicht der Einfluss der Medien zwangsläufig auch bis in die Wahlkabine hinein.

Anzumerken ist allerdings, dass die zuletzt skizzierten Zusammenhänge vorwiegend Modellcharakter haben. Empirisch abgesichert ist der Brückenschlag zwischen der Analyse kognitiver und persuasiver Medienwirkungen in Wahlkämpfen noch lange nicht.

In diesem Bereich sind aber in Zukunft die größten Forschungsinvestitionen zu erwarten.

Literatur

Campbell, Angus et al. (1960): The American Voter, New York.

Dams, Andreas (2004): Zweitstimme ist Kanzlerstimme! Die Abhängigkeit der Kanzlerpräferenz von Fernsehnachrichten und Wirtschaftslage, Berlin (veröffentlicht: www.diss.fu-berlin.de/2004/158/index.html.

Downs, Anthony (1957): An Economic Theory of Democracy, New York.

Kaase, Max (2000): Entwicklung und Stand der Empirischen Wahlforschung in Deutschland, in: M. Klein et al. (Hrsg.): 50 Jahre Empirische Wahlforschung in Deutschland, Wiesbaden: 17-40.

Lazarsfeld, Paul F. et al. (1944): The People's Choice, New York.

McCombs, Maxwell E./Donald L. Shaw (1972): The Agenda-Setting Function of Mass Media, in: Public Opinion Quarterly 36: 176-187.

Noelle-Neumann, Elisabeth (1973): Return to the Concept of Powerful Media, in: Studies of Broadcasting 9: 67-112.

Noelle-Neumann, Elisabeth (1977): Das doppelte Meinungsklima, in: Politische Vierteljahresschrift 18: 408-451.

Schmitt-Beck, Rüdiger (2000): Politische Kommunikation und Wählerverhalten, Wiesbaden.

Schulz, Winfried (1997): Politische Kommunikation, Opladen.

Weiß, Hans-Jürgen (1976): Wahlkampf im Fernsehen, Berlin.

Zaller, John R. (1989): The Myth of Massive Media Impact Revived: New Support for a Discredited Idea, in: D. Mutz et al. (Hrsg.): Political Persuasion and Attitude Change, Ann Arbor/MI: 17-78.

Hans-Jürgen Weiß, Berlin

Werbung

Definition/Begriffsbestimmung

Sichtet man die Literatur zum Thema Werbung, so findet sich eine kaum überschaubare Zahl unterschiedlicher Definitionen dieses Begriffs. Dies dürfte vor allem auch damit zusammenhängen, dass es sich bei Werbung um ein dynamisches wie heterogen erscheinendes Phänomen mit breitem bzw. nicht eindeutig abgegrenztem Geltungsbereich handelt.

Werbung unterliegt – einhergehend mit gesellschaftlichem und medienspezifischem Wandel – bestimmten Veränderungen, die wiederum zwangsläufig zu Anpassungen der Definition an diese Veränderungen führen. Des Weiteren wird die Definition des Begriffs durch die gewählte Betrachtungsperspektive und die Intention des Definierenden bestimmt. Unterschiede ergeben sich also daraus, ob eine normativ oder deskriptiv geprägte Definition angestrebt wird bzw. ob primär eine instrumentelle, prozessuale oder eher teleologisch-funktionale Perspektive und diese jeweils aus einer bestimmten Disziplin heraus (Ökonomie, Psychologie, Kommunikationswissenschaft, Soziologie usw.) gewählt wird.

Als Letztes begründet sich die Vielfalt der Begriffsbestimmungen auch aus weder in der Praxis noch in der Wissenschaft klar vollzogenen Abgrenzungen in Bezug auf Geltungsbereich und Kommunikationsform. So verstehen manche Autoren den Begriff auf Wirtschaftswerbung begrenzt, wohingegen andere Werbung als grundsätzlich auf unterschiedliche gesellschaftliche, auch nicht erwerbswirtschaftliche und ideelle Bereiche ausdehnbar verstehen. Ebenso wenig gibt es eine eindeutige und von Konsens getragene Grenzziehung zwischen dem Marketinginstrument Werbung und anderen kommunikationspolitischen Instrumenten (z. B. Verkaufsförderung oder Direkt-Marketing).

Eine zeitgemäße und die relevanten Begriffsbestimmungen (gemessen an der Häufigkeit mit der sie in der einschlägigen Fachliteratur zitiert werden) zusammenfassende Definition sieht Werbung aus einer kommunikationswissenschaftlich-wirtschaftswissenschaftlichen Perspektive als einen Beeinflussung intendierenden Kommunikationsprozess (→ Kommunikation) mittels Medien, in dem der Versuch unternommen wird, psychische Größen und Verhaltensweisen im Sinne von Werbezielen zu verändern.

Geschichte/Entwicklung

Ein Beginn der Geschichte der Werbung lässt sich nicht genau bestimmen. Vielmehr entwickelte sich Werbung aus ihren diversen Vorformen, wobei es keine Übereinkunft gibt, welche dieser, respektive ab wann diese vorausgehenden Formen der Marktkommunikation als Werbung zu bezeichnen sind.

Erste Informationen über und Anpreisungen von Waren und Dienstleistungen sind bereits aus dem dritten Jahrtausend v. Chr. in Form von Tontafeln dokumentiert. In den hoch entwickelten antiken Kulturen der Römer und Griechen wurde dann nachweislich schon sehr systematisch Marktkommunikation betrieben. So hatten die Griechen bereits ‚axones' – spezielle Anschlagtafeln bzw. -pfeiler, die sich langsam drehten – ersonnen, und die Römer nutzten spezielle weiß getünchte Anschlagstellen (‚Alben'), die von Berufsmalern, den ‚Dipinti', mit Ankündigungen und Lobpreisungen von Waren beschrieben wurden.

Die Erfindung und Fortschritte der Drucktechnik führten zu einem ersten größeren Entwicklungsschub der Vorformen werblicher Kommunikation. Erweiterte technische Möglichkeiten und sich entwickelnde Medien (Handzettel, Anschläge und Zeitungen) boten neue Möglichkeiten der Anpreisung von Waren und Dienstleistungen. Zu dieser Zeit wurde jedoch noch in erster Linie auf Dienstleister und Warengruppen aufmerksam gemacht, die außerhalb der strengen, durch die Zünfte kontrollierten Wirtschaftsordnung standen, wie z. B. reisende Wunderärzte, Quacksalber und Buchhändler.

Den entscheidenden gesellschaftlichen wie ökonomischen Entwicklungsschub erhielt die damals so genannte ‚Propaganda' bzw. ‚Reklame' Mitte des 19. Jahrhunderts durch die Entstehung des Markenartikels, der sich gegenüber ‚normaler' Ware dadurch auszeichnete, dass er markiert war, in gleich bleibender Quantität, Qualität, und Aufmachung sowie einem größeren Absatzraum angeboten wurde. Die wachsenden Reichweiten der Zeitungen und speziell der Illustrierten (→ Presse) machten eine gezielte Ansprache von Massenpublika möglich.

Erst in den 30er Jahren des 20. Jahrhunderts setzte sich der vorher primär mit der Bedeutung ‚Soldatenanwerbung' belegte Begriff ‚Werbung' gegenüber dem bis dahin verwendeten Begriff ‚Reklame' durch. Dies ist auch ein Zeichen für den Wandel des Verständnisses absatzpolitischer Kommunikation, deren Funktion nicht mehr auf die Bedeutung des Wortes Reklame (‚etwas bekannt machen') beschränkt, sondern aufgrund sozio-ökonomischer wie medien- und kommunikationstechnischer Veränderungen wesentlich erweitert gesehen wird. Verstärkt seit den 70er Jahren zeichnet sich Werbung durch zunehmende Emotionalisierung, Bilddominanz, Innovation der Werbeformen, Differenzierung, Fragmentierung der Nutzerschaften und Integration der unterschiedlichen Kommunikationsformen aus.

Forschungsstand

Werbeforschung lässt sich anwendungsbezogen vor allem aus einer kommunikations- und medienwissenschaftlichen und psychologischen wie aus einer wirtschaftswissenschaftlichen Perspektive betreiben. Recht allgemein gilt für den momentanen Forschungsstand, dass dieser quantitativ bisher deutlich stärker von den Wirtschaftswissenschaften getragen wird und (gemessen an anderen Feldern der Massenkommunikation und der gesellschaftlichen und ökonomischen Bedeutung des Themas) als insgesamt unzureichend zu bewerten ist.

Die Forschungsdefizite sind grundlegender Art und besonders im Bereich der Theoriebildung auszumachen. So verzichten nach einem DFG-Bericht rund die Hälfte der empirischen Arbeiten aus diesem Bereich gänzlich auf jegliche theoretische Fundierung ihres Vorgehens. Die restlichen basieren in der Regel auf relativ simplen Wirkungsmodellen.

Dies gilt für viele akademische Arbeiten, aber besonders für kommerzielle Studien aus der Praxis. Der größte Teil dieser Forschung ist für die Weiterentwicklung der Theoriebildung im Bereich der Werbung wenig hilfreich, da sie rein evaluativer Natur ist und somit keinen theoretischen Beitrag liefert. Vielfach handelt es sich auch um so genannte ‚Ad-hoc'-Forschungen, deren Ergebnisse sich nicht verallgemeinern lassen. Aufwändigere Auftragsforschung wiederum wird aus Wettbewerbsgründen in den seltensten Fällen öffentlich zugänglich gemacht.

Gerade im Bereich der → Kommunikationswissenschaft lassen sich deutliche Theoriedefizite in Bezug auf Werbung ausmachen. Dies hängt zum einen damit zusammen, dass es sich bei Werbung um eine spezielle Kommunikationsform handelt – d. h., Theoriemodelle der allgemeinen Kommunikationswissenschaft lassen sich hier nur sehr bedingt übertragen – zum anderen, dass sich die deutschsprachige Kommunikations- und Medienwissenschaft mit dem Thema Werbung generell schwer tut. Und dies trotz eines gestiegenen gesellschaftlichen Stellenwertes, der eine akademische Forschung der Werbung als eigenständigen Bereich der Massenkommunikation notwendig machen würde.

Im Selbstverständnispapier der Deutschen Gesellschaft für Publizistik und Kommunikationswissenschaft von 2001 wird Werbung (zusammen mit „Gewaltdarstellungen in Videofilmen und im

Fernsehen“) lediglich als „problematischer Medieninhalt“ thematisiert.

Internationale Situation

Im Gegensatz zum deutschsprachigen Raum hat sich in den Niederlanden, Großbritannien, Australien und vor allem im US-amerikanischen Bereich eine recht umfängliche angewandte und akademische Werbeforschung etabliert. Besonders im Forschungsfeld der Wirkungsforschung i. w. S. sind die USA eindeutig „lead country“ (Schierl 2003).

Die internationale Werbeliteratur wird jedoch im deutschsprachigen Raum nicht angemessen rezipiert, wobei allerdings zu konstatieren ist, dass nur eine bedingte Übertragbarkeit US-amerikanischer Befunde für den deutschen Markt gegeben ist. Anschlussversuche und ergo auch Anschlussmöglichkeiten sind Ausnahmen. Nur äußerst selten lassen sich organisatorisch wie inhaltlich international angelegte Forschungsprojekte ausmachen.

Diese mangelnde internationale Ausrichtung ist in Anbetracht einer wachsenden Internationalisierung der Akteure und Globalisierung der Märkte (→ Internationale Kommunikation) zumindest erstaunlich, auch wenn die Bedeutung des Global Marketings von der Praxis inzwischen etwas realistischer als noch in den 80er Jahren eingeschätzt wird.

Global Marketing war das Schlagwort dieser Jahre, welches sich vornehmlich im US-amerikanischen Marketing und ihrer Wissenschaft entwickelte. Gründe dafür mögen die wachsende Zahl multinationaler US-Unternehmen und der Glaube an die nationale Produktqualität und überlegene wirtschaftliche Kraft gewesen sein. Viel zitiert und diskutiert war hier der Artikel *Theodore Lewitts* „The globalization of markets“, 1983 im Havard Business Review erschienen, der den Zwang zur Vereinheitlichung der Märkte ankündigte.

Aber schon früh gab es kritische Gegenstimmen, welche die nationalen Eigenheiten betonten und ein länderspezifisches Vorgehen in der Werbung empfahlen. Denn als die entscheidende Änderung, die die Welt in den vergangenen Jahren erlebt hat, lässt sich die Regionalisierung der Märkte ausmachen: Die EU, die Nafta, Asean – insgesamt gibt es inzwischen 50 Handelsblöcke in der Welt.

Moderne Gesellschaften sind durch Individualisierung gekennzeichnet und Konsumenten aufgrund unterschiedlicher Geschmäcker und Bedürfnisse national bzw. regional unterschiedlich geprägt. Viele multinational agierende Konzerne haben inzwischen erkannt, dass der nationale Geschmack des Mutterlandes eines Konzerns nicht die ganze Welt glücklich macht und Produkte national unterschiedliche manifeste oder latente Bedürfnisse befriedigen und dementsprechend auch beworben werden müssen.

Theorie und Praxis

Werbung lässt sich als eindeutig anwendungsorientiertes, aber unzureichend erforschtes Kommunikationsfeld beschreiben. Werbeforschung und Werbepraxis könnten sich sinnvollerweise in hohem Maße gegenseitig befruchten, tun dies aber in der Praxis nur selten. Mögliche Gründe hierfür sind Berührungsängste und mangelnder Dialog.

Werbung unterlag besonders in den 50er bis 80er Jahren starker gesellschaftlicher wie wissenschaftlicher Kritik. Sie wurde als Volksverdummung, unnötige Produktverteuerung sowie unkontrollierbare Manipulation verdammt und Gegenstand zahlloser Polemiken. Die Polemik ist mittlerweile zumindest im Wissenschaftsbereich einer Distanz gewichen. Vor allem in der Kommunikationswissenschaft, die sich in ihrer früheren Geschichte von der Werbewirkungsforschung abgekoppelt hat, bestehen Berührungsängste gegenüber dem Thema, häufig auch aus einer ethischen Motivation heraus, denn eine tragfähige Werbeethik gibt es bisher nicht.

Aber auch dort, wo keine grundsätzlichen Berührungsängste bestehen, ist oftmals zu konstatieren, dass kein ausreichender Dialog zwischen den Systemen Wissenschaft und Praxis stattfindet. Dies zieht eine jeweilige Blindheit gegenüber den Problemen des anderen Systems nach sich.

So verlangt die Werbepraxis, die aufgrund ökonomischer Rahmenbedingungen permanent zu extremen Komplexitätsreduktionen gezwungen ist, nach einfach handhabbaren Lösungen, welche die Wissenschaft so – der Komplexität des Themas geschuldet – oftmals nicht zu liefern in der Lage ist. Auf der anderen Seite geht freie Forschung in ihrer Themensetzung oder Problemdefinition vielfach völlig an den Problemen, Bedürfnissen oder gar der Wirklichkeit der Praxis vorbei und ist von daher in keiner Weise anschlussfähig. Die wenigen Transferveranstaltungen zeichnen sich durch Einigung auf einen kleinsten gemeinsamen Nenner aus – wodurch sie weder dem versierten Praktiker noch dem interessierten Wissenschaftler Wissenszuwachs bringen.

Konsequenzen und Ausblick

Werbung wird sich – einen permanenten Wandel von Gesellschaft sowie Medien- und Kommunikationssystem adaptierend – ständig verändern. Ausgehend von einer zunehmenden Individualisierung von Konsumverhalten, weiterer Fragmentierung von Nutzerschaften, Differenzierung der Medien wie der angebotenen Konsumprodukte, ergeben sich für die Werbung und ihre Wissenschaft eine Reihe dringlicher, Effektivität und Effizienz betreffender Probleme. Diese Probleme können aber nur gelöst werden, wenn Werbepraxis und Werbeforschung, die gegenseitigen Möglichkeiten und Bedürfnisse erkennend, stärker zusammenarbeiten.

Im Kampf um Aufmerksamkeit steht die Botschaft im Vordergrund. Forschungsbedarf besteht z. B. in Bezug auf die Frage, welche Gestaltungsvariablen i. w. S. den in seinem Informationsverhalten und Konsum immer schwieriger zu prognostizierenden Konsumenten anzusprechen und zu bewegen vermögen. Wobei die ehedem nicht trivialen Wirkzusammenhänge dadurch in ihrer Komplexität weiter gesteigert werden, dass Botschaften auf der einen Seite immer individueller zugeschnitten bzw. spezifische Gratifikationsleistungen integriert werden müssen, auf der anderen Seite aus Gründen notwendiger Effizienz zunehmend die Notwendigkeit konsequenter Integration der Kommunikation besteht.

Eine auf die Steigerung der Effektivität abzielende Forschung wird zukünftig in steigendem Maße auch die Umwelt der Konsumenten (generell lebensweltlich, als auch spezifisch situativ) zwingend beachten müssen. Darüber hinaus werden zukünftige Forschungsbemühungen nicht nur auf eine Optimierung der psychischen Erreichbarkeit der Konsumenten, sondern in einem stark differenzierten Mediensystem und einer fragmentierten Nutzerschaft noch grundlegender auf die Verbesserung der physischen Kontaktchancen von Werbebotschaften ausgerichtet sein.

An einer eingehenden, durchaus anwendungsbezogenen Erforschung des Themas Werbung und ihrer Optimierung besteht aber nicht nur ein Bedarf seitens der werbetreibenden Wirtschaft, sondern durchaus ebenso auf Seiten der Gesellschaft bzw. der Verbraucher. Letzterer begründet sich zum einen indirekt darin, dass eine sehr gezielte, individualisierte Werbeansprache zu einer niedrigeren Belastung mit irrelevanten Information und somit letztlich zu besserer Information der Konsumenten und höherer Transparenz der Märkte führen kann.

Ein weiterer, sicherlich ungemein bedeutenderer Grund ist die Notwendigkeit eines effektiven Verbraucherschutzes basierend auf einer entsprechenden ‚Media'- bzw. ‚Advertising-Literacy'. Denn einer möglichen Gefahr nicht gewünschter Beeinflussung können Konsumenten am besten begegnen, wenn sie über die Wirkweisen und -möglichkeiten von Werbung aufgeklärt sind. Medienwissen ist aber ohne Frage immer auch Herrschaftswissen, also asymmetrisch verteiltes Wissen, so dass gesellschaftlich gewünschte Effekte wie Verbraucherschutz nur eintreten können, wenn dieses Wissen auch entsprechend diffundiert.

Ein weiteres von der Praxis unterschätztes Forschungsdesiderat stellt eine bisher nicht einmal rudimentär ausentwickelte Werbeethik (→ Medienethik) dar. Zwar kümmert sich der Deutsche Werberat, eine Institution der Werbewirtschaft zur Selbstkontrolle der werblichen Kommunikation, auf pragmatische Weise um Fehlverhalten, doch beschränkt sich dessen Arbeit maximal auf das Rügen gröbster Missstände. Der deutliche Mangel an ethischer Fundierung und Regulierung der Werbebranche ist insofern prekär, als Werbung langfristig nur auf der Basis von (gesellschaftlicher) Akzeptanz funktionieren kann, welche die Werbetreibenden aber durch kurzsichtiges Handeln, das negative Externalitäten nicht beachtet, leicht und eventuell irreversibel zerstören können.

Literatur

Kroeber-Riel, Werner/Peter Weinberg (1999): Konsumentenverhalten, 7. Aufl., München.

Schenk, Michael et al. (1990): Wirkungen der Werbekommunikation, Köln/Wien.

Schierl, Thomas (2001): Text und Bild in der Werbung, Köln.

Schierl, Thomas (2003): Werbung im Fernsehen, Köln.

Schweiger, Günter/Gertraud Schrattenecker (2001): Werbung, 5. Aufl., Stuttgart.

Willems, Herbert (Hrsg.) (2002): Die Gesellschaft der Werbung, Opladen.

Thomas Schierl, Köln

Wirkungsforschung

→ Medienwirkungen

Wirtschaftsjournalismus

Definition/Begriffsbestimmung

Folgt man zur Umschreibung des Wirtschaftsjournalismus bestimmten funktionalen Ansätzen, nach denen → Journalismus seine Identität vor allem dadurch gewinnt, dass er Themen für die Medienkommunikation zur Verfügung stellt, dann ergibt sich für den Wirtschaftsjournalismus eine Eingrenzung dieser Themen. Hierbei empfiehlt es sich, mit *Jürgen Heinrich* (1989: 284) eine sehr weit gefasste Umschreibung der möglichen Inhalte vorzunehmen. Für Heinrich betreffen die Themen des Wirtschaftsjournalismus

- das *System Wirtschaft* und Wirtschaftspolitik, in dem die Entscheidungen über die Allokation der Ressourcen, über Produktion, Distribution, Konsum und Vermögensbildung in geld- und realwirtschaftlicher Dimension getroffen werden und Wirkung entfalten;
- die *Ökonomik*, die individuelle und/oder gesellschaftliche Kosten-Nutzen-Analyse anderer Teilsysteme (z. B. der Gesundheit, der Bildung, der Freizeit oder der Kultur);
- die *ökonomischen Wirkungen* von Ergebnissen und Maßnahmen anderer Systeme, z. B. die Kosten- und Einkommenseffekte von Umweltschutzmaßnahmen.

So gesehen ist vieles Wirtschaftsjournalismus, was sich in Zeitungen findet, auch wenn es nicht auf den Seiten des Wirtschaftsressorts, also im Wirtschaftsteil, steht. Genau dies trägt aber auch häufiger Redaktionspraxis Rechnung, nach der beispielsweise Themen der Wirtschaftspolitik je nach Themenangebot der einzelnen Ressorts oder organisatorischer Anbindung der Autoren im politischen Teil oder im Wirtschaftsteil platziert werden. Wirtschaftsjournalismus im umschriebenen Sinne gibt es in allen Medien der Massenkommunikation, wobei die meisten Wirtschaftsjournalisten in der

Presse, also bei Zeitungen, Publikumszeitschriften und Fachzeitschriften, tätig sind.

In der nicht besonders umfangreichen Literatur zum Wirtschaftsjournalismus sind immer wieder einzelne Versuche erkennbar, den Wirtschaftsjournalismus anders abzugrenzen. Sie alle erweisen sich aber als mehr oder minder anfällig für Kritik. Zu den bekanntesten Versuchen dieser Art zählt die Unterscheidung von Wirtschaftsjournalismus im engeren und in einem weiteren Sinne, wie sie *Wolfgang Schöhl* (1987: 12 ff.) vornahm. Wirtschaftsjournalismus im engeren Sinne definierte Schöhl dabei über Themen wie sie etwa den Wirtschaftsteil der *Frankfurter Allgemeine Zeitung* (FAZ) oder der Wochenzeitung *Die Zeit* ausmachen. Wirtschaftsjournalismus im weiteren Sinne entsprach dabei dem Themenfeld des *Handelsblatt* oder der *Wirtschaftswoche*.

Es ist nahe liegend, dass mit dieser Ausrichtung an einem auch von Zufälligkeiten, Ressorteitelkeiten, ökonomischen Verlagsinteressen und Konjunkturen bestimmten Themenspektrum keine wissenschaftliche Umschreibung zu leisten ist.

Geschichte/Entwicklung

Die Themen des Wirtschaftsjournalismus werden in der Literatur zur Geschichte des Journalismus gelegentlich überbewertet. Sicher ist es richtig, dass Berichte zu wirtschaftlichen Themen älter als die Zeitung sind, und dass Fürstenhäuser und Kaufmannschaften einen regen Nachrichtenverkehr zu wirtschaftlichen Themen unterhielten. Diesen Briefen, die dann teilweise in Abschriften weitergereicht wurden, fehlen aber wesentliche Elemente der → Massenmedien und damit auch des Journalismus.

Die ersten periodischen Druckmedien (→ Presse), die Messrelationen, enthielten ebenso wie die ersten gedruckten Wochenzeitungen *Aviso* und *Relation* nur wenig Wirtschaftsinformationen. Die meisten Nachrichten waren politischer Natur; andere Themenbereiche waren nachrangig. Der Wirtschaftsjournalismus spielte im 17. Jahrhundert keine Rolle. Auch das Aufkommen der *Intelligenzblätter* im 18. Jahrhundert änderte daran nur wenig.

Die Intelligenzblätter waren zunächst nur auf Anzeigen ausgerichtet, erfuhren dann eine gewisse redaktionelle Aufwertung, die in der zweiten Hälfte des Jahrhunderts auch allgemeinere ökonomische Themen betraf. Erst die industrielle Revolution, die mit ihr verbundene Nachfrage nach aktuellen Wirtschaftsinformationen sowie der Aufschwung der Börsen verhalfen dem Wirtschaftsjournalismus im 19. Jahrhundert zu mehr Bedeutung. Es wurden Börsenzeitungen gegründet; die Großstadtzeitungen führten eigene Handels- und Wirtschaftsteile ein. Die Nachfrage nach Börseninformationen förderte auch die Entwicklung der → Nachrichtenagenturen von *Charles Havas* (1783-1858), *Paul Julius Reuter* (1816-1899) und *Bernhard Wolff* (1811-1879). Anfang des 20. Jahrhunderts war der Wirtschaftsjournalismus in Deutschland etabliert.

Einer weiteren Entwicklung des Wirtschaftsjournalismus war damit für viele Jahrzehnte ein Ende gesetzt, wobei mit den Wirren zweier Weltkriege, der Machtergreifung der Nationalsozialisten oder der Weltwirtschaftskrise nur einige der ausschlaggebenden Faktoren genannt sein sollen. Auch in den ersten Jahrzehnten der Bundesrepublik Deutschland blieb der Wirtschaftsjournalismus zunächst eher unbedeutend. Dies hängt auch damit zusammen, dass die Kapitalmärkte bis in die 60er Jahre hinein relativ unterentwickelt waren und die Aktienanlage als unseriös gebrandmarkt wurde.

In den 60er Jahren setzte dann allerdings eine Entwicklung ein, die mit der Hinwendung zu verbrauchernahen Themen dem Wirtschaftsjournalismus neue Bedeutung verlieh: *ARD* und *ZDF* entwickelten verbrauchernahe Wirtschaftsmagazine, und größere Zeitschriftenverlage starteten mit publikumsnahen Wirtschaftszeitschriften. Zu einer bis dahin nie gekannten Bedeutung wuchs der Wirtschaftsjournalismus mit dem Boom der Börsen Ende der 90er Jahre.

Im Pressebereich kam es zu Neugründungen und erheblichen Umfangserweiterungen bei den etablierten Magazinen. Ferner öffneten sich zahlreiche Medien erstmals den bis dahin als weniger interessant geltenden Wirtschaftsthemen. Die Auflagen der Wirtschaftsmagazine erreichten völlig neue Größenordnungen; die Zahl der Wirtschaftsjournalisten stieg erheblich. Dieser Aufschwung war allerdings nicht nachhaltig: Im Gleichschritt mit den Kursen der Aktien wurden auch Auflagen und Umfänge der Wirtschaftstitel reduziert. Der Wirtschaftsjournalismus kehrte Ende 2003 auf den Pfad kontinuierlichen Wachstums zurück, der in den 60er Jahren angelegt worden war.

Kritik und Forschungsbefunde

Mit dem Verhalten des Wirtschaftsjournalismus im Börsenboom der späten 90er Jahre verbindet sich von wissenschaftlicher Seite auch neue Kritik am Wirtschaftsjournalismus. Sie tritt neben die traditionell von Seiten der Wissenschaft erhobenen Vorwürfe, die sich immer wieder auf das zurückführen lassen, was *Peter Glotz* und *Wolfgang R. Langenbucher* (1993: 77 ff.) bereits 1969 formuliert hatten und anderthalb Jahrzehnte später in fünf Thesen unverändert erneuerten:

- Wirtschaftlichen Fragen wird in den meisten Zeitungen viel zu wenig Platz eingeräumt.
- Die gesamte Wirtschaftspublizistik ist häufig auf Syndizi, Börsianer und Aktienbesitzer zugeschnitten; sie ist fast ausschließlich produktionswirtschaftlich orientiert.
- Die Informationsbedürfnisse des größten Teils der Leser bleiben unberücksichtigt; den Verbraucherfragen wird ein viel zu geringer Raum gewidmet.
- Kein Teil der Zeitung ist journalistisch so einfallslos gestaltet wie der Wirtschaftsteil.
- Die Wirtschaftsjournalisten bemühen sich nur selten um die Übersetzung der Expertensprache.

Für Glotz und Langenbucher verfehlen die Wirtschaftsteile von Lokal- und Regionalzeitungen ihre Aufgabe vollständig. Da sie meist nichts als eine gekürzte Fassung der überregionalen Zeitungen *FAZ* oder *Die Welt* seien, sich also an das gleiche Fachpublikum wendeten, wäre es besser, auf diese Teile zu verzichten.

Die nach dem Börsenboom der späten 90er Jahre am Wirtschaftsjournalismus erhobene Kritik ist anderer Natur. Sie geht davon aus, dass sich der Wirtschaftsjournalismus in den drei Boomjahren zwar sehr wohl als Berater der Rezipienten verstanden hat, dass er sich aber bei dieser Beratungstätigkeit zum Handlanger der Banken machen ließ. *Thomas Schuster* (2001: 204) diagnostizierte das Problem kollektiver Distanzlosigkeit und warf dem Wirtschaftsjournalismus vor, irrationalem Massenverhalten Vorschub geleistet zu haben.

Die Ergebnisse der empirischen Rezeptionsforschung bestätigen zum Teil die Kritiker. Dies gilt besonders hinsichtlich der Wirtschaftsteile von Regionalzeitungen, zu denen in den vergangenen Jahren regelmäßig wissenschaftliche Untersuchungen durchgeführt wurden.

Diese Befunde sind bei nur sich geringfügig ändernden Werten immer gleich: Rund 60 Prozent der Zeitungsleser interessieren sich für Wirtschaftsfragen, aber nur ein gutes Drittel der Leser von *Regionalzeitungen* liest den Wirtschaftsteil auch regelmäßig. Diese Lesehäufigkeit der Wirtschaftsteile hat sich in den vergangenen Jahrzehnten nur geringfügig erhöht; sie liegt weit unter den entsprechenden Werten für Lokalberichterstattung oder politische Informationen. Und sie liegt sogar deutlich unter den entsprechenden Werten von Anzeigen.

Es ist ganz unübersehbar: Die Informationsleistungen der Regionalzeitungen werden den Erwartungen ihrer Leser nicht gerecht. Ähnliches gilt auch für die Wirtschaftssendungen in Hörfunk und Fernsehen (Mast 1999: 74).

Eine Vielzahl anderer Untersuchungen bezieht sich auf das Verhältnis von Öffentlichkeitsarbeit (→ Public Relations) und Wirtschaftsjournalismus und berührt damit das Problem fehlender Distanz. Es kann danach davon ausgegangen werden, dass sich im Routinefall der Berichterstattung die Wirtschaftsjournalisten erkennbar an den Themen und dem Informationsmaterial der Unternehmen oder Verbände orientieren. Dies hängt auch mit den Texten der → Nachrichtenagenturen zusammen.

Ganz offenbar führt der mit dem Zeitdruck verbundene Wettbewerb der Agenturen dazu, dass Pressetexte der Öffentlichkeitsarbeiter von den Agenturen weitgehend unbearbeitet übernommen werden (→ Agenturjournalismus). Ebenso deutlich zeigt sich in den empirischen Untersuchungen, dass im Krisenfall Wirtschaftsjournalisten erkennbar distanzierter arbeiten als im Routinefall.

Nur relativ wenige gründliche Untersuchungen gibt es zu den *Wirtschaftsmagazinen*. Sie bestätigen jedoch, dass diese offenbar die Informationslücken schließen, welche die Regionalzeitungen lassen. Den Magazinen wird die konsequente Orientierung an ihrer Zielgruppe attestiert, einigen von ihnen auch die bei den Tageszeitungen vermisste Verbraucherorientierung.

Trends/Perspektiven

Es zeichnet sich ab, dass sich der Wirtschaftsjournalismus stärker den Verbraucherthemen zuwenden wird. Damit ist die Aufgabe traditioneller Themenfelder in keiner Weise verbunden; die Orientierung an den ökonomischen Problemfeldern der Rezipienten entspricht aber der erkennbaren Neupositionierung der Tageszeitungen hin zum Ratgeber und Interpreten. Immerhin gaben nach einer aktuelleren Umfrage der Universität Hohenheim rund 80 Prozent der befragten Chefredakteure deutscher Tageszeitungen zu erkennen, dass sie ihre Redaktionen verstärkt auf Nutzwertthemen ausrichten wollen.

Eine zweite Entwicklungslinie stellt sich dagegen eher als Herausforderung denn als Erfolgstrategie des Wirtschaftsjournalismus dar. Es lässt sich erkennen, dass die Kommunikationspolitik der Wirtschaftsunternehmen und -verbände zunehmend auf die journalistischen Arbeitsweisen und auf die Inszenierung von Personen und Ereignissen ausgerichtet wird. Gleichzeitig lässt sich ein Ausbau der Kommunikationsabteilungen in den Wirtschaftsunternehmen registrieren. Zudem zeichnet sich ab, dass es den Unternehmen und Verbänden zunehmend gelingt, durch Beiträge freier Autoren, die nicht nur von den Redaktionen, sondern auch von den Unternehmen oder Verbänden bezahlt werden, sowie durch das Angebot sendefähigen Bildmaterials etwa zu Hauptversammlungen oder neuen Automobilprodukten indirekt zu redaktionellen Angeboten beizutragen.

Da gleichzeitig in der aktuellen Medienkrise zahlreiche Maßnahmen von Verlagen und Sendern auf den Abbau von Redaktionskosten ausgerichtet sind, konkretisiert sich derzeit offenbar ein Prozess, den *Stephan Ruß-Mohl* (1996: 195) schon vor geraumer Zeit als Gefahrenherd für den Wirtschaftsjournalismus identifiziert hat. Ruß-Mohl beschreibt dabei einen spiralförmigen Auf- und Abrüstungsprozess, der durch den Ausbau der Öffentlichkeitsarbeit in Gang kommen kann, wenn gleichzeitig die journalistischen Kapazitäten in den Redaktionen abgebaut werden.

Tatsächlich ist ein derartiger Prozess unter normativen Aspekten bedrohlich, beschränkt er doch die redaktionellen Möglichkeiten unabhängiger → Recherche oder der gebotenen Kontrolle und Analyse von Unternehmensmaterial. Es kann demnach davon ausgegangen werden, dass sich bei entsprechend anhaltender Entwicklung im Wirtschaftsjournalismus die bereits kritisierten Distanzprobleme verschärfen werden.

Die Herausforderung der Wirtschaftsredaktionen in Presse und Funk wird dabei mit zunehmender Orientierung an den Verbraucherthemen größer: Besonders Ratgeberartikel verlieren bei nur unzureichend begrenztem Einfluss von Öffentlichkeitsarbeit besonders schnell an Nutzen. Durch einseitige Medieninformationen ausgelöste Fehlentscheidungen der Rezipienten führen bei diesen schnell zu einem Vertrauensverlust. Das Schicksal einiger Anlegermagazine nach dem Ende des Börsenbooms kann als Illustration dieses Effektes angesehen werden.

Auf der anderen Seite ist aber hinsichtlich der Perspektiven des Wirtschaftsjournalismus davon auszugehen, dass die demografische Entwicklung und die Entwicklung der staatlichen Versorgungssysteme einerseits sowie die Entwicklung privater Vermögenswerte anderseits zu einem nachhaltigen Interesse der Rezipienten an qualifizierter Information durch Wirtschaftsjournalisten führen werden.

Literatur

Glotz, Peter/Wolfgang R. Langenbucher (1993): Der mißachtete Leser. Zur Kritik der deutschen Presse, München [zuerst 1969].

Heinrich, Jürgen (1989): Wirtschaftsjournalismus. Zur Fundierung einer rezipientenorientierten Wirtschaftsberichterstattung, in: Publizistik 1989/3: 284-296.

Mast, Claudia (1999): Wirtschaftsjournalismus. Grundlagen und neue Konzepte für die Presse, Opladen/Wiesbaden.

Ruß-Mohl, Stephan (1996): Öffentlichkeitsarbeit ante portas, in: J. Dorer/ K. Lojka (Hrsg.): Öffentlichkeitsarbeit, Wien: 193-196.

Ruß-Mohl, Stephan/Heinz D. Stuckmann (Hrsg.) (1991): Wirtschaftsjournalismus. Ein Handbuch für Ausbildung und Praxis, München.

Schöhl, Wolfgang W. (1987): Wirtschaftsjournalismus, Nürnberg.

Schuster, Thomas (2001): Die Geldfalle. Wie Medien und Banken die Anleger zu Verlierern machen, Reinbek bei Hamburg.

Viehöver, Ulrich (2003): Ressort Wirtschaft, Konstanz.

Volker Wolff, Mainz

Wissenschaftsjournalismus

Definition/Begriffsbestimmung

Wissenschaftsjournalismus ist jede journalistische Berichterstattung, die das Verhältnis des Wissenschaftssystems mit seiner gesellschaftlichen Umwelt thematisiert, und zwar in beide Richtungen: Der Anlass der Berichterstattung kann sowohl in der Wissenschaft (z. B. ein neues Forschungsergebnis) als auch in deren Umwelt liegen (z. B. eine forschungspolitische Entscheidung).

Der Wissenschaftsjournalismus behandelt also alle tatsächlichen und möglichen Wechselwirkungen zwischen Gesellschaft und Wissenschaft. Daher greift auch ein häufig anzutreffendes Begriffsverständnis zu kurz, das Wissenschaftsjournalismus vor allem als Berichterstattung *aus* der (statt auch explizit *über* die) Wissenschaft konzipiert und dabei die journalistische Selektivität zu sehr auf die Perspektive der Wissenschaft festlegt. Normalerweise wird in einem erweiterten Begriffsverständnis zum Wissenschaftsjournalismus auch die Berichterstattung über Technologien und Medizin gezählt.

Wissenschaftsjournalismus ist aber nicht mit dem übergeordneten Begriff der Wissenschaftskommunikation zu verwechseln, unter die z. B. auch Öffentlichkeitsarbeit (→ Public Relations) von Wissenschaftsorganisationen und Wissenschaftstransfer fallen. Genauso wenig kann Wissenschaftsjournalismus mit Wissenschaftspopularisierung und Wissensvermittlung gleichgesetzt werden.

Geschichte/Entwicklung

Gemäß dieser Definition fand Wissenschaftsberichterstattung schon mit den ersten Anfängen des organisierten → Journalismus statt, also schon im 17. Jahrhundert (Burkett 1986: 17; Weise 1676/1944). Von einem redaktionell organisierten Wissenschaftsjournalismus kann dagegen erst ab dem 20. Jahrhundert gesprochen werden. In dieser Zeit entstehen auch die ersten Berufsvereinigungen der Wissenschaftsjournalisten: So wird 1934 in den USA die *National Association of Science Writers* (NASW) gegründet; in Deutschland entsteht schon 1929 die *Technisch-Literarische Gesellschaft* (TELI).

Unter ‚Wissenschaft' wurden und werden auch heute bisweilen noch zunächst die so genannten Naturwissenschaften inklusive der Medizin verstanden, was wohl vor allem mit deren unmittelbarer Anwendbarkeit und darüber hinaus auch mit ihrem politischen und wirtschaftlichen Nutzen erklärt werden kann. Der Wissenschaftsjournalismus leidet in dieser Hinsicht gewissermaßen an einer historischen Hypothek: Er wurde schon immer als Dienstleister für die Wissenschaft und gesellschaftlicher Wissensvermittler betrachtet.

Diese einseitige Sicht wirkte sich durchaus auch auf das Selbstverständnis von Wissenschaftsjournalisten und damit auch auf die journalistische Praxis aus. Noch immer verstehen sich manche Wissenschaftsjournalisten eher als an wissenschaftlichen Kriterien orientierte Wissensvermittler denn als Journalisten, d. h., an den Relevanzkriterien einer *nicht*-wissenschaftlichen Öffentlichkeit orientierte externe Beobachter der Wissenschaft und deren mannigfaltigen Wechselwirkungen mit der Gesellschaft.

Forschungsstand

Trotz aller Bemühungen ist Wissenschaftsjournalismus im tagesaktuellen Journalismus noch immer ein Ressort, das sich nur große Redaktionen erlauben, und die Tendenz scheint sogar eher rückläufig zu sein. Insofern haben sich seit der wichtigsten deutschsprachigen Kommunikatorstudie, in der Wissenschaftsjournalismus als ein „Schwellenressort" (Hömberg 1990) bezeichnet wird, keine entscheidenden Verbesserungen ergeben. Dieses organisatorische Defizit kann selbst bei Tageszeitungen an Hochschulstandorten zu einer völligen Marginalisierung der Wissenschaftsberichterstattung führen.

Die Notwendigkeit und Bedeutung einer kontinuierlichen redaktionellen Organisation der Wissenschaftsberichterstattung hat *Jan Lublinski* (2004) in seiner theoretisch-empirischen Studie am Beispiel des öffentlich-rechtlichen Hörfunks deutlich herausgearbeitet. Die Konsequenzen einer mangelnden Verankerung in der Redaktionsarbeit liegen weniger in einer defizitären Wissenschaftsvermittlung, wie oft argumentiert wird, als vor allem in einer ungenügenden öffentlichen, d. h., auch unabhängigen Beobachtung der Wissenschaft. Angesichts der immensen Bedeutung der wissenschaftlicher Erkenntnisproduktion und angesichts der zunehmenden Kommerzialisierung der Forschung (man denke nur an die Biotechnologie) ist eine solche Entwicklung durchaus mit Sorge zu betrachten.

Die empirische Forschung zum Wissenschaftsjournalismus konzentriert sich – diese Feststellung gilt auch für die internationale Forschung – überwiegend auf Inhaltsanalysen der Berichterstattung (Kohring 1997). Kommunikatorstudien, insbesondere Studien zur redaktionellen Arbeit, sind weitaus seltener (→ Methoden der Kommunikationsforschung).

Gänzlich unterbelichtet ist die Publikumsforschung und Rezeptionsforschung (→ Medienwirkungen/Publikum). Dieser Umstand hängt u. a. mit einer ungenügenden journalismustheoretischen Reflexion innerhalb der Forschung zusammen. Überwiegend orientieren sich die theoretischen Konzepte von Wissenschaftsjournalismus nämlich an einem wissenschaftszentrierten Verständnis von *public understanding of science*, d. h., an einer Perspektive, der es mehr oder weniger explizit vor allem um die Popularisierung wissenschaftlicher Erkenntnisse geht (Dornan 1990; Kohring 1997).

Nach dem immer gleichen Argumentationsschema konstatiert die Forschung eine Akzeptanzkrise der Wissenschaft, die sie als Vermittlungskrise, also als ein bloßes Problem einer ausreichenden Informationsvermittlung interpretiert. Aufgrund der pragmatischen Annahme, dass ‚die Medien' das größte Vermittlungspotenzial aufweisen, wird die Behebung dieses Vermittlungsproblems dem Wissenschaftsjournalismus normativ als Aufgabe zugewiesen und die Wissenschaftsberichterstattung in der Folge an der Erfüllung dieser Norm gemessen.

Eine gesellschafts- und journalismustheoretische Auseinandersetzung über alternative Modelle findet nicht statt, und dies, obwohl die empirischen Bestandsaufnahmen der journalistischen Wissenschaftsberichterstattung immer wieder zeigen, dass der Journalismus den normativen Ansprüchen insgesamt nicht nachkommt – wohl, weil er (glücklicherweise) *journalistischen* Kriterien folgt, also gerade deshalb, weil er als Journalismus funktioniert und seine Autonomie zumindest größtenteils bewahrt (→ Systemtheorie).

Praxisrelevanz

Prinzipiell gibt es zwei ‚Erscheinungsformen' des Wissenschaftsjournalismus: Zum einen findet man eine genuin journalistische Herangehensweise, die Wissenschaft wie ein ganz normales Berichterstattungsfeld betrachtet und die Wechselwirkungen von Gesellschaft und Wissenschaft thematisiert. Viel häufiger als diese Berichterstattung *über* Wissenschaft ist immer noch die Berichterstattung *aus* der Wissenschaft anzutreffen, in der einem Laienpublikum die Welt der Wissenschaft nahe gebracht werden soll.

Ab der Mitte der 90er Jahre gingen aus dieser Tradition – nunmehr auch im privaten Fernsehen – etliche so genannte Wissensmagazine hervor, die wissenschaftliche Erkenntnisse quasi als Bildungserlebnis verkaufen. Kritiker weisen in diesem Zusammenhang darauf hin, dass das aufwändige Bildmaterial den Produktionsfirmen nicht selten von interessierter Seite zur Verfügung gestellt wird (Göpfert/Ruß-Mohl 2000: 228 ff.).

Das Wissenschaftsressort ist ein „Kleinressort" (ebd.: 189) geblieben, das sich nur größere Zeitungen und – vor allem beim Radio – die öffentlich-rechtlichen Rundfunkanstalten leisten. Die Wissenschaftsberichterstattung außerhalb des Ressorts hat laut *Winfried Göpfert* und *Stephan Ruß-Mohl* (2000) dagegen zugenommen, zugleich aber auch der Konkurrenzdruck für die vergleichsweise größer gewordene Anzahl freier Wissenschaftsjournalisten.

Verlässliche Angaben über den Anteil der Wissenschaftsberichterstattung liegen bis auf empirische Momentaufnahmen allerdings nicht vor. Was die notwendige *Ausbildung* (→ Journalistenausbildung) betrifft, so ist auch hier eine Entwicklung zu verzeichnen, die bei allem nötigen Fachwissen den journalistischen Aspekt der Arbeit und hierbei die kontinuierliche Einbindung in redaktionelle Strukturen in den Vordergrund stellt:

„Für die Ausbildung von Wissenschaftsjournalisten kommt es in erster Linie auf eine *allgemeine, journalistische Qualifikation* an. Ein Studium mit naturwissenschaftlich-technischen Inhalten mag eine gute Grundlage sein, letztlich ist es aber die Berichterstattungserfahrung auf bestimmten Themenfeldern, die einen Reporter zum Fachautoren macht." (Lublinski 2004: 358, Herv. i. Orig.)

Bewertung und Ausblick

Um theoretisch und praktisch Fortschritte zu machen, müsste man zuerst die Kopplung von Wissenschaftsjournalismus und Wissenschaftspopularisierung auflösen und die autonome Rolle des Wissenschaftsjournalismus ernst nehmen. Hierbei ist die Frage nach dem → Rollenselbstverständnis des Wissenschaftsjournalisten von höchster Bedeutung für die journalistische Praxis. Das vielleicht entscheidende Manko des Wissenschaftsjournalismus ist nämlich in dessen ungenügender Reflexion seiner gesellschaftlichen Funktion zu sehen. Eine Antwort auf diese Frage nach dem Rollenverständnis kann nur so lauten – und dies völlig unabhängig vom jeweiligen Medium –, dass die Wissenschaft wie jedes andere Berichterstattungsfeld zu behandeln ist.

Ein erster Schritt auf dem Weg zu einer solchen Normalität ist, die Wissenschaftsberichterstattung nicht als Berichterstattung *aus* der Wissenschaft, sondern *über* die Wissenschaft zu betrachten. Damit ist ein ganz entscheidender Perspektivenwechsel verbunden: Ein Journalist informiert nicht schon deshalb über ein wissenschaftliches Ergebnis, *weil* es produziert wurde und schon deshalb einen (Nachrichten-)Wert hätte (→ Nachrichtenselektion). Entscheidend für die Thematisierung eines wissenschaftlichen Ereignisses ist vielmehr, ob es nach den Kriterien der journalistischen Publika *Relevanz* aufweisen könnte.

Eine solche ‚journalistische Haltung' bewahrt nicht nur davor, der Wissenschaft ‚auf den Leim' zu gehen. Sie wird wissenschaftliche Erkenntnisse, die heutzutage oft nur einfach reportiert werden, besser in den Lebenszusammenhang der Menschen einordnen und der Wissenschaft gerade auf diese Weise zu mehr „public understanding" verhelfen. Das Vertrauen der Menschen in die Wissenschaft basiert zudem zum größten Teil auf symbolischen Informationen über deren Vertrauenswürdigkeit statt auf einer direkten, ausführlichen Einsicht in wissenschaftliche Prozesse und Erkenntnisse. An diesem vertrauensbildenden Prozess ist der Wissenschaftsjournalismus beteiligt.

Mit der klassischen Vorstellung von Wissensvermittlung hat dies allerdings nicht mehr viel zu tun.

Literatur

Burkett, Warren (1986): News reporting: Science, medicine, and high technology, Ames.

Dornan, Christopher (1990): Some problems in conceptualizing the issue of ‚Science and the media', in: Critical Studies in Mass Communication 7: 48-71.

Göpfert, Winfried/Stephan Ruß-Mohl (Hrsg.) (2000): Wissenschaftsjournalismus, 4., aktual. Aufl., München.

Hömberg, Walter (1990): Das verspätete Ressort, Konstanz.

Kohring, Matthias (1997): Die Funktion des Wissenschaftsjournalismus, Opladen.

Lublinski, Jan (2004): Wissenschaftsjournalismus im Hörfunk, Konstanz.

Weise, Christian (1676): Interessanter Abriß über das Lesen von Zeitungen (Schediasma curiosum de Lectione Novellarum), abgedruckt in: K. Kurth (Hrsg.) (1944): Die ältesten Schriften für und wider die Zeitung: die Urteile des Christopherus Besoldus (1629), Ahasver Fritsch (1676), Christian Weise (1676) und Tobias Peuer (1690) über den Gebrauch und Misbrauch der Nachrichten, Brünn u. a.: 45-85 (lat.: 129-162).

Matthias Kohring, Jena

Wissensklufthypothese

Definition/Begriffsbestimmung

Unter der Bezeichnung ‚Wissensklufthypothese' (knowledge gap hypothesis) wird in der Kommunikationswissenschaft seit 1970 ein kausaler Zusammenhang zwischen dem sozio-ökonomischen Status eines Menschen und der Geschwindigkeit der Informationsaufnahme und -verarbeitung von Informationen aus den Massenmedien vermutet; der sozio-ökonomische Status wurde dabei von Beginn an über die (Schul-) Bildung operationalisiert. Ausgangsannahme ist dabei, dass höher Gebildete die Informationen schneller aufnehmen als niedriger Gebildete; daher tendierten die Wissensunterschiede zwischen hoch und niedrig gebildeter Personen eher dazu, sich zu vergrößern als sich zu verringern, wenn zu einem spezifischen Thema in den Medien zunehmend Berichte erscheinen.

Damit wird den → Massenmedien eine demokratietheoretisch brisante Wirkung unterstellt: Weniger Gebildete könnten niemals den Wissensstand von höher Gebildeten erreichen. Die Medien würden folglich bei der Erfüllung ihres demokratischen Informationsauftrages versagen, nach dem sie die gesamte Bevölkerung mit dem nötigen Wissen für die politische Meinungsbildung versorgen sollen. Dass dies implizit (als unabhängige Variable) einen ständig wachsenden Berichterstattungsumfang voraussetzen würde, geriet in den ersten Erforschungen beinahe in Vergessenheit.

Forschungsstand

Zur Überprüfung der Wissensklufthypothese waren zuerst viele Querschnittanalysen – meistens zu politischen Themen – durchgeführt worden, wenngleich die Hypothese eine zeitliche Dynamik beschreibt und ihre Erfinder bereits auf die zusätzliche Notwendigkeit von Längsschnittstudien aufmerksam gemacht haben (Tichenor et al. 1970).

Im Methodischen wie im Theoretischen nahm die Wissensklufthypothese eine ähnliche Entwicklung wie die Wirkungsforschung (→ Medienwirkungen) allgemein: Zuerst wurden der monokausalen, auf dem → Stimulus-Response-Modell basierenden These intervenierende Variablen zur Seite gestellt. Der aktuelle Forschungsstand beruht (zumindest im deutschsprachigen Raum) auf drei Weiterentwicklungen (Bonfadelli 1994; Wirth 1997):

- auf den komplexen Wirkungsvermutungen des → Dynamisch-Transaktionalen Ansatzes,
- auf einer Differenzierung verschiedener Wissenstypen
- und auf feineren methodischen Messverfahren wie Panelstudien, Mehrfachmessungen oder – wenngleich seltener – Längsschnittanalysen.

Alle drei Faktoren haben einen nicht zu unterschätzenden Einfluss, so dass die Ergebnisse auf der einen Seite als verstreut und uneinheitlich gelten können. Auf der anderen Seite können sie aber nach unterschiedlichen Ausprägungen der Faktoren gruppiert und metaanalytisch ausgewertet werden (Gaziano 1997): In Querschnittanalysen werden häufig Wissensklüfte gefunden, während die Ergebnisse von Panel- oder Mehrfachmessungen nicht so eindeutig sind.

Die wenigen vorhandenen Längsschnittanalysen lassen darauf schließen, dass im Zeitverlauf ein Schließen der Kluft möglich ist, vermutlich, weil sich besser Gebildete auch schnell neuen Themen zuwenden und/oder die Medieninformationen im Zeitverlauf redundant werden. Dementsprechend werden auch Informationskampagnen durchaus gute Chancen eingeräumt, bestehende Klüfte zu verkleinern. Dies wird wissenschaftlich mit dem Begriff ‚Ceiling-Effekt' bezeichnet, der im engeren Sinne erklärt, dass die höher Gebildeten ihren Vorsprung nicht mehr ausbauen können, wenn sie schon alle Informationen aufgenommen haben, die ihnen angeboten werden.

Konsequenzen und Bewertung

Eine theoretische Fundierung des Wissensbegriffs oder zumindest eine Typologie von Wissen findet sich in den wenigsten Studien, obwohl Wissenspsychologie und Wissenssoziologie wichtige Ansätze liefern (Wirth 1997). Durch verschiedene Operationalisierungen des Wissens mit Hilfe gestützter und ungestützter Behaltensmessungen (recognition, recall) sind die Ergebnisse in der Regel aber nur schwer zu vergleichen. Die Wissensklüfte scheinen desto größer zu sein, je komplexeres Wissen abgefragt wird und je weniger Hilfen bei der Befragung angeboten werden (Gaziano 1997; Wirth 1997).

Darüber hinaus hat *Werner Wirth* (1997) die Entstehung einer Wissenskluft in drei Klufttypen ‚zerlegt':

- in eine *Nutzungskluft*, die zu Stande kommt, weil höher Gebildete häufig mehr und andere Medien (z. B. überregionale Presse) nutzen,
- in eine *Rezeptionskluft*, die mit der unterschiedlichen Effizienz der Informationsverarbeitung zusammenhängt,
- und in eine *Angebotskluft*, die durch leichtere Zugangsmöglichkeiten von höher Gebildeten z. B. zum Internet gebildet wird.

Die Wissensklufthypothese hat sich fast zu einer Mode entwickelt: Neben zahlreichen Studien zu Angebotsklüften in Anlehnung an die Diffusionsforschung und neben der Erforschung geschlechterspezifischer Wissensunterschiede (→ Gender Studies) werden in der internationalen Forschung die Wissensklüfte zwischen Nord und Süd, reich und arm oder West und Ost analysiert. Es liegen auch Studien vor, die Wissensklüfte innerhalb eines Landes in Bezug auf internationale Themen untersuchen (z. B. Sanders/Stewart 2003). Aktuell wird insbesondere die Vergrößerung der Unterschiede durch die Online-Medien (→ Internet) befürchtet (‚digital divide').

Insgesamt scheint die *demokratietheoretische Brisanz* aber nicht so groß zu sein, wie zuerst vermutet wurde. Die Wissensklüfte erscheinen nicht unüberwindlich, wenn gut geplante Kampagnen oder Medienbeiträge eingesetzt werden. Diese können z. B. beeinflussende Faktoren wie Interesse und Aufmerksamkeit wecken.

Für Medienpraktiker sind die Forschungsergebnisse relevant, weil Komplexitätsreduzierungen und Wiederholungen je nach Zielgruppe des jeweiligen Mediums wirksam sein können, um mit bestimmten Themen eine breite Öffentlichkeit zu erreichen.

Literatur

Bonfadelli, Heinz (1994): Die Wissenskluft-Perspektive. Massenmedien und gesellschaftliche Information, Konstanz.

Evers, Hans-Dieter (2004): Knowledge Society and the Global Knowledge Gap, Download von: http://home.t-online.de/home/hdevers/Papers/gap.pdf (14.1.2004).

Gaziano, Celia (1997): Forecast 2000. Widening Knowledge Gaps, in: Journalism and Mass Communication Quarterly 1997/2: 237-264.

Sanders, Ted/Vivien Stewart (2003): International Knowledge: Let's Close the Gap, in: Education Week, May 28, 2003.

Tichenor, Philipp J. et al. (1970): Mass Media and the Differential Growth in Knowledge, in: Public Opinion Quarterly 1970/2: 159-170.

Wirth, Werner (1997): Von der Information zum Wissen. Die Rolle der Rezeption für die Entstehung von Wissensunterschieden, Opladen.

Steffen Kolb, Hamburg

Yemen

→ Asien

Zeitschrift

→ Presse

Zeitung

→ Presse

Zensur

→ Kommunikationsfreiheit

Zeugnisverweigerungsrecht

Definition und Geschichte

Das publizistische Zeugnisverweigerungsrecht gibt den Mitarbeitern von Massenmedien das Recht, als Zeugen die Auskunft darüber zu verweigern, welche Informationen sie im Zusammenhang mit ihrer beruflichen Tätigkeit erhalten haben und wer ihr Informant gewesen ist.

Dieses Recht ist eine wichtige Voraussetzung dafür, dass Journalisten die Informationen beschaffen können, die die Medien benötigen, um ihre öffentliche Aufgabe zu erfüllen (→ Medienrecht, → Kommunikationsfreiheit). Denn diese Informationen sind vielfach nur von ‚Insidern' zu beschaffen, die sich Sanktionen aussetzen, wenn z. B. Vorgesetzte erfahren, dass sie Interna preisgegeben haben.

Historisch entwickelte sich der Schutz von Informanten in Deutschland zunächst als standesrechtliche Norm (Pflicht zur Wahrung des ‚Redaktionsgeheimnisses'). Die staatliche Anerkennung dieser Norm als Zeugnisverweigerungsrecht erfolgte erst allmählich und schrittweise (Rumphorst 2001: 54 ff.). Im Strafprozess begann sie mit einer ersten zaghaften Regelung im Dezember 1926; seine jetzige Fassung erhielt das strafprozessuale Zeugnisverweigerungsrecht erst im Februar 2002.

Situation und Praxisrelevanz

Die Kompetenz zur Regelung des Zeugnisverweigerungsrechts hat das *Bundesverfassungsgericht* dem Bund zugewiesen. Bei seiner Ausgestaltung ist die Funktionsfähigkeit der Medien zu wahren (Art. 5 GG). Soweit ersichtlich hat die *Europäische Union* bislang keine Entscheidungskompetenz in dieser Sache geltend gemacht.

In Deutschland steht das publizistische Zeugnisverweigerungsrecht in Strafverfahren, Ordnungswidrigkeits- oder Disziplinarverfahren und vor parlamentarischen Untersuchungsausschüssen allen Mitarbeitern von Printmedien, Rundfunksendern, Herstellern von Filmberichten sowie Informations- und Kommunikationsdiensten zu, die – z. B. im → Internet – redaktionell aufbereitete Beiträge zur Unterrichtung oder Meinungsbildung der Allgemeinheit verbreiten. Es erstreckt sich auf

- die Person des Informanten, der Beiträge, Unterlagen, Mitteilungen oder Materialien für den redaktionellen Teil geliefert hat,
- den Inhalt solcher Informationen
- und den Inhalt selbst erarbeiteter Materialien und den Gegenstand berufsbezogener Wahrnehmungen.

Der Schutz des selbst recherchierten Materials und der eigenen Wahrnehmungen entfällt allerdings, wenn die Aussage zur Aufklärung eines Verbrechens, bestimmter politischer oder sexueller Vergehen oder einer Geldwäsche erforderlich ist (Einzelheiten bei Branahl 2002: 47 ff.). In diesen Fällen beschränkt sich der Schutz auf Informationen, die zur Ermittlung des Informanten dienen, und den Inhalt dessen, was das Medium von dem Informanten erfahren hat. Soweit das Zeugnisverweigerungsrecht reicht, dürfen sich die Strafverfolgungsbehörden die gewünschten Informationen auch nicht dadurch beschaffen, dass sie Wohn- oder Geschäftsräume des Mitarbeiters, des Verlages, der Druckerei oder des Senders durchsuchen, um die entsprechenden Beweismittel zu beschlagnahmen. Ausnahme: Der Mitarbeiter steht in Verdacht,

- als (Mit-)Täter, durch Anstiftung oder Beihilfe an der Straftat beteiligt zu sein,
- oder dem Täter geholfen zu haben, die „Beute" zu sichern (Begünstigung) oder sich der Strafverfolgung zu entziehen (Strafvereitelung),
- oder beim Absatz rechtswidrig erworbener Sachen mitgewirkt zu haben (Hehlerei).

Zulässig ist auch die Suche nach und die Beschlagnahme von Gegenständen, die

- Produkt einer Straftat sind, wie z. B. Falschgeld, Raubkopien oder gefälschte Markenartikel,
- zur Begehung einer Straftat dienen sollen oder gedient haben (Tatwerkzeuge)
- oder aus einer Straftat herrühren (Beute).

Enger als im Strafrecht ist das publizistische Zeugnisverweigerungsrecht im Zivilprozess, Arbeits-, Verwaltungs-, Sozial- und Finanzgerichtsverfahren ausgestaltet. Hier steht es nur den Mitarbeitern von *periodischen* Druckwerken und Rundfunksendern zu und erfasst *nicht* selbst recherchiertes Material und eigene Wahrnehmungen.

Ausblick und Bewertung

Der Informantenschutz ist im letzten Jahrzehnt in Deutschland durch die zunehmende Überwachung der Telekommunikation aufgeweicht worden. Der Zugriff auf gespeicherte Verbindungsdaten kann ebenso wie das Aufzeichnen und Abhören von Telefongesprächen und anderen Formen der Telekommunikation (Fax, Internet) eingesetzt werden, um Informanten aufzuspüren. Die daraus resultierenden Beeinträchtigungen des Redaktionsgeheimnisses hat das Bundesverfassungsgericht akzeptiert, soweit die Maßnahmen zur Verfolgung schwerer Straftaten erforderlich sind und Journalisten keinem höheren Überwachungsrisiko ausgesetzt werden als andere Grundrechtsträger.

Der ‚große Lauschangriff' hingegen, der Einsatz von technischen Mitteln, wie ‚Wanzen', Hochleistungsmikrofonen u. Ä., zum unbemerkten Abhören von Gesprächen in Wohn- und Geschäftsräumen, ist unzulässig, soweit das Zeugnisverweigerungsrecht reicht. Überwachungsmaßnahmen, Durchsuchungen und Beschlagnahmen bedürfen überdies in der Regel der Anordnung durch einen Richter. Die Staatsanwaltschaft und ihre Hilfsbeamten dürfen sie nur anordnen, wenn die Entscheidung eines Richters nicht rechtzeitig eingeholt werden kann.

Der Betroffene könnte die Rechtmäßigkeit einer solchen Maßnahme vor ihrer Durchführung im Eilverfahren – notfalls vom Bundesverfassungsgericht – überprüfen lassen, wenn er rechtzeitig von ihr erführe. Da dies jedoch im Allgemeinen nicht der Fall ist, muss er sie zunächst dulden und kann ihre Rechtmäßigkeit erst im Nachhinein gerichtlich überprüfen lassen. Die daraus resultierende Gefahr von Missbräuchen ließe sich weiter vermindern, wenn rechtswidrig beschaffte Beweismittel *generell* einem Beweisverwertungsverbot unterworfen würden.

Literatur

Branahl, Udo (2002): Medienrecht, 4. Aufl., Wiesbaden.

Rumphorst, Reinhild (2001): Journalisten und Richter. Der Kampf um die Pressefreiheit zwischen 1920 und 1970, Konstanz.

Udo Branahl, Dortmund

Autorenverzeichnis

Silke Adam, Dipl. rer. com. M.Sc., geb. 1976, wissenschaftliche Mitarbeiterin für Kommunikationswissenschaft/Medienpolitik an der Universität Hohenheim. Arbeitsgebiete: Europäische Öffentlichkeit, Netzwerkanalyse, Politische Kommunikation.

Klaus-Dieter Altmeppen, PD Dr., geb. 1956, Oberassistent am Institut für Medien- und Kommunikationswissenschaft der TU Ilmenau. Arbeitsgebiete: Kommunikatorforschung (Journalismus und Öffentlichkeitsarbeit), Medienökonomie und -management, Organisationskommunikation und Organisationsforschung.

Bernd-Peter Arnold, geb. 1939, Programmchef des Hessischen Rundfunk hr4 und verantwortlich für den neuen Wirtschaftskanal „hr-skyline". Seit 1977 Trainer für die Zentrale Fortbildung der Programm-Mitarbeiter ARD/ZDF (ZFP). Lehraufträge an den Universitäten Mainz und Gießen; Verfasser mehrerer Fachbücher zum praktischen Journalismus.

Stefan Aufenanger, Prof. Dr., geb. 1950, Professor für Erziehungswissenschaft und Medienpädagogik am Pädagogischen Institut der Universität Mainz. Arbeitsgebiete: Medienpädagogik und Medienforschung, Moralerziehung, Qualitative Forschungsmethoden.

Achim Baum, Prof. Dr., geb. 1957, Professor für Kommunikationsmanagement mit Schwerpunkt Öffentlichkeitsarbeit und Journalismus an der Fachhochschule Osnabrück. Arbeitsgebiete: Publizistische Ethik, Journalismustheorien, Unternehmenskommunikation.

Günter Bentele, Prof. Dr., geb. 1948, Professor für Öffentlichkeitsarbeit/PR am Institut für Kommunikations- und Medienwissenschaft der Universität Leipzig. Arbeitsgebiete: Öffentlichkeitsarbeit/PR, Kommunikationstheorien, Kommunikatorforschung, Ethik von Kommunikationsberufen, Mediennutzungs- und Kommunikationsraumforschung.

Ruth Blaes, Dr., geb. 1949, Geschäftsführerin für die Zentrale Fortbildung der Programm-Mitarbeiter Gemeinschaftseinrichtung ARD/ZDF (ZFP). Arbeitsgebiete: Sprache, Sprechen, Führungs-Management.

Joan Kristin Bleicher, Prof. Dr., geb. 1960, Professorin für Medienwissenschaft an der Universität Hamburg und am Hans-Bredow-Institut für Medienforschung. Arbeitsgebiete: Deutsches Fernsehen, Bildschirmmedien, Fernseh-Programme in Deutschland, New Journalism.

Roger Blum, Prof. Dr., geb. 1945, Professor am Institut für Medienwissenschaft der Universität Bern. Arbeitsgebiete: Politische Kommunikation, Journalistik, Mediengeschichte, Mediensysteme.

Heinz Bonfadelli, Prof. Dr., geb. 1949, Professor am Institut für Publizistikwissenschaft und Medienforschung der Universität Zürich. Arbeitsgebiete: Mediennutzung und Medienwirkungsforschung, Risiko- und Wissenschaftskommunikation, Kinder, Jugendliche und Medien.

Udo Branahl, Prof. Dr., geb. 1946, Professor am Institut für Journalistik der Universität Dortmund. Arbeitsgebiete: Medienrecht, Justizberichterstattung, Rechtsdidaktik.

Kees Brants, Prof. Dr., geb. 1946, Senior Lecturer am Department of Communication Science der Universität Amsterdam und Professor für Politische Kommunikation an der Universität Leiden. Arbeitsgebiete: Europäische Kommunikationspolitik, Politische Kommunikation, Elektronische Demokratie.

Stefan Brüne, Prof. Dr., geb. 1950, Professor am Deutschen Übersee-Institut Hamburg. Arbeitsgebiete: Nord-Süd und Süd-Süd-Beziehungen, Europäische Außen- und Entwicklungspolitiken, Medien und Dritte Welt .

Hans-Jürgen Bucher, Prof. Dr., geb. 1953, Professor für Medienwissenschaft an der Universität Trier. Arbeitsgebiete: Medienanalyse/Mediensprache, Medienrezeption, Zeitungs-/Internetforschung, Onlinejournalismus, Wissensvermittlung in non-linearen Medien, Interkulturelle Medienkommunikation, Theorien der Medienwissenschaft/des Journalismus, Medienethik und Medienqualität.

Steffen Burkhardt, M.A., geb. 1977, Wissenschaftlicher Mitarbeiter an der Hamburg Media School und Doktorand am Institut für Journalistik und Kommunikationswissenschaft der Universität Hamburg. Arbeitsgebiete: Boulevard-, Klatsch- und Skandaljournalismus, Prominenz, Erzähltheorie, Mediengesellschaft.

Beatrice Dernbach, Prof. Dr., geb. 1964, Professorin für Theorie und Praxis des Journalismus an der Hochschule Bremen. Arbeitsgebiete: Zukunft der Zeitung und des Zeitungslesens, Journalismus und Public Relations, Fachjournalismus, Umwelt und Ökologie in den Medien.

Patrick Donges, Dr., geb. 1969, Oberassistent am Institut für Publizistikwissenschaft und Medienforschung der Universität Zürich. Arbeitsgebiete: Politische Kommunikation, Mediensysteme und -strukturen in vergleichender Perspektive, Medienregulierung, Medien- und Gesellschaftstheorien.

Wolfgang Donsbach, Prof. Dr., geb. 1949, Professor für Kommunikationswissenschaft an der TU Dresden. Arbeitsgebiete: Kommunikationsforschung, Qualität im Journalismus, Politische Kommunikation, Verhältnis Medien und Politik, Krisenkommunikation, Skandale, Publizistische Effekte.

Frank Esser, Prof. Dr., geb. 1966, Professor für Mass Communication an der University of Missouri (Columbia). Arbeitsgebiete: Journalismusforschung, Politische Kommunikation, Internationaler Vergleich.

Hans Heinz Fabris, Prof. Dr., geb. 1942, Professor für Kommunikationswissenschaft an der Universität Salzburg. Arbeitsgebiete: Journalismusforschung, Qualitätsforschung, Medien- und Kommunikationspolitik, österreichisches Mediensystem, Internationale Kommunikation.

Christoph Fischer, Dr., geb. 1955, Stellv. Chefredakteur des Sport-Informations-Dienstes (sid). Vizepräsident des Verbandes Westdeutscher Sportjournalisten (VWS) und Präsidiumsmitglied des Verbandes Deutscher Sportjournalisten (VDS); zahlreiche Veröffentlichungen zu Theorie und Praxis des Sportjournalismus und zur Sportjournalismus-Didaktik.

Stefan Frerichs, Dr., geb. 1964, Nachrichtenredakteur beim Südwestrundfunk in Stuttgart. Arbeitsgebiete: Journalismustheorie, systemische Nachrichtentheorie.

Werner Früh, Prof. Dr., geb. 1947, Professor für empirische Kommunikations- und Medienforschung an der Universität Leipzig. Arbeitsgebiete: Empirische Methoden/Inhaltsanalyse, Verständlichkeitsforschung, Realitätsvermittlung durch Medien, Dynamisch-transaktionaler Ansatz der Medienwirkungen, Gewalt in den Medien, Unterhaltung.

Alexander Görke, Dr., geb. 1965, Wissenschaftlicher Assistent für Journalistik am Institut für Kommunikationswissenschaft der Universität Münster. Arbeitsgebiete: Journalismus- und Medientheorie, öffentliche Kommunikation, Weltgesellschaft, Unterhaltung, Krisen- und Risikokommunikation.

Hendrik Groth, Dr., geb. 1960, Stellv. Chefredakteur der Westdeutschen Allgemeinen Zeitung in Essen. Arbeitsgebiete: Auslandsberichterstattung, Politische Kommunikation.

Jo Groebel, Prof. Dr., geb. 1950, Generaldirektor des Europäischen Medieninstituts in Düsseldorf/Paris und Professor an der Universität Amsterdam. Arbeitsgebiete: Medien und Gewalt, Medienpolitik und künftige digitale Entwicklungen.

Hannes Haas, Prof. Dr., geb. 1957, Ao. Professor am Institut für Publizistik- und Kommunikationswissenschaft der Universität Wien. Arbeitsgebiete: Journalismus, Mediensysteme, Medienpolitik, Werbeforschung.

Kai Hafez, Prof. Dr., geb. 1964, Professor für Kommunikationswissenschaft mit Schwerpunkt Vergleichende Analyse von Mediensystemen/Kommunikationskulturen an der Universität Erfurt. Arbeitsgebiete: Theorie der Auslandsberichterstattung (Globalisierungstheorie), Kommunikation Islam/Westen, Medien im Nahen Osten, Medien und Einwanderung, Politischer Islam, Nahostkonflikt, Naher Osten und internationale Politik.

Gregor Halff, Prof. Dr., geb. 1970, Professor für Unternehmenskommunikation an der International School of Management Dortmund und Managing Partner bei Publicis Berlin. Arbeitsgebiete: Public Relations, Werbung, Medienwirkungsforschung.

Michael Haller, Prof. Dr., geb. 1945, Professor für Allgemeine und Spezielle Journalistik am Institut für Kommunikations- und Medienwissenschaft der Universität Leipzig. Arbeitsgebiete: Printjournalismus (insb. Tageszeitungen), Medienethik, Qualitätssicherung und Qualitätsmanagement im Journalismus.

Uwe Hasebrink, Prof. Dr., geb. 1958, Professor für Empirische Kommunikationswissenschaft und Direktor des Hans-Bredow-Instituts für Medienforschung an der Universität Hamburg. Arbeitsgebiete: Nutzungs- und Rezeptionsforschung, Europäische Medien und Öffentlichkeiten.

Gregor Hassemer, Dipl.-Journ., geb. 1977, Wissenschaftlicher Mitarbeiter am Institut für Journalistik der Universität Dortmund. Arbeitsgebiete: Fernsehjournalismus, Medienkritik, Ausbildung von Wissenschaftsjournalisten.

Stefan Heijnk, Prof., geb. 1968, Professor für Print- und Online-Medien im Studiengang Journalistik der FH Hannover. Arbeitsgebiete: Online-Journalismus, Textverständlichkeitsforschung, Usability onlinebasierter Mediengattungen, journalistische Darstellungsformen, Internationaler Journalismus.

Jürgen Heinrich, Prof. Dr., geb. 1941, Professor der Journalistik mit Schwerpunkt Ökonomie an der Universität Dortmund. Arbeitsgebiete: Medienökonomie, Allgemeine Volkswirtschaft, Wirtschaftsjournalismus.

Jörg Hennig, Prof. Dr., geb. 1941, Professor für Linguistik des Deutschen und Journalistik an der Universität Hamburg. Arbeitsgebiete: Medienlinguistik, Verständlichkeitsforschung, Technische Dokumentation.

Knut Hickethier, Prof. Dr., geb. 1945, Professor für Medienwissenschaft an der Universität Hamburg. Arbeitsgebiete: Film- und Fernsehgeschichte, Medientheorie, Fernsehtheorie, Radiotheorie, Medienanalyse.

Ralf Hohlfeld, PD Dr., geb. 1966, Wissenschaftlicher Oberassistent für Journalistik an der Universität Eichstätt-Ingolstadt. Arbeitsgebiete: Journalismusforschung, Transferforschung, Kommunikationstheorien, Publizistische Qualität.

Frauke Höbermann, Dr., geb. 1941, Lehrbeauftragte für Gerichtsberichterstattung, Kriminalität und Medien an der Universität Münster und der Universität Hamburg. Arbeitsgebiete: Journalistische Aus- und Weiterbildung, Gerichtsberichterstattung, Kriminalität.

Walter Hömberg, Prof. Dr., geb. 1944, Professor für Journalistik an der Universität Eichstätt-Ingolstadt. Arbeitsgebiete: Journalismusforschung, Wissenschafts- und Kulturkommunikation, Medien- und Kommunikationsgeschichte.

Otfried Jarren, Prof. Dr., geb. 1953, Professor am Institut für Publizistikwissenschaft und Medienforschung der Universität Zürich. Arbeitsgebiete: Kommunikations- und Medienpolitik, Politische Kommunikation, Medien und gesellschaftlicher Wandel, Medien und Politische Kultur.

Thomas Knieper, PD Dr., geb. 1961, Wissenschaftlicher Mitarbeiter am Institut für Kommunikationswissenschaft und Medienforschung der Universität München. Arbeitsgebiete: Journalismus und Journalistik, Medienproduktion, qualitative und quantitative Methoden der empirischen Kommunikations- und Medienforschung, Markt- und Meinungsforschung, Visuelle Kommunikation, Werbung, Marketing.

Matthias Kohring, PD Dr., geb. 1965, Oberassistent im Bereich Medienwissenschaft der Universität Jena. Arbeitsgebiete: Öffentliche Kommunikation und Journalismus, Vertrauen, Wissenschaftskommunikation, Risikokommunikation.

Steffen Kolb, Dr., geb. 1973, Wissenschaftlicher Mitarbeiter am Institut für Journalistik und Kommunikationswissenschaft der Universität Hamburg und an der Hamburg Media School. Arbeitsgebiete: Methoden der empirischen Sozialforschung, Politische Kommunikation und Internationale Vergleiche in der Kommunikationswissenschaft.

Friedrich Krotz, Prof. Dr., geb. 1950, Professor für Kommunikationswissenschaft/Soziale Kommunikation an der Universität Erfurt. Arbeitsgebiete: Theorien und Methoden der Kommunikationswissenschaft, Kultursoziologie, Computervermittelte Kommunikation, interkulturelle Kommunikation.

Wolfgang R. Langenbucher, Prof. Dr., geb. 1938, Professor am Institut für Publizistik- und Kommunikationswissenschaft der Universität Wien. Arbeitsgebiete: Journalismusforschung, Kommunikationspolitik.

Martin Löffelholz, Prof. Dr., geb. 1959, Professor am Institut für Medien- und Kommunikationswissenschaft der Technischen Universität Ilmenau. Arbeitsgebiete: Kommunikatorforschung (Journalismus und Öffentlichkeitsarbeit), Krisen- und Kriegskommunikation, Transkulturelle Kommunikation, Medieninnovationsforschung.

Wiebke Loosen, Dr., geb. 1966, Wissenschaftliche Mitarbeiterin am Institut für Journalistik und Kommunikationswissenschaft der Universität Hamburg. Arbeitsgebiete: Journalismusforschung, Online-Kommunikation, Methoden empirischer Sozialforschung, Computervermittelte Kommunikation.

Johannes Ludwig, Prof. Dr., geb. 1949, Professor an der Fakultät Design, Medien, Information der Hochschule für Angewandte Wissenschaften Hamburg. Arbeitsgebiete: Medienökonomie, Management, Investigativer Journalismus.

Maja Malik, Dr., geb. 1974, Wissenschaftliche Mitarbeiterin am Institut für Journalistik und Kommunikationswissenschaft der Universität Hamburg. Arbeitsgebiete: Kommunikatorforschung, Journalismus- und PR-Theorien, Politische und Organisationskommunikation.

Miriam Meckel, Prof. Dr., geb. 1967, Staatssekretärin für Europa, Internationales und Medien im Geschäftsbereich des Ministerpräsidenten des Landes Nordrhein-Westfalen. Arbeitsgebiete: Redaktionsorganisation und Management, Internationale Kommunikation, Medienökonomie, Unternehmenskommunikation.

Klaus Meier, Prof. Dr., geb. 1968, Professor für Journalistik an der Fachhochschule Darmstadt. Arbeitsgebiete: Journalistik und Journalismusforschung, Redaktionsmanagement, Online-Journalismus, Journalistenausbildung, Wissenschaftsjournalismus.

Werner A. Meier, Dr., geb. 1948, Wissenschaftlicher Mitarbeiter am Institut für Publizistikwissenschaft und Medienforschung der Universität Zürich. Arbeitsgebiete: Mediensoziologie, Medienpolitik.

Michael Meyen, Prof. Dr., geb. 1967, Professor am Institut für Kommunikations- und Medienwissenschaft der Universität München. Arbeitsgebiete: Mediennutzung, Fach- und Theoriegeschichte.

Marion G. Müller, Prof. Dr., geb. 1965, Professorin für Mass Communication an der International University Bremen. Arbeitsgebiete: Visuelle Kommunikation, Politische Kommunikation, Rituelle und Symbolische Kommunikation, Vergleichende Parlamentarismusforschung.

Christoph Neuberger, Prof. Dr., Dipl.-Journ., geb. 1964, Professor für Kommunikationswissenschaft mit Schwerpunkt Journalistik an der Universität Münster. Arbeitsgebiete: Online-Journalismus, Internetöffentlichkeit, Engagement von Presse und Rundfunk im Internet, Arbeitsmarkt und Qualifizierung im Journalismus, Journalismustheorie.

Irene Neverla, Prof. Dr., geb. 1952, Professorin am Institut für Journalistik und Kommunikationswissenschaft der Universität Hamburg. Arbeitsgebiete: Journalismusforschung, Wissenschafts- und Medizinjournalismus, Medientheorien und Neue Medien, Visuelle Kommunikation, Risikokommunikation im internationalen Vergleich.

Werner Nowag, Dr., geb. 1950, Geschäftsführer des Journalistenzentrums Wirtschaft und Verwaltung e. V., Hagen. Arbeitsgebiete: Journalistische Darstellungsformen, Sprache und Stil journalistischer Kommunikation, Krisenkommunikation für Pressesprecher, Persuasionslehre.

Monika Pater, Dr., geb. 1962, Wissenschaftliche Mitarbeiterin am Institut für Journalistik und Kommunikationswissenschaft der Universität Hamburg. Arbeitsgebiete: Mediengeschichte, Frauen- und Geschlechterforschung.

Ulrich Pätzold, Prof. Dr., geb. 1943, Professor für Journalistik mit Schwerpunkt Vermittlung an der Universität Dortmund. Arbeitsgebiete: Medienstrukturen und Formen der publizistischen Vielfalt.

Barbara Pfetsch, Prof. Dr., geb. 1958, Professorin für Kommunikationswissenschaft mit Schwerpunkt Medienpolitik an der Universität Hohenheim. Arbeitsgebiete: Politische Kommunikation in der Bundesrepublik und im internationalen Vergleich, Medien, Öffentlichkeit und politische Orientierungen, Politische Medieninhalte.

Benno H. Pöppelmann, geb. 1954, Justiziar des Deutschen Journalisten-Verbandes (DJV). Arbeitsgebiete: Medienrecht, Urheberrecht, Tarifrecht.

Horst Pöttker, Prof. Dr., geb. 1944, Professor für Journalistik mit Schwerpunkt gesellschaftliche und historische Grundlagen an der Universität Dortmund. Arbeitsgebiete: Theorie der öffentlichen Kommunikation, Medien und ethnische Minderheiten, Geschichte des Journalismus, Journalistische Berufsethik, Sprache und Stil der öffentlichen Kommunikation.

Heinz Pürer, Prof. Dr., geb. 1947, Professor am Institut für Kommunikationswissenschaft und Medienforschung der Universität München. Arbeitsgebiete: Presse, Rundfunk, Online-Medien, Journalismus und Journalistik, Journalismus-/Medienethik.

Thorsten Quandt, Dr., geb. 1971, Wissenschaftlicher Mitarbeiter am Institut für Kommunikationswissenschaft und Medienforschung der Universität München. Arbeitsgebiete: Onlineforschung, Kommunikatorforschung, Medientheorie.

Johannes Raabe, Dr., geb. 1963, Wissenschaftlicher Assistent am Lehrstuhl für Kommunikationswissenschaft der Universität Bamberg. Arbeitsgebiete: Journalismusforschung, Journalismus- und Medienethik, Kommunikationstheorie, Medienlehre.

Günther Rager, Prof. Dr., geb. 1943, Professor für Journalistik an der Universität Dortmund. Arbeitsgebiete: Rezeptionsforschung, Qualität im Journalismus, Redaktionsforschung.

Manfred Redelfs, Dr., geb. 1961, Leiter der Recherche-Abteilung von Greenpeace und Lehrbeauftragter am Institut für Journalistik und Kommunikationswissenschaft der Universität Hamburg. Arbeitsgebiete: Recherche, Informationsfreiheit, Kampagnenpolitik, Politik und Medien in den USA.

Rudi Renger, Prof. Dr., geb. 1957, Professor für Publizistik- und Kommunikationswissenschaft an der Universität Salzburg. Arbeitsgebiete: Theorien und Methoden der Kommunikationswissenschaft, Journalistik, Populärkulturforschung, Kulturtheorie, Kulturelle Öffentlichkeitsarbeit.

Gunter Reus, Prof. Dr., geb. 1950, Apl. Professor am Institut für Journalistik und Kommunikationsforschung der Hochschule für Musik und Theater Hannover. Arbeitsgebiete: Kulturjournalismus, Journalistische Darstellungsformen, Kinder und Medien, Sprache und Stil der Massenmedien.

Horst Röper, Dipl.-Journ., geb. 1952, Geschäftsführer des Formatt-Instituts in Dortmund. Arbeitsgebiete: Medienökonomie, Struktur- und Konzentrationsforschung.

Jutta Röser, Prof. Dr., geb. 1959, Professorin für Kommunikationswissenschaft an der Universität Lüneburg. Arbeitsgebiete: Publikums- und Rezeptionsforschung, Gender Studies und Cultural Studies, Journalismus und Populäre Medien, Mediengewalt.

Dieter Roß, Prof. Dr., geb. 1936, Professor em. am Institut für Journalistik und Kommunikationswissenschaft der Universität Hamburg. Arbeitsgebiete: Mediengeschichte und Medienpolitik, Berufsforschung und Programmanalyse Hörfunk und Fernsehen, Transfer zwischen Wissenschaft und Praxis im Medienbereich.

Patrick Rössler, Prof. Dr., geb. 1964, Professor für Kommunikationswissenschaft (Schwerpunkt Empirische Kommunikationsforschung/Methoden) an der Universität Erfurt. Arbeitsgebiete: Politische Kommunikation, Medienwirkungen, Medieninhalte, neue IuK-Technologien.

Torsten Rossmann, Dr., geb. 1963, Geschäftsführer der N24 Gesellschaft für Nachrichten und Zeitgeschehen mbH. Arbeitsgebiete: Europäische und Skandinavische Medienpolitik.

Ulrike Röttger, Prof. Dr., geb. 1966, Professorin für Public Relations am Institut für Kommunikationswissenschaft der Universität Münster. Arbeitsgebiete: Public Relations/Organisationskommunikation, Kommunikatorforschung, Gender Studies.

Georg Ruhrmann, Prof. Dr., geb. 1955, Professor für Grundlagen der medialen Kommunikation und der Medienwirkung an der Universität Jena. Arbeitsgebiete: Kommunikations- und Mediensoziologie, Migration und Medien, Risikokommunikation.

Stephan Russ-Mohl, Prof. Dr., geb. 1950, Professor für Kommunikationswissenschaft an der Universität Lugano. Arbeitsgebiete: Qualitätssicherung und Qualitätsmanagement im Journalismus, Journalistische Praxis, Medienmanagement/Redaktionsmanagement, vergleichende Journalismus-Forschung, Medien-Journalismus und Öffentlichkeitsarbeit für Medienunternehmen, Wirtschaftsberichterstattung.

Helmut Scherer, Prof. Dr., geb. 1955, Professor für Medienwissenschaft/Kommunikationswissenschaft an der Hochschule für Musik und Theater Hannover. Arbeitsgebiete: Politische Kommunikation, Medienwirkungsforschung, Mediennutzungsforschung.

Thomas Schierl, PD Dr., geb. 1958, Professor für Sportpublizistik an der Sporthochschule Köln. Arbeitsgebiete: Medienökonomie, Werbung, Visuelle Kommunikation, Mediensport.

Jens Schröter, Dipl.-Journ., geb. 1972, selbstständiger Trainer und Berater. Arbeitsgebiete: Computervermittelte Kommunikation, Online-Journalismus und Crossmedia.

Ingrid Schulze Schneider, Prof. Dr., geb. 1944, Professorin an der Universität Madrid. Arbeitsgebiete: Geschichte des internationalen Journalismus und Geschichte der politischen Propaganda (speziell in Kriegszeiten).

Armin Scholl, Dr., geb. 1962, Akademischer Oberrat am Institut für Kommunikationswissenschaft der Universität Münster. Arbeitsgebiete: Journalismusforschung, Theorien und Methoden der Kommunikationswissenschaft, Alternative Medien.

Hilke Segbers, M. A., geb. 1958, Chefredakteurin dpa/gms-Themendienst und Geschäftsführerin Global Media Services in Hamburg. Arbeitsgebiete: Agenturjournalismus, Zeitungswesen.

René Seidenglanz, M. A., geb. 1976, Doktorand am Institut für Kommunikations- und Medienwissenschaft der Universität Leipzig und Geschäftsführer von Seidenglanz/Partner Kommunikation Leipzig. Arbeitsgebiete: Vertrauen, Glaubwürdigkeit und Public Relations, Verhältnis von Journalismus und PR.

Insa Sjurts, Prof. Dr., geb. 1963, Professorin für Betriebswirtschaftslehre mit Schwerpunkt Medienmanagement an der Universität Flensburg und Wissenschaftliche Leiterin des Studiengangs Medienmanagement der Hamburg Media School. Arbeitsgebiete: Medienmanagement, strategische Unternehmensführung, Organisationstheorie, Controlling und internes Rechnungswesen.

Rudolf Stöber, Prof. Dr., geb. 1959, Professor für Kommunikationswissenschaft an der Universität Bamberg. Arbeitsgebiete: Neue Medien und sozialer Wandel im historischen und interkulturellen Strukturvergleich, Theorie und Geschichte von Öffentlichkeit und öffentlicher Meinung, Politische Kommunikation von Pressepolitik über Propaganda zur PR.

Anna Maria Theis-Berglmair, Prof. Dr., geb. 1955, Professorin für Kommunikationswissenschaft/Journalistik an der Universität Bamberg. Arbeitsgebiete: Organisationskommunikation, Neue Kommunikationstechnologien, Medienökonomie.

Barbara Thomaß, Prof. Dr., geb. 1957, Professorin am Institut für Medienwissenschaft der Universität Bochum. Arbeitsgebiete: Mediensysteme im internationalen Vergleich, Europäische Medienpolitik, Medien in Osteuropa, Journalismusforschung, Journalistische und Medienethik.

Jan Tonnemacher, Prof. Dr., geb. 1940, Professor für Journalistik an der Universität Eichstätt-Ingolstadt. Arbeitsgebiete: Kommunikationspolitik, Medienökonomie, Öffentlichkeitsarbeit/PR, Publikums- und Wirkungsforschung.

Michaela Tzankoff, Dr., geb. 1962, Wissenschaftliche Mitarbeiterin an der Arbeitsstelle für wissenschaftliche Weiterbildung/Fernstudienzentrum der Universität Hamburg. Arbeitsgebiete: Wissenschaftliche Weiterbildung, Transformationsforschung, Bulgarien, Geschlechtsspezifische Sozialisation.

Gianluca Wallisch, Dr., geb. 1967, Lektor am Institut für Publizistik der Universität Wien und Redakteur (Außenpolitik) bei der Austria Presse Agentur Wien. Arbeitsgebiete: Journalistenaus- und -weiterbildung, Literarischer Journalismus, Mediengeschichte.

Wolfgang Wehler, Dr., geb. 1948, Rechtsanwalt in Düsseldorf. Arbeitsgebiete: Wettbewerbs- und Medienrecht.

Kurt Weichler, Prof. Dr., geb. 1955, Professor für Journalismus und Medien an der Fachhochschule Gelsenkirchen. Arbeitsgebiete: Journalismus als Beruf, Printmedien und Redaktionsmanagement.

Hans-Jürgen Weiß, Prof. Dr., geb. 1944, Professor am Institut für Publizistik- und Kommunikationswissenschaft der Freien Universität Berlin. Arbeitsgebiete: Empirische Kommunikations- und Medienforschung, Forschungsmethoden.

Julia Wippersberg, Dr., geb. 1976, Univ.-Assistentin am Institut für Publizistik- und Kommunikationswissenschaft der Universität Wien. Arbeitsgebiete: Kommunikationsfreiheit, Prominenz, Public Relations, Integrierte Kommunikation.

Volker Wolff, Dr., geb. 1951, Professor am Journalistischen Seminar der Universität Mainz. Arbeitsgebiete: Zeitungs- und Zeitschriftenjournalismus, Wirtschaftsjournalismus und Medienökonomie.

Peter Zschunke, Dr., geb. 1957, Stellv. Chefredakteur von Associated Press Deutschland. Arbeitsgebiete: Agenturjournalismus, Auslandsberichterstattung.

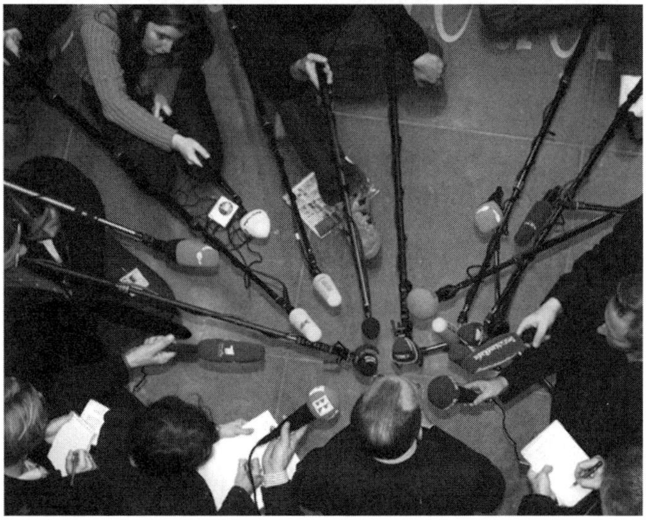